한 번에 합격, 자격증은 이기적

이렇게 기막힌 적중률

 함께 공부하고 특별한 혜택까지!
이기적 스터디 카페 🔍

 구독자 약 15만 명, 전강 무료!
이기적 유튜브 🔍

오직 스터디 카페 멤버에게만
주어지는 특별 혜택!

이기적 스터디 카페

이기적 스터디 카페

합격을 위한 기적 같은 선물
또기적 합격자료집

혼자 공부하기 외롭다면?
온라인 스터디 참여

모든 궁금증 바로 해결!
전문가와 1:1 질문답변

1년 내내 진행되는
이기적 365 이벤트

도서 증정 & 상품까지!
우수 서평단 도전

간편하게 한눈에
시험 일정 확인

합격까지 모든 순간 이기적과 함께!

이기적 365 EVENT

QR코드를 찍어 이벤트에 참여하고 푸짐한 선물 받아가세요!

1. 기출문제 복원하기

이기적 책으로 공부하고 시험을 봤다면 7일 내로 문제를 제보해 주세요!

2. 합격 후기 작성하기

당신만의 특별한 합격 스토리와 노하우를 전해 주세요!

3. 온라인 서점 리뷰 남기기

온라인 서점에서 책을 구매하고 평점과 리뷰를 남겨 주세요!

4. 정오표 이벤트 참여하기

더 완벽한 이기적이 될 수 있게 수험서의 오류를 제보해 주세요!

※ 이벤트별 혜택은 변경될 수 있으므로 자세한 내용은 해당 QR을 참고해 주세요.

도서 인증하면 고퀄리티 강의가 따라온다!
100% 무료 강의

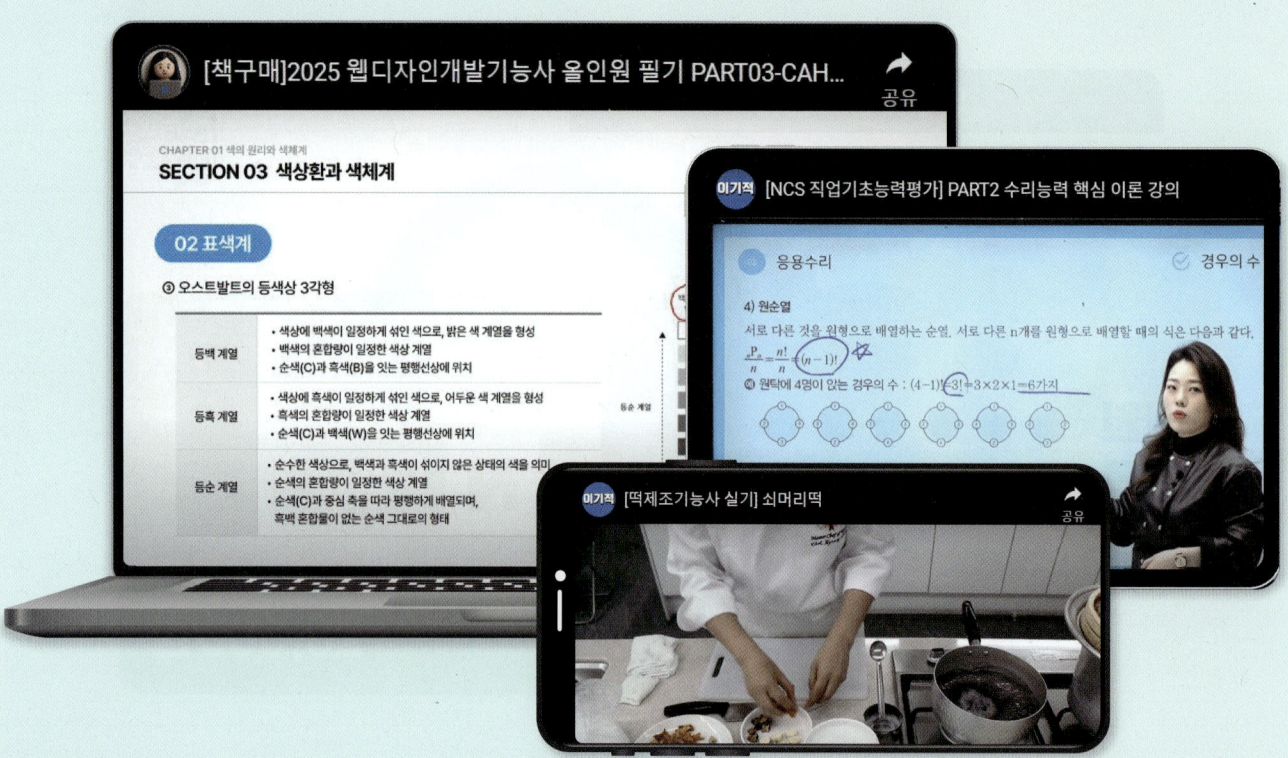

이용방법

STEP 1	STEP 2	STEP 3	STEP 4
		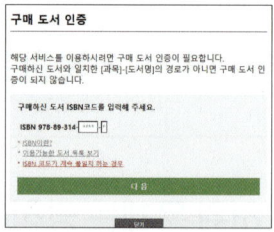	
이기적 홈페이지 (https://license.youngjin.com/) 접속	무료 동영상 게시판에서 도서와 동일한 메뉴 선택	책 바코드 아래의 ISBN 코드와 도서 인증 정답 입력	이기적 수험서와 동영상 강의로 학습 효율 UP!

※ 도서별 동영상 제공 범위는 상이하며, 도서 내 차례에서 확인할 수 있습니다.

◀ 이기적 홈페이지 바로가기

영진닷컴 이기적

합격을 위해 모두 드려요.
이기적 합격 솔루션!
이기적이 여러분을 위해 준비했어요

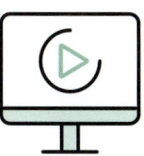

저자가 직접 알려주는, 무료 동영상 강의

도서와 연계된 저자 직강을 100% 무료로 제공합니다.
도서 내에 수록된 QR 코드로 바로 접속하여 시청하세요.

도서 구매 인증 시 증정, 필기 핵심 요약 & 추가 문제

이기적 스터디 카페에서 구매를 인증하면 '또기적 합격자료집'을 드립니다.
핵심 요약과 기출문제뿐만 아니라 다양한 추가 자료가 준비되어 있습니다.

채점도 편리하게, 필기 자동 채점 서비스

QR 코드를 찍어 오픈된 모바일 답안지에 정답 번호만 찍어주세요.
1초 만에 자동으로 채점되고 오답은 해설을 제공해 드리는 서비스입니다.

여기로 물어보세요, 1:1 질문답변

학습하다가 모르는 문제가 있다면 혼자 고민하지 말고 선생님께 질문하세요.
이기적 스터디 카페에서 전문 강사님이 1:1로 답변해 드립니다.

※ 〈2026 이기적 컴퓨터활용능력 1급 필기+실기 올인원〉을 구매하고 인증한 회원에게만 드리는 혜택입니다.

◀ 모든 혜택 한 번에 보기

정오표 바로가기 ▶

또, 드릴게요! 이기적이 준비한 선물
또기적 합격자료집

1 시험에 관한 A to Z 합격 비법서
책에 다 담지 못한 혜택은 또기적 합격자료집에서 확인

2 편리하고 똑똑한 디지털 자료
PC·태블릿·스마트폰으로 언제든 열람하고 필요한 부분만 출력 가능

3 초보자, 독학러 필수 신청
혼자서도 충분한 학습 플랜과 수험생 맞춤 구성으로 한 번에 합격

※ 도서 구매 시 추가로 증정되는 PDF용 자료이며 실제 도서가 아닙니다.

◀ 또기적 합격자료집 받으러 가기

이렇게 기막힌 적중률

컴퓨터활용능력
1급 올인원
1권·필기

"이"한 권으로 합격의 "기적"을 경험하세요!

필기 차례

▶ 표시된 부분은 동영상 강의가 제공됩니다. 이기적 수험서 사이트(license.youngjin.com)에 접속하여 시청하세요.
▶ 본 도서에서 제공하는 동영상은 1판 1쇄 기준 2년간 유효합니다. 단, 출제기준안에 따라 동영상 내용은 변경될 수 있습니다.

대표 기출 60선 ▶
1-20

출제 지문으로 구성한 핵심 암기 노트 ▶
1과목 컴퓨터 일반	1-48
2과목 스프레드시트 일반	1-75
3과목 데이터베이스 일반	1-95

해설과 함께 보는 기출문제 ▶
2024년 상시 기출문제 01회	1-122
2024년 상시 기출문제 02회	1-135
2024년 상시 기출문제 03회	1-148
2024년 상시 기출문제 04회	1-161
2024년 상시 기출문제 05회	1-175

해설과 따로 보는 기출문제 ▶
2025년 상시 기출문제 01회	1-190
2025년 상시 기출문제 02회	1-200
2025년 상시 기출문제 03회	1-211
2025년 상시 기출문제 04회	1-221
2025년 상시 기출문제 05회	1-231

정답 & 해설
1-242

또기적 합격자료집
시험장 스케치 & 스터디 플래너	PDF
기적의 기출 복원 강의 & CBT 온라인 문제집	링크
기출 OX 퀴즈 파일	Excel
시험장까지 함께 가는 핵심요약	PDF
2023년 상시 기출문제 01~05회	PDF

> **참여 방법**
> '이기적 스터디 카페' 검색 → 이기적 스터디 카페(cafe.naver.com/yjbooks) 접속
> → '구매 인증 PDF 증정' 게시판 → 구매 인증 → 메일로 자료 받기

실기 차례

스프레드시트 합격 이론

1과목 기본작업	2-14
2과목 계산작업	2-23
3과목 분석작업	2-55
4과목 기타작업	2-81

스프레드시트 상시 공략 문제

상시 공략 문제 01회	2-102
상시 공략 문제 02회	2-120
상시 공략 문제 03회	2-134
상시 공략 문제 04회	2-148
상시 공략 문제 05회	2-162
상시 공략 문제 06회	2-176
상시 공략 문제 07회	2-190
상시 공략 문제 08회	2-204
상시 공략 문제 09회	2-220
상시 공략 문제 10회	2-236

스프레드시트 계산작업 문제

	2-252

데이터베이스 합격 이론

1과목 DB구축	2-286
2과목 입력 및 수정 기능 구현	2-304
3과목 조회 및 출력 기능 구현	2-322
4과목 처리 기능 구현	2-340

데이터베이스 상시 공략 문제

상시 공략 문제 01회	2-366
상시 공략 문제 02회	2-381
상시 공략 문제 03회	2-395
상시 공략 문제 04회	2-410
상시 공략 문제 05회	2-425
상시 공략 문제 06회	2-438
상시 공략 문제 07회	2-451
상시 공략 문제 08회	2-464
상시 공략 문제 09회	2-478
상시 공략 문제 10회	2-491

필기 이 책의 구성

STEP 01 대표 기출+암기 노트로 이론 정리

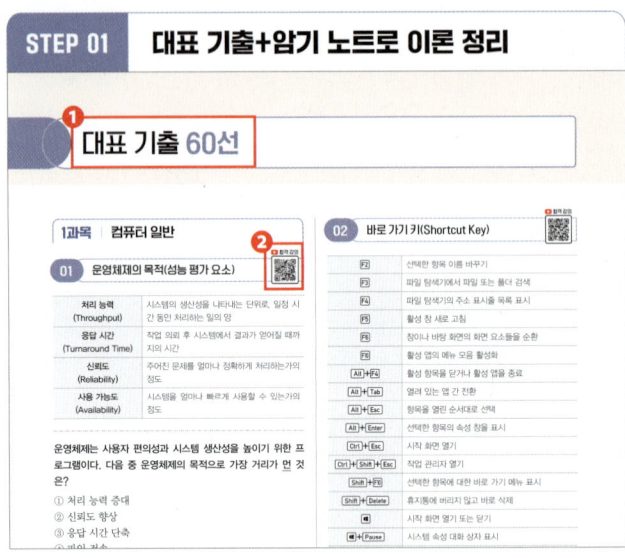

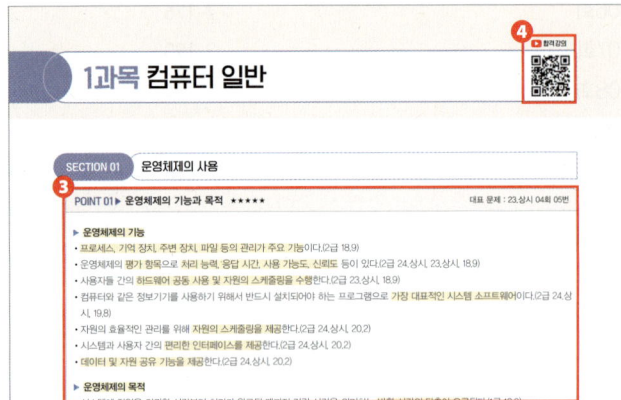

STEP 02 상시 기출문제 10회로 실전 대비

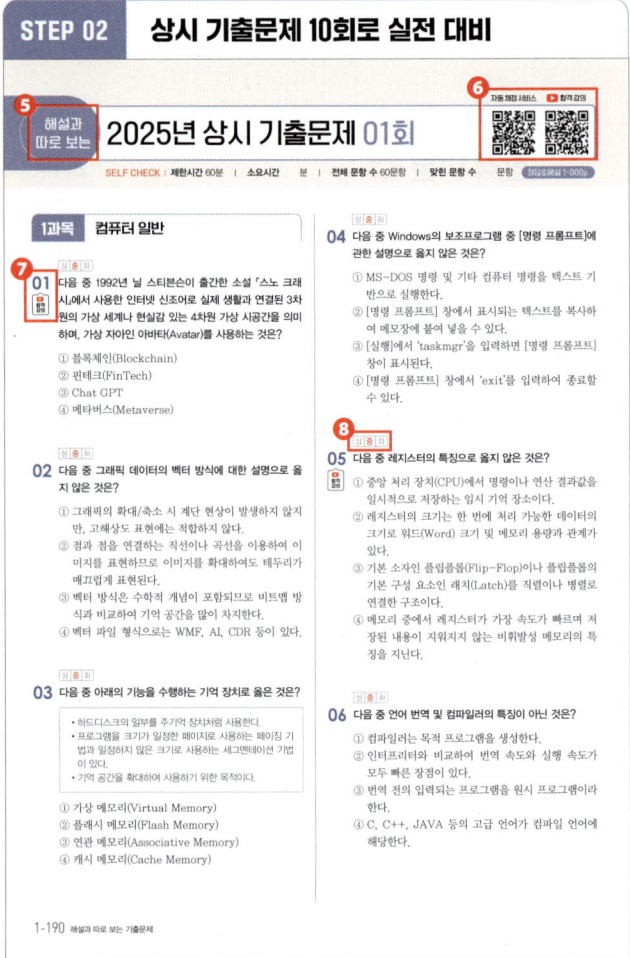

❶ 시험에 자주 출제되는 대표 기출문제 엄선
❷ QR 코드로 동영상 강의 바로 접속 가능
❸ 실제 출제되는 지문을 완벽 정리
❹ 저자 선생님의 동영상 강의 QR 제공

❺ 해설과 따로/함께 보는 상시 기출문제 10회 수록
❻ 자동 채점 서비스와 풀이 강의 QR 제공
❼ 중요 문제는 풀이 강의 QR 제공
❽ 난이도에 따라 상/중/하 나누어 표기

또기적 합격자료집

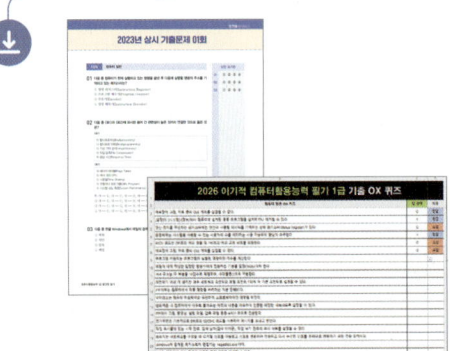

PDF 파일 2023년 상시 기출문제 01~05회

구매한 도서를 인증한 분에게 퀴즈 추가 학습 자료 PDF를 무료로 보내드립니다.

Excel 파일 기출 OX퀴즈

주요 선지를 바탕으로 개발한 OX 퀴즈를 풀어보며 본격적인 문제 풀이로 돌입하기 전에 선지의 옳고 그름을 판단할 수 있는 능력을 기르세요.

[참여 방법] '이기적 스터디 카페' 검색 → 이기적 스터디 카페(cafe.naver.com/yjbooks) 접속 → '구매 인증 PDF 증정' 게시판 → 구매 인증 → 메일로 자료 받기

실기 이 책의 구성

STEP 03 핵심 이론만 빠르게 압축 정리

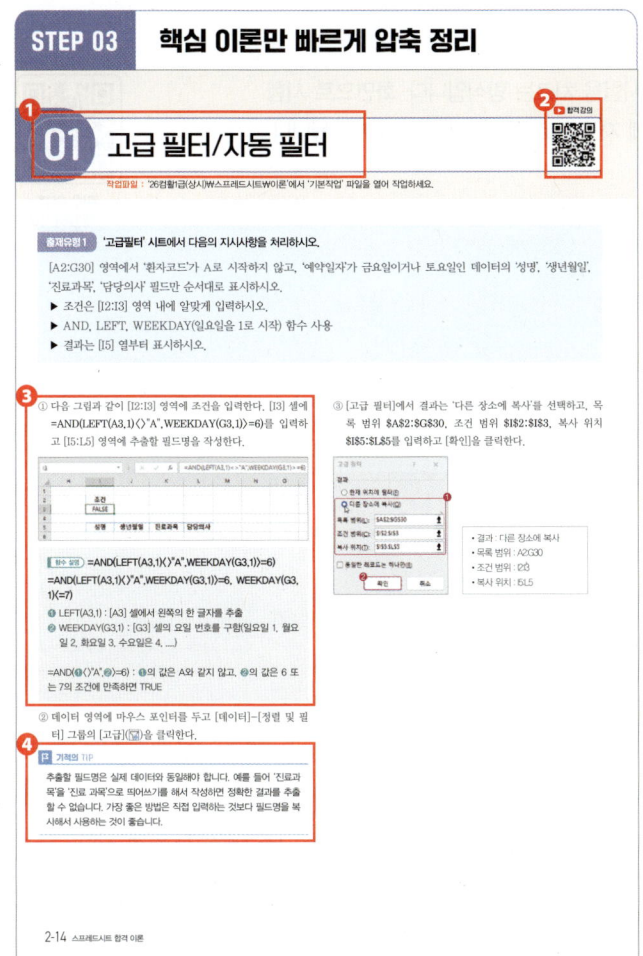

STEP 04 상시 공략 문제 10회로 최종 마무리

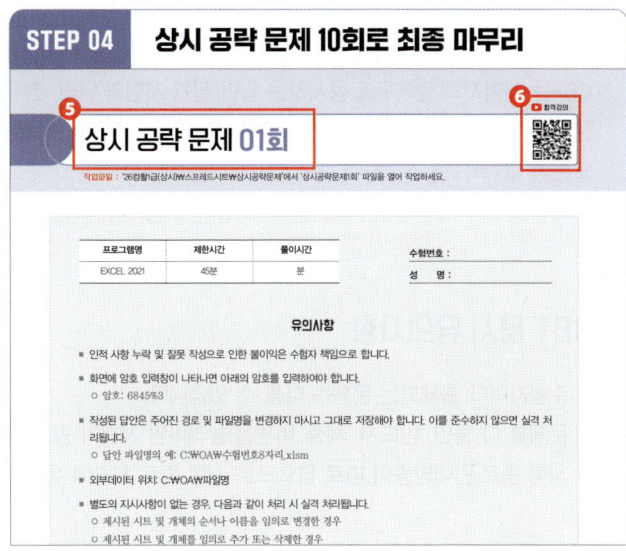

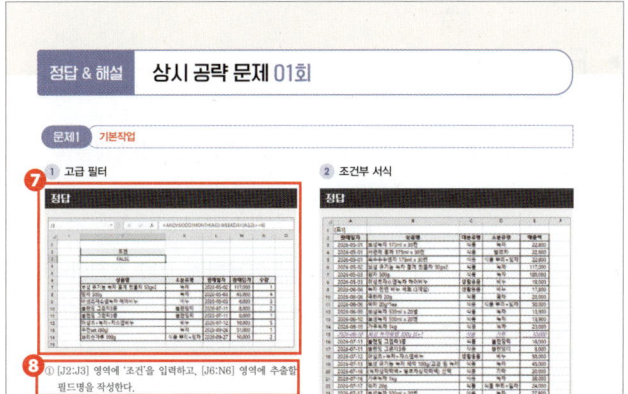

- ❶ 출제 기준을 반영한 핵심 이론
- ❷ QR 코드로 동영상 강의 바로 접속 가능
- ❸ 작업 과정을 따라하며 출제 유형 파악
- ❹ 보충 학습을 위한 기적의 TIP 제시
- ❺ 다양한 유형의 문제 제공
- ❻ 문제 풀이 강의 QR 제공
- ❼ 자동 채점 서비스로 틀린 부분 확인
- ❽ 문제를 따라하며 실력 점검

또기적 합격자료집

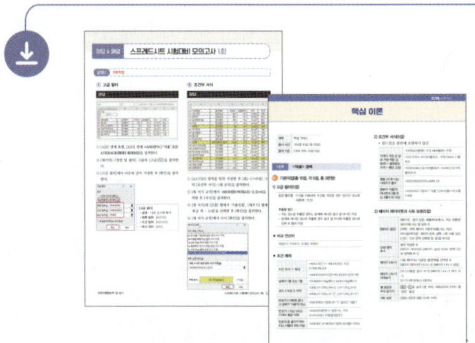

PDF 파일 시험대비 모의고사 01~02회

문제를 더 풀고 연습하고 싶으시다고요? 걱정마세요. 적중률 100% 모의고사까지 아낌없이 드립니다.

PDF 파일 핵심 이론

시험장에서 많이 떨리실 거예요. 마지막으로 가장 많이 출제되었던 핵심 개념을 정리해 보세요.

[참여 방법] '이기적 스터디 카페' 검색 → 이기적 스터디 카페(cafe.naver.com/yjbooks) 접속 → '구매 인증 PDF 증정' 게시판 → 구매 인증 → 메일로 자료 받기

필기 CBT 가이드

▶ CBT란?

CBT는 시험지와 필기구로 응시하는 일반 필기 시험과 달리, 컴퓨터로 시험을 치르는 방식입니다. 화면으로 시험 문제를 확인하고 정답 번호를 클릭하면 네트워크를 통하여 감독자 PC에 자동으로 수험자의 답안이 저장됩니다. 오른쪽 QR코드를 스캔하여 큐넷 CBT를 체험해 보세요!

큐넷 CBT
체험하기

▶ CBT 응시 유의사항

- 수험자마다 출제되는 문제는 다를 수 있습니다.
- 문제를 다 풀면, 반드시 '제출' 버튼을 눌러야만 시험이 종료됩니다.
- 시험 종료 안내방송이 따로 없으므로 시험 종료 시간에 유의하여야 합니다.

▶ FAQ

Q CBT 시험이 처음이에요! 시험 당일에는 어떤 것들을 준비해야 좋을까요?

A 시험 시간 시작 20분 전 도착을 목표로 출발하고 시험장에는 주차할 자리가 마땅하지 않은 경우가 많으므로, 대중교통을 이용하는 것을 추천합니다. 무사히 시험 장소에 도착했다면 수험자 입장 시간에 늦지 않게 시험실에 입실하고, 자신의 자리를 확인한 뒤 착석하세요.

Q 기존보다 더 어려워졌을까요?

A 랜덤으로 출제되는 CBT 시험 특성상 경우에 따라 유독 어려운 문제가 많이 출제될 수는 있습니다. 이러한 돌발 상황에 대비하기 위해 이기적 CBT 온라인 문제집으로 실제 시험과 동일한 환경에서 미리 연습해 두세요.

Q 풀었던 문제의 답안 수정은 어떻게 하나요?

A 마킹한 답안을 수정할 경우에는 문제지 화면에서 수정하고자 하는 문제의 답을 다시 클릭하면 먼저 체크한 번호는 없어지고 새로 선택한 번호가 검은색으로 마킹됩니다.

Q 문제를 다 풀고 나면 어떻게 하나요?

A 문제를 다 풀고 시험을 종료하려면, '시험 종료' 버튼을 클릭하면 됩니다. 마킹하지 않은 문제가 있을 경우 남은 문제의 문제번호 목록을 보여 주고, 남은 문제번호를 선택한 다음 [문항으로 이동] 버튼을 클릭하면 문제 화면에 클릭한 문제가 나타납니다. 남은 문제가 없을 경우 최종적으로 종료 여부를 확인하는 대화 상자가 나타나며 [예]를 클릭하면 시험이 종료되고 수험자가 작성한 답안은 자동으로 저장되어 서버로 전송됩니다.

▶ CBT 진행 순서

좌석 번호 확인 — 수험자 접속 대기 화면에서 본인의 좌석 번호를 확인합니다.

수험자 정보 확인 — 시험 감독관이 수험자의 신분을 확인합니다. 신분 확인이 끝나면 시험이 시작됩니다.

안내사항 확인 — 시험 안내사항을 확인하고, 다음을 클릭합니다.

유의사항 확인 — 시험과 관련된 유의사항을 확인합니다.

문제풀이 메뉴 설명 — 시험을 볼 때 필요한 메뉴에 대한 설명을 확인합니다.
메뉴를 이용해 글자 크기와 화면 배치를 조정할 수 있습니다.
남은 시간을 확인하며 답을 표기하고, 필요한 경우 아래의 계산기를 이용할 수 있습니다.

문제풀이 연습 — 시험 보기 전, 연습해 보는 단계입니다.
직접 시험 메뉴화면을 클릭하며, CBT가 어떻게 진행되는지 확인합니다.

시험 준비 완료 — 문제풀이 연습을 모두 마친 후 [시험 준비 완료] 버튼을 클릭하면 시험 감독관의 지시에 따라 시험이 시작됩니다.

시험 시작 — 시험이 시작되었습니다. 수험자는 제한 시간에 맞추어 문제 풀이를 시작합니다.

답안 제출 — 시험을 완료하면 [답안 제출] 버튼을 클릭합니다. 답안 수정을 위해 시험화면으로 돌아가고 싶으면 [아니오] 버튼을 클릭합니다.

답안 제출 최종 확인 — 답안 제출 메뉴에서 [예] 버튼을 클릭하면, 수험자의 실수를 방지하기 위해 한 번 더 주의 문구가 나타납니다. 시험 문제 풀이가 완벽히 끝났다면 [예] 버튼을 클릭하여 최종 제출합니다.

합격 발표 — CBT 시험이 모두 종료되면, 바로 퇴실할 수 있습니다.

이기적 CBT 바로가기

이제 완벽하게 CBT 필기 시험에 대해 이해하셨나요?
그렇다면 이기적이 준비한 CBT 온라인 문제집으로 학습해 보세요!
이기적 온라인 문제집 : https://cbt.youngjin.com

시험의 모든 것

▶ 컴퓨터활용능력 자격검정

- 사무자동화의 필수 프로그램인 스프레드시트(SpreadSheet), 데이터베이스(Database) 활용능력을 평가하는 국가기술자격 시험
- 시험에 사용되는 MS 오피스 프로그램 버전은 1급 시험 준비 시 MS 오피스 LTSC Professional plus 2021 버전이 필요하지만, 스프레드시트 과목만 있는 2급만 준비할 경우에는 MS 오피스 LTSC Standard 2021 버전을 구매하여도 문제 없음

▶ 응시 절차 안내

STEP 01 응시 자격 조건

- 필기 시험 : 제한 없음
- 실기 시험 : 필기 합격자(단, 필기 시험 합격 후 2년 이내 있는 실기 시험 응시 가능)

STEP 02 필기 원서 접수하기

- 원서 접수 : 대한상공회의소 자격평가사업단(license.korcham.net)에서 접수
- 상시 검정 : 매주 시행, 시험장 조회 후 원하는 날짜와 시간에 응시(21년부터 상시 검정만 시행)
- 검정 수수료 : 20,500원(인터넷 접수 시 수수료 1,200원이 가산되며, 계좌 이체 및 신용카드 결제 가능)

STEP 03 필기 시험 응시하기

- 준비물 : 신분증과 수험표
- 시험 시간 : 1급 60분, 2급 40분
- 시험 방식 : 컴퓨터로만 진행되는 CBT(Computer Based Test) 형식
- 합격 기준 : 각 과목 100점 만점에 과목당 40점 이상, 전체 평균 60점 이상

STEP 04 필기 합격 확인하기

- 대한상공회의소 자격평가사업단(license.korcham.net)에서 발표
- 시험일 다음날 오전 10시 발표

STEP 05 실기 원서 접수하기

- 원서 접수 : 대한상공회의소 자격평가사업단(license.korcham.net)에서 접수
- 상시 검정 : 매주 시행, 시험장 조회 후 원하는 날짜와 시간에 응시(21년부터 상시 검정만 시행)
- 검정 수수료 : 25,000원(인터넷 접수 시 수수료 1,200원이 가산되며, 계좌 이체 및 신용카드 결제 가능)

STEP 06 실기 시험 응시하기

- 준비물 : 신분증과 수험표
- 시험 시간 : 실기 1급 90분, 2급 40분
- 시험 방식 : 컴퓨터 작업형
- 합격 기준 : 100점 만점에 70점 이상(1급은 두 과목 모두 70점 이상)

STEP 07 실기 합격 확인하기

- 대한상공회의소 자격평가사업단(license.korcham.net)에서 발표
- 응시한 주를 제외하고 2주 뒤 금요일 오전 10시 발표

STEP 08 자격증 신청하기

- 휴대할 수 있는 카드 형태의 자격증 발급
- 취득(합격)확인서를 필요로 하는 경우 취득(합격)확인서 발급

형태	• 휴대하기 편한 카드 형태의 자격증 • 신청자에 한해 자격증 발급
신청 절차	인터넷(license.korcham.net)을 통해서만 자격증 발급 신청 가능
수수료	• 인터넷 접수 수수료 : 3,100원 • 우편 발송 요금 : 3,300원
수령 방법	방문 수령은 진행하지 않으며, 우편 등기배송으로만 수령할 수 있음
신청 접수 기간	자격증 신청 기간은 따로 없으며 신청 후 10~15일 후 수령 가능

※ 시험에 관한 내용은 시행처 사정에 따라 변경될 수 있으니 자세한 사항은 대한상공회의소 홈페이지(license.korcham.net)에서 확인하시기 바랍니다.

필기 시험 출제 경향

1과목 컴퓨터 일반 무조건 점수를 따고 들어가야 하는 컴퓨터 일반!   20문항

컴퓨터 시스템의 개요와 하드웨어, 하드웨어 운영에 필요한 PC 운영체제와 소프트웨어, 컴퓨터에 의한 처리 기능 외에 필수인 정보 통신과 인터넷, 그에 따른 정보화 사회와 컴퓨터 보안 및 멀티미디어에 대한 내용으로 구성됩니다. 자료의 표현과 처리, 기억 장치와 설정, 프로그래밍 언어 및 인터넷 개념과 서비스, 컴퓨터 범죄, 멀티미디어의 운용 등에서 출제 비율이 높은 경향을 보이고 있습니다.

빈출 태그

항목	비율	빈출 태그
1. 운영체제 사용	18%	바로 가기 키, 시작 메뉴, 파일 탐색기, 레지스트리, 프린터
2. 컴퓨터 시스템 설정 변경	11%	개인 설정, 시스템, 사용자 계정, 네트워크, 인터넷 프로토콜
3. 컴퓨터 시스템 관리	32%	자료의 표현 단위, 외부적 표현 방식, RAM, 캐시 메모리, 포트
4. 인터넷 자료 활용	32%	IP 주소, 프로토콜, FTP, 인터넷 관련 용어, 그래픽 데이터
5. 컴퓨터 시스템 보호	7%	저작 재산권의 제한, 방화벽, 암호화 수정 기법, 바이러스

2과목 스프레드시트 일반 어려운 함수는 꼭 실습을 통해 학습하기!   20문항

시트에서 데이터를 입력하고 편집하는 방법, 함수와 배열 수식을 이용한 수식 활용, 차트 작성의 기본과 편집에서 지속해서 출제되고 있습니다. 아울러 데이터 분석을 위한 통합, 데이터 표, 부분합, 목표값 찾기, 시나리오, 피벗 테이블 및 피벗 차트, 매크로와 프로그래밍은 실습을 통해 정확히 익혀 두세요.

빈출 태그

항목	비율	빈출 태그
1. 스프레드시트 개요	5%	Excel 옵션, 워크시트, 통합 문서
2. 데이터 입력 및 편집	17%	셀 포인터, 수식 데이터, 채우기 핸들, 사용자 지정 표시 형식, 조건부 서식
3. 수식 활용	28%	수식의 오류값, 수학 함수, 문자열 함수, 논리 함수, 찾기/참조 함수, 날짜 및 시간 함수, 배열
4. 데이터 관리 및 분석	17%	정렬, 고급 필터, 외부 데이터, 부분합, 피벗 테이블, 목표값 찾기
5. 출력	9%	인쇄 미리 보기, 페이지 설정, 화면 제어, 틀 고정
6. 차트 생성 및 수정	9%	원형 차트, 분산형 차트, 차트 도구, 추세선
7. 매크로 및 프로그래밍	15%	매크로 기록, 프로그래밍, 사용자 정의 함수, For 구문

3과목 데이터베이스 일반   개념과 용어는 이해를 통한 암기 위주로 학습하기!   20문항

데이터베이스의 개요와 데이터를 담는 역할을 하는 테이블, 작성된 테이블에서 여러 가지 방법으로 데이터를 추출하는 방법인 쿼리(질의), 효율적인 입출력을 하기 위한 폼 작성과 보고를 위한 서식 개념의 보고서 작성 및 프로그래밍에 대한 내용으로 구성됩니다. 개념과 용어는 암기 위주의 학습이 중요하며, 실습을 통해 이해하고 기능별로 숙지하여 공부하는 것이 효율적입니다.

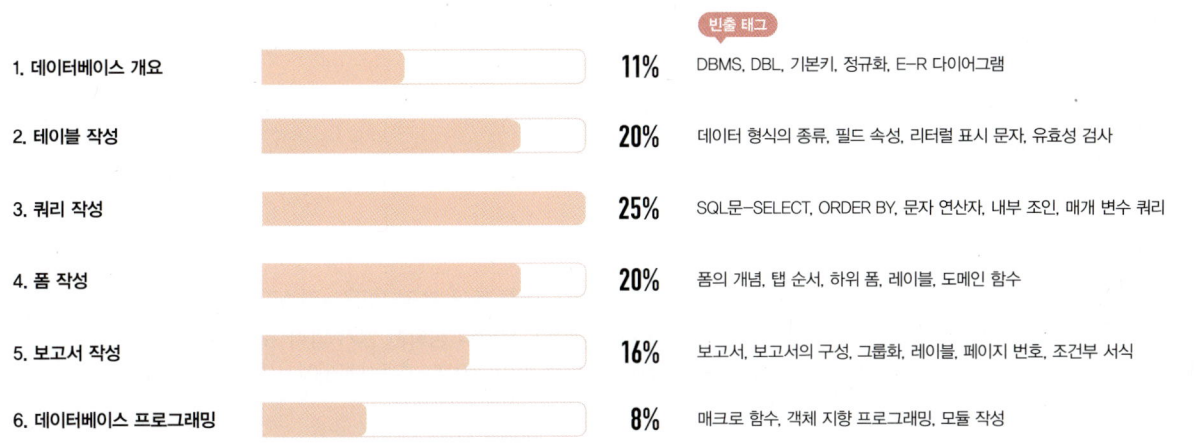

항목	비율	빈출 태그
1. 데이터베이스 개요	11%	DBMS, DBL, 기본키, 정규화, E-R 다이어그램
2. 테이블 작성	20%	데이터 형식의 종류, 필드 속성, 리터럴 표시 문자, 유효성 검사
3. 쿼리 작성	25%	SQL문-SELECT, ORDER BY, 문자 연산자, 내부 조인, 매개 변수 쿼리
4. 폼 작성	20%	폼의 개념, 탭 순서, 하위 폼, 레이블, 도메인 함수
5. 보고서 작성	16%	보고서, 보고서의 구성, 그룹화, 레이블, 페이지 번호, 조건부 서식
6. 데이터베이스 프로그래밍	8%	매크로 함수, 객체 지향 프로그래밍, 모듈 작성

필기 Q&A

Q 컴퓨터활용능력 자격증 취득 시 자격 특전이 있을까요?

A 컴퓨터활용능력 자격증 취득 시 자격 특전은 다음과 같습니다.
- 공무원 채용 가산점
  - 소방공무원(사무관리직) : 컴퓨터활용능력 1급(3%), 컴퓨터활용능력 2급(1%)
  - 경찰공무원 : 컴퓨터활용능력 1, 2급(2점 가점)
- 학점은행제 학점 인정 : 1급 14학점, 2급 6학점
- 300여개 공공기관·공기업 등 채용·승진 우대

Q 컴퓨터활용능력 필기 합격 유효 기간은 어떻게 되나요?

A 필기 합격 유효 기간은 필기 합격 발표일을 기준으로 만 2년입니다. 예를 들어 컴퓨터활용능력 1급 필기를 2025년 12월 30일에 합격하시면 필기 합격 유효 기간은 2027년 12월 29일입니다. 본인의 정확한 필기 합격 유효 기간은 대한상공회의소 자격평가사업단 홈페이지(license.korcham.net) 회원 가입 후 [마이페이지-취득 내역]에서 확인할 수 있습니다.

Q 컴퓨터활용능력 필기 합격 유효 기간을 연장할 수 있나요?

A 필기 합격 유효 기간은 국가기술자격법 시행령에 의하여 시행되는 것으로 기간의 변경이나 연장이 되지 않습니다.

Q 상시 검정 발표는 언제인가요?

A 응시 일자의 다음 날 오전 10시에 발표가 이뤄집니다. 필기 합격 후 실기 접수가 가능하며, 최소 4일 전에는 원서를 접수해야 합니다.

Q 자격증 신청은 어떻게 하나요?

A 자격증은 신청하신 분에 한하여 발급하고 있습니다. 자격증 신청 기간은 따로 없으며 필요할 때 신청하면 됩니다 (단, 신청 후 10~15일 사이 수령 가능). 또한 자격증 신청은 인터넷 신청만 있으며, 홈페이지(license.korcham.net)의 자격증 신청 메뉴에서 가능합니다. 스캔 받은 여권 사진을 올리셔야 하며 전자 결제를 하여야 합니다. 자격증 신청 시 수령 방법은 우편 등기 배송만 있습니다.

※ 더욱 자세한 사항은 대한상공회의소 자격평가사업단 홈페이지(license.korcham.net)를 참고하시기 바랍니다.

실기 Q&A

Q 컴퓨터활용능력 실기시험에서 사용하는 프로그램의 버전은 어떻게 되나요?

A Microsoft office LTSC 2021로 응시할 수 있습니다.

Q 매크로가 실행되지 않는데 어떻게 해야 하나요?

A [파일] 탭의 [옵션]을 선택합니다. [Excel 옵션] 대화 상자에서 [보안센터]–[보안센터 설정]을 클릭하여 '매크로 설정'에서 'VBA 매크로 사용(권장 안 함, 위험한 코드가 시행될 수 있음)'에 체크해 주세요.

Q 원하는 셀로 가기 위해 방향키를 눌렀는데 스크롤바가 움직여요. 어떻게 해야 하나요?

A 키보드의 [Scroll Lock]이 켜져 있기 때문입니다. 다시 한 번 [Scroll Lock]을 눌러 꺼주세요.

Q 함수 입력 시 도움을 주는 스크린 팁이 보이게 하려면 어떻게 해야 하나요?

A [파일]–[옵션]–[고급]–[표시]에 '함수 화면 설명 표시'에 체크해주세요.

Q 셀에 서식을 지정하거나 함수를 입력하고 나니 값이 '####'으로 되었습니다. 어떻게 해야 하나요?

A 문제에서 별도의 지시사항이 없으면 그대로 두거나, 해당 열의 너비를 조정하여 데이터가 보이게 해도 됩니다.

Q [개발 도구] 메뉴가 없을 때 어떻게 해야 하나요?

A [파일]–[옵션]의 [Excel 옵션]–[리본 사용자 지정] 탭에서 '개발 도구'에 체크하세요.

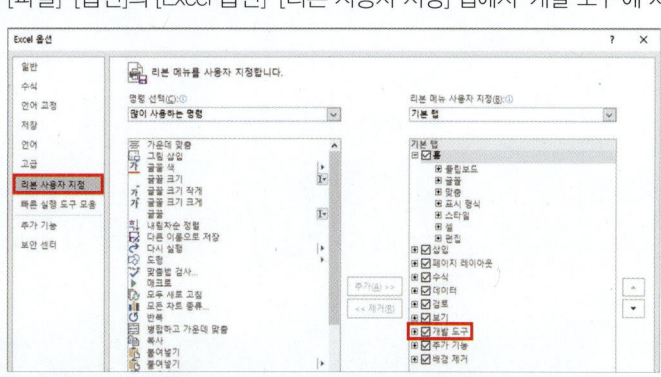

※ 더욱 자세한 사항은 대한상공회의소 자격평가사업단 홈페이지(license.korcham.net)를 참고하시기 바랍니다.

대표 기출 60선

CONTENTS

1과목	컴퓨터 일반
2과목	스프레드시트 일반
3과목	데이터베이스 일반

대표 기출 60선

1과목 | 컴퓨터 일반

01 운영체제의 목적(성능 평가 요소)

처리 능력 (Throughput)	시스템의 생산성을 나타내는 단위로, 일정 시간 동안 처리하는 일의 양
응답 시간 (Turnaround Time)	작업 의뢰 후 시스템에서 결과가 얻어질 때까지의 시간
신뢰도 (Reliability)	주어진 문제를 얼마나 정확하게 처리하는가의 정도
사용 가능도 (Availability)	시스템을 얼마나 빠르게 사용할 수 있는가의 정도

운영체제는 사용자 편의성과 시스템 생산성을 높이기 위한 프로그램이다. 다음 중 운영체제의 목적으로 가장 거리가 먼 것은?

① 처리 능력 증대
② 신뢰도 향상
③ 응답 시간 단축
④ 파일 전송

02 바로 가기 키(Shortcut Key)

키	기능
F2	선택한 항목 이름 바꾸기
F3	파일 탐색기에서 파일 또는 폴더 검색
F4	파일 탐색기의 주소 표시줄 목록 표시
F5	활성 창 새로 고침
F6	창이나 바탕 화면의 화면 요소들을 순환
F10	활성 앱의 메뉴 모음 활성화
Alt + F4	활성 항목을 닫거나 활성 앱을 종료
Alt + Tab	열려 있는 앱 간 전환
Alt + Esc	항목을 열린 순서대로 선택
Alt + Enter	선택한 항목의 속성 창을 표시
Ctrl + Esc	시작 화면 열기
Ctrl + Shift + Esc	작업 관리자 열기
Shift + F10	선택한 항목에 대한 바로 가기 메뉴 표시
Shift + Delete	휴지통에 버리지 않고 바로 삭제
⊞	시작 화면 열기 또는 닫기
⊞ + Pause	시스템 속성 대화 상자 표시
⊞ + L	PC를 잠그거나 계정을 전환
⊞ + D	바탕 화면 표시 및 숨김
⊞ + T	작업 표시줄의 앱을 순환
⊞ + R	실행 대화 상자 열기
⊞ + E	파일 탐색기 열기
Ctrl + F	파일 또는 폴더 검색

다음 중 Windows에서 사용하는 바로 가기 키에 대한 설명으로 옳지 않은 것은?

① ⊞ + L : 컴퓨터 잠금
② ⊞ + R : 실행 대화 상자 열기
③ ⊞ + Pause : 설정의 [시스템] 정보 표시
④ ⊞ + E : 장치 및 프린터 추가

※ 윈도우 10의 기능 업데이트로 인해 ⊞ + Pause 가 제어판의 [시스템] 창 표시에서 설정의 [시스템] 정보 표시로 바뀌었습니다.

03 휴지통

- 작업 도중 삭제된 자료들이 임시로 보관되는 장소로, 필요한 경우 복원이 가능함
- 각 드라이브마다 따로 설정이 가능
- 복원시킬 경우, 경로 지정을 하지 않아도 자동으로 원래 위치로 복원
- 휴지통 내에서의 데이터 실행 작업은 불가능
- **휴지통에 보관되지 않고 완전히 삭제되는 경우**
  - 플로피 디스크나 USB 메모리, DOS 모드, 네트워크 드라이브에서 삭제한 경우
  - 휴지통 비우기를 한 경우
  - Shift + Delete 로 삭제한 경우
  - [휴지통 속성]의 [파일을 휴지통에 버리지 않고 삭제할 때 바로 제거]를 선택한 경우
  - 바로 가기 메뉴에서 Shift 를 누른 채 [삭제]를 선택한 경우
  - 같은 이름의 항목을 복사/이동 작업으로 덮어 쓴 경우

다음 중 Windows에서 사용하는 [휴지통]에 대한 설명으로 옳지 않은 것은?

① [명령 프롬프트] 창에서 삭제한 파일은 휴지통과 관계없이 영구히 삭제된다.
② 휴지통의 크기는 각각의 드라이브마다 다르게 지정할 수 있다.
③ USB 드라이브에서 삭제한 파일은 휴지통에서 복원 메뉴로 복원할 수 있다.
④ 휴지통의 최대 크기는 [휴지통 속성] 창에서 변경할 수 있다.

04 설정

- **사용자 계정**

계정 유형	기능
관리자 계정	• 컴퓨터에 대한 제어 권한이 가장 많으며 소프트웨어 및 하드웨어를 설치함 • 모든 파일에 액세스할 수 있으며 다른 사용자 계정도 변경 가능함
표준 계정	• 컴퓨터에 설치된 대부분의 프로그램을 사용할 수 있고 사용자 계정에 영향을 주는 설정을 변경할 수 있음 • 일부 소프트웨어 및 하드웨어를 설치 또는 제거할 수 없고 컴퓨터 작동에 필요한 파일은 삭제할 수 없음 • 다른 사용자나 컴퓨터 보안에 영향을 주는 설정은 변경할 수 없음

- **시스템 정보**
  - **실행 방법** : [설정]-[시스템]-[정보]를 클릭함. ⊞+X, Y
  - [정보] : PC가 모니터링되고 보호되는 상황(바이러스 및 위협 방지, 방화벽 및 네트워크 보호, 웹 및 브라우저 컨트롤, 계정 보호, 장치 보안 등)에 대해 알 수 있음
  - [장치 사양] : 디바이스 이름, 프로세서(CPU), 설치된 RAM, 장치 ID, 제품 ID, 시스템 종류(32/64비트 운영체제), 펜 및 터치 등에 대해 알 수 있음
  - [이 PC의 이름 바꾸기] : 현재 설정되어 있는 PC의 이름을 변경할 수 있으며, 변경 후 시스템을 다시 시작해야 완전히 변경됨
  - [Windows 사양] : 에디션, 버전, 설치 날짜, OS 빌드, 경험 등을 알 수 있음
  - [제품 키 변경 또는 Windows 버전 업그레이드] : 정품 인증 및 제품 키 업데이트(제품 키 변경), Microsoft 계정 추가를 할 수 있음

다음 중 Windows에서 [설정]의 [시스템]-[정보]에 대한 설명으로 옳지 않은 것은?

① Windows의 버전과 CPU의 종류, RAM의 크기를 직접 변경할 수 있다.
② 현재 설정되어 있는 PC의 이름을 변경할 수 있다.
③ 컴퓨터 시스템의 종류와 제품 ID를 확인할 수 있다.
④ Windows의 정품 인증을 받을 수 있다.

Windows의 버전과 CPU의 종류, RAM의 크기를 알 수는 있지만 직접 변경할 수는 없음

05 네트워크 명령어

- ⊞+R [실행]에서 『CMD』를 입력하여 실행
- 명령어는 대·소문자 상관없이 사용할 수 있음

명령	기능
ipconfig	사용자 자신의 컴퓨터 IP 주소를 확인하는 명령
ping	네트워크의 현재 상태나 다른 컴퓨터의 네트워크 접속 여부를 확인하는 명령
tracert	네트워크에 연결된 컴퓨터의 경로(라우팅 경로)를 추적할 때 사용하는 명령

다음 중 네트워크와 관련하여 Ping 서비스에 대한 설명으로 옳은 것은?

① 인터넷의 기원, 구성, 사용 가능한 인터넷 서비스 등 기초적인 정보를 제공하는 서비스이다.
② 웹 브라우저와 웹 서버 사이의 정보 전달을 위한 인터페이스를 제공해 주는 서비스이다.
③ DNS가 가지고 있는 특정 도메인의 IP 주소를 검색해 주는 서비스이다.
④ 지정된 호스트에 대해 네트워크층의 통신이 가능한지의 여부를 확인하는 서비스이다.

06 문자 표현 코드

BCD 코드 (2진화 10진)	• Zone은 2비트, Digit는 4비트로 구성됨 • 6비트로 2^6=64가지의 문자 표현이 가능함 • 영문자의 대소문자를 구별하지 못함
ASCII 코드 (미국 표준)	• Zone은 3비트, Digit는 4비트로 구성됨 • 7비트로 2^7=128가지의 표현이 가능함 • 일반 PC용 컴퓨터 및 데이터 통신용 코드 • 대소문자 구별이 가능함 • 확장 ASCII 코드는 8비트를 사용하여 256가지의 문자를 표현함
EBCDIC 코드 (확장 2진화 10진)	• Zone은 4비트, Digit는 4비트로 구성됨 • 8비트로 2^8=256가지의 표현이 가능함 • 확장된 BCD 코드로 대형 컴퓨터에서 사용되는 범용 코드
유니코드 (Unicode)	• 2바이트 코드로 세계 각 나라의 언어를 표현할 수 있는 국제 표준 코드 • 한글의 경우 조합, 완성, 옛 글자 모두 표현 가능함 • 16비트이므로 2^{16}인 65,536자까지 표현 가능함

※ **해밍 코드(Hamming Code)** : 에러 검출과 교정이 가능한 코드로, 최대 2비트까지 에러를 검출하고 1비트의 에러 교정이 가능한 방식

다음 중 컴퓨터에서 문자를 표현하는 코드 체계에 대한 설명으로 옳지 않은 것은?

① BCD 코드 : 64가지의 문자를 표현할 수 있으나 영문 소문자는 표현 불가능하다.
② Unicode : 세계 각국의 언어를 4바이트 체계로 통일한 국제 표준 코드이다.
③ ASCII 코드 : 128가지의 문자를 표현할 수 있으며, 주로 데이터 통신용이나 PC에서 많이 사용된다.
④ EBCDIC 코드 : BCD 코드를 확장한 코드 체계로 256가지의 문자를 표현할 수 있다.

정답 05 ④ 06 ②

07 제어 장치

구성 장치	기능
프로그램 카운터 (Program Counter)	다음에 수행할 명령어의 번지(주소)를 기억하는 레지스터
명령 해독기 (Instruction Decoder)	수행해야 할 명령어를 해석하여 부호기로 전달하는 회로
번지 해독기 (Address Decoder)	명령 레지스터로부터 보내온 번지(주소)를 해석하는 회로
부호기 (Encoder)	명령 해독기에서 전송된 명령어를 제어에 필요한 신호로 변환하는 회로
명령 레지스터 (IR : Instruction Register)	현재 수행 중인 명령어를 기억하는 레지스터
번지 레지스터(MAR : Memory Address Register)	주소를 기억하는 레지스터
기억 레지스터 (MBR : Memory Buffer Register)	내용(자료)을 기억하는 레지스터

다음 중 컴퓨터의 제어 장치에 있는 레지스터에 관한 설명으로 옳지 않은 것은?

① 다음번에 실행할 명령어의 번지를 기억하는 프로그램 계수기(PC)가 있다.
② 현재 실행 중인 명령어를 기억하는 명령 레지스터(IR)가 있다.
③ 명령 레지스터에 있는 명령어를 해독하는 명령 해독기(Decoder)가 있다.
④ 해독된 데이터의 음수 부호를 검사하는 부호기(Encoder)가 있다.

08 연산 장치

구성 장치	기능
가산기 (Adder)	2진수 덧셈을 수행하는 회로
보수기 (Complementor)	뺄셈을 수행하기 위하여 입력된 값을 보수로 변환하는 회로
누산기 (ACCumulator)	중간 연산 결과를 일시적으로 기억하는 레지스터
데이터 레지스터 (Data Register)	연산한 데이터를 기억하는 레지스터
프로그램 상태 워드 (PSW : Program Status Word)	명령어 실행 중에 발생하는 CPU의 상태 정보를 저장하는 상태 레지스터 (Status Register)

다음 중 컴퓨터의 연산 장치에 관한 설명으로 옳지 않은 것은?

① 연산 장치가 수행하는 연산에는 산술, 논리, 관계, 이동(Shift) 연산 등이 있다.
② 연산 장치에는 뺄셈을 수행하기 위하여 입력된 값을 보수로 변환하는 보수기(Complementer)와 2진수 덧셈을 수행하는 가산기(Adder)가 있다.
③ 누산기(Accmulator)는 연산된 결과를 일시적으로 저장하는 레지스터이다.
④ 연산 장치에는 다음번 연산에 필요한 명령어의 번지를 기억하는 프로그램 카운터(Program Counter)를 포함한다.

09 주기억 장치

- ROM(Read Only Memory)
  - 한 번 기록한 정보에 대해 오직 읽기만을 허용하도록 설계된 비휘발성 기억 장치
  - 수정이 필요 없는 기본 입출력 프로그램이나 글꼴 등의 펌웨어(Firmware)를 저장
- RAM(Random Access Memory)
  - 실행 중인 프로그램이나 데이터를 저장하며, 자유롭게 읽고 쓰기가 가능한 주기억 장치
  - 전원이 공급되지 않으면 기억된 내용이 사라지는 휘발성(소멸성) 메모리

종류	특징
SRAM (Static RAM)	• 정적인 램으로, 전원이 공급되는 한 내용이 그대로 유지됨 • 가격이 비싸고, 용량이 적으나 속도가 빨라 캐시(Cache) 메모리 등에 이용됨
DRAM (Dynamic RAM)	• 구조는 단순하지만 가격이 저렴하고 집적도가 높아 PC의 메모리로 이용됨 • 일정 시간이 지나면 전하가 방전되므로 재충전(Refresh) 시간이 필요함

다음 중 컴퓨터의 내부 기억 장치에 관한 설명으로 옳은 것은?

① RAM은 일시적으로 전원 공급이 없더라도 내용은 계속 기억된다.
② SRAM이 DRAM보다 접근 속도가 느리다.
③ 주기억 장치의 접근 속도 개선을 위하여 가상 메모리가 사용된다.
④ ROM에는 BIOS, 기본 글꼴, POST 시스템 등이 저장되어 있다.

10 기타 기억 장치

- 캐시 메모리(Cache Memory)
  - 휘발성 메모리로, 속도가 빠른 CPU와 상대적으로 속도가 느린 주기억 장치 사이에 있는 고속의 버퍼 메모리
  - 자주 참조되는 데이터나 프로그램을 메모리에 저장
  - 컴퓨터의 처리 속도를 향상시켜 메모리 접근 시간을 감소시키는 데 목적이 있음
  - 캐시 메모리는 SRAM 등이 사용되며, 주기억 장치보다 소용량으로 구성
- 버퍼 메모리(Buffer Memory)
  - 읽거나 기록한 데이터를 일시적으로 기억할 수 있는 메모리
  - 두 개의 장치 사이에 위치하여 두 개의 장치가 데이터를 주고받을 때 생기는 속도 차이를 해결하기 위하여 중간에 데이터를 임시로 저장해 두는 공간
- 연관 메모리(Associative Memory)
  - 저장된 내용의 일부를 이용하여 기억 장치에 접근하여 데이터를 읽어오는 기억 장치
  - 캐시 메모리에서 특정 내용을 찾는 방식 중 매핑 방식에 주로 사용됨
  - CAM(Content Addressable Memory)이라고도 함
  - 메모리에 기억된 정보를 찾는데 저장된 내용에 의하여 접근함 (병렬 탐색 가능)
- 가상 메모리(Virtual Memory)
  - 보조 기억 장치의 일부, 즉 하드디스크의 일부를 주기억 장치처럼 사용하는 메모리 사용 기법으로, 기억 장소를 주기억 장치의 용량으로 제한하지 않고, 보조 기억 장치까지 확대하여 사용함
  - 주기억 장치보다 큰 프로그램을 로드하여 실행할 경우에 유용함
  - 기억 공간의 확대에 목적이 있음(처리 속도 향상 아님)
  - 가상 기억 장치로는 임의 접근이 가능한 자기 디스크를 많이 사용함

다음 중 컴퓨터의 기억 장치에 관한 설명으로 옳지 않은 것은?

① 캐시 메모리(Cache Memory)는 CPU와 주기억 장치 사이에 위치하여 컴퓨터의 처리 속도를 향상시키는 역할을 하며 주로 동적 램(DRAM)을 사용한다.
② 가상 메모리(Virtual Memory)는 하드디스크의 일부를 주기억 장치처럼 사용하는 것으로 주기억 장치보다 큰 프로그램을 실행시킬 수 있다.
③ 버퍼 메모리(Buffer)는 두 개의 장치가 데이터를 주고받을 때 생기는 속도 차이를 해결하기 위하여 중간에 데이터를 임시로 저장해 두는 공간이다.
④ 연관 메모리(Associative Memory)는 저장된 내용의 일부를 이용하여 기억 장치에 접근하여 데이터를 읽어오는 기억 장치이다.

11 USB(Universal Serial Bus) 포트

- 허브(Hub)를 사용하면 최대 127개의 주변기기 연결이 가능하며, 기존의 직렬, 병렬, PS/2포트 등을 하나의 포트로 대체하기 위한 범용 직렬 버스 장치
- 직렬 포트나 병렬 포트보다 빠른 속도로 데이터를 전송함
- 핫 플러그 인, 플러그 앤 플레이를 지원함
- USB 1.0에서는 1.5Mbps, USB 1.1에서는 최대 12Mbps, USB 2.0에서는 최대 480Mbps, USB 3.0에서는 최대 5Gbps, USB 3.1에서는 최대 10Gbps로 빨라짐
- USB 2.0의 포트 색깔은 검정색 또는 흰색이며 USB 3.0의 포트 색깔은 파란색임

다음 중 Windows에서 사용하는 USB(Universal Serial Bus)에 대한 설명으로 옳은 것은?

① USB는 범용 병렬 장치를 연결할 수 있게 해 주는 컴퓨터 인터페이스이다.
② 핫 플러그인(Hot Plug In) 기능은 지원하지 않으나 플러그 앤 플레이(Plug & Play) 기능은 지원한다.
③ USB 3.0은 이론적으로 최대 5Gbps의 전송 속도를 가지며, PC 및 연결기기, 케이블 등의 모든 USB 3.0 단자는 파란색으로 되어 있어 이전 버전과 구분이 된다.
④ 허브를 이용하여 하나의 USB 포트에 여러 개의 주변기기를 연결할 수 있으며, 최대 256개까지 연결할 수 있다.

12 저작권에 따른 소프트웨어의 구분

상용 소프트웨어 (Commercial Software)	정식 대가를 지불하고 사용하는 프로그램으로 해당 프로그램의 모든 기능을 사용할 수 있음
공개 소프트웨어 (Freeware)	개발자가 무료로 자유로운 사용을 허용한 소프트웨어
셰어웨어 (Shareware)	정식 프로그램의 구매를 유도하기 위해 기능이나 사용 기간에 제한을 두어 무료로 배포하는 프로그램
애드웨어 (Adware)	광고가 소프트웨어에 포함되어 이를 보는 조건으로 무료로 사용할 수 있는 소프트웨어
데모 버전 (Demo Version)	정식 프로그램의 기능을 홍보하기 위해 사용 기간이나 기능을 제한하여 배포하는 프로그램
트라이얼 버전 (Trial Version)	상용 소프트웨어를 일정 기간 동안 사용해 볼 수 있는 체험판 소프트웨어
알파 버전 (Alpha Version)	베타 테스트를 하기 전에 제작 회사 내에서 테스트할 목적으로 제작하는 프로그램
베타 버전 (Beta Version)	정식 프로그램을 발표하기 전에 테스트를 목적으로 일반인에게 공개하는 프로그램
패치 프로그램 (Patch Program)	이미 제작하여 배포된 프로그램의 오류 수정이나 성능 향상을 위하여 프로그램 일부를 변경해 주는 프로그램
번들 프로그램 (Bundle Program)	특정한 하드웨어나 소프트웨어를 구매하였을 때 끼워주는 소프트웨어

다음 중 소프트웨어의 사용권에 따른 분류에 대한 설명으로 옳지 않은 것은?

① 애드웨어 : 배너 광고를 보는 대가로 무료로 사용하는 소프트웨어이다.
② 셰어웨어 : 정식 버전이 출시되기 전에 프로그램에 대한 일반인의 평가를 받기 위해 제작된 소프트웨어이다.
③ 번들 : 특정한 하드웨어나 소프트웨어를 구매하였을 때 포함하여 주는 소프트웨어이다.
④ 프리웨어 : 돈을 내지 않고도 사용 가능하고 다른 사람에게 전달해 줄 수 있는 소프트웨어이다.

13 웹 프로그래밍 언어

자바(Java)	• 자바의 원시 코드를 고쳐 쓰거나 재컴파일 할 필요가 없기 때문에 기종이나 운영체제와 무관한 응용 프로그램의 개발 도구로 각광받고 있음 • 멀티스레드를 지원하고 각각의 스레드는 독립적으로 동시에 서로 다른 일을 처리함 • 특정 컴퓨터 구조와 무관한 가상 바이트 머신 코드를 사용하므로 플랫폼이 독립적임 • 바이트 머신 코드를 생성함
ASP (Active Server Page)	• Windows 환경에서 동적인 웹 페이지를 제작할 수 있는 스크립트 언어 • HTML 문서에 명령어를 삽입하여 사용하며, 자바스크립트와는 달리 서버측에서 실행됨
PHP(Professional Hypertext Preprocessor)	웹 서버에서 작동하는 스크립트 언어로, UNIX, Linux, Windows 등의 환경에서 작동함
JSP (Java Server Page)	ASP, PHP와 동일하게 웹 서버에서 작동하는 스크립트 언어

다음 중 Java 언어에 대한 설명으로 옳지 않은 것은?

① 객체 지향 언어로 추상화, 상속화, 다형성과 같은 특징을 가진다.
② 인터프리터를 이용한 프로그래밍 언어로 특히 인공지능 분야에서 널리 사용되고 있다.
③ 네트워크 환경에서 분산 작업이 가능하도록 설계되었다.
④ 특정 컴퓨터 구조와 무관한 가상 바이트 머신 코드를 사용하므로 플랫폼이 독립적이다.

14 IPv6 주소

• 인터넷에 연결된 컴퓨터의 고유한 주소
• IPv6 주소체계는 128비트를 16비트씩 8부분으로 나누어 각 부분을 콜론(:)으로 구분함
• IPv6은 IPv4와 호환이 되며 16진수로 표기, 각 블록에서 선행되는 0은 생략할 수 있으며 연속된 0의 블록은 ::으로 한 번만 생략 가능함
• IPv6의 주소 개수는 약 43억의 네제곱임
• 주소 체계는 유니캐스트(Unicast), 애니캐스트(Anycast), 멀티캐스트(Multicast) 등 세 가지로 나뉨
• 인증 서비스, 비밀성 서비스, 데이터 무결성 서비스를 제공함으로써 보안 문제를 해결할 수 있음

다음 중 인터넷에서 사용하는 IPv6에 관한 설명으로 옳지 않은 것은?

① IPv4와의 호환성이 우수하다.
② 128비트의 주소를 사용하며, 주소의 각 부분은 .(Period)로 구분한다.
③ 실시간 흐름제어로 향상된 멀티미디어 기능을 지원한다.
④ 인증성, 기밀성, 데이터 무결성의 지원으로 보안 문제를 해결할 수 있다.

15 FTP(File Transfer Protocol)

- 파일 전송 프로토콜로, 파일을 전송하거나 받을 때 사용하는 서비스
- 바이너리(Binary) 모드는 그림 파일, 동영상 파일이나 실행 파일의 전송에 이용됨
- 아스키(ASCII) 모드는 아스키 코드의 텍스트 파일 전송에 이용됨
- 파일의 업로드나 다운로드 서비스를 제공하는 컴퓨터를 FTP 서버, 파일을 제공 받는 컴퓨터를 FTP 클라이언트라고 함
- 계정(Account) 없이 FTP를 사용할 수 있는 서버를 Anonymous FTP 서버라 함
- 일반적으로 Anonymous FTP 서버의 아이디(ID)는 Anonymous 이며 비밀번호는 자신의 E-Mail 주소로 설정함

다음 중 인터넷을 이용한 FTP(File Transfer Protocol)에 관한 설명으로 옳지 <u>않은</u> 것은?

① 멀리 떨어져 있는 컴퓨터로부터 파일을 전송받거나 전송하는 서비스를 의미한다.
② 익명의 계정을 이용하여 파일을 전송할 수 있는 서버를 Anonymous FTP 서버라고 한다.
③ FTP 서버에 계정을 가지고 있는 사용자는 FTP 서버에 있는 프로그램을 다운로드 없이 실행시킬 수 있다.
④ 일반적으로 텍스트 파일의 전송을 위한 ASCII 모드와 실행 파일의 전송을 위한 Binary 모드로 구분하여 수행한다.

16 그래픽 데이터의 표현 방식

비트맵 (Bitmap)	• 이미지를 점(Pixel, 화소)의 집합으로 표현하는 방식 • 고해상도를 표현하는 데 적합하지만 파일 크기가 커지고, 이미지를 확대하면 계단 현상이 발생함 • 다양한 색상을 이용하기 때문에 사실적 이미지 표현이 용이함 • Photoshop, Paint Shop Pro 등이 대표적인 소프트웨어임 • 비트맵 형식으로는 BMP, JPG, PCX, TIF, PNG, GIF 등이 있음
벡터 (Vector)	• 이미지를 점과 점을 연결하는 직선이나 곡선을 이용하여 표현하는 방식 • 그래픽의 확대·축소 시 계단 현상이 발생하지 않지만 고해상도 표현에는 적합하지 않음 • Illustrator, CorelDraw, 플래시 등이 대표적인 소프트웨어 • 벡터 파일 형식으로는 WMF, AI, CDR 등이 있음

다음 중 컴퓨터 그래픽과 관련하여 이미지를 표현하는 방식 중 비트맵(Bitmap) 방식에 관한 설명으로 옳지 <u>않은</u> 것은?

① 점과 점을 연결하는 직선이나 곡선을 이용하여 이미지를 표현하는 방식이다.
② 다양한 색상을 이용하기 때문에 사실적 표현이 용이하다.
③ 이미지를 확대하면 테두리가 거칠게 표현된다.
④ 비트맵 파일 형식으로는 BMP, TIF, GIF, JPEG 등이 있다.

17 그래픽 관련 용어

렌더링 (Rendering)	컴퓨터 그래픽에서 3차원 질감(그림자, 색상, 농도 등)을 줌으로써 사실감을 추가하는 과정
디더링 (Dithering)	표현할 수 없는 색상이 존재할 경우, 다른 색상들을 섞어서 비슷한 색상을 내는 효과
인터레이싱 (Interlacing)	화면에 이미지를 표시할 때 한 번에 표시하지 않고 천천히 표시되면서 선명해지는 효과
모핑 (Morphing)	사물의 형상을 다른 모습으로 서서히 변화시키는 기법으로 영화의 특수 효과에서 많이 사용함
모델링 (Modeling)	물체의 형상을 컴퓨터 내부에서 3차원 그래픽으로 어떻게 표현할 것인지를 정하는 과정
안티 앨리어싱 (Anti-aliasing)	3D의 텍스처에서 몇 개의 샘플을 채취해서 사물의 색상을 변경함으로써 계단 부분을 뭉개고 곧게 이어지는 듯한 화질을 형성하게 하는 것

다음 중 멀티미디어 그래픽과 관련하여 렌더링(Rendering) 기법에 대한 설명으로 옳은 것은?

① 제한된 색상을 조합하여 새로운 색을 만드는 기술이다.
② 2개의 이미지를 부드럽게 연결하여 변환하는 기술이다.
③ 3차원 그래픽에서 화면에 그린 물체의 모형에 명암과 색상을 입혀 사실감을 더해 주는 기술이다.
④ 그림의 경계선을 부드럽게 처리해 주는 필터링 기술이다.

18 네트워크 접속 장비

허브(Hub)	네트워크에서 연결된 각 회선이 모이는 집선 장치로서 각 회선을 통합적으로 관리하는 방식
라우터(Router)	데이터 전송을 위한 최적의 경로를 찾아 통신망에 연결하는 장치
브리지(Bridge)	독립된 두 개의 근거리 통신망(LAN)을 연결하는 접속 장치
리피터 (Repeater)	장거리 전송을 위해 신호를 새로 재생시키거나 출력 전압을 높여 전송하는 장치
게이트웨이 (Gateway)	네트워크에서 다른 네트워크로 들어가는 관문의 기능을 수행하는 지점을 말하며, 서로 다른 프로토콜을 사용하는 네트워크를 연결할 때 사용하는 장치

다음 중 정보 통신에 사용되는 네트워크 장비인 라우터(Router)에 관한 설명으로 옳은 것은?

① 네트워크를 구성할 때 각 회선을 통합적으로 관리하여 한꺼번에 여러 대의 컴퓨터를 연결하는 장치이다.
② 디지털 신호의 장거리 전송을 위해 수신한 신호를 재생시키거나 출력 전압을 높여주는 장치이다.
③ 네트워크에서 통신을 위해 가장 최적의 경로를 설정하여 전송하고 데이터의 흐름을 제어하는 장치이다.
④ 다른 네트워크로 데이터를 보내거나 받아들이는 역할을 하는 장치이다.

정답 17 ③ 18 ③

19 방화벽(Firewall)

- 방화벽은 인터넷의 보안 문제로부터 특정 네트워크를 격리시키는 데 사용되는 시스템
- 내부망과 외부망 사이의 상호 접속이나 데이터 전송을 안전하게 통제하기 위한 보안 기능
- 외부의 불법 침입으로부터 내부의 정보 자산을 보호
- 외부로부터 유해 정보 유입을 차단하기 위한 정책과 이를 지원하는 하드웨어 및 소프트웨어를 총칭
- 외부에서 내부 네트워크로 들어오는 패킷은 내용을 엄밀히 체크하여 인증된 패킷만 통과시키는 구조
- 외부로부터의 침입을 막을 수는 있지만, 내부에서 일어나는 해킹은 막을 수 없음
- 역추적 기능이 있어서 외부의 침입자를 역추적하여 흔적을 찾을 수 있음

다음 중 인터넷에서 방화벽을 사용하는 이유로 적절하지 않은 것은?

① 외부로부터 허가받지 않은 불법적인 접근이나 해커의 공격으로부터 내부의 네트워크를 효과적으로 보호할 수 있다.
② 방화벽의 접근제어, 인증, 암호화와 같은 기능으로 네트워크를 보호할 수 있다.
③ 역추적 기능이 있어서 외부의 침입자를 역추적하여 흔적을 찾을 수 있다.
④ 방화벽을 이용하면 외부의 보안이 완벽하며, 내부의 불법적인 해킹도 막을 수 있다.

20 암호화 기법

비밀키 암호화 (대칭키, 단일키)	• 송신자와 수신자가 서로 동일(대칭)한 하나(단일)의 비밀키를 가짐 • 암호화와 복호화의 속도가 빠름 • 단일키이므로 알고리즘이 간단하고 파일의 크기가 작음 • 사용자가 많아지면 관리할 키의 개수가 늘어남 • 대표적인 방식은 DES가 있음
공개키 암호화 (비대칭키, 이중키)	• 암호화키와 복호화키가 서로 다른(비대칭) 두 개(이중키)의 키를 가짐 • 암호화와 복호화의 속도가 느림 • 암호화는 공개키로, 복호화는 비밀키로 함 • 이중키이므로 알고리즘이 복잡하고 파일의 크기가 큼 • 암호화가 공개키이므로 키의 분배가 쉽고, 관리할 키의 개수가 줄어듦 • 대표적인 방식으로는 RSA가 있음

다음 중 정보보안을 위한 비밀키 암호화 기법에 대한 설명으로 옳지 않은 것은?

① 비밀키 암호화 기법의 안전성은 키의 길이 및 키의 비밀성 유지 여부에 영향을 많이 받는다.
② 암호화와 복호화 시 사용하는 키가 동일한 암호화 기법이다.
③ 알고리즘이 복잡하여 암호화나 복호화를 하는 속도가 느리다는 단점이 있다.
④ 사용자의 증가에 따라 관리해야 할 키의 수가 많아진다.

2과목 | 스프레드시트 일반

21 데이터 입력 방법

Enter	다음 행으로 셀 포인터를 이동
Shift + Enter	윗 행으로 셀 포인터를 이동
Esc	입력 중인 데이터를 취소
강제로 줄 바꿈	• 데이터 입력 후 Alt + Enter 를 누르면 동일한 셀에서 줄이 바뀌며, 이 때 두 줄 이상의 데이터를 입력할 수 있음 • [셀 서식]의 [맞춤] 탭에서 [자동 줄 바꿈] 확인란을 선택하면 셀 너비에 맞추어 자동으로 줄이 바뀜
동일한 데이터 입력하기	범위를 지정하고 데이터 입력 후 Ctrl + Enter 나 Ctrl + Shift + Enter 를 누르면 선택 영역에 동일한 데이터가 한꺼번에 입력됨

다음 중 엑셀의 데이터 입력에 대한 설명으로 옳지 <u>않은</u> 것은?

① 한 셀에 여러 줄의 데이터를 입력하려면 Alt + Enter 를 사용한다.
② 셀에 데이터를 입력하고 Shift + Enter 를 누르면 셀 입력이 완료되고 바로 아래의 셀이 선택된다.
③ 같은 데이터를 여러 셀에 한 번에 입력하려면 Ctrl + Enter 를 사용한다.
④ 수식이 들어 있는 셀을 선택하고 채우기 핸들을 두 번 클릭하면 수식이 적용되는 모든 인접한 셀에 대해 아래쪽으로 수식을 자동 입력할 수 있다.

22 각종 데이터 입력

• **한자 입력** : 한자의 음을 한글로 입력한 다음 한자 를 누르고 목록에서 원하는 한자를 선택함
• **특수 문자** : [삽입] 탭-[기호] 그룹-[기호]를 실행하거나 한글 자음(ㄱ,ㄴ,ㄷ,…,ㅎ) 중의 하나를 누르고 한자 를 눌러 목록에서 원하는 특수 문자를 선택함
• 분수는 숫자와 공백으로 시작하여(한 칸 띄운 다음에) 입력(예 0 2/3)
• 숫자로만 된 데이터를 문자 데이터로 입력하려면 데이터 앞에 작은따옴표(')를 먼저 입력(예 '010, '007)

다음 중 자료 입력에 대한 설명으로 옳지 <u>않은</u> 것은?

① 한자를 입력하려면 한글을 입력한 후 키보드의 한자 를 눌러 변환한다.
② 특수문자를 입력하려면 먼저 한글 자음을 입력한 후 키보드의 한/영 을 눌러 원하는 특수문자를 선택한다.
③ 숫자 데이터를 문자 데이터로 입력하려면 숫자 데이터 앞에 문자 접두어(')를 입력한다.
④ 분수 앞에 정수가 없는 일반 분수를 입력하려면 '0'을 먼저 입력하고 Space Bar 를 눌러 빈 칸을 한 개 입력한 후 '3/8'과 같이 분수를 입력한다.

23 사용자 지정 표시 형식

- ; : 양수, 음수, 0값을 세미콜론(;)으로 구분함
- # : 유효 자릿수만 나타내고 유효하지 않은 0은 표시하지 않음
- 0 : 유효하지 않은 자릿수를 0으로 표시함
- ? : 유효하지 않은 자릿수를 공백으로 표시함
- , : 천 단위 구분 기호로 쉼표를 삽입, .(쉼표) 이후에 더 이상 코드가 없으면 천 단위 배수로 표시함
- **[글꼴색]** : 각 구역의 첫 부분에 지정하며 대괄호 안에 글꼴 색을 입력함
- **[조건]** : 조건과 일치하는 숫자에만 서식을 적용하고자 할 때 사용. 조건은 대괄호로 묶어 입력하며 비교 연산자와 값으로 이루어짐

다음 중 아래 조건을 처리하는 셀 서식의 사용자 지정 표시 형식으로 옳은 것은?

> 셀의 값이 1000 이상이면 '파랑', 1000 미만 500 이상이면 '빨강', 500 미만이면 색을 지정하지 않고, 각 조건에 대해 천 단위 구분 기호(,)와 소수 이하 첫째 자리까지 표시한다.
> [표시 예] 1234.56 → 1,234.6, 432 → 432.0]

① [파랑][>=1000]#,##0.0;[빨강][>=500]#,##0.0;#,##0.0
② [파랑][>=1000]#,###.#;[빨강][>=500]#,###.#;#,###.#
③ [>=1000]〈파랑〉#,##0.0;[>=500]〈빨강〉#,##0.0;#,##0.0
④ [>=1000]〈파랑〉#,###.#;[>=500]〈빨강〉#,###.#;#,###.#

24 조건부 서식

- 특정한 규칙을 만족하는 셀에 대해서만 각종 서식, 테두리, 셀 배경색 등의 서식을 설정함
- [홈] 탭-[스타일] 그룹-[조건부 서식]에서 선택하여 적용함
- 조건부 서식은 기존의 셀 서식에 우선하여 적용됨
- 여러 개의 규칙이 모두 만족될 경우 지정한 서식이 충돌하지 않으면 규칙이 모두 적용되며, 서식이 충돌하면 우선순위가 높은 규칙의 서식이 적용됨
- 규칙의 개수에는 제한이 없음
- 서식이 적용된 규칙으로 셀 값 또는 수식을 설정할 수 있음. 규칙을 수식으로 입력할 경우 수식 앞에 등호(=)를 반드시 입력해야 함

다음 중 아래의 [A1:E5] 영역에서 B열과 D열에만 배경색을 설정하기 위한 조건부 서식의 규칙으로 옳은 것은?

	A	B	C	D	E
1	자산코드	L47C	S22C	N71E	S34G
2	비품명	디스크	디스크	디스크	모니터
3	내용연수	4	3	3	5
4	경과연수	2	1	2	3
5	취득원가	550,000	66,000	132,000	33,000

① =MOD(COLUMNS($A1),2)=1
② =MOD(COLUMNS(A$1),2)=0
③ =MOD(COLUMN($A1),2)=0
④ =MOD(COLUMN(A$1),2)=0

> COLUMN은 열 번호를 구해 주며 열을 2로 나눈 나머지를 MOD 함수로 구한 결과가 0인 경우 짝수 열이므로 [A1:E5] 영역일 경우 B열과 D열에만 배경색을 설정하기 위한 조건부 서식 규칙에 해당됨

25 수학/통계 함수

ABS(수)	수의 절대값(부호 없는 수)을 구함
INT(수)	수를 가장 가까운 정수로 내린 값을 구함
SUM(수1, 수2,…)	인수로 지정한 숫자의 합계를 구함(인수는 1~255개까지 사용)
AVERAGE(수1,수2,…)	인수로 지정한 숫자의 평균을 구함
TRUNC(수1, 수2)	• 수1을 무조건 내림하여 자릿수(수2) 만큼 반환함 • 수2를 생략하면 0으로 처리됨
MOD(수1, 수2)	수1을 수2로 나눈 나머지 값(수2가 0이면 #DIV/0! 오류 발생)을 구함
POWER(수1, 수2)	수1을 수2만큼 거듭제곱한 값을 구함
ROUND(수1, 수2)	수1을 반올림하여 자릿수(수2)만큼 반환함
SQRT(수)	수의 양의 제곱근(인수에 음수를 지정하면 #NUM! 오류 발생)을 구함
CHOOSE(인덱스 번호, 인수1, 인수2,…)	인덱스 번호에 따라 값이나 작업을 선택할 때 사용되는 인수로 254개까지 지정할 수 있음
COUNTA(인수1, 인수2 …)	공백이 아닌 인수의 개수를 구함
MAXA(수1, 수2, …)	• 인수 중에서 최대값을 구함(논리값, 텍스트로 나타낸 숫자 포함) • TRUE : 1로 계산, 텍스트나 FALSE : 0으로 계산
MINA(수1, 수2, …)	• 인수 중에서 최소값을 구함(논리값, 텍스트로 나타낸 숫자 포함) • TRUE : 1로 계산, 텍스트나 FALSE : 0으로 계산
SMALL(배열, k)	인수로 지정한 숫자 중 k번째로 작은 값을 구함
LARGE(배열, k)	인수로 지정한 숫자 중 k번째로 큰 값을 구함

다음 중 수식과 그 실행 결과값의 연결이 옳지 않은 것은?

① =ABS(INT(−7.9)) → 8
② =SUM(TRUNC(45.6), MOD(32,3)) → 47
③ =POWER(ROUND(2.3,0), SQRT(4)) → 9
④ =CHOOSE(3, SUM(10,10), INT(30.50),50) → 50

③ =POWER(ROUND(2.3,0), SQRT(4)) → 4
• ROUND(2,3,0) → 2(반올림한 값을 구함)
• SQRT(4) → 2(양의 제곱근을 구함)
• POWER(2,2) → 4(거듭제곱한 값을 구함)

26 논리, 문자열 함수

• IF(조건, 참, 거짓) : 조건식이 참이면 값1, 거짓이면 값2를 반환함
• LEFT(문자열, 개수) : 문자열의 왼쪽에서 지정한 개수만큼 문자를 추출함
• RIGHT(문자열, 개수) : 문자열의 오른쪽에서 지정한 개수만큼 문자를 추출함
• IFS : 하나 이상의 조건이 충족되는지 확인하고 첫 번째 TRUE 조건에 해당하는 값을 반환하며 여러 중첩된 IF문 대신 사용할 수 있으며 최대 127개까지 조건을 줄 수 있음
• SWITCH : 값의 목록에 대한 하나의 값(식이라고 함)을 계산하고 첫 번째 일치하는 값에 해당하는 결과를 반환함
• REPLACE : 시작 위치의 바꿀 개수만큼 텍스트1의 일부를 다른 텍스트2로 교체함
• SUBSTITUTE : 텍스트에서 찾을 위치의 텍스트를 찾아서 새로운 텍스트로 대체함
• CONCAT : 텍스트를 연결하여 나타냄

다음 워크시트에서 [A] 열의 사원코드 중 첫 문자가 A이면 50, B이면 40, C이면 30의 기말수당을 지급하고자 할 때 수식으로 옳은 것은?

	A	B
1	사원코드	기말수당
2	A101	50
3	B101	40
4	C101	30
5	* 수당단위는 천원임	

① =IF(LEFT(A2,1)="A",50,IF(LEFT(A2,1)="B",40,30))
② =IF(RIGHT(A2,1)="A",50,IF(RIGHT(A2,1)="B",40,30))
③ =IF(LEFT(A2,1)='A',50,IF(LEFT(A2,1)='B',40,30))
④ =IF(RIGHT(A2,1)='A',50,IF(RIGHT(A2,1)='B',40,30))

① =IF(LEFT(A2,1)="A",50,IF(LEFT(A2,1)="B",40,30))
→ A2 셀의 텍스트 데이터 "A101"의 왼쪽에서 1자리를 추출하여 "A"와 같으면 50, "B"이면 40 아니면 30을 결과로 나타냄

정답 25 ③ 26 ①

27 찾기, 참조 함수

- **XLOOKUP(찾을 값, 찾을 범위, 반환 범위, 찾을 값 없을 때 텍스트, 일치 유형, 검색 방법)** : "찾을 값"을 "찾을 범위"에서 찾아서 "반환 범위"의 값을 반환함
- **VLOOKUP(값, 범위, 열 번호, 방법)** : 범위의 첫 번째 열에서 값을 찾아 지정한 열에서 대응하는 값을 반환함
- **HLOOKUP(값, 범위, 행 번호, 방법)** : 범위의 첫 번째 행에서 값을 찾아 지정한 행에서 대응하는 값을 반환함
- **CHOOSE(인덱스번호, 인수1, 인수2, …)** : 인덱스 번호에 의해 인수를 순서대로 선택함
- **CELL(정보 유형, 참조 영역)** : 참조 영역의 정보 유형을 반환함
- **정보 유형 "row"** : 참조 영역 안에서 셀의 행 번호를 반환
- **TYPE(숫자, 텍스트, 논리값 등)** : 값의 유형을 반환함

값(Value)	TYPE 결과
숫자	1
텍스트	2
논리값	4
오류값	16
배열	64
복합 데이터	128

- **OFFSET(기준 셀 범위, 행 수, 열 수, 구할 셀 높이, 구할 셀 너비)** : 셀 범위에서 지정한 행 수와 열 수인 범위에 대한 참조를 구함. 행 수는 양수는 아래 방향, 음수는 위 방향, 열 수는 양수는 오른쪽 방향, 음수는 왼쪽 방향을 의미함
- **INDEX(셀 범위, 행 번호, 열 번호)** : 셀 범위에서 행, 열 번호 값을 산출함
- **MATCH(검색 자료, 셀 범위, 검색 유형)** : 셀 범위에서 검색 자료의 상대 위치(몇 번째 행) 또는 열을 표시함
- **XMATCH** : 배열 또는 셀 범위에서 지정된 항목을 검색한 다음 항목의 상대 위치를 반환함. MATCH 함수와 기본 기능은 같으나 XMATCH 함수는 와일드카드 문자를 사용할 수 있으며 검색 방법 기능이 추가됨

다음 중 아래의 워크시트에서 수식의 결과로 '부사장'을 출력하지 않는 것은?

	A	B	C	D
1	사원번호	성명	직함	생년월일
2	101	구민정	영업 과장	1980-12-08
3	102	강수영	부사장	1965-02-19
4	103	김진수	영업 사원	1991-08-03
5	104	박용만	영업 사원	1990-09-19
6	105	이순신	영업 부장	1971-09-20

① =CHOOSE(CELL("row",B3), C2, C3, C4, C5, C6)
② =CHOOSE(TYPE(B4), C2, C3, C4, C5, C6)
③ =OFFSET(A1:A6,2,2,1,1)
④ =INDEX(A2:D6,MATCH(A3, A2:A6, 0), 3)

- CELL("row",B3) → [B3] 셀의 행 번호는 3
- =CHOOSE(3, C2, C3, C4, C5, C6) → 3이므로 세 번째의 C4 값인 "영업 사원"이 표시됨

오답 피하기
- TYPE(B4) → B4가 "김진수", 텍스트이므로 2가 산출됨
- =CHOOSE(2, C2, C3, C4, C5, C6) → 2이므로 두 번째의 C3 값인 "부사장"이 표시됨
- =OFFSET(A1:A6,2,2,1,1) → A1을 기준으로 아래로 2행, 오른쪽으로 2열, 셀 높이, 너비가 1이므로 "부사장"이 표시됨
- MATCH(A3, A2:A6, 0) → A3 셀의 값 102를 A2:A6에서 찾아서 102의 위치값 2를 구함
- =INDEX(A2:D6, 2, 3) → A2:D6에서 2행 3열의 값이므로 "부사장"이 표시됨

정답 27 ①

28 D 함수

- DSUM(데이터베이스, 필드, 조건 범위) : 조건을 만족하는 필드의 합계를 구함
- DAVERAGE(데이터베이스, 필드, 조건 범위) : 조건을 만족하는 필드의 평균을 구함
- DCOUNT(데이터베이스, 필드, 조건 범위) : 조건을 만족하는 필드의 개수(수치)를 구함
- DCOUNTA(데이터베이스, 필드, 조건 범위) : 조건을 만족하는 모든 필드의 개수를 구함
- DMAX(데이터베이스, 필드, 조건 범위) : 조건을 만족하는 필드의 최대값을 구함
- DMIN(데이터베이스, 필드, 조건 범위) : 조건을 만족하는 필드의 최소값을 구함

다음 중 아래의 시트에서 수식 =DSUM(A1:D7, 4, B1:B2)을 실행했을 때의 결과값으로 옳은 것은?

	A	B	C	D
1	성명	부서	1/4분기	2/4분기
2	김남이	영업1부	10	15
3	이지영	영업2부	20	25
4	하나미	영업1부	15	20
5	임진태	영업2부	10	10
6	현민대	영업2부	20	15
7	한민국	영업1부	15	20

① 10
② 15
③ 40
④ 55

=DSUM(A1:D7, 4, B1:B2) : 조건 범위가 [B1:B2]이므로 부서가 '영업1부'인 경우 필드가 4인 2/4분기의 합을 구하므로 결과는 55가 됨(15+20+20)

29 배열과 배열 수식/배열 함수

- 열은 콤마(,)를 사용하여 구분하고, 행은 세미콜론(;)을 사용하여 구분함
- Ctrl + Shift + Enter 를 누르면 수식은 자동으로 중괄호({ })로 둘러싸이며 배열 수식임을 표시함
- 배열 수식은 기본적으로 행과 열이 서로 대응하는 원소끼리 수행함
- MDETERM : 배열의 행렬식을 구함
- MINVERSE : 배열로 저장된 행렬에 대한 역행렬을 구함
- MMULT : 배열의 행렬 곱을 구함
- PERCENTILE.INC : 범위에서 k번째 백분위수 값을 구함
- FREQUENCY : 값의 범위 내에서 해당 값의 발생 빈도를 계산하여 세로 배열 형태로 나타내 줌

다음 중 배열 수식 및 배열 함수에 대한 설명으로 옳지 않은 것은?

① 배열 수식에서 사용되는 배열 상수에는 숫자, 텍스트, TRUE나 FALSE 등의 논리값 또는 #N/A와 같은 오류 값이 포함될 수 있다.
② MDETERM 함수는 배열로 저장된 행렬에 대한 역행렬을 산출한다.
③ PERCENTILE.INC 함수는 범위에서 k번째 백분위수 값을 구하며, 이 때 k는 경계 값을 포함한 0에서 1 사이의 수이다.
④ FREQUENCY 함수는 값의 범위 내에서 해당 값의 발생 빈도를 계산하여 세로 배열 형태로 나타낸다.

30 정렬

- 오름차순 정렬은 숫자일 경우 작은 값에서 큰 값 순서로 정렬되며, 내림차순 정렬은 그 반대로 재배열됨
- 영문 대/소문자를 구분하여 정렬하는 기능을 제공하며, 오름차순 정렬 시 소문자가 우선순위를 갖음
- **오름차순 정렬** : 숫자 – 기호 문자 – 영문 소문자 – 영문 대문자 – 한글 – 빈 셀(단, 대/소문자 구분하도록 설정했을 때)
- **내림차순 정렬** : 한글 – 영문 대문자 – 영문 소문자 – 기호 문자 – 숫자 – 빈 셀(단, 대/소문자 구분하도록 설정했을 때)
- **정렬 전에 숨겨진 행 및 열 표시** : 숨겨진 열이나 행은 정렬 시 이동되지 않음
- 최대 64개의 열을 기준으로 정렬할 수 있음

다음 중 데이터 정렬 기능에 대한 설명으로 옳지 <u>않은</u> 것은?

① 원칙적으로 숨겨진 행이나 열에 있는 데이터는 정렬에 포함되지 않는다.
② 정렬은 기본적으로 왼쪽에서 오른쪽으로 열 단위로 정렬한다.
③ 영문자는 대/소문자를 구분하여 정렬할 수 있다.
④ 빈 셀은 오름차순/내림차순 정렬 방법에 상관없이 항상 가장 마지막으로 정렬된다.

31 필터

- **자동 필터** : 자동 필터를 이용하여 추출한 데이터는 항상 레코드(행) 단위로 표시, 같은 열에 여러 개의 항목을 동시에 선택하여 데이터를 추출할 수 있음
- **고급 필터** : 조건 범위와 복사 위치는 고급 필터 명령을 실행하기 전에 설정해 놓아야 함. 결과를 '현재 위치에 필터'로 선택한 경우 복사 위치를 지정할 필요가 없으며, [자동 필터]처럼 현재 데이터 범위 위치에 고급 필터 결과를 표시함
- **단일 조건** : 첫 행에 필드명을 입력하고, 필드명 아래에 검색할 값을 입력
- **AND 조건** : 첫 행에 필드명을 나란히 입력하고, 동일한 행에 조건을 입력
- **OR 조건** : 첫 행에 필드명을 나란히 입력하고, 서로 다른 행에 조건을 입력
- **복합 조건(AND, OR 결합)** : 첫 행에 필드명을 나란히 입력하고, 동일한 행에 조건을 입력. 그리고 다음 동일한 행에 두 번째 조건을 입력
- 고급 필터에서 조건 범위를 만들 때 만능 문자(?, *)를 사용할 수 있음

다음 중 자동 필터에 관한 설명으로 옳지 <u>않은</u> 것은?

① 날짜가 입력된 열에서 요일로 필터링하려면 '날짜 필터' 목록에서 필터링 기준으로 사용할 요일을 하나 이상 선택하거나 취소한다.
② 두 개 이상의 필드에 조건을 설정하는 경우 필드 간에는 AND 조건으로 결합되어 필터링된다.
③ 열 머리글에 표시되는 드롭다운 화살표에는 해당 열에서 가장 많이 나타나는 데이터 형식에 해당하는 필터 목록이 표시된다.
④ 자동 필터를 사용하면 목록 값, 서식 또는 조건 등 세 가지 유형의 필터를 만들 수 있으며, 각 셀의 범위나 표 열에 대해 한 번에 한 가지 유형의 필터만 사용할 수 있다.

'날짜 필터' 목록에서 필터링 기준으로 사용할 요일은 지원되지 않음

32 부분합

- 워크시트에 있는 데이터를 일정한 기준으로 요약하여 통계 처리를 수행함
- 기준이 될 필드(열)로 먼저 정렬(오름차순 또는 내림차순)해야 함
- **그룹화 항목** : 부분합을 계산할 기준 필드
- **사용할 함수** : 합계, 개수, 평균, 최대값, 최소값, 곱, 숫자 개수, 표본 표준 편차, 표준 편차, 표본 분산, 분산 등 계산 항목에서 선택한 필드를 계산 방식을 지정함
- **새로운 값으로 대치** : 이미 부분합이 작성된 목록에서 이전 부분합을 지우고 현재 설정대로 새로운 부분합을 작성하여 삽입함
- **모두 제거** : 목록에 삽입된 부분합이 삭제되고, 원래 데이터 상태로 돌아감

다음 중 부분합에 대한 설명으로 옳지 않은 것은?

① 부분합을 작성하려면 첫 행에는 열 이름표가 있어야 하며, 그룹화할 항목을 기준으로 반드시 정렬해야 제대로 된 결과를 얻을 수 있다.
② 그룹화를 위한 데이터의 정렬을 오름차순으로 할 때와 내림차순으로 할 때의 그룹별 부분합의 결과는 서로 다르다.
③ 부분합을 제거하면 부분합과 함께 표에 삽입된 개요 및 페이지 나누기도 모두 제거된다.
④ 부분합 대화 상자에서 '새로운 값으로 대치'를 해제하지 않고 부분합을 실행하면 이전에 작성한 부분합은 삭제되고 새롭게 작성한 부분합만 표시된다.

33 데이터 표

- 워크시트에서 특정 데이터를 변화시켜 수식의 결과가 어떻게 변하는지 보여 주는 셀 범위를 데이터 표라고 함
- 데이터 표 범위를 지정한 다음 [데이터] 탭-[예측] 그룹-[가상 분석]을 클릭한 후 [데이터 표] 메뉴를 실행하고, '행 입력 셀'과 '열 입력 셀'을 지정하여 작성함
- 데이터 표의 수식은 데이터 표를 작성하기 위해 필요한 변수가 하나인지 두 개인지에 따라 수식의 작성 위치가 달라짐
- 데이터 표 기능을 통해 입력된 셀의 일부분만 수정하거나 삭제할 수 없음(데이터 표 범위의 전체를 수정해야 함)

아래 시트에서 [표1]의 할인율 [B3]을 적용한 할인가 [B4]를 이용하여 [표2]의 각 정가에 해당하는 할인가 [E3:E6]를 계산하고자 한다. 다음 중 이때 가장 적합한 데이터 도구는?

	A	B	C	D	E
1	[표1] 할인 금액			[표2] 할인 금액표	
2	정가	₩10,000		정가	₩9,500
3	할인율	5%			₩10,000
4	할인가	₩9,500			₩15,000
5					₩24,000
6					₩30,000

① 통합
② 데이터 표
③ 부분합
④ 시나리오 관리자

34 피벗 테이블/피벗 차트 보고서

- 피벗 테이블은 방대한 양의 자료를 빠르게 요약하여 보여 주는 대화형 테이블을 의미
- 피벗 테이블 보고서는 각 필드에 다양한 조건을 지정할 수 있으며, 일정한 그룹별로 데이터 집계가 가능함
- 피벗 차트 작성 시 자동으로 피벗 테이블도 함께 만들어짐. 즉, 피벗 테이블을 만들지 않고는 피벗 차트를 만들 수 없음
- 피벗 테이블과 피벗 차트를 함께 만든 후에 작성된 피벗 테이블을 삭제하면 피벗 차트는 일반 차트로 변경됨
- **데이터 새로 고침** : 피벗 테이블은 원본 데이터와 연결되어 있지만 원본 데이터가 변경될 때 자동으로 피벗 테이블 내용을 변경하지 못함

다음 중 피벗 테이블과 피벗 차트에 대한 설명으로 옳지 않은 것은?

① 새 워크시트에 피벗 테이블을 생성하면 보고서 필터의 위치는 [A1] 셀, 행 레이블은 [A3] 셀에서 시작한다.
② 피벗 테이블과 연결된 피벗 차트가 있는 경우 피벗 테이블에서 [모두 지우기] 명령을 사용하면 피벗 테이블과 피벗 차트의 필드, 서식 및 필터가 제거된다.
③ 하위 데이터 집합에도 필터와 정렬을 적용하여 원하는 정보만 강조할 수 있으나 조건부 서식은 적용되지 않는다.
④ [피벗 테이블 옵션] 대화 상자에서 오류값을 빈 셀로 표시하거나 빈 셀에 원하는 값을 지정하여 표시할 수도 있다.

> 하위 데이터 집합에 대해 필터, 정렬, 그룹 및 조건부 서식을 적용하여 원하는 정보만 강조할 수 있음

35 목표값 찾기

- 수식의 결과값은 알고 있으나 그 결과값을 얻기 위한 입력값을 모를 때 목표값 찾기 기능을 이용함
- 수식에서 참조한 특정 셀의 값을 계속 변화시켜 수식의 결과값을 원하는 값으로 찾음
- [데이터] 탭-[예측] 그룹-[가상 분석]을 클릭한 후 [목표값 찾기] 메뉴를 선택하여 수식 셀, 찾는 값, 값을 바꿀 셀을 지정함
- **찾는 값** : 수식 셀의 결과로, 원하는 특정 값을 숫자 상수로 입력함

다음 중 아래 그림과 같이 목표값 찾기를 지정했을 때의 설명으로 옳은 것은?

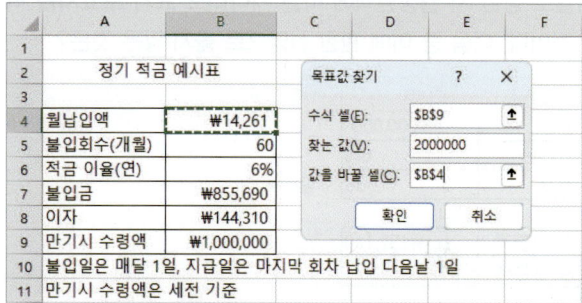

① 만기 시 수령액이 2,000,000원이 되려면 월 납입금은 얼마가 되어야 하는가?
② 만기 시 수령액이 2,000,000원이 되려면 적금 이율(연)이 얼마가 되어야 하는가?
③ 불입금이 2,000,000원이 되려면 만기 시 수령액은 얼마가 되어야 하는가?
④ 월 납입금이 2,000,000원이 되려면 만기 시 수령액은 얼마가 되어야 하는가?

36 시나리오

- 변경 요소가 많은 작업표에서 가상으로 수식이 참조하고 있는 셀의 값을 변화시켜 작업표의 결과를 예측하는 기능
- 변경 요소가 되는 값의 그룹을 '변경 셀'이라고 하며, 하나의 시나리오에 최대 32개까지 변경 셀을 지정할 수 있음
- 변경 셀로 지정한 셀에 계산식이 포함되어 있으면 자동으로 상수로 변경되어 시나리오가 작성됨
- '결과 셀'은 변경 셀 값을 참조하는 수식으로 입력되어야 함
- **병합** : 열려 있는 다른 통합 문서의 워크시트에서 시나리오를 가져와 현재 시트의 시나리오에 추가함

아래는 연이율 6%의 대출금 5,000,000원을 36개월, 60개월, 24개월로 상환 시 월상환액에 따른 시나리오 요약 보고서를 작성한 것이다. 다음 중 이에 관한 설명으로 옳지 <u>않은</u> 것은?

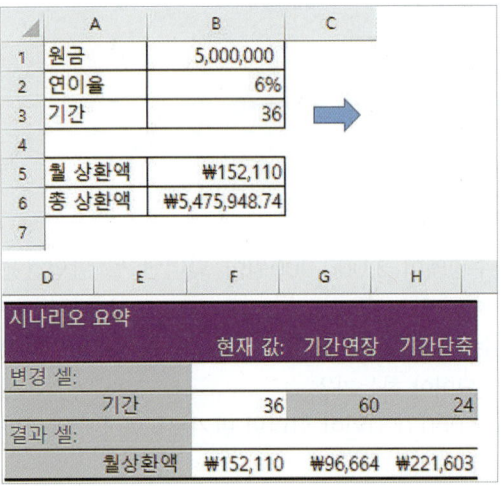

① 시나리오 추가 시 사용된 [변경 셀]은 [B3] 셀이다.
② [B3] 셀은 '기간'으로 [B5] 셀은 '월상환액'으로 이름이 정의되어 있다.
③ 일반적으로 시나리오를 만들 때 [변경 셀]에는 사용자가 값을 입력할 수는 있으나 여러 개의 셀을 참조할 수는 없다.
④ [B5] 셀은 시나리오 요약 시 [결과 셀]로 사용되었으며, 수식이 포함되어 있다.

37 페이지 설정

- [페이지] 탭에서 '자동 맞춤'의 용지 너비와 용지 높이를 각각 1로 지정하면 여러 페이지가 한 페이지에 인쇄됨
- 배율은 워크시트 표준 크기의 10%에서 400%까지 설정함
- 머리글/바닥글은 [머리글/바닥글] 탭에서 설정함
- 셀에 설정된 메모는 '시트에 표시된 대로' 인쇄할 수 있음

다음 중 엑셀의 [페이지 설정] 대화 상자에 대한 설명으로 옳은 것은?

① 인쇄 배율을 수동으로 설정할 수 있으며, 배율은 워크시트 표준 크기의 10%에서 200%까지 설정 가능하다.
② [시트] 탭에서 머리글/바닥글과 행/열 머리글이 인쇄되도록 설정할 수 있다.
③ [페이지] 탭에서 '자동 맞춤'의 용지 너비와 용지 높이를 각각 1로 지정하면 여러 페이지가 한 페이지에 인쇄된다.
④ 셀에 설정된 메모는 시트에 표시된 대로 인쇄할 수는 없으나 시트 끝에 인쇄되도록 설정할 수 있다.

38 차트

- **분산형(XY 차트)**
  - 데이터의 불규칙한 간격이나 묶음을 보여주는 것으로, 데이터 요소 간의 차이점보다는 큰 데이터 집합 간의 유사점을 표시하려는 경우에 사용함
  - 각 항목의 값을 점으로 표시함
  - 두 개의 숫자 그룹을 XY 좌표로 이루어진 한 계열로 표시(XY 차트라고도 함)
  - 주로 과학, 공학용 데이터 분석에서 사용함
  - 3차원 차트로 작성할 수 없음
  - 가로축은 항목 축이 아닌 값 축 형식으로 나타남
- **주식형 차트** : 주식 가격, 온도 변화와 같은 과학 데이터를 나타내는 데 사용하며 3차원 차트로 작성할 수 없음
- **영역형 차트** : 일정한 시간에 따라 데이터의 변화 추세(데이터 세트의 차이점을 강조)를 표시, 데이터 계열값의 합계를 표시하여 전체 값에 대한 각 값의 관계를 표시함
- **방사형 차트** : 많은 데이터 계열의 합계값을 비교할 때 사용하며 각 항목마다 가운데 요소에서 뻗어 나온 값 축을 갖고, 선은 같은 계열의 모든 값을 연결, 3차원 차트로 작성할 수 없음

다음 중 아래에서 설명하는 차트의 종류로 가장 적절한 것은?

- 가로축의 값이 일정한 간격이 아닌 경우
- 가로축의 데이터 요소 수가 많은 경우
- 데이터 요소 간의 차이점보다는 큰 데이터 집합 간의 유사점을 표시하려는 경우

① 주식형 차트
② 분산형 차트
③ 영역형 차트
④ 방사형 차트

39 매크로

- 자주 사용하는 명령, 반복적인 작업 등을 매크로로 기록하여 해당 작업이 필요할 때마다 바로 가기 키(단축 키)나 실행 단추를 클릭하여 쉽고, 빠르게 작업을 수행할 수 있음
- 매크로는 해당 작업에 대한 일련의 명령과 함수를 Microsoft Visual Basic 모듈로 저장한 것으로 Visual Basic 언어를 기반으로 함

매크로 이름	• 기록할 매크로 이름을 지정하는 것 • 기본적으로는 매크로1, 매크로2와 같이 붙여짐 • 첫 글자는 반드시 문자이어야 하며, 나머지는 문자, 숫자, 밑줄 등을 사용하여 입력할 수 있음 • 공백이나 #, @, $, %, & 등의 기호 문자를 사용할 수 없음

- 매크로 이름에 공백이나 #, @, $, %, & 등의 기호 문자를 사용할 수 없음
- 매크로 편집 : Alt + F11
- 한 단계씩 코드 실행 : F8
- 모듈 창의 커서 위치까지 실행 : Ctrl + F8
- 매크로 실행 : F5

다음 중 매크로 편집에 사용되는 Visual Basic Editor에 관한 설명으로 옳지 않은 것은?

① Visual Basic Editor는 단축키 Alt + F11을 누르면 실행된다.
② 작성된 매크로는 한 번에 실행되며, 한 단계씩 실행될 수는 없다.
③ Visual Basic Editor는 프로젝트 탐색기, 속성 창, 모듈 시트 등으로 구성되어 있다.
④ 실행하고자 하는 매크로 구문 내에 커서를 위치시키고 F5를 누르면 매크로가 바로 실행된다.

[한 단계씩 코드 실행]에서 한 단계씩 실행 가능함

40 VBA 프로그래밍

- VBA 구문은 한 가지 종류의 수행, 선언, 정의 등을 표현할 수 있는 명령문
- 한 줄에 두 개 이상의 명령문을 입력할 때는 콜론(:)을 사용함
- 명령문이 길어져서 두 줄 이상 나누어 입력할 때 공백과 밑줄(_)을 줄 연속 문자로 사용함
- Range("A1").Formula = 3*4 → [A1] 셀에 3*4의 결과 12가 입력됨. 수식이 그대로 셀에 나타나려면 Range("A1").Formula = "=3*4"로 하고 해당 셀이 텍스트 표시 형식이어야 함
- **ClearFormats 메서드** : 개체의 서식을 지움
- **Range.ClearFormats 메서드** : 개체의 서식을 지움
- **구문** : expression.ClearFormats → expression : Range 개체를 나타내는 변수
- **예제** : Sheet1에 있는 셀 범위 A1:C3에 적용된 모든 서식을 지우는 예제 → Worksheets("Sheet1").Range("A1:C3").ClearFormats

다음 중 각 VBA 코드에 대한 설명으로 옳지 <u>않은</u> 것은?

① Range("A5").Select ⇒ [A5] 셀로 셀 포인터를 이동한다.
② Range("C2").Font.Bold = "True" ⇒ [C2] 셀의 글꼴 스타일을 '굵게'로 설정한다.
③ Range("A1").Formula = 3*4 ⇒ [A1] 셀에 수식 '=3*4'가 입력된다.
④ Workbooks.Add ⇒ 새 통합 문서를 생성한다.

3과목 | 데이터베이스 일반

41 데이터베이스의 장·단점

장점	• 중복을 최소화하여 자료의 일치를 기함 • 데이터의 물리적, 논리적 독립성을 유지함 • 단말기를 통해 요구된 내용을 즉시 처리하는 실시간 접근이 가능함 • 데이터 보안을 유지하여 데이터의 손실을 방지함 • 최신 데이터를 유지하므로 데이터의 계속적인 변화에 적응함 • 데이터의 내용에 의한 액세스를 함 • 일관성, 무결성의 유지 및 데이터의 공유와 표준화가 가능함
단점	• 운영 비용 면에서 부담이 크며, 전산 비용이 증가되고 복잡함 • 자료의 처리 방법이 복잡함 • 시스템의 취약성이 있음 • 예비(Backup)와 회복(Recovery) 기법이 어려워짐

다음 중 데이터베이스를 이용하는 경우의 장점으로 가장 옳은 것은?

① 데이터 간의 종속성을 유지할 수 있다.
② 데이터 관리 비용을 절감할 수 있다.
③ 데이터의 일관성 및 무결성을 유지할 수 있다.
④ 데이터를 중복적으로 관리하므로 시스템에 문제가 발생하더라도 복구가 쉽다.

42 데이터베이스 언어(DBL)

데이터 정의어 (DDL : Data Definition Language)	• 데이터베이스 구조와 관계, 데이터베이스 이름을 정의함 • 데이터 항목, 키 값의 고정, 데이터의 형과 한계를 규정함 • 데이터 액세스 방법 등을 규정함
데이터 조작어 (DML : Data Manipulation Language)	• 주 프로그램에 내장하여 데이터베이스를 실질적으로 운영 및 조작함 • 데이터의 삽입, 삭제, 검색, 변경, 연산 등의 처리를 위한 연산 집합
데이터 제어어 (DCL : Data Control Language)	• 데이터베이스를 공용하기 위하여 데이터 제어를 정의 및 기술함 • 데이터 보안, 무결성, 회복, 병행 수행 등을 제어함

다음은 데이터베이스관리시스템(DBMS)의 기능과 각 기능에 대한 설명이다. 바르게 짝지어진 것은?

ⓐ 조작 기능   ⓑ 제어 기능   ⓒ 정의 기능

㉮ 데이터의 정확성과 보안성을 유지하기 위한 무결성, 보안 및 권한 검사, 병행 제어 등의 기능을 정의하는 기능
㉯ 데이터 형(type), 구조, 데이터를 이용하는 방식을 정의하는 기능
㉰ 데이터의 검색, 삽입, 삭제, 변경 등을 처리하기 위한 접근 수단을 정의하는 기능

① ⓐ-㉮, ⓑ-㉯, ⓒ-㉰
② ⓐ-㉰, ⓑ-㉮, ⓒ-㉯
③ ⓐ-㉮, ⓑ-㉰, ⓒ-㉯
④ ⓐ-㉯, ⓑ-㉮, ⓒ-㉰

43 키의 종류

• **후보키** : 한 테이블에서 유일성과 최소성을 만족하는 키(예 주민번호, 사원번호 등)
• **기본키(PK : Primary Key)** : 후보키 중에서 선정되어 사용되는 키(기본키는 두 개 이상의 필드에 설정할 수 있음)
• **슈퍼키** : 어떠한 열도 후보키가 없을 때 두 개 이상의 열을 복합(연결)할 경우 유일성을 만족하여 후보키가 되는 키(복합키, 연결키라고도 함)
• **외래키(FK : Foreign Key)** : 외래키(FK)가 다른 참조 테이블(릴레이션)의 기본키(PK)일 때 그 속성키를 외래키라고 함

다음 중 키의 개념에 대한 설명으로 옳지 않은 것은?

① 후보키(Candidate Key)는 유일성과 최소성을 만족한다.
② 슈퍼키(Super Key)는 유일성은 가지지만 최소성을 가지지 않는 키이다.
③ 기본키(Primary Key)로 지정된 속성은 모든 튜플에 대해 널(null)값을 가질 수 없다.
④ 외래키(Foreign Key)는 후보키 중에서 기본키로 정의되지 않은 나머지 후보키들을 말한다.

44 정규화(Normalization)

• 관계형 데이터베이스를 설계할 때 데이터의 중복 최소화와 불일치를 방지하기 위해 릴레이션 스키마를 분해해 가는 과정
• 데이터베이스의 논리적 설계 단계에서 수행됨
• 정규형(NF : Normal Form)에는 제1정규형(1NF), 제2정규형(2NF), 제3정규형(3NF), BCNF형, 제4정규형(4NF), 제5정규형(5NF) 등이 있음
• 정규화를 수행하더라도 데이터 중복의 최소화는 가능하지만 데이터의 중복을 완전히 제거할 수는 없음

다음 중 정규화에 대한 설명으로 옳지 않은 것은?

① 정규화를 통해 삽입, 삭제, 갱신 이상의 발생을 방지할 수 있다.
② 정규화를 통해 데이터 삽입 시 테이블 재구성의 필요성을 줄일 수 있다.
③ 정규화는 테이블 속성들 사이의 종속성을 최대한 배제하는 과정으로 볼 수 있다.
④ 정규화를 수행하여 데이터의 중복을 완전히 제거할 수 있다.

45 데이터 형식의 종류

- 일련번호
  - 레코드 추가 시 자동으로 고유 번호를 부여할 때 사용함
  - 번호가 부여되면 변경하거나 삭제할 수 없음
  - 기본키를 설정하는 필드에서 주로 사용함
- Yes/No
  - True/False, Yes/No, On/Off처럼 두 값 중 하나만을 선택하는 경우에 사용함
  - Null 값을 허용하지 않음
  - 기본 필드 크기 : 1비트

다음 중 레코드가 추가될 때마다 시스템에서 자동으로 값을 입력해 주며 업데이트나 수정이 불가능한 데이터 형식은?

① 짧은 텍스트
② 숫자
③ 일련번호
④ Yes/No

46 유효성 검사 규칙

- 유효성 검사 규칙은 레코드, 필드, 컨트롤 등에 입력할 수 있는 데이터 요구 사항을 지정할 수 있는 속성임
- 유효성 검사 규칙과 유효성 검사 텍스트 속성은 옵션 그룹에 있는 확인란, 옵션 단추 또는 토글 단추 컨트롤에는 적용되지 않고 옵션 그룹 자체에만 적용됨
- 일련번호나 OLE 개체에서는 유효성 검사 규칙이 지원되지 않음

[직원] 테이블의 '급여' 필드는 데이터 형식이 숫자이고, 필드 크기가 정수(Long)로 설정되어 있다. 다음 중 '급여' 필드에 입력 가능한 숫자를 백만 원 이상, 오백만 원 이하로 설정하기 위한 유효성 검사 규칙으로 옳은 것은?

① <= 1000000 Or <= 5000000
② >= 1000000 And <= 5000000
③ >= 1000000, <= 5000,000
④ 1,000,000 <= And <= 5,000,000

47 인덱스(Index)

- 인덱스는 테이블 검색 및 정렬 속도를 높여 줌
- 테이블의 기본키는 자동으로 인덱스됨
- OLE 개체 데이터 형식의 필드는 인덱스를 지정할 수 없음
- 인덱스는 테이블당 32개까지 허용됨

다음 중 데이터베이스에서 인덱스를 사용하는 목적으로 가장 적절한 것은?

① 데이터 검색 및 정렬 작업 속도 향상
② 데이터의 추가, 수정, 삭제 속도 향상
③ 데이터의 일관성 유지
④ 최소 중복성 유지

48 참조 무결성

- **참조 무결성** : 두 테이블의 연관된 레코드들 사이의 일관성을 유지하는 데 사용하고 주어진 속성들의 집합에 대한 테이블의 한 값이 반드시 다른 테이블에 대한 속성 값으로 나타나도록 보장해야 함
- **개체 무결성** : 테이블에서 기본키를 구성하는 속성(열) 값은 널 값이나 중복 값을 가질 수 없음

[성적] 테이블의 '과목코드' 필드와 [과목] 테이블의 '과목코드' 필드를 이용하여 두 테이블 간 관계가 설정되어 있다. 이 때 [성적] 테이블의 '과목코드' 필드를 무엇이라 부르며, 두 테이블 간에 준수되어야 할 제약을 무엇이라 하는가?(단, [과목] 테이블의 '과목 코드' 필드는 기본키로 설정되어 있음)

① 외래키-참조 무결성
② 외래키-개체 무결성
③ 기본키-참조 무결성
④ 기본키-개체 무결성

49 SQL문-SELECT(검색문)

```
SELECT [ALL | DISTINCT] 열 리스트
FROM 테이블 리스트
[WHERE 조건]
[GROUP BY 열 리스트 [HAVING 조건]]
[ORDER BY 열 리스트 [ASC | DESC]];
```

SELECT	검색하고자 하는 열 리스트를 선택함
ALL	검색 결과값의 모든 레코드를 검색함
DISTINCT	검색 결과값 중 중복된 결과값(레코드)을 제거, 중복되는 결과값은 한 번만 표시함
FROM	대상 테이블명
WHERE	검색 조건을 기술할 때 사용함
GROUP BY	그룹에 대한 쿼리 시 사용함
HAVING	그룹에 대한 조건을 기술함(반드시 GROUP BY와 함께 사용)
ORDER BY	검색 결과에 대한 정렬을 수행함
ASC	오름차순을 의미하며 생략하면 기본적으로 오름차순임
DESC	내림차순을 의미함

[평균성적] 테이블에서 '평균' 필드 값이 90 이상인 학생들을 검색하여 '학년' 필드를 기준으로 내림차순, '반' 필드를 기준으로 오름차순 정렬하여 표시하고자 한다. 다음 중 아래 SQL문의 각 괄호 안에 넣을 예약어로 옳은 것은?

```
SELECT 학년, 반, 이름
FROM 평균성적
WHERE 평균 >= 90 ( ㉠ ) 학년 ( ㉡ ) 반 ( ㉢ );
```

① ㉠ GROUP BY, ㉡ DESC, ㉢ ASC
② ㉠ GROUP BY, ㉡ ASC, ㉢ DESC
③ ㉠ ORDER BY, ㉡ DESC, ㉢ ASC
④ ㉠ ORDER BY, ㉡ ASC, ㉢ DESC

50 연산자의 사용

- BETWEEN 〈값1〉 AND 〈값2〉 : 〈값1〉 이상, 〈값2〉 이하의 조건을 검색함
- IN(〈값1〉, 〈값2〉, …) : IN 연산자 뒤에 이어지는 값들의 목록 안에 들어 있는 결과를 검색함
- LIKE 〈값1〉* : 〈값1〉로 시작하는 결과를 검색함
- INSTR : 문자열을 검색하여 위치한 자릿수를 구함

다음 중 도서명에 '액세스'라는 단어가 포함된 도서 정보를 검색하려고 할 때, 아래 SQL문의 WHERE절에 들어갈 조건으로 옳은 것은?

```
SELECT 도서명, 저자, 출판연도, 가격
FROM 도서
WHERE _____ ;
```

① 도서명 = "*액세스*"
② 도서명 IN "*액세스*"
③ 도서명 BETWEEN "*액세스*"
④ 도서명 LIKE "*액세스*"

51 INSERT문

- **삽입문** : 테이블에 새로운 데이터(행)를 삽입하며, INSERT-INTO-VALUES의 유형을 가짐
- **형식**

```
INSERT INTO 테이블명(필드이름1, 필드이름2, …)
VALUES (값1, 값2, …)
```

다음 SQL문의 INSERT를 이용해서 [학생] 테이블에 학번 : "200878", 이름 : "정몽주", 학년 : "1"인 자료를 삽입하려고 한다. (ⓐ) 안에 들어갈 내용으로 옳은 것은?

```
INSERT INTO 학생(학번,이름,학년) ( ⓐ ) ("200878","정몽주","1");
```

① VALUES
② INTO
③ WHERE
④ FROM

52 UPDATE문

- **갱신문** : 테이블에 저장되어 있는 데이터를 갱신하며, UPDATE-SET-WHERE의 유형을 가짐
- **형식**

```
UPDATE 테이블명
SET 필드이름1= 값1, 필드이름2=값2, …
WHERE 조건
```

다음 중 사원 테이블에서 호봉이 6인 사원의 연봉을 3% 인상된 값으로 수정하는 실행 쿼리를 작성하고자 할 때, 아래의 각 괄호에 넣어야 할 구문을 순서대로 나열한 것은?

```
UPDATE 사원
  (          ) 연봉=연봉*1.03
  (          ) 호봉=6;
```

① FROM, WHERE
② SET, WHERE
③ VALUE, SELECT
④ INTO, VALUE

53 폼의 개념

- 폼은 테이블이나 쿼리를 레코드 원본으로 사용하는 개체
- 폼은 테이블이나 쿼리 데이터의 입력, 수정 및 편집 작업을 편리하고 쉽게 할 수 있도록 도와주는 개체
- 폼에서 데이터를 입력 및 수정할 경우 연결된 테이블이나 쿼리에 그 변경된 내용이 반영됨
- 폼은 보고서, 매크로, 모듈 등과 연결시켜 해당 작업을 자동화할 수 있음
- 폼은 데이터베이스의 보안성을 높여줌
- 폼은 테이블이나 쿼리와는 달리 이벤트를 설정할 수 있음
- 폼은 테이블이나 쿼리의 데이터와 연결되어 있는 바운드 폼(Bound Form)과 그렇지 않은 언바운드 폼(Unbound Form)으로 나뉨
- **바운드 컨트롤** : 테이블이나 쿼리의 필드를 데이터 원본으로 사용하는 컨트롤로 데이터베이스에 있는 필드의 값(짧은 텍스트, 날짜, 숫자, Yes/No 값, 그림 또는 그래프)을 표시할 수 있음
- **언바운드 컨트롤** : 데이터 원본(예 필드 또는 식)이 없는 컨트롤로 정보, 그림, 선 또는 직사각형을 표시할 때 사용함
- **계산 컨트롤** : 필드 대신 식을 데이터 원본으로 사용하는 컨트롤로 식을 정의하여 컨트롤의 데이터 원본으로 사용할 값을 지정함
- **레이블 컨트롤** : 제목이나 캡션 등의 설명 텍스트를 표시할 때 사용하는 컨트롤로 필드나 식의 값을 표시할 수 없음

다음 중 폼에 대한 설명으로 옳지 않은 것은?

① 입력 및 편집 작업을 위한 인터페이스이다.
② 폼을 작성하기 위한 원본으로는 테이블만 가능하다.
③ 폼을 이용하면 여러 개의 테이블에 데이터를 한 번에 입력할 수 있다.
④ 바운드(Bound) 폼과 언바운드(Unbound) 폼이 있다.

54 탭 순서

- 탭 순서는 폼 보기에서 Tab 이나 Enter 를 눌렀을 때 각 컨트롤 사이에 이동되는 순서를 설정함
- 탭 순서는 폼에 컨트롤을 추가하여 작성한 순서대로 설정됨
- 탭 정지 속성의 기본값은 '예'이며, '아니요'를 선택하면 Tab 을 눌러도 커서가 오지 않음
- 단, 레이블 컨트롤과 이미지 컨트롤은 탭 순서에서 제외되며, 탭 정지 속성이 지원되지 않음

다음 중 폼에서의 탭 순서(Tab Order) 지정에 관한 설명으로 옳지 않은 것은?

① 폼 보기에서 Tab 이나 Enter 를 눌렀을 때 포커스(Focus)의 이동 순서를 지정하는 것이다.
② 키보드를 이용하여 컨트롤 간 이동을 신속하게 할 수 있는 기능이다.
③ 레이블 컨트롤을 포함한 모든 컨트롤에 탭 순서를 지정할 수 있다.
④ 해당 컨트롤의 '탭 정지' 속성을 '아니요'로 지정하면 탭 순서에서 제외된다.

55 하위 폼

- 하위 폼은 폼 안에 들어 있는 또 하나의 폼
- 폼/하위 폼의 조합을 계층형 폼 또는 마스터 폼/세부 폼, 상위/하위 폼이라고도 함
- 하위 폼을 사용하면 일대다 관계에 있는 테이블이나 쿼리 데이터를 효과적으로 표시할 수 있음
- 기본 폼은 관계의 '일'쪽에 있는 데이터를 표시하며, 하위 폼은 관계의 '다'쪽에 있는 데이터를 표시함
- 기본 폼은 단일 폼으로만 표시할 수 있지만, 하위 폼은 데이터시트로 표시하거나 단일 폼 또는 연속 폼으로 표시할 수 있음
- 기본 폼이 포함할 수 있는 하위 폼의 수에는 제한이 없다. 또한 하위 폼을 7개 수준까지 중첩시킬 수도 있음

다음 중 기본 폼과 하위 폼을 연결하기 위한 기본 조건에 대한 설명으로 옳지 않은 것은?

① 기본 필드와 하위 필드의 데이터 형식과 필드의 크기는 같거나 호환되어야 한다.
② 중첩된 하위 폼은 최대 2개 수준까지 만들 수 있다.
③ 테이블 간에 관계가 설정되어 있지 않은 경우에도 하위 폼으로 연결할 수 있다.
④ 하위 폼의 '기본 필드 연결' 속성은 기본 폼을 하위 폼에 연결해 주는 기본 폼의 필드를 지정하는 속성이다.

56 도메인 함수

- 테이블이나 쿼리, SQL 식에 의해 정의된 레코드 집합을 이용하여 통계 계산을 구할 때 사용하는 함수
- 도메인 계산 함수는 폼이나 보고서의 계산 컨트롤, 쿼리 조건식, 매크로, 모듈에서 사용할 수 있음
- =도메인 계산 함수(인수, 도메인, 조건식)
- DSum(합계), DAvg(평균), DCount(개수), DMin(최소값), DMax(최대값), DLookUp(특정 필드 값) 등

폼 바닥글에 [사원] 테이블의 '직급'이 '과장'인 레코드들의 '급여' 합계를 구하고자 한다. 다음 중 폼 바닥글의 텍스트 상자 컨트롤에 입력해야 할 식으로 옳은 것은?

① =DHAP("[사원]", "[급여]", "[직급]='과장'")
② =DHAP("[급여]", "[사원]", "[직급]='과장'")
③ =DSUM("[사원]", "[급여]", "[직급]='과장'")
④ =DSUM("[급여]", "[사원]", "[직급]='과장'")

57 보고서

- 보고서는 데이터베이스에 저장된 테이블이나 쿼리의 내용을 화면이나 프린터로 출력하기 위한 개체
- 보고서는 데이터 원본으로 테이블, 쿼리, SQL문을 사용하며 제목이나 날짜, 페이지 번호 같은 나머지 정보는 보고서 디자인에 저장됨
- 보고서는 폼과는 달리 컨트롤에 데이터를 입력하거나 수정할 수 없음
- 보고서는 그룹과 페이지에 데이터별 평균, 합계와 같은 요약 정보를 인쇄할 수 있음

다음 중 Access의 보고서 개체에 대한 설명으로 옳지 않은 것은?

① 보고서는 테이블이나 쿼리의 내용을 화면이나 프린터로 인쇄하기 위한 개체이다.
② 보고서의 레코드 원본으로 테이블, 쿼리, SQL문을 사용한다.
③ 보고서에도 조건부 서식을 적용할 수 있다.
④ 보고서의 컨트롤을 이용하여 레코드 원본으로 사용된 테이블에 데이터를 입력하거나 수정할 수 있다.

정답 54 ③ 55 ② 56 ④ 57 ④

58 보고서의 구성

- 보고서는 보고서 머리글/바닥글, 페이지 머리글/바닥글, 그룹 머리글/바닥글, 본문 등의 여러 구역으로 구성됨
- 보고서의 머리글/바닥글, 페이지의 머리글/바닥글 구역은 숨기거나 나타낼 수 있으며 그룹이 설정되어 있는 경우 그룹 머리글과 그룹 바닥글이 표시됨

다음 중 보고서의 각 구역에 관한 설명으로 옳지 않은 것은?

① 보고서 머리글은 보고서의 맨 앞에 한 번 출력되며, 일반적으로 로고나 제목 및 날짜와 같이 표지에 나타나는 정보를 추가한다.
② 그룹 머리글은 각 새 레코드 그룹의 맨 앞에 출력되며, 그룹 이름을 출력하려는 경우에 사용한다.
③ 본문은 레코드 원본의 모든 행에 대해 한 번씩 출력되며, 보고서의 본문을 구성하는 컨트롤이 여기에 추가된다.
④ 보고서 바닥글은 모든 페이지의 맨 끝에 출력되며, 페이지 번호 또는 페이지별 정보를 표시하려는 경우에 사용한다.

- 페이지 바닥글 : 보고서의 매 페이지의 하단에 표시됨, 페이지 번호나 날짜 등의 항목을 삽입함
- 보고서 바닥글 : 보고서의 맨 마지막 페이지에 한 번만 표시됨, 보고서 총계나 안내 문구 등의 항목을 삽입함, 보고서 디자인의 마지막 구역이지만 인쇄된 보고서의 마지막 페이지에서 페이지 바닥글 앞에 표시됨

59 페이지 번호 출력

- =[Page] → 1, 2
- =[Page] & "페이지" → 1페이지, 2페이지
- =[Page] & "/"& [Pages] & "페이지" → 1/10페이지, 2/10페이지
- =[Pages] & "페이지 중" & [Page] & "페이지" → 10페이지 중 1페이지, 10페이지 중 2페이지
- =Format([Page],"000") → 001, 002

다음 중 보고서 페이지 번호를 표시하는 컨트롤에 입력된 컨트롤 원본과 그 결과가 맞게 연결된 것을 모두 고른 것은?(단, 전체 페이지는 5페이지임)

	컨트롤 원본	결과
ⓐ	="Page" & [Page] & "/" & [Pages]	1/5 Page
ⓑ	=[Page] & "페이지"	1페이지
ⓒ	=[Page] & "/" & [Pages] & "Page"	Page1/5
ⓓ	=Format([Page], "00")	01

① ⓐ, ⓑ, ⓒ
② ⓑ, ⓒ, ⓓ
③ ⓐ, ⓒ
④ ⓑ, ⓓ

60 매크로

- 매크로(Macro)는 여러 개의 명령문을 하나로 묶어서 일련의 절차를 미리 정의하는 기능
- 반복적으로 수행되는 작업을 자동화하기 위한 것
- 매크로 함수를 이용하면 작업 순으로 묶어 하나의 명령어로 저장할 수 있으므로 반복 작업을 쉽게 처리할 수 있음
- 엑셀은 매크로 기록 기능이 지원되지만, 액세스는 매크로 기록 기능이 지원되지 않음

다음 중 액세스에서의 매크로 기능에 대한 설명으로 가장 옳지 않은 것은?

① 엑셀에서와 같이 사용자가 수행하는 작업에 대한 매크로를 자동적으로 기록해 준다.
② 액세스에서 제공하는 기본적인 매크로 함수를 이용하여 매크로를 작성한다.
③ 데이터베이스 파일을 열 때 매크로를 자동으로 실행시키려면 매크로 이름을 'AutoExec'로 작성한다.
④ 매크로 이름 열에 지정한 바로 가기 키를 이용하여 매크로를 실행할 수 있다.

출제 지문으로 구성한
핵심 암기 노트

CONTENTS

1과목	컴퓨터 일반
2과목	스프레드시트 일반
3과목	데이터베이스 일반

1과목 컴퓨터 일반

SECTION 01 | 운영체제의 사용

POINT 01 ▶ 운영체제의 기능과 목적 ★★★★★
대표 문제 : 23.상시 04회 05번, 25.상시 03회 16번

▶ **운영체제의 기능**
- 프로세스, 기억 장치, 주변 장치, 파일 등의 관리가 주요 기능이다.(2급 25.상시, 18.9)
- 운영체제의 평가 항목으로 처리 능력, 응답 시간, 사용 가능도, 신뢰도 등이 있다.(2급 25.상시, 24.상시, 23.상시, 18.9)
- 사용자들 간의 하드웨어 공동 사용 및 자원의 스케줄링을 수행한다.(1급 25.상시, 2급 23.상시, 18.9)
- 컴퓨터와 같은 정보기기를 사용하기 위해서 반드시 설치되어야 하는 프로그램으로 가장 대표적인 시스템 소프트웨어이다.(1급 25.상시, 2급 25.상시, 24.상시, 19.8)
- 자원의 효율적인 관리를 위해 자원의 스케줄링을 제공한다.(1급 25.상시, 24.상시, 20.2)
- 시스템과 사용자 간의 편리한 인터페이스를 제공한다.(2급 24.상시, 20.2)
- 데이터 및 자원 공유 기능을 제공한다.(1급 25.상시, 2급 24.상시, 20.2)

▶ **운영체제의 목적**
- 시스템에 작업을 의뢰한 시간부터 처리가 완료될 때까지 걸린 시간을 의미하는 반환 시간의 단축이 요구된다.(1급 18.9)
- 일정 시간 내에 시스템이 처리하는 일의 양을 의미하는 처리 능력의 향상이 요구된다.(1급 22.상시, 18.9)
- 시스템이 주어진 문제를 정확하게 해결하는 정도를 의미하는 신뢰도의 향상이 요구된다.(1급 22.상시, 18.9)

이것도 알아두세요
- 운영체제의 목적은 성능 평가 요소라고도 함
- **운영체제의 목적(성능 평가 요소)** : 신뢰도, 사용 가능도, 처리 능력, 응답 시간

자주 출제되는 오답
- 운영체제는 컴퓨터가 작동하는 동안 하드디스크에 위치하여 실행된다.(2급 25.상시, 18.9) (×)
  ➡ **바른정답** | 부팅에 필요한 파일들을 주기억 장치에 로드시켜 실행됨 (○)
- 운영체제는 시스템을 사용할 수 있는 사용자의 수를 의미하는 사용 가능도의 향상이 요구된다.(1급 18.9) (×)
  ➡ **바른정답** | 사용 가능도는 시스템을 얼마나 빠르게 사용할 수 있는가를 의미함 (○)
- 운영체제는 시스템을 실시간으로 감시하여 바이러스 침입을 방지하는 기능을 제공한다.(1급 25.상시, 2급 20.2) (×)
  ➡ **바른정답** | 운영체제가 아닌 백신이 지원하는 기능임 (○)

기적의 TIP
- **신**뢰도, **사**용 가능도, **처**리 능력, **응**답 시간 ➡ '신사처(럼)응(해라)'로 암기하세요.
- 신뢰도, 사용 가능도, 처리 능력은 높은 개념의 표현(향상, 증대)이, 응답 시간은 빠른 개념의 표현(단축, 최소)이 좋습니다.

POINT 02 ▶ 바로 가기 키 ★★★☆☆

대표 문제 : 23.상시 04회 16번, 24.상시 03회 19번, 24.상시 05회 05번, 25.상시 02회 02번

▶ Windows에서 사용하는 바로 가기 키
- Ctrl + Esc : Windows 시작 메뉴를 열 수 있다.(1급 25.상시, 2급 19.3)
- 바탕 화면에서 아이콘을 선택한 후 Alt + Enter 를 누르면 선택된 항목의 속성 창을 표시한다.(2급 19.3)
- 바탕 화면에서 폴더나 파일을 선택한 후 F2를 누르면 이름을 변경할 수 있다.(2급 19.3)
- Ctrl + Esc : 시작 메뉴를 표시(2급 20.7)
- Shift + F10 : 선택한 항목의 바로 가기 메뉴 표시(2급 20.7)
- ■ + E : 파일 탐색기 실행(1급 21.상시, 2급 20.7)

이것도 알아두세요
- Ctrl + Esc 와 ■는 시작 메뉴를 표시하는 같은 기능을 함
- Ctrl + A : 특정 폴더 내의 모든 파일이나 폴더를 선택
- Enter : 선택한 항목 실행

자주 출제되는 오답
- 폴더 창에서 Alt + Space Bar 를 누르면 특정 폴더 내의 모든 파일이나 폴더를 선택할 수 있다.(2급 19.3) (×)
  → 바른정답 | 활성 창의 창 조절(바로 가기) 메뉴를 표시함 (○)
- Alt + Enter : 선택한 항목 실행(1급 25.상시, 2급 20.7) (×)
  → 바른정답 | 선택한 항목의 속성 창을 표시함 (○)

기적의 TIP
- Ctrl + Esc : 시작 메뉴 표시 → 'Ctrl의 C, Esc의 E, 씨이(CE)작 메뉴'로 암기하세요.
- Alt + Enter : 항목의 속성 창을 표시 → 'Alt(알트)의 알, 알고 싶다, 너의 속(성)을 마음속으로 들어가서(Enter)'로 암기하세요.
- Shift + F10 : 선택한 항목의 바로 가기 메뉴 표시 → '열(10)메, 즉 F10은 메뉴를 표시하고 Shift의 S가 선택의 의미'로 암기하세요.
- ■ + E : 파일 탐색기 실행 → '탐색기의 ㅌ(티읕)과 영어 알파벳 E가 비슷한 모양'임을 연상하여 암기하면 됩니다. 또한 E는 Explorer(탐험가)를 의미합니다.

POINT 03 ▶ Windows의 [시스템 구성] ★★★☆☆

대표 문제 : 24.상시 03회 01번, 24.상시 04회 10번

▶ Windows의 [시스템 구성]
- Windows가 제대로 시작되지 않는 문제를 식별하도록 도와주는 고급 도구이다.(1급 20.2)
- 한 번에 하나씩 공용 서비스 및 시작 프로그램을 끈 상태에서 Windows를 재시작한 후 다시 켤 때 문제가 발생하면 해당 서비스가 문제의 원인임을 알 수 있다.(1급 20.2)
- 부팅 옵션 중 '안전 부팅'의 '최소 설치'를 선택하면 중요한 시스템 서비스만 실행되는 안전 모드로 Windows를 시작하며, 네트워킹은 사용할 수 없다.(1급 20.2)

이것도 알아두세요
- Windows 10에서 F8을 이용한 고급 부팅 옵션은 더 이상 지원되지 않음
- [시작(■)]-[Windows 관리 도구]-[시스템 구성]을 클릭하여 실행함
- [시작(■)]-[Windows 시스템]-[실행]에서 열기란에 'msconfig'를 입력하고 [확인]을 클릭하여 실행함

자주 출제되는 오답

시작 모드 선택에서 '선택 모드'는 기본 장치 및 서비스로만 Windows를 시작하여 발생된 문제를 진단하는 데 유용하다.(1급 20.2) (×)

➡ **바른정답 |** '진단 모드'가 기본 장치 및 서비스만 로드됨 (○)

기적의 TIP

- 정상 모드는 '정상이기 때문에 모든 장치 드라이버 및 서비스를 로드한다.'고 암기해 주세요.
- 진단 모드는 '진단을 위해서 기본 장치 및 서비스만 로드한다.'고 암기해 주세요.
- 선택 모드는 '선택이므로 [시스템 서비스 로드], [시작 항목 로드], [원래 부팅 구성 사용] 중에서 선택한다.'고 암기해 주세요.

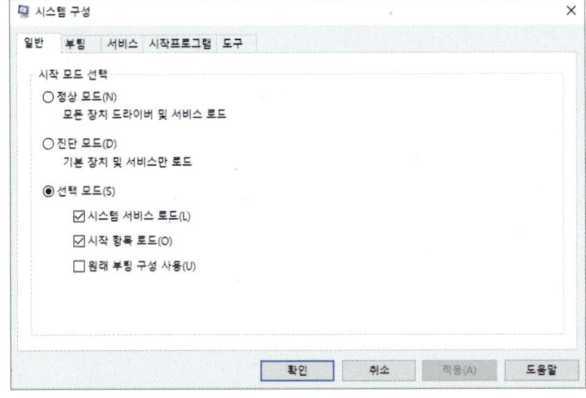

POINT 04 ▶ NTFS 파일 시스템 ★★☆☆☆

▶ **NTFS 파일 시스템**

- FAT32 파일 시스템과 비교하여 성능 및 안전성이 우수하다.(1급 19.8, 2급 21.상시)
- 비교적 큰 오버헤드가 있기 때문에 약 400MB 이하의 볼륨에서 사용하는 것은 좋지 않다.(1급 19.8)
- 파일 및 폴더에 대한 액세스 제어를 유지하고 제한된 계정을 지원한다.(1급 19.8)
- 디스크 관련 오류의 자동 복구 기능과 대용량 하드디스크 지원 및 보안 강화(사용 권한, 암호화)로 특정 파일에 대한 특정 사용자의 액세스가 제한된다.

이것도 알아두세요

- 하드디스크의 공간 낭비를 줄이고 시스템의 안정성이 향상됨(2급 21.상시)
- 최대 255자의 긴 파일 이름을 지원하며 공백의 사용도 가능함(2급 21.상시)
- 최대 파일 크기는 16TB이며 파티션(볼륨)의 크기는 256TB까지 지원됨

자주 출제되는 오답

하드디스크 논리 파티션의 크기에는 제한이 없다.(1급 19.8) (×)

➡ **바른정답 |** 파티션(볼륨)의 크기는 256TB까지 지원됨 (○)

기적의 TIP

- NTFS는 New Technology File System의 약어로 '새로운 기술의 파일 시스템'이므로 이전의 FAT32보다 기능이 우수하다고 암기하면 됩니다.
- NTFS의 장점과 특징을 묻는 형식으로 출제되고 있습니다.

POINT 05 ▶ 바로 가기 아이콘 ★★☆☆☆   대표 문제 : 23.상시 03회 04번, 23.상시 05회 02번, 24.상시 02회 06번, 24.상시 05회 16번

▶ 바로 가기 아이콘
- 원본 파일이 있는 위치와 다른 위치에 만들 수 있다.(2급 18.9)
- 바로 가기 아이콘의 확장자는 *.LNK이다.(2급 18.9)
- 하나의 원본 파일에 대하여 여러 개의 바로 가기 아이콘을 만들 수 있다.(2급 18.9)
- 바로 가기 아이콘을 실행하면 연결된 원본 파일이 실행된다.(1급 20.7)
- 파일, 폴더뿐만 아니라 디스크 드라이브나 프린터에도 바로 가기 아이콘을 만들 수 있다.(1급 20.7)
- 일반 아이콘과 비교하여 왼쪽 아랫부분에 화살표가 포함되어 표시된다.(1급 20.7, 2급 21.상시)

▶ 바로 가기 아이콘을 만드는 방법
- 파일을 선택한 후 Ctrl+Shift를 누른 채 다른 위치로 끌어다 놓으면 해당 파일의 바로 가기 아이콘이 만들어짐(2급 24.상시, 21.상시)
- 바로 가기를 만들 항목에서 마우스 오른쪽 단추를 클릭한 후 [바로 가기 만들기]를 클릭함
- 마우스 오른쪽 단추를 클릭하여 바로 가기를 만들 항목을 바탕 화면으로 드래그한 다음 [여기에 바로 가기 만들기]를 클릭함(1급 23.상시)
- 바로 가기를 만들 파일을 복사(Ctrl+C)한 다음 바탕 화면에서 마우스 오른쪽 단추를 클릭한 후 [바로 가기 붙여넣기]를 선택함(1급 23.상시)

자주 출제되는 오답
- 원본 파일을 삭제하여도 바로 가기 아이콘을 실행할 수 있다.(2급 18.9) (×)
  ➡ **바른정답** | 원본 파일을 삭제하면 바로 가기 아이콘을 실행할 수 없음 (○)
- 하나의 바로 가기 아이콘에 여러 개의 원본 파일을 연결할 수 있다.(1급 20.7) (×)
  ➡ **바른정답** | 하나의 바로 가기 아이콘에는 하나의 원본 파일만 연결할 수 있음 (○)

기적의 TIP
- 바로 가기 아이콘의 확장자인 *.LNK는 "연결"을 뜻하는 Link의 의미입니다.
- 바로 가기 아이콘의 개념과 특징, 만드는 방법을 묻는 형식으로 출제되고 있습니다.

POINT 06 ▶ 작업 표시줄 ★★★★☆   대표 문제 : 24.상시 03회 08번, 25.상시 03회 10번

▶ 작업 표시줄

- 작업 표시줄 잠금을 설정하여 작업 표시줄의 위치나 크기를 변경하지 못하도록 할 수 있다.(2급 18.9)
- 마우스 포인터 위치에 따라 작업 표시줄이 표시되지 않도록 작업 표시줄 자동 숨기기를 설정할 수 있다.(1급 25.상시, 22.상시, 2급 18.9)
- 작업 표시줄의 오른쪽 끝에 있는 [바탕 화면 보기] 단추를 클릭하여 바탕 화면이 표시되도록 할 수 있다.(2급 18.9)
- 작업 표시줄의 위치나 크기를 변경할 수 있으며, 크기는 화면의 1/2까지만 늘릴 수 있다.(1급 20.2)
- 작업 표시줄에 있는 단추를 작은 아이콘으로 표시되도록 설정할 수 있다.(1급 20.2)
- 작업 표시줄을 자동으로 숨길 것인지의 여부를 선택할 수 있다.(1급 25.상시, 20.2)

이것도 알아두세요

- 작업 표시줄은 현재 수행 중인 프로그램(앱)들이 표시되는 부분으로 응용 프로그램 간 작업 전환이 한 번의 클릭으로 가능함
- 작업 표시줄의 빈 영역에서 마우스 오른쪽 단추를 클릭한 다음 [작업 표시줄 설정]을 클릭하여 작업 표시줄에 대한 여러 설정을 수행할 수 있음

자주 출제되는 오답

- [작업 표시줄 아이콘 만들기] 기능을 이용하여 작업 표시줄의 바로 가기 아이콘을 바탕 화면에 설정할 수 있다.(2급 18.9) (×)
  ➡ **바른정답** | [작업 표시줄 아이콘 만들기] 기능은 지원되지 않음 (○)
- 작업 표시줄에 있는 시작 단추, 검색 상자(검색 아이콘), 작업 보기 단추의 표시 여부를 설정할 수 있다.(1급 20.2) (×)
  ➡ **바른정답** | 시작 단추는 작업 표시줄에 고정된 것으로 표시 여부를 설정할 수 없음 (○)

기적의 TIP
작업 표시줄의 기능과 크기 변경, 숨기기 여부 등을 묻는 형식으로 출제되고 있습니다.

POINT 07 ▶ 레지스트리 ★★★☆☆   대표 문제 : 24.상시 04회 20번, 25.상시 05회 12번

▶ 레지스트리(Registry)

- 컴퓨터에 설치된 모든 하드웨어와 소프트웨어의 실행 정보를 관리하는 데이터베이스이다.(1급 25.상시, 24.상시, 22.상시, 18.9, 2급 25.상시, 24.상시)
- 레지스트리 정보는 Windows가 작동하는 동안 지속적으로 참조된다.(1급 25.상시, 18.9)
- 레지스트리에 문제가 발생하면 시스템 부팅이 안 될 수도 있다.(1급 25.상시, 18.9)
- 레지스트리 키와 레지스트리 값을 추가 및 편집하고, 백업으로부터 레지스트리를 복원한다.(2급 25.상시)
- 사용자 프로필과 관련된 부분은 'NTUSER.DAT' 파일에 저장된다.

이것도 알아두세요

- [시작(⊞)]-[Windows 관리 도구]-[레지스트리 편집기]를 클릭하여 실행함
- [시작(⊞)]-[Windows 시스템]-[실행]에서 열기란에 'regedit'를 입력하고 [확인]을 클릭하여 실행함(1급 25.상시, 24.상시, 2급 22.상시)

자주 출제되는 오답

Windows에 탑재된 레지스트리 편집기는 'reg.exe'이다.(1급 25.상시, 18.9, 2급 25.상시) (×)
  ➡ **바른정답** | 레지스트리 편집기는 'regedit32.exe'임 (○)

> **기적의 TIP**
> - Registry는 '등기소, 등록소'의 의미로 컴퓨터의 모든 하드웨어와 소프트웨어의 실행 정보를 관리하는 데이터베이스로 이해하면 쉽습니다.
> - Registry의 'Reg'와 편집의 'Edit'가 합쳐진 'regedit' 명령으로 실행하며 레지스트리의 실행 명령과 특징 중 옳고 그름을 묻는 형식으로 출제되고 있습니다.

POINT 08 ▶ 작업 관리자 ★★☆☆☆

▶ 작업 관리자
- 실행 중인 응용 프로그램을 [작업 끝내기]로 종료할 수 있다. (2급 21.상시, 19.3)
- 현재 실행 중인 프로세스와 프로세스에서 실행되는 서비스를 볼 수 있다. (2급 19.3)
- CPU 사용 정도와 CPU 사용 현황을 확인할 수 있다. (2급 21.상시, 19.3)
- [성능] 탭에서 CPU, 메모리, 디스크, 이더넷의 성능을 모니터링할 수 있다.
- [앱 기록] 탭에서 앱의 리소스 사용량(CPU 시간, 네트워크, 타일 업데이트 등) 정보를 확인하고 사용 현황을 삭제할 수 있다.

이것도 알아두세요
- 바로 가기 키 : Ctrl + Shift + Esc
- [시작(■)]-[Windows 시스템]-[작업 관리자]를 클릭하여 실행함
- [시작(■)]-[Windows 시스템]-[실행]에서 열기란에 'taskmgr'을 입력하고 [확인]을 클릭하여 실행함

자주 출제되는 오답
실행 중인 응용 프로그램의 실행 순서를 변경할 수 있다. (2급 21.상시, 19.3) (×)
→ **바른정답** | 실행 중인 응용 프로그램의 실행 순서를 변경할 수 없음 (○)

> **기적의 TIP**
> 작업을 의미하는 'Task'와 관리자의 'Manager'가 합쳐진 'taskmgr' 명령으로 실행하며 작업 관리자에서 수행 가능한 작업을 묻는 형식으로 출제되고 있습니다.

SECTION 02 운영체제의 활용

POINT 09 ▶ 파일이나 폴더, 프린터, 드라이브 등 컴퓨터 자원의 공유 ★★★☆☆
대표 문제 : 24.상시 04회 02번

▶ **파일이나 폴더, 프린터, 드라이브 등 컴퓨터 자원의 공유**
- 공유 폴더에 대한 접근 권한은 사용자에 따라 다르게 설정할 수 있다.(1급 20.7)
- 파일 탐색기의 주소 표시줄에 '₩₩localhost'를 입력하면 네트워크를 통해 공유한 파일이나 폴더를 확인할 수 있다.(1급 20.7)
- 파일 탐색기의 공유 기능을 이용하면 파일이나 폴더를 쉽게 다른 사용자와 공유할 수 있다.(1급 20.7)

자주 출제되는 오답

공유한 파일명 뒤에 '$'를 붙이면 네트워크의 다른 사용자가 해당 파일을 사용하고 있는지 여부를 바로 확인할 수 있다.(1급 20.7) (×)
➡ **바른정답** | 공유 이름 뒤에 '$'를 붙이면 공유 숨기기가 되므로 공유 여부를 알 수 없음 (○)

기적의 TIP
파일이나 폴더, 프린터, 드라이브 등의 컴퓨터 자원의 공유가 가능한 부분과 공유의 목적에 대해 이해하면 문제를 쉽게 풀 수 있습니다.

POINT 10 ▶ [폴더 옵션] 창 ★★★☆☆
대표 문제 : 24.상시 02회 17번

▶ **[폴더 옵션] 창**
- 숨김 파일이나 폴더의 표시 여부를 지정할 수 있다.(1급 24.상시, 20.2)
- 폴더에서 시스템 파일을 검색할 때 색인의 사용 여부를 선택할 수 있다.(1급 24.상시, 20.2)
- 알려진 파일 형식의 파일 확장명을 숨기도록 설정할 수 있다.(1급 24.상시, 20.2, 2급 24.상시, 22.상시)
- 폴더 옵션은 파일 및 폴더가 작동하는 방식과 컴퓨터에 항목을 표시하는 방법을 변경하고 폴더에 관한 각종 옵션을 지정하는 곳이다.

이것도 알아두세요
- 선택된 폴더에 암호를 설정하는 기능은 지원되지 않음(2급 22.상시)
- 한 번만 클릭해서 창을 열 수 있도록 설정할 수 있음(2급 22.상시)
- 새 창에서 폴더 열기를 할 수 있게 설정할 수 있음(2급 22.상시)
- [파일] 탭–[옵션]을 클릭하거나 [보기] 탭–[옵션]–[폴더 및 검색 옵션 변경]을 클릭하여 [폴더 옵션] 창을 열 수 있음

자주 출제되는 오답

[폴더 옵션] 창에서 탐색 창, 미리 보기 창, 세부 정보 창의 표시 여부를 선택할 수 있다.(1급 20.2) (×)
➡ **바른정답** | 파일 탐색기의 [보기] 탭–[창] 그룹에서 표시 여부를 선택할 수 있음 (○)

기적의 TIP
[폴더 옵션] 창에서 선택하거나 설정 가능한 작업의 구분을 정확히 숙지해 두세요.

POINT 11 ▶ 휴지통 ★★★★★　　대표 문제 : 23.상시 04회 09번, 24.상시 01회 13번, 25.상시 04회 20번, 25.상시 01회 16번

▶ 휴지통
- 휴지통은 하드디스크 드라이브마다 한 개씩 만들 수 있다.(2급 25.상시, 19.8)
- 휴지통에 보관된 파일이나 폴더의 이름은 변경할 수 없다.(1급 25.상시, 2급 25.상시, 2급 19.8)
- 휴지통에서 원하는 파일이나 폴더를 선택하여 실행할 수 없다.(2급 21.상시, 19.8)
- 작업 도중 삭제된 자료들이 임시적으로 보관되는 장소로, 필요한 경우 복원이 가능하다.(2급 25.상시)
- 복원시킬 경우, 경로 지정을 하지 않아도 자동으로 원래 위치로 복원된다.(1급 25.상시, 2급 21.상시)
- 휴지통의 폴더 위치는 C:\$Recycle.Bin이다.(1급 25.상시, 2급 21.상시)

▶ 파일 삭제 시 휴지통에서 보관되지 않고 완전히 삭제되는 경우
- USB 메모리에 저장되어 있는 파일을 Delete로 삭제한 경우(1급 23.상시, 2급 24.상시, 23.상시, 22.상시, 20.7)
- 네트워크 드라이브의 파일을 바로 가기 메뉴의 [삭제]를 클릭하여 삭제한 경우(2급 22.상시, 20.7)
- 파일 탐색기의 [홈] 탭-[구성] 그룹-[삭제]에서 [완전히 삭제]로 삭제한 경우
- 휴지통 비우기를 한 경우
- Shift + Delete로 삭제한 경우(1급 24.상시, 2급 22.상시)
- [휴지통 속성] 창에서 [파일을 휴지통에 버리지 않고 삭제할 때 바로 제거]를 선택한 경우(1급 25.상시)
- 같은 이름의 항목을 복사/이동 작업으로 덮어쓴 경우

이것도 알아두세요
- 휴지통의 크기는 MB 단위로 설정함(1급 25.상시)
- 휴지통에서 복사는 지원되지 않으나 잘라내기는 가능함

🚩 기적의 TIP
휴지통에 보관되지 않고 완전히 삭제되는 경우를 정확히 이해하고 암기하세요.

POINT 12 ▶ OLE(Object Linking and Embedding) ★☆☆☆☆

▶ OLE(Object Linking and Embedding)
- 데이터와 데이터를 연결하여 원본 데이터를 수정할 때 연결된 데이터도 함께 수정되도록 지원하는 기능이다.(1급 19.8)
- 이 기능을 지원하는 그래픽 프로그램에서 그린 그림을 문서 편집기에 연결한 경우 그래픽 프로그램에서 그림을 수정하면 문서 편집기의 그림도 같이 변경된다.(1급 19.8)

🚩 기적의 TIP
OLE의 기능은 'Link의 연결', 'Embedding의 포함'의 의미로 이해하면 쉽게 숙지할 수 있습니다.

POINT 13 ▶ 메모장 ★★☆☆☆

대표 문제 : 23.상시 03회 06번

▶ 메모장
- 작성한 문서를 저장할 때 확장자는 기본적으로 *.TXT가 부여된다.(2급 22.상시, 19.3)
- 특정한 문자열을 찾을 수 있는 찾기 기능이 있다.(2급 22.상시, 19.3)
- 현재 시간/날짜를 삽입하는 기능이 있다.(2급 22.상시, 19.3)
- 웹 페이지용 HTML 문서를 만들 때 사용할 수 있다.
- Windows 메모장은 파일의 크기와 상관없이 편집과 저장이 가능하다.
- 문서의 첫 줄 왼쪽에 '.LOG(대문자)'를 입력하고 저장한 다음 다시 그 파일을 열기하면 시간과 날짜가 자동으로 삽입된다.
- 시간/날짜 삽입 바로 가기 키 : F5 (2급 24.상시)

이것도 알아두세요
- [시작(⊞)]-[Windows 보조프로그램]-[메모장]을 클릭하여 실행함
- [시작(⊞)]-[Windows 시스템]-[실행]에서 열기란에 'notepad'를 입력하고 [확인]을 클릭하여 실행함
- [보기]-[상태 표시줄]을 실행하여 설정하면 메모장 하단에 상태 표시줄이 추가되어 현재 커서의 라인과 컬럼 번호를 알 수 있음
- 용지 크기와 용지 출력 방향, 여백, 머리글, 바닥글을 변경할 수 있음
- ASCII 형식의 문자열을 작성하여 저장할 수 있음

자주 출제되는 오답
그림, 차트 등의 OLE 개체를 삽입할 수 있다.(2급 22.상시, 19.3) (×)

➡ **바른정답** | 그림, 차트 등의 OLE 개체를 삽입할 수 없음 (○)

기적의 TIP
메모장은 의미 그대로 간단한 메모를 위한 기능입니다. 실행할 수 없는 기능을 정확히 알아 두세요.

POINT 14 ▶ 기본 프린터 ★★★★★

대표 문제 : 23.상시 01회 19번, 24.상시 01회 17번, 24.상시 05회 11번

▶ 기본 프린터

- 프로그램에서 사용할 프린터를 지정하지 않고 인쇄 명령을 내렸을 때 컴퓨터가 자동으로 문서를 보내는 프린터이다.(1급 19.3, 2급 21.상시)
- 현재 설정되어 있는 기본 프린터를 다른 프린터로 변경할 수 있다.(1급 19.3)
- 기본 프린터로 설정된 프린터도 삭제할 수 있다.(1급 19.3, 2급 21.상시)
- 인쇄 관리자는 인쇄 대기열의 인쇄 순서를 변경할 수 있으며, 취소 및 일시 중지 등을 수행할 수 있다.(1급 22.상시, 2급 24.상시)
- 현재 인쇄 중인 문서가 인쇄가 완료되기 전에 다른 문서의 인쇄를 실행하면, 인쇄 대기열에 쌓이게 된다.

이것도 알아두세요

- Windows에서는 USB 프린터는 연결하면 자동으로 설치되므로 로컬 프린터 추가는 USB 프린터를 사용하지 않는 경우에만 선택함
- [장치 및 프린터]에는 사용자 컴퓨터, 하드디스크 드라이브, 컴퓨터의 USB에 연결하는 모든 장치, 컴퓨터에 연결된 호환 네트워크 장치가 표시됨(단, 사운드 카드는 표시되지 않음)
- 인쇄 작업에 들어간 것도 중간에 강제로 종료할 수 있음

자주 출제되는 오답

프린터가 여러 개 설치된 경우 네트워크 프린터와 로컬 프린터 1대씩 각 기본 프린터로 설정할 수 있다.(1급 19.3, 2급 24.상시, 21.상시) (×)

➡ **바른정답** | 기본 프린터는 한 대만 지정할 수 있음 (○)

기적의 TIP

기본 프린터의 의미와 기본 프린터는 한 대만 지정할 수 있는 점에 유의하세요.

SECTION 03 컴퓨터 시스템 설정 변경

POINT 15 ▶ [개인 설정] ★★☆☆☆

▶ **[개인 설정]**
- 바탕 화면의 배경, 창 색, 소리 등을 한 번에 변경할 수 있는 **테마**를 선택할 수 있다.(1급 19.3, 2급 23.상시)
- 바탕 화면의 배경 이미지를 변경할 수 있다.(1급 19.3)
- 화면 보호기를 설정할 수 있다.(1급 19.3)

이것도 알아두세요
- [배경], [색], [잠금 화면], [테마], [글꼴], [시작], [작업 표시줄] 등에 대해 설정할 수 있음
- [설정]-[개인 설정]을 클릭하거나 [바탕 화면]의 [바로 가기 메뉴]에서 [개인 설정]을 클릭하여 실행함

자주 출제되는 오답
바탕 화면에 시계, 일정, 날씨 등과 같은 가젯을 표시하도록 설정할 수 있다.(1급 19.3) (×)
➡ **바른정답 |** [개인 설정]에서 시계, 일정, 날씨 등과 같은 가젯을 표시하도록 설정하는 기능은 지원되지 않음 (○)

기적의 TIP
[개인 설정]에서 실행 가능한 작업에 대해 묻는 경향을 보이고 있으므로 각 기능에 대한 정확한 숙지와 실습을 병행한 암기가 필요합니다.

POINT 16 ▶ [시스템]-[정보] ★★★★★

▶ **[시스템]-[정보]**
- **Windows의 버전과 시스템에 대한 기본 정보**를 확인할 수 있다.(1급 18.9, 2급 24.상시)
- Windows 정품 인증을 위한 제품키를 변경할 수 있다.(1급 18.9)
- 네트워크에서 확인 가능한 사용자 컴퓨터 이름을 변경할 수 있다.(1급 18.9)
- **PC가 모니터링되고 보호되는 사항, 장치 사양**(디바이스 이름, 프로세서, 설치된 RAM, 장치 ID, 제품 ID, 시스템 종류(32비트/64비트), 펜 및 터치) 등을 알 수 있다.(2급 24.상시)
- 이 PC의 이름 바꾸기, Windows 사양(에디션, 버전, 설치 날짜, OS 빌드), 제품 키 변경 또는 Windows 버전 업그레이드 등을 실행할 수 있다.(2급 24.상시)

이것도 알아두세요
- [설정]은 Windows 운영체제의 작업 환경에 도움이 되는 시스템의 환경 설정 작업 및 변경을 수행하는 기능을 제공함
- [설정]은 [시작(■)]-[설정]을 클릭하거나 ■+I를 클릭하여 실행함
- [설정]은 [시작(■)]-[Windows 시스템]-[실행]에서 열기란에 'ms-settings:'를 입력하고 [확인]을 클릭하여 실행함

자주 출제되는 오답
[설정]의 [시스템]-[정보]에서 컴퓨터에 설치된 응용 프로그램을 설치하거나 제거할 수 있다.(1급 18.9) (×)
➡ **바른정답 |** [설정]의 [앱]-[앱 및 기능]에서 제거할 수 있음 (○)

기적의 TIP
[설정]을 이용한 컴퓨터 시스템의 설정 변경 방법에 대한 정확한 이해와 숙지 위주의 학습이 필요합니다.

POINT 17 ▶ [계정] ★★★☆☆
대표 문제 : 25.상시 05회 15번

▶ [계정]
- 관리자 계정의 사용자는 다른 계정의 컴퓨터 사용 시간을 제어할 수 있다.(2급 22.상시, 20.2)
- 관리자 계정의 사용자는 다른 계정의 계정 유형과 계정 이름, 암호를 변경할 수 있다.(1급 25.상시, 2급 20.2)
- 표준 계정의 사용자는 컴퓨터에 설치된 대부분의 프로그램을 사용할 수 있고, 자신의 계정에 대한 암호 등을 설정할 수 있다.(1급 25.상시, 2급 20.2)
- 계정에 대한 사용자 정보(계정 이름, 계정 유형)를 알 수 있으며 [사진 만들기]에서 카메라나 찾아보기로 사용자 사진을 만들 수 있다.

이것도 알아두세요
- **표준 사용자** : 컴퓨터에 설치된 대부분의 소프트웨어를 사용할 수 있으며, 다른 사용자나 컴퓨터의 보안에 영향을 주지 않는 시스템 설정을 변경할 수 있음(2급 22.상시)
- **관리자** : 컴퓨터에 대한 모든 제어 권한을 가지며 컴퓨터를 완전하게 제어할 수 있으며, 모든 설정을 변경하고 컴퓨터에 저장된 모든 파일 및 프로그램에 액세스할 수 있음

자주 출제되는 오답
표준 계정의 사용자는 컴퓨터 보안에 영향을 주는 설정을 변경할 수 있다.(2급 22.상시, 20.2) (×)
➡ **바른정답** | 표준 계정의 사용자는 컴퓨터 보안에 영향을 주는 설정을 변경할 수 없음 (○)

기적의 TIP
표준 사용자와 관리자에게 주어진 권한에 대한 구분을 묻는 문제가 출제되고 있습니다.

POINT 18 ▶ 네트워크 명령어 – tracert ★★★★☆
대표 문제 : 23.상시 03회 15번, 23.상시 05회 07번, 25.상시 03회 09번

▶ tracert 명령
- IP 주소, 목적지까지 거치는 경로의 수, 각 구간 사이의 데이터 왕복 속도를 확인할 수 있다.(1급 23.상시, 20.2)
- 특정 사이트가 열리지 않을 때 해당 서버가 문제인지 인터넷망이 문제인지 확인할 수 있다.(1급 23.상시, 20.2)
- 인터넷 속도가 느릴 때 어느 구간에서 정체를 일으키는지 확인할 수 있다.(1급 23.상시, 20.2)
- 네트워크에 연결된 컴퓨터의 경로(라우팅 경로)를 추적할 때 사용하는 명령이다.

이것도 알아두세요
- 형식) C:₩>tracert [목적지 IP / URL주소]
- 사용 예) C:₩>tracert www.youngjin.com
- **ipconfig** : 사용자 자신의 컴퓨터 IP 주소를 확인하는 명령어(1급 23.상시)
- **ping** : 네트워크의 현재 상태나 다른 컴퓨터의 네트워크 접속 여부를 확인하는 명령어(1급 25.상시, 23.상시, 2급 25.상시, 23.상시)
- **finger** : 특정 네트워크에 접속된 사용자의 정보를 확인할 때 사용하는 명령어(1급 23.상시)

자주 출제되는 오답
tracert의 실행 결과로 현재 자신의 컴퓨터에 연결된 다른 컴퓨터의 IP 주소나 포트 정보를 확인할 수 있다.(1급 20.2) (×)
➡ **바른정답** | netstat의 실행 결과로 현재 자신의 컴퓨터에 연결된 다른 컴퓨터의 IP 주소나 포트 정보를 확인할 수 있음 (○)

기적의 TIP
ipconfig, ping, tracert 명령의 쓰임새에 대해 자주 출제되고 있으므로 실습을 통해 이해하고 암기해 두세요.

SECTION 04 컴퓨터 시스템 일반

POINT 19 ▶ ASCII 코드 ★★★★★
대표 문제 : 23.상시 05회 03번, 24.상시 01회 17번, 25.상시 01회 08번, 25.상시 01회 11번

▶ ASCII 코드
- 3개의 Zone 비트와 4개의 Digit 비트로 하나의 문자를 표현한다.(1급 25.상시, 20.2, 2급 25.상시)
- 데이터 통신용으로 사용하며, 128가지 문자를 표현할 수 있다.(1급 25.상시, 20.2, 2급 25.상시)
- 확장 ASCII 코드는 8비트를 사용하여 문자를 표현한다.(1급 25.상시, 23.상시, 2급 25.상시, 23.상시, 20.2)
- 각 문자를 7비트로 표현하며, 총 128개의 문자 표현이 가능하다.(1급 23.상시, 2급 19.8)
- 데이터 처리 및 통신 시스템 상호 간의 정보 교환을 위해 사용된다.(1급 19.8, 2급 25.상시)

이것도 알아두세요
- **EBCDIC 코드** : 확장 이진화 10진 코드로 BCD 코드를 확장한 것임. 4비트의 존 부분과 4비트의 디지트 부분으로 구성됨. 8비트로 256개의 문자를 표현함
- **유니코드** : 2바이트로 세계 각 나라의 언어를 표현하는 국제 표준 코드이며, 16비트이므로 2^{16}인 65,536자까지 표현 가능함(1급 25.상시, 24.상시, 23.상시, 2급 24.상시, 23.상시)
- **BCD 코드** : 6비트이므로 2^6인 64자까지 표현이 가능하며 영문 대소문자를 구별하지 못함

자주 출제되는 오답
- ASCII 코드는 2비트의 에러 검출 및 1비트의 에러 교정 비트를 포함한다. (×)
  ➡ **바른정답** | 해밍 코드가 2비트의 에러 검출 및 1비트의 에러 교정 비트를 포함함 (○)
- ASCII 코드는 각 나라별 언어를 표현할 수 있다. (×)
  ➡ **바른정답** | 각 나라별 언어를 표현할 수 있는 건 유니코드에 대한 설명임 (○)

기적의 TIP
- 아스키 ➡ '아새키 7(칠)칠맞은데 통신은 잘해'로 암기해 주세요.
- BCD, ASCII, EBCDIC, 유니코드의 특징과 기능을 묻는 형식으로 출제되고 있습니다.

POINT 20 ▶ 자료의 구성 단위 ★★★★☆
대표 문제 : 23.상시 01회 08번

▶ 자료의 구성 단위
- 데이터베이스(Database)는 관련된 데이터 파일들의 집합을 말한다.(2급 19.8)
- 워드(Word)는 컴퓨터에서 한 번에 처리할 수 있는 명령 단위를 나타낸다.(2급 25.상시, 19.8)
- 니블(Nibble)은 4개의 비트(Bit)가 모여 1개의 니블을 구성한다.(2급 19.8)
- 1바이트(Byte)는 8비트(Bit)로 구성된다.(1급 23.상시, 2급 19.3)
- 일반적으로 영문자나 숫자는 1바이트로 한 글자를 표현하고, 한글 및 한자는 2바이트로 한 글자를 표현한다.(2급 19.3)
- 1바이트로는 256가지의 정보를 표현할 수 있다.(2급 19.3)

이것도 알아두세요
- **자료의 구성 단위** : 비트-니블-바이트-워드-필드-레코드-파일-데이터베이스
- **데이터의 논리적 단위**는 정보를 처리하고 저장하는 단위로 '필드, 레코드, 파일, 데이터베이스'가 해당됨

> **자주 출제되는 오답**
> - 비트(Bit)는 정보의 최소 단위이며, 5비트가 모여 1바이트(Byte)가 된다. (2급 19.8) (×)
>   ➡ **바른정답** | 8비트가 모여 1바이트가 됨 (○)
> - 1바이트는 컴퓨터에서 각종 명령을 처리하는 기본 단위이다. (2급 19.3) (×)
>   ➡ **바른정답** | 워드(Word)가 컴퓨터 내부의 명령 처리 단위임 (○)

> 📌 **기적의 TIP**
> 자료의 구성 단위별 특징에 대한 이해와 크기 순에 대해 정확하게 숙지하고 암기해 두세요.

POINT 21 ▶ 레지스터 ★★★★★

대표 문제 : 24.상시 04회 05번, 24.상시 05회 06번, 25.상시 01회 05번, 25.상시 02회 09번

▶ 제어 장치를 구성하는 레지스터
- **명령 레지스터(IR)** : 현재 실행 중인 명령을 기억한다. (1급 25.상시, 20.2, 2급 25.상시, 23.상시)
- **부호기(Encoder)** : 해독된 명령에 따라 각 장치로 보낼 제어 신호를 생성한다. (1급 25.상시, 20.2)
- **메모리 주소 레지스터(MAR)** : 기억 장치에 입출력되는 데이터의 번지를 기억한다. (1급 25.상시, 20.2, 2급 25.상시)
- **기억 레지스터(MBR)** : 내용(자료)을 기억하는 레지스터이다. (1급 25.상시)
- **프로그램 카운터(Program Counter)** : 다음에 수행할 명령어의 번지(주소)를 기억하는 레지스터이다. (1급 25.상시, 23.상시, 22.상시)
- **명령 해독기(Instruction Decoder)** : 수행해야 할 명령어를 해석하여 부호기로 전달하는 회로이다. (1급 25.상시)

▶ 연산 장치를 구성하는 레지스터
- 2진수 덧셈을 수행하는 가산기(Adder)가 있다. (1급 25.상시, 23.상시, 18.9)
- 뺄셈을 수행하기 위해 입력된 값을 보수로 변환하는 보수기(Complementor)가 있다. (1급 25.상시, 23.상시, 18.9)
- 연산 결과를 일시적으로 저장하는 누산기(Accumulator)가 있다. (1급 25.상시, 23.상시, 18.9, 2급 25.상시, 24.상시, 23.상시)
- 데이터 레지스터(Data Register)는 연산에 사용될 데이터를 기억하는 레지스터이다.
- 프로그램 상태 워드(PSW : Program Status Word)는 명령어 실행 중에 발생하는 CPU의 상태 정보를 저장하는 상태 레지스터(Status Register)이다.

> **이것도 알아두세요**
> - **레지스터(Register)** : 중앙 처리 장치(CPU)에서 명령이나 연산 결과값을 일시적으로 저장하는 임시 기억 장소 (1급 25.상시, 23.상시, 22.상시, 2급 23.상시, 21.상시)
> - 레지스터의 크기는 한 번에 처리 가능한 데이터의 크기로 워드(Word) 크기 및 메모리 용량과 관계가 있음 (1급 25.상시)
> - 메모리 중에서 레지스터가 가장 속도가 빠르다 (레지스터 → 캐시 메모리 → 주기억 장치 → 보조 기억 장치). (1급 25.상시, 22.상시, 2급 22.상시, 21.상시)

> **자주 출제되는 오답**
> - 프로그램 카운터는 프로그램의 실행된 명령어의 개수를 계산한다. (1급 20.2) (×)
>   ➡ **바른정답** | 프로그램 카운터는 다음에 수행할 명령어의 번지(주소)를 기억하는 레지스터임 (○)
> - 연산 장치를 구성하는 레지스터에는 연산에 사용될 데이터를 기억하는 상태 레지스터(Status Register)가 있다. (1급 18.9) (×)
>   ➡ **바른정답** | 데이터 레지스터(Data Register)가 연산에 사용될 데이터를 기억하는 레지스터임 (○)

> 📌 **기적의 TIP**
> 제어 장치와 연산 장치에서 사용되는 각 레지스터의 구분과 기능에 대한 정확한 이해와 숙지가 필요합니다. 각 장치의 레지스터를 섞어놓고 해당되지 않는 것을 선별하는 유형으로 출제되고 있습니다.

POINT 22 ▶ 기억 장치 ★★★★★

대표 문제 : 24.상시 02회 01번, 24.상시 04회 08번, 25.상시 01회 03번, 25.상시 02회 07번

▶ 기억 장치
- 플래시(Flash) 메모리는 비휘발성 기억 장치로 주로 디지털카메라나 MP3, 개인용 정보 단말기, USB 드라이브 등 휴대용 기기에서 대용량 정보를 저장하는 용도로 사용된다.(1급 20.7, 2급 25.상시)
- 하드디스크 인터페이스 방식은 EIDE, SATA, SCSI 방식 등이 있다.(1급 20.7)
- 캐시(Cache) 메모리는 CPU와 주기억 장치 사이에 위치하여 두 장치 간의 속도 차이를 줄여 컴퓨터의 처리 속도를 빠르게 하기 위한 메모리이다.(1급 25.상시, 20.7)

▶ SSD(Solid State Drive)
- 반도체를 이용한 컴퓨터 보조 기억 장치로 크기가 작고 충격에 강하며, 소음 발생이 없는 대용량 저장 장치이다.(1급 23.상시, 20.2)
- 고속으로 데이터를 입출력할 수 있으며, 배드섹터가 발생하지 않는다.(1급 19.8)
- 컴퓨터에서 사용하는 일반 하드디스크에 비하여 속도가 빠르고 기계적 지연이나 에러의 확률 및 발열과 소음이 적으며, 소형화, 경량화할 수 있는 하드디스크 대체 저장 장치이다.(2급 24.상시, 19.3)
- HDD보다 빠른 속도로 데이터의 읽기나 쓰기가 가능하다.(2급 24.상시, 18.9)
- 작동 소음이 없으며 전력 소모가 적다.(2급 24.상시, 18.9)
- 자기 디스크가 아닌 반도체를 이용하여 데이터를 저장한다.(2급 24.상시, 18.9)

이것도 알아두세요
- SSD는 셀(Cell) 형태로 배열화되어 있는 반도체로 만들어진 기억 장치임(2급 21.상시)
- 펌웨어(Firmware)는 비휘발성 메모리인 ROM에 저장된 프로그램으로, 하드웨어의 교체 없이 소프트웨어의 업그레이드만으로 시스템의 성능을 높일 수 있음
- SATA 방식은 직렬 인터페이스 방식을 사용, PATA 방식보다 데이터 전송 속도가 빠르고 핫 플러그인 기능을 지원함
- 캐시 메모리(Cache Memory)는 중앙 처리 장치(CPU)와 주기억 장치 사이에 위치하여 컴퓨터 처리 속도를 향상시키는 메모리임
- 가상 메모리는 주기억 장치의 크기보다 큰 용량을 필요로 하는 프로그램을 실행해야 할 때 유용하게 사용됨(프로그램이 실행될 때 발생하는 메인 메모리 부족 문제를 보완하기 위해 하드디스크의 일부를 메인 메모리처럼 사용하게 하는 메모리 관리 기법)(1급 25.상시)
- 플래시 메모리(Flash Memory)는 정보의 입출력이 자유롭고, 전송 속도가 빠른 비휘발성 기억 장치임(블록 단위로 저장, 전력 소모가 적음)

자주 출제되는 오답
- 연관(Associative) 메모리는 보조 기억 장치를 마치 주기억 장치와 같이 사용하여 실제 주기억 장치 용량보다 기억 용량을 확대하여 사용하는 방법이다.(1급 20.7) (×)
  ➡ 바른정답 | 연관(Associative) 메모리는 저장된 내용의 일부를 이용하여 기억 장치에 접근하여 데이터를 읽어오는 기억 장치임 (○)
- SSD는 물리적인 외부 충격에 약하며 불량 섹터가 발생할 수 있다.(2급 18.9) (×)
  ➡ 바른정답 | SSD는 물리적인 외부 충격에 강하고 불량 섹터가 발생하지 않음 (○)

기적의 TIP
각 기억 장치의 기능과 특징에 대한 정확한 숙지와 암기가 필요합니다. 기능과 특징 및 용도에 맞는 기억 장치를 선별하는 형식의 문제가 출제되고 있습니다.

POINT 23 ▶ 모니터 관련 용어 ★★★☆☆

대표 문제 : 24.상시 04회 07번

▶ **출력 장치인 디스플레이 어댑터와 모니터에 관련된 용어**
- **픽셀(Pixel)** : 화면을 이루는 최소 단위로서 같은 크기의 화면에서 픽셀 수가 많을수록 해상도가 높아진다.(1급 22.상시, 20.7, 2급 24.상시)
- **점 간격(Dot Pitch)** : 픽셀들 사이의 공간을 나타내는 것으로 간격이 가까울수록 영상은 선명하다.(1급 22.상시, 20.7, 2급 24.상시)
- **재생률(Refresh Rate)** : 픽셀들이 밝게 빛나는 것을 유지하기 위한 것으로, 재생률이 높을수록 모니터의 깜빡임이 줄어든다.(1급 20.7, 2급 24.상시)
- **해상도(Resolution)** : 모니터 화면의 이미지를 얼마나 세밀하게 표시할 수 있는가를 나타내는 정보로 픽셀 수에 따라 결정된다.(2급 24.상시, 20.2)

이것도 알아두세요
- **DPI(Dots Per Inch)** : 프린터에서 출력할 파일의 해상도를 조절하거나 스캐너를 이용해 스캔한 파일의 해상도를 조절하기 위해 쓰는 단위
- **화면의 크기** : 화면의 대각선의 길이를 인치(Inch) 단위로 표시함
- **백화 현상** : 주로 모니터의 AD보드나 액정상의 불량 문제로 백라이트만 켜지고 영상이 나타나지 않는 증세로 모니터의 화면이 하얗게 표시되는 현상

자주 출제되는 오답
해상도(Resolution)는 모니터 화면의 픽셀 수와 관련이 있으며 픽셀 수가 많을수록 표시할 수 있는 색상의 수가 증가한다.(1급 20.7) (×)
➡ **바른정답** | 픽셀 수가 많을수록 표시할 수 있는 색상의 수가 증가하는 것이 아니라 해상도가 높아짐 (○)

기적의 TIP
입출력 장치의 종류와 특징, 사용하는 용어에 대해 묻는 문제가 출제되므로 각 용어에 대한 숙지가 필요합니다.

POINT 24 ▶ USB(Universal Serial Bus) ★★★☆

대표 문제 : 23.상시 01회 05번, 23.상시 02회 12번, 24.상시 01회 15번

▶ USB 인터페이스
- 직렬 포트보다 USB 포트의 데이터 전송 속도가 더 빠르다.(2급 23.상시, 20.2)
- USB는 컨트롤러당 최대 127개까지 포트의 확장이 가능하다.(2급 24.상시, 20.2)
- 핫 플러그 인(Hot Plug In)과 플러그 앤 플레이(Plug &Play)를 지원한다.(2급 24.상시, 20.2)
- USB 1.0에서는 1.5Mbps, USB 1.1에서는 최대 12Mbps, USB 2.0에서는 최대 480Mbps, USB 3.0에서는 최대 5Gbps, USB 3.1에서는 최대 10Gbps로 빨라진다.

▶ BIOS(Basic Input Output System)
- BIOS는 메인보드상에 위치한 EPROM, 혹은 플래시 메모리 칩에 저장되어 있다.(1급 20.2)
- 컴퓨터의 전원을 켜면 자동으로 가장 먼저 기동되며, 기본 입출력 장치나 메모리 등 하드웨어의 이상 유무를 검사한다.(1급 20.2)
- CMOS 셋업 프로그램을 이용하여 시스템의 날짜와 시간, 부팅 순서 등 일부 BIOS 정보를 설정할 수 있다.(1급 20.2)
- 기본 입출력 장치나 메모리 등 하드웨어 작동에 필요한 명령을 모아 놓은 프로그램이다.(2급 18.9)
- 전원이 켜지면 POST(Power On Self Test)를 통해 컴퓨터를 점검하고 사용 가능한 장치를 초기화한다.(2급 18.9)
- 칩을 교환하지 않고도 업그레이드를 할 수 있다.(2급 18.9)

이것도 알아두세요
- **채널(Channel)** : 컴퓨터에서 중앙 처리 장치와 입출력 장치 사이의 속도 차이로 인한 문제점을 해결해 주는 장치
- **칩셋(Chip Set)** : 메인보드에 장착되어 있는 각 장치들을 제어하고 역할을 조율함

자주 출제되는 오답
- USB 커넥터를 색상으로 구분하는 경우 USB 3.0은 빨간색, USB 2.0은 파란색을 사용한다.(2급 20.2) (×)
  - ➡ 바른정답 | USB 3.0은 파란색, USB 2.0은 검정색이나 흰색을 사용함 (○)
- BIOS는 주기억 장치의 접근 속도 개선을 위한 가상 메모리의 페이징 파일 크기를 설정할 수 있다.(1급 20.2) (×)
  - ➡ 바른정답 | BIOS는 주변 장치와 운영체제 간의 데이터 흐름을 관리함 (○)
- BIOS는 RAM에 저장되며, 펌웨어라고도 한다.(2급 18.9) (×)
  - ➡ 바른정답 | BIOS는 EPROM이나 플래시 메모리 등에 저장됨 (○)

기적의 TIP
USB와 BIOS에 대한 문제가 자주 출제되고 있으므로 특징에 대한 이해와 숙지가 필수입니다.

SECTION 05 컴퓨터 시스템 활용

POINT 25 ▶ 저작권에 따른 소프트웨어의 구분 ★★★★☆
대표 문제 : 24.상시 03회 18번, 24.상시 05회 17번, 25.상시 03회 11번

▶ 저작권에 따른 소프트웨어의 구분
- **패치(Patch) 버전** : 오류 수정이나 성능 향상을 위해 프로그램 일부를 변경해 주는 소프트웨어이다.(1급 25.상시, 24.상시, 20.7, 2급 23.상시, 22.상시)
- **오픈 소스 소프트웨어(Open Source Software)** : 소스 코드까지 제공되어 사용자들이 자유롭게 수정하거나 변경할 수 있는 소프트웨어이다.(1급 24.상시, 19.3, 2급 25.상시)
- **셰어웨어(Shareware)** : 특정 기능이나 사용 기간에 제한을 두고 무료로 배포하는 소프트웨어이다.(2급 23.상시, 20.2)
- **프리웨어** : 누구나 임의의 용도로 사용할 수 있는 프로그램이다.(2급 18.9)
- **상용 소프트웨어** : 프로그램을 구입하여 사용하는 프로그램이다.(2급 18.9)

이것도 알아두세요
- **데이터 마이닝(Data Mining)** : 대량의 데이터 안에서 일정한 패턴을 찾아내고, 이로부터 가치 있는 정보를 추출해내는 기술
- Windows Update가 속한 사용권에 따른 소프트웨어 분류 유형으로 가장 적절한 것은 패치 버전임

기적의 TIP
저작권에 따른 소프트웨어의 종류에 대한 특징을 묻는 문제가 출제되므로 소프트웨어별 쓰임새에 대해 정확히 구분하여 혼동하지 않도록 암기해 두세요.

POINT 26 ▶ 유틸리티 ★★☆☆☆
대표 문제 : 23.상시 01회 02번

▶ 유틸리티 프로그램
- 다수의 작업이나 목적에 대하여 적용되는 편리한 서비스 프로그램이나 루틴을 말한다.(2급 19.8)
- 컴퓨터 하드웨어, 운영 체제, 응용 소프트웨어를 관리하는 데 도움을 주도록 설계된 프로그램을 의미한다.(2급 19.8)
- Windows에서 제공하는 유틸리티 프로그램으로는 메모장, 그림판, 계산기 등을 예로 들 수 있다.(2급 19.8)

▶ 압축 프로그램
- 여러 개의 파일을 압축하면 하나의 파일로 생성되어 파일 관리를 용이하게 할 수 있다.(1급 22.상시, 20.7, 2급 24.상시)
- 대부분의 압축 프로그램에는 분할 압축이나 암호 설정 기능이 있다.(1급 22.상시, 20.7)
- 파일의 전송 시간과 비용을 절약하고, 디스크 공간을 효율적으로 사용할 수 있다.(1급 22.상시, 20.7, 2급 24.상시)

자주 출제되는 오답
- 유틸리티는 컴퓨터의 동작에 필수적이고, 컴퓨터를 이용하는 주목적에 대한 일부 특정 작업을 수행하는 소프트웨어들을 가리킨다.(2급 19.8) (×)
  - ➡ **바른정답** | 유틸리티는 컴퓨터 동작에 필수적이고, 컴퓨터를 이용하는 주목적에 대한 일부 특정 작업을 수행하는 소프트웨어가 아님 (○)
- 압축한 파일을 모아 재압축을 반복하면 파일 크기를 계속 줄일 수 있다.(1급 22.상시, 20.7) (×)
  - ➡ **바른정답** | 압축한 파일을 모아 재압축을 반복하여도 파일의 크기를 계속 줄일 수 없음 (○)

기적의 TIP
유틸리티의 개념과 압축 프로그램의 사용 목적에 대해 숙지하세요.

POINT 27 ▶ 프로그래밍 언어 ★★★★☆

대표 문제 : 24.상시 02회 05번, 24.상시 04회 16번, 25.상시 04회 06번

▶ 객체 지향 프로그래밍 언어
- 객체 지향 프로그램은 코드의 재사용과 유지보수가 용이하다.(1급 20.2)
- 소프트웨어의 재사용으로 프로그램의 개발 시간을 단축할 수 있다.(1급 19.8)
- 대표적인 객체 지향 언어로 C++, Java 등이 있다.(1급 25.상시, 19.8)
- 상속성, 캡슐화, 추상화, 다형성 등의 특징이 있다.(1급 25.상시, 19.8, 2급 24.상시)
- 크고 복잡한 프로그램 구축이 어려운 절차형 언어의 문제점을 해결하기 위해 개발된 프로그래밍 기법이다.(2급 24.상시, 19.3)

이것도 알아두세요
- Java Script : 서버에 데이터를 전송하기 전 아이디나 비밀번호의 입력 여부 또는 수량 입력과 같은 입력 사항을 확인할 때 사용하는 웹 프로그래밍 언어
- HTML5 : 차세대 웹 표준으로 텍스트와 하이퍼링크를 이용한 문서 작성 중심으로 구성된 기존 표준에 비디오, 오디오 등의 다양한 부가 기능을 추가하여 최신 멀티미디어 콘텐츠를 ActiveX 없이도 웹 서비스로 제공할 수 있는 언어

자주 출제되는 오답
객체 지향 프로그래밍 언어는 순차적인 처리가 중요시되며 프로그램 전체가 유기적으로 연결되도록 작성한다.(1급 19.8) (×)
➡ 바른정답 | 순차적인 처리와 프로그램 전체가 유기적으로 연결되는 것은 절차적 프로그래밍 언어의 특징임 (○)

기적의 TIP
객체 지향 프로그래밍 언어와 웹 프로그래밍 언어의 특징을 묻는 문제가 자주 출제되는 경향을 보이고 있습니다.

POINT 28 ▶ 드라이브 조각 모음 및 최적화 ★★★☆☆

대표 문제 : 24.상시 01회 10번, 24.상시 03회 07번, 25.상시 03회 03번

▶ 드라이브 조각 모음 및 최적화
- 하드디스크에 단편화되어 조각난 파일들을 모아준다.(2급 24.상시, 23.상시, 19.8)
- USB 플래시 드라이브와 같은 이동식 저장 장치도 조각화 될 수 있다.(2급 23.상시, 19.8)
- 일정을 구성하여 드라이브 조각 모음 및 최적화를 예약 실행할 수 있다.(2급 23.상시, 19.8)
- 시스템의 속도가 느려진 경우 문제를 해결하는 방법이다.(2급 20.2)
- 단편화를 제거하여 디스크의 수행 속도를 높여준다.(2급 24.상시, 21.상시)
- 처리 속도면에서는 효율적이나 총 용량이 늘어나지는 않는다.
- CD-ROM 드라이브, 네트워크 드라이브, Windows가 지원하지 않는 형식의 압축 프로그램 등은 디스크 조각 모음을 할 수 없다.(2급 21.상시)

이것도 알아두세요
- [시작(⊞)]-[Windows 관리 도구]-[드라이브 조각 모음 및 최적화]를 클릭하여 실행함
- [디스크 정리]를 수행할 때 정리 대상 파일 : 임시 인터넷 파일, 휴지통에 있는 파일, 다운로드한 프로그램 파일(1급 25.상시)
- [포맷] 창에서 설정 가능한 항목 : 볼륨 레이블 입력, 파일 시스템 선택, 빠른 포맷 선택 등

자주 출제되는 오답
드라이브 조각 모음 및 최적화를 수행한 후에는 디스크 공간의 최적화가 이루어져 디스크의 용량이 증가한다.(2급 19.8) (×)
➡ 바른정답 | 드라이브 조각 모음 및 최적화를 수행하여도 디스크의 용량이 증가하지 않고 단편화를 제거하여 수행 속도를 높임 (○)

기적의 TIP
Windows에서 PC 관리를 위한 프로그램의 용도에 대한 옳고 그름을 묻는 문제가 출제됩니다.

SECTION 06 인터넷 자료 활용

POINT 29 ▶ IPv6 주소 ★★★★★
대표 문제 : 24.상시 03회 16번, 24.상시 04회 09번, 25.상시 03회 14번, 25.상시 04회 03번

▶ IPv6 주소
- 16비트씩 8부분으로 총 128비트로 구성된다.(1급 25.상시, 24.상시, 20.2, 2급 25.상시, 23.상시)
- 주소 체계는 유니캐스트, 멀티캐스트, 애니캐스트로 나누어진다.(1급 25.상시, 20.2, 2급 25.상시, 22.상시)
- 실시간 흐름 제어로 향상된 멀티미디어 기능을 지원한다.(1급 20.2, 2급 21.상시)
- IPv4 주소 체계의 주소 부족 문제를 해결하기 위하여 개발되었다.(1급 24.상시, 19.8, 2급 25.상시, 21.상시)
- IPv6 주소는 16비트씩 8부분으로 총 128비트로 구성되어 있다.(1급 23.상시, 19.8)
- 주소의 단축을 위해 각 블록에서 선행되는 0은 생략할 수 있다.(1급 25.상시, 2급 23.상시, 19.3)
- IPv6은 128비트, IPv4는 32비트로 구성된 주소 체계 방식이다.(1급 24.상시, 18.9)

▶ 프로토콜(Protocol)
- 통신망에 전송되는 패킷의 흐름을 제어해서 시스템 전체의 안전성을 유지한다.(1급 19.8)
- 정보를 전송하기 위해 송·수신기 사이에 같은 상태를 유지하도록 동기화 기능을 수행한다.(1급 19.8)
- 데이터 전송 도중에 발생하는 오류를 검출한다.(1급 19.8)
- 패킷 수를 조정하는 흐름 제어 기능(1급 20.2)
- 송/수신기를 같은 상태로 유지하는 동기화 기능(1급 20.2)
- 데이터 전송 도중에 발생하는 에러 검출 기능(1급 20.2)

이것도 알아두세요
- **URL** : 인터넷상에 존재하는 각종 자원이 있는 위치를 나타내는 표준 주소 체계이다.(1급 25.상시, 18.9, 2급 25.상시)
- **URL(Uniform Resource Locator)의 형식** : 프로토콜://호스트 서버 주소[:포트번호][/파일 경로](1급 24.상시, 2급 23.상시, 20.2)
- **도메인 네임(Domain Name)** : 숫자로 구성된 IP 주소를 사람(사용자)이 이해하기 쉬운 문자 형태로 표현한 것
- **DNS** : 도메인 네임을 IP 주소로 변환하거나 그 반대의 변환을 수행하는 시스템이다.(1급 18.9)
- **HTTP** : 인터넷에서 웹 서버와 사용자의 인터넷 브라우저 사이에 하이퍼텍스트 문서를 전송하기 위해 사용되는 통신 규약(2급 24.상시, 20.7)
- **OSI 7계층** : 이기종 단말 간 통신과 호환성 등 모든 네트워크상의 원활한 통신을 위해 최소한의 네트워크 구조를 제공하는 모델로 네트워크 프로토콜 디자인과 통신을 여러 계층으로 나누어 정의한 통신 규약 명칭(2급 20.2)

자주 출제되는 오답
- IPv6 주소는 각 부분을 10진수로 표현하며, 세미콜론(;)으로 구분한다.(1급 20.2, 2급 21.상시) (×)
  - ➡ **바른정답** | 각 부분을 16진수로 표현하며, 콜론(:)으로 구분함 (○)
- 프로토콜은 네트워크에 접속된 다양한 단말 장치를 자동으로 인식하여 호환성을 제공한다.(1급 19.8) (×)
  - ➡ **바른정답** | 네트워크에 접속된 다양한 단말 장치를 자동으로 인식하여 호환성을 제공하지 않음 (○)

기적의 TIP
IPv4와 IPv6의 차이점과 특징을 혼동하지 않도록 숙지하고 암기해 주세요. 또한 도메인 네임, DNS, URL 등 인터넷 관련 용어에 대한 부분도 자주 출제됩니다.

POINT 30 ▶ 인터넷 서비스 ★★★★☆

대표 문제 : 23.상시 05회, 06번, 24.상시 05회 14번, 25.상시 01회 20번, 25.상시 02회 16번

▶ FTP(File Transfer Protocol)
- 컴퓨터와 컴퓨터 사이에 파일을 주거나 받을 수 있는 원격 파일 전송 프로토콜이다.(1급 23.상시, 19.3, 2급 24.상시, 23.상시, 21.상시)
- FTP 프로그램을 이용하여 FTP 서버에 파일을 전송하거나 수신하고, 파일의 삭제 및 이름 바꾸기 등을 할 수 있다.(1급 19.3)
- Anonymous FTP는 FTP 서버에 계정이 없는 익명의 사용자도 접속하여 사용할 수 있는 서비스이다.(1급 23.상시, 19.3)

▶ 전자우편(E-mail)
- 한 사람이 동시에 여러 사람에게 전자우편을 보낼 수 있다.(2급 20.2, 19.3)
- SMTP, POP3, MIME 등의 프로토콜이 사용된다.(1급 25.상시, 2급 25.상시, 24.상시, 23.상시, 20.2, 19.3)
- 전자우편 주소는 '사용자 ID@호스트 주소'의 형식이 사용된다.(1급 25.상시, 2급 24.상시, 23.상시, 20.2, 19.3)

이것도 알아두세요
- 인트라넷(Intranet) : 인터넷 기술과 통신 규약을 기업 내의 전자우편, 전자 결재 등과 같은 정보 시스템에 적용한 것(2급 21.상시)
- 엑스트라넷(Extranet) : 인터넷 기반 기술을 이용하여 기업들이 외부 보안을 유지한 상태에서 협력 업체 간의 효율적인 업무 처리를 위해 사용하는 네트워크
- IPTV : 초고속 인터넷을 이용하여 동영상 콘텐츠, 정보 서비스 등 기본 텔레비전 기능에 인터넷 검색이 가능하게 한 서비스
- RFID : 사물에 전자 태그를 부착하고 무선 통신을 이용하여 사물의 정보 및 주변 상황 정보를 감지하는 센서 기술(2급 21.상시)

자주 출제되는 오답
- FTP에서 그림, 동영상, 실행 파일, 압축 파일 등은 ASCII 모드로 전송한다.(1급 19.3) (×)
  ➡ **바른정답** | Binary 모드로 전송함(1급 19.3) (○)
- 전자우편은 기본적으로 8비트의 EBCDIC 코드를 사용하여 메시지를 보내고 받는다.(2급 20.2) (×)
  ➡ **바른정답** | 기본적으로 7비트의 ASCII 코드를 사용하여 메시지를 보내고 받음 (○)
- 메일에 대해 작성한 답장만 발송자에게 전송하는 기능을 전달(Forward)이라 한다.(2급 19.3) (×)
  ➡ **바른정답** | 전달이 아닌 답장(Reply)이라고 함 (○)

기적의 TIP

FTP, 전자우편 같은 인터넷 서비스의 기능과 특징을 묻는 문제가 출제됩니다. 인터넷 관련 용어에 대해 혼동하지 않을 정도로 숙지하고 암기해야 합니다.

POINT 31 ▶ 멀티미디어의 개념 ★★★★☆

대표 문제 : 24.상시 02회 16번, 24.상시 05회 09번, 25.상시 01회 13번, 25.상시 02회 10번

▶ 멀티미디어의 개념

- 멀티미디어와 관련된 표준안은 그래픽, 오디오, 문서 등 매우 다양하다.(1급 24.상시, 19.3)
- 대표적인 정지 화상 표준으로는 손실, 무손실 압축 기법을 다 사용할 수 있는 JPEG와 무손실 압축 기법을 사용하는 GIF가 있다.(1급 24.상시, 19.3)
- 스트리밍이 지원되는 파일 형식은 ASF, WMV, RAM 등이 있다.(1급 25.상시, 24.상시, 19.3)
- 다양한 아날로그 데이터를 디지털 데이터로 변환하여 통합 처리한다.(2급 25.상시, 20.2)
- 정보 제공자와 사용자 간의 상호 작용에 의해 데이터가 전달된다.(2급 25.상시, 20.2)
- 텍스트, 그래픽, 사운드, 동영상 등의 여러 미디어를 통합 처리한다.(2급 25.상시, 20.2)

이것도 알아두세요

- **멀티미디어 특징** : 통합성, 디지털화, 쌍방향성, 비선형성(1급 25.상시)
- **비선형 콘텐츠** : 컴퓨터 게임이나 컴퓨터 기반 훈련과 같이 사용자와의 상호작용을 통해 진행 상황을 제어하는 멀티미디어의 특징을 나타내는 용어
- **VR** : 컴퓨터가 만들어 낸 가상세계의 다양한 경험을 체험할 수 있도록 하는 컴퓨터 그래픽 기술과 시뮬레이션 기능 등 관련 기술을 통틀어 말함
- **VCS** : 화상회의 시스템으로 초고속 정보통신망을 이용하여 멀리 떨어져 있는 사람들과 비디오와 오디오를 통해 회의할 수 있도록 하는 멀티미디어 시스템
- **VOD** : 주문형 비디오로 보고 싶은 영화나 스포츠 뉴스, 홈 쇼핑 등 가입자가 원하는 시간에 원하는 프로그램을 선택하여 시청할 수 있도록 하는 멀티미디어 서비스(1급 23.상시)

자주 출제되는 오답

- MPEG는 Intel사가 개발한 동영상 압축 기술로 용량이 작고, 음질이 뛰어나다.(1급 19.3) (✕)
  ➡ **바른정답** | MPEG가 아닌 DVI에 대한 설명이며 MPEG는 동영상 전문가 그룹에서 제정했음 (〇)
- 미디어별 파일 형식이 획일화되어 멀티미디어의 제작이 용이해졌다.(2급 20.2) (✕)
  ➡ **바른정답** | 미디어별 파일 형식이 다양화되어 멀티미디어 제작이 용이하지 않음 (〇)

기적의 TIP

멀티미디어의 개념과 특징, 기술에 대해 이해하고 암기해 두세요.

POINT 32 ▶ 멀티미디어의 운용 ★★★★☆

대표 문제 : 24.상시 03회 11번, 24.상시 05회 07번, 25.상시 04회 17번, 25.상시 05회 18번

▶ 그래픽 기법
- 렌더링(Rendering)은 3차원 애니메이션을 만드는 작업의 일부이다.(1급 25.상시, 24.상시, 18.9, 2급 24.상시)
- 모핑(Morphing)은 두 개의 이미지를 부드럽게 연결하여 변화하거나 통합하는 작업이다.(1급 25.상시, 18.9)
- 디더링(Dithering)은 제한된 색상을 조합하여 새로운 색을 만드는 작업이다.(1급 25.상시, 23.상시, 18.9)
- 렌더링(Rendering)은 2차원 또는 3차원 물체의 모형에 명암과 색상을 입혀 사실감을 더해 주는 그래픽 기법이다.(1급 19.8)
- 안티앨리어싱(Anti-Aliasing)은 2차원 그래픽에서 개체 색상과 배경 색상을 혼합하여 경계면 픽셀을 표현함으로써 경계면을 부드럽게 보이도록 하는 기법이다.(1급 25.상시, 2급 25.상시, 23.상시, 19.8)

▶ 비트맵(Bitmap) 방식(래스터(Raster) 방식)
- 이미지를 확대하면 테두리가 거칠어진다.(2급 19.3)
- 파일 형식에는 BMP, GIF, JPEG 등이 있다.(2급 19.3)
- 다양한 색상을 사용하여 사실적 이미지를 표현할 수 있다.(2급 19.3)
- 이미지를 확대하면 테두리에 계단 현상과 같은 앨리어싱이 발생한다.(2급 18.9)
- 많은 픽셀로 정교하고 다양한 색상을 표시할 수 있다.(2급 18.9)

이것도 알아두세요
- **MPEG-21** : 디지털 콘텐츠의 생성·거래·전달·관리 등 전체 과정을 관리할 수 있는 기술로 멀티미디어 프레임워크의 MPEG 표준
- **벡터(Vector) 방식** : 점과 점을 연결하는 직선 또는 곡선을 이용하여 이미지를 표현함(1급 25.상시)

자주 출제되는 오답
- 앨리어싱(Aliasing)은 이미지 표현에 계단 현상을 제거하는 작업이다.(1급 18.9) (×)
  ➡ **바른정답** | 안티 앨리어싱(Anti-aliasing)에 대한 설명임 (○)
- 비트맵 방식은 점과 점을 연결하는 직선이나 곡선을 이용하여 이미지를 표현한다.(2급 19.3) (×)
  ➡ **바른정답** | 벡터(Vector) 방식에 관한 설명임 (○)

기적의 TIP
그래픽 기법과 그래픽 데이터의 표현 방식, 동영상 데이터, MPEG 규격 등 멀티미디어 데이터에 대한 전반적인 문제가 출제됩니다. 따라서 특징과 기법에 대해 잘 이해하고 암기해 두어야 합니다.

POINT 33 ▶ 정보 통신 일반 ★★★★☆   대표 문제 : 23.상시 03회 03번, 24.상시 02회 04번, 24.상시 02회 11번, 25.상시 01회 18번

▶ 네트워크 관련 장비
- **라우터(Router)** : 네트워크를 구성하기 위해 반드시 필요한 장비로 정보 전송을 위한 최적의 경로를 찾아 통신망에 연결하는 장치 (2급 25.상시, 24.상시, 23.상시, 18.9)
- **허브(Hub)** : 네트워크를 구성할 때 여러 대의 컴퓨터를 연결하고, 각 회선들을 통합 관리하는 장치(2급 22.상시, 18.9)
- **게이트웨이(Gateway)** : 한 네트워크에서 다른 네트워크로 들어가는 입구 역할을 하는 장치로 근거리통신망(LAN)과 같은 하나의 네트워크를 다른 네트워크와 연결할 때 사용되는 장치(2급 25.상시, 18.9)
- **브리지(Bridge)** : 두 개의 근거리 통신망을 상호 접속할 수 있도록 하는 통신망 연결 장치로 OSI 참조 모델의 데이터 링크 계층에 속함(1급 25.상시, 23.상시, 20.7, 2급 25.상시)

이것도 알아두세요
- **테더링(Tethering)** : 스마트폰을 모뎀처럼 활용하는 방법으로, 컴퓨터나 노트북 등의 IT 기기를 스마트폰에 연결하여 무선 인터넷을 사용할 수 있게 하는 기능
- **웨어러블 컴퓨터** : 소형화, 경량화를 비롯해 음성과 동작인식 등 다양한 기술이 적용되어 장소에 구애받지 않고 컴퓨터를 활용할 수 있도록 몸에 착용하는 컴퓨터를 의미함
- **단방향 통신** : 라디오와 같이 한쪽은 송신만, 다른 한쪽은 수신만 가능한 정보 전송 방식(1급 25.상시)
- **사물인터넷(IoT)** : 모든 사물을 네트워크로 연결하여 소통하고 스마트 센싱 기술과 무선 통신 기술을 융합하여 실시간으로 데이터를 주고받으며 인터넷 기반으로 다양한 사물, 사람, 공간을 긴밀하게 연결하고 상황을 분석, 예측, 판단해서 지능화된 서비스를 자율 제공하는 제반 인프라 및 융복합 기술임

자주 출제되는 오답
브리지(Bridge)는 네트워크를 구성할 때 디지털 신호를 아날로그 신호로 변환하여 전송하고 다시 수신된 신호를 원래대로 변환하기 위한 전송 장치이다.(2급 25.상시, 18.9) (×)

➜ **바른정답** | 모뎀(MODEM)에 대한 설명임 (○)

기적의 TIP
네트워크 관련 장비의 기능에 대한 이해 여부와 사용 용도에 대한 옳고 그름을 묻는 형식으로 출제되고 있습니다. 각 네트워크 장비의 특징에 대해 정확하게 숙지하고 암기해 두면 됩니다. 또한 모바일 기기 관련 용어 부분이 4차 산업혁명시대로 인해 꾸준한 출제가 예상됩니다.

SECTION 07 컴퓨터 시스템 보호

POINT 34 ▶ 비밀키 암호화 기법 ★★★☆☆
대표 문제 : 23.상시 02회 09번, 23.상시 04회 04번, 24.상시 01회 20번, 24.상시 05회 08번

▶ 비밀키 암호화 기법
- 암호화와 복호화의 속도가 빠르다.(1급 24.상시, 23.상시, 20.7, 2급 25.상시)
- 알고리즘이 단순하고 파일의 크기가 작다.(1급 24.상시, 23.상시, 20.7, 2급 25.상시)
- 사용자의 증가에 따라 관리해야 할 키의 수가 상대적으로 많아진다.(1급 24.상시, 23.상시, 20.7)
- 비밀키 암호화 기법의 안전성은 키의 길이 및 키의 비밀성 유지 여부에 영향을 많이 받는다.(1급 20.2)
- 암호화와 복호화 시 사용하는 키가 동일한 암호화 기법이다.(1급 20.2, 2급 25.상시)

이것도 알아두세요
- 송신자와 수신자가 서로 동일(대칭)한 하나(단일)의 비밀키를 가짐
- 알고리즘이 단순하고 파일의 크기가 작은 이유는 단일키이기 때문임
- 대표적인 방식은 DES가 있음
- DES 방식은 56비트의 키를 사용하여 64비트의 평문 블록을 암호화하는 방식임

자주 출제되는 오답
- 비밀키는 서로 다른 키로 데이터를 암호화하고 복호화한다.(1급 24.상시, 20.7) (×)
  ➡ **바른정답** | 공개키에 대한 설명임 (○)
- 비밀키는 복잡한 알고리즘으로 인해 암호화와 복호화 속도가 느리다.(1급 20.2) (×)
  ➡ **바른정답** | 공개키에 대한 설명임 (○)

기적의 TIP
- 비대단 ➡ 비(밀키)=대(칭)키=단(일)키로 암기해 주세요.
- 비밀키와 공개키의 특징을 섞어놓고 해당되지 않는 것을 고르는 문제 형식으로 자주 출제되고 있습니다.

POINT 35 ▶ 공개키 암호화 기법 ★★★☆☆

대표 문제 : 23.상시 03회 01번, 25.상시 05회 08번

▶ 공개키 암호화 기법
- 알고리즘이 복잡하며 암호화와 복호화 속도가 느리다.(1급 18.9)
- 키의 분배가 용이하고 관리해야 할 키의 수가 적다.(1급 18.9)
- 데이터를 암호화할 때 사용하는 키는 공개하고 복호화할 때 키는 비밀로 한다.(1급 25.상시, 18.9, 2급 24.상시, 23.상시)

이것도 알아두세요
- 암호화키와 복호화키가 서로 다른(비대칭) 두 개(이중키)의 키를 가짐
- 대표적인 방식은 RSA가 있음
- RSA 방식은 소인수분해의 원리를 이용한 방식임
- 전자우편 보안의 PGP 방식이 공개키와 RSA 방식을 이용함

자주 출제되는 오답
공개키 암호화 기법은 대표적으로 DES가 있다.(1급 18.9) (×)
➡ **바른정답** | 공개키 암호화 기법은 대표적으로 RSA가 있음 (○)

기적의 TIP
- 공비이 ➡ 공(개)키=비(대칭)키=이(중)키
- 암공복비 ➡ 암(호화)는 공(개키)로 복(호화)는 비(밀키)로
- RSA ➡ 공개(키)되어 R(알) SA(사)람은 다 안다로 암기해 두면 됩니다.
- 공개키와 비밀키의 특징을 섞어놓고 해당하지 않는 것을 고르는 문제 형식으로 출제되고 있습니다.

POINT 36 ▶ 방화벽 ★★★★☆

대표 문제 : 23.상시 05회 01번, 24.상시 02회 07번, 24.상시 04회 14번, 25.상시 04회 19번

▶ 방화벽(Firewall)
- 통신을 허용할 프로그램 및 기능에 대한 설정을 할 수 있다.(1급 18.9, 2급 25.상시)
- 각 네트워크 위치 유형에 따른 외부 연결의 차단과 알림을 설정할 수 있다.(1급 18.9)
- IP 주소 및 포트 번호를 이용하거나 사용자 인증을 기반으로 접속을 차단하여 네트워크의 출입로를 단일화한다.(1급 23.상시, 20.7, 2급 25.상시, 22.상시)
- 로그 정보를 통해 외부 침입의 흔적을 찾아 역추적할 수 있다.(1급 24.상시, 22.상시, 20.7, 2급 25.상시, 22.상시)

이것도 알아두세요
- 권한이 없는 사용자가 네트워크를 통해 컴퓨터에 액세스하는 것을 방지함
- 특정 연결 요청을 차단하거나 차단 해제하기 위해 사용자의 허가를 요청함
- 사용자가 원할 경우 기록을 만들어 컴퓨터에 대해 성공한 연결 시도와 실패한 연결 시도를 기록함
- '명백히 허용되지 않은 것은 금지한다'라는 적극적 방어 개념을 가지고 있음(1급 22.상시, 2급 22.상시)
- **프록시(Proxy) 서버의 기능** : 방화벽 기능과 캐시 기능(1급 25.상시)
- **스니핑(Sniffing)** : 사용자가 전송하는 데이터를 훔쳐보는 것으로 네트워크의 패킷을 엿보면서 계정과 패스워드를 알아냄(2급 24.상시, 23.상시)
- **피싱(Phishing)** : 유명 기업이나 금융기관을 사칭한 가짜 웹 사이트나 이메일 등으로 개인의 금융정보와 비밀번호를 입력하도록 유도하여 예금 인출 및 다른 범죄에 이용하는 컴퓨터 범죄 유형
- **분산 서비스 거부 공격(DDoS)** : 여러 대의 장비를 이용하여 특정 서버에 대량의 데이터를 집중적으로 전송함으로써 서버의 정상적인 동작을 방해하는 행위(2급 24.상시)

> **자주 출제되는 오답**
>
> 방화벽은 내 컴퓨터에서 외부로 나가는 패킷의 내용을 체크하여 인증된 패킷만 내보내도록 설정할 수 있다.(1급 18.9, 2급 25.상시) (×)
>
> ➡ **바른정답** | 방화벽은 외부에서 내부로 들어오는 패킷의 내용을 체크함 (○)

> 🚩 **기적의 TIP**
>
> 방화벽의 개념과 기능에 대한 이해 여부를 묻는 문제가 출제됩니다. 방화벽의 원리와 기능에 대해 정확히 숙지하고 암기해 두기 바랍니다.

POINT 37 ▶ 바이러스 예방과 치료 ★★★☆☆

대표 문제 : 23.상시 05회 04번, 24.상시 05회 15번, 25.상시 04회 04번

▶ 바이러스(Virus)
- 감염 부위에 따라 부트 바이러스와 파일 바이러스로 구분한다.(1급 19.8)
- 사용자 몰래 스스로 복제하여 다른 프로그램을 감염시키고, 정상적인 프로그램이나 다른 데이터 파일 등을 파괴한다.(1급 25.상시, 19.8)
- 주로 복제품을 사용하거나 통신 매체를 통하여 다운받은 프로그램에 의해 감염된다.(1급 19.8)

▶ 바이러스(Virus) 예방법
- 최신 버전의 백신 프로그램을 사용한다.(2급 24.상시, 23.상시, 20.7)
- 다운로드 받은 파일은 작업에 사용하기 전에 바이러스 검사 후 사용한다.(2급 24.상시, 23.상시, 20.7)
- 네트워크 공유 폴더에 있는 파일은 읽기 전용으로 지정한다.(2급 24.상시, 20.7)
- 의심이 가는 메일은 열지 않고 삭제한다.(2급 18.9)
- 방화벽을 설정하여 사용한다.(2급 18.9)

> **이것도 알아두세요**
>
> **Windows Defender** : Windows에 포함되어 있는 백신 프로그램으로 스파이웨어와 그 밖의 원치 않는 소프트웨어로부터 컴퓨터를 보호할 수 있음

> **자주 출제되는 오답**
>
> 바이러스는 컴퓨터 하드웨어와 무관하게 소프트웨어에만 영향을 미친다.(1급 19.8) (×)
>
> ➡ **바른정답** | 바이러스는 하드웨어에도 영향을 미침 (○)

> 🚩 **기적의 TIP**
>
> 바이러스의 특징과 예방법에 대해 이해하고 숙지하세요.

2과목 스프레드시트 일반

SECTION 01 스프레드시트 개요

POINT 38 ▶ 엑셀의 화면 구성 ★★★☆☆
대표 문제 : 23.상시 02회 28번, 24.상시 03회 28번, 25.상시 03회 23번

▶ **상태 표시줄**

- 상태 표시줄에서 워크시트의 보기 상태를 기본 보기, 페이지 레이아웃 보기, 페이지 나누기 미리 보기 중 선택하여 변경할 수 있다. (1급 20.7, 2급 25.상시)
- 상태 표시줄에는 확대/축소 슬라이더가 기본적으로 표시된다.(1급 20.7, 2급 25.상시)
- 상태 표시줄은 현재의 작업 상태에 대한 기본적인 정보가 표시되는 곳이다.(1급 20.7)
- 엑셀의 현재 작업 상태를 표시하며, 선택 영역에 대한 평균, 개수, 합계 등의 옵션을 선택하여 다양한 계산 결과를 표시할 수 있다. (1급 23.상시, 18.9, 2급 25.상시)
- 확대/축소 컨트롤을 이용하면 10~400% 범위 내에서 문서를 쉽게 확대/축소할 수 있다.(1급 18.9)
- 기본적으로 상태 표시줄 왼쪽에는 매크로 기록 아이콘(🔴)이 있으며, 매크로 기록 중에는 기록 중지 아이콘(⬜)으로 변경된다.(1급 23.상시, 18.9)

▶ **[상태 표시줄 사용자 지정]에서 선택할 수 있는 자동 계산**

- 선택한 영역 중 숫자 데이터가 입력된 셀의 수(1급 25.상시, 24.상시, 23.상시, 20.2, 2급 23.상시)
- 선택한 영역 중 데이터가 입력된 셀의 수(1급 25.상시, 23.상시, 20.2, 2급 23.상시)
- 선택한 영역의 합계, 평균, 최소값, 최대값(1급 25.상시, 23.상시, 20.2, 2급 23.상시)

> **이것도 알아두세요**
> - 설정한 확대/축소 배율은 통합 문서의 모든 시트에 자동으로 적용되지 않고 현재 시트에만 적용됨
> - 화면의 확대/축소는 단지 화면에서 보이는 상태만을 확대/축소하는 것으로 인쇄 시 적용되지 않음
> - Ctrl 을 누른 채 마우스의 스크롤을 위로 올리면 화면이 확대되고, 아래로 내리면 화면이 축소됨

> **자주 출제되는 오답**
> - 상태 표시줄의 바로 가기 메뉴를 이용하여 셀의 특정 범위에 대한 이름을 정의할 수 있다.(1급 20.7, 2급 25.상시) (×)
>   ➜ **바른정답** | 이름 상자에서 셀의 특정 범위에 대한 이름을 정의함 (○)
> - 상태 표시줄에서 자주 사용하는 도구들을 모아서 간단히 추가하거나 제거할 수 있으며, 리본 메뉴 아래에 표시할 수도 있다.(1급 18.9) (×)
>   ➜ **바른정답** | 빠른 실행 도구 모음 사용자 지정에서 가능함 (○)
> - [상태 표시줄 사용자 지정]에서 선택할 수 있는 자동 계산 : 선택한 영역 중 문자 데이터가 입력된 셀의 수(1급 20.2) (×)
>   ➜ **바른정답** | 문자 데이터가 입력된 셀의 수는 [상태 표시줄 사용자 지정]에서 선택할 수 있는 자동 계산에 해당되지 않음 (○)

> **기적의 TIP**
> 엑셀의 화면 구성에서 상태 표시줄과 빠른 실행 도구 모음에 대한 문제가 자주 출제되고 있으므로 실행 가능한 작업과 기능에 대해 정확히 파악하고 숙지해 두기 바랍니다.

POINT 39 ▶ 파일 및 워크시트 관리 ★★★★★

대표 문제 : 23.상시 01회 35번, 23.상시 03회 23번

▶ 워크시트
- 여러 개의 시트를 한 번에 선택하면 제목 표시줄의 파일명 뒤에 [그룹]이 표시된다.(2급 24.상시, 20.7)
- 선택된 시트의 왼쪽에 새로운 시트를 삽입하려면 Shift + F11을 누른다.(2급 24.상시, 20.7)
- 동일한 통합 문서 내에서 시트를 복사하면 원래의 시트 이름에 '(일련번호)' 형식이 추가되어 시트 이름이 만들어진다.(2급 20.7)

▶ [검토] 탭–[보호] 그룹
- [시트 보호]를 설정하면 기본적으로 셀의 선택만 가능하다.(1급 18.3)
- 시트 보호 시 특정 셀의 내용만 수정 가능하도록 하려면 해당 셀의 [셀 서식]에서 '잠금' 설정을 해제한다.(1급 18.3, 2급 24.상시, 23.상시)
- [범위 편집 허용]을 이용하면 보호된 워크시트에서 특정 사용자가 범위를 편집할 수 있도록 허용할 수 있다.(1급 18.3)

이것도 알아두세요
- 차트 시트의 경우 차트 내용만 변경하지 못하도록 보호할 수 있음
- [셀 서식] 대화 상자의 [보호] 탭에서 '잠금'이 해제된 셀은 보호되지 않음
- 시트 보호 설정 시 암호의 설정은 필수 사항이 아님
- 시트 보호가 설정된 상태에서 데이터를 수정하면 경고 메시지가 나타남

자주 출제되는 오답
- 마지막 작업이 시트 삭제인 경우 빠른 실행 도구 모음의 '실행 취소(↶)' 명령을 클릭하여 되살릴 수 있다.(2급 20.7) (×)
  → **바른정답 |** 삭제한 시트는 실행 취소 명령으로 되살릴 수 없음 (○)
- [통합 문서 보호]를 설정하면 포함된 차트, 도형 등의 그래픽 개체를 변경할 수 없다.(1급 18.3) (×)
  → **바른정답 |** [통합 문서 보호]를 설정하더라도 포함된 차트, 도형 등의 그래픽 개체를 변경 및 이동/복사할 수 있음 (○)

🚩 기적의 TIP
파일과 워크시트의 관리 기능은 기본적으로 중요한 부분입니다. 수행 가능한 작업과 각 작업의 특징에 대해 실습을 통한 이해와 파악으로 잘 숙지해 두고 암기가 필요한 부분은 반드시 외워두어야 합니다.

SECTION 02 데이터 입력 및 편집

POINT 40 ▶ 데이터 입력 ★★★★☆
대표 문제 : 24.상시 01회 34번, 24.상시 05회 40번, 25.상시 02회 31번, 25.상시 03회 22번

▶ 날짜 및 시간 데이터 입력
- 날짜 데이터는 하이픈(-)이나 슬래시(/)를 이용하여 년, 월, 일을 구분한다.(1급 24.상시, 22.상시, 20.7, 2급 25.상시)
- 날짜의 연도를 생략하고 월과 일만 입력하면 자동으로 현재 연도가 추가된다.(1급 24.상시, 22.상시, 20.7, 2급 25.상시)
- 날짜의 연도를 두 자리로 입력할 때 연도가 30 이상이면 1900년대로 인식하고, 29 이하이면 2000년대로 인식한다.(1급 22.상시, 20.7, 2급 25.상시)
- 날짜 데이터를 입력할 때 연도와 월만 입력하면 일자는 자동으로 해당 월의 1일이 입력된다.(2급 24.상시, 19.3)
- 셀에 '4/9'를 입력하고 Enter 를 누르면 셀에는 '04월 09일'로 표시된다.(2급 24.상시, 19.3)
- Ctrl + ; 을 누르면 시스템의 오늘 날짜, Ctrl + Shift + ; 을 누르면 현재 시간이 입력된다.(2급 24.상시, 19.3)

▶ 메모
- 메모에는 어떠한 문자나 숫자, 특수 문자도 입력 가능하며, 텍스트 서식도 지정할 수 있다.(2급 24.상시, 21.상시)
- 시트에 삽입된 모든 메모를 표시하려면 [검토] 탭의 [메모] 그룹에서 '메모 모두 표시'를 선택한다.(1급 25.상시, 2급 24.상시, 21.상시)
- 통합 문서에 포함된 메모를 시트에 표시된 대로 인쇄하거나 시트 끝에 인쇄할 수 있다.(1급 25.상시, 2급 24.상시, 21.상시)

이것도 알아두세요
- 메모를 삭제하려면 [검토] 탭-[메모] 그룹-[삭제]를 선택하거나 바로 가기 메뉴에서 [메모 삭제]를 선택함
- **입력된 수식 보기** : Ctrl + ~ 를 누르거나 [수식]-[수식 분석]-[수식 표시]를 선택함
- 한자는 한자의 음을 한글로 입력한 다음 한자 를 누르고 목록에서 원하는 한자를 선택함
- 특수 문자는 [삽입] 탭-[기호] 그룹-[기호]를 실행하거나 한글 자음(ㄱ,ㄴ,ㄷ,…,ㅎ) 중의 하나를 누르고 한자 를 눌러 목록에서 원하는 특수 문자를 선택함
- **한 셀에 두 줄 이상 입력** : Alt + Enter 를 누르거나 [셀 서식]의 [맞춤] 탭에서 [자동 줄 바꿈] 확인란을 선택함(1급 25.상시, 23.상시, 2급 25.상시, 24.상시, 23.상시)
- **동일한 데이터 입력하기** : 범위를 지정하고 데이터 입력 후 Ctrl + Enter 를 누름(1급 25.상시, 2급 24.상시)

자주 출제되는 오답
- Ctrl + Shift + ; 을 누르면 오늘 날짜가 입력된다.(1급 20.7) (×)
  → **바른정답** | Ctrl + Shift + ; 을 누르면 시간이 입력됨 (○)
- 날짜 및 시간 데이터의 텍스트 맞춤은 기본 왼쪽 맞춤으로 표시된다.(2급 25.상시, 19.3) (×)
  → **바른정답** | 날짜 및 시간 데이터의 텍스트 맞춤은 기본 오른쪽 맞춤으로 표시됨 (○)
- 셀에 입력된 데이터를 Delete 로 삭제한 경우 메모도 함께 삭제된다.(2급 21.상시) (×)
  → **바른정답** | 셀에 입력된 데이터를 삭제해도 메모가 삭제되지 않음 (○)

기적의 TIP
엑셀에서 사용할 수 있는 데이터의 종류와 입력 방법에 대한 정확하고 확실한 학습이 필요합니다. 실습을 통해 입력 결과를 확인하는 공부가 필수입니다.

POINT 41 ▶ 데이터 편집 ★★★★☆   대표 문제 : 23.상시 05회 23번, 24.상시 02회 22번, 24.상시 02회 37번, 25.상시 02회 30번

▶ 채우기 핸들
- 문자와 숫자가 혼합된 셀의 채우기 핸들을 Ctrl을 누른 채 드래그하면 동일한 내용으로 복사된다.(2급 23.상시, 19.3)
- 1개의 숫자와 문자가 조합된 텍스트 데이터는 숫자만 1씩 증가하고 문자는 그대로 복사되어 채워진다.(1급 20.2, 2급 25.상시, 24.상시)
- 채우기 핸들을 드래그하여 데이터를 채우는 경우 일반적인 문자 데이터는 그대로 복사되고 날짜 데이터는 1일 단위로 자동 증가하면서 채워진다.(1급 20.2)
- 채우기 핸들을 드래그하여 데이터를 채우는 경우 숫자 데이터는 그대로 복사된다.(1급 20.2)
- 채우기 핸들을 드래그하여 데이터를 채우는 숫자가 입력된 두 셀을 블록 설정하여 채우기 핸들을 드래그하면 두 숫자의 간격 만큼 증가하거나 감소하여 채워진다.(1급 20.2)

▶ 찾기 및 바꾸기
- '=A1*B1'과 같은 수식을 검색하려면 찾는 위치를 '수식'으로 선택한 후 찾을 내용에 '=A1~*B1'으로 입력한다.(1급 20.7)
- 찾을 내용과 바꿀 내용은 입력하지 않고, 찾을 서식과 바꿀 서식으로 설정할 수 있다.(1급 20.7)
- 셀 포인터 위치를 기준으로 앞에 위치한 데이터를 찾으려면 Shift를 누른 상태에서 [다음 찾기] 단추를 클릭한다.(1급 24.상시, 20.7)
- *와 ? 기호 자체를 찾아야 할 때는 ~ 기호 뒤에 입력한다.(1급 25.상시, 24.상시, 21.상시)

이것도 알아두세요
- Ctrl + * : 셀 포인터가 포함된 데이터 영역 전체를 블록으로 설정할 때 사용
- Ctrl + E : 일관된 패턴을 입력하는 경우를 검색하여 셀의 값을 자동으로 채움(빠른 채우기)(1급 24.상시)
- Ctrl + D : 윗쪽 셀의 내용과 서식을 복사함
- Ctrl + R : 왼쪽 셀의 내용과 서식을 복사함
- Ctrl + Alt + V : 선택하여 붙여넣기

자주 출제되는 오답
- 숫자가 입력된 첫 번째 셀과 두 번째 셀을 범위로 설정한 후 채우기 핸들을 드래그하면 두 번째 셀의 값이 복사된다.(2급 19.3) (×)
  - ➡ 바른정답 | 첫 번째 셀과 두 번째 셀의 데이터 사이의 차이에 의해 증가 또는 감소하면서 채워짐 (○)
- 숫자가 입력된 셀에서 Ctrl을 누른 채 채우기 핸들을 오른쪽으로 드래그하면 숫자가 1씩 감소한다.(2급 19.3) (×)
  - ➡ 바른정답 | 오른쪽으로 드래그하면 1씩 증가함(왼쪽으로 드래그하는 경우 1씩 감소함) (○)
- 사용자 정의 목록에 정의된 목록 데이터의 첫 번째 항목을 입력하고 Ctrl을 누른 채 채우기 핸들을 드래그하면 목록 데이터가 입력된다.(2급 19.3) (×)
  - ➡ 바른정답 | 첫 번째 항목이 복사됨 (○)
- 찾을 내용에 '*수정*', 바꿀 내용에 '*변경*'으로 입력하고, [모두 바꾸기] 단추를 클릭하면 '수정'이라는 모든 글자를 '*변경*'으로 바꾼다.(1급 20.7) (×)
  - ➡ 바른정답 | '수정'이라는 글자를 포함한 모든 데이터를 '*변경*'으로 바꿈(*수정*의 *는 모든 글자를 의미하므로 수정 앞뒤로 글자가 있는 데이터를 의미함) (○)

기적의 TIP
데이터를 편집하는 방법에 대해 옳고 그름을 묻는 형식으로 문제가 출제되므로 편집 방법과 기능에 대한 학습이 필수입니다. 특히, 채우기 핸들을 이용하는 경우와 바로 가기 키 등에 대한 부분은 실습으로 확인하는 습관을 들이면 좋습니다.

POINT 42 ▶ 사용자 지정 표시 형식 ★★★★★

대표 문제 : 23.상시 05회 21번, 24.상시 01회 24번, 24.상시 03회 39번

▶ **서식 코드를 셀의 사용자 지정 표시 형식으로 설정한 경우**

- [입력 데이터] 3.75에 [서식 코드] # ???/???를 적용하면 3 3/4가 표시된다.(1급 20.7)
  - ☞ #에 의해 3이 표시되며 0.75를 분수로 나타내어 3/4가 표시됨
- [입력 데이터] −6789에 [서식 코드] 0,00#,를 적용하면 −0,007이 표시된다.(1급 20.7)
  - ☞ ,(쉼표) 이후 코드가 없으므로 −6789를 천 단위 배수로 표시하여 −6이 남고 반올림되어 −0,007이 표시됨
- [입력 데이터] −6789에 [서식 코드] ▲#;▼#;0을 적용하면 ▼6789가 표시된다.(1급 20.7)
  - ☞ −6789가 음수이므로 ▼#이 적용되어 ▼6789가 표시됨

▶ **입력 데이터와 표시 형식에 따른 결과** (2급 23.상시)

입력 데이터	표시 형식	표시 결과
7.5	#.00	7.50

(2급 20.7)

☞ # : 유효 자릿수만 나타내고 유효하지 않은 0은 표시하지 않음 / ☞ 0 : 유효하지 않은 자릿수를 0으로 표시함

입력 데이터	표시 형식	표시 결과
12,200,000	#,##0,	12,200

(1급 24.상시, 2급 20.7)

☞ , : 천 단위 구분 기호로 쉼표를 삽입하거나 쉼표 이후 더 이상 코드를 사용하지 않으면 천 단위 배수로 표시함

입력 데이터	표시 형식	표시 결과
상공상사	@ "귀중"	상공상사 귀중

(2급 25.상시, 20.7)

☞ @ : 문자 뒤에 특정한 문자열을 함께 나타나게 함

이것도 알아두세요

- ? : 유효하지 않은 자릿수를 공백으로 표시함
- ; : 양수, 음수, 0값, 텍스트를 세미콜론(;)으로 구분함
- [글꼴 색] : 각 구역의 첫 부분에 지정하며 대괄호 안에 글꼴 색을 입력함
- [조건] : 조건과 일치하는 숫자에만 서식을 적용하고자 할 때 사용함
- 세미콜론 세 개(;;;)를 연속하여 사용하면 입력 데이터가 셀에 나타나지 않음(2급 23.상시)

자주 출제되는 오답

- [입력 데이터] 6789에 [서식 코드] *-#,##0을 적용하면 *----6789가 표시된다.(1급 20.7, 2급 24.상시) (×)
  - ➡ **바른정답** | 셀의 빈 열 폭 만큼 원하는 문자를 넣을 때 *를 이용하여 * 다음에 원하는 문자를 위치시키므로 결과는 ----6,789로 표시됨 (○)

입력 데이터	표시 형식	표시 결과
44.398	???.???	044.398

(2급 20.7) (×)

➡ **바른정답** | ?는 소수점 왼쪽 또는 오른쪽에 있는 유효하지 않은 0 대신 공백을 추가하여 소수점을 맞추므로 입력 데이터 44.398에 표시 형식 ???.???을 지정하면 표시 결과는 44.398이 됨 (○)

📌 기적의 TIP

사용자 지정 표시 형식은 매우 중요합니다. 시험에서 입력 데이터를 주고 사용자 지정 표시 형식에 맞게 산출된 결과나 옳지 않은 결과를 선별하는 유형으로 출제됩니다. 반드시 숫자, 날짜 서식 등의 특징에 대해 정확히 숙지한 후 실습을 통한 완벽한 이해가 필요한 부분입니다.

SECTION 03   수식 활용

POINT 43 ▶ 수식 작성, 이름 상자, 수식의 오류값 ★★★★★
대표 문제 : 24.상시 04회 27번, 24.상시 04회 38번, 25.상시 03회 24번

▶ 셀에 수식을 입력하는 방법
- **F9** : 열려 있는 통합 문서의 모든 워크시트를 재계산한다.(1급 20.상시)
- 통합 문서의 여러 워크시트에 있는 동일한 셀 범위 데이터를 이용하려면 수식에서 3차원 참조를 사용한다.(1급 20.7)
- 계산할 셀 범위를 선택하여 수식을 입력한 후 **Ctrl**+**Enter**를 누르면 선택한 영역에 수식을 한 번에 채울 수 있다.(1급 24.상시, 20.7)

▶ 이름 상자
- 이름 상자는 **Ctrl**을 누르고 여러 개의 셀을 선택한 경우 마지막 선택한 셀 주소가 표시된다.(1급 20.2)
- 이름 상자에 셀이나 셀 범위에 이름을 정의해 놓은 경우 이름이 표시된다.(1급 20.2)
- 이름 상자에 수식을 작성 중인 경우 최근 사용한 함수 목록이 표시된다.(1급 20.2)

▶ 수식의 오류값
- **#VALUE!** : 잘못된 인수나 피연산자를 사용했을 때(1급 25.상시, 24.상시, 23.상시, 2급 25.상시, 23.상시, 22.상시, 18.9)
- **#DIV/0!** : 특정 값(셀)을 0 또는 빈 셀로 나누었을 때(1급 23.상시, 2급 25.상시, 23.상시, 18.9)
- **#NAME?** : 함수 이름을 잘못 입력하거나 인식할 수 없는 텍스트를 수식에 사용했을 때(1급 25.상시, 23.상시, 2급 25.상시, 24.상시, 23.상시, 18.9)

이것도 알아두세요
- **Shift**+**F9** : 현재 워크시트에서 마지막 계산 이후에 변경된 수식과 이러한 수식에 종속된 수식을 다시 계산함
- **####** : 데이터나 수식의 결과를 셀에 모두 표시할 수 없는 경우(열의 너비를 늘려주면 정상적으로 표시됨)
- **#N/A** : 수식에서 잘못된 값으로 연산을 시도한 경우나 찾기 함수에서 결과값을 찾지 못한 경우
- **#NUM!** : 숫자가 필요한 곳에 잘못된 값을 지정한 경우(1급 25.상시)
- **#NULL!** : 교점 연산자(공백)를 사용했을 때 교차 지점을 찾지 못한 경우(1급 25.상시)
- **순환 참조 경고** : 수식에서 직접 또는 간접으로 자체 셀을 참조하는 경우 발생

자주 출제되는 오답
- 수식을 입력한 후 결과값이 상수로 입력되게 하려면 수식을 입력한 후 바로 **Alt**+**F9**를 누른다.(1급 20.7) (×)
  ➡ **바른정답** | 수식을 입력한 후 결과값이 상수로 입력되게 하려면 수식을 입력한 후 바로 **F9**를 누름 (○)
- 이름 상자에서 차트가 선택되어 있는 경우 차트의 종류가 표시된다.(1급 20.2) (×)
  ➡ **바른정답** | 차트가 선택되어 있는 경우 차트가 만들어진 순서대로 '차트 1', '차트 2', … 처럼 표시되며 차트의 종류가 표시되지는 않음 (○)
- **#REF!**는 숫자 인수가 필요한 함수에 다른 인수를 지정 했을 때 발생한다.(2급 18.9) (×)
  ➡ **바른정답** | 셀 참조를 잘못 사용한 경우에 발생함 (○)

🏁 기적의 TIP
수식 작성은 산술, 비교, 문자열, 참조 연산자의 종류 등 전반적인 학습이 필요한 부분입니다. 셀 참조와 이름 사용, 수식의 오류값 등에 대해 고르게 분포되어 출제되고 있습니다. 함수를 잘 활용하기 위한 기본이므로 그에 따른 완벽한 학습이 필요합니다.

POINT 44 ▶ 함수 ★★★★★

대표 문제 : 24.상시 01회 39번, 24.상시 03회 30번, 25.상시 01회 22번, 25.상시 02회 21번

▶ **수학 함수**
- MOD(수1, 수2) : 수1을 수2로 나눈 나머지 값(수2가 0이면 #DIV/0! 오류 발생)을 구함(1급 23.상시, 20.2, 2급 25.상시, 24.상시, 23.상시)
- INT(수) : 수를 가장 가까운 정수로 내린 값을 구함(2급 25.상시, 23.상시, 20.7)
- TRUNC(수1, 수2) : 수1을 무조건 내림하여 자릿수(수2)만큼 반환함(2급 25.상시, 23.상시, 21.상시, 20.7)

▶ **합계 함수**
- SUM(수1, 수2,…) : 인수로 지정한 숫자의 합계를 구함(인수는 1~255개까지 사용)(1급 23.상시, 2급 24.상시)
- SUMIFS(합계 범위, 셀 범위1, 조건1, 셀 범위2, 조건2,…) : 조건이 여러 개일 경우, 셀 범위1에서 조건1이 만족하고 셀 범위2에서 조건2가 만족되면 합계 범위에서 합을 산출함(1급 20.7, 2급 24.상시)

▶ **반올림 함수**
- ROUND(수1, 수2) : 수1을 반올림하여 자릿수(수2)만큼 반환함(2급 20.7)
- ROUNDUP(수1, 수2) : 수1을 무조건 올림하여 자릿수(수2)만큼 반환함(1급 24.상시, 2급 23.상시)
- ROUNDDOWN(수1, 수2) : 수1을 무조건 내림하여 자릿수(수2)만큼 반환함(1급 24.상시, 2급 20.7)

▶ **통계 함수**
- AVERAGE(수1, 수2,…) : 인수로 지정한 숫자의 평균을 구함(1급 25.상시, 24.상시, 23.상시, 20.7, 20.2, 2급 24.상시)
- LARGE(배열, k) : 인수로 지정한 숫자 중 k번째로 큰 값을 구함(1급 25.상시, 23.상시, 20.7, 20.2, 2급 25.상시, 24.상시)
- SMALL(배열, k) : 인수로 지정한 숫자 중 k번째로 작은 값을 구함(1급 23.상시, 20.7, 20.2)
- COUNT(인수1, 인수2,…) : 인수 중에서 숫자의 개수를 구함(1급 23.상시, 20.2, 2급 24.상시, 23.상시)
- COUNTIF(검색 범위, 조건) : 검색 범위에서 조건을 만족하는 셀의 개수를 구함(2급 25.상시, 23.상시, 20.2)
- RANK.EQ(수, 범위, 방법) : 대상 범위에서 수의 순위(방법을 생략하거나 0으로 지정하면 내림차순 순위, 0이 아닌 값으로 지정하면 오름차순 순위)를 구함(1급 19.8, 2급 25.상시, 23.상시)

▶ **문자열 함수**
- LEFT(문자열, 개수) : 문자열의 왼쪽에서 지정한 개수만큼 문자를 추출함(1급 25.상시, 24.상시, 23.상시, 2급 25.상시, 20.2)
- RIGHT(문자열, 개수) : 문자열의 오른쪽에서 지정한 개수만큼 문자를 추출함(1급 25.상시, 24.상시, 2급 25.상시, 24.상시, 21.상시, 20.2)
- MID(문자열, 시작 위치, 개수) : 문자열의 시작 위치에서부터 지정한 개수만큼 문자를 추출함(1급 23.상시, 20.2, 2급 25.상시, 23.상시, 20.7, 20.2)
- VALUE(텍스트) : 텍스트 문자열 인수를 숫자로 바꿈(1급 24.상시, 20.2)
- SEARCH(찾을 텍스트, 문자열, 시작 위치) : 문자열에서 찾을 텍스트의 시작 위치를 반환함(시작 위치 생략 시 1로 간주함)(2급 20.7)
- REPT(반복할 텍스트, 반복 횟수) : 반복 횟수(정수)만큼 반복할 텍스트를 표시함(1급 24.상시, 2급 20.7)

▶ **논리 함수**
- IF(조건식, 값1, 값2) : 조건식이 참이면 값1, 거짓이면 값2를 반환함(1급 25.상시, 24.상시, 20.2, 2급 25.상시, 21.상시, 20.7)
- IFS(조건식1, 참인 경우 값1, 조건식2, 참인 경우 값2, ……) : 하나 이상의 조건이 충족되는지 확인하고 첫 번째 TRUE 조건에 해당하는 값을 반환함(1급 24.상시)
- SWITCH(변환할 값, 일치시킬 값 1…[2-126], 일치하는 경우 반환할 값 1…[2-126], 일치하는 값이 없는 경우 반환할 값) : 값의 목록에 대한 하나의 값(식이라고 함)을 계산하고 첫 번째 일치하는 값에 해당하는 결과를 반환함
- OR(조건1, 조건2,…) : 조건 중 하나 이상이 참이면 TRUE, 나머지는 FALSE를 반환함(1급 25.상시, 20.2, 2급 25.상시)
- AND(조건1, 조건2,…) : 모든 조건이 참이면 TRUE, 나머지는 FALSE를 반환함(1급 25.상시, 2급 25.상시, 21.상시, 20.2)
- IFERROR(수식, 오류 발생 시 표시값) : 수식의 결과가 오류값일 때 다른 값(공백 등)으로 표시함(1급 25.상시, 2급 25.상시, 20.7)

▶ 찾기 및 참조 함수

- CHOOSE(검색값, 값1, 값2, …) : 검색값이 1이면 값1, 2이면 값2, 순서로 값을 반환함(1급 24.상시, 23.상시, 20.7, 20.2, 2급 23.상시, 22.상시)
- OFFSET(기준 셀 범위, 행 수, 열 수, 구할 셀 높이, 구할 셀 너비) : 셀 또는 셀 범위에서 지정한 행 수와 열 수인 범위에 대한 참조를 구함(1급 20.7, 20.2)
- INDEX(셀 범위나 배열, 행 번호, 열 번호) : 검색 범위의 참조 영역번호에 해당하는 영역에서 행, 열 번호와 교차하는 위치의 값을 구함(1급 25.상시, 24.상시, 20.7, 2급 23.상시, 20.7)
- COLUMN(열 번호를 구하려는 셀이나 셀 범위) : 참조의 열 번호를 반환함(1급 24.상시, 20.7, 20.2)
- ROW(행 번호를 구할 셀 또는 셀 범위) : 참조의 행 번호를 반환함(1급 21.상시, 20.7)
- MATCH(검색 자료, 배열, 검색 유형) : 찾고자 하는 자료값과 일치하는 배열 요소를 찾아 상대 위치(몇 번째 행) 또는 열을 표시함(1급 25.상시, 2급 20.7)
- XMATCH(찾을 값, 찾을 범위, 일치 유형, 검색 방법) : 배열 또는 셀 범위에서 지정된 항목을 검색한 다음 항목의 상대 위치를 반환함. MATCH 함수와 기본 기능은 같으나 XMATCH 함수는 와일드카드 문자를 사용할 수 있으며 검색 방법 기능이 추가됨
- XLOOKUP(찾을 값, 찾을 범위, 반환 범위, 찾을 값 없을 때 텍스트, 일치 유형, 검색 방법) : "찾을 값"을 "찾을 범위"에서 찾아서 "반환 범위"의 값을 반환함(1급 24.상시)
- VLOOKUP(값, 범위, 열 번호, 방법) : 범위의 첫 번째 열에서 값을 찾아 지정한 열에서 대응하는 값을 반환함(1급 25.상시, 24.상시, 20.2, 2급 25.상시, 24.상시, 23.상시, 20.7, 20.2)
- HLOOKUP(값, 범위, 행 번호, 방법) : 범위의 첫 번째 행에서 값을 찾아 지정한 행에서 대응하는 값을 반환함(1급 25.상시, 2급 24.상시, 23.상시)

▶ D(Database) 함수

- DSUM(데이터베이스, 필드, 조건 범위) : 조건을 만족하는 필드의 합계를 구함(1급 24.상시, 23.상시, 2급 25.상시)
- DAVERAGE(데이터베이스, 필드, 조건 범위) : 조건을 만족하는 필드의 평균을 구함(2급 21.상시, 20.7)
- DCOUNT(데이터베이스, 필드, 조건 범위) : 조건을 만족하는 필드의 개수(수치)를 구함(2급 25.상시, 23.상시)
- DCOUNTA(데이터베이스, 필드, 조건 범위) : 조건을 만족하는 모든 필드의 개수를 구함(2급 25.상시, 23.상시)
- DMAX(데이터베이스, 필드, 조건 범위) : 조건을 만족하는 필드의 최대값을 구함(1급 23.상시, 2급 25.상시, 24.상시)
- DMIN(데이터베이스, 필드, 조건 범위) : 조건을 만족하는 필드의 최소값을 구함

▶ 정보 함수

- CELL(정보 유형, 참조 영역) : 참조 범위에서 첫째 셀의 서식, 위치 또는 내용에 대한 정보를 반환함. 정보 유형이 'row'인 경우 참조 영역 안에서 셀의 행 번호를 반환함(1급 20.7)
- TYPE(숫자, 텍스트, 논리값 등) : 값의 유형을 반환함(1급 25.상시, 20.7)

값(Value)	숫자	텍스트	논리값	오류값	배열
TYPE 결과	1	2	4	16	64

▶ 배열 함수 및 수식

- SUMPRODUCT(배열1, [배열2], [배열3], …) : 주어진 배열에서 해당 요소들을 모두 곱하고 그 곱의 합계를 구해줌(1급 25.상시, 21.상시, 19.8)
- 배열 수식은 하나 이상의 값 집합에 대해 여러 가지 계산을 수행하고 하나 또는 여러 개의 결과를 반환하는 수식임
- 열은 콤마(,)를 사용하여 구분하고, 행은 세미콜론(;)을 사용하여 구분함(1급 25.상시, 21.상시)
- Ctrl + Shift + Enter 를 누르면 수식은 자동으로 중괄호({ })로 둘러싸이며 배열 수식임을 표시함(1급 25.상시, 21.상시, 20.7, 20.2, 19.8)
- 배열 상수에는 숫자나 텍스트 외에 'TRUE', 'FALSE' 등의 논리값 또는 '#N/A'와 같은 오류값도 포함될 수 있음(1급 25.상시, 20.7)

> 기적의 TIP
>
> 수학, 합계, 반올림, 날짜와 시간, 통계, 문자열, 논리, 찾기와 참조, D 함수 등은 전반적으로 수식의 결과를 묻는 형식으로 출제되므로 각 함수의 기능과 사용법에 대해 실습을 병행하여 학습하는 방법이 좋습니다. 또한 실습 후 엑셀 없이도 결과를 산출하고 선별하는 연습도 해야 시험을 볼 때 당황하지 않습니다.

SECTION 04 데이터 관리 및 분석

POINT 45 ▶ 정렬 ★★★★☆

대표 문제 : 23.상시 04회 24번, 24.상시 03회 33번, 25.상시 02회 24번

▶ 정렬

- 목록의 데이터를 특정 필드의 크기 순서에 따라 재배열하는 기능이다.(2급 22.상시)
- 대/소문자를 구분하여 정렬할 수 있다.(1급 24.상시, 23.상시, 20.2)
- 표 안에서 다른 열에는 영향을 주지 않고 선택한 한 열 내에서만 정렬하도록 할 수 있다.(1급 20.2)
- 정렬 기준으로 '조건부 서식 아이콘'을 선택한 경우 기본 정렬 순서는 '위에 표시'이다.(1급 20.2)
- **오름차순 정렬** : 숫자 – 기호 문자 – 영문 소문자 – 영문 대문자 – 한글 – 빈 셀(단, 대/소문자 구분하도록 설정했을 때)(1급 25.상시, 2급 21.상시)
- **내림차순 정렬** : 한글 – 영문 대문자 – 영문 소문자 – 기호 문자 – 숫자 – 빈 셀(단, 대/소문자 구분하도록 설정했을 때)
- 빈 셀(공백)은 정렬 순서와 관계없이 항상 가장 마지막으로 정렬된다.(1급 23.상시, 2급 23.상시, 22.상시)

이것도 알아두세요

- 숨겨진 열이나 행은 정렬 시 이동되지 않으므로 데이터를 정렬하기 전에 숨겨진 열과 행을 표시해야 함
- 기본적으로 행 단위 기준으로는 위에서 아래로, 행 기준으로는 왼쪽에서 오른쪽 방향으로 정렬됨
- 영숫자 텍스트는 왼쪽에서 오른쪽으로 정렬됨(예) 오름차순 정렬 A1 → A10 → A101 → A11)(1급 23.상시)
- 글꼴 색 또는 셀 색, 조건부 서식 아이콘의 기본 정렬 순서는 없으므로 각 정렬 작업에 대해 원하는 순서를 정의해야 함
- 표에 병합된 셀들이 포함되어 있는 경우 정렬 작업을 수행하려면 셀의 크기가 동일해야 함

자주 출제되는 오답

행을 기준으로 정렬하려면 [정렬] 대화 상자의 [옵션]에서 정렬 옵션의 방향을 '위쪽에서 아래쪽'으로 선택한다.(1급 20.2) (×)

➡ **바른정답 |** '왼쪽에서 오른쪽'을 선택해야 됨 (○)

📌 기적의 TIP

정렬은 자주 출제되는 내용이므로 개념과 기능에 대해 정확하게 이해한 후 숙지하기 바랍니다.

POINT 46 ▶ 필터 ★★★★☆

대표 문제 : 24.상시 02회 21번, 24.상시 05회 28번, 25.상시 01회 28번, 25.상시 02회 38번

▶ 필터
- 사용자가 설정하는 특정 조건을 만족하는 자료만 검색, 추출하는 기능을 필터(Filter)라고 한다.(1급 25.상시)
- 단순한 조건 검색은 자동 필터를 사용하고, 보다 복잡한 조건으로 검색하거나 검색 결과를 다른 데이터로 활용하려면 고급 필터를 사용한다.(1급 25.상시)
- 고급 필터는 필터링 한 결과를 원하는 위치에 별도의 표로 생성할 수 있다.(1급 25.상시, 20.2)

▶ 고급 필터의 AND(이고, 이면서) 조건
- 첫 행에 필드명을 나란히 입력하고 다음 동일한 행에 조건을 입력함(2급 25.상시, 24.상시, 20.7)
- 예를 들어, 근무기간이 15년 이상(>=)이면서 나이가 50세 이상(>=)인 조건은 다음과 같이 작성함(2급 20.7)

근무기간	나이
>=15	>=50

▶ 복합 조건(AND, OR 결합)
- AND(그리고, 이면서) : 첫 행에 필드명(국사, 영어, 평균)을 나란히 입력하고, 다음 행에 첫 조건(>=80, >=85)을 나란히 입력함(2급 24.상시, 20.2)
- OR(또는, 이거나) : 다른 행에 두 번째 조건(>=85)을 입력함(1급 25.상시, 2급 24.상시, 20.2)
- 예를 들어, 국사가 80 이상이면서(AND) 영어가 85 이상이거나(OR), 평균이 85 이상인 경우가 다음과 같이 작성함(1급 25.상시, 2급 20.2)

국사	영어	평균
>=80	>=85	
		>=85

이것도 알아두세요
- 고급 필터의 복사 위치는 결과 옵션을 '다른 장소에 복사'로 선택했을 경우에 필요하며 현재 시트에만 복사할 수 있음
- '날짜 필터' 목록에서 필터링 기준으로 사용할 요일은 지원되지 않음
- 열 머리글의 드롭다운 화살표에는 해당 열에서 가장 많이 입력된 데이터 형식에 해당하는 필터 목록이 표시됨
- 검색 상자를 사용하여 숫자와 텍스트를 검색할 수 있음
- 텍스트나 배경에 색상 서식이 적용되어 있는 경우 셀의 색상을 기준으로 필터링이 가능함

자주 출제되는 오답
- 자동 필터는 각 열에 입력된 데이터의 종류가 혼합되어 있는 경우 날짜, 숫자, 텍스트 필터가 모두 표시된다.(1급 20.2) (×)
    ➡ **바른정답** | 데이터의 종류가 혼합되어 있는 경우 많은 종류의 데이터 필터가 표시됨 (○)
- 고급 필터는 조건을 수식으로 작성할 수 있으며, 조건의 첫 셀은 반드시 필드명으로 입력해야 한다.(1급 20.2) (×)
    ➡ **바른정답** | 조건의 첫 셀은 반드시 다른 필드명을 입력하거나 공백을 이용하여 생략해도 됨 (○)
- 자동 필터에서 여러 필드에 조건을 설정한 경우 필드 간은 OR 조건으로 처리되어 결과가 표시된다.(1급 20.2) (×)
    ➡ **바른정답** | 여러 필드에 조건을 설정한 경우 필드 간은 AND 조건으로 처리되어 결과가 표시됨 (○)

기적의 TIP
필터의 개념을 파악한 후 필터와 고급 필터의 차이점과 사용 요령에 대해 이해하고 숙지해 두세요. 특히, 수식을 조건으로 사용하는 경우 필드명이 달라야 되는 점에 유의해야 합니다.

POINT 47 ▶ 기타 데이터 관리 기능 ★★★★★

대표 문제 : 24.상시 05회 29번

▶ 텍스트 마법사
- 한 셀에 입력된 데이터를 여러 셀로 분리시킨다.(1급 21.상시)
- 텍스트 마법사 3단계에서 '열 가져오지 않음(건너뜀)'을 이용하여 일부 열만 가져올 수 있다.(1급 21.상시)
- 텍스트 마법사가 아닌 함수를 사용하여 여러 셀로 텍스트를 분할할 수도 있다.(1급 21.상시)

이것도 알아두세요
- 범위에 포함되는 행 수는 제한을 두지 않지만, 열은 반드시 하나만 포함해야 함
- 선택한 열의 오른쪽에는 빈 열이 한 개 이상 있어야 하며, 없는 경우 선택한 열의 오른쪽에 있는 데이터가 덮어 써짐
- [그룹 및 개요 설정] : 그룹별로 요약된 데이터에서 [개요 지우기]를 실행하면 설정된 개요 기호가 지워지지만 개요 설정에 사용된 요약 정보는 제거되지 않음
- [데이터 유효성 검사]에서 데이터 유효성 검사 전에 입력된 데이터에 대해 유효성 검사를 설정하는 경우 유효성 조건에 맞지 않는 데이터는 삭제되지 않고 그대로 존재함

자주 출제되는 오답
구분 기호는 탭과 세미콜론만 설정할 수 있다.(1급 21.상시) (×)

➡ **바른정답** | 구분 기호는 탭, 세미콜론, 쉼표, 공백, 기타 등으로 설정 가능함 (○)

기적의 TIP
텍스트 나누기는 반드시 실습을 통해 익혀 두어야 합니다. 텍스트 마법사를 이용하는 방법에 대한 문제가 출제되고 있습니다.

POINT 48 ▶ 부분합/데이터 표/데이터 통합 ★★★★★

대표 문제 : 24.상시 02회 29번, 24.상시 03회 24번, 25.상시 02회 32번

▶ 부분합
- 기준이 될 필드(열)로 먼저 정렬(오름차순 또는 내림차순)해야 한다.(1급 24.상시, 23.상시, 2급 25.상시)
- 부분합을 실행하면 각 부분합에 대한 정보 행을 표시하고 숨길 수 있도록 목록에 개요가 자동으로 설정된다.(1급 25.상시, 2급 20.7)
- 부분합은 한 번에 한 개의 함수만 계산할 수 있으므로 두 개 이상의 함수를 이용하려면 함수의 개수만큼 부분합을 중첩해서 삽입해야 한다.(1급 25.상시, 2급 24.상시, 20.7)
- '새로운 값으로 대치'를 선택하면 이전의 부분합의 결과는 제거되고 새로운 부분합의 결과로 변경한다.(1급 25.상시, 2급 24.상시, 20.7)
- [새로운 값으로 대치]는 이전 부분합을 지우고 새로운 부분합을 삽입한다.(1급 21.상시)

▶ 데이터 표
- 데이터 표는 특정 값의 변화에 따른 결과값의 변화 과정을 한 번의 연산으로 빠르게 계산하여 표의 형태로 표시해 주는 도구이다. (1급 24.상시, 18.9, 2급 24.상시, 23.상시)
- 데이터 표는 복잡한 형태의 상대 참조, 혼합 참조 수식을 보다 편리하게 작성할 수 있다.
- 데이터 표는 배열 수식을 이용하여 한 번에 여러 셀에 데이터를 입력하므로, 수식이 입력될 범위를 설정한 후 데이터 표 기능을 실행한다.
- 데이터 표 기능을 통해 입력된 셀의 일부분만 수정하거나 삭제할 수 없다(데이터 표 범위의 전체를 수정해야 함).(1급 23.상시, 2급 25.상시, 23.상시)

▶ 통합

- 통합은 비슷한 형식의 여러 데이터의 결과를 하나의 표로 통합하여 요약해 주는 도구이다.(1급 18.9, 2급 23.상시)
- 데이터 통합은 위치를 기준으로 통합할 수도 있고, 영역의 이름을 정의하여 통합할 수도 있다.(2급 20.2)
- 다른 원본 영역의 레이블과 일치하지 않는 레이블이 있는 경우에 통합하면 별도의 행이나 열이 만들어진다.(2급 20.2)
- 여러 시트에 있는 데이터나 다른 통합 문서에 입력되어 있는 데이터를 통합할 수 있다.(2급 20.2)

이것도 알아두세요

- 부분합에서 사용할 함수로 백분율, 중간값, 순위는 사용할 수 없으며 사용자 지정 계산과 수식도 만들 수 없음
- 통합에서 '모든 참조 영역'에 다른 통합 문서의 워크시트를 추가하여 통합할 수 있음
- 통합에서 '사용할 레이블'을 모두 선택한 경우 각 참조 영역에 결과표의 레이블과 일치하지 않은 레이블이 있으면 통합 결과표에 별도의 행이나 열이 만들어짐
- 통합에서 지정한 영역에 계산될 요약 함수는 '함수'에서 선택하며, 요약 함수로는 합계, 개수, 평균, 최대값, 최소값 등이 있음

자주 출제되는 오답

- 그룹화할 항목으로 선택된 필드는 자동으로 오름차순 정렬하여 부분합이 계산된다.(2급 20.7) (×)
  ➡ **바른정답** | 그룹화할 항목은 부분합을 실행하기 전에 오름차순이나 내림차순으로 정렬되어 있어야 함 (○)
- 통합에서 '원본 데이터에 연결' 기능은 통합할 데이터가 있는 워크시트와 통합 결과가 작성될 워크시트가 같은 통합 문서에 있는 경우에만 적용할 수 있다.(2급 20.2) (×)
  ➡ **바른정답** | 서로 다른 경우도 적용됨 (○)

기적의 TIP

부분합의 선행 작업은 정렬임을 잊지 마세요. 사용할 수 없는 함수 먼저 암기하시면 좋습니다. 데이터 표는 반드시 실습으로 이해하시는 것이 도움이 됩니다. 또한 데이터 통합은 실무에서도 요긴하게 사용됩니다. 부분합, 데이터 표, 데이터 통합은 꾸준히 출제가 되는 경향을 보이고 있습니다.

POINT 49 ▶ 피벗 테이블/피벗 차트 보고서 ★★★★★

대표 문제 : 24.상시 03회 40번, 24.상시 04회 40번, 25.상시 03회 40번

▶ 피벗 테이블/피벗 차트 보고서

- 데이터베이스, 외부 데이터 등의 데이터를 사용할 수 있다.(1급 21.상시, 2급 25.상시)
- 많은 양의 데이터를 한눈에 파악할 수 있도록 요약하거나 분석하여 보여주는 도구로 피벗 차트와 함께 작성할 수 있다.(1급 21.상시)
- 원본 데이터가 변경되면 피벗 테이블의 데이터도 변경되도록 지정할 수 있다.(1급 25.상시, 21.상시, 2급 22.상시)
- 새 워크시트에 피벗 테이블을 생성하면 보고서 필터의 위치는 [A1] 셀, 행 레이블은 [A3] 셀에서 시작한다.(1급 24.상시, 20.2)
- 피벗 테이블과 연결된 피벗 차트가 있는 경우 피벗 테이블에서 [피벗 테이블 분석]-[동작]의 [모두 지우기] 명령을 사용하면 피벗 테이블과 피벗 차트의 필드, 서식 및 필터가 제거된다.(1급 24.상시, 23.상시, 20.2)
- [피벗 테이블 옵션] 대화 상자에서 오류값을 빈 셀로 표시하거나 빈 셀에 원하는 값을 지정하여 표시할 수도 있다.(1급 20.2)

이것도 알아두세요

- 피벗 차트 작성 시 자동으로 피벗 테이블도 함께 만들어진다. 즉, 피벗 테이블을 만들지 않고는 피벗 차트를 만들 수 없음(1급 24.상시, 23.상시)
- 피벗 테이블과 피벗 차트를 함께 만든 후에 작성된 피벗 테이블을 삭제하면 피벗 차트는 일반 차트로 변경됨(1급 24.상시, 23.상시)
- 피벗 테이블 보고서를 작성한 후 원본 데이터를 수정하면 피벗 테이블 보고서에 자동으로 반영되지 않음(2급 24.상시)
- [피벗 테이블 분석] 탭-[데이터] 그룹-[새로 고침]의 [새로 고침]이나 [모두 새로 고침]을 클릭하면 수정된 데이터가 반영됨

자주 출제되는 오답

- 값 영역에 표시된 데이터의 일부를 삭제하거나 필요한 데이터를 추가할 수 있다.(1급 21.상시) (×)
  → **바른정답** | 값 영역에 표시된 데이터의 일부를 삭제하거나 필요한 데이터를 추가할 수 없음 (○)
- 하위 데이터 집합에도 필터와 정렬을 적용하여 원하는 정보만 강조할 수 있으나 조건부 서식은 적용되지 않는다.(1급 20.2) (×)
  → **바른정답** | 하위 데이터 집합에도 필터와 정렬을 적용하여 원하는 정보만 강조할 수 있으며 조건부 서식 역시 적용 가능하므로 데이터를 시각적으로 탐색 및 분석할 수 있음 (○)

기적의 TIP

피벗 테이블의 기본 개념부터 마법사를 이용하는 단계와 레이아웃 만들기, 도구 모음에 대한 전반적인 이해와 숙지가 필요합니다. 특히, 옵션 부분도 꾸준히 출제되므로 유념해서 공부해 두세요.

POINT 50 ▶ 목표값 찾기/시나리오 ★★★★★   대표 문제 : 24.상시 01회 31번, 24.상시 01회 35번, 25.상시 01회 39번, 25.상시 05회 35번

▶ 목표값 찾기

- [찾는 값]에는 구할 목표값을 입력한다.(1급 24.상시, 21.상시, 2급 25.상시)
- [수식 셀]에는 [값을 바꿀 셀]이 참조하고 있는 수식이 들어 있는 셀을 선택한다.(1급 24.상시, 21.상시, 2급 25.상시)
- [찾는 값]에는 셀 주소를 입력할 수 없다.(1급 24.상시, 21.상시, 2급 25.상시)
- 수식의 결과값은 알고 있으나 그 결과값을 얻기 위한 입력값을 모를 때 목표값 찾기 기능을 이용한다.(1급 25.상시, 2급 23.상시)
- 수식에서 참조한 특정 셀의 값을 계속 변화시켜 수식의 결과값을 원하는 값으로 찾는다.

▶ 시나리오

- 여러 시나리오를 비교하여 하나의 테이블로 요약하는 보고서를 만들 수 있다.(1급 20.2, 2급 22.상시)
- 시나리오 요약 보고서를 생성하기 전에 변경 셀과 결과 셀에 이름을 정의하면 셀 참조 주소 대신 정의된 이름이 보고서에 표시된다. (1급 20.2, 2급 22.상시)
- 시나리오 요약 보고서는 자동으로 다시 갱신되지 않으므로 변경된 값을 요약 보고서에 표시하려면 새 요약 보고서를 만들어야 한다. (1급 25.상시, 20.2)

이것도 알아두세요

- 원본 데이터에서 변경 셀의 현재 값을 수정하면 시나리오 요약 보고서가 자동으로 업데이트되지 않음
- 시나리오의 값을 변경하면 해당 변경 내용이 기존 요약 보고서에 자동으로 다시 계산되어 표시되지 않으므로 시나리오 요약 보고서를 다시 작성해야 됨

자주 출제되는 오답

- [값을 바꿀 셀]에는 하나 이상의 셀을 입력할 수 있다.(1급 21.상시, 2급 25.상시) (×)
  → **바른정답** | [목표값 찾기]는 하나의 변수 입력값만 사용함 (○)
- 시나리오 요약 보고서를 만들 때에는 결과 셀을 반드시 지정해야 하지만, 시나리오 피벗 테이블 보고서를 만들 때에는 결과 셀을 지정하지 않아도 된다. (×)
  → **바른정답** | [시나리오 요약 보고서]를 만들 때 [결과 셀]을 지정하지 않아도 [결과 셀] 없이 만들어지지만, [시나리오 피벗 테이블 보고서]를 만들 때에는 [결과 셀]을 반드시 지정해야 됨 (○)

기적의 TIP

목표값 찾기 기능이 무엇인지 정확히 파악하고 다수의 문제를 접하면 어렵지 않은 개념입니다. 시나리오는 실습을 통한 이해가 필수입니다.

SECTION 05 출력

POINT 51 ▶ 인쇄 ★★★★☆

대표 문제 : 23.상시 01회 23번, 24.상시 02회 23번, 24.상시 04회 35번

▶ 인쇄 기능
- 기본적으로 워크시트의 눈금선은 인쇄되지 않으나 인쇄 되도록 설정할 수 있다.(1급 20.2)
- [인쇄 미리 보기 및 인쇄] 화면을 표시하는 단축키는 Ctrl+F2이다.(1급 20.2)
- [인쇄 미리 보기 및 인쇄]에서 '여백 표시'를 선택한 경우 마우스로 여백을 변경할 수 있다.(1급 20.2)

▶ 페이지 설정
- [페이지 설정]-[시트] 탭에서 [간단하게 인쇄] 항목 : 차트나 도형, 테두리 등의 그래픽 요소를 인쇄하지 않음(1급 21.상시, 2급 25.상시, 24.상시)
- 셀 구분선은 기본값이 인쇄되지 않으며 인쇄하려면 [페이지 설정] 대화 상자의 [시트] 탭에서 [눈금선]을 클릭해서 선택함(1급 21.상시)
- **모든 자료를 한 장에 인쇄하기** : '자동 맞춤'을 선택하고 용지의 너비와 높이를 각각 1로 설정하면 모든 자료가 한 장에 인쇄된다.
- [페이지 나누기 미리 보기] 상태에서는 페이지 구분선과 페이지 번호가 나타나며, 마우스로 페이지 구분선을 끌어 원하는 위치로 이동할 수 있다. 수동으로 삽입된 페이지 나누기는 실선으로 표시된다(자동은 파선).

> **이것도 알아두세요**
- **페이지 나누기** : 워크시트를 인쇄할 수 있도록 페이지 단위로 나누는 구분 선이며, 용지 크기, 여백 설정, 배율 옵션, 사용자가 삽입한 수동 페이지 나누기 위치 등에 따라 자동 페이지 나누기가 삽입됨
- [인쇄 미리 보기]에서 [페이지 설정]을 클릭한 경우 [페이지 설정] 대화 상자의 [시트] 탭에서 '인쇄 영역', '반복할 행', '반복할 열'은 비활성 상태가 됨

> **자주 출제되는 오답**

[페이지 설정] 대화 상자의 [시트] 탭에서 '간단하게 인쇄'를 선택하면 셀의 테두리를 포함하여 인쇄할 수 있다.(1급 20.2) (×)

➡ **바른정답ㅣ** '간단하게 인쇄'를 선택하면 테두리나 그래픽 등을 생략하고 데이터만 인쇄함 (○)

> **기적의 TIP**

인쇄 작업에 대해 옳고 그름을 묻는 형식으로 출제되며 페이지 설정 대화 상자의 각 탭의 기능을 묻는 유형으로 출제되므로 반드시 실습을 통해 하나하나 확인하는 공부 습관이 중요합니다.

POINT 52 ▶ 화면 제어 ★★★☆☆

대표 문제 : 23.상시 02회 36번, 23.상시 05회 36번, 24.상시 02회 27번

▶ [보기] 탭-[창] 그룹

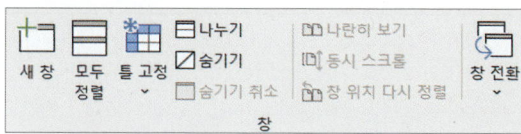

- [모두 정렬]은 현재 열려 있는 통합 문서를 바둑판식, 계단식, 가로, 세로 등 4가지 형태로 배열한다.(1급 24.상시, 20.7, 2급 24.상시, 23.상시)
- [숨기기]는 현재 활성화된 통합 문서 창을 보이지 않도록 숨긴다.(1급 20.7)
- [나누기]를 클릭하면 워크시트를 최대 4개의 창으로 분할하여 멀리 떨어져 있는 여러 부분을 한 번에 볼 수 있다.(1급 20.7)

▶ 화면 확대/축소 작업

- 문서의 확대/축소는 10%에서 400%까지 설정할 수 있다.(1급 25.상시, 20.2, 2급 21.상시)
- 화면의 확대/축소는 단지 화면에서 보이는 상태만을 확대/축소하는 것으로 인쇄 시 적용되지 않는다.(1급 20.2)
- Ctrl 을 누른 채 마우스의 스크롤을 위로 올리면 화면이 확대되고, 아래로 내리면 화면이 축소된다.(1급 20.2, 2급 21.상시)

이것도 알아두세요

- **틀 고정** : 데이터 양이 많은 경우, 특정한 범위의 열 또는 행을 고정시켜 셀 포인터의 이동과 상관없이 화면에 항상 표시할 수 있도록 하는 기능(2급 24.상시)
- 셀 편집 상태에서는 틀 고정을 실행할 수 없음

자주 출제되는 오답

- [새 창]을 클릭하면 새로운 빈 통합 문서가 표시된다.(1급 20.7) (×)
  ➡ **바른정답** | 동시에 여러 곳에서 작업할 수 있도록 문서를 다른 창에서 열기함 (○)
- 설정한 확대/축소 배율은 통합 문서의 모든 시트에 자동으로 적용된다.(1급 20.2) (×)
  ➡ **바른정답** | 설정한 확대/축소 배율은 통합 문서의 모든 시트에 자동으로 적용되지 않고 통합 문서의 해당 시트에만 적용됨 (○)

기적의 TIP

창 나누기와 틀고정 부분이 꾸준히 출제되고 있습니다. 각 기능별로 실습을 통해 이해하고 숙지하세요.

SECTION 06 차트 생성 및 활용

POINT 53 ▶ 차트 종류 ★★★★★
대표 문제 : 24.상시 02회 24번, 24.상시 04회 30번, 25.상시 01회 24번, 25.상시 02회 22번

▶ **세로 막대형** (1급 20.2, 2급 19.3)
- 각 항목 간의 값을 비교하는 데 사용한다.
- 2차원, 3차원 차트로 작성할 수 있으며 누적과 비누적 형태로 구분된다.

▶ **꺾은선형** (1급 20.2, 2급 25.상시, 19.3/8)
- 시간이나 항목에 따라 일정한 간격으로 데이터의 추세나 변화를 표시한다.
- 데이터 계열 하나가 하나의 선으로 표시된다.

▶ **원형 차트** (1급 25.상시, 24.상시, 21.상시, 2급 25.상시, 24.상시, 23.상시, 21.상시, 19.3/8)
- 전체에 대한 각 값의 기여도를 표시한다.
- 항목의 값들이 합계의 비율로 표시되므로 중요한 요소를 강조할 때 사용한다.
- 항상 한 개의 데이터 계열만을 가지고 있으므로 축이 없다.
- 데이터 계열 요소 하나만 선택한 다음, 바깥쪽으로 드래그하여 조각을 분리할 수 있다.
- 첫째 조각의 시작 각도를 변경할 수 있으며, 조각마다 다른 색을 지정할 수 있다.
- 원형 차트의 계열 요소들의 값은 '데이터 테이블'로 나타낼 수 없다.

▶ **가로 막대형** (1급 20.2, 2급 22.상시)
- 세로 막대형 차트와 유사한 용도로 이용되며 값축과 항목 축의 위치가 서로 바뀌어 나타난다.
- 가로 막대형 차트는 여러 값을 가장 잘 비교할 수 있는 차트이다.
- 축 레이블이 긴 경우나 표시되는 값이 기간인 경우에 사용된다.

▶ **영역형** (1급 19.8, 18.9)
- 일정한 시간에 따라 데이터의 변화 추세(데이터 세트의 차이점을 강조)를 표시한다.
- 데이터 계열 값의 합계를 표시하여 전체 값에 대한 각 값의 관계를 표시한다.

▶ **분산형(XY 차트)** (1급 25.상시, 24.상시, 23.상시, 19.8, 18.9, 2급 21.상시, 19.8)
- 데이터의 불규칙한 간격이나 묶음을 보여주는 것으로, 데이터 요소 간의 차이점보다는 큰 데이터 집합 간의 유사점을 표시하려는 경우에 사용한다.
- 각 항목의 값을 점으로 표시한다.
- 두 개의 숫자 그룹을 XY 좌표로 이루어진 한 계열로 표시한다(XY 차트라고도 함).
- 주로 과학, 공학용 데이터 분석에서 사용한다.
- 3차원 차트로 작성할 수 없다.

> **기적의 TIP**
> 차트의 종류별 쓰임새에 대해 묻는 형식으로 출제되고 있습니다. 차트별 특징과 기능에 대해 정확히 이해하여 암기해 두세요.

POINT 54 ▶ 차트 편집 ★★★★☆

대표 문제 : 24.상시 02회 25번, 24.상시 03회 38번, 25.상시 01회 40번, 25.상시 02회 40번

▶ 차트 편집
- 차트와 연결된 워크시트의 데이터에 열을 추가하면 차트에 자동적으로 반영되지 않는다.(1급 20.7)
- 데이터 계열의 순서가 변경되면 범례의 순서도 자동으로 변경된다.(1급 20.7)

▶ 차트 도구의 [데이터 선택]
- [차트 데이터 범위]에서 차트에 사용하는 데이터 전체의 범위를 수정할 수 있다.(1급 20.2)
- [행/열 전환]을 클릭하여 가로 (항목) 축의 데이터 계열과 범례 항목(계열)을 바꿀 수 있다.(1급 25.상시, 20.2)
- 데이터 범위 내에 숨겨진 행이나 열의 데이터도 차트에 표시할 수 있다.(1급 20.2)

▶ 차트 크기 조절 방법
- Alt 를 누른 상태에서 차트 크기를 조절하면 차트의 크기가 셀에 맞춰 조절된다.(2급 20.2)
- Shift 를 누른 상태에서 차트 크기를 조절하면 정사각형 형태로 수평, 수직으로 크기가 조절된다.(2급 20.2)
- Ctrl 을 누른 상태에서 차트 크기를 조절하면 차트의 중심을 그대로 유지한 채 크기가 조절된다.(2급 20.2)

▶ 추세선 (1급 19.3, 2급 24.상시, 21.상시)
- 계열의 데이터 추세나 방향을 그림으로 표시하는 것을 의미하며, 회귀 분석과 같은 예측 문제에서 사용된다.
- 비누적 2차원 영역형, 가로 막대형, 세로 막대형, 꺾은선형, 주식형, 분산형, 거품형 차트에서 데이터 계열에 추세선을 추가할 수 있다.
- 누적 2차원 영역형, 3차원 효과의 영역형, 원형, 도넛형, 방사형, 표면형, 원통형, 원뿔형, 피라미드형 차트에서는 추가할 수 없다.
- 추세선의 종류에는 선형, 로그, 다항식, 거듭제곱, 지수, 이동 평균이 있다.
- 추세선이 추가된 데이터 계열의 차트 종류를 3차원으로 바꾸면 추세선이 사라진다.
- 추세선을 하나의 데이터 계열에 두 개 이상 동시에 나타낼 수 있다.

▶ 오차 막대 (1급 25.상시, 24.상시, 20.7, 2급 24.상시)
- 데이터 계열에 있는 각 데이터 표식의 잠정 오차나 불확실도를 그림으로 나타내는 막대이다.
- 2차원 영역형, 가로 막대형, 세로 막대형, 꺾은선형, 분산형, 거품형 차트 등의 데이터 계열에 Y 오차 막대를 추가할 수 있다.
- 3차원 차트는 오차 막대를 표시할 수 없다.(2급 21.상시)

이것도 알아두세요
- **보조 축 사용** : 2차원 차트에서 각 데이터 계열 값의 범위가 크게 다르거나 다른 종류의 데이터가 섞여 있을 때 사용함
- **차트만 용지 전체에 인쇄하는 방법** : 차트를 선택한 후 [파일] 탭-[인쇄]에서 '인쇄 대상'을 '선택한 차트 인쇄'로 선택함
- **차트 서식 파일** : 작성된 차트의 서식과 레이아웃을 나중에 만들 차트에 적용시킬 수 있는 서식 파일(확장자 : *.crtx)
- **추세선 삭제** : 차트에 표시된 추세선을 클릭하여 선택한 다음 Delete 를 누르거나 바로 가기 메뉴의 [삭제]를 선택하면 추세선이 삭제됨

자주 출제되는 오답
- 차트에 적용된 원본 데이터의 행이나 열을 숨겨도 차트에는 반영되지 않는다.(1급 20.7) (×)
  ➡ **바른정답** | 차트에 적용된 원본 데이터의 행이나 열을 숨기면 차트에 반영됨 (○)
- 범례에서 표시되는 데이터 계열의 순서를 바꿀 수 없다.(1급 20.2) (×)
  ➡ **바른정답** | 범례에서 표시되는 데이터 계열의 순서를 바꿀 수 있음 (○)

기적의 TIP
차트의 여러 편집 기능에 대한 전반적인 학습이 필요하며 추세선과 오차막대의 개념과 추가 가능한 차트와 아닌 차트를 혼동하지 않도록 숙지해 두세요.

SECTION 07 매크로 및 프로그래밍

POINT 55 ▶ 매크로의 개념 및 작성 ★★★★☆ 대표 문제 : 23.상시 05회 39번, 24.상시 01회 36번, 24.상시 04회 31번, 25.상시 03회 26번

▶ **매크로**
- 자주 사용하는 명령, 반복적인 작업 등을 매크로로 기록하여 해당 작업이 필요할 때마다 바로 가기 키(단축 키)나 실행 단추를 클릭하여 쉽고, 빠르게 작업을 수행할 수 있다.
- 매크로는 해당 작업에 대한 일련의 명령과 함수를 Microsoft Visual Basic 모듈로 저장한 것으로 Visual Basic 언어를 기반으로 한다 (따로 설치하지 않아도 됨).
- 매크로를 사용하면 반복적인 작업들을 빠르고 쉽게 실행할 수 있다.(1급 19.8, 2급 22.상시)

▶ **매크로 이름**
- 기록할 매크로 이름을 지정하는 것으로 기본적으로는 매크로1, 매크로2와 같이 붙여짐
- 첫 글자는 반드시 문자이어야 하며, 나머지는 문자, 숫자, 밑줄 등을 사용하여 입력할 수 있음
- 매크로 이름에 공백이나 #, @, $, %, & 등의 기호 문자를 사용할 수 없음
- 매크로 이름은 숫자나 공백으로 시작할 수 없다.(1급 19.8)

▶ **매크로 바로 가기 키**
- 기본적으로 Ctrl 이 지정되어 있으며, 바로 가기 키 조합 문자는 영문자만 가능함(2급 25.상시, 24.상시)
  - 소문자로 지정하면 Ctrl 을 누른 상태에서 해당 문자를 눌러 매크로를 실행함
  - 대문자로 지정하면 Ctrl + Shift 를 누른 상태에서 해당 문자를 누름(2급 24.상시)
- 바로 가기 키로 엑셀에서 지정되어 있는 바로 가기 키를 지정할 수 있으며, 매크로 실행 바로 가기 키가 엑셀의 바로 가기 키보다 우선하며 수정이 가능함(1급 23.상시, 2급 24.상시, 23.상시)
- 매크로 기록 시 바로 가기 키는 지정하지 않아도 됨(2급 24.상시)

▶ **매크로 보기**(Alt + F8) (2급 25.상시, 24.상시)

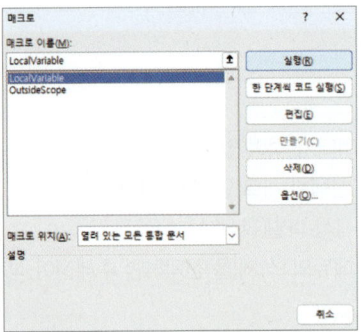

- [실행]은 지정된 매크로를 실행한다.(1급 21.상시)
- [편집]은 Visual Basic Editor에서 매크로를 열지만 코드는 시작되지 않는다.(1급 21.상시)
- [옵션]은 바로 가기 키 및 설명 등의 속성을 수정할 수 있다.(1급 21.상시)
- 그래픽 개체에 매크로를 지정한 후 개체를 클릭하여 매크로를 실행할 수 있다.(1급 19.8)

▶ **매크로 편집** (1급 20.7)
- Visual Basic Editor를 사용하여 매크로를 편집할 수 있다.
- **실행 방법** : [개발 도구] 탭-[코드] 그룹-[Visual Basic]을 실행하거나 바로 가기 키 Alt + F11 을 누른다. 또는 [개발 도구] 탭-[코드] 그룹-[매크로]를 실행한 후 편집할 매크로를 선택하고 [편집]을 클릭해도 된다.(1급 25.상시, 2급 24.상시)

이것도 알아두세요

- **리본 메뉴에 [개발 도구] 탭 표시** : [파일] 탭–[옵션]–[Excel 옵션]–[리본 사용자 지정]–[개발 도구] 확인란을 체크하면, 리본 메뉴에 [개발 도구] 탭을 표시함([개발 도구] 탭을 사용하면 매크로와 양식 컨트롤을 쉽게 사용할 수 있음)
- **Sub 프로시저** : 작업 수행 후 결과값을 반환하지 않는 프로시저로서, Sub 문으로 시작하여 End Sub문으로 끝남

자주 출제되는 오답

- [삭제]는 매크로를 임시로 삭제하므로 삭제한 매크로는 복원할 수 있다.(1급 21.상시) (×)
  - ➡ **바른정답 |** [삭제]는 매크로를 영구적으로 삭제하며 삭제된 매크로는 복원할 수 없음 (○)
- 매크로 기록 시 리본 메뉴에서의 탐색도 매크로 기록에 포함된다.(1급 19.8) (×)
  - ➡ **바른정답 |** 포함되지 않음 (○)

기적의 TIP

매크로 편집 방법과 바로 가기 키, 매크로 형식을 묻는 문제가 출제되므로 이 부분을 중점적으로 학습해 두세요.

POINT 56 ▶ 프로그래밍 ★★★★★

대표 문제 : 23.상시 03회 32번, 24.상시 02회 40번, 24.상시 04회 25번, 25.상시 04회 27번

▶ 프로시저 (1급 21.상시)

```
Sub LocalVariable()
    Dim strMsg As String
    strMsg = "작업이 완료되었습니다."
    MsgBox strMsg
End Sub

Sub OutsideScope()
    MsgBox strMsg
End Sub
```

- LocalVariable()에서 strMsg를 문자열 변수로 선언하였다.
- LocalVariable()에서 변수 strMsg에 "작업이 완료되었습니다."라는 문자열을 대입시킨다.
- LocalVariable()에서 변수 strMsg 내용을 MsgBox를 이용해 대화 상자에 표시한다.

프로시저	실행 결과
Sub LocalVariable() Dim strMsg As String strMsg = "작업이 완료되었습니다." MsgBox strMsg End Sub	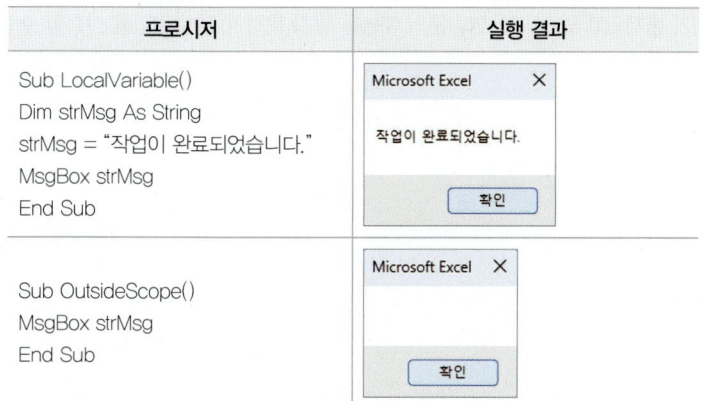
Sub OutsideScope() MsgBox strMsg End Sub	

자주 출제되는 오답

OutsideScope()에서도 LocalVariable()에서 선언된 strMsg 변수가 적용되어 MsgBox를 이용해 대화 상자에 표시한다.(1급 21.상시) (×)

➡ **바른정답** | OutsideScope()에서도 LocalVariable()처럼 Dim strMsg As String과 strMsg = "작업이 완료되었습니다."를 선언해 주어야 함 (○)

▶ 프로시저가 실행된 후 [A1] 셀에 입력되는 값 (1급 20.2)

```
Sub 예제( )
    Test = 0
    Do Until Test > 10
        Test = Test + 1
    Loop
    Range("A1").Value = Test
End Sub
```

결과 : 11

▶ Do Until ~ Loop 구문

- 조건식이 거짓일 경우 수행되므로 조건이 참일 때 반복을 중지함
- 반복 전에 조건을 판단하므로 처음 조건식이 참인 경우 명령문은 한 번도 실행되지 않음

구문	의미
Sub 예제( )	프로시저의 시작
Test = 0	Test라는 변수에 0을 대입함
Do Until Test > 10	• 실행(Do)하라 Test 변수의 값이 10보다 클 때까지(Until) • Test 변수의 값이 11이 되는 경우 조건이 참이므로 반복 중지함
Test = Test + 1	Test 변수에 더하기 1을 함(Test 변수의 값이 10보다 클 때까지)
Loop	Do Until 반복문의 끝
Range("A1").Value = Test	[A1] 셀에 Test 변수의 최종값 11을 대입하여 [A1] 셀에 표시함
End Sub	프로시저의 끝

기적의 TIP

입출력문에 해당하는 여러 명령문의 실행 결과를 묻는 문제가 출제되고 있습니다. 명령문의 기능을 알지 못하면 전혀 결과를 산출할 수 없기 때문에 반드시 그 개념에 대해 정확히 공부해 두세요.

3과목 데이터베이스 일반

SECTION 01 데이터베이스의 개요

POINT 57 ▶ 데이터베이스의 개념과 용어 ★★★★★
대표 문제 : 24.상시 02회 55번, 25.상시 01회 55번, 25.상시 02회 41번

▶ **데이터베이스 관리 시스템의 장점**
- 데이터를 여러 사람이나 응용 프로그램이 공유할 수 있다.(1급 21.상시)
- 데이터의 중복을 최소화할 수 있다.(1급 21.상시)
- 데이터의 일관성 및 무결성을 유지할 수 있다.(1급 21.상시)

▶ **관계형 데이터베이스 모델의 용어**
- 도메인(Domain)은 하나의 애트리뷰트(Attribute)가 취할 수 있는 같은 타입의 원자값들의 집합이다.(1급 25.상시, 24.상시, 23.상시, 20.7, 19.8)
- 튜플(Tuple)의 수를 카디널리티(Cardinality), 애트리뷰트(Attribute)의 수를 디그리(Degree)라고 한다.(1급 25.상시, 24.상시, 23.상시, 20.7)
- 애트리뷰트(Attribute)는 데이터베이스를 구성하는 가장 작은 논리적 단위이며, 파일 구조상의 데이터 필드에 해당된다.(1급 25.상시, 23.상시, 20.7)
- 관계형 데이터베이스에서 릴레이션은 데이터들을 표(Table) 형태로 표현한 것이다.(1급 25.상시, 19.8)
- 속성들로 구성된 튜플들 사이에는 순서가 없다.(1급 25.상시, 19.8)

▶ **데이터베이스 언어(DBL : DataBase Language)**
- 데이터 보안 및 회복, 무결성, 병행 수행 제어 등을 정의하는 데이터베이스 언어로 데이터베이스 관리자가 데이터 관리를 목적으로 주로 사용하는 언어는 데이터 제어어(DCL)이다.(1급 20.2)
- **종류**(1급 25.상시, 24.상시, 23.상시)

데이터 정의어 (DDL)	• 데이터베이스 구조와 관계, 데이터베이스 이름을 정의함 • 데이터 항목, 키 값의 고정, 데이터의 형과 한계를 규정함 • 데이터 액세스 방법 등을 규정함
데이터 조작어 (DML)	• 주 프로그램에 내장하여 데이터베이스를 실질적으로 운영 및 조작함 • 데이터의 삽입, 삭제, 검색, 변경, 연산 등의 처리를 위한 연산 집합
데이터 제어어 (DCL)	• 데이터베이스를 공용하기 위하여 데이터 제어를 정의 및 기술함 • 데이터 보안, 무결성, 회복, 병행 수행 등을 제어함

▶ **정규화(Nomalization)**
- 정규화는 테이블 속성들 사이의 종속성을 최대한 배제하는 과정으로 볼 수 있다.(1급 23.상시, 21.상시)
- 정규화를 통해 데이터 삽입 시 테이블 재구성의 필요성을 줄일 수 있다.(1급 21.상시)
- 정규화를 통해 삽입, 삭제, 갱신 이상의 발생을 방지할 수 있다.(1급 24.상시, 21.상시)
- 데이터를 입력 또는 삭제 시 이상(Anomaly) 현상이 일어나지 않도록 데이터베이스를 설계하기 위한 기술을 의미하는 용어는 정규화이다.(1급 25.상시, 20.7)
- 대체로 더 작은 필드를 갖는 테이블로 분해하는 과정이다.(1급 23.상시, 19.3)
- 데이터 중복을 최소화하기 위한 작업이다.(1급 23.상시, 19.3)
- 추가, 갱신, 삭제 등 작업 시의 이상(Anomaly) 현상이 발생하지 않도록 하기 위한 것이다.(1급 19.3)

이것도 알아두세요

- 데이터베이스 관리 시스템의 장점(1급 25.상시)
  - 데이터의 물리적, 논리적 독립성을 유지함
  - 단말기를 통해 요구된 내용을 즉시 처리함(실시간 접근)
  - 데이터 보안을 유지하여 데이터의 손실을 방지함
  - 최신 데이터를 유지하므로 데이터의 계속적인 변화에 적응함
  - 데이터의 내용에 의한 액세스를 함
- **테이블(Table)** : 관계형 데이터베이스에서 2차원의 가로, 세로(행과 열) 형태로 나타내는 저장소(1급 25.상시)
- **튜플(Tuple)** : 테이블에서 행을 나타내는 말로 레코드와 같은 의미임
- **속성(Attribute)** : 테이블에서 열을 나타내는 말로 필드와 같은 의미임(널(Null) 값을 가질 수 있음)
- 정규화는 데이터베이스의 논리적 설계 단계에서 수행된다.
- 정규형(NF : Normal Form)에는 제1정규형(1NF), 제2정규형(2NF), 제3정규형(3NF), BCNF형, 제4정규형(4NF), 제5정규형(5NF) 등이 있다.(1급 25.상시)

자주 출제되는 오답

- 데이터베이스 관리 시스템은 데이터 유실 시 파일 회복이 쉽다.(1급 21.상시) (×)
  → **바른정답** | 데이터베이스 관리 시스템은 처리 속도가 느리고 데이터 백업과 복구가 어려우므로 데이터 유실 시 파일 회복이 어려움 (○)
- 한 릴레이션(Relation)에 포함된 튜플(Tuple)들은 모두 상이하며, 튜플(Tuple) 사이에는 순서가 있다. (×)
  → **바른정답** | 튜플(Tuple) 사이에는 순서가 없음(튜플의 무순서) (○)
- 애트리뷰트는 널(Null) 값을 가질 수 없다.(1급 19.8) (×)
  → **바른정답** | 널(Null) 값을 가질 수 있음 (○)
- 정규화를 수행하여 데이터의 중복을 완전히 제거할 수 있다.(1급 21.상시) (×)
  → **바른정답** | 정규화를 수행하더라도 데이터 중복의 최소화는 가능하지만 데이터의 중복을 완전히 제거할 수는 없음 (○)
- 정규화는 테이블 간의 종속성을 높이기 위한 것이다.(1급 19.3) (×)
  → **바른정답** | 정규화는 중복성과 종속성을 배제하는 것을 원칙으로 함 (○)

기적의 TIP

데이터베이스의 특징과 장단점, 데이터베이스 언어, 관계형 데이터베이스의 개념 및 용어, 정규화에 대해 묻는 문제가 꾸준히 출제되고 있습니다. 옳고 그름을 정확히 선별할 수 있는 학습이 필요합니다.

POINT 58 ▶ 데이터베이스 설계 ★★☆☆☆   대표 문제 : 24.상시 03회 59번, 24.상시 04회 46번, 25.상시 01회 54번, 25.상시 03회 47번

▶ **개체 관계 모델(Entity Relationship Model)**

- 개념적 설계에 가장 많이 사용되는 모델로 개체 관계도(ERD)가 가장 대표적이다.(1급 25.상시, 24.상시, 23.상시, 21.상시)
- 개체집합과 관계집합으로 나누어서 개념적으로 표시하는 방식으로 특정 데이터베이스 관리 시스템(DBMS)을 고려한 것은 아니다. (1급 24.상시, 23.상시, 21.상시)
- 데이터를 개체(Entity), 관계(Relationship), 속성(Attribute)과 같은 개념으로 표시한다.(1급 24.상시, 21.상시)
- 데이터베이스를 구성하는 개체와 이들 간의 관계를 개념적으로 표시한 모델이다.(1급 21.상시)
- E-R 모델에서 정의한 데이터를 관계형 데이터베이스에 저장하기 위해서는 각각의 개체를 테이블로 변환시켜야 한다.(1급 21.상시)
- E-R 모델에서 속성은 관계형 데이터 모델에서 필드로 변환된다.(1급 21.상시)

> 이것도 알아두세요

- **데이터베이스 설계 단계** : 요구 조건 분석 → 개념적 설계 단계 → 논리적 설계 단계 → 물리적 설계 단계 → 구현(1급 25.상시)
- **E-R 다이어그램(ERD : Entity Relationship Diagram)**(1급 25.상시)
  - 개체-관계 모델(Entity-Relationship Model)에 의해 작성된 설계도이다.
  - 개체-관계 모델을 그래픽 형태로 나타낸 것으로 개체, 속성, 관계, 링크 등으로 구성된다.

기호	의미	기호	의미
□	개체 타입	▭	의존 개체 타입
○	속성	⊖	기본키 속성
◌	유도된 속성	—	링크
◇	관계 타입	◇◇	관계 타입 식별

> 자주 출제되는 오답

- 개체(Entity)는 가상의 객체나 개념을 의미하고, 속성(Attribute)은 개체를 묘사하는 데 사용될 수 있는 특성을 의미한다.(1급 21.상시) (×)
  → **바른정답** | 개체(Entity)는 다른 것과 구분되는 개체로 단독으로 존재하는 실세계의 객체나 개념을 의미함 (○)
- 개체 관계도에서 타원은 개체 타입을 나타내며, 사각형은 속성을 의미한다.(1급 21.상시) (×)
  → **바른정답** | 타원은 속성이고 사각형은 개체 타입임 (○)

> 기적의 TIP

개체 관계 모델의 개념 및 E-R 다이어그램의 기호의 의미를 묻는 형식으로 출제되고 있습니다. 혼동하지 않을 정도로 숙지해 두세요.

POINT 59 ▶ 액세스 사용의 기초 ★★☆☆☆

대표 문제 : 25.상시 02회 53번

▶ Access의 개체

- 쿼리는 폼이나 보고서의 원본 데이터로 사용할 수 있다.(1급 19.3)
- 폼은 테이블이나 쿼리 데이터의 입출력 화면을 작성한다.(1급 19.3)
- 테이블은 데이터를 저장하는 데 사용하는 데이터베이스 개체로, 레코드 및 필드로 구성된다.(1급 19.3)
- Microsoft Access의 6가지 개체

테이블 (Table)	• 데이터를 저장, 관리하는 공간으로, 테이블은 필드(항목)로 구성된 레코드의 집합 • 다른 개체의 원본 데이터로 사용이 가능한 기본이 되는 개체
쿼리 (Query)	• 테이블 안의 데이터에 조건을 지정하여 원하는 자료를 찾아서 추출하는 개체 • 연관된 여러 개의 테이블을 연결하여 새로운 결과를 추출할 수 있음 • 쿼리는 폼이나 보고서에서 원본 데이터로 사용할 수 있음
폼 (Form)	• 폼은 화면을 의미하며 입력 및 출력 화면을 폼이라 함 • 폼은 데이터의 입력, 수정, 삭제, 검색 작업을 효율적으로 할 수 있음 • 시각적인 여러 가지 모양의 효과를 주기 위해 컨트롤을 사용함
보고서 (Report)	• 결과를 인쇄해 주는 개체로 데이터의 내용, 쿼리의 결과 등을 출력할 수 있음 • 각종 업무 양식, 레이블, 우편 엽서 등을 출력하는 기능을 지원함
매크로 (Macro)	• 많은 양의 데이터를 처리하며, 반복적인 작업을 자동화할 수 있는 개체 • 매크로 함수를 이용하여 매크로를 작성함
모듈 (Module)	• 프로그램을 직접 만들 수 있는 개체로 VBA(Visual Basic for Application) 코드가 이용됨 • 매크로의 처리 한계를 해결해 줌

▶ **Access 파일에 암호를 설정하는 방법** (1급 25.상시, 24.상시, 20.2)
- 데이터베이스 암호를 설정하거나 제거하려면 데이터베이스를 단독 사용 모드로 열어야 함
- 데이터베이스를 단독 사용 모드로 열려면 데이터베이스를 닫은 다음 [파일] 탭-[열기] 명령을 사용하여 다시 연 다음 [열기] 대화 상자에서 [열기] 단추 옆에 있는 화살표를 클릭한 후 [단독으로 열기]를 선택함

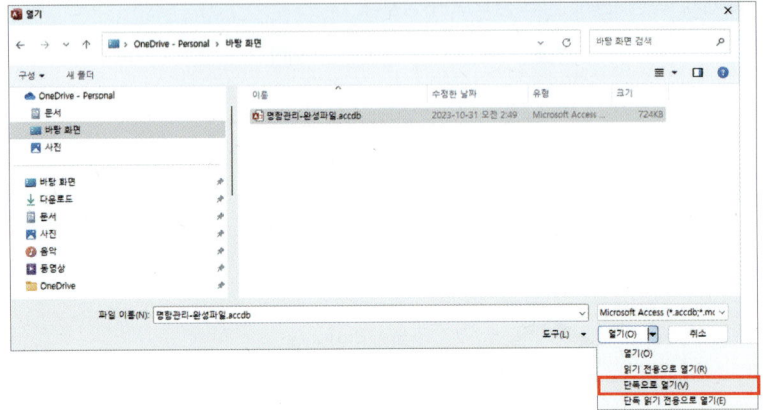

- [파일]-[정보]-[데이터베이스 암호 설정]을 클릭한 다음 암호를 설정함

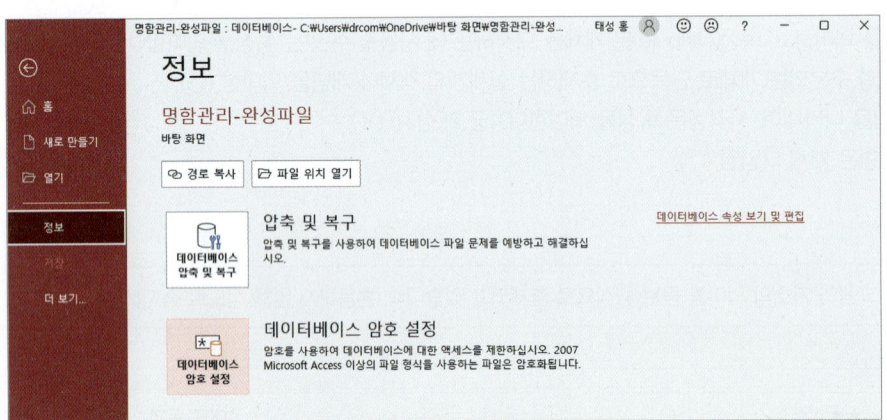

▣ **이것도 알아두세요**
- 액세스는 데이터베이스(Database)를 구축하고 관리하는 데이터베이스 관리 프로그램(DBMS : DataBase Management System)임
- 액세스의 데이터베이스 파일의 기본 확장자는 *.accdb임
- 액세스는 워드프로세서나 스프레드시트 등 다른 응용 프로그램과는 달리 미리 파일을 저장한 다음에 작업을 실시함

▣ **자주 출제되는 오답**
매크로는 모듈에 비해 복잡한 작업을 처리하기 위해 프로그램을 직접 작성하는 것이다.(1급 19.3) (✕)
➡ **바른정답** | 매크로는 여러 개의 명령문을 하나로 묶어서 일련의 절차를 미리 정의하는 기능이며, 모듈이 프로그램을 직접 만들 수 있는 개체로 VBA(Visual Basic for Application) 코드가 이용되고 매크로의 처리 한계를 해결해 줌 (○)

🏁 **기적의 TIP**
Microsoft Access의 6가지 개체는 액세스를 공부하는 데 있어서 기본적인 내용이므로 이해를 통한 숙지와 암기가 필수입니다.

SECTION 02 테이블(Table) 작성

POINT 60 ▶ 테이블의 생성 및 수정 ★★★★☆
대표 문제 : 23.상시 01회 54번, 24.상시 02회 43번, 24.상시 04회 50번

▶ 데이터 형식의 종류
- Yes/No 형식은 Yes/No, True/False, On/Off 등과 같이 두 값 중 하나만 입력하는 경우에 사용하는 것으로 기본 필드 크기는 1비트이다.(1급 24.상시, 21.상시)
- 일련번호 형식은 새 레코드를 만들 때 1부터 시작하는 정수가 자동 입력된다.(1급 21.상시)
- 통화 형식은 소수점 이하 4자리까지의 숫자를 저장할 수 있으며, 기본 필드 크기는 8바이트이다.(1급 21.상시)

▶ '일련번호' 데이터 형식
- 새로운 레코드 추가 시 자동으로 번호가 부여된다.(1급 23.상시, 19.8)
- 해당 데이터 필드에 값이 입력되면 일련번호는 수정할 수 없다.(1급 23.상시, 19.8)
- 삭제된 일련번호는 다시 부여되지 않는다.(1급 19.8)

▶ 테이블의 [디자인 보기]에서 설정 가능한 작업
- 필드의 '설명'에 입력한 내용은 테이블 구조에 영향을 미치지 않고, 상태 표시줄에 표시된다.(1급 20.7)
- 컨트롤 표시 속성은 텍스트 상자, 목록 상자, 콤보 상자 중에서 선택할 수 있다.(1급 20.7)
- 한 개 이상의 필드를 선택하여 기본키로 설정할 수 있다.(1급 20.7)

> **이것도 알아두세요**

- **짧은 텍스트** : 계산이 필요 없는 성명, 주소, 전화번호, 부품번호, 우편번호 등의 데이터를 저장할 때에는 짧은 텍스트 형식을 사용하며, 숫자를 입력해도 문자로 취급하여 연산이 되지 않음(최대 255자까지 입력)
- 테이블 만들기

테이블	• 데이터를 입력하여 새 테이블을 만듦 • 데이터 시트에 필드명과 데이터를 함께 입력하여 테이블을 작성함
테이블 디자인	• 미리 테이블의 구조를 설계한 다음 데이터를 입력하는 형태 • 필드 이름과 데이터 형식, 필드 속성을 지정하여 테이블을 만드는 가장 일반적이고 많이 사용되는 방법

- 필드 이름 지정 (1급 24.상시)
  - 필드 이름은 공백을 포함하여 64자까지 지정할 수 있음
  - 필드 이름의 첫 글자는 숫자로 시작할 수 있음
  - 마침표(.), 느낌표(!), 대괄호([ ])를 제외한 특수 기호나 숫자, 문자, 공백을 조합해서 사용할 수 있음
  - 필드 이름과 테이블 이름은 동일하게 지정 가능함
  - 공백으로 시작하는 필드 이름은 사용할 수 없음
  - 테이블 내에서 필드 이름이 중복될 수는 없음

> **자주 출제되는 오답**

- 폼 필터를 적용하여 조건에 맞는 레코드만 표시할 수 있다.(1급 20.7) (×)
  - ➡ **바른정답** | 테이블의 [디자인 보기]에서 폼 필터를 적용하여 조건에 맞는 레코드만 표시할 수 없음 (○)
- 긴 텍스트는 텍스트 및 숫자 데이터가 최대 255자까지 입력된다.(1급 21.상시) (×)
  - ➡ **바른정답** | 긴 텍스트는 최대 63,999자까지 입력할 수 있음 (○)
- 일련번호 형식의 필드 크기는 변경할 수 있다.(1급 19.8) (×)
  - ➡ **바른정답** | 4바이트에서 복제 ID 16바이트로 변경할 수 있음 (○)

> **기적의 TIP**

데이터 형식의 종류별 특징에 관하여 옳고 그름을 묻는 형식으로 출제되므로 종류별 크기와 사용 용도에 대해 이해하고 숙지하는 것이 중요합니다. 또한 'Yes/No'는 1비트인 점에 유의하세요.

POINT 61 ▶ 필드 속성의 지정 ★★★★★

대표 문제 : 24.상시 05회 55번, 24.상시 05회 60번, 25.상시 01회 44번, 25.상시 01회 51번

▶ **입력 마스크** (1급 24.상시, 21.상시)
- 입력 마스크(Input Mask)는 특정 형식의 숫자나 문자를 입력할 때 유용하도록 입력 형식을 지정해 주는 것이다.
- 데이터의 입력에 제한을 주는 것으로 입력 오류의 가능성이 줄어든다.
- 짧은 텍스트, 숫자, 날짜/시간, 통화 형식에서 사용할 수 있다.
- 입력 마스크 마법사를 사용하여 속성을 쉽게 설정할 수 있다.
- 짧은 텍스트나 날짜/시간 필드에서만 입력 마스크 마법사를 사용할 수 있다.
- 짧은 텍스트 필드의 운전면허번호, 주민등록번호, 전화번호, 우편번호, 암호, 날짜 형식, 시간 형식 등에서 이용된다.

▶ 입력 마스크 설정에 사용하는 **사용자 정의 입력 마스크 기호** (1급 25.상시, 21.상시, 20.2/7)

기호	설명
0	• 필수 요소로, 0~9까지의 숫자를 입력함 • 덧셈 기호(+)와 뺄셈 기호(-)는 사용할 수 없음
9	• 선택 요소로, 숫자나 공백을 입력함 • 덧셈 기호와 뺄셈 기호를 사용할 수 없음
#	• 선택 요소로, 숫자나 공백을 입력함 • 공백은 편집 모드일 때는 빈 칸으로 표시되지만, 데이터가 저장될 때는 제거됨 • 덧셈 기호와 뺄셈 기호를 사용할 수 있음
L	필수 요소로, A부터 Z까지의 영문자나 한글을 입력함
?	선택 요소로, A부터 Z까지의 영문자나 한글을 입력함
A	필수 요소로, 영문자나 한글, 숫자를 입력함
a	선택 요소로, 영문자나 한글, 숫자를 입력함
<	모든 문자를 소문자로 변환함
>	모든 문자를 대문자로 변환함

▶ **유효성 검사 규칙** (1급 21.상시)
- 유효성 검사 규칙은 레코드, 필드, 컨트롤 등에 입력할 수 있는 데이터 요구 사항을 지정할 수 있는 속성이다.
- 유효성 검사 규칙과 유효성 검사 텍스트 속성은 옵션 그룹에 있는 확인란, 옵션 단추 또는 토글 단추 컨트롤에는 적용되지 않고 옵션 그룹 자체에만 적용된다.
- 일련번호나 OLE 개체에서는 유효성 검사 규칙이 지원되지 않는다.
- 유효성 규칙 속성 설정에는 식을 입력한다.
- 유효성 규칙 속성 설정의 최대 길이는 2,048문자이다.
- 산술 연산자, 비교 연산자, 논리 연산자, 특수 연산자, 함수 등을 이용하여 유효성 검사 규칙을 지정한다.

▶ **기본키**(PK : Primary Key)
- 기본키는 테이블의 [디자인 보기] 상태에서 설정할 수 있다.(1급 21.상시)
- 기본키로 설정된 필드에는 널(Null) 값이 허용되지 않는다.(1급 21.상시)
- 기본키로 설정된 필드에는 항상 고유한 값이 입력되도록 자동으로 확인된다.(1급 21.상시)
- 데이터가 이미 입력된 필드도 기본키로 지정할 수 있다.(1급 19.3)
- 기본키는 주 키라고도 하며, 한 테이블에서 모든 레코드를 구분할 수 있는 유일한 필드를 의미한다.(1급 25.상시)

- 기본키는 한 테이블에서 유일성과 최소성을 만족하는 후보키 중 선정되어 사용되는 키이다.
- 기본키는 널(Null)이 될 수 없으며 중복될 수 없다.
- 기본키를 설정하지 않아도 되며 기본키의 설정 없이 다른 테이블과의 관계를 설정할 수 있다.

▶ **인덱스(Index)**
- 인덱스를 설정하면 레코드의 검색과 정렬 속도가 빨라진다.(1급 25.상시, 24.상시, 23.상시, 20.7)
- 인덱스를 설정하면 레코드의 추가, 수정, 삭제 속도는 느려진다.(1급 24.상시, 23.상시, 20.7)
- 데이터 형식이 OLE 개체인 필드에는 인덱스를 설정할 수 없다.(1급 25.상시, 24.상시, 23.상시, 20.7)
- 테이블의 기본키는 자동으로 인덱싱(Indexing)된다.
- 인덱스 삭제 시 인덱스만 삭제되고 필드 자체는 삭제되지 않는다.
- 인덱스의 종류는 단일 필드 인덱스와 다중 필드 인덱스가 있다.
- 테이블에 있는 행의 고유성을 강화시키는 기능으로, 한 테이블에 32개까지 인덱스를 지정할 수 있다.

▶ **참조 무결성**
- 참조 무결성은 참조하고 참조되는 테이블 간의 참조 관계에 아무런 문제가 없는 상태를 의미한다.(1급 25.상시, 19.3)
- 다른 테이블을 참조하는 테이블의 레코드 추가 시 외래 키 값이 널(Null)인 경우에는 참조 무결성이 유지된다.(1급 19.3)
- 다른 테이블에 의해 참조되는 테이블에서 레코드를 추가하는 경우에는 참조 무결성이 유지된다.(1급 19.3)
- 관계형 데이터베이스에서는 다대다(N:M) 관계를 직접 표현할 수 없기 때문에 3개의 테이블을 가지고 일대다(1:∞) 관계 2개를 이용하여 설정한다.(1급 20.7)

이것도 알아두세요
- OLE 개체, 첨부 파일 형식에는 기본키를 설정할 수 없음
- 기본키를 지정한 필드는 인덱스 속성이 '예(중복 불가능)'로 자동 설정됨
- 중복된 데이터에는 기본키를 설정할 수 없으나 중복 상태가 아닌 이미 입력된 데이터는 가능함
- 여러 필드를 복합(연결)한 슈퍼키(Super Key)를 기본키로 설정할 수 있음
- **무결성 제약 조건** : 관계형 데이터베이스에서 데이터의 중복을 최소화하여 데이터에 대한 효율적인 검증과 데이터의 정확성을 유지하기 위한 제약 조건

자주 출제되는 오답
- 관계가 설정되어 있는 테이블에서 기본키 설정을 해제하면 해당 테이블에 설정된 관계도 삭제된다.(1급 21.상시) (×)
  ➡ **바른정답** | 기본키를 바꾸거나 제거하려면 먼저 [관계] 창에서 관계를 삭제해야 됨 (○)
- 인덱스는 한 개의 필드에만 설정 가능하므로 주로 기본키에 설정한다.(1급 20.7) (×)
  ➡ **바른정답** | 다중 필드에 인덱스 설정이 가능하며 다중 필드를 기본키로 지정한 경우 해당 다중 필드에는 인덱스가 설정됨 (○)
- 다른 테이블을 참조하는 테이블 즉, 외래키 값이 있는 테이블의 레코드 삭제 시에는 참조 무결성이 위배될 수 있다.(1급 19.3) (×)
  ➡ **바른정답** | 위배되지 않음 (○)

기적의 TIP
- 입력 마스크 지정의 개념과 필요성, 리터럴 표시 문자의 필수 요소와 선택 요소를 정확히 구분해서 익혀 두세요.
- 유효성 검사 규칙은 자주 출제되므로 반드시 숙지하세요. 또한 일련번호나 OLE 개체는 유효성 검사 규칙이 지원되지 않는 점에 유의하세요.
- 기본키는 자주 출제되는 내용입니다. 기본키의 종류와 지정 방법을 반드시 숙지하세요.
- 인덱스는 개념 파악이 중요합니다. 특히, 갱신 시 속도가 느려지는 점에 유의해서 전반적으로 꼼꼼히 공부하세요.
- 참조 무결성은 시험에 자주 출제되는 내용입니다. 기능을 정확히 익혀 두세요.

POINT 62 ▶ 외부 데이터 가져오기 ★★★☆☆

대표 문제 : 24.상시 03회 57번

▶ **외부 데이터 가져오기**
- Excel 워크시트에서 정의된 이름의 영역을 Access의 새 테이블이나 기존 테이블에 데이터 복사본으로 만들 수 있다.(1급 20.2)
- Access에서는 한 테이블에 256개 이상의 필드를 지원하지 않으므로 원본 데이터는 열의 개수가 255개를 초과하지 않아야 한다. (1급 20.2)
- Excel 파일을 가져오는 경우 한 번에 하나의 워크시트만 가져올 수 있으므로 여러 워크시트에서 데이터를 가져오려면 각 워크시트에 대해 가져오기 명령을 반복해야 한다.(1급 20.2)
- 액세스에서 가져올 수 있는 데이터 형식은 Microsoft Office Access, Microsoft Excel, HTML 문서, Sharepoint 목록, 텍스트 파일, XML, ODBC 데이터베이스 등이 있다.(1급 24.상시)

이것도 알아두세요
- Access에서 데이터 원본의 필드(열)가 255개가 넘는 경우 처음 255개 필드만 가져 옴
- [텍스트 가져오기 마법사]를 이용하여 기존 테이블에 내용을 추가하려는 경우 데이터의 수정 기능은 지원되지 않음

자주 출제되는 오답

텍스트 파일을 가져와 기존 테이블의 레코드로 추가 하려는 경우 기본키에 해당하는 필드의 값들이 고유한 값이 되도록 데이터를 수정하며 가져올 수 있다.(1급 20.2) (×)

➡ **바른정답 |** 데이터를 수정하며 가져올 수 없음 (○)

기적의 TIP

외부 데이터를 가져올 수 있는 파일과 가져오지 못하는 파일의 구분이 중요합니다. 액세스에서 가져올 수 있는 데이터 형식은 반드시 숙지하고 암기해 두세요.

SECTION 03　쿼리(Query) 작성

POINT 63 ▶ 쿼리 및 단순 조회 쿼리 ★★★★★　대표 문제 : 24.상시 01회 44번, 24.상시 05회 52번, 25.상시 01회 57번, 25.상시 02회 45번

▶ **데이터 정의(DDL) 언어** (1급 25.상시, 24.상시, 20.2)

- **CREATE TABLE** : 테이블(Table)을 생성하기 위해 사용하는 명령이다.

CREATE TABLE 고객 (고객ID CHAR(20) NOT NULL, 고객명 CHAR(20) NOT NULL, 연락번호 CHAR(12), PRIMARY KEY (고객ID)); CREATE TABLE 계좌 (계좌번호 CHAR(10) NOT NULL, 고객ID CHAR(20) NOT NULL, 잔액 INTEGER DEFAULT 0, PRIMARY KEY (계좌번호), FOREIGN KEY (고객ID) REFERENCES 고객); (단, 고객과 계좌 간의 관계는 1:M이다.)	• CREATE TABLE : 테이블 생성 • CHAR(자릿수) : 문자형 변수 선언 및 크기(자릿수) 지정 • NULL : 아무것도 없음, 값 자체가 존재하지 않음 • NOT NULL : 값이 반드시 있어야 됨 • PRIMARY KEY : 기본키 지정 • INTEGER : 정수형(소숫점이 없는) 변수 선언 • DEFAULT : 기본값 지정 • FOREIGN KEY : 외래키 지정 • REFERENCES : 참조 테이블 지정

- <고객> 테이블에서 '고객ID' 필드는 동일한 값을 입력할 수 없다.
- <계좌> 테이블에서 '계좌번호' 필드는 반드시 입력해야 한다.
- <고객> 테이블에서 '연락번호' 필드는 원하는 값으로 수정하거나 생략할 수 있다.
- <계좌> 테이블에서 '고객ID' 필드는 기본키가 아닌 외래키이므로 동일한 값을 입력할 수 있다.

> - <고객> 테이블에서 '고객ID' 필드와 <계좌> 테이블에서 '계좌번호' 필드는 기본키(PRIMARY KEY)이므로 반드시 입력(NOT NULL)해야 하며 동일한 값을 입력할 수 없음
> - <고객> 테이블에서 '연락번호' 필드는 기본키에 해당되지 않고 NOT NULL이 아니므로 원하는 값으로 수정하거나 생략할 수 있음
> - 한 고객이 여러 개의 계좌를 개설할 수 있으므로 <계좌> 테이블에서 '고객ID' 필드는 중복 가능함

- **ALTER TABLE** : 테이블(Table)의 정의를 변경할 때 사용하는 명령이다.
- **DROP TABLE** : 테이블(Table)을 제거할 때 사용하는 명령이다.

▶ **SQL문-SELECT(검색문)** (1급 25.상시, 24.상시, 23.상시, 21.상시, 20.2/7)

- 검색문으로 테이블에서 데이터를 검색하며, SELECT-FROM-WHERE의 유형을 가진다.
- SQL 명령어는 대·소문자를 구별하지 않는다.
- SQL 문장 마지막에 세미콜론(;) 기호를 입력해야 한다.
- 여러 개 필드를 나열할 때는 콤마(,)로 구분한다.
- 여러 줄에 나누어서 입력할 수도 있다.

```
SELECT [ALL | DISTINCT] 열 리스트
FROM 테이블 리스트
[WHERE 조건]
[GROUP BY 열 리스트 [HAVING 조건]]
[ORDER BY 열 리스트 [ASC | DESC]];
```

SELECT	검색하고자 하는 열 리스트를 선택함	
ALL	검색 결과값의 모든 레코드를 검색함	
DISTINCT	검색 결과값 중 중복된 결과값(레코드)을 제거, 중복되는 결과값은 한 번만 표시함	
FROM	대상 테이블명	
WHERE	검색 조건을 기술할 때 사용함	
GROUP BY	그룹에 대한 쿼리 시 사용함	
HAVING	그룹에 대한 조건을 기술함(반드시 GROUP BY와 함께 사용)	
ORDER BY	검색 결과에 대한 정렬을 수행함	
ASC	오름차순을 의미하며 생략하면 기본적으로 오름차순임	
DESC	내림차순을 의미함	

SELECT 학년, 반, 이름 FROM 평균성적 WHERE 평균 >= 90 ORDER BY 학년 DESC 반 ASC;	[평균성적] 테이블에서 '평균' 필드 값이 90 이상인 학생들을 검색하여 '학년' 필드를 기준으로 내림차순, '반' 필드를 기준으로 오름차순 정렬하여 표시함

이것도 알아두세요

- **기본키(PK : Primary Key)**
  - 후보키 중에서 선정되어 사용되는 키(예 주민등록번호, 사원번호, 학번, 군번 등)
  - 기본키는 널(Null)이 될 수 없으며 중복될 수 없음
- **외래키(FK : Foreign Key)**
  - 외래키가 다른 참조 테이블의 기본키일 때 그 속성키를 외래키라고 함
  - 하나의 테이블에는 여러 개의 외래키가 존재할 수 있음

기적의 TIP

SELECT문은 매 시험마다 출제되는 내용입니다. 명령 구문에 대한 완벽한 학습이 필요합니다. DISTINCT같이 단어가 갖는 의미가 바로 기능이 되는 경우가 많으므로 사전적인 의미를 생각하면서 공부하면 어렵지 않습니다.

POINT 64 ▶ 연산자 ★★★★☆

대표 문제 : 24.상시 03회 50번, 24.상시 03회 58번, 25.상시 01회 45번, 25.상시 01회 47번

▶ 산술 연산자

종류	의미	종류	의미
+	더하기	−	빼기
*	곱하기	/	나누기
\	나누기의 몫	Mod	나머지

▶ 연결 연산자

종류	의미
&	문자 연결 연산자

▶ **비교 연산자**

종류	의미	종류	의미
=	같다	<>	같지 않다
>	크다	<	작다
>=	이상	<=	이하

▶ **논리 연산자** (1급 19.3/8)

종류	의미	종류	의미	종류	의미
AND	'그리고'의 조건	OR	'또는'의 조건	NOT	'부정'의 조건

▶ **문자 연산자** (1급 25.상시, 24.상시, 21.상시, 20.2/7, 19.3/8)

종류	의미	사용 예
BETWEEN ~ AND ~	~와 ~사이	SELECT * FROM 게임 WHERE 기록 BETWEEN 100 AND 300; ➜ 게임 테이블에서 기록이 100점 이상 300점 이하인 레코드를 검색함
IN	안에	SELECT * FROM 게임 WHERE 기록 IN(100, 300); ➜ 게임 테이블에서 기록이 100점, 300점인 목록 안에 들어 있는 기록의 사람을 검색함 ➜ SELECT * FROM 게임 WHERE 기록=100 OR 기록=300; 와 결과 같음
LIKE	같은	SELECT * FROM 서적 WHERE 분류 LIKE '정보*'; ➜ 서적 테이블에서 분류가 '정보'로 시작하는 결과를 검색함

• 선택 쿼리에서 사용자가 지정한 패턴과 일치하는 데이터를 찾고자 할 때 사용되는 연산자는 Like이다.(1급 20.2)

▶ **집계 함수(집단 함수=그룹 함수) 및 GROUP BY, HAVING절** (1급 25.상시, 24.상시, 21.상시, 20.7, 19.3)

• 집계 함수는 대상이 되는 행을 모은 '그룹' 개념으로 사용되는 함수이다.

종류	의미	사용 예
SUM( )	합계값을 구함	SELECT SUM(컴퓨터) FROM 성적; ➜ 성적 테이블에서 컴퓨터 점수의 합을 구함
AVG( )	평균값을 구함	SELECT AVG(컴퓨터) FROM 성적; ➜ 성적 테이블에서 컴퓨터 점수의 평균을 구함
COUNT(*)	행을 카운트함	SELECT COUNT(*) FROM 성적; ➜ 성적 테이블에서 학생 수를 검색함
MAX( )	최대값을 구함	SELECT MAX(컴퓨터) FROM 성적; ➜ 성적 테이블에서 컴퓨터 점수 중 최대값을 구함
MIN( )	최소값을 구함	SELECT MIN(컴퓨터) FROM 성적; ➜ 성적 테이블에서 컴퓨터 점수 중 최소값을 구함

• **GROUP BY** : 그룹으로 나누어 집계하는 쿼리에 사용된다.
• **HAVING** : 그룹화된 데이터에 대한 조건을 설정할 때 사용된다(반드시 GROUP BY와 함께 사용).

▶ **문자열 함수** (1급 25.상시, 24.상시, 21.상시)

함수명	내용
INSTR	문자열을 검색하여 위치한 자릿수를 구함
LEN	문자열의 길이를 돌려줌
LEFT	문자열의 왼쪽에서 지정된 수의 문자를 표시함
RIGHT	문자열의 오른쪽에서 지정된 수의 문자를 표시함
MID	문자열의 지정된 위치에서 지정한 수만큼의 문자를 표시함
STR	수치 형식에서 문자열 형식으로 변환함
STRREVERSE	지정한 문자열의 문자를 역순으로 정렬한 문자열을 반환함

▶ **산술 함수** (1급 24.상시, 18.3)

함수명	내용
ABS	절대값을 구함
SIGN	부호를 구함
ROUND	반올림한 값을 구함
MOD	나머지를 구함

▶ **날짜/시간 함수** (1급 25.상시, 17.3)

함수명	내용
NOW( )	현재의 날짜와 시간을 구함
DATE( )	현재의 날짜를 구함
DATEDIFF	날짜의 차를 구함
CDATE	숫자나 숫자 형태의 텍스트를 날짜 데이터로 구함
DATEADD	날짜에 지정한 기간을 더함

> **이것도 알아두세요**
>
> - **WHERE절과 HAVING절의 차이** : WHERE절과 HAVING절의 차이는 그룹 여부임
> - TOTAL( )이라는 함수는 존재하지 않음
> - **SUBTOTAL( )** : 부분합을 구하는 그룹 함수
> - **LARGE( )** : k번째 큰 값을 구하는 그룹 함수
> - **SMALL( )** : k번째 작은 값을 구하는 그룹 함수
> - **SUMPRODUCT( )** : 배열에서 해당 요소의 곱의 합을 구하는 그룹 함수
> - 단, SIGN( ) 함수는 그룹 함수가 아님
> - **VAL( )** : 숫자 형태의 문자열을 숫자 값으로 반환함
> - **Format( )** : 폼이나 보고서의 특정 컨트롤에서 '=[단가]*[수량]*(1-[할인율])'과 같은 계산식을 사용하고, 계산 결과를 소수점 이하 첫째 자리까지 표시하고자 할 때 사용하는 함수로 계산 결과의 서식 유형을 설정함

> **기적의 TIP**
>
> 집계 함수와 문자열 함수는 자주 출제되는 중요한 내용입니다. 엑셀의 함수와 유사한 의미를 가지고 있어 어렵지 않게 이해할 수 있습니다. 반드시 숙지하고 암기하세요.

POINT 65 ▶ 조인(Join) ★★★☆☆   대표 문제 : 23.상시 01회 46번, 23.상시 02회 60번, 23.상시 05회 59번, 25.상시 02회 49번

▶ 조인(Join)
- 쿼리에 여러 테이블을 포함할 때는 조인을 사용하여 원하는 결과를 얻을 수 있다.(1급 20.2)
- 내부 조인은 조인되는 두 테이블에서 조인하는 필드가 일치하는 행만을 반환하려는 경우에 사용한다.(1급 20.2, 19.8)
- 외부 조인은 조인되는 두 테이블에서 공통 값이 없는 데이터를 포함할지 여부를 지정할 수 있다.(1급 20.2)

▶ 내부 조인(INNER JOIN) (1급 23.상시, 20.2, 19.8)
내부 조인은 한쪽 테이블의 열의 값과 다른 한쪽의 테이블의 열의 값이 똑같은 행만을 결합하는 것으로, 가장 자주 사용하는 결합이다.

```
SELECT … FROM 〈테이블명1〉 INNER JOIN 〈테이블명2〉
ON 〈테이블명1〉.〈열이름〉 = 〈테이블명2〉.〈열이름〉;
```

▶ 좌외부 조인(Left Join) (1급 20.2)
왼쪽의 테이블을 우선해서 왼쪽의 테이블에 관해 모든 행을 결과로 남기는 조인이다.

```
SELECT …… FROM 〈테이블명1〉 LEFT JOIN 〈테이블명2〉
ON 〈테이블명1〉.〈열이름〉 = 〈테이블명2〉.〈열이름〉;
```

▶ 우외부 조인(Right Join) (1급 25.상시, 20.2)
오른쪽 테이블을 우선해서 오른쪽의 테이블에 관해 모든 행을 결과로 남기는 조인이다.

```
SELECT …… FROM 〈테이블명1〉 RIGHT JOIN 〈테이블명2〉
ON 〈테이블명1〉.〈열이름〉 = 〈테이블명2〉.〈열이름〉;
```

이것도 알아두세요
- 조인선은 두 테이블 간에 관계가 설정되어 있는 경우 [쿼리] 창에 추가하면 자동으로 표시됨
- 관계가 설정되지 않은 경우라도 데이터 형식이 같은 필드이면서 하나가 기본키로 설정된 경우 조인선은 자동으로 만들어짐
- 교차 조인은 두 개의 테이블을 직교에 의해 조인하는 것이며, 가장 단순한 조인으로 카테젼 곱(Cartesian Product)이라고 함
- 교차 조인은 쉼표로 테이블 이름을 나열하는 것으로 조인이 가능함
- 교차 조인은 2개 이상의 여러 테이블을 조인하는 경우에 조인 조건을 생략 또는 잘못 설정한 경우에 발생함

자주 출제되는 오답
조인에 사용되는 기준 필드의 데이터 형식은 다르거나 호환되지 않아도 가능하다.(1급 20.2) (×)

➡ **바른정답** | 조인에 사용되는 기준 필드의 데이터 형식은 동일하거나 호환되어야 함 (○)

기적의 TIP
조인, 교차 조인, 내부 조인, 외부 조인에 대한 개념 파악과 이해가 중요합니다. 명령어가 갖는 사전적 의미로 이해하면 쉽습니다.

POINT 66 ▶ 실행 쿼리 ★★★★☆

대표 문제 : 23.상시 05회 48번, 24.상시 02회 48번, 24.상시 05회 46번, 25.상시 03회 53번

▶ INSERT(삽입문) (1급 25.상시, 21.상시, 19.3)

삽입문으로 테이블에 새로운 데이터(행)를 삽입하며, INSERT–INTO–VALUES의 유형을 가진다.

| INSERT INTO 테이블명(필드이름1, 필드이름2, …) |
| VALUES (값1, 값2,…) |

| INSERT INTO 컴활(수험번호, 성명, 컴일반, 엑셀) VALUES ('123', '김선', 88, 90) | [컴활] 테이블에 수험번호 '123', 성명 '김선', 컴일반 점수 88, 엑셀 점수 90을 삽입 |

▶ UPDATE(갱신문) (1급 25.상시, 24.상시, 23.상시, 19.8)

갱신문으로 테이블에 저장되어 있는 데이터를 갱신하며, UPDATE–SET–WHERE의 유형을 가진다.

| UPDATE 테이블명 SET 필드이름1= 값1, 필드이름2=값2, … WHERE 조건 |

| UPDATE 학생 SET 주소='서울' WHERE 학번=100; | [학생] 테이블에서 학번이 100인 레코드의 주소를 '서울'로 갱신함 |

▶ DELETE(삭제문)

삭제문으로 테이블에 저장되어 있는 행을 삭제하며, DELETE–FROM–WHERE의 유형을 가진다.

| DELETE * FROM 테이블명 [WHERE 조건]; |

| DELETE * FROM 회원 WHERE 회원번호=300 | [회원] 테이블에서 회원번호가 300인 레코드를 삭제함 |

이것도 알아두세요

- 삽입(INSERT) 문은 여러 개의 테이블이 아닌 하나의 테이블에만 추가할 수 있음
- 삽입(INSERT) 문은 다른 테이블의 레코드를 추출하여 추가하거나 필드 값을 직접 지정하여 추가할 수 있음
- 삽입(INSERT) 문은 레코드 전체 필드를 추가하는 경우 필드 이름을 생략함
- 삽입(INSERT) 문은 하나의 INSERT 문으로 여러 개의 레코드와 필드의 삽입이 가능함

기적의 TIP

실행 쿼리의 종류별 구문 형식과 실행 기능에 대해 혼동하지 않도록 숙지해 두세요.

POINT 67 ▶ 기타 데이터베이스 쿼리 ★★★☆☆ 대표 문제 : 23.상시 03회 55번, 24.상시 01회 49번, 24.상시 03회 53번, 25.상시 05회 53번

▶ **매개 변수 쿼리** (1급 24.상시, 23.상시, 20.7)
- 실행할 때 레코드 검색 조건이나 필드에 삽입할 값과 같은 정보를 물어보는 쿼리이며, 두 조건 이상의 쿼리 작성이 가능하다.
- 매개 변수 입력 시 대괄호([ ])를 사용한다.

▶ 조회할 고객의 최소 나이를 입력받아 검색하는 매개 변수 쿼리('Age' 필드의 조건식) (1급 24.상시, 20.7)

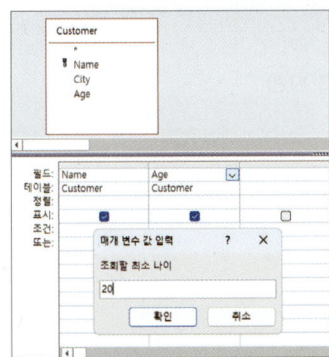

- 매개 변수 쿼리 시 [ ]를 사용하여 조건란에 ">=[조회할 최소 나이 입력]"처럼 입력한다.

▶ **크로스탭 쿼리**
- 쿼리 결과를 Excel 워크시트와 비슷한 표 형태로 표시하는 특수한 형식의 쿼리이다.(1급 21.상시)
- 그룹화한 데이터에 대해 레코드 개수, 합계, 평균 등을 계산할 수 있다.(1급 21.상시)
- 맨 왼쪽에 세로로 표시되는 행 머리글과 맨 위에 가로 방향으로 표시되는 열 머리글로 구분하여 데이터를 그룹화한다.(1급 21.상시)
- 요약 데이터를 보다 쉽게 이해할 수 있도록 합계, 평균 등의 집계 함수를 계산한 다음 데이터시트의 측면과 위쪽에 두 세트의 값으로 그룹화하는 쿼리 유형은 크로스탭 쿼리이다.(1급 19.8)

▶ **UNION(통합) 쿼리** (1급 25.상시)
- 2개 이상의 테이블이나 쿼리에서 대응되는 필드들을 결합하여 하나의 필드로 만들어 주는 쿼리이다.

```
SELECT 필드 이름
FROM 테이블 이름
UNION SELECT 필드 이름
FROM 테이블 이름
```

- 중복된 레코드는 한 번만 나타난다.
- 2개 테이블의 필드의 개수가 같아야 한다.
- 쿼리의 결과에 나타나는 필드 이름은 첫 번째로 지정한 테이블의 필드명이 표시된다.

이것도 알아두세요
크로스탭 쿼리는 주어진 데이터를 계산 및 요약 정리하여 보다 효율적으로 데이터를 분석할 수 있음

자주 출제되는 오답
열 머리글로 사용될 필드는 여러 개를 지정할 수 있지만, 행 머리글로 사용할 필드는 하나만 지정할 수 있다.(1급 21.상시) (×)
➡ **바른정답** | 열 머리글에는 한 개의 필드를 지정할 수 있고, 행 머리글은 최대 3개까지 필드를 설정할 수 있음 (○)

기적의 TIP
매개 변수 쿼리의 사용 방법과 크로스탭 쿼리의 개념과 용도에 대해 숙지해 두세요.

SECTION 04 폼(Form) 작성

POINT 68 ▶ 폼 작성 기본 ★★★★☆
대표 문제 : 23.상시 02회 45번, 24.상시 05회 47번, 25.상시 04회 55번

▶ 폼 작성
- 폼은 테이블이나 쿼리를 레코드 원본으로 사용하는 개체이다.
- 폼은 테이블이나 쿼리 데이터의 입력, 수정 및 편집 작업을 편리하고 쉽게 할 수 있도록 도와주는 개체이다.(1급 25.상시)
- 폼에서 데이터를 입력 및 수정할 경우 연결된 테이블이나 쿼리에 그 변경된 내용이 반영된다.
- 컨트롤 마법사를 사용하여 폼을 닫는 매크로 함수를 실행하는 '명령 단추'를 삽입할 수 있다.(1급 19.8)
- 폼에서 연결된 테이블의 레코드를 삭제한 경우 영구적인 작업이므로 되돌릴 수 없다.(1급 19.8)
- 폼 디자인 도구를 이용하여 여러 컨트롤의 크기와 간격을 일정하게 설정할 수 있다.(1급 19.8)
- 여러 개의 컨트롤을 선택하여 자동 정렬할 수 있다.(1급 20.2)
- 사각형, 선 등의 도형 컨트롤을 삽입할 수 있다.(1급 20.2)
- 컨트롤 마법사를 사용하여 폼을 닫는 매크로를 실행시키는 단추를 만들 수 있다.(1급 20.2)

▶ 폼의 구성 요소 (1급 20.2)
- 하위 폼은 폼 안에 있는 또 하나의 폼을 의미한다.(1급 20.2)
- 폼 바닥글은 폼 요약 정보 등과 같이 각 레코드에 동일하게 표시될 정보가 입력되는 구역이다.(1급 20.2)
- 본문은 사용할 실제 내용을 입력하는 구역으로 폼 보기 형식에 따라 하나의 레코드만 표시하거나 여러 개의 레코드를 표시한다.(1급 20.2)

폼 머리글	• 폼의 제목이나 각 레코드에 공통으로 적용되는 정보를 표시함 • 폼 보기(단일 폼)에서는 상단에 매 레코드마다 표시되나 [인쇄 미리 보기] 상태에서는 첫 번째 페이지의 위쪽에 한 번만 표시함
페이지 머리글	• 각 페이지의 위쪽에 인쇄하는 정보(제목, 날짜, 페이지 번호, 삽입 그림 등)를 표시함 • [인쇄 미리 보기] 상태에서만 확인할 수 있음
본문(세부구역)	• 데이터 원본으로 사용할 테이블이나 쿼리의 실제 레코드를 표시함 • 형식에 따라 화면이나 페이지에 단일 폼 또는 연속 폼으로 레코드를 표시함
페이지 바닥글	• 각 페이지의 아래쪽에 인쇄하는 정보(날짜, 페이지 번호, 삽입 그림 등)를 표시함 • [인쇄 미리 보기] 상태에서만 확인할 수 있음
폼 바닥글	• 각 레코드에 폼의 사용법이나 지시 사항, 명령 단추 등 각 레코드에 공통으로 적용되는 정보를 표시함 • 폼 보기(단일 폼)에서는 하단에 매 레코드마다 표시되나 [인쇄 미리 보기] 상태에서는 마지막 페이지의 본문 다음(페이지 바닥글 전)에 한 번만 표시함

▶ 분할 표시 폼
- 분할된 화면에서 데이터를 [폼 보기]와 [데이터시트 보기]로 동시에 볼 수 있다.(1급 23.상시, 21.상시)
- 폼의 두 보기 중 하나에서 필드를 선택하면 다른 보기에서도 동일한 필드가 선택된다.(1급 21.상시)
- 데이터시트가 표시되는 위치를 폼의 위쪽, 아래쪽, 왼쪽, 오른쪽 중에서 선택할 수 있다.(1급 21.상시)
- 위쪽 구역에 데이터시트를 표시하는 열 형식의 폼을 만들고, 아래쪽 구역에 선택한 레코드에 대한 정보를 수정하거나 입력할 수 있는 데이터시트 형식의 폼을 자동으로 만들어 주는 도구이다.(1급 20.2)
- 분할 표시 폼은 [만들기] 탭의 [폼] 그룹에서 [기타 폼] – [폼 분할]을 클릭하여 만들 수 있다.(1급 20.7)
- 분할 표시 폼은 데이터시트 보기와 폼 보기를 동시에 표시하기 기능이며, 이 두 보기는 같은 데이터 원본에 연결되어 있어 항상 상호 동기화된다.(1급 20.7)
- 폼 속성 창의 '분할 표시 폼 방향' 항목을 이용하여 폼의 위쪽, 아래쪽, 왼쪽, 오른쪽 등 데이터시트가 표시되는 위치를 설정할 수 있다.(1급 20.7)

> **이것도 알아두세요**

- 폼은 보고서, 매크로, 모듈 등과 연결시켜 해당 작업을 자동화할 수 있음
- 폼은 데이터베이스의 보안성을 높여줌
- 폼은 테이블이나 쿼리와는 달리 이벤트를 설정할 수 있음
- 폼은 테이블이나 쿼리의 데이터와 연결되어 있는 바운드 폼(Bound Form)과 그렇지 않은 언바운드 폼(Unbound Form)으로 나누어짐

> **자주 출제되는 오답**

- 폼에 컨트롤을 삽입하면 탭 순서가 위에서 아래로, 왼쪽에서 오른쪽 순으로 자동 지정된다.(1급 19.8, 20.2) (×)
  → **바른정답** | 컨트롤을 삽입하는 경우 탭 순서는 만들어진 순서대로 정해짐 (○)
- 폼 머리글은 인쇄할 때 모든 페이지의 상단에 매번 표시된다.(1급 20.2) (×)
  → **바른정답** | 첫 번째 페이지의 위쪽에 한 번만 표시함 (○)
- 데이터 원본을 변경하는 경우 데이터시트 보기에서만 데이터를 변경할 수 있다.(1급 21.상시) (×)
  → **바른정답** | 분할 표시 폼은 폼 보기와 데이터시트 보기를 동시에 표시하며 상호 동기화되어 있음 (○)
- 분할 표시 폼을 만든 후에는 컨트롤의 크기 조정은 할 수 없으나, 새로운 필드의 추가는 가능하다.(1급 20.7) (×)
  → **바른정답** | 분할 표시 폼을 만든 후에 컨트롤의 크기 조정이 가능하고 기존 필드 및 새로운 필드의 추가가 가능함 (○)

> **기적의 TIP**

- 폼의 개념을 이해하고, 바운드와 언바운드의 차이에 대해 정확히 익혀 두세요.
- 분할 폼의 기능에 대해 최근 자주 출제되고 있으므로 특징과 기능에 대해 정확하게 이해하고 숙지해 두세요.

POINT 69 ▶ 폼 속성의 개요 ★★★★☆

대표 문제 : 23.상시 02회 43번, 23.상시 02회 49번, 24.상시 01회 53번, 24.상시 05회 44번

▶ **폼의 주요 속성** (1급 24.상시, 18.9)

- **[형식] 탭** : 폼 화면 자체와 관련된 속성의 설정이 가능하다.

캡션	폼 보기의 제목 표시줄에 나타나는 텍스트를 설정함
기본 보기	폼 보기의 보기 형식을 지정하는 것으로, 단일 폼, 연속 폼, 데이터시트, 분할 표시폼이 있음 • 단일 폼 : 본문 영역에 한 개의 레코드만 표시함 • 연속 폼 : 본문 영역에 여러 개의 레코드를 표시하며, 매 레코드마다 폼 머리글과 폼 바닥글이 표시되지 않고 폼의 처음과 끝에 한 번만 표시함 • 데이터시트 : 폼의 기본 보기를 데이터시트 형식으로 표시함 • 분할 표시폼 : 폼 보기와 데이터시트 보기를 동시에 표시함

- **[데이터] 탭** : 폼에 연결된 테이블이나 쿼리에 대한 관련된 속성을 설정한다.

레코드 원본	폼에 연결할 데이터의 테이블 이름이나 쿼리를 입력하여 지정함
레코드 집합 종류	• 레코드 집합의 종류를 설정함 • 바운드 컨트롤의 제한 여부가 가능한 레코드의 집합 종류를 설정하는 것으로, 다이너셋, 다이너셋(업데이트 일관성 없음), 스냅숏 등이 있음 • 다이너셋(Dynaset) : 기본값으로 바운드 컨트롤의 입력, 수정, 삭제 등 편집이 가능함 • 스냅숏(Snapshot) : 바운드 컨트롤의 입력, 수정, 삭제 등 편집이 불가능함
필터	레코드의 일부분만이 표시되도록 필터를 설정함
정렬 기준	• 레코드 정렬 방법을 지정하며, 여러 개의 필드일 경우 필드명을 쉼표(,)로 구분함 • 내림차순 정렬은 필드명 뒤에 한 칸 띄고, DESC를 입력함

▶ 탭 순서(Tab Order)

- 레이블 컨트롤은 탭 순서에서 제외된다.(1급 21.상시)
- 탭 정지 속성의 기본값은 '예'이다.(1급 21.상시)
- 탭 인덱스의 값은 0부터 시작한다.(1급 21.상시)
- 폼 보기에서 Tab 이나 Enter 를 눌렀을 때 각 컨트롤 사이에 이동되는 순서를 설정하는 것이다.
- 탭 순서는 폼에 컨트롤을 추가하여 작성한 순서대로 설정된다.
- 폼의 디자인 보기에서 [양식 디자인] 탭-[도구] 그룹-[탭 순서]를 실행한다.
- 자동 순서(A) : 탭 순서를 왼쪽에서 오른쪽으로, 위에서 아래로 설정하거나 처음 설정된 탭 순서로 설정할 때 사용한다.

> **이것도 알아두세요**
>
> **폼의 모달 속성**
> - 현재 모달 폼을 닫기 전까지 다른 창을 사용할 수 없음
> - VBA 코드를 이용하여 대화 상자의 모달 속성을 지정할 수 있음
> - 폼이 모달 대화 상자이면 디자인 보기로 전환 후 데이터 시트 보기로 전환이 가능함
> - 사용자 지정 대화 상자의 작성이 가능함

> **자주 출제되는 오답**
>
> 탭 순서는 텍스트 상자, 레이블, 단추, 탭 컨트롤, 하이퍼 링크 순으로 설정된다.(1급 21.상시) (✕)
>
> ➡ **바른정답** | 탭 순서는 폼에 컨트롤을 추가하여 작성한 순서대로 설정됨 (〇)

> **기적의 TIP**
>
> 탭 순서의 개념과 필요성을 이해하고, 순서 설정 방법을 정확히 공부해 두세요.

POINT 70 ▶ 하위 폼 ★★★★☆

대표 문제 : 23.상시 05회 46번, 24.상시 02회 51번, 24.상시 04회 59번, 25.상시 02회 56번

▶ 하위 폼

- 기본 폼과 하위 폼을 연결할 필드의 데이터 형식은 같거나 호환되어야 한다.(1급 25.상시, 24.상시, 20.7)
- 기본 폼 내에 삽입된 다른 폼을 하위 폼이라 한다.(1급 24.상시, 20.7)
- 일대다 관계가 설정되어 있는 테이블들을 효과적으로 표시하기 위해 사용된다.(1급 20.7)
- 하위 폼은 폼 안에 들어 있는 또 하나의 폼이다.
- 폼/하위 폼의 조합을 계층형 폼 또는 마스터 폼/세부 폼, 상위/하위 폼이라고도 한다.

▶ 하위 폼의 특징

- 기본 폼 안에 여러 개의 하위 폼을 배치할 수 있다.(1급 21.상시)
- 기본 폼과 하위 폼은 서로 연결이 되어 있는 경우, 하위 폼에는 기본 폼의 현재 레코드와 관련된 레코드만 저장된다.(1급 21.상시)

> **이것도 알아두세요**
>
> - 기본 폼은 단일 폼으로만 표시, 연속 폼 형태로 표시할 수 없음
> - 일대다 관계에 있는 테이블이나 쿼리는 폼 안에 하위 폼을 작성할 수 있음

> **자주 출제되는 오답**

- '폼 분할' 도구를 이용하여 폼을 생성하면 하위 폼 컨트롤이 자동으로 삽입된다.(1급 20.7) (×)
  - ➡ **바른정답** | 하위 폼 컨트롤이 자동으로 삽입되지 않음 (○)
- 기본 폼은 단일 폼과 연속 폼으로 표시할 수 있으나, 하위 폼은 단일 폼으로만 표시할 수 있다.(1급 21.상시) (×)
  - ➡ **바른정답** | 기본 폼은 단일 폼으로만 표시할 수 있고, 하위 폼은 단일 폼, 연속 폼, 데이터시트 등으로 표시할 수 있음 (○)

> 🏁 **기적의 TIP**

하위 폼의 개념 및 용도와 특징을 잘 익혀 두세요. 자주 시험에 출제됩니다.

POINT 71 ▶ 컨트롤의 개념 및 종류 ★★★☆☆   대표 문제 : 23.상시 02회 59번, 23.상시 05회 54번, 24.상시 01회 59번, 24.상시 04회 57번

▶ **폼 작성 시 사용하는 컨트롤**
- 레이블 컨트롤은 제목이나 캡션 등의 설명 텍스트를 표현하기 위해 많이 사용된다.(1급 21.상시)
- 목록 상자 컨트롤은 여러 개의 데이터 행으로 구성되며 대개 몇 개의 행을 항상 표시할 수 있는 크기로 지정되어 있다.(1급 21.상시)
- 콤보 상자 컨트롤은 선택 항목 목록을 보다 간단한 방식으로 나타내기 위해 드롭다운 화살표를 클릭하기 전까지는 목록이 숨겨져 있다.(1급 21.상시)

▶ **'텍스트 상자' 컨트롤의 속성 설정**
- '상태 표시줄 텍스트' 속성은 컨트롤을 선택했을 때 상태 표시줄에 표시할 메시지를 설정한다.(1급 20.7)
- '사용 가능' 속성은 컨트롤에 포커스를 이동시킬 수 있는지의 여부를 설정한다.(1급 20.7)
- '중복 내용 숨기기' 속성은 데이터가 이전 레코드와 같을 때 컨트롤의 숨김 여부를 설정한다.(1급 20.7)

> **이것도 알아두세요**

- **컨트롤 마법사가 지원되지 않는 컨트롤** : 레이블, 옵션 단추, 확인란, 선, 사각형 등의 컨트롤은 컨트롤 마법사가 지원되지 않음
- 레이블 컨트롤을 추가한 후 내용을 입력하지 않으면 추가된 레이블 컨트롤이 자동으로 사라짐

> **자주 출제되는 오답**

- 텍스트 상자는 바운드 컨트롤로 사용할 수 있으나 언바운드 컨트롤로는 사용할 수 없다.(1급 21.상시) (×)
  - ➡ **바른정답** | 텍스트 상자는 바운드 컨트롤, 언바운드 컨트롤, 계산 컨트롤로 사용할 수 있음 (○)
- '컨트롤 원본' 속성에서 함수나 수식 사용 시 문자는 작은따옴표('), 필드명이나 컨트롤 이름은 큰따옴표(")를 사용하여 구분한다. (×)
  - ➡ **바른정답** | '컨트롤 원본' 속성에서 함수나 수식 사용 시 문자는 큰따옴표(") , 필드명이나 컨트롤 이름은 [ ]를 사용하여 구분함 (○)

> 🏁 **기적의 TIP**

컨트롤 도구 모음의 각 도구별 쓰임새를 파악해 두세요. 특히 레이블, 텍스트 상자, 콤보 상자, 목록 상자, 명령 단추는 정확히 이해하여 숙지해 두세요.

POINT 72 ▶ 폼 작성 기타 ★★★☆☆

대표 문제 : 23.상시 01회 47번, 23.상시 03회 60번, 24.상시 03회 56번

▶ **도메인 함수** (1급 24.상시, 23.상시, 21.상시, 20.2)

DSum	특정 레코드 집합(도메인)의 합계를 계산
	=DSum("[데이터베이스]","[성적]","[컴퓨터일반]>=80")
	➡ [성적] 테이블에서 컴퓨터일반이 80점 이상인 데이터베이스의 합계를 구함
DAvg	특정 레코드 집합(도메인)의 평균값을 계산함
	=DAvg("[스프레드시트]","[성적]","[컴퓨터일반]>=80")
	➡ [성적] 테이블에서 컴퓨터일반이 80점 이상인 스프레드시트의 평균을 구함
DCount	특정 레코드 집합(도메인)의 레코드 개수를 계산
	=DCount("[성명]","[성적]","[데이터베이스]=80")
	➡ [성적] 테이블에서 데이터베이스가 80점이고 성명 필드에 값이 들어 있는 레코드의 개수를 구함
DMin	특정 레코드 집합(도메인)의 최소값을 계산
	=DMin("[컴퓨터일반]","[성적]","[데이터베이스]>=60")
	➡ [성적] 테이블에서 데이터베이스가 60점 이상인 학생의 컴퓨터일반 중 최소값을 구함
DMax	특정 레코드 집합(도메인)의 최대값을 계산
	=DMax("[컴퓨터일반]","[성적]","[데이터베이스]>=60")
	➡ [성적] 테이블에서 데이터베이스가 60점 이상인 학생의 컴퓨터일반 중 최대값을 구함
DLookup	레코드 집합(도메인)의 특정 필드 값을 구함
	=DLookup("[스프레드시트]","[성적]","[성명]='김선'")
	➡ [성적] 테이블에서 성명이 김선인 학생의 스프레드시트 점수를 구함

> **기적의 TIP**
>
> 도메인 사용 함수는 조건에 맞는 함수 사용의 예를 고르는 문제가 출제됩니다. 함수의 의미로 이해하면 쉽습니다.

SECTION 05 보고서(Report) 작성

POINT 73 ▶ 보고서 작성과 인쇄 ★★★★☆
대표 문제 : 24.상시 01회 54번, 24.상시 03회 46번, 25.상시 02회 55번

▶ 보고서 (1급 25.상시)
- 보고서에서도 폼에서와 같이 이벤트 프로시저를 작성할 수 있다.(1급 21.상시)
- 보고서에 포함할 필드가 모두 한 테이블에 있는 경우 해당 테이블을 레코드 원본으로 사용한다.(1급 20.7)
- 둘 이상의 테이블을 이용하여 보고서를 작성하는 경우 쿼리를 만들어 레코드 원본으로 사용한다.(1급 20.7)
- '보고서' 도구를 사용하면 정보를 입력하지 않아도 바로 보고서가 생성되므로 매우 쉽고 빠르게 보고서를 만들 수 있다.(1급 20.7)

▶ 하위 보고서
- 디자인 보기 상태에서 하위 보고서의 크기 조절 및 이동이 가능하다.(1급 21.상시)
- 테이블, 쿼리, 폼 또는 다른 보고서를 이용하여 하위 보고서를 작성할 수 있다.(1급 21.상시)
- 관계 설정에 문제가 있을 경우, 하위 보고서가 제대로 표시되지 않을 수 있다.(1급 21.상시)
- 일대다 관계가 적용된 테이블이나 쿼리의 데이터를 나타내려는 경우 유용하다.
- 주 보고서와 하위 보고서에 모두 그룹화 및 정렬 설정이 가능하다.
- 주 보고서에는 최대 7개까지 중첩하여 하위 보고서를 작성할 수 있다.
- 주 보고서에 하위 보고서를 연결하려면 레코드 원본 간에 관계를 만들어야 한다.

▶ 보고서의 보기 형태
- [디자인 보기]에서는 보고서에 삽입된 컨트롤의 속성, 맞춤, 위치 등을 설정할 수 있다.(1급 20.2)
- [레이아웃 보기]는 출력될 보고서의 레이아웃을 보여주며 컨트롤의 크기 및 위치를 변경할 수도 있다.(1급 20.2)
- [인쇄 미리 보기]에서는 종이에 출력되는 모양을 표시하며 인쇄를 위한 페이지 설정이 용이하다.(1급 20.2)

이것도 알아두세요
- 보고서에서도 폼에서와 같이 이벤트 프로시저를 작성할 수 있으나 폼과는 달리 컨트롤에 데이터를 입력하거나 수정할 수는 없음(1급 25.상시)
- 보고서의 레코드 원본
  - [보고서 마법사]를 통해 필드들을 선택하여 레코드 원본으로 지정
  - [속성 시트]의 '레코드 원본' 드롭다운 목록에서 테이블이나 쿼리를 선택하여 지정
  - 쿼리 작성기를 통해 새 쿼리를 작성하여 레코드 원본으로 지정
  - 여러 개의 테이블에서 필요한 필드를 선택하여 레코드 원본으로 지정할 수 있음

자주 출제되는 오답
- 보고서 머리글과 보고서 바닥글의 내용은 모든 페이지에 출력된다.(1급 21.상시) (×)
  - ➡ 바른정답 | 보고서 머리글은 보고서 첫 페이지 상단에, 보고서 바닥글은 보고서의 맨 마지막 페이지에 한 번씩만 표시됨 (○)
- 보고서의 레코드 원본으로 테이블, 쿼리, 엑셀과 같은 외부 데이터, 매크로 등을 지정할 수 있다.(1급 21.상시) (×)
  - ➡ 바른정답 | 보고서는 데이터 원본으로 테이블, 쿼리, SQL문을 사용함 (○)
- 컨트롤을 이용하지 않고도 보고서에 테이블의 데이터를 표시할 수 있다.(1급 21.상시) (×)
  - ➡ 바른정답 | 보고서는 폼과 동일하게 컨트롤을 이용하여 테이블의 데이터를 표시함 (○)
- '보고서 마법사'를 이용하는 경우 필드 선택은 여러 개의 테이블 또는 하나의 쿼리에서만 가능하며, 데이터 그룹화 및 정렬 방법을 지정할 수도 있다.(1급 20.7) (×)
  - ➡ 바른정답 | '보고서 마법사'를 이용하는 경우 필드 선택은 여러 개의 테이블 또는 여러 개의 쿼리에서 가능함 (○)

- 하위 보고서에는 그룹화 및 정렬 기능을 설정할 수 없다.(1급 21.상시) (✕)
  ➡ **바른정답** | 하위 보고서에서 그룹화 및 정렬 기능을 설정할 수 있음 (○)
- [보고서 보기]는 출력되는 보고서를 화면 출력용으로 보여주며 페이지를 구분하여 표시한다.(1급 20.2) (✕)
  ➡ **바른정답** | [보고서 보기]는 인쇄 미리 보기와 비슷하지만 페이지의 구분 없이 한 화면에 보고서를 표시함 (○)

기적의 TIP
보고서의 개념과 종류, 기능에 대해 옳고 그름을 묻는 형식으로 출제되고 있습니다. 보고서별 특징을 잘 이해하고 숙지해 두세요.

POINT 74 ▶ 보고서 구역 및 그룹화 ★★★★★
대표 문제 : 23.상시 02회 44번, 24.상시 01회 46번, 24.상시 05회 48번, 25.상시 01회 58번

▶ **보고서의 구성** (1급 25.상시, 23.상시, 21.상시, 19.8)

보고서 머리글	• 보고서의 첫 페이지 상단에 한 번만 표시됨(페이지 머리글 위에 인쇄됨) • 로고, 보고서 제목, 인쇄일 등의 항목을 삽입함
페이지 머리글	• 보고서의 매 페이지의 상단에 표시됨 • 열 제목 등의 항목을 삽입함
그룹 머리글	• 그룹 설정 시 반복하여 그룹 상단에 표시됨 • 그룹명이나 요약 정보 등을 삽입함
본문 (세부 구역)	• 보고서의 본문 데이터를 표시함 • 보고서가 원본으로 사용하는 레코드 원본의 각 레코드를 반복해서 표시함 • 실제 인쇄하고자 하는 부분
그룹 바닥글	• 그룹 설정 시 반복하여 그룹 하단에 표시됨 • 그룹별 요약 정보를 표시함
페이지 바닥글	• 보고서의 매 페이지의 하단에 표시됨 • 페이지 번호나 날짜 등의 항목을 삽입함
보고서 바닥글	• 보고서의 맨 마지막 페이지에 한 번만 표시됨 • 보고서 총계나 안내 문구 등의 항목을 삽입함 • 보고서 디자인의 마지막 구역이지만 인쇄된 보고서의 마지막 페이지에서 페이지 바닥글 앞에 표시됨

▶ **보고서의 그룹화 및 정렬**
- '그룹'은 머리글과 같은 소계 및 요약 정보와 함께 표시 되는 레코드의 모음으로 그룹 머리글, 세부 레코드 및 그룹 바닥글로 구성된다.(1급 24.상시, 20.2)
- 그룹화할 필드가 날짜 데이터이면 전체 값(기본), 일, 주, 월, 분기, 연도 중 선택한 기준으로 그룹화할 수 있다.(1급 24.상시, 20.2)
- Sum 함수를 사용하는 계산 컨트롤을 그룹 머리글에 추가하면 현재 그룹에 대한 합계를 표시할 수 있다.(1급 24.상시, 20.2)

이것도 알아두세요
- **중복 내용 숨기기 속성** : 중복되는 필드를 맨 처음 한 번만 표시되도록 하는 속성임
- COUNT(*) 함수는 그룹 머리글/바닥글에서 사용하면 Null 필드를 포함한 그룹별 레코드의 개수를 결과로 산출하고, 보고서 머리글/바닥글에서 사용하면 전체 레코드의 개수를 결과로 산출함

자주 출제되는 오답
필드나 식을 기준으로 최대 5단계까지 그룹화할 수 있으며, 같은 필드나 식은 한 번씩만 그룹화할 수 있다.(1급 20.2) (✕)
➡ **바른정답** | 보고서에서는 필드나 식을 최대 10단계까지 그룹화할 수 있음 (○)

> **기적의 TIP**
>
> - 보고서의 영역 부분은 매번 출제되는 내용이므로 이해를 통한 숙지와 암기가 필수입니다. 각 구역별 기능을 정확히 이해하고, 사용되는 용도를 반드시 알아 두세요.
> - 그룹화는 자주 출제되는 내용입니다. 전반적으로 이해해 두세요.

POINT 75 ▶ 다양한 보고서 작성 ★★☆☆☆

대표 문제 : 24.상시 03회 49번, 24.상시 04회 55번

▶ **다양한 보고서** (1급 20.7)
- **우편물 레이블 보고서** : 서류봉투에 초대장을 넣어 발송하려는 경우 우편물에 사용할 수신자의 주소를 프린트하기에 가장 적합한 보고서
- **업무 문서 양식 보고서** : 업무 문서 양식 마법사를 사용하여 거래 명세서, 세금 계산서를 작성하는 보고서
- **우편 엽서 보고서** : 우편 엽서 마법사를 사용하여, 우편 발송을 위해 우편 엽서에 붙일 레이블을 작성하는 보고서
- **크로스탭 보고서** : 여러 개의 열로 이루어진 보고서로, 열마다 그룹의 머리글과 바닥글, 세부 구역 등이 각 열마다 표시됨

이것도 알아두세요
- **차트 보고서** : 테이블이나 쿼리를 이용하여 데이터를 시각적으로 나타내어 비교하고 추세를 효율적으로 판단할 수 있도록 차트로 작성한 보고서
- 레이블 보고서에서 그룹 머리글과 그룹 바닥글이 있는 경우 각 열마다 나타나지 않음

> **기적의 TIP**
>
> 다양한 보고서의 기능에 대해 혼동하지 않을 정도로 이해하고 숙지하세요. 특히, 우편물 레이블 보고서의 개념은 알아두고 넘어가세요.

POINT 76 ▶ 보고서 작성 기타 ★★★☆☆ 대표 문제 : 23.상시 01회 45번, 23.상시 04회 59번, 24.상시 01회 58번, 24.상시 05회 49번

▶ **[페이지 번호] 대화 상자를 이용한 페이지 번호 설정**
- 첫 페이지에만 페이지 번호가 표시되거나 표시되지 않도록 설정할 수 있다.(1급 20.7)
- 페이지 번호의 형식을 'N 페이지'와 'N/M 페이지' 중 선택할 수 있다.(1급 20.7)
- [페이지 번호] 대화 상자를 열 때마다 페이지 번호 표시를 위한 수식이 입력된 텍스트 상자가 자동으로 삽입된다.(1급 20.7)

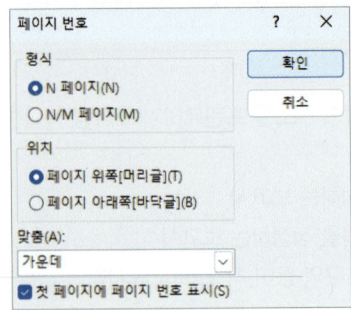

▶ **페이지 번호 식** (1급 24.상시, 23.상시, 21.상시, 20.7)

페이지 식	결과
=[Page]	1, 2
=[Page] & "페이지"	1페이지, 2페이지
=[Page] & "/"& [Pages] & "페이지"	1/10페이지, 2/10페이지
=[Pages] & "페이지 중" & [Page] & "페이지"	10페이지 중 1페이지, 10페이지 중 2페이지
=Format([Page], "000")	001, 002

- **문자열** : 따옴표(" ")로 표시하고 &로 연결한다.
- **&** : 문자 연결 연산자이다.
- **[Page]** : 현재 페이지, **[Pages]** : 전체 페이지

> **이것도 알아두세요**
> **조건부 서식** : 특정한 조건에 만족하는 컨트롤 값에만 사용자가 설정한 서식을 적용하는 기능으로 각 컨트롤 또는 컨트롤 그룹에 대해 최대 50개의 조건부 서식 규칙을 추가할 수 있음(단, 조건 지정 시 만능 문자(*, ?)를 사용할 수 없음)

> **자주 출제되는 오답**
> 페이지 번호의 표시 위치를 '페이지 위쪽', '페이지 아래쪽', '페이지 양쪽' 중 선택할 수 있다.(1급 20.7) (✕)
> ➡ **바른정답** | 페이지 번호의 표시 위치는 '페이지 위쪽[머리글]', '페이지 아래쪽[바닥글]'만 있음 (○)

> **기적의 TIP**
> 페이지 번호 출력은 결과를 묻는 유형으로 자주 출제되고 있습니다. 페이지 식의 결과를 정확히 구할 수 있도록 공부해 두세요.

SECTION 06 데이터베이스 프로그래밍

POINT 77 ▶ 매크로의 활용 ★★★★★   대표 문제 : 23.상시 04회 60번, 24.상시 02회 41번, 24.상시 05회 57번, 25.상시 01회 43번, 25.상시 03회 55번

▶ 매크로
- 반복적으로 수행되는 작업을 자동화하여 간단히 처리할 수 있도록 하는 기능이다.(1급 25.상시, 24.상시, 23.상시, 20.2)
- 매크로 함수 또는 매크로 함수 집합으로 구성되며, 각 매크로 함수의 수행 방식을 제어하는 인수를 추가할 수 있다.(1급 20.2)
- 매크로를 이용하여 폼을 열고 닫거나 메시지 박스를 표시할 수도 있다.(1급 20.2)
- 엑셀은 매크로 기록 기능이 지원되지만, 액세스는 매크로 기록 기능이 지원되지 않는다.
- 데이터베이스 파일을 열 때 매크로가 자동으로 실행되게 하려면 매크로 이름을 "AutoExec"로 설정한다.(1급 25.상시, 24.상시)
- AutoExec 매크로의 자동 실행을 원치 않는 경우 데이터베이스가 열리는 동안 [Shift]를 누른다.

▶ 매크로 함수
- **ApplyFilter 함수** : 테이블이나 쿼리로부터 레코드를 필터링한다.(1급 20.7)
- **OpenReport 함수** : 작성된 보고서를 호출하여 실행한다.(1급 20.7)
- **MessageBox 함수** : 메시지 상자를 통해 경고나 알림 등의 정보를 표시한다.(1급 20.7)
- **DoCmd 개체** : 액세스의 매크로 함수를 Visual Basic에서 실행하기 위한 개체로 메서드를 이용하여 매크로를 실행한다.(1급 20.2)
- **OpenQuery** : 선택 쿼리를 여러 보기 형식으로 열기를 실행한다.(1급 20.2)

이것도 알아두세요
- 매크로를 한 단계씩 이동하면서 매크로의 흐름과 각 동작에 대한 정보를 확인할 수 있음
- 매크로는 작업을 자동화하고 양식, 보고서 및 컨트롤에 기능을 추가할 수 있게 해 주는 도구임
- 이미 매크로에 추가한 작업을 반복해야 하는 경우 매크로 동작을 복사하여 붙여넣으면 됨
- 하위 매크로를 포함할 수 있으며 상자에 매크로를 실행할 때 사용할 바로 가기 키를 입력하고 매크로 함수와 인수를 지정함
- [Ctrl]+[Break] : 매크로 실행 중 매크로를 한 단계씩 실행
- **FindNextRecord** : 이전에 실행한 FindRecord 매크로 함수 또는 필드에서 [찾기 및 바꾸기] 대화 상자에서 지정한 조건에 맞는 레코드를 반복적으로 검색함
- **FindRecord** : 지정한 조건에 맞는 데이터의 첫 번째 레코드를 찾음
- **GoToControl** : 현재 폼이나 데이터시트에서 커서를 지정한 필드나 컨트롤로 이동시킴(1급 25.상시)

자주 출제되는 오답
- 매크로는 주로 컨트롤의 이벤트에 연결하여 사용하며, 폼 개체 내에서만 사용할 수 있다.(1급 20.2) (×)
  - ➡ **바른정답** | 매크로는 작업을 자동화하고 폼, 보고서, 컨트롤에 기능을 추가하는 데 사용함 (○)
- FindRecord 함수는 필드, 컨트롤, 속성 등의 값을 설정한다.(1급 20.7) (×)
  - ➡ **바른정답** | 지정한 조건에 맞는 데이터의 첫 번째 레코드를 찾음 (○)

기적의 TIP
매크로는 반복적으로 수행되는 작업을 자동화하기 위한 기능입니다. 이를 실행하기 위해 사용하는 매크로 함수의 개념을 이해해 두세요.

POINT 78 ▶ VBA를 이용한 모듈 작성 ★★★★★ 대표 문제 : 23.상시 05회 51번, 24.상시 01회 60번, 24.상시 02회 58번, 25.상시 01회 60번

▶ Do ~ Loop Until 반복문 수행 후 Sum의 값 (1급 21.상시)

| ```
i=0
Sum=0
Do
   i=i+1
   Sum=Sum+i
   if i=7 Then
      Exit Do
   End if
Loop Until i〉=10
``` | • **Do 실행문 Loop Until 조건** : 조건을 만족할 때까지 실행문을 반복 실행함<br>• **if 조건 Then Exit Do End if** : 조건을 만족하면 Do 문에서 벗어남<br>• 프로그램은 i가 0부터 7이 될 때까지 반복 실행되어 28의 Sum 값이 출력됨(결과 : 28) |

▶ 이벤트 프로시저 (1급 20.7)

Private Sub cmd재고_Click()

➡ 'cmd재고' 컨트롤을 클릭했을 때 실행된다.

txt재고수량=txt입고량 − txt총주문량

➡ 'txt재고수량' 컨트롤에는 'txt입고량' 컨트롤에 표시되는 값에서 'txt총주문량' 컨트롤에 표시되는 값을 차감한 값으로 표시된다.

DoCmd.OpenReport "제품별재고현황", _
   acViewDesign, , "제품번호='" & cmb조회 & "'"

➡ '제품별재고현황' 보고서가 출력될 때 '제품번호' 필드 값이 'cmb조회' 컨트롤 값과 일치하는 데이터만 표시된다.

이것도 알아두세요

프로시저, 변수 이름 지정 방법
- 255자까지 가능함
- 문자, 숫자, 밑줄 문자(_)를 포함
- 문장 부호나 공백, 키워드는 사용 불가능함

자주 출제되는 오답

'제품별재고현황' 보고서가 즉시 프린터로 출력된다.(1급 20.7) (✕)

➡ **바른정답** | 이벤트 프로시저에 '제품별재고현황' 보고서가 즉시 프린터로 출력되는 부분은 없음 (○)

기적의 TIP

명령문이나 프로시저에서 각 명령의 기능을 정확히 이해하고 파악하여 실행 결과를 논리적으로 정확하게 산출할 수 있는 능력이 필수입니다. 기출문제를 활용하여 분석하고 응용하는 학습이 필요합니다.
```

해설과 함께 보는
기출문제

CONTENTS

- 2024년 상시 기출문제 01회
- 2024년 상시 기출문제 02회
- 2024년 상시 기출문제 03회
- 2024년 상시 기출문제 04회
- 2024년 상시 기출문제 05회

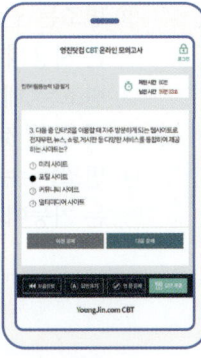

CBT 온라인 문제집

① 모바일로 QR 코드를 스캔합니다.
② 해당하는 시험을 클릭합니다.
③ 실제 시험처럼 CBT 문제를 풀어보세요.
④ 로그인해서 이용하면 성적 분석도 확인할 수 있습니다.

2024년 상시 기출문제 01회

SELF CHECK : 제한시간 60분 | 소요시간 분 | 전체 문항 수 60문항 | 맞힌 문항 수 문항

1과목 컴퓨터 일반

01 다음 중 전자우편에서 스팸(SPAM) 메일에 대한 설명으로 옳지 않은 것은?

① 다수의 불특정인에게 보내는 광고성 메일이나 메시지를 의미한다.
② 바이러스를 유포시켜 개인 정보를 탈취하거나 데이터를 파괴하는 행위이다.
③ 일반적으로 상업용을 목적으로 발송된다.
④ 요청에 의한 것이 아닌 대량으로 전송되는 모든 형태의 통신이다.

> 스팸(SPAM) 메일은 바이러스를 유포시켜 개인 정보를 탈취하거나 데이터를 파괴하는 행위의 기능은 없음

02 다음 중 한글 Windows 10의 시스템이 종료되었을 때 저장된 정보가 없어지는 기억 장치로 옳은 것은?

① HDD
② SSD
③ DVD
④ RAM

> **RAM(Random Access Memory)**
> • 실행 중인 프로그램이나 데이터를 저장하며, 자유롭게 읽고 쓰기가 가능한 주기억 장치
> • 전원이 공급되지 않으면 기억된 내용이 사라지는 휘발성(소멸성) 메모리
>
> **오답 피하기**
> • HDD(Hard Disk Drive) : 하드디스크는 디스크 표면을 전자기적으로 변화시켜 대량의 데이터를 저장하고 비교적 빠르게 접근할 수 있는 보조 기억 장치로 비휘발성임
> • SSD(Solid State Drive) : 무소음, 저전력, 소형화, 경량화, 고효율의 속도를 지원하는 반도체 보조 기억 장치이며 비휘발성임
> • DVD(Digital Versatile Disk) : 광디스크 방식의 보조 기억 장치로 4.7GB의 기본 용량(최대 17GB)을 가지며 비휘발성임

03 다음 중 아래에서 설명하는 통신망으로 옳은 것은?

• 단일 회사의 사무실 공간이나 건물 내에 설치되어 패킷 지연이 최소화된다.
• 설치 이후 확장성이 좋으며 재배치가 용이하다.
• 낮은 에러율로 정보 전송에 있어서 신뢰성이 확보된다.
• 네트워크 내의 모든 정보 기기와 통신이 가능하다.

① 부가가치통신망(VAN)
② 종합정보통신망(ISDN)
③ 근거리 통신망(LAN)
④ 광대역통신망(WAN)

> 근거리 통신망(LAN) : 수 km 이내의 거리(한 건물이나 지역)에서 데이터 전송을 목적으로 연결된 통신망
>
> **오답 피하기**
> • 부가가치통신망(VAN) : 통신 회선을 직접 보유하거나 통신 사업자의 회선을 임차하여 이용하는 형태(하이텔, 천리안, 유니텔 등)
> • 종합정보통신망(ISDN) : 여러 가지 통신 서비스를 하나의 디지털 통신망으로 통합한 통신망
> • 광대역통신망(WAN) : 원거리 통신망이라고도 하며, 하나의 국가 등 매우 넓은 네트워크 범위를 갖는 통신망

04 변조는 데이터 전송 시 사용되는 기능이다. 다음 중 변조의 필요성에 대한 설명으로 옳은 것은?

① 변조란 데이터를 전송하기 위한 반송파를 발생시키는 것이다.
② 변조는 근거리 전송에만 사용되며, 장거리 전송에는 사용되지 않는다.
③ 변조는 데이터를 손실 없이 가능하면 멀리 전송하기 위한 것이다.
④ 변조는 수신된 데이터를 원래의 데이터로 복원시키는 기능이다.

> 변조(Modulation) : 디지털 신호를 아날로그 신호로 변경하는 것으로 전화 회선을 통해 데이터의 손실 없이 가능하면 먼 거리를 전송하기 위해 사용됨
>
> **오답 피하기**
> 모뎀(MODEM) : 디지털 신호를 아날로그 신호로 변환하는 변조 과정과 아날로그 신호를 디지털 신호로 변환하는 복조 과정을 수행하는 장치

정답 01 ② 02 ④ 03 ③ 04 ③

05 다음 중 한글 Windows 10에서 컴퓨터에 설치된 디바이스 하드웨어를 확인하거나 설정 및 디바이스 사용 안 함, 디바이스 제거, 드라이버의 업데이트 등 드라이버 소프트웨어를 관리할 수 있는 곳은?

① 시스템 정보
② 작업 관리자
③ 장치 관리자
④ 레지스트리 편집기

장치 관리자 : 컴퓨터에 설치된 디바이스 하드웨어 설정 및 드라이버 소프트웨어를 관리함

오답 피하기
• 시스템 정보 : 디바이스 이름, 프로세서(CPU), 설치된 RAM, 장치 ID, 제품 ID, 시스템 종류(32/64비트 운영체제), 펜 및 터치 등에 대해 알 수 있음
• 작업 관리자 : 내 PC에서 실행되고 있는 프로그램(앱)들에 대한 프로세스, 성능, 앱 기록, 시작 프로그램, 사용자, 세부 정보, 서비스 등에 대한 정보를 제공해 줌
• 레지스트리 편집기 : 레지스트리는 Windows에서 사용하는 환경 설정 및 각종 시스템과 관련된 정보가 저장된 계층 구조식 데이터베이스로 'regedit' 명령으로 실행함

06 다음 중 인터프리터의 특징으로 옳지 않은 것은?

① 인터프리터는 실행할 때마다 한 줄씩 소스 코드를 기계어로 번역하는 방식이다.
② 인터프리터 언어의 실행 속도는 컴파일 언어보다 느리다.
③ 인터프리터 언어는 프로그램 수정이 간단하나 소스 코드가 쉽게 공개된다.
④ 인터프리터 언어는 Python, SQL, Ruby, R, JavaScript, Scratch, C, C++, C# 등이 있다.

• C, C++, C# 언어는 컴파일러 언어임
• 컴파일러(Compiler)는 고급 언어를 기계어로 번역하는 프로그램으로 전체를 한 번에 번역하고 실행 속도가 빠르며 목적 프로그램을 생성함

오답 피하기
인터프리터(Interpreter)
• 대화식 언어로 작성된 프로그램을 필요할 때마다 매 번 기계어로 번역하여 실행하는 프로그램(Python, SQL, Ruby, R, JavaScript, Scratch, BASIC, LISP, SNOBOL, APL 등)
• 행 단위로 번역하고 실행 속도가 느리며 목적 프로그램을 생성하지 않음

07 다음 중 Windows 10의 기본 프린터 설정에 관한 설명으로 옳지 않은 것은?

① 기본 프린터는 해당 프린터 아이콘에 체크 표시가 추가된다.
② 기본 프린터는 한 대만 지정할 수 있다.
③ 인쇄 시 특정 프린터를 지정하지 않으면 기본 프린터로 인쇄된다.
④ 네트워크 프린터를 제외한 로컬 프린터만 기본 프린터로 지정할 수 있다.

기본 프린터 : 프로그램에서 사용할 프린터를 지정하지 않고 인쇄 명령을 선택했을 때 컴퓨터가 자동으로 문서를 보내는 프린터로 네트워크 프린터도 기본 프린터로 지정할 수 있음

08 다음 중 보기에서 설명하는 컴퓨터의 하드디스크 연결 방식으로 옳은 것은?

• 직렬(Serial) 인터페이스 방식이다.
• 핫 플러그인(Hot Plug In)을 지원한다.
• 데이터 선이 얇아 내부의 통풍이 잘된다.
• 데이터 전송 속도가 빠르다.

① IDE
② EIDE
③ SCSI
④ SATA

오답 피하기
• IDE : 저가에 안정적이지만 연결할 수 있는 주변 장치의 수가 2개로 한정됨
• EIDE : IDE의 확장판으로 종전의 단점을 보완하여 주변기기를 4개까지 연결함
• SCSI : 시스템 구분 없이 주변 장치를 7개에서 최대 15개까지 연결함

09 다음 중 64가지의 각기 다른 자료를 나타내려고 하면 최소한 몇 개의 비트(Bit)가 필요한가?

① 1   ② 3
③ 5   ④ 6

2^6=64이므로 6비트로 64가지의 각기 다른 자료를 나타낼 수 있음

10. 다음 중 인터넷 관련 캐시 파일, 휴지통의 파일, 임시 파일 등을 삭제하여 하드디스크의 공간을 늘리는 역할을 하는 것은?

① 백업
② 디스크 정리
③ 디스크 조각 모음
④ 압축

> **디스크 정리**
> - Windows에서 디스크의 사용 가능한 공간을 늘리기 위하여 불필요한 파일들을 삭제하는 작업으로 디스크의 전체 크기와는 상관없음
> - 디스크 정리 대상에 해당하는 파일은 임시 파일, 휴지통에 있는 파일, 다운로드한 프로그램 파일, 임시 인터넷 파일, 오프라인 웹 페이지 등이 있음
>
> **오답 피하기**
> - 백업(Backup) : 하드디스크의 중요한 파일들을 다른 저장 장치로 저장하는 것으로 불의의 사고로부터 데이터를 보호하기 위해 사용
> - 디스크 조각 모음 : 디스크에 단편화되어 저장된 파일들을 모아서 디스크를 최적화함
> - 압축 : 디스크 공간의 절약이나 전송 시간의 효율화를 위해 파일의 용량을 줄이는 기술

11. 다음 중 웹 프로그래밍 언어인 JSP에 대한 설명으로 옳지 않은 것은?

① 웹 서버에서 동적으로 웹 브라우저를 관리하는 스크립트 언어이다.
② 웹 환경에서 작동되는 웹 어플리케이션을 개발할 수 있다.
③ JAVA 언어를 기반으로 하여 윈도우즈 운영체제에서만 실행이 가능하다.
④ HTML 문서 내에서는 <% … %>와 같은 형태로 작성된다.

> JSP(Java Server Page) : Java의 장점을 그대로 수용, 자바 서블릿 코드로 변환되어 실행되며 여러 운영체제에서 실행할 수 있음

12. 다음 중 파일의 성격 유형 분류에 해당하는 확장자의 종류로 옳지 않은 것은?

① 실행 파일 : COM, EXE, ZIP
② 그림 파일 : BMP, JPG, GIF
③ 사운드 파일 : WAV, MP3, MID
④ 동영상 파일 : MPG, AVI, MOV

> ZIP : 압축 파일의 확장자

13. 다음 중 한글 Windows 10의 파일 삭제에 대한 설명으로 옳지 않은 것은?

① 삭제할 파일을 선택한 다음 Shift 와 Delete 를 함께 누르면 휴지통에 저장되지 않고 영구히 삭제된다.
② 명령 프롬프트 창에서 삭제한 파일은 휴지통에 보관한다.
③ Shift 를 누른 상태에서 삭제할 파일을 마우스 왼쪽 버튼으로 드래그하여 바탕 화면의 휴지통 아이콘에 올려놓으면 휴지통에 보관되지 않고 영구적으로 삭제된다.
④ 하드디스크 드라이브마다 휴지통 크기를 다르게 설정할 수 있다.

> 명령 프롬프트 창에서 삭제한 파일은 휴지통에 보관되지 않음

14. 다음 중 한글 Windows에서 시스템에 설치되어 있는 [글꼴]에 대한 설명으로 옳지 않은 것은?

① 글꼴 파일은 png 또는 txt의 확장자를 가지고 있다.
② C:\Windows\Fonts 폴더에 글꼴이 설치되어 있다.
③ 설치되어 있는 글꼴을 폴더에서 제거할 수 있다.
④ 트루타입 글꼴 파일도 있고 여러 가지 트루타입의 글꼴을 모아놓은 글꼴 파일도 있다.

> txt는 텍스트 파일 확장자이지만, png는 이미지 확장자임

15. 다음 중 컴퓨터 시스템에서 사용하는 채널(Channel)에 관한 설명으로 옳지 않은 것은?

① 주변 장치에 대한 제어 권한을 CPU로부터 넘겨받아 CPU 대신 입출력을 관리한다.
② 입출력 작업이 끝나면 CPU에게 인터럽트 신호를 보낸다.
③ CPU와 주기억 장치의 속도차를 해결하기 위하여 사용된다.
④ 채널에는 셀렉터(Selector), 멀티플렉서(Multiplexer), 블록 멀티플렉서(Block Multiplexer) 등이 있다.

> CPU와 주기억 장치의 속도차를 해결하기 위하여 사용되는 것은 캐시 메모리(Cache Memory)임

16 다음 중 PC에서 CMOS 셋업 시의 비밀번호를 잊어버린 경우에 해결 방법으로 가장 옳은 것은?

① 컴퓨터의 하드디스크를 포맷하고, 운영체제를 다시 설치하여야 한다.
② 시동 디스크를 이용하여 컴퓨터를 다시 부팅한다.
③ 컴퓨터 본체의 리셋 버튼을 눌러 다시 부팅한다.
④ 메인 보드에 장착되어 있는 배터리를 뽑았다가 다시 장착한다.

> CMOS 셋업 시의 비밀번호를 잊어버린 경우 메인 보드에 장착되어 있는 배터리를 뽑았다가 다시 장착함

17 다음 중 컴퓨터에서 사용하는 유니코드(Unicode)에 대한 설명으로 옳지 않은 것은?

① 세계 각국의 언어를 통일된 방법으로 표현할 수 있게 제안된 국제적인 코드 규약의 이름이다.
② 8비트 문자코드인 아스키(ASCII) 코드를 32비트로 확장하여 전 세계의 모든 문자를 표현하는 표준 코드이다.
③ 한글은 조합형, 완성형, 옛글자 모두를 표현할 수 있다.
④ 최대 65,536자의 글자를 코드화할 수 있다.

> **유니코드(Unicode)**
> • 2바이트 코드로 세계 각 나라의 언어를 표현할 수 있는 국제 표준 코드
> • 16비트이므로 65,536자까지 표현할 수 있음
>
> **오답 피하기**
> ASCII 코드(미국 표준 코드) : Zone은 3비트, Digit는 4비트로 구성됨, 7비트로 128가지의 표현이 가능함, 일반 PC용 컴퓨터 및 데이터 통신용 코드, 대소문자 구별이 가능함

18 다음 중 디지털 콘텐츠의 제작 및 유통, 보안 등의 모든 과정을 관리할 수 있게 하는 기술 표준을 제시한 MPEG의 종류로 옳은 것은?

① MPEG-3
② MPEG-4
③ MPEG-7
④ MPEG-21

> **오답 피하기**
> • MPEG-3 : HDTV 방송(고 선명도의 화질)을 위해 고안되었으나, MPEG-2 표준에 흡수, 통합되어 현재는 존재하지 않는 규격
> • MPEG-4 : 동영상의 압축 표준안 중에서 IMT-2000 멀티미디어 서비스, 차세대 대화형 인터넷 방송의 핵심 압축 방식으로 비디오/오디오를 압축하기 위한 표준
> • MPEG-7 : 인터넷상에서 멀티미디어 동영상의 정보 검색이 가능, 정보검색 등을 효율적으로 사용하기 위한 콘텐츠 저장 및 검색을 위한 표준

19 다음 멀티미디어 용어 중 선택된 두 개의 이미지에 대해 하나의 이미지가 다른 이미지로 자연스럽게 변화하도록 하는 특수 효과를 뜻하는 것은?

① 렌더링(Rendering)
② 안티앨리어싱(Anti-Aliasing)
③ 모핑(Morphing)
④ 블러링(Bluring)

> 모핑(Morphing) : 사물의 형상을 다른 모습으로 서서히 변화시키는 기법으로 영화의 특수 효과에서 많이 사용함
>
> **오답 피하기**
> • 렌더링(Rendering) : 그림자, 색상, 농도 등의 3차원 질감을 줌으로써 사실감을 추가하는 과정
> • 안티앨리어싱(Anti-Aliasing) : 화면의 해상도가 낮아 도형이나 문자를 그릴 때 각이 계단처럼 층이 나면서 테두리가 거칠게 표현되는 계단 현상(Aliasing) 부분을 뭉개고 곧게 이어지는 듯한 화질로 형성하는 것
> • 블러링(Blurring) : 특정 부분을 흐릿하게 하는 효과로 원하는 영역을 선명하지 않게 만드는 기법

20 다음 중 정보 보안을 위한 비밀키 암호화 기법의 설명으로 옳지 않은 것은?

① 서로 다른 키로 데이터를 암호화하고 복호화한다.
② 암호화와 복호화의 속도가 빠르다.
③ 알고리즘이 단순하고 파일의 크기가 작다.
④ 사용자의 증가에 따라 관리해야 할 키의 수가 상대적으로 많아진다.

> 서로 다른 키로 데이터를 암호화하고 복호화하는 것은 공개키(비대칭키, 이중키) 암호화 기법임
>
> **오답 피하기**
> 비밀키(대칭키, 단일키) 암호화 : 송신자와 수신자가 서로 동일(대칭)한 하나(단일)의 비밀키를 가짐

2과목 스프레드시트 일반

상 중 하

21 다음 아래의 시트에서 [B1] 셀에 '=MID(CONCAT(LEFT(A1,3),RIGHT(A1,3)),3,3)' 수식을 입력한 결과로 옳은 것은?

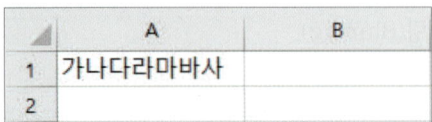

① 마바사
② 다라마
③ 가나다
④ 다마바

- LEFT(문자열, 개수) 문자열의 왼쪽에서 지정한 개수만큼 문자를 추출함
- LEFT(A1,3) → 가나다 ("가나다라마바사"에서 왼쪽부터 3개 추출)
- RIGHT(문자열, 개수) 문자열의 오른쪽에서 지정한 개수만큼 문자를 추출함
- RIGHT(A1,3) → 마바사 ("가나다라마바사"에서 오른쪽부터 3개 추출)
- CONCAT : 텍스트를 연결하여 나타냄
- CONCAT(LEFT(A1,3),RIGHT(A1,3)) → "가나다"와 "마바사"를 연결 → 가나다마바사
- MID(문자열, 시작 위치, 개수) : 문자열의 시작 위치에서부터 지정한 개수만큼 문자를 추출함
- =MID(CONCAT(LEFT(A1,3),RIGHT(A1,3)),3,3) → "가나다마바사"에서 3번째부터 3개를 추출 → 다마바

상 중 하

22 다음 중 셀 포인터의 이동 작업에 사용되는 바로 가기 키의 기능으로 옳은 것은?

① Ctrl + Shift + Home : [A1] 셀로 이동한다.
② Ctrl + Page Down : 한 화면을 오른쪽으로 이동한다.
③ Alt + Page Down : 다음 시트로 이동한다.
④ Shift + Tab : 셀 포인터가 왼쪽으로 이동한다.

- Tab : 현재 셀의 오른쪽으로 이동
- Shift + Tab : 현재 셀의 왼쪽으로 이동함

오답 피하기
- ① : [A1] 셀로 이동한다. → Ctrl + Home
- ② : 한 화면을 오른쪽으로 이동한다. → Alt + Page Down
- ③ : 다음 시트로 이동한다. → Ctrl + Page Down

상 중 하

23 다음 아래의 삭제 대화 상자는 [홈] 탭–[셀] 그룹–[삽입]에서 [셀 삽입]을 클릭했을 때 나타나는 대화 상자이다. 바로 가기 키로 옳은 것은?

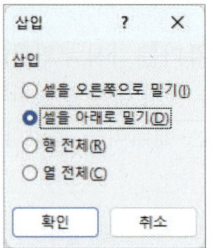

① Alt + + 를 누른다.
② Alt + - 를 누른다.
③ Ctrl + + 를 누른다.
④ Ctrl + - 를 누른다.

셀 삽입의 바로 가기 키 : Ctrl + +

오답 피하기
셀 삭제의 바로 가기 키 : Ctrl + -

상 중 하

24 다음 중 아래 워크시트의 [A1] 셀에 '#,###,,'처럼 사용자 지정 표시 형식을 설정했을 때의 결과로 옳은 것은?

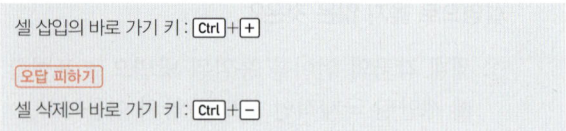

① 3
② 3,438
③ 4
④ 아무것도 표시되지 않음

- , (쉼표) 이후에 더 이상 코드를 사용하지 않으면 천 단위 배수로 표시함
- #,###,, : (쉼표)가 2개이므로 백만 단위 이하를 생략하며 셀에 아무것도 표시되지 않음

25. 다음 중 차트의 오차 막대에 관한 설명으로 옳지 않은 것은?

① 데이터 계열의 각 데이터 표식에 대한 오류 가능성이나 불확실성의 정도를 표시한다.
② 3차원 세로 막대형 차트에서 사용 가능하다.
③ 고정값, 백분율, 표준 편차, 표준 오차 등으로 설정할 수 있다.
④ 분산형과 거품형 차트에 X값, Y값 또는 이 두 값 모두에 대한 오차 막대를 나타낼 수 있다.

> 3차원 차트는 오차 막대를 사용할 수 없음

26. 다음 중 셀에 수식을 입력하는 방법에 대한 설명으로 옳지 않은 것은?

① 수식에서 통합 문서의 여러 워크시트에 있는 동일한 셀 범위 데이터를 이용하려면 3차원 참조를 사용한다.
② 계산할 셀 범위를 선택하여 수식을 입력한 다음 Ctrl+Enter를 누르면 동일한 수식을 선택한 범위의 모든 셀에 빠르게 입력할 수 있다.
③ 수식을 입력한 후 결과값이 수식이 아닌 상수로 입력되게 하려면 수식을 입력한 후 바로 Alt+F9를 누른다.
④ 배열 상수에는 숫자나 텍스트 외에 'TRUE', 'FALSE' 등의 논리값 또는 '#N/A'와 같은 오류값도 포함될 수 있다.

> 수식을 입력한 후 결과값이 수식이 아닌 상수로 입력되게 하려면 수식을 입력한 후 바로 F9를 누름

27. 다음 중 셀 서식 관련 바로 가기 키에 대한 설명으로 옳지 않은 것은?

① Ctrl+1 : 셀 서식 대화 상자가 표시된다.
② Ctrl+2 : 선택한 셀에 글꼴 스타일 '굵게'가 적용되며, 다시 누르면 적용이 취소된다.
③ Ctrl+3 : 선택한 셀에 밑줄이 적용되며, 다시 누르면 적용이 취소된다.
④ Ctrl+5 : 선택한 셀에 취소선이 적용되며, 다시 누르면 적용이 취소된다.

> Ctrl+3 : 선택한 셀에 기울임이 적용되며, 다시 누르면 적용이 취소됨
>
> 오답 피하기
> Ctrl+4 : 선택한 셀에 밑줄이 적용되며, 다시 누르면 적용이 취소됨

28. 다음 아래의 내용에 해당하는 차트로 옳은 것은?

- 일반적으로 과학, 통계 및 공학 데이터와 같은 숫자 값을 표시하고 비교하는 데 사용된다.
- 워크시트의 여러 열과 행에 있는 데이터를 XY 차트로 그릴 수 있다.
- x 값을 한 행이나 열에 두고 해당 y값을 인접한 행이나 열에 입력한다.
- 두 개의 값 축, 즉 가로(x) 및 세로(y) 값 축이 있다.
- x 및 y의 값이 단일 데이터 요소로 결합되어 일정하지 않은 간격이나 그룹으로 표시된다.

① 표면형 차트
② 분산형 차트
③ 꺾은선형 차트
④ 방사형 차트

> 오답 피하기
> - 표면형 차트 : 두 데이터 집합 간의 최적 조합을 찾을 때 유용함
> - 꺾은선형 차트 : 일정한 배율의 축에 시간에 따른 연속 데이터가 표시되며 월, 분기, 회계 연도 등과 같은 일정 간격에 따라 데이터의 추세를 표시하는 데 유용함
> - 방사형 차트 : 워크시트의 여러 열이나 행에 있는 데이터를 차트로 그릴 수 있으며 여러 데이터 계열의 집계 값을 비교함

29. 다음 중 시트 보호 설정 시 '워크시트에서 허용할 내용'으로 옳지 않은 것은?

① 셀 서식, 열 서식, 행 서식
② 행 삽입, 열 삽입, 하이퍼링크 삽입
③ 열 삭제, 행 삭제, 정렬, 자동 필터 사용
④ 시트 이름 바꾸기, 탭 색 변경하기

> 시트 이름과 탭 색 변경은 시트 보호와 상관없음

30 다음 중 아래의 시트처럼 코드별 해당 과일을 표시하기 위해 [B2] 셀에 입력할 수식으로 옳은 것은?(단, [B2] 셀의 수식을 [B6] 셀까지 복사한다.)

	A	B	C
1	코드	과일	
2	A	사과	
3	B	바나나	
4	O	오렌지	
5	S	딸기	
6	X	없음	
7			

① =CHOOSE(A2,"사과","바나나","오렌지","딸기","없음")
② =IF(A2="A","사과",A2="B","바나나",A2="O","오렌지",A2="S","딸기","없음")
③ =IFS(A2="A","사과",A2="B","바나나",A2="O","오렌지",A2="S","딸기","없음")
④ =IFS(A2="A","사과",A2="B","바나나",A2="O","오렌지",A2="S","딸기",TRUE,"없음")

> **IFS 함수**
> • 형식 : =IFS(조건식1, 참인 경우 값1, 조건식2, 참인 경우 값2, ……)
> • 하나 이상의 조건이 충족되는지 확인하고 첫 번째 TRUE 조건에 해당하는 값을 반환함
> • 여러 중첩된 IF문 대신 사용할 수 있고 여러 조건을 사용할 수 있음

31 다음 중 상품 가격이 200,000원인 물품의 총판매액이 15,000,000원이 되려면 판매 수량이 몇 개가 되어야 하는지 알고 싶을 때 사용하는 기능은?

① 통합
② 부분합
③ 목표값 찾기
④ 시나리오 관리자

> 목표값 찾기 : 수식의 결과값은 알고 있으나 그 결과값을 얻기 위한 입력값을 모를 때 목표값 찾기 기능을 이용함
>
> **오답 피하기**
> • 통합 : 하나 이상의 원본 영역을 지정하여 하나의 표로 데이터를 요약
> • 부분합 : 워크시트에 있는 데이터를 일정한 기준으로 요약하여 통계 처리를 수행
> • 시나리오 관리자 : 변경 요소가 많은 작업표에서 가상으로 수식이 참조하고 있는 셀의 값을 변화시켜 작업표의 결과를 예측하는 기능

32 다음 중 날짜 데이터의 자동 채우기 옵션에 포함되지 않는 내용은?

① 주 단위 채우기
② 일 단위 채우기
③ 월 단위 채우기
④ 평일 단위 채우기

> • [홈] 탭-[편집] 그룹-[채우기]-[계열]의 [연속 데이터]에서 '날짜 단위'에 주 단위는 지원되지 않음
> • 날짜 단위 : 일, 평일, 월, 년 등

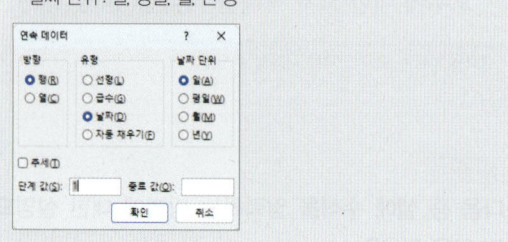

33 다음 중 엑셀의 참조에 대한 설명으로 옳지 않은 것은?

① 참조는 워크시트의 셀이나 셀 범위를 나타내며 수식에 사용할 값이나 데이터를 찾을 수 있다.
② 문자(총 16,384개의 열에 대해 A부터 XFD까지)로 열을 참조하고 숫자(1부터 1,048,576까지)로 행을 참조하는 A1 참조 스타일이 기본적으로 사용된다.
③ 통합 문서의 여러 워크시트에 있는 동일한 셀 데이터나 셀 범위 데이터를 분석하려면 2차원 참조 스타일인 R1C1 참조 스타일을 사용한다.
④ R1C1 참조 스타일은 워크시트의 행과 열 모두에 번호가 매겨지는 참조 스타일을 사용할 수도 있다.

> 통합 문서의 여러 워크시트에 있는 동일한 셀 데이터나 셀 범위 데이터를 분석하려면 3차원 참조 스타일을 사용함 예) =sheet1:sheet3!A1

정답 30 ④ 31 ③ 32 ① 33 ③

34 다음 중 아래의 빈칸 ㉠과 ㉡에 들어갈 내용으로 옳은 것은?

> [㉠]와/과 [㉡]은/는 엑셀의 연산이나 기타 기능에 상관없이 사용자에게 셀에 입력된 데이터의 추가정보를 제공하기 위해서 사용하는 것이다. 셀의 데이터를 삭제할 때 [㉠]은/는 함께 삭제되지 않으며, [㉡]은/는 함께 삭제된다.

① ㉠ : 메모, ㉡ : 윗주
② ㉠ : 윗주, ㉡ : 메모
③ ㉠ : 메모, ㉡ : 회람
④ ㉠ : 회람, ㉡ : 메모

- 셀의 데이터를 삭제할 때 [메모]는 함께 삭제되지 않으며, [윗주]는 함께 삭제됨
- [검토]-[메모]-[새 메모], [홈]-[글꼴]-[윗주 필드 표시/숨기기]-[윗주 편집]

35 다음 중 다양한 상황과 변수에 따른 여러 가지 결과값의 변화를 가상의 상황을 통해 예측하여 분석할 수 있는 도구는?

① 시나리오 관리자
② 목표값 찾기
③ 부분합
④ 통합

> 시나리오 관리자 : 변경 요소가 많은 작업표에서 가상으로 수식이 참조하고 있는 셀의 값을 변화시켜 작업표의 결과를 예측하는 기능

오답 피하기
- 목표값 찾기 : 수식의 결과값은 알고 있으나 그 결과값을 얻기 위한 입력값을 모를 때 목표값 찾기 기능을 이용함
- 부분합 : 워크시트에 있는 데이터를 일정한 기준으로 요약하여 통계 처리를 수행
- 통합 : 하나 이상의 원본 영역을 지정하여 하나의 표로 데이터를 요약

36 다음 중 아래의 괄호 안에 들어갈 단추명이 바르게 연결된 것은?

> 매크로 대화 상자의 (㉮) 단추는 바로 가기 키나 설명을 변경할 수 있고, (㉯) 단추는 매크로 이름이나 명령 코드를 수정할 수 있다

① ㉮-옵션, ㉯-편집
② ㉮-편집, ㉯-옵션
③ ㉮-매크로, ㉯-보기 편집
④ ㉮-편집, ㉯-매크로 보기

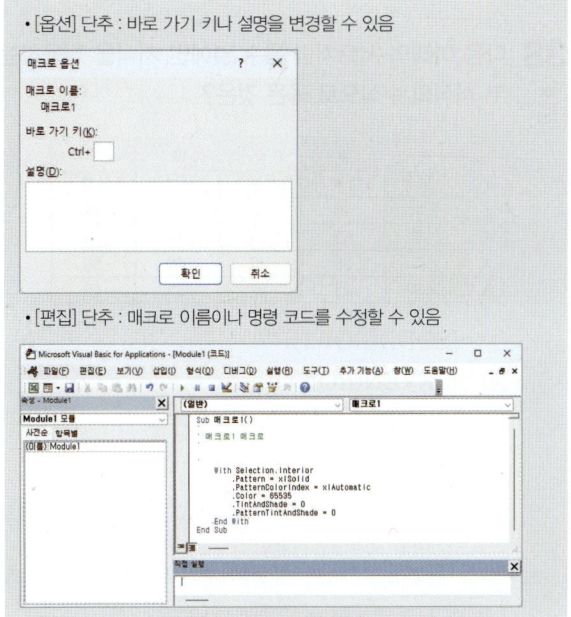

- [옵션] 단추 : 바로 가기 키나 설명을 변경할 수 있음
- [편집] 단추 : 매크로 이름이나 명령 코드를 수정할 수 있음

37 다음 중 입력 데이터가 '3275860'이고 [셀 서식]의 표시 형식이 '###0,'으로 설정되었을 때 표시되는 값으로 옳은 것은?

① 3,275
② 3275
③ 3276
④ 3,276

> ###0, : 콤마(,) 뒤에 코드가 없으므로 뒤의 세 자리 860이 삭제되면서(천 단위 배수) 반올림되어 표시되므로 결과는 3276이 됨

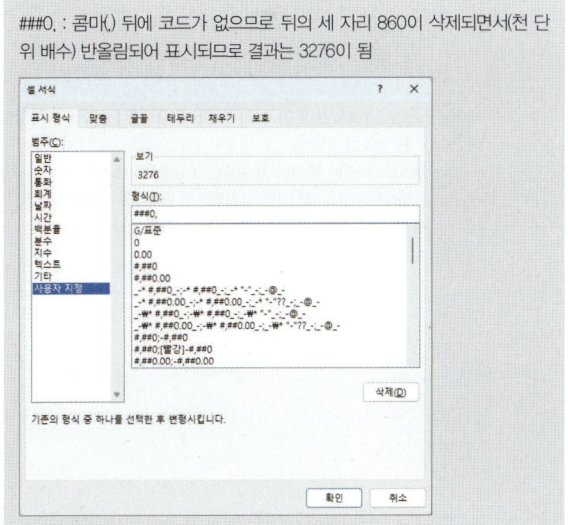

38 다음 아래의 시트처럼 홀수 열에만 서식을 적용하는 조건부 서식의 수식으로 옳은 것은?

	A	B	C	D	E
1	지점명	1사분기	2사분기	3사분기	4사분기
2	동부	10	20	30	40
3	서부	15	30	45	60
4	남부	20	30	40	50
5	북부	25	30	35	40

① =ISODD(ROW())
② =ISEVEN(ROW())
③ =ISODD(COLUMN())
④ =ISEVEN(COLUMN())

- ISODD(숫자) : 숫자가 홀수일 때 TRUE, 짝수이면 FALSE를 반환함
- COLUMN() : 열 번호를 반환함
- ③ =ISODD(COLUMN()) : 열 번호가 홀수(A, C, E열)일 때 조건부 서식이 적용됨

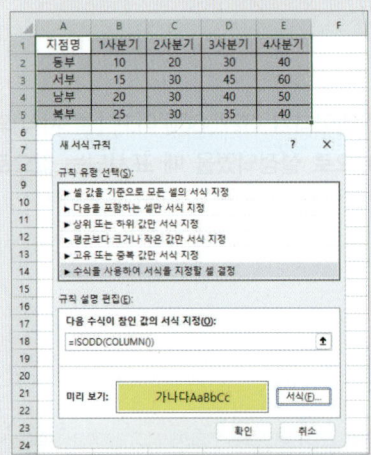

오답 피하기
- ISEVEN(숫자) : 숫자가 짝수일 때 TRUE, 홀수이면 FALSE를 반환함
- ROW() : 행 번호를 반환함
- ① =ISODD(ROW()) : 행 번호가 홀수(1, 3, 5)일 때 조건부 서식이 적용됨
- ② =ISEVEN(ROW()) : 행 번호가 짝수(2, 4, 6)일 때 조건부 서식이 적용됨
- ④ =ISEVEN(COLUMN()) : 열 번호가 짝수(B, D열)일 때 조건부 서식이 적용됨

39 다음 중 [B7] 셀에 '한상공'을 입력하면 [B8] 셀에 해당하는 ⓐ'직급'과 [B9] 셀에 해당하는 ⓑ'합계'를 구하는 수식으로 옳게 짝지어진 것은?

	A	B	C	D	E	F
1	사원번호	직급	근무평가	연수점수	합계	성명
2	23A001	과장	88	90	178	이대한
3	02B222	대리	75	60	135	한상공
4	12A333	사원	86	80	166	이기적
5	20C444	부장	90	100	190	김선
6						
7	성명	한상공				
8	직급	ⓐ				
9	합계	ⓑ				

① ⓐ =VLOOKUP(B7,F2:F5,B2:B5),
  ⓑ =HLOOKUP(B7,F2:F5,E2:E5)
② ⓐ =VLOOKUP(B7,F2:F5,B2:B5),
  ⓑ =VLOOKUP(B7,F2:F5,E2:E5)
③ ⓐ =HLOOKUP(B7,F2:F5,B2:B5),
  ⓑ =HLOOKUP(B7,F2:F5,E2:E5)
④ ⓐ =XLOOKUP(B7,F2:F5,B2:B5),
  ⓑ =XLOOKUP(B7,F2:F5,E2:E5)

XLOOKUP 함수
- 형식 : =XLOOKUP(찾을 값, 찾을 범위, 반환 범위, 찾을 값 없을 때 텍스트, 일치 유형, 검색 방법)
- "찾을 값"을 "찾을 범위"에서 찾아서 "반환 범위"의 값을 반환함
- ⓐ =XLOOKUP(B7,F2:F5,B2:B5) : [B7] 셀의 '한상공'을 [F2:F5] 범위에서 찾아서 [B2:B5] 범위의 값을 반환함(대리)
- ⓑ =XLOOKUP(B7,F2:F5,E2:E5) : [B7] 셀의 '한상공'을 [F2:F5] 범위에서 찾아서 [E2:E5] 범위의 값을 반환함(135)

40 다음 중 문서를 인쇄했을 때 문서의 위쪽에 "-1 Page-" 형식으로 페이지 번호를 표시하는 방법으로 옳은 것은?

① -#[페이지 번호] Page-
② #-[페이지 번호] Page-
③ -&[페이지 번호] Page-
④ &-[페이지 번호] Page

- &[페이지 번호] : 페이지 번호 삽입
- -&[페이지 번호] Page- : -1 Page-

정답 38 ③ 39 ④ 40 ③

3과목 데이터베이스 일반

41 다음 중 액세스에서 테이블의 필드 이름을 지정하는 방법으로 옳지 않은 것은?

① 필드 이름은 공백을 포함하여 64자까지 지정할 수 있지만, 공백으로 시작하는 필드 이름은 줄 수 없다.
② 필드 이름 첫 글자는 숫자로 시작할 수 있다.
③ 필드 이름과 테이블 이름은 동일하게 지정할 수 없다.
④ 테이블 내에서 필드 이름이 중복될 수는 없다.

> 필드 이름과 테이블 이름은 동일하게 지정할 수 있음

42 다음 중 테이블에서 이미 작성된 필드의 순서를 변경하려고 할 때 옳지 않은 것은?

① 데이터시트 보기에서 이동시킬 필드를 선택한 후 새로운 위치로 드래그 앤 드롭하여 필드를 이동시킬 수 있다.
② 디자인 보기에서 이동시킬 필드를 선택한 후 새로운 위치로 드래그 앤 드롭하여 필드를 이동시킬 수 있다.
③ 디자인 보기에서 한 번에 여러 개의 필드를 선택한 후 이동시킬 수 있다.
④ 데이터시트 보기에서 「잘라내기」와 「붙여넣기」를 이용하여 필드를 이동시킬 수 있다.

> 데이터시트 보기에서 「잘라내기」와 「붙여넣기」를 이용하여 필드를 이동시킬 수 없음

43 다음 중 하나의 테이블로만 구성되어 있는 데이터베이스에서 사용할 수 없는 쿼리 마법사는?

① 단순 쿼리 마법사
② 중복 데이터 검색 쿼리 마법사
③ 크로스탭 쿼리 마법사
④ 불일치 검색 쿼리 마법사

> 불일치 검색 쿼리 마법사 : 다른 테이블의 레코드와 관련이 없는 레코드를 찾는 쿼리이므로 하나의 테이블로만 구성된 경우는 실행할 수 없음
>
> **오답 피하기**
> • 단순 쿼리 마법사 : 선택한 필드를 사용하여 선택 쿼리를 만듦
> • 중복 데이터 검색 쿼리 마법사 : 한 테이블이나 쿼리에서 중복된 필드 값이 있는 레코드를 찾는 쿼리를 만듦
> • 크로스탭 쿼리 마법사 : 간단한 스프레드시트 형식의 크로스탭 쿼리를 만듦

44 다음 중 SQL 명령 중 DDL에 해당하는 것으로만 옳게 짝 지어진 것은?

① CREATE, ALTER, SELECT
② CREATE, ALTER, DROP
③ CREATE, UPDATE, DROP
④ DELETE, ALTER, DROP

> 데이터 정의 언어(DDL : Data Definition Language) : CREATE(테이블 생성), ALTER(테이블 변경), DROP(테이블 삭제)
>
> **오답 피하기**
> • 데이터 조작 언어(DML : Data Manipulation Language) : SELECT(검색), INSERT(삽입), UPDATE(갱신), DELETE(삭제)
> • 데이터 제어 언어(DCL : Data Control Language) : GRANT(권한 부여), REVOKE(권한 해제), COMMIT(갱신 확정), ROLLBACK(갱신 취소)

45 다음의 데이터베이스 설계 단계 중 가장 먼저 행해지는 것은?

① 물리 설계
② 논리 설계
③ 개념 설계
④ 요구 분석

> 데이터베이스 설계 단계 : 요구 조건 분석 → 개념적 설계 → 논리적 설계 → 물리적 설계 → 구현

46 다음 중 일반적으로 보고서의 시작 부분에 한 번만 표시하는 회사의 로고나 보고서 제목, 인쇄일 등을 표시하는 구역으로 옳은 것은?

① 그룹 머리글
② 그룹 바닥글
③ 보고서 머리글
④ 페이지 머리글

> **보고서 머리글**
> • 보고서의 첫 페이지 상단에 한 번만 표시됨(페이지 머리글 위에 인쇄됨)
> • 로고, 보고서 제목, 인쇄일 등의 항목을 삽입함
>
> **오답 피하기**
> • 그룹 머리글 : 그룹 설정 시 반복하여 그룹 상단에 표시됨
> • 그룹 바닥글 : 그룹 설정 시 반복하여 그룹 하단에 표시됨
> • 페이지 머리글 : 보고서의 매 페이지의 상단에 표시됨(열 제목 등의 항목을 삽입함)

47 다음은 학생이라는 개체의 속성을 나타내고 있다. 여기서 '학과'를 기본키로 사용하기 곤란한 이유로 가장 타당한 것은?

> 학생(학과, 성명, 학번, 세부전공, 주소, 우편번호)

① 학과는 기억하기 어렵다.
② 동일한 학과명을 가진 학생이 두 명 이상 존재할 수 있다.
③ 학과는 기억 공간을 많이 필요로 한다.
④ 학과는 정렬하는 데 많은 시간이 소요된다.

> 기본키는 한 테이블에서 유일성과 최소성을 만족하는 후보키 중 선정되어 사용되는 키이므로 동일한 학과명을 가진 학생이 두 명 이상 존재하기 때문에 '학과'를 기본키로 사용할 수 없음

48 다음 중 테이블의 '디자인 보기'에서 필드마다 [한/영]키를 사용하지 않고도 데이터 입력 시의 한글이나 영문 입력 상태를 정할 수 있는 필드 속성은?

① 캡션
② 기본값
③ IME 모드
④ 인덱스

> IME 모드 : 필드로 포커스가 이동되었을 때 설정될 한글, 영숫자 등의 입력 상태를 지정함
>
> 오답 피하기
> • 캡션 : 폼이나 데이터시트에서 사용할 필드 레이블
> • 기본값 : 새 레코드를 만들 때 필드에 자동으로 입력되는 값
> • 인덱스 : 찾기 및 정렬 속도는 빨라지지만 업데이트 속도는 느려짐

49 다음 중 쿼리를 실행할 때마다 아래처럼 메시지 상자를 표시하여 사용자에게 조건 값을 입력받아 쿼리를 실행하는 유형은?

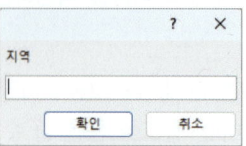

① 크로스탭 쿼리
② 매개 변수 쿼리
③ 통합 쿼리
④ 실행 쿼리

> 매개 변수 쿼리 : 실행할 때 검색 조건의 일정한 값(매개 변수)을 입력하여 원하는 정보를 추출함
>
> 오답 피하기
> • 크로스탭 쿼리 : 테이블이나 쿼리의 필드별 합계, 개수, 평균 등의 요약을 계산함
> • 통합 쿼리 : 2개 이상의 테이블이나 쿼리에서 대응되는 필드들을 결합하여 하나의 필드로 만들어 주는 쿼리
> • 실행 쿼리 : 여러 레코드의 변경과 이동을 일괄적으로 실행함

50 다음 중 [속성 시트] 창에서 하위 폼의 제목(레이블)을 변경하기 위한 방법으로 옳은 것은?

① [형식] 탭의 '캡션'을 수정한다.
② [데이터] 탭의 '표시'를 수정한다.
③ [이벤트] 탭의 '제목'을 수정한다.
④ [기타] 탭의 '레이블'을 수정한다.

> [속성 시트] 창에서 하위 폼의 제목(레이블)을 변경하려면 [형식] 탭의 '캡션'을 수정하면 됨

51 다음 중 외래키 값이 참조하는 테이블의 기본키 값과 동일하게 유지해 주는 제약 조건은?

① 동일성
② 관련성
③ 참조 무결성
④ 동시 제어성

> 참조 무결성 : 참조 무결성은 참조하고 참조되는 테이블 간의 참조 관계에 아무런 문제가 없는 상태를 의미함

52 다음 중 관계형 데이터베이스에서 사용되는 용어에 대한 설명으로 옳은 것은?

① 도메인(Domain) : 테이블에서 행을 나타내는 말로 레코드와 같은 의미
② 튜플(Tuple) : 하나의 속성이 취할 수 있는 값의 집합
③ 속성(Attribute) : 테이블에서 열을 나타내는 말로 필드와 같은 의미
④ 차수(Degree) : 한 릴레이션에서의 튜플의 개수

> **오답 피하기**
> • 도메인(Domain) : 하나의 속성이 취할 수 있는 값의 집합
> • 튜플(Tuple) : 테이블에서 행을 나타내는 말로 레코드와 같은 의미
> • 차수(Degree) : 한 릴레이션(테이블)에서 속성(필드=열)의 개수

53 〈고객포인트〉 폼에서 '등급'을 임의로 수정할 수 없도록 설정하는 방법은?

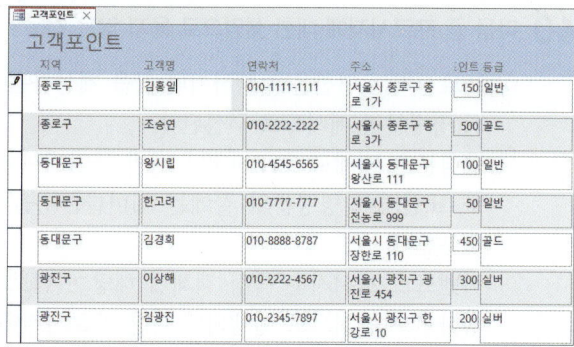

① '표시' 속성을 '아니요'로 설정한다.
② '사용 가능' 속성을 '아니요'로 설정한다.
③ '잠금' 속성을 '예'로 설정한다.
④ '탭 정지' 속성을 '아니요'로 설정한다.

> '잠금' 속성을 '예'로 설정하면 내용을 수정할 수 없음

54 다음 중 보고서의 원본으로 사용할 수 없는 것은?

① 폼
② 쿼리
③ 테이블
④ SQL 구문

> 보고서는 데이터 원본으로 테이블, 쿼리, SQL문을 사용함

55 다음 아래의 [찾기 및 바꾸기] 대화 상자에서 와일드 카드를 사용하고자 할 때 옳지 않은 것은?

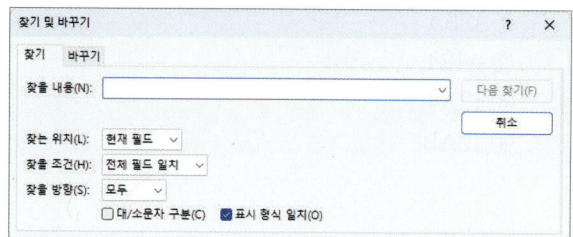

① a[b-c]d : abc, acd 등을 찾는다.
② 소?자 : 소유자, 소개자, 소비자를 찾는다.
③ 1#3 : 103, 113, 123 등을 찾는다.
④ 소[!비유]자 : 소유자, 소개자, 소비자 등을 찾는다.

> ! : 대괄호 안에 있지 않은 문자를 찾음으로 "소[!비유]자"를 입력하면 소개자는 찾지만 소비자와 소유자는 무시함

> **오답 피하기**
> • - : 영문자의 경우, 문자 범위 내에서 하나의 문자를 찾음
> • ? : 한 자리의 문자만 찾음
> • # : 숫자 한 자리를 찾음

56 다음 중 함수에 대한 설명으로 옳지 않은 것은?

① ROUND() : 인수로 입력한 숫자를 지정한 자릿수로 반올림해 준다.
② VALUE() : 문자열에 포함된 숫자를 적절한 형식의 숫자값으로 반환한다.
③ INSTR() : 문자열에서 특정한 문자 또는 문자열이 존재하는 위치를 구해 준다.
④ DSUM() : 지정된 레코드 집합에서 해당 필드 값의 합계를 계산할 수 있다.

> Val(문자열) : 숫자 형태의 문자열을 숫자값으로 변환

57 다음 중 특정 필드에 입력 마스크를 '09#L'로 설정하였을 때의 입력 데이터로 옳은 것은?

① 123A
② A124
③ 12A4
④ 12AB

오답 피하기

문자	의미	09#L로 설정한 경우
0	필수요소, 0~9까지의 숫자	② A124 → 첫 글자가 A라 틀림
9	선택요소, 숫자나 공백	
#	선택요소, 숫자나 공백	③ 12A4, ④ 12AB → 세 번째 글자가 A라 틀림
L	필수요소, A~Z, 한글	

58 다음과 같이 페이지 번호를 출력하고자 할 때의 수식으로 옳은 것은?

10 페이지 중 1

① =[Page]& 페이지 중& [Pages]
② =[Pages]& 페이지 중& [Page]
③ =[Page]&" 페이지 중 "& [Pages]
④ =[Pages]&" 페이지 중 "& [Page]

- [Pages] : 전체 페이지, [Page] : 현재 페이지
- & : 문자 연결 연산자
- =[Pages]&" 페이지 중 "& [Page] → 10 페이지 중 1

59 다음 중 아래의 기능을 가진 컨트롤은?

- 좁은 공간에서 효율적으로 사용할 수 있다.
- 직접 입력하거나 목록에서 선택할 수 있다.
- 테이블 또는 쿼리를 목록의 값 원본으로 지정할 수도 있다.
- 목록에 있는 값만 입력하도록 설정할 수 있다.

① 텍스트 상자
② 콤보 상자
③ 확인란
④ 토글 단추

오답 피하기

- 텍스트 상자 : 레코드 원본의 데이터를 표시, 입력 또는 편집하거나, 계산 결과를 표시하거나, 사용자의 입력 내용을 적용할 때 사용하는 컨트롤
- 확인란 : 폼, 보고서에서 원본 테이블, 쿼리, SQL문의 Yes/No 값을 표시하는 독립형 컨트롤
- 토글 단추 : 폼에서 토글(전환) 단추를 독립형 컨트롤로 사용하여 원본 레코드 원본의 Yes/No 값을 나타낼 때 사용함

60 다음 중 프로시저에 대한 설명으로 옳지 않은 것은?

① 프로시저는 연산을 수행하거나 값을 계산하는 일련의 명령문과 메서드로 구성된다.
② 명령문은 대체로 프로시저나 선언 구역에서 한 줄로 표현되며 명령문의 끝에는 세미콜론(;)을 찍어 구분한다.
③ 이벤트 프로시저는 특정 객체에 해당 이벤트가 발생하면 자동적으로 실행되나 다른 프로시저에서도 이를 호출하여 실행할 수 있다.
④ Function 프로시저는 Function 문으로 함수를 선언하고 End Function 문으로 함수를 끝낸다.

- 한 줄에 두 개 이상의 명령문을 입력하는 경우 명령어의 끝에는 콜론(:)을 찍어 구분함
- ⓓ For i = 1 To 10: sum = sum + i: Next: MsgBox sum

정답 57 ① 58 ④ 59 ② 60 ②

2024년 상시 기출문제 02회

SELF CHECK | 제한시간 60분 | 소요시간   분 | 전체 문항 수 60문항 | 맞힌 문항 수   문항

1과목 컴퓨터 일반

01 다음 중 컴퓨터에서 사용하는 캐시 메모리에 관한 설명으로 옳은 것은?

① 중앙 처리 장치와 주기억 장치 사이에 위치하여 컴퓨터의 처리 속도를 향상시키는 역할을 한다.
② RAM의 종류 중 DRAM이 캐시 메모리로 사용된다.
③ 보조 기억 장치의 일부를 주기억 장치처럼 사용하는 메모리이다.
④ 주기억 장치의 용량보다 큰 프로그램을 로딩하여 실행시킬 때 사용된다.

> 캐시 메모리(Cache Memory) : CPU와 주기억 장치 사이에 있는 고속의 버퍼 메모리, 자주 참조되는 데이터나 프로그램을 메모리에 저장, 메모리 접근 시간을 감소시키는 데 그 목적이 있음. RAM의 종류 중 SRAM이 캐시 메모리로 사용됨

02 다음 중 전송 오류 검출 방식이 아닌 것은?

① CRC(순환 중복 검사) 방식
② 패리티 검사 방식
③ 정마크 부호 방식
④ CSMA/CD(매체 접근 제어) 방식

> CSMA/CD(반송파 감지 다중 접근/충돌 검사) 방식 : LAN의 접근 방식으로 한 회선을 여러 사용자가 사용할 때 이용하는 방식

> **오답 피하기**
> 전송 오류 검출 방식은 패리티 비트, 정마크 부호 방식, 해밍 코드, 블록합 검사, CRC 등이 있음

03 다음 중 컴퓨터 통신과 관련하여 P2P 방식에 관한 설명으로 옳은 것은?

① 인터넷에서 이루어지는 개인 대 개인의 파일 공유를 위한 기술이다.
② 인터넷을 통해 MP3를 제공해 주는 기술 및 서비스이다.
③ 인터넷을 통해 동영상을 상영해 주는 기술 및 서비스이다.
④ 여러 사용자가 동시에 온라인 게임을 할 수 있도록 제공해 주는 기술이다.

> P2P(Peer To Peer) : 인터넷상에서 개인끼리 파일을 공유하는 기술이나 행위로, 컴퓨터와 컴퓨터가 동등하게 연결되는 방식

04 다음 중 사물 인터넷에 대한 설명으로 옳지 않은 것은?

① IoT(Internet of Things)라고도 하며 개인 맞춤형 스마트 서비스를 지향한다.
② 사람을 제외한 사물과 공간, 데이터 등을 이더넷으로 서로 연결시켜주는 무선 통신 기술을 의미한다.
③ 스마트 센싱 기술과 무선 통신 기술을 융합하여 실시간으로 데이터를 주고받는 기술이다.
④ 사물 인터넷 기반 서비스는 개방형 아키텍처를 필요로 하기 때문에 정보 공유에 대한 부작용을 최소화하기 위한 정보 보안 기술의 적용이 중요하다.

> 사물 인터넷(IoT : Internet of Things) : 인간 대 사물, 사물 대 사물 간에 인터넷으로 연결되어 정보의 소통이 가능한 기술

정답 01 ① 02 ④ 03 ① 04 ②

05 다음 중 프로그래밍 언어에 대한 설명으로 옳지 않은 것은?

① HTML5는 액티브X나 플러그인 등의 프로그램 설치 없이 동영상이나 음악 재생을 실행할 수 있는 웹 표준 언어이다.
② 자바(Java)는 HTML 문서 속에 내장시켜서 사용할 수 있다.
③ ASP는 Windows 환경에서 동적인 웹 페이지를 제작할 수 있는 스크립트 언어이다.
④ WML은 무선 접속을 통하여 웹 페이지의 텍스트와 이미지 부분이 표시될 수 있도록 해 주는 웹 프로그래밍 언어이다.

자바 스크립트(Java Script) : 스크립트는 HTML 문서 속에 직접 기술하며, 'Script'라는 꼬리표를 사용함

06 한글 Windows에서 LNK 확장자를 갖는 파일에 대한 다음 설명 중 옳지 않은 것은?

① 바로 가기 아이콘과 관계가 있다.
② 시스템에 여러 개 존재할 수 있다.
③ 연결 대상 파일의 위치 정보를 가지고 있다.
④ 연결 정보를 가지고 있으므로 삭제하면 연결 프로그램에 중요한 영향을 끼친다.

바로 가기를 삭제해도 원본 프로그램에는 영향을 미치지 않음

07 다음 중 방화벽(Firewall)에 대한 설명으로 옳지 않은 것은?

① 보안이 필요한 네트워크의 통로를 단일화하여 관리한다.
② 내부 네트워크에서 외부로 나가는 패킷을 체크하여 인증된 패킷만 통과시킨다.
③ 역추적 기능으로 외부 침입자의 흔적을 찾을 수 있다.
④ 방화벽은 외부 네트워크와 내부 네트워크 사이에 위치한다.

방화벽(Firewall) : 외부 네트워크에서 내부로 들어오는 패킷을 체크하여 인증된 패킷만 통과시킴

08 다음 중 3D 프린터에 대한 설명으로 옳지 않은 것은?

① 입력한 도면을 바탕으로 3차원의 입체적인 공간에 물품을 만들어 내는 프린터이다.
② 2D 이미지를 인쇄하는 잉크젯 프린터의 인쇄 원리와 같으며 제작 방식에 따라 층(레이어)으로 겹겹이 쌓아 입체 형상을 만들어내는 적층형과 큰 덩어리를 조각하듯이 깎아내는 절삭형으로 나뉜다.
③ 기계, 건축, 예술, 우주 등 많은 분야에서 응용되고 있으며, 의료 분야에서도 활발히 활용되고 있다.
④ 출력 속도의 단위는 LPM, PPM, IPM 등이 사용된다.

3D 프린터의 출력 속도의 단위는 MMS가 사용되며, MMS(MilliMeters per Second)는 '1초에 이동하는 노즐의 거리'를 의미함

오답 피하기
- LPM(Lines Per Minute) : 1분당 인쇄되는 라인 수(활자식 프린터, 잉크젯 프린터 등)
- PPM(Pages Per Minute) : 1분당 인쇄되는 페이지 수(잉크젯 프린터, 레이저 프린터 등)
- IPM(Images Per Minute) : ISO(국제 표준화 기구)에서 규정한 잉크젯 속도 측정 방식으로 각 프린터 업체의 자체 기준에 맞춘 고속 모드로 출력된 PPM과는 달리 일반(보통) 모드에서 ISO 규격 문서를 측정함

09 다음 중 운영체제에서 관리하는 가상 메모리는 실제로 어떤 장치에 존재하는가?

① 하드디스크 장치
② 주기억 장치
③ 프로세서 장치
④ 캐시 기억 장치

가상 메모리(Virtual Memory) : 보조 기억 장치의 일부, 즉 하드디스크의 일부를 주기억 장치처럼 사용하는 메모리 사용 기법으로, 기억 장소를 주기억 장치의 용량으로 제한하지 않고 보조 기억 장치까지 확대하여 사용함

10 다음 중 32비트 및 64비트 버전의 Windows OS에 관한 설명으로 옳지 않은 것은?

① 64비트 버전의 Windows에서는 대용량 RAM을 32비트 시스템보다 효과적으로 처리한다.
② 64비트 버전의 Windows를 설치하려면 64비트 버전의 Windows를 실행할 수 있는 CPU가 필요하다.
③ 64비트 버전의 Windows에서 하드웨어 장치가 정상적으로 동작하려면 64비트용 장치 드라이버가 필요하다.
④ 앱이 64비트 버전의 Windows용으로 설계된 경우 호환성 유지를 위해 32비트 버전의 Windows에서도 작동되도록 설계되어 있다.

앱이 64비트 버전의 Windows용으로 설계된 경우, 32비트 버전과의 호환성 유지 기능은 지원되지 않음

11 다음 중 인터넷 통신 장비인 게이트웨이(Gateway)의 기본적인 역할에 관한 설명으로 옳은 것은?

① 현재 위치한 네트워크에서 다른 네트워크로 연결할 때 사용된다.
② 인터넷 신호를 증폭하며 먼 거리로 정보를 전달할 때 사용된다.
③ 네트워크 계층의 연동 장치로 경로 설정에 사용된다.
④ 문자로 된 도메인 이름을 숫자로 이루어진 실제 IP 주소로 변환하는 데 사용된다.

게이트웨이(Gateway) : 네트워크에서 다른 네트워크로 들어가는 관문의 기능을 수행하는 지점을 의미하며 서로 다른 프로토콜을 사용하는 네트워크를 연결할 때 사용하는 장치

오답 피하기
· ② : 리피터(Repeater)에 관한 설명
· ③ : 라우터(Router)에 관한 설명
· ④ : DNS(Domain Name System)에 관한 설명

12 다음 중 한글 Windows의 [보조 프로그램]의 [그림판]에 관한 설명으로 옳지 않은 것은?

① [그림판]으로 작성된 파일의 형식은 BMP, JPG, GIF 등으로 저장할 수 있다.
② 레이어 기능으로 그림의 작성과 편집 과정을 편리하게 하여 준다.
③ 배경색을 설정하려면 [홈] 탭의 [색] 그룹에서 색2를 클릭한 다음 원하는 색 사각형을 클릭한다.
④ 정원 또는 정사각형을 그리려면 타원이나 직사각형을 선택한 후에 Shift 를 누른 상태로 그리면 된다.

그림판은 레이어 기능이 지원되지 않으며, 레이어 기능은 포토샵 같은 소프트웨어에서 가능함

13 다음 중 쿠키에 대한 설명으로 옳은 것은?

① 특정 웹 사이트 접속 시 반복적으로 사용되는 접속 정보를 가지고 있는 파일이다.
② 인터넷 사용 시 네트워크에 접속하기 위한 프로그램이다.
③ 웹 브라우저에서 기본으로 제공하지 않는 기능을 부가적으로 설치하여 구현되도록 한다.
④ 자주 사용하는 사이트의 자료를 저장한 후 다시 동일한 사이트 접속 시 자동으로 자료를 불러온다.

쿠키(Cookie) : 인터넷 웹 사이트의 방문 정보를 기록하는 텍스트 파일

14 다음 중 텔레매틱스(Telematics)에 대한 설명으로 옳지 않은 것은?

① 통신(Telecommunication)과 정보과학(Informatics)의 합성어이다.
② 차량에 장착된 특수한 장치와 노변의 장치를 이용하여 안전하게 차량을 제어하는 시스템이다.
③ 다양한 멀티미디어 서비스를 제공하며 여러 IT 기술을 차량에 접목하여 새로운 부가 가치를 창출한다.
④ 자동차에 무선 통신 기술을 접목한 것으로 '차량 무선 인터넷 서비스'라고 한다.

첨단 도로 시스템(Automated Highway Systems) : 차량에 장착된 특수한 장치와 노변의 장치를 이용하여 안전하게 차량을 제어하는 시스템

15 7bit ASCII 코드에 1bit 짝수 패리티(Even Parity) 비트를 첨부하여 데이터를 송신하였을 경우 수신된 데이터에 에러가 발생하는 것은 어느 것인가?(단, 우측에서 첫 번째 비트가 패리티 비트이다.)

① 10101100
② 01110111
③ 10101011
④ 00110101

짝수 검사이므로 수신된 데이터의 '1'의 개수가 짝수이어야 하므로, 1의 개수가 홀수이면 오류가 발생함

16 다음 중 다양한 정보의 데이터베이스를 구축하여 사용자가 요구하는 정보를 원하는 시간에 서비스 받을 수 있는 멀티미디어 서비스를 무엇이라 하는가?

① 폴링(Polling)
② P2P(Peer-to-Peer)
③ VCS(Video Conference System)
④ VOD(Video-On-Demand)

주문형 비디오(Video On Demand) : 각종 영상 정보(뉴스, 드라마, 영화, 게임 등)를 데이터베이스로 구축하여 사용자의 요구에 따라 프로그램을 즉시 전송하여 가정에서 원하는 정보를 이용

오답 피하기
• 폴링(Polling) : 회선 제어 기법인 멀티 포인트에서 호스트 컴퓨터가 단말장치들에게 '보낼(송신) 데이터가 있는가?'라고 묻는 제어 방법
• P2P(Peer-to-Peer) : 동배 시스템이라 하며 네트워크상의 모든 컴퓨터가 동등한 위치에서 자료를 교환할 수 있는 시스템
• VCS(Video Conference System) : 화상 회의 시스템으로 서로 먼 거리에 떨어져 있는 사람들끼리 각자의 실내에 설치된 TV 화면에 비친 화상 및 음향 등을 통하여 회의를 진행할 수 있도록 만든 시스템

17 다음 중 Windows의 [폴더 옵션] 창에서 설정할 수 있는 작업으로 옳지 않은 것은?

① 탐색 창, 미리 보기 창, 세부 정보 창의 표시 여부를 선택할 수 있다.
② 숨김 파일이나 폴더의 표시 여부를 지정할 수 있다.
③ 폴더에서 시스템 파일을 검색할 때 색인의 사용 여부를 선택할 수 있다.
④ 알려진 파일 형식의 파일 확장명을 숨기도록 설정할 수 있다.

파일 탐색기의 [보기] 탭-[창] 그룹에서 탐색 창, 미리 보기 창, 세부 정보 창의 표시 여부를 선택할 수 있음

18 다음 중 인터넷에서 사용하는 표준 주소 체계인 URL(Uniform Resource Locator)의 4가지 구성 요소를 순서대로 옳게 나열한 것은?

① 프로토콜, 서버 주소, 포트 번호, 파일 경로
② 서버 주소, 프로토콜, 포트 번호, 파일 경로
③ 프로토콜, 서버 주소, 파일 경로, 포트 번호
④ 포트 번호, 프로토콜, 서버 주소, 파일 경로

표준 주소 체계인 URL(Uniform Resource Locator) : 프로토콜 ://서버 주소[: 포트 번호]/파일 경로/파일명

19 다음 중 PC의 CMOS에서 설정 가능한 항목으로 옳지 않은 것은?

① 시스템 날짜와 시간
② 부팅 순서
③ Windows 로그인 암호 변경
④ 칩셋 설정

• CMOS 셋업에서 Windows 로그인 암호 변경 설정은 지원되지 않음
• 시스템의 날짜/시간, 하드디스크 유형, 부팅 순서, 칩셋 및 USB 관련, 전원 관리, PnP/PCI 구성, 시스템 암호 등을 설정함

20 다음 중 이미지 데이터의 표현 방식에서 벡터(Vector) 방식에 관한 설명으로 옳지 않은 것은?

① 벡터 방식의 그림 파일 형식에는 wmf, ai 등이 있다.
② 이미지를 점과 선을 이용하여 표현하는 방식이다.
③ 그림을 확대하거나 축소할 때 계단 현상이 발생하지 않는다.
④ 포토샵, 그림판 등의 소프트웨어로 그림을 편집할 수 있다.

벡터(Vector) 방식은 일러스트레이터(Illustrator)나 코렐드로우(CorelDraw) 등으로 편집함

오답 피하기
포토샵이나 그림판은 비트맵 방식의 그림을 편집할 수 있음

정답 15 ③ 16 ④ 17 ① 18 ① 19 ③ 20 ④

2과목 스프레드시트 일반

21 다음 중 자동 필터에 관한 설명으로 옳지 않은 것은?

① 데이터에 필터를 적용하면 지정한 조건에 맞는 행만 표시되고 나머지 행은 숨겨지며, 필터링된 데이터는 다시 정렬하거나 이동하지 않고도 복사, 찾기, 편집 및 인쇄를 할 수 있다.
② '상위 10 자동 필터'는 숫자 데이터 필드에서만 설정 가능하고, 텍스트 데이터 필드에서는 사용할 수 없다.
③ 한 열에 숫자 입력 셀이 5개 있고, 텍스트 입력 셀이 3개 있는 경우 자동 필터는 셀의 수가 적은 '텍스트 필터' 명령으로 표시된다.
④ 날짜 데이터는 연, 월, 일의 계층별로 그룹화되어 계층에서 상위 수준을 선택하거나 선택을 취소하는 경우 해당 수준 아래의 중첩된 날짜가 모두 선택되거나 선택 취소된다.

> 한 열에 숫자 입력 셀이 5개 있고, 텍스트 입력 셀이 3개 있는 경우 자동 필터는 셀의 수가 많은 '숫자 필터' 명령으로 표시됨

22 다음 중 데이터 입력에 대한 설명으로 옳은 것은?

① Ctrl+E는 값을 자동으로 채워주는 [빠른 채우기]의 바로 가기 키이다.
② 데이터를 입력하는 도중에 입력을 취소하려면 Tab을 누른다.
③ 텍스트, 텍스트/숫자 조합, 날짜, 시간 데이터는 셀에 입력하는 처음 몇 자가 해당 열의 기존 내용과 일치하면 자동으로 입력된다.
④ 여러 셀에 동일한 데이터를 입력하려면 해당 셀을 범위로 지정하여 데이터를 입력한 후 Alt+Enter를 누른다.

> **오답 피하기**
> • ② : 데이터를 입력하는 도중에 입력을 취소하려면 Esc를 누름
> • ③ : 텍스트, 텍스트/숫자 조합은 셀에 입력하는 처음 몇 자가 해당 열의 기존 내용과 일치하면 자동으로 입력되지만 날짜, 시간 데이터는 자동으로 입력되지 않음
> • ④ : 여러 셀에 동일한 데이터를 입력하려면 해당 셀을 범위로 지정하여 데이터를 입력한 후 Ctrl+Enter를 누름

23 다음 중 [페이지 설정] 대화 상자에 대한 설명으로 옳지 않은 것은?

① 인쇄 배율을 수동으로 설정할 수 있으며, 배율은 워크시트 표준 크기의 10%에서 400%까지 설정할 수 있다.
② [시트] 탭에서 머리글/바닥글과 행/열 머리글이 인쇄되도록 설정할 수 있다.
③ [페이지] 탭에서 '자동 맞춤'의 용지 너비와 용지 높이를 각각 1로 지정하면 여러 페이지가 한 페이지에 인쇄된다.
④ 셀에 설정된 메모는 '시트에 표시된 대로'나 '시트 끝'에 인쇄되도록 설정할 수 있다.

> 머리글/바닥글은 [머리글/바닥글] 탭에서 설정함

24 다음 중 항목의 구성비를 표현하는 데 적합한 차트인 원형 차트 및 도넛형 차트에 대한 설명으로 옳지 않은 것은?

① 원형 차트의 모든 조각을 차트 중심에서 끌어낼 수 있다.
② 도넛형 차트는 원형 차트와 마찬가지로 전체에 대한 각 부분의 구성비를 보여 주지만 데이터 계열이 두 개 이상 포함될 수 있다는 점이 다르다.
③ 원형 차트는 첫째 조각의 각을 0도에서 360도 사이의 값을 이용하여 회전시킬 수 있으나 도넛형 차트는 첫째 조각의 각을 회전시킬 수 없다.
④ 도넛형 차트의 도넛 구멍 크기는 0%에서 90% 사이의 값으로 변경할 수 있다.

> 도넛형 차트 : 첫째 조각의 각 0~360도 회전 가능

25 다음 중 아래의 차트에 대한 설명으로 옳지 않은 것은?

① 레이블 내용으로 값이 표시되어 있다.
② 범례 표지를 포함한 데이터 테이블이 나타나도록 설정되어 있다.
③ 범례는 아래쪽으로 설정되어 있다.
④ 누적 트리맵 차트로 데이터를 계층 구조 보기로 제공하므로 다른 범주 수준을 비교하는 간편한 방법으로 사용된다.

누적 세로 막대형 차트로 개별 요소를 전체적인 관점에서 비교할 때 사용함

오답 피하기

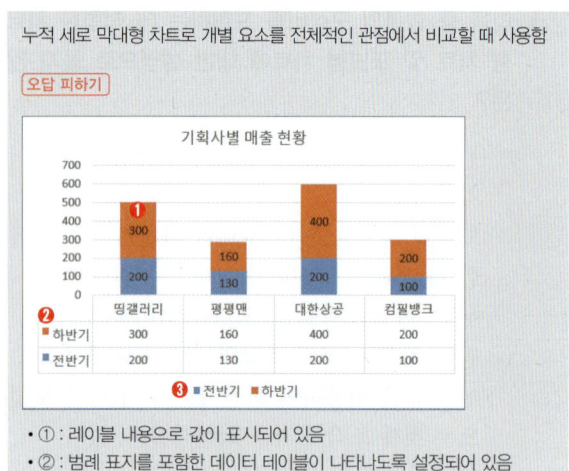

• ① : 레이블 내용으로 값이 표시되어 있음
• ② : 범례 표지를 포함한 데이터 테이블이 나타나도록 설정되어 있음
• ③ : 범례는 아래쪽으로 설정되어 있음

26 다음 중 [셀 서식]-[맞춤] 탭의 '텍스트 방향'에서 설정할 수 없는 항목은?

① 텍스트 방향대로
② 텍스트 반대 방향으로
③ 왼쪽에서 오른쪽
④ 오른쪽에서 왼쪽

텍스트 방향 : 텍스트 방향대로, 왼쪽에서 오른쪽, 오른쪽에서 왼쪽

27 다음 중 화면 제어에 관한 설명으로 옳지 않은 것은?

① 틀 고정은 행 또는 열, 열과 행으로 모두 고정이 가능하다.
② 창 나누기는 워크시트를 여러 개의 창으로 분리하는 기능으로 최대 4개까지 분할할 수 있다.
③ [창] 그룹-[틀 고정]을 실행하면 현재 셀의 위쪽과 왼쪽에 틀 고정선이 나타난다.
④ 틀 고정선은 마우스를 드래그하여 위치를 변경할 수 있다.

창 나누기의 경우에는 구분된 선을 마우스로 드래그하여 경계선을 이동할 수 있지만 틀 고정선은 마우스를 드래그하여 위치를 변경할 수 없음

28 다음 중 수식에 잘못된 인수나 피연산자를 사용할 때 표시되는 오류 메시지로 옳은 것은?

① #DIV/0!   ② #NUM!
③ #NAME?   ④ #VALUE!

#VALUE! : 함수의 인수로 잘못된 값을 사용한 경우나 수치를 사용해야 할 장소에 다른 데이터를 사용한 경우

오답 피하기
• #DIV/0! : 0으로 나누기 연산을 시도한 경우
• #NUM! : 숫자가 필요한 곳에 잘못된 값을 지정한 경우
• #NAME? : 함수 이름이나 정의되지 않은 셀 이름을 사용한 경우

29 아래 시트에서 [표1]의 할인율 [B3]을 적용한 할인가 [B4]를 이용하여 [표2]의 각 정가에 해당하는 할인가 [E3:E6]을 계산하고자 한다. 다음 중 가장 적합한 데이터 도구는?

	A	B	C	D	E	F
1	[표1] 할인 금액			[표2] 할인 금액표		
2	정가	₩10,000		정가	₩9,500	
3	할인율	5%			₩10,000	
4	할인가	₩9,500			₩15,000	
5					₩24,000	
6					₩30,000	
7						

① 통합   ② 데이터 표
③ 부분합   ④ 시나리오 관리자

데이터 표 : 워크시트에서 특정 데이터를 변화시켜 수식의 결과가 어떻게 변하는지 보여 주는 셀 범위를 데이터 표라고 함

오답 피하기
• 통합 : 하나 이상의 원본 영역을 지정하여 하나의 표로 데이터를 요약
• 부분합 : 워크시트에 있는 데이터를 일정한 기준으로 요약하여 통계 처리를 수행
• 시나리오 관리자 : 변경 요소가 많은 작업표에서 가상으로 수식이 참조하고 있는 셀의 값을 변화시켜 작업표의 결과를 예측하는 기능

정답 25 ④ 26 ② 27 ④ 28 ④ 29 ②

30 다음 중 10,000,000원을 2년간 연 5.5%의 이자율로 대출할 때, 매월 말 상환해야 할 불입액을 구하기 위한 수식으로 옳은 것은?

① =PMT(5.5%/12, 24, -10000000)
② =PMT(5.5%, 24, -10000000)
③ =PMT(5.5%, 24, -10000000,0,1)
④ =PMT(5.5%/12, 24, -10000000,0,1)

- PMT(PayMenT) 함수 : 정기적으로 지불하고 일정한 이자율이 적용되는 대출에 대해 매회 지급액을 구하는 함수
- PMT(이자율%/12, 기간(연*12), 현재 가치(대출금), 미래 가치, 납입 시점)
- 이자율%/12 : 5.5%/12
- 기간(연*12) : 2*12,
- 현재 가치(대출금) : 10,000,000(불입액을 양수로 나오게 하기 위해 -10000000으로 입력함)
- 미래 가치(최종 불입한 후 잔액) : 생략하면 0
- 납입 시점 : 매월 말은 0 또는 생략, 1은 기초

31 다음 배열 수식 및 배열 함수에 대한 설명으로 옳지 않은 것은?

① 배열 수식에서 사용되는 배열 상수의 숫자로는 정수, 실수, 지수 형식의 숫자를 사용할 수 있다.
② MDETERM 함수는 배열로 저장된 행렬에 대한 역행렬을 산출한다.
③ PERCENTILE.INC 함수는 범위에서 k번째 백분위수 값을 구하며, 이때 k는 0에서 1까지 백분위수 값 범위이다.
④ FREQUENCY 함수는 값의 범위 내에서 해당 값의 발생 빈도를 계산하여 세로 배열 형태로 나타낸다.

MDETERM 함수는 배열의 행렬식을 구하며, MINVERSE 함수가 배열의 역행렬을 산출함

32 다음 중 부분합에 관한 설명으로 옳지 않은 것은?

① 여러 함수를 이용하여 부분합을 작성하려면 두 번째부터 실행하는 [부분합] 대화 상자에서 '새로운 값으로 대치'가 반드시 선택되어 있어야 한다.
② 부분합을 작성한 후 개요 기호를 눌러 특정한 데이터가 표시된 상태에서 차트를 작성하면 화면에 표시된 데이터만 차트에 표시된다.
③ 부분합을 실행하기 전에 그룹화하고자 하는 필드를 기준으로 정렬되어 있어야 올바른 결과를 얻을 수 있다.
④ 그룹별로 페이지를 달리하여 인쇄하기 위해서는 [부분합] 대화 상자에서 '그룹 사이에서 페이지 나누기'를 선택한다.

'새로운 값으로 대치'는 이미 부분합이 작성된 목록에서 이전 부분합을 지우고 현재 설정 대로 새로운 부분합을 작성하여 삽입하므로, 여러 함수를 이용하여 부분합을 작성하려면 두 번째부터 실행하는 [부분합] 대화 상자에서 '새로운 값으로 대치'의 선택을 해제해야 함

33 다음 중 [Excel 옵션]-[고급]에서 [소수점 자동 삽입]의 [소수점 위치]를 -2로 설정한 다음 시트에서 1을 입력하는 경우의 결과로 옳은 것은?

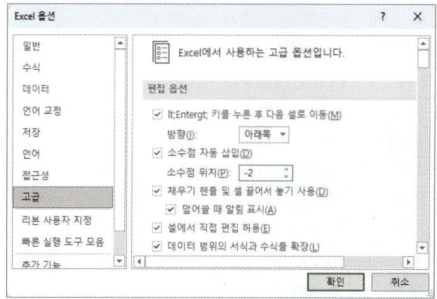

① 0.01 ② 0.001
③ 100 ④ 1000

소수점의 위치가 -2인 경우 1을 입력하면 결과는 100이 됨

오답 피하기
소수점의 위치가 2인 경우 1을 입력하면 결과는 0.01이 됨

34 다음 중 피벗 테이블에 대한 설명으로 옳지 않은 것은?

① 피벗 차트 보고서는 피벗 테이블 보고서를 만들지 않고는 만들 수 없으며, 피벗 테이블과 피벗 차트를 함께 만든 후 피벗 테이블을 삭제하면 피벗 차트는 일반 차트로 변경된다.
② 피벗 테이블 보고서에서 필드 단추를 다른 열이나 행의 위치로 끌어다 놓으면 데이터 표시 형식이 달라진다.
③ 피벗 테이블 보고서는 엑셀에서 작성된 데이터를 대상으로 새로운 대화형 테이블을 만드는 데 사용하며 외부 액세스 데이터베이스에서 만들어진 데이터는 호환되지 않으므로 사용할 수 없다.
④ 피벗 테이블 보고서를 이용하면 필터, 정렬, 그룹 및 조건부 서식을 적용하여 가장 유용한 하위 데이터 집합에서 원하는 정보만 강조할 수 있다.

외부 액세스 데이터베이스에서 만들어진 데이터도 호환 가능함

35 다음 중 아래 시트에서 사원명이 두 글자이면서 실적이 전체 실적의 평균을 초과하는 데이터를 검색할 때, 고급 필터의 조건으로 옳은 것은?

	A	B
1	사원명	실적
2	유민	15,030,000
3	오성준	35,000,000
4	김근태	18,000,000
5	김원	9,800,000
6	정영희	12,000,000
7	남궁정훈	25,000,000
8	이수	30,500,000
9	김용훈	8,000,000

①
사원명	실적조건
="=??"	=$B2>AVERAGE($B$2:$B$9)

②
사원명	실적
="=??"	=$B2&">AVERAGE($B$2:$B$9)"

③
사원명	실적
=LEN($A2)=2	=$B2>AVERAGE($B$2:$B$9)

④
사원명	실적조건
="=**"	=$B2>AVERAGE($B$2:$B$9)

- 사원명이 두 글자인 사원을 필터링하기 위한 조건 : ="=??" → =??
- 조건을 =??로 나타내야 하므로 ="=??"처럼 " "안에 =를 하나 더 입력함
- ?는 한 글자를 의미하므로 두 글자의 경우 ??로 입력함
- 수식을 조건으로 하는 경우 필드명을 다르게 해야 함 : 실적조건
- 실적이 전체 실적의 평균을 초과하는 데이터를 검색 : =$B2>AVERAGE($B$2:$B$9) → FALSE

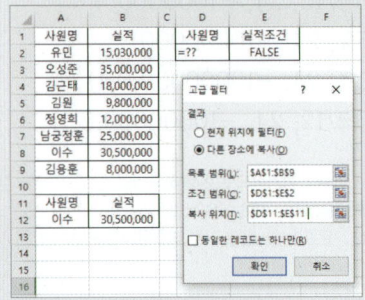

- 사원명이 두 글자이면서 실적 평균인 19,166,251을 초과하는 '이수, 30,500,000'이 필터링됨

36 매출액 [B3:B9]을 이용하여 매출 구간별 빈도수를 [F3:F6] 영역에 계산한 후 그 값만큼 "★"을 반복하여 표시하고자 한다. 다음 중 [F3] 셀에 입력될 수식으로 옳은 것은?

	A	B	C	D	E	F
1						
2		매출액		매출구간		빈도수
3		75		0	50	★
4		93		51	100	★★
5		130		101	200	★★★
6		32		201	300	★
7		123				
8		257				
9		169				

① =REPT("★",FREQUENCY(B3:B9))
② =REPT("★",FREQUENCY(E3:E6))
③ =REPT("★",FREQUENCY(E3:E6,B3:B9))
④ =REPT("★",FREQUENCY(B3:B9,E3:E6))

- =REPT(텍스트, 반복 횟수) : 텍스트를 지정된 횟수만큼 반복함
- =FREQUENCY(배열, 구간 배열) : 값의 범위 내에서 해당 값의 발생 빈도를 계산하여 세로 배열 형태로 나타냄

정답 34 ③ 35 ① 36 ④

37 다음 중 [찾기 및 바꾸기] 대화 상자에 대한 설명으로 옳지 않은 것은?

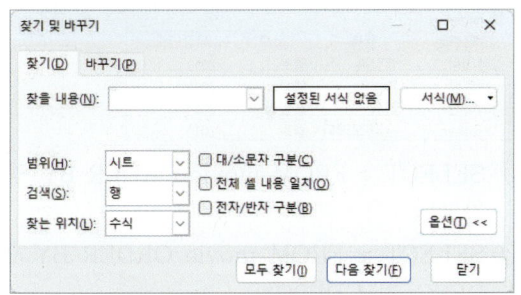

① 문서에서 '찾을 내용'에 입력한 내용과 일치하는 이전 항목을 찾으려면 Shift를 누른 상태에서 [다음 찾기] 단추를 클릭한다.
② '찾을 내용'에 입력한 문자만 있는 셀을 검색하려면 '전체 셀 내용 일치'를 선택한다.
③ 별표(*), 물음표(?) 및 물결표(~) 등의 문자가 포함된 내용을 찾으려면 '찾을 내용'에 작은따옴표(') 뒤에 해당 문자를 붙여 입력한다.
④ 찾을 내용을 워크시트에서 검색할지 전체 통합 문서에서 검색할지 등을 선택하려면 '범위'에서 '시트' 또는 '통합 문서'를 선택한다.

별표(*), 물음표(?) 및 물결표(~) 등의 문자가 포함된 내용을 찾으려면 '찾을 내용'을 입력할 때 물결표(~) 뒤에 해당 문자를 붙여서 입력함 ~*, ~?, ~~

38 통합 문서를 열 때마다 특정 작업이 자동으로 수행되는 매크로를 작성하려고 한다. 이때 사용해야 할 매크로 이름으로 옳은 것은?

① Auto_Open
② Auto_Exec
③ Auto_Macro
④ Auto_Start

Auto_Open 매크로 이름을 사용하면 파일을 열 때 특정 작업이 자동으로 수행됨

39 다음 중 인쇄 시 테두리나 그래픽 등을 생략하고 데이터만 인쇄하려고 할 때 설정해야 할 것으로 올바른 것은?

① 눈금선
② 행/열 머리글
③ 간단하게 인쇄
④ 흑백으로

간단하게 인쇄 : 테두리, 그래픽 등은 인쇄하지 않음

40 다음 중 1부터 10까지의 합을 구하는 VBA 모듈로 옳지 않은 것은?

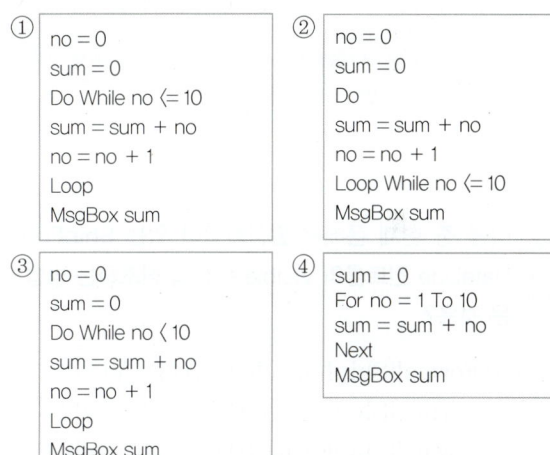

Do While에서 조건이 no < 10이기 때문에 1부터 9까지의 합 45가 결과로 구해지며 1부터 10까지의 합을 구하기 위해서는 ①처럼 Do While no <= 10이 되어야 함

오답 피하기
• 반복 제어문 Do While ~ Loop와 Do ~ Loop While 명령 모두 조건이 no <= 10처럼 되어야 1부터 10까지의 합을 구함
• 반복 제어문 For ~ Next는 no = 1 To 10에 의해 1부터 10까지의 합이 구해짐

3과목 데이터베이스 일반

41 다음 중 특정 컨트롤로 포커스를 이동시킬 때 사용하는 매크로 함수는?

① GoToRecord
② GoToControl
③ SetValue
④ RunCode

> GoToControl : 현재 폼이나 데이터시트에서 커서를 지정한 필드나 컨트롤로 이동시킴

오답 피하기
- GoToRecord : 열려 있는 테이블, 폼, 쿼리 결과 집합에서 지정한 레코드를 현재 레코드로 이동함
- SetValue : 폼, 폼 데이터시트, 보고서의 필드, 컨트롤, 속성 값을 설정함
- RunCode : 프로시저 코드를 실행함

42 다음 중 현재 폼에서 활성화되어 있는 ShipForm 폼의 DateDue 컨트롤의 Visible 속성을 참조하는 방법으로 옳은 것은?

① Forms![ShipForm]![DateDue].Visible
② Forms.[ShipForm]![DateDue].Visible
③ Forms![ShipForm].[DateDue]!Visible
④ Forms.[ShipForm].[DateDue].Visible

> Forms![A]![B].Visible : A 이름의 폼에 사용된 B 이름의 컨트롤을 보이거나 감춤

43 다음 중 레코드가 추가될 때마다 시스템에서 자동으로 값을 입력해 주며 업데이트나 수정이 불가한 데이터 형식은?

① 짧은 텍스트
② 숫자
③ 일련번호
④ Yes/No

> 일련번호 : 레코드 추가 시 자동으로 고유 번호를 부여할 때 사용함. 번호가 부여되면 변경하거나 삭제할 수 없음. 기본키를 설정하는 필드에서 주로 사용됨

44 다음 중 아래 그림과 같은 결과를 표시하는 쿼리로 옳은 것은?

movie			
영화명	감독	장르	제작년도
베테랑	백감독	멜로	2013
베테랑	류승완	액션	2015
퇴마전	김휘	스릴러	2014
Mother	난니 모레티	멜로	2015

① SELECT * FROM movie ORDER BY 영화명, 장르;
② SELECT * FROM movie ORDER BY 영화명 DESC, 장르 DESC;
③ SELECT * FROM movie ORDER BY 제작년도, 장르 DESC;
④ SELECT * FROM movie ORDER BY 감독, 제작년도;

> - ORDER BY : 검색 결과에 대한 정렬을 수행함
> - ASC : 오름차순을 의미하며 생략하면 기본적으로 오름차순임
> - DESC : 내림차순을 의미함
> - ① : 'SELECT * FROM movie ORDER BY 영화명, 장르;'는 영화명, 장르 모두 정렬 방법이 생략되어 있으므로 오름차순으로 정렬됨

45 [직원] 테이블의 '급여' 필드는 데이터 형식이 숫자이고, 필드 크기가 정수(Long)로 설정되어 있다. 다음 중 '급여' 필드에 입력이 가능한 숫자를 백만 원 이상, 오백만 원 이하로 설정하기 위한 유효성 검사 규칙으로 옳은 것은?

① <= 1000000 Or <= 5000000
② >= 1000000 And <= 5000000
③ >= 1000000, <= 5000,000
④ 1,000,000 <= And <= 5,000,000

> 입력이 가능한 숫자를 백만 원 이상(>= 1000000), 오백만 원 이하(<= 5000000)로 설정하기 위한 유효성 검사 규칙은 And를 사용함 → >= 1000000 And <= 5000000

46 다음 중 [학생] 테이블에서 '점수'가 60 이상인 학생들의 인원수를 구하는 식으로 옳은 것은?(단, '학번' 필드는 [학생] 테이블의 기본키이다.)

① =DCount("[학생]","[학번]","[점수]>= 60")
② =DCount("[학번]","[학생]","[점수]>= 60")
③ =DLookUp("[학생]","[학번]","[점수]= 60")
④ =DLookUp("*","[학생]","[점수]= 60")

> =DCount("[학번]","[학생]","[점수]>=60") : =DCount(인수, 도메인(테이블명이나 쿼리명), 조건식)으로 특정 레코드의 집합(도메인)의 레코드 개수를 계산함

정답 41 ② 42 ① 43 ③ 44 ① 45 ② 46 ②

47 다음은 색인(Index)에 대한 설명이다. 가장 옳지 않은 것은?

① 하나의 필드나 필드 조합에 인덱스를 만들어 레코드 찾기와 정렬을 효율적으로 수행할 수 있게 한다.
② 색인을 많이 설정하면 테이블의 변경 속도가 저하될 수 있다.
③ 인덱스를 삭제하면 필드나 필드 데이터도 함께 삭제된다.
④ 레코드를 변경하거나 추가할 때마다 자동으로 업데이트된다.

인덱스 삭제 시 인덱스만 제거되고 필드 자체는 제거되지 않음

48 회원(회원번호, 이름, 나이, 주소)테이블에서 회원번호가 555인 회원의 주소를 '부산'으로 변경하는 질의문으로 옳은 것은?

① UPGRAGE 회원 set 회원번호=555 where 주소='부산'
② UPGRAGE 회원 set 주소='부산' where 회원번호=555
③ UPDATE 회원 set 회원번호=555 where 주소='부산'
④ UPDATE 회원 set 주소='부산' where 회원번호=555

UPDATE 테이블 SET 필드명=수정 내용 WHERE 조건 : 테이블에서 조건에 맞는 필드의 해당 필드의 내용을 수정함

49 다음 중 다양한 사용자의 요구 사항을 분석하여 정보 구조를 표현한 관계도(ERD)를 생성하는 데이터베이스 설계 단계는?

① 요구 조건 분석
② 개념적 설계
③ 논리적 설계
④ 물리적 설계

- 개체-관계 모델 : 개체 타입과 이들 간의 관계 타입을 이용해 현실 세계를 개념적으로 표현한 방법
- ERD(Entity Relationship Diagram) : 개체-관계 모델에 의해 작성된 설계도로 개체, 속성, 관계, 링크 등으로 구성됨
- 개념적 설계 단계 : 현실 세계에 대한 추상적인 개념(정보 모델링)으로 표현하는 단계

오답 피하기
- 요구 조건 분석 단계 : 데이터베이스 사용자의 요구 사항 및 조건 등을 조사하여 요구 사항을 분석하는 단계
- 논리적 설계 단계 : 개념 세계를 데이터 모델링을 거쳐 논리적으로 표현하는 단계
- 물리적 설계 단계 : 컴퓨터 시스템의 저장 장치에 저장하기 위한 구조와 접근 방법 및 경로 등을 설계하는 단계

50 다음 중 아래와 같이 표시된 폼의 탐색 단추에 대한 설명으로 옳지 않은 것은?

㉠ ㉡   ㉢ ㉣

① ㉠ 첫 레코드로 이동한다.
② ㉡ 이전 레코드로 이동한다.
③ ㉢ 마지막 레코드로 이동한다.
④ ㉣ 이동할 레코드 번호를 입력하여 이동한다.

④ : 새(빈) 레코드를 추가함

51 다음 중 기본 폼과 하위 폼에 대한 설명으로 옳지 않은 것은?

① '일대다' 관계일 때 하위 폼에는 '일'에 해당하는 데이터가 표시되며, 기본 폼에는 '다'에 해당하는 데이터가 표시된다.
② 하위 폼은 연속 폼의 형태로 표시할 수 있지만 기본 폼은 연속 폼의 형태로 표시할 수 없다.
③ 기본 폼 내에 포함시킬 수 있는 하위 폼의 개수는 제한이 없으며, 최대 7 수준까지 하위 폼을 중첩시킬 수 있다.
④ 테이블, 쿼리나 다른 폼을 이용하여 하위 폼을 작성할 수 있다.

'일대다' 관계일 때 하위 폼에는 '다'에 해당하는 데이터가 표시되며, 기본 폼에는 '일'에 해당하는 데이터가 표시됨

52 다음 중 아래의 탭 순서 대화 상자에 대한 설명으로 옳지 않은 것은?

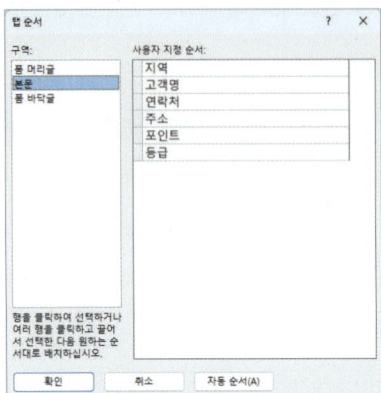

① 폼 보기에서 Tab 이나 Enter 를 눌렀을 때 포커스(Focus)의 이동 순서를 지정하는 것이다.
② 키보드를 이용하여 컨트롤 간 이동을 신속하게 할 수 있는 기능이다.
③ 레이블 컨트롤을 포함한 모든 컨트롤에 탭 순서를 지정할 수 있다.
④ 해당 컨트롤의 '탭 정지' 속성을 '아니요'로 지정하면 탭 순서에서 제외된다.

레이블 컨트롤과 이미지 컨트롤은 탭 순서에서 제외되며, 탭 정지 속성이 지원되지 않음

53 다음 데이터베이스 관련 용어 중에서 성격이 다른 것은?

① DDL
② DBA
③ DML
④ DCL

데이터베이스관리자(DBA : DataBase Administrator) : 데이터베이스를 관리하는 책임자, 전체 시스템에 대한 권한을 행사하는 사람

오답 피하기
- 데이터 정의어(DDL : Data Definition Language) : 데이터 베이스 구조와 관계, 데이터 베이스이름 정의, 데이터 항목, 키 값의 고정, 데이터의 형과 한계 규정
- 데이터 조작어(DML : Data Manipulation Language) : 주 프로그램에 내장하여 데이터 베이스를 실질적으로 운영 및 조작, 데이터의 삽입, 삭제, 검색, 변경 연산 등의 처리를 위한 연산 집합
- 데이터 제어(DCL : Data Control Language) : 데이터베이스를 공용하기 위하여 데이터 제어를 정의 및 기술, 데이터 보안, 무결성, 회복, 병행 수행 등을 제어

54 폼이나 보고서의 특정 컨트롤에서 '=[단가]*[수량]*(1-[할인률])'과 같은 계산식을 사용하고자 한다. 이 때 계산 결과를 소수점 이하 첫째 자리까지 표시하기 위한 함수는?

① Clng( )
② Val( )
③ Format( )
④ DLookUp( )

Format() : 숫자, 날짜, 시간, 텍스트의 표시 및 인쇄 방법을 사용자 지정

오답 피하기
- Clng(숫자) : 숫자 값을 Long형식으로 변환
- Val(문자열) : 숫자 형태의 문자열을 숫자값으로 변환
- DLookUp(인수, 도메인, 조건식) : 레코드 집합(도메인)의 특정 필드값을 구함

55 다음 중 데이터를 입력 또는 삭제 시 이상(Anomaly) 현상이 일어나지 않도록 데이터베이스를 설계하기 위한 기술을 의미하는 용어는?

① 자동화
② 정규화
③ 순서화
④ 추상화

- 정규화(Normalization) : 이상(Anomaly) 현상이 발생하지 않도록 하기 위한 것으로 관계형 데이터베이스를 설계할 때 데이터의 중복 최소화와 불일치를 방지하기 위해 릴레이션 스키마를 분해해 가는 과정
- 이상(Anomaly) 현상 : 관계형 데이터베이스의 릴레이션을 조작할 때 발생하는 현상으로 삽입 이상, 삭제 이상, 갱신 이상 등이 있음

56 다음 중 각 데이터 형식에 대한 설명으로 옳지 않은 것은?

① 조회 마법사는 필드에 값을 직접 입력하지 않고 다른 테이블에서 값을 선택할 때 사용한다.
② Yes/No 형식은 Yes/No, True/False, On/Off 등 두 값 중 하나만 입력하는 경우에 사용하는 것으로 기본 필드 크기는 1비트이다.
③ 설명, 참고 사항 등 255자를 초과해서 저장할 때는 긴 텍스트 데이터 형식을 사용한다.
④ 일련번호는 번호가 부여된 후 변경하거나 삭제할 수 있으며 크기는 2바이트이다.

일련번호는 번호가 부여되면 변경하거나 삭제할 수 없으며 크기는 4바이트임

정답 52 ③ 53 ② 54 ③ 55 ② 56 ④

57 다음 중 <학생> 테이블의 '나이' 필드에 유효성 검사규칙을 아래와 같이 지정한 경우 데이터 입력 상황에 대한 설명으로 옳은 것은?

유효성 검사 규칙	>20
유효성 검사 테스트	숫자는 >20으로 입력합니다.

① 데이터를 입력하려고 하면 항상 '숫자는 >20으로 입력합니다.'라는 메시지가 먼저 표시된다.
② 20을 입력하면 '숫자는 >20으로 입력합니다.'라는 메시지가 표시된 후 입력값이 정상적으로 저장된다.
③ 20을 입력하면 '숫자는 >20으로 입력합니다.'라는 메시지가 표시되며, 값을 다시 입력해야만 한다.
④ 30을 입력하면 '유효성 검사 규칙에 맞습니다.'라는 메시지가 표시된 후 입력값이 정상적으로 저장된다.

- 유효성 검사 규칙 : 레코드, 필드, 컨트롤 등에 입력할 수 있는 데이터 요구 사항을 지정할 수 있는 속성 → ">20"
- 유효성 검사 테스트 : 유효성 검사 규칙에 위반하는 데이터를 입력할 때 표시할 오류 메시지를 지정할 수 있는 속성 → "숫자는 >20으로 입력합니다."
- 유효성 검사 테스트 메시지가 표시된 다음 값을 다시 입력해야 됨(20보다 큰 수를 입력)

58 다음 중 아래 VBA 코드를 실행했을 때 MsgBox에 표시되는 값은?

```
Dim i As Integer
Dim Num As Integer
For i = 0 To 7 Step 2
Num = Num+i
Next i
MsgBox Str(Num)
```

① 7   ② 12
③ 24   ④ 28

VBA 코드	의미
Dim i As Integer	i를 정수화(Integer) 변수로(As) 선언(Dim)함
Dim Num As Integer	Num을 정수화(Integer) 변수로(As) 선언(Dim)함
For i = 0 To 7 Step 2	For문에 의해 i 값을 0부터 7까지 2씩 증가(0, 2, 4, 6)하면서 반복함
Num = Num+i	Num(0)=Num(0)+i(0), Num(2)=Num(0)+i(2), Num(6)=Num(2)+i(4), Num(12)=Num(6)+i(6) → 마지막 Num에는 0+2+4+6의 결과 12가 저장됨
Next i	For문의 마지막을 의미함
MsgBox Str(Num)	Num 변수의 값을 문자열(Str) 형식으로 변환하여 표시(MsgBox)함

59 다음 중 각 연산식에 대한 결과값이 옳지 않은 것은?

① IIF(1,2,3) → 결과값 : 2
② MID("123456",3,2) → 결과값 : 34
③ "A" & "B" → 결과값 : "AB"
④ 4 MOD 2 → 결과값 : 2

4 MOD 2 → 결과값 : 0(4를 2로 나눈 나머지를 구하므로 결과는 0이 됨)

오답 피하기
- ① : IIF(조건,참,거짓)에서 조건이 1 이상의 숫자일 경우 참으로 처리되므로 2가 결과값이 됨
- ② : 3번째에서 2개의 문자를 추출하므로 34가 결과값이 됨
- ③ : 문자를 연결하므로 "AB"가 결과값이 됨

60 다음 중 보고서의 그룹 바닥글 구역에 '=COUNT(*)'를 입력했을 때 출력되는 결과로 옳은 것은?

① Null 필드를 포함한 그룹별 레코드 개수
② Null 필드를 포함한 전체 레코드 개수
③ Null 필드를 제외한 그룹별 레코드 개수
④ Null 필드를 제외한 전체 레코드 개수

보고서의 그룹 바닥글 구역에 '=COUNT(*)'를 입력하면 Null 필드를 포함한 그룹별 레코드 개수를 출력할 수 있음

2024년 상시 기출문제 03회

SELF CHECK : 제한시간 60분 | 소요시간   분 | 전체 문항 수 60문항 | 맞힌 문항 수   문항

1과목 컴퓨터 일반

01 다음 중 한글 Windows의 실행 대화 상자에서 [시스템 구성] 대화 상자를 열 수 있는 명령어로 옳은 것은?

① ipconfig
② tracert
③ ping
④ msconfig

> 시스템 구성 : [실행]에서 열기란에 'msconfig'를 입력하고 [확인]을 클릭함

오답 피하기
- ipconfig : 사용자 자신의 컴퓨터 IP 주소를 확인하는 명령
- tracert : 네트워크에 연결된 컴퓨터의 경로(라우팅 경로)를 추적할 때 사용하는 명령
- ping : 네트워크의 현재 상태나 다른 컴퓨터의 네트워크 접속 여부를 확인하는 명령

02 다음 중 기억된 정보의 일부분을 이용하여 원하는 정보가 기억된 위치를 알아낸 후 그 위치에서 나머지 정보에 접근하는 기억 장치를 무엇이라 하는가?

① 캐시 메모리(Cache Memory)
② 주기억 장치(Main Memory)
③ 가상 기억 장치(Virtual Memory)
④ 연관 메모리(Associative Memory)

> 연관 메모리(Associative Memory) : 저장된 내용의 일부를 이용하여 기억 장치에 접근하여 데이터를 읽어오는 기억 장치

오답 피하기
- 캐시 메모리(Cache memory) : 휘발성 메모리로, 속도가 빠른 CPU와 상대적으로 속도가 느린 주기억 장치 사이에 있는 고속의 버퍼 메모리
- 주기억 장치(Main memory) : CPU가 직접 참조하는 고속의 메모리로, 프로그램이 실행될 때 보조 기억 장치로부터 프로그램이나 자료를 이동시켜 실행시킬 수 있는 기억 장소
- 가상 기억 장치(Virtual memory) : 보조 기억 장치의 일부, 즉 하드디스크의 일부를 주기억 장치처럼 사용하는 메모리 사용 기법

03 둘 이상의 프로세스들이 자원을 점유한 상태에서 서로 다른 프로세스가 점유하고 있는 자원을 서로 사용하기를 원해서 시스템이 정지되는 상황을 무엇이라 부르는가?

① LOCK
② DEADLOCK
③ UNLOCK
④ BLOCK

> 데드락(Deadlock) : 교착 상태로 자원은 한정되어 있으나 각 프로세스가 서로 자원을 차지하려고 무한정 대기하는 상태

04 다음 중 컴퓨터에서 정상적인 프로그램을 처리하고 있는 도중에 특수한 상태가 발생했을 때 현재 실행하고 있는 프로그램을 일시 중단하고, 그 특수한 상태를 처리한 후 다시 원래의 프로그램을 처리하는 과정을 무엇이라 하는가?

① 채널(Channel)
② 인터럽트(Interrupt)
③ 데드락(Deadlock)
④ 스풀(Spool)

오답 피하기
- 채널(Channel) : 입출력 전용 데이터 통로이며, CPU를 대신해서 입출력 조작을 수행하는 장치이므로, CPU는 입출력 작업을 수행하는 대신 연산을 동시에 할 수 있음
- 데드락(Deadlock) : 동일한 자원을 공유하고 있는 두 개의 컴퓨터 프로그램들이 상대방이 자원에 접근하는 것을 사실상 서로 방해함으로써 두 프로그램 모두 기능이 중지되는 교착 상태
- 스풀(Spool) : 저속의 입출력 장치를 중앙 처리 장치와 병행하여 작동시켜 컴퓨터 전체의 처리 효율을 높이는 기능

정답 01 ④ 02 ④ 03 ② 04 ②

05 컴퓨터 내부에서 중앙 처리 장치와 메모리 사이의 데이터 전송에 사용되는 통로를 버스(Bus)라고 한다. 다음 중 이 버스에 해당하지 않는 것은?

① 제어 버스(Control Bus)
② 프로그램 버스(Program Bus)
③ 데이터 버스(Data Bus)
④ 주소 버스(Address Bus)

> 외부(시스템) 버스의 종류 : 데이터 버스(Data Bus), 주소 버스(Address Bus), 제어 버스(Control Bus)

06 다음 중 AVI, MPEG-1, MPEG-4, ASF(Advanced Stream Format) 파일 형식의 공통점은 무엇인가?

① 텍스트 파일 형식
② 오디오 파일 형식
③ 이미지 파일 형식
④ 비디오 파일 형식

> • AVI(Audio Video Interleaved) : Windows의 표준 동영상 형식의 디지털 비디오 압축 방식
> • MPEG-1 : 비디오 CD나 CD-i의 규격
> • MPEG-4 : 멀티미디어 통신을 위해 만들어진 영상 압축 기술
> • ASF : 스트리밍이 가능한 동영상 형식으로 화질이 떨어지기는 하지만 스트리밍 기술을 이용하여 영상을 전송하고, 재생함

07 다음 중 한글 Windows에서 하드디스크에 저장된 파일을 다시 정렬하는 단편화 제거 과정을 통해 디스크의 파일 읽기/쓰기 성능을 향상시키는 프로그램으로 옳은 것은?

① 디스크 검사
② 디스크 정리
③ 디스크 포맷
④ 드라이브 조각 모음 및 최적화

> **드라이브 조각 모음 및 최적화**
> • 디스크에 단편화되어 저장된 파일들을 모아서 디스크를 최적화함
> • 비율이 10%를 넘으면 디스크 조각 모음을 수행해야 함
> • 단편화를 제거하여 디스크의 수행 속도를 높여줌
> • 처리 속도는 효율적이나 총용량이 늘어나지는 않음
>
> **오답 피하기**
> • 디스크 검사 : 파일과 폴더 및 디스크의 논리적, 물리적인 오류를 검사하고 수정함
> • 디스크 정리 : Windows에서 디스크의 사용 가능한 공간을 늘리기 위하여 불필요한 파일들을 삭제하는 작업
> • 디스크 포맷 : 하드디스크 등을 초기화하는 것으로 트랙과 섹터로 구성하는 작업

08 다음 중 한글 Windows 10의 작업 표시줄에 대한 설명으로 옳지 않은 것은?

① 작업 표시줄은 현재 실행되고 있는 프로그램 단추와 프로그램을 빠르게 실행하기 위해 등록한 고정 프로그램 단추 등이 표시되는 곳이다.
② 작업 표시줄은 위치를 변경하거나 크기를 조절할 수 있으며, 크기는 화면의 1/4까지만 늘릴 수 있다.
③ '작업 표시줄 잠금'이 지정된 상태에서는 작업 표시줄의 크기나 위치 등을 변경할 수 없다.
④ 작업 표시줄은 기본적으로 바탕화면의 맨 아래쪽에 있다.

> 크기는 화면의 1/2까지만 늘릴 수 있음

09 다음 중 아래의 기능을 수행하는 코드로 옳은 것은?

> • 에러 검출과 교정이 가능한 코드로, 최대 2비트까지 에러를 검출하고 1비트의 에러 교정이 가능한 방식
> • 일반적으로 8421코드에 3비트의 짝수 패리티를 추가해서 구성함

① 해밍 코드
② 패리티 체크 비트
③ 순환 중복 검사
④ 정 마크 부호 방식

> **오답 피하기**
> • 패리티 체크 비트 : 원래 데이터 1비트를 추가하여 에러 발생 여부를 검사하는 체크 비트
> • 순환 중복 검사 : 다항식 코드를 사용하여 오류를 검출하는 방식
> • 정 마크 부호 방식 : 패리티 검사가 코드 자체적으로 이루어지는 방식

10 운영체제가 응용 프로그램의 상태에 의존하지 않고 강제로 작업을 변경함으로써 하나의 응용 프로그램에 문제가 발생해도 다른 응용 프로그램에 영향을 주지 않도록 하는 제어 방식을 무엇이라 하는가?

① 비선점형 멀티태스킹
② 선점형 멀티태스킹
③ 플러그 앤 플레이
④ 멀티 프로그래밍

> **선점형 멀티태스킹(Preemptive MultiTasking)**
> • 운영체제가 CPU를 미리 선점하여 각 응용 소프트웨어의 CPU 사용을 통제하고 관리하여 멀티태스킹(다중 작업)이 원활하게 이루어짐
> • 응용 소프트웨어의 CPU 선점이 통제되어 시스템의 안정성이 강화됨

정답 05 ② 06 ④ 07 ④ 08 ② 09 ① 10 ②

11 다음 중 비트맵 방식에 대한 설명으로 옳지 않은 것은?

① 픽셀 단위로 표현한다.
② 저장 공간을 많이 차지한다.
③ 비트맵 방식의 그래픽 프로그램으로는 코렐드로, 일러스트레이터가 있다.
④ 확대하거나 축소하면 이미지가 손상된다.

비트맵은 Photoshop, Paint Shop Pro 등이 대표적인 소프트웨어임

오답 피하기
코렐드로, 일러스트레이터 : 벡터 방식

12 다음 중 송신자의 송신 여부와 수신자의 수신 여부를 확인하는 기능으로 송·수신자가 송수신 사실을 부정하지 못하도록 하는 보안 기능은?

① 인증
② 접근 제어
③ 부인 방지
④ 기밀성

오답 피하기
• 인증 : 네트워크 보안 기술로 전송된 메시지가 확실히 보내졌는지 확인하는 것과 사용자 또는 발신자가 본인인지 확인하는 것
• 접근 제어 : 사용자가 어떠한 정보나 자원을 사용하고자 할 때 해당 사용자가 적절한 접근 권한을 가지고 있는지 확인하는 것
• 기밀성 : 전송 도중 데이터의 내용을 임의의 다른 사용자가 보았을 때 그 내용을 파악하지 못하도록 하는 기능

13 다음 중 디지털 컴퓨터의 특징으로만 짝지어진 것은?

ⓐ 증폭 회로 ⓑ 논리 회로 ⓒ 부호화된 문자, 숫자
ⓓ 프로그래밍 ⓔ 연속적인 물리량 ⓕ 범용성

① ⓐ, ⓑ, ⓒ, ⓓ
② ⓑ, ⓒ, ⓓ, ⓕ
③ ⓒ, ⓓ, ⓔ, ⓕ
④ ⓐ, ⓑ, ⓒ, ⓕ

디지털 컴퓨터 : ⓑ 논리 회로, ⓒ 부호화된 문자, 숫자, ⓓ 프로그래밍, ⓕ 범용성

오답 피하기
아날로그 컴퓨터 : ⓐ 증폭 회로, ⓔ 연속적인 물리량

14 다음 중 일반적으로 URL로 표시된 주소의 프로토콜과 기본 포트 번호가 관련이 없는 것은?

① [http://www.korcham.net] 포트 번호 : 80
② [ftp://ftp.korcham.net] 포트 번호 : 22
③ [telnet://home.chollian.net] 포트 번호 : 23
④ [gopher://gopher.ssu.org] 포트 번호 : 70

ftp 기본 포트 번호는 21임

15 다음 중 하이퍼미디어에 관한 설명으로 옳지 않은 것은?

① 특정 텍스트나 이미지 등의 다양한 미디어를 클릭하면 연결된 문서로 이동하는 문서 형식이다.
② 문서와 문서가 연결된 형식으로 문서를 읽는 순서가 결정되는 선형 구조를 가지고 있다.
③ 하이퍼미디어는 하이퍼텍스트와 멀티미디어를 합한 개념이다.
④ 하나의 데이터를 여러 사용자가 서로 다른 경로를 통해 검색할 수 있다.

문서와 문서가 연결된 형식으로 문서를 읽는 순서가 결정되지 않는 비선형 구조를 가짐

16 다음 중 IPv6에 해당하는 내용으로만 올바르게 짝지어진 것은?

ⓐ 32비트, ⓑ 64비트, ⓒ 128비트, ⓓ 10진수로 표현,
ⓔ 16진수로 표현, ⓕ 각 부분을 콜론(:)으로 구분,
ⓖ 각 부분을 점(.)으로 구분

① ⓐ, ⓓ, ⓖ
② ⓒ, ⓔ, ⓕ
③ ⓑ, ⓓ, ⓕ
④ ⓒ, ⓓ, ⓖ

IPv6 : ⓒ 128비트, ⓔ 16진수로 표현, ⓕ 각 부분을 콜론(:)으로 구분

오답 피하기
IPv4 : ⓐ 32비트, ⓓ 10진수로 표현, ⓖ 각 부분을 점(.)으로 구분

정답 11 ③ 12 ③ 13 ② 14 ② 15 ② 16 ②

17 다음 중 영상 신호와 음향 신호를 압축하지 않고 통합하여 전송하는 고선명 멀티미디어 인터페이스로 S-비디오, 컴포지트 등의 아날로그 케이블보다 고품질의 음향 및 영상을 감상할 수 있는 것은?

① DVI ② HDMI
③ USB ④ IEEE 1394

HDMI(High-Definition Multimedia Interface)
- 고선명 멀티미디어 인터페이스로 비압축 방식이므로 영상이나 음향 신호 전송 시 소프트웨어나 디코더 칩(Decoder Chip) 같은 별도의 디바이스가 필요 없음
- 기존의 아날로그 케이블보다 고품질의 음향이나 영상을 전송함

오답 피하기
- DVI : 디지털 TV를 만들기 위해 개발되었던 것을 인텔에서 인수하여 동영상 압축 기술(최대 144:1정도)로 개발됨
- USB : 허브(Hub)를 사용하면 최대 127개의 주변기기 연결이 가능하며, 기존의 직렬, 병렬, PS/2 포트 등을 하나의 포트로 대체하기 위한 범용 직렬 버스 장치
- IEEE 1394 : 컴퓨터 주변 장치와 비디오 카메라, 오디오 제품, TV, VCR 등의 가전 기기를 개인용 컴퓨터에 접속하는 인터페이스로 개발됨

18 다음 중 소스 코드까지 제공되어 사용자들이 자유롭게 수정하거나 변경할 수 있는 소프트웨어를 의미하는 것은?

① 오픈 소스 소프트웨어(Open source Software)
② 주문형 소프트웨어(Customized Software)
③ 쉐어웨어(Shareware)
④ 프리웨어(Freeware)

오픈 소스 소프트웨어(Open source software) : 소스 코드가 공개되어 수정 및 변경이 가능한 소프트웨어

19 다음 중 Windows에서 에어로 쉐이크(Aero Shake)와 같은 기능을 하는 바로 가기 키로 옳은 것은?

① ⊞+E
② ⊞+X
③ ⊞+U
④ ⊞+Home

에어로 쉐이크(Aero Shake) : 창의 제목 표시줄을 클릭한 채로 마우스를 흔들면 현재 창을 제외한 열린 모든 창이 순식간에 사라졌다가 다시 흔들면 원래대로 복원되는 기능(⊞+Home)

오답 피하기
- ⊞+E : 파일 탐색기 열기
- ⊞+X : 빠른 링크 메뉴 열기
- ⊞+U : 접근성 센터 열기

20 다음 중 운영체제의 발달 과정이 올바르게 나열된 것은?

① 다중 프로그래밍 → 시분할 처리 → 다중 처리 → 분산 처리 → 일괄 처리 → 실시간 처리
② 실시간 처리 → 다중 프로그래밍 → 시분할 처리 → 다중 처리 → 분산 처리 → 일괄 처리
③ 일괄 처리 → 실시간 처리 → 다중 프로그래밍 → 시분할 처리 → 다중 처리 → 분산 처리
④ 시분할 처리 → 다중 처리 → 분산 처리 → 일괄 처리 → 실시간 처리 → 다중 프로그래밍

운영체제의 발달 과정 : 일괄 처리 → 실시간 처리 → 다중 프로그래밍 → 시분할 처리 → 다중 처리 → 분산 처리

2과목 스프레드시트 일반

21 아래 시트에서 [D1] 셀을 선택한 상태에서 수식 입력줄의 (B1+C1)을 선택하고 F9를 누르면 나타나는 현상에 대한 설명으로 옳은 것은?

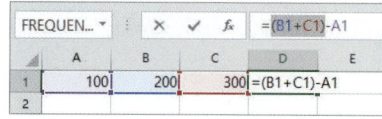

① 선택된 수식이 계산되어 500이 표시된다.
② 선택된 해당 셀의 값이 표기되어 (200+300)이 표시된다.
③ 수식 입력줄의 모든 수식이 계산되어 400이 표시된다.
④ 수식 입력줄의 셀의 값이 표기되어 (200+300)-100이 표시된다.

F9를 누르면 수식의 결과가 상수로 변환됨

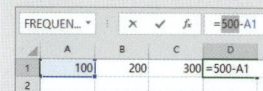

22

다음 중 아래 워크시트에서 [A1:D1] 영역을 선택한 후 채우기 핸들을 이용하여 [D4] 셀까지 드래그했을 때 [A4] 셀, [B4] 셀, [C4] 셀, [D4] 셀의 값으로 옳은 것은?

	A	B	C	D
1	AAA-000	1989-06-03	Excel-A	1-A
2				
3				
4				

① DDD-003, 1992-06-03, Excel-D, 4-A
② DDD-000, 1989-09-03, Excel-A, 1-D
③ AAA-333, 1992-09-03, Excel-4, 4-A
④ AAA-003, 1989-06-06, Excel-A, 4-A

- 혼합 데이터 : 문자와 숫자가 혼합된 데이터로, 채우기 핸들을 끌면 문자는 복사되고 숫자는 1씩 증가함 → AAA-003, 4-A
- 날짜 데이터 : 날짜는 1일 단위로 자동 증가하면서 채워짐 → 1989-06-06
- 문자 데이터 : 문자 데이터를 입력하고 채우기 핸들을 끌면 데이터가 복사되어 채워짐 → Excel-A

	A	B	C	D
1	AAA-000	1989-06-03	Excel-A	1-A
2	AAA-001	1989-06-04	Excel-A	2-A
3	AAA-002	1989-06-05	Excel-A	3-A
4	AAA-003	1989-06-06	Excel-A	4-A

23

다음 수식의 결과값으로 옳은 것은?

=ROUNDDOWN(165.657,2) − ABS(POWER(−2,3))

① 156.65
② 157.65
③ 156.66
④ 157.66

- ROUNDDOWN(수1, 수2) : 수1을 무조건 내림하여 자릿수(수2)만큼 반환함
- ROUNDDOWN(165.657, 2) : 165.657을 무조건 내림하여 2자릿수만큼 반환함 → 165.65
- POWER(−2, 3) : −2의 3제곱을 구함 → −8
- ABS(−8) : −8의 절대값을 구함 → 8
∴ 165.65 − 8 = 157.65가 됨

24

다음 중 데이터 통합에 대한 설명으로 옳지 않은 것은?

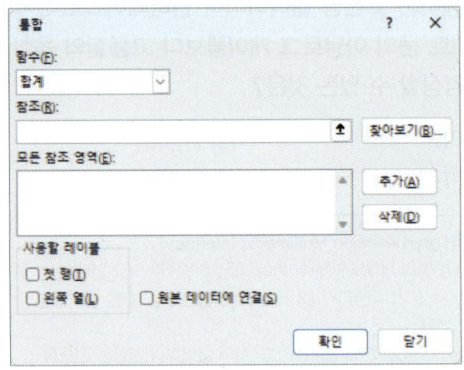

① 데이터 통합은 여러 셀 범위를 통합하여 합계, 평균, 최대값, 최소값, 표준 편차 등을 계산할 수 있는 기능이다.
② 서로 다른 통합 문서에 분산 입력된 데이터를 통합하기 위해서는 모든 통합 문서를 열어 놓고 실행해야 한다.
③ 참조 영역의 범위에 열 이름표와 행 이름표를 복사할 것인지를 설정하려면 '사용할 레이블'에서 옵션을 체크한다.
④ '원본 데이터에 연결' 옵션을 선택하면 원본 데이터의 변경이 통합된 데이터에 즉시 반영된다.

- 통합할 다른 문서가 열려있지 않더라도 데이터 통합 작업을 할 수 있음
- [통합] 대화 상자에서 [찾아보기] 단추를 클릭하여 열리지 않은 통합 문서도 불러올 수 있음

25

다음에서 설명하는 기능으로 옳은 것은?

- 선택한 셀의 모든 데이터가 열에 맞게 표시되도록 글꼴의 문자 크기를 줄임
- 열 너비를 변경하면 문자 크기가 자동으로 조정됨
- 적용된 글꼴 크기는 바뀌지 않음

① 자동 줄 바꿈
② 셀 병합
③ 텍스트 방향
④ 셀에 맞춤

오답 피하기
- 자동 줄 바꿈 : 셀에서 텍스트를 여러 줄로 표시함
- 셀 병합 : 선택한 두 개 이상의 셀을 하나의 셀로 결합함
- 텍스트 방향 : 읽는 순서와 맞춤을 지정하려면 방향 상자에서 옵션(텍스트 방향대로, 왼쪽에서 오른쪽, 오른쪽에서 왼쪽)을 선택함

상 중 하

26 다음 중 엑셀에서 날짜 데이터의 입력 방법에 대한 설명으로 옳지 않은 것은?

① 날짜 데이터는 하이픈(-)이나 슬래시(/)를 이용하여 년, 월, 일을 구분한다.
② 날짜의 연도를 생략하고 월과 일만 입력하면 자동으로 현재 연도가 추가된다.
③ 날짜의 연도를 두 자리로 입력할 때 연도가 30 이상이면 1900년대로 인식하고, 29 이하이면 2000년대로 인식한다.
④ Ctrl + Shift + ; 을 누르면 오늘 날짜가 입력된다.

Ctrl + Shift + ; 을 누르면 시간이 입력됨

상 중 하

27 다음 중 조건부 서식 설정을 위한 [새 서식 규칙] 대화 상자의 '규칙 유형 선택' 항목에 해당하지 않는 것은?

① 임의의 날짜를 기준으로 셀의 서식 지정
② 셀 값을 기준으로 모든 셀의 서식 지정
③ 다음을 포함하는 셀만 서식 지정
④ 고유 또는 중복 값만 서식 지정

규칙 유형 선택에 '임의의 날짜를 기준으로 셀의 서식 지정'은 지원되지 않음

상 중 하

28 다음 중 [상태 표시줄 사용자 지정]에서 선택할 수 있는 자동 계산으로 옳은 것은?

합격 강의

① 특수 기호 셀 수 : 선택한 영역 중 특수 기호 데이터가 입력된 셀의 수
② 숫자 셀 수 : 선택한 영역 중 숫자 데이터가 입력된 셀의 수
③ 문자 셀 수 : 선택한 영역 중 문자 데이터가 입력된 셀의 수
④ 수식 셀 수 : 선택한 영역 중 수식 데이터가 입력된 셀의 수

상태 표시줄 : 평균, 개수, 숫자 셀 수, 최소값, 최대값, 합계를 선택하면 자동으로 계산되어 나타남

상 중 하

29 다음 중 카메라 기능에 대한 설명으로 옳지 않은 것은?

① 카메라 기능은 특정한 셀 범위를 그림으로 복사하여 붙여넣는 기능이다.
② 카메라 기능을 이용하여 셀 범위를 복사한 경우 그림으로 복사한 셀에 입력된 내용이 변경되면 그림에 표시되는 텍스트도 자동으로 변경된다.
③ 카메라 기능을 이용하여 복사된 그림은 일반 그림과 같이 취급하여 그림자 효과를 줄 수 있다.
④ 카메라 기능을 이용하려면 [삽입] 탭-[일러스트레이션] 그룹에서 [카메라] 버튼을 클릭하여 실행한다.

- [카메라] 기능은 [삽입] 탭-[일러스트레이션] 그룹에서 지원되는 기능이 아니고, 빠른 실행 도구 모음에 추가한 다음 사용함
- [Excel 옵션]-[빠른 실행 도구 모음]-[명령 선택]에서 [리본 메뉴에 없는 명령]을 선택한 후 [카메라] 도구를 찾아 선택하고 [추가]한 다음 [확인]을 클릭하면 빠른 실행 도구 모음에 추가됨

상 중 하

30 다음 중 수식의 결과가 나머지 셋과 다른 것은?

합격 강의

① =ABS(INT(-3/2))
② =MOD(-3,2)
③ =ROUNDUP(RAND(),0)
④ =FACT(1.9)

-3/2의 결과인 -1.5는 INT(가장 가까운 정수로 내림, 음수는 0에서 먼 방향으로 내림)에 의해 -2가 되고 ABS(절대값)가 적용되어 2가 됨

오답 피하기

- ② =MOD(-3,2) : -3을 2로 나눈 나머지를 구하므로 결과는 1이 됨
- ③ =ROUNDUP(RAND(),0) : 0과 1사이에 발생한 난수를 자리 올림하여 결과는 1이 됨
- ④ =FACT(1.9) : 소수점 이하는 무시하고 1의 계승값을 구하므로 결과는 1이 됨

정답 26 ④ 27 ① 28 ② 29 ④ 30 ①

31 다음 중 데이터를 분석하기 위한 부분합에 대한 설명으로 옳지 않은 것은?

① 부분합은 SUBTOTAL 함수를 사용하여 합계나 평균 등의 요약 함수를 계산한다.
② 첫 행에는 열 이름표가 있어야 하며 부분합을 구하려는 항목을 기준으로 정렬한다.
③ 부분합을 제거하면 부분합과 함께 표에 삽입된 개요 및 페이지 나누기도 제거된다.
④ 같은 열에 있는 자료에 대하여 여러 개의 함수를 중복하여 사용할 수 없다.

- 같은 열에 있는 자료에 대하여 여러 개의 함수를 중복하여 사용할 수 있음
- 새로운 값으로 대치 : 여러 함수를 이용하여 부분합을 만들 경우 이 항목의 선택을 해제함

32 다음 중 시나리오에 대한 설명으로 옳지 않은 것은?

① 시나리오는 별도의 파일로 저장하고 자동으로 바꿀 수 있는 값의 집합이다.
② 시나리오를 사용하여 워크시트 모델의 결과를 예측할 수 있다.
③ 여러 시나리오를 비교하기 위해 시나리오를 한 페이지의 피벗 테이블로 요약할 수 있다.
④ 시나리오 피벗 테이블 보고서에는 결과 셀이 반드시 있어야 한다.

시나리오는 변경 셀로 지정한 셀에 계산식이 포함되어 있으면 자동으로 상수로 변경되어 시나리오가 작성되지만 별도의 파일로 저장되지는 않음

33 다음 중 데이터를 정렬할 때 정렬 옵션으로 설정할 수 있는 사항이 아닌 것은?

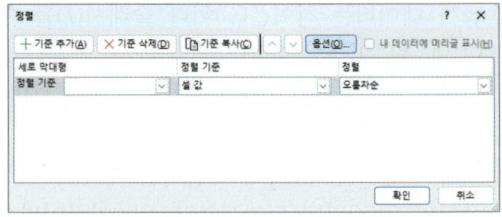

① 문자/숫자 우선순위
② 대/소문자 구분 여부
③ 정렬 방향 : 위쪽에서 아래쪽
④ 정렬 방향 : 왼쪽에서 오른쪽

정렬 옵션 : 대/소문자 구분, 위쪽에서 아래쪽, 왼쪽에서 오른쪽

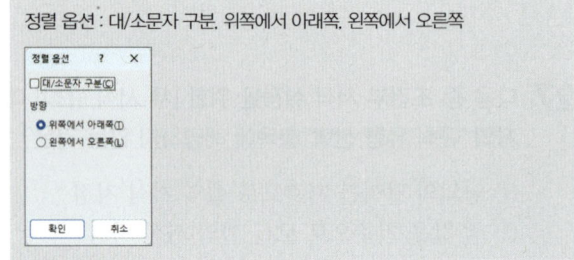

34 다음 중 괄호 안에 해당하는 바로 가기 키로 옳은 것은?

통합 문서 내에서 (ㄱ)키는 다음 워크시트로 이동, (ㄴ)키는 이전 워크시트로 이동할 때 사용된다.

① (ㄱ) Home , (ㄴ) Ctrl + Home
② (ㄱ) Ctrl + Page Down , (ㄴ) Ctrl + Page Up
③ (ㄱ) Ctrl + ← , (ㄴ) Ctrl + →
④ (ㄱ) Shift + ↑ , (ㄴ) Shift + ↓

Ctrl + Page Up / Ctrl + Page Down : 활성 시트의 앞/뒤 시트로 이동함

오답 피하기
- ① Home : 해당 행의 A열로 이동함, Ctrl + Home : 워크시트의 시작 셀(A1)로 이동함
- ③ Ctrl + ← : 현재 영역의 좌측 마지막 셀로 이동함, Ctrl + → : 현재 영역의 우측 마지막 셀로 이동함
- ④ Shift + ↑ : 위쪽으로 범위가 설정됨, Shift + ↓ : 아래쪽으로 범위가 설정됨

정답 31 ④ 32 ① 33 ① 34 ②

35. 다음 중 아래의 예처럼 천 단위 데이터를 빠르게 입력하기 위해 [Excel 옵션]-[고급]에서 설정해야 하는 작업으로 옳은 것은?

> 예) 1을 입력하면 1000, 2를 입력하면 2000, 3을 입력하면 3000, 11을 입력하면 11000, 22를 입력하면 22000으로 표시된다.

① 자동 % 입력 사용
② 소수점 자동 삽입
③ 셀에서 직접 편집
④ 셀 내용을 자동 완성

> 천 단위 데이터를 빠르게 입력 : [파일] 탭-[옵션]-[Excel 옵션]-[고급]-[소수점 자동 삽입]에서 [소수점 위치]를 -3으로 설정함 예) [소수점 위치]가 -3으로 설정되었기 때문에 1을 입력하면 1000으로 표시됨

36. 다음 중 엑셀에서 특수문자나 한자를 입력하는 경우 그에 대한 설명으로 틀린 것은?

① 특수문자는 한글 자음 중 하나를 입력한 후 [한자]를 누르면 하단에 특수문자 목록이 표시된다.
② 한글 자음 모두 하단에 표시되는 특수문자가 동일하므로 아무 자음을 입력해도 된다.
③ "한"과 같이 한자의 음이 되는 글자를 한 글자 입력한 후 [한자]를 누르면 하단에 해당 글자에 대한 한자 목록이 표시된다.
④ "대한민국"을 입력한 후 바로 마우스로 블록을 설정하고 [한자]를 누르면 [한글/한자 변환] 대화 상자가 나타나며 "大韓民國"을 선택하여 한 번에 변환시킬 수 있다.

> 자음마다 특수문자가 모두 다름

37. 아래 시트에서 주민등록번호의 여덟 번째 문자가 '1' 또는 '3'이면 '남', '2' 또는 '4'이면 '여'로 성별 정보를 알 수 있다. 다음 중 성별을 계산하기 위한 [D2] 셀의 수식으로 옳지 않은 것은?(단, [F2:F5] 영역은 숫자 데이터임)

	A	B	C	D	E	F	G
1	번호	성명	주민등록번호	성별		코드	성별
2	1	이경훈	940209-1******	남		1	남
3	2	서정연	920305-2******	여		2	여
4	3	이정재	971207-1******	남		3	남
5	4	이준호	990528-1******	남		4	여
6	5	김지수	001128-4******	여			

① =IF(OR(MID(C2, 8, 1)="2", MID(C2, 8, 1)="4"), "여", "남")
② =CHOOSE(VALUE(MID(C2, 8, 1)), "남", "여", "남", "여")
③ =VLOOKUP(VALUE(MID(C2, 8, 1)), $F$2:$G$5, 2, 0)
④ =IF(MOD(VALUE(MID(C2, 8, 1)), 2)=0, "남", "여")

> - 주민등록번호의 여덟 번째 문자가 '1' 또는 '3'이면 '남' : 2로 나눈 나머지가 1이 됨
> - 주민등록번호의 여덟 번째 문자가 '2' 또는 '4'이면 '여' : 2로 나눈 나머지가 0이 됨
> - ④ =IF(MOD(VALUE(MID(C2, 8, 1)), 2)=0, "남", "여") : [C2] 셀의 주민등록번호 8번째 문자를 2로 나눈 나머지가 0이면 "남", 아니면 "여"이므로 순서가 옳지 않음
> - 따라서, ④는 =IF(MOD(VALUE(MID(C2, 8, 1)), 2)=0, "여", "남")처럼 수정하면 올바른 결과가 산출됨

형식	=IF(조건, 값1, 값2)
기능	조건이 참이면 값1, 거짓이면 값2를 반환함
사용 예	=IF(MOD(VALUE(MID(C2, 8, 1)), 2)=0, "여", "남")
의미	[C2]셀의 주민등록번호 여덟 번째 문자를 2로 나눈 나머지가 0이면 "여", 아니면 "남"을 결과로 산출함

오답 피하기
- ① =IF(OR(MID(C2, 8, 1)="2", MID(C2, 8, 1)="4"), "여", "남")
  → 주민등록번호 8번째 문자가 "2" 또는 "4"인 경우 "여", 아니면 "남"
- ② =CHOOSE(VALUE(MID(C2, 8, 1)), "남", "여", "남", "여")
  → 주민등록번호 8번째 문자가 1이면 "남", 2이면 "여", 3이면 "남", 4이면 "여"
- ③ =VLOOKUP(VALUE(MID(C2, 8, 1)), $F$2:$G$5, 2, 0)
  → 주민등록번호 8번째 문자를 [$F$2:$G$5] 범위에서 첫 코드열의 값과 일치하는 값을 찾아 2열(성별)의 같은 행에 있는 성별을 검색함

38 다음 중 아래 차트에 대한 설명으로 옳지 않은 것은?

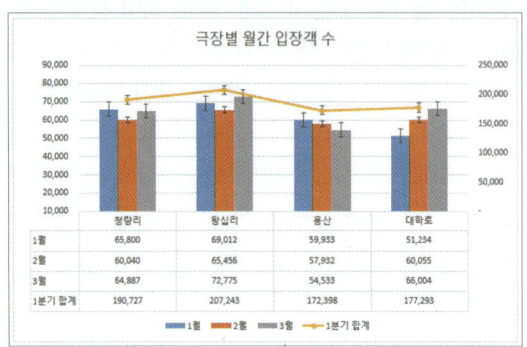

① 계열 옵션에서 '간격 너비'가 0%로 설정되어 있다.
② 범례 표지 없이 데이터 테이블이 표시되어 있다.
③ '1월', '2월', '3월' 계열에 오차 막대가 표시되어 있다.
④ '1분기 합계' 계열은 '보조 축'으로 지정되어 있다.

- 계열 옵션에서 '간격 너비'가 0%로 설정되어 있지 않음
- 계열 옵션에서 '간격 너비'가 0%로 설정되어 있는 경우 아래처럼 표시됨

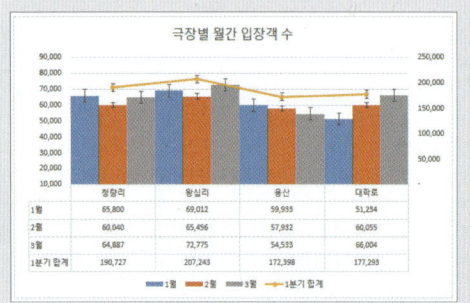

오답 피하기

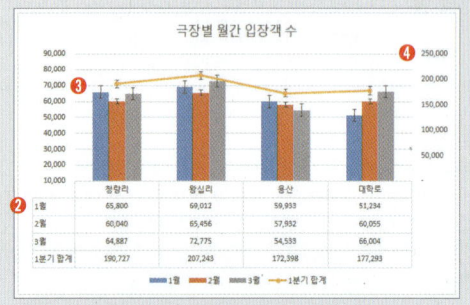

- ② : 범례 표지 없이 데이터 테이블이 표시되어 있음
- ③ : '1월', '2월', '3월' 계열에 오차 막대가 표시되어 있음
- ④ : '1분기 합계' 계열은 '보조 축'으로 지정되어 있음

39 다음 중 서식 코드를 셀의 사용자 지정 표시 형식으로 설정한 경우 입력 데이터와 표시 결과가 옳지 않은 것은?

	서식 코드	입력 데이터	표시
ⓐ	# ???/???	3.75	3 3/4
ⓑ	0,00#,	-6789	-0.007
ⓒ	*-#,##0	6789	*----6789
ⓓ	▲#;▼#;0	-6789	▼6789

① ⓐ
② ⓑ
③ ⓒ
④ ⓓ

셀의 빈 열 폭 만큼 원하는 문자를 넣을 때 *를 이용하여 * 다음에 원하는 문자를 위치시키므로 ⓒ의 결과는 ----6,789로 표시됨

오답 피하기

- # : 유효 자릿수만 나타내고 유효하지 않은 0은 표시하지 않음
- 0 : 유효하지 않은 자릿수를 0으로 표시함
- ? : 유효하지 않은 자릿수를 공백으로 표시함
- , : 천 단위 구분 기호로 쉼표를 삽입, (쉼표) 이후에 더 이상 코드가 없으면 천 단위 배수로 표시함
- ; : 양수, 음수, 0값을 세미콜론(;)으로 구분함
- ⓐ : #에 의해 3이 표시되며 0.75를 분수로 나타내어 3/4가 표시됨
- ⓑ : ,(쉼표) 이후 코드가 없으므로 -6789를 천 단위 배수로 표시하여 -6 이 남고 반올림되어 -0.007이 표시됨
- ⓓ : -6789가 음수이므로 ▼#;이 적용되어 ▼6789가 표시됨

40 다음 중 피벗 테이블과 피벗 차트에 대한 설명으로 옳지 않은 것은?

① 새 워크시트에 피벗 테이블을 생성하면 보고서 필터의 위치는 [A1] 셀, 행 레이블은 [A3] 셀에서 시작한다.
② 피벗 테이블과 연결된 피벗 차트가 있는 경우 피벗 테이블에서 [피벗 테이블 분석]의 [모두 지우기] 명령을 사용하면 피벗 테이블과 피벗 차트의 필드, 서식 및 필터가 제거된다.
③ 하위 데이터 집합에도 필터와 정렬을 적용하여 원하는 정보만 강조할 수 있으나 조건부 서식은 적용되지 않는다.
④ [피벗 테이블 옵션] 대화 상자에서 오류값을 빈 셀로 표시하거나 빈 셀에 원하는 값을 지정하여 표시할 수도 있다.

하위 데이터 집합에도 필터와 정렬을 적용하여 원하는 정보만 강조할 수 있으며 조건부 서식 역시 적용 가능하므로 데이터를 시각적으로 탐색 및 분석할 수 있음

정답 38 ① 39 ③ 40 ③

3과목 데이터베이스 일반

41 다음 중 주어진 [학생] 테이블을 참조하여 아래의 SQL문을 실행한 결과로 옳은 것은?

```
SELECT AVG(나이) FROM 학생
WHERE 전공 NOT IN ('수학', '회계');
```

[학생] 테이블

학번	전공	학년	나이
100	국사	4	21
150	회계	2	19
200	수학	3	30
250	국사	3	31
300	회계	4	25
350	수학	2	19
400	국사	1	23

① 25　　② 23　　③ 21　　④ 19

SELECT AVG(나이) FROM 학생 WHERE 전공 NOT IN ('수학', '회계'); → 학생 테이블에서 전공이 '수학'과 '회계'가 아닌 나이의 평균(AVG)을 구함. 따라서 21, 31, 23의 평균인 25가 결과가 됨

오답 피하기
- SELECT 열리스트 FROM 테이블명 WHERE 조건 : 테이블에서 조건에 만족하는 열을 검색
- IN(값1, 값2, …) : 목록 안에 값(값1, 값2, …)을 검색
- NOT : 부정, "~이 아니다"를 의미
- AVG(필드명) : 필드의 평균을 구함

42 다음 중 Access 파일에 암호를 설정하는 방법으로 옳은 것은?

① [데이터베이스 압축 및 복구] 도구에서 파일 암호를 설정할 수 있다.
② 데이터베이스를 단독 사용 모드(단독으로 열기)로 열어야 파일 암호를 설정할 수 있다.
③ 데이터베이스를 MDE 형식으로 저장한 후 파일을 열어야 파일 암호를 설정할 수 있다.
④ [Access 옵션] 창의 보안 센터에서 파일 암호를 설정할 수 있다.

- 데이터베이스 암호를 설정하거나 제거하려면 데이터베이스를 단독 사용 모드로 열어야 함
- 데이터베이스를 단독 사용 모드로 열려면 데이터베이스를 닫은 다음 [파일] 탭-[열기] 명령을 사용하여 다시 연 다음 [열기] 대화 상자에서 [열기] 단추 옆에 있는 화살표를 클릭한 후 [단독으로 열기]를 선택함

43 다음 중 테이블에서의 필드 이름 지정 규칙에 대한 설명으로 옳은 것은?

① 필드 이름의 첫 글자는 숫자로 시작할 수 없다.
② 테이블 이름과 동일한 이름을 필드 이름으로 지정할 수 없다.
③ 한 테이블 내에 동일한 이름의 필드를 2개 이상 지정할 수 없다.
④ 필드 이름에 문자, 숫자, 공백, 특수문자를 조합한 모든 기호를 포함할 수 있다.

테이블 내에서 필드 이름이 중복될 수는 없음

오답 피하기
- 필드 이름 첫 글자는 숫자로 시작할 수 있음
- 필드 이름과 테이블 이름은 동일하게 지정 가능함
- 마침표(.), 느낌표(!), 대괄호([ ])를 제외한 특수 기호나 숫자, 문자, 공백을 조합해서 사용할 수 있음
- 필드 이름은 공백을 포함하여 64자까지 지정할 수 있음
- 공백으로 시작하는 필드 이름은 줄 수 없음

44 다음 중 테이블 간의 관계 설정에서 일대일 관계가 성립하는 것은?

① 양쪽 테이블의 연결 필드가 모두 중복 불가능의 인덱스나 기본키로 설정되어 있는 경우
② 어느 한쪽의 테이블의 연결 필드가 중복 불가능의 인덱스나 기본키로 설정되어 있는 경우
③ 오른쪽 관련 테이블의 연결 필드가 중복 가능한 인덱스나 후보키로 설정되어 있는 경우
④ 양쪽 테이블의 연결 필드가 모두 중복 가능한 인덱스나 후보키로 설정되어 있는 경우

일대일 관계 성립 조건 : 양쪽 테이블의 연결 필드가 모두 중복 불가능의 기본키나 인덱스가 지정되어 있어야 함

45 다음 중 읽기 전용 폼을 만들기 위한 폼과 컨트롤의 속성 설정이 옳지 않은 것은?

① [편집 가능] 속성을 '아니오'로 설정한다.
② [삭제 가능] 속성을 '아니오'로 설정한다.
③ [잠금] 속성을 '아니오'로 설정한다.
④ [추가 가능] 속성을 '아니오'로 설정한다.

읽기 전용 폼을 만들기 위한 폼과 컨트롤의 속성 설정 중 [잠금] 속성은 '예'로 설정해야 함

정답 41 ① 42 ② 43 ③ 44 ① 45 ③

46 다음 중 보고서의 그룹화 및 정렬에 대한 설명으로 옳지 않은 것은?

① '그룹'은 머리글과 같은 소개 및 요약 정보와 함께 표시되는 레코드의 모음으로 그룹 머리글, 세부 레코드 및 그룹 바닥글로 구성된다.
② 그룹화할 필드가 날짜 데이터이면 전체 값(기본), 일, 주, 월, 분기, 연도 중 선택한 기준으로 그룹화할 수 있다.
③ Sum 함수를 사용하는 계산 컨트롤을 그룹 머리글에 추가하면 현재 그룹에 대한 합계를 표시할 수 있다.
④ 필드나 식을 기준으로 최대 5단계까지 그룹화할 수 있으며, 같은 필드나 식은 한 번씩만 그룹화할 수 있다.

보고서에서는 필드나 식을 최대 10단계까지 그룹화할 수 있음

47 다음 중 '영동1단지'에서 숫자로 된 단지 정보 '1'을 추출하기 위한 함수로 옳은 것은?

① left("영동1단지", 3)
② right("영동1단지", 3)
③ mid("영동1단지", 3, 1)
④ instr("영동1단지", 3, 1)

mid 함수는 문자열의 시작 위치에서 지정된 수의 문자를 표시하므로 『mid("영동1단지", 3, 1)』는 '영동1단지'의 3번째 문자(1)에서 문자 1개를 표시함 → 1

48 [성적] 테이블에서 '수행' 필드와 '지필' 필드를 더한 후 합계라는 이름으로 표시하고자 한다. 다음 중 SQL문의 괄호 안에 들어갈 내용으로 옳은 것은?

SELECT 수행+지필 (　　　) FROM 성적;

① NAME IS 합계
② ALIAS 합계
③ AS 합계
④ TO 합계

• AS : 필드나 테이블의 이름을 별명(Alias)으로 지정할 때 사용함
• AS 합계 : 수행+지필의 합을 합계라는 이름으로 구함

49 다음 중 서류 봉투에 초대장을 넣어 발송하려는 경우 우편물에 사용할 수신자의 주소를 프린트하기에 가장 적합한 보고서는?

① 업무 문서 양식 보고서
② 우편 엽서 보고서
③ 레이블 보고서
④ 크로스탭 보고서

레이블 보고서 : 우편 발송을 위해 편지 봉투에 붙일 주소 레이블을 작성하는 보고서

오답 피하기
• 업무 문서 양식 보고서 : 업무 문서 양식 마법사를 사용하여 거래 명세서, 세금 계산서를 작성하는 보고서
• 우편 엽서 보고서 : 우편 엽서 마법사를 사용하여 우편 발송을 위해 우편 엽서에 붙일 레이블을 작성하는 보고서
• 크로스탭 보고서 : 여러 개의 열로 이루어진 보고서로, 열마다 그룹의 머리글과 바닥글, 세부 구역 등이 각 열마다 표시됨

50 다음 중 SQL문의 각 예약어에 대한 설명으로 옳지 않은 것은?

① SQL문에서 검색 결과가 중복되지 않게 표시하기 위해서 'DISTINCT'를 입력한다.
② ORDER BY문을 사용할 때에는 HAVING절을 사용하여 조건을 지정한다.
③ FROM절에는 SELECT문에 나열된 필드를 포함하는 테이블이나 쿼리를 지정한다.
④ 특정 필드를 기준으로 그룹화하여 검색할 때에는 GROUP BY문을 사용한다.

GROUP BY문을 사용할 때에는 HAVING절을 사용하여 조건을 지정함

51 다음 중 테이블의 필드 속성에서 인덱스를 지정할 수 없는 데이터 형식은?

① 짧은 텍스트
② OLE 개체
③ Yes/No
④ 숫자

OLE 개체 데이터 형식의 필드에는 인덱스를 사용할 수 없음

정답 46 ④ 47 ③ 48 ③ 49 ③ 50 ② 51 ②

52 다음 중 키의 개념에 대한 설명으로 옳지 않은 것은?

① 후보키(Candidate Key)는 유일성과 최소성을 만족한다.
② 슈퍼키(Super Key)는 유일성은 가지지만 최소성을 가지지 않는 키이다.
③ 기본키(Primary Key)로 지정된 속성은 모든 튜플에 대해 널(Null)값을 가질 수 없다.
④ 외래키(Foreign Key)는 후보키 중에서 기본키로 정의되지 않은 나머지 후보키들을 말한다.

대체키(Alternate Key) : 후보키 중에서 기본키로 선택되지 않은 나머지 키

오답 피하기
외래키(Foreign Key) : 외래키가 다른 참조 테이블의 기본키일 때 그 속성키를 외래키라 함

53 아래와 같이 조회할 고객의 최소 나이를 입력받아 검색하는 매개 변수 쿼리를 작성하려고 한다. 다음 중 '나이' 필드의 조건식으로 옳은 것은?

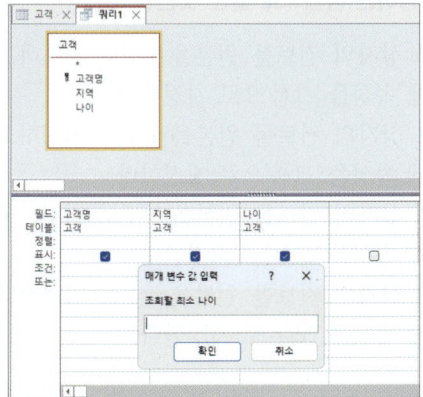

① >={조회할 최소 나이}
② >="조회할 최소 나이"
③ >=[조회할 최소 나이]
④ >=(조회할 최소 나이)

매개 변수 쿼리
• 실행할 때 레코드 검색 조건이나 필드에 삽입할 값과 같은 정보를 물어보는 쿼리
• 두 조건 이상의 쿼리 작성이 가능함
• 매개 변수 쿼리 시 [ ]를 사용함
• 조건란에 ">=[조회할 최소 나이]" 처럼 입력함

54 다음 두 개의 테이블 사이에서 외래키(Foreign Key)는 무엇인가?(단, 밑줄은 각 테이블의 기본키를 표시함)

직원(<u>사번</u>, 성명, 부서명, 주소, 전화, 이메일)
부서(<u>부서명</u>, 팀장, 팀원수)

① 직원 테이블의 사번
② 부서 테이블의 팀원수
③ 직원 테이블의 부서명
④ 부서 테이블의 팀장

외래키(FK : Foreign Key) : 외래키가 다른 참조 테이블(릴레이션)의 기본키(PK)일 때 그 속성키를 외래키라 함(직원 테이블의 부서명)

55 다음 중 테이블에서 입력 마스크를 "LA09?"로 설정한 경우 입력할 수 없는 값은?

① AA111
② A11
③ AA11
④ A111A

입력 마스크	L	A	0	9	?
입력 여부	필수	필수	필수	선택	선택
입력 가능값	A~Z, 한글	A~Z, 한글, 0~9	0~9	0~9, 공백	A~Z, 한글
①	A	A	1	1	1

입력 마스크의 마지막 ?는 A~Z, 한글만 허용되는 경우이므로 숫자 1이 입력될 수 없음

오답 피하기

입력 마스크	L	A	0	9	?
입력 여부	필수	필수	필수	선택	선택
입력 가능값	A~Z, 한글	A~Z, 한글, 0~9	0~9	0~9, 공백	A~Z, 한글
②	A	1	1		
③	A	A	1	1	
④	A	1	1	1	A

• ② : 9와 ?는 입력 여부가 선택이므로 입력값이 없어도 됨
• ③ : ?는 입력 여부가 선택이므로 입력값이 없어도 됨

56 폼의 머리글에 아래와 같은 도메인 함수 계산식을 사용하는 컨트롤을 삽입하였다. 다음 중 계산 결과값에 대한 설명으로 옳은 것은?

= DLOOKUP("성명", "사원", "[사원번호] = 1")

① 성명 테이블에서 사원 번호가 1인 데이터의 성명 필드에 저장되어 있는 값
② 성명 테이블에서 사원 번호가 1인 데이터의 사원 필드에 저장되어 있는 값
③ 사원 테이블에서 사원 번호가 1인 데이터의 성명 필드에 저장되어 있는 값
④ 사원 테이블에서 사원 번호가 1인 데이터의 사원 필드에 저장되어 있는 값

- 도메인 계산 함수의 구성 : =도메인 계산 함수(인수, 도메인, 조건식)
- DLookUp 함수 : 레코드 집합(도메인)의 특정 필드 값을 구함

57 다음 중 외부 데이터 가져오기 기능을 이용하여 액세스로 가져올 수 없는 데이터 형식은?

① Excel
② HTML
③ HWP 파일
④ 텍스트 파일

HWP 파일은 워드프로세서 문서로 엑세스에서 가져올 수 없음

58 다음 중 선택 쿼리에서 사용자가 지정한 패턴과 일치하는 데이터를 찾고자 할 때 사용되는 연산자는?

① Match
② Some
③ Like
④ Any

Like 조건을 사용하여 데이터 찾기
- ~와 "같은"의 의미로 쿼리에서 특정 패턴과 일치하는 값을 필드에서 찾을 수 있음
- 패턴의 경우 전체 값(예 Like "영진")을 지정하거나 와일드카드 문자를 사용하여 값 범위(예 Like "영*")를 찾을 수 있음
- Like "P[A-F]###" : P로 시작하고 그 뒤에 A에서 F 사이에 임의의 문자와 세 자리 숫자가 오는 데이터를 반환함

59 다음 중 개체 관계 모델(Entity Relationship Model)에 관한 설명으로 옳지 않은 것은?

① 개념적 설계에 가장 많이 사용되는 모델로 개체 관계도(ERD)가 가장 대표적이다.
② 개체집합과 관계집합으로 나누어서 개념적으로 표시하는 방식으로 특정 데이터베이스 관리 시스템(DBMS)을 고려한 것은 아니다.
③ 데이터를 개체(Entity), 관계(Relationship), 속성(Attribute)과 같은 개념으로 표시한다.
④ 개체(Entity)는 가상의 객체나 개념을 의미하고, 속성(Attribute)은 개체를 묘사하는 데 사용될 수 있는 특성을 의미한다.

개체(Entity)는 다른 것과 구분되는 개체로 단독으로 존재하는 실세계의 객체나 개념을 의미함

60 다음 중 보고서에서 순번 항목과 같이 그룹 내의 데이터에 대한 일련번호를 표시하기 위해 텍스트 상자 컨트롤의 속성을 설정하는 방법으로 옳은 것은?

① 텍스트 상자의 컨트롤 원본을 '=1'로 지정하고, 누적 합계 속성을 '그룹'으로 지정한다.
② 텍스트 상자의 컨트롤 원본을 '+1'로 지정하고, 누적 합계 속성을 '그룹'으로 지정한다.
③ 텍스트 상자의 컨트롤 원본을 '+1'로 지정하고, 누적 합계 속성을 '모두'로 지정한다.
④ 텍스트 상자의 컨트롤 원본을 '=1'로 지정하고, 누적 합계 속성을 '모두'로 지정한다.

텍스트 상자의 컨트롤 원본을 '=1'로 지정하고, 누적 합계 속성을 '그룹'으로 지정하면 그룹 내 데이터의 일련번호가 표시됨

정답 56 ③ 57 ③ 58 ③ 59 ④ 60 ①

2024년 상시 기출문제 04회

SELF CHECK : 제한시간 60분 | 소요시간   분 | 전체 문항 수 60문항 | 맞힌 문항 수   문항

1과목 컴퓨터 일반

01 다음 내용이 설명하는 운영체제의 운영 방식으로 옳은 것은?

> 지역적으로 여러 개의 컴퓨터를 연결해서 작업을 분담 처리하는 시스템으로 컴퓨터의 부담을 줄이며 일부의 시스템 고장 시에도 운영이 가능한 방식이다.

① 분산 처리 시스템
② 시분할 시스템
③ 다중 처리 시스템
④ 다중 프로그래밍 시스템

분산 처리 시스템 : 각 지역별로 발생된 자료를 분산 처리하는 방식으로 시스템의 과부하를 방지할 수 있으며 시스템의 안전성, 유연성, 신뢰성, 확장성 등에서 유리함. 클라이언트/서버(Client/Server) 시스템 등이 있음

오답 피하기
- 시분할 시스템 : CPU의 빠른 처리 속도를 이용하여 하나의 컴퓨터에서 여러 사용자의 작업을 다중으로 처리하는 방식
- 다중 처리 시스템 : 하나 또는 여러 개의 프로그램들을 여러 개의 프로세서로 동시에 처리하는 병렬 처리 방식으로, 대량의 데이터 처리에 이용
- 다중 프로그래밍 시스템 : 여러 개의 프로그램들을 동시에 처리하는 방식으로, CPU의 입출력 시간을 이용하여 여러 프로그램들을 순환 수행

02 다음 중 한글 Windows 10에서 파일이나 폴더 또는 프린터의 공유 기능에 관한 설명으로 옳지 않은 것은?

① 공유된 폴더의 아이콘에는 손 모양의 그림이 추가로 표시된다.
② 공유된 폴더에 대한 공유 이름을 부여할 수 있다.
③ 프린터는 네트워크 프린터의 경우에만 공유를 설정할 수 있다.
④ 네트워크 설정 마법사를 사용하여 자동으로 파일 및 프린터를 공유하거나 공유하지 않을 수 있다.

인터넷이나 네트워크에 연결된 프린터도 공유를 설정할 수 있음

03 다음 중 호스트나 라우터의 오류 상태 통지 및 예상치 못한 상황에 대한 정보를 제공할 수 있게 하는 인터넷 프로토콜로 옳은 것은?

① ICMP
② ARP
③ RARP
④ IP

ICMP(Internet Control Message Protocol) : 인터넷에서 오류에 관한 문제를 처리하고 지원하는 프로토콜로, 송신 호스트에 전달할 때 IP 패킷의 데이터 부분에 캡슐화함

오답 피하기
- ARP : IP 주소를 MAC 주소로 변환하는 프로토콜
- RARP : 물리적 하드웨어 주소를 IP로 변환하는 프로토콜
- IP : 명령이 올바로 전송되도록 하며 전달되지 못한 패킷은 재전송하는 프로토콜

04 다음 중 데이터 분산 처리 기술을 이용한 '공공 거래 장부'로 비트코인, 이더리움 같은 가상 암호 화폐가 탄생한 기반 기술이며 거래할 때 발생할 수 있는 불법적인 해킹을 막는 기술로 옳은 것은?

① 핀테크(FinTech)
② 블록체인(Block Chain)
③ 전자봉투(Digital Envelope)
④ 암호화 파일 시스템(Encrypting File System)

블록체인(Block Chain) : '공공 거래 장부'로 불리며 데이터를 블록이라는 형태로 분산시켜 저장하고 각 블록을 체인으로 묶는 방식으로 임의로 수정이 불가능한 분산 컴퓨터 기반의 기술

오답 피하기
- 핀테크(FinTech) : '금융(Finance)'과 '기술(Technology)'의 합성어로 기존 정보기술을 금융업에 도입 및 융합시킨 것으로 핀테크에는 단순 결제 서비스나 송금, 대출 및 주식 업무, 모바일 자산 관리 등 다양한 종류가 있음
- 전자봉투(Digital Envelope) : 전자서명의 확장 개념으로 데이터를 비밀키로 암호화하고 비밀키를 수신자의 공개키로 암호화하여 전달하는 방식으로 기밀성(Confidentiality)까지 보장함
- 암호화 파일 시스템(Encrypting File System) : NTFS 버전 3.0부터 지원되는 파일 시스템 암호화 기능으로 파일이나 폴더를 암호화하여 보호할 수 있음

정답 01 ① 02 ③ 03 ① 04 ②

05 다음 중 프로그램 카운터(PC)의 기능에 대한 설명으로 옳은 것은?

① 수행해야 할 명령어를 해석하여 부호기로 전달하는 회로이다.
② 다음에 수행할 명령어의 번지(주소)를 기억하는 레지스터이다.
③ 현재 수행 중인 명령어를 기억하는 레지스터이다.
④ 중간 연산 결과를 일시적으로 기억하는 레지스터이다.

> 오답 피하기
> • ① : 명령 해독기(Instruction Decoder)
> • ③ : 명령 레지스터(IR: Instruction Register)
> • ④ : 누산기(ACCumulator)

06 다음 중 클럭 주파수에 대한 설명으로 옳지 않은 것은?

① 컴퓨터는 전류가 흐르는 상태(ON)와 흐르지 않는 상태(OFF)가 반복되어 작동하는데, ON/OFF의 전류 흐름에 의해 CPU는 작동한다. 이 전류의 흐름을 클럭 주파수(Clock Frequency)라 하고, 줄여서 클럭(Clock)이라고 한다.
② 클럭의 단위는 MHz를 사용하는데 1MHz는 1,000,000Hz를 의미하며, 1Hz는 1초 동안 1,000번의 주기가 반복되는 것을 의미한다.
③ CPU가 기본적으로 클럭 주기에 따라 명령을 수행한다고 할 때, 이 클럭 값이 높을수록 CPU는 빠르게 일을 하고 있는 것으로 볼 수 있다.
④ 클럭 주파수를 높이기 위해 메인보드로 공급되는 클럭을 CPU 내부에서 두 배로 증가시켜 사용하는 클럭 더블링(Clock Dubling)이란 기술이 486 이후부터 사용되었다.

> 1Hz는 1초 동안 1번의 주기가 반복되는 것을 의미함

07 다음 중 컴퓨터에서 사용하는 모니터에 관한 설명으로 옳지 않은 것은?

① 모니터 해상도는 픽셀(Pixel) 수에 따라 결정된다.
② 모니터 크기는 화면의 가로와 세로 길이를 더한 값이다.
③ 재생률(Refresh Rate)이 높을수록 모니터의 깜박임이 줄어든다.
④ 플리커프리(Flicker Free)가 적용된 모니터의 경우 눈의 피로를 줄일 수 있다.

> 모니터 크기는 화면의 대각선의 길이를 인치(Inch) 단위로 표시함

08 다음 중 컴퓨터에서 사용하는 캐시 메모리에 관한 설명으로 옳은 것은?

① 중앙 처리 장치와 주기억 장치 사이에 위치하여 컴퓨터의 처리 속도를 향상시킨다.
② 주로 DRAM이 캐시 메모리로 사용된다.
③ 보조 기억 장치의 일부를 주기억 장치처럼 사용하는 메모리이다.
④ 주기억 장치의 용량보다 큰 프로그램을 로딩하여 실행할 경우에 사용된다.

> 캐시 메모리(Cache Memory) : CPU와 주기억 장치 사이에 있는 고속의 버퍼 메모리, 자주 참조되는 데이터나 프로그램을 메모리에 저장, 메모리 접근 시간을 감소시키는 데 그 목적이 있음, RAM의 종류 중 SRAM이 캐시 메모리로 사용됨
>
> 오답 피하기
> ③, ④ : 가상 메모리(Virtual Memory)에 대한 설명임

09 다음 중 인터넷 주소 체계에서 IPv6에 대한 설명으로 옳지 않은 것은?

① 16비트씩 8부분으로 구성되며 총 128비트이다.
② IPv4의 주소 부족 문제를 해결하기 위해서 개발되었다.
③ 16진수의 숫자를 콜론(:)으로 구분하여 표시한다.
④ 웹 캐스팅이나 모바일 IP로 사용이 어렵다.

> 웹 캐스팅이나 모바일 IP로 사용이 가능함

정답 05 ② 06 ② 07 ② 08 ① 09 ④

10 다음 중 한글 Windows의 실행 창에서 실행되는 프로그램으로 옳게 짝지어진 것은?

① explorer : 엣지
② msconfig : 시스템 구성 유틸리티
③ taskmgr : 시스템 정보
④ msinfo32 : 작업 관리자

> 오답 피하기
> - explorer : 파일 탐색기
> - taskmgr : 작업 관리자
> - msinfo32 : 시스템 정보

11 다음 중 하드웨어나 소프트웨어를 비교, 검사하여 성능을 평가하기 위해 실제로 사용되는 조건과 같은 환경에서 처리 능력을 테스트하는 것은?

① 베타 버전
② 알파 버전
③ 벤치마크
④ 번들

> 오답 피하기
> - 베타 버전 : 정식 프로그램을 발표하기 전에 테스트를 목적으로 일반인에게 공개하는 프로그램
> - 알파 버전 : 베타 테스트를 하기 전에 제작 회사 내에서 테스트할 목적으로 제작하는 프로그램
> - 번들 : 특정한 하드웨어나 소프트웨어를 구매하였을 때 끼워주는 소프트웨어

12 다음 중 데이터 보안 침해 형태 중 위협 보안 요건으로 옳은 것은?

① 가로막기(Interruption) : 정보의 기밀성(Secrecy) 저해
② 가로채기(Interception) : 정보의 무결성(Integrity) 저해
③ 변조/수정(Modification) : 정보의 무결성(Integrity) 저해
④ 위조(Fabrication) : 정보의 가용성(Availability) 저해

> 오답 피하기
> - ① 가로막기(Interruption) : 정보의 가용성(Availability) 저해
> - ② 가로채기(Interception) : 정보의 기밀성(Secrecy) 저해
> - ④ 위조(Fabrication) : 정보의 무결성(Integrity) 저해

13 다음 중 입력 장치에 대한 설명으로 옳은 것은?

① MICR : 자성 재료의 미립자를 함유한 특수 잉크로 기록된 숫자나 기호를 감지하여 판독하는 장치로, 수표나 어음 등에 이용한다.
② OMR : 문서에 인자된 문자를 광학적으로 판독하는 장치로, 공공요금 청구서 등에 이용된다.
③ OCR : 카드나 용지의 특정 장소에 연필이나 펜 등으로 표시한 것을 직접 광학적으로 판독하는 장치로, 시험 답안용, 설문지용으로 이용된다.
④ BCR : 백화점, 쇼핑 센터 등의 공공장소에 설치된 무인 자동화 정보 안내 시스템으로 터치 스크린 방식을 이용한다.

> 오답 피하기
> - ② 광학 마크 판독기(OMR : Optical Mark Reader) : 카드나 용지의 특정 장소에 연필이나 펜 등으로 표시한 것을 직접 광학적으로 판독하는 장치로, 시험 답안용, 설문지용으로 이용됨
> - ③ 광학 문자 판독기(OCR : Optical Character Reader) : 문서의 문자를 광학적으로 판독하는 장치로, 공공요금 청구서 등에 이용됨
> - ④ 바코드 판독기(BCR : Bar Code Reader) : 바코드를 판독하여 컴퓨터 내부로 입력하는 장치로 POS 시스템에 이용됨
> - 키오스크(Kiosk) : 백화점, 쇼핑센터 등의 공공장소에 설치된 무인 자동화 정보 안내 시스템으로 터치스크린 방식을 이용함

14 다음 중 방화벽(Firewall)에 대한 설명으로 옳지 않은 것은?

① 권한이 없는 사용자가 네트워크를 통해 컴퓨터에 액세스하는 것을 방지한다.
② 해킹에 의한 외부로의 정보 유출을 막기 위해 사용한다.
③ 특정 프로그램에 대하여 연결 차단을 해제하기 위해 예외를 둘 수 있다.
④ 방화벽은 외부로부터의 불법적인 침입을 차단하고 내부의 해킹을 완전하게 막을 수 있다.

> 방화벽(Firewall) : 외부 네트워크에서 내부로 들어오는 패킷을 체크하여 인증된 패킷만 통과시키는 기능이므로 내부의 해킹은 막지 못함

15. 다음 중 멀티미디어 자료를 인터넷에서 실시간으로 전송받으면서 보거나 들을 수 있는 방식이 아닌 것은?

① 스트림웍스(Streamworks)
② 리얼 오디오(Real Audio)
③ 비디오 라이브(VDO Live)
④ 드림위버(Dreamweaver)

드림위버(Dreamweaver) : 홈페이지를 제작하기 위한 위지윅(WYSIWYG) 방식의 웹 에디터(Web Editor)용 프로그램

오답 피하기

멀티미디어 자료를 인터넷을 이용하여 실시간으로 주고 받을 수 있는 서비스를 스트리밍 서비스라고 하며 멀티미디어 자료 제작 프로그램으로는 스트림웍스, 비디오 라이브, 리얼 오디오 등이 있음

16. 다음 중 컴퓨터 프로그래밍 언어와 관련하여 객체 지향 언어의 특징으로 옳지 않은 것은?

① 은닉화(Encapsulation)
② 구조화(Structured)
③ 상속(Inheritance)
④ 자료 추상화(Data Abstraction)

구조화(Structured) : 실행할 명령들을 순서대로 적는 방식을 말하는 것으로 절차 지향 언어(NOOP : Non Object-Oriented Programming)의 특징임

오답 피하기

추상화(Abstraction), 상속성(Inheritance), 캡슐화(Encapsulation), 다형성(Polymorphism), 오버로딩(Overloading), 은닉(Concealment) 등의 특징을 가짐

17. 다음 중 CD, HDTV 등에서 동영상을 표현하기 위한 국제 표준 압축 방식은?

① MPEG
② JPEG
③ GIF
④ PNG

MPEG : 음성과 영상을 압축하여 실시간 재생이 가능한 동영상 표준 압축 기술임

오답 피하기

JPEG, GIF, PNG : 정지 화상 파일 형식임

18. 다음 중 컴퓨터에서 사용하는 자료의 표현에 관한 설명으로 옳지 않은 것은?

① 보수는 컴퓨터에서 기본적으로 사용하는 덧셈 연산을 이용하여 뺄셈을 수행하기 위하여 사용한다.
② 실수 데이터는 정해진 크기에 부호, 지수부, 가수부 등으로 구분하여 표현한다.
③ 2진 정수 데이터는 실수 데이터보다 표현할 수 있는 범위가 크기 때문에 연산 속도가 빠르다.
④ 10진 연산을 위하여 언팩(Unpack)과 팩(Pack) 표현이 사용된다.

2진 정수 데이터(고정 소수점 연산)는 실수 데이터(부동 소수점 연산)보다 표현할 수 있는 범위가 작기 때문에 연산 속도가 빠름

19. 다음 중 터치 스크린(Touch Screen)의 작동 방식으로 옳지 않은 것은?

① 저항식
② 정전식
③ 광학식
④ 래스터 방식

래스터 방식(Raster Method) : 전자빔을 주사하여 미세한 점으로 분해하는 방법으로 음극선관(CRT) 등에서 화상을 만들 때 사용함

오답 피하기

- 저항식 : 투명한 전극 사이에 압력을 가하여 터치를 감지하는 방식
- 정전식 : 몸의 정전기를 이용하여 터치를 감지하는 방식
- 광학식 : 빛을 이용하여 터치를 감지하는 방식

20. 다음 중 한글 Windows 10의 레지스트리(Registry)에 대한 설명으로 가장 옳지 않은 것은?

① Windows에서 사용하는 환경 설정 및 각종 시스템과 관련된 정보가 저장되어 있는 데이터베이스이다.
② 레지스트리에 이상이 있을 경우 Windows 운영체제에 치명적인 손상이 생길 수 있다.
③ 레지스트리 파일은 Windows의 부팅 관련 파일과 시스템 관련 프로그램의 설정 파일로 구성되어 있다.
④ [실행]에서 "regedit" 명령으로 레지스트리 편집기를 실행할 수 있다.

레지스트리(Registry) : 시스템 구성 정보를 저장한 데이터베이스로, 운영체제 내에서 작동하는 모든 프로그램의 시스템 정보를 담고 있는 데이터베이스

정답 15 ④ 16 ② 17 ① 18 ③ 19 ④ 20 ③

2과목 스프레드시트 일반

21 다음 중 근무시간의 합계를 구하기 위해 [C7] 셀에 적용해야 할 사용자 지정 셀 서식으로 올바른 것은?

	A	B	C
1	사원명	날짜	근무시간
2	김선	2024-07-01	10:00
3		2024-07-02	10:00
4		2024-07-03	12:00
5		2024-07-04	8:00
6		2024-07-05	2:00
7	합계		42:00

① h:mm
② [h]:mm
③ hh:mm
④ h:mm;@

근무시간의 합계를 구하려면 [셀 서식]-[표시 형식] 탭의 [사용자 지정]에서 [h]:mm을 입력

22 다음 중 시나리오에 대한 설명으로 옳지 않은 것은?

① 시나리오 관리자에서 시나리오를 삭제하면 시나리오 요약 보고서의 해당 시나리오도 자동으로 삭제된다.
② 특정 셀의 변경에 따라 연결된 결과 셀의 값이 자동으로 변경되어 결과값을 예측할 수 있다.
③ 여러 시나리오를 비교하기 위해 시나리오를 피벗 테이블로 요약할 수 있다.
④ 변경 셀과 결과 셀에 이름을 지정한 후 시나리오 요약 보고서를 작성하면 결과에 셀 주소 대신 지정한 이름이 표시된다.

시나리오 관리자에서 시나리오를 삭제하더라도 시나리오 요약 보고서의 해당 시나리오가 자동적으로 삭제되지 않음

23 다음 중 윗주 기능에 대한 설명으로 옳지 않은 것은?

① 워크시트에 여러 개의 윗주가 있는 경우 임의의 윗주가 있는 셀에서 [윗주 필드 표시]를 설정하면 모든 윗주가 표시된다.
② 윗주는 [윗주 설정]에서 글꼴, 글꼴 스타일, 크기, 색을 변경할 수 있다.
③ 윗주는 셀에 입력된 문자열 데이터에 대한 뜻을 쉽게 표현하는 주석 기능을 한다.
④ 윗주가 있는 셀의 데이터를 삭제하면 윗주도 함께 삭제된다.

워크시트에 여러 개의 윗주가 있는 경우 임의의 윗주가 있는 셀에서 [윗주 필드 표시]를 설정하면 해당 윗주만 표시됨

24 다음 중 수식의 결과가 옳지 않은 것은?

① =ROUNDDOWN(89.6369,2) → 89.63
② =SQRT(9)*(INT(-2)+POWER(2,2)) → 6
③ =SUMPRODUCT({1,2,3},{4,5,6}) → 126
④ =DAYS("2024-1-1","2024-12-31") → -365

- =SUMPRODUCT({1,2,3},{4,5,6}) → 32
- 배열 또는 범위의 대응되는 값끼리 곱해서 그 합을 구하므로 1×4+2×5+3×6=32가 됨

오답 피하기

① =ROUNDDOWN(89.6369,2) → 89.63
- ROUNDDOWN(수1, 수2) : 수1을 무조건 내림하여 수2만큼 반환하므로 =ROUNDDOWN(89.6369,2)는 89.63이 됨

② =SQRT(9)*(INT(-2)+POWER(2,2)) → 6
- SQRT(수) : 수의 양의 제곱근을 구하므로 SQRT(9)는 3이 됨
- INT(수) : 소수점 아래를 버리고 가장 가까운 정수로 내리므로 INT(-2)는 -2가 됨
- POWER(수1, 수2) : 수1을 수2만큼 거듭제곱한 값을 구하므로 POWER(2,2)는 4가 됨
- 따라서 3*((-2)+4)이므로 결과는 6이 됨

④ =DAYS("2024-1-1","2024-12-31") → -365
- DAY(종료날짜, 시작날짜) : 두 날짜 사이의 일 수를 반환하므로 =DAYS("2024-1-1","2024-12-31")은 -365가 됨

25 다음은 매크로를 Visual Basic Editor로 본 것이다. 이 매크로에 대한 설명으로 옳지 않은 것은?

```
Selection.Font.Italic = True
With Selection
    .VerticalAlignment = xlCenter
    .WrapText = False
    .Orientation = 0
    .AddIndent = True
    .IndentLevel = 2
    .ShrinkToFit = False
    .MergeCells = True
End With
With Selection.Font
    .Name = "돋움"
    .Size = 14
    .Strikethrough = False
    .Superscript = False
    .Subscript = False
    .Outline = False
    .Shadow = False
    .Underline = xlUnderlineStyleNone
    .ColorIndex = xlAutomatic
End With
```

① 여러 개의 셀을 선택하고 매크로를 실행하면 선택된 셀들이 하나로 병합된다.
② 글꼴 스타일은 기울임꼴로 설정된다.
③ 매크로 실행 후 셀의 가로 텍스트 맞춤은 가운데로 정렬된다.
④ 글꼴 크기는 14로 설정된다.

- .VerticalAlignment = xlCenter이므로 수직(세로) 정렬이 가운데로 정렬됨
- 수평(가로) 정렬을 가운데로 정렬하기 위해서는 .HorizontalAlignment = xlCenter로 해야 됨

오답 피하기
- ① : '.MergeCells = True' 부분
- ② : 'Italic = True'가 기울임꼴 부분
- ④ : '.Size = 14' 부분

26 다음 중 원형 차트에 대한 설명으로 옳은 것은?

① 원형 대 꺾은선형 차트 형식을 지원한다.
② 원형 차트는 쪼개진 원형으로 표시할 수 있다.
③ 원형 차트는 데이터 테이블을 표시할 수 있다.
④ 원형 차트는 하나의 축으로 표시할 수 있다.

원형 차트는 쪼개진 원형으로 표시할 수 있음

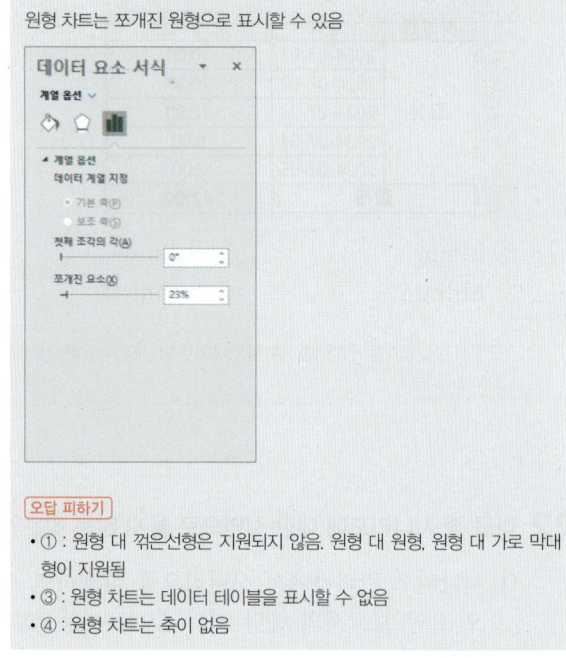

오답 피하기
- ① : 원형 대 꺾은선형은 지원되지 않음. 원형 대 원형, 원형 대 가로 막대형이 지원됨
- ③ : 원형 차트는 데이터 테이블을 표시할 수 없음
- ④ : 원형 차트는 축이 없음

27 다음 중 '#VALUE!' 오류가 발생하는 원인으로 옳은 것은?

① 0으로 나누기 연산을 시도한 경우
② 셀 참조를 잘못 사용한 경우
③ 찾기 함수에서 결과값을 찾지 못한 경우
④ 수식에서 잘못된 인수나 피연산자를 사용한 경우

오답 피하기
① : #DIV/0!, ② : #REF!, ③ : #N/A

정답 25 ③ 26 ② 27 ④

28 다음 중 아래 워크시트처럼 [B2:B4] 영역의 전자우편 주소에서 '@' 앞의 아이디(ID)를 추출하여 대문자로 표시하고자 할 때 [C2] 셀에 입력할 수식으로 옳은 것은?

	A	B	C
1	성명	전자우편	아이디(ID)
2	김선	sun@naver.com	SUN
3	이대한	daehan@youngjin.com	DAEHAN
4	한상공	sanggong@youngjin.com	SANGGONG

① =UPPER(LEFT(B2,SEARCH(B2,"@")-1))
② =UPPER(MID(B2,SEARCH(B2,"@")-1))
③ =UPPER(LEFT(B2,SEARCH("@",B2)-1))
④ =UPPER(MID(B2,SEARCH("@",B2)-1))

> =UPPER(LEFT(B2,SEARCH("@",B2)-1))
> • UPPER(문자열) : 문자열을 모두 대문자로 변환함
> • LEFT(문자열, 개수) : 문자열의 왼쪽에서 지정한 개수만큼 문자를 추출함
> • SEARCH(찾을 텍스트, 문자열, 시작 위치) : 문자열에서 찾을 텍스트의 시작 위치를 반환함(시작 위치 생략 시 1로 간주함)
> • 따라서 =SEARCH("@",B2)는 4가 되고 -1을 하여 LEFT(B2,3)의 결과인 sun를 UPPER에 의해서 대문자 SUN으로 변환함

29 다음 중 부분합에 대한 설명으로 옳지 않은 것은?

① 항목 및 하위 항목별로 데이터를 요약하며, 사용자 지정 계산과 수식을 만들 수 있다.
② 첫 행에는 열 이름표가 있어야 하며, 데이터는 그룹화할 항목을 기준으로 정렬되어 있어야 한다.
③ 부분합은 SUBTOTAL 함수를 사용하여 합계나 평균 등의 요약값을 계산한다.
④ 부분합을 제거하면 부분합과 함께 표에 삽입된 개요 및 페이지 나누기도 제거된다.

> 사용자 지정 계산과 수식을 만들 수 없음

30 다음 중 두 개의 데이터 집합에서 최적의 조합을 찾고자 할 때 유용한 차트는?

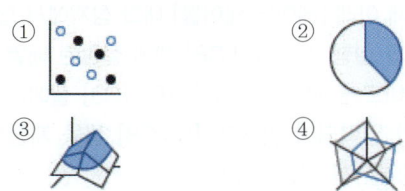

> 표면형 : 두 데이터 집합 간의 최적 조합을 찾을 때 유용함
>
> 오답 피하기
> • ① 분산형 : 데이터의 불규칙한 간격이나 묶음을 보여줄 때 사용
> • ② 원형 : 전체에 대한 각 값의 기여도를 표시할 때 사용
> • ④ 방사형 : 각 항목마다 가운데 요소에서 뻗어나온 값 축을 갖고, 선은 같은 계열의 모든 값을 연결할 때 사용

31 다음 중 [매크로 기록] 대화 상자에서 설정할 수 있는 기능으로 옳지 않은 것은?

① 매크로 이름
② 바로 가기 키
③ 매크로 저장 위치
④ 매크로 보안

> • [매크로 기록] 대화 상자에서 [매크로 보안] 설정 기능은 지원되지 않음
> • [매크로 보안] : [개발 도구] 탭-[코드] 그룹-[매크로 보안]-[보안 센터]에서 설정함

32 다음의 워크시트는 [데이터 표]를 이용하여 가중치에 따라 성적을 계산하는 것이다. [C4:C8] 셀에 데이터를 채우려고 할 때 아래 [데이터 테이블] 대화 상자에서 입력되어야 할 값과 실행 결과 [C4:C8] 셀에 설정된 배열 수식이 모두 올바르게 짝지어진 것은?(단, [C3] 셀에는 수식 '=D2*A2'가 입력되어 있으며, [B3:C8] 셀을 지정한 후 [데이터 표] 메뉴를 실행한다.)

① 입력값 : [행 입력 셀] → $A$2, 설정값 → {=TABLE(A2,)}
② 입력값 : [열 입력 셀] → $A$2, 설정값 → {=TABLE(,A2)}
③ 입력값 : [행 입력 셀] → $D$2, 설정값 → {=TABLE(D2,)}
④ 입력값 : [행 입력 셀] → $A$2, [열 입력 셀] → $A$2, 설정값 → {=TABLE(A2,A2)}

- [C3] 셀에는 [A2]의 셀과 [D2] 셀의 값을 곱하여 표시했고 [A2]의 가중치 변화량([B4:B8])에 따른 결과값을 [C4:C8] 셀에 표시하기 위한 작업임
- 변화되는 값([B4:B8])이 열에 입력되어 있으므로 [열 입력 셀]에 입력해야 하고 입력값은 [C3] 셀에 입력한 수식의 참조 셀인 [$A$2]를 입력함
- [데이터 표]를 실행하면 '{=TABLE(입력 셀에 입력한 주소)}' 형식으로 표시되므로 {=TABLE(,A2)}처럼 표시됨

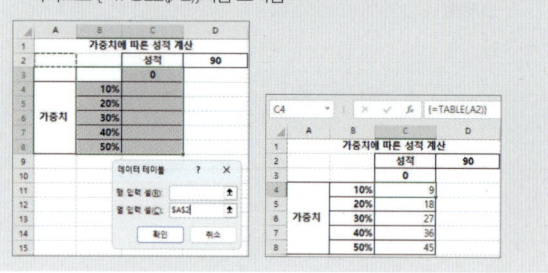

33 다음 시나리오 요약에 대한 설명으로 옳지 않은 것은?

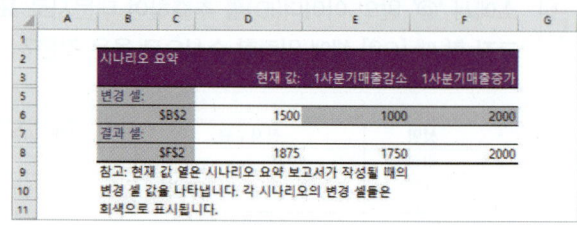

① [B2] 셀의 값이 변경될 때 변경되는 [F2] 셀의 값을 예측할 수 있다.
② 하나의 시나리오에 최대 64개까지 변경 셀을 지정할 수 있다.
③ [F2] 셀은 계산식이어야 하고, 변경되는 [B2] 셀은 반드시 계산식에 포함되어 있어야 한다.
④ 시나리오 보고서는 자동으로 다시 계산되지 않는다. 시나리오의 값을 변경하는 경우 이러한 변경 내용은 기존 요약 보고서에 표시되지 않지만 새 요약 보고서를 만들면 표시된다.

하나의 시나리오에 최대 32개까지 변경 셀을 지정할 수 있음

34 다음과 같이 통합 문서 보호를 설정했을 때 이에 대한 설명으로 옳지 않은 것은?

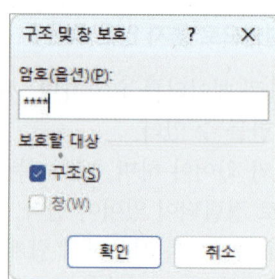

① 시트의 삽입이나 삭제 작업을 할 수 없다.
② 시트의 이동이나 복사 작업을 할 수 없다.
③ 코드 보기와 시트 보호 작업을 할 수 없다.
④ 모든 시트 선택 작업을 할 수 있다.

코드 보기와 시트 보호 작업을 실행할 수 있음

35 다음 중 페이지 레이아웃 및 인쇄 관련 설정에 대한 설명으로 옳지 않은 것은?

① [인쇄 미리 보기] 상태에서는 마우스를 이용하여 페이지 여백을 조정할 수 있다.
② [페이지 설정] 대화 상자의 [페이지] 탭에서 확대/축소 배율을 지정할 수 있다.
③ [보기] 탭-[통합 문서 보기] 그룹의 '페이지 나누기 미리 보기'를 클릭하면 머리글 및 바닥글을 쉽게 삽입할 수 있다.
④ '페이지 나누기 삽입'은 새 페이지가 시작되는 위치를 지정하는 것으로 선택 영역의 위쪽과 왼쪽에 페이지 나누기가 삽입된다.

> '페이지 나누기 미리 보기'는 문서가 인쇄될 때 어디서 나눠지는지 표시하는 기능임

36 다음 중 셀에 입력한 자료를 숨기고자 할 때의 사용자 지정 표시 형식으로 옳은 것은?

① 000
② ;;;
③ @@@
④ ### 00

> 세미콜론 세 개(;;;)를 연속하여 사용하면 입력 데이터가 셀에 나타나지 않음

37 아래 시트에서 '김지현'의 근속년수를 2024년을 기준으로 구하고자 한다. 다음 중 [B11] 셀에 입력할 수식으로 옳은 것은?

	A	B	C
1	성명	입사일	부서
2	김선	2000-01-01	상담부
3	차재영	2014-11-01	인사부
4	이규리	2010-05-05	상담부
5	김지현	2004-11-01	인사부
6	이대한	2017-07-07	홍보부
7	한상공	2021-03-15	인사부
8	지예원	2023-06-09	홍보부
9			
10	성명	김지현	
11	근속년수		

① =2024+YEAR(HLOOKUP(B10,$A$2:$B$8,2,0))
② =2024-YEAR(HLOOKUP(B10,$A$2:$B$8,2,0))
③ =2024+YEAR(VLOOKUP(B10,$A$2:$B$8,2,0))
④ =2024-YEAR(VLOOKUP(B10,$A$2:$B$8,2,0))

> ④ =2024-YEAR(VLOOKUP(B10,$A$2:$B$8,2,0))
> • VLOOKUP(B10,$A$2:$B$8,2,0) → $A$2:$B$8 범위의 첫 열에서 [B10] 셀의 데이터인 '김지현'을 찾아 해당 행의 2번째 열의 값인 2004-11-01을 검색함
> • YEAR 함수에 의해 연도만 결과로 나오므로 2004가 됨
> • 근속년수 기준인 2024에서 2004을 차감하여 근무한 근속년수를 산출함

38. 다음 중 아래 시트에서 [D2] 셀에 수식 =SUM(B2:D2)를 입력할 경우 발생하는 오류에 대한 설명으로 옳은 것은?

	A	B	C	D
1	성명	근무평점	연수점수	합계
2	이대한	80	90	
3	한상공	88	99	

① [D1] 셀에 #DIV/0! 오류 표시
② [D1] 셀에 #REF! 오류 표시
③ [D1] 셀에 #NUM! 오류 표시
④ 순환 참조 경고 메시지 창 표시

- 순환 참조 : 수식에서 직접 또는 간접적으로 자체 셀을 참조하는 경우를 순환 참조라 함
- =SUM(B2:D2) : 합계가 산출될 [D2] 셀이 합계 범위에 포함되어 순환 참조 경고 메시지 창이 표시됨

39. 다음 중 셀에 수식을 입력하는 방법에 대한 설명으로 옳지 않은 것은?

① 통합 문서의 여러 워크시트에 있는 동일한 셀 범위 데이터를 이용하려면 수식에서 3차원 참조를 사용한다.
② 계산할 셀 범위를 선택하여 수식을 입력한 후 Ctrl+Enter를 누르면 선택한 영역에 수식을 한 번에 채울 수 있다.
③ 수식을 입력한 후 결과값이 상수로 입력되게 하려면 수식을 입력한 후 바로 Alt+F9를 누른다.
④ 배열 상수에는 숫자나 텍스트 외에 'TRUE', 'FALSE' 등의 논리값 또는 '#N/A'와 같은 오류값도 포함될 수 있다.

수식을 입력한 후 결과값이 상수로 입력되게 하려면 수식을 입력한 후 바로 F9를 누름

40. 다음 중 피벗 테이블 보고서와 피벗 차트 보고서에 대한 설명으로 옳지 않은 것은?

① 피벗 테이블 보고서에서는 값 영역에 표시된 데이터 일부를 삭제하거나 추가할 수 없다.
② 피벗 차트 보고서를 만들 때마다 동일한 데이터로 관련된 피벗 테이블 보고서가 자동으로 생성된다.
③ 피벗 차트 보고서는 분산형, 주식형, 거품형 등 다양한 차트 종류로 변경할 수 있다.
④ 행 또는 열 레이블에서의 데이터 정렬은 수동(항목을 끌어 다시 정렬), 오름차순, 내림차순 중 선택할 수 있다.

피벗 차트의 기본 차트 종류는 세로 막대형 차트이며 분산형, 주식형, 거품형 차트를 제외한 다른 차트로 변경 가능함

3과목 데이터베이스 일반

41. [매출 실적 관리] 폼의 'txt평가' 컨트롤에는 'txt매출수량' 컨트롤의 값이 1,000 이상이면 우수, 500 이상이면 보통, 그 미만이면 저조라고 표시하고자 한다. 다음 중 'txt평가'의 컨트롤 원본으로 옳지 않은 것은?

① =IIf([txt매출수량]<500,"저조",IIf(txt매출수량>=1000,"우수","보통"))
② =IIf([txt매출수량]<500,"저조",IIf(txt매출수량>=500,"보통","우수"))
③ =IIf([txt매출수량]>=1000,"우수",IIf([txt매출수량]>=500,"보통","저조"))
④ =IIf([txt매출수량]>=500,IIf([txt매출수량]<1000,"보통","우수"),"저조")

=IIf([txt매출수량]<500,"저조",IIf(txt매출수량>=500,"보통","우수")) : 500미만의 경우 "저조"로 표시가 되지만 500이상이면 "보통"이 되므로 1000이상의 경우에 해당하는 조건이 존재하지 않음

42 다음 중 SQL문에 대한 설명으로 옳지 않은 것은?

① Select 질의 시 정렬 순서의 기본값은 오름차순이다.
② 여러 줄에 나누어 입력할 수 있다.
③ 문장 끝에는 콜론(:)을 붙인다.
④ 비절차적 언어로 프로그램에 처리 방법을 기술하지 않아도 된다.

문장 끝에는 세미콜론(;)을 붙여야 함

43 다음 중 기본키(Primary Key)와 외래키(Foreign Key)에 관한 설명으로 옳지 않은 것은?

① 기본키와 외래키는 동일한 테이블에 동시에 존재할 수 없다.
② 참조무결성이 유지되기 위해서는 외래키 필드의 값은 참조하는 필드 값들 중 하나와 일치하거나 널(Null)이어야 한다.
③ 기본키를 이루는 필드의 값은 Null이 될 수 없다.
④ 기본키는 개체무결성의 제약 조건을, 외래키는 참조무결성의 제약 조건을 가진다.

같은 테이블에 기본키와 외래키가 함께 존재할 수 있음

44 다음 중 아래의 SQL문에 대한 설명으로 옳지 않은 것은?

```
SELECT 사원명, 나이, 급여
FROM 사원
WHERE 부서='상담부' OR 부서='홍보부'
ORDER BY 나이 DESC;
```

① ORDER BY절의 DESC는 내림차순으로 정렬하라는 것이다.
② [사원] 테이블에서 부서가 상담부이거나 홍보부인 사원의 사원명, 나이, 급여를 검색한 후 나이를 기준으로 내림차순 정렬된 결과를 조회한다.
③ WHERE절은 WHERE 부서 IN ('상담부', '홍보부')와 같이 지정해도 동일한 결과를 조회한다.
④ [사원] 테이블에서 상담부와 홍보부를 제외한 사원의 사원명, 나이, 급여를 검색한 후 나이를 기준으로 오름차순 정렬된 결과를 조회한다.

[사원] 테이블에서 상담부 또는 홍보부인 사원의 사원명, 나이, 급여를 검색한 후 나이를 기준으로 내림차순으로 정렬된 결과를 조회함

45 다음 중 [페이지 설정] 대화 상자에서 설정할 수 있는 기능으로 옳지 않은 것은?

① 머리글/바닥글
② 용지 방향
③ 인쇄 여백
④ 프린터 선택

[페이지 설정] 대화 상자에서 머리글/바닥글은 설정할 수 없음

46 다음 중 E-R 다이어그램 표기법의 기호와 의미가 바르게 연결된 것은?

① 사각형 - 속성(Attribute) 타입
② 마름모 - 관계(Relationship) 타입
③ 타원 - 개체(Entity) 타입
④ 밑줄 타원 - 의존 개체 타입

오답 피하기
- ① 사각형 : 개체(Entity) 타입
- ③ 타원 : 속성(Attribute) 타입
- ④ 밑줄 타원 : 기본키 속성 타입
- 이중 사각형 : 의존 개체 타입

47 다음 중 입력 마스크 설정에 사용하는 사용자 정의 입력 마스크 기호에 대한 설명으로 옳은 것은?

① L : 영문자와 한글만 입력받도록 설정
② 9 : 소문자로 변환
③ 〉 : 숫자나 공백을 입력받도록 설정
④ 〈 : 영문 대문자로 변환하여 입력받도록 설정

L : 필수 요소로 A부터 Z까지의 영문자나 한글만 입력받도록 설정함

오답 피하기
- 9 : 선택 요소로 숫자나 공백을 입력함
- 〉 : 모든 문자를 대문자로 변환함
- 〈 : 모든 문자를 소문자로 변환함

정답 42 ③ 43 ① 44 ④ 45 ① 46 ② 47 ①

48 다음 중 데이터를 입력 또는 삭제 시 이상(Anomaly) 현상이 일어나지 않도록 데이터베이스를 설계하기 위한 기술을 의미하는 용어는?

① 정규화
② 자동화
③ 순서화
④ 추상화

- 정규화(Normalization) : 이상(Anomaly) 현상이 발생하지 않도록 하기 위한 것으로 관계형 데이터베이스를 설계할 때 데이터의 중복 최소화와 불일치를 방지하기 위해 릴레이션 스키마를 분해해 가는 과정
- 이상(Anomaly) 현상 : 관계형 데이터베이스의 릴레이션을 조작할 때 발생하는 현상으로 삽입 이상, 삭제 이상, 갱신 이상 등이 있음

49 다음과 같은 보고서를 작성하기 위해서 가장 적절한 정렬 및 그룹화 기준은?

① 종목코드와 성명을 기준으로 오름차순으로 정렬하고 종목코드를 기준으로 그룹화한다.
② 성명과 종목코드를 기준으로 오름차순으로 정렬하고 성명을 기준으로 그룹화한다.
③ 종목명과 학번을 기준으로 오름차순으로 정렬하고 학번을 기준으로 그룹화한다.
④ 종목명과 학번을 기준으로 오름차순으로 정렬하고 종목명을 기준으로 그룹화한다.

종목별 인원을 그룹 보고서로 표시했으므로 '종목명'으로 그룹화해야 하며 종목코드, 종목명, 학번으로 오름차순되어 있음

50 다음 중 필드의 각 데이터 형식에 대한 설명으로 옳지 않은 것은?

① 날짜/시간 형식의 기본 필드 크기는 8바이트이다.
② 일련번호 형식은 1비트로 새 레코드를 만들 때 1부터 시작하는 실수가 자동 입력된다.
③ Yes/No 형식은 Yes/No, True/False, On/Off 등과 같이 두 값 중 하나만 입력하는 경우에 사용하는 것으로 기본 필드 크기는 1비트이다.
④ 짧은 텍스트 형식은 최대 255자까지 저장된다.

일련번호 형식은 4바이트로 새 레코드를 만들 때 1부터 시작하는 정수가 자동 입력됨

51 다음 중 테이블에서 내보내기가 가능한 파일 형식으로 옳지 않은 것은?

① Excel
② 텍스트 파일
③ XML
④ Outlook

Outlook으로 내보내는 기능은 지원되지 않음

52 다음 중 하위 폼에서 새로운 레코드를 추가하려고 한다. 이때 설정해야 하는 폼의 속성으로 옳은 것은?

① '추가 가능'을 예로 설정한다.
② '필터 사용'을 예로 설정한다.
③ '편집 가능'을 예로 설정한다.
④ '삭제 가능'을 예로 설정한다.

새로운 레코드를 추가하기 위해서는 '추가 가능'을 예로 설정함

상 중 하

53 **다음 중 폼의 모달 속성에 관한 설명으로 옳지 않은 것은?**

① 폼이 열려 있는 경우 다른 화면을 선택할 수 있다.
② VBA 코드를 이용하여 대화 상자의 모달 속성을 지정할 수 있다.
③ 폼이 모달 대화 상자이면 디자인 보기로 전환 후 데이터 시트 보기로 전환이 가능하다.
④ 사용자 지정 대화 상자의 작성이 가능하다.

모달 폼 : 현재 모달 폼을 닫기 전까지 다른 창을 사용할 수 없음

상 중 하

54 합격강의 **다음 중 테이블에 잘못된 데이터가 입력되어 이후 문제가 발생하는 경우를 해결하기 위한 방안으로, 점검을 필요로 하는 필드에 요구 사항이나 조건 또는 입력이 가능한 데이터 등을 미리 지정한 후 데이터 입력 시 이를 점검하도록 하는 기능은 어느 것인가?**

① 기본값
② 필수 여부
③ 빈문자열 허용
④ 유효성 검사 규칙

유효성 검사 규칙 : 해당 필드에 입력할 내용의 규칙을 지정하는 옵션으로, 만일 유효성 검사에 맞지 않게 내용을 입력하면 유효성 검사 텍스트에 입력한 내용이 출력됨

상 중 하

55 합격강의 **다음 중 보고서 작성 시 사용되는 마법사 중 아래의 출력물처럼 작성하기에 가장 적합한 것은?**

동대문구 왕산로 100 상공주식회사	서울시 강동구 길동 2757호 길동전자
강남구 일원동 123호 부자상사	강남구 강남대로 89-63 선킴(주)

① 보고서 마법사
② 레이블 마법사
③ 업무 문서 양식 마법사
④ 우편 엽서 마법사

레이블 마법사 : 우편물 레이블 마법사로 표준 레이블 또는 사용자 지정 레이블을 만듦

상 중 하

56 **다음 중 데이터베이스를 이용하는 경우의 장점으로 가장 옳은 것은?**

① 데이터 간의 종속성을 유지할 수 있다.
② 데이터 관리 비용을 절감할 수 있다.
③ 데이터의 일관성 및 무결성을 유지할 수 있다.
④ 데이터를 중복적으로 관리하므로 시스템에 문제가 발생하더라도 복구가 쉽다.

데이터의 독립성의 특징을 가지고 있으며 관리 비용이 많이 들고 시스템에 문제가 발생하면 복구가 어려움

정답 53 ① 54 ④ 55 ② 56 ③

57 다음 중 제공된 항목에서만 값을 선택할 수 있으며 직접 입력할 수는 없는 컨트롤은?

① 텍스트 상자
② 레이블
③ 콤보 상자
④ 목록 상자

> 목록 상자 : 목록 상자는 목록을 항상 표시하고, 목록에 있는 값만 입력할 경우 유용함
>
> 오답 피하기
> • ① 텍스트 상자 : 레코드 원본의 데이터를 표시, 입력 또는 편집하거나, 계산 결과를 표시하거나, 사용자의 입력 내용을 적용할 때 사용하는 컨트롤
> • ② 레이블 : 레이블은 제목이나 캡션, 간단한 지시 등의 설명 텍스트를 표시하는 컨트롤로 필드나 식의 값을 표시할 수 없음
> • ③ 콤보 상자 : 바운드된 콤보 상자에서 값을 선택하거나 문자열을 입력하면, 해당 값이 콤보 상자가 바운드된 필드에 삽입됨

58 다음 중 컴퓨터 시스템의 저장 장치에 저장하기 위한 구조와 접근 방법 및 경로 등을 설계하는 단계는?

① 요구 조건 분석 단계
② 개념적 설계
③ 논리적 설계
④ 물리적 설계

> 오답 피하기
> • 요구 조건 분석 단계 : 데이터베이스 사용자의 요구 사항 및 조건 등을 조사하여 요구 사항을 분석하는 단계
> • 개념적 설계 단계 : 현실 세계에 대한 추상적인 개념(정보 모델링)으로 표현하는 단계
> • 논리적 설계 단계 : 개념 세계를 데이터 모델링을 거쳐 논리적으로 표현하는 단계

59 아래 내용 중 하위 폼에 대한 설명으로 옳게 짝지어진 것은?

> ⓐ 하위 폼에는 기본 폼의 현재 레코드와 관련된 레코드만 표시된다.
> ⓑ 하위 폼은 단일 폼으로 표시되며 연속 폼으로는 표시될 수 없다.
> ⓒ 기본 폼과 하위 폼을 연결할 필드의 데이터 형식은 같거나 호환되어야 한다.
> ⓓ 여러 개의 연결 필드를 지정하려면 콜론(:)으로 필드명을 구분하여 입력한다.

① ⓐ, ⓑ, ⓒ
② ⓐ, ⓒ
③ ⓑ, ⓒ, ⓓ
④ ⓑ, ⓓ

> 오답 피하기
> • 하위 폼은 데이터시트로 표시하거나 단일 폼 또는 연속 폼으로 표시할 수 있음
> • 여러 개의 연결 필드를 지정하려면 세미콜론(;)으로 필드명을 구분하여 입력함

60 다음 중 데이터베이스에서 인덱스를 사용하는 목적으로 가장 적절한 것은?

① 레코드 검색 속도 향상
② 데이터 독립성 유지
③ 중복성 제거
④ 일관성 유지

> 인덱스(Index) : 색인으로 키 값을 기초로 하여 테이블에서 검색 및 정렬 속도를 향상시키는 기능

정답 57 ④ 58 ④ 59 ② 60 ①

2024년 상시 기출문제 05회

SELF CHECK : 제한시간 60분 | 소요시간   분 | 전체 문항 수 60문항 | 맞힌 문항 수   문항

1과목 컴퓨터 일반

01 다음 중 모바일 인터넷에 접속하여 각종 음악 파일이나 음원을 제공받는 주문형 음악 서비스로 스트리밍 기술 등을 이용하여 음악을 실시간으로도 들을 수 있는 것은?

① VOD
② VDT
③ PDA
④ MOD

MOD(Music On Demand) : 초고속 무선 인터넷의 발달로 다운로드 없이 스트리밍 방식으로 음악 파일이나 음원을 주문하여 실시간으로 들을 수 있는 주문형 음악 서비스

오답 피하기
- VOD(Video On Demend) : 주문형 비디오로 각종 영상 정보(뉴스, 드라마, 영화, 게임 등)를 데이터베이스로 구축하여 사용자의 요구에 따라 프로그램을 즉시 전송하여 가정에서 원하는 정보를 이용하는 서비스
- VDT(Video Display Terminal) : 컴퓨터 영상 표시 장치로 Visual Display Terminal이라고도 함
- PDA(Personal Digital Assistant) : 전자수첩, 이동 통신, 컴퓨터 등의 기능이 있으며 휴대가 가능한 개인용 정보 단말기

02 다음 중 CPU와 GPU에 대한 설명으로 옳지 않은 것은?

① CPU는 중앙 처리 장치이고, GPU는 컴퓨터 그래픽을 처리하는 장치이다.
② GPU는 비메모리 분야 반도체로서 CPU보다 비싸다.
③ CPU는 병렬 처리 방식이고, GPU는 직렬 처리 방식이다.
④ GPU는 영상 편집이나 게임 등의 멀티미디어 작업에서부터 인공지능(AI)의 핵심 부품으로 각광을 받고 있다.

CPU는 직렬 처리 방식이고, GPU는 수천 개의 코어가 동시에 작업하는 병렬 처리 방식임

03 다음 중 인터넷을 이용할 때 자주 방문하게 되는 웹사이트로 전자우편, 뉴스, 쇼핑, 게시판 등 다양한 서비스를 통합하여 제공하는 사이트는?

① 미러 사이트
② 포털 사이트
③ 커뮤니티 사이트
④ 멀티미디어 사이트

포털 사이트(Portal Site) : 인터넷 이용 시 반드시 거쳐야 한다는 의미의 '관문 사이트'로 한 사이트에서 '정보 검색, 전자우편, 쇼핑, 채팅, 게시판' 등의 다양한 인터넷 서비스를 제공하는 사이트

오답 피하기
미러 사이트(Mirror Site) : 같은 내용을 여러 사이트에 복사하여 사용자가 분산되게 하고, 더 빨리 자료를 찾을 수 있도록 하는 사이트

04 다음 중 인터넷 통신 장비인 게이트웨이(Gateway)의 기본적인 역할에 관한 설명으로 옳은 것은?

① 현재 위치한 네트워크에서 다른 네트워크로 연결할 때 사용된다.
② 인터넷 신호를 증폭하며 먼 거리로 정보를 전달할 때 사용된다.
③ 네트워크 계층의 연동장치로 경로 설정에 사용된다.
④ 문자로 된 도메인 이름을 숫자로 이루어진 실제 IP 주소로 변환하는 데 사용된다.

게이트웨이(Gateway) : 네트워크에서 다른 네트워크로 들어가는 관문의 기능을 수행하는 지점을 의미하며 서로 다른 프로토콜을 사용하는 네트워크를 연결할 때 사용하는 장치

오답 피하기
② : 리피터(Repeater), ③ : 라우터(Router), ④ : DNS(Domain Name System)

정답 01 ④ 02 ③ 03 ② 04 ①

05 다음 중 한글 Windows 10에서 사용하는 바로 가기 키에 대한 설명으로 옳지 않은 것은?

① ⊞+P : 프레젠테이션 표시 모드 선택
② ⊞+I : 설정 열기
③ ⊞+V : 클립보드 열기
④ ⊞+X : 접근성 센터 열기

⊞+X : 빠른 링크 메뉴 열기

오답 피하기
⊞+U : 접근성 센터 열기

06 다음 중 CPU가 프로그램의 명령어를 수행하는 중에 산술 및 논리 연산의 결과를 일시적으로 저장하는 레지스터로 옳은 것은?

① 주소 레지스터(MAR)
② 누산기(AC)
③ 명령어 레지스터(IR)
④ 프로그램 카운터(PC)

누산기(AC) : 연산 장치의 핵심적 레지스터로, 중간 계산된 결과값을 일시적으로 기억

오답 피하기
- 주소 레지스터(MAR) : 주소를 기억하는 레지스터
- 명령어 레지스터(IR) : 현재 수행 중인 명령어를 보관
- 프로그램 카운터(PC) : 다음에 수행할 명령어의 메모리 번지를 보관

07 다음 중 이미지 표현 방식에 대한 설명으로 옳지 않은 것은?

① 비트맵 방식은 그림을 픽셀(Pixel)이라고 하는 여러 개의 점으로 표시하는 방식이다.
② 비트맵 방식으로 저장된 이미지는 벡터 방식에 비해 메모리를 적게 차지하며, 화면에 보여주는 속도가 느리다.
③ 벡터 방식은 점과 점을 연결하는 직선이나 곡선을 이용하여 이미지를 표현하는 방식이다.
④ 벡터 방식은 그림을 확대 또는 축소할 때 화질의 손상이 거의 없다.

비트맵(Bitmap) : 고해상도를 표현하는 데 적합하지만 파일 크기가 커지고 확대 시 계단 현상이 발생하는 단점이 있음

08 다음 중 비밀키 암호화 기법에 해당하지 않는 것은?

① 사용자의 증가에 따라 관리해야 하는 키의 수가 상대적으로 많아진다.
② 대표적으로 DES(Data Encryption Standard) 방식이 있다.
③ 암호화와 복호화의 속도가 빠르다.
④ 이중 키 방식이므로 알고리즘이 복잡하다.

④ : 공개키 암호화 기법의 특징

09 다음 중 멀티미디어에 대한 설명으로 옳지 않은 것은?

① 멀티미디어와 관련된 표준안은 그래픽, 오디오, 문서 등 매우 다양하다.
② 대표적인 정지화상 표준으로는 손실, 무손실 압축 기법을 다 사용할 수 있는 JPEG과 무손실 압축 기법을 사용하는 GIF가 있다.
③ MPEG은 Intel사가 개발한 동영상 압축 기술로 용량이 작고, 음질이 뛰어나다.
④ 스트리밍이 지원되는 파일 형식은 ASF, WMV, RAM 등이 있다.

MPEG(Moving Picture Experts Group)
- 동화상 전문가 그룹에서 제정한 동영상 압축 기술에 관한 국제 표준 규격
- 동영상뿐만 아니라 오디오 데이터도 압축할 수 있음

오답 피하기
DVI(Digital Video Interactive) : Intel사가 개발한 동영상 압축 기술(최대 144:1 정도)로 많은 양의 영상과 음향 데이터를 압축하여 CD-ROM에 기록할 정도로 용량이 작고, 음질이 뛰어남

10 다음 컴퓨터의 기본 기능 중에서 제어 기능에 대한 설명으로 옳은 것은?

① 자료와 명령을 컴퓨터에 입력하는 기능
② 입출력 및 저장, 연산 장치들에 대한 지시 또는 감독 기능을 수행하는 기능
③ 입력된 자료들을 주기억 장치나 보조 기억 장치에 기억하거나 저장하는 기능
④ 산술적/논리적 연산을 수행하는 기능

제어 기능 : 컴퓨터의 각각의 모든 장치들에 대한 지시 또는 감독 기능을 수행하는 기능

오답 피하기
① : 입력 기능, ③ : 저장 기능, ④ : 연산 기능

정답 05 ④ 06 ② 07 ② 08 ④ 09 ③ 10 ②

11. 다음 중 한글 Windows 10에서의 인쇄 작업에 대한 설명으로 옳지 않은 것은?

① 프린터 추가에 의해 가장 먼저 설치된 프린터가 공유된다.
② 이미 설치한 프린터를 다른 이름으로 다시 설치할 수 있다.
③ 네트워크 프린터를 사용할 때는 프린터의 공유 이름과 프린터가 연결되어 있는 컴퓨터의 이름을 알아야 한다.
④ 기본 프린터란 인쇄 명령 수행 시 특정 프린터를 지정하지 않을 경우 자동으로 인쇄 작업이 전달되는 프린터로 하나만 지정할 수 있다.

프린터 공유는 사용자가 직접 설정해야 함

12. 다음 중 mp3 파일의 크기를 결정하는 요소에 해당하지 않는 것은?

① 표본 추출률(Hz)
② 샘플 크기(Bit)
③ 재생 방식(Mono, Stereo)
④ 프레임 너비(Pixel)

프레임 너비(Pixel) : 프레임은 비디오 데이터에서 1초의 영상을 구성하는 한 장면으로, 프레임 너비는 사운드 파일의 크기를 결정하는 요소에 해당하지 않음

오답 피하기
- 표본 추출률(Hz) : 소리가 기록되는 동안에 초당 음이 측정되는 횟수
- 샘플 크기(Bit) : 채취된 샘플을 몇 비트 크기의 수치로 나타낼 것인지를 표시(8, 16비트가 많이 사용)
- 재생 방식(Mono, Stereo) : 모노(Mono)는 양쪽 스피커에 좌우 구분 없이 같은 소리가 나오므로 1로 계산하며 스테레오(Stereo)는 좌우 구분이 되면서 다른 소리가 나오므로 2로 계산함
- 사운드 파일의 크기 산출 공식 : 표본 추출률(Hz) × 샘플 크기(Bit) ÷ 8 × 재생 방식 × 지속 시간(S)

13. 다음 중 사용자가 눈으로 보는 현실 화면이나 실제 영상에 문자나 그래픽과 같은 가상의 3차원 정보를 실시간으로 겹쳐 보여주는 새로운 멀티미디어 기술을 의미하는 용어로 옳은 것은?

① 가상 장치 인터페이스(VDI)
② 가상 현실 모델 언어(VRML)
③ 증강 현실(AR)
④ 주문형 비디오(VOD)

증강 현실(Augmented Reality) : 사람이 눈으로 볼 수 있는 실세계와 관련된 3차원의 부가 정보를 제공받을 수 있는 기술

오답 피하기
- 가상 장치 인터페이스(Virtual Device Interface) : 가상 장치를 이용한 인터페이스 기술
- 가상 현실 모델 언어(Virtual Reality Modeling Language) : 3차원 도형 데이터의 기술 언어로, 3차원 좌표값이나 기하학적 데이터 등을 기술한 문서(Text) 파일의 서식(Format)이 정해져 있음
- 주문형 비디오(Video On Demand) : 각종 영상 정보(뉴스, 드라마, 영화, 게임 등)를 데이터베이스로 구축하여 사용자의 요구에 따라 프로그램을 즉시 전송하여 가정에서 원하는 정보를 이용

14. 다음 중 인터넷을 이용한 FTP(File Transfer Protocol)에 관한 설명으로 옳지 않은 것은?

① 멀리 떨어져 있는 컴퓨터로부터 파일을 전송받거나 전송하는 서비스를 의미한다.
② 익명의 계정을 이용하여 파일을 전송할 수 있는 서버를 Anonymous FTP 서버라고 한다.
③ FTP 서버에 계정을 가지고 있는 사용자는 FTP 서버에 있는 프로그램을 다운로드 없이 실행시킬 수 있다.
④ 일반적으로 텍스트 파일의 전송을 위한 ASCII 모드와 실행 파일의 전송을 위한 Binary 모드로 구분하여 수행한다.

서버에 저장된 프로그램은 반드시 다운로드 후 실행해야 함

15 다음 중 바이러스에 대한 설명으로 옳지 않은 것은?

① 바이러스는 컴퓨터 하드웨어와는 상관없이 소프트웨어의 성능에만 영향을 미친다.
② 디스크의 부트 영역이나 프로그램 영역에 숨어 있다.
③ 자신을 복제할 수 있으며, 다른 프로그램을 감염시킬 수 있다.
④ 인터넷과 같은 통신 매체를 이용하는 전자우편이나 파일 다운로드 등을 통한 감염 외에도 USB 메모리 등을 통해서도 감염된다.

소프트웨어뿐만 아니라 하드웨어의 성능에도 영향을 미칠 수 있음

16 다음 중 한글 Windows 10에서 바로 가기 아이콘의 [속성] 창에 대한 설명으로 옳지 않은 것은?

① 대상 파일이나 대상 형식, 대상 위치 등에 관한 연결된 항목의 정보를 확인할 수 있다.
② 연결된 항목을 바로 열 수 있는 바로 가기 키를 지정할 수 있다.
③ 연결된 항목의 디스크 할당 크기를 확인할 수 있다.
④ 바로 가기 아이콘을 만든 날짜와 수정한 날짜, 액세스한 날짜 등을 확인할 수 있다.

연결된 항목의 디스크 할당 크기가 아닌 바로 가기 아이콘에 할당된 디스크 크기를 확인할 수 있음

17 다음 중 패치(Patch) 버전 소프트웨어에 관한 설명으로 옳은 것은?

① 정식으로 대가를 지불하고 사용하는 소프트웨어이다.
② 홍보용으로 사용 기간이나 기능에 제한을 둔 소프트웨어이다.
③ 오류 수정이나 성능 향상을 위해 프로그램 일부를 변경해 주는 소프트웨어이다.
④ 정식 프로그램 출시 전에 테스트용으로 제작되어 일반인에게 공개하는 소프트웨어이다.

패치(Patch) 프로그램 : 이미 제작되어 배포된 프로그램의 오류 수정이나 성능 향상을 위하여 프로그램의 일부를 변경해 주는 프로그램

오답 피하기
• ① : 상용 소프트웨어(Commercial Software)
• ② : 데모 버전(Demo Version)
• ④ : 베타 버전(Beta Version)

18 다음 중 TCP/IP 프로토콜에서 IP 프로토콜의 개요 및 기능에 관한 설명으로 옳은 것은?

① 메시지를 송/수신자의 주소와 정보로 묶어 패킷 단위로 나눈다.
② 패킷 주소를 해석하고 경로를 결정하여 다음 호스트로 전송한다.
③ 전송 데이터의 흐름을 제어하고 데이터의 에러를 검사한다.
④ OSI 7계층에서 전송 계층에 해당한다.

IP(Internet Protocol) : OSI 7계층 중 네트워크 계층에 해당하며 패킷 주소를 해석하고 경로를 결정하여 다음 호스트로 전송함

오답 피하기
①, ③, ④ : TCP(Transmission Control Protocol)에 해당함

19 다음 중 XML(eXtensible Markup Language) 문서에 설명으로 거리가 먼 것은?

① 태그(Tag)와 속성을 사용자가 정의할 수 있으며 문서의 내용과 이를 표현하는 방식이 독립적이다.
② HTML과는 달리 DTD(Document Type Declaration)가 고정되어 있지 않으므로 논리적 구조를 표현할 수 있는 유연성을 가진다.
③ XML은 HTML에 사용자가 새로운 태그(Tag)를 정의할 수 있는 기능이 추가되었다.
④ 확장성 생성 언어라는 뜻으로 기존의 HTML의 단점을 보완하여 비구조화 문서를 기술하기 위한 국제 표준 규격이다.

XML은 확장성 생성 언어라는 뜻으로, 기존 HTML의 단점을 보완하여 웹에서 구조화된 폭넓고 다양한 문서들을 상호 교환할 수 있도록 설계한 언어

정답 15 ① 16 ③ 17 ③ 18 ② 19 ④

20 다음 중 스마트폰을 모뎀처럼 활용하는 방법으로, 컴퓨터나 노트북 등의 IT 기기를 스마트폰에 연결하여 무선 인터넷을 사용할 수 있게 하는 기능은?

① 와이파이(WiFi)
② 블루투스(Bluetooth)
③ 테더링(Tethering)
④ 와이브로(WiBro)

> 테더링(Tethering) : 인터넷이 가능한 스마트기기의 통신 중계기 역할로 PC의 인터넷 접속을 가능하게 하고 모바일 데이터 연결을 공유함

> 오답 피하기
> • 와이파이(WiFi) : 일정 영역의 공간에서 무선 인터넷의 사용이 가능한 근거리 무선 통신 기술
> • 블루투스(Bluetooth) : 무선 기기 간 정보 전송을 목적으로 하는 근거리 무선 접속 프로토콜
> • 와이브로(WiBro) : 무선과 광대역 인터넷이 통합된 것으로 휴대폰 단말기로 정지 및 이동 중에 인터넷에 접속이 가능함

2과목 스프레드시트 일반

21 다음 중 새 매크로를 기록할 때의 작성 과정으로 설명이 옳지 않은 것은?

① 매크로 이름에는 공백이 포함될 수 없으며 항상 문자로 시작하여야 한다.
② 절대 참조로 기록된 매크로를 실행하면, 현재 셀의 위치에 따라 매크로가 적용되는 셀이 달라진다.
③ '개인용 매크로 통합 문서'로 매크로 저장 위치를 설정하면 엑셀을 실행할 때마다 매크로를 항상 실행할 수 있다.
④ 엑셀에서 사용하고 있는 바로 가기 키를 매크로의 바로가기 키로 지정하면 엑셀에서 사용하던 바로 가기 키는 사용할 수 없다.

> 절대 참조로 기록된 셀의 위치는 위치가 고정됨

22 다음 중 데이터 입력에 대한 설명으로 옳지 않은 것은?

① 동일한 문자를 여러 개의 셀에 입력하려면 셀에 문자를 입력한 후 채우기 핸들을 드래그한다.
② 숫자 데이터의 경우 두 개의 셀을 선택하고 채우기 핸들을 선택 방향으로 드래그하면 두 값의 차이만큼 증가/감소하며 자동 입력된다.
③ 일정 범위 내에 동일한 데이터를 한 번에 입력하려면 범위를 지정하여 데이터를 입력한 후 바로 이어서 Shift + Enter 를 누른다.
④ 사용자 지정 연속 데이터 채우기를 사용하여 데이터를 입력하는 경우 사용자 지정 목록에는 텍스트나 텍스트/숫자 조합만 포함될 수 있다.

> 일정 범위 내에 동일한 데이터를 한 번에 입력하려면 범위를 지정하여 데이터를 입력한 후 바로 이어서 Ctrl + Enter 를 누름

> 오답 피하기
> Shift + Enter : 윗 행으로 이동

23 다음 프로시저를 실행한 결과에 대한 설명으로 옳은 것은?

```
Sub EnterValue( )
    Worksheets("Sales").Cells(6,1).Value= "korea"
End Sub
```

① Sales 시트의 [A1] 셀에 korea를 입력한다.
② Sales 영역의 [A1:A6] 셀에 korea를 입력한다.
③ Sales 시트의 [A6] 셀에 korea를 입력한다.
④ Sales 시트의 [F1] 셀에 korea를 입력한다.

> • Sub ~ End Sub 프로시저 : 특정한 기능을 수행하는 명령문들의 집합
> • Worksheets("Sales")는 지정한 워크시트명이며 Cells(6,1)은 6행 1열이므로 [A6] 셀을 의미함
> • Value는 지정한 셀의 값으로 =에 의해 "korea"가 입력됨

24 다음 중 셀 스타일에 대한 설명으로 옳지 않은 것은?

① 셀 스타일은 글꼴과 글꼴 크기, 숫자 서식, 셀 테두리, 셀 음영 등의 정의된 서식의 집합으로 셀 서식을 일관성 있게 적용하는 경우 편리하다.
② 기본 제공 셀 스타일을 수정하거나 복제하여 사용자 지정 셀 스타일을 직접 만들 수 있다.
③ 사용 중인 셀 스타일을 수정한 경우 해당 셀에는 셀 스타일을 다시 적용해야 수정한 서식이 반영된다.
④ 특정 셀을 다른 사람이 변경할 수 없도록 셀을 잠그는 셀 스타일을 사용할 수도 있다.

> 사용 중인 셀 스타일을 수정한 경우 해당 셀에는 셀 스타일을 다시 적용하지 않아도 자동으로 수정한 서식이 반영됨

25 아래의 프로시저를 이용하여 [A1:A10] 영역에 입력되어 있는 데이터를 적용된 서식은 그대로 두고 내용만 지우려고 한다. 다음 중 괄호 안에 들어갈 코드로 옳은 것은?

```
Sub test()
Range("a1:a10").Select
Selection.(      )
End Sub
```

① Delete
② Clear
③ ClearFormats
④ ClearContents

> ClearContents : 내용만 삭제함
>
> **오답 피하기**
> • Delete : 서식과 내용 모두 삭제
> • Clear : 서식과 내용 모두 삭제
> • ClearFormats : 서식만 삭제

26 다음 중 [셀 서식] 대화 상자에서 '텍스트 맞춤'의 '가로'에 대한 설명으로 옳지 않은 것은?

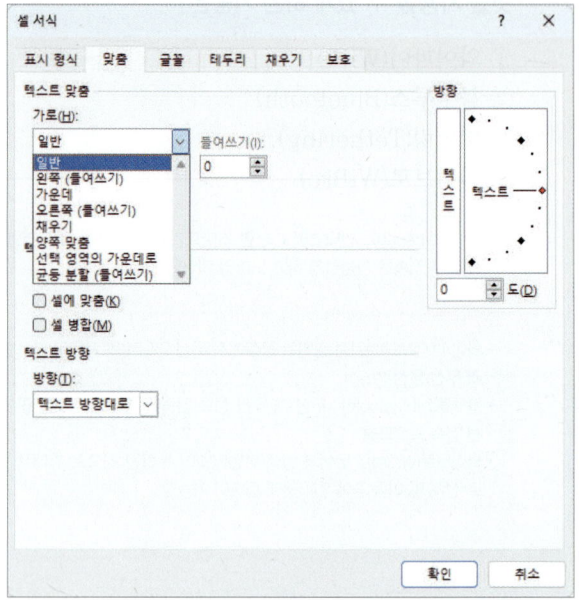

① 일반 : 입력된 데이터에 따라 텍스트는 왼쪽, 숫자는 오른쪽, 논리값과 오류값은 가운데로 맞춰진다.
② 양쪽 맞춤 : 셀 안에서 여러 줄로 나누고 단어 사이 공간을 조절하여 셀 양쪽에 가지런하게 맞춰진다.
③ 선택 영역의 가운데로 : 선택 영역의 왼쪽 셀 내용이 선택 영역의 가운데 표시된다.
④ 채우기 : 선택된 영역의 가장 왼쪽 셀의 내용을 반복해서 채우며 다른 나머지 셀의 내용은 모두 삭제한다.

> 채우기 : 선택된 영역의 각 셀에 입력된 내용을 너비에 맞게 반복하여 표시함

27 다음 중 바닥글 영역에 페이지 번호를 인쇄하도록 설정된 여러 개의 시트를 출력하면서 전체 출력물의 페이지 번호가 일련번호로 이어지게 하는 방법으로 옳지 않은 것은?

① [인쇄] 대화 상자에서 '인쇄 대상'을 '전체 통합 문서'로 선택하여 인쇄한다.
② 전체 시트를 그룹으로 설정한 후 인쇄한다.
③ 각 시트의 [페이지 설정] 대화 상자에서 '일련번호로 출력'을 선택한 후 인쇄한다.
④ 각 시트의 [페이지 설정] 대화 상자에서 '시작 페이지 번호'를 일련번호에 맞게 설정한 후 인쇄한다.

> [페이지 설정] 대화 상자에서 '일련번호로 출력' 기능은 지원되지 않음

정답 24 ③ 25 ④ 26 ④ 27 ③

28 다음 중 자동 필터와 고급 필터에 대한 설명으로 옳은 것은?

① 자동 필터는 각 열에 입력된 데이터의 종류가 혼합되어 있는 경우 날짜, 숫자, 텍스트 필터가 모두 표시된다.
② 고급 필터는 조건을 수식으로 작성할 수 있으며, 조건의 첫 셀은 반드시 필드명으로 입력해야 한다.
③ 자동 필터에서 여러 필드에 조건을 설정한 경우 필드 간은 OR 조건으로 처리되어 결과가 표시된다.
④ 고급 필터는 필터링한 결과를 원하는 위치에 별도의 표로 생성할 수 있다.

- 고급 필터는 자동 필터와는 달리 필터링한 결과를 원하는 위치에 별도의 표로 생성 가능함
- 고급 필터의 복사 위치는 결과 옵션을 '다른 장소에 복사'로 선택했을 경우에 필요하며 현재 시트에만 복사할 수 있음

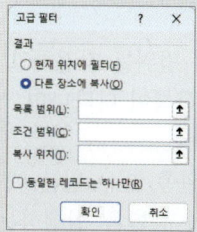

오답 피하기
- ① : 데이터의 종류가 혼합되어 있는 경우 많은 종류의 데이터 필터가 표시됨
- ② : 조건의 첫 셀은 반드시 다른 필드명을 입력하거나 공백을 이용하여 생략해도 됨
- ③ : 여러 필드에 조건을 설정한 경우 필드 간은 AND 조건으로 처리되어 결과가 표시됨

29 텍스트 파일의 데이터를 워크시트로 가져올 때 사용하는 [텍스트 마법사]에서 각 필드의 너비(열 구분선)를 지정하는 단계에 대한 설명으로 옳지 않은 것은?

① 앞 단계에서 원본 데이터 형식을 '구분 기호로 분리됨'을 선택한 경우 열 구분선을 지정할 수 없다.
② 구분선을 넣으려면 원하는 위치를 마우스로 클릭한다.
③ 열 구분선을 옮기려면 구분선을 삭제한 후 다시 넣어야 한다.
④ 구분선을 삭제하려면 구분선을 마우스로 두 번 클릭한다.

열 구분선을 옮기려면 선을 마우스로 클릭한 상태에서 드래그로 끌어야 함

30 다음 중 아래 시트의 [A9] 셀에 수식 '=OFFSET(B3,-1,2)'을 입력한 경우의 결과값은?

	A	B	C	D	E
1	학번	학과	학년	성명	주소
2	12123	국문과	2	박태훈	서울
3	15234	영문과	1	이경섭	인천
4	20621	수학과	3	윤혜주	고양
5	18542	국문과	1	민소정	김포
6	31260	수학과	2	함경표	부천
7					
8					
9					

① 윤혜주
② 서울
③ 고양
④ 박태훈

OFFSET 함수
- 셀 또는 셀 범위에서 지정한 행 수와 열 수인 범위에 대한 참조를 구함
- 표시되는 참조는 단일 셀이거나 셀 범위일 수 있음
- 표시할 행수와 열 수를 지정할 수 있음
- 구할 셀 높이와 구할 셀 너비가 2 이상 설정될 경우 배열 수식(Ctrl + Shift + Enter)으로 입력해야 함

형식	=OFFSET(기준 셀 범위, 행 수, 열 수, 구할 셀 높이, 구할 셀 너비)
기능	• 행 수는 양수로 입력하면 아래 방향을, 음수로 입력하면 위 방향을 가리킴 • 열 수는 양수로 입력하면 오른쪽 방향을, 음수로 입력하면 왼쪽 방향을 가리킴 • 구할 셀 높이와 구할 셀 너비는 생략 가능함
사용 예	=OFFSET(B3, -1, 2)
의미	[B3] 셀을 기준으로 행이 -1이므로 바로 윗 행, 열이 2이므로 오른쪽으로 D열, 즉 [D2] 셀의 값을 결과로 나타냄

	A	B	C	D	E
1	학번	학과	학년	성명	주소
2		-1	1	2	
3		영문과			
4					
5					
6					

▲ [B3] 셀을 기준으로 -1이므로 윗 행, 2이므로 오른쪽으로 2열 즉, [D2] 셀의 값을 나타냄

31. 다음 중 조건부 서식에 대한 설명으로 옳지 않은 것은?

① 조건부 서식의 수식은 등호(=)로 시작해야 하며 TRUE(1) 또는 FALSE(0)의 논리값을 반환해야 한다.
② 이동 옵션 명령을 사용하여 특정 조건부 서식이 적용된 셀만 찾거나 조건부 서식이 있는 셀을 모두 찾을 수 있다.
③ 한 워크시트에서 또는 다른 워크시트에서 셀을 직접 선택하여 수식에 셀 참조를 입력할 수 있으며, 셀을 선택하면 상대 셀 참조가 삽입된다.
④ 두 개의 조건부 서식 규칙이 서로 충돌하는 경우 목록에서 순서가 더 높은 규칙이 적용되고 목록에서 순서가 더 아래에 있는 규칙은 적용되지 않는다.

> 한 워크시트에서 또는 다른 워크시트에서 셀을 직접 선택하여 수식에 셀 참조를 입력할 수 있으며, 셀을 선택하면 절대 셀 참조가 삽입됨

32. 다음 중 아래의 기능을 수행하는 차트로 옳은 것은?

- 도수분포표를 그래프로 표시하며, 데이터는 분포 내의 빈도를 나타낸다.
- 계급구간이라고 하는 차트의 각 열을 변경하여 데이터를 더 세부적으로 분석할 수 있다.

① 선버스트
② 히스토그램
③ 트리맵
④ 상자 수염

> **오답 피하기**
> - 선버스트 : 계층적 데이터를 표시하는 데 적합하며, 계층 구조 내에 빈 셀이 있는 경우 그릴 수 있음
> - 트리맵 : 색과 근접성을 기준으로 범주를 표시하며 다른 차트 유형으로 표시하기 어려운 많은 양의 데이터를 쉽게 표시할 수 있음
> - 상자 수염 : 데이터 분포를 사분위수로 나타내며 평균 및 이상값을 강조하여 표시함

33. 다음 중 통합에 대한 설명으로 옳지 않은 것은?

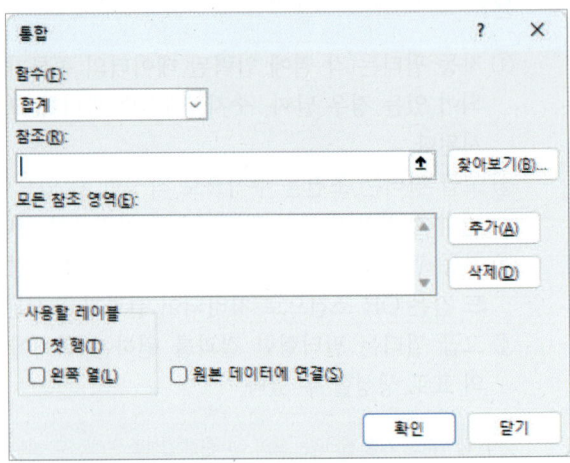

① 함수 : 합계, 개수, 평균, 최대, 최소, 곱, 숫자 개수, 표본 표준 편차, 표준 편차, 표본 분산, 분산 등을 사용할 수 있다.
② 모든 참조 영역 : 참조에서 범위를 지정하고 [추가]를 클릭하면 여기에 원본 목록이 나타나며, 지정한 모든 참조 영역이 표시된다.
③ 사용할 레이블 : '첫 행', '왼쪽 열'은 원본 데이터에 표시된 순서와는 상관없이 통합을 실행하는 경우 사용한다.
④ 원본 데이터에 연결 : 원본 및 대상 영역이 동일한 시트에 있는 경우에는 연결을 만들 수 있다.

> 원본 및 대상 영역이 동일한 시트에 있는 경우에는 연결을 만들 수 없음

34. 다음 중 아래의 워크시트처럼 [A1:C1] 영역을 마우스로 드래그하여 범위를 설정한 다음 채우기 핸들을 [F1] 셀까지 드래그했을 때 결과값으로 옳은 것은?

	A	B	C	D	E	F	G
1	5		1				
2							

① -3
② -7
③ -11
④ -15

> [A1] 셀의 5와 [C1] 셀의 1의 간격이 4이므로 채우기 핸들을 드래그하면 4씩 감소되어 [F1] 셀에는 -7이 표시됨

정답 31 ③ 32 ② 33 ④ 34 ②

35 다음 중 부분합의 실행 결과에 대한 설명으로 옳지 않은 것은?

1 2 3 4		A	B	C	D
	1	사원명	부서명	매출	
	4		영업1부 최소	1500	
	5		영업1부 최대	2100	
	8		영업2부 최소	1100	
	9		영업2부 최대	1800	
	12		영업3부 최소	990	
	13		영업3부 최대	3300	
	14		전체 최소값	990	
	15		전체 최대값	3300	
	16				

① 부서명을 기준으로 오름차순으로 정렬되었다.
② 데이터 아래에 요약 표시가 설정된 상태이다.
③ 개요 기호 ③이 선택된 상태이다.
④ 매출의 최소를 구한 다음 최대를 구한 상태이다.

> 중첩 부분합은 먼저 실행한 결과가 아래에 표시되므로 매출의 '최대'를 구한 다음 '새로운 값으로 대치'를 해제하고 '최소'를 구한 결과임

36 다음 중 '선택하여 붙여넣기' 기능에 대한 설명으로 옳지 않은 것은?

① 선택하여 붙여넣기 명령을 사용하면 워크시트에서 클립보드의 특정 셀 내용이나 수식, 서식, 메모 등을 복사하여 붙여 넣을 수 있다.
② 선택하여 붙여넣기의 바로 가기 키는 Ctrl+Alt+V이다.
③ 잘라 낸 데이터 범위에서 서식을 제외하고 내용만 붙여 넣으려면 '내용 있는 셀만 붙여넣기'를 선택한다.
④ '연결하여 붙여넣기'를 선택하면 원본 셀의 값이 변경되었을 때 붙여넣기 한 셀의 내용도 자동 변경된다.

> 잘라내기 명령을 실행한 다음에는 [선택하여 붙여넣기] 명령을 사용할 수 없음

37 다음 워크시트에서 1학년 학생들의 헤어 평균을 구하려고 할 때 수식으로 옳지 않은 것은?

	A	B	C	D	E
1	학년	성명	헤어	피부	네일
2	1학년	김선	80	88	76
3	2학년	홍길동	80	92	90
4	1학년	차재영	50	77	71
5					
6	1학년 헤어 평균				

① =AVERAGE(IF(A2:A4="1학년",C2:C4))
② =AVERAGE((A2:A4="1학년")*(C2:C4))
③ =AVERAGEIF(A2:A4,"1학년",C2:C4)
④ =AVERAGEIFS(C2:C4,A2:A4,"1학년")

> =AVERAGE((A2:A4="1학년")*(C2:C4)) → 43.3333 ("1학년"에 해당하는 헤어 점수인 80과 50의 평균을 구하려는 의도였으나 [C2:C4]까지의 인수가 3이 되어 (80+0+50)/3의 결과가 됨)

오답 피하기
- ① =AVERAGE(IF(A2:A4="1학년",C2:C4)) : AVERAGE(평균)와 IF(조건)를 이용한 배열 수식으로 "1학년"인 경우의 헤어 점수의 평균을 구함 → 65
- ③ =AVERAGEIF(A2:A4,"1학년",C2:C4) : 조건에 해당하는 "1학년"의 헤어 점수의 평균을 산출함 → 65
- ④ =AVERAGEIFS(C2:C4,A2:A4,"1학년") : 헤어의 평균을 "1학년"에 해당하는 경우 산출함 → 65

38 다음 VBA 배열 선언문에 대한 설명으로 옳지 않은 것은?

```
Option Base 1
Dim No(3, 4, 2) As Integer
```

① 배열은 3차원 배열이고, 요소는 모두 24개이다.
② 배열의 첫 번째 요소는 No(0, 0, 0)이다.
③ 배열 요소의 데이터 형식은 모두 Integer이다.
④ 배열은 4행 2열의 테이블이 3면으로 되어 있다.

> 배열 선언 시 처음에 Option Base를 "1"로 설정한 경우 배열의 첨자가 1부터 시작하므로 첫 번째 요소는 No(1, 1, 1)이 됨

오답 피하기
- ① : 배열은 3차원 배열이고, 요소는 모두 24개이다. → No(3, 4, 2), 3×4×2=24
- ③ : 배열 요소의 데이터 형식은 모두 Integer이다. → As Integer
- ④ : 배열은 4행 2열의 테이블이 3면으로 되어 있다. → No(3면, 4행, 2열)

39 다음 중 아래의 시트에서 수식 =DSUM(A1:D7, 4, B1:B2)을 실행했을 때의 결과값으로 옳은 것은?

	A	B	C	D
1	성명	부서	1/4분기	2/4분기
2	김희준	영업1부	20	25
3	지유환	영업2부	10	14
4	김혜빈	영업1부	15	10
5	이상영	영업2부	20	15
6	김나운	영업1부	10	20
7	엄지홍	영업2부	18	30

① 40
② 45
③ 50
④ 55

- =DSUM(데이터베이스, 필드, 조건 범위) : 조건을 만족하는 필드의 합계를 구함
- 데이터베이스 → [A1:D7], 필드 → 4(2/4분기), 조건 범위 → [B1:B2](부서가 영업 1부)이므로 부서가 영업1부인 2/4분기 합을 구하므로 결과는 55가 됨

40 다음 중 엑셀의 데이터 입력에 관한 설명으로 옳지 않은 것은?

① 자동 줄 바꿈으로 데이터를 입력하려면 Alt + Enter를 누르면 된다.
② 여러 셀에 동일한 내용을 입력하려면 해당 셀을 범위로 지정한 후 데이터를 입력하고 Shift + Enter를 누른다.
③ 데이터 입력 도중 입력을 취소하려면 Esc를 누른다.
④ 특정 부분을 범위로 지정한 후 데이터를 입력하고 Enter를 누르면 셀 포인터가 지정한 범위 안에서만 이동한다.

Ctrl + Enter : 여러 셀에 동일한 내용을 입력할 때 사용함

3과목 데이터베이스 일반

41 다음 중 다른 테이블을 참조하는 외래키(FK)에 대한 설명으로 가장 적합한 것은?

① 외래키 필드의 값은 유일해야 하므로 중복된 값이 입력될 수 없다.
② 외래키 필드의 값은 널(Null) 값일 수 없으므로, 값이 반드시 입력되어야 한다.
③ 한 테이블에서 특정 레코드를 유일하게 구별할 수 있는 속성이다.
④ 하나의 테이블에는 여러 개의 외래키가 존재할 수 있다.

외래키(Foreign Key)가 다른 참조 테이블의 기본키(PK)일 때 그 속성키를 외래키(FK)라고 하며 하나의 테이블에는 여러 개의 외래키가 존재할 수 있음

42 다음 중 관계형 데이터베이스에서 사용되는 용어에 대한 설명으로 옳지 않은 것은?

① 튜플(Tuple)은 테이블에서 행을 나타내는 말로 레코드와 같은 의미이다.
② 애트리뷰트(Attribute)는 데이터베이스를 구성하는 가장 작은 논리적 단위이며, 파일 구조상의 데이터 필드에 해당된다.
③ 테이블(Table)은 하나의 애트리뷰트(Attribute)가 취할 수 있는 같은 타입의 원자값들의 집합이다.
④ 튜플(Tuple)의 수를 카디널리티(Cardinality), 애트리뷰트(Attribute)의 수를 디그리(Degree)라고 한다.

도메인(Domain) : 하나의 애트리뷰트(Attribute)가 취할 수 있는 같은 타입의 원자값들의 집합

오답 피하기
테이블(Table) : 데이터를 저장, 관리하는 공간으로, 테이블은 필드(항목)로 구성된 레코드의 집합

정답 39 ④ 40 ② 41 ④ 42 ③

43 Select 문자에서 한 개 또는 그 이상의 필드를 기준으로 오름차순 또는 내림차순으로 정렬하고자 할 때 사용되는 절로 옳은 것은?

① having절
② group by절
③ order by절
④ where절

order by절 : 특정한 필드를 기준으로 오름차순, 내림차순 정렬을 수행하여 표시

오답 피하기
- having절 : group by절을 이용하는 경우의 특정한 조건 지정
- group by절 : 그룹으로 묶어서 검색
- where절 : 조건 지정

44 다음 중 폼 작업 시 탭 순서에서 제외되는 컨트롤로 옳은 것은?

① 레이블
② 언바운드 개체 틀
③ 명령 단추
④ 토글 단추

레이블 컨트롤과 이미지 컨트롤은 탭 순서에서 제외됨

45 다음 중 데이터 조작어(DML : Data Manipulation Language)의 특징으로 옳지 않은 것은?

① 데이터 처리를 위하여 사용자와 DBMS 사이의 인터페이스를 제공한다.
② 데이터 처리를 위한 연산의 집합으로 데이터의 검색, 삽입, 삭제, 변경 등 데이터 조작을 제공하는 언어이다.
③ 절차적 조작 언어와 비절차적 조작 언어로 구분된다.
④ 데이터 보안(Security), 무결성(Integrity), 회복(Recovery) 등에 관련된 사항을 정의한다.

④는 데이터 제어어(DCL)에 대한 설명임

46 다음 중 SQL문에 대한 설명으로 옳지 않은 것은?

① SELECT 명령을 이용하여 조건에 맞는 레코드를 검색할 수 있다.
② INSERT 명령을 이용하여 조건에 맞는 레코드를 추가할 수 있다.
③ DROP 명령을 이용하여 조건에 맞는 레코드를 삭제할 수 있다.
④ UPDATE 명령을 이용하여 조건에 맞는 레코드를 수정할 수 있다.

DELETE 명령을 이용하여 조건에 맞는 레코드를 삭제할 수 있음

오답 피하기
DROP : 테이블, 인덱스, 뷰, 프로시저 등을 삭제

47 다음 중 분할 표시 폼에 대한 설명으로 옳지 않은 것은?

① 분할된 화면에서 데이터를 [폼 보기]와 [데이터시트 보기]로 동시에 볼 수 있다.
② 폼의 두 보기 중 하나에서 필드를 선택하면 다른 보기에서도 동일한 필드가 선택된다.
③ 데이터 원본을 변경하는 경우 데이터시트 보기에서만 데이터를 변경할 수 있다.
④ 데이터시트가 표시되는 위치를 폼의 위쪽, 아래쪽, 왼쪽, 오른쪽 중에서 선택할 수 있다.

분할 표시 폼은 폼 보기와 데이터시트 보기를 동시에 표시하며 상호 동기화되어 있음

48. 다음 중 아래 보고서에 대한 설명으로 옳지 않은 것은?

대리점명: 서울지점				
순번	모델명	판매날짜	판매량	판매단가
1	PC4203	2018-07-31	7	₩1,350,000
2		2018-07-23	3	₩1,350,000
3	PC4204	2018-07-16	4	₩1,400,000
		서울지점 소계:		₩19,100,000

대리점명: 충북지점				
순번	모델명	판매날짜	판매량	판매단가
1	PC3102	2018-07-13	6	₩830,000
2		2018-07-12	4	₩830,000
3	PC4202	2018-07-31	4	₩1,300,000
4		2018-07-07	1	₩1,300,000
		충북지점 소계:		₩14,800,000

① '모델명' 필드를 기준으로 그룹이 설정되어 있다.
② '모델명' 필드에는 '중복 내용 숨기기' 속성을 '예'로 설정하였다.
③ 지점별 소계가 표시된 텍스트 상자는 그룹 바닥글에 삽입하였다.
④ 순번은 컨트롤 원본을 '=1'로 입력한 후 '누적 합계' 속성을 '그룹'으로 설정하였다.

그룹 머리글 영역에 "대리점명 : 서울지점", "대리점명 : 충북지점"으로, 그룹 바닥글 영역에 "서울지점 소계"와 "충북지점 소계"가 집계되어 있으므로 대리점명을 기준으로 그룹화되어 있음을 알 수 있음

오답 피하기
- ② : '모델명' 필드에는 '중복 내용 숨기기' 속성을 '예'로 설정하였다. → 모델명 PC4203, PC4204, PC3102, PC4202가 하나씩 나타나 있음
- ③ : 지점별 소계가 표시된 텍스트 상자는 그룹 바닥글에 삽입하였다. → "서울 지점 소계"와 "충북지점 소계" 그룹 바닥글에 텍스트 상자로 나타나 있음
- ④ : 순번은 컨트롤 원본을 '=1'로 입력한 후 '누적 합계' 속성을 '그룹'으로 설정하였다. → 대리점별로 서울지점은 순번이 1, 2, 3 충북지점이 순번이 1, 2, 3, 4처럼 표시됨

49. 다음 페이지 번호식을 이용하여 출력되는 예로 옳은 것은? (단, 현재 페이지는 12이고, 전체 페이지 수는 50이다.)

=[page] & 'pages'

① 12 & 50
② 1250
③ 12pages
④ 50pages

- [Page] : 현재 페이지 번호
- [Pages] : 전체 페이지 수
- 'pages' : pages 문자열
- & : 연결자
- =[page] & 'pages' → 12pages

50. 회원 중에서 가입일이 2024년 6월 3일 이전인 준회원을 정회원으로 변경하고자 할 때 SQL문으로 옳은 것은? (단, 회원 테이블에는 회원번호, 성명, 가입일, 연락처, 등급 등의 필드가 있으며, 회원의 등급은 '등급' 필드에 저장되어 있다.)

① update 회원 set 등급 = '정회원' where 가입일 <= #2024-6-3# and 등급 = '준회원'
② update 회원 set 등급 = '정회원' where 가입일 <= "2024-6-3" and 등급 = '준회원'
③ update 회원 set 등급 = '정회원' where 가입일 <= #2024-6-3#
④ update 회원 set 등급 = '정회원' where 가입일 <= "2024-6-3"

- update 테이블명 set 열이름1=값1, 열이름2=값2, … where 조건 : 갱신문으로 테이블에 저장되어 있는 데이터를 갱신함
- update 회원 set 등급 = '정회원' where 가입일 <= #2024-6-3# and 등급 = '준회원'
- <= #2024-6-3# : 2024년 6월 3일 이전을 의미, 날짜는 앞뒤에 #를 붙임
- and : 가입일 조건과 등급이 '준회원'인 조건이 모두 만족하는 경우

51. 다음 중 액세스의 매크로에 대한 설명으로 옳지 않은 것은?

① 하나의 매크로 그룹에 여러 개의 매크로를 만들 수 있다.
② 하나의 매크로에 여러 개의 매크로 함수를 지정할 수 있다.
③ AutoExec이라는 특수한 매크로 이름을 사용하면 테이블이 열릴 때 마다 자동으로 실행된다.
④ 매크로 실행 시에 필요한 정보, 즉 인수를 지정할 수 있다.

매크로 이름을 'Autoexec'로 지정하면 테이블을 열 때가 아니라 데이터베이스 파일을 열 때 매크로를 자동으로 실행해 줌

52 다음과 같은 'STUDNT(SNO, SNAME, YEAR, DEPT)' 테이블에서 아래 〈쿼리 결과〉와 같은 내용을 얻어내기 위한 쿼리문으로 가장 옳은 것은?

〈STUDENT〉 테이블

SNO	SNAME	YEAR	DEPT
111	김나운	4	컴퓨터
222	이상영	3	전기
333	김혜빈	1	컴퓨터
444	지유환	4	컴퓨터
555	김희준	2	산공

〈쿼리 결과〉

SNO	SNAME
111	김나운
444	지유환

① SELECT SNO, SNAME FROM STUDENT WHERE DEPT ="컴퓨터" OR YEAR = 4 ;
② SELECT SNO, SNAME AS 4 FROM STUDENT GROUP BY SNO
③ SELECT SNO, SNAME AS SNO FROM STUDENT GROUP BY SNAME;
④ SELECT SNO, SNAME FROM STUDENT WHERE DEPT="컴퓨터" AND YEAR = 4

STUDENT 테이블에서 DEPT가 컴퓨터이고 YEAR이 4인 레코드 중 SNO와 SNAME 필드를 표시함

53 다음 중 보고서의 작성 시에 사용하는 속성에 관한 설명으로 가장 옳지 않은 것은?

① 반복 실행 구역 : 해당 구역이 페이지 머리글처럼 매 페이지에도 나타나도록 설정하는 속성으로 그룹 머리글에서만 사용할 수 있다.
② 레코드 원본 : 다양한 데이터로 조회하는 SQL문을 속성 값으로 지정하여 그 결과를 보고서에 표시할 수 있다.
③ 편집 가능 : 보고서나 컨트롤의 속성으로 보고서의 데이터를 수정할 수 있도록 하기 위해서는 이 속성 값을 '예'로 지정한다.
④ 중복 내용 숨기기 : 텍스트 상자와 같은 컨트롤의 속성으로 이전 레코드와 동일한 값을 갖는 경우에는 컨트롤을 표시하지 않도록 설정한다.

편집 가능은 폼 보기에서 레코드의 편집 여부를 설정하는 속성임

54 하위 폼은 주로 '일대다' 관계가 설정되어 있는 테이블을 효과적으로 표시하기 위해 사용된다. 이때 하위 폼은 어느 쪽 테이블을 원본으로 하는 것이 가장 적절한가?

① '일'쪽 테이블
② '다'쪽 테이블
③ '일'쪽 테이블과 '다'쪽 테이블을 모두 보여주는 쿼리
④ '일'쪽 테이블로부터 만든 쿼리

하위 폼이 '일대다' 관계가 설정되어 있을 때 기본 폼은 '일'쪽의 테이블을 원본으로 하고, 하위 폼은 '다'쪽의 테이블을 원본으로 함

55 다음 중 아래 <고객>과 <구매리스트> 테이블 관계에 참조 무결성이 항상 유지되도록 설정할 수 없는 경우는?

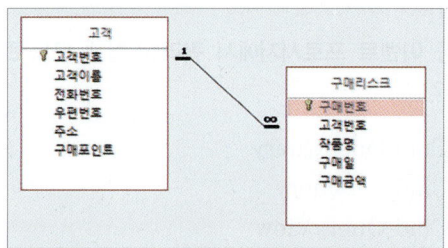

① <고객> 테이블의 '고객번호' 필드 값이 <구매리스트> 테이블의 '고객번호' 필드에 없는 경우
② <고객> 테이블의 '고객번호' 필드 값이 <구매리스트> 테이블의 '고객번호' 필드에 하나만 있는 경우
③ <구매리스트> 테이블의 '고객번호' 필드 값이 <고객> 테이블의 '고객번호' 필드에 없는 경우
④ <고객> 테이블의 '고객번호' 필드 값이 <구매리스트> 테이블의 '고객번호' 필드에 두 개 이상 있는 경우

참조 무결성
• 참조하고 참조되는 테이블 간의 참조 관계에 아무런 문제가 없는 상태를 의미함
• 외래키 값은 널(NULL)이거나 참조 테이블에 있는 기본키 값과 동일해야 함
• ③ : <구매리스트> 테이블의 '고객번호' 필드는 외래키로 필드 값이 <고객> 테이블의 '고객번호' 필드에 없는 경우 참조 무결성이 항상 유지되도록 설정할 수 없음

56 다음 설명에 해당하는 폼의 속성으로 옳은 것은?

> 폼 보기의 제목 표시줄에 나타나는 텍스트를 설정한다.

① 기본 보기
② 캡션
③ 레코드 원본
④ 레코드 잠금

오답 피하기
- 기본 보기 : 폼 보기의 기본 보기 형식을 설정함
- 레코드 원본 : 폼에 연결할 데이터의 테이블 이름이나 쿼리를 입력하여 설정함
- 레코드 잠금 : 동시에 같은 레코드를 편집하려고 할 때 레코드 잠그는 방법을 설정함

57 다음 중 이벤트 프로시저에서 쿼리를 실행 모드로 여는 명령은?

① DoCmd.OpenQuery
② DoCmd.SetQuery
③ DoCmd.QueryView
④ DoCmd.QueryTable

- DoCmd 개체 : 액세스의 매크로 함수를 Visual Basic에서 실행하기 위한 개체로 메서드를 이용하여 매크로를 실행함
- OpenQuery : 선택 쿼리를 여러 보기 형식으로 열기를 실행함

58 다음 중 테이블 연결을 통해 연결된 테이블과 가져오기 기능을 통해 생성된 테이블과의 차이점에 대한 설명으로 옳지 않은 것은?

① 연결된 테이블의 데이터를 삭제하면 연결되어 있는 원본 데이터베이스의 데이터도 삭제된다.
② 연결된 테이블을 삭제해도 원본 테이블은 삭제되지 않는다.
③ 가져오기 기능을 통해 생성된 테이블을 삭제해도 원본 테이블은 삭제되지 않는다.
④ 연결된 테이블을 이용하여 폼이나 보고서를 생성할 수 있다.

연결된 테이블의 내용을 변경하면 그 원본 내용도 함께 변경되며, 연결된 테이블을 삭제하면 Access 테이블을 여는 데 사용하는 정보만 삭제하므로 원본 테이블은 삭제되지 않음

59 다음 중 폼을 열자마자 'txt조회' 컨트롤에 커서(포커스)를 자동적으로 위치하게 하는 이벤트 프로시저는?

① Private Sub txt조회_Click()
    txt조회.AutoTab = True
End Sub
② Private Sub txt조회_Click()
    txt조회.SetFocus
End Sub
③ Private Sub Form_Load()
    txt조회.AutoTab = True
End Sub
④ Private Sub Form_Load()
    txt조회.SetFocus
End Sub

- Form_Load() : 폼을 로드함
- SetFocus : 지정한 컨트롤에 커서(포커스)를 자동적으로 위치 시킴

60 연수(사번, 사원명, 평가항목, 점수) 테이블에서 점수 필드에 100 이상 1000 이하의 값이 입력되도록 범위를 지정하고자 할 때 사용되는 필드 속성은?

① 입력 마스크
② 유효성 검사 규칙
③ 캡션
④ 기본값

유효성 검사 규칙 : 필드에 입력할 값을 제한하는 규칙

정답 56 ② 57 ① 58 ① 59 ④ 60 ②

해설과 따로 보는
기출문제

CONTENTS

- 2025년 상시 기출문제 01회
- 2025년 상시 기출문제 02회
- 2025년 상시 기출문제 03회
- 2025년 상시 기출문제 04회
- 2025년 상시 기출문제 05회

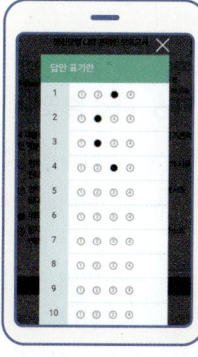

자동 채점 서비스

① 모바일로 기출문제 상단에 QR 코드를 스캔합니다.
② 답안 표기란에 나의 답안을 입력합니다.
③ 우측 상단에 ×를 누른 후, 답안 제출을 클릭합니다.
④ 합격 여부&채점 결과를 바로 확인해 보세요.

2025년 상시 기출문제 01회

SELF CHECK : 제한시간 60분 | 소요시간 　분 | 전체 문항 수 60문항 | 맞힌 문항 수 　문항

1과목 컴퓨터 일반

01 다음 중 1992년 닐 스티븐슨이 출간한 소설 『스노 크래시』에서 사용한 인터넷 신조어로 실제 생활과 연결된 3차원의 가상 세계나 현실감 있는 4차원 가상 시공간을 의미하며, 가상 자아인 아바타(Avatar)를 사용하는 것은?

① 블록체인(Blockchain)
② 핀테크(FinTech)
③ Chat GPT
④ 메타버스(Metaverse)

02 다음 중 그래픽 데이터의 벡터 방식에 대한 설명으로 옳지 않은 것은?

① 그래픽의 확대/축소 시 계단 현상이 발생하지 않지만, 고해상도 표현에는 적합하지 않다.
② 점과 점을 연결하는 직선이나 곡선을 이용하여 이미지를 표현하므로 이미지를 확대하여도 테두리가 매끄럽게 표현된다.
③ 벡터 방식은 수학적 개념이 포함되므로 비트맵 방식과 비교하여 기억 공간을 많이 차지한다.
④ 벡터 파일 형식으로는 WMF, AI, CDR 등이 있다.

03 다음 중 아래의 기능을 수행하는 기억 장치로 옳은 것은?

- 하드디스크의 일부를 주기억 장치처럼 사용한다.
- 프로그램을 크기가 일정한 페이지로 사용하는 페이징 기법과 일정하지 않은 크기로 사용하는 세그멘테이션 기법이 있다.
- 기억 공간을 확대하여 사용하기 위한 목적이다.

① 가상 메모리(Virtual Memory)
② 플래시 메모리(Flash Memory)
③ 연관 메모리(Associative Memory)
④ 캐시 메모리(Cache Memory)

04 다음 중 Windows의 보조프로그램 중 [명령 프롬프트]에 관한 설명으로 옳지 않은 것은?

① MS-DOS 명령 및 기타 컴퓨터 명령을 텍스트 기반으로 실행한다.
② [명령 프롬프트] 창에서 표시되는 텍스트를 복사하여 메모장에 붙여 넣을 수 있다.
③ [실행]에서 'taskmgr'을 입력하면 [명령 프롬프트] 창이 표시된다.
④ [명령 프롬프트] 창에서 'exit'를 입력하여 종료할 수 있다.

05 다음 중 레지스터의 특징으로 옳지 않은 것은?

① 중앙 처리 장치(CPU)에서 명령이나 연산 결과값을 일시적으로 저장하는 임시 기억 장소이다.
② 레지스터의 크기는 한 번에 처리 가능한 데이터의 크기로 워드(Word) 크기 및 메모리 용량과 관계가 있다.
③ 기본 소자인 플립플롭(Flip-Flop)이나 플립플롭의 기본 구성 요소인 래치(Latch)를 직렬이나 병렬로 연결한 구조이다.
④ 메모리 중에서 레지스터가 가장 속도가 빠르며 저장된 내용이 지워지지 않는 비휘발성 메모리의 특징을 지닌다.

06 다음 중 언어 번역 및 컴파일러의 특징이 아닌 것은?

① 컴파일러는 목적 프로그램을 생성한다.
② 인터프리터와 비교하여 번역 속도와 실행 속도가 모두 빠른 장점이 있다.
③ 번역 전의 입력되는 프로그램을 원시 프로그램이라 한다.
④ C, C++, JAVA 등의 고급 언어가 컴파일 언어에 해당한다.

07
다음 중 한글 Windows에서 사용하는 연결 프로그램에 대한 설명으로 옳지 않은 것은?

① 응용 프로그램의 파일 확장자에 의해 연결 프로그램이 결정된다.
② 연결 프로그램이 지정되어 있는 파일에 대해 열기를 선택하거나 더블클릭하면 자동으로 해당 연결 프로그램이 실행된다.
③ 연결 프로그램이 지정되어 있지 않은 확장자를 갖는 파일을 열기 위해서는 바로 가기 메뉴의 [연결 프로그램]이나 [속성]에서 어떤 응용 프로그램을 사용할 것인가를 설정해야 한다.
④ 서로 다른 확장자를 갖는 파일은 반드시 서로 다른 연결 프로그램이 지정되어야 한다.

08
다음 중 아래의 기능을 수행하는 코드로 옳은 것은?

> 가. Zone은 3비트, Digit는 4비트로 구성된다.
> 나. 일반 PC용 컴퓨터 및 데이터 통신용 코드로 사용된다.
> 다. 128개의 문자를 표현할 수 있다.
> 라. 7비트로 구성되어 있으나 실제 사용은 패리티 체크 비트를 포함한 8비트로 사용한다.

① ASCII
② 유니코드
③ BCD
④ EBCDIC

09
다음 중 크라임웨어(Crimeware)가 아닌 것은?

① 키로거(Keylogger)
② DNS
③ 브라우저 하이재커(Browser Hijacker)
④ 피싱(Phishing)

10
다음의 네트워크 구성에 대한 설명 중 스타형으로 옳은 것은?

① 한 통신 회선에 여러 대의 단말기가 접속되는 형태로 회선 길이에 제한이 있으며, 구조가 간단하며 단말기의 추가 및 제거가 쉽다.
② 컴퓨터와 단말기들을 서로 이웃하는 것끼리만 연결한 형태로 LAN에서 가장 많이 사용한다.
③ 모든 단말기와 단말기들을 통신 회선으로 연결한 형태로 노드의 연결성이 뛰어나므로 응답 시간이 빠르다.
④ 중앙에 컴퓨터와 단말기들이 1:1로 연결된 형태로, 네트워크 구성의 가장 기본적인 형태이다.

11
다음 중 아래의 기능을 수행하는 것으로 옳은 것은?

> • 오류를 스스로 검출하여 교정이 가능한 코드이다.
> • 2비트의 오류를 검출할 수 있고 1비트의 오류를 교정할 수 있다.

① 유니코드
② 해밍코드
③ 아스키코드
④ 패리티 체크 비트

12
다음 중 컴퓨터의 저장 장치에서 동일한 디스크 시스템을 하나 더 운영하여 하나의 디스크 시스템에서 오류가 발생하였을 경우 다른 디스크 시스템으로 신속하게 전환함으로써 시스템 장애 시간을 최소화하는 기법을 의미하는 용어는?

① 미러링(Mirroring)
② 스풀링(Spooling)
③ 멀티태스킹(Multitasking)
④ 버퍼링(Buffering)

13 다음 중 컴퓨터에서 사용하는 멀티미디어의 특징에 대한 설명으로 옳지 않은 것은?

① 디지털화 : 다양한 아날로그 데이터를 디지털 데이터로 변환하여 통합 처리한다.
② 양방향성 : 정보 제공자와 사용자 간의 소통을 통한 상호 작용에 의해 데이터가 전달된다.
③ 정보의 통합성 : 텍스트, 그래픽, 사운드, 동영상, 애니메이션 등의 여러 미디어를 통합하여 처리한다.
④ 선형성 : 데이터가 일정한 방향으로 처리되고 순서에 관계 없이 원하는 부분을 선택적으로 처리한다.

14 다음 중 프로그램 언어의 번역 및 오류 처리와 관련된 용어의 설명으로 옳지 않은 것은?

① 버그(Bug)는 소프트웨어나 하드웨어의 오류나 결함을 의미한다.
② 링커(Linker)는 원시 프로그램의 오류를 찾아 수정하는 것을 의미한다.
③ 덤프(Dump)는 프로그램의 오류를 체크하기 위해 필요한 데이터 내용을 그대로 출력하는 것을 의미한다.
④ 로더(Loader)는 로드 모듈 프로그램을 주기억 장치 내로 옮겨서 실행해 주는 소프트웨어이다.

15 다음 중 CPU의 구성 요소 중에서 제어 장치의 구성 요소로 옳지 않은 것은?

① 메모리 주소 레지스터(Memory Address Register)와 메모리 버퍼 레지스터(Memory Buffer Register)
② 명령 레지스터(Instruction Register)와 명령 해독기(Instruction Decoder)
③ 누산기(Accumulator)와 보수기(Complementor)
④ 명령 계수기(Program Counter)와 부호기(Encoder)

16 다음 중 한글 Windows의 [휴지통 속성] 창에서 수행할 수 있는 작업으로 옳지 않은 것은?

① 각 드라이브의 휴지통 최대 크기(MB) 설정
② 휴지통의 바탕 화면 표시 설정
③ 삭제 확인 대화 상자의 표시 설정
④ 파일을 휴지통에 버리지 않고 바로 삭제하는 기능 설정

17 다음 중 저작권에 대한 설명으로 가장 적절하지 않은 것은?

① 저작 재산권은 저작자가 생존하는 동안과 저작 시점에 따라 사망 후 70년 동안 존속한다.
② 저작권은 저작자의 권리를 보호함을 목적으로 한다.
③ 영리를 목적으로 하지 않는 공연 또는 방송인 경우 저작 재산권을 제한할 수 있다.
④ 프로그램을 작성하기 위하여 사용하고 있는 프로그램 언어, 규약 및 해법에도 저작권이 적용된다.

18 다음 중 정보 전송 방식에 대한 설명으로 옳지 않은 것은?

① 전송 방향은 무지향, 양방향, 스테레오 방식이 있다.
② 라디오, TV 방송 등은 단방향(Simplex) 방식에 해당한다.
③ 무전기는 동시 전송이 불가능한 반이중(Half Duplex) 방식에 해당한다.
④ 전화는 전이중(Full Duplex) 방식에 해당한다.

19 다음 중 네트워크 장비와 기능에 대한 연결이 옳게 짝지어진 것은?

> ⓐ 디지털 신호를 아날로그 신호로 변환하는 변조 과정과 아날로그 신호를 디지털 신호로 변환하는 복조 과정을 수행하는 장치
> ⓑ 독립된 두 개의 근거리 통신망(LAN)을 연결하는 접속 장치

① ⓐ 브리지, ⓑ 모뎀
② ⓐ 모뎀, ⓑ 브리지
③ ⓐ 허브, ⓑ 라우터
④ ⓐ 라우터, ⓑ 허브

20 다음 중 인터넷을 이용한 전자우편에 관한 설명으로 옳지 않은 것은?

① 보내기, 받기, 첨부, 전달, 답장 등의 기능이 있다.
② 전자우편 주소는 '사용자@호스트' 형식으로 표현한다.
③ 기본적으로 16비트의 유니코드를 사용하여 메시지를 전달한다.
④ SMTP, POP3, MIME 등의 프로토콜을 사용한다.

2과목 스프레드시트 일반

21 다음 중 엑셀의 정렬 기능에 대한 설명으로 옳지 않은 것은?

① 정렬 방식에는 오름차순과 내림차순이 있으며, 오름차순과 내림차순 정렬 모두 공백(빈 셀)은 맨 나중에 정렬된다.
② 셀 값에 따라 정렬이 수행되며, 기본적으로 열 단위로 정렬된다.
③ 정렬 범위를 별도로 설정하지 않고 표 범위 내에 셀 포인터를 두고 정렬을 실행하면 표 범위 전체가 정렬 범위로 자동으로 설정된다.
④ 영문자 대/소문자를 구분하여 정렬할 수 있는 기능을 제공하며, 오름차순 시 소문자가 우선순위를 갖는다.

22 다음 중 워크시트에서 [B9] 셀에 아래의 수식을 입력했을 때의 결과로 옳은 것은?

=INDEX(A1:C7,MATCH(LARGE(C2:C7,2),C1:C7,0),2)

	A	B	C
1	부서명	성명	실적
2	인사부	홍길동	6,550,000
3	홍보부	이대한	5,500,000
4	인사부	한상공	4,800,000
5	홍보부	이다정	2,985,000
6	상담부	정혜진	1,900,000
7	상담부	김선이	8,900,000

① 홍길동
② 한상공
③ 이다정
④ 김선이

23 다음 중 매크로 기록 시 [매크로 기록] 대화 상자에서 사용자가 설정할 수 있는 항목으로 옳지 않은 것은?

① 매크로 이름
② 매크로 보안
③ 매크로 저장 위치
④ 바로 가기 키

24 다음 중 차트를 작성할 때 2개의 데이터 계열을 가지고 작성할 수 없는 차트는?

① 방사형 차트
② 영역형 차트
③ 원형 차트
④ 세로 막대형 차트

25 다음 중 Excel의 리본 메뉴에 대한 설명으로 옳지 않은 것은?

① 리본 메뉴의 키 팁을 켜거나 끄기 위해서 Alt 나 F10 을 누른다.
② 리본 메뉴는 탭, 그룹 및 명령의 세 요소로 구성되어 있다.
③ 리본 메뉴를 축소하거나 원래 상태로 되돌리려면 Ctrl + F10 을 누른다.
④ 리본 메뉴를 빠르게 축소하려면 [파일] 탭을 제외한 활성 탭의 이름을 두 번 클릭하고 리본 메뉴를 원래 상태로 되돌리려면 탭을 다시 두 번 클릭한다.

26 다음 중 50,000,000원을 5년간 대출할 때 연 4.8%의 이자율이 적용된다면 매월 초 상환해야 할 불입액을 구하기 위한 수식으로 옳은 것은?

① =PMT(4.8%, 5, -50000000)
② =PMT(4.8%*12, 5/12, -50000000)
③ =PMT(4.8%, 5*12, -50000000,0,1)
④ =PMT(4.8%/12, 5*12, -50000000,0,1)

27 다음 중 [인쇄 미리 보기] 상태에서 설정할 수 있는 기능에 대한 설명으로 옳지 않은 것은?

① '여백 표시'가 되어 있는 경우 미리 보기로 표시된 워크시트의 열 너비를 조정할 수 있다.
② [페이지 설정]에서 '인쇄 영역'을 변경하여 인쇄할 수 있다.
③ [머리글/바닥글]로 설정한 내용은 매 페이지 상단이나 하단의 별도 영역에, 인쇄 제목의 반복할 행/열은 매 페이지의 본문 영역에 반복 출력된다.
④ [페이지 설정]에서 확대/축소 배율을 10%에서 최대 400%까지 설정하여 인쇄할 수 있다.

28 다음 중 아래 워크시트에서 [A1:C5] 영역에 [A8:C10] 영역을 조건 범위로 설정하여 고급 필터를 실행할 경우 필드명을 제외한 결과 행의 개수는?

	A	B	C
1	성명	거주지	마일리지
2	이다정	서울	2000
3	김지현	경기	2500
4	홍길동	경기	1700
5	박동현	충남	3000
6			
7			
8	성명	거주지	마일리지
9	박*		
10		경기	>2000

① 1개　　② 2개
③ 3개　　④ 4개

29 다음 중 워크시트 상에서 매크로를 연결할 수 없는 양식 컨트롤의 유형은?

① 레이블　　② 단추
③ 확인란　　④ 텍스트 필드

30 다음 중 아래 시트처럼 선택된 범위의 셀에서 [A5] 셀까지 Ctrl 을 누른 채 채우기 핸들을 이용하여 자동 채우기를 실행했을 때 [A5] 셀에 표시되는 값으로 옳은 것은?

	A	B
1		
2	2025-03-14	
3	2025-03-15	
4		
5		
6		

① 2025-03-14
② 2025-03-15
③ 2025-03-16
④ 2025-03-17

31 다음 중 정보 함수에 대한 설명으로 옳은 것은?

① ISBLANK 함수 : 값이 '0'이면 TRUE를 반환한다.
② ISERR 함수 : 값이 #N/A를 제외한 오류값이면 TRUE를 반환한다.
③ ISODD 함수 : 숫자가 짝수이면 TRUE를 반환한다.
④ TYPE 함수 : 값의 데이터 형식을 나타내는 문자를 반환한다.

32 다음 중 개요에 대한 설명으로 옳지 않은 것은?

① 개요 기호를 설정하면 그룹의 요약 정보만 또는 필요한 그룹의 데이터만 확인할 수 있어 편리하다.
② 그룹별로 요약된 데이터에서 [개요 지우기]를 실행하면 설정된 개요 기호와 함께 개요 설정에 사용된 요약 정보도 함께 제거된다.
③ [부분합]을 실행하면 각 정보 행 그룹의 바로 아래나 위에 요약 행이 삽입되고, 개요가 자동으로 만들어진다.
④ 그룹화하여 요약하려는 데이터 목록이 있는 경우 데이터에 최대 8개 수준의 개요를 설정할 수 있으며 한 수준은 각 그룹에 해당한다.

33 다음 중 [데이터]-[데이터 가져오기 및 변환]에서 가져올 수 없는 파일 형식은?

① Access(*.mdb)
② 웹(*.htm)
③ XML 데이터(*.xml)
④ MS-Word(*.doc)

34 다음 중 데이터 통합에 대한 설명으로 옳지 않은 것은?

① 데이터 통합은 여러 셀 범위를 통합하여 합계, 평균, 최대값, 최소값, 표준편차 등을 계산할 수 있는 기능이다.
② 서로 다른 통합 문서에 분산 입력된 데이터를 통합하기 위해서는 모든 통합 문서를 열어 놓고 실행해야 한다.
③ 참조 영역의 범위에 열 이름표와 행 이름표를 복사할 것인지를 설정하려면 '사용할 레이블'에서 옵션을 체크한다.
④ '원본 데이터에 연결' 옵션을 선택하면 원본 데이터의 변경이 통합된 데이터에 즉시 반영된다.

35 아래의 프로시저를 이용하여 [A1:A10] 영역에 입력되어 있는 데이터를 적용된 서식과 내용은 그대로 두고 메모만 지우려고 한다. 다음 중 괄호 안에 들어갈 코드로 옳은 것은?

```
Sub test()
Range("a1:a10").Select
Selection.(        )
End Sub
```

① Clear
② ClearFormats
③ ClearContents
④ ClearComments

36 다음 중 시트 그룹 설정에 대한 설명으로 옳지 않은 것은?

① 시트 그룹 설정 시 비연속적인 시트의 선택은 Ctrl 을 사용한다.
② 입력이 그룹 전체 시트에 반영된다.
③ 글꼴이 그룹 전체 시트에 반영된다.
④ Esc 를 2번 누르면 그룹이 해제된다.

37 다음 중 아래의 시트와 같이 [A1:A3] 셀에 입력된 문자열을 [A4] 셀에 직접 입력하지 않고 목록으로 표시하여 입력하기 위한 기능인 [드롭다운 목록에서 선택]의 바로 가기 키로 옳은 것은?

	A	B
1	컴퓨터일반	
2	스프레드시트	
3	데이터베이스	
4		
5	데이터베이스	
6	스프레드시트	
7	컴퓨터일반	

① Shift + ↓
② Tab + ↓
③ Alt + ↓
④ Ctrl + ↓

38 성명 필드에 아래와 같이 [사용자 지정 자동 필터]의 조건을 설정하였다. 다음 중 결과로 표시되는 성명으로 옳지 않은 것은?

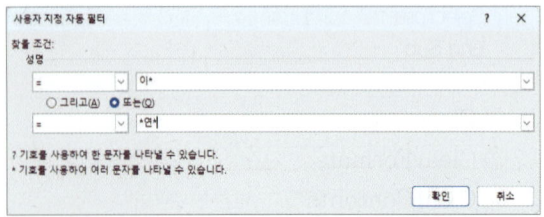

① 남이수
② 이연
③ 연지혜
④ 홍지연

39 다음 중 아래의 워크시트에서 표준편차가 8이 되려면 엑셀 점수가 몇 점이 되어야 하는지 알고 싶을 때 사용할 수 있는 기능은?

	A	B
1	성명	홍길동
2	컴일반	67
3	엑셀	57
4	액세스	80
5	평균	68
6	표준편차	11.5

① 부분합
② 목표값 찾기
③ 데이터 표
④ 피벗 테이블

40 아래의 차트에서 범례의 "컴퓨터, 엑셀, 액세스"를 "액세스, 엑셀, 컴퓨터" 순으로 변경하고자 할 때 사용하는 것은?

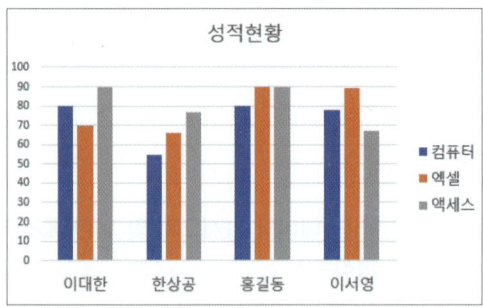

① 그림 영역 서식
② 차트 영역 서식
③ 데이터 선택
④ 범례 서식

3과목 데이터베이스 일반

41 다음 중 데이터를 입력 또는 삭제 시 이상(Anomaly) 현상이 일어나지 않도록 데이터베이스를 설계하기 위한 기술을 의미하는 용어는?

① 자동화
② 정규화
③ 순서화
④ 추상화

42 다음 중 테이블에서 필드의 데이터 형식에 대한 설명으로 옳지 않은 것은?

① 데이터 형식이 날짜/시간인 경우 자세한 날짜나 간단한 시간으로 설정할 수 있다.
② 데이터 형식이 숫자인 경우 숫자가 입력된 필드라도 데이터 형식을 짧은 텍스트로 변경할 수 있다.
③ 필드 크기가 기존 크기보다 작게 변경되면 데이터의 손실이 발생한다.
④ 데이터 형식이 숫자인 경우 필드에 정수 데이터를 입력한 후 데이터 형식을 일련번호로 바꿀 수 있다.

43 다음 중 특정 컨트롤로 포커스를 이동하고자 할 때 사용하는 매크로 함수로 옳은 것은?

① GoToRecord
② RunCode
③ GoToControl
④ SetValue

44 다음 중 릴레이션에서 기본키(PK)로 사용하기에 가장 적절한 것은?

① 변경 빈도가 자주 발생하는 필드
② 필드 특성상 Null 값이 발생하는 필드
③ 특정 레코드를 유일하게 구별할 수 있는 필드
④ 중복된 값이 발생하는 필드

45 다음 중 문자열 처리 함수 instr의 식이 아래와 같을 때, 결과값으로 옳은 것은?

=InStr(7,"Artificial","i")+InStr("intelligence","i")

① 8
② 9
③ 10
④ 11

46 다음 중 아래의 속성 시트에서 읽기 전용 폼을 만들기 위한 폼과 컨트롤의 속성 설정이 옳지 않은 것은?

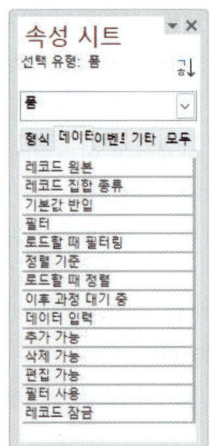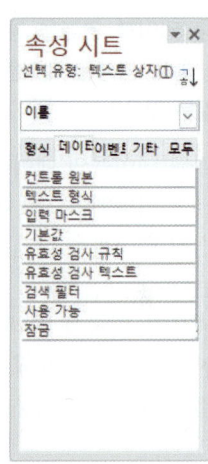

① [편집 가능] 속성을 '아니요'로 설정한다.
② [삭제 가능] 속성을 '아니요'로 설정한다.
③ [잠금] 속성을 '아니요'로 설정한다.
④ [추가 가능] 속성을 '아니요'로 설정한다.

47 다음 중 회원(회원번호, 이름, 나이, 주소) 테이블에서 회원수가 몇 명인가를 알아보기 위한 질의문으로 옳은 것은?

① select sum(*) as 회원수 from 회원
② select count(*) as 회원수 from 회원
③ insert count(*) as 회원수 from 회원
④ insert sum(*) as 회원수 from 회원

48 다음 중 아래의 [폼] 그룹에서 폼을 작성할 때 레코드 원본으로 사용할 수 없는 것은?

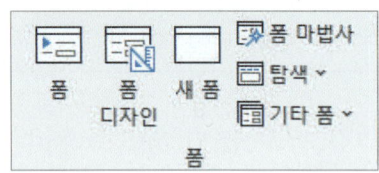

① 테이블　　② 쿼리
③ SQL문　　④ 매크로

49 다음 중 테이블 연결을 통해 연결된 테이블과 가져오기 기능을 통해 생성된 테이블과의 차이점에 대한 설명으로 옳지 않은 것은?

① 연결된 테이블의 데이터를 삭제하면 연결되어 있는 원본 데이터베이스의 데이터도 삭제된다.
② 연결된 테이블을 삭제해도 원본 테이블은 삭제되지 않는다.
③ 가져오기 기능을 통해 생성된 테이블을 삭제해도 원본 테이블은 삭제되지 않는다.
④ 연결된 테이블을 이용하여 폼이나 보고서를 생성할 수 있다.

50 다음 중 인덱스(Index)에 대한 설명으로 옳지 않은 것은?

① 일반적으로 검색을 자주하는 필드에 대해 인덱스를 설정하는 것이 바람직하다.
② 인덱스를 설정하면 레코드의 조회는 물론 레코드의 갱신 속도가 빨라진다.
③ 한 테이블에서 여러 개의 인덱스를 생성할 수 있다.
④ 중복 불가능한 인덱스를 생성하면 동일한 값이 중복적으로 입력될 수 없다.

51 다음 중 특정 필드의 입력 마스크를 'LA09#'으로 설정하였을 때 입력이 가능한 데이터로 옳은 것은?

① 12345　　② A상345
③ A123A　　④ A1BCD

52 다음 중 테이블에서 내보내기가 가능한 파일 형식에 해당하지 않는 것은?

① 엑셀(Excel) 파일
② ODBC 데이터베이스
③ HTML 문서
④ VBA 코드

53 다음 중 현재 폼에서 'cmd숨기기' 단추를 클릭하는 경우, DateDue 컨트롤이 표시되지 않도록 하기 위한 이벤트 프로시저로 옳은 것은?

① Private Sub cmd숨기기_Click()
　Me.[DateDue]!Visible = False
　End Sub
② Private Sub cmd숨기기_DblClick()
　Me!DateDue.Visible = True
　End Sub
③ Private Sub cmd숨기기_Click()
　Me![DateDue].Visible = False
　End Sub
④ Private Sub cmd숨기기_DblClick()
　Me.DateDue!Visible = True
　End Sub

54 다음 중 개체-관계 모델의 E-R 다이어그램에서 속성을 의미하는 것은?

① 직사각형
② 타원
③ 마름모
④ 삼각형

55 다음 중 릴레이션(Relation)에 대한 설명으로 옳지 않은 것은?

① 한 릴레이션에 포함된 튜플(Tuple)의 수를 인스턴스(Instance)라 한다.
② 연관된 속성의 집합으로 관계형 모델에서의 테이블(Table)을 의미한다.
③ 한 릴레이션을 구성하는 속성(Attribute)들 사이에는 순서가 없다.
④ 한 릴레이션에 포함된 튜플을 유일하게 식별하기 위한 속성들의 부분 집합을 키(Key)로 설정한다.

56 다음 중 외래키 값을 관련된 테이블의 기본키 값과 동일하게 유지해 주는 제약 조건은?

① 동시 제어성
② 관련성
③ 참조 무결성
④ 동일성

57 부서별 제품별 영업 실적을 관리하는 테이블에서 부서별로 영업 실적이 1억 원 이상인 제품의 합계를 구하고자 한다. 다음 중 이를 위한 SQL문에서 반드시 사용해야 할 구문에 해당하지 않는 것은?

① SELECT문
② GROUP BY절
③ HAVING절
④ ORDER BY절

58 다음 중 그룹화된 보고서의 그룹 머리글과 그룹 바닥글에 대한 설명으로 옳지 않은 것은?

① 그룹 머리글은 각 그룹의 첫 번째 레코드 위에 표시된다.
② 그룹 바닥글은 각 그룹의 마지막 레코드 아래에 표시된다.
③ 그룹 머리글에 계산 컨트롤을 추가하여 전체 보고서에 대한 요약값을 계산할 수 있다.
④ 그룹 바닥글은 그룹 요약과 같은 항목을 나타내는 데 효과적이다.

59 다음 보기에서 데이터 형식의 필드에 할당되는 크기가 큰 것부터 작은 순으로 옳은 것은?

가. 정수(Integer) 형식
나. 날짜/시간 형식
다. Yes/No 형식
라. 일련번호 형식

① 나-라-가-다
② 가-나-다-라
③ 다-가-라-나
④ 라-다-나-가

60 다음 중 아래의 프로그램을 수행한 후 변수 Sum의 값으로 옳은 것은?

```
Sum = 0
For i = 1 to 20
Select Case (i Mod 4)
Case 0
Sum = Sum + i
Case 1, 2, 3
End Select
Next
```

① 45
② 55
③ 60
④ 70

2025년 상시 기출문제 02회

SELF CHECK | 제한시간 60분 | 소요시간   분 | 전체 문항 수 60문항 | 맞힌 문항 수   문항

1과목 컴퓨터 일반

01 다음 중 핀테크(FinTech)에 대한 설명으로 옳지 않은 것은?

① 핀테크는 Finance(금융)와 Technology(기술)의 합성어이다.
② SNS나 모바일 플랫폼, 빅 데이터 등의 IT를 토대로 하는 금융 서비스를 의미한다.
③ 실생활에서 핀테크의 활용 분야는 모바일 뱅킹이나 앱 카드, 다수의 개인으로부터 자금을 모으는 크라우드 펀딩(Crowd Funding), 투자 자문을 수행하는 로보어드바이저(RoboAdvisor) 등이 있다.
④ '공공 거래 장부'로 불리며 임의로 수정이 불가능한 분산 컴퓨터 기반의 기술이다.

02 다음 중 Windows의 바로 가기 키에 대한 기능으로 옳은 것은?

① Alt + Print Screen : 현재 활성화된 창을 인쇄한다.
② Alt + Enter : 선택된 항목의 속성 창을 표시한다.
③ Ctrl + Esc : 열려 있는 창을 닫는다.
④ Alt + F4 : 시작 메뉴를 표시한다.

03 다음 중 프로그램에 대해 직접 감염시키지는 않으나 그 프로그램의 시작 위치를 바이러스의 시작 위치로 변경하여 프로그램을 실행하면 바이러스가 대신 실행되는 바이러스는?

① 산란형 바이러스
② 연결형 바이러스
③ 기생형 바이러스
④ 겹쳐쓰기형 바이러스

04 다음 중 데이터베이스와 통신 기술, GPS를 이용하여 주변의 위치 및 위치와 관련된 부가 서비스를 제공하는 기술로 옳은 것은?

① 빅 데이터(Big Data)
② 위치 기반 서비스(LBS)
③ 시맨틱 웹(Semantic Web)
④ 사물 인터넷(IoT)

05 다음 중 OLED(Organic Light Emitting Diodes)에 대한 설명으로 옳지 않은 것은?

① 자체 발광의 차세대 디스플레이로 형광성 유기화합물을 기반으로 한 발광 소자의 일종이다.
② 액정과 달리 자체적으로 빛을 발산하기 때문에 백라이트가 필요 없으나 스마트폰이나 태블릿 수준의 작은 화면에서 고전력으로 작동한다는 단점이 있다.
③ 백라이트가 없으므로 제품을 더욱 얇게 제작할 수 있으며, 플라스틱이나 특수 유리 등을 이용해 휘거나 구부릴 수 있는 디스플레이 기기도 만들 수 있다.
④ 수동형 구동 방식과 능동형 구동 방식으로 구분한다.

06 다음 중 인터럽트가 발생하는 원인으로 가장 옳지 않은 것은?

① 정전이나 기계적인 장애나 문제가 생겼을 때 발생한다.
② SVC(Supervisor Call) 명령을 수행한 경우에 발생한다.
③ 불법적인 명령 수행을 수행한 경우에 발생한다.
④ 프로그램 실행에 따라 부프로그램을 호출한 경우에 발생한다.

07 다음 중 컴퓨터 기억 장치와 관련하여 캐시 메모리(Cache Memory)에 대한 설명으로 옳지 않은 것은?

① 속도가 빠른 중앙 처리 장치와 상대적으로 속도가 느린 주기억 장치 사이에 위치하며 컴퓨터 처리의 속도를 향상시키는 역할을 한다.
② 캐시 메모리는 DRAM보다 접근 속도가 빠른 SRAM 등이 사용되며 주기억 장치보다 소용량으로 구성된다.
③ 컴퓨터의 CPU 내부에 비휘발성 메모리로 구성되며 고속의 액세스가 가능한 기억 장치이다.
④ 캐시 메모리의 효율성은 적중률(Hit Ratio)로 나타낼 수 있으며, 적중률이 높을수록 시스템의 전체적인 속도가 향상된다.

08 다음 아래의 내용에서 괄호 안에 알맞은 것은?

- 하드디스크는 하나의 디스크를 여러 개의 분할 영역으로 설정할 수 있는데, 이렇게 분할된 (　　)는(은) 포맷을 해야 사용할 수 있다.
- 운영체제에서는 (　　)가(이) 하나의 드라이브로 인식된다.

① Registry
② File System
③ Zip Drive
④ Partition

09 다음 중 컴퓨터의 연산 장치에 관한 설명으로 옳지 않은 것은?

① 연산 장치가 수행하는 연산에는 산술, 논리, 관계, 이동(Shift) 연산 등이 있다.
② 연산 장치에는 뺄셈을 수행하기 위하여 입력된 값을 보수로 변환하는 보수기(Complementor)와 2진수 덧셈을 수행하는 가산기(Adder)가 있다.
③ 누산기(Accumulator)는 연산된 결과를 일시적으로 저장하는 레지스터이다.
④ 연산 장치에는 다음번 연산에 필요한 명령어의 번지를 기억하는 프로그램 카운터(Program Counter)를 포함한다.

10 다음 중 멀티미디어에 관련된 설명으로 옳지 않은 것은?

① 웹에서 멀티미디어 데이터를 다운로드하면서 동시에 재생해 주는 기술을 스트리밍 기술이라고 한다.
② 멀티미디어 데이터의 전송 및 보관을 위해 대용량의 동영상 및 사운드 파일을 압축하거나 압축을 푸는 데 사용되는 모든 기술, 도구 등을 통칭하여 코덱(CODEC)이라 한다.
③ 텍스트, 그래픽, 사운드, 동영상, 애니메이션 등의 여러 미디어를 통하여 처리하는 멀티미디어의 특징을 비선형성(Non-Linear)이라 한다.
④ 정보 제공자와 사용자 간의 상호작용에 의해 데이터가 전달되는 쌍방향성의 특징이 있다.

11 다음 중 E-Mail을 통해 수신자의 컴퓨터를 감염시키는 악성 컴퓨터 바이러스로, 첨부된 파일을 실행하지 않고 메일을 보기만 해도 자동으로 감염되는 바이러스이며 시스템의 실행 속도가 느려지고 원격으로 컴퓨터 시스템을 조정할 수 있게 되는 바이러스는?

① Nimda
② Love
③ Melisa
④ 부트 바이러스

12 다음 중 IoT(사물 인터넷) 디바이스에서 사용되는 저전력 광역 무선 네트워크 기술로 소량의 데이터를 장거리로 전송할 수 있는 기술은?

① LTE
② LPWA
③ WiFi
④ USN

13 다음 중 한글 Windows의 레지스트리(Registry)에 대한 설명으로 옳지 않은 것은?

① 한글 Windows에서 레지스트리를 편집하기 위한 명령은 'regedit.exe'이다.
② 레지스트리는 Windows의 구성 정보를 담고 있는 데이터베이스이다.
③ 레지스트리의 정보는 컴퓨터가 부팅(Booting)될 때만 참조한다.
④ 레지스트리를 잘못 변경하면 시스템 불안정성, 애플리케이션 오류, Windows 시작 방지 등의 중요한 문제가 발생할 수 있다.

14 다음 중 저작권법에 대한 설명으로 가장 옳지 않은 것은?

① 저작자의 권리와 이에 인접하는 권리를 보호하고 저작물의 공정한 이용을 도모함으로써 문화 및 관련 산업의 향상 발전에 이바지함을 목적으로 한다.
② 원저작물을 번역, 편곡, 변형, 각색, 영상 제작 그 밖의 방법으로 작성한 창작물은 2차적 저작물이라 하며 독자적인 저작물로서 보호되지 않는다.
③ 컴퓨터 프로그램을 제작하기 위해 사용하는 프로그램 언어와 헌법, 법률, 조약, 명령, 조례 및 규칙법 등은 저작권으로 보호되지 않는다.
④ 상용 소프트웨어를 복사하여 개인적인 금전 취득을 위해 판매하는 경우 저작권법에 저촉된다.

15 다음 중 아래의 내용에 해당하는 것은?

> 인터넷 사용자의 PC에 잠입하여 내부 파일(문서나 이미지 파일, 스프레드시트 파일 등)을 암호화하여 파일들의 확장자를 변경하고 파일이 열리지 않도록 한 다음 해독용 키 프로그램의 전송을 빌미로 금전 등을 요구하는 악성 프로그램이다.

① 내그웨어(nagware)
② 스파이웨어(spyware)
③ 애드웨어(adware)
④ 랜섬웨어(ransomware)

16 다음 보기 중 전자우편을 위한 프로토콜만으로 바르게 짝 지어진 것은?

| ⓐ SMTP | ⓑ POP3 | ⓒ FTP |
| ⓓ MIME | ⓔ DNS | ⓕ IMAP |

① ⓐ, ⓑ, ⓒ, ⓓ
② ⓐ, ⓑ, ⓓ, ⓕ
③ ⓑ, ⓒ, ⓓ, ⓔ
④ ⓒ, ⓓ, ⓔ, ⓕ

17 다음 보기의 내용에 적합한 기억 소자로 옳은 것은?

> • 전원이 계속 공급되더라도 주기적으로 재충전 되어야 기억된 내용을 유지할 수 있는 기억 소자이며, 회로가 비교적 간단하고 가격이 저렴하다.
> • 집적도가 높기 때문에 대용량의 기억 장치에 주로 사용된다.

① SRAM(Static RAM)
② DRAM(Dynamic RAM)
③ PROM(Programmable ROM)
④ EPROM(Erasable ROM)

18 다음 중 사물 인터넷에 대한 설명으로 옳지 않은 것은?

① IoT(Internet of Things)라고도 하며 각종 사물에 센서와 통신 기능을 내장하여 인터넷에 연결하는 기술이다.
② 사물 인터넷 기반 서비스는 개방형 아키텍처를 필요로 하기 때문에 정보 공유에 대한 부작용을 최소화하기 위한 정보 보안 기술의 적용이 중요하다.
③ 사물들은 자신을 구별할 수 있는 유일한 IP를 가지고 스마트 센싱 기술과 무선 통신 기술을 융합하여 실시간으로 데이터를 주고받는 기술이다.
④ 사물과 공간, 데이터 등을 이더넷으로 서로 연결시켜 주는 것으로 사물 인터넷은 사람을 제외한 사물과 사물 간의 통신 기술이다.

19 다음 중 아래의 내용에 해당하는 정보 처리 방식으로 옳은 것은?

- 하나의 시스템을 여러 사용자가 공유하여 동시에 대화식으로 작업을 수행할 수 있다.
- 시스템은 일정 시간 단위로 CPU 사용을 한 사용자에서 다음 사용자로 신속하게 전환한다.
- 사용자들은 실제로 자신만이 컴퓨터를 사용하고 있는 것처럼 보이는 처리 방식이다.

① 오프라인 시스템(Off-Line System)
② 일괄 처리 시스템(Batch Processing System)
③ 시분할 시스템(Time Sharing System)
④ 분산 시스템(Distributed System)

20 한글 Windows의 파일 탐색기에서 바탕 화면에 선택된 폴더나 파일에 대한 바로 가기를 만들기 위해 폴더나 파일을 드래그할 때 사용하는 바로 가기 키로 옳은 것은?

① Ctrl + Alt
② Ctrl + Shift
③ Shift + Alt
④ Shift

2과목 스프레드시트 일반

21 아래 시트의 〈조건〉처럼 택배사의 고객별 이용 횟수에 따라 택배 비용을 책정하고자 한다. [C2] 셀에 입력할 수식으로 옳지 않은 것은?(단, [C2] 셀의 수식을 [C6] 셀까지 채우기 핸들로 복사함)

〈조건〉

횟수	택배 비용
5회 이하	5,000원
10회 이하	10,000원
10회 초과	무료

	A	B	C
1	고객명	이용횟수	택배비용
2	한상공	12	무료
3	이대한	9	10000
4	홍길동	5	5000
5	이다정	10	10000
6	이서연	3	5000

① =IF(B2〉10,"무료",IF(B2〉5,10000,5000))
② =IF(B2〈=5,5000,IF(B2〈=10,10000,"무료"))
③ =IF(B2〈=5,5000,IF(AND(B2〉5,B2〈=10),10000,"무료"))
④ =IF(B2〈=5,5000,IF(OR(B2〉5,B2〈=10),10000,"무료"))

22 다음 중 아래 설명에 해당하는 차트 종류는?

- 항목의 값을 점으로 표시한다.
- 두 개의 값 축, 즉 가로(x) 및 세로(y) 값 축이 있다.
- 일반적으로 과학, 통계 및 공학 데이터와 같은 숫자 값을 표시하고 비교하는 데 사용된다.
- 가로축의 값이 일정한 간격이 아닌 경우에 사용된다.
- 가로축의 데이터 요소 수가 많은 경우에 사용된다.
- 기본적으로 5개의 하위 차트 종류가 제공되며, 3차원 차트로 작성할 수 없다.

① 분산형 차트
② 도넛형 차트
③ 방사형 차트
④ 혼합형 차트

23 다음 중 워크시트 이름으로 사용할 수 있는 것은?

① 판매*현황:
② [판매현황]
③ 판매₩현황
④ 판매$현황

24 다음 중 영문 대/소문자를 구분하도록 설정했을 때 오름차순 정렬의 순서로 옳은 것은?

① A - a - @ - 5 - 3
② 3 - 5 - @ - a - A
③ a - A - @ - 5 - 3
④ 3 - 5 - @ - A - a

25 다음 중 아래의 수식을 [A7] 셀에 입력한 경우 표시되는 결과값으로 옳은 것은?

=IFERROR(VLOOKUP(A6,$A$1:$B$4,2),"입력 오류")

	A	B	C
1	0	미흡	
2	10	분발	
3	20	적정	
4	30	우수	
5			
6	-5		
7			
8			

① 미흡
② 분발
③ 입력 오류
④ #N/A

26 다음의 시트처럼 범위를 설정한 경우 셀 포인터의 이동이 옳지 않은 것은?

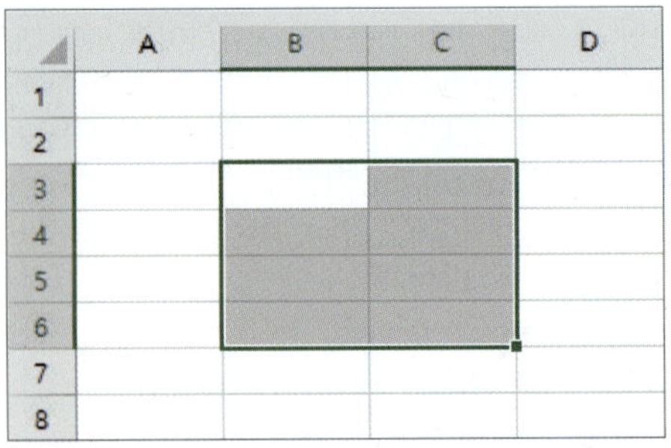

① [B3] 셀에서 Shift+Enter를 누르면 셀 포인터는 [C6] 셀로 이동한다.
② [B3] 셀에서 Ctrl+Enter를 누르면 셀 포인터는 [C6] 셀로 이동한다.
③ [B3] 셀에서 Enter를 3번 누르면 셀 포인터는 [B6] 셀로 이동한다.
④ [B3] 셀에서 Enter를 4번 누르면 셀 포인터는 [C3] 셀로 이동한다.

27 다음 중 엑셀에서 사용하는 바로 가기 키와 같은 키로 매크로의 바로 가기 키를 지정했을 경우, 해당 바로 가기 키를 눌렀을 때 실행되는 것은?

① 충돌하므로 오류 메시지가 표시된다.
② 매크로의 바로 가기 키가 동작한다.
③ 엑셀의 바로 가기 키가 동작한다.
④ 아무런 동작도 수행되지 않는다.

28 다음 워크시트에서 지급액(B2:B5)을 현재의 값에 '추가지급분(D2)'을 더한 값으로 변경하고자 할 때 필요한 기능을 순서대로 바르게 나열한 것은?

	A	B	C	D	E
1	지점명	지급액		추가지급분	
2	서울	100000		5000	
3	용인	150000			
4	인천	180000			
5	부산	160000			
6					

① [홈]-[클립보드]-[복사], [홈]-[클립보드]의 [선택하여 붙여넣기]
② [홈]-[클립보드]-[복사], [홈]-[클립보드]의 [붙여넣기]
③ [홈]-[클립보드]-[잘라내기], [홈]-[클립보드]의 [붙여넣기]
④ [홈]-[클립보드]-[잘라내기], [홈]-[클립보드]의 [선택하여 붙여넣기]

29 다음 중 워크시트에 입력된 차트, 도형, 그림, 워드아트, 클립아트, 괘선 등 모든 그래픽 요소를 제외하고 텍스트만 빠르게 출력하려고 할 때 설정해야 할 항목으로 옳은 것은?

① [페이지 설정] 대화 상자의 [시트] 탭에서 [간단하게 인쇄] 항목
② [페이지 설정] 대화 상자의 [시트] 탭에서 [인쇄 영역 설정] 항목
③ [인쇄] 대화 상자의 [인쇄 대상]에서 [인쇄 영역 설정] 항목
④ [인쇄] 대화 상자의 [인쇄 대상]에서 [간단하게 인쇄] 항목

30 '=A20*B21'이나 '...입니까?'와 같이 곱셈 수식이나 의문문을 *와 ?의 기호를 이용하여 검색하고자 할 때 아래 그림의 [찾을 내용]에 입력해야 할 방법으로 옳은 것은?

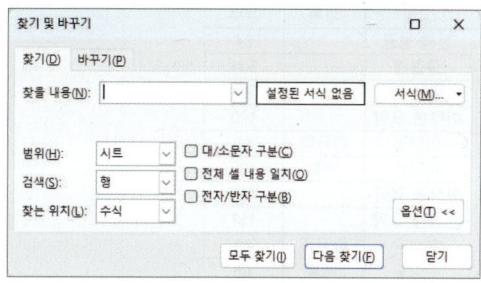

① '의 기호 뒤에 * 혹은 ?를 붙인다.
② ~의 기호 뒤에 * 혹은 ?를 붙인다.
③ "의 기호 뒤에 * 혹은 ?를 붙인다.
④ * 혹은 ? 기호만 입력한다.

31 다음 중 메모에 대한 설명으로 옳지 않은 것은?

① 새 메모를 작성하려면 바로 가기 키 Shift+F2를 누르거나 [검토] 탭-[메모] 그룹에서 '새 메모'를 클릭한다.
② 셀을 이동하면 메모를 제외한 수식, 결과값, 셀 서식 등이 이동된다.
③ 한 시트에 여러 개의 메모가 삽입되어 있는 경우 [검토] 탭-[메모] 그룹의 '이전' 또는 '다음'을 이용하여 메모들을 탐색할 수 있다.
④ 통합 문서에 포함된 메모를 시트에 표시된 대로 인쇄하거나 시트 끝에 인쇄할 수 있다.

32 다음 중 부분합 실행 결과에 대한 설명으로 옳지 않은 것은?

	A	B	C	D
1	성명	과목	점수	
2	전체 평균		84	
3	총합계		504	
4	이대한 평균		90	
5	이대한 요약		180	
6	이대한	컴퓨터	80	
7	이대한	엑셀	100	
8	한상공 평균		78.5	
9	한상공 요약		157	
10	한상공	컴퓨터	89	
11	한상공	엑셀	68	
12	홍길동 평균		83.5	
13	홍길동 요약		167	
14	홍길동	컴퓨터	77	
15	홍길동	엑셀	90	
16				

① 성명을 기준으로 항목이 그룹화되었다.
② 점수에 대해 평균을 구한 다음 합계를 구하였다.
③ 부분합 개요 기호 지우기가 실행되었다.
④ 데이터 아래에 요약 표시가 해제되었다.

33 다음 중 [페이지 설정]-[머리글/바닥글] 탭에서 '머리글 편집' 및 '바닥글 편집' 시 사용하는 단추의 기능과 표시되는 값으로 옳지 않은 것은?

① 📄 : 페이지 번호 삽입, &[페이지 번호]
② 📊 : 시트 이름 삽입, &[탭]
③ 📁 : 파일 경로 삽입, &[경로]&[파일]
④ 🖼 : 그림 삽입, &[그림]

34 다음 중 이다정의 성적표에서 인문 과목들의 점수 변동에 따라 평균 점수의 변화를 한 번의 연산으로 빠르게 계산할 수 있는 도구로 옳은 것은?

① 목표값 찾기
② 데이터 표
③ 피벗 테이블
④ 시나리오

35 다음 중 윗주의 기능에 대한 설명으로 옳지 않은 것은?

① 셀 데이터를 삭제하면 윗주도 함께 삭제된다.
② 데이터가 입력되지 않은 셀에 윗주를 삽입할 수 없다.
③ 숫자가 입력된 셀에 윗주를 삽입하면 화면에 윗주가 표시된다.
④ 윗주는 셀에 대한 주석을 설정하는 것이다.

36 다음 중 차트에 그려진 데이터는 분포 내의 빈도를 나타내며, 계급구간이라고 하는 차트의 각 열을 변경하여 데이터를 더 세부적으로 분석할 수 있는 차트는?

① 트리맵 차트
② 폭포 차트
③ 히스토그램 차트
④ 상자 수염 차트

37 다음 중 아래 수식의 결과와 동일한 결과를 반환하는 수식으로 옳은 것은?

=SUMPRODUCT((A1:A100=C1)*(B1:B100=D1))

① =SUMIFS(A1:A100,C1,B1:B100,D1)
② =COUNTIFS(A1:A100,C1,B1:B100,D1)
③ =AVERAGEIFS(A1:A100,C1,B1:B100,D1)
④ =SUBTOTAL(SUM,A1:A100,B1:B100)

38 다음 중 데이터의 필터 기능에 대한 설명으로 옳지 않은 것은?

① 필터 기능은 조건을 기술하는 방법에 따라 자동 필터와 고급 필터로 구분할 수 있다.
② 자동 필터에서 조건 지정 시 각 열에 설정된 조건들은 OR 조건으로 묶여 처리된다.
③ 필터 기능은 많은 양의 자료에서 설정된 조건에 맞는 자료만을 추출하여 나타내는 기능이다.
④ 고급 필터를 이용하면 조건에 맞는 행에서 원하는 필드만 선택하여 다른 영역에 복사할 수 있다.

39 다음 중 워크시트를 보호하기 위한 [시트 보호] 대화 상자에서 '워크시트에서 허용할 내용'으로 지정할 수 있는 내용이 아닌 것은?

① 하이퍼링크 삽입
② 자동 필터 사용
③ 시나리오 편집
④ 시트 이름 바꾸기

40 다음 중 엑셀의 오차 막대에 대한 설명으로 옳지 않은 것은?

① 3차원 차트는 오차 막대를 표시할 수 없다.
② 차트에 고정값, 백분율, 표준 편차, 표준 및 오차, 사용자 지정 중 선택하여 오차량을 표시할 수 있다.
③ 오차 막대를 화면에 표시하는 방법에는 2가지로 양의 값, 음의 값이 있다.
④ 차트에 오차 막대를 추가하려면 데이터 계열을 선택한 후 [차트 디자인]-[차트 레이아웃]-[차트 요소 추가]-[오차 막대]를 클릭한다.

3과목 데이터베이스 일반

41 다음 중 데이터베이스의 정규형 중 하나로 릴레이션에 속한 모든 도메인이 원자값으로 구성되어야 하고 중복되는 항목이 없어야 하는 정규형은?

① 제1정규형
② 제2정규형
③ 제3정규형
④ 제4정규형

42 다음 중 업데이트 쿼리의 기능에 대한 설명으로 옳지 않은 것은?

① 레코드의 모든 데이터를 변경할 수 있다.
② 기존 데이터의 값을 널(Null) 값으로 변경할 수 있다.
③ 여러 테이블의 값을 한 번에 변경할 수 있다.
④ 테이블에 새로운 데이터(행)를 삽입할 수 있다.

43 다음 중 Access의 DoCmd 개체의 메서드가 아닌 것은?

① SetValue
② OpenReport
③ GoToRecord
④ RunCode

44 다음 중 1, 2,…, 99까지 입력되어 있는 회원번호 필드(데이터 형식 : 짧은 텍스트)의 값을 001, 002,…, 099와 같이 3자리의 문자 형태로 변경하려고 할 때 SQL문으로 옳은 것은?

① update 회원 set 회원번호 = right("00"& 회원번호,3)
② update 회원 set 회원번호 = left("00"& 회원번호,3)
③ update 회원 set 회원번호 = right(회원번호& "00",3)
④ update 회원 set 회원번호 = left(회원번호& "00",3)

45 다음 중 〈지점관리〉 테이블에 입력된 지점명 필드의 데이터를 이용하여 아래의 SQL문을 실행한 결과로 옳은 것은?

〈지점관리〉

지점명
동부 신내
서부 신설
동부 신사
성신 동부
서부 신내
신당 동부
청량 동부

〈SQL〉
```
SELECT count(*)
FROM 지점관리
WHERE 지점명 Like "동부*";
```

① 2
② 3
③ 5
④ 7

46 다음 중 입사일이 '2004-10-01'인 사원의 현재까지 근무한 연수를 출력하기 위한 SQL문으로 옳은 것은?

① select dateadd("yyyy",date( ),'2004-10-01');
② select datediff("yyyy",'2004-10-01',date( ));
③ select datevalue("yy",'2004-10-01',date( ));
④ select datediff("yy",'2004-10-01',date( ));

47 다음 중 입력 마스크를 아래와 같이 정의하고 'sunny', 'moon'의 데이터를 각각 입력했을 때 테이블에 입력된 결과로 옳은 것은?

>L<???

① SUNNY, MOON
② sunny, moon
③ Sunn, Moon
④ sUNN, mOON

48 인덱스(Index)를 사용하면 찾기 및 정렬 속도가 빨라진다. 다음 중 테이블에서 필드 속성으로 인덱스를 지정할 수 없는 것은?

① 일련번호
② Yes/No
③ 짧은 텍스트
④ OLE 개체

49 〈구매〉 테이블은 '고객번호'와 '구매내역' 필드로 구성되고 〈고객〉 테이블은 '고객번호'와 '고객명'으로 구성되어 있다. 다음 아래의 [관계 편집]과 [조인 속성] 대화 상자처럼 〈구매〉 테이블의 모든 레코드는 표시하고, 〈고객〉 테이블에서는 '구매.고객번호' 필드와 일치하는 레코드만 표시하는 조인으로 옳은 것은?

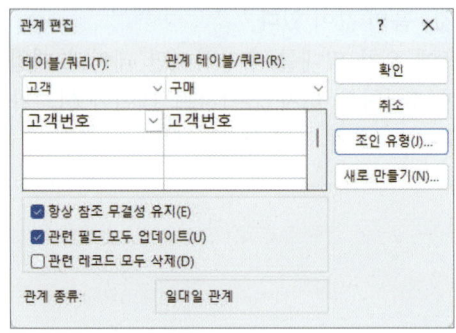

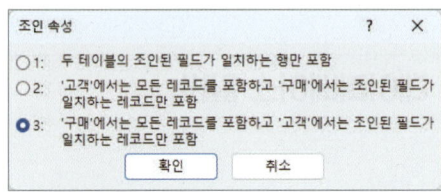

① 카테션 조인
② 내부 조인
③ 왼쪽 외부 조인
④ 오른쪽 외부 조인

50 다음 중 액세스의 데이터 형식이 아닌 것은?

① 짧은 텍스트
② 날짜/시간
③ CSV
④ 일련번호

51 다음 중 폼 작성 시 속성 설정에 대한 설명으로 옳지 않은 것은?

① 폼은 데이터의 입력, 편집 작업 등을 위한 사용자와의 인터페이스로 테이블, 쿼리, SQL문 등을 '레코드 원본' 속성으로 지정할 수 있다.
② 폼의 제목 표시줄에 표시되는 텍스트는 '이름' 속성을 이용하여 변경할 수 있다.
③ 폼의 보기 형식은 '기본 보기' 속성에서 단일 폼, 연속 폼, 데이터시트, 피벗 테이블, 피벗 차트, 분할 표시 폼 중 선택할 수 있다.
④ 이벤트의 작성을 위한 작성기는 식 작성기, 매크로 작성기, 코드 작성기 중 선택할 수 있다.

52 다음 중 릴레이션(Relation)에 대한 설명으로 옳지 않은 것은?

① 한 릴레이션에 포함된 튜플(Tuple)의 수를 인스턴스(Instance)라 한다.
② 연관된 속성의 집합으로 관계형 모델에서의 테이블(Table)을 의미한다.
③ 한 릴레이션을 구성하는 속성(Attribute)들 사이에는 순서가 없다.
④ 한 릴레이션에 포함된 튜플을 유일하게 식별하기 위한 속성들의 부분 집합을 키(Key)로 설정한다.

53 다음 중 데이터베이스인 Access에서 암호를 설정하는 방법으로 옳은 것은?

① [데이터베이스 압축 및 복구] 도구에서 파일 암호를 설정할 수 있다.
② 데이터베이스를 단독 사용 모드(단독으로 열기)로 열어야 파일 암호를 설정할 수 있다.
③ 데이터베이스를 MDE 형식으로 저장한 후 파일을 열어야 파일 암호를 설정할 수 있다.
④ [Access 옵션] 창의 보안 센터에서 파일 암호를 설정할 수 있다.

54 다음 중 테이블의 특정 필드에서 엑셀 파일을 삽입하려고 할 때 가장 적절한 데이터 형식으로 옳은 것은?

① 하이퍼링크
② 일련번호
③ 긴 텍스트
④ 첨부 파일

55 다음 중 보고서에 관한 설명으로 옳지 않은 것은?

① 보고서는 데이터 원본으로 테이블이나 쿼리, 기존 작성된 보고서를 지정하여 사용할 수 있다.
② 보고서는 폼과는 달리 컨트롤에 데이터를 입력하거나 수정할 수 없다.
③ 데이터베이스에 저장된 테이블이나 쿼리의 내용을 화면이나 프린터로 출력하기 위한 개체이다.
④ 레코드 원본에서 SQL 명령을 입력하는 경우 그 결과로 보고서를 작성할 수 있다.

56 다음 중 기본 폼과 하위 폼의 연결에 관한 설명으로 옳지 않은 것은?

① 두 개 이상의 연결 필드를 지정할 때는 필드들을 콤마(,)로 구분하여 연결한다.
② 폼이 연결되면 기본 폼과 하위 폼은 동기화되므로 하위 폼에는 기본 폼과 연관된 레코드만 표시된다.
③ 기본 폼과 하위 폼을 연결할 필드의 데이터 형식은 같거나 호환되어야 한다.
④ '하위 폼 필드 연결기' 대화 상자에서 기본 폼과 하위 폼의 연결 필드를 지정할 수 있다.

57 다음 중 액세스에서 매크로에 대한 설명으로 옳지 않은 것은?

① 하나의 매크로 그룹에 여러 개의 매크로를 만들 수 있다.
② 하나의 매크로에 여러 개의 매크로 함수를 지정할 수 있다.
③ AutoExec이라는 특수한 매크로 이름을 사용하면 테이블이 열릴 때마다 자동으로 실행된다.
④ 매크로 실행 시에 필요한 정보, 즉 인수를 지정할 수 있다.

58 다음 중 SQL문의 각 예약어에 대한 설명으로 옳지 않은 것은?

① SQL문에서 검색 결과가 중복되지 않게 표시하기 위해서 'DISTINCT'를 입력한다.
② ORDER BY문을 사용할 때는 HAVING절을 사용하여 조건을 지정한다.
③ FROM절에는 SELECT문에 나열된 필드를 포함하는 테이블이나 쿼리를 지정한다.
④ 특정 필드를 기준으로 그룹화하여 검색할 때는 GROUP BY문을 사용한다.

59 다음 중 액세스를 이용하여 테이블을 작성할 때 고려하지 않아도 될 사항은?

① 필드 크기
② 필드 이름
③ 필드의 데이터 형식
④ 레코드 수

60 다음 중 〈과목코드〉 테이블의 '과목코드' 필드에 대한 속성에 관한 설명으로 옳지 않은 것은?

① 과목코드 필드에서 입력 가능한 숫자는 255까지 가능하다.
② 과목코드는 반드시 입력해야 한다.
③ 과목코드는 중복될 수 없다.
④ 새 레코드 생성 시 0이 자동으로 입력된다.

2025년 상시 기출문제 03회

1과목 컴퓨터 일반

01 다음 중 인터넷이 가능한 스마트폰을 모뎀처럼 통신 중계기 역할로 사용하는 방법으로 PC나 노트북, 태블릿 등의 IT 기기를 스마트폰에 연결하여 무선 인터넷 사용이 가능하고 모바일 데이터 연결을 공유하는 기능은?

① 테더링(Tethering)
② 와이파이(WiFi)
③ 블루투스(Bluetooth)
④ 와이브로(Wibro)

02 다음 중 프린터의 스풀(Spool) 기능에 관련된 설명으로 옳은 것은?

① 스풀 기능은 인쇄할 내용을 직접 프린터로 전송하여 속도가 빠르다.
② 스풀 기능은 문서 전체 단위로 실행된다.
③ 프린터가 인쇄 중이라도 다른 응용 프로그램을 실행할 수 있다.
④ 저속 프린터의 경우 스풀을 사용하면 컴퓨터 전체 효율이 현저하게 낮아진다.

03 다음 중 Windows에서 디스크의 사용 가능한 공간을 늘리기 위하여 인터넷 관련 캐시 파일, 휴지통의 파일, 임시 파일 등 불필요한 파일들을 삭제하는 작업은?

① 디스크 검사
② 디스크 정리
③ 디스크 포맷
④ 드라이브 조각 모음 및 최적화

04 다음 중 인터넷 익스플로러처럼 인터넷을 사용하기 위한 웹 브라우저가 아닌 것은?

① 크롬(Chrome)
② 마이크로소프트 엣지(Microsoft Edge)
③ 파이어폭스(Firefox)
④ 안드로이드(Android)

05 다음 중 네트워크와 관련하여 OSI 7계층 참조 모델에서 각 계층의 대표적인 장비로 옳지 않은 것은?

① 트랜스포트 계층(Transport Layer) - 허브(Hub)
② 네트워크 계층(Network Layer) - 라우터(Router)
③ 데이터링크 계층(Data-link Layer) - 브리지(Bridge)
④ 물리 계층(Physical Layer) - 리피터(Repeater)

06 다음 중 정보를 전송하기 위하여 송·수신기가 같은 상태를 유지하도록 하는 프로토콜의 기능을 의미하는 것은?

① 연결 제어
② 흐름 제어
③ 오류 제어
④ 동기화

07 다음 중 정보 보안의 기밀성을 침해하는 것으로 옳은 것은?

① 스푸핑(Spoofing)
② 스니핑(Sniffing)
③ 백도어(Back Door)
④ 웜(Worm)

08 다음 중 PnP 기능에 대한 설명으로 옳은 것은?

① 파일을 전송하는 프로토콜이다.
② 하나의 CPU로 여러 개의 프로그램을 동시에 처리하는 기법이다.
③ 인터넷상에서 개인끼리 파일을 공유하는 기술이나 행위를 의미한다.
④ 새로운 하드웨어를 장착하고 시스템을 가동하면 자동으로 하드웨어를 인식하고 실행하는 기능이다.

09 다음 중 아래의 화면은 명령 프롬프트에서 어떤 명령을 실행한 결과인가?

```
            127.0.0.1 32바이트 데이터 사용:
127.0.0.1의 응답: 바이트=32 시간<1ms TTL=128
127.0.0.1의 응답: 바이트=32 시간<1ms TTL=128
127.0.0.1의 응답: 바이트=32 시간<1ms TTL=128
127.0.0.1의 응답: 바이트=32 시간<1ms TTL=128

127.0.0.1에 대한 Ping 통계:
    패킷: 보냄 = 4, 받음 = 4, 손실 = 0 (0% 손실),
왕복 시간(밀리초):
    최소 = 0ms, 최대 = 0ms, 평균 = 0ms
```

① ping
② ipconfig
③ tracert
④ nslookup

10 다음 중 한글 Windows의 [작업 표시줄 및 시작 메뉴]에 대한 설명으로 옳지 않은 것은?

① 작업 표시줄에서 PC에 설치된 모든 프로그램이나 앱을 실행할 수 있다.
② 화면에서 작업 표시줄의 위치는 사용자가 지정할 수 있다.
③ 작업 표시줄은 작업 시 필요에 의해 숨기기할 수 있다.
④ 시작 메뉴는 Ctrl+Esc로 호출할 수 있다.

11 다음 중 패치 프로그램에 대한 설명으로 옳은 것은?

① 프로그램의 오류 수정이나 성능 향상을 위해 프로그램의 일부를 변경해 주는 프로그램으로 Windows의 업데이트가 이에 해당한다.
② 컴퓨터 하드웨어 및 소프트웨어 성능을 비교 평가하는 프로그램이다.
③ 베타 테스트를 하기 전에 프로그램 개발사 내부에서 미리 평가하고 오류를 찾아 수정하기 위해 시험해 보는 프로그램이다.
④ 정식으로 프로그램을 공개하기 전에 한정된 집단 또는 일반인에게 공개하여 기능을 시험하는 프로그램이다.

12 다음 주어진 〈보기〉 중에서 가장 작은 컴퓨터 정보 표현 단위로 표현 가능한 정보의 개수는?

〈보기〉

바이트(Byte), 워드(Word), 레코드(Record), 니블(Nibble)

① 4
② 16
③ 32
④ 256

13 다음 중 정보 통신을 위한 디지털 방식의 통신 선로에서 전송 신호를 증폭하거나 재생하고 전달하는 중계 장치로 옳은 것은?

① 게이트웨이(Gateway)
② 모뎀(Modem)
③ 리피터(Repeater)
④ 라우터(Router)

14 다음 중 인터넷 주소 체계에서 IPv6에 대한 설명으로 옳지 않은 것은?

① 16비트씩 8부분으로 구성되며, 각 부분은 점(.)으로 구분한다.
② 각 부분은 4자리의 16진수로 표현하며, 앞자리의 0은 생략할 수 있다.
③ IPv4에 비해 등급별, 서비스별로 패킷을 구분할 수 있어 품질 보장이 용이하다.
④ 유니캐스트, 애니캐스트, 멀티캐스트 형태의 유형으로 할당하기 때문에 할당된 주소의 낭비 요인을 줄이고 간단하게 결정할 수 있다.

15 다음 중 한글 Windows의 [설정]-[개인 설정]-[테마]의 '관련 설정'에서 '바탕 화면 아이콘 설정'을 이용하여 지정이 가능한 아이콘의 종류가 아닌 것은?

① 컴퓨터
② 즐겨찾기
③ 문서
④ 네트워크

16 다음 중 시스템 소프트웨어에 관한 설명으로 옳지 않은 것은?

① 일반적으로 시스템 소프트웨어는 운영체제가 대표적인 시스템 소프트웨어이다.
② 시스템 소프트웨어는 제어 프로그램과 처리 프로그램으로 구성된다.
③ 컴퓨터 시스템의 각종 하드웨어적인 자원과 소프트웨어적인 자원을 효율적으로 운영, 관리한다.
④ 회사 내의 특정 업무를 처리하기 위해 개발된 소프트웨어이다.

17 'Malware'는 사용자가 원하지 않는 악의적인 동작을 하도록 제작된 프로그램 또는 코드를 의미한다. 다음 중 'Malware'에 속하지 않는 것은?

① 컴퓨터 바이러스
② 방화벽
③ 인터넷 웜
④ 트로이 목마

18 다음 중 데이터 보안 침해 형태 중 위협 보안 요건으로 옳은 것은?

① 가로막기(Interruption) : 정보의 기밀성(Secrecy) 저해
② 가로채기(Interception) : 정보의 무결성(Integrity) 저해
③ 변조/수정(Modification) : 정보의 무결성(Integrity) 저해
④ 위조(Fabrication) : 정보의 가용성(Availability) 저해

19 다음 중 컴퓨터의 수 연산에서 사용되는 보수(Complement)에 대한 설명으로 옳지 않은 것은?

① 보수는 컴퓨터 연산에서 덧셈 연산을 이용하여 뺄셈을 수행하기 위해 사용한다.
② N진법에는 N의 보수와 N-1의 보수가 존재한다.
③ 2진수 1010의 1의 보수는 0을 1로, 1을 0으로 바꾼 0101에 1을 더한 것이다.
④ 2진수 10101의 2의 보수는 01011이다.

20 다음 중 한글 Windows의 파일 탐색기에서 파일이나 폴더를 선택하는 방법으로 옳지 않은 것은?

① 비연속적인 파일이나 폴더를 선택하고자 할 때에는 Ctrl과 함께 클릭한다.
② 연속적인 파일이나 폴더를 선택하고자 할 때에는 Shift와 함께 클릭한다.
③ 여러 개의 파일을 한꺼번에 선택할 경우에는 마우스를 사용하여 사각형 모양으로 드래그한다.
④ 모든 파일과 하위 폴더를 한꺼번에 선택하려면 Alt + A 를 사용한다.

2과목 스프레드시트 일반

21 다음 중 아래 워크시트를 이용한 수식의 실행 결과가 나머지 셋과 다른 것은?

▲	A	B
1	결과	
2	33	
3	TRUE	
4	55	
5	#REF!	
6	88	
7	#N/A	
8		

① =IFERROR(ISLOGICAL(A3), "ERROR")
② =IFERROR(ISERR(A7), "ERROR")
③ =IFERROR(ISERROR(A7), "ERROR")
④ =IF(ISNUMBER(A4), TRUE, "ERROR")

22 다음 중 엑셀의 데이터 입력에 대한 설명으로 옳지 않은 것은?

① 한 셀에 여러 줄의 데이터를 입력하려면 Alt + Enter 를 사용한다.
② 셀에 데이터를 입력하고 Shift + Enter 를 누르면 셀 입력이 완료되고 바로 아래의 셀이 선택된다.
③ 같은 데이터를 여러 셀에 한 번에 입력하려면 Ctrl + Enter 를 사용한다.
④ 수식이 들어 있는 셀을 선택하고 채우기 핸들을 두 번 클릭하면 수식이 적용되는 모든 인접한 셀에 대해 아래쪽으로 수식을 자동 입력할 수 있다.

23 다음 중 셀 영역을 선택한 후 상태 표시줄의 바로 가기 메뉴인 [상태 표시줄 사용자 지정]에서 선택할 수 있는 자동 계산에 해당하지 않는 것은?

① 선택한 영역 중 숫자 데이터가 입력된 셀의 수
② 선택한 영역 중 데이터가 입력된 셀의 수
③ 선택한 영역 중 문자 데이터가 입력된 셀의 수
④ 선택한 영역의 합계, 평균, 최소값, 최대값

24 다음 중 수식에서 발생하는 각 오류에 대한 원인으로 옳지 않은 것은?

① #NULL! - 배열 수식이 들어 있는 범위와 행 또는 열수가 같지 않은 배열 수식의 인수를 사용하는 경우
② #VALUE! - 수식에서 잘못된 인수나 피연산자를 사용한 경우
③ #NUM! - 수식이나 함수에 잘못된 숫자 값이 포함된 경우
④ #NAME? - 수식에서 이름으로 정의되지 않은 텍스트를 큰따옴표로 묶지 않고 입력한 경우

25 다음 중 [페이지 나누기 미리 보기] 상태에서 설정할 수 있는 기능에 대한 설명으로 옳지 않은 것은?

① 행 높이와 열 너비를 변경하면 자동 페이지 나누기의 위치도 변경된다.
② 수동으로 삽입한 페이지 나누기를 제거하려면 페이지 나누기를 페이지 나누기 미리 보기 영역 밖으로 끌어다 놓는다.
③ [페이지 나누기 삽입] 기능은 선택한 셀의 아래쪽 행 오른쪽 열로 페이지 나누기를 삽입한다.
④ 수동 페이지 나누기를 모두 제거하려면 임의의 셀의 바로 가기 메뉴에서 [페이지 나누기 모두 원래대로]를 클릭한다.

26 다음 중 매크로 편집에 사용되는 Visual Basic Editor에 관한 설명으로 옳지 않은 것은?

① Visual Basic Editor는 바로 가기 키 Alt + F11 을 누르면 실행된다.
② 작성된 매크로는 한 번에 실행되며, 한 단계씩 실행될 수는 없다.
③ Visual Basic Editor는 프로젝트 탐색기, 속성 창, 모듈 시트 등으로 구성되어 있다.
④ 실행하고자 하는 매크로 구문 내에 커서를 위치시키고 F5 를 누르면 매크로가 바로 실행된다.

27 다음 중 [인쇄 미리 보기] 화면에서 설정할 수 없는 기능은?

① 상하좌우의 여백 조정
② 머리글과 바닥글의 여백 조정
③ 셀의 행 높이 조정
④ 셀의 열 너비 조정

28 다음 중 아래의 워크시트에서 '황영철' 사원의 근속 연수를 오늘 날짜를 기준으로 구하고자 할 때, [D8] 셀에 입력할 수식으로 옳은 것은?

	A	B	C	D
1	사원명	입사일자	부서	연봉
2	홍길동	2010-12-12	영업부	4000만원
3	이다정	1999-12-01	연구소	6000만원
4	황영철	2005-10-05	총무부	4000만원
5	한은영	2010-10-08	경리부	3800만원
6	장인선	2022-02-04	기획실	2700만원
7				
8	사원명	황영철	근속년수	

① =YEAR(TODAY( ))-YEAR(HLOOKUP(B8,A2:D6,2,0))
② =YEAR(TODAY( ))-YEAR(HLOOKUP(B8,A2:D6,2,1))
③ =YEAR(TODAY( ))-YEAR(VLOOKUP(B8,A2:B6,2,0))
④ =YEAR(TODAY( ))-YEAR(VLOOKUP(B8,A2:B6,2,1))

29 다음 중 아래 차트와 같이 X축을 위쪽에 표시하기 위한 방법으로 옳은 것은?

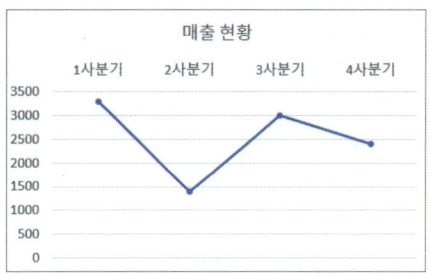

① 가로축을 선택한 후 [축 서식]의 축 옵션에서 세로 축 교차를 '최대 항목'으로 설정한다.
② 가로축을 선택한 후 [축 서식]의 축 옵션에서 '항목을 거꾸로'를 설정한다.
③ 세로축을 선택한 후 [축 서식]의 축 옵션에서 가로 축 교차를 '축의 최대값'으로 설정한다.
④ 세로축을 선택한 후 [축 서식]의 축 옵션에서 '값을 거꾸로'를 설정한다.

30 다음 중 아래의 워크시트에서 작성한 수식으로 결과값이 다른 것은?

	A	B	C	D
1	1	30		
2	2	20		
3	3	10		
4				
5				
6				

① {=SUM((A1:A3*B1:B3))}
② {=SUM(A1:A3*{30;20;10})}
③ {=SUM(A1:A3*{30,20,10})}
④ =SUMPRODUCT(A1:A3, B1:B3)

31 다음 중 날짜 데이터의 자동 채우기 옵션에 포함되지 않는 내용은?

① 일 단위 채우기
② 주 단위 채우기
③ 월 단위 채우기
④ 평일 단위 채우기

32 다음 중 [페이지 설정] 대화 상자의 [시트] 탭에 대한 설명으로 옳지 않은 것은?

① 인쇄 영역을 지정하지 않으면 기본적으로 워크시트의 모든 내용을 인쇄한다.
② 반복할 행은 "$1:$3"과 같이 행 번호로 나타낸다.
③ 메모의 인쇄 방법을 '시트 끝'으로 선택하면 원래 메모가 속한 각 페이지의 끝에 모아 인쇄된다.
④ 여러 페이지가 인쇄될 경우 열 우선을 선택하면 오른쪽 방향으로 인쇄를 마친 후에 아래쪽 방향으로 진행된다.

33 다음 중 참조의 대상 범위로 사용하는 이름 정의 시 이름의 지정 방법에 대한 설명으로 옳지 않은 것은?

① 이름은 대소문자를 구분하지 않는다.
② 'C9'처럼 셀 주소와 같은 형태의 이름을 사용할 수 있다.
③ 이름 상자의 화살표 단추를 누르고 정의된 이름 중 하나를 클릭하면 해당 셀 또는 셀 범위가 선택된다.
④ 같은 통합 문서에서 동일한 이름을 중복하여 사용할 수 없다.

34 아래 워크시트에서 매출액[B3:B9]을 이용하여 매출 구간별 빈도수를 [F3:F6] 영역에 계산하고자 한다. 다음 중 이를 위한 배열 수식으로 옳은 것은?

	A	B	C	D	E	F	G
1							
2		매출액		매출구간		빈도수	
3		75		0	50	1	
4		93		51	100	2	
5		130		101	200	3	
6		32		201	300	1	
7		123					
8		257					
9		169					
10							

① {=PERCENTILE.INC(B3:B9,E3:E6)}
② {=PERCENTILE.INC(E3:E6,B3:B9)}
③ {=FREQUENCY(B3:B9,E3:E6)}
④ {=FREQUENCY(E3:E6,B3:B9)}

35 다음 중 아래 워크시트의 [A1] 셀에 사용자 지정 표시 형식 '#,###,'을 적용했을 때 표시되는 값은?

	A	B
1	2451648.81	
2		

① 2,451
② 2,452
③ 2
④ 2.4

36 다음 중 엑셀의 화면 설정에 대한 설명으로 옳은 것은?

① 워크시트 화면의 확대/축소 배율 지정은 모든 시트에 같은 배율로 적용된다.
② 틀 고정과 창 나누기를 동시에 수행할 수 있다.
③ 화면에 표시되는 틀 고정 형태는 인쇄 시 적용되지 않는다.
④ 틀 고정 구분 선은 마우스 드래그로 위치를 변경할 수 있다.

37 다음 중 VBA의 프로시저(Procedure)에 관한 설명으로 옳지 않은 것은?

① 프로시저는 특정한 기능을 수행하는 명령문들의 집합이다.
② 사용자가 직접 기록한 매크로도 프로시저로 기록된다.
③ 모듈은 하나 이상의 프로시저들을 이용하여 구성할 수 있다.
④ Sub ~ End Sub 프로시저는 명령문들의 실행 결과를 반환한다.

38 다음 중 하이퍼링크를 삽입할 때 연결 대상이 될 수 없는 것은?

① 기존 파일/웹 페이지
② 현재 문서
③ 전자 메일 주소
④ 매크로 바로 가기 키

39 다음 중 원형 차트에 대한 설명으로 옳지 않은 것은?

① 항상 한 개의 데이터 계열만을 가지고 있으므로 축이 없다.
② 차트 계열 요소의 값들을 '데이터 테이블'로 나타낼 수 있다.
③ 차트의 각 조각을 분리할 수 있고, 첫째 조각의 각을 조정할 수 있다.
④ 항목의 값들이 항목 합계의 비율로 표시되므로 중요한 요소를 강조할 때 사용한다.

40 다음 중 피벗 차트 보고서에 대한 설명으로 옳지 않은 것은?

① 피벗 차트 보고서에 필터를 적용하면 피벗 테이블 보고서에 자동 적용된다.
② 피벗 차트 보고서는 주식형, 분산형, 거품형, 트리맵, 선버스트 등 다양한 차트로 변경할 수 있다.
③ 피벗 차트에는 표준 차트와 마찬가지로 데이터 계열, 범주, 데이터 표식, 축이 표시된다.
④ 피벗 차트 보고서를 삭제해도 관련된 피벗 테이블 보고서는 삭제되지 않는다.

3과목 데이터베이스 일반

41 다음 중 DBMS의 단점에 대한 설명으로 옳지 않은 것은?

① 하드웨어나 DBMS 구입 비용, 전산화 비용 등이 증가함
② DBMS와 데이터베이스 언어를 조작할 수 있는 고급 프로그래머가 필요함
③ 데이터를 통합하는 중앙 집중 관리가 어려움
④ 데이터의 백업과 복구에 많은 비용과 시간이 소요됨

42 다음 중 성적(학번, 이름, 학과, 점수) 테이블의 레코드 수가 10개, 평가(학번, 전공, 점수) 테이블의 레코드 수가 5개일 때, 아래 SQL의 결과에 대한 설명으로 옳은 것은?

```
SELECT 학번, 학과, 점수 FROM 성적 UNION ALL
SELECT 학번, 전공, 점수 FROM 평가 ORDER BY 학번
```

① 쿼리 실행 결과의 필드 수는 모든 테이블의 필드를 더한 개수만큼 검색된다.
② 쿼리 실행 결과의 총 레코드 수는 15개이다.
③ 쿼리 실행 결과의 필드는 평가.학번, 평가.전공, 평가.점수이다.
④ 쿼리 실행 결과는 학번의 내림차순으로 정렬되어 표시된다.

43 폼의 머리글에 아래와 같은 도메인 함수 계산식을 사용하는 컨트롤을 삽입하였다. 다음 중 계산 결과값에 대한 설명으로 옳은 것은?

```
=DLOOKUP("성명", "사원", "[사원번호] = 1")
```

① 성명 테이블에서 사원 번호가 1인 데이터의 성명 필드에 저장되어 있는 값
② 성명 테이블에서 사원 번호가 1인 데이터의 사원 필드에 저장되어 있는 값
③ 사원 테이블에서 사원 번호가 1인 데이터의 성명 필드에 저장되어 있는 값
④ 사원 테이블에서 사원 번호가 1인 데이터의 사원 필드에 저장되어 있는 값

44 다음 중 아래 그림과 같이 '성명' 필드가 'txt검색' 컨트롤에 입력된 문자를 포함하는 레코드만을 표시하도록 하는 프로시저의 코드로 옳은 것은?

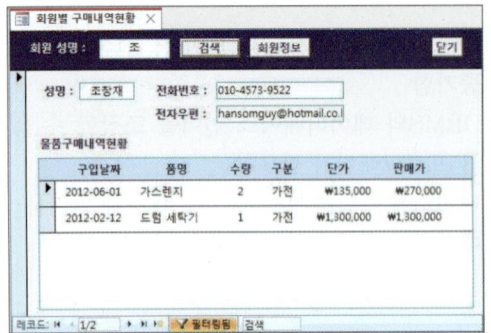

① Me.Filter = "성명 = '*' & txt검색 & '*'"
   Me.FilterOn = True
② Me.Filter = "성명 = '*' & txt검색 & '*'"
   Me.FilterOn = False
③ Me.Filter = "성명 like '*' & txt검색 & '*'"
   Me.FilterOn = True
④ Me.Filter = "성명 like '*' & txt검색 & '*'"
   Me.FilterOn = False

45 다음 중 후보키(Candidate key)가 만족해야 할 두 가지 성질로 가장 타당한 것은?

① 유일성과 최소성
② 유일성과 무결성
③ 독립성과 최소성
④ 독립성과 무결성

46 다음 중 VBA 코드로 작성한 모듈에서 txt날짜_DblClick인 프로시저가 실행되는 시점으로 옳은 것은?

① 다른 프로시저에서 이 프로시저를 호출해야 실행된다.
② 해당 폼을 열면 폼에 속해 있는 모든 프로시저가 실행된다.
③ txt날짜 컨트롤이 더블클릭될 때 실행된다.
④ 해당 폼의 txt날짜 컨트롤에 값이 입력되면 실행된다.

47 다음 중 개체-관계(E-R) 모델에 대한 설명으로 옳지 않은 것은?

① 1976년 P. Chen이 제안한 모델이다.
② 개체 타입과 이들 간의 관계 타입을 이용해서 현실 세계를 개념적으로 표현하는 방법이다.
③ E-R 모델의 기본적인 아이디어를 시각적으로 가장 잘 나타낸 것이 E-R 다이어그램이다.
④ E-R 다이어그램은 개체 타입을 직사각형, 관계 타입을 다이아몬드, 속성을 화살표로 표현한다.

48 회원목록 보고서는 '지역' 필드를 기준으로 정렬되어 있다. 다음 중 동일한 지역인 경우 지역명이 맨 처음에 한 번만 표시되도록 하기 위한 속성으로 옳은 것은?

① [확장 가능] 속성을 '아니요'로 설정
② [누적 합계] 속성을 '예'로 설정
③ [중복 내용 숨기기] 속성을 '예'로 설정
④ [표시] 속성을 '아니요'로 설정

49 다음 중 각 데이터 형식에 대한 설명으로 옳지 않은 것은?

① 조회 마법사는 필드에 값을 직접 입력하지 않고 다른 테이블에서 값을 선택할 때 사용한다.
② Yes/No 형식은 Yes/No, True/False, On/Off 등 두 값 중 하나만 입력하는 경우에 사용하는 것으로 기본 필드 크기는 1비트이다.
③ 설명, 참고 사항 등 255자를 초과해서 저장할 때는 긴 텍스트 데이터 형식을 사용한다.
④ 일련번호는 번호가 부여된 후 변경하거나 삭제할 수 있으며 크기는 2바이트이다.

50 다음 중 아래의 SQL 명령에서 BETWEEN 연산의 의미와 동일한 것은?

```
SELECT *
FROM 성적
WHERE (점수 BETWEEN 90 AND 95) AND 학과 = "컴퓨터공학과"
```

① 점수 >= 90 AND 점수 <= 95
② 점수 > 90 AND 점수 < 95
③ 점수 > 90 AND 점수 <= 95
④ 점수 >= 90 AND 점수 < 95

51 다음 중 테이블에 데이터가 입력되는 방식을 제어하기 위한 방법으로 적절하지 않은 것은?

① 유효성 검사 규칙을 설정하여 필드에 입력되는 데이터 값의 범위를 설정한다.
② 입력 마스크를 이용하여 필드의 각 자리에 입력되는 값의 종류를 제한한다.
③ 색인(index)을 이용하여 해당 필드에 중복된 값이 입력되지 않도록 설정한다.
④ 기본키(Primary Key) 속성을 이용하여 레코드 추가 시 기본으로 입력되는 값을 설정한다.

52 다음 중 데이터베이스의 설계 단계로 옳은 것은?

① 요구 조건 분석 단계 → 개념적 설계 단계 → 논리적 설계 단계 → 물리적 설계 단계 → 구현
② 개념적 설계 단계 → 논리적 설계 단계 → 물리적 설계 단계 → 구현 → 요구 조건 분석 단계
③ 논리적 설계 단계 → 물리적 설계 단계 → 구현 → 요구 조건 분석 단계 → 개념적 설계 단계
④ 피드백 분석 단계 → 개념적 설계 단계 → 논리적 설계 단계 → 물리적 설계 단계 → 개선 단계

53 다음 중 SQL문에 대한 설명으로 옳지 않은 것은?

① INSERT 명령을 사용하여 조건에 맞는 레코드를 삽입할 수 있다.
② DROP 명령을 사용하여 조건에 맞는 레코드를 삭제할 수 있다.
③ UPDATE 명령을 사용하여 조건에 맞는 레코드를 갱신할 수 있다.
④ SELECT 명령을 사용하여 조건에 맞는 레코드를 검색할 수 있다.

54 다음 중 폼에 삽입된 텍스트 상자 컨트롤의 이름을 변경하는 방법으로 옳은 것은?

① 텍스트 상자 컨트롤의 바로 가기 메뉴에서 '변경'을 선택한 후 이름을 입력한다.
② 텍스트 상자 컨트롤에 연결된 레이블 컨트롤에 이름을 입력한다.
③ 텍스트 상자 컨트롤의 속성 창을 열고 이름 항목에 입력한다.
④ 텍스트 상자 컨트롤을 클릭한 다음 컨트롤 안에 이름을 입력한다.

55 다음 중 매크로에 대한 설명으로 옳지 않은 것은?

① 매크로는 작업을 자동화하고 폼, 보고서 및 컨트롤에 기능을 추가하는 데 사용되는 도구이다.
② 특정 조건이 참일 때에만 매크로 함수를 실행하도록 설정할 수 있다.
③ 하나의 매크로에는 하나의 매크로 함수만 포함될 수 있다.
④ 매크로를 컨트롤의 이벤트 속성에 포함할 수 있다.

56 다음 중 데이터베이스의 3단계 구조 중 하나로 데이터베이스 전체의 논리적인 구조를 보여주는 스키마는?

① 외부 스키마
② 개념 스키마
③ 서브 스키마
④ 내부 스키마

57 다음 중 정규화에 대한 설명으로 옳지 않은 것은?

① 한 테이블에 너무 많은 정보를 포함해서 발생하는 이상 현상을 제거한다.
② 정규화를 실행하면 모든 테이블의 필드 수가 같아진다.
③ 정규화를 실행하면 테이블이 나누어져 최종적으로는 일관성을 유지하게 된다.
④ 정규화를 실행하는 목적 중 하나는 데이터 중복의 최소화이다.

58 다음 중 폼에 관련된 설명으로 옳지 않은 것은?

① 폼을 구성하는 컨트롤들은 마법사를 이용하여 손쉽게 작성할 수도 있다.
② 모달 폼은 다른 폼 안에 컨트롤로 삽입되어 연결된 폼을 의미한다.
③ 폼은 매크로나 이벤트 프로시저를 이용하여 작업을 자동화할 수 있다.
④ 폼의 디자인 작업 시 눈금과 눈금자는 필요에 따라 표시하거나 숨길 수 있다.

59 다음 중 문자열 함수의 실행 결과로 옳지 않은 것은?

① =Instr("Blossom","son") = Null
② =Left("Blossom",3) = Blo
③ =Mid("Blossom", 3, 3) = oss
④ =Len("Blossom") = 7

60 다음 중 아래 <학생> 테이블에 대한 SQL문의 실행 결과로 옳은 것은?

학번	전공	학년	나이
1002	영문	SO	19
1004	통계	SN	23
1005	영문	SN	21
1008	수학	JR	20
1009	영문	FR	18
1010	통계	SN	25

```
SELECT AVG([나이]) FROM 학생
WHERE 학년="SN" GROUP BY 전공
HAVING COUNT(*) >= 2;
```

① 21
② 22
③ 23
④ 24

2025년 상시 기출문제 04회

SELF CHECK : 제한시간 60분 | 소요시간 　 분 | 전체 문항 수 60문항 | 맞힌 문항 수 　 문항

1과목 컴퓨터 일반

01 다음 중 한글 Windows 10에서의 프린터 스풀 기능에 대한 설명으로 가장 옳지 않은 것은?

① 스풀링은 인쇄할 내용을 하드디스크를 거치지 않고 프린터로 전송하기 때문에 효율적이다.
② 프린터가 인쇄 중이라도 다른 응용프로그램을 실행할 수 있다.
③ 한 페이지 단위로 스풀링하여 인쇄하는 방법과 인쇄할 문서 전부를 한 번에 스풀링한 후 프린터로 전송하여 인쇄하는 방법이 있다.
④ 프린터와 같은 저속의 입출력 장치를 CPU와 병행하여 작동시켜 컴퓨터의 전체 효율을 향상시켜 준다.

02 다음 중 보안 기법에 대한 설명으로 옳지 않은 것은?

① 사용자 인증은 사용자를 식별하고 정상적인 사용자인지를 검증함으로써 허가되지 않은 사용자의 접근을 차단하는 방법이다.
② 방화벽 보안 시스템은 외부로부터 들어오는 불법적 해킹은 차단되나 내부의 불법적 해킹은 차단하지 못한다.
③ 암호화 방법은 동일한 키로 데이터를 암호화하고 복호화하는 공개키 암호화 기법과 서로 다른 키로 데이터를 암호화하고 복호화하는 비밀키 암호화 기법이 있다.
④ 전자우편에서 사용되는 대표적인 보안 방법은 PGP와 PEM이다.

03 다음 중 인터넷에서 사용하는 URL에 관한 설명으로 옳지 않은 것은?

① 인터넷상에 존재하는 각종 자원의 위치를 나타내는 표준 주소 체계이다.
② URL의 일반적인 형식은 '프로토콜://호스트주소[:포트번호][/파일경로]'이다.
③ 계정이 있는 FTP의 경우 'http://사용자이름[:비밀번호]@서버이름:포트번호' 형식으로 사용한다.
④ mailto 프로토콜은 IP 정보 없이 받는 사람의 이메일 주소만 나타내면 된다.

04 다음 중 컴퓨터의 정상적인 작동을 방해하여 운영체제나 저장된 데이터에 손상을 입힐 수 있는 보안 위협의 종류는?

① 바이러스
② 키로거
③ 애드웨어
④ 스파이웨어

05 다음 중 한글 Windows의 [폴더 옵션] 대화 상자에 있는 [일반] 탭에서 설정할 수 있는 항목으로 옳지 않은 것은?

① 연결 프로그램의 변경
② 한 번 클릭해서 열기
③ 새 창에서 폴더 열기
④ 같은 창에서 폴더 열기

06 다음 중 컴퓨터 소프트웨어의 개발을 위한 객체 지향 언어에 관한 설명으로 옳지 않은 것은?

① 데이터와 그 데이터를 처리하는 함수를 객체로 묶어서 문제를 해결하는 언어이다.
② 상속, 캡슐화, 추상화, 다형성 등을 지원한다.
③ 시스템의 확장성이 높고 정보 은폐가 용이하다.
④ 대표적인 객체 지향 언어로는 BASIC, Pascal, C 언어 등이 있다.

07 다음 중 Windows의 [글꼴]에 대한 설명으로 옳지 않은 것은?

① C:\Windows\Fonts 폴더에 설치된다.
② 텍스트의 가독성을 높여 주는 ClearType 사용이 가능하다.
③ 현재 설치된 글꼴을 미리 보거나 삭제하고 표시하거나 숨길 수 있다.
④ 글꼴 파일의 확장자는 jpg, png, bmp 등이 있다.

08 다음 중 컴퓨터의 처리 시간 단위가 빠른 것에서 느린 순서로 바르게 나열된 것은?

① ps-as-fs-ns-ms-μs
② as-fs-ps-ns-μs-ms
③ ms-μs-ns-ps-fs-as
④ fs-ns-ps-μs-as-ms

09 다음 중 컴퓨터에서 부동 소수점 연산을 위하여 사용되는 자료 표현에 관한 내용으로 옳지 않은 것은?

① 정규화(Normalization) 과정을 통하여 지수부와 가수부로 구성된다.
② 고정 소수점보다 간단하고 실행 시간이 적게 걸리며 아주 큰 수나 작은 수의 표현이 가능하다.
③ 부호 비트는 양수는 0, 음수는 1로 표현한다.
④ 실수 데이터의 표현과 연산에 사용된다.

10 다음 중 일반적으로 RAID(Redundant Array of Inexpensive Disk)를 사용하는 목적으로 볼 수 없는 것은?

① 전송 속도 향상
② 한 개의 대용량 디스크를 여러 개의 디스크처럼 나누어 관리
③ 안정성 향상
④ 데이터 복구의 용이성

11 다음 중 IoT에 대한 설명으로 옳지 않은 것은?

① IoT에 연결되는 사물들은 인터넷 IP를 가지고 있다.
② 각종 사물에 무선 통신 기능과 센서 기술을 융합한 것으로 실시간으로 데이터를 주고받을 수 있다.
③ 통계 및 수학적 기법을 적용한 인공지능(AI)을 이용하여 대량의 데이터로부터 통계적 패턴이나 규칙을 탐색 및 분석하여 활용 가능한 유용한 정보를 추출하는 기술이다.
④ 모든 사물은 해킹의 대상이 되므로 보안의 적용과 중요성이 강조된다.

12 다음 중 컴퓨터 처리에서 고급 언어로 작성된 프로그램을 다른 고급 언어로 번역해 주는 프로그램으로 프로그램의 조건에 맞추기 위한 사전 처리나 사전 준비적인 계산 또는 편성을 행하는 프로그램으로 매크로 확장, 기호 변환 등의 작업을 수행하는 것은?

① 컴파일러(Compiler)
② 인터프리터(Interpreter)
③ 어셈블러(Assembler)
④ 프리프로세서(Preprocessor)

13 다음 중 컴퓨터에서 사용하는 소프트웨어에 대한 설명으로 옳지 않은 것은?

① 소프트웨어는 컴퓨터를 이용하기 위해 필요한 일련의 명령어들의 집합이다.
② 소프트웨어는 시스템 소프트웨어와 응용 소프트웨어로 분류할 수 있다.
③ 응용 소프트웨어란 사용자가 실제 업무를 처리할 수 있도록 개발된 프로그램을 말한다.
④ Windows, Unix, Linux는 대표적인 응용 소프트웨어이다.

14 다음 중 무선 네트워크를 이용한 해킹 수법으로 차량을 이용하여 이동하면서 타인의 무선 구내 정보 통신망에 무단으로 접속하여 트래픽을 가로채는 행위를 무엇이라고 하는가?

① Hacking
② War Driving
③ Cheating
④ Stealing

15 다음 중 블루투스에 대한 설명으로 옳은 것은?

① IEEE 802.15.1 규격을 사용하는 PANs(Personal Area Networks)의 산업 표준이다.
② 컴퓨터 주변 기기에 다양한 규격의 커넥터들을 사용할 때 커넥터 간 호환되지 않는 문제를 해결하고자 개발되었다.
③ 기존의 통신 기기, 가전 및 사무실 기기들의 종류에 상관없이 하나의 표준 접속을 통하여 다양한 기능을 수행하기 위해 개발되었다.
④ 기존의 전화선을 이용한 고속 디지털 전송 기술 중 하나이다.

16 다음 중 데이터 통신에 대한 설명으로 바르지 않은 것은?

① 패킷은 전송할 데이터를 일정한 크기로 나누어서 전송에 필요한 정보와 합쳐 하나의 묶음으로 만든 것이다.
② 클라이언트/서버 방식은 분산 처리 환경과 밀접한 관계를 가진 통신망의 형태이다.
③ 프로토콜은 컴퓨터 간에 데이터를 전송할 때 사용하는 통신 규약을 의미한다.
④ 패리티 비트란 데이터 전송 시 버퍼를 사용하여 전송 속도의 흐름을 조절하기 위한 기능이다.

17 다음 중 제한된 색상을 조합하여 새로운 색을 만드는 작업을 뜻하는 그래픽 기법으로 옳은 것은?

① 렌더링(Rendering)
② 디더링(Dithering)
③ 모델링(Modeling)
④ 리터칭(Retouching)

18 다음 중 니블(Nibble)에 대한 설명으로 옳은 것은?

① 필드가 모여 니블을 구성한다.
② 중앙 처리 장치가 한 번에 처리하는 명령 단위이다.
③ 자료와 문자를 표현하는 최소 단위이다.
④ 1Byte의 크기를 2로 나눈 비트로 구성된다.

19 사용자가 방문했던 내용을 담고 있는 캐시 서버로 방화벽의 기능까지 지원하는 것은?

① Client Server
② WebServer
③ Proxy Server
④ TCP/IP

20 다음 중 Windows의 [휴지통]에 관한 설명으로 옳지 않은 것은?

① 휴지통에 지정된 최대 크기를 초과하면 보관된 파일 중 가장 용량이 큰 파일부터 자동 삭제된다.
② 휴지통에 보관된 실행 파일은 복원은 가능하지만 휴지통에서 실행하거나 이름을 변경할 수는 없다.
③ 휴지통 속성에서 파일이나 폴더가 삭제될 때마다 삭제 확인 대화 상자가 표시되지 않도록 설정할 수 있다.
④ 휴지통의 파일이 실제 저장된 폴더 위치는 일반적으로 C:\$Recycle.Bin이다.

2과목 스프레드시트 일반

21 다음 중 엑셀에서 열려 있는 다른 엑셀 통합 문서로 작업 화면을 전환할 때 사용되는 바로 가기 키로 옳은 것은?

① Shift + Tab
② Ctrl + Tab
③ Ctrl + Enter
④ Alt + ↓

22 다음 중 한자의 특수 문자 입력에 대한 설명으로 옳지 않은 것은?

① 한글 자음(ㄱ, ㄴ, ..., ㅎ) 중 하나를 입력한 후 [한자]를 누르면 화면에 특수 문자 목록이 표시된다.
② '국'과 같이 한글 한 글자를 입력한 후 [한자]를 누르면 화면에 해당 한글에 대한 한자 목록이 표시된다.
③ 한글 쌍자음 'ㄸ'을 입력한 후 [한자]를 누르면 화면에 어떤 목록도 표시되지 않는다.
④ 각각의 한글 자음에 따라서 화면에 표시되는 특수 문자가 다르다.

23 다음 중 배열 수식과 배열 상수에 대한 설명으로 옳지 않은 것은?

① 배열 수식에서 잘못된 인수나 피연산자를 사용할 경우 '#VALUE!'의 오류값이 발생한다.
② 배열 상수는 숫자, 논리값, 텍스트, 오류값 외에 수식도 사용할 수 있다.
③ 배열 상수에서 다른 행의 값은 세미콜론(;), 다른 열의 값은 쉼표(,)로 구분한다.
④ Ctrl + Shift + Enter 키를 누르면 중괄호({ }) 안에 배열 수식이 표시된다.

24 다음 중 여러 워크시트를 선택하여 그룹으로 설정한 경우에 대한 설명으로 옳지 않은 것은?

① 엑셀 창의 맨 위 제목 표시줄에 [그룹]이라고 표시된다.
② 그룹 상태에서 도형이나 차트 등의 그래픽 개체는 삽입되지 않는다.
③ 그룹으로 설정된 임의의 시트에서 입력하거나 편집한 데이터는 그룹으로 설정된 모든 시트에 반영된다.
④ 그룹 상태에서 여러 개의 시트에 정렬 및 필터 기능을 수행할 수 있다.

25 다음 중 수식 작성 과정에 대한 설명으로 옳지 않은 것은?

① 셀 범위를 참조할 때는 시작 셀 이름과 마지막 셀 이름 사이에 콜론(:)이 입력된다.
② 다른 워크시트의 값을 참조하는 경우 해당 워크시트의 이름에 사이 띄우기가 포함되어 있으면 워크시트의 이름은 큰따옴표(" ")로 묶는다.
③ 수식에 숫자를 입력할 때 화폐 단위나 천 단위 구분 기호와 같은 서식 문자는 입력하지 않는다.
④ 외부 참조를 하는 경우 통합 문서의 이름과 경로가 포함되어야 한다.

26 다음 중 수학식 $\sqrt{16} \times (|-2|+2^3)$을 엑셀 수식으로 바르게 표현한 것은?

① =POWER(16)*(ABS(-2)+SQRT(2,3))
② =SQRT(16)*(ABS(-2)+POWER(3,2))
③ =SQRT(16)*(ABS(-2)+POWER(2,3))
④ =POWER(16)*(ABS(-2)+SQRT(3,2))

27 다음 프로시저가 실행된 후 Total 값으로 옳은 것은?

```
Sub PTotal()
    For j = 1 To 10 Step 3
        Total = Total + j
    Next j
    MsgBox "총 " & Total & "입니다."
End Sub
```

① 17
② 22
③ 12
④ 10

28 다음 중 데이터 정렬에 관한 설명으로 옳지 않은 것은?

① 대/소문자를 구분하여 정렬할 수 있다.
② 표 안에서 다른 열에는 영향을 주지 않고 선택한 하나의 열 내에서만 정렬하도록 할 수 있다.
③ 정렬 기준으로 '셀 아이콘'을 선택한 경우 기본 정렬 순서는 '위에 표시'이다.
④ 행을 기준으로 정렬하려면 [정렬] 대화 상자의 [옵션]에서 정렬 옵션의 방향을 '위쪽에서 아래쪽'으로 선택한다.

29 다음 중 항목의 구성비를 표현하는 데 적합한 차트인 원형 차트 및 도넛형 차트에 대한 설명으로 옳지 않은 것은?

① 원형 차트의 모든 조각을 차트 중심에서 끌어낼 수 있다.
② 도넛형 차트는 원형 차트와 마찬가지로 전체에 대한 각 부분의 구성비를 보여 주지만 데이터 계열이 두 개 이상 포함될 수 있다는 점이 다르다.
③ 원형 차트는 첫째 조각의 각을 0도에서 360도 사이의 값을 이용하여 회전시킬 수 있으나 도넛형 차트는 첫째 조각의 각을 회전시킬 수 없다.
④ 도넛형 차트의 도넛 구멍 크기는 0%에서 90% 사이의 값으로 변경할 수 있다.

30 다음 중 매크로에 대한 설명으로 옳지 않은 것은?

① ActiveCell.Interior.ColorIndex=3 → 액티브 셀(개체)의 채우기(속성)를 빨간색으로 지정
② WorkSheets.Add → 새로운 워크시트를 삽입
③ Range("A5").Select → [A5] 셀로 셀 포인터 이동
④ Range("A1").Formula="3*4" → [A1] 셀에 3*4를 계산한 값 12 입력

31 다음 중 셀에 입력된 데이터에 사용자 지정 표시 형식을 설정한 후의 표시 결과로 옳은 것은?

① 0.25 → 0#.#% → 0.25%
② 0.57 → #.# → 0.6
③ 90.86 → #,##0.0 → 90.9
④ 100 → #,###;@"점" → 100점

32 다음 중 조건부 서식 설정을 위한 [새 서식 규칙] 대화 상자의 '규칙 유형 선택' 항목에 해당하지 않는 것은?

① 임의의 날짜를 기준으로 셀의 서식 지정
② 셀 값을 기준으로 모든 셀의 서식 지정
③ 다음을 포함하는 셀만 서식 지정
④ 고유 또는 중복값만 서식 지정

33 다음 중 개요에 대한 설명으로 옳지 않은 것은?

① 개요 기호를 설정하면 그룹의 요약 정보만 또는 필요한 그룹의 데이터만 확인할 수 있어 편리하다.
② 그룹별로 요약된 데이터에서 [개요 지우기]를 실행하면 설정된 개요 기호와 함께 개요 설정에 사용된 요약 정보도 함께 제거된다.
③ [부분합]을 실행하면 각 정보 행 그룹의 바로 아래나 위에 요약 행이 삽입되고, 개요가 자동으로 만들어진다.
④ 그룹화하여 요약하려는 데이터 목록이 있는 경우 데이터에 최대 8개 수준의 개요를 설정할 수 있으며 한 수준은 각 그룹에 해당한다.

34 데이터 관리 기능 중 조건에 만족하는 데이터만 추출해서 특정 위치에 표시할 수 있는 기능은?

① 자동 필터
② 고급 필터
③ 정렬
④ 부분합

35 엑셀에서 데이터를 정렬하려는데 다음과 같은 정렬 경고 대화 상자가 표시되었다. 다음 중 옳지 않은 것은?

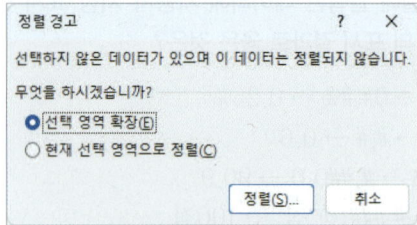

① 이 정렬 경고 대화 상자는 표 범위에서 하나의 열만 범위로 선택한 경우에 발생한다.
② 인접한 데이터를 포함하기 위해 선택 영역을 늘리려면 '선택 영역 확장'을 선택한다.
③ 이 정렬 경고 대화 상자는 셀 포인터가 표 범위 내에 있지 않기 때문에 발생한다.
④ '현재 선택 영역으로 정렬'을 선택하면 현재 설정한 열만을 정렬 대상으로 선택한다.

36 다음 시트에서 [A2:A7] 영역의 이름이 '대표'로 정의되었을 때 [A8] 영역에 =MATCH("김영희",대표,0) 수식을 입력한다면 결과값으로 옳은 것은?

	A	B
1	대표	거래처명
2	홍길동	인천직물
3	김영희	서울통상
4	김선주	중동무역
5	나대리	하나무역
6	김영희	나루교역
7	이연수	서울통상

① 서울통상
② 1
③ 2
④ 김영희

37 다음 중 차트의 편집에 대한 설명으로 옳지 않은 것은?

① 차트와 연결된 워크시트의 데이터에 열을 추가하면 차트에 자동으로 반영되지 않는다.
② 차트 크기를 조정하면 새로운 크기에 가장 적합하도록 차트 내의 텍스트의 크기 등이 자동으로 조정된다.
③ 차트에 적용된 원본 데이터의 행이나 열을 숨겨도 차트에는 반영되지 않는다.
④ 데이터 계열의 순서가 변경되면 범례의 순서도 자동으로 변경된다.

38 다음 중 메모에 대한 설명으로 옳지 않은 것은?

① 피벗 테이블의 셀에 메모를 삽입한 경우 데이터를 정렬하면 메모도 데이터와 함께 정렬된다.
② 작성된 메모가 표시되는 위치를 자유롭게 지정할 수 있고, 메모가 항상 표시되도록 설정할 수 있다.
③ 새 메모를 작성하려면 바로 가기 키 Shift + F2를 누른다.
④ 메모의 텍스트 서식을 변경하거나 메모 크기를 메모에 입력된 텍스트에 맞도록 자동으로 조정할 수 있다.

39 다음 중 통합 문서를 열 때마다 특정 작업이 자동으로 수행되는 매크로를 작성하려고 할 때 사용해야 할 매크로 이름으로 옳은 것은?

① Auto_Open
② Auto_Exec
③ Auto_Macro
④ Auto_Start

40 다음 중 아래 시트에서 입사 연도가 '2026년'이고 성별이 '여'인 직원들의 급여 평균을 구하는 배열 수식으로 옳은 것은?

▲	A	B	C	D
1	성명	입사년도	성별	급여
2	이대한	2020년	남	3,600,000
3	김혜민	2026년	여	2,500,000
4	김준이	2026년	여	2,500,000
5	한상공	2026년	남	2,700,000
6	이다정	2022년	여	3,100,000

① {=AVERAGE((B2:B6="2026년")*(C2:C6="여")*(D2:D6))}
② {=AVERAGE(IF((B2:B6="2026년")*(C2:C6="여"), (D2:D6)))}
③ {=AVERAGE((B2:B6="2026년"), (C2:C6="여"), (D2:D6))}
④ {=AVERAGE(IF((B2:B6="2026년"), (C2:C6="여"), (D2:D6)))}

3과목 데이터베이스 일반

41 다음 중 관계형 데이터베이스에서 사용되는 용어에 대한 설명으로 옳은 것은?

① 도메인(Domain) : 테이블에서 행을 나타내는 말로 레코드와 같은 의미
② 튜플(Tuple) : 하나의 속성이 취할 수 있는 값의 집합
③ 속성(Attribute) : 테이블에서 열을 나타내는 말로 필드와 같은 의미
④ 차수(Degree) : 한 릴레이션에서의 튜플 개수

42 다음 중 쿼리에 대한 설명으로 옳지 않은 것은?

① 쿼리는 테이블의 데이터를 이용하여 사용자가 원하는 형식으로 가공하여 보여줄 수 있다.
② 테이블이나 다른 쿼리를 이용하여 새로운 쿼리를 생성할 수 있다.
③ 쿼리는 단순한 조회 이외에도 데이터의 추가, 삭제, 수정 등을 수행할 수 있다.
④ 쿼리를 이용하여 추출한 결과는 폼에서만 사용할 수 있다.

43 다음 중 서로 관계를 맺고 있는 릴레이션 R1과 R2에서 릴레이션 R2의 한 속성이나 속성의 조합이 릴레이션 R1의 기본키인 것을 무엇이라고 하는가?

① 대체키(Alternate Key)
② 슈퍼키(Super Key)
③ 후보키(Candidate Key)
④ 외래키(Foreign Key)

44 다음 중 데이터 보안 및 회복, 무결성, 병행 수행 제어 등을 정의하는 데이터베이스 언어로 데이터베이스 관리자가 데이터 관리를 목적으로 주로 사용하는 언어는?

① 데이터 제어어(DCL)
② 데이터 부속어(DSL)
③ 데이터 정의어(DDL)
④ 데이터 조작어(DML)

45 다음 중 릴레이션의 특징으로 옳지 않은 것은?

① 릴레이션의 모든 속성값은 원자값이다.
② 릴레이션에서 속성은 그 순서가 존재한다.
③ 릴레이션에서 튜플은 유일성이다.
④ 릴레이션에서 튜플은 무순서이다.

46 다음 중 아래의 이벤트 프로시저에서 [Command1] 단추를 클릭했을 때의 실행 결과로 옳은 것은?

```
Private Sub Command1_Click()
DoCmd.OpenForm "사원정보", acNormal
DoCmd.GoToRecord , , acNewRec
End Sub
```

① [사원정보] 테이블이 열리고, 가장 마지막 행의 새 레코드에 포커스가 표시된다.
② [사원정보] 폼이 열리고, 첫 번째 레코드의 가장 왼쪽 컨트롤에 포커스가 표시된다.
③ [사원정보] 폼이 열리고, 마지막 레코드의 가장 왼쪽 컨트롤에 포커스가 표시된다.
④ [사원정보] 폼이 열리고, 새 레코드를 입력할 수 있도록 비워진 폼이 표시된다.

47 다음 중 정규화에 대한 설명으로 옳지 않은 것은?

① 정규화를 통해 삽입, 삭제, 갱신 이상의 발생을 방지할 수 있다.
② 정규화를 통해 데이터 삽입 시 테이블 재구성의 필요성을 줄일 수 있다.
③ 정규화는 테이블 속성들 사이의 종속성을 최대한 배제하는 과정으로 볼 수 있다.
④ 정규화를 수행하여 데이터의 중복을 완전히 제거할 수 있다.

48 다음 중 인덱스에 대한 설명으로 옳지 않은 것은?

① 데이터의 검색 속도를 빠르게 높이기 위해 사용한다.
② 일련번호나 날짜/시간 데이터 형식의 필드에는 인덱스를 지정할 수 없다.
③ 인덱스를 설정하면 데이터를 추가, 삭제할 때 성능이 떨어질 수 있다.
④ 단일 필드 기본키는 인덱스 속성이 "예(중복 불가능)"로 지정되어야 한다.

49 다음 중 Access에서 데이터를 찾거나 바꿀 때 사용하는 만능 문자를 사용한 결과에 대한 설명으로 옳지 않은 것은?

① 1#3 → 103, 113, 123 등 검색
② 소?자 → 소비자, 소유자, 소개자 등 검색
③ 소[!비유]자 → 소비자와 소개자 등 검색
④ b[a-c]d → bad와 bbd 등 검색

50 다음 중 주어진 [Customer] 테이블을 참조하여 아래의 SQL문을 실행한 결과로 옳은 것은?

```
SELECT Count(*)
FROM (SELECT Distinct City From Customer);
```

City	Age	Hobby
부산	30	축구
서울	26	영화감상
부산	45	낚시
서울	25	야구
대전	21	축구
서울	19	음악감상
광주	19	여행
서울	38	야구
인천	53	배구
	0	

① 3
② 5
③ 7
④ 9

51 다음 중 보고서에서 [페이지 번호] 대화 상자를 이용한 페이지 번호 설정에 대한 설명으로 옳지 않은 것은?

① 첫 페이지에만 페이지 번호가 표시되거나 표시되지 않도록 설정할 수 있다.
② 페이지 번호의 표시 위치를 '페이지 위쪽', '페이지 아래쪽', '페이지 양쪽' 중 선택할 수 있다.
③ 페이지 번호의 형식을 'N 페이지'와 'N/M 페이지' 중 선택할 수 있다.
④ [페이지 번호] 대화 상자를 열 때마다 페이지 번호 표시를 위한 수식이 입력된 텍스트 상자가 자동으로 삽입된다.

52 회원(회원번호, 이름, 나이, 주소) 테이블에서 주소가 '인천'인 회원의 이름, 나이 필드만 검색하되, 나이가 많은 순으로 검색하는 질의문으로 옳은 것은?

① SELECT 이름, 나이 FROM 회원 ORDER BY 나이 WHERE 주소 = '인천'
② SELECT 이름, 나이 FROM 회원 WHERE 주소 = '인천' ORDER BY 나이 ASC
③ SELECT 이름, 나이 FROM 회원 WHERE 주소 = '인천' ORDER BY 나이 DESC
④ SELECT 이름, 나이 FROM 회원 ORDER BY 나이 DESC WHERE 주소 = '인천'

53 [수강] 테이블의 '수강학생' 필드는 [학생] 테이블의 '학번' 필드를 참조할 때 다음 중 참조 무결성 규칙을 위반한 작업으로 옳은 것은?

[학생] 테이블

학번	성명
123	홍길동
246	김갑동
357	박동식

[수강] 테이블

번호	수강학생	수강과목
1	123	영어회화
2	246	미적분학
3	123	일반화학
4	123	컴퓨터개론
5	246	전기회로

① [학생] 테이블에 '학번'과 '성명'이 각각 '468'과 '김해성'을 추가했다.
② [수강] 테이블의 '수강학생' 필드에 '987', '수강과목' 필드에 '물리실험'을 추가했다.
③ [수강] 테이블에서 첫 번째 레코드의 '수강학생' 필드값을 '123'에서 '357'로 변경했다.
④ [학생] 테이블의 '학번' 필드 '357'에 해당하는 레코드에서 '성명' 필드의 '박동식'을 '이황'으로 변경했다.

54 다음 중 데이터 중복성이 일으킬 수 있는 문제점으로 적절하지 않은 것은?

① 여러 개의 데이터가 모두 하나의 사실을 나타낸다면 논리적으로 그 내용이 같아야 하나, 실제로 중복이 있게 되면 그 동일성을 유지하기가 어렵다.
② 논리적으로 같은 데이터에 대해서는 동일한 수준의 보안이 유지되어야 하나, 여러 곳에 중복되어 있을 경우 모두 같은 수준의 보안을 유지하기가 어렵다.
③ 데이터가 중복 저장되면 제어가 분산되게 되어 데이터의 무결성, 즉 데이터의 정확성을 유지하기가 어렵다.
④ 데이터가 중복 저장되면 데이터 항목이 하나 첨가되는 경우 전체 레코드의 길이가 달라지기 때문에 이 파일에 접근하는 모든 응용프로그램이 수정되어야 한다.

55 다음 중 폼에 대한 설명으로 옳지 않은 것은?

① 폼은 데이터를 시각적으로 돋보이게 하는 역할을 한다.
② 폼은 여러 테이블이나 쿼리로부터 데이터를 편리하게 입력하고 수정하게 한다.
③ 테이블의 특정 레코드만을 대상으로 하려면 해당 필드에 연결된 컨트롤을 표시하면 된다.
④ 폼은 데이터가 연결되어 있는지에 따라 바운드 폼(Bound Form)과 언바운드 폼(Unbound Form)으로 구분한다.

56 보고서의 모든 페이지마다 같은 내용을 인쇄하려고 한다. 다음 중 보고서의 어떤 영역에 넣어야 하는가?

① 보고서 머리글 영역
② 본문 영역
③ 그룹 머리글 영역
④ 페이지 머리글 영역

57 다음 중 하위 폼에 대한 설명으로 옳지 않은 것은?

① 기본 폼과 하위 폼을 연결할 필드의 데이터 형식은 같거나 호환되어야 한다.
② 본 폼 내에 삽입된 다른 폼을 하위 폼이라 한다.
③ 일대다 관계가 설정되어 있는 테이블들을 효과적으로 표시하기 위해 사용된다.
④ '폼 분할' 도구를 이용하여 폼을 생성하면 하위 폼 컨트롤이 자동으로 삽입된다.

58 프로시저는 연산을 수행하거나 값을 계산하는 일련의 명령문과 메서드로 구성된다. 다음 예제 중 메서드에 해당하는 것은?

```
Private Sub OpenOrders_Click( )
DoCmd.OpenForm "Orders"
End Sub
```

① OpenOrders
② DoCmd
③ OpenForm
④ Orders

59 성적(학번, 이름, 과목, 점수) 테이블에서 점수 필드에 0 이상 100 이하의 값이 입력되도록 범위를 지정하고자 할 때 사용되는 필드 속성은?

① 입력 마스크
② 기본값
③ 캡션
④ 유효성 검사 규칙

60 다음 중 [폼 마법사]를 이용한 폼 작성 시 선택 가능한 폼의 모양 중 각 필드가 왼쪽의 레이블과 함께 각 행에 표시되고 컨트롤 레이아웃이 자동으로 설정되는 것은?

① 열 형식
② 테이블 형식
③ 데이터시트
④ 맞춤

2025년 상시 기출문제 05회

SELF CHECK : 제한시간 60분 | 소요시간   분 | 전체 문항 수 60문항 | 맞힌 문항 수   문항

1과목 컴퓨터 일반

01 다음 중 운영체제의 기능에 대한 설명으로 옳지 않은 것은?

① 데이터 및 자원 공유 기능을 제공한다.
② 사용자들 간의 하드웨어 공동 사용 및 자원의 스케줄링을 수행한다.
③ 컴퓨터와 같은 정보기기를 사용하기 위해서 반드시 설치되어야 하는 프로그램으로 가장 대표적인 시스템 소프트웨어이다.
④ 운영체제는 시스템을 실시간으로 감시하여 바이러스 침입을 방지하는 기능을 제공한다.

02 다음 중 사물 인터넷에 대한 설명으로 옳지 않은 것은?

① IoT(Internet of Things)라고도 하며 개인 맞춤형 스마트 서비스를 지향한다.
② 사람을 제외한 사물과 공간, 데이터 등을 인터넷으로 서로 연결시켜 주는 무선 통신 기술을 의미한다.
③ 스마트 센싱 기술과 무선 통신 기술을 융합하여 실시간으로 데이터를 주고받는 기술이다.
④ 사물 인터넷 기반 서비스는 개방형 아키텍처를 필요로 하므로 정보 공유에 대한 부작용을 최소화하기 위한 정보 보안 기술의 적용이 중요하다.

03 다음 중 인터넷과 관련하여 WWW(World Wide Web)에 관한 설명으로 옳지 않은 것은?

① 멀티미디어 형식의 정보를 제공하여 줄 수 있다.
② 하이퍼텍스트를 기반으로 하는 HTTP 프로토콜을 사용한다.
③ 웹 페이지는 서버에서 정보를 제공하여 주고, 클라이언트에서는 웹 브라우저를 통해 정보를 검색하고 제공받는다.
④ 멀티미디어 정보의 송수신 에러를 제어하기 위해 SMTP 프로토콜을 사용한다.

04 다음 중 컴퓨터 그래픽과 관련하여 벡터(Vector) 이미지에 관한 설명으로 옳지 않은 것은?

① 이미지의 크기를 확대하여도 화질에 손상이 없다.
② 점과 점을 연결하는 직선이나 곡선을 이용하여 이미지를 구성한다.
③ 대표적으로 WMF 파일 형식이 있다.
④ 픽셀로 이미지를 표현하며 레스터(Raster) 이미지라고도 한다.

05 다음 중 컴퓨터의 연산 장치에 있는 레지스터에 관한 설명으로 옳지 않은 것은?

① 2진수 덧셈을 수행하는 가산기(Adder)가 있다.
② 뺄셈을 수행하기 위해 입력된 값을 보수로 변환하는 보수기(Complementor)가 있다.
③ 연산 결과를 일시적으로 저장하는 누산기(Accumulator)가 있다.
④ 연산에 사용될 데이터를 기억하는 상태 레지스터(Status Register)가 있다.

06 다음 중 컴퓨터에서 사용하는 자료의 표현에 관한 설명으로 옳지 않은 것은?

① 실수형 데이터는 정해진 크기에 부호(1bit)와 가수부(7bit)로 구분하여 표현한다.
② 2진 정수 데이터는 실수 데이터보다 표현할 수 있는 범위가 작으며 연산 속도는 빠르다.
③ 숫자 데이터 표현 중 10진 연산을 위하여 '팩(Pack)과 언팩(Unpack)' 표현 방식이 사용된다.
④ 컴퓨터에서 뺄셈을 수행하기 위해서는 보수와 덧셈 연산을 이용한다.

07 다음 중 Windows에서 하드디스크의 용량 부족 문제가 발생하였을 때의 해결 방법으로 적절하지 않은 것은?

① 사용 빈도가 낮은 파일은 백업한 후 하드디스크에서 삭제한다.
② 바이러스에 감염된 파일을 모두 삭제한다.
③ 사용하지 않는 Windows 구성 요소를 제거한다.
④ 디스크 정리를 수행하여 불필요한 파일을 삭제한다.

08 다음 중 공개키 암호 기법의 설명으로 옳지 못한 것은?

① 메시지를 암호화할 때와 복호화할 때 사용되는 키가 서로 다르다.
② 복호화할 때 사용되는 키는 공개하고 암호키는 비공개한다.
③ 비대칭키 또는 이중키 암호 기법이라고도 한다.
④ 많이 사용되는 기법은 RSA 기법이다.

09 다음 중 정보 전송 방식에 대한 설명으로 옳지 않은 것은?

① 전송 모드는 병렬과 직렬 전송이 있다.
② 단방향 방식은 라디오나 TV 방송 등이 해당한다.
③ 정보의 전송 방식은 전송 방향, 전송 모드, 전송 동기에 따라 구분된다.
④ 전이중 방식은 동시 전송이 불가능한 무전기가 해당한다.

10 다음 중 컴퓨터의 내부 기억 장치에 관한 설명으로 옳은 것은?

① RAM은 일시적으로 전원 공급이 없더라도 내용은 계속 기억된다.
② SRAM이 DRAM보다 접근 속도가 느리다.
③ 주기억 장치의 접근 속도 개선을 위하여 가상 메모리가 사용된다.
④ ROM에는 BIOS, 기본 글꼴, POST 시스템 등이 저장되어 있다.

11 다음 중 한글 Windows에서 사용할 수 있는 USB 포트에 관한 설명으로 옳지 않은 것은?

① USB를 사용하면 컴퓨터를 종료하거나 다시 시작하지 않아도 장치를 연결하거나 연결을 끊을 수 있다.
② 플러그 앤 플레이 설치를 지원하는 외부 버스이다.
③ 한 번에 8비트씩 전송하여 매우 빠른 전송 속도를 가진 병렬 포트이다.
④ 주변 장치를 최대 127개까지 연결할 수 있다.

12 다음 중 Windows의 레지스트리에 관한 설명으로 옳지 않은 것은?

① 컴퓨터에 설치된 모든 하드웨어와 소프트웨어의 실행 정보를 관리하는 데이터베이스이다.
② 레지스트리 정보는 Windows가 작동하는 동안 지속적으로 참조된다.
③ Windows에 탑재된 레지스트리 편집기는 'reg.exe'이다.
④ 레지스트리에 문제가 발생하면 시스템 부팅이 안 될 수도 있다.

13 다음 중 여러 대의 컴퓨터를 일제히 동작시켜 대량의 데이터를 한 곳의 서버 컴퓨터에 집중적으로 전송시킴으로써 특정 서버가 정상적으로 동작하지 못하게 하는 공격 방식은?

① 스니핑(Sniffing)
② 분산 서비스 거부(DDoS)
③ 백도어(Back Door)
④ 해킹(Hacking)

14 다음 중 운영체제를 구성하는 제어 프로그램의 종류에 해당하지 않는 것은?

① 감시 프로그램
② 언어 번역 프로그램
③ 작업 관리 프로그램
④ 데이터 관리 프로그램

15 다음 중 Windows 10에서 [표준 계정]의 사용자가 할 수 있는 작업으로 옳지 않은 것은?

① 사용자 자신의 암호를 변경할 수 있다.
② 마우스 포인터의 모양을 변경할 수 있다.
③ 관리자가 설정해 놓은 프린터를 프린터 목록에서 제거할 수 있다.
④ 사용자의 사진으로 자신만의 바탕 화면을 설정할 수 있다.

16 다음 중 전자우편에서 사용하는 POP3 프로토콜에 관한 설명으로 옳은 것은?

① 사용자가 작성한 이메일을 다른 사람의 계정으로 전송해 주는 역할을 한다.
② 메일 서버의 이메일을 사용자의 컴퓨터로 가져올 수 있도록 메일 서버에서 제공하는 프로토콜이다.
③ 멀티미디어 전자우편을 주고받기 위한 인터넷 메일의 표준 프로토콜이다.
④ 웹 브라우저에서 제공하지 않는 멀티미디어 파일을 확인하여 실행시켜 주는 프로토콜이다.

17 다음 중 컴퓨터에서 하드디스크를 연결하는 SATA 방식에 관한 설명으로 옳지 않은 것은?

① 직렬 인터페이스 방식을 사용한다.
② PATA 방식보다 데이터 전송 속도가 빠르다.
③ 핫 플러그인 기능을 지원한다.
④ EIDE는 일반적으로 SATA를 의미한다.

18 다음 중 멀티미디어에서 사용되는 그래픽 기법에 관한 설명으로 옳지 않은 것은?

① 렌더링(Rendering)은 3차원 애니메이션을 만드는 작업의 일부이다.
② 모핑(Morphing)은 두 개의 이미지를 부드럽게 연결하여 변화하거나 통합하는 작업이다.
③ 앨리어싱(Aliasing)은 이미지 표현에 계단 현상을 제거하는 작업이다.
④ 디더링(Dithering)은 제한된 색상을 조합하여 새로운 색을 만드는 작업이다.

19 다음 중 정보 통신과 관련하여 OSI 7계층 모델에서 Telnet, FTP, E-Mail 등의 프로토콜을 포함하는 계층으로 옳은 것은?

① 트랜스포트(Transport) 계층
② 데이터링크(Data Link) 계층
③ 응용(Application) 계층
④ 물리(Physical) 계층

20 다음 중 아날로그 컴퓨터와 비교하여 디지털 컴퓨터의 특징으로 옳지 않은 것은?

① 데이터의 자리마다 0 혹은 1의 비트로 표현한 이산적인 데이터를 처리한다.
② 데이터 처리를 위한 명령어들로 구성된 프로그램에 의해 동작한다.
③ 온도, 전압, 진동 등과 같이 연속적으로 변하는 데이터를 효율적으로 처리할 수 있다.
④ 산술 및 논리 연산을 처리하는 회로에 기반을 둔 범용 컴퓨터로 사용된다.

2과목 스프레드시트 일반

21. 다음 중 데이터 유효성 검사에 대한 설명으로 옳지 않은 것은?

① 목록의 값들을 미리 지정하여 데이터 입력을 제한할 수 있다.
② 입력할 수 있는 정수의 범위를 제한할 수 있다.
③ 목록으로 값을 제한하는 경우 드롭다운 목록의 너비를 지정할 수 있다.
④ 유효성 조건 변경 시 변경 내용을 범위로 지정된 모든 셀에 적용할 수 있다.

22. 다음 중 오류값 '#VALUE!'가 발생하는 원인으로 옳은 것은?

① 수식에서 값을 0으로 나누려고 할 경우
② 잘못된 인수나 피연산자를 사용했을 경우
③ 함수나 수식에 사용할 수 없는 값을 지정했을 경우
④ 셀 참조가 유효하지 않을 경우

23. 아래의 왼쪽 워크시트에서 성명 데이터를 오른쪽 워크시트와 같이 성과 이름 두 개의 열로 분리하기 위해 [텍스트 나누기] 기능을 사용하고자 한다. 다음 중 [텍스트 나누기]의 분리 방법으로 가장 적절한 것은?

	A
1	이다정
2	홍길동
3	김혜민
4	한상공

→

	A	B
1	이	다정
2	홍	길동
3	김	혜민
4	한	상공

① 열 구분선을 기준으로 내용 나누기
② 구분 기호를 기준으로 내용 나누기
③ 공백을 기준으로 내용 나누기
④ 탭을 기준으로 내용 나누기

24. 다음 중 [셀 서식] 대화 상자의 [맞춤] 탭에 '텍스트 방향'에서 설정할 수 없는 항목은?

① 텍스트 방향대로
② 텍스트 반대 방향으로
③ 왼쪽에서 오른쪽
④ 오른쪽에서 왼쪽

25. 아래의 시트에서 [A2:A4] 영역의 값에 대하여 [B2:B4] 영역과 같이 표시되도록 하기 위한 사용자 지정 서식으로 옳은 것?

	A	B
1	금액	금액
2	50,000	伍萬
3	18,963	壹萬八阡九百六拾參
4	69,010	六萬九阡壹拾

① [DBNum1]#,###
② [DBNum2]#,###
③ [DBNum1]G/표준
④ [DBNum2]G/표준

26. 다음 중 [B6] 셀에 다음과 같이 입력된 수식의 결과값은?

=VLOOKUP(150000,A2:B5,2,1)

	A	B
1	매출액	수수료
2	50,000	5,000
3	100,000	10,000
4	200,000	20,000
5	300,000	30,000

① 5,000
② 10,000
③ 20,000
④ 30,000

27 다음 차트에 대한 설명으로 옳지 않은 것은?

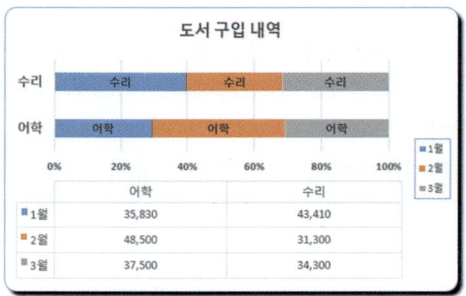

① 차트 영역에 그림자가 설정되어 있고 테두리의 모서리가 둥글게 설정되어 있다.
② 데이터 테이블과 범례가 표시되어 있다.
③ 차트의 제목은 '도서 구입 내역'으로 설정되어 있다.
④ 데이터 레이블로 '값'이 표시되어 있다.

28 다음 중 자료 입력에 대한 설명으로 옳지 않은 것은?

① 한자를 입력하려면 한글을 입력한 후 키보드의 [한자]를 눌러 변환한다.
② 특수 문자를 입력하려면 먼저 한글 자음을 입력한 후 키보드의 [한/영]을 눌러 원하는 특수 문자를 선택한다.
③ 숫자 데이터를 문자 데이터로 입력하려면 숫자 데이터 앞에 문자 접두어(')를 입력한다.
④ 분수 앞에 정수가 없는 일반 분수를 입력하려면 '0'을 먼저 입력하고 [Space Bar]를 눌러 빈칸을 한 개 입력한 후 '3/8'과 같이 분수를 입력한다.

29 고급 필터에서 다음과 같은 조건을 설정하였을 때, 이 조건에 의해 선택되는 데이터들로 옳은 것은?

임금	연도	인원
<220	2026	
		>=1000

① 인원이 1000 이상인 데이터 중에서 임금이 220 미만이거나 연도가 2026인 데이터
② 임금이 220 미만인 데이터 중에서 연도가 2026이고 인원이 1000 이상인 데이터
③ 임금이 220 미만이고 연도가 2026인 데이터이거나 인원이 1000 이상인 데이터
④ 임금이 220 미만이거나 연도가 2026인 데이터 모두와 인원이 1000 이상인 데이터

30 다음 워크시트에서 [A] 열의 사원코드 중 첫 문자가 A이면 50, B이면 40, C이면 30의 기말수당을 지급하고자 할 때 수식으로 옳은 것은?

	A	B
1	사원코드	기말수당
2	A101	50
3	B101	40
4	C101	30
5	*수당 단위는 천원임	

① =IF(LEFT(A2,1)="A",50,IF(LEFT(A2,1)="B",40,30))
② =IF(RIGHT(A2,1)="A",50,IF(RIGHT(A2,1)="B",40,30))
③ =IF(LEFT(A2,1)='A',50,IF(LEFT(A2,1)='B',40,30))
④ =IF(RIGHT(A2,1)='A',50,IF(RIGHT(A2,1)='B',40,30))

31 다음 중 피벗 테이블에 대한 설명으로 옳지 않은 것은?

① 피벗 테이블 보고서를 작성한 후 원본 데이터를 수정하면 수정된 내용이 피벗 테이블 보고서에 자동으로 반영된다.
② 피벗 테이블 필드 목록에서 보고서에 추가할 필드로 데이터 형식이 텍스트와 논리값인 것을 선택하면 '행 레이블' 영역으로 옮겨진다.
③ 값 영역에 추가된 필드가 2개 이상이 되면 값 필드가 열 레이블 또는 행 레이블 영역에 표시된다.
④ 행 레이블 또는 열 레이블에 표시된 값 필드가 값 영역에 추가된 필드의 표시 방향을 결정한다.

32 다음 중 엑셀에서 날짜 데이터의 입력 방법을 설명한 것으로 옳지 않은 것은?

① 날짜 데이터는 하이픈(-)이나 슬래시(/)를 이용하여 년, 월, 일을 구분한다.
② 날짜의 연도를 생략하고 월과 일만 입력하면 자동으로 올해의 연도가 추가되어 입력된다.
③ 날짜의 연도를 두 자리로 입력할 때 연도가 30 이상이면 1900년대로 인식하고, 29 이하면 2000년대로 인식한다.
④ 오늘의 날짜를 입력하고 싶으면 [Ctrl]+[Shift]+[;](세미콜론)을 누르면 된다.

33 다음 중 윗주에 대한 설명으로 옳지 않은 것은?

① 윗주는 셀에 대한 주석을 설정하는 것으로 문자열 데이터가 입력된 셀에만 표시할 수 있다.
② 윗주는 삽입해도 바로 표시되지 않고 [홈]-[글꼴]-[윗주 필드 표시]를 선택해야만 표시된다.
③ 윗주에 입력된 텍스트 중 일부분의 서식을 별도로 변경할 수 있다.
④ 셀의 데이터를 삭제하면 윗주도 함께 삭제된다.

34 워크시트 인쇄 시 매 페이지 상단에 '작성 일 : 오늘 날짜'를 출력하려고 한다. 다음 중 머리글의 내용으로 옳은 것은?(표시 예시 : 오늘 날짜가 2026-06-20인 경우 → 작성 일 : 2026-06-20)

① "작성 일 : "&[날짜]
② 작성 일 : &[날짜]
③ "작성 일 : "&[DATE]
④ 작성 일 : &[DATE]

35 다음 중 아래 그림과 같은 시나리오 요약 보고서에 대한 설명으로 옳지 않은 것은?

시나리오 요약		현재 값:	호황	불황
변경 셀:				
	냉장고판매	2%	4%	-2%
	세탁기판매	3%	6%	-3%
	$C$5	5%	10%	-5%
결과 셀:				
	예상판매금액	516,600,000	533,200,000	483,400,000

① '호황'과 '불황' 두 개의 시나리오로 작성한 시나리오 요약 보고서는 새 워크시트에 표시된다.
② 원본 데이터에 '냉장고판매', '세탁기판매', '예상 판매금액'으로 이름을 정의한 셀이 있다.
③ 원본 데이터에서 변경 셀의 현재 값을 수정하면 시나리오 요약 보고서가 자동으로 업데이트된다.
④ 시나리오 요약 보고서 내의 모든 내용은 수정 가능하며, 자동으로 설정된 윤곽도 지울 수 있다.

36 다음 중 엑셀의 [페이지 설정] 대화 상자에 대한 설명으로 옳은 것은?

① 인쇄 배율을 수동으로 설정할 수 있으며, 배율은 워크시트 표준 크기의 10%에서 200%까지 설정 가능하다.
② [페이지] 탭에서 '자동 맞춤'의 용지 너비와 용지 높이를 각각 1로 지정하면 여러 페이지가 한 페이지에 인쇄된다.
③ [시트] 탭에서 머리글/바닥글과 행/열 머리글이 인쇄되도록 설정할 수 있다.
④ 셀에 설정된 메모는 시트에 표시된 대로 인쇄할 수는 없으나 시트 끝에 인쇄되도록 설정할 수 있다.

37 다음 중 아래 시트에서 사원명이 두 글자이면서 실적이 전체 실적의 평균을 초과하는 데이터를 검색할 때, 고급 필터의 조건으로 옳은 것은?

▲	A	B
1	사원명	실적
2	유민	15,030,000
3	오성준	35,000,000
4	김근태	18,000,000
5	김원	9,800,000
6	정영희	12,000,000
7	남궁정훈	25,000,000
8	이수	30,500,000
9	김용훈	8,000,000

①
사원명	실적조건
="=??"	=$B2>AVERAGE($B$2:$B$9)

②
사원명	실적
="=??"	=$B2&">AVERAGE($B$2:$B$9)"

③
사원명	실적
=LEN($A2)=2	=$B2>AVERAGE($B$2:$B$9)

④
사원명	실적조건
="=**"	=$B2>AVERAGE($B$2:$B$9)

38 데이터를 분석하기 위한 방법 중 부분합에 대한 설명으로 틀린 것은?

① 부분합은 SUBTOTAL 함수를 사용하여 합계나 평균 등의 요약함수를 계산한다.
② 첫 행에는 열 이름표가 있어야 하며 부분합을 구하려는 항목을 기준으로 정렬한다.
③ 같은 열에 있는 자료에 대하여 여러 개의 함수를 중복 사용할 수 없다.
④ 부분합을 제거하면 부분합과 함께 표에 삽입된 윤곽 및 페이지 나누기도 제거된다.

39 다음 중 매크로 기록 및 실행과 관련된 설명으로 옳지 않은 것은?

① Excel을 실행할 때마다 매크로를 사용하려면 매크로 저장 위치를 개인용 매크로 통합 문서로 지정한다.
② '상대 참조로 기록'을 클릭하면 Excel을 종료하거나 '상대 참조로 기록'을 다시 클릭할 때까지 상대 참조로 매크로가 기록된다.
③ 매크로를 실행할 때 선택한 셀의 위치를 무시하고 매크로가 셀을 선택하도록 하려면, 절대 참조로 기록하도록 매크로 기록기를 설정한다.
④ 매크로를 실행할 때 셀을 선택하면 매크로는 절대 참조로 기록하므로 기록할 때 선택한 셀은 무시하고 현재 선택한 셀을 이용한다.

40 다음 중 아래 데이터를 차트로 작성하여 사원별로 각 분기의 실적을 비교, 분석하려는 경우 가장 비효율적인 차트는?

사원	1분기	2분기	3분기	4분기
김수정	75	141	206	185
박덕진	264	288	383	353
이미영	305	110	303	353
구본후	65	569	227	332
안정인	246	583	120	204
정주리	209	59	137	317
유경철	230	50	116	239

① 누적 세로 막대형 차트
② 표식이 있는 꺾은선형 차트
③ 원형 대 가로 막대형 차트
④ 묶은 가로 막대형 차트

3과목 데이터베이스 일반

41 다음 중 같은 데이터가 여러 파일에 중복되어 있어서 발생하는 문제점에 해당하지 않는 것은?

① 데이터의 일관성 유지가 어렵다.
② 읽기 전용 트랜잭션에 대한 데이터의 가용도가 감소한다.
③ 갱신 비용이 많이 든다.
④ 데이터의 무결성 유지가 어렵다.

42 다음 중 매크로 함수에 대한 설명으로 옳지 않은 것은?

① FindRecord 함수는 필드, 컨트롤, 속성 등의 값을 설정한다.
② ApplyFilter 함수는 테이블이나 쿼리로부터 레코드를 필터링한다.
③ OpenReport 함수는 작성된 보고서를 호출하여 실행한다.
④ MessageBox 함수는 메시지 상자를 통해 경고나 알림 등의 정보를 표시한다.

43 다음 중 테이블의 '디자인 보기'에서 필드마다 한/영키를 사용하지 않고도 데이터 입력 시의 한글이나 영문 입력 상태를 정할 수 있는 필드 속성은?

① 캡션
② 문장 입력 시스템 모드
③ IME 모드
④ 스마트 태그

44 다음 중 '거래처' 별로 그룹이 설정된 '매출 내역 보고서'에서 본문 영역에 있는 'txt순번' 텍스트 상자 컨트롤에 해당 거래처별로 매출의 순번(1,2,3,…)을 표시하려고 할 때, 'txt순번' 컨트롤의 속성 설정 방법으로 옳은 것은?

① 컨트롤 원본 속성을 '1'로 설정하고, 누적 합계 속성을 '아니오'로 설정
② 컨트롤 원본 속성을 '1'로 설정하고, 누적 합계 속성을 '예'로 설정
③ 컨트롤 원본 속성을 '=1'로 설정하고, 누적 합계 속성을 '모두'로 설정
④ 컨트롤 원본 속성을 '=1'로 설정하고, 누적 합계 속성을 '그룹'으로 설정

45 다음 중 사원 테이블에서 호봉이 6인 사원의 연봉을 3% 인상된 값으로 수정하는 실행 쿼리를 작성하고자 할 때, 아래의 괄호에 넣어야 할 용어를 순서대로 나열한 것은?

```
UPDATE 사원
(   ) 연봉=연봉*1.03
(   ) 호봉=6;
```

① FROM – WHERE
② SET – WHERE
③ VALUE – SELECT
④ INTO – VALUE

46 다음 중 데이터베이스의 정규화에 관한 설명으로 옳지 않은 것은?

① 정규화를 수행해도 데이터의 중복을 완전히 제거할 수 있는 것은 아니다.
② 테이블의 크기가 작아지므로 관리하기가 쉬워진다.
③ 한 테이블이 가능한 많은 정보를 관리하여 데이터 조회가 편리하다.
④ 정규화는 중복되는 값을 일정한 규칙에 따라 추출하여 더 단순한 형태를 가지는 다수의 테이블로 데이터를 분리하는 작업을 의미한다.

47 다음 중 기본키(Primary Key)에 대한 설명으로 옳은 것은?

① 데이터가 이미 입력된 필드도 기본키로 지정할 수 있다.
② 액세스에서는 단일 필드 기본키와 일련번호 기본키만 정의 가능하다.
③ 테이블에 기본키를 반드시 설정해야 한다.
④ 여러 개의 필드를 합쳐 기본키로 지정할 수 없다.

48 다음 중 폼이나 보고서에서 테이블이나 쿼리의 필드를 컨트롤 원본으로 사용하는 컨트롤을 의미하는 것은?

① 언바운드 컨트롤
② 바운드 컨트롤
③ 계산 컨트롤
④ 레이블 컨트롤

49 다음 중 특정 필드의 입력 마스크를 'LA09#'으로 설정하였을 때 입력 가능한 데이터로 옳은 것은?

① 12345
② A상345
③ A123A
④ A1BCD

50 다음 중 '연결 테이블(Linked table)'에 대한 설명으로 가장 옳지 않은 것은?

① 외부 데이터를 사용하는 방법 중에 하나이다.
② 연결된 테이블에서 데이터를 수정하면 원래의 데이터도 함께 수정된다.
③ 연결된 테이블을 삭제하면 원본에 해당하는 테이블도 함께 삭제된다.
④ 연결된 테이블에서 레코드를 추가하면 원래의 데이터에도 함께 추가된다.

51 다음 중 E-R 다이어그램 표기법의 기호와 의미가 바르게 연결된 것은?

① 사각형 – 속성(Attribute) 타입
② 마름모 – 관계(Relationship) 타입
③ 타원 – 개체(Entity) 타입
④ 밑줄 타원 – 의존 개체 타입

52 다음 중 <학생> 테이블의 '나이' 필드에 유효성 검사 규칙을 아래와 같이 지정한 경우 데이터 입력 상황에 대한 설명으로 옳은 것은?

유효성 검사 규칙	>20
유효성 검사 테스트	숫자는 >20으로 입력합니다.

① 데이터를 입력하려고 하면 항상 '숫자는 >20으로 입력합니다.'라는 메시지가 먼저 표시된다.
② 20을 입력하면 '숫자는 >20으로 입력합니다.'라는 메시지가 표시된 후 입력값이 정상적으로 저장된다.
③ 20을 입력하면 '숫자는 >20으로 입력합니다.'라는 메시지가 표시되며, 값을 다시 입력해야만 한다.
④ 30을 입력하면 '유효성 검사 규칙에 맞습니다.'라는 메시지가 표시된 후 입력값이 정상적으로 저장된다.

53 '갑' 테이블의 속성 A가 1, 2, 3, 4, 5의 도메인을 가지고 있고, '을' 테이블의 속성 A가 0, 2, 3, 4, 6의 도메인을 가지고 있다고 가정할 때 다음 SQL 구문의 실행 결과는?

SELECT A FROM 갑 UNION SELECT A FROM 을;

① 2, 3, 4
② 0, 1, 2, 3, 4, 5, 6
③ 1, 5, 6
④ 0

54 다음 아래의 보고서 마법사에서 모양으로 지정할 옵션으로 올바르게 짝지어진 것은?

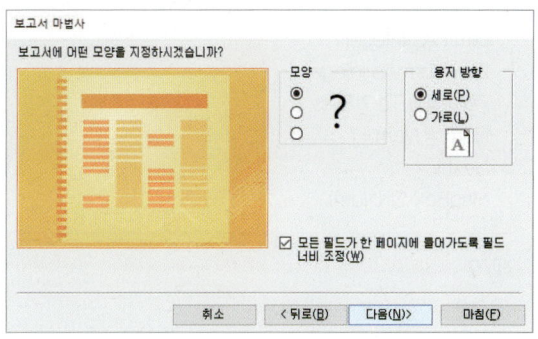

① 열 형식, 테이블 형식, 맞춤
② 열 형식, 데이터 시트, 크로스 형식
③ 행 형식, 열 형식, 행/열 형식
④ 행 형식, 필드 형식, 분할

55 다음 중 아래의 설명에 해당하는 컨트롤로 옳은 것은?

- 그룹 틀, 확인란, 옵션 단추, 토글 단추 등으로 구성
- 필드 크기가 정수인 숫자 데이터 형식이나 'Yes/No'로 설정된 필드에 설정
- 원하는 값을 클릭하여 쉽게 내용을 선택
- 몇 개의 컨트롤을 그룹으로 하여 제한된 선택 조합을 표시할 때 사용

① 옵션 그룹
② 콤보 상자
③ 목록 상자
④ 명령 단추

56 부서별 제품별 영업 실적을 관리하는 테이블에서 부서별로 영업 실적이 1억 원 이상인 제품의 합계를 구하고자 한다. 다음 중 이를 위한 SQL문에서 반드시 사용해야 할 구문에 해당하지 않는 것은?

① SELECT문
② GROUP BY절
③ HAVING절
④ ORDER BY절

상 중 하

57 다음 중 아래 VBA 코드를 실행했을 때 MsgBox에 표시되는 값은?

합격 강의

```
Dim i As Integer
Dim Num As Integer
For i = 0 To 7 Step 2
Num = Num+i
Next i
MsgBox Str(Num)
```

① 7
② 12
③ 24
④ 28

상 중 하

58 다음 중 보고서에서 페이지 번호를 표시하는 컨트롤 원본과 그 표시 결과가 옳은 것은?(단, 현재 페이지는 1페이지이고, 전체 페이지는 5페이지임)

① ="Page" & [Page] & "/" & [Pages] → 1/5 Page
② =[Page] & "페이지" → 5페이지
③ =[Page] & "/" & [Pages] & " Page" → Page1/5
④ =Format([Page], "00") → 01

상 중 하

59 다음 데이터베이스 관련 용어 중에서 성격이 다른 것은?

① DBA
② DDL
③ DML
④ DCL

상 중 하

60 다음 중 주어진 [학생] 테이블을 참조하여 아래의 SQL문을 실행한 결과로 옳은 것은?

합격 강의

```
SELECT AVG(나이) FROM 학생
WHERE 전공 NOT IN ('수학', '회계');
```

[학생] 테이블

학번	전공	학년	나이
100	국사	4	21
150	회계	2	19
200	수학	3	30
250	국사	3	31
300	회계	4	25
350	수학	2	19
400	국사	1	23

① 25　② 23
③ 21　④ 19

빠른 정답표 확인하기

① 모바일로 QR 코드를 스캔합니다.
② 해당 회차의 정답표를 확인합니다.
③ 빠르고 간편하게 채점해 보세요.

정답 & 해설

빠른 정답 찾기

2025년 상시 기출문제 01회

01 ④	02 ③	03 ①	04 ③	05 ④
06 ②	07 ④	08 ①	09 ②	10 ④
11 ②	12 ①	13 ④	14 ②	15 ③
16 ②	17 ④	18 ①	19 ②	20 ③
21 ②	22 ①	23 ②	24 ③	25 ③
26 ④	27 ②	28 ②	29 ④	30 ②
31 ②	32 ①	33 ④	34 ②	35 ④
36 ④	37 ③	38 ①	39 ②	40 ②
41 ②	42 ②	43 ③	44 ③	45 ②
46 ③	47 ②	48 ④	49 ①	50 ②
51 ②	52 ④	53 ④	54 ②	55 ①
56 ③	57 ④	58 ③	59 ①	60 ③

2025년 상시 기출문제 02회

01 ④	02 ②	03 ②	04 ②	05 ②
06 ④	07 ③	08 ④	09 ④	10 ③
11 ①	12 ②	13 ④	14 ②	15 ④
16 ②	17 ④	18 ④	19 ③	20 ②
21 ④	22 ①	23 ④	24 ②	25 ③
26 ②	27 ②	28 ①	29 ①	30 ②
31 ②	32 ②	33 ②	34 ②	35 ②
36 ③	37 ②	38 ②	39 ④	40 ②
41 ①	42 ④	43 ①	44 ①	45 ①
46 ②	47 ④	48 ②	49 ④	50 ②
51 ②	52 ①	53 ②	54 ②	55 ①
56 ①	57 ③	58 ②	59 ②	60 ①

2025년 상시 기출문제 03회

01 ①	02 ③	03 ②	04 ④	05 ①
06 ④	07 ②	08 ④	09 ①	10 ①
11 ①	12 ②	13 ③	14 ①	15 ②
16 ④	17 ②	18 ③	19 ③	20 ④
21 ②	22 ②	23 ③	24 ①	25 ①
26 ②	27 ③	28 ③	29 ③	30 ③
31 ②	32 ③	33 ②	34 ③	35 ②
36 ③	37 ④	38 ④	39 ②	40 ③
41 ③	42 ②	43 ③	44 ③	45 ①
46 ③	47 ④	48 ②	49 ①	50 ①
51 ④	52 ①	53 ②	54 ③	55 ①
56 ②	57 ②	58 ②	59 ①	60 ④

2025년 상시 기출문제 04회

01 ①	02 ③	03 ③	04 ①	05 ①
06 ④	07 ④	08 ②	09 ②	10 ②
11 ③	12 ④	13 ④	14 ②	15 ①
16 ④	17 ②	18 ④	19 ③	20 ①
21 ①	22 ③	23 ②	24 ④	25 ②
26 ③	27 ④	28 ②	29 ②	30 ④
31 ③	32 ①	33 ②	34 ②	35 ③
36 ④	37 ②	38 ①	39 ①	40 ②
41 ③	42 ④	43 ②	44 ①	45 ②
46 ④	47 ④	48 ②	49 ③	50 ④
51 ②	52 ②	53 ④	54 ②	55 ②
56 ④	57 ④	58 ③	59 ④	60 ①

2025년 상시 기출문제 05회

01 ④	02 ②	03 ④	04 ④	05 ④
06 ①	07 ②	08 ②	09 ④	10 ④
11 ③	12 ②	13 ②	14 ②	15 ②
16 ②	17 ④	18 ③	19 ③	20 ③
21 ③	22 ②	23 ①	24 ②	25 ④
26 ②	27 ②	28 ②	29 ②	30 ①
31 ①	32 ④	33 ②	34 ②	35 ②
36 ②	37 ①	38 ②	39 ④	40 ③
41 ②	42 ①	43 ②	44 ④	45 ②
46 ③	47 ①	48 ②	49 ②	50 ③
51 ②	52 ③	53 ②	54 ①	55 ①
56 ④	57 ②	58 ④	59 ①	60 ①

정답 & 해설

2025년 상시 기출문제 01회

1-190p

01 ④	02 ③	03 ①	04 ③	05 ④
06 ②	07 ④	08 ①	09 ②	10 ④
11 ②	12 ①	13 ④	14 ②	15 ③
16 ②	17 ④	18 ①	19 ②	20 ③
21 ②	22 ①	23 ②	24 ③	25 ③
26 ④	27 ②	28 ②	29 ④	30 ②
31 ②	32 ②	33 ①	34 ②	35 ④
36 ④	37 ②	38 ①	39 ②	40 ③
41 ②	42 ③	43 ③	44 ③	45 ②
46 ②	47 ②	48 ④	49 ①	50 ②
51 ②	52 ④	53 ③	54 ②	55 ①
56 ③	57 ④	58 ③	59 ①	60 ③

1과목 컴퓨터 일반

01 ④

오답 피하기

- 블록체인(Blockchain) : 분산 컴퓨팅 기술을 기반으로 데이터의 위변조를 방지하기 위한 분산 원장 기술
- 핀테크(FinTech) : 금융(Finance)과 기술(Technology)의 합성어로, IT의 첨단 기술을 기반으로 하는 금융 서비스로 모바일 결제, 송금, 크라우드 펀딩 등이 있음
- Chat GPT : OpenAI에서 개발한 대화형 인공 지능 서비스

02 ③

벡터(Vector) 방식 : 고해상도 표현에 적합하지 않으므로 기억 공간을 많이 차지하지 않음

오답 피하기

비트맵(Bitmap) : 고해상도를 표현하므로 파일 크기가 크고 기억 공간을 많이 차지함

03 ①

오답 피하기

- 플래시 메모리(Flash Memory) : EEPROM의 일종으로, PROM 플래시라고도 하며, 전기적으로 내용을 변경하거나 일괄 소거도 가능
- 연관 메모리(Associative Memory) : 저장된 내용 일부를 이용하여 기억 장치에 접근하여 데이터를 읽어오는 기억 장치
- 캐시 메모리(Cache Memory) : 휘발성 메모리로, 속도가 빠른 CPU와 상대적으로 속도가 느린 주기억 장치 사이에 있는 고속의 버퍼 메모리

04 ③

[실행]에서 'taskmgr'을 입력하면 작업 관리자가 실행됨

05 ④

중앙 처리 장치(CPU)에서 명령이나 연산 결과값을 일시적으로 저장하는 임시 기억 장소이므로 휘발성의 특징이 있음

06 ②

컴파일러의 번역 속도는 전체를 번역하므로 느림

오답 피하기

인터프리터는 행 단위로 번역하므로 번역 속도가 빠름

07 ④

서로 다른 확장명의 파일들이 하나의 연결 프로그램으로 지정될 수 있고, 필요에 따라 연결 프로그램을 바꿀 수 있음

08 ①

오답 피하기

- 유니코드 : 2바이트 코드로 세계 각 나라의 언어를 표현할 수 있는 국제 표준 코드
- BCD : 2진화 10진 코드로 Zone은 2비트, Digit는 4비트로 구성되며 6비트이므로 64가지의 문자 표현이 가능함
- EBCDIC : 확장 2진화 10진 코드로 Zone은 4비트, Digit는 4비트로 구성되며 8비트이므로 256가지의 표현이 가능함

09 ②

크라임웨어(Crimeware) : 범죄용 프로그램으로 인터넷상에서 불법 범죄 활동을 하기 위해 만들어진 프로그램이며 키로거, 브라우저 하이재커, 피싱, 스파이웨어 등이 있음

오답 피하기

DNS(Domain Name System) : 문자 형태로 된 도메인 네임(Domain Name)을 컴퓨터가 인식할 수 있는 숫자로 된 IP 어드레스(IP Address)로 변환해 주는 컴퓨터 체계

10 ④

스타(Star)형

- 중앙에 컴퓨터와 단말기들이 1:1(Point-To-Point)로 연결된 형태로, 네트워크 구성의 가장 기본적인 형태
- 모든 통신 제어가 중앙의 컴퓨터에 의해 행해지는 중앙 집중 방식
- 일반적인 온라인 시스템의 전형적 방식으로, 회선 교환 방식에 적합함

오답 피하기

- ① : 버스(Bus)형
- ② : 링(Ring)형(=루프(Loop)형)
- ③ : 망(Mesh)형

11 ②

오답 피하기

- 유니코드 : 2바이트 코드로 세계 각 나라의 언어를 표현할 수 있는 국제 표준 코드, 한글의 경우 조합, 완성, 옛 글자 모두 표현이 가능함
- 아스키코드 : 7비트 코드로 일반 PC용 컴퓨터 및 데이터 통신용으로 사용됨
- 패리티 체크 비트 : 원래 데이터 1비트를 추가하여 에러 발생 여부를 검사하는 체크 비트

12 ①

미러링(Mirroring) 방식 : 거울 저장 방식으로 같은 자료를 2개의 디스크에 동일하게 기록하므로 장애 시 복구가 쉬우며 읽는 속도가 빠름 (RAID 1)

오답 피하기

- 스풀링(Spooling) : 장치의 이용 효율을 높이기 위해 중앙 처리 장치(CPU)의 처리 동작과 저속의 입출력 장치의 동작이 동시에 이루어지도록 하는 처리 방식
- 멀티태스킹(Multitasking) : Windows에서 한 번에 2가지 이상의 일을 동시에 처리하는 것으로 다중 작업이라 함
- 버퍼링(Buffering) : 두 개의 장치 사이에 위치하여 두 개의 장치가 데이터를 주고받을 때 생기는 속도 차이를 해결하기 위하여 중간에 데이터를 임시로 저장해 두는 방식

13 ④

사용자의 선택에 따라 정보를 처리하므로 멀티미디어는 비선형성의 특징을 지님

14 ②

디버깅(Debugging) : 에러가 발생한 부분을 찾아내서 바르게 수정하는 과정

오답 피하기

링커(Linker) : 목적 프로그램을 실행 가능한 프로그램으로 만드는 과정(연계 편집기)

15 ③

누산기(Accumulator)와 보수기(Complementor) : 연산 장치의 구성 요소

16 ②

[설정]-[개인 설정]-[테마]의 관련 설정에서 [바탕 화면 아이콘 설정]을 사용하여 바탕 화면에 표시할 아이콘(컴퓨터, 휴지통, 문서, 제어판, 네트워크)을 선택할 수 있음

17 ④

프로그램을 작성하기 위하여 사용하고 있는 프로그램 언어, 규약 및 해법은 저작권이 적용되지 않음

18 ①

전송 방향에 따라 단방향(Simplex) 방식, 반이중(Half Duplex) 방식, 전이중(Full Duplex) 방식 등이 있음

19 ②

오답 피하기

- 허브 : 네트워크에서 연결된 각 회선이 모이는 집선 장치로서 각 회선을 통합적으로 관리하는 방식
- 라우터 : 데이터 전송을 위한 최적의 경로를 찾아 통신망에 연결하는 장치

20 ③

전자우편은 기본적으로 7비트의 ASCII 코드를 사용하여 전송함

2과목 스프레드시트 일반

21 ②

기본적으로 행 단위로 정렬됨

22 ①

- LARGE(C2:C7,2) : [C2:C7] 범위에서 2번째로 큰 수를 구함 → 6550000
- MATCH(6550000,C1:C7,0) : [C1:C7] 범위에서 6550000과 첫 번째로 일치하는 위치값을 구함 → 1
- INDEX(A1:C7,1,2) : [A1:C7] 범위에서 1행, 2열의 값을 구함 → 홍길동

23 ②

매크로 보안 : [개발 도구] 탭-[코드] 그룹의 [매크로 보안]에서 설정함

24 ③

원형 차트

- 워크시트의 한 열이나 행에 있는 데이터를 원형 차트로 그릴 수 있음
- 원형 차트에서는 데이터 계열 하나에 있는 항목의 크기가 항목 합계에 비례하여 표시됨
- 원형 차트의 데이터 요소는 원형 전체에 대한 백분율로 표시됨

오답 피하기

- 방사형 차트 : 워크시트의 여러 열이나 행에 있는 데이터를 방사형 차트로 그릴 수 있으며 항목마다 가운데 요소에서 뻗어 나온 값 축을 갖고, 선은 같은 계열의 모든 값을 연결함
- 영역형 차트 : 일정한 시간에 따라 데이터의 변화 추세(데이터 세트의 차이점을 강조)를 표시함
- 세로 막대형 차트 : 각 항목 간의 값을 비교하는 데 사용함

25 ③

리본 메뉴 축소 : Ctrl + F1

오답 피하기

Ctrl + F10 : 선택한 통합 문서 창을 최대화하거나 복원함

26 ④

PMT 함수(PayMenT)
- 정기적으로 지불하고 일정한 이자율이 적용되는 대출에 대해 매회 지급액을 구하는 함수
- 형식 : =PMT(rate, nper, pv, fv, type)
- rate(이율) → 4.8%/12, nper(횟수) : 5*12, pv(현재 가치) : -50000000 (결과를 양수로 나오도록 하기 위해 - 사용), fv(미래 가치) → 0(대출금의 미래 가치는 0, 생략 가능), type(납입 시점) → 0 또는 생략(기말), 1(기초)
- =PMT(4.8%/12, 5*12, -50000000, 0, 1) → 935,246

27 ②

[인쇄 미리 보기] 상태에서 [페이지 설정]-[시트] 탭의 '인쇄 영역'은 반전되어 사용할 수 없음

28 ②

- 조건 범위 : 다른 행의 경우 OR(또는), 같은 행의 경우 AND(그리고)

성명	거주지	마일리지
박*		
	경기	>2000

- 박* : 성명이 박으로 시작하거나(OR) 거주지가 '경기'이면서(AND) 마일리지가 2000보다 큰 경우이므로 '김지현', '박동현'이 필터링되어 결과 행은 2가 됨

29 ④

양식 컨트롤 중 텍스트 필드, 콤보 목록, 콤보 드롭다운은 매크로를 연결할 수 없음

30 ②

Ctrl 을 누른 채 채우기 핸들을 이용하여 자동 채우기를 실행하면 복사됨

31 ②

오답 피하기
- ISBLANK 함수 : 값이 빈 셀을 참조하는 경우 TRUE를 반환함
- ISODD 함수 : 숫자가 홀수이면 TRUE를 반환함
- TYPE 함수 : 값의 데이터 형식을 나타내는 숫자를 반환함

32 ②

그룹별로 요약된 데이터에서 [개요 지우기]를 실행하면 설정된 개요 기호가 지워지지만 개요 설정에 사용된 요약 정보는 제거되지 않음

33 ④

MS-Word(*.doc)는 워드프로세서 문서로 '외부 데이터 가져오기'를 할 수 없음

34 ②

통합할 다른 문서가 열려있지 않더라도 데이터 통합 작업을 할 수 있음. [통합] 대화 상자에서 [찾아보기] 단추를 클릭하여 열리지 않은 통합 문서도 불러올 수 있음

35 ④

ClearComments : 메모를 지움

오답 피하기
- Clear : 내용과 서식을 지움
- ClearFormats : 서식을 지움
- ClearContents : 내용을 지움

36 ④

Esc 를 2번 누르면 그룹이 해제되지 않음

오답 피하기
시트 탭에서 마우스 오른쪽 단추를 누른 후 바로 가기 메뉴에서 '시트 그룹 해제'를 클릭함

37 ③

Alt + ↓ : 드롭다운 목록에서 선택

38 ①

- =이* : 성명이 '이'로 시작하는 경우 → 이연
- 또는 : 두 조건 중 하나라도 만족하는 경우 필터링
- =*연* : 성명에 '연'이 들어가 있는 경우 → 연지혜, 홍지연

39 ②

목표값 찾기 : 수식의 결과값은 알고 있으나 그 결과값을 얻기 위한 입력값을 모를 때 목표값 찾기 기능을 이용함

40 ③

차트를 클릭하여 선택한 다음 [차트 디자인] 탭-[데이터] 그룹-[데이터 선택]에서 범례 항목(계열)의 위로 이동, 아래로 이동 단추를 이용하여 변경할 수 있음

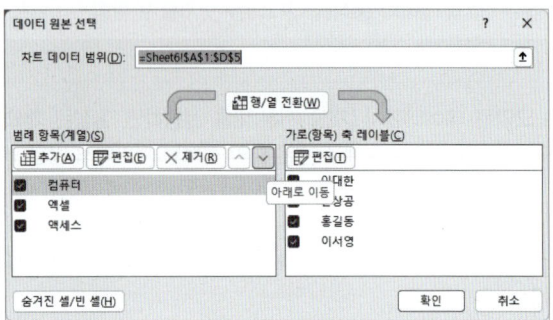

3과목 데이터베이스 일반

41 ②

- 정규화(Normalization) : 관계형 데이터베이스 설계 시 데이터의 중복과 불일치를 최소화/방지하여 이상(Anomaly) 현상이 발생하지 않도록 하기 위한 것으로, 릴레이션 스키마를 분해해 나가는 과정
- 이상(Anomaly) 현상 : 관계형 데이터베이스의 릴레이션을 조작할 때 발생하는 현상으로 삽입 이상, 삭제 이상, 갱신 이상 등이 있음

42 ④

데이터 형식이 숫자인 경우 필드에 정수 데이터를 입력한 후 데이터 형식을 일련번호로 바꿀 수 없음

43 ③

GoToControl : 특정 컨트롤로 포커스를 이동

오답 피하기
- GoToRecord : 지정한 레코드로 이동
- RunCode : 프로시저를 실행
- SetValue : 필드나 속성, 컨트롤의 값을 설정

44 ③

기본키(PK : Primary Key)
- 후보키 중에서 선정되어 사용되는 키(예 사원번호, 주민번호 등)
- 기본키는 널(Null)이 될 수 없으며 중복될 수 없음
- 특정 레코드를 유일하게 구별할 수 있는 필드

45 ②

- InStr : 문자열을 검색하여 위치한 자릿수를 구함
- InStr(7,"Artificial","i") : 시작 위치가 7이므로 7번째 위치부터 "i"를 찾으므로 위치값이 8이 됨
- InStr("intelligence","i") : 시작 위치가 생략되어 있으므로 처음부터 "i"를 찾으므로 위치값이 1이 됨
- =InStr(7,"Artificial","i")+InStr("intelligence","i") → 8+1이므로 결과는 9가 됨

46 ③

[잠금] 속성을 '예'로 설정해야 함

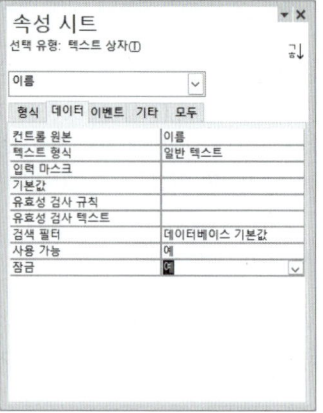

47 ②

- select : 검색문
- count(*) : 행을 카운트함
- as 회원수 : 필드명을 '회원수'라는 이름으로 지정함
- from 회원 : 회원 테이블

48 ④

매크로는 폼 작성 시 폼의 레코드 원본으로 사용할 수 없음

49 ①

테이블 연결은 연결된 테이블의 내용을 변경하면 그 원본 내용도 함께 변경되며, 연결된 테이블을 삭제하면 Access 테이블을 여는 데 사용하는 정보만 삭제하므로 원본 테이블은 삭제되지 않음

50 ②

인덱스를 설정하면 검색과 쿼리 속도를 향상시킬 수 있지만 데이터를 추가하거나 업데이트할 때는 속도가 느려짐

51 ②

- L : 필수 요소, A부터 Z까지의 영문자나 한글을 입력함 → A
- A : 필수 요소, 영문자나 한글, 숫자를 입력함 → 상
- 0 : 필수 요소, 0~9까지의 숫자를 입력함 → 3
- 9 : 선택 요소, 숫자나 공백을 입력함(덧셈, 뺄셈 기호 사용할 수 없음) → 4
- # : 선택 요소, 숫자나 공백을 입력함(덧셈, 뺄셈 기호 사용할 수 있음) → 5

오답 피하기
- ① : 12345 → 첫 번째 데이터 1이 영문자나 한글이 아님[L]
- ③ : A123A → 다섯 번째 데이터 A가 숫자나 공백이 아님[#]
- ④ : A1BCD → 세 번째 데이터 B가 숫자가 아님[0], 네 번째 데이터 C가 숫자나 공백이 아님[9], 다섯 번째 데이터 D가 숫자나 공백이 아님[#]

52 ④

[외부 데이터] 탭-[내보내기] 그룹에서 VBA 코드로 내보내는 기능은 지원되지 않음

53 ③

- 실행 중인 폼이나 보고서 또는 컨트롤을 참조하기 위해서는 느낌표(!) 연산자를 사용함
- 테이블이나 쿼리, 폼, 보고서, 필드, 컨트롤의 이름은 대괄호([ ])로 묶어서 표현함
- 폼, 보고서, 컨트롤의 속성을 참고할 때는 점(.) 연산자를 사용함
- Me : 현재 실행 중인 폼
- Private Sub cmd숨기기_Click() : 'cmd숨기기' 단추를 클릭(Click)하는 경우
- Me![DateDue].Visible = False : [DateDue] 컨트롤이 표시(Visible)되지 않도록(False) 함

54 ②

타원은 개체-관계 모델의 E-R 다이어그램에서 속성을 의미함

오답 피하기
직사각형 : 개체, 마름모 : 관계

55 ①

기수(Cardinality) : 한 릴레이션(테이블) 내에서 튜플(Tuple)의 개수

56 ③

참조 무결성
- 참조 무결성은 참조하고 참조되는 테이블 간의 참조 관계에 아무런 문제가 없는 상태를 의미함
- 다른 테이블을 참조하는 테이블 즉, 외래키 값이 있는 테이블의 레코드를 삭제해도 참조 무결성은 위배되지 않음
- 다른 테이블을 참조하는 테이블의 레코드 추가 시 외래키 값이 널(Null)인 경우에는 참조 무결성이 유지됨
- 다른 테이블에 의해 참조되는 테이블에서 레코드를 추가하는 경우에는 참조 무결성이 유지됨

57 ④

ORDER BY절 : 검색 결과에 대한 정렬(오름차순, 내림차순)을 수행하는 명령으로 정렬에 대한 제시가 없으므로 해당하지 않음

오답 피하기
- ① SELECT문 : 검색하고자 하는 열 리스트 → "제품의 합계"
- ② GROUP BY절 : 그룹에 대한 쿼리 시 사용함 → "부서별로"
- ③ HAVING절 : 그룹에 대한 조건을 기술함 → "영업 실적이 1억 원 이상"

58 ③

전체 보고서에 대한 요약값은 보고서 머리글이나 보고서 바닥글에 계산 컨트롤을 추가하여 계산할 수 있음

59 ①

- 나. 날짜/시간 형식 : 8바이트
- 라. 일련번호 형식 : 4바이트
- 가. 정수(Integer) 형식 : 2바이트
- 다. Yes/No 형식 : 1비트

60 ③

1부터 20까지(For i = 1 to 20) 4로 나눈 나머지가(i Mod 4) 0인 경우(Case 0)의 합(Sum = Sum + i)을 구함(결과는 60)

2025년 상시 기출문제 02회

1-200p

01 ④	02 ②	03 ②	04 ②	05 ②
06 ④	07 ③	08 ④	09 ④	10 ③
11 ①	12 ②	13 ③	14 ②	15 ④
16 ②	17 ②	18 ④	19 ③	20 ④
21 ④	22 ①	23 ④	24 ②	25 ③
26 ②	27 ②	28 ①	29 ①	30 ②
31 ②	32 ②	33 ②	34 ②	35 ③
36 ③	37 ②	38 ②	39 ④	40 ③
41 ①	42 ④	43 ①	44 ①	45 ①
46 ②	47 ③	48 ④	49 ④	50 ②
51 ②	52 ①	53 ②	54 ④	55 ①
56 ①	57 ③	58 ②	59 ④	60 ①

1과목 컴퓨터 일반

01 ④
'공공 거래 장부'로 불리며 임의로 수정 불가능한 분산 컴퓨터 기반의 기술은 블록체인(Blockchain)에 대한 설명임

02 ②
Alt+Enter : 선택된 항목의 속성 창을 표시함

오답 피하기
- ① Alt+Print Screen : 현재 활성화된 창을 클립보드로 복사함
- ③ Ctrl+Esc : 시작 메뉴를 표시함
- ④ Alt+F4 : 열려 있는 창을 닫음

03 ②
오답 피하기
- 산란형 바이러스 : 확장자가 EXE인 실행 파일의 감염 없이 확장자가 COM인 같은 이름의 파일을 생성(산란)시키는 바이러스로 COM이 먼저 실행되어 바이러스가 실행됨
- 기생형 바이러스 : 프로그램의 손상 없이 프로그램의 앞·뒤 부분에 위치(기생)하는 바이러스
- 겹쳐쓰기형 바이러스 : 프로그램의 일부분에 겹쳐 쓰기 되어 원파일을 파괴하는 바이러스

04 ②
오답 피하기
- 빅 데이터(Big Data) : 수치나 문자, 영상 등 다양한 형태의 데이터로 생성 주기가 짧은 방대한 규모의 디지털 데이터
- 시맨틱 웹(Semantic Web) : '의미론적인 웹'이라는 뜻으로 사람 대신 개인 맞춤형의 새로운 정보를 생성, 제공할 수 있도록 이해하기 쉬운 의미를 가진 웹 3.0의 차세대 지능형 웹
- 사물 인터넷(IoT) : 사람과 사물, 공간, 데이터 등을 이더넷으로 서로 연결해 주는 무선 통신 기술로 스마트 센싱 기술과 무선 통신 기술을 융합하여 실시간으로 데이터를 주고받는 기술

05 ②
스마트폰이나 태블릿 수준의 작은 화면에서 저전력으로 높은 휘도의 빛을 얻어 작동함

06 ④
인터럽트(Interrupt)는 프로그램 처리 중 특수한 상태가 발생, 처리를 중지하고 특수한 상태를 처리한 후 다시 정상적인 처리를 하는 것으로 프로그램 실행에 따라 부프로그램을 호출하는 경우에는 발생하지 않음

07 ③
캐시 메모리(Cache Memory)는 휘발성 메모리로 구성됨

08 ④
파티션(Partition)
- 하드디스크를 분할하는 기능으로, 포맷을 해야 사용할 수 있음
- 파티션을 나누어 하나 이상의 운영체제를 사용할 수 있으며, 파티션마다 운영체제를 달리 사용할 수 있음
- 운영체제에서는 파티션이 하나의 드라이브로 인식됨

09 ④
프로그램 카운터(Program Counter)는 제어 장치의 구성 요소임

10 ③
여러 미디어를 통하여 처리하는 멀티미디어의 특징은 통합성을 의미함

오답 피하기
비선형성(Non-Linear) : 사용자의 선택에 따라 정보를 처리함

11 ①
오답 피하기
- Love : 웜(worm)의 일종으로 전자우편을 통해 전파되며 감염된 파일을 실행하면 윈도우 시작 시 실행되도록 시스템의 레지스트리를 변경함
- Melisa : 전자우편으로 첨부된 파일을 클릭하는 순간 시스템이 감염되는 워드 매크로 바이러스
- 부트 바이러스 : 하드디스크의 부트 섹터에 감염되는 바이러스

12 ②

LPWA(Low Power Wide Area) : 저전력 광역 통신 기술이라고 하며 사물 인터넷 분야에서 사용하는 기술로 소량의 데이터를 저비용, 저전력을 기반으로 안정적인 무선 통신을 통해 장거리까지 전송이 가능한 IoT 기술

오답 피하기
- LTE : 3G 이동 통신 기술을 오랫동안 진화(Evolution)시킨 기술
- WiFi : 일정 영역의 공간에서 무선 인터넷의 사용이 가능한 근거리 무선 통신 기술
- USN : 유비쿼터스 센서 네트워크 기술

13 ③

레지스트리의 정보는 컴퓨터가 실행 중인 동안 참조함

14 ②

2차적 저작물도 독자적인 저작물로서 보호됨

15 ④

오답 피하기
- 내그웨어(Nagware) : 사용하는 프로그램에 대해 비용을 지불하여 사용자 등록을 하도록 주기적으로 요구하는 소프트웨어
- 스파이웨어(Spyware) : 컴퓨터 시스템에 몰래 설치되어 악의적으로 개인 정보를 수집하는 소프트웨어
- 애드웨어(Adware) : 광고를 보는 조건으로 사용하는 소프트웨어

16 ②

- ⓐ SMTP : 사용자의 컴퓨터에서 작성한 메일을 다른 사람의 계정이 있는 곳으로 전송해 주는 전자우편을 송신하기 위한 프로토콜
- ⓑ POP3 : 메일 서버에 도착한 E-mail을 사용자 컴퓨터로 가져오기 위한 프로토콜이며, 전자우편을 수신하기 위한 프로토콜
- ⓓ MIME : 전자우편으로 멀티미디어 정보를 전송할 수 있도록 해 주는 멀티미디어 지원 프로토콜임
- ⓕ IMAP : 사용자가 메일 서버에서 메일을 관리하고 수신하기 위한 프로토콜로 전자우편의 헤더(머리글) 부분만 수신함

오답 피하기
- ⓒ FTP : 파일 전송 프로토콜
- ⓔ DNS : 도메인 네임과 IP 주소를 대응(Mapping)시켜 주는 역할을 담당하는 분산 네이밍 시스템

17 ②

DRAM(Dynamic RAM)
- 구조는 단순하지만 가격이 저렴하고 집적도가 높아 PC의 메모리로 이용됨
- 일정 시간 후 전하가 방전되므로 재충전(Refresh) 시간이 필요함

오답 피하기
- SRAM(Static RAM) : 정적인 램으로, 전원이 공급되는 한 내용이 그대로 유지됨
- PROM(Programmable ROM) : 사용자가 ROM Writer를 이용하여 한 번에 한해 기록(쓰기)이 가능한 ROM
- EPROM(Erasable ROM) : 기록된 내용을 자외선을 이용하여 반복해서 여러 번 정보를 기록할 수 있는 ROM

18 ④

사물 인터넷의 주체는 사람이므로 사람을 포함한 사물과 사물 간의 통신 기술임

19 ③

오답 피하기
- 오프라인 시스템(Off-Line System) : 중앙 처리 장치와 입출력 장치가 통신 회선으로 연결되지 않은 처리 방식
- 일괄 처리 시스템(Batch Processing System) : 발생된 자료를 일정 기간 모아 두었다가 한꺼번에 처리하는 방식
- 분산 시스템(Distributed System) : 지역별로 발생된 자료를 분산 처리하는 방식

20 ②

[파일 탐색기]에서 바로 가기를 만들 항목을 Ctrl+Shift를 누른 상태로 바탕 화면으로 드래그 앤 드롭함

2과목 스프레드시트 일반

21 ④

④의 수식에서 OR 함수는 조건 중 어느 하나라도 참이면 참이 되며 수식 B2>5에서 이용 횟수 12가 5를 초과, 참이 되어 택배 비용이 10,000이 되어 "무료"가 나오지 않음

22 ①

오답 피하기
- 도넛형 차트 : 전체 합계에 대한 각 항목의 구성 비율을 표시하며 원형 차트와 비슷하지만 여러 데이터 계열을 표시할 수 있다는 점이 다름
- 방사형 차트 : 각 항목마다 가운데 요소에서 뻗어나온 값 축을 갖고, 선은 같은 계열의 모든 값을 연결함(가로, 세로축 없음)
- 혼합형 차트 : 여러 열과 행에 있는 데이터를 혼합 차트로 그릴 수 있으며 특히 데이터 범위가 광범위한 경우 데이터를 쉽게 이해할 수 있도록 만들기 위해 두 개 이상의 차트 종류를 결합함

23 ④

워크시트 이름에 :, ₩, /, ?, *, [ ] 기호는 사용할 수 없음

24 ②

오름차순 정렬 : 숫자(3, 5) - 기호 문자(@) - 영문 소문자(a) - 영문 대문자(A)

25 ③

- VLOOKUP(A6,$A$1:$B$4,2) : [A6] 셀의 값 -5를 [$A$1:$B$4] 범위의 첫 열에서 찾아서 2번째 열의 값을 가져오는데 값이 없어서 #N/A가 발생함
- IFERROR(수식, 오류 발생 시 표시값) : 수식의 결과가 오류값일 때 다른 값(공백 등)으로 표시함
- =IFERROR(#N/A,"입력 오류")이므로 결과는 "입력 오류"가 됨

26 ②

[B3] 셀에서 Ctrl+Enter를 누르면 셀 포인터는 [C6] 셀로 이동하지 않음

27 ②

엑셀에서 사용하는 바로 가기 키와 같은 키로 매크로의 바로 가기 키를 지정했을 경우 매크로의 바로 가기 키가 동작함

28 ①

[D6] 셀을 클릭하여 선택한 다음 [홈]-[클립보드]-[복사]를 누른 후 [B2:B5] 범위를 드래그하여 선택하고 [홈]-[클립보드]의 [선택하여 붙여넣기]를 클릭, '연산'에서 '더하기'를 선택하고 [확인]을 누름

29 ①

[페이지 설정] 대화 상자의 [시트] 탭에서 [간단하게 인쇄] : 테두리, 그래픽 등을 인쇄하지 않음

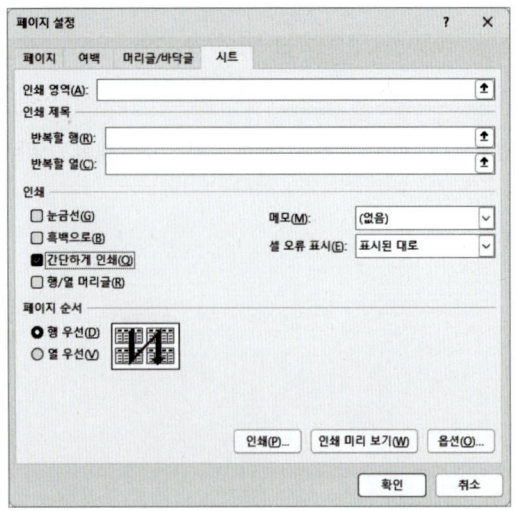

30 ②

*와 ?의 기호를 이용하여 검색하고자 할 때는 ~의 기호 뒤에 * 혹은 ?를 붙임

31 ②

셀을 이동하면 메모도 이동됨

32 ②

나중에 구한 함수가 위에 위치하므로 합계를 먼저 구하고 평균을 나중에 구한 결과임

33 ②

🅧 : 파일 이름 삽입, &[파일]

오답 피하기

🅣 : 시트 이름 삽입, &[탭]

34 ②

워크시트에서 특정 데이터를 변화시켜 수식의 결과가 어떻게 변하는지 보여주는 셀 범위를 데이터 표라고 하며 데이터 표를 사용하여 여러 결과를 계산할 때 사용함

오답 피하기

- 목표값 찾기 : 수식의 결과값은 알고 있으나 그 결과값을 얻기 위한 입력값을 모를 때 목표값 찾기 기능을 이용함
- 피벗 테이블 : 엑셀의 레코드 목록, 외부 데이터, 다중 통합 범위, 다른 피벗 테이블을 바탕으로 한 새로운 형태의 통계 분석표를 작성함
- 시나리오 : 변경 요소가 많은 작업표에서 가상으로 수식이 참조하고 있는 셀의 값을 변화시켜 작업표의 결과를 예측하는 기능

35 ③

숫자가 입력된 셀에 윗주를 삽입하면 화면에 윗주가 표시되지 않음

36 ③

오답 피하기

- 트리맵 차트 : 데이터를 계층 구조 보기로 제공하고 다른 범주 수준을 비교하는 간편함
- 폭포 차트 : 값을 더하거나 뺄 때 재무 데이터의 누적 합계를 보여줌
- 상자 수염 차트 : 데이터 분포를 사분위수로 나타내며 평균 및 이상값을 강조하여 표시함

37 ②

- =SUMPRODUCT : 범위의 대응되는 값끼리 곱해서 그 합을 구해 줌
- =SUMPRODUCT((A1:A100=C1)*(B1:B100=D1)) : 각 범위 같은 행에서 C1, D1인 경우 TRUE(1)*TRUE(1) 즉, 1이 되고 아니면 0이 되어 둘 다 만족하는 1의 값이 더해짐
- =COUNTIFS(A1:A100,C1,B1:B100,D1) : 조건이 여러 개인 경우 각 범위 내에서 주어진 조건이 모두 맞는 셀의 개수를 구하므로 각 범위에서 C1, D1인 경우의 수를 구함

38 ②
자동 필터에서 조건 지정 시 각 열에 설정된 조건들은 AND 조건으로 묶여 처리됨

39 ④
시트 이름 바꾸기는 '워크시트에서 허용할 내용'으로 지원되지 않음

40 ③
오차 막대를 화면에 표시하는 방법에는 3가지로 모두, 음의 값, 양의 값이 있음

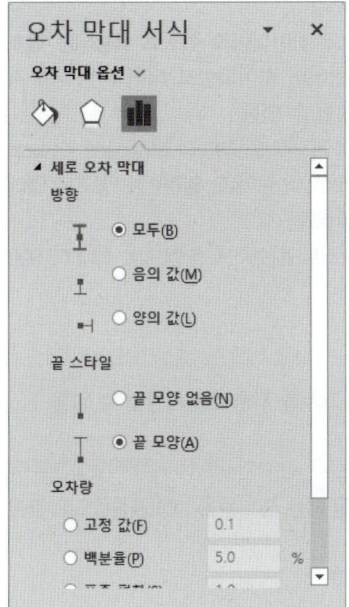

3과목 데이터베이스 일반

41 ①
- 정규화(Normalization) : 관계형 데이터베이스를 설계할 때 데이터의 중복 최소화와 불일치를 방지하기 위해 릴레이션 스키마를 분해해 가는 과정
- 제1정규형(1NF) : 원자값, 최소한의 값, 반복되는 열이 없음

오답 피하기
- 제2정규형(2NF) : 키를 결정하면 다른 열의 값이 결정, 기본키에 완전 함수적 종속(=부분 함수 종속 제거)
- 제3정규형(3NF) : 기본키 열 이외의 열의 값에 따라 다른 열의 값이 결정되는 일이 없음, 서로 기본키에 이행적 종속이 아니면 독립적(이행 함수 종속 제거)
- BCNF(Boyce & Codd NF) : 엄격한 3차 정규형, 모든 결정자가 후보키가 아닌 함수 종속을 제거(=결정자를 모두 후보키로)
- 제4정규형(4NF) : 두 개의 상호 독립적인 다중값 속성을 서로 다른 두 릴레이션으로 분리(다른 종속 제거)
- 제5정규형(5NF) : 후보키를 통하지 않은 조인 종속 제거

42 ④
④는 INSERT(삽입문) 쿼리로 테이블에 새로운 데이터(행)를 삽입하며, INSERT-INTO-VALUES의 유형을 가짐

오답 피하기
UPDATE(갱신문) : 갱신문으로 테이블에 저장된 데이터를 갱신하며, UPDATE-SET-WHERE의 유형을 가짐

43 ①
SetValue : 필드나 속성, 컨트롤의 값을 설정하는 기능으로 DoCmd 개체의 메서드가 아닌 매크로 함수에 해당함

오답 피하기
- DoCmd 개체는 액세스의 매크로 함수를 Visual Basic에서 실행하기 위한 개체로 메서드를 이용하여 매크로를 실행할 수 있음
- OpenReport : 보고서를 디자인 보기 또는 인쇄 미리 보기 형식으로 열거나 인쇄함
- GoToRecord : 지정한 레코드를 테이블, 폼, 쿼리 결과 집합에서 현재 레코드로 만듦
- RunCode : Visual Basic Function 프로시저를 실행함

44 ①
- "00"& 회원번호 : 기존 회원번호 앞에 "00"를 붙임(001, 002, …, 0099)
- right("00"& 회원번호,3) : 001, 002, …, 0099를 오른쪽에서 3자리 추출함
- update 회원 set 회원번호 = : 추출한 3자리로 회원 테이블의 회원번호 필드를 변경함

45 ①
- count(*) : 행을 카운트함
- WHERE 지점명 Like "동부*" : 지점명이 동부로 시작하는 행만 카운트함 → 동부 신내, 동부 신사
- * : 여러 문자를 의미함

46 ②
- datediff("yyyy", '2004-10-01', date()) : 지정된 두 날짜 간의 연수를 구함
- "yyyy" : 연도를 산출함
- date() : 오늘 날짜 산출

47 ③
리터럴(Literal) 표시 문자

문자	기능	결과
>	모든 문자를 대문자로 변환함	S, M
L	필수 요소, A부터 Z까지의 영문자나 한글을 입력함	
<	모든 문자를 소문자로 변환함	unn, oon
?	선택 요소, A부터 Z까지의 영문자나 한글을 입력함	

지문에 ?가 3개이므로 세 자리까지 결과로 표시됨

48 ④
OLE 개체 데이터 형식의 필드는 인덱스를 사용할 수 없음

49 ④
[관계 편집] 대화 상자에서 〈구매〉 테이블이 오른쪽에 위치하고 〈조인 속성〉 대화 상자에서 '구매'에서는 모든 레코드를 포함하고 '고객'에서는 조인된 필드가 일치하는 레코드만 포함이므로 해당되는 조인은 오른쪽 외부 조인임

50 ③
CSV(Comma Seperated Values) : 콤마로 분리된 값으로 액세스의 데이터 형식에서 지원되지 않음

오답 피하기
- 짧은 텍스트 : 계산이 필요 없는 성명, 주소, 전화번호, 부품번호, 우편번호 등의 데이터를 저장할 때에는 짧은 텍스트 형식을 사용함 (크기 : 최대 255자까지 입력)
- 날짜/시간 : 날짜나 시간 데이터를 저장할 때 사용함(크기 : 8바이트)
- 일련번호 : 레코드 추가 시 자동으로 고유 번호를 부여할 때 사용하고, 번호가 부여되면 변경하거나 삭제할 수 없음(크기 : 4바이트)

51 ②
디자인 보기를 제외한 폼 보기 모드에서 폼의 제목 표시줄에 표시되는 텍스트는 '캡션' 속성을 이용하여 변경할 수 있음

52 ①
기수(Cardinality) : 한 릴레이션(테이블)에서의 튜플(Tuple)의 개수

53 ②
- 데이터베이스 암호를 설정하거나 제거하려면 데이터베이스를 단독 사용 모드로 열어야 함
- 데이터베이스를 단독 사용 모드로 열려면 데이터베이스를 닫은 다음 [파일] 탭–[열기] 명령을 사용하여 다시 연 다음 [열기] 대화 상자에서 [열기] 단추 옆에 있는 화살표를 클릭한 후 [단독으로 열기]를 선택함

54 ④
첨부 파일
- 전자 메일 메시지에 파일을 첨부하는 것과 마찬가지로 이미지, 스프레드시트 파일, 문서, 차트 및 기타 지원되는 유형의 파일을 데이터베이스의 레코드에 첨부할 수 있음
- 데이터베이스 디자이너가 첨부 파일 필드를 설정하는 방법에 따라 첨부 파일을 보고 편집할 수 있음
- 첨부 파일 필드는 OLE 개체 필드보다 유연성이 뛰어나며 원본 파일의 비트맵 이미지를 만들지 않기 때문에 저장 공간을 더 효율적으로 사용함

오답 피하기
- 하이퍼링크 : 텍스트로 저장되고 하이퍼링크 주소로 사용되는 텍스트 또는 텍스트와 숫자의 조합이며 하이퍼링크 데이터 형식의 각 부분은 최대 2,048자까지 포함할 수 있음
- 일련번호 : 새 레코드가 테이블에 추가될 때마다 Microsoft Access에서 할당하는 고유 순차 번호(1씩 증가)로 일련번호 필드는 업데이트할 수 없으며 크기는 4바이트임
- 긴 텍스트 : 긴 텍스트 또는 텍스트와 숫자의 조합으로 최대 63,999자까지 입력할 수 있음

55 ①
데이터 원본으로 기존 작성된 보고서를 지정하여 사용할 수 없음

56 ①
두 개 이상의 연결 필드를 지정할 때는 필드들을 세미콜론(;)으로 구분하여 연결함

57 ③
- 테이블이 열릴 때마다 자동으로 실행되지 않음
- 매크로 이름을 "AutoExec"로 하면 데이터베이스 파일을 열 때 매크로를 자동으로 실행시킴

58 ②
GROUP BY 다음에 HAVING절을 사용하여 그룹에 조건을 적용함

59 ④
테이블을 작성할 때 레코드 수는 고려 대상이 아님

60 ①
유효성 검사 규칙이 '<=99'이므로 과목코드는 99까지임

오답 피하기
- ② : 과목코드는 반드시 입력해야 한다 → 필수가 예
- ③ : 과목코드는 중복될 수 없다 → 인덱스가 예(중복 불가능)
- ④ : 새 레코드 생성 시 0이 자동으로 입력된다 → 기본값이 0

2025년 상시 기출문제 03회

1-211p

01 ①	02 ③	03 ②	04 ④	05 ①
06 ④	07 ②	08 ④	09 ①	10 ①
11 ①	12 ②	13 ③	14 ①	15 ②
16 ④	17 ②	18 ③	19 ③	20 ④
21 ②	22 ②	23 ③	24 ①	25 ③
26 ①	27 ③	28 ③	29 ③	30 ③
31 ②	32 ③	33 ②	34 ③	35 ③
36 ③	37 ④	38 ④	39 ②	40 ②
41 ③	42 ②	43 ③	44 ③	45 ①
46 ③	47 ②	48 ⑤	49 ④	50 ①
51 ④	52 ①	53 ②	54 ③	55 ③
56 ②	57 ②	58 ②	59 ①	60 ④

1과목 컴퓨터 일반

01 ①

테더링(Tethering) : 테더(Tether)는 '밧줄'이라는 뜻으로, 인터넷이 가능한 스마트폰과 다른 IT 기기를 밧줄로 연결한다는 의미처럼 스마트폰의 인터넷 통신망을 이용하여 다른 기기와 인터넷을 공유하는 기술

오답 피하기

- 와이파이(WiFi : Wireless Fidelity) : 일정 영역의 공간에서 무선 인터넷의 사용이 가능한 근거리 무선 통신 기술
- 블루투스(Bluetooth) : 무선 기기(이동 전화, 컴퓨터, PDA 등) 간 정보 전송을 목적으로 하는 근거리 무선 접속 프로토콜로 IEEE 802.15.1 규격을 사용하는 PANs(Personal Area Networks)의 산업 표준
- 와이브로(Wibro) : 무선과 광대역 인터넷을 통합한 의미로 휴대용 단말기를 이용하여 정지 및 이동 중에 인터넷에 접속 가능함

02 ③

오답 피하기

- 스풀 기능은 인쇄할 내용을 하드디스크에 저장한 다음 스풀링함
- 스풀 기능은 문서 전체나 페이지 단위로 가능함
- 프린터와 같은 저속의 입출력 장치를 CPU와 병행하여 작동시켜 컴퓨터의 전체 효율을 향상시켜 주는 기능임

03 ②

오답 피하기

- 디스크 검사 : 파일과 폴더 및 디스크의 논리적, 물리적인 오류를 검사하고 수정함
- 디스크 포맷 : 하드디스크 등을 초기화하는 것으로 트랙과 섹터로 구성하는 작업
- 드라이브 조각 모음 및 최적화 : 디스크에 단편화되어 저장된 파일들을 모아서 디스크를 최적화함

04 ④

안드로이드(Android) : 오픈 소스 소프트웨어 기반의 모바일 운영체제

05 ①

허브(Hub)는 집선 장치로 물리 계층(Physical Layer)에 해당하는 장비로 트랜스포트 계층의 대표적인 장비가 아님

06 ④

동기화 : 데이터를 전송하고 수신할 때 동일한 속도로 데이터를 전송하여 오류가 발생하지 않도록 하며 속도와 위상을 서로 맞추어 동기화시킴

07 ②

스니핑(Sniffing) : 특정한 호스트에서 실행되어 호스트에 전송되는 정보(계정, 패스워드 등)를 엿보는 행위로 전송되는 데이터를 가는 도중에 도청 및 몰래 보는 행위인 가로채기(Interception)에 해당하므로 정보의 기밀성(Secrecy)을 저해 및 침해함

오답 피하기

- 스푸핑(Spoofing) : '속임수'의 의미로 어떤 프로그램이 정상적으로 실행되는 것처럼 위장하는 것
- 백도어(Back Door) : 시스템 관리자의 편의를 위한 경우나 설계상 버그로 인해 시스템의 보안이 제거된 통로를 말하며, 트랩 도어(Trap Door)라고도 함
- 웜(Worm) : 감염 대상을 갖고 있지는 않으나 연속적으로 자신을 복제하여 시스템의 부하를 증가시키는 프로그램

08 ④

플러그 앤 플레이(PnP : Plug & Play)
자동 감지 설치 기능으로 컴퓨터에 장치를 연결하면 자동으로 장치를 인식하여 설치 및 환경 설정을 용이하게 하므로 새로운 주변 장치를 쉽게 연결함

오답 피하기

- ① : FTP에 대한 설명
- ② : 멀티 프로그래밍에 대한 설명
- ③ : P2P에 대한 설명

09 ①

- ping : 네트워크의 현재 상태나 다른 컴퓨터의 네트워크 접속 여부를 확인하는 명령
- ping 127.0.0.1 : 명령 프롬프트에서 루프백 주소(127.0.0.1)를 이용하여 PC의 TCP/IP의 활성화를 확인할 수 있음
- 패킷 : 보냄 = 4, 받음 = 4, 손실 = 0(0% 손실) → 정상적인 통신을 의미함

오답 피하기

- ipconfig : 사용자 자신의 컴퓨터 IP 주소를 확인하는 명령
- tracert : 네트워크에 연결된 컴퓨터의 경로(라우팅 경로)를 추적할 때 사용하는 명령
- nslookup : URL 주소로 IP 주소를 확인하는 명령

10 ①
작업 표시줄은 현재 수행 중인 프로그램이나 앱이 표시됨

11 ①
오답 피하기
- ② : 벤치마크(Benchmark)에 대한 설명
- ③ : 알파 테스트(Alpha Test)에 대한 설명
- ④ : 베타 테스트(Beta Test)에 대한 설명

12 ②
니블(Nibble) : 4비트로 표현이 가능한 정보의 개수는 2의 4제곱(2×2×2×2)이므로 16개임

13 ③
오답 피하기
- 게이트웨이(Gateway) : 네트워크에서 다른 네트워크로 들어가는 관문의 기능을 수행하는 지점을 말하며, 서로 다른 프로토콜을 사용하는 네트워크를 연결할 때 사용하는 장치
- 모뎀(Modem) : 변복조 장치
- 라우터(Router) : 데이터 전송을 위한 최적의 경로를 찾아 통신망에 연결하는 장치

14 ①
IPv6의 경우 128비트를 16비트씩 8개의 영역으로 구성되어 있으며, 각 부분은 콜론(:)으로 구분함

15 ②
'바탕 화면 아이콘 설정'을 이용하여 지정이 가능한 아이콘의 종류는 컴퓨터, 휴지통, 문서, 제어판, 네트워크 등이 있음

16 ④
회사 내의 특정 업무를 처리하기 위해 개발된 소프트웨어는 응용 소프트웨어임

17 ②
방화벽 : 해킹 등에 의한 외부로의 정보 유출을 막기 위해 사용하는 보안 시스템

오답 피하기
Malware : 악성 코드를 의미하며 컴퓨터 바이러스, 인터넷 웜, 트로이 목마 등이 있음

18 ③
변조/수정(Modification)은 정보의 무결성(Integrity)을 저해함

오답 피하기
- ① 가로막기(Interruption) : 정보의 가용성(Availability) 저해
- ② 가로채기(Interception) : 정보의 기밀성(Secrecy) 저해
- ④ 위조(Fabrication) : 정보의 무결성(Integrity) 저해

19 ③
2진수 1010의 1의 보수는 0을 1로, 1을 0으로 바꾼 0101이 됨

오답 피하기
2진수 1010의 1의 보수는 0을 1로, 1을 0으로 바꾼 0101이며 1을 더하면 2의 보수(0110)가 됨

20 ④
모든 파일과 하위 폴더를 한꺼번에 선택하려면 Ctrl+A를 사용해야 함

2과목 스프레드시트 일반

21 ②

② =IFERROR(ISERR(A7), "ERROR") → FALSE

- IFERROR(수식, 오류 발생 시 표시값) : 수식의 결과가 오류값일 때 다른 값(공백 등)으로 표시함
- ISERR(value) : 값이 #N/A를 제외한 오류값을 참조할 때 TRUE 값을 반환함

오답 피하기

① =IFERROR(ISLOGICAL(A3), "ERROR") → TRUE

ISLOGICAL(value) : 값이 논리값을 참조할 때 TRUE 값을 반환함

③ =IFERROR(ISERROR(A7), "ERROR") → TRUE

ISERROR(value) : 값이 오류값(#N/A, #VALUE!, #REF!, #DIV/0!, #NUM!, #NAME?, #NULL!)을 참조할 때 TRUE 값을 반환함

④ =IF(ISNUMBER(A4), TRUE, "ERROR") → TRUE

ISNUMBER(value) 값이 숫자를 참조할 때 TRUE 값을 반환함

22 ②
셀에 데이터를 입력하고 Shift+Enter를 누르면 셀 입력이 완료되고 바로 윗 셀이 선택됨

23 ③
문자 데이터가 입력된 셀의 수는 해당하지 않음

오답 피하기
평균, 개수(데이터가 입력된 셀의 수), 숫자 셀 수, 최소값, 최대값, 합계를 선택하면 자동으로 계산되어 나타남

24 ①
#NULL! : 교점 연산자(공백)를 사용했을 때 교차 지점을 찾지 못한 경우

25 ③
[페이지 나누기 삽입] 기능은 선택한 셀의 윗 행, 왼쪽 열로 페이지 나누기를 삽입함

26 ②
- [한 단계씩 코드 실행]에서 한 단계씩 실행 가능함
- 한 단계씩 코드 실행의 바로 가기 키 : F8

27 ③
[인쇄 미리 보기] 화면에서 셀의 행 높이는 조정할 수 없음

28 ③
- TODAY( ) : 현재 컴퓨터 시스템의 날짜만 반환함
- YEAR(날짜) : 날짜의 연도 부분만 따로 추출함
- VLOOKUP(값, 범위, 열 번호, 찾는 방법) : 범위의 첫 번째 열에서 값을 찾아 지정한 열에서 대응하는 값을 반환함
- 찾는 방법 : FALSE(=0)로 지정되면 정확한 값을 찾아주며, 만약 그 값이 없을 때는 #N/A 오류가 발생함
- YEAR(VLOOKUP(B8,A2:B6,2,0)) : "황영철"을 첫 열에서 찾아서 해당 2열의 날짜에서 연도만 추출함

29 ③
세로축을 선택한 후 [축 서식]의 축 옵션에서 가로축 교차를 '축의 최대값'으로 설정하면 가로축 교차가 축의 최대값으로 위치하게 됨

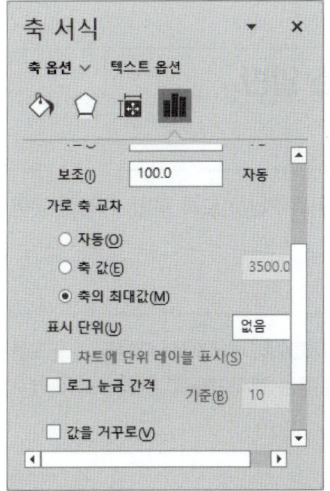

30 ③
{=SUM(A1:A3*{30,20,10})} → 360(A1:A3 범위의 합 6을 6*30+6*20+6*10으로 계산하여 결과가 360이 됨)

오답 피하기
- ① {=SUM((A1:A3*B1:B3))} → 100(1*30+2*20+3*10으로 계산하여 결과가 100이 됨)
- ② {=SUM(A1:A3*{30;20;10})} → 100(행 구분을 세미콜론(;)으로 하여 1*30+2*20+3*10으로 계산하여 결과가 100이 됨)
- ④ =SUMPRODUCT(A1:A3, B1:B3) → 100(SUMPRODUCT에 의해 해당 요소들을 모두 곱하고 그 곱의 합을 구하므로 1*30+2*20+3*10으로 계산하여 결과가 100이 됨)
- 배열 수식은 Ctrl + Shift + Enter 을 누르면 중괄호({ })가 자동으로 생성됨

31 ②
[홈] 탭–[편집] 그룹–[채우기]–[계열]에서 지원되는 날짜 단위는 '일, 평일, 월, 년' 등이 있으며 '주' 단위는 지원되지 않음

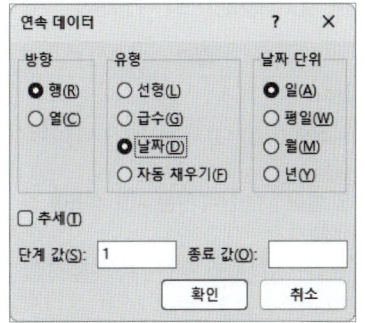

32 ③
'시트 끝'을 선택하면 각 페이지의 메모가 문서의 마지막에 한꺼번에 인쇄됨

33 ②
셀 주소와 같은 형태의 이름은 사용할 수 없음

34 ③
- FREQUENCY 함수 : 값의 범위 내에서 해당 값의 발생 빈도를 계산하여 세로 배열 형태로 나타내주는 함수
- 형식 : =FREQUENCY(배열, 구간 배열)
  - 배열 : 빈도를 계산할 값의 집합 → B3:B9
  - 구간 배열 : 배열에서 값을 분류할 간격 → E3:E6
- [F3:F6] 범위를 설정한 다음 =FREQUENCY(B3:B9,E3:E6) 입력하고 배열 수식이므로 Ctrl + Shift + Enter 를 누르면 수식 앞뒤에 중괄호({ })가 자동으로 표시되며 결과가 구해짐

	A	B	C	D	E	F	G
1							
2		매출액		매출구간		빈도수	
3		75		0	50	1	
4		93		51	100	2	
5		130		101	200	3	
6		32		201	300	1	
7		123					
8		257					
9		169					
10							

오답 피하기
=PERCENTILE.INC(배열, k) : 배열에서 k번째 백분위수 값을 구함

35 ②

- # : 유효 자릿수만 나타내고 유효하지 않은 0은 표시하지 않음
- , : 천 단위 구분 기호로 쉼표를 삽입함. 쉼표 이후에 더 이상 코드를 사용하지 않으면 천 단위 배수로 표시함(2,451,649 → 2,452)

입력값	표시 형식	결과
2451648.81	#,###,	2,452 • 소수점 이하는 표시 형식에서 지정하지 않음 • 앞 콤마 : 천 단위 구분 기호 쉼표를 삽입함 • 뒤 콤마 : 천 단위 배수로 표시하면서 반올림함

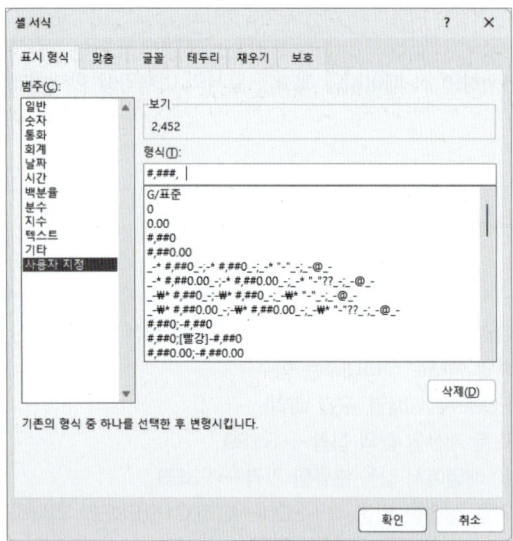

36 ③

오답 피하기

- ① : 워크시트 화면의 확대/축소 배율 지정은 모든 시트에 같은 배율로 적용되지 않음
- ② : 틀 고정과 창 나누기는 동시에 수행할 수 없음
- ④ : 틀 고정 구분 선은 마우스 드래그로 위치를 변경할 수 없음

37 ④

Sub ~ End Sub 프로시저는 명령문들의 실행 결과를 반환하지 않음

오답 피하기

Function ~ End Function : 명령문들의 실행 결과를 반환함

38 ④

연결 대상 : 기존 파일/웹 페이지, 현재 문서, 새 문서 만들기, 전자 메일 주소 등

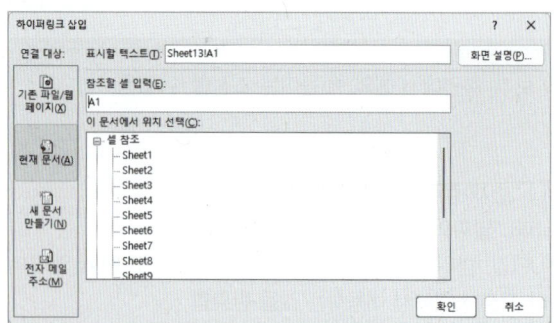

39 ②

원형 차트는 '데이터 테이블'을 나타낼 수 없음

40 ②

피벗 차트 보고서는 주식형, 분산형, 거품형, 트리맵, 선버스트, 히스토그램, 상자 수염, 폭포, 깔때기형 차트 등으로 변경할 수 없음

3과목 데이터베이스 일반

41 ③

DBMS는 여러 응용 시스템 간에 공유 가능하도록 통합, 저장된 운영 데이터의 집합을 관리함

42 ②

UNION(통합) 쿼리 : 2개 이상의 테이블이나 쿼리에서 대응되는 필드들을 결합하여 하나의 필드로 만들어 주는 쿼리이므로 총 레코드의 개수 15개가 됨

43 ③

- DLOOKUP : 특정 필드 값을 구할 때 사용하는 함수
- =DLOOKUP("구할 필드", "테이블명", "조건")이므로 → = DLOOKUP("성명", "사원", "[사원번호] = 1")

44 ③

Me.Filter = "성명 like '*' & txt검색 & '*'"
→ 'txt검색' 컨트롤에 입력된 문자를 포함하는 경우이므로 like와 *를 사용함
Me.FilterOn = True
→ 포함하는 레코드만을 표시하기 위해서 Me.FilterOn을 True로 지정함

45 ①

후보키(Candidate Key) : 한 테이블에서 유일성과 최소성을 만족하는 키(예 사원번호, 주민등록번호)

46 ③
DblClick : txt날짜 컨트롤이 더블클릭될 때 실행됨

47 ④
E-R 다이어그램은 속성 타입을 타원으로 표현한다.

48 ③
동일한 지역인 경우 지역명이 맨 처음에 한 번만 표시되도록 하기 위한 속성은 [중복 내용 숨기기] 속성을 '예'로 설정하면 됨

49 ④
일련번호
- 레코드 추가 시 자동으로 고유 번호를 부여할 때 사용함
- 번호가 부여되면 변경하거나 삭제할 수 없음
- 기본키를 설정하는 필드에서 주로 사용함
- 크기 : 4바이트(복제 ID : 16바이트)

50 ①
- BETWEEN 90 AND 95 : 점수가 90 이상(>=), 95 이하(<=)를 의미함
- ① 점수 >= 90 AND 점수 <= 95 : 점수가 90 이상, 95 이하를 의미함

51 ④
필드 속성의 '기본값'을 이용하여 새 레코드를 만들 때 필드에 자동으로 입력하는 값을 설정함

52 ①
데이터베이스 설계 단계

① 요구 조건 분석 단계
데이터베이스 사용자의 요구 사항 및 조건 등을 조사하여 요구 사항을 분석하는 단계로 요구 명세서가 산출됨
② 개념적 설계 단계
현실 세계에 대해 추상적인 개념(정보 모델링)으로 표현하는 단계
③ 논리적 설계 단계
개념 세계를 데이터 모델링(Modeling)을 거쳐 논리적으로 표현
④ 물리적 설계 단계
컴퓨터 시스템의 저장 장치에 저장하기 위한 구조와 접근 방법 및 경로 등을 설계
⑤ 구현
구현 후 운영과 그에 따른 감시 및 개선 작업이 이루어짐

53 ②
DELETE 명령을 사용하여 조건에 맞는 레코드를 삭제할 수 있음

오답 피하기

DROP : 테이블이나 뷰, 인덱스를 제거하는 명령

54 ③
텍스트 상자 컨트롤의 속성 창을 열고 이름 항목에 입력하는 경우 폼에 삽입된 텍스트 상자 컨트롤의 이름이 변경됨

55 ③
하나의 매크로에는 여러 개의 매크로 함수를 지정할 수 있음

56 ②
개념 스키마(Conceptual Schema) : 논리적(Logical) 입장에서의 데이터베이스 전체 구조를 의미함

오답 피하기

- 외부 스키마(External Schema) : 서브 스키마(Sub Schema) 또는 뷰(View)라고도 하며 스키마 전체를 이용자의 관점에 따라 부분적으로 분할한 스키마의 부분 집합
- 내부 스키마(Internal Schema) : 물리적 입장에서 액세스하는 데이터베이스 구조를 의미함

57 ②
정규화는 관계형 데이터베이스를 설계할 때 데이터의 중복 최소화와 불일치를 방지하기 위해 릴레이션 스키마를 분해해 가는 과정으로 정규화를 실행하더라도 모든 테이블의 필드 수가 같아지지는 않음

58 ②
폼의 모달 속성
- 현재 모달 폼을 닫기 전까지 다른 창을 사용할 수 없음
- VBA 코드를 이용하여 대화 상자의 모달 속성을 지정할 수 있음
- 폼이 모달 대화 상자이면 디자인 보기로 전환 후 데이터 시트 보기로 전환이 가능함
- 사용자 지정 대화 상자의 작성이 가능함

오답 피하기

다른 폼 안에 컨트롤로 삽입되어 연결된 폼을 의미하는 것은 하위 폼에 대한 설명

59 ①
- Instr : 문자열을 검색하여 위치한 자릿수를 구함
- =Instr("Blossom","son") : "Blossom"에서 "son"이 없으므로 결과는 0이 됨

오답 피하기
- ② =Left("Blossom",3) = Blo : 왼쪽에서 3개 문자를 추출함
- ③ =Mid("Blossom", 3, 3) = oss : 3번째부터 3개 문자를 추출함
- ④ =Len("Blossom") = 7 : 문자열의 길이를 구함

60 ④
- SELECT : 검색하고자 하는 열 리스트
- FROM : 대상 테이블명
- WHERE : 검색 조건을 기술
- GROUP : 그룹에 대한 쿼리 시 사용
- HAVING : 그룹에 대한 조건을 기술함(반드시 GROUP BY와 함께 사용)
- AVG( ) : 평균값을 구함
- COUNT(*) : 행을 카운트함

SELECT AVG([나이]) FROM 학생	학생 테이블에서 [나이]의 평균을 구함
WHERE 학년="SN" GROUP BY 전공	학년이 "SN"이고 전공별로 그룹화 했을 때 같은 전공이 2개 이상인 경우 → 통계과의 학번이 1004와 1010인 경우가 해당함
HAVING COUNT(*) >= 2;	

- 통계과에서 학번 1004의 나이는 23세, 1010의 나이는 25세이므로 평균(AVG)을 구하게 되면 24세가 됨

2025년 상시 기출문제 04회

01 ①	02 ③	03 ③	04 ①	05 ①
06 ④	07 ④	08 ②	09 ②	10 ②
11 ③	12 ④	13 ④	14 ②	15 ①
16 ④	17 ②	18 ④	19 ③	20 ①
21 ②	22 ③	23 ②	24 ④	25 ①
26 ③	27 ②	28 ④	29 ③	30 ④
31 ③	32 ①	33 ③	34 ②	35 ③
36 ③	37 ③	38 ①	39 ①	40 ③
41 ③	42 ④	43 ④	44 ①	45 ②
46 ④	47 ④	48 ②	49 ③	50 ②
51 ②	52 ③	53 ①	54 ④	55 ③
56 ④	57 ④	58 ③	59 ④	60 ①

1과목 컴퓨터 일반

01 ①
프린터에서 인쇄를 하기 전에 인쇄 내용을 하드디스크에 임시로 보관함

02 ③
동일한 키로 데이터를 암호화하고 복호화하는 것은 비밀키 암호화 기법이고, 서로 다른 키로 데이터를 암호화하고 복호화하는 것은 공개키 암호화 기법임

오답 피하기
- 비밀키(대칭키, 단일키) 암호화 : 송신자와 수신자가 서로 동일(대칭)한 하나(단일)의 비밀키를 가짐
- 공개키(비대칭키, 이중키) 암호화 : 암호화 키와 복호화 키가 서로 다른(비대칭) 두 개(이중키)의 키를 가짐

03 ③
FTP의 경우 http가 아닌 ftp를 사용하며 'ftp://사용자이름[:비밀번호]@서버이름:포트번호' 형식으로 사용함

04 ①
바이러스 : 컴퓨터에서 실행되는 일종의 프로그램으로 사용자 몰래 자기 자신을 복제하고 디스크나 프로그램 등에 기생하면서 컴퓨터의 운영체제나 기타 응용프로그램의 정상적인 수행을 방해하는 불법 프로그램

오답 피하기
- 키로거(Key Logger) : 악성 코드에 감염된 시스템의 키보드 입력을 저장 및 전송하여 개인 정보를 빼내는 크래킹 행위
- 애드웨어(Adware) : 광고가 소프트웨어에 포함되어 이를 보는 조건으로 무료로 사용할 수 있는 소프트웨어
- 스파이웨어(Spyware) : 사용자의 승인 없이 몰래 설치되어 컴퓨터 시스템의 정보를 빼내는 악성 소프트웨어

05 ①
바로 가기 메뉴의 [연결 프로그램]에서 연결 프로그램을 변경할 수 있음

06 ④
객체 지향 언어(Object-Oriented Language) : 프로그램에서 사용하는 데이터 구조의 데이터형과 사용하는 함수까지 정의하는 프로그래밍 언어로 C++, Actor, SmallTalk, JAVA 등이 있음

07 ④
글꼴 파일의 확장자는 ttf, ttc, fon 등이 있음

08 ②
- ms(milli second, 밀리세컨) : 10^{-3}초
- μs(micro second, 마이크로세컨) : 10^{-6}초
- ns(nano second, 나노세컨) : 10^{-9}초
- ps(pico second, 피코세컨) : 10^{-12}초
- fs(femto second, 펨토세컨) : 10^{-15}초
- as(atto second, 아토세컨) : 10^{-18}초

09 ②
부동 소수점 연산 방식은 아주 큰 수나 작은 수의 표현이 가능하지만, 고정 소수점보다 연산 속도는 느림

10 ②
여러 드라이브의 집합을 하나의 저장 장치처럼 사용하는 방식으로, 한 개의 대용량 디스크를 여러 개의 디스크처럼 나누어 관리하지는 않음

오답 피하기
RAID(Redundant Array of Inexpensive Disk) : 저가의 여러 하드디스크를 이용하는 방식으로 전송 속도 및 안정성 향상과 데이터 복구의 편리성을 제공함

11 ③
통계 및 수학적 기법을 적용한 인공지능(AI)을 이용하여 대량의 데이터로부터 통계적 패턴이나 규칙을 탐색 및 분석하여 활용 가능한 유용한 정보를 추출하는 기술은 데이터 마이닝(Data Mining)에 대한 설명임

12 ④
프리프로세서(Preprocessor) : 고급 언어로 작성된 프로그램을 다른 고급 언어로 번역해 주는 프로그램으로 기호 변환 작업이나 Macro 변환 작업 등을 수행함

오답 피하기
- 컴파일러(Compiler) : 고급 언어를 기계어로 번역하는 프로그램 (FORTRAN, COBOL, PL/1, PASCAL, C언어, C++, JAVA 등)
- 인터프리터(Interpreter) : 대화식 언어로 작성된 프로그램을 필요할 때마다 매번 기계어로 번역하여 실행하는 프로그램(BASIC, LISP, SNOBOL, APL, 파이썬 등)
- 어셈블러(Assembler) : 어셈블리(Assembly) 언어를 기계어로 번역하는 프로그램

13 ④

Windows, Unix, Linux는 대표적인 시스템 소프트웨어임

14 ②

War Driving : 이동 수단인 차와 노트북을 이용하여 타 인터넷 네트워크 망에 접속하는 불법 해킹 행위

15 ①

블루투스(Bluetooth) : 무선 기기(이동 전화, 컴퓨터, PDA 등) 간 정보 전송을 목적으로 하는 근거리 무선 접속 프로토콜로 IEEE 802.15.1 규격을 사용하는 PANs(Personal Area Networks)의 산업 표준임

16 ④

패리티 비트는 데이터 전송 시 에러 검출을 위해 데이터 비트에 붙여 보내지는 비트를 말함

오답 피하기

데이터 전송 시 버퍼를 사용하여 속도의 흐름을 조절하기 위한 기능은 흐름 제어임

17 ②

디더링(Dithering) : 표현할 수 없는 색상이 있을 경우, 다른 색들과 혼합하여 유사한 색상의 효과를 냄

오답 피하기

- 렌더링(Rendering) : 3차원의 질감을 줌으로써 사실감을 더하는 과정
- 모델링(Modeling) : 물체의 형상을 컴퓨터 내부에서 3차원 그래픽으로 어떻게 표현할 것인지를 정하는 과정
- 리터칭(Retouching) : 비트맵이나 벡터 형태의 정지 영상 데이터에 대해 이미지 효과를 다시 주는 과정

18 ④

니블(Nibble) : 4개의 Bit로 구성, 2^4(=16)개의 정보를 표현할 수 있음

오답 피하기

- ① : 필드가 모여 레코드를 구성함
- ② : 중앙 처리 장치가 한 번에 처리하는 명령 단위는 워드(Word)임
- ③ : 자료를 표현하는 최소 단위는 Bit이며, 문자를 표현하는 최소 단위는 Byte임

19 ③

프록시 서버(Proxy Server)

- 인터넷을 사용하는 기관 등에서 PC 사용자와 인터넷 사이의 중개자 역할을 수행하는 서버로, 보안이나 관리적 차원의 규제와 캐시 서비스 등을 제공함
- 방화벽 시스템이 설치되어 있는 호스트에서 동작하는 서버

20 ①

가장 용량이 큰 파일이 아니라 가장 오래된 파일부터 자동 삭제됨

2과목 스프레드시트 일반

21 ②

Ctrl + Tab : 다음 통합 문서로 이동함(= Ctrl + F6)

오답 피하기

- Shift + Tab : 현재 셀의 왼쪽 셀로 이동함
- Ctrl + Enter : 범위 지정 후 데이터를 입력한 다음 Ctrl + Enter 를 눌러 선택 영역에 동일한 데이터를 한꺼번에 입력함(= Ctrl + Shift + Enter)
- Alt + ↓ : 입력한 데이터를 목록처럼 보며 선택함

22 ③

한글 쌍자음 'ㄸ'을 입력한 후 한자를 누르면 일본어 '히라가나' 문자가 나타남

23 ②

배열 상수로 숫자, 논리값(True, False), 텍스트, #N/A와 같은 오류값을 사용할 수 있으나 수식은 사용할 수 없음

24 ④

그룹 상태에서는 여러 개의 시트에 정렬 및 필터 기능을 수행할 수 없음

25 ②

다른 워크시트의 값을 참조하는 경우 해당 워크시트의 이름에 사이 띄우기가 포함되어 있으면 워크시트의 이름은 작은따옴표(' ')로 묶음

26 ③

- SQRT(수) : 양의 제곱근을 구함
- ABS(수) : 인수의 절대값을 구함
- POWER(인수, 숫자) : 인수를 숫자만큼 거듭제곱한 값
- $\sqrt{16} \times (|-2|+2^3)$: =SQRT(16)*(ABS(-2)+POWER(2,3))=4*(2+8)

27 ②

- For ~ Next : 반복 명령문, MsgBox : 대화 상자로 결과를 출력
- For 변수 = 초기값 To 최종값 Step 증가값
- For j = 1 To 10 Step 3 → 1, 4, 7, 10
- Total = Total + j → j에 1, 4, 7, 10을 차례대로 대입시킴

1단계	Total(1)=Total(0)+j(1) → 제일 처음 중간 Total은 0이며 j에 1을 대입시켜서 더한 값(1)을 Total 변수에 넣음
2단계	Total(5)=Total(1)+j(4) → 중간 Total은 1이며 j에 4을 대입시켜서 더한 값(5)을 Total 변수에 넣음
3단계	Total(12)=Total(5)+j(7) → 중간 Total은 5이며 j에 7을 대입시켜서 더한 값(12)을 Total 변수에 넣음
4단계	Total(22)=Total(12)+j(10) → 중간 Total은 12이며 j에 10을 대입시켜서 더한 값(22)을 Total 변수에 넣음

28 ④
행을 기준으로 정렬하려면 [정렬] 대화 상자의 [옵션]에서 정렬 옵션의 방향을 '왼쪽에서 오른쪽'을 선택해야 함

29 ③
도넛형 차트 : 첫째 조각의 각 0~360도 회전 가능

30 ④
- Range : 워크시트에서 범위를 지정함
- Formula : A1 스타일의 개체 수식을 가리킴
- 큰따옴표(" ")로 묶어줬기 때문에 "3*4"는 문자열로 취급되어 [A1] 셀에는 "3*4"라는 문자열이 입력됨. 『Range("A1"), Formula=3*4』로 수정해야 [A1] 셀에 3*4를 계산한 값 12가 입력됨

31 ③
- 90.86 → #,##0.0 → 90.9 : 소수점 뒤의 0이 하나이므로 반올림되어 90.9가 됨
- #은 유효 자릿수만 나타내고 유효하지 않은 0은 표시하지 않음
- 0은 유효하지 않은 자릿수를 0으로 표시함

오답 피하기
- ① 0.25 → 0#.#% → 25.% : 백분율(%)은 숫자에 곱하기 100을 하므로 25가 되어 25.%가 됨
- ② 0.57 → #.# → .6 : 소수점 앞의 #은 유효하지 않은 0은 표시하지 않으며 뒤의 #은 하나이므로 반올림되어 .6이 됨
- ④ 100 → #,###;@"점" → 100 : 100이 숫자이므로 #,###이 적용되어 100이 됨. 문자로 "백"이 입력되는 경우는 "백점"이 됨

32 ①
규칙 유형 선택에 '임의의 날짜를 기준으로 셀의 서식 지정'은 지원되지 않음

33 ②
그룹별로 요약된 데이터에서 [개요 지우기]를 실행하면 설정된 개요 기호가 지워지지만 개요 설정에 사용된 요약 정보는 제거되지 않음

34 ②
고급 필터 : 조건을 미리 적은 후 실행시키며 조건에 만족하는 데이터만 추출해서 특정 위치에 표시할 수 있음

오답 피하기
- 자동 필터 : 셀 내용이 일치한다거나 단순한 비교 조건을 지정하여 쉽게 검색함
- 정렬 : 목록의 데이터를 특정 필드의 크기 순서에 따라 재배열하는 기능
- 부분합 : 워크시트에 있는 데이터를 일정한 기준으로 요약하여 통계 처리를 수행함

35 ③
셀 포인터가 표 범위 내에 있지 않을 때는 다음과 같이 범위에서 셀 하나를 선택한 다음 다시 시도하라는 경고 창이 열림

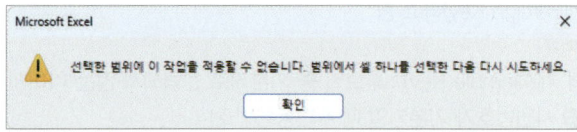

36 ③
- =MATCH(검색할 내용, 영역, 검색 방법) : 영역에서 검색할 내용을 찾아서 상대 위치를 표시함. 검색 방법에 0을 입력하면 검색할 내용과 같은 첫째 값을 찾음
- =MATCH("김영희",대표,0) : 김영희를 대표(A2:A7) 범위에서 찾아 첫째 값의 상대 위치를 표시함 → 2

37 ③
차트에 적용된 원본 데이터의 행이나 열을 숨기면 차트에 반영됨

38 ①
피벗 테이블의 셀에 메모를 삽입한 경우 데이터를 정렬하더라도 메모는 데이터와 함께 정렬되지 않음

39 ①
Auto_Open 매크로 이름을 사용하면 파일을 열 때 특정 작업이 자동으로 수행됨

40 ②
- AVERAGE 함수 : 평균을 구함
- IF 함수 : 조건을 지정함
- 두 조건을 모두 만족하는 경우이므로 "*"을 사용함
- 조건1에 해당하는 입사 연도가 '2026년'을 만족하면 1이 되고, 조건2에 해당하는 성별이 '여'이면 1이 되어 조건1과 조건2를 곱하여 둘 다 만족할 경우 1*1=1이 되어 둘 다 참인 경우의 급여 평균이 산출됨

3과목 데이터베이스 일반

41 ③
오답 피하기
- 도메인(Domain) : 하나의 속성이 취할 수 있는 값의 집합
- 튜플(Tuple) : 테이블에서 행을 나타내는 말로 레코드와 같은 의미
- 차수(Degree) : 한 릴레이션(테이블)에서 속성(필드=열)의 개수

42 ④
폼이나 보고서 등에서 쿼리를 레코드 원본으로 사용할 수 있음

43 ④

외래키(FK, Foreign Key) : 한 테이블(릴레이션)에 속한 속성, 외래키(FK)가 다른 참조 테이블(릴레이션)의 기본키(PK)일 때 그 속성키를 외래키(Foreign Key)라고 함

오답 피하기

- 대체 키(Alternate Key) : 후보키 중 기본키로 선택되지 않는 나머지 키(예 사원번호가 기본키일 때 주민등록번호)
- 슈퍼 키(Super Key) : 한 릴레이션에서 어떠한 열도 후보키가 없을 때 두 개 이상의 열을 복합(연결)할 경우 유일성을 만족하여 후보키가 되는 키를 의미
- 후보 키(Candidate Key) : 후보키 중에서 선정되어 사용되는 키(예 사원번호 - 인사관리), 기본키는 널(Null)이 될 수 없으며 중복될 수 없음

44 ①

데이터 제어어(DCL : Data Control Language)

- 데이터베이스를 공용하기 위하여 데이터 제어를 정의 및 기술함
- 데이터 보안, 무결성, 회복, 병행 수행 등을 제어함
- 종류 : GRANT(권한 부여), REVOKE(권한 해제), COMMIT(갱신 확정), ROLLBACK(갱신 취소)

45 ②

릴레이션을 구성하는 속성 사이에는 그 순서가 없음

46 ④

- DoCmd : 메서드(특정 개체에 대해 실행되는 명령문이나 함수와 비슷한 프로시저를 사용하여 매크로 함수를 실행함
- OpenForm : 폼을 여러 보기 형식으로 열기
- GoToRecord : 지정한 레코드로 이동
- acNormal : 폼 보기(기본값)
- acNewRec : 새 레코드
- DoCmd.OpenForm "사원정보", acNormal → 폼 보기에서 [사원정보] 폼을 열어 줌
- DoCmd.GoToRecord , , acNewRec → 새 레코드로 옮김

47 ④

정규화를 수행하더라도 데이터 중복의 최소화는 가능하지만, 데이터의 중복을 완전히 제거할 수는 없음

48 ②

OLE 개체 형식의 필드에는 인덱스를 지정할 수 없지만 일련번호, 날짜/시간 데이터의 필드에는 인덱스를 지정할 수 있음

49 ③

- [!문자] : 대괄호 안에 있지 않은 문자를 찾음
- 소비자는 '비'가 포함되어 있으므로 검색되지 않음

50 ②

- Count(*) : 행(튜플)의 개수를 구함
- Distinct : 검색 결과 중 중복된 결과값(레코드)을 제거, 중복되는 결과값은 한 번만 표시함
- SELECT Count(*) FROM (SELECT Distinct City From Customer);
  → Customer 테이블에서 중복되는 레코드를 제거, 중복되는 City는 한 번만 표시하고 개수를 구함
- 따라서 "부산, 서울, 대전, 광주, 인천"을 Count하므로 결과는 5가 됨

51 ②

페이지 번호의 표시 위치는 '페이지 위쪽[머리글]', '페이지 아래쪽[바닥글]'만 있음

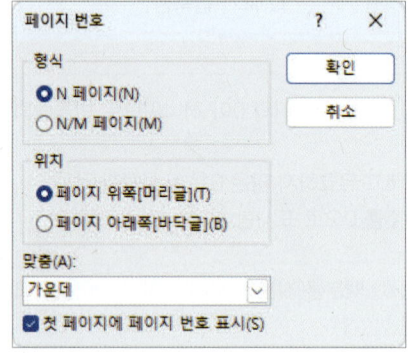

52 ③

나이가 많은 순(내림차순)으로 정렬하려면 ORDER BY절에 DESC 예약어를 사용하는데 이때 『SELECT 필드 FROM 테이블 WHERE절 ORDER BY절』 순으로 나열함

53 ②

- [학생] 테이블과 [수강] 테이블은 일 대 다 관계이므로 [학생] 테이블에 없는 데이터를 [수강] 테이블에 추가할 경우 참조 무결성 규칙을 위반하는 경우가 됨
- 따라서 [학생] 테이블의 '학번' 필드에 없는 학번을 [수강] 테이블에 입력하면 안 됨

54 ④

데이터가 중복 저장되면 수정 시 중복된 모든 데이터를 수정해야 함

오답 피하기

모든 응용프로그램을 수정하는 것은 데이터의 종속성이 일으키는 문제점임

55 ③

테이블의 특정 레코드만을 대상으로 하려면 폼의 레코드 원본을 SQL문이나 쿼리로 작성해야 함

56 ④

페이지 머리글 영역 : 모든 페이지마다 같은 내용을 인쇄하고자 할 때 사용

> 오답 피하기
- 보고서 머리글 영역 : 보고서 시작 부분에 한 번만 인쇄하고자 할 때 사용
- 본문 영역 : 레코드 원본의 각 레코드가 인쇄되는 구역
- 그룹 머리글 영역 : 보고서를 그룹으로 묶은 경우에만 표시되며 그룹의 이름이나 요약 정보를 표시하기 위해 사용

57 ④

'폼 분할' 도구를 이용하여 폼을 생성하는 경우 하위 폼컨트롤이 자동으로 삽입되지 않음

58 ③

③ OpenForm : OpenForm 매크로 함수(폼을 여러 보기 형식으로 열기)를 실행하는 메서드

> 오답 피하기
② DoCmd : 액세스의 매크로 함수를 Visual Basic에서 실행하기 위한 개체로, 메서드를 이용하여 매크로를 실행할 수 있음

59 ④

유효성 검사 규칙 : 필드에 입력할 값을 제한하는 규칙

60 ①

열 형식 : 한 레코드를 한 화면에 표시하며, 각 필드가 필드명과 함께 다른 줄에 표시되며, 일반적으로 가장 많이 사용됨

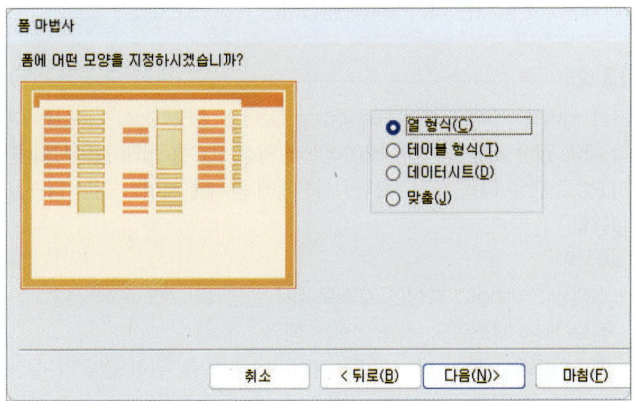

> 오답 피하기
- ② 테이블 형식 : 각 레코드의 필드는 한 줄(행)에, 레이블은 폼의 맨 위(열)에 한 번 표시됨
- ③ 데이터시트 : 폼의 데이터시트 보기 형식으로 표시됨
- ④ 맞춤 : 맞춤 형식으로 표시됨

2025년 상시 기출문제 05회

1-231p

01 ④	02 ②	03 ④	04 ④	05 ④
06 ①	07 ②	08 ②	09 ④	10 ④
11 ③	12 ③	13 ②	14 ②	15 ③
16 ②	17 ④	18 ②	19 ③	20 ③
21 ③	22 ②	23 ①	24 ②	25 ④
26 ②	27 ④	28 ②	29 ③	30 ①
31 ①	32 ④	33 ②	34 ②	35 ④
36 ②	37 ①	38 ③	39 ④	40 ③
41 ②	42 ②	43 ③	44 ④	45 ②
46 ③	47 ①	48 ②	49 ②	50 ③
51 ②	52 ③	53 ②	54 ①	55 ①
56 ④	57 ②	58 ④	59 ①	60 ①

1과목 컴퓨터 일반

01 ④
운영체제가 아닌 백신이 지원하는 기능임

02 ②
사물 인터넷(IoT : Internet of Things) : 인간 대 사물, 사물 대 사물 간에 인터넷으로 연결되어 정보의 소통이 가능한 기술

03 ④
SMTP는 전자우편을 송신하기 위한 프로토콜임

04 ④
비트맵(Bitmap) : 이미지를 점(Pixel, 화소)의 집합으로 표현하는 방식(래스터(Raster) 이미지라고도 함)

05 ④
데이터 레지스터(Data Register) : 연산에 사용될 데이터를 기억하는 레지스터

06 ①
부동 소수점(Floating Point Number) 연산
- 소수점이 있는 2진 실수 연산에 사용
- 대단히 큰 수나 작은 수의 표현이 가능하며 속도가 느림
- 부호(1bit)와 지수부(7bit), 가수부(소수부)로 구분하여 표현함

07 ②
일반적으로 바이러스에 감염된 파일을 모두 삭제하더라도 하드디스크의 용량 부족 문제가 해결되지는 않음

08 ②
암호화할 때 사용하는 키는 공개하고 복호화할 때 사용하는 키는 비공개함

09 ④
반이중(Half Duplex) 방식 : 양쪽 방향에서 데이터를 전송하지만 동시 전송은 불가능함(예 무전기)

오답 피하기

전이중(Full Duplex) 방식 : 양쪽 방향에서 동시에 데이터를 전송함(예 전화)

10 ④
ROM에는 BIOS, 기본 글꼴, POST 시스템 등과 같이 수정이 필요 없는 펌웨어(Firmware)가 저장됨

오답 피하기

- ① : RAM은 일시적으로 전원 공급이 없으면 내용이 사라지는 휘발성(소멸성) 메모리임
- ② : SRAM이 DRAM보다 접근 속도가 빠름
- ③ : 주기억 장치의 접근 속도 개선을 위하여 캐시(Cache) 메모리가 사용되며 속도가 빠른 SRAM이 사용됨

11 ③
USB(Universal Serial Bus : 범용 직렬 버스) 포트는 기존의 직렬, 병렬, PS/2 포트를 통합한 직렬 포트의 일종으로, 직렬 포트나 병렬 포트보다 빠른 속도로 데이터를 전송함

12 ③
Windows에 탑재된 레지스트리 편집기는 'regedit.exe'임

13 ②
분산 서비스 거부(DDoS : Distributed Denial of Service) : 분산된 여러 대의 일반 사용자 PC에 바이러스나 악성 코드를 몰래 감염시켜 좀비 PC로 만든 다음 특정 정해진 시간대에 동시에 서비스 거부 공격을 실행함

오답 피하기

- 스니핑(Sniffing) : 특정한 호스트에서 실행되어 호스트에 전송되는 정보(계정, 패스워드 등)를 엿보는 행위
- 백도어(Back Door) : 시스템 관리자의 편의를 위한 경우나 설계 상 버그로 인해 시스템의 보안이 제거된 통로를 말하며, 트랩 도어(Trap Door)라고도 함
- 해킹(Hacking) : 컴퓨터 시스템에 불법적으로 접근, 침투하여 정보를 유출하거나 파괴하는 행위를 뜻하며, 해킹을 하는 사람을 해커(Hacker)라고 부름

14 ②

- 제어 프로그램의 종류 : 감시 프로그램, 작업 관리 프로그램, 데이터 관리 프로그램
- 감시 프로그램 : 시스템 전체의 동작 상태를 감독하고 지원하며 제어 프로그램의 중추적 역할을 담당함
- 작업 관리 프로그램 : 어떤 작업을 처리하고 다른 작업으로 자동적 이행을 위한 준비와 처리를 수행함
- 데이터 관리 프로그램 : 주기억 장치와 외부 보조 기억 장치 사이의 데이터 전송, 입출력 데이터와 프로그램의 논리적 연결, 파일 조작 및 처리 등을 담당함

오답 피하기

처리 프로그램의 종류 : 언어 번역 프로그램, 서비스 프로그램, 문제 처리 프로그램

15 ③

[표준 계정]에서는 관리자가 설정해 놓은 프린터를 프린터 목록에서 제거할 수 없음

오답 피하기

관리자 계정
- 다른 사용자에게 영향을 주는 내용을 변경할 수 있음
- 보안 설정을 변경하고, 소프트웨어 및 하드웨어를 설치하며, 컴퓨터의 모든 파일에 액세스할 수 있음
- 다른 사용자 계정도 변경할 수 있음

16 ②

POP3 : 메일 서버에 도착한 이메일을 사용자 컴퓨터로 가져올 수 있도록 메일 서버에서 제공하는 전자우편을 수신하기 위한 프로토콜

오답 피하기

- ① : 사용자가 작성한 이메일을 다른 사람의 계정으로 전송해 주는 역할을 한다. → SMTP
- ③ : 멀티미디어 전자우편을 주고받기 위한 인터넷 메일의 표준 프로토콜이다. → MIME
- ④ : 웹 브라우저에서 제공하지 않는 멀티미디어 파일을 확인하여 실행시켜 주는 프로토콜이다. → MIME

17 ④

EIDE(Enhanced IDE) : IDE의 확장판으로 주변 기기를 4개까지 연결하는 방식임

18 ③

안티 앨리어싱(Anti-Aliasing) : 이미지 표현에 계단 현상(Aliasing)을 제거하는 작업

19 ③

응용 계층: FTP, SMTP, POP3, HTTP, E-Mail, Telnet 등의 여러 가지 서비스를 제공함

오답 피하기

- ① 트랜스포트 계층 : TCP, UDP 프로토콜을 이용하여 오류 복구, 흐름 제어 등을 담당함
- ② 데이터 링크 계층 : 물리적 링크를 통해 데이터를 신뢰성 있게 전송함
- ④ 물리 계층 : 시스템 간의 데이터 전송을 위해 링크를 활성화하고 관리하기 위한 기계적, 전기적, 기능적, 절차적 특성이 있음

20 ③

아날로그 컴퓨터 : 온도, 전압, 진동 등과 같이 연속적으로 변하는 데이터를 효율적으로 처리

2과목 스프레드시트 일반

21 ③

[데이터 유효성 검사]에서 목록으로 값을 제한하는 경우 드롭다운 목록의 너비를 지정하는 기능은 지원되지 않음

22 ②

오답 피하기

① : #DIV/0!, ③ : #N/A, ④ : #REF!

23 ①

- [A1:A4] 범위를 선택한 다음 [데이터] 탭-[데이터 도구] 그룹의 [텍스트 나누기]를 클릭하여 텍스트 마법사를 실행함
- 3단계 중 1단계 : 각 필드가 일정한 너비로 정렬되어 있으므로 "너비가 일정함"을 선택함
- 3단계 중 2단계 : 마우스로 성과 이름 사이를 클릭하여 열 구분선을 지정함
- 3단계 중 3단계 : 열 데이터 서식을 "일반이나 텍스트" 중 하나를 선택한 다음 [마침]을 클릭함

24 ②

텍스트 방향 : 텍스트 방향대로, 왼쪽에서 오른쪽, 오른쪽에서 왼쪽

25 ④

[DBNum2] : 숫자를 한자(갖은자)로 표시함

오답 피하기

	A	B	C	D	E
1	금액	[DBNUM2]	[DBNUM1]	[DBNUM3]	[DBNUM4]
2	50,000	伍萬	五万	5万	오만
3	18,963	壹萬八阡九百六拾參	一万八千九百六十三	1万8천9百6+3	일만팔천구백육십삼
4	69,010	六萬九阡壹拾	六万九千一十	6万9千十	육만구천일십

26 ②
- =VLOOKUP(찾을 값, 영역, 열 번호, 찾을 방법) : 영역의 첫 번째 열에서 찾을 값(또는 근사값)을 찾은 후 찾을 값이 있는 행에서 지정된 열 번호의 위치에 있는 데이터를 가져옴
- =VLOOKUP(150000,A2:B5,2,1) : [A2:B5] 영역의 첫 번째 열인 매출액에서 150,000을 찾아야 하는데 150,000이 없으므로 200,000보다 작은 값 중 근사값을 찾으면 100,000이 되어 100,000이 있는 행에서 열 번호 2의 위치에 있는 10,000을 표시함(찾을 방법 1은 셀 영역에 똑같은 값이 없을 때 작은 값 중 근사값을 찾음)

27 ④
데이터 레이블에 '값'이 아니라 '항목 이름'을 설정했음

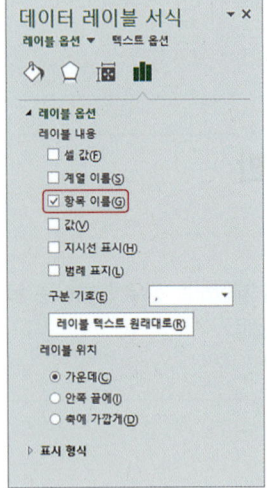

28 ②
특수 문자를 입력하려면 먼저 한글 자음을 입력한 후 키보드의 [한자]를 눌러 원하는 특수 문자를 선택함

29 ③
- AND 조건 : 첫 행에 필드명을 나란히 입력하고, 동일한 행에 조건을 입력함
- OR 조건 : 첫 행에 필드명을 나란히 입력하고, 서로 다른 행에 조건을 입력함

30 ①
- =IF(조건,참,거짓), LEFT : 왼쪽에서 텍스트 추출, RIGHT : 오른쪽에서 텍스트 추출
- =IF(LEFT(A2,1)="A",50,IF(LEFT(A2,1)="B",40,30)) → A2셀의 텍스트 데이터 "A101"의 왼쪽에서 1자리를 추출하여 "A"와 같으면 50, "B"이면 40, 아니면 30을 결과로 나타냄

31 ①
피벗 테이블 보고서에서 [피벗 테이블 분석]-[데이터]-[새로 고침]-[새로 고침]을 실행해야 업데이트 됨(바로 가기 키 : [Alt]+[F5])

32 ④
오늘의 날짜를 입력하고 싶으면 [Ctrl]+[;](세미콜론)을 누르면 됨

오답 피하기
[Ctrl]+[:](콜론) : 시간 입력

33 ③
윗주는 [홈]-[글꼴]-[윗주 설정]을 선택하여 글꼴 속성을 변경할 수 있으며 글자 전체에 속성이 설정됨

34 ②
작성 일 : 2026-06-20 → [페이지 설정]-[머리글/바닥글] 탭의 [머리글 편집]에서 작성 일 : &[날짜]처럼 서식을 작성함

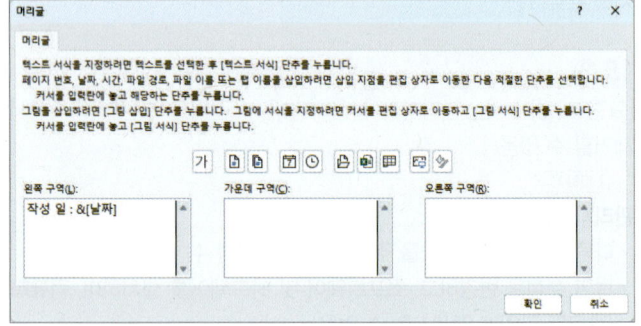

35 ③
- 원본 데이터에서 변경 셀의 현재 값을 수정하면 시나리오 요약 보고서가 자동으로 업데이트되지 않음
- 시나리오의 값을 변경하면 해당 변경 내용이 기존 요약 보고서에 자동으로 다시 계산되어 표시되지 않으므로 시나리오 요약 보고서를 다시 작성해야 함

36 ②
[페이지] 탭에서 '자동 맞춤'의 용지 너비와 용지 높이를 각각 1로 지정하면 여러 페이지가 한 페이지에 인쇄됨

37 ①
- 사원명이 두 글자인 사원을 필터링하기 위한 조건 : ="=??" → =??
- 조건을 =??로 나타내야 하므로 ="=??"처럼 " " 안에 =를 하나 더 입력함
- ?는 한 글자를 의미하므로 두 글자의 경우 ??처럼 입력함
- 수식을 조건으로 하는 경우 필드명을 다르게 해야 함 : 실적조건
- 실적이 전체 실적의 평균을 초과하는 데이터를 검색 : =$B2>AVERAGE($B$2:$B$9) → FALSE

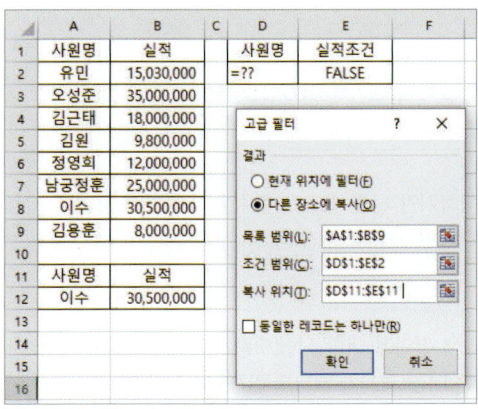

• 사원명이 두 글자이면서 실적 평균인 19,166,251을 초과하는 "이수, 30,500,000"이 필터링됨

38 ③

부분합을 실행한 후 다시 부분합을 실행하면 여러 개의 함수를 중복하여 사용할 수 있음

39 ④

절대 참조로 기록하면 기록할 때 선택한 셀이 유지되고 바뀌지 않음

40 ③

'원형 대 가로 막대형'은 주 원형에서 일부 값을 추출하여 누적 가로 막대형에 결합하여 작은 백분율을 더 쉽게 알아볼 수 있도록 할 때 사용하거나 값 그룹을 강조할 때 사용하므로 사원별로 각 분기의 실적을 비교, 분석하려는 경우는 비효율적임

오답 피하기

누적 세로 막대형 차트	• 전체 항목 중에서 각 값의 기여도를 비교함 • 한 항목에 대한 계열 합계를 강조할 때 사용함
표식이 있는 꺾은선형 차트	• 시간(날짜, 연도)이나 정렬된 항목에 따른 추세를 보여줌 • 데이터 요소가 몇 개 밖에 없을 때 유용함
묶은 가로 막대형 차트	• 가로 직사각형을 사용하여 항목 간의 값을 비교함 • 차트의 값이 기간을 나타낼 때 사용함 • 항목 텍스트가 매우 긴 경우 사용함

3과목 데이터베이스 일반

41 ②

• 트랜잭션(Transaction) : 데이터베이스에서 데이터를 처리하기 위한 논리적인 작업 단위
• 읽기 전용 트랜잭션은 INSERT, UPDATE, DELETE를 사용할 수 없는 트랜잭션으로 중복 파일이 많으면 그만큼 데이터의 가용도가 증가함

42 ①

FindRecord 함수 : 지정한 조건에 맞는 데이터의 첫 번째 레코드를 찾음

43 ③

IME 모드 : IME는 Input Method Editor의 약어이며, 입력 방법을 편집하는 기능으로 데이터 입력 시 한글, 영문 입력 상태를 설정함

44 ④

컨트롤 원본 속성을 '=1'로 설정하고, 누적 합계 속성을 '그룹'으로 설정하면 그룹별(거래처별)로 순번이 누적되어 표시됨

오답 피하기

컨트롤 원본 속성을 '=1'로 설정하고, 누적 합계 속성을 '모두'로 설정하면 그룹과 상관없이 보고서의 끝까지 값이 누적되어 표시됨

45 ②

• UPDATE(갱신문) : 갱신문으로 테이블에 저장된 데이터를 갱신함
• UPDATE 테이블명 SET 필드이름1=값1, 필드이름2=값2,... WHERE 조건

46 ③

정규화(Normalization)는 관계형 데이터베이스를 설계할 때 데이터의 중복을 최소화하고, 불일치를 방지하기 위해 릴레이션 스키마를 분해해 가는 과정으로, 한 테이블에 너무 많은 정보를 포함하는 경우 발생하는 이상 현상을 제거하기 위해 필요함

47 ①

오답 피하기

• 테이블에 기본키를 반드시 설정하지 않아도 됨
• 액세스에서는 두 필드를 합쳐서 슈퍼키(복합키, 연결키)를 만들 수 있음
• 여러 개의 필드를 합쳐 기본키로 지정할 수 있음

48 ②

바운드 컨트롤 : 테이블이나 쿼리의 필드를 데이터 원본으로 사용하는 컨트롤로 데이터베이스에 있는 필드의 값(텍스트, 날짜, 숫자, 예/아니요 값, 그림 또는 그래프)을 표시할 수 있음

오답 피하기

• ① 언바운드 컨트롤 : 데이터 원본(예) 필드 또는 식)이 없는 컨트롤로 정보, 그림, 선 또는 직사각형을 표시할 때 사용함
• ③ 계산 컨트롤 : 필드 대신 식을 데이터 원본으로 사용하는 컨트롤로 '식'을 정의하여 컨트롤의 데이터 원본으로 사용할 값을 지정함
• ④ 레이블 컨트롤 : 제목이나 캡션 등의 설명 텍스트를 표시할 때 사용하는 컨트롤로 필드나 식의 값을 표시할 수 없음

49 ②
- L : 필수 요소, A부터 Z까지의 영문자나 한글을 입력함 → A
- A : 필수 요소, 영문자나 한글, 숫자를 입력함 → 상
- 0 : 필수 요소, 0~9까지의 숫자를 입력함 → 3
- 9 : 선택 요소, 숫자나 공백을 입력함(덧셈, 뺄셈 기호 사용할 수 없음) → 4
- # : 선택 요소, 숫자나 공백을 입력함(덧셈, 뺄셈 기호 사용할 수 있음) → 5

오답 피하기
- ① : 12345 → 첫 번째 데이터 1이 영문자나 한글이 아님[L]
- ③ : A123A → 다섯 번째 데이터 A가 숫자나 공백이 아님[#]
- ④ : A1BCD → 세 번째 데이터 B가 숫자가 아님[0], 네 번째 데이터 C가 숫자나 공백이 아님[9], 다섯 번째 데이터 D가 숫자나 공백이 아님[#]

50 ③
연결된 테이블을 삭제하는 경우 원본에 해당하는 테이블은 함께 삭제되지 않음

51 ②
오답 피하기
- ① 사각형 : 개체(Entity) 타입
- ③ 타원 : 속성(Attribute) 타입
- ④ 밑줄 타원 : 기본키 속성 타입
- 이중 사각형 : 의존 개체 타입

52 ③
- 유효성 검사 규칙 : 레코드, 필드, 컨트롤 등에 입력할 수 있는 데이터 요구 사항을 지정할 수 있는 속성 → ">20"
- 유효성 검사 테스트 : 유효성 검사 규칙을 위반하는 데이터를 입력할 때 표시할 오류 메시지를 지정할 수 있는 속성 → "숫자는 >20으로 입력합니다."
- 유효성 검사 테스트 메시지가 표시된 다음 값을 다시 입력해야 함 (20보다 큰 수를 입력)

53 ②
UNION(통합 쿼리)은 테이블을 결합할 때 중복 레코드는 반환되지 않음

54 ①
모양 : 열 형식, 테이블 형식, 맞춤 등이 있음

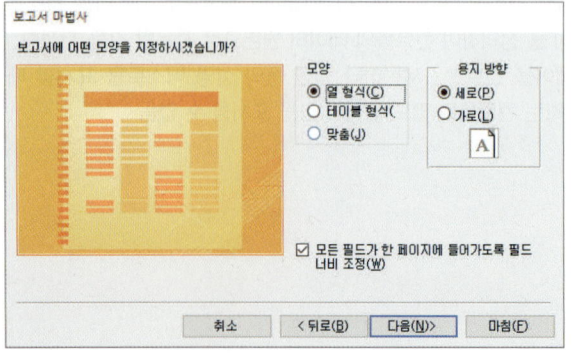

55 ①
오답 피하기
- 콤보 상자 : 목록 상자와 텍스트 상자의 기능이 결합된 형태
- 목록 상자 : 값 목록을 표시하고 선택하는 컨트롤로 콤보 상자와 비슷함
- 명령 단추 : 클릭하기만 하면 매크로 함수를 수행하는 방법을 제공하며 텍스트나 그림을 표시할 수 있음

56 ④
ORDER BY절 : 검색 결과에 대한 정렬(오름차순, 내림차순)을 수행하는 명령으로 정렬에 대한 제시가 없으므로 해당하지 않음

오답 피하기
- ① SELECT문 : 검색하고자 하는 열 리스트 → "제품의 합계"
- ② GROUP BY절 : 그룹에 대한 쿼리 시 사용함 → "부서별로"
- ③ HAVING절 : 그룹에 대한 조건을 기술함 → "영업 실적이 1억 원 이상"

57 ②

VBA 코드	의미
Dim i As Integer	i를 정수화(Integer) 변수로(As) 선언(Dim)함
Dim Num As Integer	Num을 정수화(Integer) 변수로(As) 선언(Dim)함
For i = 0 To 7 Step 2	For문에 의해 i 값을 0부터 7까지 2씩 증가(0, 2, 4, 6)하면서 반복함
Num = Num+i	Num(0)=Num(0)+i(0), Num(2)=Num(0)+i(2), Num(6)=Num(2)+i(4), Num(12)=Num(6)+i(6) → 마지막 Num에는 0+2+4+6의 결과 12가 저장됨
Next i	For문의 마지막을 의미함
MsgBox Str(Num)	Num 변수의 값을 문자열(Str) 형식으로 변환하여 표시(MsgBox)함

58 ④
- [Page] : 현재 페이지, [Pages] : 전체 페이지
- =Format([Page], "00") → 01(현재 페이지를 Format의 "00"에 따라 2자리 표시함)

오답 피하기
- ① ="Page" & [Page] & "/" & [Pages] → Page1/5
- ② =[Page] & "페이지" → 1페이지
- ③ =[Page] & "/" & [Pages] & " Page" → 1/5 Page

59 ①

데이터베이스관리자(DBA) : 데이터베이스를 관리하는 책임자, 전체 시스템에 대한 권한을 행사하는 사람

오답 피하기

- 데이터 정의어(DDL : Data Definition Language) : 데이터베이스 구조와 관계, 데이터베이스 이름 정의, 데이터 항목, 키값의 고정, 데이터의 형과 한계 규정
- 데이터 조작어(DML : Data Manipulation Language) : 주 프로그램에 내장하여 데이터베이스를 실질적으로 운영 및 조작, 데이터의 삽입, 삭제, 검색, 변경 연산 등의 처리를 위한 연산 집합
- 데이터 제어어(DCL : Data Control Language) : 데이터베이스를 공용하기 위하여 데이터 제어를 정의 및 기술, 데이터 보안, 무결성, 회복, 병행 수행 등을 제어

60 ①

- SELECT AVG(나이) FROM 학생 WHERE 전공 NOT IN ('수학', '회계');
  → 학생 테이블에서 전공이 '수학'과 '회계'가 아닌 나이의 평균(AVG)을 구함
- 따라서 21, 31, 23의 평균인 25가 결과가 됨

오답 피하기

- SELECT 열리스트 FROM 테이블명 WHERE 조건 : 테이블에서 조건에 만족하는 열을 검색
- IN(값1, 값2,…) : 목록 안에 값(값1, 값2,…)을 검색
- NOT : 부정, "~이 아니다"를 의미
- AVG(필드명) : 필드의 평균을 구함

자격증은 이기적!

합격입니다.

이기적 강의는 무조건 0원!

이기적 영진닷컴

공부하다가 궁금한 사항은?
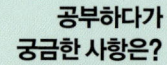
이기적 스터디 카페

MEMO

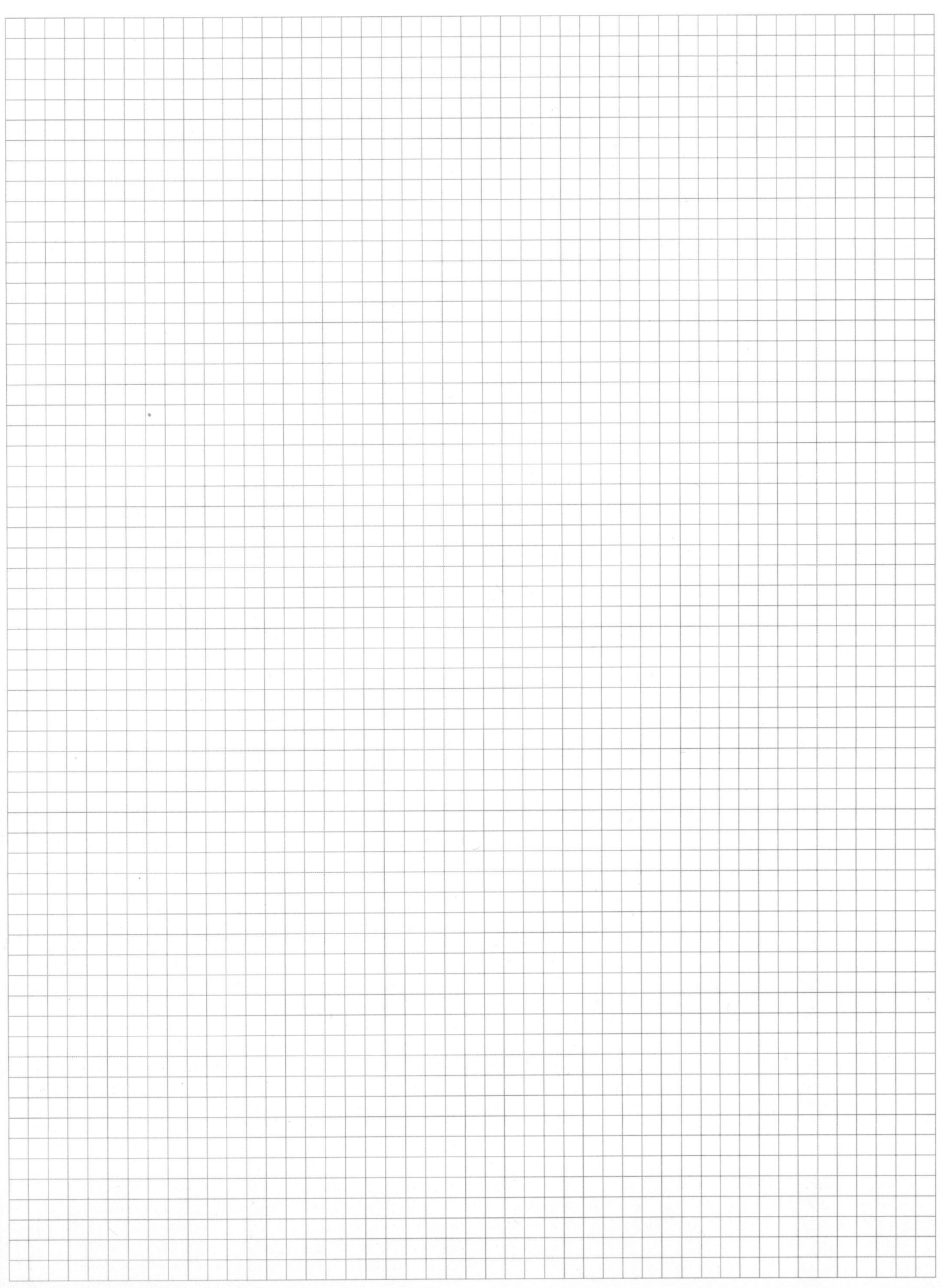

MEMO

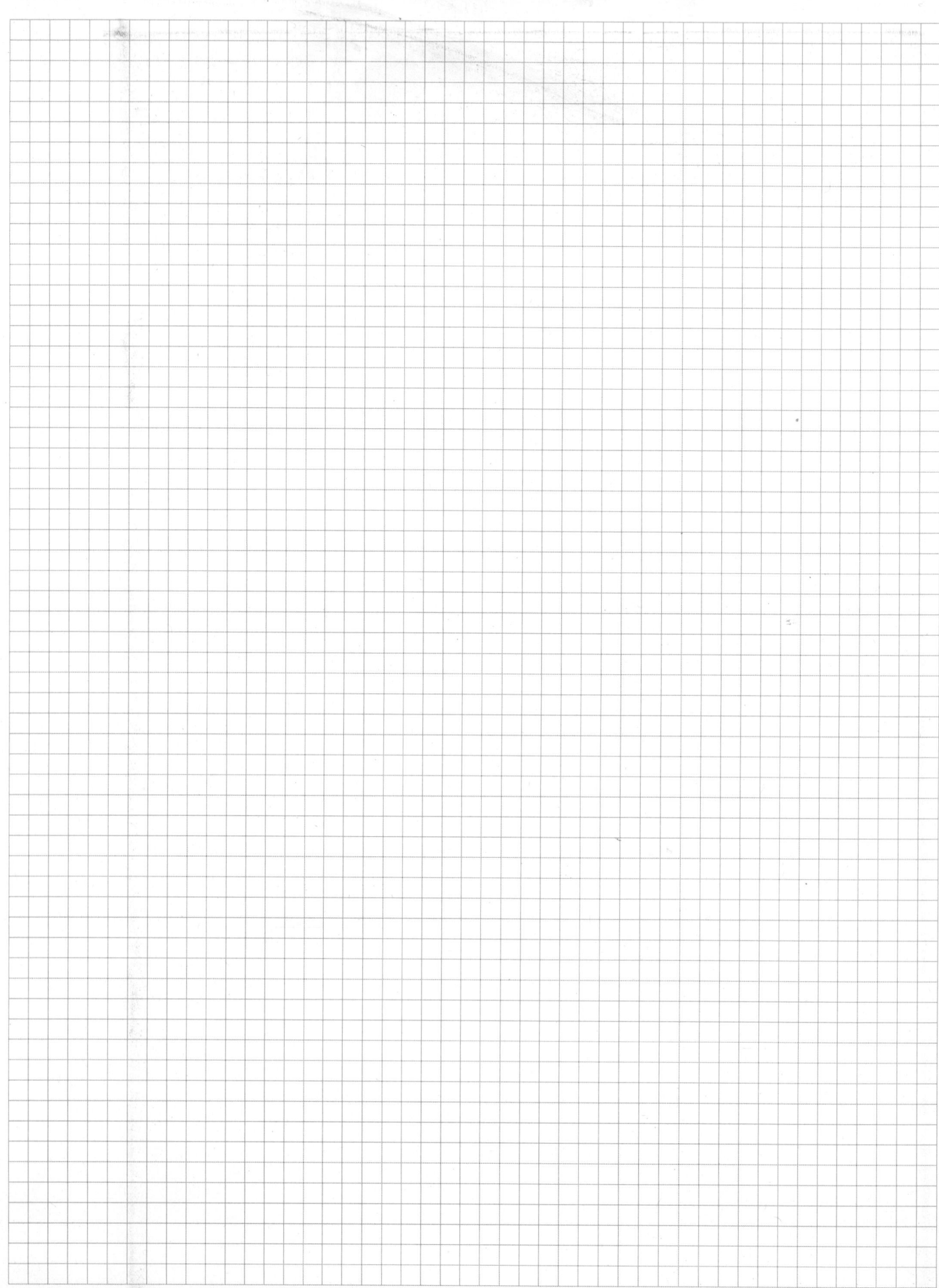

시험 환경 100% 재현!
CBT 온라인 문제집

CBT 온라인 문제집 이용 가이드

- **STEP 1** CBT 사이트 (cbt.youngjin.com) 접속하기
- **STEP 2** 과목을 선택하고 시작하기 버튼 클릭하기
- **STEP 3** 시간에 맞춰 문제 풀고 합격 여부 확인하기
- **STEP 4** 로그인하면 MY 페이지에서 응시 결과 확인 가능

글자 크기 조절
글자 크기 100% 150% 200%

안 푼 문제 수 확인 가능
· 전체 문제 수 : 40 · 안 푼 문제 수 : 40

실제 시험처럼 시간 재며 풀기
제한 시간 40분
남은 시간 37분 39초

답안 표기란

모바일 접속도 가능

답안 표기란에 체크

안 푼 문제로 바로 이동 가능
합격 결과 즉시 확인

이기적 CBT

한번에 합격, 자격증은 이기적

이기적 스터디 카페

합격 전담 마크! 추가 자료부터
1:1 Q&A까지 다양한 혜택 받기

365 이벤트

매일 쏟아지는 이벤트!
기출 복원, 리뷰, 합격 후기, 정오표

100% 무료 강의

QR 하나로 교재와 연계된
고퀄리티 강의 100% 무료

CBT 온라인 문제집

연습도 실전처럼!
PC와 모바일로 언제든지 시험 연습

이기적 스터디 카페

홈페이지 : license.youngjin.com
질문/답변 : cafe.naver.com/yjbooks

이기적 유튜브 채널

@ydot0789 채널을 구독해 주세요!
15만 구독자와 약 10,000개의 동영상으로 합격을 준비하세요!

이기적 카카오톡 플러스친구

@이기적 친구를 추가해 주세요!
합격을 부르는 소식, 카톡으로 먼저 받아보고 혜택을 챙기세요!

베스트셀러
1위
산출근거 판권표기

동영상 강의
무료 제공

이렇게
기막힌
적중률

필기 + 실기

올인원
All in one

컴퓨터활용능력 1급
2권 · 실기

박윤정 저

26
·2026년 수험서·
수험서 40,000원

13000
9 788931 479355
ISBN 978-89-314-7935-5

100% 무료 강의
도서 연계 강의 100% 무료

자동 채점 서비스
설치 없이 온라인으로 자동 채점

또기적 합격자료집
추가 학습 콘텐츠 제공

YoungJin.com Y.
영진닷컴

이기막힌 적중률

컴퓨터활용능력
1급 올인원
2권·실기

"이" 한 권으로 합격의 "기적"을 경험하세요!

실기 시험 출제 경향

컴퓨터활용능력 1급 실기 [스프레드시트] 문제 분석

작업유형	출제 문제		배점	최소 목표 점수
기본작업	기본작업 1	고급 필터	5점	10점 이상
	기본작업 2	조건부 서식	5점	
	기본작업 3	페이지 레이아웃 또는 시트 보호	5점	
계산작업	함수 2문항, 배열 수식 2문항, 사용자 정의 함수 1문항		30점	18점
분석작업	분석작업 1	피벗 테이블	10점	20점
	분석작업 2	데이터 도구	10점	
기타작업	기타작업 1	차트 수정 5문항	10점	30점
	기타작업 2	매크로 2문항	10점	
	기타작업 3	프로시저 작성 3문항	15점	
합계			100점	78점

문제1 기본작업

기본 작업은 총 3문항으로 구성되며, 고급 필터(5점), 조건부 서식(5점), 페이지 레이아웃 또는 보호 기능(5점)으로 배점됩니다.

고급 필터는 조건 작성이 핵심이며, 함수 사용 지시가 있는 경우 반드시 해당 함수를 사용해야 합니다. 조건부 서식은 범위 지정과 혼합 참조에 유의해야 합니다. 페이지 레이아웃 문제는 실습을 통해 문서 작성 및 인쇄 기능을 직접 익히는 것이 효과적입니다. 보안 기능은 시트 보호, 통합 문서 보기로 한정되어 출제되므로, 연습을 통해 쉽게 익힐 수 있습니다.

구성 요소	세부 출제 내역
고급 필터	AND, OR 조건 지정, 수식 또는 함수로 조건 지정, 특정 필드만 추출
조건부 서식	수식 또는 함수로 조건 지정
페이지 레이아웃	인쇄 영역 지정, 반복할 행/열 지정, 머리말/꼬리말 지정, 페이지 가운데 맞춤
보호	시트 보호, 통합 문서 보기

문제2 계산작업

계산 작업은 총 5문항으로, 각 6점씩 총 30점으로 비중이 큽니다. 주로 배열 수식 2문항, 일반 함수식 2문항, 사용자 정의 함수 1문항이 출제됩니다.

시험장에서는 자신 있는 문제부터 풀고, 어려운 문제는 기타 작업까지 모두 작성한 후 다시 도전하는 것이 좋습니다. 계산 작업에만 집중하다가 분석 및 기타 작업을 놓치는 경우가 있으니 주의해야 합니다.

구분	주요 함수
날짜와 시간 함수	DATE, DATEVALUE, DAY, DAYS, EDATE, EOMONTH, HOUR, MINUTE, MONTH, NETWORKDAYS, NOW, SECOND, TIME, TODAY, WEEKDAY, WEEKNUM, WORKDAY, YEAR
논리 함수	AND, FALSE, IF, IFS, IFERROR, NOT, OR, TRUE, SWITCH
데이터베이스 함수	DAVERAGE, DCOUNT, DCOUNTA, DGET, DMAX, DMIN, DPRODUCT, DSTDEV, DSUM, DVAR
문자열 함수	CONCAT, EXACT, FIND, FIXED, LEFT, LEN, LOWER, MID, PROPER, REPLACE, REPT, RIGHT, SEARCH, SUBSTITUTE, TEXT, TRIM, UPPER, VALUE
수학과 삼각 함수	ABS, EXP, FACT, INT, MDETERM, MINVERSE, MMULT, MOD, PI, POWER, PRODUCT, QUOTIENT, RAND, RANDBETWEEN, ROUND, ROUNDDOWN, ROUNDUP, SIGN, SQRT, SUM, SUMIF, SUMIFS, SUMPRODUCT, TRUNC
재무 함수	FV, NPV, PMT, PV, SLN, SYD
찾기와 참조 함수	ADDRESS, AREAS, CHOOSE, COLUMN, COLUMNS, HLOOKUP, INDEX, INDIRECT, LOOKUP, MATCH, OFFSET, ROW, ROWS, TRANSPOSE, VLOOKUP, XLOOKUP, XMATCH
통계 함수	AVERAGE, AVERAGEA, AVERAGEIF, AVERAGEIFS, COUNT, COUNTA, COUNTBLANK, COUNTIF, COUNTIFS, FREQUENCY, GEOMEAN, HARMEAN, LARGE, MAX, MAXA, MEDIAN, MIN, MINA, MODE.SNGL, PERCENTILE.INC, RANK.EQ, SMALL, STDEV.S, VAR.S
정보 함수	CELL, ISBLANK, ISERR, ISERROR, ISEVEN, ISLOGICAL, ISNONTEXT, ISNUMBER, ISODD, ISTEXT, TYPE

문제3 분석작업

피벗 테이블은 외부 데이터를 이용해 작성하는 문제로 출제되며, 부분 점수가 없기 때문에 세부 옵션을 정확히 설정해야 10점을 받을 수 있습니다. 그리고 데이터 유효성 검사, 중복 제거, 자동 필터, 부분합 등의 기능을 활용한 문제가 출제됩니다.

구성 요소	세부 출제 내역
피벗 테이블	피벗 테이블 위치, 레이아웃, 그룹, 옵션(빈 셀, 행/열 총합계 표시), 피벗 스타일
부분합	데이터 정렬, 단일 필드를 기준으로 부분합 작성, 2개의 이상의 부분합 표시
데이터 통합	분산된 데이터를 하나로 통합, 함수 선택, 통합할 필드명 직접 입력
데이터 표	하나의 변수에 의한 값의 변화, 두 개의 변수에 의한 값의 변화
목표값 찾기	단일 셀의 값의 변화
자동 필터	조건에 만족한 데이터 현재 위치에 추출
데이터 유효성 검사	셀에 입력할 수 있는 데이터 형식과 내용을 제한
중복 데이터 제거	특정 필드를 기준으로 중복된 데이터를 찾아 행을 삭제

문제4 기타작업

차트 수정은 미리 작성된 차트에 서식을 지정하는 문제로, 5문항 각 2점씩 총 10점입니다. 간혹 차트를 직접 작성하는 문제가 나올 수 있으므로 차트 작성 방법도 익혀두어야 합니다.

VBA 프로시저는 폼 보이기 및 초기화, 등록 또는 조회, 폼 종료 문제로 각 5점씩 총 15점입니다. 폼 보이기, 초기화, 종료는 반드시 작성할 수 있도록 연습하고, 등록·조회는 다양한 실습을 통해 문제 해결 능력을 길러야 합니다. 시험장에서는 시간을 고려해 끝까지 작성하는 것이 중요합니다.

구성 요소	세부 출제 내역
차트	차트 종류 변경, 차트 제목, 축 제목, 축 서식, 데이터 레이블 추가, 범례 서식, 차트 영역 서식, 보조 축, 표식 기호, 데이터 추가, 범례 항목 수정, 추세선 추가, 도형 스타일
매크로	매크로를 기록하고 양식 컨트롤 단추 또는 도형에 매크로 지정
VBA 프로시저	폼 보이기(.show), 폼 초기화(Initialize) / 등록 또는 조회 / 종료(unload me), 날짜와 시간 표시, 메시지 박스

컴퓨터활용능력 1급 실기 [데이터베이스] 문제 분석

작업유형		출제 문제	배점	최소 목표 점수
DB구축 25점	1	테이블 완성	15점	20점 이상
	2	조회 속성 설정, 관계 설정, 외부 데이터 가져오기 등	5점	
	3		5점	
입력 및 수정 기능 구현 20점	1	폼 완성	9점	15점
	2	콤보 상자, 조건부 서식, 컨트롤(단추) 생성, 이벤트 프로시저 및 매크로 작성	6점	
	3		5점	
조회 및 출력 기능 구현 20점	1	보고서 완성	15점	15점
	2	이벤트 프로시저 및 매크로 작성	5점	
처리 기능 구현 35점	1~5	쿼리 작성	7점	25점
합계			100점	75점

문제1 DB구축

DB 구축 작업은 난이도가 낮은 편이지만 배점이 높아 가능한 한 고득점을 목표로 해야 합니다. 특히 관계 설정처럼 이후 문제에 영향을 주는 항목은 반드시 정확히 풀어야 합니다.

테이블 완성은 교재에 필수 필드 속성이 모두 정리되어 있어, 해당 유형만 익혀도 충분히 대비할 수 있고, 나머지 문제는 주로 관계 설정, 외부 데이터 가져오기, 조회 속성 설정 등에서 출제되며, 반복 학습을 통해 익숙해지면 쉽게 해결할 수 있습니다.

구성 요소	세부 출제 내역
테이블 완성	입력 마스크, 유효성 검사 규칙, 필드 추가, 기본값, 기본 키 설정 등
관계 설정	항상 참조 무결성 유지, 관련 필드 모두 업데이트, 관련 레코드 모두 삭제, 조인 유형 등
조회 속성	행 원본, 바운드 열, 열 개수, 열 너비, 행 수, 목록 값만 허용 등

문제2 입력 및 수정 기능 구현

폼 작업은 주어진 폼을 지시사항에 따라 완성하고, 컨트롤에 주어진 조건으로 제한하여 표시하는 것이 주로 출제됩니다.

자주 출제되는 이벤트 프로시저의 속성, 메서드, 개체는 반드시 암기해야 하며, 조건식 작성법도 필수로 익혀야 합니다. 교재의 조건식 작성법을 충분히 학습하면 쉽게 익힐 수 있습니다.

구성 요소	세부 출제 내역
폼 완성	컨트롤 생성, 컨트롤 원본, 글꼴 관련 설정, 컨트롤 크기 및 순서 조정, 탭 순서(탭 인덱스) 등
조건부 서식	Left, Is Null 등으로 조건부 규칙을 만들어 서식 지정
함수	Format, Count, Sum, DLookup 등
이벤트 프로시저	DoCmd, OpenForm, OpenReport, Close, RunSQL, Filter, FilterOn, RecordsetClone, FindFirst, Bookmark, RecordSource 등
콤보 상자 변경	콤보 상자로 변경 후 행 원본, 바운드 열, 열 너비, 목록 값만 허용 등 설정
하위 폼	기본 필드와 하위 필드 선택 후 연결, 하위 폼 마법사 이용

문제3 조회 및 출력 기능 구현

보고서 작업은 테이블이나 쿼리에 바인딩된 보고서를 완성하는 1문항과, 이벤트 프로시저 또는 매크로를 활용해 정보를 표시하는 2문항으로 구성됩니다.
컴퓨터활용능력 1급 실기의 핵심은 조건식(Where 조건절)을 정확히 이해하고 작성하는 능력입니다. 조건식 작성법을 다시 학습하고, 교재의 다양한 예제와 문제를 반복해 풀어보는 것이 중요합니다.

구성 요소	세부 출제 내역
보고서 완성	그룹화 및 정렬, 컨트롤 원본 설정, 입력 마스크, 반복 실행 구역, 누적 합계, 중복 내용 숨기기 등
이벤트 프로시저	DoCmd, OpenForm, OpenReport, Close, RunSQL, Filter, FilterOn, RecordsetClone, FindFirst, Bookmark, RecordSource 등
매크로	OpenReport, OpenForm, ExportWithFormatting, CloseWindow, MessageBox 등

문제4 처리 기능 구현

쿼리 작성은 데이터베이스에 대한 종합적인 이해가 필요한 영역이지만, 대부분 쿼리 디자인 창에서 필드를 끌어다 놓는 방식으로 쉽게 해결할 수 있습니다. 교재 예제를 반복 학습하면 충분히 익숙해질 수 있습니다.

구성 요소	세부 출제 내역
쿼리 작성	Where 조건절을 포함한 선택쿼리, 매개 변수 쿼리, 집계 함수를 활용한 요약 쿼리 테이블 만들기 쿼리, 추가 쿼리, 업데이트 쿼리, 크로스탭 쿼리, 하위 쿼리 등

실기 차례

▶ 표시된 부분은 동영상 강의가 제공됩니다. 이기적 수험서 사이트(license.youngjin.com)에 접속하여 시청하세요.
▶ 본 도서에서 제공하는 동영상은 1판 1쇄 기준 2년간 유효합니다. 단, 출제기준안에 따라 동영상 내용은 변경될 수 있습니다.

스프레드시트 합격 이론 ▶

실습 파일 사용 방법	2-9
자동 채점 서비스 사용 방법	2-10
회별 숨은 기능 찾기	2-11

기본작업

01 고급 필터/자동 필터	2-14
02 조건부 서식	2-16
03 시트 보호와 통합 문서 보기	2-20
04 페이지 레이아웃	2-22

계산작업

05 데이터베이스 함수	2-23
06 수학과 삼각 함수	2-25
07 통계 함수	2-27
08 찾기/참조 함수	2-29
09 날짜/시간 함수	2-33
10 텍스트 함수	2-36
11 논리 함수	2-39
12 재무 함수	2-42
13 정보 함수	2-44
14 배열 수식	2-45
15 사용자 정의 함수	2-49

분석작업

16 피벗 테이블	2-55
17 데이터 유효성 검사	2-65
18 중복된 항목 제거	2-68
19 데이터 표	2-69
20 목표값 찾기	2-71
21 통합	2-72
22 정렬	2-74
23 부분합	2-77
24 시나리오	2-79

기타작업

25 차트	2-81
26 매크로	2-86
27 프로시저 작성	2-90

스프레드시트 상시 공략 문제 ▶

상시 공략 문제 01회	2-102
상시 공략 문제 02회	2-120
상시 공략 문제 03회	2-134
상시 공략 문제 04회	2-148
상시 공략 문제 05회	2-162
상시 공략 문제 06회	2-176
상시 공략 문제 07회	2-190
상시 공략 문제 08회	2-204
상시 공략 문제 09회	2-220
상시 공략 문제 10회	2-236

스프레드시트 계산작업 문제 ▶

계산작업 문제 01회	2-252
계산작업 문제 02회	2-255
계산작업 문제 03회	2-258
계산작업 문제 04회	2-261
계산작업 문제 05회	2-264
계산작업 문제 06회	2-267
계산작업 문제 07회	2-270
계산작업 문제 08회	2-274
계산작업 문제 09회	2-278
계산작업 문제 10회	2-281

데이터베이스 합격 이론 ▶

DB구축

01 테이블 완성	2-286
02 필드 조회 속성 설정	2-290
03 관계 설정	2-294
04 외부 데이터 가져오기	2-297

입력 및 수정 기능 구현

05 폼 속성 지정	2-304
06 컨트롤 속성 지정	2-306
07 콤보 상자 컨트롤 속성	2-316
08 컨트롤 하위 폼 삽입	2-320

조회 및 출력 기능 구현

09 보고서 완성	2-322
10 조회 작업	2-329
11 출력 처리 작업	2-337

처리 기능 구현

12 쿼리 작성	2-340
13 처리 기능 구현	2-354

데이터베이스 상시 공략 문제

상시 공략 문제 01회	2-366
상시 공략 문제 02회	2-381
상시 공략 문제 03회	2-395
상시 공략 문제 04회	2-410
상시 공략 문제 05회	2-425
상시 공략 문제 06회	2-438
상시 공략 문제 07회	2-451
상시 공략 문제 08회	2-464
상시 공략 문제 09회	2-478
상시 공략 문제 10회	2-491

또기적 합격자료집

시험대비 모의고사 01~02회	PDF
계산작업 문제 01~06회	PDF
핵심 이론	PDF

참여 방법
'이기적 스터디 카페' 검색 → 이기적 스터디 카페(cafe.naver.com/yjbooks) 접속
→ '구매 인증 PDF 증정' 게시판 → 구매 인증 → 메일로 자료 받기

실기 | 실습 파일 사용 방법

01 실습 파일 다운로드하기

1. 이기적 영진닷컴 홈페이지(license.youngjin.com)에 접속하세요.

2. [자료실]-[컴퓨터활용능력] 게시판으로 들어가세요.

3. '[7935] 2026년 컴퓨터활용능력 1급 올인원_부록 자료' 게시글을 클릭하여 첨부파일을 다운로드하세요.

02 실습 파일 설치하기

1. 다운로드받은 '7935(실기)' 압축 파일에서 마우스 오른쪽 버튼을 눌러 '7935(실기)'에 압축풀기를 눌러 압축을 풀어주세요.

2. 압축이 완전히 풀린 후에 '7935(실기)' 폴더를 더블 클릭하세요.

3. 압축이 제대로 풀렸는지 확인하세요. 아래의 그림대로 파일이 들어있어야 합니다. 그림의 파일과 다르다면 압축 프로그램이 제대로 설치되어 있는지 확인해 주세요.

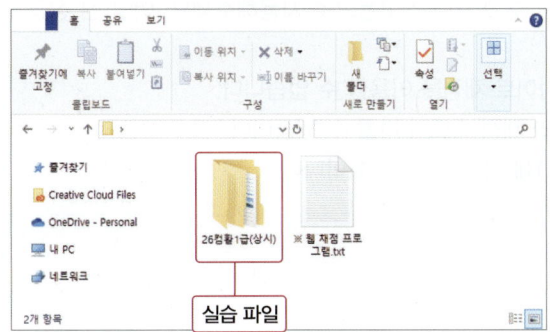

| 실기 | 자동 채점 서비스 사용 방법 |

01 웹 사이트 채점(설치없이 사용)

1. 인터넷 검색 창에 http://www.comlicense.co.kr/ 또는 이기적컴활.com을 입력하여 사이트에 접속합니다.
2. '년도선택: 2026', '교재선택: 이기적 컴퓨터활용능력 1급 올인원'을 선택한 후 [교재 선택 완료]를 클릭합니다.
3. '회차선택'에서 정답 파일을 선택, '작성파일선택'에서 [찾아보기]를 클릭하여 수험자가 작성한 파일을 가져온 후, [채점시작]을 버튼을 클릭합니다.

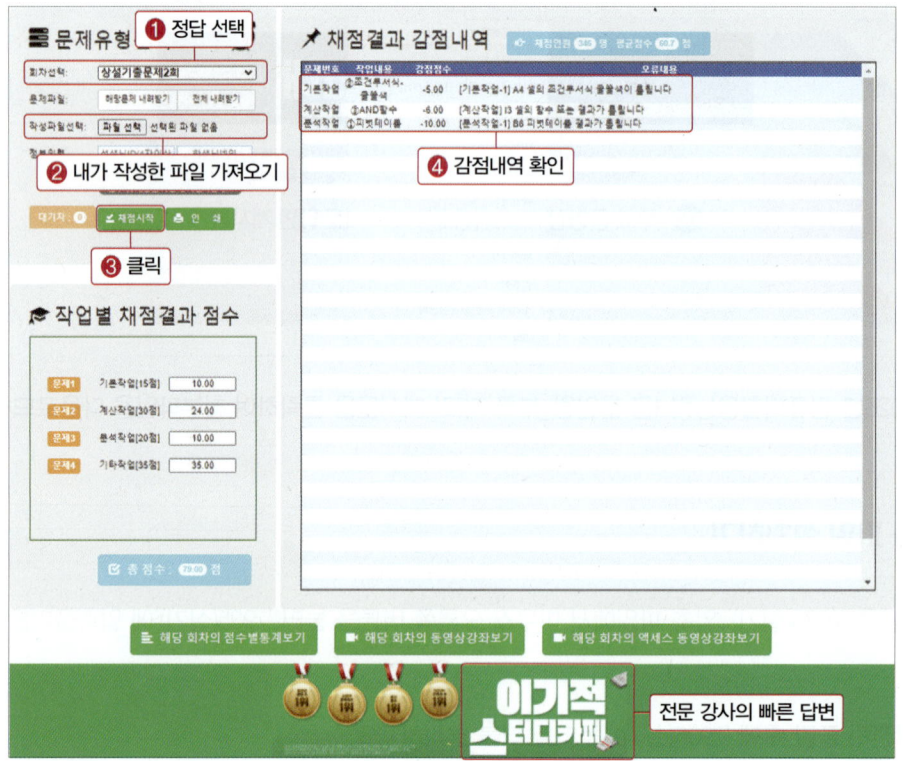

※ 웹 사이트 채점 프로그램 주의사항
- 채점 프로그램은 일부 결과가 정확하지 않을 수 있으니 참고용으로 사용해주세요. 이럴 땐 정답 파일을 열어 비교해보시기 바랍니다.
- 인터넷이 연결되어 있지 않은 컴퓨터는 웹 사이트 채점을 이용할 수 없습니다.
- 개인 인터넷 속도, 수험생의 접속자 수에 따라 채점 속도가 다를 수 있습니다.
- 본 도서에서 제공하는 웹 채점 서비스는 1판 1쇄 기준 2년간 유효합니다.

실기 회별 숨은 기능 찾기

▶ **스프레드시트 상시 공략 문제**

	기본작업	계산작업	분석작업	기타작업
1회	1번: 고급필터(AND, ISODD, MONTH, WEEKDAY) 2번: 조건부 서식(AND, ISNUMBER FIND, SMALL) 3번: 페이지 레이아웃	1번: INDEX, MATCH, LEFT 2번: MID, FIND, IF 3번: SUM, IFERROR, IF, MID, SEARCH(배) 4번: SUM, IF, LEFT(배) 5번: 사용자 정의	1번: 피벗 테이블(accdb, 계산 필드, 부분합, 빈 행 삽입, 피벗 스타일) 2번: 데이터 도구(데이터 유효성 검사, 정렬)	1번: 매크로(서식, 단추) 2번: 차트(차트 제목, 데이터 선택, 차트 종류, 데이터 레이블) 3번: VBA(폼 초기화, 등록, 종료)
2회	1번: 고급필터(AND, RIGHT, AVERAGE) 2번: 조건부 서식 (OR, LARGE, SMALL) 3번: 페이지 레이아웃	1번: CONCAT, WEEKNUM 2번: INDEX, MATCH, WEEKDAY 3번: SUM, WEEKDAY, CHOOSE(배) 4번: FREQUENCY, COUNT, TEXT(배) 5번: 사용자 정의(IF문)	1번: 피벗 테이블(xlsx) : 그룹, 별도시트 추출 2번: 데이터 유효성 검사(SEARCH), 필터	1번: 차트 수정 2번: 매크로 작성(서식) 3번: VBA(폼 보이기, 폼 초기화, 등록, 변경)
3회	1번: 고급필터(AND, ISNUMBER NOT) 2번: 조건부 서식(RIGHT, ISODD) 3번: 페이지 레이아웃	1번: TEXT, EDATE 2번: INDEX, XMATCH, XLOOKUP 3번: 사용자 정의(IF문) 4번: SUM, IF(배) 5번: REPT, FREQUENCY, MONTH(배)	1번: 피벗 테이블(텍스트) : 그룹, 별도시트 추출 2번: 텍스트 나누기, 통합	1번: 차트 수정 2번: 매크로 작성(서식) 3번: VBA(폼 보이기, 폼 초기화, 스핀단추, 등록, 종료)
4회	1번: 고급필터(ISEVEN, AND, RIGHT, OR) 2번: 조건부 서식 (OR, RANK.EQ) 3번: 페이지 레이아웃	1번: IFERROR, HLOOKUP, MID 2번: MAX, RIGHT, ISNUMBER(배) 3번: REPT, AVERAGEIF, QUOTIENT 4번: COUNT, IF, &(배) 5번: 사용자(IF문)	1번: 피벗 테이블(xlsx) : 계산필드, 옵션 2번: 시나리오, 데이터 표	1번: 차트 수정 2번: 매크로 작성(서식) 3번: VBA(폼 보이기, 폼 초기화, 등록, 종료)
5회	1번: 고급 필터(AND, YEAR) 2번: 조건부 서식 (AND, NOT, LEFT) 3번: 페이지 레이아웃	1번: HLOOKUP, MATCH 2번: IFS, LEFT, COUNTIF, & 3번: AVERAGE, LARGE(배) 4번: COUNT, FIND(배) 5번: 사용자 정의(IF문)	1번: 피벗 테이블(accdb) : 계산필드, 60일 그룹, 옵션 2번: 데이터 유효성 검사 : 목록, 정렬(사용자지정), 시나리오	1번: 차트 수정 2번: 매크로 작성(서식) 3번: VBA(폼 보이기, 초기화, 등록, 종료)
6회	1번: 고급 필터 (OR, LEFT, LARGE) 2번: 조건부 서식 (MAX, MIN) 3번: 시트 보호, 통합 문서 보기	1번: CONCAT, HLOOKUP, LEFT, COUNT, IF 2번: ROUND, AVERAGE, LARGE, SMALL, &(배) 3번: ROUNDUP, DAVERAGE, MODE.SNGL 4번: INDEX, MAX, MATCH, &(배) 5번: 사용자 정의(SELECT)	1번: 피벗 테이블(xlsx) : 그룹, 열 합계 비율 2번: 데이터 유효성 검사(목록), 부분합(평균, 최대값)	1번: 차트 수정 2번: 매크로 작성(조건부 서식) 3번: VBA(폼 보이기, 초기화, 등록)
7회	1번: 고급 필터(AND, HOUR, AVERAGE) 2번: 조건부 서식(ISODD, MOD, COLUMN) 3번: 시트 보호	1번: TEXT, QUOTIENT, DAYS 2번: TRUNC, IF, VLOOKUP 3번: 사용자 정의(IF) 4번: AVERAGE, IF, LEFT(배) 5번: INDEX, MATCH, MAX(배)	1번: 피벗 테이블(csv) : 그룹, 정렬, 별도시트추출 2번: 데이터 유효성 검사(SUM), 데이터 표	1번: 차트 수정 2번: 매크로 작성(조건부 서식) 3번: VBA(폼 보이기, 초기화, 등록, 종료)
8회	1번: 고급 필터(AND, COUNTA, YEAR) 2번: 조건부 서식(AND, DATE) 3번: 페이지 레이아웃	1번: QUOTIENT, MOD, & 2번: 사용자 정의(SELECT) 3번: TEXT, IF, MIN, LEFT(배) 4번: IFERROR, FIND, LEFT 5번: TEXT, IF, PMT	1번: 피벗 테이블(accdb) : 계산필드, 스타일 2번: 중복 데이터 제거, 부분합(평균, 최대값)	1번: 차트 수정 2번: 매크로 작성(서식) 3번: VBA(폼 보이기, 초기화, 등록, 종료)
9회	1번: 고급 필터(AND, OR, RANK.EQ, MONTH) 2번: 조건부 서식 (AND, LARGE) 3번: 페이지 레이아웃	1번: VLOOKUP, MATCH 2번: QUOTIENT, CHOOSE, RIGHT, & 3번: 사용자 정의(IF) 4번: CONCAT, SUM, AVERAGE(배) 5번: MAX, VALUE, RIGHT(배)	1번: 피벗 테이블(txt) : 그룹, 옵션 2번: 데이터 유효성 검사(5의 배수), 데이터 통합(업데이트)	1번: 차트 수정 2번: 매크로 작성(서식) 3번: VBA(폼 보이기, 초기화, 등록, 종료)
10회	1번: 고급 필터(AND, MONTH, ISEVEN, RIGHT) 2번: 조건부 서식(AND, MONTH) 3번: 시트 보호와 통합 문서 보기	1번: CONCAT, TRIM, LEFT 2번: HLOOKUP, MATCH 3번: SUM, IF, &(배) 4번: TEXT, IF, COUNT, COUNTA(배) 5번: 사용자 정의(IF)	1번: 피벗 테이블(accdb) : 계산필드, 별도시트추출 2번: 중복 데이터 제거, 조건부 서식 상위, 데이터 필터	1번: 차트 수정 2번: 매크로 작성(서식) 3번: VBA(폼 보이기, 초기화, 조회, 종료)

▶ 데이터베이스 상시 공략 문제

	DB구축	입력 및 수정 기능 구현	조회 및 출력 기능 구현	처리 기능 구현
1회	1번: 테이블 완성 2번: 조회 속성 3번: 관계 설정	1번: 폼 완성 2번: 조건부 서식 3번: 매크로(OpenReport)	1번: 보고서 완성 2번: 이벤트 프로시저 　　　(RecordSource)	1번: 하위 쿼리 2번: 매개변수 3번: 크로스탭 쿼리 4번: 단순 쿼리 5번: 업데이트 쿼리
2회	1번: 테이블 완성 2번: 조회 속성 3번: 관계 설정	1번: 폼 완성 2번: 조건부 서식 3번: 매크로(OpenReport)	1번: 보고서 완성 2번: GoToControl	1번: 상위, 고유 2번: 크로스탭 쿼리 3번: 매개변수 4번: 단순 쿼리 5번: In과 하위 쿼리
3회	1번: 테이블 완성 2번: 외부 데이터 가져오기 3번: 관계 설정	1번: 폼 완성 2번: 조건부 서식 3번: 매크로(OpenReport)	1번: 보고서 완성 2번: 폼 로드 이벤트(DSUM)	1번: 테이블 완성 2번: Is Null 3번: String, Count 4번: 크로스탭(Replace) 5번: NOT In과 하위 쿼리
4회	1번: 테이블 완성 2번: 조회 속성 3번: 관계 설정	1번: 폼 완성 2번: 조건부 서식 3번: 매크로(OpenForm)	1번: 보고서 완성 2번: 이벤트 프로시저(MsgBox, Close)	1번: 테이블 완성 2번: 크로스탭 쿼리 3번: month, day 4번: 단순 쿼리 5번: NOT In과 하위 쿼리
5회	1번: 테이블 완성 2번: 조회 속성 3번: 관계 설정	1번: 폼 완성 2번: If ~ Else 3번: FilterOn, GotoControl	1번: 보고서 완성 2번: Filter, FilterOn, If~Else	1번: Not In 2번: 크로스탭 쿼리 3번: 업데이트 쿼리 4번: 테이블 생성 5번: 상위
6회	1번: 테이블 완성 2번: 외부 데이터 가져오기 3번: 관계 설정	1번: 폼 완성 2번: DateDiff 3번: 매크로(OpenReport)	1번: 보고서 완성 2번: RecordSource	1번: 날짜 조건 쿼리 2번: 크로스탭 쿼리 3번: 테이블 생성 4번: 매개변수 5번: In과 하위 쿼리
7회	1번: 테이블 완성 2번: 외부 데이터 가져오기 3번: 관계 설정	1번: 폼 완성 2번: 조건부 서식 3번: 매크로(Msgbox,CloseWindow)	1번: 보고서 완성 2번: Filter, FilterOn, OrderBy, OrderByOn	1번: Is Null 2번: String/Count 3번: DateAdd 4번: DatePart 5번: 크로스탭 쿼리 　　(DatePart, iif)
8회	1번: 테이블 완성 2번: 외부 데이터 가져오기 3번: 관계 설정	1번: 폼 완성 2번: 조건부 서식 3번: 매크로(GoToRecord)	1번: 보고서 완성 2번: RecordSetClone, Bookmark, FindFirst	1번: Like "[A-B]*" 2번: 최대값(마지막 값) 3번: 테이블 생성 4번: 크로스탭 쿼리 5번: In과 하위 쿼리
9회	1번: 테이블 완성 2번: 조회 속성 3번: 관계 설정	1번: 폼 완성 2번: Dsum 3번: 매크로(OpenReport)	1번: 보고서 완성 2번: Filter, FilterOn, Year, Month	1번: >=[] and <=[] 2번: 크로스탭 쿼리 3번: 상위, Replace 4번: Weekday, Between 5번: In과 하위 쿼리
10회	1번: 테이블 완성 2번: 추가 쿼리 3번: 관계 설정	1번: 폼 완성 2번: 매크로(ApplyFilter) 3번: MsgBox, Dlookup	1번: 보고서 완성 2번: 매크로(OpenReport)	1번: Weekday, Between 2번: 상위 3번: 크로스탭 쿼리 4번: Not Like 5번: NOT In과 하위 쿼리

스프레드시트
합격 이론

CONTENTS

문제1 기본작업
문제2 계산작업
문제3 분석작업
문제4 기타작업

01 고급 필터/자동 필터

작업파일: '26컴활1급(상시)₩스프레드시트₩이론'에서 '기본작업' 파일을 열어 작업하세요.

출제유형 1 '고급필터' 시트에서 다음의 지시사항을 처리하시오.

[A2:G30] 영역에서 '환자코드'가 A로 시작하지 않고, '예약일자'가 금요일이거나 토요일인 데이터의 '성명', '생년월일', '진료과목', '담당의사' 필드만 순서대로 표시하시오.

▶ 조건은 [I2:I3] 영역 내에 알맞게 입력하시오.
▶ AND, LEFT, WEEKDAY(일요일을 1로 시작) 함수 사용
▶ 결과는 [I5] 열부터 표시하시오.

① 다음 그림과 같이 [I2:I3] 영역에 조건을 입력한다. [I3] 셀에 =AND(LEFT(A3,1)<>"A",WEEKDAY(G3,1)>=6)를 입력하고 [I5:L5] 영역에 추출할 필드명을 작성한다.

함수 설명 =AND(LEFT(A3,1)<>"A",WEEKDAY(G3,1)>=6)
=AND(LEFT(A3,1)<>"A",WEEKDAY(G3,1)>=6, WEEKDAY(G3,1)<=7)

❶ LEFT(A3,1) : [A3] 셀에서 왼쪽의 한 글자를 추출
❷ WEEKDAY(G3,1) : [G3] 셀의 요일 번호를 구함(일요일 1, 월요일 2, 화요일 3, 수요일은 4, ...)

=AND(❶<>"A",❷>=6) : ❶의 값은 A와 같지 않고, ❷의 값은 6 또는 7의 조건에 만족하면 TRUE

② 데이터 영역에 마우스 포인터를 두고 [데이터]-[정렬 및 필터] 그룹의 [고급](🔽)을 클릭한다.

기적의 TIP

추출할 필드명은 실제 데이터와 동일해야 합니다. 예를 들어 '진료과목'을 '진료 과목'으로 띄어쓰기를 해서 작성하면 정확한 결과를 추출할 수 없습니다. 가장 좋은 방법은 직접 입력하는 것보다 필드명을 복사해서 사용하는 것이 좋습니다.

③ [고급 필터]에서 결과는 '다른 장소에 복사'를 선택하고, 목록 범위 $A$2:$G$30, 조건 범위 $I$2:$I$3, 복사 위치 $I$5:$L$5를 입력하고 [확인]을 클릭한다.

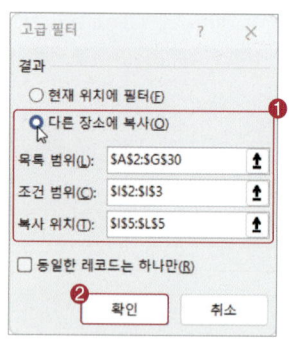

- 결과 : 다른 장소에 복사
- 목록 범위 : A2:G30
- 조건 범위 : I2:I3
- 복사 위치 : I5:L5

출제유형 2 '자동필터' 시트에서 다음의 지시사항을 처리하시오.

▶ '대리점별 보트 판매현황'에서 자동 필터 기능을 사용하여 '판매수량'[E4:E12]이 200 이상인 자료만 검색하시오.

	A	B	C	D	E	F	G	H	I
1				대리점별 보트 판매현황					
2									
3		지역	대리점명	계획수량	판매수량	초과판매	실적률	순위	
4		인천	영남	210	220	10	1.05	8	
5		강북	강산	140	170	30	1.21	4	
6		강남	백야	120	150	30	1.25	1	
7		부산	광야	180	220	40	1.22	3	
8		광주	정일	150	180	30	1.20	5	
9		대전	남산	120	130	10	1.08	7	
10		청주	장산	150	155	5	1.03	9	
11		전주	국제	350	390	40	1.11	6	
12		대구	동문	190	235	45	1.24	3	
13									

① [E3] 셀을 클릭한 후 [데이터]-[정렬 및 필터] 그룹의 [필터](▽)를 클릭한다.

기적의 TIP

자동 필터 범위 지정
자동 필터를 설정할 때 표 전체를 범위 지정하지 않고, [B3:H12] 영역 내에 아무 셀을 클릭하고 [데이터]-[정렬 및 필터] 탭의 [필터]를 클릭합니다.

② 판매수량[E3] 셀의 목록 단추(▽)를 클릭하여 [숫자 필터]-[크거나 같음] 메뉴를 선택한다.

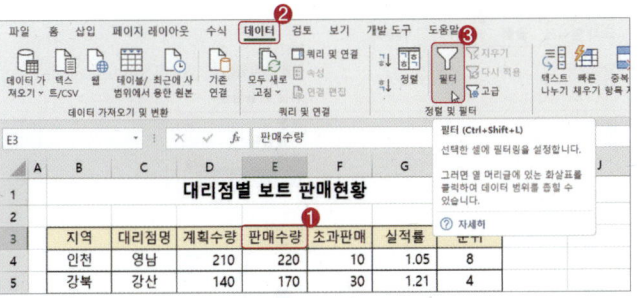

기적의 TIP

관계 연산자

같다	=
이상	>=
이하	<=
크다(초과)	>
작다(미만)	<
같지 않다	<>

③ [사용자 지정 자동 필터]에서 '>='을 선택하고, 200을 입력한 후 [확인]을 클릭한다.

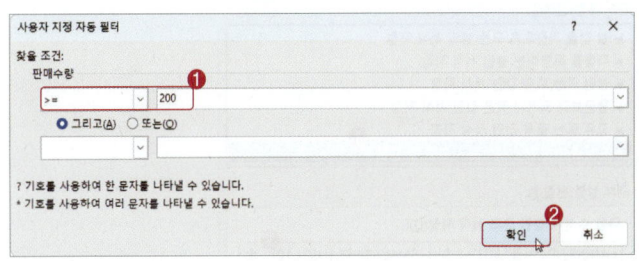

기적의 TIP

자동 필터를 실행하면 필드명 옆에 목록 단추가 표시되는데, 자동 필터 목록 단추가 엉뚱한 곳에 표시된다면 [자동 필터]를 눌러 취소를 한 후 필드명[B3:H3]을 범위 지정하거나 데이터 안쪽[B3:H11]에 커서를 두고 [자동 필터]를 클릭합니다.

〈잘못된 예〉

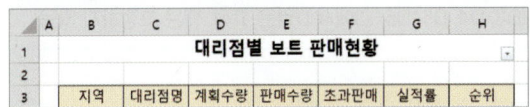

02 조건부 서식

작업파일 : '26컴활1급(상시)₩스프레드시트₩이론'에서 '기본작업' 파일을 열어 작업하세요.

출제유형 1 '조건부서식' 시트에서 다음의 지시사항을 처리하시오.

[A3:H24] 영역에 대해서 '영업소'에 '서울'이 포함되면서, 승진시험이 하위 10위 보다 낮은 데이터 행 전체에 대하여 글꼴 스타일 '굵은 기울임꼴', 글꼴 색 '표준 색 – 녹색'으로 적용하시오.
▶ 단, 규칙 유형은 '수식을 사용하여 서식을 지정할 셀 결정'을 사용하고, 한 개의 규칙으로만 작성하시오.
▶ AND, FIND, SMALL 함수 사용

① [A3:H24] 영역을 범위 지정한 후 [홈]-[스타일] 그룹의 [조건부 서식]-[새 규칙]을 클릭한다.

> 🏁 기적의 TIP
> - AND(조건1, 조건2, 조건3, ...) : 모든 조건에 만족할 때 TRUE 값을 반환
> - FIND(찾을 텍스트, 범위, [시작 위치]) : 찾을 텍스트가 범위에서 시작 위치 값을 구함([시작 위치]는 생략이 가능)
> - SMALL(범위, K) : 범위에서 K 번째로 작은 값을 구함

② '▶ 수식을 사용하여 서식을 지정할 셀 결정'을 선택하고 =AND(FIND("서울",$D3)>0,$H3<SMALL($H$3:$H$24,10))를 입력하고 [서식]을 클릭한다.

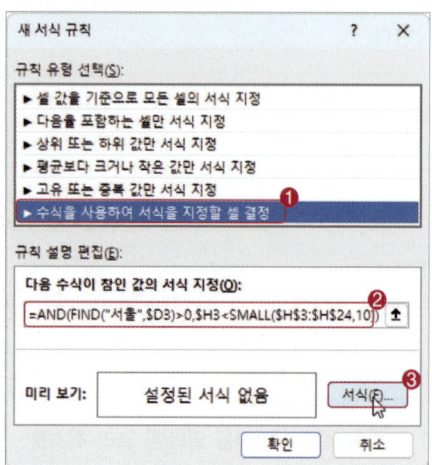

> 🏁 기적의 TIP
> - FIND("서울",$D3)에서 D열만 고정
> - 영업소(D3, D4, D5, D6, ...)에서 D열은 고정, 행은 고정하지 않음

③ [셀 서식]의 [글꼴] 탭에서 글꼴 스타일은 '굵은 기울임꼴', 색은 '표준 색 – 녹색'을 선택하고 [확인]을 클릭한다.

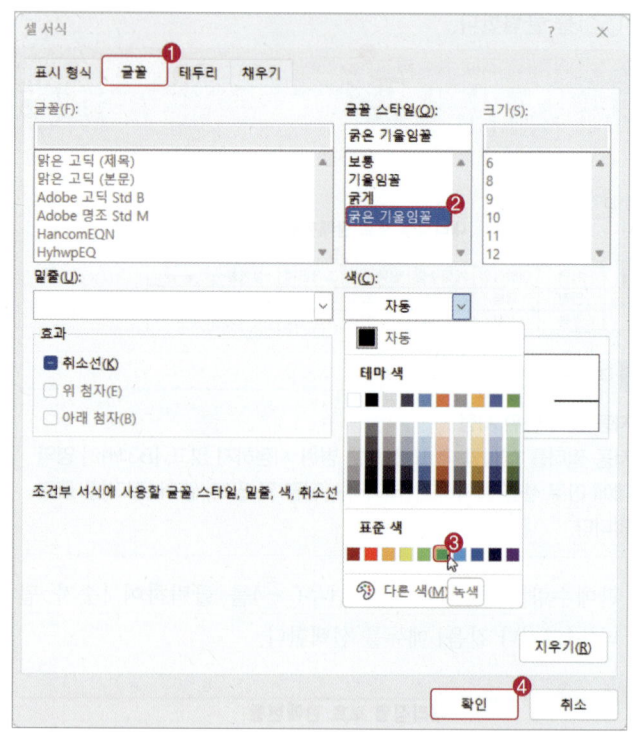

> 🏁 기적의 TIP
> **조건부 서식**
> - 엑셀 : '='로 시작
> - 액세스 : '=' 없이 시작

④ [새 서식 규칙]에서 [확인]을 클릭한다.

출제유형 2 '셀강조' 시트에서 다음의 지시사항을 처리하시오.

▶ 조건부 서식의 셀 강조 규칙을 이용하여 [C3:C24] 영역의 중복 값에 대해 '진한 녹색 텍스트가 있는 녹색 채우기' 서식이 적용되도록 설정하시오.
▶ 조건부 서식의 상위/하위 규칙을 이용하여 [F3:F24] 영역에 평균을 초과하는 데이터에 '연한 빨강 채우기' 서식이 적용되도록 설정하시오.

① [C3:C24] 영역을 범위 지정한 후 [홈]-[스타일] 그룹의 [조건부 서식]-[셀 강조 규칙]-[중복 값]을 클릭한다.

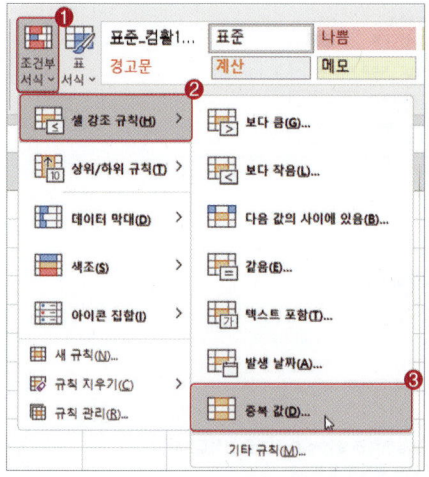

> **기적의 TIP**
>
> 조건부 서식을 사용하면 손쉽게 특정 조건에 해당하는 셀이나 셀 범위를 강조 표시하고, 특수한 값을 강조하고, 데이터를 데이터의 특정 변형에 해당하는 데이터 막대, 색조, 아이콘 집합 등으로 시각화할 수 있습니다.

② [중복 값]에서 '적용할 서식'은 '진한 녹색 텍스트가 있는 녹색 채우기'를 선택하고 [확인]을 클릭한다.

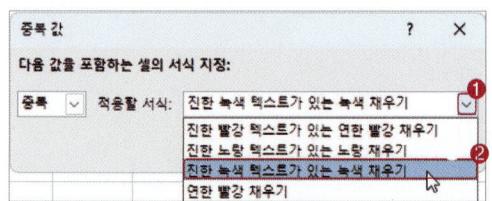

③ [F3:F24] 영역을 범위 지정한 후 [홈]-[스타일] 그룹의 [조건부 서식]-[상위/하위 규칙]-[평균 초과]를 클릭한다.

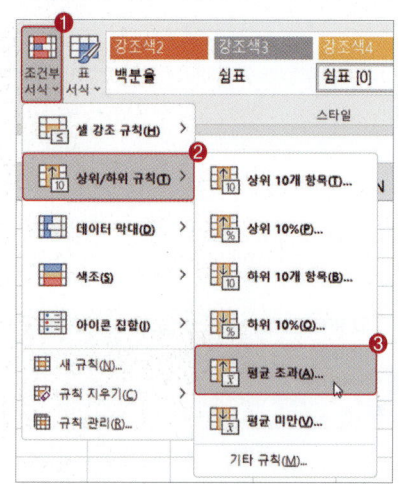

④ [평균 초과]에서 '적용할 서식'은 '연한 빨강 채우기'를 선택하고 [확인]을 클릭한다.

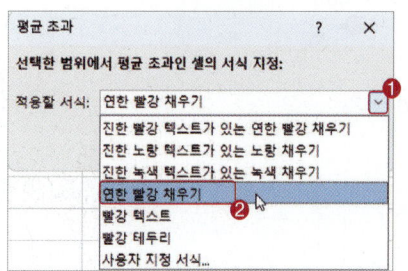

기본작업 2-17

출제유형 3   '데이터막대' 시트에서 다음과 같이 조건부 서식을 처리하시오.

▶ [G3:G31] 영역에 대하여 규칙 유형은 '셀 값을 기준으로 모든 셀의 서식 지정'으로 선택하고, 서식 스타일 '데이터 막대', 최소값은 백분위수 10, 최대값은 백분위수 90으로 설정하시오.

▶ 막대 모양은 채우기를 '그라데이션 채우기', 색을 '표준 색-노랑'으로 설정하시오.

① [G3:G31] 영역을 범위 지정한 후 [홈]-[스타일] 그룹의 [조건부 서식]-[새 규칙]을 클릭한다.

② [새 서식 규칙]에서 다음과 같이 지정하고 [확인]을 클릭한다.

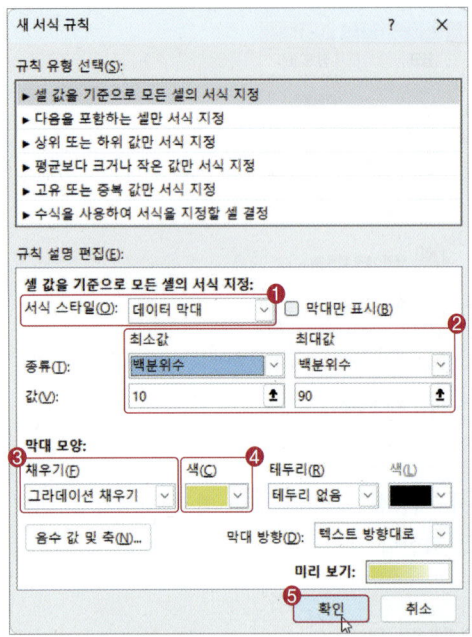

- 서식 스타일 : 데이터 막대
- 최소값 : 백분위수(10)
- 최대값 : 백분위수(90)
- 채우기 : 그라데이션 채우기
- 색 : 표준색 – 노랑

🚩 기적의 TIP

음수 막대 채우기 색, 음수 값 축 설정에 대한 옵션은 [음수 값 및 축]을 클릭하여 지정할 수 있습니다.

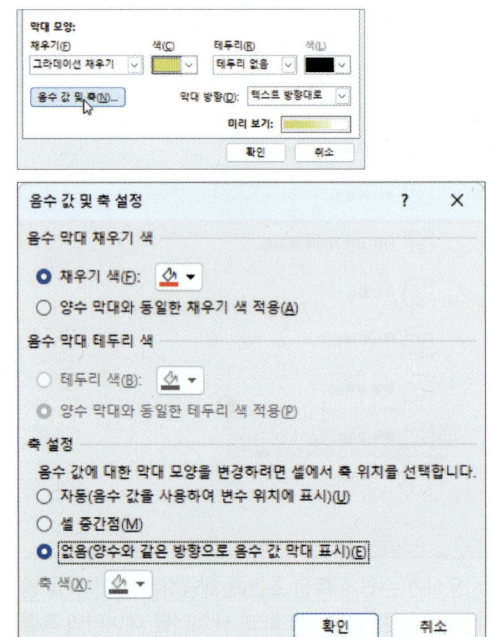

🚩 기적의 TIP

데이터 막대

데이터 막대를 사용하여 다른 셀을 기준으로 셀 값을 확인할 수 있습니다. 데이터 막대의 길이는 셀의 값을 나타냅니다. 긴 막대는 더 높은 값을 나타내고, 짧은 막대는 더 낮은 값을 나타냅니다.

🚩 기적의 TIP

백분위수

주어진 자료를 크기순으로 나열하여 백등분하였을 때 해당되는 관찰값을 말합니다.

출제유형 4 '아이콘집합' 시트에서 다음과 같이 조건부 서식을 처리하시오.

[D3:D20] 영역에 대하여 규칙 유형은 '셀 값을 기준으로 모든 셀의 서식 지정'으로 선택하고, 서식 스타일 '아이콘 집합', 아이콘 스타일은 '별 3개'로 조건부 서식을 지정하시오.
▶ '채워진 별'은 숫자 80 이상, '반 채워진 별'은 숫자 80 미만 65 이상, 나머지는 '빈 별'로 설정하시오.

[C3:C20] 영역에 대하여 규칙 유형은 '셀 값을 기준으로 모든 셀의 서식 지정'으로 선택하고, 서식 스타일 '아이콘 집합', 아이콘 스타일은 '5가지 원(흑백)'으로 조건부 서식을 지정하시오.
▶ '검정색 원'은 90 이상 백분율, '1/4 흰색 원'은 90 미만 70 이상 백분율, 그 외는 기본 설정 값으로 설정하시오.

① [D3:D20] 영역을 범위 지정한 후 [홈]-[스타일] 그룹의 [조건부 서식]-[새 규칙]을 클릭한다.

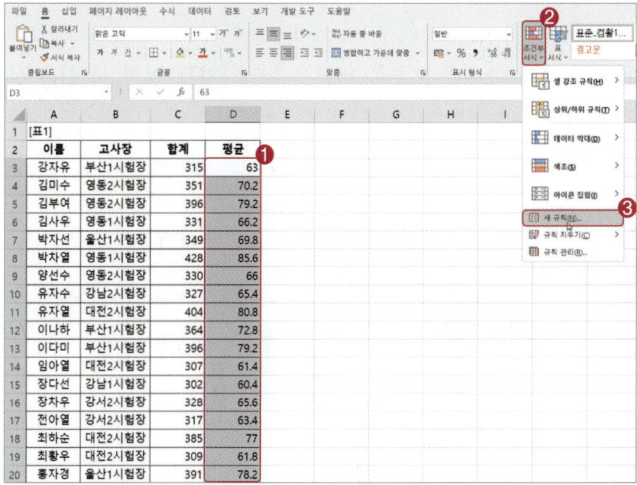

② [새 서식 규칙]에서 다음과 같이 지정하고 [확인]을 클릭한다.

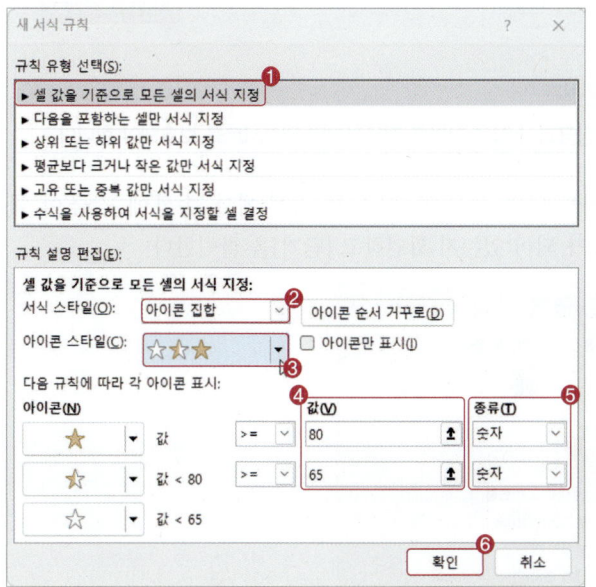

- 서식 스타일 : 아이콘 집합
- 아이콘 스타일 : 별 3개
- 종류 : 숫자
- 값1 : >= 80
- 값2 : >= 65

③ [C3:C20] 영역을 범위 지정한 후 [홈]-[스타일] 그룹의 [조건부 서식]-[새 규칙]을 클릭하여 [새 서식 규칙]에서 다음과 같이 지정하고 [확인]을 클릭한다.

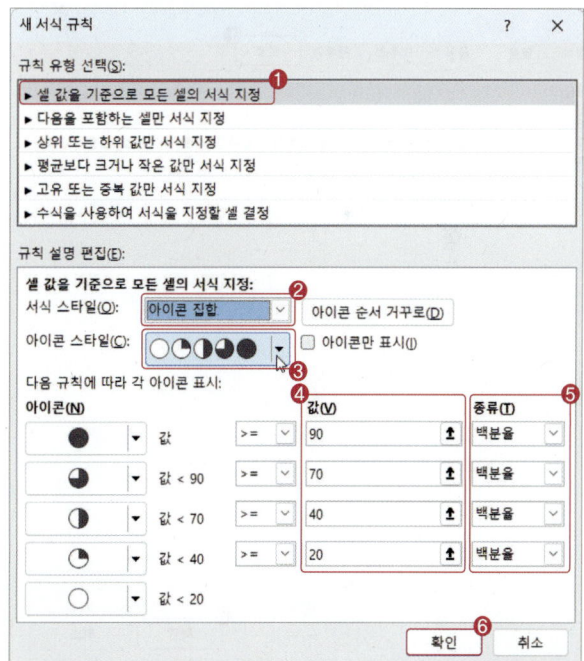

- 서식 스타일 : 아이콘 집합
- 아이콘 스타일 : 5가지 원(흑백)
- 종류 : 백분율
- 값1 : >= 90
- 값2 : >= 70

03 시트 보호와 통합 문서 보기

작업파일 : '26컴활1급(상시)₩스프레드시트₩이론'에서 '기본작업' 파일을 열어 작업하세요.

출제유형 1 '보호' 시트에서 다음과 같이 시트 보호를 설정하시오.

▶ [F4:F12] 영역에 셀 잠금과 수식 숨기기를 적용한 후 잠김 셀의 내용과 워크시트를 보호하시오.
▶ 차트에 잠금을 적용한 후 차트를 편집할 수 없도록 보호하시오.
▶ 잠긴 셀 선택과 잠기지 않은 셀의 선택, 정렬은 허용하고, 시트 보호 해제 암호는 지정하지 마시오.
▶ '보호' 시트를 페이지 나누기 보기로 표시하고, [B2:H26] 영역만 1페이지로 인쇄되도록 페이지 나누기 구분선을 조정하시오.

---

① [F4:F12] 영역을 범위 지정한 후 마우스 오른쪽 버튼을 클릭한 후 [셀 서식]을 선택한다.

② [셀 서식]의 [보호] 탭에서 '숨김'을 체크하고 [확인]을 클릭한다.

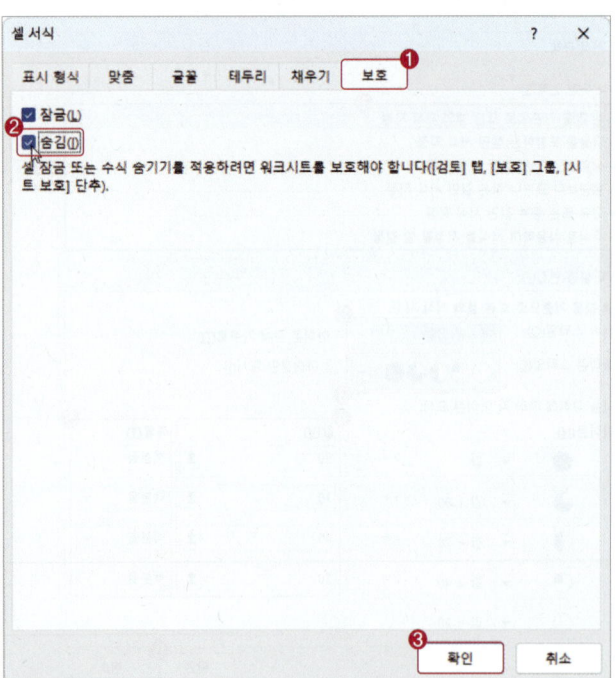

▶ **기적의 TIP**

모든 셀에 기본적으로 셀 잠금이 설정되어 있습니다.

③ 차트에서 마우스 오른쪽 버튼을 눌러 [차트 영역 서식]을 선택한다.

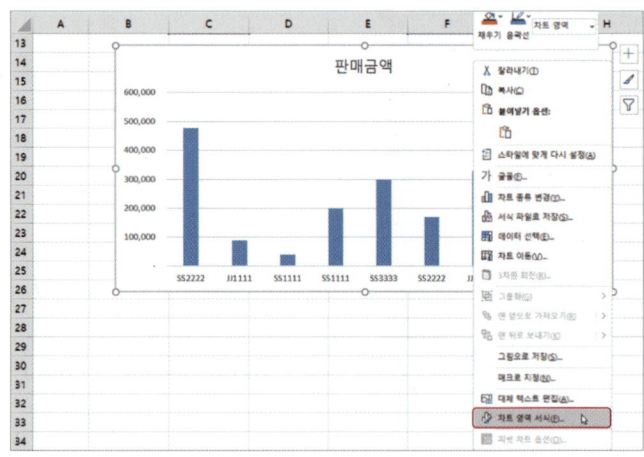

▶ **기적의 TIP**

셀 잠금과 수식 숨기기를 적용하려면 워크시트를 보호해야 합니다.

④ [차트 영역 서식]의 [크기 및 속성]에서 '속성'에 '잠금'이 체크가 되어 있는지 확인하고 [닫기]을 클릭한다.

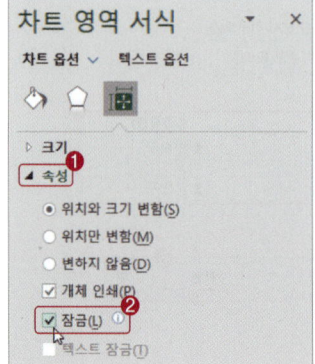

⑤ [검토]-[보호] 그룹에서 [시트 보호]를 클릭한다.

> 기적의 TIP
>
> 시트 보호를 해제하려면 [검토]-[변경 내용] 그룹에서 [시트 보호 해제]를 클릭해야 합니다.

⑥ [시트 보호]에서 '잠긴 셀의 내용과 워크시트 보호'가 체크가 되어 있는지 확인하고, '잠긴 셀 선택', '잠기지 않는 셀 선택', '정렬'을 체크하고 [확인]을 클릭한다.

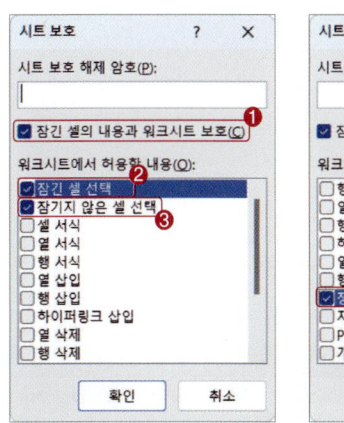 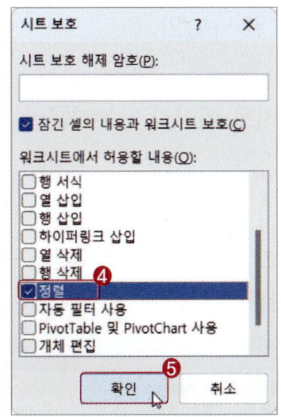

> 기적의 TIP
>
> • [시트 보호] 대화상자에는 기본적으로 '잠긴 셀의 내용과 워크시트 보호'가 설정되어 있습니다.
> • 시트 보호를 설정하면 기본적으로 셀 선택만 가능합니다.

⑦ [B2:H26] 영역을 범위 지정한 후 [보기]-[통합 문서 보기] 그룹의 [페이지 나누기 미리 보기]를 클릭한 후 [확대/축소] 그룹에서 [100%](📄)를 클릭한다.

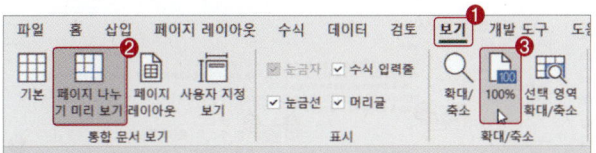

> 기적의 TIP
>
> '페이지 나누기 미리 보기'를 클릭하고 인쇄하면 흰색으로 밝게 표시된 부분만 인쇄가 됩니다.

⑧ 페이지 나누기 경계선을 드래그하여 2행, B열로 이동한다.

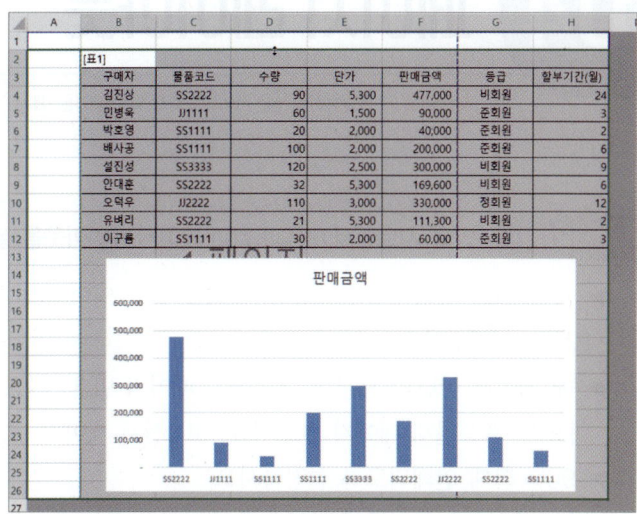

⑨ G와 H열 사이의 페이지 경계라인을 드래그하여 H열 뒤로 드래그한다.

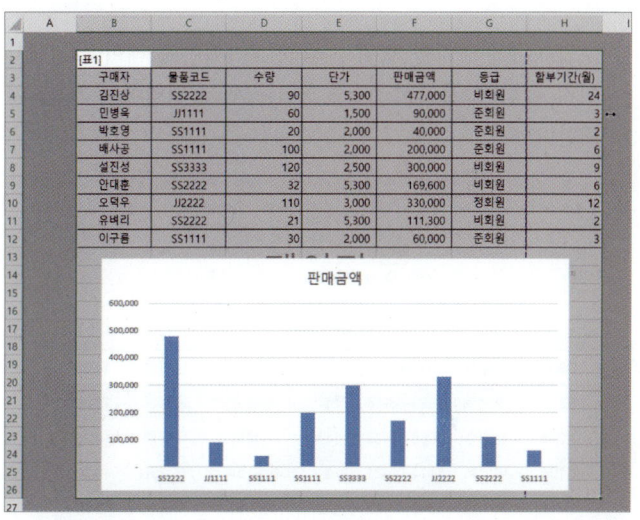

> 기적의 TIP
>
> 페이지 구분선은 맨 아래 또는 맨 오른쪽 테두리선으로 드래그하면 페이지 구분선이 제거됩니다.

04 페이지 레이아웃

작업파일 : '26컴활1급(상시)₩스프레드시트₩이론'에서 '기본작업' 파일을 열어 작업하세요.

> **출제유형 1** '인쇄' 시트에서 다음과 같이 페이지 레이아웃을 설정하시오.
>
> ▶ 기존 인쇄 영역에 [A25:G30] 영역을 인쇄 영역으로 추가하고, 2행이 매 페이지마다 반복하여 인쇄되도록 인쇄 제목을 설정하시오.
> ▶ 매 페이지 상단의 오른쪽 구역에는 페이지 번호가 [표시 예]와 같이 표시되도록 머리글을 설정하시오.
> [표시 예 : 현재 페이지 번호가 1이고, 전체 페이지 번호가 2인 경우 → 1/2]
> ▶ 90% 확대 인쇄되도록 설정하시오.
> ▶ [A2:G16], [A17:G30] 영역으로 페이지를 나누어 1페이지, 2페이지로 페이지 나누기를 설정하시오.

① [A25:G30] 영역을 범위 지정한 후 [페이지 레이아웃]-[페이지 설정] 그룹에서 [인쇄 영역]-[인쇄 영역에 추가]를 클릭한다.

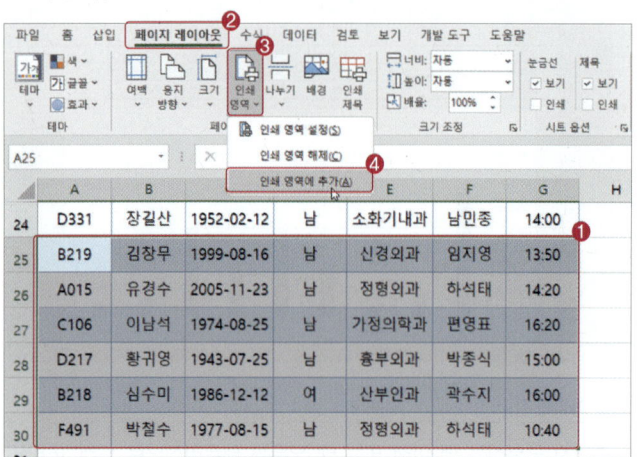

> 📌 **기적의 TIP**
>
> [인쇄 영역에 추가]를 실행하기 전에 [파일]-[인쇄]를 클릭해서 확인하면 인쇄되는 것을 확인할 수 있습니다.

② [페이지 레이아웃]-[페이지 설정] 그룹의 오른쪽 하단 [옵션](🔲)을 클릭한다.

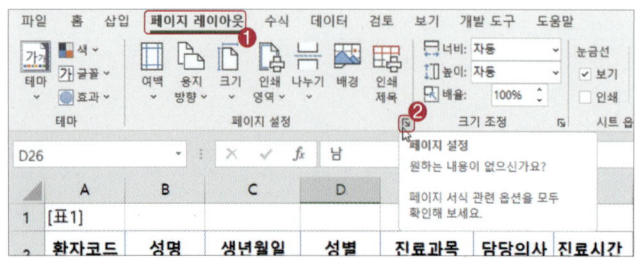

③ [시트] 탭에서 '반복할 행'에 커서를 두고 행 머리글 2를 클릭한다.

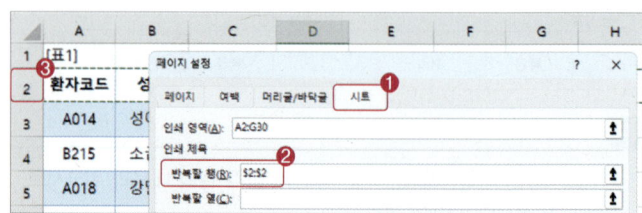

④ [머리글/바닥글] 탭의 [머리글 편집]을 클릭한 후 '오른쪽 구역'에 커서를 두고 [페이지 번호 삽입](🔲) 도구를 클릭한 후 /를 입력하고 [전체 페이지 수 삽입](🔲) 도구를 클릭한 후 [확인]을 클릭한다.

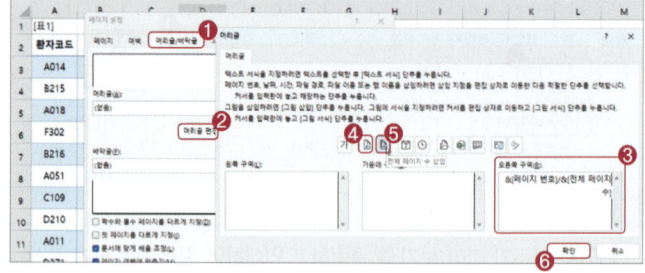

⑤ [페이지] 탭에서 '확대/축소 배율'에 90을 입력하고 [확인]을 클릭한다.

⑥ 2 페이지가 시작하는 [A17] 셀을 선택한 후 [페이지 레이아웃]-[페이지 설정] 그룹에서 [나누기]-[페이지 나누기 삽입]을 클릭한다.

05 데이터베이스 함수

작업파일 : '26컴활1급(상시)₩스프레드시트₩이론'에서 '계산작업' 파일을 열어 작업하세요.

출제유형 1 '데이터베이스' 시트에서 다음 과정을 수행하고 저장하시오.

❶ [표1]에서 구분[A3:A10]이 '무용'인 예매량[E3:E10]의 합계를 계산하여 [E11] 셀에 표시하시오.
  ▶ 조건은 [G9:G10] 영역에 입력
  ▶ 계산된 무용 예매량 합계 뒤에 '매'를 포함하여 표시 [표시 예 : 3매]
  ▶ DSUM, DCOUNT, DAVERAGE 함수 중 알맞은 함수와 & 연산자 사용

❷ [표2]에서 지점[I3:I10]이 "강북"이면서 판매량[K3:K10]이 700 이상인 사원들의 판매총액[L3:L10] 평균을 [L11] 셀에 계산하시오.
  ▶ 조건은 [M9:N10] 영역에 입력
  ▶ DSUM, DCOUNT, DAVERAGE 중 알맞은 함수를 선택하여 사용

❸ [표3]에서 사랑의 집[C15:C24]에 봉사활동을 지원한 부서명[B15:B24] 중 "홍보부"의 사원수를 [E25] 셀에 계산하시오.
  ▶ 조건은 [G24:G25] 영역에 입력
  ▶ DCOUNT, DCOUNTA, DSUM 중 알맞은 함수와 & 연산자 사용
  ▶ 숫자 뒤에 "명"을 표시 [표시 예 : 2명]

❹ [표4]에서 제조회사[J15:J25]가 '상공전자'인 스마트폰의 판매가[L15:L25] 최고와 최저 판매가의 차이를 [M25] 셀에 계산하시오.
  ▶ DMAX와 DMIN 함수 사용

❺ [표5]에서 지역[C29:C38]이 '안산'인 동호회 회원수를 [D39] 셀에 계산하시오.
  ▶ DSUM, DCOUNT, DMAX 함수 중 알맞은 함수와 & 연산자 사용
  ▶ 숫자 뒤에 "명"을 표시 [표시 예 : 2명]

❻ [표6]에서 성별[J29:J37]이 "남"이면서 영어[L29:L37]가 90 이상이거나 성별[J29:J37]이 "여"이면서 수학[M29:M37]이 90 이상인 학생의 총점[N29:N37]에 대한 평균[L40]을 구하시오.
  ▶ [I39:K41] 영역에 조건 입력
  ▶ DAVERAGE, DSUM, DCOUNTA, DCOUNT 중 알맞은 함수 사용

---

① [G9:G10] 영역에 그림과 같이 **구분, 무용**을 차례로 입력한다.

	F	G	H
7			
8		<조건>	
9		구분	
10		무용	
11			

② [E11] 셀에 **=DSUM(A2:E10,5,G9:G10)&"매"** 를 입력한다.

> **함수 설명** =DSUM(A2:E10,5,G9:G10)&"매"
> [A2:E10] 영역에서 [G9:G10] 영역에 입력된 조건(구분이 '무용')에 만족한 값을 5번째 열(예매량)에서 찾아 합계를 구한 후에 '매'를 붙여서 표시
>
> 「=DSUM(A2:E10,E2,G9:G10)&"매"」로 입력해도 됨

③ [M9:N10] 영역에 그림과 같이 **지점, 판매량, 강북, >=700**을 차례로 입력한다.

	M	N	O
8			
9	지점	판매량	
10	강북	>=700	
11			

④ [L11] 셀에 =DAVERAGE(I2:L10,4,M9:N10)을 입력한다.

> **함수 설명** =DAVERAGE(I2:L10,4,M9:N10)
> [I2:L10] 영역에서 [M9:N10] 영역에 입력된 조건(지점이 '강북'이면서 판매량이 700 이상)에 만족한 값을 4번째 열(판매총액)에서 찾아 평균을 구함
>
> 「=DAVERAGE(I2:L10,L2,M9:N10)」으로 입력해도 됨

⑤ [G24:G25] 영역에 그림과 같이 **부서명, 홍보부**를 차례로 입력한다.

⑥ [E25] 셀에 =DCOUNTA(A14:E24,3,G24:G25)&"명"을 입력한다.

> **함수 설명** =DCOUNTA(A14:E24,3,G24:G25)&"명"
> [A14:E24] 영역에서 [G24:G25] 영역에 입력된 조건(부서명이 '홍보부')에 만족한 값을 3번째 열(사랑의 집)에서 찾아 개수를 구한 후에 '명'을 붙여서 표시
>
> 「=DCOUNTA(A14:E24,C14,G24:G25)&"명"」으로 입력해도 됨

⑦ [M25] 셀에 =DMAX(I14:L25,4,J14:J15)-DMIN(I14:L25,4,J14:J15)를 입력한다.

> **함수 설명** =DMAX(I14:L25,4,J14:J15)-DMIN(I14:L25,4,J14:J15)
> [I14:L25] 영역에서 [J14:J15] 영역에 입력된 조건(제조회사가 '상공전자')에 만족한 값을 4번째 열(판매가)에서 찾아 최대값을 구한 후에 다시 최소값을 구하여 차액을 구함
>
> 「=DMAX(I14:L25,L14,J14:J15)-DMIN(I14:L25,L14,J14:J15)」로 입력해도 됨

⑧ [D39] 셀에 =DCOUNT(A28:D38,4,C28:C29)&"명"를 입력한다.

> **함수 설명** =DCOUNT(A28:D38,4,C28:C29)&"명"
> [A28:D38] 영역에서 [C28:C29] 영역에 입력된 조건(지역이 '안산')에 만족한 값을 4번째 열(가입년도)에서 찾아 개수를 구한 후에 '명'을 붙여서 표시
>
> 「=DCOUNT(A28:D38,D28,C28:C29)&"명"」으로 입력해도 됨

⑨ [I39:K41] 영역에 그림과 같이 **성별, 영어, 수학, 남, >=90, 여, >=90**을 차례로 입력한다.

	H	I	J	K
38				
39		성별	영어	수학
40		남	>=90	
41		여		>=90

⑩ [L40] 셀에 =DAVERAGE(I28:N37,6,I39:K41)를 입력한다.

> **함수 설명** =DAVERAGE(I28:N37,6,I39:K41)
> [I28:N37] 영역에서 [I39:K41] 영역에 입력된 조건(성별이 '남'이면서 영어가 90 이상이거나 성별이 '여'이면서 수학이 90 이상)에 만족한 값을 6번째 열(총점)에서 찾아 평균을 구함
>
> 「=DAVERAGE(I28:N37,N28,I39:K41)」로 입력해도 됨

➕ 더알기 TIP

'조건' 입력 시 주의사항

1. 데이터베이스에서 '조건'을 입력할 때에는 '필드명'과 '조건'을 같이 입력해야 한다.
2. 둘 이상의 '조건'을 부여하는 경우에는 'AND'와 'OR'조건을 명시해야 하는데, 'AND' 조건은 두 조건을 같은 행에 부여하고, 'OR' 조건은 두 조건을 다른 행에 부여한다.

AND 조건

	M	N	O
8			
9	지점	판매량	
10	강북	>=700	
11			

OR 조건

	M	N	O
8			
9	지점	판매량	
10	강북		
11		>=700	
12			

3. '조건'에 '수식'을 입력할 경우에는 '필드명'을 다르게 입력해야 한다.

06 수학과 삼각 함수

작업파일: '26컴활1급(상시)₩스프레드시트₩이론'에서 '계산작업' 파일을 열어 작업하세요.

출제유형 1 '수학삼각' 시트에서 다음 과정을 수행하고 저장하시오.

❶ [표1]에서 호봉[C3:C12]과 기본급[D3:D12]을 이용하여 성과금[E3:E12]을 계산하시오.
- 성과금 = √호봉 × 기본급
- 성과금은 소수점 이하는 버리고 정수로 표시
- TRUNC와 SQRT 함수 사용

❷ [표2]에서 전기량[H3:H12]과 전월 전기량[I3:I12]을 이용하여 전기량의 차이만큼 그래프를 [J3:J12]에 표시하시오.
- 전기량의 차이 = 전기량 − 전월 전기량
- 전기량의 차이만큼 '▶'을 반복하여 표시하고, 오류가 발생할 경우(전기량의 차이가 0미만일 경우)에는 '▷'를 전기량의 차이만큼 반복하여 표시
- REPT, IFERROR, ABS 함수 사용

❸ [표3]의 구입수량[D16:D24]에서 가장 높은 빈도를 가진 고객들의 구입총액[E16:E24] 합계를 [E25] 셀에 계산하시오.
- SUMIF와 MODE.SNGL 함수 사용

❹ [표4]에서 구분별, 년도별 평가점수를 이용하여 [표5]의 [M16:N18]에 비율을 구하시오.
- 구분별, 년도별 평가점수 합계 / 년도별 평가점수 합계
- 년도는 응시날짜[H16:H25]를 이용하시오.
- TEXT, SUMIFS 함수와 & 연산자 이용 [표시 예 : 25.0%]

❺ [표6]의 A조(50m), B조(50m)를 이용하여 스코어[E30:E39]를 계산하여 [표시 예]와 같이 표시하시오.
- [표시 예 : A조 2회 이기고, B조 1회 이기면 → 2:1]
- CONCAT, SUM, IF 함수를 이용한 배열 수식

❻ [표6]의 'A조(50m)'의 기록을 이용하여 [표7]에 특정 A조 선수의 출전횟수와 평균을 [M30:M33] 영역에 [표시 예]와 같이 표시하시오.
- 평균은 내림하여 소수 이하 한자리까지 표시
- [표시 예 : 김영수 선수가 2회 출전하고, 평균이 8.89 → 출전 2회, 평균 8.8점]
- COUNTIF, ROUNDDOWN, AVERAGE, IF 함수와 & 연산자를 이용한 배열 수식

❼ [표8]의 시작일과 종료일, 기관을 이용하여 기관별 이용기간의 순위를 기관별 순위[D43:D52]에 표시하시오.
- 이용기간은 시작일과 종료일 사이의 일 수
- 이용기간이 클수록 높은 순위에 해당하고, 동일한 이용기간에 대해서 같은 순위를 부여
- 기관과 순위를 '-'로 연결하여 표시 [표시 예 : 대기업의 이용기간 순위가 2등 → 대기업-2]
- SUM, IF, DAYS 함수를 이용한 배열 수식

① [E3] 셀에 =TRUNC(SQRT(C3)*D3)를 입력한 후 [E12] 셀까지 수식을 복사한다.

함수 설명 =TRUNC(SQRT(C3)*D3)
[C3] 셀의 제곱근(SQRT(C3))을 구한 후에 [D3] 셀을 곱한 값을 소수 자릿수는 버리고 정수로 표시

② [J3] 셀에 =IFERROR(REPT("▶", H3-I3), REPT("▷", ABS(H3-I3)))를 입력한 후 [J12] 셀까지 수식을 복사한다.

> **함수 설명** =IFERROR(REPT("▶", H3-I3), REPT("▷", ABS(H3-I3)))
>
> ❶ ABS(H3-I3) : H3-I3 의 값을 양수로 표시
> ❷ REPT("▶", H3-I3) : '▶'을 H3-I3 값만큼 반복하여 표시
> ❸ REPT("▷", ❶) : '▷'을 ❶ 값만큼 반복하여 표시
>
> =IFERROR(❷, ❸) : ❷의 값에 오류가 있을 때에는 ❸을 표시

③ [E25] 셀에 =SUMIF(D16:D24,MODE.SNGL(D16:D24),E16:E24)를 입력한다.

> **함수 설명** =SUMIF(D16:D24,MODE.SNGL(D16:D24),E16:E24)
>
> ❶ MODE.SNGL(D16:D24) : 구입수량 [D16:D24] 영역에서 빈도수가 높은 숫자를 구함. 4는 3번, 9와 4는 2번, 1과 7은 한 번으로 빈도수가 높은 숫자는 '4'가 됨
>
> =SUMIF(D16:D24,❶,E16:E24) : 구입수량 [D16:D24] 영역에서 '4'에 해당한 값을 찾고 구입총액 [E16:E24] 영역에서 4와 같은 행에 해당 값을 찾아 합계를 구함

④ [M16] 셀에 =TEXT(SUMIFS($J$16:$J$25,$I$16:$I$25,$L16,$H$16:$H$25,M$15&"*")/SUMIFS($J$16:$J$25,$H$16:$H$25,M$15&"*"),"0.0%")를 입력한 후 [N18] 셀까지 수식을 복사한다.

> **함수 설명** =TEXT(SUMIFS($J$16:$J$25,$I$16:$I$25,$L16,$H$16:$H$25,M$15&"*")/SUMIFS($J$16:$J$25,$H$16:$H$25,M$15&"*"),"0.0%")
>
> ❶ SUMIFS($J$16:$J$25,$I$16:$I$25,$L16,$H$16:$H$25,M$15&"*") : [I16:I25] 영역의 값이 [L16] 셀과 같고, [H16:H25] 영역의 값이 [M15] 셀의 값으로 시작하면 [J16:J25] 영역의 합계를 구함
> ❷ SUMIFS($J$16:$J$25,$H$16:$H$25,M$15&"*") : [H16:H25] 영역의 값이 [M15] 셀의 값으로 시작하면 [J16:J25] 영역의 합계를 구함
>
> =TEXT(❶/❷,"0.0%") : ❶/❷의 값을 0.0% 형식으로 표시

⑤ [E30] 셀에 =CONCAT(SUM(IF(B30:D30>H30:J30,1,0)),":",SUM(IF(B30:D30<H30:J30,1,0)))를 입력한 후 Ctrl+Shift+Enter를 눌러 수식을 완성한 후 [E39] 셀까지 수식을 복사한다.

> **함수 설명** =CONCAT(SUM(IF(B30:D30>H30:J30,1,0)),":",SUM(IF(B30:D30<H30:J30,1,0)))
>
> ❶ IF(B30:D30>H30:J30,1,0) : [B30:D30] 영역의 값이 [H30:J30] 영역의 값보다 크면 1, 그 외는 0을 반환
> ❷ IF(B30:D30<H30:J30,1,0) : [H30:J30] 영역의 값이 [B30:D30] 영역의 값보다 크면 1, 그 외는 0을 반환
> ❸ SUM(❶) : ❶의 합계를 구함
> ❹ SUM(❷) : ❷의 합계를 구함
>
> =CONCAT(❸,":",❹) : ❸:❹로 표시

⑥ [M30] 셀에 ="출전 " & COUNTIF($A$30:$A$39,L30) & "회, 평균 " & ROUNDDOWN(AVERAGE(IF($A$30:$A$39=L30,$B$30:$D$39)),1)&"점"을 입력한 후 Ctrl+Shift+Enter를 눌러 수식을 완성하고 [M33] 셀까지 수식을 복사한다.

> **함수 설명** ="출전 " & COUNTIF($A$30:$A$39,L30) & "회, 평균 " & ROUNDDOWN(AVERAGE(IF($A$30:$A$39=L30,$B$30:$D$39)),1)&"점"
>
> ❶ COUNTIF($A$30:$A$39,L30) : [A30:A39] 영역에서 [L30] 셀과 같은 셀의 개수를 구함
> ❷ IF($A$30:$A$39=L30,$B$30:$D$39) : [A30:A39] 영역의 값이 [L30] 셀과 같으면 [B30:D39] 영역의 값을 반환
> ❸ AVERAGE(❷) : ❷의 평균을 구함
> ❹ ROUNDDOWN(❸,1) : ❸의 값을 내림하여 소수 이하 1자리로 표시
>
> ="출전 " & ❶ & "회, 평균 " & ❹&"점" : 출전❶회, 평균 ❹점으로 표시

⑦ [D43] 셀에 =C43&"-"&SUM(IF(($C$43:$C$52=C43)*DAYS($B$43:$B$52,$A$43:$A$52)>DAYS(B43,A43),1))+1을 입력하고 Ctrl+Shift+Enter를 눌러 수식을 완성한 후 [D52] 셀까지 수식을 복사한다.

> **함수 설명** =C43&"-"&SUM(IF(($C$43:$C$52=C43)*DAYS($B$43:$B$52,$A$43:$A$52)>DAYS(B43,A43),1))+1
>
> ❶ ($C$43:$C$52=C43) : [C43:C52] 영역의 값이 [C43] 셀과 같으면 TRUE 값을 반환
> ❷ DAYS($B$43:$B$52,$A$43:$A$52) : DAYS[B43:B52] 영역의 날짜에서 [A43:A52] 영역의 날짜를 뺀 차이 일수를 구함
> ❸ ❶*❷>DAYS(B43,A43) : ❶의 조건에 만족한 영역의 ❷의 일수가 [B43] 일과 [A43] 일의 날짜를 뺀 차이 값보다 크면 TRUE 값을 반환
> ❹ IF(❸,1) : ❸이 TRUE이면 1을 반환
>
> =C3&"-"&SUM(❹)+1 : [C3] 셀에 연결하여 ❹의 합계에 1을 더하여 표시 (+1을 하는 이유는 순위를 1등부터 시작할 수 있도록)

07 통계 함수

작업파일 : '26컴활1급(상시)\스프레드시트\이론'에서 '계산작업' 파일을 열어 작업하세요.

출제유형1 '통계' 시트에서 다음 과정을 수행하고 저장하시오.

❶ [표1]에서 직급[C3:C11]이 '대리'가 아닌 사원수를 [D11] 셀에 계산하시오.
   ▶ 계산된 사원수 뒤에 '명'을 포함하여 표시 [표시 예 : 3명]
   ▶ SUMIF, COUNTIF, AVERAGEIF 함수 중 알맞은 함수와 & 연산자 사용

❷ [표2]의 필기점수[H3:H11]를 이용하여 필기점수의 백분위를 [표7]의 [K3:K5]에 표시하시오.
   ▶ TEXT, PERCENTILE.INC 함수 이용 [표시 예 : 390 → 390.0점]

❸ [표3]에서 상여금[E15:E22]이 1,500,000 보다 크면서 기본급이 기본급의 평균 이상인 인원수를 [E24] 셀에 표시하시오.
   ▶ 계산된 인원 수 뒤에 '명'을 포함하여 표시 [표시 예 : 2명]
   ▶ AVERAGE, COUNTIFS 함수와 & 연산자 사용

❹ [표4]에서 홈런[I15:I23]이 40개 이상인 선수들의 삼진[K15:K23] 평균을 계산하여 [K24] 셀에 표시하시오.
   ▶ COUNTIF, SUMIF, AVERAGEIF 중 알맞은 함수를 선택하여 사용

❺ [표5]에서 생산품(C)[D29:D38]의 표준편차[E30]를 구하시오.
   ▶ 표준편차는 소수점 이하 2자리에서 내림하여 1자리까지 표시 [표시 예 : 123.45 → 123.4]
   ▶ ROUNDDOWN과 STDEV.S 함수 사용

❻ [표6]의 지점[G29:G38]과 간접경비[H29:H38]를 이용하여 보조경비[I29:I38] 영역에 계산하시오.
   ▶ 보조경비 = 기본보조경비 + 추가보조경비
   ▶ 기본보조경비는 [표6]의 지점과 [표8]을 참조하여 팀별로 지급
   ▶ 추가보조경비는 전체 간접경비의 평균의 20%로 계산
   ▶ VLOOKUP, VALUE, MID, AVERAGE 함수 사용

❼ [표9]의 '선수명', '평균'을 이용하여 평균 순위[C42:C47]를 계산하여 [표시 예]와 같이 표시하시오.
   ▶ 평균의 순위가 5등 이내이면 선수명의 2번째 글자를 '★'로 바꾸어 표시하고, 순위를 연결하여 표시하고 나머지는 공백으로 표시
   ▶ [표시 예 : 순위 1등 선수명이 '배윤서'일 경우→ 배★서1등]
   ▶ 순위는 내림차순으로 구함
   ▶ IF, RANK.EQ, REPLACE 함수와 & 연산자를 이용

❽ [표10]의 지역과 [표11]의 지역별 코드를 이용하여 지역별 코드와 순번을 지역순번[H42:H47]에 표시하시오.
   ▶ 순번은 같은 코드일 경우 순서대로 카운트하여 표시 [표시 예 : SE(1), SE(2)]
   ▶ VLOOKUP, COUNT, IF 함수와 & 연산자 사용

① [D11] 셀에 =COUNTIF(C3:C11,"〈〉대리")&"명"를 입력한다.

② [K3] 셀에 =TEXT(PERCENTILE.INC($H$3:$H11,J3),"0.0점")를 입력한 후 [K5] 셀까지 수식을 복사한다.

> **함수 설명** =TEXT(PERCENTILE.INC($H$3:$H11,J3),"0.0점")
> ❶ PERCENTILE.INC($H$3:$H11,J3) : [H3:H11] 영역에서 [J3]셀 번째 백분위수를 구함
>
> =TEXT(❶,"0.0점") : ❶ 값을 0.0점 형식으로 표시

③ [E24] 셀에 =COUNTIFS(E15:E22,"〉1500000",D15:D22,"〉="&AVERAGE(D15:D22))&"명"를 입력한다.

> **함수 설명** =COUNTIFS(E15:E22,"〉1500000",D15:D22,"〉="&AVERAGE(D15:D22))&"명"
> [E15:E22] 영역에서 1500000 보다 크고, [D15:D22] 영역에서 평균 이상인 개수를 구한 후에 '명'을 붙여서 표시

④ [K24] 셀에 =AVERAGEIF(I15:I23,"〉=40",K15:K23)을 입력한다.

⑤ [E30] 셀에 =ROUNDDOWN(STDEV.S(D29:D38),1)를 입력한다.

> **함수 설명** =ROUNDDOWN(STDEV.S(D29:D38),1)
> ❶ STDEV.S(D29:D38) : [D29:D38] 영역의 표준편차를 구함
>
> =ROUNDDOWN(❶,1) : ❶의 값을 내림하여 소수 이하 한자리로 표시

⑥ [I29] 셀에 =VLOOKUP(VALUE(MID(G29,3,1)),$K$29:$L$30,2,0)+AVERAGE($H$29:$H$38)*20%를 입력한 후 [I38] 셀까지 수식을 복사한다.

> **함수 설명** =VLOOKUP(VALUE(MID(G29,3,1)),$K$29:$L$30,2,0)+AVERAGE($H$29:$H$38)*20%
> ❶ MID(G29,3,1) : [G29] 셀에서 3번째 시작하여 1글자를 추출
> ❷ VALUE(❶) : ❶의 값을 숫자로 변환한다.
> ❸ AVERAGE($H$29:$H$38) : [H29:H38] 영역의 평균을 구함
>
> =VLOOKUP(❷,$K$29:$L$30,2,0)+❸*20% : ❷의 값을 [K29:L30] 영역의 첫 번째 열에서 찾아 2번째 열의 값을 찾아온 후 ❸ 값에 20%를 곱한 값을 더하여 표시

⑦ [C42] 셀에 =IF(RANK.EQ(B42,$B$42:$B$47)〈=5,REPLACE(A42,2,1,"★")&RANK.EQ(B42,$B$42:$B$47)&"등","")을 입력하고 수식을 완성하고 [C47] 셀까지 수식을 복사한다.

> **함수 설명** =IF(RANK.EQ(B42,$B$42:$B$47)〈=5,REPLACE(A42,2,1,"★")&RANK.EQ(B42,$B$42:$B$47)&"등","")
> ❶ RANK.EQ(B42,$B$42:$B$47) : [B42] 셀에서 [B42:B47] 영역에서 내림차순으로 순위를 구함
> ❷ REPLACE(A42,2,1,"★") : [A42] 셀에서 2번째 시작하여 1글자를 '★'로 바꾸어 표시
>
> =IF(❶〈=5,❷&❶&"등","") : ❶의 값이 5 이하이면 ❷❶등 형식으로 표시하고 그 외는 공백으로 표시

⑧ [H42] 셀에 =VLOOKUP(G42,$J$42:$K$43,2,0)&"("&COUNT(IF($G$42:G42=G42,1))&")"을 입력하고 [H47] 셀까지 수식을 복사한다.

> **함수 설명** =VLOOKUP(G42,$J$42:$K$43,2,0)&"("&COUNT(IF($G$42:G42=G42,1))&")"
> ❶ VLOOKUP(G42,$J$42:$K$43,2,0) : [G42] 셀의 값을 [J42:K43] 영역의 첫 번째 열에서 찾아 2번째 열에서 정확하게 일치하는 값을 찾아 표시
> ❷ IF($G$42:G42=G42,1) : [$G$42:G42] 영역의 값이 [G42] 셀과 같으면 1을 반환
> ❸ COUNT(❷) : ❷의 개수를 구함
>
> =❶&"("&❸&")" : ❶(❸) 형식으로 표시

08 찾기/참조 함수

작업파일: '26컴활1급(상시)₩스프레드시트₩이론'에서 '계산작업' 파일을 열어 작업하세요.

출제유형 1 '찾기참조1' 시트에서 다음 과정을 수행하고 저장하시오.

❶ [표1]의 결제방법, 할부기간과 [표2]의 할부기간별 수수료율을 이용하여 [F3:F13] 영역에 지불수수료를 계산하여 표시하시오.
   ▶ 지불수수료 = 매출액 × 수수료율
   ▶ 결제방법에서 "한국카드"를 제외한 나머지 카드는 "기타카드"로 처리
   ▶ HLOOKUP, MATCH 함수 사용

❷ [표5]의 지역, 전용면적과 [표3]의 청약가능액을 이용하여 [J3:J20] 영역에 지역과 전용면적에 따른 청약가능액을 계산하여 표시하시오.
   ▶ INDEX, XMATCH 함수 사용

❸ [표4]을 참조하여 [표6]의 [I25:I29] 영역에 타이틀명을 구하여 표시하시오.
   ▶ 타이틀명은 DVD코드의 마지막 두 문자에 따라 다르며, [A28:E29] 영역의 [표4]를 참조하여 계산
   ▶ RIGHT, LOOKUP, VLOOKUP, HLOOKUP 중 알맞은 함수 사용

❹ [표7]의 TOEIC, 컴퓨터, 전공2와 [표8]을 이용하여 [Q3:Q25] 영역에 평가를 계산하여 표시하시오.
   ▶ 평가는 [표8]의 [M28:Q29]을 참조하여 계산
   ▶ 평균은 TOEIC에 0.3, 컴퓨터에 0.2, 전공2에 0.5를 곱해 더한 값으로 계산
   ▶ SUMPRODUCT, XLOOKUP 함수 이용

❺ [표9]의 회원코드와 [표10]을 이용하여 [T3:T20] 영역에 직업과 지역을 계산하여 표시하시오.
   ▶ 직업은 회원코드의 앞 두 글자와 [표10]을 이용하여 계산
   ▶ 지역은 회원코드의 뒤 세 글자를 4로 나눈 나머지가 0이면 "동부", 1이면 "서부", 2이면 "남부", 3이면 "북부"로 표시
   ▶ [표시 예 : 자영업(동부)]
   ▶ VLOOKUP, CHOOSE, MOD, RIGHT, LEFT 함수 사용

① [F3] 셀에 =B3*HLOOKUP(E3,$B$16:$E$19,MATCH(C3,{"한국카드","대한카드"},-1)+2)를 입력한 후 [F13] 셀까지 수식을 복사한다.

함수 설명 =B3*HLOOKUP(E3,$B$16:$E$19,MATCH(C3,{"한국카드","대한카드"},-1)+2)

❶ MATCH(C3,{"한국카드","대한카드"},-1) : [C3] 셀의 값을 '한국카드', '대한카드'의 값에서 위치 값을 구함. 한국카드이면 1, 대한카드 또는 그 외 내용은 2로 반환

=B3*HLOOKUP(E3,$B$16:$E$19,❶+2) : [E3] 셀의 값을 [B16:E19] 영역의 첫 번째 행에서 찾아 ❶값에 +2를 더한 행에서 값을 추출한 후에 [B3] 셀을 곱한 값을 구함

기적의 TIP

- 결제방법은 한국카드, 대한카드, 나라카드
- 대한카드, 나라카드는 기타카드 영역을 참조
- MATCH 함수에 한국카드는 1
- 대한카드, 나라카드는 2가 반환이 되려면 {한국카드, 대한카드}로 작성하여 나라카드는 MATCH 함수 타입에 -1(내림차순)으로 보다 큼을 참조하여 대한카드를 참조하여 2의 값을 반환합니다.

② [J3] 셀에 =INDEX($B$23:$E$25,XMATCH(H3,$A$23:$A$25,0),XMATCH(I3,$B$22:$E$22,-1))를 입력한 후 [J20] 셀까지 수식을 복사한다.

함수 설명 =INDEX($B$23:$E$25,XMATCH(H3,$A$23:$A$25,0),XMATCH(I3,$B$22:$E$22,-1))

❶ XMATCH(H3,$A$23:$A$25,0) : [H3] 셀의 값이 [A23:A25] 영역에서 일치하는 값을 상대적인 위치 값을 반환
❷ XMATCH(I3,$B$22:$E$22,-1) : [I3] 셀의 값이 [B22:E22] 영역에서 정확하게 일치하거나 일치하는 값이 아닐 경우 다음으로 작은 항목을 참조하여 상대적인 위치 값을 반환

- (...)0 - 정확히 일치
- (...)-1 - 정확히 일치하거나 다음으로 작은 항목
- (...)1 - 정확히 일치하거나 다음으로 큰 항목
- (...)2 - 와일드카드 문자 일치

③ [I25] 셀에 =LOOKUP(RIGHT(H25,2)*1,$A$29:$E$29,$A$28:$E$28)를 입력한 후 [I29] 셀까지 수식을 복사한다.

함수 설명 =LOOKUP(RIGHT(H25,2)*1,$A$29:$E$29,$A$28:$E$28)

❶ RIGHT(H25,2) : [H25] 셀의 값에서 오른쪽에서부터 2번째 값을 추출
❷ ❶*1 : ❶의 값을 숫자 형식의 데이터로 변환
❸ LOOKUP(❶*1,$A$29:$E$29,$A$28:$E$28) : ❷의 값을 [A29:E29]에서 찾아 같은 열의 [A28:E28] 영역에서 값을 찾음

> **기적의 TIP**
>
> • [B22:E22] 영역에 50㎡ 이상, 86㎡ 이상, ... 으로 표시되어 있지만, 실제로 입력된 값은 50, 86… 입력되어 있고, 셀 서식을 이용하여 서식이 적용되어 있습니다.

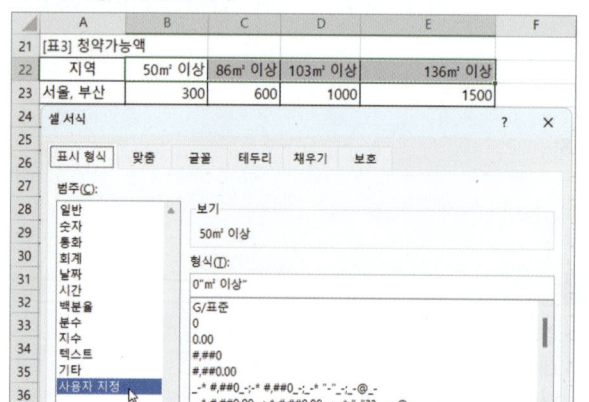

• 마찬가지로 [I3:I20] 영역도 85㎡, 108㎡, ... 으로 표시되어 있지만, 실제로 입력된 값은 85, 108, … 으로 입력되어 있고, 셀 서식을 이용하여 서식이 적용되어 있습니다.

④ [Q3] 셀에 =XLOOKUP(SUMPRODUCT(N3:P3,{0.3,0.2,0.5}),$M$28:$Q$28,$M$29:$Q$29,,-1)를 입력한 후 [Q25] 셀까지 수식을 복사한다.

함수 설명 =XLOOKUP(SUMPRODUCT(N3:P3,{0.3,0.2,0.5}),$M$28:$Q$28,$M$29:$Q$29,,-1)

❶ SUMPRODUCT(N3:P3,{0.3,0.2,0.5}) : [N3:P3]과 {0.3,0.2,0.5}을 곱한 값의 합을 구함
(예 : [N3] * 0.3 + [O3] * 0.2 + [P3] * 0.5)

=XLOOKUP(❶,$M$28:$Q$28,$M$29:$Q$29,,-1) : ❶의 값을 [M28:Q28] 영역에서 찾아 같은 열의 [M29:Q29] 영역의 값을 반환
(MATCH MODE : -1은 정확하게 일치한 값 또는 정확하게 일치하는 값이 없을 경우 다음으로 작은 항목을 참조)

- (...)0 - 정확히 일치
- (...)-1 - 정확히 일치하거나 다음으로 작은 항목
- (...)1 - 정확히 일치하거나 다음으로 큰 항목
- (...)2 - 와일드카드 문자 일치

⑤ [T3] 셀에 =VLOOKUP(LEFT(S3,2),$S$25:$T$29,2,FALSE)&"("&CHOOSE(MOD(RIGHT(S3,3),4)+1,"동부","서부","남부","북부")&")"를 입력한 후 [T20] 셀까지 수식을 복사한다.

함수 설명 =VLOOKUP(LEFT(S3,2),$S$25:$T$29,2,FALSE)&"("&CHOOSE(MOD(RIGHT(S3,3),4)+1,"동부","서부","남부","북부")&")"

❶ LEFT(S3,2) : [S3] 셀의 왼쪽에서부터 2글자를 추출
❷ VLOOKUP(❶,$S$25:$T$29,2,FALSE) : ❶의 값을 [S25:T29] 영역에서 첫 번째 열에서 찾아 같은 행의 2번째 열에서 정확하게 일치하는 값을 추출
❸ RIGHT(S3,3) : [S3] 셀의 오른쪽에서부터 3글자를 추출
❹ MOD(❸,4) : ❸의 값을 4로 나눈 나머지를 구함
❺ CHOOSE(❹+1,"동부","서부","남부","북부") : ❹의 값에 1을 더한 값이 1이면 '동부', 2이면 '서부', 3이면 '남부', 4이면 '북부'로 표시

=❷&"("&❺&")" : ❷(❺) 형식으로 표시

> **기적의 TIP**
>
> VLOOKUP(lookup_value, table_array, col_index_num, [range_lookup])
>
> • lookup_value : 찾을 값
> • table_array : 표 범위
> • col_index_num : 가져올 열 번호
> • [range_lookup] : [ ] 기호로 표시된 부분은 생략이 가능, 단 정확하게 일치하는 값을 찾을 때에는 0 또는 false 입력

출제유형 2 '찾기참조2' 시트에서 다음 과정을 수행하고 저장하시오.

❶ [표1]의 제품코드와 [표2]를 이용하여 상품명[B3:B13]을 표시하시오.
- ▶ 상품명은 제품코드와 [표2]의 과일코드와 사이즈를 이용하여 검색
- ▶ 제품코드의 첫 번째 문자는 과일코드를 마지막 문자는 사이즈를 의미
- ▶ INDEX, MATCH, RIGHT 함수 사용

❷ [표1]의 제품상태, 맛, 포장상태를 이용하여 만족도를 계산하고 [표시 예]와 같이 [F3:F13] 영역에 표시하시오.
- ▶ 만족도는 제품상태, 맛, 포장상태를 [표3]의 가중치와 각각 곱해 더한 값의 정수값
- ▶ 만족도만큼 ♥를 표시하고, 그 뒤에 5에서 만족도를 뺀 만큼 ♡를 표시
  [표시 예 : 만족도 3 → ♥♥♥♡♡]
- ▶ REPT, INT, SUMPRODUCT, TRANSPOSE 함수와 & 연산자 사용

❸ [표4]의 출석, 발표, 보고서, 교수평가, 동료평가와 [표5]와 [표6]을 참조하여 평가결과[O3:O13]를 표시하시오.
- ▶ 평가점수는 [표5]를 참조하여 각 반별 항목별 비중을 곱한 값을 더하여 계산하고, 평가결과는 계산된 평가점수를 [표6]을 참조하여 표시
- ▶ HLOOKUP, SUMPRODUCT, OFFSET, MATCH 함수 사용

❹ [표7]에서 출석일수와 1차, 2차, 3차 점수를 이용하여 수강평가[W3:W13]를 계산하시오.
- ▶ 출석일수가 17일 이상이면서 1차, 2차, 3차 점수가 모두 65점을 초과하는 경우 'Pass', 그 외는 공백으로 표시
- ▶ IF, AND, COUNTIF 함수 사용

❺ [표7]에서 결석일수와 1차, 2차, 3차 점수를 이용하여 수강료할인율[X3:X13]을 계산하시오.
- ▶ 수강료할인율은 평균에 따른 [표8]을 참조하여 계산(단, 평균은 학생별 1차, 2차, 3차점수의 평균임)
- ▶ 결석일수가 0이면 수강료할인율을 0.5%를 추가
- ▶ IF, VLOOKUP, AVERAGE 함수 사용

❻ [표9]의 목표, 실적을 이용하여 [표10]의 달성률에 따른 PS지급률을 참조하여 최종PS지급률[AE3:AE13] 영역에 표시하시오.
- ▶ 최종PS지급률 = PS지급률 + 추가지급률
- ▶ PS지급률은 실적/목표로 계산한 달성률을 [표10]을 참조하여 지급률 참조
- ▶ 추가지급률은 달성률이 120% 이상이면서 '간접경비/직접경비'가 50% 이상인 경우 7% 추가지급하고, 달성률이 80% 미만인 경우에는 -5%, 그 외에는 0%로 계산
- ▶ LOOKUP, IF, AND 함수 사용

① [B3] 셀에 =INDEX($B$18:$D$21,MATCH(A3,$A$18:$A$21,1),MATCH(RIGHT(A3,1),$B$17:$D$17,0))를 입력한 후 [B13] 셀까지 수식을 복사한다.

> **함수 설명** =INDEX($B$18:$D$21,MATCH(A3,$A$18:$A$21,1), MATCH(RIGHT(A3,1),$B$17:$D$17,0))
>
> ❶ RIGHT(A3,1) : [A3] 셀에서 오른쪽 한 글자를 추출
> ❷ MATCH(❶,$B$17:$D$17,0) : ❶의 값을 [B17:D17] 영역에서 상대적인 위치 값을 구함
> ❸ MATCH(A3,$A$18:$A$21,1) : [A3] 셀의 값을 [A18:A21] 영역에서 상대적인 위치 값을 구함 (B-H-N-Y 오름차순으로 작성되어 있어서 1을 입력)
>
> =INDEX($B$18:$D$21,❷,❸) : [B18:D21] 영역에서 ❷행에 ❸열에 교차하는 값을 반환

② [F3] 셀에 =REPT("♥", INT(SUMPRODUCT(C3:E3, TRANSPOSE($B$25:$B$27))))&REPT("♡", 5-INT(SUMPRODUCT(TRANSPOSE(C3:E3), $B$25:$B$27)))를 입력한 후 [F13] 셀까지 수식을 복사한다.

> **함수 설명** =REPT("♥", INT(SUMPRODUCT(C3:E3, TRANSPOSE($B$25:$B$27))))&REPT("♡", 5-INT(SUMPRODUCT(TRANSPOSE(C3:E3), $B$25:$B$27)))
>
> ❶ TRANSPOSE($B$25:$B$27) : [B25:B27] 영역의 값을 행과 열을 바꿈
> ❷ SUMPRODUCT(C3:E3, ❶) : [C3:E3] 값과 ❶의 값을 각각 곱하여 더한 값을 구함
> ❸ INT(❷) : ❷의 값을 정수로 반환
>
> =REPT("♥", ❸)&REPT("♡", 5-❸) : ♥를 ❸ 개수만큼 반복하여 표시하고, ♡를 5-❸ 개수만큼 반복하여 표시

③ [O3] 셀에 =HLOOKUP(SUMPRODUCT(J3:N3,OFFSET($H$16,MATCH(H3,$H$17:$H$19,0),1,1,5)),$I$22:$K$23,2)를 입력한 후 [O13] 셀까지 수식을 복사한다.

> **함수 설명** =HLOOKUP(SUMPRODUCT(J3:N3,OFFSET($H$16,MATCH(H3,$H$17:$H$19,0),1,1,5)),$I$22:$K$23,2)
>
> ❶ MATCH(H3,$H$17:$H$19,0) : [H3] 셀의 값을 [H17:H19] 영역에서 상대적인 위치 값을 구함
> ❷ OFFSET($H$16,❶,1,1,5) : [H16] 셀에서 시작하여 ❶ 아래로 이동하고 오른쪽으로 1 칸 이동하여 1행 5열의 값을 가져옴
> ❸ SUMPRODUCT(J3:N3, ❷) : [J3:N3] 값과 ❷의 값을 각각 곱하여 더한 값을 구함
>
> =HLOOKUP(❸,$I$22:$K$23,2) : ❸ 값을 [I22:K23] 영역의 첫 번째 행에서 2번째 행의 값을 찾아옴

④ [W3] 셀에 =IF(AND(R3>=17,COUNTIF(T3:V3,">65")=3),"Pass","")를 입력한 후 [W13] 셀까지 수식을 복사한다.

> **함수 설명** =IF(AND(R3>=17,COUNTIF(T3:V3,">65")=3),"Pass","")
>
> ❶ COUNTIF(T3:V3,">65") : [T3:V3] 영역에서 65를 초과한 셀의 개수를 구함
> ❷ AND(R3>=17,❶=3) : [R3] 셀의 값이 17이상이고, ❶의 값이 3이면 TRUE 값이 반환
>
> =IF(❷,"Pass","") : ❷의 값이 TRUE이면 'Pass'를 그 외는 공백으로 표시

⑤ [X3] 셀에 =IF(S3=0,0.5%,0%)+VLOOKUP(AVERAGE(T3:V3),$Q$17:$S$21,3,1)를 입력한 후 [X13] 셀까지 수식을 복사한다.

> **함수 설명** =IF(S3=0,0.5%,0%)+VLOOKUP(AVERAGE(T3:V3),$Q$17:$S$21,3,1)
>
> ❶ IF(S3=0,0.5%,0%) : [S3] 셀의 값이 0이면 0.5%, 그 외는 0% 값을 반환
> ❷ AVERAGE(T3:V3) : [T3:V3] 영역의 평균값을 구함
> ❸ VLOOKUP(❷,$Q$17:$S$21,3,1) : ❷의 값을 [Q17:S21] 영역의 첫 번째 열에서 찾아 3번째 열의 값을 찾아옴
>
> =❶+❸ : ❶+❸ 결과를 표시

⑥ [AE3] 셀에 =LOOKUP(AB3/AA3,$Z$17:$AA$20)+IF(AND(AB3/AA3)=1.2, AD3/AC3)=0.5), 7%, IF(AB3/AA3<0.8, -5%, 0%))를 입력한 후 [AE13] 셀까지 수식을 복사한다.

> **함수 설명** =LOOKUP(AB3/AA3,$Z$17:$AA$20)+IF(AND(AB3/AA3)=1.2, AD3/AC3)=0.5), 7%, IF(AB3/AA3<0.8, -5%, 0%))
>
> ❶ LOOKUP(AB3/AA3,$Z$17:$AA$20) : [AB3]/[AA3]을 계산한 후 [Z17:AA20] 영역의 첫 번째의 열에서 찾아 두 번째 열의 값을 찾아옴(또는 LOOKUP(AB3/AA3,$Z$17:$Z$20,$AA$17:$AA$20) 으로 작성 가능)
> ❷ AND(AB3/AA3)=1.2, AD3/AC3)=0.5) : [AB3]/[AA3]의 값이 1.2 이상이고, [AD3]/[AC3]>의 값이 0.5 이상이면 TRUE 값을 반환
> ❸ IF(❷, 7%, IF(AB3/AA3<0.8, -5%, 0%) : ❷의 값이 TRUE이면 7%, [AB3]/[AA3]의 값이 0.8 미만이면 -5%, 그 외는 0%의 값을 반환
>
> =❶+❸ : ❶+❸ 값을 표시

09 날짜/시간 함수

작업파일 : '26컴활1급(상시)₩스프레드시트₩이론'에서 '계산작업' 파일을 열어 작업하세요.

출제유형 1 '날짜' 시트에서 다음 과정을 수행하고 저장하시오.

❶ [표1]의 시작일, 행사일과 [표2]를 이용하여 시작일과 행사일 사이의 작업일[D3:D18]을 계산하여 표시하시오.
  ▶ 작업일이 0보다 작으면 공백으로 표시
  ▶ 작업일은 세 자리로 표시 [표시 예 : 작업일이 43일인 경우 → 043]
  ▶ NETWORKDAYS, TEXT, IF 함수 사용

❷ [표3]의 판매일과 [표2]의 공휴일을 이용하여 [표3]의 [J3:J19] 영역에 수선일을 계산하여 표시하시오.
  ▶ 수선일은 판매일에서 주말과 공휴일을 제외한 3일 후의 날로 계산
  ▶ 공휴일은 [표2]를 이용
  ▶ TEXT, WORKDAY 함수 이용
  ▶ [표시 예 : 판매일 : 2025-01-03 → 수선일 : 2025년 1월 8일 수요일]

❸ [표4]의 검침일을 이용하여 [M3:M18] 영역에 사용기간을 계산하여 표시하시오.
  ▶ 사용기간은 검침일의 한 달전 다음 날에서 검침일까지로 계산
     [표시 예 : 검침일이 03-05이면 사용기간은 02/06~03/05로 표시]
  ▶ EDATE, TEXT 함수와 '&' 연산자 이용

❹ [표6]의 판매가, 제조일, 보존기간(개월)과 [표5]를 이용하여 [S3:S24] 영역에 할인가를 계산하여 표시하시오.
  ▶ 할인가 = 판매가 × (1-할인율)
  ▶ 할인율은 (유통기한 - 기준일)/30을 기준으로 [표5]에서 찾아 계산
  ▶ 유통기한은 제조일에서 보존기간(개월)이 지난날로 계산
  ▶ VLOOKUP, EDATE, QUOTIENT 함수 사용

❺ [표7]의 '대출일자'와 '기준일(2026-12-31)'을 이용하여 대출일수[V3:V14]를 표시하시오.
  ▶ 1달은 30일로 계산하여 기준일에서 대출일자까지 대출일수를 [표시 예]와 같이 표시 [표시 예 : 22개월 3일]
  ▶ QUOTIENT, DAYS, DATE, MOD 함수와 & 연산자 사용

❻ [표7]의 '대출일자', '성별'을 이용하여 성별이 '여'이고 대출일자가 가장 빠른 달의 인원수를 [U18] 셀에 표시하시오.
  ▶ COUNTIFS, EOMONTH, MIN 함수와 & 연산자 사용

❼ [표9]의 과목, 날짜, 금액을 이용하여 [표10]의 [AD4:AE6] 영역에 표시하시오.
  ▶ 과목별 월별 금액의 최소값과 최대값을 계산
  ▶ [표시 예 : 최소값 200,000 이고, 최대값 300,000 이면 → 200000 - 300000]
  ▶ SMALL, LARGE, IF, LEFT, MONTH 함수와 & 연산자 사용한 배열 수식

❽ [표9]의 과목, 날짜를 이용하여 [표11]의 [Z18:AF20] 영역에 과목별 요일별 건수를 표시하시오.
  ▶ SUM, CHOOSE, WEEKDAY, LEFT 함수를 사용한 배열 수식

① [D3] 셀에 =IF(NETWORKDAYS($D$1,C3,$F$3:$F$10)<0,"",TEXT(NETWORKDAYS($D$1,C3,$F$3:$F$10),"000"))를 입력한 후 [D18] 셀까지 수식을 복사한다.

> **함수 설명** =IF(NETWORKDAYS($D$1,C3,$F$3:$F$10)<0,"",TEXT(NETWORKDAYS($D$1,C3,$F$3:$F$10),"000"))
>
> ❶ NETWORKDAYS($D$1,C3,$F$3:$F$10) : 시작일[D1]에서 행사일[C3]까지 일수를 구하는데, [F3:F10] 영역의 공휴일을 뺀 일수를 구함
> ❷ TEXT(❶,"000") : ❶의 값을 숫자 세 자리로 표시
>
> =IF(❶<0,"",❷) : ❶의 값이 0보다 작으면 공백으로 0보다 크거나 같으면 ❷ 형식으로 표시

② [J3] 셀에 =TEXT(WORKDAY(I3,3,$F$3:$F$10),"yyyy년 m월 d일 aaaa")를 입력한 후 [J19] 셀까지 수식을 복사한다.

> **함수 설명** =TEXT(WORKDAY(I3,3,$F$3:$F$10),"yyyy년 m월 d일 aaaa")
>
> ❶ WORKDAY(I3,3,$F$3:$F$10) : [I3] 셀 날짜에서 작업일수(3일)에 해당한 날짜를 표시하는데, 작업일수에 주말과 휴일[F3:F10]은 포함하지 않음
>
> =TEXT(❶,"yyyy년 m월 d일 aaaa") : ❶의 날짜를 "yyyy년 m월 d일 aaaa" 형식으로 표시

③ [M3] 셀에 =TEXT(EDATE(L3,-1)+1,"mm/dd") & "~" & TEXT(L3,"mm/dd")를 입력한 후 [M18] 셀까지 수식을 복사한다.

> **함수 설명** =TEXT(EDATE(L3,-1)+1,"mm/dd") & "~"& TEXT(L3,"mm/dd")
>
> ❶ EDATE(L3,-1) : [L3] 셀에서 -1달 경과한 날짜를 구함
> ❷ TEXT(❶+1,"mm/dd") : ❶의 값에 +1을 해서 "mm/dd" 형식으로 표시

④ [S3] 셀에 =P3*(1-VLOOKUP(QUOTIENT(EDATE(Q3,R3)-$S$1,30),$L$22:$M$25,2))를 입력한 후 [S24] 셀까지 수식을 복사한다.

> **함수 설명** =P3*(1-VLOOKUP(QUOTIENT(EDATE(Q3,R3)-$S$1,30),$L$22:$M$25,2))
>
> ❶ EDATE(Q3,R3) : [Q3] 셀 날짜에서 [R3] 달 경과한 날짜를 구한다.
> ❷ QUOTIENT(❶-$S$1,30) : ❶-S1의 값을 30으로 나누어 몫을 구함
> ❸ VLOOKUP(❷,$L$22:$M$25,2) : ❷의 값을 [L22:M25] 영역의 첫 번째 열에서 찾아 같은 행의 2번째 열에서 값을 찾아옴
>
> =P3*(1-❸) : [P3]셀에 (1-❸)을 곱함

⑤ [V3] 셀에 =QUOTIENT(DAYS(DATE(2026,12,31),U3),30)&"개월 " & MOD(DAYS(DATE(2026,12,31),U3),30)&"일"을 입력한 후 [V14] 셀까지 수식을 복사한다.

> **함수 설명** =QUOTIENT(DAYS(DATE(2026,12,31),U3),30)&"개월 " & MOD(DAYS(DATE(2026,12,31),U3),30)&"일"
>
> ❶ DATE(2026,12,31) : 2026-12-31 날짜로 표시
> ❷ DAYS(❶,U3) : [U3] 셀의 날짜에서 ❶의 날짜 차이의 일수를 구함
> ❸ QUOTIENT(❷,30) : ❷의 값을 30으로 나눈 몫을 구함
> ❹ MOD(❷,30) : ❷의 값을 30으로 나눈 나머지를 구함
>
> =❸&"개월 " & ❹&"일" : ❸개월 ❹일로 표시

⑥ [U18] 셀에 =COUNTIFS(W3:W14,"여",U3:U14,"<="&EOMONTH(MIN(U3:U14),0))을 입력한다.

> **함수 설명** =COUNTIFS(W3:W14,"여",U3:U14,"<="&EOMONTH(MIN(U3:U14),0))
>
> ❶ MIN(U3:U14) : [U3:U14] 영역에서 최소값을 구함
> ❷ EOMONTH(❶,0) : ❶의 월에서 말일을 구함
>
> =COUNTIFS(W3:W14,"여",U3:U14,"<="&❷) : [W3:W14] 영역에서 '여'이고, [U3:U14] 영역에서 ❷ 이전인 날짜인 셀의 개수를 구함

⑦ [AD4] 셀에 =SMALL(IF((LEFT($Y$3:$Y$14,2)=$AC4)*(MONTH($Z$3:$Z$14)=AD$3),$AA$3:$AA$14),1)&" - "&LARGE(IF((LEFT($Y$3:$Y$14,2)=$AC4)*(MONTH($Z$3:$Z$14)=AD$3),$AA$3:$AA$14),1)을 입력하고 Ctrl + Shift + Enter 를 눌러 수식을 완성한 후 [AE6] 셀까지 수식을 복사한다.

> **함수 설명** =SMALL(IF((LEFT($Y$3:$Y$14,2)=$AC4)*(MONTH($Z$3:$Z$14)=AD$3),$AA$3:$AA$14),1)&" - "&LARGE(IF((LEFT($Y$3:$Y$14,2)=$AC4)*(MONTH($Z$3:$Z$14)=AD$3),$AA$3:$AA$14),1)
>
> ❶ LEFT($Y$3:$Y$14,2)=$AC4 : [Y3:Y14] 영역에서 왼쪽 2글자를 추출한 값이 [AC4] 셀과 같으면 TRUE 값을 반환
> ❷ MONTH($Z$3:$Z$14)=AD$3 : [Z3:Z14] 영역에서 월을 추출한 값이 [AD3] 셀과 같으면 TRUE 값을 반환
> ❸ IF(❶*❷,$AA$3:$AA$14) : ❶과 ❷가 모두 TRUE이면 [AA3:AA14] 영역의 값을 반환
> ❹ SMALL(❸,1) : ❸에서 첫 번째 작은 값을 구함
> ❺ LARGE(❸,1) : ❸에서 첫 번째 큰 값을 구함
>
> =❹&" - "&❺ : ❹ - ❺ 형식으로 표시

⑧ [Z18] 셀에 =SUM((CHOOSE(WEEKDAY($Z$3:$Z$14,1), "일","월","화","수","목","금","토")=Z$17)*(LEFT($Y$3:$Y$14,2)=$Y18))을 입력하고 Ctrl+Shift+Enter를 눌러 수식을 완성한 후 [AF20] 셀까지 수식을 복사한다.

> **함수 설명** =SUM((CHOOSE(WEEKDAY($Z$3:$Z$14,1),"일","월","화","수","목","금","토")=Z$17)*(LEFT($Y$3:$Y$14,2)=$Y18))
>
> ❶ WEEKDAY($Z$3:$Z$14,1) : [Z3:Z14] 영역의 날짜에서 요일을 숫자로 반환(일요일이 숫자 1로 반환)
> ❷ CHOOSE(❶,"일","월","화","수","목","금","토") : ❶의 값이 1이면 '일', 2이면 '월', 3이면 '화', 4이면 '수', 5이면 '목', 6이면 '금', 7이면 '토'로 반환
> ❸ ❷=Z$17 : ❷의 값이 [Z17] 셀과 같으면 TRUE 값을 반환
> ❹ LEFT($Y$3:$Y$14,2)=$Y18 : [Y3:Y14] 영역에서 왼쪽 2글자를 추출한 값이 [Y18] 셀과 같으면 TRUE 값을 반환
>
> =SUM(❸*❹) : ❸, ❹ 모두 TRUE 이면 반환된 1의 합계를 구함

10 텍스트 함수

작업파일 : '26컴활1급(상시)₩스프레드시트₩이론'에서 '계산작업' 파일을 열어 작업하세요.

출제유형 1   '텍스트1' 시트에서 다음 과정을 수행하고 저장하시오.

❶ [표1]의 보험자를 이용하여 [B3:B30] 영역에 피보험자를 계산하여 표시하시오.
  ▶ 보험자의 가운데 글자를 '*'로 변경하고 뒤에 "가족"을 표시
  ▶ 보험자가 "이은주"일 경우 [표시 예 : 이*주 가족]
  ▶ CONCAT, MID, SUBSTITUTE 함수 사용

❷ [표2]의 판매량을 이용하여 [G3:G27] 영역에 다음과 같이 "★"를 표시하시오.
  ▶ 판매량이 8,400일 경우 : ★★★★★★★★☆☆
  ▶ 판매량이 5,700일 경우 : ★★★★★☆☆☆☆☆
  ▶ CONCAT, REPT, QUOTIENT 함수 사용

❸ [표3]의 '홈페이지주소'에서 '.kr'을 '@상공.kr'로 변경하고, 첫 글자는 대문자로 변경하여 메일주소[J3:J21]를 구하시오.
  ▶ SUBSTITUTE, UPPER, PROPER, CONCAT 중 알맞은 함수를 선택하여 사용

❹ [표4]의 제품ID를 이용하여 비고[M3:M16]를 계산하여 표시하시오.
  ▶ 제품ID 뒤의 네 글자를 4로 나눈 나머지가 0이면 "수동녹화", 1이면 "수시/충격감지", 2이면 "충격감지", 3은 "수시감지"로 표시하시오.
  ▶ CHOOSE, VALUE, RIGHT, MOD 함수 사용

---

① [B3] 셀에 =CONCAT(SUBSTITUTE(A3,MID(A3,2,1),"*")," 가족")를 입력한 후 [B30] 셀까지 수식을 복사한다.

> **함수 설명** =CONCAT(SUBSTITUTE(A3,MID(A3,2,1),"*")," 가족")
>
> ❶ MID(A3,2,1) : [A3] 셀에서 2번째에서 시작하여 1글자를 추출
> ❷ SUBSTITUTE(A3,❶,"*") : [A3] 셀에서 ❶의 값을 '*'으로 텍스트를 바꿈
>
> =CONCAT(❷," 가족") : ❷ 가족으로 연결하여 표시

② [G3] 셀에 =CONCAT(REPT("★",QUOTIENT(F3,1000)),REPT("☆",10-QUOTIENT(F3,1000)))를 입력한 후 [G27] 셀까지 수식을 복사한다.

> **함수 설명** =CONCAT(REPT("★",QUOTIENT(F3,1000)),REPT("☆",10-QUOTIENT(F3,1000)))
>
> ❶ QUOTIENT(F3,1000) : [F3] 셀을 1000으로 나눈 몫을 정수로 구함
> ❷ REPT("★",❶) : '★'을 ❶만큼 표시
> ❸ REPT("☆",10-❶) : '☆'을 10-❶만큼 표시
>
> =CONCAT(❷,❸) : ❷와 ❸을 연결하여 표시

> **기적의 TIP**
> ★은 한글 자음 「ㅁ」을 입력한 후 [한자]를 눌러 입력합니다.

③ [J3] 셀에 =PROPER(SUBSTITUTE(I3,".kr","@상공.kr"))를 입력한 후 [J21] 셀까지 수식을 복사한다.

> **함수 설명** =PROPER(SUBSTITUTE(I3,".kr","@상공.kr"))
>
> ❶ SUBSTITUTE(I3,".kr","@상공.kr") : [I3] 셀의 'kr'을 '@상공kr'로 텍스트를 바꾸어 표시
>
> =PROPER(❶) : ❶의 값을 첫글자만 대문자로 표시

④ [M3] 셀에 =CHOOSE(MOD(VALUE(RIGHT(L3,4)),4)+1,"수동녹화","수시/충격감지","충격감지","수시감지")를 입력한 후 [M16] 셀까지 수식을 복사한다.

> **함수 설명** =CHOOSE(MOD(VALUE(RIGHT(L3,4)),4)+1,"수동녹화","수시/충격감지","충격감지","수시감지")
>
> ❶ RIGHT(L3,4) : [L3] 셀에서 오른쪽부터 시작하여 4글자를 추출
> ❷ VALUE(❶) : ❶의 값을 숫자로 변환
> ❸ MOD(❷,4) : ❷의 값을 4로 나눈 나머지를 구함
>
> =CHOOSE(❸+1,"수동녹화","수시/충격감지","충격감지","수시감지") : ❸+1의 값이 1이면 '수동녹화', 2이면 '수시/충격감지', 3이면 '충격감지', 4이면 '수시감지'로 표시

출제유형 2 '텍스트2' 시트에서 다음 과정을 수행하고 저장하시오.

❶ [표1]의 수량과 등급을 이용하여 [G3:G24] 영역에 포인트점수를 계산하여 표시하시오.
- ▶ 포인트점수 = 판매금액 × 할인율
- ▶ 할인율은 [표2]의 할인율표를 참조
- ▶ TEXT, VLOOKUP, MATCH 함수 사용
- ▶ [표시 예 : 1234 → 1,234점, 0 → 0점]

❷ [표3]의 행사내용, 인원과 [표4]를 이용하여 행사내용과 인원에 따른 홀이름[L3:L12]을 표시하시오.
- ▶ 홀이름의 영문 첫글자는 대문자로 표시
  [표시 예 : 행사내용이 '돌잔치', 인원이 230명인 경우 → Crystal Hall]
- ▶ HLOOKUP, MATCH, PROPER 함수 사용

❸ [표5]의 학생코드의 3~5번째와 6~8번째 글자를 이용하여 [K22:K26] 영역에 반-번호를 계산하여 다음과 같이 표시하시오.
- ▶ '학생코드'가 J1009021인 경우 : 9-21
- ▶ '학생코드'가 J1010003인 경우 : 10-3
- ▶ CONCAT, MID, VALUE 함수 사용

❹ [표6]의 지역과 [표7]를 이용하여 [N3:N29] 영역에 번호를 계산하여 표시하시오.
- ▶ 번호는 지역에 따른 코드와 일련번호를 연결하여 표시
- ▶ 일련번호는 수식이 입력된 행 번호에서 2를 뺀 값으로 표시
- ▶ 지역이 "서울, 부산"이고, 수식이 3행에 입력된 경우 : SB-1
- ▶ 지역이 "기타광역시"이고, 수식이 4행에 입력된 경우 : KY-2
- ▶ CONCAT, ROW, VLOOKUP 함수 사용

❺ [표8]의 코드와 강의년도를 이용하여 [R3:R30]의 영역에 강의코드를 계산하여 표시하시오.
- ▶ 강의코드는 코드 중간에 강의년도의 뒤에 두 글자를 삽입하여 표시
- ▶ 코드가 "S001", 강의년도가 "2025"일 경우 : S-25-001
- ▶ RIGHT, REPLACE 함수와 & 연산자 사용

❻ [표9]에서 ID[U3:U18]을 이용하여 변경ID[V3:V18]을 표시하시오.
  ▶ ID의 세 번째 글자부터 4글자가 '2025'인 경우, 'C'를 찾아 공백으로 변경하고, 그렇지 않은 경우 '2024'를 찾아 'RE-'로 변경할 것
  ▶ IF, VALUE, MID, SUBSTITUE 함수 사용

① [G3] 셀에 =TEXT(E3*VLOOKUP(C3,$A$27:$E$33,MATCH(F3,$C$27:$E$27,0)+2),"#,##0점")를 입력한 후 [G24] 셀까지 수식을 복사한다.

> **함수 설명** =TEXT(E3*VLOOKUP(C3,$A$27:$E$33,MATCH(F3,$C$27:$E$27,0)+2),"#,##0점")
> ❶ MATCH(F3,$C$27:$E$27,0) : [F3] 셀의 값이 [C27:E27] 영역에서 일치하는 상대적 위치 값을 반환
> ❷ VLOOKUP(C3,$A$27:$E$33,❶+2) : [C3] 셀의 값을 [A27:E33] 영역의 첫 번째 열에서 값을 찾아 같은 행의 ❶+2를 한 열에서 값을 찾아 반환
>
> =TEXT(E3*❷,"#,##0점") : E3*❷한 결과 값을 '#,##0점' 형식으로 표시

② [L3] 셀에 =PROPER(HLOOKUP(K3,$J$15:$L$18,MATCH(J3,$I$17:$I$18,0)+2))를 입력한 후 [L12] 셀까지 수식을 복사한다.

> **함수 설명** =PROPER(HLOOKUP(K3,$J$15:$L$18,MATCH(J3,$I$17:$I$18,0)+2))
> ❶ MATCH(J3,$I$17:$I$18,0) : [J3] 셀의 값을 [I17:I18] 영역에 일치하는 값의 상대적 위치 값을 반환
> ❷ HLOOKUP(K3,$J$15:$L$18,❶+2) : [K3] 셀의 값을 [J15:L18] 영역의 첫 번째 행에서 값을 찾아 같은 열의 ❶+2를 한 행에서 값을 찾아 반환
>
> =PROPER(❷) : ❷의 값을 첫 글자만 대문자로 표시

③ [K22] 셀에 =CONCAT(VALUE(MID(J22,3,3)),"-",VALUE(MID(J22,6,3)))을 입력한 후 [K26] 셀까지 수식을 복사한다.

> **함수 설명** =CONCAT(VALUE(MID(J22,3,3)),"-",VALUE(MID(J22,6,3)))
> ❶ MID(J22,3,3) : [J22] 셀의 값을 3번째에서 시작하여 3글자를 추출
> ❷ MID(J22,6,3) : [J22] 셀의 값을 6번째에서 시작하여 3글자를 추출
> ❸ VALUE(❶) : ❶의 값을 숫자로 반환
> ❹ VALUE(❷) : ❷의 값을 숫자로 반환
>
> =CONCAT(❸,"-",❹) : ❸-❹ 형식으로 연결하여 표시

④ [N3] 셀에 =CONCAT(VLOOKUP(O3,$I$30:$J$32,2,FALSE),"-",ROW()-2)를 입력한 후 [N29] 셀까지 수식을 복사한다.

> **함수 설명** =CONCAT(VLOOKUP(O3,$I$30:$J$32,2,FALSE),"-",ROW()-2)
> ❶ ROW()-2 : 현재 행의 번호에 -2를 뺀 값을 구함
> ❷ VLOOKUP(O3,$I$30:$J$32,2,FALSE) : [O3] 셀의 값을 [I30:J32] 영역의 첫 번째 열에서 찾아 2번째 열에서 정확하게 일치하는 값을 찾아 표시
>
> =CONCAT(❷,"-",❶) : ❷-❶ 형식으로 연결하여 표시

⑤ [R3] 셀에 =REPLACE(Q3,2,0,"-"&RIGHT(S3,2)&"-")를 입력한 후 [R30] 셀까지 수식을 복사한다.

> **함수 설명** =REPLACE(Q3,2,0,"-"&RIGHT(S3,2)&"-")
> ❶ RIGHT(S3,2) : [S3] 셀에서 오른쪽부터 시작하여 2글자를 추출
>
> =REPLACE(Q3,2,0,"-"&❶&"-") : [Q3] 셀에서 2번째 다음 위에 -❶- 내용을 삽입하여 표시

⑥ [V3] 셀에 =IF(VALUE(MID(U3,3,4))=2025,SUBSTITUTE(U3,"C",""),SUBSTITUTE(U3,"2024","RE-"))를 입력한 후 [V18] 셀까지 수식을 복사한다.

> **함수 설명** =IF(VALUE(MID(U3,3,4))=2025,SUBSTITUTE(U3,"C",""),SUBSTITUTE(U3,"2024","RE-"))
> ❶ MID(U3,3,4) : [U3] 셀에서 3번째 시작하여 4글자를 추출
> ❷ VALUE(❶) : ❶의 값을 숫자로 변환
> ❸ SUBSTITUTE(U3,"C","") : [U3] 셀에서 C를 공백으로 표시
> ❹ SUBSTITUTE(U3,"2024","RE-") : [U3] 셀에서 2024년을 찾아 'RE-'로 표시
>
> =IF(❷=2025,❸,❹) : ❷의 값이 2025이면, ❸으로 그 외는 ❹로 표시

11 논리 함수

작업파일: '26컴활1급(상시)₩스프레드시트₩이론'에서 '계산작업' 파일을 열어 작업하세요.

출제유형 1 '논리1' 시트에서 다음 과정을 수행하고 저장하시오.

❶ [표1]에서 점수[D3:D12]를 기준으로 순위를 구하여 1위는 "대상", 2위는 "금상", 3위는 "은상", 4위는 "동상", 나머지는 공백으로 결과[E3:E12]에 표시하시오.
  ▶ IFERROR, CHOOSE, RANK.EQ 함수 사용

❷ [표2]에서 원서번호[G3:G10]의 왼쪽에서 첫 번째 문자와 [H12:J13] 영역을 참조하여 지원학과 [J3:J10]을 표시하시오.
  ▶ 단, 오류 발생 시 지원학과에 '코드오류'로 표시
  ▶ IFERROR, HLOOKUP, LEFT 함수 사용

❸ [표3]에서 판매총액[C17:C26]이 많은 5개의 제품은 "재생산", 나머지는 "생산중단"으로 결과[D17:D26]에 표시하시오.
  ▶ IF와 LARGE 함수 사용

❹ [표4]에서 총점[J17:J24]이 가장 높은 사람은 '최고점수', 가장 낮은 사람은 '최저점수', 그렇지 않은 사람은 공백을 점수[K17:K24]에 표시하시오.
  ▶ IFS, MAX, MIN 함수 사용

❺ [표5]에서 주문일[B30:B37]의 요일번호를 이용하여 주문일[D30:D37] 영역에 '월', '화', ... 형식으로 표시하시오.
  ▶ SWITCH, WEEKDAY 함수 사용
  ▶ 단, 요일 계산 시 월요일이 1인 유형으로 지정

❻ [표6]에서 사원번호[G30:G37]의 왼쪽에서 첫 번째 문자가 'P'이면 '생산부', 'B'이면 '영업부', 'E'이면 '관리부'로 부서명[J30:J37] 영역에 표시하시오.
  ▶ IFS, LEFT 함수 사용

① [E3] 셀에 =IFERROR(CHOOSE(RANK.EQ(D3,$D$3:$D$12),"대상","금상","은상","동상"),"")을 입력한 후 [E12] 셀까지 수식을 복사한다.

함수 설명 =IFERROR(CHOOSE(RANK.EQ(D3,$D$3:$D$12), "대상","금상","은상","동상"),"")

❶ RANK.EQ(D3,$D$3:$D$12) : [D3] 셀의 점수를 [D3:D12] 영역에서 순위를 구함
❷ CHOOSE(❶,"대상","금상","은상","동상") : ❶의 값이 1이면 '대상', 2이면 '금상', 3이면 '은상', 4이면 '동상'으로 표시

=IFERROR(❷,"") : ❷의 값에 오류가 없다면 값을 그대로 표시하고, 만약 오류가 있다면 공백("")으로 표시

② [J3] 셀에 =IFERROR(HLOOKUP(LEFT(G3,1),$H$12:$J$13,2,FALSE),"코드오류")를 입력한 후 [J10] 셀까지 수식을 복사한다.

함수 설명 =IFERROR(HLOOKUP(LEFT(G3,1),$H$12:$J$13,2,FALSE),"코드오류")

❶ LEFT(G3,1) : 원서번호[G3] 셀에서 왼쪽에서 한 글자를 추출
❷ HLOOKUP(❶,$H$12:$J$13,2,FALSE) : ❶의 값을 [H12:J13] 영역의 첫 번째 행에서 값을 찾아 같은 열의 2번째 행에서 정확하게 일치하는 값을 반환

=IFERROR(❷,"코드오류") : ❷의 값에 오류가 없다면 값을 그대로 표시하고, 만약 오류가 있다면 '코드오류'로 표시

③ [D17] 셀에 =IF(C17>=LARGE($C$17:$C$26,5),"재생산","생산중단")를 입력한 후 [D26] 셀까지 수식을 복사한다.

> **함수 설명** =IF(C17>=LARGE($C$17:$C$26,5),"재생산","생산중단")
>
> ❶ LARGE($C$17:$C$26,5) : 판매총액[C17:C26] 영역에서 5번째로 큰 값을 구함
>
> =IF(C17>=❶,"재생산","생산중단") : 판매총액[C17]의 값이 ❶ 보다 크거나 같다면(이상) '재생산', 그 외에는 '생산중단'으로 표시

④ [K17] 셀에 =IFS(J17=MAX($J$17:$J$24),"최고점수",J17=MIN($J$17:$J$24),"최저점수",TRUE,"")을 입력한 후 [K24] 셀까지 수식을 복사한다.

> **함수 설명** =IFS(J17=MAX($J$17:$J$24),"최고점수",J17=MIN($J$17:$J$24),"최저점수",TRUE,"")
>
> ❶ MAX($J$17:$J$24) : 총점[J17:J24] 영역에서 가장 큰 값을 구함
> ❷ MIN($J$17:$J$24) : 총점[J17:J24] 영역에서 가장 작은 값을 구함
>
> =IFS(J17=❶,"최고점수",J17=❷,"최저점수",TRUE,"") : 총점[J17]이 ❶하고 같다면 '최고점수'로 표시하고, 총점[J17]이 ❷하고 같다면 '최저점수'로 표시하고, 나머지는 공백("")으로 표시

⑤ [D30] 셀에 =SWITCH(WEEKDAY(B30,2),1,"월",2,"화",3,"수",4,"목",5,"금",6,"토",7,"일")를 입력한 후 [D37] 셀까지 수식을 복사한다.

> **함수 설명** =SWITCH(WEEKDAY(B30,2),1,"월",2,"화",3,"수",4,"목",5,"금",6,"토",7,"일")
>
> ❶ WEEKDAY(B30,2) : [B30] 셀의 날짜 요일을 숫자로 반환('월'이 1, '화'이 2, ...)
>
> =SWITCH(❶,1,"월",2,"화",3,"수",4,"목",5,"금",6,"토",7,"일") : ❶의 값이 1이면 '월', 2이면 '화', 3이면 '수', 4이면 '목', ...으로 결과를 반환

⑥ [J30] 셀에 =IFS(LEFT(G30,1)="P","생산부",LEFT(G30,1)="B","영업부",LEFT(G30,1)="E","관리부")를 입력한 후 [J37] 셀까지 수식을 복사한다.

> **함수 설명** =IFS(LEFT(G30,1)="P","생산부",LEFT(G30,1)="B","영업부",LEFT(G30,1)="E","관리부")
>
> ❶ LEFT(G30,1) : [G30] 셀의 왼쪽의 1글자를 추출
>
> =IFS(❶="P","생산부",❶="B","영업부",❶="E","관리부") : ❶의 값이 'P'이면 '생산부', 'B'이면 '영업부', 'E'이면 '관리부로 표시

> **기적의 TIP**
>
> 만약 이 문제를 SWITCH 함수를 이용해서 작성을 한다면
> =SWITCH(LEFT(G30,1),"P","생산부","B","영업부","E","관리부")로 작성합니다.

출제유형 2 '논리2' 시트에서 다음 과정을 수행하고 저장하시오.

❶ [표1]의 주문코드를 이용하여 [B3:B25] 영역에 주문방법별 누적개수를 계산하여 표시하시오.
  ▶ 주문방법은 주문코드의 첫 글자는 "T"이면 "전화", "C"이면 "온라인", "V"이면 "방문"임
  ▶ [표시 예 : 전화(1), 온라인(1), 전화(2)]
  ▶ IF, LEFT, COUNTIF 함수와 & 연산자 사용

❷ [표2]의 감상시간(분)을 이용하여 [E3:E17] 영역에 환산을 계산하시오.
  ▶ 환산은 '감상시간(분)'을 시간과 분으로 환산하여 계산
  ▶ 감상시간(분)이 120 미만이면 시간으로만 표시하고, 감상시간(분)이 120 이상이면 시간과 분으로 나누어 표시
    [표시 예 : 105 → 2시간, 128 → 2시간8분]
  ▶ IF, MOD, ROUNDUP, TEXT, & 연산자 사용

❸ [표3]의 현재강의수와 전체강의수를 이용하여 [K3:K30] 영역에 진행율을 계산하여 다음과 같이 표시하시오.
  ▶ '현재강의수/전체강의수'의 값이 0.75일 경우 : ■■■■■■■75.0%
  ▶ '현재강의수/전체강의수'의 값이 0.40일 경우 : ■■■■40.0%
  ▶ '현재강의수/전체강의수'의 값이 오류일 경우 : 신생강의
  ▶ REPT, TEXT, IFERROR 함수와 & 연산자 사용

❹ [표4]의 사업자명과 [표5]를 이용하여 [N3:N12] 영역에 사업자번호를 표시하시오.
  ▶ 사업자번호의 5~6번째 숫자는 '○○'로 표시한다. [표시 예 : 127-○○-20122]
  ▶ [표4]에 없는 사업자번호는 공백으로 표시한다.
  ▶ VLOOKUP, REPLACE, IFERROR 함수 사용

① [B3] 셀에 =IF(LEFT(A3,1)="T","전화(",IF(LEFT(A3,1)="C","온라인(","방문("))&COUNTIF($A$3:A3,LEFT(A3,1)&"*")&")"를 입력한 후 [B25] 셀까지 수식을 복사한다.

> **함수 설명** =IF(LEFT(A3,1)="T","전화(",IF(LEFT(A3,1)="C","온라인(","방문("))&COUNTIF($A$3:A3,LEFT(A3,1)&"*")&")"
>
> ❶ LEFT(A3,1) : [A3] 셀의 왼쪽 1글자를 추출
> ❷ COUNTIF($A$3:A3,❶&"*") : [A3:A3] 영역에서 ❶의 값으로 시작하는 누적 개수를 구함
>
> =IF(❶="T","전화(",IF(❶="C","온라인(","방문("))&❷&")" : ❶의 값이 'T'면 전화(❷), ❶의 값이 'C'이면 온라인(❷), 방문(❷)

② [E3] 셀에 =IF(D3<120,TEXT(ROUNDUP(D3/60,0),"0시간"),TEXT((D3-MOD(D3,60))/60,"0시간")&TEXT(MOD(D3,60),"0분"))를 입력한 후 [E17] 셀까지 수식을 복사한다.

> **함수 설명** =IF(D3<120,TEXT(ROUNDUP(D3/60,0),"0시간"),TEXT((D3-MOD(D3,60))/60,"0시간")&TEXT(MOD(D3,60),"0분"))
>
> ❶ ROUNDUP(D3/60,0) : [D3]의 값을 60으로 나눈 값을 정수로 구함
> ❷ TEXT(❶,"0시간") : ❶의 값에 시간을 붙여 표시
> ❸ MOD(D3,60) : [D3]의 값을 60으로 나눈 나머지를 구함
> ❹ (D3-❸)/60 : [D3] 셀의 값에서 ❸을 뺀 값을 60으로 나눈 값을 구함
> ❺ TEXT(❹,"0시간") : ❹의 값에 시간을 붙여 표시
> ❻ TEXT(❸,"0분") : ❸의 값에 분을 붙여 표시
>
> =IF(D3<120, ❷ , ❺&❻) : [D3] 셀의 값이 120 미만이면 ❷ 형식으로 표시하고, 그 외는 ❺&❻ 형식으로 표시

③ [K3] 셀에 =IFERROR(REPT("■",(H3/J3)*10)&TEXT(H3/J3,"0.0%"),"신생강의")를 입력한 후 [K30] 셀까지 수식을 복사한다.

> **함수 설명** =IFERROR(REPT("■",(H3/J3)*10)&TEXT(H3/J3,"0.0%"),"신생강의")
>
> ❶ REPT("■",(H3/J3)*10) : '■'을 [H3]/[J3]*10을 한 값만큼 반복해서 표시
> ❷ TEXT(H3/J3,"0.0%") : [H3]/[J3]의 값을 0.0% 형식으로 표시
>
> =IFERROR(❶&❷,"신생강의") : ❶&❷의 값에 오류가 있다면 "신생강의"로 표시한다.

④ [N3] 셀에 =IFERROR(REPLACE(VLOOKUP(M3,$M$16:$N$20,2,FALSE),5,2,"○○"),"")를 입력한 후 [N12] 셀까지 수식을 복사한다.

> **함수 설명** =IFERROR(REPLACE(VLOOKUP(M3,$M$16:$N$20,2,FALSE),5,2,"○○"),"")
>
> ❶ VLOOKUP(M3,$M$16:$N$20,2,FALSE) : [M3] 셀을 [M16:N20] 영역의 첫 번째 열에서 찾아 같은 행의 2번째 열에서 정확하게 일치하는 값을 구함
> ❷ REPLACE(❶,5,2,"○○") : ❶의 값에서 5번째부터 시작하여 2글자 위치에 '○○'로 바꿈
>
> =IFERROR(❷,"") : ❷ 값에 오류가 있다면 공백("")으로 표시

12 재무 함수

작업파일 : '26컴활1급(상시)₩스프레드시트₩이론'에서 '계산작업' 파일을 열어 작업하세요.

출제유형 1 '재무' 시트에서 다음 과정을 수행하고 저장하시오.

❶ [표1]의 회원코드, 대출금액, 대출기간을 이용하여 [E3:E26] 영역에 월상환액을 계산하여 표시하시오.
  ▶ 이율은 회원코드의 앞 두 글자와 대출기간을 이용하여 [표2]에서 찾아 계산
  ▶ 이율과 대출기간은 연 단위임
  ▶ 대출이 없을 경우 "대출없음"을 표시
  ▶ IFERROR, PMT, OFFSET, MATCH, LEFT 함수 사용

❷ [표3]의 판매금액과 할부기간(월)을 이용하여 [L3:L24] 영역에 PMT를 계산하여 표시하시오.
  ▶ 연이율은 3%이고, 결과는 양수로 내림하여 십의 자리까지만 표시되도록 설정하시오.
  ▶ ROUNDDOWN, PMT 함수 사용

❸ [표4]의 대출금액, 대출기간, 이율을 이용하여 월상환액[Q3:Q21]을 계산하여 표시하시오.
  ▶ 이율은 대출기간과 [표5]를 이용하여 계산
  ▶ PMT, HLOOKUP 함수 사용

❹ [표6]의 연이율, 기간(년), 월납입액을 이용하여 현재가치를 [O31:T31] 영역에 계산하여 표시하시오.
  ▶ 현재가치가 20,000,000 이상이면 '한도초과' 그렇지 않으면 현재가치를 반올림하여 천의 자리까지 표시
  ▶ IF, PV, ROUND 함수 사용

❺ [표7]의 예상월세[S3:S13]를 이용하여 10년후월세가치[T3:T13]를 계산하시오.
  ▶ 매월 예상월세를 받아서 은행에 연 3.5% 복리이자로 10년간 불입시 미래가치를 표시
  ▶ 미래가치가 100,000,000 이상인 경우 가장 가까운 정수로 변환 후 천단위 구분 표시기호와 함께 값 뒤에 '원'을 포함하여 표시하고, 그 외에는 '비추천'으로 표시하시오.
  ▶ IF, FV, TEXT, INT 함수 사용

❻ [표8]의 매매가[V3:V17]를 이용하여 월불입액[W3:W17]을 계산하여 [표시 예]와 같이 표시하시오.
  ▶ 매매가 전액을 대출 받았을 때, 연 9% 이자로 10년간 매월 납부할 불입액을 표시
  ▶ 불입액의 천단위에서 반올림하여 만 단위까지 표시하고, 천단위 구분 표시기호와 불입액 앞에 '약', 뒤에 '원'을 포함하여 표시
  ▶ CONCAT, FIXED, PMT 함수 사용
  ▶ [표시 예 : 약 1,200,000원]

① [E3] 셀에 =IFERROR(PMT(OFFSET($B$30,MATCH(LEFT(A3,2),$A$31:$A$35,0),D3)/12,D3*12,-C3),"대출없음")를 입력한 후 [E26] 셀까지 수식을 복사한다.

> 함수 설명 =IFERROR(PMT(OFFSET($B$30,MATCH(LEFT(A3,2),$A$31:$A$35,0),D3)/12,D3*12,-C3),"대출없음")
> ❶ LEFT(A3,2) : [A3] 셀의 왼쪽 2글자를 추출
> ❷ MATCH(❶,$A$31:$A$35,0) : ❶의 값을 [A31:A35] 영역에서 정확하게 일치하는 위치값을 반환
> ❸ OFFSET($B$30,❷,D3) : [B30] 셀을 기준으로 ❷만큼 행으로 이동, [D3] 셀의 값만큼 열로 이동한 값을 추출
> ❹ PMT(❸/12,D3*12,-C3) : ❸의 값을 12로 나눈 이자, [D3] 셀에 12를 곱한 기간, -대출금을 넣어 월상환액을 구함
>
> =IFERROR(❹,"대출없음") : ❹의 값에 오류가 있을 때 "대출없음"으로 표시

> 기적의 TIP
> OFFSET(reference, rows, cols, [height], [width])
> • reference : 참조 셀
> • rows : 행 수
> • cols : 열 수
> • [height] : [ ] 기호로 표시된 부분은 생략이 가능, 높이
> • [width] : 너비
>
> =OFFSET(B30,3,2)

	A	B	C	D	E	F	G	H
29				대출기간				
30	코드	직업	1	2	3	4	5	
31	JA	자영업	6.5%	6.0%	5.5%	5.0%	4.5%	
32	JB	회사원	5.5%	5.3%	4.5%	4.2%	3.8%	
33	JD	공무원	5.0%	4.6%	4.2%	3.8%	3.4%	
34	JC	의사	5.8%	5.3%	4.8%	4.3%	3.8%	
35	JE	변호사	5.8%	5.3%	4.8%	4.3%	3.8%	
36								

> [B30] 셀에서 아래로 3행 이동하여 [B33] 셀, 다시 오른쪽으로 2열 이동하여 [D33] 셀에 있는 값을 가져옵니다.
>
> height와 width를 입력하면 영역을 가져올 수 있습니다.

② [L3] 셀에 =ROUNDDOWN(PMT(3%/12,K3,-J3),-1)를 입력한 후 [L24] 셀까지 수식을 복사한다.

> 함수 설명 =ROUNDDOWN(PMT(3%/12,K3,-J3),-1)
> ❶ PMT(3%/12,K3,-J3) : 3%를 12로 나눈 이자, [K3] 셀 기간, -[J3] 판매금을 넣어 월납부액을 구함
>
> =ROUNDDOWN(❶,-1) : ❶의 값을 일의 자리에서 내림하여 표시

③ [Q3] 셀에 =PMT(HLOOKUP(O3,$O$24:$S$25,2)/12,O3*12,-P3)를 입력한 후 [Q21] 셀까지 수식을 복사한다.

> 함수 설명 =PMT(HLOOKUP(O3,$O$24:$S$25,2)/12,O3*12,-P3)
> ❶ HLOOKUP(O3,$O$24:$S$25,2) : [O3] 셀의 값을 [O24:S25] 영역의 첫 번째 행에서 찾아 같은 열의 2번째 행에서 값을 추출
>
> =PMT(❶/12,O3*12,-P3) : ❶의 값을 12로 나눈 이자, [O3] 셀의 값을 12로 곱한 기간, -[P3] 대출금을 넣어 월상환액을 구함

④ [O31] 셀에 =IF(PV(O28/12,O29*12,O30)>=20000000,"한도초과",ROUND(PV(O28/12,O29*12,O30),-3))를 입력한 후 [T31] 셀까지 수식을 복사한다.

> 함수 설명 =IF(PV(O28/12,O29*12,O30)>=20000000,"한도초과",ROUND(PV(O28/12,O29*12,O30),-3))
> ❶ PV(O28/12,O29*12,O30) : O28 셀의 값을 12로 나눈 이자, [O29] 셀의 값을 12로 곱한 기간, [O30] 셀의 월납입액에 투자에 대한 현재가치를 구함
> ❷ ROUND(❶,-3) : ❶의 값을 백의 자리에서 반올림하여 표시
>
> =IF(❶>=20000000,"한도초과",❷) : ❶의 값이 20,000,000 값 이상이면 "한도초과", 그 외 경우는 ❷를 표시한다.

⑤ [T3] 셀에 =IF(FV(3.5%/12,120,-S3)>=100000000,TEXT(INT(FV(3.5%/12,120,-S3)),"#,##0원"),"비추천")를 입력한 후 [T13] 셀까지 수식을 복사한다.

> 함수 설명 =IF(FV(3.5%/12,120,-S3)>=100000000,TEXT(INT(FV(3.5%/12,120,-S3)),"#,##0원"),"비추천")
> ❶ FV(3.5%/12,120,-S3) : 연 3.5%, 10년(10*12) 동안, [S3] 셀을 값을 투자했을 때 미래가치를 구함
> ❷ TEXT(INT(❶),"#,##0원") : ❶의 값을 정수로 변환한 후 '#,##0원' 형식으로 표시
>
> =IF(❶>=100000000,❷,"비추천") : ❶의 값이 100,000,000 이상이면 ❷의 값을 표시하고, 그 외는 '비추천'으로 표시

⑥ [W3] 셀에 =CONCAT("약 ", FIXED(PMT(9%/12, 120, -V3), -4), "원")를 입력한 후 [W17] 셀까지 수식을 복사한다.

> 함수 설명 =CONCAT("약 ", FIXED(PMT(9%/12, 120, -V3), -4), "원")
> ❶ PMT(9%/12, 120, -V3) : 대출금[V3]을 연 9%로 10년(10*12)년 상환할 월상환액을 구함
> ❷ FIXED(❶, -4) : ❶의 천의 자리(-4)에서 반올림하고, 마침표와 쉼표를 사용하여 실수 형식을 지정한 다음, 결과를 텍스트로 반환
>
> =CONCAT("약 ", ❷, "원") : 약 ❷원 형식으로 표시

13 정보 함수

작업파일 : '26컴활1급(상시)₩스프레드시트₩이론'에서 '계산작업' 파일을 열어 작업하세요.

출제유형 1 '정보' 시트에서 다음 과정을 수행하고 저장하시오.

❶ 규격과 단가는 IF와 ISBLANK 함수를 이용하여 품명이 공백일 경우에는 공백으로 처리하고 품명이 공백이 아니면, VLOOKUP 함수를 이용하여 제품목록[I4:K13]에서 찾아 표시하시오.
❷ 공급가액은 IF와 ISERROR 함수를 이용하여 '수량 * 단가'의 계산식에 오류가 발생하면 공백으로 처리하고, 오류가 없을 경우에는 '수량 * 단가'를 계산하여 표시하시오.
❸ 과세대상[O3:O13]은 IF, ISNUMBER, SEARCH 함수를 이용하여 세목[N3:N13]에 '주택'이 있으면 '주택'이라고 표시하고, 그 외는 공백으로 표시하시오.
❹ [Q3:R15] 영역의 '환불사유', '개강'을 이용하여 환불사유별 개강 전후의 개수를 구하여 [U4:V6] 영역에 표시하시오.
▶ SUM, IF, NOT, ISERROR, SEARCH, RIGHT 함수를 이용한 배열 수식

---

① [D4] 셀에 =IF(ISBLANK(C4),"",VLOOKUP(C4,$I$4:$K$13,2,0))를 입력하고 [D10] 셀까지 수식을 복사한다.

함수 설명 =IF(ISBLANK(C4),"",VLOOKUP(C4,$I$4:$K$13,2,0))
❶ ISBLANK(C4) : [C4] 셀이 공백이면 True, 공백이 아니면 False 값을 구함
❷ VLOOKUP(C4,$I$4:$K$13,2,0) : [C4] 셀의 값을 [I4:K13] 영역의 첫 번째 열에서 찾아 같은 행의 2번째 열에서 정확하게 일치하는 값을 추출
❸ =IF(❶,"",❷) : ❶의 값이 True 이면 공백("")으로, False 이면 ❷의 값을 표시

② [F4] 셀에 =IF(ISBLANK(C4),"",VLOOKUP(C4,$I$4:$K$13,3,0))를 입력하고 [F10] 셀까지 수식을 복사한다.

③ [G4] 셀에 =IF(ISERROR(E4*F4),"",E4*F4)를 입력하고 [G10] 셀까지 수식을 복사한다.

함수 설명 =IF(ISERROR(E4*F4),"",E4*F4)
❶ ISERROR(E4*F4) : [E4]*[F4]의 결과 값에 에러가 있을 경우 True 값을 반환

=IF(❶,"",E4*F4) : ❶의 값이 True이면 공백("")을 표시, 그 외는 [E4]*[F4] 셀의 결과 값을 표시

④ [O3] 셀에 =IF(ISNUMBER(SEARCH("주택", N3)), "주택", "")를 입력한 후 [O13] 셀까지 수식을 복사한다.

함수 설명 =IF(ISNUMBER(SEARCH("주택", N3)), "주택", "")
❶ SEARCH("주택", N3) : '주택'을 [N3] 셀에서 시작 위치 값을 구함
❷ ISNUMBER(❶) : ❶의 값이 숫자이면 TRUE 값이 반환

=IF(❷, "주택", "") : ❷의 값이 TRUE이면 '주택', 그 외는 공백으로 표시

⑤ [U4] 셀에 =SUM(IF((NOT(ISERROR(SEARCH($T4,$Q$3:$Q$15))))*(RIGHT(U$3,1)=$R$3:$R$15),1)) 수식을 입력하고 Ctrl + Shift + Enter 을 눌러 수식을 완성하고 [V6] 셀까지 수식을 복사한다.

함수 설명 =SUM(IF((NOT(ISERROR(SEARCH($T4,$Q$3:$Q$15))))*(RIGHT(U$3,1)=$R$3:$R$15),1))
❶ RIGHT(U$3,1) : [U3] 셀의 오른쪽 1글자를 추출함
❷ ❶=$R$3:$R$15 : ❶ 값이 [R3:R15] 영역과 동일하면 TRUE 값을 반환
❸ SEARCH($T4,$Q$3:$Q$15) : [T4] 셀의 내용을 [Q3:Q15] 영역에서 찾아 시작 위치를 구함
❹ ISERROR(❸) : ❸의 값에 오류가 있으면 TRUE 값을 반환
❺ NOT(❹) : ❹의 값을 반대로 반환(TRUE는 FALSE로, FALSE는 TRUE로 반환)
❻ IF(❺*❷,1) : ❺와 ❷가 모두 TRUE이면 1을 반환

=SUM(❻) : ❻의 합계를 구함

14 배열 수식

작업파일: '26컴활1급(상시)₩스프레드시트₩이론'에서 '계산작업' 파일을 열어 작업하세요.

출제유형 1 '배열1' 시트에서 다음 과정을 수행하고 저장하시오.

❶ [표1]의 수량과 단가를 이용하여 [C24:D25] 영역에 지역별 수량과 단가의 평균을 계산하여 표시하시오.
- ▶ 지역은 물품코드의 앞에 두 글자를 이용할 것
- ▶ AVERAGE, IF, LEFT 함수를 이용한 배열 수식

❷ [표1]의 물품코드와 판매금액을 이용하여 [B29:B33] 영역에 물품코드별 판매금액의 합계를 100,000으로 나눈 몫만큼 "★"을 반복하여 표시하시오.
- ▶ QUOTIENT, SUM, REPT 함수를 이용한 배열 수식
- ▶ [표시 예 : 4 → ★★★★, 2 → ★★]

❸ [표4]의 결제방법과 할부기간을 이용하여 [H23:J25] 영역에 할부기간과 결제방법별 카드 사용 빈도를 계산하여 표시하시오.
- ▶ 카드 사용 빈도수만큼 "★" 표시
- ▶ SUM, IF, REPT 함수를 사용한 배열 수식

❹ [표4]의 모델명, 매출액, 결제방법을 이용하여 [표6]의 [H29:J32] 영역에 모델번호와 결제방법별 매출액의 평균을 계산하여 표시하시오.
- ▶ 모델번호는 모델명의 뒤 2글자임
- ▶ AVERAGE, IF, RIGHT 함수를 사용한 배열 수식

❺ [표7]의 가입나이와 [표8]의 나이를 이용하여 나이대별 가입자수를 [표8]의 [S4:S10] 영역에 표시하시오.
- ▶ 가입자수가 0보다 큰 경우 계산된 값을 숫자 뒤에 "명"을 추가하여 표시하고, 그 외는 "미가입"으로 표시
  [표시 예 : 0 → 미가입, 7 → 7명]
- ▶ IF, FREQUENCY, TEXT 함수를 이용한 배열 수식

❻ [표7]의 가입나이, 코드, 가입기간을 이용하여 코드별 나이별 평균 가입기간을 [표9]의 [R15:V18] 영역에 계산하시오.
- ▶ 단, 오류 발생 시 공백으로 표시
- ▶ IFERROR, AVERAGE, IF 함수를 이용한 배열 수식

---

① [C24] 셀에 =AVERAGE(IF(LEFT($B$3:$B$20,2)=$B24, C$3:C$20))를 입력한 후 Ctrl + Shift + Enter 를 눌러 수식을 완성한 후 [D25] 셀까지 수식을 복사한다.

기적의 TIP

AVERAGE, IF 함수를 이용하여 평균 구하기
=AVERAGE(IF(조건,평균을 구할 범위))

함수 설명 =AVERAGE(IF(LEFT($B$3:$B$20,2)=$B24,C$3:C$20))

❶ LEFT($B$3:$B$20,2) : [B3:B20] 영역에서 왼쪽에서부터 시작하여 2글자를 추출

❷ IF(❶=$B24,C$3:C$20) : ❶의 값이 [B24] 같은 경우에 [C3:C20] 영역의 대응하는 행의 값을 반환

=AVERAGE(❷) : ❷의 평균값을 구함

② [B29] 셀에 =REPT("★",QUOTIENT(SUM(($B$3:$B$20=A29)*$E$3:$E$20),100000))를 입력한 후 Ctrl + Shift + Enter 를 눌러 수식을 완성한 후 [B33] 셀까지 수식을 복사한다.

> 함수 설명 =REPT("★",QUOTIENT(SUM(($B$3:$B$20=A29)*$E$3:$E$20),100000))
>
> ❶ ($B$3:$B$20=A29) : [B3:B20] 영역과 [A29] 셀이 같은지를 비교
> ❷ SUM(❶*$E$3:$E$20) : ❶의 값과 [E3:E20] 영역에 대응하는 행의 값을 반환된 값들의 합계를 구함
> ❸ QUOTIENT(❷,100000) : ❷을 100000으로 나눈 몫을 정수로 반환
>
> =REPT("★",❸) : ★ 값을 ❸ 만큼 표시

③ [H23] 셀에 =REPT("★",SUM(IF(($K$3:$K$19=$G23)*($I$3:$I$19=H$22),1)))를 입력한 후 Ctrl + Shift + Enter 를 눌러 수식을 완성한 후 [J25] 셀까지 수식을 복사한다.

> 함수 설명 =REPT("★",SUM(IF(($K$3:$K$19=$G23)*($I$3:$I$19=H$22),1)))
>
> ❶ ($K$3:$K$19=$G23) : [K3:K19] 영역과 [G23] 셀이 같은지를 비교
> ❷ ($I$3:$I$19=H$22) : [I3:I19] 영역과 [H22] 셀이 같은지를 비교
> ❸ IF(❶*❷,1) : 조건❶과 조건❷가 모두 만족하는 경우에 1의 값을 반환
> ❹ SUM(❸) : ❸의 합계를 구함
>
> =REPT("★",❹) : ★ 값을 ❹ 만큼 표시

> 기적의 TIP
>
> SUM, IF 함수를 이용하여 개수 구하기
> =SUM(IF((조건1)*(조건2),1))

④ [H29] 셀에 =AVERAGE(IF((RIGHT($G$3:$G$19,2)=$G29)*($I$3:$I$19=H$28),$H$3:$H$19))를 입력한 후 Ctrl + Shift + Enter 를 눌러 수식을 완성한 후 [J32] 셀까지 수식을 복사한다.

> 함수 설명 =AVERAGE(IF((RIGHT($G$3:$G$19,2)=$G29)*($I$3:$I$19=H$28),$H$3:$H$19))
>
> ❶ RIGHT($G$3:$G$19,2) : [G3:G19] 영역에서 오른쪽에서부터 시작하여 2글자를 추출
> ❷ ❶=$G29 : ❶의 값과 [G29] 셀이 같은지를 비교
> ❸ ($I$3:$I$19=H$28) : [I3:I19] 영역과 [H28] 셀이 같은지를 비교
> ❹ IF(❷*❸,$H$3:$H$19) : 조건❷와 조건❸이 모두 만족하는 경우에 [H3:H19] 영역의 대응하는 행의 값을 반환
>
> =AVERAGE(❹) : ❹ 값의 평균값을 구함

> 기적의 TIP
>
> AVERAGE, IF 함수를 이용하여 평균 구하기
> =AVERAGE(IF((조건1)*(조건2),평균을 구할 범위))

⑤ [S4:S10] 영역을 범위 지정한 후에 =IF(FREQUENCY(M3:M33,R4:R10)>0,TEXT(FREQUENCY(M3:M33,R4:R10),"0명"),"미가입")를 입력한 후 Ctrl + Shift + Enter 를 눌러 수식을 완성한다.

> 함수 설명 =IF(FREQUENCY(M3:M33,R4:R10)>0,TEXT(FREQUENCY(M3:M33,R4:R10),"0명"),"미가입")
>
> ❶ FREQUENCY(M3:M33,R4:R10) : [M3:M33] 영역의 값을 참조하여 [R4:R10] 영역의 빈도수를 구함
> ❷ TEXT(❶,"0명") : ❶의 값을 0명으로 표시
>
> =IF(❶>0,❷,"미가입") : ❶의 값이 0보다 크면 ❷로 표시하고, 그 외는 "미가입"을 표시

⑥ [R15] 셀에 =IFERROR(AVERAGE(IF(($N$3:$N$33=$Q15)*($M$3:$M$33>=R$13)*($M$3:$M$33<R$14),$O$3:$O$33))," ")를 입력한 후 Ctrl + Shift + Enter 를 눌러 수식을 완성한 후 [V18] 셀까지 수식을 복사한다.

> 함수 설명 =IFERROR(AVERAGE(IF(($N$3:$N$33=$Q15)*($M$3:$M$33>=R$13)*($M$3:$M$33<R$14),$O$3:$O$33))," ")
>
> ❶ ($N$3:$N$33=$Q15) : [N3:N33] 영역과 [Q15] 셀이 같은지를 비교
> ❷ ($M$3:$M$33)=R$13) : [M3:M33] 영역보다 [R13] 셀과 크거나 같은지를 비교
> ❸ ($M$3:$M$33<R$14) : [M3:M33] 영역보다 [R14] 셀보다 작은지를 비교
> ❹ IF(❶*❷*❸,$O$3:$O$33) : 조건❶, 조건❷, 조건❸이 모두 만족하는 경우에 [O3:O33] 영역의 대응되는 행의 값을 반환
> ❺ AVERAGE(❹) : ❹의 평균값을 표시
>
> =IFERROR(❺,"") : ❺의 값을 표시하고, 오류가 발생할 때에는 공백("")으로 표시

> 기적의 TIP
>
> AVERAGE, IF 함수를 이용하여 평균 구하기
> =AVERAGE(IF((조건1)*(조건2)*(조건3),평균을 구할 범위))

출제유형 2   '배열2' 시트에서 다음 과정을 수행하고 저장하시오.

❶ [표1]을 참조하여 이름별 평가1, 평가2, 평가3의 최대점수에 대한 순위를 [표2]의 [B22:D24] 영역에 표시하시오.
  ▶ RANK.EQ, MAX 함수를 이용한 배열 수식

❷ [표3]의 건물번호별 주차대수가 가장 많은 법정동을 [표4]의 [G21:G24] 영역에 표시하시오.
  ▶ VLOOKUP, LARGE 함수를 이용한 배열 수식

❸ [표3]의 관리번호, 주차대수, 법정동을 이용하여 법정동별 주차대수가 가장 많은 관리번호를 [표5]의 [I21:I24] 영역에 표시하시오.
  ▶ INDEX, MATCH, MAX 함수를 이용한 배열 수식

❹ [표3]의 법정동과 주차대수를 이용하여 법정도별 총 주차대수의 상위 1~3위 평균 주차대수를 [표6]의 [G28:G31] 영역에 표시하시오.
  ▶ 평균값은 소수점 두번째 자리에서 반올림하여 소수점 첫 번째 자리까지 표시하고, 평균 값 앞에 '약', 뒤에 '대'를 포함하여 표시 [표시 예 : 114.59 → 약 114.6 대]
  ▶ ROUND, LARGE, AVERAGE 함수와 & 연산자, 배열 상수를 이용한 배열 수식

❺ [표7]의 구분이 공기업인 경우 1, 사기업인 경우 2로 표시하고, 응시일자에서 "."를 빼고 행번호와 함께 [표시 예]와 같이 분류[O3:O17]에 표시하시오.
  ▶ [표시 예 : 구분(공기업), 응시일자(2025.05.03), 행 번호(3) → 1-20250503-3]
  ▶ LOOKUP, SUBSTITUE, ROW 함수와 & 연산자, 배열 상수를 이용한 배열 수식

❻ [표7]의 직위, 점수를 이용하여 직위별 점수의 백분위를 반올림하여 정수로 [표8]의 [L21:O23] 영역에 표시하시오.
  ▶ ROUND, PERCENTILE.INC, IF 함수를 이용한 배열 수식

❼ [표9]의 제품상태를 이용하여 제품상태 점수분포에 따른 리뷰수를 [표10]의 [S21:S24] 영역에 계산하시오.
  ▶ 제품코드의 마지막 글자가 M 또는 L인 경우에 대해서만 리뷰수를 계산
  ▶ FREQUENCY, IF, RIGHT 함수를 이용한 배열 수식

❽ [표9]의 사진과 판매처를 이용하여 판매처별 사진별 리뷰수를 [표11]의 [U21:V22] 영역에 계산하시오.
  ▶ [표시 예 : 상공 판매처 리뷰수 5건, 총 리뷰수 15건 → 5/15]
  ▶ CONCAT, SUM, IF, LEFT, COUNTA 함수를 이용한 배열 수식

---

① [B22] 셀에 =RANK.EQ(MAX(($A$3:$A$17=$A22)*B$3:B$17),B$3:B$17)를 입력한 후 Ctrl+Shift+Enter를 눌러 수식을 완성한 후 [D24] 셀까지 수식을 복사한다.

함수 설명

❶ $A$3:$A$17=$A22 : [A3:A17] 영역의 값이 [A22] 셀과 같으면 TRUE 값을 반환
❷ MAX(❶*B$3:B$17) : ❶이 TRUE에 해당한 [B3:B17]와 같은 행의 최대값을 구함

=RANK.EQ(❷,B$3:B$17) : ❷의 값을 [B3:B17] 영역에서 내림차순의 순위를 구함

② [G21] 셀에 =VLOOKUP(LARGE(($G$3:$G$17=F21)*$H$3:$H$17,1),$H$3:$I$17,2,0)를 입력한 후 Ctrl+Shift+Enter를 눌러 수식을 완성한 후 [G24] 셀까지 수식을 복사한다.

함수 설명

❶ $G$3:$G$17=F21 : [G3:G17] 영역의 값이 [F21] 셀과 같으면 TRUE 값을 반환
❷ LARGE(❶*$H$3:$H$17,1) : ❶이 TRUE에 해당한 [H3:H17]와 같은 행에서 첫 번째로 큰 값을 구함

=VLOOKUP(❷,$H$3:$I$17,2,0) : ❷의 값을 [H3:I17] 영역의 첫 번째 열에서 찾아 2번째 열에서 정확하게 일치하는 값을 찾아옴

③ [I21] 셀에 =INDEX($F$3:$F$17,MATCH(MAX(($I$3:$I$17=$H21)*$H$3:$H$17),($I$3:$I$17=$H21)*$H$3:$H$17,0))를 입력한 후 Ctrl+Shift+Enter를 눌러 수식을 완성한 후 [I24] 셀까지 수식을 복사한다.

> **함수 설명**
>
> ❶ $I$3:$I$17=$H21 : [I3:I17] 영역의 값이 [H21] 셀과 같으면 TRUE 값을 반환
> ❷ ❶*B$3:B$17 : ❶이 TRUE에 해당한 [B3:B17]와 같은 행의 값을 구함
> ❸ MAX(❷) : ❷에서 최대값을 구함
> ❹ MATCH(❸,❷,0) : ❸의 값을 ❷ 영역에서 상대적인 위치 값을 구함
>
> =INDEX($F$3:$F$17,❹) : [F3:F17] 영역에서 ❹의 행에 있는 값을 구함

④ [G28] 셀에 ="약 "&ROUND(AVERAGE(LARGE(($I$3:$I$17=F28)*($H$3:$H$17),{1,2,3})),1)&"대"를 입력한 후 Ctrl+Shift+Enter를 눌러 수식을 완성한 후 [G31] 셀까지 수식을 복사한다.

> **함수 설명**
>
> ❶ $I$3:$I$17=F28 : [I3:I17] 영역의 값이 [F28] 셀과 같으면 TRUE 값을 반환
> ❷ LARGE(❶*$H$3:$H$17,{1,2,3}) : ❶이 TRUE에 해당한 [H3:H17]과 같은 행에서 첫 번째, 두 번째, 세 번째로 큰 값을 구함
> ❸ AVERAGE(❷) : ❷에서 평균을 구함
> ❹ ROUND(❸,1) : ❸의 값을 반올림하여 소수 이하 1자리로 표시
>
> ="약"&❹&"대" : 약❹대로 표시

⑤ [O3] 셀에 =LOOKUP(L3,{"공기업","사기업"},{1,2})&"-"&SUBSTITUTE(K3,".","")&"-"&ROW()를 입력한 후 Ctrl+Shift+Enter를 눌러 수식을 완성한 후 [O17] 셀까지 수식을 복사한다.

> **함수 설명**
>
> ❶ LOOKUP(L3,{"공기업","사기업"},{1,2}) : [L3] 셀의 값이 '공기업'이면 1, '사기업'이면 2를 반환
> ❷ SUBSTITUTE(K3,".","") : [K3] 셀에서 .를 찾아 공백으로 바꿈
> ❸ ROW() : 현재 행의 번호를 구함
>
> =❶&"-"&❷&"-"&❸ : ❶-❷-❸ 로 표시

⑥ [L21] 셀에 =ROUND(PERCENTILE.INC(IF($M$3:$M$17=$K21,$N$3:$N$17),L$20),0)를 입력한 후 Ctrl+Shift+Enter를 눌러 수식을 완성한 후 [O23] 셀까지 수식을 복사한다.

> **함수 설명**
>
> ❶ $M$3:$M$17=$K21 : [M3:M17] 영역의 값이 [K21]과 같으면 TRUE 값을 반환
> ❷ IF(❶,$N$3:$N$17) : ❶의 값이 TRUE이면 [N3:N17] 영역에 해당한 값을 반환
> ❸ PERCENTILE.INC(❷,L$20) : ❷의 값을 [L20] 셀에 해당한 백분위수를 구함
>
> =ROUND(❸,0) : ❸의 값을 반올림하여 정수로 표시

⑦ [S21:S24] 영역을 범위 지정한 후 =FREQUENCY(IF((RIGHT(R3:R17,1)="M")+(RIGHT(R3:R17,1)="L"),S3:S17),R21:R24)를 입력한 후 Ctrl+Shift+Enter를 눌러 수식을 완성한다.

⑧ [U21] 셀에 =CONCAT(SUM(IF(($T$3:$T$17=$T21)*(LEFT($U$3:$U$17,2)=U$20), 1)),"/",COUNTA($U$3:$U$17))를 입력한 후 Ctrl+Shift+Enter를 눌러 수식을 완성한 후 [V22] 셀까지 수식을 복사한다.

15 사용자 정의 함수

작업파일 : '26컴활1급(상시)₩스프레드시트₩이론'에서 '계산작업' 파일을 열어 작업하세요.

출제유형 1 '사용자정의' 시트에서 다음 과정을 수행하고 저장하시오.

❶ 사용자 정의 함수 'fn분류'를 작성하여 [표1]의 [D3:D12] 영역에 분류를 표시하시오.
- ▶ 'fn분류'는 납부방법, 납부기한을 인수로 받아 값을 되돌려줌
- ▶ 납부방법이 '신용카드'일 경우 납부기한의 연도와 함께 '-카드납부'를 표시하고, 그 외에는 납부기한의 연도와 함께 '-현금납부'를 표시하시오.
- ▶ IF ~ ELSE 구문과 LEFT 함수 이용

```
Public Function fn분류(납부방법, 납부기한)
End Function
```

❷ 사용자 정의 함수 'fn비고'를 작성하여 [표2]의 [H3:H12] 영역에 비고를 표시하시오.
- ▶ 'fn비고'는 평가점수와 회원번호를 인수로 받아 비고를 판단하여 되돌려줌
- ▶ 평가점수가 80점 이상인 경우 회원번호의 두 번째 글자가 "M"과 "W"이면 fn비고는 '주간보호센터'로 표시하고, 그 외는 '요양'으로 표시하고, 평가점수가 80점 미만이면 공백으로 표시하시오.
- ▶ IF ~ ELSE, SELECT CASE 구문과 MID 함수 이용

```
Public Function fn비고(평가점수, 회원번호)
End Function
```

❸ 사용자 정의 함수 'fn가입상태'를 작성하여 [표3]의 가입상태[N3:N12]를 표시하시오.
- ▶ 'fn가입상태'는 가입기간, 미납기간을 인수로 받아 값을 되돌려 줌
- ▶ 미납기간이 가입기간 이상이면 "해지예상", 미납기간이 가입기간 미만인 경우 중에서 미납기간이 0이면 "정상", 미납기간이 2 초과이면 "휴면보험", 그 외는 미납기간과 "개월 미납"을 연결하여 표시 [표시 예 : 1개월 미납]
- ▶ IF문 & 연산자 사용

```
Public Function fn가입상태(가입기간, 미납기간)
End Function
```

❹ 사용자 정의 함수 'fn포인트'를 작성하여 [표1]의 [D16:D25] 영역에 포인트를 계산하여 표시하시오.
- ▶ 'fn포인트'는 평가1, 평가2를 인수로 받아 포인트를 계산하여 되돌려줌
- ▶ 평가1과 평가2 점수를 더한 값이 10이면 1000, 7이상 10미만이면 700, 5이상 7미만이면 500, 그 외는 0으로 계산하시오.
- ▶ SELECT CASE 구문 이용

```
Public Function fn포인트(평가1, 평가2)
End Function
```

❺ 사용자 정의 함수 'fn기타'를 작성하여 [표5]의 [H16:H25] 영역에 기타를 계산하여 표시하시오.
- ▶ 'fn기타'는 반영점수를 인수로 받아 기타를 계산하는 함수이다.
- ▶ 반영점수가 10 이상이면 '반영점수/10'의 값만큼 "■"를 반복하여 표시하고, 그 외에는 "노력요함"으로 표시하시오.
- ▶ 반영점수가 64일 경우 : ■■■■■■
- ▶ 반영점수가 7.2일 경우 : 노력요함
- ▶ IF문과 FOR문 이용

```
Public Function fn기타(반영점수)
End Function
```

❻ 사용자 정의 함수 'fn등급'을 작성하여 [표6]의 [N16:N25] 영역에 등급을 표시하시오.
- ▶ 'fn등급'는 출석, 수행평가, 시험성적을 인수로 받아 등급을 판단하여 되돌려줌
- ▶ 등급은 출석이 100이면서 수행평가와 시험성적의 합이 190 이상인 경우 '1등급', 출석이 95이상이면서 수행평가와 시험성적의 합이 180 이상인 경우 '2등급', 그 외는 공백으로 표시하시오.
- ▶ IF ~ ELSE 구문 이용

```
Public Function fn등급(출석, 수행평가, 시험성적)
End Function
```

➕ 더알기 TIP

메뉴에 [개발 도구] 탭을 표시하려면?

1. [파일]-[옵션]을 클릭한다.
2. '리본 사용자 지정' 탭에서 '개발 도구'를 체크하고 [확인]을 클릭한다.

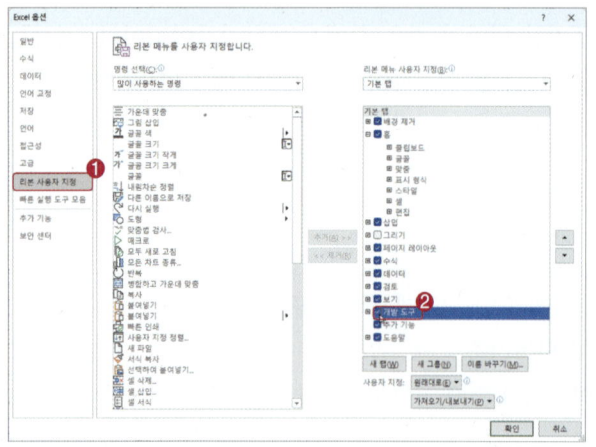

3. [개발 도구] 탭이 표시된다.

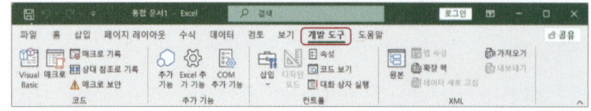

01 'fn분류' 사용자 정의 함수

① [개발 도구]-[코드] 그룹의 [Visual Basic]()을 클릭한다.

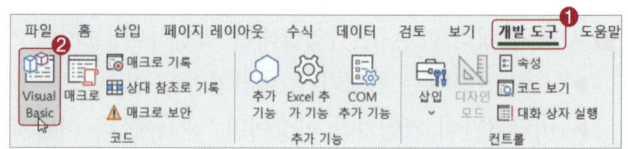

🏆 기적의 TIP

바로 가기 키 : Alt + F11

② [삽입]-[모듈]을 선택한다.

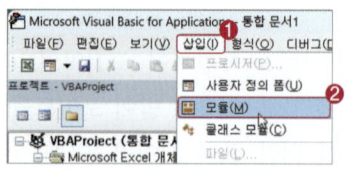

🏆 기적의 TIP

[사용자 정의 함수]
① Alt + F11
② [삽입]-[모듈]
③ 함수 정의
④ 시트에 함수 적용

③ 내용을 입력한다.

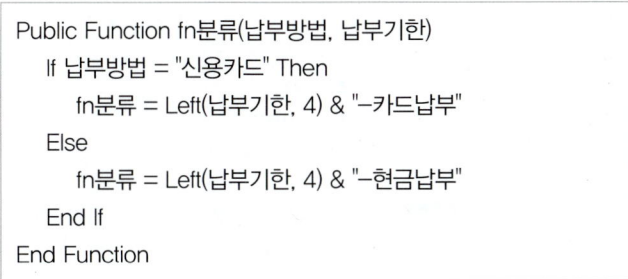

> **기적의 TIP**
> - Function : 함수의 시작
> - End Function : 함수의 끝
> - Public : 작성한 함수를 프로젝트 내의 다른 모듈에서도 참조할 수 있도록 선언
> - (대소문자 상관없이 입력하면 됩니다. 단, 함수 이름은 대소문자 구분해서 작성해야 합니다.)

> **기적의 TIP**
> - Tab : 들여쓰기
> - Shift + Tab : 내여쓰기
> - 사용자 정의 함수를 작성할 때 Tab, Shift + Tab 를 이용하여 작성하면 코드를 보기 편하게 작성할 수 있습니다.

④ Visual Basic Editor 창의 오른쪽 [닫기]를 클릭하여 엑셀로 돌아온 후 [D3] 셀을 클릭한 후 [함수 삽입](f_x)을 클릭한다.

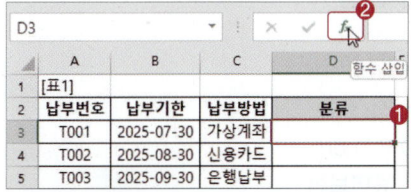

⑤ 범주 선택에서 '사용자 정의'를 선택하고, 'fn분류'를 선택한 후 [확인]을 클릭한다.

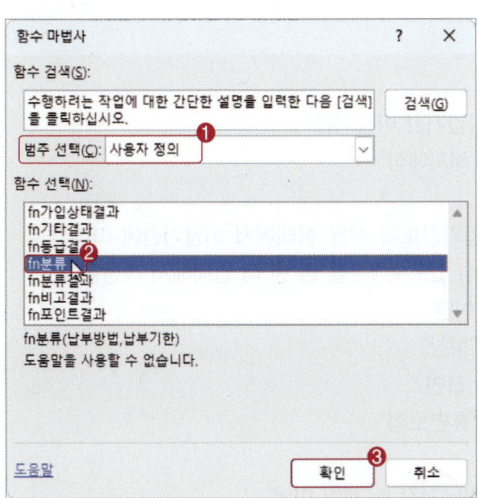

⑥ 그림과 같이 각각 셀을 지정한 후 [확인]을 클릭한다.

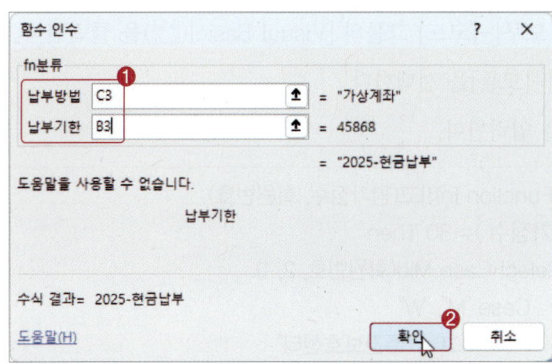

⑦ [D3] 셀의 수식을 [D12] 셀까지 복사한다.

> **더알기 TIP**
>
> ### IF 구문
>
> - IF 구문은 특정한 조건을 검사하여 조건이 참일 때와 거짓일 때의 실행되는 명령문이 다르도록 해주며 기본 구조는 다음과 같다.

- 조건이 만족할 때에는 '명령문1'이 실행되고, 조건이 만족하지 않을 때에는 '명령문2'가 실행된다.
- 조건이 여러 개일 때에는 구조는 다음과 같다.

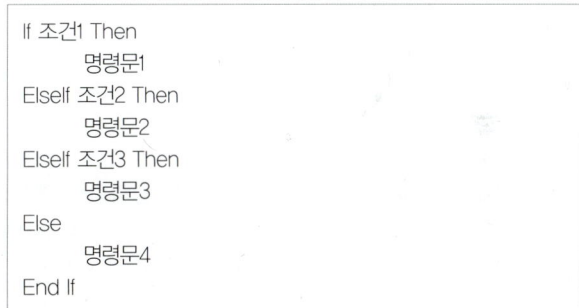

- '조건1'에 만족하면 '명령문1'을 조건1에 만족하지 않으면 다시 '조건2' 와 비교하여 만족하면 '명령문2'를 … 어느 조건에도 만족하지 않으면 Else 다음에 있는 '명령문4'를 실행한다

02 'fn비고' 사용자 정의 함수

① [개발 도구]-[코드] 그룹의 [Visual Basic](	)을 클릭한다.

② [삽입]-[모듈]을 선택한다.

③ 내용을 입력한다.

```
Public Function fn비고(평가점수, 회원번호)
    If 평가점수 >= 80 Then
        Select Case Mid(회원번호, 2, 1)
            Case "M", "W"
                fn비고 = "주간보호센터"
            Case Else
                fn비고 = "요양"
        End Select
    Else
        fn비고 = ""
    End If
End Function
```

> **기적의 TIP**
>
> **OR**
> • 엑셀 : OR(조건1, 조건2)
> • 배열 수식 : (조건1) + (조건2)
> • VBE : 조건1 OR 조건2
> • 액세스 : 조건1 OR 조건2
>
> **AND**
> • 엑셀 : AND(조건1, 조건2)
> • 배열 수식 : (조건1) * (조건2)
> • VBE : 조건1 AND 조건2
> • 액세스 : 조건1 AND 조건2

④ Visual Basic Editor 창의 오른쪽 [닫기]를 클릭하여 엑셀로 돌아온 후 [H3] 셀을 클릭한 후 [함수 삽입]( )을 클릭한다.

⑤ 범주 선택에서 '사용자 정의'를 선택하고, 'fn비고'를 선택한 후 [확인]을 클릭한다.

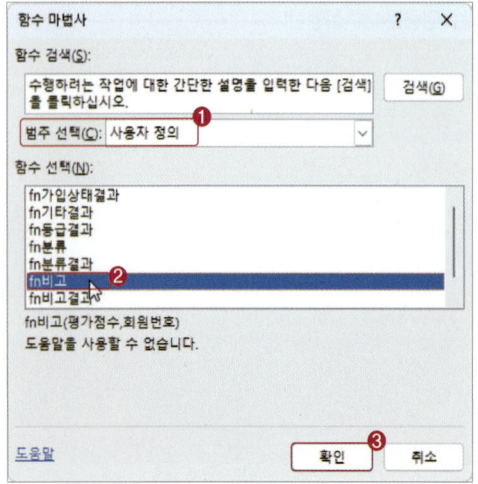

⑥ 그림과 같이 각각 셀을 지정한 후 [확인]을 클릭한다.

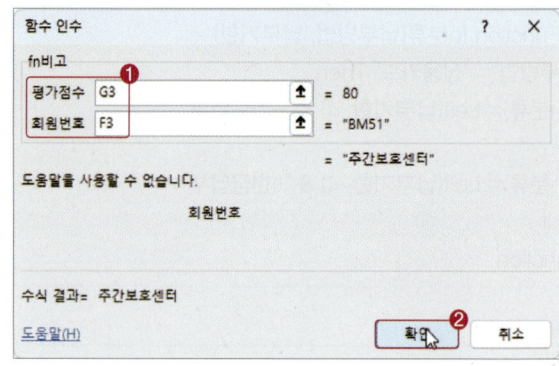

⑦ [H3] 셀의 수식을 [H12] 셀까지 복사한다.

03 'fn가입상태' 사용자 정의 함수

① [개발 도구]-[코드] 그룹의 [Visual Basic](	)을 클릭한다.

② [삽입]-[모듈]을 선택한다.

> **기적의 TIP**
>
> & 연산자 앞뒤에는 한 칸의 스페이스를 띄어서 작성합니다.

③ 내용을 입력한다.

```
Public Function fn가입상태(가입기간, 미납기간)
    If 미납기간 >= 가입기간 Then
        fn가입상태 = "해지예상"
    Else
        If 미납기간 = 0 Then
            fn가입상태 = "정상"
        ElseIf 미납기간 > 2 Then
            fn가입상태 = "휴면보험"
        Else
            fn가입상태 = 미납기간 & "개월 미납"
        End If
    End If
End Function
If 미납기간이 가입기간 이상이면
    가입상태 = "해지예상"
그 외에
미납기간이 가입기간보다 작은 상태에서 미납기간에 따라 최종 결과가 달라질 수 있도록 If문을 한 번 더 입력해서 작성한다.
If 미납기간 = 0이면
    가입상태 = "정상"
미납기간 2보다 크면
    가입상태 = "휴면보험"
그 외에
    가입상태 = 미납기간 & "개월 미납"
End if

End if
```

④ Visual Basic Editor 창의 오른쪽 [닫기]를 클릭하여 엑셀로 돌아온 후 [N3] 셀을 클릭한 후 [함수 삽입](f_x)을 클릭한다.

⑤ 범주 선택에서 '사용자 정의'를 선택하고, 'fn가입상태'를 선택한 후 [확인]을 클릭한다.

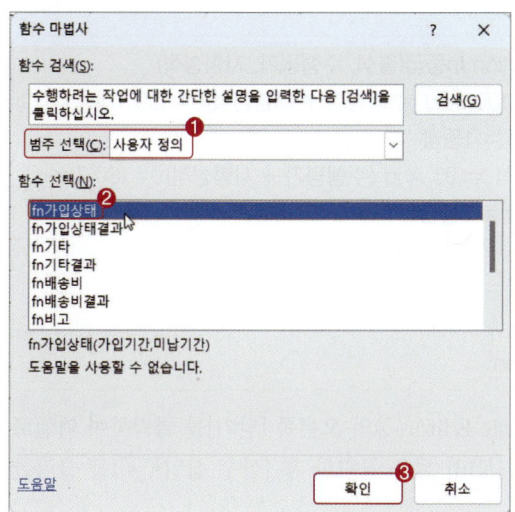

⑥ 그림과 같이 각각 셀을 지정한 후 [확인]을 클릭한다.

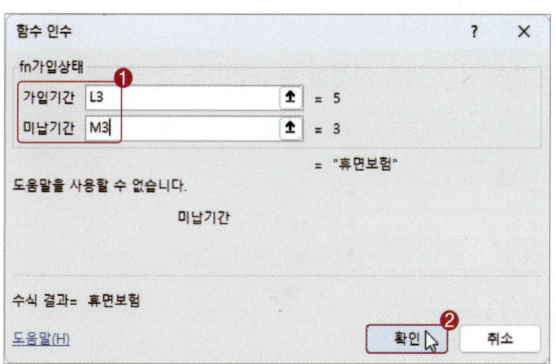

⑦ [N3] 셀의 수식을 [N12] 셀까지 복사한다.

04 'fn포인트' 사용자 정의 함수

① [개발 도구]-[코드] 그룹의 [Visual Basic]()을 클릭한다.
② [삽입]-[모듈]을 선택한다.
③ 내용을 입력한다.

```
Public Function fn포인트(평가1, 평가2)
    Select Case 평가1 + 평가2
        Case 10
            fn포인트 = 1000
        Case Is >= 7
            fn포인트 = 700
        Case Is >= 5
            fn포인트 = 500
        Case Else
            fn포인트 = 0
    End Select
End Function
```

④ Visual Basic Editor 창의 오른쪽 [닫기]를 클릭하여 엑셀로 돌아온 후 [D16] 셀을 클릭한 후 [함수 삽입](f_x)을 클릭한다.

⑤ 범주 선택에서 '사용자 정의'를 선택하고, 'fn포인트'을 선택한 후 [확인]을 클릭한다.

⑥ 그림과 같이 각각 셀을 지정한 후 [확인]을 클릭한다.

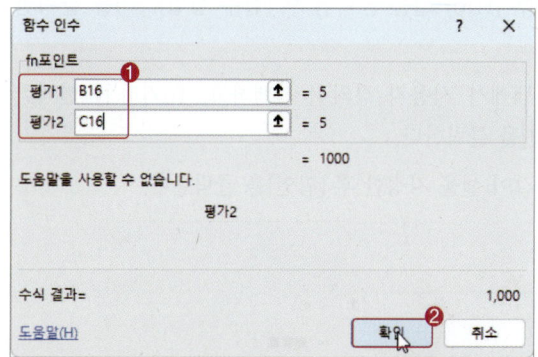

⑦ [D16] 셀의 수식을 [D25] 셀까지 복사한다.

05 'fn기타' 사용자 정의 함수

① [개발 도구]-[코드] 그룹의 [Visual Basic]()을 클릭한다.
② [삽입]-[모듈]을 선택한다.
③ 내용을 입력한다.

```
Public Function fn기타(반영점수)
    If 반영점수 >= 10 Then
        For a = 1 To 반영점수 / 10
            fn기타 = fn기타 & "■"
        Next a
    Else
        fn기타 = "노력요함"
    End If
End Function
```

> 📌 **기적의 TIP**
>
> **For문은 반복문 작성**
> For 반복변수 = 시작값 To 마지막 값 [Step 증감값]
>   실행문
> Next 반복변수
> : 조건이 맞는 동안 지정한 횟수만큼 반복
>
> For a =1 to 반영점수/10
>   fn기타 = fn기타 & "■"
> Next a
>
> 1번째(a=1)일 때
> fn기타 : ■
> 2번째(a=2)일 때
> fn기타 : ■ ■
> 3번째(a=3)일 때
> fn기타 : ■ ■ ■
> …
> 반영점수를 10으로 나눈 횟수만큼 반복하여 표시

④ Visual Basic Editor 창의 오른쪽 [닫기]를 클릭하여 엑셀로 돌아온 후 [H16] 셀을 클릭한 후 [함수 삽입]( )을 클릭한다.

⑤ 범주 선택에서 '사용자 정의'를 선택하고, 'fn기타'를 선택한 후 [확인]을 클릭한다.

⑥ 그림과 같이 셀을 지정한 후 [확인]을 클릭한다.

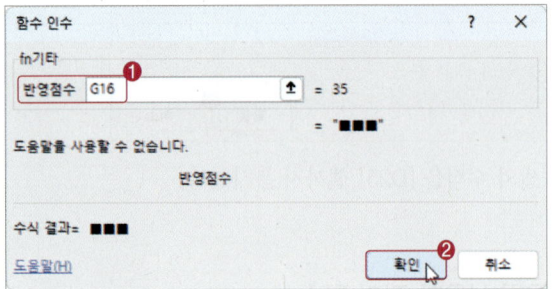

> 📌 **기적의 TIP**
>
> **평균**
> • 엑셀 : AVERAGE
> • VBE : 합계/개수
> • 액세스 : AVG

⑦ [H16] 셀의 수식을 [H25] 셀까지 복사한다.

06 'fn등급' 사용자 정의 함수

① [개발 도구]-[코드] 그룹의 [Visual Basic]( )을 클릭한다.

② [삽입]-[모듈]을 클릭한다.

③ 내용을 입력한다.

```
Public Function fn등급(출석, 수행평가, 시험성적)
    If 출석 = 100 And (수행평가 + 시험성적) >= 190 Then
        fn등급 = "1등급"
    ElseIf 출석 >= 95 And (수행평가 + 시험성적) >= 180 Then
        fn등급 = "2등급"
    Else
        fn등급 = ""
    End If
End Function
```

④ Visual Basic Editor 창의 오른쪽 [닫기]를 클릭하여 엑셀로 돌아온 후 [N16] 셀을 클릭한 후 [함수 삽입]( )을 클릭한다.

⑤ 범주 선택에서 '사용자 정의'를 선택하고, 'fn등급'를 선택한 후 [확인]을 클릭한다.

⑥ 그림과 같이 각각 셀을 지정한 후 [확인]을 클릭한다.

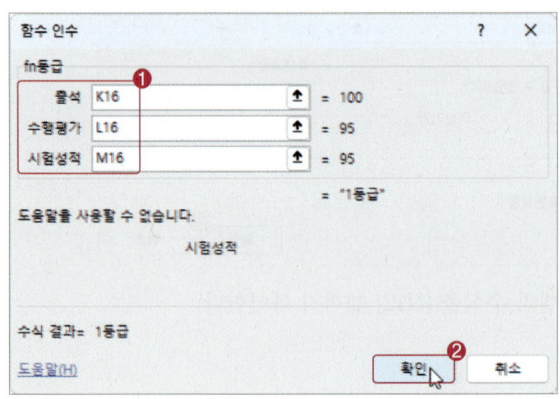

⑦ [N16] 셀의 수식을 [N25] 셀까지 복사한다.

16 피벗 테이블

작업파일 : '26컴활1급(상시)₩스프레드시트₩이론'에서 '분석작업' 파일을 열어 작업하세요.

출제유형 1 '피벗테이블1' 시트에서 다음의 지시사항에 따라 피벗 테이블 보고서를 작성하시오.

▶ 외부 데이터 가져오기 기능을 이용하여 〈성적.accdb〉의 〈과목별성적〉 테이블의 '과정명', '등록일', '3월', '4월', '5월', '6월' 열만 가져와서 작성하시오.
▶ 과정명은 5B와 8B로 시작하는 값만 가져오기 하시오.
▶ 피벗 테이블 보고서의 레이아웃과 위치는 〈그림〉을 참조하여 설정하고, 보고서 레이아웃은 개요 형식으로 표시하시오.
▶ '등록일'은 〈그림〉과 같이 그룹을 설정하고, 부분합은 하단에 작성하고, 개수와 평균을 함께 표시하시오.
▶ 셀 서식을 이용하여 개수를 표시한 레이블은 **을 붙여서 표시하시오.

	A	B	C	D	E	F	G
1							
2		등록일	과정명	합계 : 3월	합계 : 4월	합계 : 5월	합계 : 6월
3		⊟ 3월					
4			5B01	10.31000018	8.549999833	7.869999886	9
5			5B02	10.19000018	11.44999993	14.02999997	5
6			8B01	8.019999981	4.619999886	5.460000038	6
7			8B02	2.380000114	3.950000048	4	3
8		3월 개수**		10	10	10	10
9		3월 평균		3.090000045	2.856999969	3.13599999	2.3
10		⊟ 5월					
11			5B01	6.640000105	7.850000143	6.170000076	5
12			5B02	14.12999988	11.37999988	10.05000007	13
13			8B01	10.03000033	8.779999971	7.730000019	9
14			8B02	6.580000162	8.080000162	8.420000076	8
15		5월 개수**		11	11	11	11
16		5월 평균		3.398181861	3.280909105	2.942727295	3.181818182
17		총합계		68.28000093	64.65999985	63.73000014	58
18							

※ 작업 완성된 그림이며 부분점수 없음

① [B2] 셀을 선택한 후 [데이터]-[데이터 가져오기 및 변환] 그룹의 [데이터 가져오기]-[기타 원본에서]-[Microsoft Query에서]를 클릭한다.

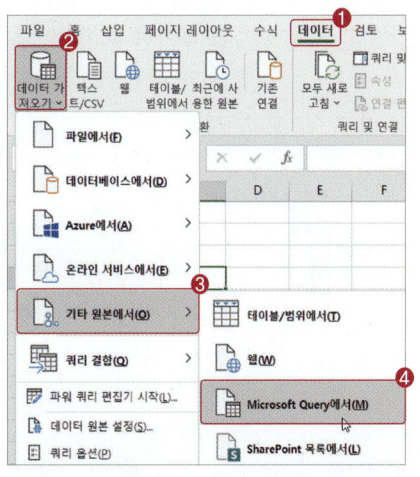

> **기적의 TIP**
>
> 파일을 불러온 후 보안 경고에서 〈컨텐츠 사용〉을 클릭한 후 실습합니다.

② [데이터베이스] 탭에서 'MS Access Database*'를 선택하고 [확인]을 클릭한다.

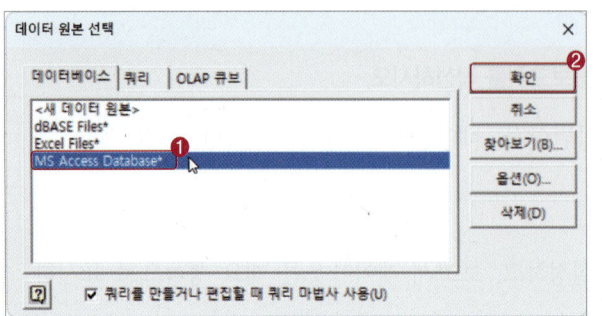

> **기적의 TIP**
>
> **MS Office 업데이트로 인해 [데이터] 탭의 [데이터 가져오기]-[기타 원본에서]-[Microsoft Query에서] 메뉴가 보이지 않을 때**
> ① [파일]-[옵션]을 클릭하여 [데이터]의 'Microsoft Query에서(레거시)'를 체크하고 [확인]을 클릭합니다.
> ② [데이터]-[데이터 가져오기 및 변환] 그룹에서 [데이터 가져오기]-[레거시 마법사]-[Microsoft Query에서(레거시)] 메뉴를 이용하세요.
>
> ※ [데이터 가져오기]-[레거시 마법사]-[Microsoft Query에서(레거시)]와 [데이터 가져오기]-[기타 원본에서]-[Microsoft Query에서]의 기능이 동일합니다. 실제 시험장에서는 교재처럼 작성하면 되므로, 따로 '레거시' 메뉴를 설정하지 않도록 주의하여 주세요.

③ '26컴활1급(상시)₩스프레드시트₩이론' 폴더에서 '성적.accdb'를 선택하고 [확인]을 클릭한다.

> **기적의 TIP**
>
> **쿼리 마법사가 실행되지 않는다면**
> [데이터 원본 선택]의 아래쪽에 '쿼리를 만들거나 편집할 때 쿼리 마법사 사용'을 체크해야 합니다.

④ [열 선택]에서 '과정별성적' 테이블을 더블클릭하여 '과정명', '등록일', '3월', '4월', '5월', '6월' 필드를 추가한 후 [다음]을 클릭한다.

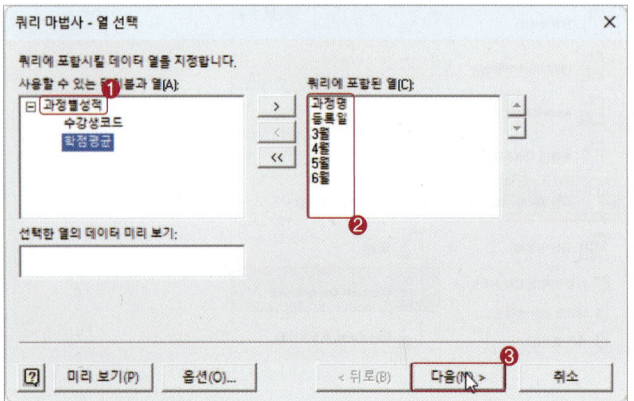

⑤ [데이터 필터]에서 '과정명'을 선택하고 다음과 같이 (시작 값 5B, '또는', 시작 값 8B)로 지정하고 [다음]을 클릭하고, [정렬 순서]에서 [다음]을 클릭한다.

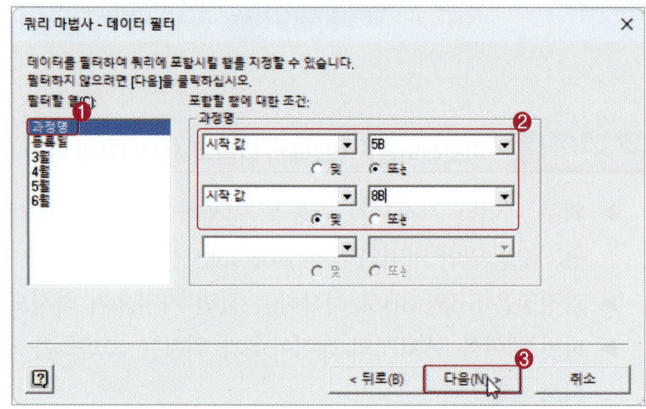

⑥ [마침]에서 'Microsoft Excel(으)로 데이터 되돌리기'를 선택하고 [마침]을 클릭한다.

⑦ [데이터 가져오기]에서 '피벗 테이블 보고서'를 선택한 다음, '기존 워크시트'는 [B2] 셀을 지정하고 [확인]을 클릭한다.

⑧ 오른쪽 '피벗 테이블 필드 목록'에서 '등록일', '과정명'은 행, '3월', '4월', '5월', '6월'은 Σ값으로 드래그한다.

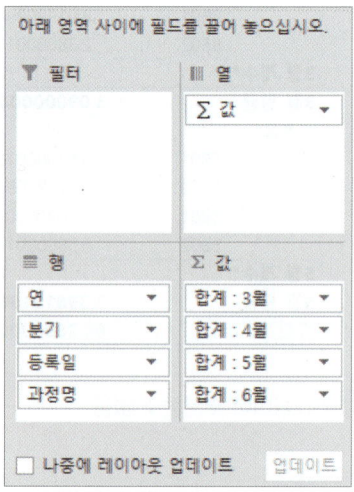

⑨ [디자인]-[레이아웃] 그룹의 [보고서 레이아웃]-[개요 형식으로 표시]를 클릭한다.

⑩ [B3] 셀에서 마우스 오른쪽 버튼을 눌러 [그룹]을 선택한다.

⑪ [그룹화]에서 '연', '분기' 선택을 해제한 후 '월'을 선택하고 [확인]을 클릭한다.

⑫ [디자인]-[레이아웃] 그룹의 [부분합]-[그룹 하단에 모든 부분합 표시]를 클릭한다.

⑬ [B8] 셀에서 마우스 오른쪽 버튼을 눌러 [필드 설정]을 선택한다.

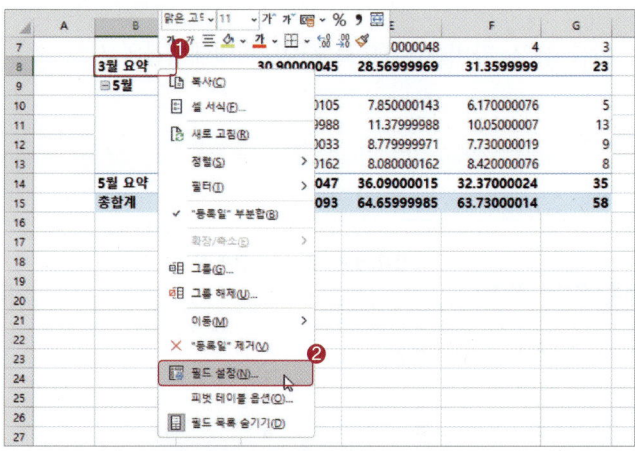

⑭ [필드 설정]에서 '사용자 지정'을 선택하고 '개수', '평균'을 선택하고 [확인]을 클릭한다.

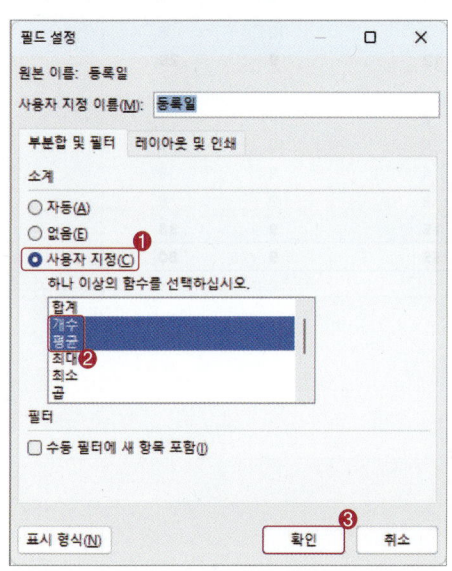

⑮ [B8], [B15] 셀을 동시에 선택한 후 마우스 오른쪽을 눌러 [셀 서식]을 선택한다.

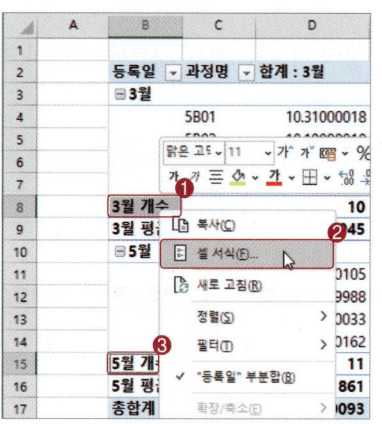

⑯ [셀 서식]의 [표시 형식] 탭에서 '사용자 지정'에 @"**"를 입력하고 [확인]을 클릭한다.

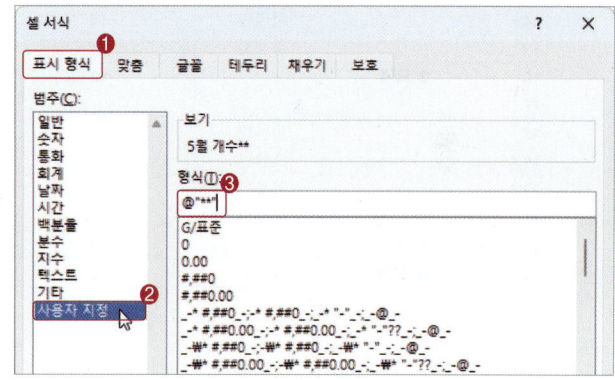

출제유형 2 '피벗테이블2' 시트에서 다음의 지시사항에 따라 피벗 테이블 보고서를 작성하시오.

▶ 외부 데이터 원본으로 〈주소록.xlsx〉 파일의 〈반〉 테이블을 사용하여 '데이터에 첫 행에 열 머리글'을 포함하시오.
▶ 피벗 테이블 보고서의 레이아웃과 위치는 〈그림〉을 참조하여 설정하고, 보고서 레이아웃을 개요 형식으로 표시하시오.
▶ '출석수' 필드는 표시 형식을 값 필드 설정의 셀 서식에서 '숫자' 범주를 이용하여 〈그림〉과 같이 지정하시오.
▶ '이름' 필드는 개수로 계산한 후 '학생수'로 이름을 변경하시오.
▶ 그룹 하단에 모든 부분합이 표시되도록 설정하시오.

- ▶ 피벗 테이블 스타일은 '연한 파랑, 피벗 스타일 밝게 9'로 설정하고, 확장(+)/축소(-) 단추가 표시되지 않도록 설정하시오.
- ▶ 2학년 자비반 남학생의 자료를 별도 시트에 생성하고, 시트 이름을 '2-자비반(남)'으로 하여 '피벗테이블2' 시트 오른쪽에 위치시키시오.

		성별	값				
		남		여		전체 평균 : 출석수	전체 학생수
학년	반	평균 : 출석수	학생수	평균 : 출석수	학생수		
1							
	사랑반	8	3	4	4	6	7
	화평반	11	5			11	5
	희락반	13	2	6	4	8	6
1 요약		10	10	5	8	8	18
2							
	양선반	8	4	1	3	5	7
	오래참음반	7	4	10	3	8	7
	자비반	14	3	6	4	9	7
	충성반	11	6	14	2	12	8
2 요약		10	17	7	12	9	29
3							
	믿음반	8	5	15	2	10	7
	소망반	10	4	10	6	10	10
	온유반	11	4	8	4	9	8
	절제반	12	5	4	3	9	8
3 요약		10	18	9	15	9	33
총합계		10	45	7	35	9	80

※ 작업 완성된 그림이며 부분점수 없음

① [B3] 셀을 선택한 후 [삽입]-[표] 그룹의 [피벗 테이블](📊)을 클릭한다.

버전 TIP

사용하는 엑셀 버전에 따라 [피벗 테이블] 대화상자에서 작성할 수 없는 경우, [삽입]-[표] 그룹의 [피벗테이블]-[외부 데이터 원본에서]를 클릭하여 작성할 수 있습니다.

② [피벗 테이블 만들기]에서 '외부 데이터 원본 사용'을 선택하고, [연결 선택]을 클릭하여 [더 찾아보기]를 클릭한 후, '26 컴활1급(상시)₩스프레드시트₩이론' 폴더에서 '주소록.xlsx' 파일을 선택하고 '반' 테이블을 선택하고 '데이터의 첫 행에 열 머리글 포함'을 체크되어 있는지 확인하고 [확인]을 클릭하고, [피벗 테이블 만들기]에서 [확인]을 클릭한다.

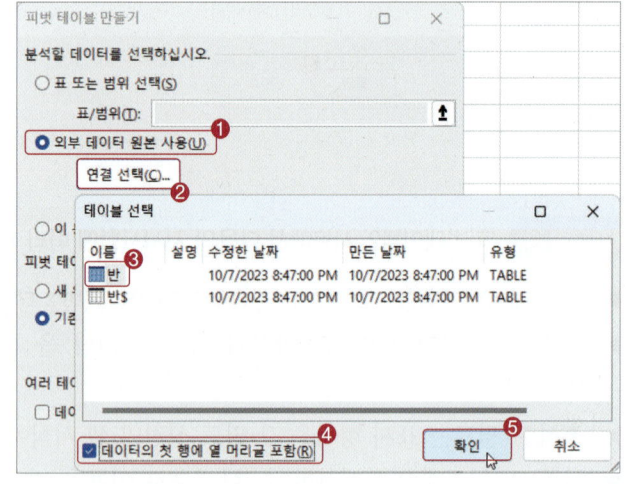

③ '피벗 테이블 필드 목록'에서 다음과 같이 지정한다.

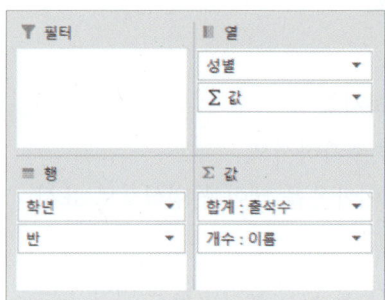

④ [디자인]-[레이아웃] 그룹의 [보고서 레이아웃]-[개요 형식으로 표시]를 클릭한다.

⑤ '값' 부분에 '출석수' 합계가 계산되는데, 합계를 평균으로 변경하기 위해서 [D5] 셀에 마우스 오른쪽 버튼을 눌러 [값 필드 설정]을 클릭한다.

▶ 기적의 TIP

[D5] 셀에서 더블클릭하여 [값 필드 설정]을 실행할 수 있습니다.

⑥ [값 필드 설정]에서 '평균'을 선택하고, [표시 형식]을 클릭한다.

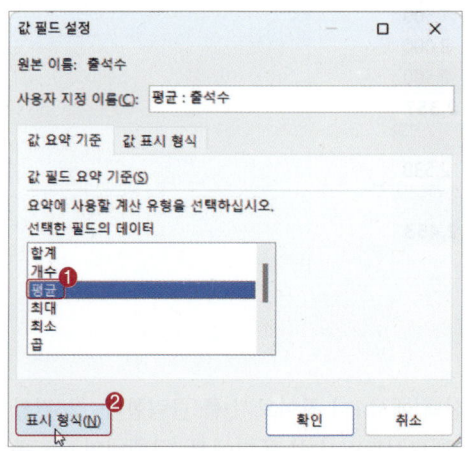

⑦ [셀 서식]의 '숫자'를 선택하고 [확인]을 클릭하고 [값 필드 설정]에서 다시 한 번 [확인]을 클릭한다.

⑧ 값 영역의 표시 형식을 지정하기 위해서 [E5] 셀에서 마우스 오른쪽 버튼을 눌러 [값 필드 설정]을 클릭한다.

▶ 기적의 TIP

[E5] 셀에서 더블클릭하여 [값 필드 설정]을 실행할 수 있습니다.

⑨ [값 필드 설정]에서 '사용자 지정 이름'에 **학생수**를 입력하고 [확인]을 클릭한다.

⑩ 피벗 테이블 안에 셀 포인터가 놓여 있는 상태에서 [디자인]-[레이아웃] 그룹의 [부분합]-[그룹 하단에 모든 부분합 표시]를 선택한다.

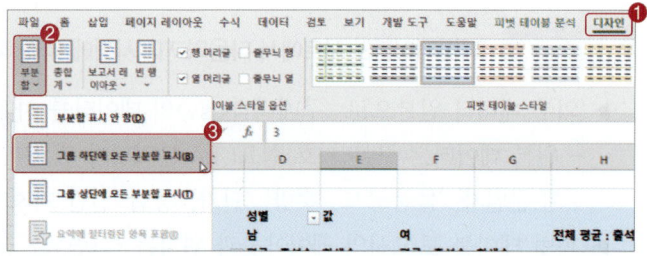

⑪ [디자인]-[피벗 테이블 스타일] 그룹의 [연한 파랑, 피벗 스타일 밝게 9]를 선택한다.

⑫ [피벗 테이블 분석]-[표시] 그룹의 [+/- 단추]()를 클릭하여 해제한다.

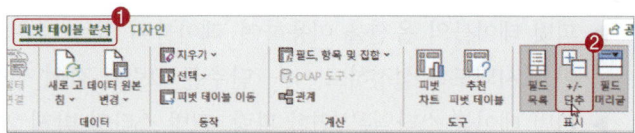

⑬ [D14] 또는 [E14] 셀에서 더블클릭한다.

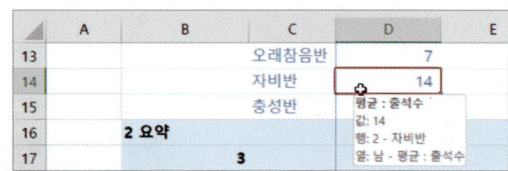

▶ 기적의 TIP

2학년 : [D12:I15] 영역
2학년 자비반 : [D14:I14] 영역
2학년 자비반 남자 : [D14:E14] 영역
으로 문제에서 요구한 영역을 확인하고 그 안쪽에 하나의 셀만 더블클릭하면 해당 데이터를 다른 시트에 추출할 수 있습니다.

⑭ 새롭게 삽입된 시트 이름을 더블클릭하여 **2-자비반(남)**을 입력하고, 시트명을 마우스로 클릭한 채로 드래그하여 '피벗테이블2' 시트 뒤로 이동한다.

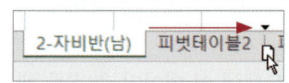

▶ 기적의 TIP

더블클릭하면 기본적으로 현재 시트 왼쪽에 새로운 시트로 추가가 됩니다. 문제에서 특별한 지시사항이 없으면 생성된 왼쪽 그대로 두시면 되고, 만약 시트의 위치가 문제에서 요구한 다른 위치라면 마우스로 드래그하여 이동하면 됩니다.

⑮ 2학년 자비반 남학생의 자료가 별도의 시트에 추출된 결과

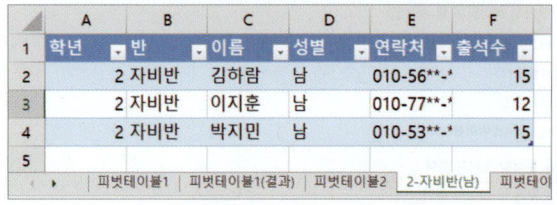

출제유형 3 '피벗테이블3' 시트에서 다음의 지시사항에 따라 피벗 테이블 보고서를 작성하시오.

▶ 외부 데이터 원본으로 〈구매내역.csv〉의 데이터를 사용하시오.
 - 원본 데이터는 구분 기호 쉼표(,)로 분리되어 있으며, 내 데이터에 머리글을 표시하시오.
 - '주문일자', '물품코드', '수량', '단가', '등급' 열만 가져와 데이터 모델에 이 데이터를 추가하시오.
▶ 피벗 테이블 보고서의 레이아웃과 위치는 〈그림〉을 참조하여 설정하고, 보고서 레이아웃을 테이블 형식으로 표시하시오.
▶ '수량', '단가' 필드의 표시 형식은 값 필드 설정의 셀 서식에서 '숫자' 범주를 이용하여 천 단위 콤마(,)를 표시하시오.
▶ 그룹 하단에 모든 부분합이 표시되도록 설정하시오.
▶ 각 항목 아래에 빈 행을 〈그림〉과 같이 표시하고, '정회원', '준회원'만 표시하시오.
▶ 피벗 테이블의 옵션을 이용하여 '레이블이 있는 셀은 병합하고 가운데 맞춤'되도록 설정하고, 빈 셀에는 '주문없음'이 표시되도록 설정하고, +/- 단추는 그림과 같이 설정하시오.
▶ 피벗 테이블 스타일은 '연한 파랑, 피벗 스타일 밝게 20'으로 설정하고, '줄무늬 행' 피벗 테이블 스타일 옵션을 설정하시오.

	A	B	C	D	E	F
1						
2		주문일자	All			
3						
4		등급	물품코드	평균: 수량	평균: 단가	
5			JJ1111	68	1,500	
6		정회원	JJ2222	80	3,000	
7			SS3333	65	2,500	
8		정회원 요약		70	2,357	
9						
10		준회원		44	2,538	
11						
12		총합계		56	2,453	
13						

① [B4] 셀을 선택한 후 [삽입]-[표] 그룹의 [피벗 테이블]( )을 클릭한다.

② [피벗 테이블 만들기]에서 '데이터 모델에 이 데이터 추가'를 체크하고, '외부 데이터 원본 사용'에서 [연결 선택]을 클릭한다.

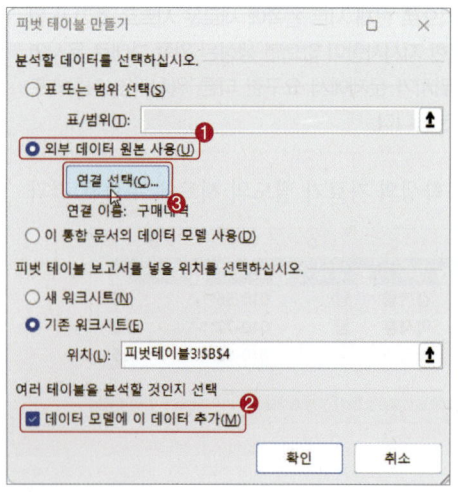

③ [연결 또는 표 선택]에서 [더 찾아보기]를 클릭한다. '26컴활1급(상시)\스프레드시트\이론' 폴더에서 '구매내역.csv'를 선택하고 [확인]을 클릭한다.

> **기적의 TIP**
> 사용하는 엑셀 버전에 따라 필터 부분에 'All'이라고 나오지 않고 '(모두)'로 표시되는 경우가 있습니다. 이 부분은 시험장에서도 그럴 수 있는데, 감점의 원인이 되지 않기 때문에 신경 쓰지 않으셔도 됩니다.

④ [1단계]에서 '내 데이터에 머리글 표시'를 체크하고, '구분 기호로 분리됨'을 선택하고 [다음]을 클릭한다.

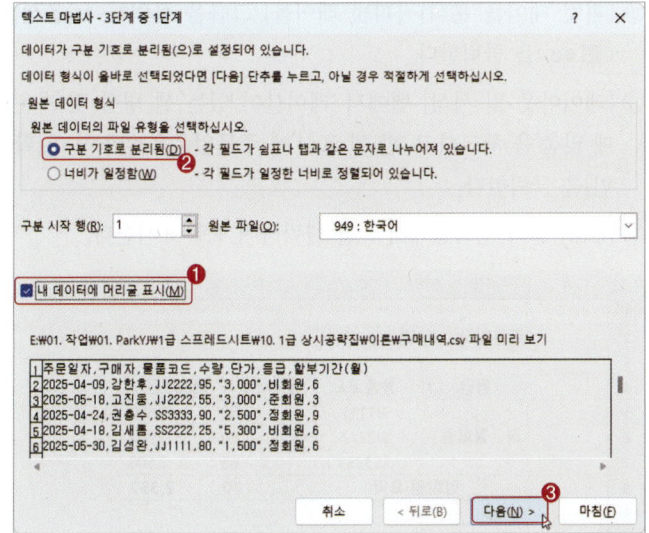

⑤ [2단계]에서 구분 기호 '쉼표'만 체크하고 [다음]을 클릭한다.

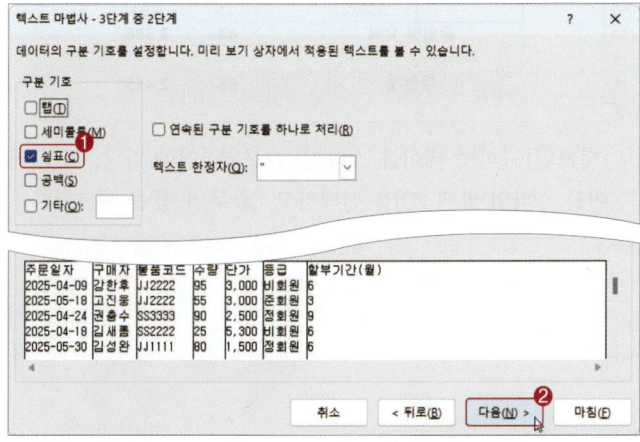

⑥ [3단계]에서 '구매자' 필드를 선택한 후 '열 가져오지 않음(건너뜀)'을 선택하고 같은 방법으로 '할부기간(월)'도 열 가져오지 않음(건너뜀)으로 지정한 후 [마침]을 클릭한다.

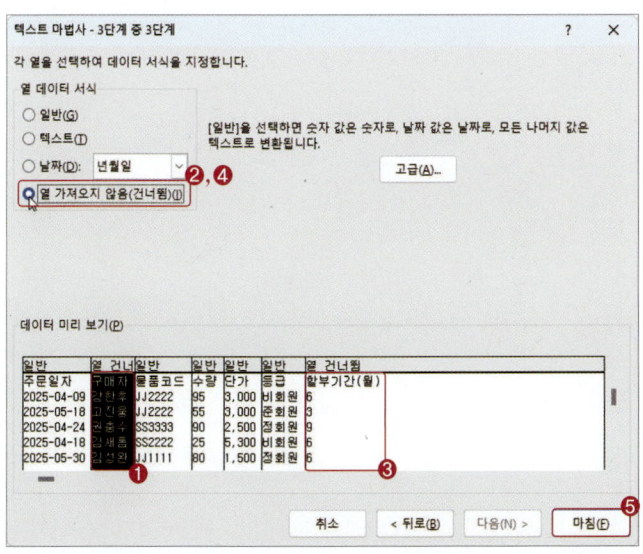

기적의 TIP

문제에서 제시된 열만 가져오기 위해서 '구매자', '할부기간(열)'은 열 가져오지 않음을 이용하여 제외합니다.

⑦ [피벗 테이블 만들기]에서 [확인]을 클릭한다.

기적의 TIP

'csv' 파일의 데이터를 이용하여 작성할 때 '데이터 모델에 이 데이터 추가'를 체크하지 않고 [확인]을 클릭하면 다음과 같은 메시지 상자가 표시되고 피벗 테이블을 작성할 수 없습니다.

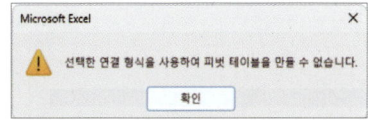

⑧ 다음과 같이 보고서 레이아웃을 지정한다.

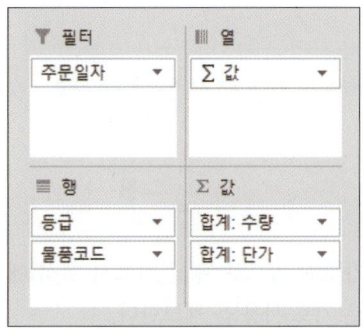

⑨ [디자인]-[레이아웃] 그룹의 [보고서 레이아웃]-[테이블 형식으로 표시]를 클릭한다.

⑩ 합계 : 수량[D4] 셀을 더블클릭하여 [값 필드 설정]에서 '평균'을 선택하고 [표시 형식]을 클릭한다.

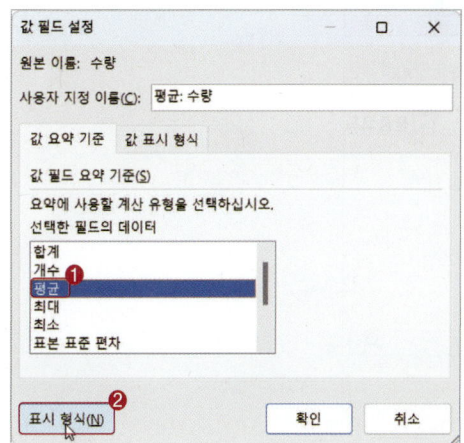

⑪ [표시 형식] 탭에서 '숫자'를 선택하고 '1000 단위 구분 기호(,) 사용'을 체크하고 [확인]을 클릭하고 [값 필드 설정]에서 [확인]을 클릭한다.

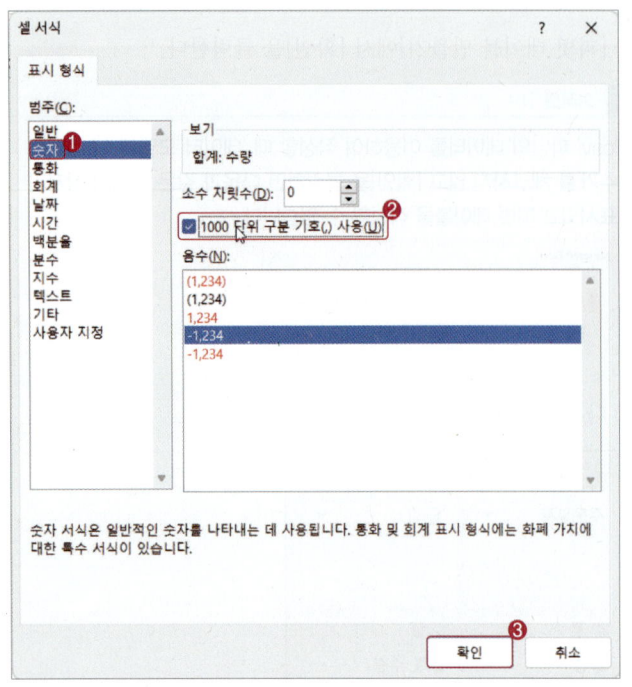

⑫ 같은 방법으로 합계: 단가[E4] 필드로 '평균', [표시 형식]에서 '숫자', '1000 단위 구분 기호 사용'을 체크한다.

⑬ [디자인]-[레이아웃] 그룹의 [부분합]-[그룹 하단에 모든 부분합 표시]를 선택한다.

⑭ [B4] 셀의 등급의 목록 단추(▼)를 클릭하여 '(모두 선택)'을 클릭한 후 '정회원', '준회원'만 선택한다.

⑮ [디자인]-[레이아웃] 그룹의 [빈 행]-[각 항목 다음에 빈 줄 삽입]을 클릭한다.

⑯ [피벗 테이블 분석]-[피벗 테이블] 그룹을 클릭하여 [옵션](옵션)을 클릭한다.

⑰ [레이아웃 및 서식] 탭에서 '레이블이 있는 셀 병합 및 가운데 맞춤'을 체크하고 '빈 셀 표시'에 **주문없음**을 입력하고 [확인]을 클릭한다.

⑱ [B10] 셀의 준회원에서 −를 클릭하여 +로 표시한다.

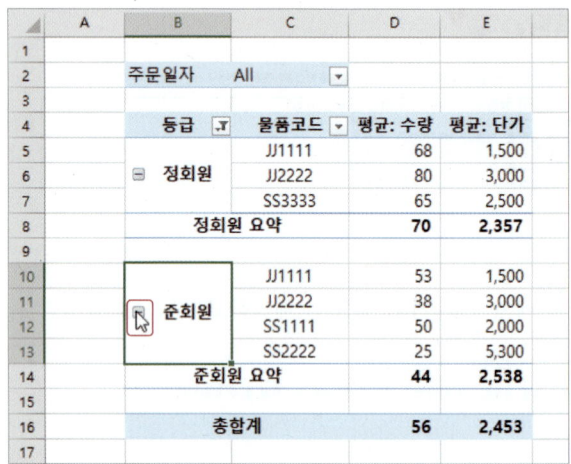

⑲ [디자인]-[피벗 테이블 스타일] 그룹의 [연한 파랑, 피벗 테이블 스타일 밝게 20]을 선택하고, '줄무늬 행'을 체크한다.

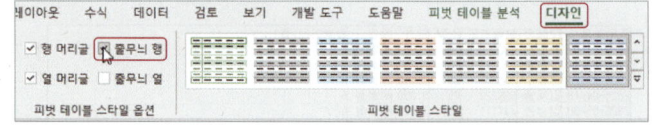

출제유형 4 '피벗테이블4' 시트에서 다음의 지시사항에 따라 피벗 테이블 보고서를 작성하시오.

▶ 외부 데이터 가져오기 기능을 이용하여 〈대출현황.txt〉 파일을 이용하시오.
  – 원본 데이터는 '세미콜론'으로 분리되어 있으며, 내 데이터에 머리글을 표시하시오.
  – 데이터 모델에 이 데이터를 추가하시오.
▶ 피벗 테이블 보고서의 레이아웃과 위치는 〈그림〉을 참조하여 설정하고, 보고서 레이아웃을 '개요 형식'으로 표시하시오.
▶ 열의 총합계만 표시하시오.
▶ 피벗 테이블 스타일은 '연한 파랑, 피벗 스타일 보통 9'를 지정하고, '줄무늬 행' 피벗 테이블 스타일 옵션을 설정하시오.
▶ 빈 셀은 '*'로 표시하고, 레이블이 있는 셀은 병합하고 가운데 맞춤으로 설정하시오.

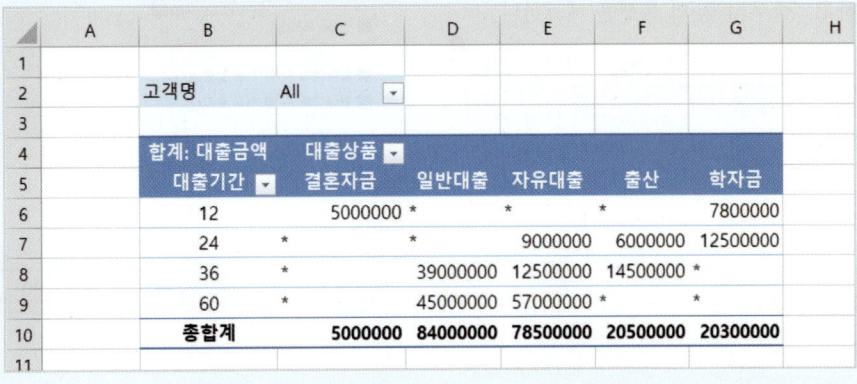

① [B4] 셀을 클릭한 후 [데이터]-[데이터 가져오기 및 변환] 그룹의 [데이터 가져오기]-[파일에서]-[텍스트/CSV]를 클릭한다.
② '26컴활1급(상시)₩스프레드시트₩이론' 폴더에서 '대출현황.txt' 파일을 선택하고 [가져오기]를 클릭한다.
③ 구분 기호 '세미콜론'을 확인하고 [로드]-[다음으로 로드]를 클릭한다.

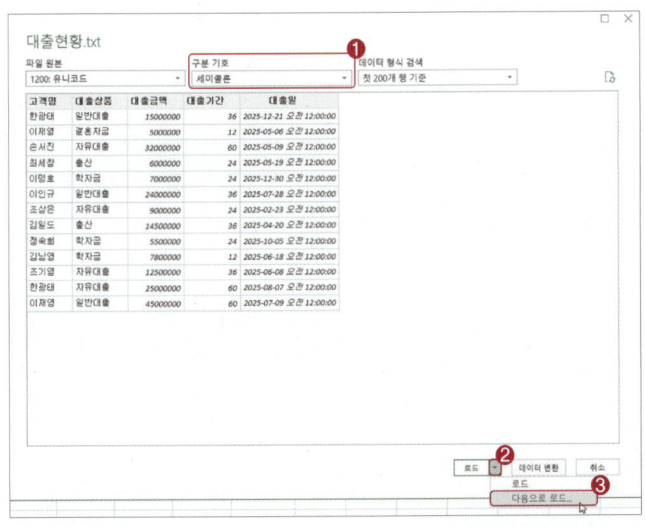

④ [데이터 가져오기]에서 '데이터 모델에 이 데이터 추가'를 체크하고, '피벗 테이블 보고서'를 선택하고 [확인]을 클릭한다.

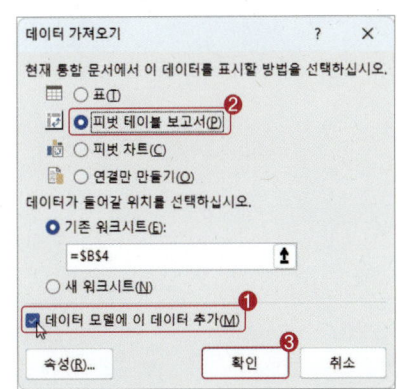

⑤ 피벗 테이블 필드 목록에서 다음과 같이 지정한다.

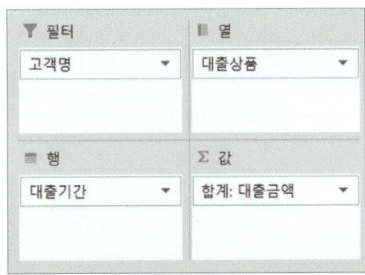

⑥ [디자인]-[레이아웃] 그룹의 [보고서 레이아웃]-[개요 형식으로 표시]를 클릭한다.

⑦ [디자인]-[레이아웃] 그룹의 [총합계]-[열의 총합계만 설정]을 클릭한다.

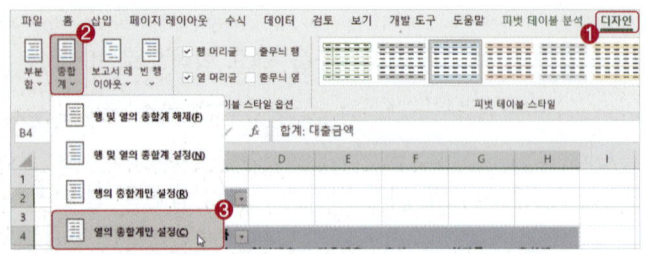

⑧ [디자인]-[피벗 테이블 스타일] 그룹의 [연한 파랑, 피벗 스타일 보통 9]를 선택하고, '줄무늬 행'의 옵션을 체크한다.

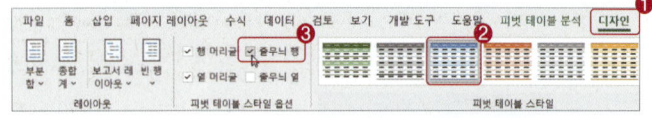

⑨ [피벗 테이블 분석]-[피벗 테이블] 그룹의 [옵션](옵션)을 클릭하여 '레이블이 있는 셀 병합 및 가운데 맞춤'을 체크하고, 빈 셀 표시에 *를 입력하고 [확인]을 클릭한다.

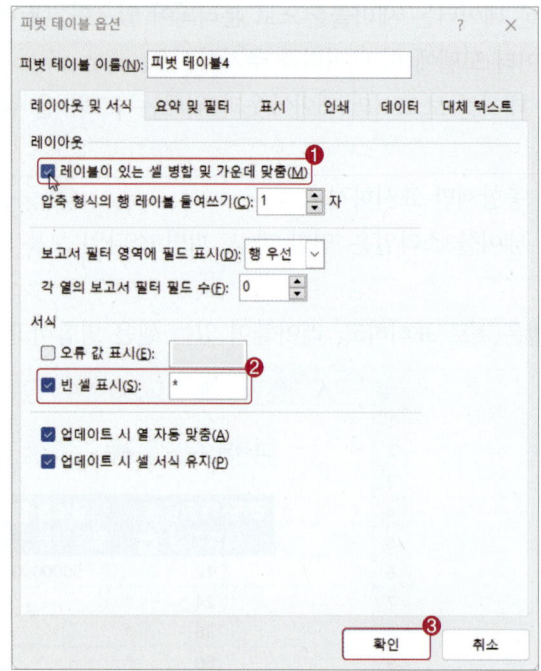

17 데이터 유효성 검사

작업파일: '26컴활1급(상시)₩스프레드시트₩이론'에서 '분석작업' 파일을 열어 작업하세요.

출제유형 1 '유효성1' 시트에 대하여 다음의 지시사항을 처리하시오.

- ▶ [D4:D12] 영역에는 데이터 유효성 검사 도구를 이용하여 '하나약품', '한국제약', '튼튼제약' 목록만 입력되도록 제한 대상을 설정하시오.
- ▶ [D4:D12] 영역의 셀을 클릭한 경우 〈그림〉과 같은 설명 메시지를 표시하고, 유효하지 않은 데이터를 입력한 경우 〈그림〉과 같은 오류 메시지가 표시되도록 설정하시오.

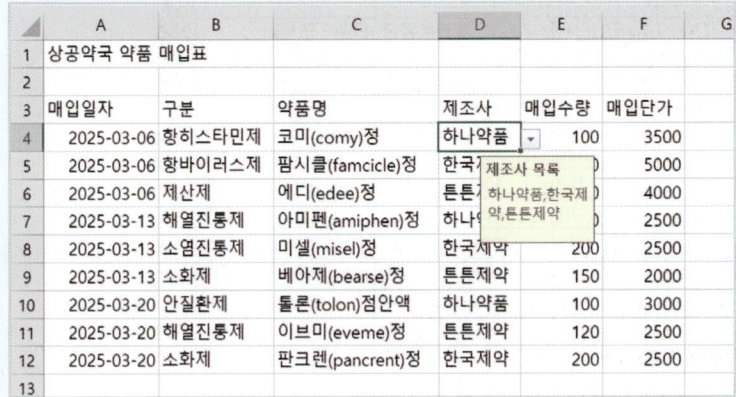
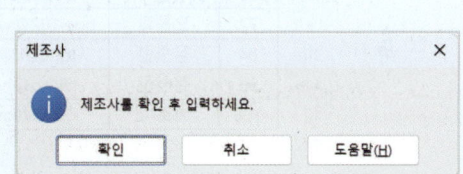

① [D4:D12] 영역을 범위 지정한 후 [데이터]-[데이터 도구] 그룹의 [데이터 유효성 검사](   )를 클릭한다.

② [데이터 유효성]의 [설정] 탭에서 제한 대상은 '목록', 원본 **하나약품,한국제약,튼튼제약**을 입력한다.

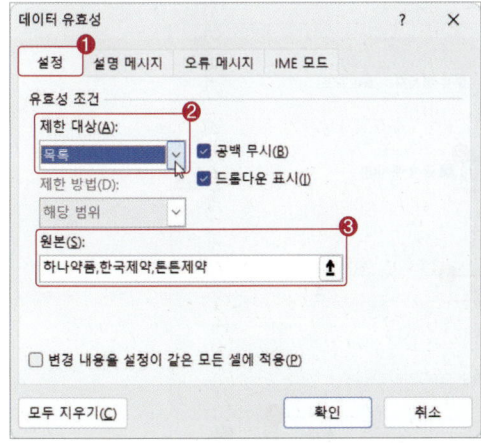

③ [설명 메시지] 탭에서 제목은 **제조사 목록**, 설명 메시지는 **하나약품,한국제약,튼튼제약**을 입력한다.

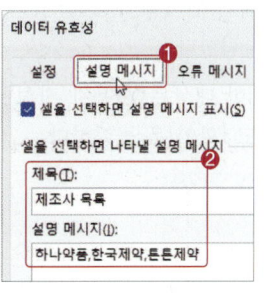

④ [오류 메시지] 탭에서 스타일은 '정보', 제목은 **제조사**, 오류 메시지는 **제조사를 확인 후 입력하세요.**를 입력하고 [확인]을 클릭한다.

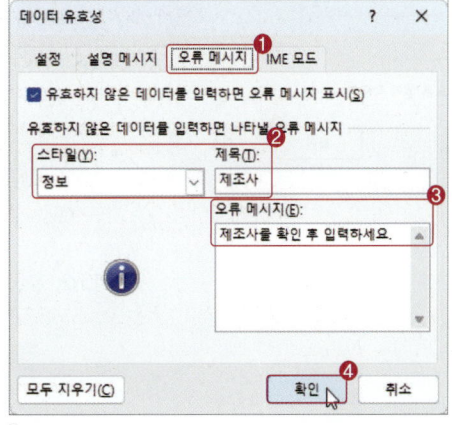

출제유형 2 '유효성2' 시트에 대하여 다음의 지시사항을 처리하시오.

▶ [B4:B12] 영역에는 데이터 유효성 검사 도구를 이용하여 12의 배수만 입력되도록 제한 대상을 설정하시오. (MOD 함수 이용)

▶ [D4:D12] 영역에는 데이터 유효성 검사 도구를 이용하여 '@' 문자가 포함하여 입력되도록 제한 대상을 설정하시오. (@가 2번째부터 입력될 수 있도록 SEARCH 함수를 이용하여 작성)

▶ [E4:E12] 영역에는 데이터 유효성 검사 도구를 이용하여 3.3으로 나누었을 때 몫이 34 이하의 값만 입력되도록 제한 대상을 설정하시오. (QUOTIENT 함수 이용)

▶ [F4:I12] 영역에는 데이터 유효성 검사 도구를 이용하여 1차~4차의 합이 100%가 입력되도록 제한 대상을 설정하시오. (SUM 함수 이용)

	A	B	C	D	E	F	G	H	I	J
1										
2		번호	이름	이메일 주소	분양 평수	추가부담금 (단위 : 만원)				
3						1차	2차	3차	4차	
4		12	이규진	S1@naver.com	60	25%	25%	30%	20%	
5		24	강마리	V123@daum.net	85	20%	25%	25%	30%	
6		36	하윤철	T0000@gmail.com	110	30%	25%	25%	20%	
7		48	고상아	j3587@naver.com	108	15%	15%	30%	40%	
8		60	주단태	uio20@hanmail.net	89	10%	10%	40%	40%	
9		72	오윤희	poei102@youngjin.com	65	20%	30%	35%	15%	
10		84	심수련	tqoq01@daum.net	109	40%	30%	20%	10%	
11		96	천서진	fi90to@hanmail.net	112	10%	20%	30%	40%	
12		108	베로나	li765@gmail.com	98	25%	25%	25%	25%	
13										

① [B4:B12] 영역을 범위 지정한 후 [데이터]-[데이터 도구] 그룹의 [데이터 유효성 검사](📋)를 클릭한다.

② [데이터 유효성]의 [설정] 탭에서 제한 대상은 '사용자 지정', 수식은 =MOD(B4,12)=0을 입력하고 [확인]을 클릭한다.

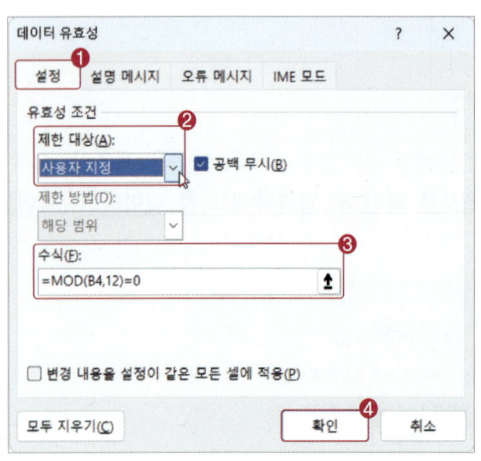

③ [D4:D12] 영역을 범위 지정한 후 [데이터]-[데이터 도구] 그룹의 [데이터 유효성 검사](📋)를 클릭한다.

④ [데이터 유효성]의 [설정] 탭에서 제한 대상은 '사용자 지정', 수식은 =SEARCH("@",D4)>=2를 입력하고 [확인]을 클릭한다.

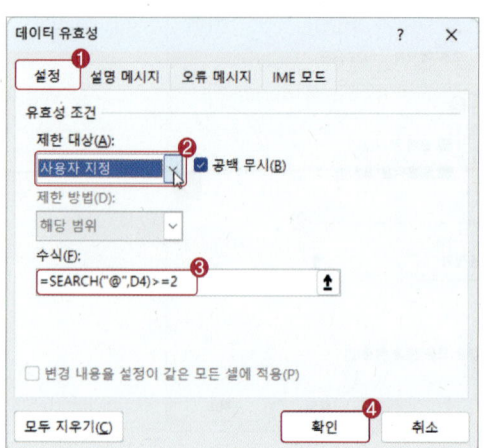

> **기적의 TIP**
>
> - SEARCH(찾을 텍스트, 찾을 텍스트를 포함한 텍스트, [시작 위치]) : 왼쪽에서 오른쪽으로 검색하여 찾을 텍스트가 처음 발견되는 위치를 반환(대/소문자 구분 안 함)
> - =SEARCH("@",D4) : '@'를 [D4] 셀에서 위치를 구함

	D	E
1		
2	이메일 주소	=SEARCH("@",D4)
3		결과
4	S1@naver.com	3
5	V123@daum.net	5
6	T0000@gmail.com	6
7	j3587@naver.com	6
8	uio20@hanmail.net	6
9	poei102@youngjin.com	8
10	tqoq01@daum.net	7
11	fi90to@hanmail.net	7
12	li765@gmail.com	6
13		

⑤ [E4:E12] 영역을 범위 지정한 후 [데이터]-[데이터 도구] 그룹의 [데이터 유효성 검사](📋)를 클릭한다.

⑥ [데이터 유효성]의 [설정] 탭에서 제한 대상은 '사용자 지정', 수식은 =QUOTIENT(E4,3.3)<=34를 입력하고 [확인]을 클릭한다.

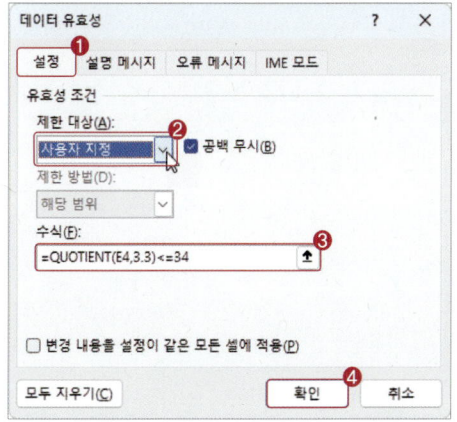

> **기적의 TIP**
>
> QUOTIENT(피제수, 제수) : 나눗셈의 몫을 정수로 구함
> =QUOTIENT(E4,3.3) : [E4] 셀의 값을 3.3으로 나눈 몫을 구함

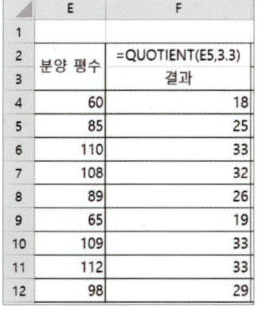

⑦ [F4:I12] 영역을 범위 지정한 후 [데이터]-[데이터 도구] 그룹의 [데이터 유효성 검사](📋)를 클릭하여 다음과 같이 지정하고 [확인]을 클릭한다.

⑧ [데이터 유효성]의 [설정] 탭에서 제한 대상은 '사용자 지정', 수식은 =SUM($F4:$I4)=100%를 입력하고 [확인]을 클릭한다.

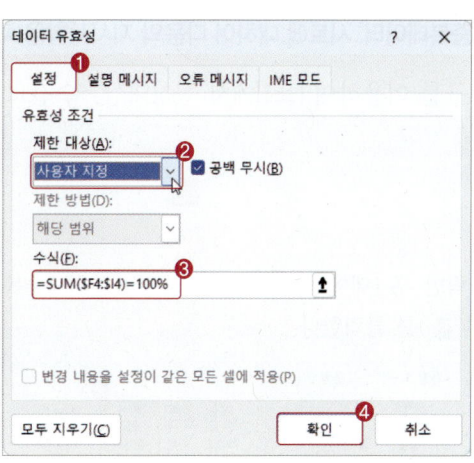

18 중복된 항목 제거

작업파일: '26컴활1급(상시)₩스프레드시트₩이론'에서 '분석작업' 파일을 열어 작업하세요.

출제유형1 '중복데이터' 시트에 대하여 다음의 지시사항을 처리하시오.

▶ 데이터 도구를 이용하여 [표1]에서 '신청대상', '수강요일' 열을 기준으로 중복된 값이 입력된 셀을 포함하는 행을 삭제하시오.

① [A2] 셀을 클릭한 후 [데이터]-[데이터 도구] 그룹의 [중복된 항목 제거](🔲)를 클릭한다.

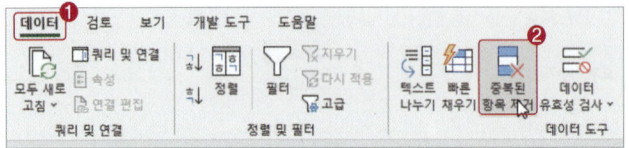

② [모두 선택 취소]를 클릭한 후 '신청대상', '수강요일'만 선택하고 [확인]을 클릭한다.

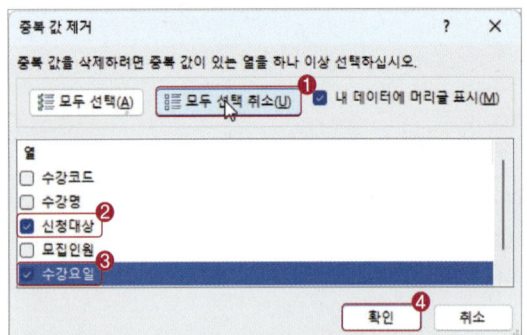

③ 메시지가 표시되면 [확인]을 클릭한다.

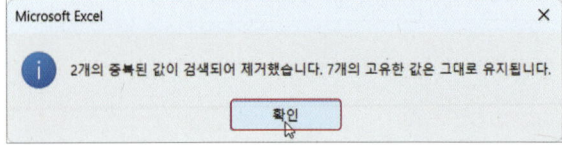

19 데이터 표

작업파일 : '26컴활1급(상시)₩스프레드시트₩이론'에서 '분석작업' 파일을 열어 작업하세요.

출제유형 1 '데이터표1' 시트에 대하여 다음의 지시사항을 처리하시오.

[데이터 표] 기능을 이용하여 감가상각액을 계산한 [D3:D6] 영역을 참조하여, 잔존가치와 수명년수의 변동에 따른 감가상각액의 변화를 [D10:I15] 영역에 계산하시오.

① 감가상각액을 복사하기 위해 [D6] 셀을 선택한 후 '수식 입력줄'의 수식 '=SLN(D3,D4,D5)'을 드래그하여 범위 지정한 후 Ctrl + C 를 눌러 복사한다.

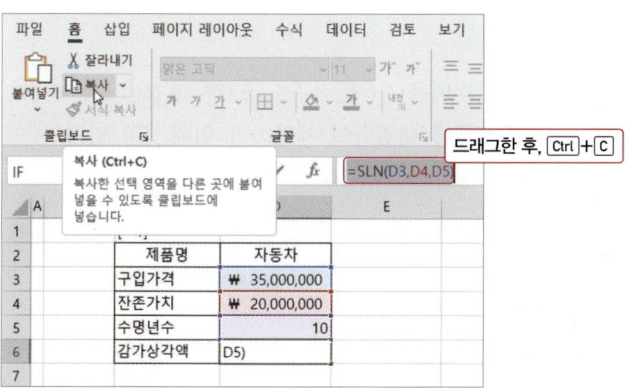

▶ **기적의 TIP**

[C9] 셀에 계산식을 복사하지 않고 연결해서 사용해도 됩니다.

② 범위 지정한 것을 해제하기 위해서 Esc 를 누른 후 [C9] 셀을 선택한 후 Ctrl + V 를 눌러 붙여넣기를 한다.

▶ **기적의 TIP**

추출할 필드명은 실제 데이터와 동일해야 합니다. 예를 들어 '진료과목'을 '진료 과목'으로 띄어쓰기를 해서 작성하면 정확한 결과를 추출할 수 없습니다. 가장 좋은 방법은 직접 입력하는 것보다 필드명을 복사해서 사용하는 것이 좋습니다.

③ [C9:I15] 영역을 범위 지정한 후 [데이터]-[예측] 그룹의 [가상 분석]-[데이터 표]를 선택한다.

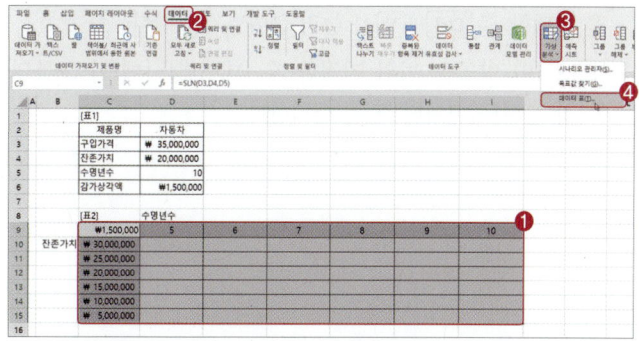

④ 행에 입력된 수명년수(5, 6, 7, 8, 9, 10)를 [D5] 셀에 대입하고, 열에 입력된 잔존가치(30,000,000~5,000,000)는 [D4] 셀에 대입하여 계산하기 위해 '행 입력 셀'은 [D5] 셀, '열 입력 셀'은 [D4] 셀을 지정하고 [확인]을 클릭한다.

🏁 기적의 TIP

• 행 입력 셀 : 행 방향으로 나열된 값을 대입할 셀
• 열 입력 셀 : 열 방향으로 나열된 값을 대입할 셀

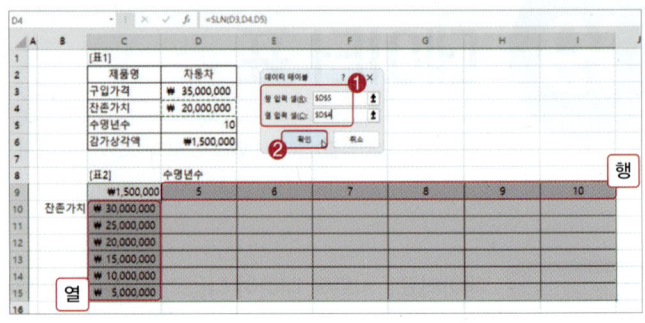

출제유형 2 '데이터표2' 시트에서 다음의 지시사항을 처리하시오.

대출금[C3], 연이율[C4], 상환기간(년)[C5]을 이용하여 상환금액(월)[C6]을 계산한 것이다. [데이터]-[데이터 표] 기능을 이용하여 이자율 변동에 따른 상환금액(월)을 [G6:G12]에 계산하시오.

① 수익금 계산식을 복사하기 위해 [C6] 셀을 선택한 후 '수식 입력줄'의 수식 '=PMT($C$4/12,$C$5 *12,-$C$3)'을 드래그하여 범위 지정한 후 Ctrl+C를 복사한다.

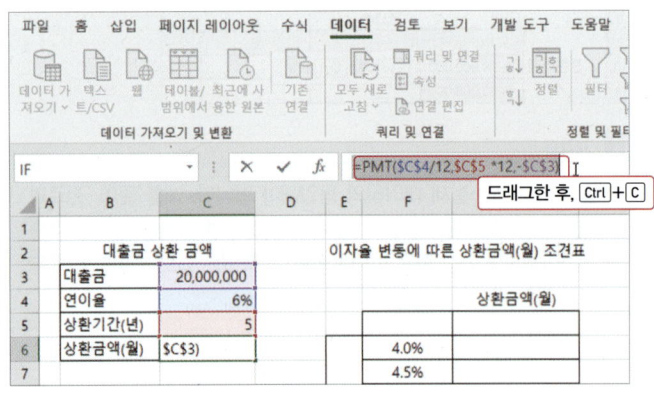

② 범위 지정한 것을 해제하기 위해서 Esc를 누른 후, [G5] 셀을 선택한 후 Ctrl+V를 눌러 붙여넣기를 한다.

③ [F5:G12] 영역을 범위 지정한 후 [데이터]-[예측] 그룹의 [가상 분석]-[데이터 표]를 클릭한다.

④ 열에 입력된 이자율(4.0%, 4.5%, 5.0%, 5.5%, 6%, 6.5%, 7%)을 [C4] 셀에 대입하여 계산하기 위해 '열 입력 셀'에 [C4] 셀을 지정하고 [확인]을 클릭한다.

🏁 기적의 TIP

변수가 하나인 데이터 표는 값을 표시할 첫 번째 셀 위(앞)에 수식을 작성합니다.

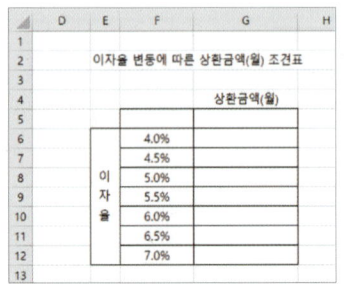

변수가 열일 때에는 [G5] 셀에 수식 작성

변수가 행일 때에는 [E6] 셀에 수식 작성

20 목표값 찾기

작업파일 : '26컴활1급(상시)₩스프레드시트₩이론'에서 '분석작업' 파일을 열어 작업하세요.

출제유형 1 '목표값찾기' 시트에 대하여 다음의 지시사항을 처리하시오.

[목표값 찾기] 기능을 이용하여 청바지 판매금액[B7]이 100,000이 되려면 청바지 할인율[E5]이 얼마가 되어야 하는지 계산하시오.

① 수식으로 계산된 판매금액 100,000이 되기 위해서 [B7] 셀을 선택한 후 [데이터]-[예측] 그룹의 [가상 분석]-[목표값 찾기]를 선택한다.

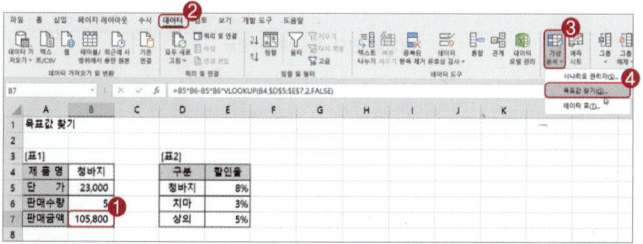

② [목표값 찾기]에서 수식으로 계산된 셀은 [B7], 찾는 값은 100,000을 입력하고, 값을 바꿀 셀은 [E5] 셀을 지정하고 [확인]을 클릭한다.

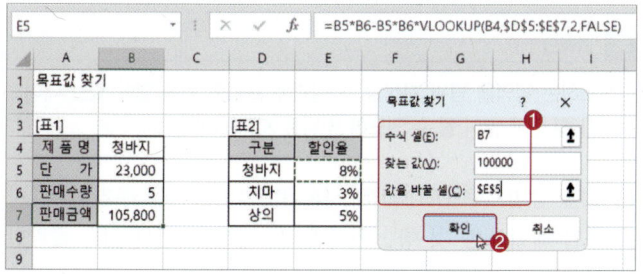

③ [목표값 찾기 상태]에서 결과가 표시되고, 워크시트에도 변경되어 있는 내용을 확인한 후 [확인]을 클릭한다.

21 통합

작업파일 : '26컴활1급(상시)₩스프레드시트₩이론'에서 '분석작업' 파일을 열어 작업하세요.

출제유형 1 '통합1' 시트에서 다음의 지시사항을 처리하시오.

데이터 도구 [통합] 기능을 이용하여 [표1], [표2], [표3]에서 학과가 '▲'로 시작하거나 '건축'으로 시작하여 '과'로 끝나는 5글자이거나 '교육과'로 끝나는 학과별 '정보인증', '국제인증', '전공인증'의 평균을 [표4]의 [G5:I7] 영역에 계산하시오.

① [F5:F7] 영역에 다음과 같이 조건을 입력한다.

	E	F	G	H	I	J
3		[표4]				
4		학과	정보인증	국제인증	전공인증	
5		▲*				
6		건축??과				
7		*교육과				
8						

기적의 TIP

- ~ : 기호는 직접 입력하지 않고 [표1]~[표3]의 데이터에서 복사해서 사용
- ? : 한 글자를 대신
- * : 모든 글자를 대신

② 데이터 통합 결과를 표시할 영역 [F4:I7]을 범위 지정한 후 [데이터]-[데이터 도구] 그룹의 [통합]()을 클릭한다.

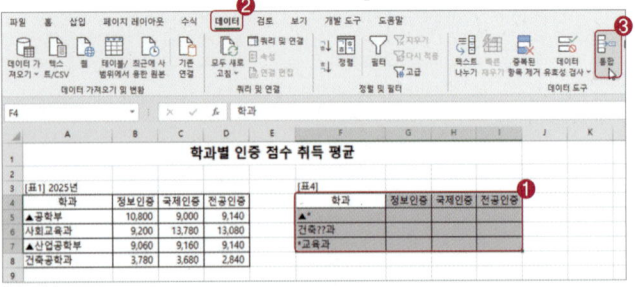

③ [통합]에서 함수는 '평균'을 선택한다.

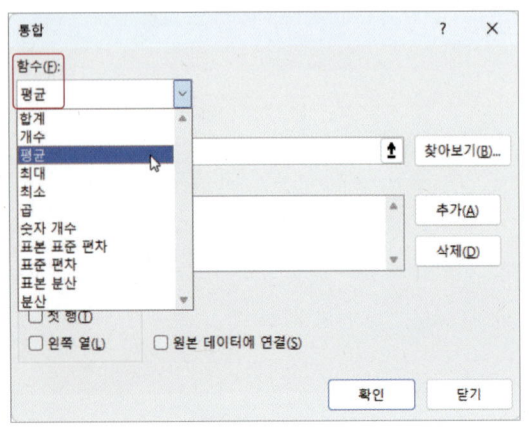

④ 데이터 통합을 할 범위를 지정하기 위해 '참조'의 입력란을 클릭한 후 마우스로 [A4:D8] 영역을 드래그한 후 [추가]를 클릭한다.

기적의 TIP

참조하는 영역을 범위 지정할 때 결과를 표시할 왼쪽 열에 있는 데이터가 첫 번째 열이 될 수 있도록 범위를 지정합니다.

⑤ 같은 방법으로 [A11:D15], [A18:D22] 영역을 추가한다. 사용할 레이블은 '첫 행', '왼쪽 열'을 체크하고 [확인]을 클릭한다.

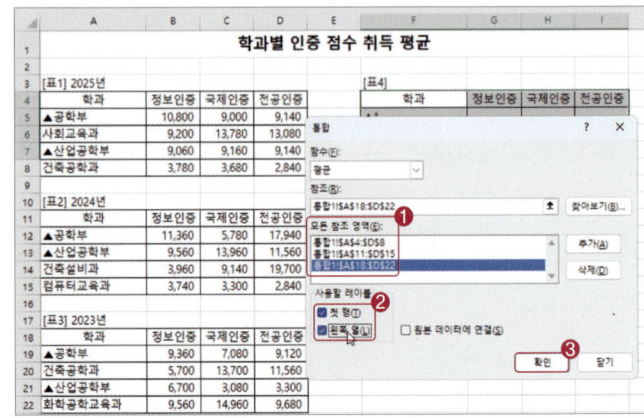

출제유형 2 '통합2'와 '통합3' 시트에서 다음의 지시사항을 처리하시오.

▶ '통합2' 시트의 [C4:F10] 영역에 데이터 도구 [통합] 기능을 이용하여 '중간고사' 시트의 [표1], '기말고사' 시트의 [표2]의 데이터를 참조하여 성명별 데이터의 '국어', '영어', '수학', '총점'의 평균을 계산하시오.
▶ '통합3' 시트의 [C4:F10] 영역에 데이터 도구 [통합] 기능을 이용하여 중간고사, 기말고사 시트의 원본 데이터가 변경될 경우 통합 시트의 데이터도 자동으로 변경되도록 적용하여 평균을 계산하시오.

① '통합2' 시트의 [B3:F10] 영역을 범위 지정한 후 [데이터]-[데이터 도구] 그룹의 [통합](圖)을 클릭한다.

② 함수는 '평균'을 선택하고, 참조에 커서를 두고 '중간고사' 시트를 클릭하여 [B3:F10] 영역을 드래그한 후 [추가]를 클릭한다.

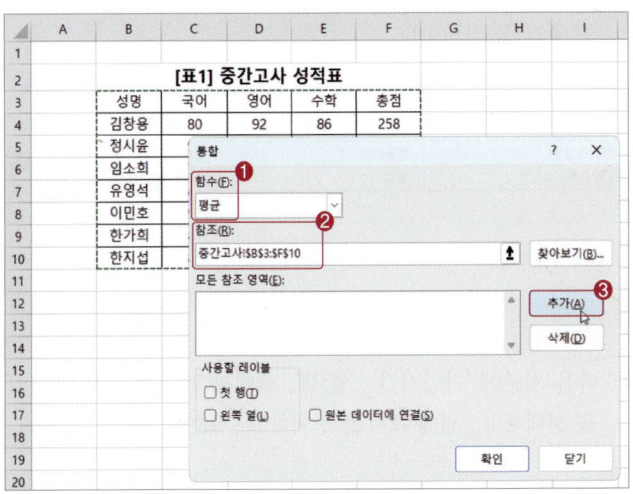

③ 참조에 커서를 두고 '기말고사' 시트를 클릭한 후 [B3:F10] 영역을 확인하고 [추가]를 클릭한 후 '첫 행', '왼쪽 열'을 체크하고 [확인]을 클릭한다.

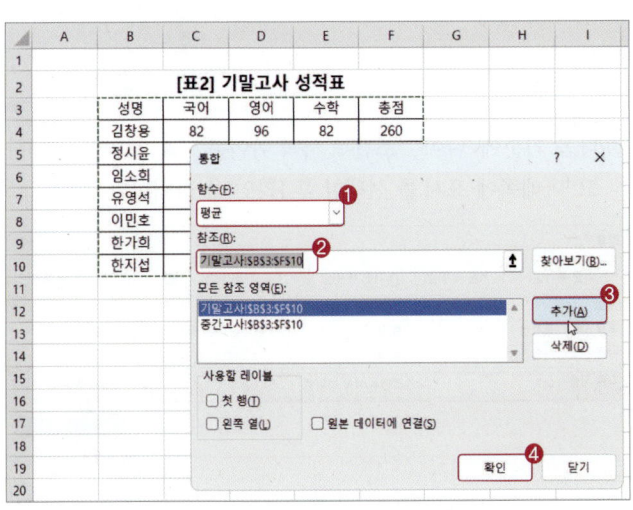

④ '통합3' 시트의 [B3:F10] 영역을 범위 지정한 후 [데이터]-[데이터 도구] 그룹의 [통합](圖)을 클릭하여 동일하게 참조 영역을 추가한 후 '원본 데이터에 연결'을 체크하고 [확인]을 클릭한다.

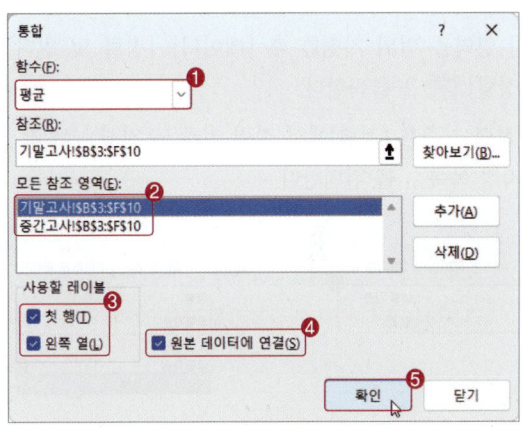

⑤ 열 머리글 C열을 선택한 후 마우스 오른쪽 버튼을 눌러 [삭제]를 클릭한 후 열 머리글 B와 C 사이의 경계라인에서 더블클릭하여 열 너비를 조절한다.

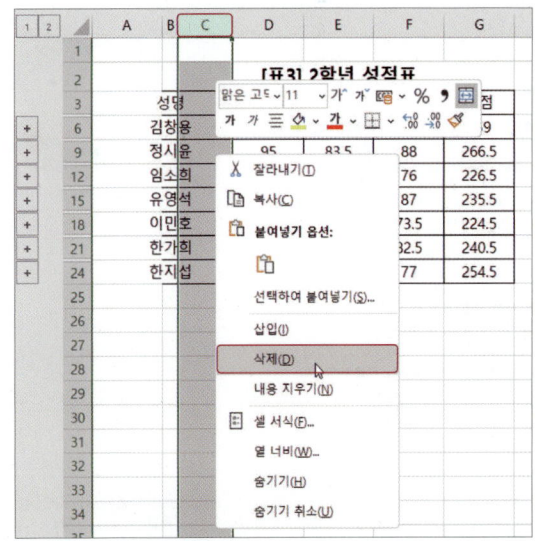

22 정렬

작업파일 : '26컴활1급(상시)₩스프레드시트₩이론'에서 '분석작업' 파일을 열어 작업하세요.

출제유형1 '정렬1' 시트에서 다음의 지시사항을 처리하시오.

[정렬] 기능을 이용하여 [표1]에서 '포지션'을 공격수-골키퍼-미드필드-수비수 순으로 정렬하고, 동일한 포지션인 경우 '가입기간'의 셀 색이 'RGB(216,228,188)'인 값이 위에 표시되도록 정렬하고, 동일한 셀 색인 경우 나이에 대한 '조건부 서식 아이콘'의 '▲'이 아래쪽에 표시되도록 정렬하시오.

① [A3:G17] 영역을 범위 지정한 후 [데이터]-[정렬 및 필터] 그룹의 [정렬](🖾)을 클릭한다.

② 첫 번째 정렬 기준은 [정렬]에서 정렬 기준 '포지션', '셀 값', '사용자 지정 목록…'을 선택한다.

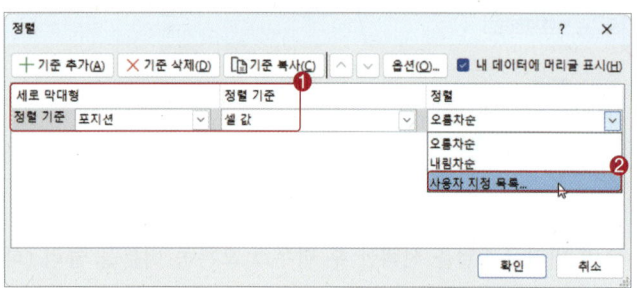

③ 목록 항목에 '공격수-골키퍼-미드필드-수비수' 순으로 입력한 후 [추가]를 클릭하고 [확인]을 클릭한다.

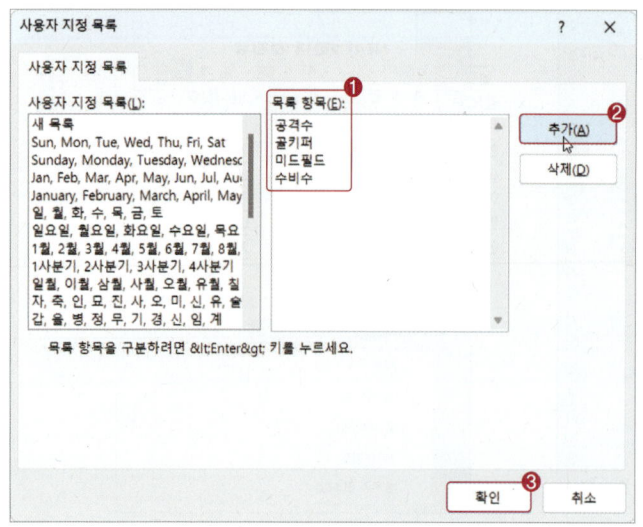

④ 정렬에 '공격수-골키퍼-미드필드-수비수'가 표시되면 [기준 추가]를 클릭한다.

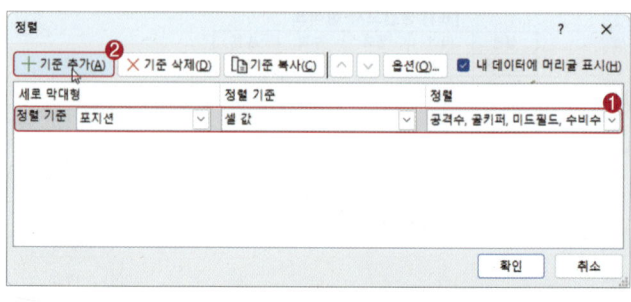

⑤ 다음 기준에 '가입기간', '셀 색', 색에서 'RGB(216,228,188)'을 선택하고, '위에 표시'를 선택하고 [기준추가]를 클릭한다.

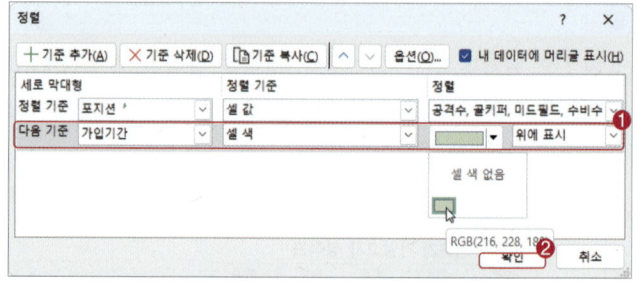

⑥ 다음 기준에 '나이', '조건부 서식 아이콘', '▲' 모양을 선택하고 '아래쪽에 표시'를 선택한 후 [확인]을 클릭한다.

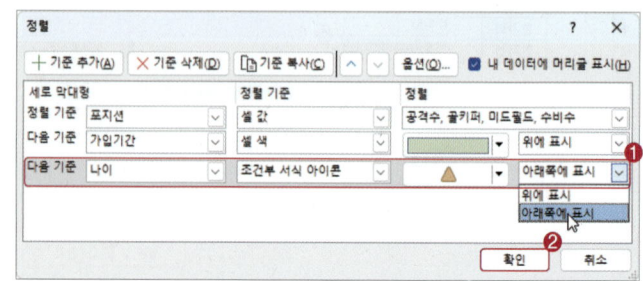

출제유형 2   '정렬2' 시트에서 다음의 지시사항을 처리하시오.

[정렬] 기능을 이용하여 [B3:D12] 영역에 대해 왼쪽에서 오른쪽으로 '회화-듣기-독해' 순으로 데이터를 정렬하시오.

① [B3:D12] 영역을 범위 지정한 후 [데이터]-[정렬 및 필터] 그룹의 [정렬](📊)을 클릭한다.

② [옵션]을 클릭하여 [정렬 옵션]에서 '왼쪽에서 오른쪽'을 선택하고 [확인]을 클릭한다.

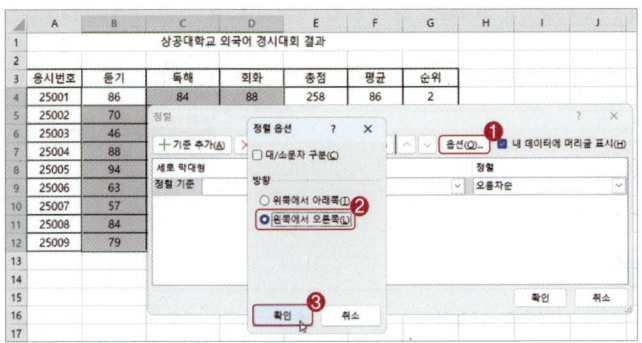

③ 정렬 기준은 '행 3'을 선택하고, 정렬에서 '사용자 지정 목록…'을 선택한다.

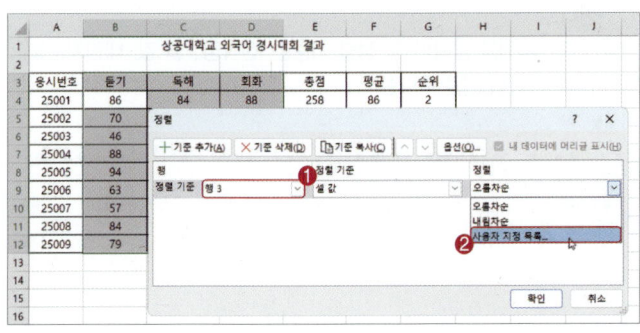

④ **회화, 듣기, 독해** 순으로 입력하고 [추가]를 클릭한 후 [확인]을 클릭한다.

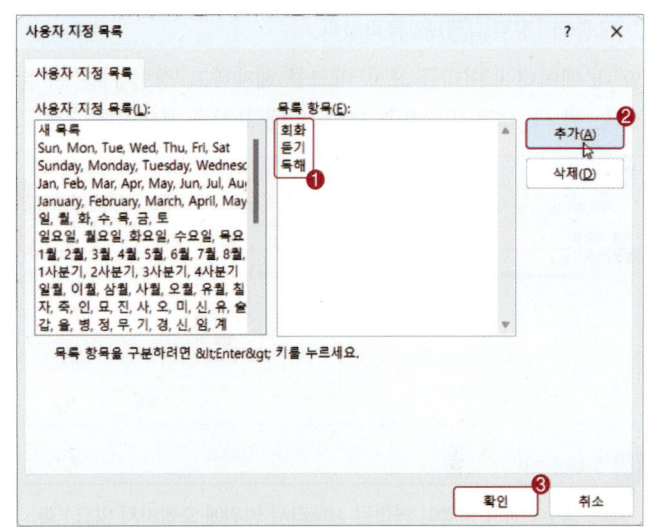

⑤ [정렬]에서 [확인]을 클릭한다.

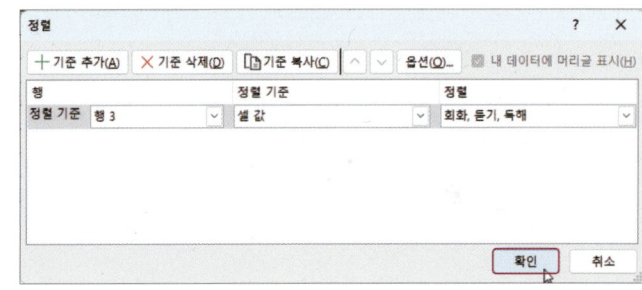

출제유형 3 '정렬3' 시트에서 다음의 지시사항을 처리하시오.

[정렬] 기능을 이용하여 지사는 셀 색을 기준으로 RGB(169,208,142) 색상을 맨 위에 표시하고, 선박명을 기준으로 내림차순 정렬하시오.

① [A4:H16] 영역을 범위 지정한 후 [데이터]-[정렬 및 필터] 그룹의 [정렬](아이콘)을 클릭한다.

② '내 데이터에 머리글 표시' 체크를 해제하고 '정렬 기준'은 열 A, 셀 색, RGB(169,208,142), 위에 표시를 선택한다.

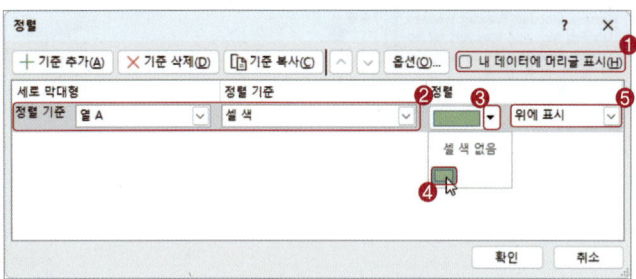

> **기적의 TIP**
>
> 제목 행 [A2:H3] 영역이 병합된 상태라서 범위에 포함하지 않고, '내 데이터에 머리글 표시' 체크를 해제하고 정렬한다.

③ [기준 추가]를 클릭한 후 '정렬 기준'은 열 B, 셀 값, 내림차순을 선택하고 [확인]을 클릭한다.

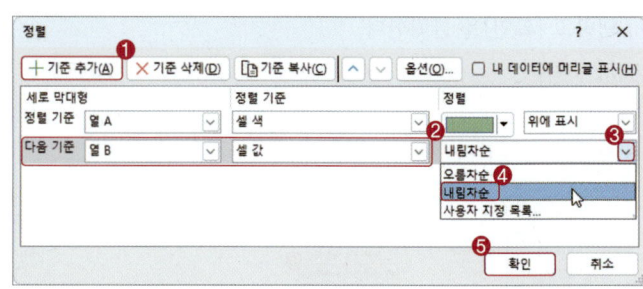

> **기적의 TIP**
>
> **다른 방법으로 실습하기**
> ① [A3:H16] 영역을 범위 지정한 후 [데이터]-[정렬 및 필터] 그룹의 [정렬]을 클릭한다.
> ② 정렬 기준은 '지사', 셀 색, RGB(169,208,142), 위에 표시를 선택한다.
> ③ [기준 추가]를 클릭한 후 정렬 기준은 '선박명', 셀 값, 내림차순을 선택하고 [확인]을 클릭한다.
>
>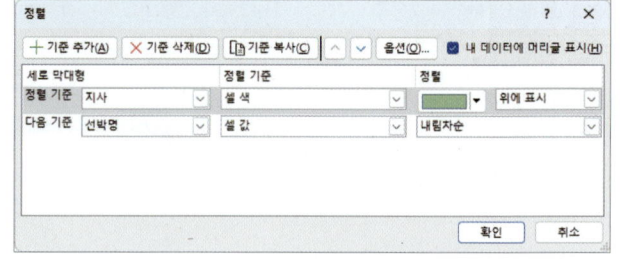

23 부분합

작업파일 : '26컴활1급(상시)₩스프레드시트₩이론'에서 '분석작업' 파일을 열어 작업하세요.

출제유형 1 '부분합' 시트에서 다음의 지시사항을 처리하시오.

[부분합] 기능을 이용하여 '상공 문화센터 수강 현황' 표에 〈그림〉과 같이 구분별로 '수강료'의 평균과 '모집인원'의 합계를 구하시오.

▶ 정렬은 '구분'을 기준으로 오름차순하고 같은 '구분'이라면 '수강료'를 기준으로 내림차순으로 처리하시오.
▶ 부분합 실행 결과에 나타나는 '○○ 요약'을 '○○ 합계'의 형태로 표시하시오.
▶ 평균과 합계는 위에 명시된 순서대로 처리하시오.
▶ 부분합 작성 후 개요는 지우시오.

	A	B	C	D	E	F	G
1			상공 문화센터 수강 현황				
2							
3	구분	수강명	강사명	수강료	모집인원	수강요일	
4	성인	스윗트바이올린	강선영	60,000	18	수, 금	
5	성인	할수있다요가교실	전희윤	60,000	18	월, 수	
6	성인	쉽게배우는클래식	최경화	57,000	25	목	
7	성인	우리집밥교실	이동욱	55,000	18	목	
8	성인	목요캘리그라피	민기성	54,000	24	목	
9	성인 합계				103		
10	성인 평균			57,200			
11	유아	뒤뚱뒤뚱놀이교실	이주원	50,000	16	수, 금	
12	유아	리듬체조튼튼	유정은	48,000	20	수, 금	
13	유아	우리아이오감만족	정재성	45,000	20	월, 수	
14	유아	미술마술	황희율	42,000	16	월, 수	
15	유아 합계				72		
16	유아 평균			46,250			
17	초등	어린이뮤지컬스쿨	조인성	55,000	20	화, 목	
18	초등	재밌는역사교실	한경영	50,000	22	화, 목	
19	초등	귀가트이는영어	김수지	45,000	20	월, 수	
20	초등 합계				62		
21	초등 평균			50,000			
22	총합계				237		
23	전체 평균			51,750			
24							

① 데이터를 정렬하기 위해서 [A3] 셀을 클릭하고 [데이터]-[정렬 및 필터] 그룹의 [정렬](🔲)을 클릭한다.

② 첫 번째 정렬 기준은 '구분', '값', '오름차순'을 선택하고, [기준 추가]를 클릭하여 두 번째 정렬 기준은 '수강료', '값', '내림차순'을 선택한 후 [확인]을 클릭한다.

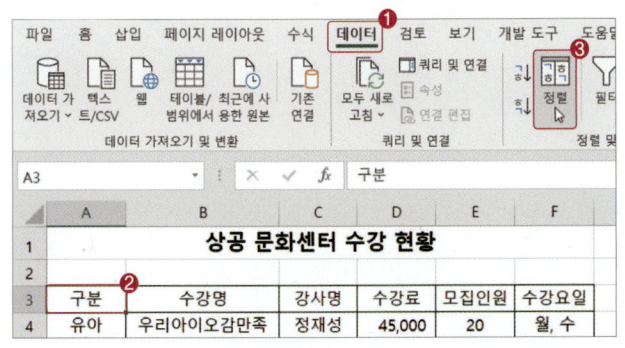

③ 데이터 안에 마우스 포인터가 놓여 있는 상태에서 [데이터]-[개요] 그룹의 [부분합]())을 클릭한다.

④ 구분별로 '수강료'의 평균을 구하기 위해서 [부분합]에서 그룹화할 항목은 '구분', 사용할 함수는 '평균', 부분합 계산 항목은 '수강료'만 체크하고 [확인]을 클릭한다.

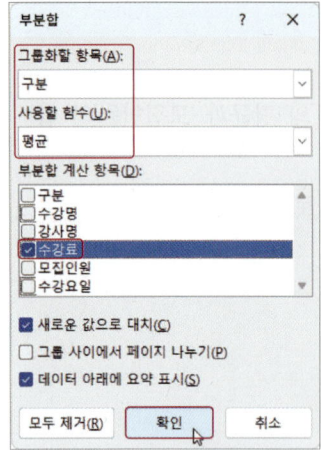

⑤ 다시 한 번 '모집인원'의 '합계'를 계산하기 위해서 [데이터]-[개요] 그룹의 [부분합]())을 클릭한다.

⑥ 평균과 합계를 둘 다 표시하기 위해서 '새로운 값으로 대치' 체크를 해제하고, [부분합]에서 그룹화할 항목은 '구분', 사용할 함수는 '합계', 부분합 계산 항목은 '모집인원'만 체크하고 [확인]을 클릭한다.

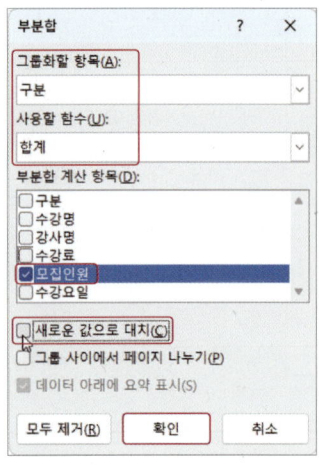

> 🅕 기적의 TIP
>
> 두 번째 부분합을 작성할 때에는 '새로운 값으로 대치'의 체크를 해제하지 않으면 처음에 작성한 평균을 구한 부분합이 제거됩니다.

⑦ 요약을 합계로 바꾸기 위해서 바꿀 영역[A9:A20]을 범위 지정한 후, [홈]-[편집] 그룹의 [찾기 및 선택]-[바꾸기]를 선택한다.

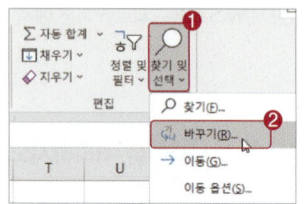

⑧ 찾을 내용에 **요약**, 바꿀 내용에 **합계**를 입력하고 [모두 바꾸기]를 클릭한다.

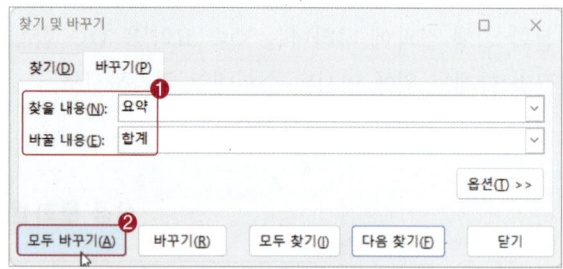

⑨ 바꾸기를 실행한 후 3개의 항목이 바뀌었다는 메시지 상자가 표시되면 [확인]을 클릭한 후 [찾기 및 바꾸기]에서 [닫기]를 클릭한다.

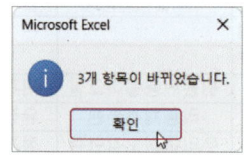

⑩ [데이터]-[개요] 그룹의 [그룹 해제]-[개요 지우기]를 클릭한다.

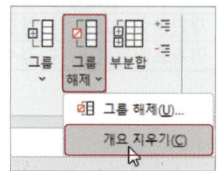

시나리오

작업파일: '26컴활1급(상시)₩스프레드시트₩이론'에서 '분석작업' 파일을 열어 작업하세요.

출제유형 1 '시나리오' 시트에서 다음의 지시사항을 처리하시오.

'월별 주문 내역서' 표에서 세율[B18]이 다음과 같이 변동하는 경우 월별 세금 합계[G7, G12, G16]의 변동 시나리오를 작성하시오.

▶ 셀 이름 정의 : [B18] 셀은 '세율', [G7] 셀은 '소계1월', [G12] 셀은 '소계2월', [G16] 셀은 '소계3월'로 정의하시오.
▶ 시나리오1 : 시나리오 이름은 '세율인상', 세율을 15%로 설정하시오.
▶ 시나리오2 : 시나리오 이름은 '세율인하', 세율을 9%로 설정하시오.
▶ 위 시나리오에 의한 '시나리오 요약' 보고서는 '시나리오' 시트 바로 앞에 위치시키시오.

※ 시나리오 요약 보고서 작성 시 정답과 일치하여야 하며, 오자로 인한 부분점수는 인정하지 않음

월	송장번호	주문일자	배달일자	판매액	공급가	세금
\multicolumn{7}{c}{월별 주문 내역서}						
1월	101	01월 04일	01월 07일	400,000	430,000	51,600
1월	102	01월 15일	01월 18일	1,000,000	1,070,000	128,400
1월	103	01월 21일	01월 23일	100,000	120,000	14,400
		소계		1,500,000	1,620,000	194,400
2월	102	02월 06일	02월 08일	500,000	550,000	66,000
2월	103	02월 10일	02월 12일	450,000	480,000	57,600
2월	103	02월 13일	02월 16일	450,000	480,000	57,600
2월	104	02월 23일	02월 25일	500,000	540,000	64,800
		소계		1,900,000	2,050,000	246,000
3월	101	03월 02일	03월 05일	500,000	550,000	66,000
3월	102	03월 09일	03월 11일	1,400,000	1,450,000	174,000
3월	104	03월 14일	03월 20일	1,500,000	1,560,000	187,200
		소계		3,400,000	3,560,000	427,200
세율	12%					

① 이름을 정의하기 위해 [B18] 셀을 클릭한 후 이름 상자에 **세율**을 입력하고 Enter 를 누른다.

② [G7] 셀을 클릭한 후 이름 상자에 **소계1월**을 입력하고 Enter 를 누른다. 같은 방법으로 [G12] 셀은 '소계2월', [G16] 셀은 '소계3월'으로 이름을 정의한다.

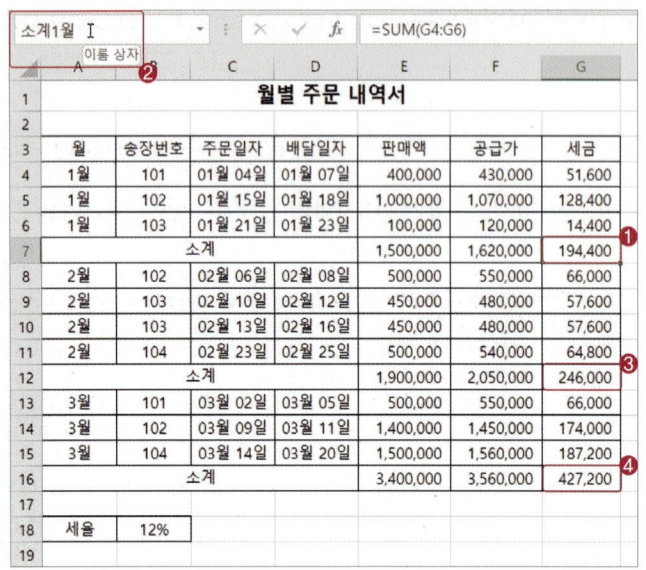

③ [데이터]-[예측] 그룹의 [가상 분석]-[시나리오 관리자]를 클릭한다.

④ '시나리오 관리자'에서 [추가]를 클릭한다.

⑤ [시나리오 추가]에서 시나리오 이름은 **세율인상**을 입력하고, 변경 셀의 입력란을 클릭한 후 [B18] 셀을 클릭한 후 [확인]을 클릭한다.

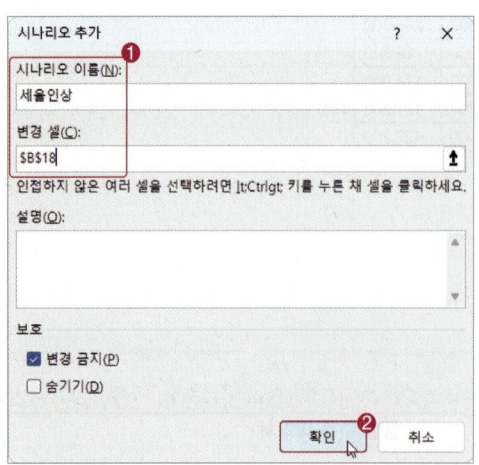

⑥ [시나리오 값]에서 15%를 입력하고 [추가]를 클릭한다.

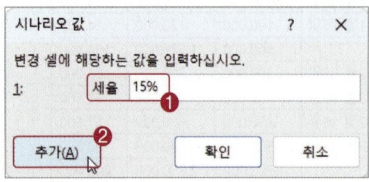

> **기적의 TIP**
>
> 15% 대신에 0.15를 입력해도 됩니다.

⑦ 두 번째 시나리오를 작성하기 위해 [시나리오 추가]에서 시나리오 이름은 **세율인하**를 입력하고 [확인]을 클릭한다.

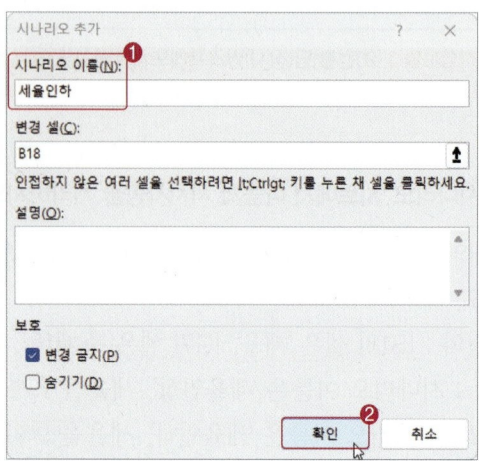

> **기적의 TIP**
>
> 시나리오는 수식을 복사하는 것이 아니라서 [변경 셀], [결과 셀]에 상대참조, 절대참조 둘 다 상관이 없습니다.

⑧ [시나리오 값]에서 9%를 입력하고 [확인]을 클릭한다.

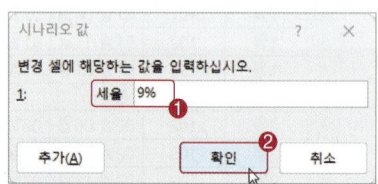

> **기적의 TIP**
>
> 9% 대신에 0.09를 입력해도 됩니다.

⑨ 시나리오 결과를 표시하기 위해 [시나리오 관리자]에서 [요약]을 클릭한다.

⑩ [시나리오 요약]에서 결과 셀의 입력란에 커서를 두고 [G7] 셀을 클릭한 후 Ctrl 을 누른 상태에서 [G12], [G16] 셀을 각각 클릭하여 추가한 후 [확인]을 클릭한다.

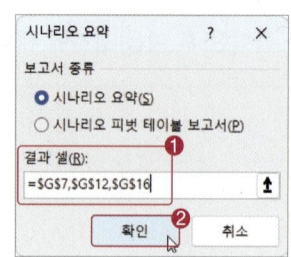

25 차트

작업파일 : '26컴활1급(상시)\스프레드시트\이론'에서 '기타작업' 파일을 열어 작업하세요.

출제유형 1 '차트1' 시트에서 다음의 지시사항에 따라 차트를 수정하시오.

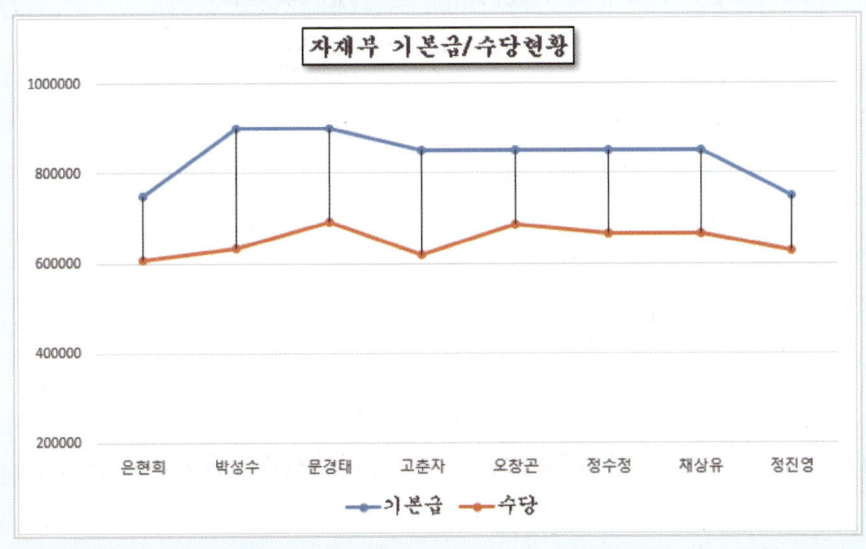

※ 차트는 반드시 문제에서 제공한 차트를 사용하여야 하며, 신규로 차트 작성 시 0점 처리됨

❶ 차트의 제목은 '자재부 기본급/수당현황'으로 설정하시오.
❷ 차트 제목은 글꼴 '궁서체', 글꼴 스타일 '굵게', 글꼴 크기 '14'로 표시하고, 그림자(오프셋: 오른쪽 아래), 테두리 색 (실선-검정)을 설정하시오.
❸ 범례 서식은 글꼴 '궁서체', 크기 '12', 배치 '아래쪽'으로 지정하시오.
❹ 세로(값) 축 서식에서 눈금값의 최소값은 '200,000', 기본 단위는 '200,000', 최대값은 '1,000,000'으로 설정하시오.
❺ 각 계열간 최고와 최저값을 연결선으로 연결하시오.

① 차트를 선택한 후 [차트 요소](⊞)-[차트 제목]-[차트 위]를 클릭한다.

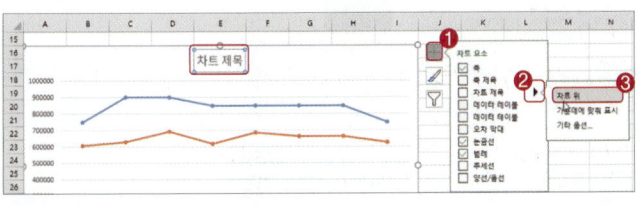

> **기적의 TIP**
> 차트를 선택하면 [차트 도구] 메뉴가 화면에 나타납니다.

> **기적의 TIP**
> [차트 디자인] 탭의 [차트 레이아웃] 그룹에서 [차트 요소 추가]-[차트 제목]을 클릭해도 가능합니다.

② '차트 제목'에 **자재부 기본급/수당현황**을 입력한다.

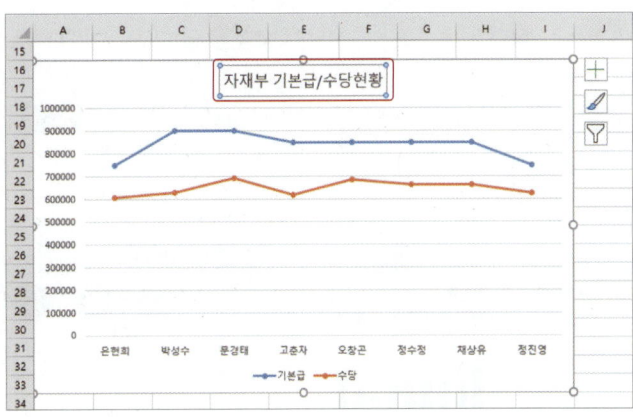

> 기적의 TIP
>
> [콘텐츠 사용]을 클릭한 후 실습합니다.

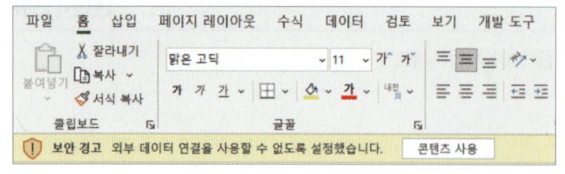

③ '차트 제목'을 선택하고 [홈]-[글꼴] 그룹에서 '궁서체', '굵게', 크기는 '14'로 지정한다.

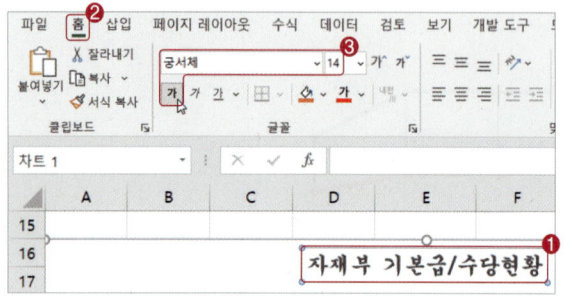

④ '차트 제목'을 선택하고 마우스 오른쪽 버튼을 눌러 [차트 제목 서식]을 선택한다.

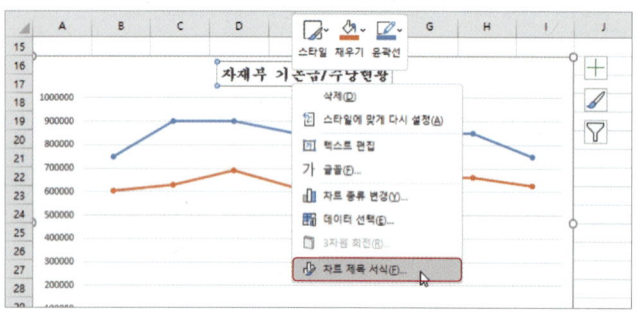

⑤ [차트 제목 서식]의 [채우기 및 선]을 클릭한 후 '테두리'는 '실선', '색'은 '검정, 텍스트1'을 선택하고 [효과]를 클릭한 후 '그림자'의 '미리 설정'에서 '오프셋: 오른쪽 아래'를 선택한다.

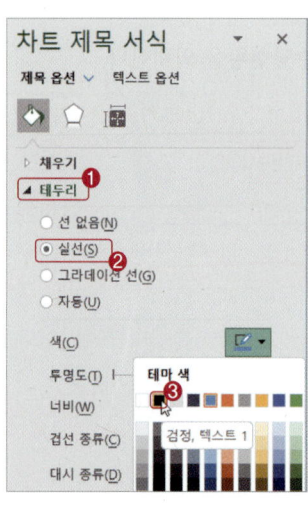 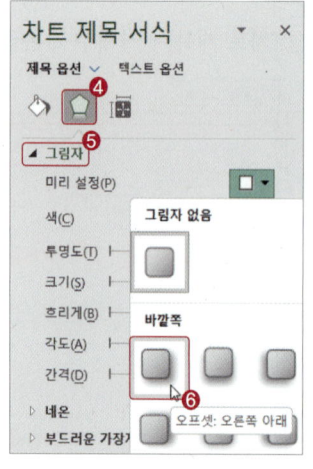

⑥ '범례'를 선택한 후 [홈]-[글꼴] 그룹에서 글꼴은 '궁서체', 크기는 '12'로 지정한다.

⑦ 차트를 선택한 후 [차트 요소](⊞)-[범례]-[아래쪽]을 클릭한다.

> 기적의 TIP
>
> [차트 디자인] 탭의 [차트 레이아웃] 그룹에서 [차트 요소 추가]-[범례]-[아래쪽]을 클릭해도 가능합니다.

⑧ '세로(값) 축'을 선택한 후 [축 서식]의 [축 옵션]에서 '최소값'은 200000, '최대값'은 1000000, 단위 '기본'은 200000을 입력한다.

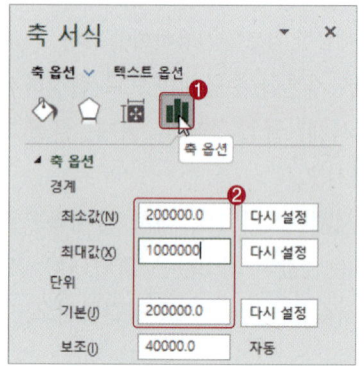

⑨ 차트를 선택한 후 [차트 디자인]-[차트 레이아웃] 그룹에서 [차트 요소 추가]-[선]-[최고/최저값 연결선]을 클릭한다.

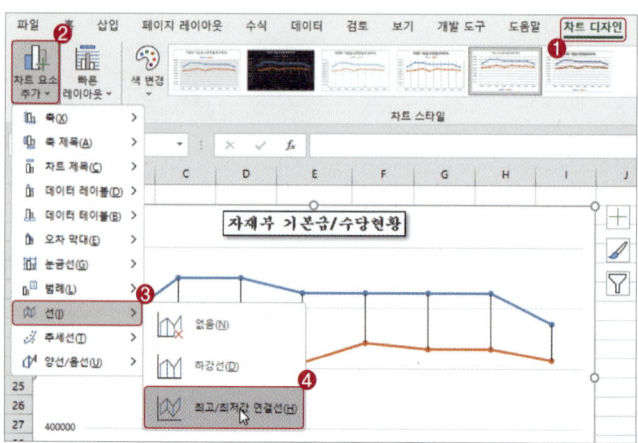

출제유형 2 '차트2' 시트에서 다음의 지시사항에 따라 차트를 수정하시오.

❶ 차트 데이터에 '영업부'를 추가하고, 그림과 같이 순서를 변경하시오.
❷ 기본 세로 (값)축 제목을 추가하여 [A2] 셀과 연동하고, 모든 데이터에 대해서 레이블을 추가하고 텍스트 방향을 그림과 같이 표시하시오.
❸ 그림 영역은 '점선:20%' 패턴, 전경색 '밝은 회색, 배경2'로 패턴 채우기로 표시하고, 범례 표시 없음의 데이터 테이블을 표시하시오.
❹ 영업부 계열은 '이미지1.jpg' 그림 채우기로 표시하고, '다음 배율에 맞게 쌓기' 단위는 10으로 설정하시오.
❺ 기획부에 대해서 빨간색 선형 추세선을 추가한 후 추세선 이름은 '기획부추세선'으로 설정하고, 추세선 수식을 빨간색, 굵게 표시하시오.

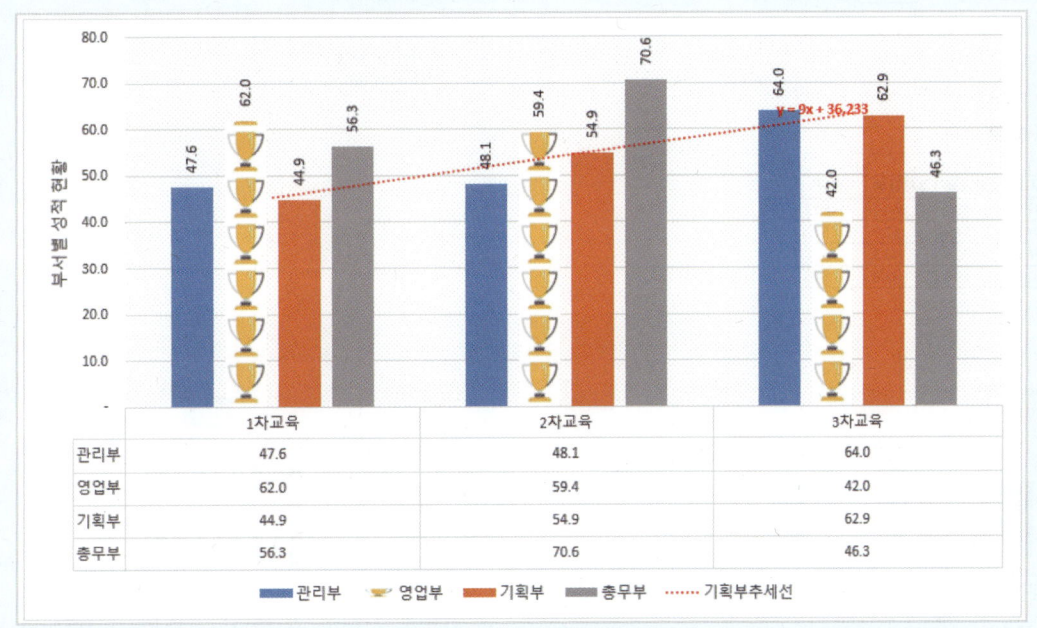

※ 차트는 반드시 문제에서 제공한 차트를 사용하여야 하며, 신규로 차트 작성 시 0점 처리됨

① 차트에서 마우스 오른쪽 버튼을 눌러 [데이터 선택]을 클릭한다.

② 차트 데이터 범위를 [A4:D8]로 수정하여 '영업부'를 추가한다.

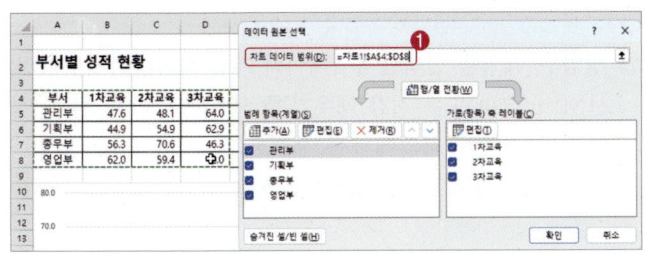

③ 범례 항목(계열)에서 '영업부'를 선택한 후 [위로 이동]을 2번 클릭하여 순서를 변경하고 [확인]을 클릭한다.

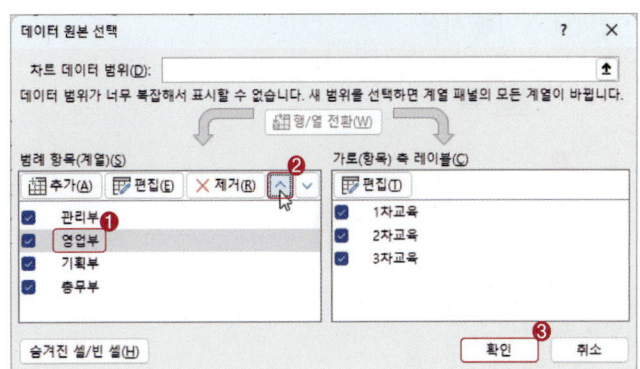

④ 차트를 선택한 후 [차트 요소](⊞)-[축 제목]-[기본 세로]를 클릭한다.

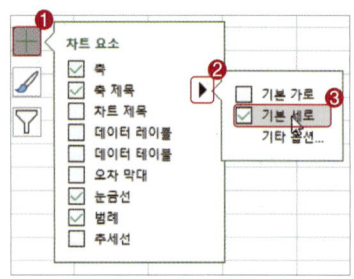

⑤ 축 제목을 선택한 후 수식 입력줄에 =를 입력하고 [A2] 셀을 클릭하여 연결한 후 Enter 를 누른다.

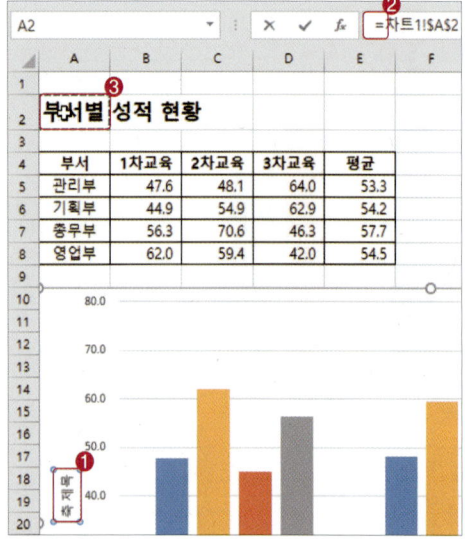

⑥ 차트를 선택한 후 [차트 요소](⊞)-[데이터 레이블]-[바깥쪽 끝에]를 클릭한다.

⑦ 관리부의 데이터 레이블을 선택한 후 마우스 오른쪽 버튼을 눌러 [데이터 레이블 서식]을 선택한다.

⑧ [크기 및 속성]의 맞춤에서 텍스트 방향 '모든 텍스트 270도 회전'을 선택한다.

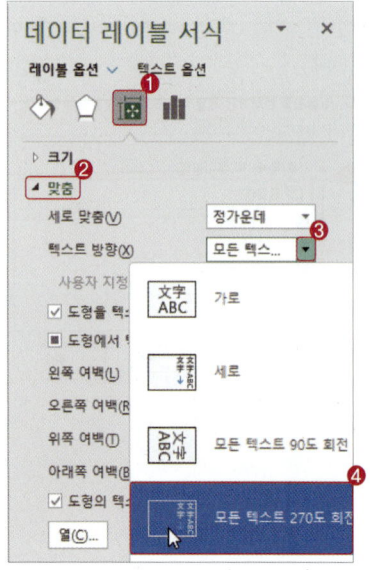

⑨ 같은 방법으로 '영업부', '기획부', '총무부'의 데이터 레이블도 '모든 텍스트 270도 회전'으로 텍스트 방향을 수정한다.

⑩ 그림 영역을 선택한 후 [채우기 및 선]에서 '패턴 채우기'를 선택하고 패턴에서 '점선:20%'를 선택하고 전경색은 '밝은 회색, 배경2'를 선택한다.

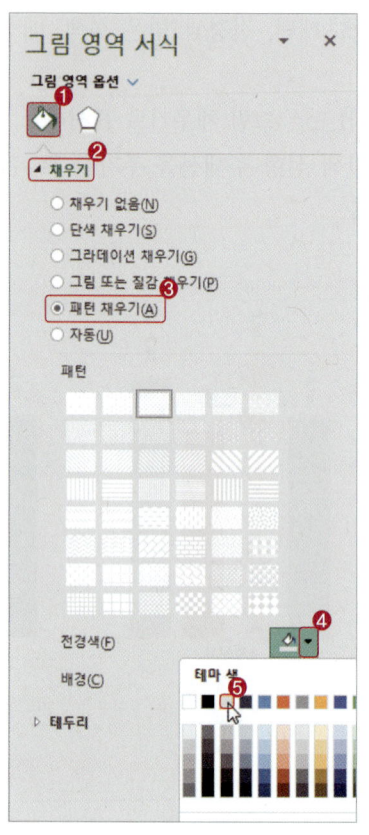

⑪ 차트를 선택한 후 [차트 요소](⊞)-[데이터 테이블]-[범례 표지 없음]을 클릭한다.

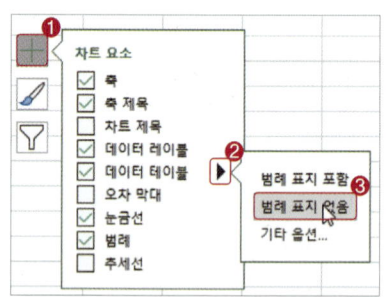

⑫ '영업부' 계열을 선택한 후 [데이터 계열 서식]의 [채우기 및 선]에서 '그림 또는 질감 채우기'를 선택하고, 그림 원본 [삽입]을 클릭하여 '파일에서'를 선택한 후 '이미지.jpg' 파일을 찾는다. (시험 장소는 C:\OA)

⑬ '다음 배율에 맞게 쌓기'를 선택하고, 단위/사진에 10을 입력한다.

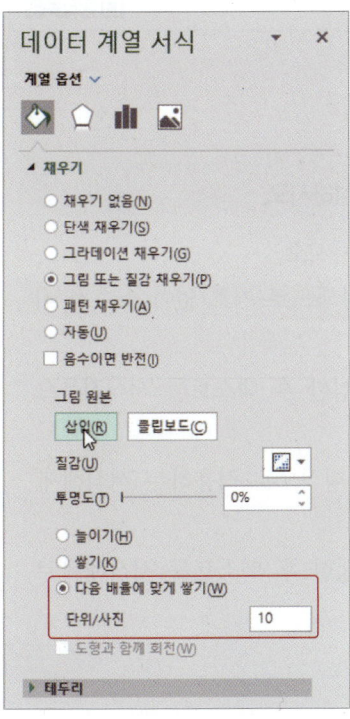

⑭ '기획부' 계열을 선택한 후 마우스 오른쪽 버튼을 눌러 [추세선 추가]를 클릭한다.

⑮ 추세선을 선택한 후 추세선 이름에 **기획부추세선**을 입력하고, '수식을 차트에 표시'를 체크한다.

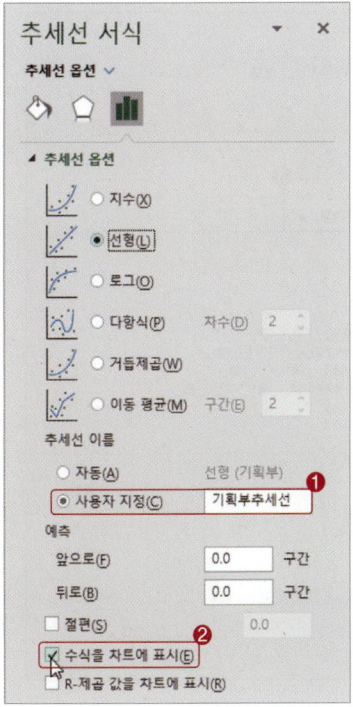

⑯ [추세선 서식]의 [채우기 및 선]에서 색은 '표준 색 - 빨강'을 선택한다.

⑰ 수식을 선택한 후 [홈]-[글꼴] 그룹에서 '굵게', 글꼴 색은 '표준 색 - 빨강'을 선택한다.

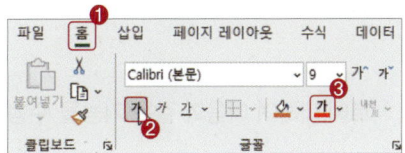

더알기 TIP

차트 구성요소의 서식 지정하기

1 '글꼴', '글꼴 색', '크기' 등 지정

[홈]-[글꼴] 그룹을 이용하여 서식을 지정할 수 있다.

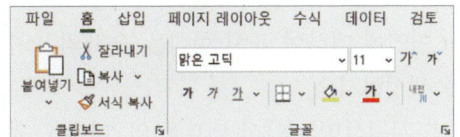

2 '채우기', '테두리 색', '그림자' 지정

[서식]-[도형 스타일] 그룹의 [도형 채우기]( ), [도형 윤곽선]( ), [도형 효과]( ) 도구를 이용하여 서식을 지정할 수 있다.

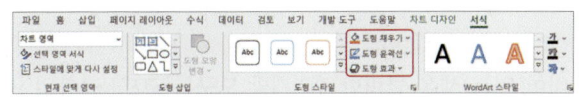

26 매크로

작업파일: '26컴활1급(상시)₩스프레드시트₩이론'에서 '기타작업' 파일을 열어 작업하세요.

출제유형 1
'매크로1' 시트에 대하여 다음과 같은 기능을 수행하는 매크로를 현재 통합문서에 작성하시오.

❶ [F6:F15] 영역에 대하여 사용자 지정 표시 형식을 설정하는 '서식적용' 매크로를 생성하시오.
   ▶ 양수일 때 파랑색으로 기호 없이 소수점 이하 첫째 자리까지 표시, 음수일 때 빨강색으로 기호 없이 소수점 이하 첫째 자리까지 표시, 0일 때 검정색으로 "★" 기호만 표시
   ▶ [개발 도구]-[삽입]-[양식 컨트롤]의 '단추(□)'를 동일 시트의 [B2:C3] 영역에 생성한 후 텍스트를 '서식적용'으로 입력하고, 단추를 클릭하면 '서식적용' 매크로가 실행되도록 설정하시오.

❷ [F6:F15] 영역에 대하여 표시 형식을 '숫자'의 소수 자릿수 '1', 음수는 검정색(-1234) 형식으로 적용하는 '서식해제' 매크로를 생성하시오.
   ▶ [개발 도구]-[삽입]-[양식 컨트롤]의 '단추(□)'를 동일 시트의 [E2:F3] 영역에 생성한 후 텍스트를 '서식해제'로 입력하고, 단추를 클릭하면 '서식해제' 매크로가 실행되도록 설정하시오.
   ※ 셀 포인터의 위치에 관계없이 매크로가 실행되어야 정답으로 인정됨

① 비어 있는 셀을 클릭한 후 [개발 도구]-[코드] 그룹의 [매크로 기록](📷)을 클릭한다.

> **기적의 TIP**
> 매크로 이름은 공백과 기호를 사용할 수 없고, 첫 글자는 반드시 문자여야 합니다.

② [매크로 기록]에 **서식적용**을 입력하고 [확인]을 클릭한다.

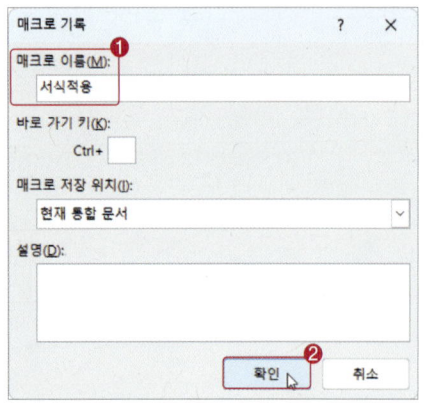

③ [F6:F15] 영역을 범위 지정한 후 Ctrl+1을 눌러 [표시 형식] 탭의 '사용자 지정'을 선택한 후 **[파랑]0.0;[빨강]0.0;[검정]"★"**를 입력하고 [확인]을 클릭한다.

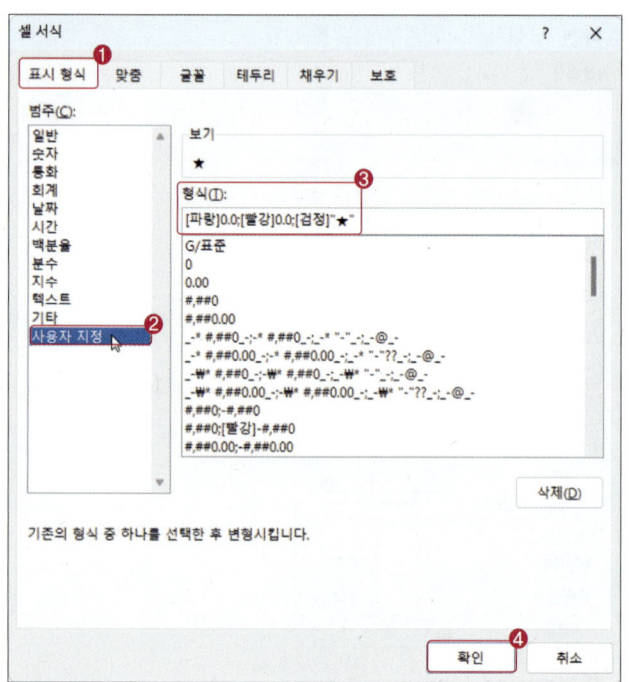

> **기적의 TIP**
> 사용자 지정 서식은 '양수;음수;0;문자' 값 형식으로 서식을 지정합니다. '[색깔][조건]서식' 형식으로 작성합니다.

④ [개발 도구]-[코드] 그룹의 [기록 중지](□)를 클릭한다.

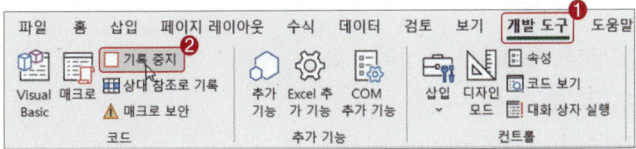

⑤ [개발 도구]-[컨트롤] 그룹의 [삽입]-[단추(양식 컨트롤)](□)을 클릭한다.

⑥ 마우스 포인터가 '+'로 바뀌면 [B2:C3] 영역에 드래그하면 [매크로 지정] 대화상자가 나타난다.

⑦ [매크로 지정]에 **서식적용**을 선택하고 [확인]을 클릭한다.

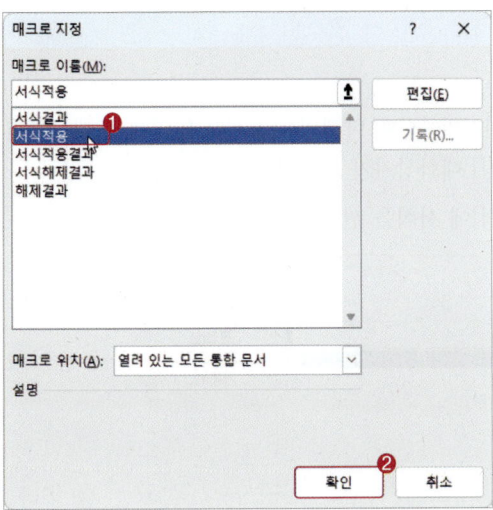

> 🏁 **기적의 TIP**
>
> '단추'에 매크로를 지정하고 바로 텍스트를 수정하면 수정할 수 있는데, 만약 바로 수정하지 않았다면 '단추'에서 마우스 오른쪽 버튼을 눌러 [텍스트 편집]을 클릭하여 수정할 수 있습니다.

⑧ 단추에 입력된 '단추 1'을 지우고 **서식적용**을 입력한다.

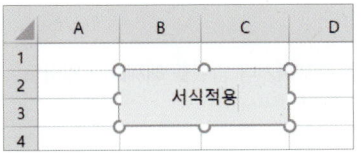

> 🏁 **기적의 TIP**
>
> 단추를 그릴 때 [B2] 셀을 클릭한 후 [C3] 셀 정도에서 Alt 를 누르면 셀 눈금선에 맞추어 그릴 수 있습니다.

⑨ 비어 있는 셀을 클릭한 후 [개발 도구]-[코드] 그룹의 [매크로 기록](□)을 클릭한다.

⑩ [매크로 기록]에 **서식해제**를 입력하고 [확인]을 클릭한다.

⑪ [F6:F15] 영역을 범위 지정한 후 Ctrl + 1 을 눌러 [표시 형식] 탭의 '숫자'를 선택하고 소수 자릿수 '1'로 지정한 후 음수는 검정색(-1234)를 선택하고 [확인]을 클릭한다.

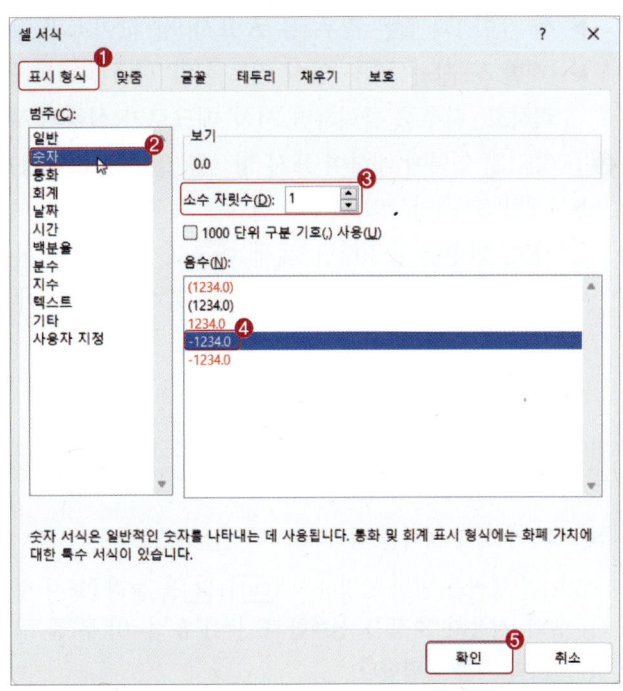

⑫ [개발 도구]-[코드] 그룹의 [기록 중지](□)를 클릭한다.

> 🏁 **기적의 TIP**
>
> **매크로 삭제 방법**
>
> 1. [개발 도구]-[코드] 그룹의 [매크로]를 클릭합니다.
> 2. [매크로]에서 삭제하고자 하는 매크로 이름을 선택한 다음 [삭제]를 클릭합니다.
>
>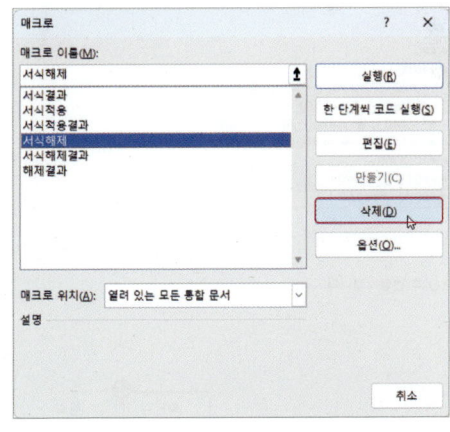

⑬ [개발 도구]-[컨트롤] 그룹의 [삽입]-[단추(양식 컨트롤)](□)을 클릭한다.

⑭ 마우스 포인터가 '+'로 바뀌면 [E2:F3] 영역에 드래그한다.

⑮ [매크로 지정]에 **서식해제**를 선택하고 [확인]을 클릭한다.

⑯ 단추에 입력된 '단추 2'를 지우고 **서식해제**를 입력한다.

출제유형 2 '매크로2' 시트에 대하여 다음과 같은 기능을 수행하는 매크로를 현재 통합문서에 작성하시오.

❶ [E6:E13] 영역에 대하여 사용자 지정 표시 형식을 설정하는 '서식' 매크로를 생성하시오.
  ▶ 셀 값이 1과 같은 경우 "유"로 표시, 셀 값이 0과 같은 경우 "무"로 표시
  ▶ [개발 도구]-[삽입]-[양식 컨트롤]의 '단추'(□)를 동일 시트의 [B2:C3] 영역에 생성한 후 텍스트를 '서식'으로 입력하고, 단추를 클릭하면 '서식' 매크로가 실행되도록 설정하시오.

❷ [E6:E13] 영역에 대하여 표시 형식을 '일반'으로 적용하는 '해제' 매크로를 생성하시오.
  ▶ [개발 도구]-[삽입]-[양식 컨트롤]의 '단추'(□)를 동일 시트의 [E2:F3] 영역에 생성한 후 텍스트를 '해제'로 입력하고, 단추를 클릭하면 '해제' 매크로가 실행되도록 설정하시오.
  ※ 셀 포인터의 위치에 관계없이 매크로가 실행되어야 정답으로 인정됨

① 비어 있는 셀을 클릭한 후 [개발 도구]-[코드] 그룹의 [매크로 기록](□)을 클릭한다.

② [매크로 기록]에 **서식**을 입력하고 [확인]을 클릭한다.

③ [E6:E13] 영역을 범위 지정한 후 Ctrl + 1 을 눌러 [표시 형식] 탭의 '사용자 지정'을 선택한 후 [=1]"유";[=0]"무"를 입력하고 [확인]을 클릭한다.

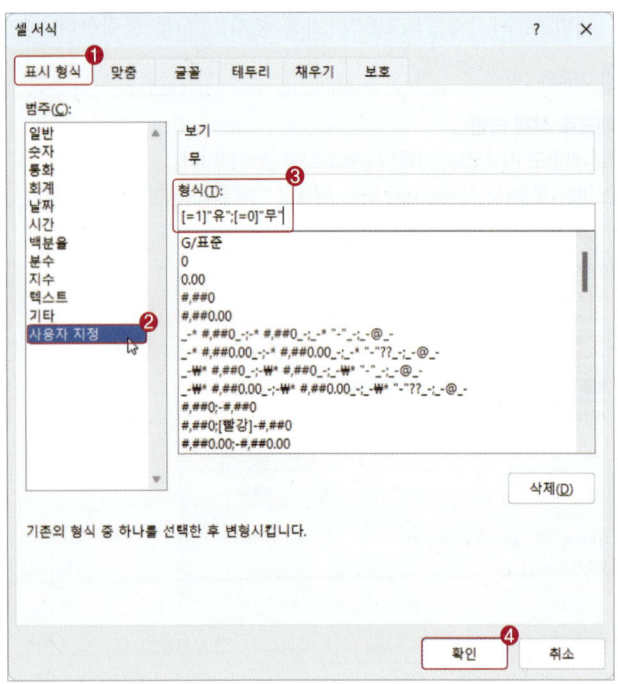

④ [개발 도구]-[코드] 그룹의 [기록 중지](□)를 클릭한다.

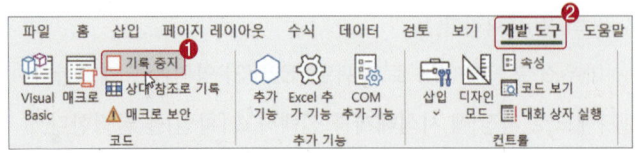

⑤ [개발 도구]-[컨트롤] 그룹의 [삽입]-[단추(양식 컨트롤)](□)을 클릭한다.

⑥ 마우스 포인터가 '+'로 바뀌면 [B2:C3] 영역에 드래그하면 [매크로 지정] 대화상자가 나타난다.

⑦ [매크로 지정]에 **서식**을 선택하고 [확인]을 클릭한다.

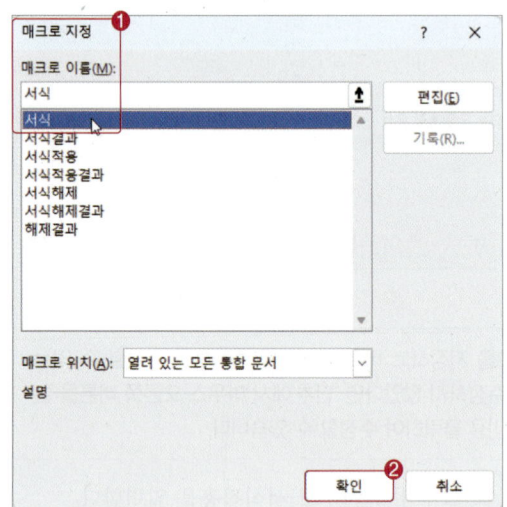

> **기적의 TIP**
> 매크로를 종료하기 전에 범위를 해제하거나 범위를 해제하지 않아도 감점이 되지 않습니다.

⑧ 단추에 입력된 '단추 1'을 지우고 **서식**을 입력한다.

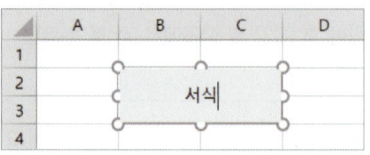

> **기적의 TIP**
> Alt 를 누른 상태에서 [B2] 셀을 클릭한 후 [C3] 셀로 드래그하면 셀 눈금선에 맞추어 그릴 수 있습니다.

⑨ 비어 있는 셀을 클릭한 후 [개발 도구]-[코드] 그룹의 [매크로 기록](□)을 클릭한다.

⑩ [매크로 기록]에 **해제**를 입력하고 [확인]을 클릭한다.

⑪ [E6:E13] 영역을 범위 지정한 후 Ctrl+1을 눌러 [표시 형식] 탭에서 '일반'을 선택하고 [확인]을 클릭한다.

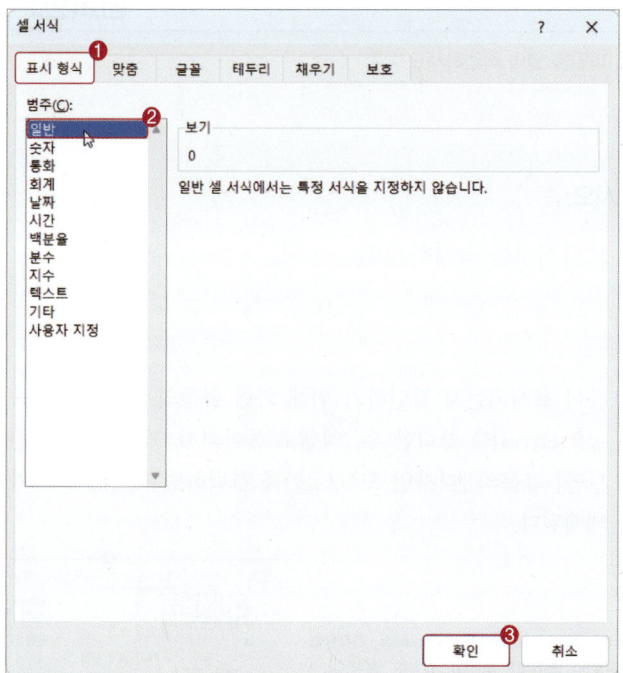

> 📌 **기적의 TIP**
>
> - [셀 서식]에서 '일반'을 선택하면 'G/표준'으로 적용됩니다.
> - 일반(G/표준)은 특정 표시 형식을 지정하지 않은 서식을 의미합니다.

⑫ [개발 도구]-[코드] 그룹의 [기록 중지](□)를 클릭한다.

⑬ [개발 도구]-[컨트롤] 그룹의 [삽입]-[단추(양식 컨트롤)](□)을 클릭한다.

⑭ 마우스 포인터가 '+'로 바뀌면 [E2:F3] 영역에 드래그한다.

> 📌 **기적의 TIP**
>
> **사용자 지정 서식**
> - 세미콜론; : ①;②;③;④ ⇒ 양수인 경우 ①, 음수인 경우 ②, 0인 경우 ③, 문자인 경우 ④ 서식 적용
> - 대괄호[ ] : 조건과 색깔을 지정

〈예제1〉

[표시 예] 352 → 제 035-2호

"제" 000-0"호"

〈예제2〉

셀 값이 양수인 경우 빨간색으로 ▲과 함께 소수 이하 한자리까지 표시, 음수인 경우 파란색으로 ▼과 함께 소수 이하 한 자리까지 표시, 0은 생략하고, 텍스트인 경우에는 녹색으로 표시
[표시 예] 3.3 → ▲ 3.3,   -3.3 → ▼ 3.3,   0 → ,   해당없음 → 해당없음

[빨강]"▲ "0.0;[파랑]"▼ "0.0;;[녹색]@

〈예제3〉

셀 값이 500 이상인 경우 빨간색으로 천단위 표시기호와 함께 오른쪽에 '우수'를 표시하고, 음수인 경우엔 파란색으로 '노력'라고 표시하고, 그 외의 경우에는 자홍색으로 표시
[표시 예] 1700 → 1,700 우수,   -20 → 노력,   240 → 240,   해당없음 → 해당없음

[빨강][>=500]#,##0" 우수";[파랑][<0]"노력";[자홍]0;[자홍]G/표준

〈예제4〉

셀 값이 500 이상이면 빨강색으로 숫자와 함께 'LARGE', 셀 값이 500 미만이면 파랑색으로 숫자와 함께 'SMALL'을 표시하고 숫자와 텍스트 사이에 셀 너비만큼 공백을 입력하여 표시
[표시 예] 700 → 700   LARGE,   300 → 300   SMALL

[빨강][>=500]0* "LARGE";[파랑][<500]0* "SMALL"

⑮ [매크로 지정]에 **해제**를 선택하고 [확인]을 클릭한다.

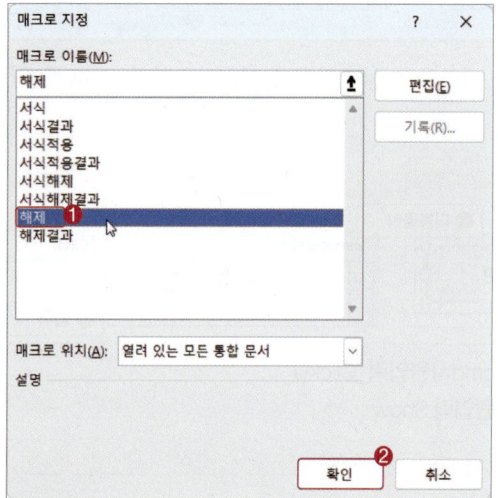

> 📌 **기적의 TIP**
>
> **매크로 기록 다른 방법**
> ① [개발 도구]-[컨트롤] 그룹의 [단추](□)를 [B2:C3] 영역에 드래그하면 [매크로 지정] 대화상자가 표시됩니다.
> ② [기록]을 클릭하면 [매크로 기록] 대화상자가 표시되면 「서식」을 입력합니다.
> ③ [E6:E13] 영역을 범위 지정한 후 Ctrl+1을 눌러 「[=1]"유";[=0]"무"」를 입력하고 [확인]을 클릭합니다.
> ④ [개발 도구]-[코드] 그룹에서 [기록 중지]를 클릭합니다.
> ⑤ '단추'에서 마우스 오른쪽 버튼을 눌러 [텍스트 편집]을 클릭하여 「서식」으로 수정합니다.

⑯ 단추에 입력된 '단추 2'를 지우고 **해제**를 입력한다.

27 프로시저 작성

작업파일: '26컴활1급(상시)₩스프레드시트₩이론'에서 '기타작업' 파일을 열어 작업하세요.

출제유형1 '사원현황' 시트에서 다음과 같은 작업을 수행하고 저장하시오.

▶ '사원입력' 버튼을 클릭하면 〈신입사원입력〉 폼이 나타나도록 프로시저를 작성하시오.

---

① [개발 도구]-[컨트롤] 그룹의 [디자인 모드](■)를 클릭하여 편집할 수 있는 상태로 만든다.

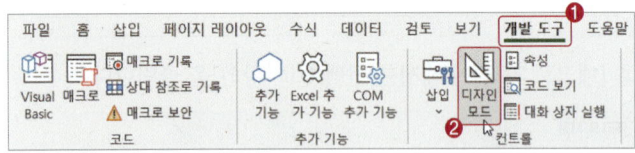

② 〈사원입력〉 버튼을 더블클릭하여 **신입사원입력.show**를 입력한다.

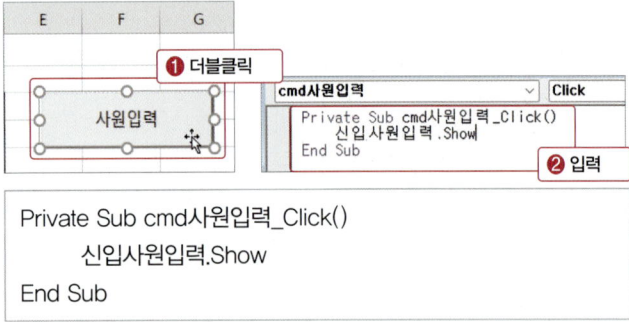

```
Private Sub cmd사원입력_Click()
    신입사원입력.Show
End Sub
```

> **기적의 TIP**
> - cmd사원입력_Click()
>   〈cmd사원입력〉 버튼을 클릭했을 때 수행해야 할 작업을 기술
> - 신입사원입력.Show
>   '신입사원입력'은 폼의 이름이고, 'Show'는 폼을 화면에 표시하는 메소드

> **기적의 TIP**
> **속성 자동 입력**
> 「신입사원입력.sh」까지 입력한 후 Tab 을 누르면 'show'를 입력할 수 있습니다.

> **기적의 TIP**
> - 폼이름.Show : 유저폼을 화면에 표시
> - Unload 폼이름 또는 Unload me : 유저폼을 완전히 닫음
> - 폼이름.Hide : 유저폼을 일시적으로 숨김

③ 폼이 표시되는지 확인하기 위해 화면 왼쪽의 [보기 Microsoft Excel]을 클릭한 후, 엑셀로 돌아와서 [개발 도구]-[컨트롤] 그룹의 [디자인 모드](■)를 클릭하면 디자인 모드가 해제된다.

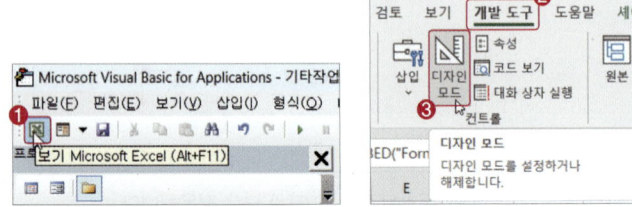

④ 〈사원입력〉 버튼을 클릭하여 화면에 〈신입사원입력〉 폼이 나타나는지 확인한다.

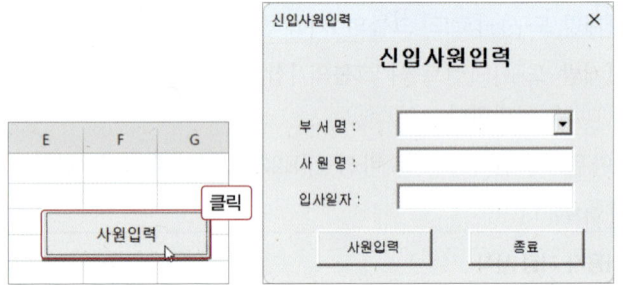

⑤ 〈신입사원입력〉 폼의 오른쪽 상단의 [닫기]를 클릭하여 폼을 닫는다.

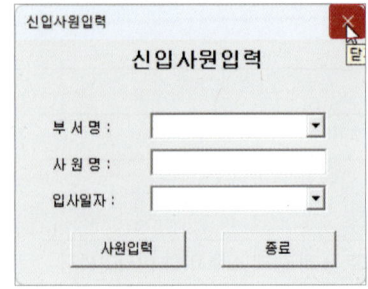

출제유형 2 폼이 실행되면 목록 단추(cmb부서명)의 목록에 '사원현황' 시트의 [H3:H7]에 입력된 '부서명(총무부, 인사부, 영업부, 전산부, 관리부)'가 추가되도록 프로시저를 작성하시오.

① 엑셀에서 [개발 도구]-[코드] 그룹의 [Visual Basic](📷)을 클릭한다.
② 화면 왼쪽의 [프로젝트-VBAProject] 탐색기에서 '폼'을 더블클릭하고, '신입사원입력'을 선택한 후 [코드 보기](📄)를 클릭한다.

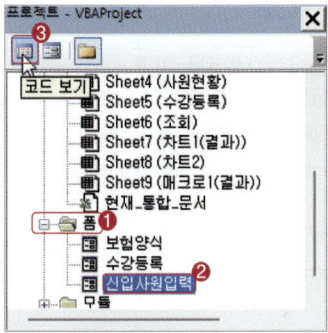

▶ **기적의 TIP**
프로젝트 탐색기에 [폴더 설정/해제]가 해제되어 있으면 개체, 폼, 모듈로 분리되지 않고, 한꺼번에 표시되므로 '신입사원입력'을 바로 선택합니다.

③ 코드 창에서 '개체 목록'은 'UserForm', '프로시저 목록'은 'initialize'를 선택한다.

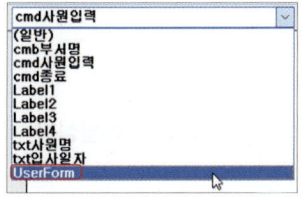 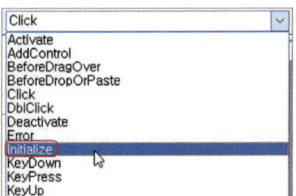

④ 코드 창에서 다음과 같이 입력한다.

```
Private Sub UserForm_Initialize()
    cmb부서명.RowSource = "H3:H7"
End Sub
```

▶ **기적의 TIP**
- UserForm_Initialize()
  폼이 활성화 되면 프로시저를 실행
- cmb부서명.RowSource = "H3:H7"
  'cmb부서명' 목록 단추의 원본(RowSource)을 [H3:H7] 영역으로 지정

▶ **기적의 TIP**
「cmb부서명.ro」까지 입력한 후 Tab 또는 Ctrl+Enter를 누르면 'RowSource'를 입력할 수 있습니다.

⑤ 결과를 확인하기 위해서 화면 왼쪽의 [보기 Microsoft Excel]을 클릭한다.

▶ **기적의 TIP**
'424' 런타임 오류가 발생하였습니다.
라는 오류 메시지는 오타가 있을 때 발생할 수 있습니다.

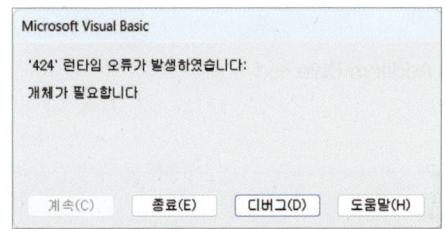

예) cmb부서명.RowSource => cmd부서명.RowSource

⑥ 〈사원입력〉 버튼을 클릭한 후 〈신입사원입력〉 폼에 '부서명'의 목록 단추(▼)를 클릭하여 목록이 나타나는지 확인한다.

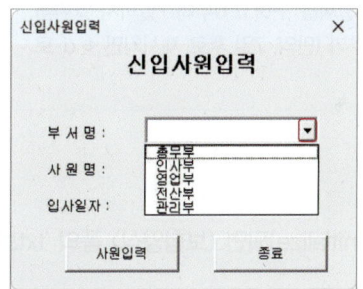

▶ **기적의 TIP**
RowSource 원본의 데이터가 현재 시트가 아닌 다른 시트의 영역일 때
예를 들어 'ABC' 시트의 [A1:C1] 영역으로 지정할 때에는
cmb부서명.RowSource = "ABC!A1:C1"
시트명과 !을 입력한 후 셀 주소를 입력합니다.
단, 시트명에 공백이나 기호가 있을 때에는 작은 따옴표를 시트명 앞뒤에 붙여서 입력합니다.
cmb부서명.RowSource = "'시트이름'!참조주소"
예) "'AB C'!A1:C1", "'A-BC'!A1:C1"

⑦ 〈신입사원입력〉 폼의 오른쪽 상단의 [닫기]를 클릭하여 폼을 닫는다.

출제유형 3 폼이 실행되면 〈신입사원입력〉 폼의 '입사일자(cmb입사일자)'에 현재 시스템의 날짜를 포함하여 7일전 날짜까지 표시하시오.

▶ 날짜는 Date 사용

① Alt+F11을 눌러 화면 왼쪽의 [프로젝트-VBAProject] 탐색기에서 '폼'을 더블클릭하고, '신입사원입력'을 선택한 후 [코드 보기](🖼)를 클릭한다.

② 코드 창에서 'Private Sub UserForm_Initialize()'에 다음의 내용을 추가한다.

```
Private Sub UserForm_Initialize()
    cmb부서명.RowSource = "H3:H7"
    For d = 0 To 7
        cmb입사일자.AddItem Date - d
    Next d
End Sub
```

기적의 TIP

- For d = 0 To 7
  For ~ Next 반복 구문으로 0부터 7까지 반복, d는 사용자가 임의로 만든 변수
- cmb입사일자.AddItem Date - d
  Date 함수를 이용하여 오늘 날짜를 구하고 0부터 7일까지 날짜를 뺀 날짜를 cmb입사일자에 추가 (만약, 7일 후로 제시되면 + d 로 작성)

③ 실행 결과를 확인하기 위해서 [보기 Microsoft Excel]을 클릭한 후 〈사원입력〉 버튼을 클릭하고 '입사일자'에 현재 날짜가 표시되는지 확인한다.

기적의 TIP

날짜와 시간 형식 지정
- Format(Date, "yyyy-mm-dd aaa") : 2025-03-01 토
- Format(Date, "yyyy-mm-dd aaaa") : 2025-03-01 토요일
- Format(Date, "yyyy-mmm-dd ddd") : 2025-Mar-01 Sat
- Format(Date, "yyyy-mmmm-dd dddd") : 2025-March-01 Saturday
- Format(Time, "hh:nn:ss ampm") : 09:05:55 오전
- Format(Time, "hh:nn:ss am/pm") : 09:05:55 am

기적의 TIP

cmb부서명에 셀을 참조하지 않고 직접 값을 입력할 때
cmb부서명.AddItem "총무부"
cmb부서명.AddItem "인사부"
cmb부서명.AddItem "영업부"
으로 AddItem 메서드를 이용할 수 있습니다.
(단, 메서드 뒤에는 =이 들어가지 않고 한 칸의 스페이스를 띄어줍니다.)

출제유형 4 폼이 초기화(Initialize)되면 〈보험양식〉 폼의 'txt보험종류' 텍스트 박스를 제외한 다른 텍스트 박스를 모두 비활성화 하시오.

① Alt+F11을 눌러 화면 왼쪽의 [프로젝트 - VBAProject] 탐색기에서 '폼'을 더블클릭하고, '보험양식'을 선택한 후 [코드 보기](🖼)를 클릭한다.

② 코드 창에서 'Private Sub UserForm_Initialize()'에 다음의 내용을 입력한다.

```
Private Sub UserForm_Initialize()
    Txt월납액.Enabled = False
    Txt납부총액.Enabled = False
    Txt이자총액.Enabled = False
End Sub
```

출제유형 5 '사원현황' 시트에서 아래 그림을 참조하여 다음과 같은 작업을 수행하고 저장하시오.

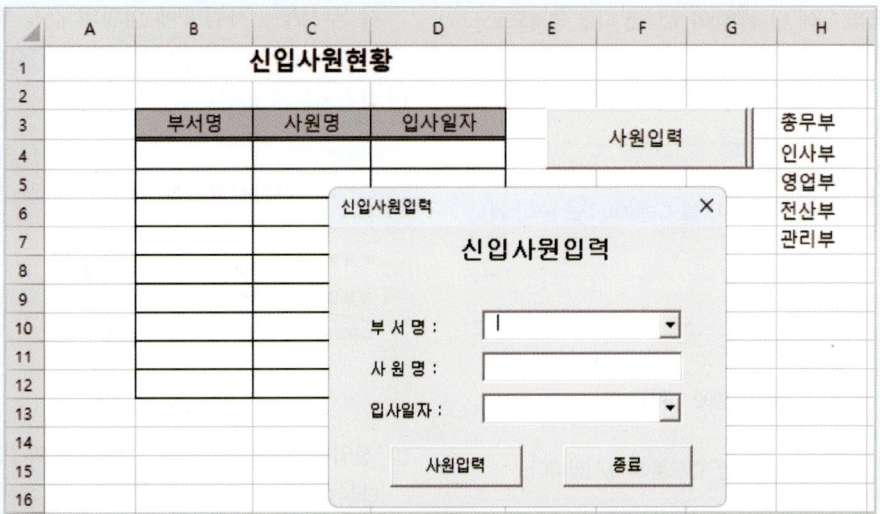

그림과 같이 사용자 정의 폼 〈신입사원입력〉의 '사원입력(cmd사원입력)' 버튼을 클릭하면 폼에 입력된 부서명(cmb부서명), 사원명(txt사원명), 입사일자(cmb입사일자)의 데이터가 '사원현황' 시트에 입력되어 있는 마지막 데이터 행에 연속해서 추가되도록 프로시저를 작성하시오.

▶ 자료는 [B3] 셀부터 입력되어 있음
※ 데이터를 추가하거나 삭제하여도 항상 마지막 데이터 다음에 입력되어야 함

① 엑셀에서 [개발 도구]-[코드] 그룹의 [Visual Basic]( )을 클릭한 후, 화면 왼쪽의 [프로젝트-VBAProject] 탐색기에서 '폼'을 더블클릭하고 〈신입사원입력〉을 더블클릭하여 화면 오른쪽에 〈신입사원입력〉 폼이 보이면, 〈사원입력〉 버튼을 더블클릭한다.

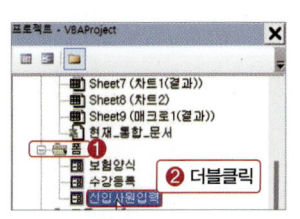 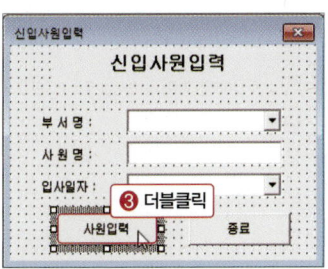

② 코드 창에서 다음과 같이 입력한다.

```
Private Sub cmd사원입력_Click()
    Dim i As Integer
    i = Range("B3").CurrentRegion.Rows.Count + 3
    Cells(i, 2) = cmb부서명
    Cells(i, 3) = txt사원명
    Cells(i, 4) = cmb입사일자.Value
End Sub
```

> **기적의 TIP**
>
> - Dim i As Integer
>   → 변수 선언(i 라는 변수를 정수형으로 사용). i는 행의 위치를 대신하는 변수로 사용자가 다른 변수(예로 '입력행', '행' 등)를 사용해도 됨(생략이 가능함)
> - i = Range("B3").CurrentRegion.Rows.Count + 3
>   → i는 [B3] 셀과 연결된 범위에 있는 데이터 범위의 행의 수에 '3'을 더해서 행의 위치로 반환
>   → CurrentRegion : 지정된 셀과 연결된 범위를 말함
>   → Rows : 범위의 행들을 의미
>   → Count : 개수를 말함
>   → +3 : [B3] 셀 위에 연결되지 않은 2행과 새롭게 데이터를 추가할 1행을 더해서 +3이 됨
>
>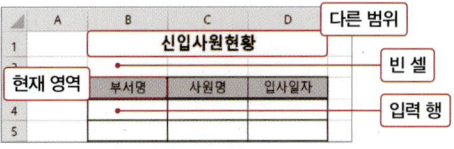
>
> - Cells(i, 2) = cmb부서명
>   Cells(i, 3) = txt사원명
>   Cells(i, 4) = cmb입사일자.Value
>   → 위에서 구한 행(i)과 2번째 B열(부서명), 3번째 C열(사원명), 4번째 D열(입사일자)에 각각 cmb부서명, txt사원명, cmb입사일자 텍스트 상자에 입력된 값을 입력함

기적의 TIP

CurrentRegion
CurrentRegion(현재 영역) 위에 빈 셀(행)이 있다면 다른 영역으로 분리된 것으로 간주합니다.

기적의 TIP

- Cells(행번호, 열번호)로 입력합니다.
- Cells(2, 3)은 [C2] 셀, Cells(4, 2)은 [B4] 셀, Cells(6, 1)은 [A6] 셀을 의미합니다.

기적의 TIP

- Cells(4,3) = txt사원명
  우변의 'txt사원명'의 값을 좌변의 [C4] 셀에 입력합니다.
- txt사원명 = Cells(4,3)
  우변의 [C4] 셀의 값을 좌변의 'txt사원명' 컨트롤에 표시합니다.

기적의 TIP

1. 변수 이름
i = Range("B3").CurrentRegion.Rows.Count + 3
입력행 = Range("B3").CurrentRegion.Rows.Count + 3
으로 i라는 변수 대신에 '입력행'으로 사용해도 됩니다. 변수는 사용자가 임의로 만들어서 사용할 수 있습니다.
(한글 변수를 사용하면 이해를 돕기에 좋은데, 입력할 때 '한글', '영문' 변환을 하면서 입력해야 하는 번거로움이 조금 있습니다.)

2. [B3].Row 와 +3
i = Range("B3").CurrentRegion.Rows.Count + 3
i = [B3].Row + [B3].CurrentRegion.Rows.Count
둘 다 동일한 결과 값을 반환합니다.
[B3].Row를 통해 3행의 값을 반환하여 +3과 같은 결과를 구합니다.
(사용자가 편하신 방법을 사용하시면 됩니다.)

③ 실행 결과를 확인하기 위해서 [보기 Microsoft Excel]을 클릭한 후 〈사원입력〉 버튼을 클릭하고 〈신입사원입력〉 폼에서 '부서명', '사원명'에 임의의 값을 넣은 후 〈사원입력〉 버튼을 클릭하여 '사원현황' 시트에 '신입사원현황' 표에 값이 입력되는지 확인한다.

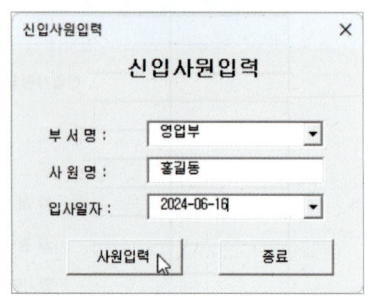

④ '신입사원입력' 폼의 오른쪽 상단의 [닫기]를 클릭하여 폼을 닫는다.

출제유형 6 '사원현황' 시트에서 사용자 정의 폼 〈신입사원입력〉의 '종료(cmd종료)' 버튼을 클릭하면 다음을 실행한 후 폼 화면이 화면과 메모리에서 사라지도록 프로시저를 작성하시오.

▶ 현재 시간을 그림과 같이 표시하시오.

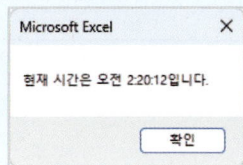

▶ [E1] 셀에 '수고하셨습니다'를 입력한 후 글꼴은 '궁서', 색상은 RGB(255,0,0)로 표시하시오.
▶ 현재 입력된 데이터의 개수를 표시하시오.

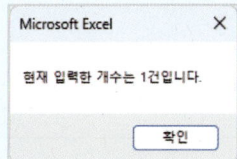

▶ 부서명(cmb부서명)에 선택된 부서를 그림과 같이 표시하시오.

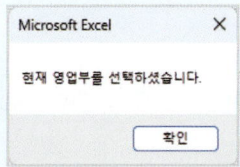

① 엑셀에서 [개발 도구]-[코드] 그룹의 [Visual Basic]( )을 클릭한다.
② 화면 왼쪽의 [프로젝트-VBAProject] 탐색기에서 '폼'을 더블클릭하고 〈신입사원입력〉을 더블클릭하여 화면 오른쪽에 〈신입사원입력〉 폼이 보이면, 〈종료〉 버튼을 더블클릭한다.

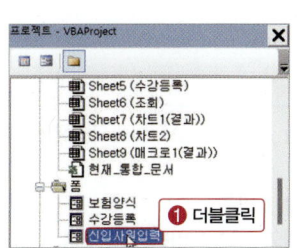
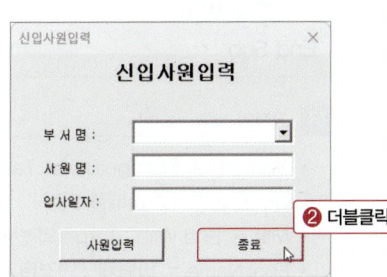

③ 다음과 같이 입력한다.

```
Private Sub cmd종료_Click()
    MsgBox "현재 시간은 " & Time() & "입니다."

    [E1] = "수고하셨습니다"
    [E1].Font.Name = "궁서"
    [E1].Font.Color = RGB(255, 0, 0)

    MsgBox "현재 입력한 개수는 " & Range("B3").CurrentRegion.Rows.Count - 1 & "건입니다."

    MsgBox "현재 " & cmb부서명 & "를 선택하였습니다."

    Unload me
End Sub
```

기적의 TIP

- 메시지 상자를 표시 Time() 또는 Time은 현재 시간을 표시
- [E1] 셀에 '수고하셨습니다'를 입력
- [E1] 셀의 글꼴 이름은 '궁서'
- [E1] 셀의 글꼴 색은 '빨강색'
- 메시지 상자를 표시 : [B3] 셀에 연결된 셀의 개수를 구한 후에 -1을 한 개수
- 메시지 상자를 표시 : 선택된 'cmb부서명'을 포함한 메시지
- 현재 폼을 화면과 메모리에서 제거

기적의 TIP

me : 현재의 개체를 의미합니다. ('신입사원입력' 폼의 개체를 말합니다.)

④ 실행 결과를 확인하기 위해서 [보기 Microsoft Excel]을 클릭한 후 〈사원입력〉 버튼을 클릭하고 〈신입사원입력〉 폼에서 〈종료〉 버튼을 클릭하여 〈신입사원입력〉 폼이 사라지는지 확인한다.

기적의 TIP

굵게 : [A1].Font.Bold = True
굵은 기울임꼴 :
[A1].Font.Bold = True
[A1].Font.Italic = True
밑줄 : [A1].Font.Underline = True
글꼴 변경 : [A1].Font.Name = "글꼴 이름"
글꼴 색 :
[A1].Font.Color = VbRed
[A1].Font.Color = RGB(255, 0,0)
(예 : 빨강색 글꼴)

출제유형 7 '사원현황' 시트에서 셀의 데이터가 변경(Change)되면 해당 셀의 글꼴이 '바탕체', '굵게' 변경되도록 이벤트 프로시저를 작성하시오.

① 엑셀에서 [개발 도구]-[코드] 그룹의 [Visual Basic](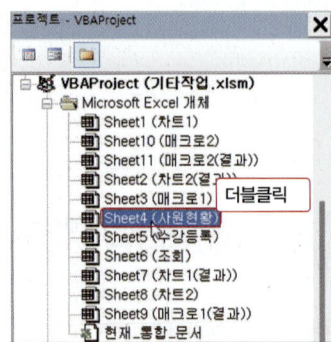)을 클릭한 후, 화면 왼쪽의 [프로젝트-VBAProject] 탐색기에서 'Sheet4(사원현황)'을 더블클릭한다.

② '개체 목록'은 'Worksheet', '프로시저 목록'은 'Change'를 선택한다.

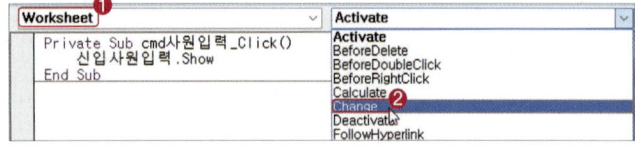

③ 코드 창에서 다음과 같이 입력한다.

```
Private Sub Worksheet_Change(ByVal Target As Range)
    With Target
        .Font.Name = "바탕체"
        .Font.Bold = True
    End With
End Sub
```

기적의 TIP

- Worksheet_Change(ByVal Target As Range) : 워크시트에 데이터가 변경되었을 때를 의미
- With ~ End With : Target의 반복을 줄여줌
- .Font.Name = "바탕체" : 변경된 범위의 글꼴은 '바탕체'로 수정
- .Font.Bold = True : 변경된 범위의 글꼴 스타일은 '굵게'로 수정

④ 실행 결과를 확인하기 위해서 [보기 Microsoft Excel]을 클릭한 후 '사원현황' 시트에 임의의 값을 입력하여 글꼴이 '바탕체', '굵게' 변경되는지 확인한다.

출제유형 8 ― '사원현황' 시트가 활성화(Activate)되면 [H2] 셀에 '부서명'이 입력되도록 프로시저를 작성하시오.

① 엑셀에서 [개발 도구]-[코드] 그룹의 [Visual Basic](圖)을 클릭한 후, Sheet4(사원현황)를 더블클릭하고, '개체 목록'은 'Worksheet', '프로시저 목록'은 'Activate'를 선택한다.

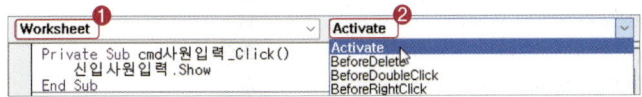

② 코드 창에서 다음과 같이 입력한다.

```
Private Sub Worksheet_Activate()
    [H2] = "부서명"
End Sub
```

기적의 TIP

- Worksheet_Activate() : 워크시트를 활성화
- [H2] = "부서명" : [H2] 셀에 "부서명" 문자열을 입력

③ [Microsoft Visual Basic] 창에서 오른쪽 상단에서 [닫기]를 클릭한다.

④ 엑셀에서 다른 시트를 클릭한 후 '사원현황' 시트를 다시 클릭하면 [H2] 셀에 **부서명**이 입력되었는지 확인한다.

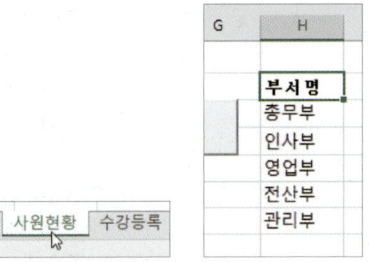

기적의 TIP

[H2] = "부서명" 대신에 Cells (2, 8) = "부서명"을 입력해도 됩니다.

기적의 TIP

프로시저 적용이 정확히 테스트되지 않는다면, 저장 후 파일을 다시 열어서 작업해 보세요.

출제유형 9 ― '수강등록' 시트에서 다음과 같은 작업을 수행하고 저장하시오.

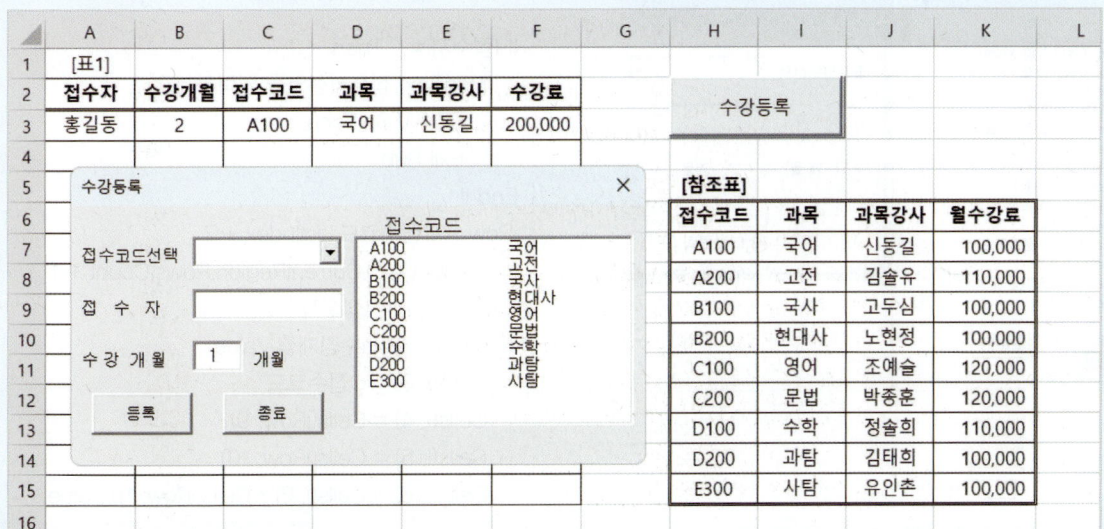

접수코드(C접수코드)를 선택하고 접수자(t접수자), 수강개월(t수강개월) 입력 후 등록(C등록) 버튼을 클릭하면 폼에 입력된 데이터가 [표1]에 입력되어 있는 마지막 행 다음에 연속해서 추가 입력되도록 작성하시오. ('폼의 등록버튼 클릭 후 추가될 프로시저 작성' 아래에 작성하시오.)

▶ 수강료 = 수강개월 × 월수강료

▶ 폼에서 선택된 접수코드(C접수코드)에 해당하는 과목, 과목강사, 월수강료는 [참조표]에서 찾아 [표1]의 과목, 과목강사, 수강료에 표시하시오. (ListIndex 속성을 이용)
▶ 워크시트에 데이터를 입력할 때 표의 제목 행과 입력 내용이 일치하도록 작성하시오.
▶ 접수코드를 선택하지 않은 경우 〈그림〉과 같은 메시지 박스를 표시하고, C접수코드로 포커스를 이동하고 서브를 종료(Exit Sub)하시오.

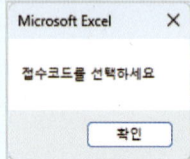

▶ t접수자를 입력하지 않은 경우 〈그림〉과 같은 메시지 박스를 표시하고, t접수자로 포커스를 이동하고 서브를 종료(Exit Sub)하시오.

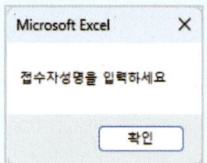

※ 데이터를 추가하거나 삭제하여도 항상 마지막 데이터 다음에 입력되어야 함

① Alt + F11 을 누른다.
② [프로젝트 - VBAProject] 탐색기에서 '폼'의 〈수강등록〉을 더블클릭하여 [등록]을 더블클릭한다. 코드창이 나타나면 다음과 같이 입력한다.

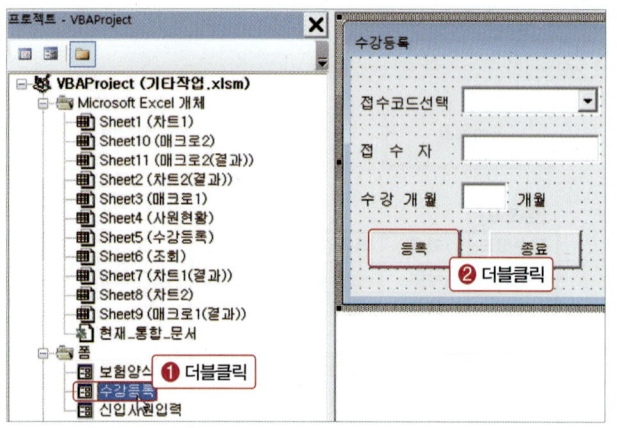

```
If C접수코드 = "" Then
    MsgBox "접수코드를 선택하세요"
    C접수코드.SetFocus
    Exit Sub
End If

If t접수자 = "" Then
    MsgBox "접수자성명을 입력하세요"
    t접수자.SetFocus
    Exit Sub
End If
iRow = C접수코드.ListIndex + 7
i = Range("A2").CurrentRegion.Rows.Count + 1
    Cells(i, 1) = t접수자
    Cells(i, 2) = t수강개월.Value
    Cells(i, 3) = C접수코드
    Cells(i, 4) = Cells(iRow, 9)
    Cells(i, 5) = Cells(iRow, 10)
    Cells(i, 6) = Cells(i, 2) * Cells(iRow, 11).Value
```

기적의 TIP

- iRow = C접수코드.ListIndex + 7
  - → iRow는 참조표[H6:K15] 영역에서 찾아올 행 위치를 기억할 변수
  - → 'C접수코드' 콤보상자에서 선택한 값의 위치 값에 7을 더한 값을 이용
  - → 'C접수코드' 콤보상자에서 'A100'을 선택하면 '0', 'A200'을 선택하면 '1', 'B100'을 선택하면 '2'... 로 ListIndex를 통해 값이 반환된다.
  - → ListIndex 의 반환된 값에 +7을 해서 참조표의 행의 위치를 구함
- i = Range("A2").CurrentRegion.Rows.Count + 1
  - → i는 [A2] 셀과 연결된 범위에 있는 데이터 범위 행의 수에, [A2] 셀 위의 비어 있는 행이 없어서 새롭게 입력할 '1행'을 더해서 +1 을 해서 행의 위치를 계산하여 반환
- Cells(i, 4) = Cells(iRow, 9)
  - → 과목(D열)은 참조표의 iRow를 통해 구한 행 위치의 9열(과목)에 있는 값을 입력

③ 실행 결과를 확인하기 위해서 [보기 Microsoft Excel]을 클릭한 후 〈수강등록〉 버튼을 클릭하고, '접수코드선택'을 선택한 후 접수자, 수강개월을 입력한 후 [등록]을 클릭하여 확인한다.

기적의 TIP

- ListIndex는 목록에서 선택한 항목을 숫자로 변환해 줍니다.
- 첫 번째 값을 선택하면 0, 두 번째 값을 선택하면 1, …으로 반환됩니다.

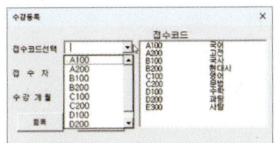

- A100을 선택하면 7번째 행에서 데이터를 찾아야하기 때문에 +7을 합니다.

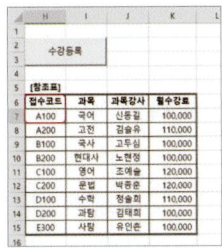

④ '수강등록' 폼의 [종료]를 클릭하여 폼을 닫는다.

기적의 TIP

i = Range("A2").CurrentRegion.Rows.Count +1
을
i = [A1].Row + [A1].CurrentRegion.Rows.Count
으로 작성해도 됩니다.

둘의 차이점

Range("A2")로 작성하는 경우에는 「.cu」를 입력하면 목록에서 선택하여 입력할 수 있는 장점이 있는 반면 연결되지 않은 행의 개수와 새롭게 입력할 개수를 직접 카운트해서 더해주어야 합니다.

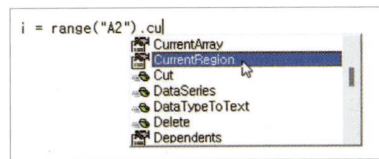

[A1]로 작성할 경우 CurrentRegion.Rows.Count를 오타 없이 정확하게 입력해야 합니다.

기적의 TIP

값을 숫자 형식으로 입력받아 계산하고자 할 때(셀에 오른쪽 정렬) Val(t수강개월) 또는 t수강개월.Value 로 작성합니다.

출제유형 10 '조회' 시트에서 다음과 같은 작업을 수행하도록 프로시저를 작성하시오.

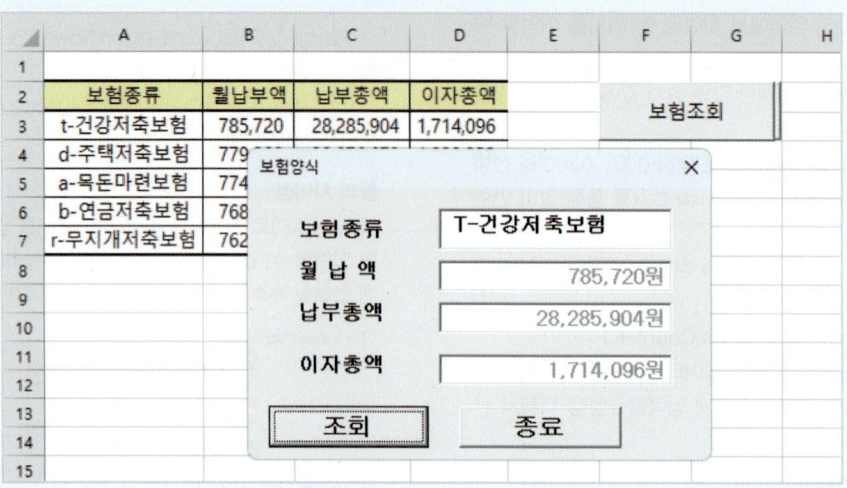

'보험종류(Txt보험종류)' 컨트롤에 보험종류를 입력한 후 '조회(cmd조회)' 단추를 클릭하면 월납부액(Txt월납액), 납부총액(Txt납부총액), 이자총액(Txt이자총액)에 해당하는 자료를 폼에 표시하는 프로시저를 작성하시오.

▶ 입력한 보험종류가 존재하지 않은 경우 〈그림〉과 같이 메시지 박스를 표시하고, Txt보험종류에 포커스를 이동하시오.

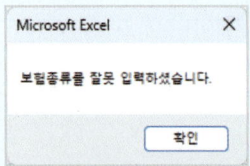

▶ 조회된 보험종류의 영문자는 대문자로 표시되도록 하시오.
▶ 월납부액, 납부총액, 이자총액은 [표시 예]와 같이 표시되도록 하시오. [표시 예 : 123,400원]
▶ For Each ~ Next, If, Format 함수 이용

① Alt + F11 을 누른다.
② [프로젝트 – VBAProject] 탐색기에서 '폼'의 〈보험양식〉을 더블클릭하여 [조회]를 더블클릭한다. 코드창이 나타나면 다음과 같이 입력한다.

```
t = 0
For Each a In Range("A3:A7")
    If a.Value = Txt보험종류 Then
        t = 1
        i = a.Row
        Txt보험종류 = Format(a.Value, ">")
        Txt월납액 = Format(Cells(i, 2).Value, "#,##0원")
        Txt납부총액 = Format(Cells(i, 3).Value, "#,##0원")
        Txt이자총액 = Format(Cells(i, 4).Value, "#,##0원")
    End If
Next a
If t = 0 Then
    MsgBox "보험종류를 잘못 입력하셨습니다."
    Txt보험종류.SetFocus
End If
```

③ 실행 결과를 확인하기 위해서 [보기 Microsoft Excel]을 클릭한 후 〈보험조회〉 버튼을 클릭하고, '보험종류'를 선택한 후 [조회]를 클릭하여 확인한다.
④ '보험양식' 폼의 [종료]를 클릭하여 폼을 닫는다.

스프레드시트
상시 공략 문제

CONTENTS

- 상시 공략 문제 01회
- 상시 공략 문제 02회
- 상시 공략 문제 03회
- 상시 공략 문제 04회
- 상시 공략 문제 05회
- 상시 공략 문제 06회
- 상시 공략 문제 07회
- 상시 공략 문제 08회
- 상시 공략 문제 09회
- 상시 공략 문제 10회

상시 공략 문제 01회

작업파일 : '26컴활1급(상시)₩스프레드시트₩상시공략문제'에서 '상시공략문제1회' 파일을 열어 작업하세요.

프로그램명	제한시간	풀이시간
EXCEL 2021	45분	분

수험번호 :

성　　명 :

유의사항

- 인적 사항 누락 및 잘못 작성으로 인한 불이익은 수험자 책임으로 합니다.

- 화면에 암호 입력창이 나타나면 아래의 암호를 입력하여야 합니다.
  ○ 암호: 6845%3

- 작성된 답안은 주어진 경로 및 파일명을 변경하지 마시고 그대로 저장해야 합니다. 이를 준수하지 않으면 실격 처리됩니다.
  ○ 답안 파일명의 예: C:₩OA₩수험번호8자리.xlsm

- 외부데이터 위치: C:₩OA₩파일명

- 별도의 지시사항이 없는 경우, 다음과 같이 처리 시 실격 처리됩니다.
  ○ 제시된 시트 및 개체의 순서나 이름을 임의로 변경한 경우
  ○ 제시된 시트 및 개체를 임의로 추가 또는 삭제한 경우
  ○ 외부데이터를 시험 시작 전에 열어본 경우

- 답안은 반드시 문제에서 지시 또는 요구한 셀에 입력하여야 하며 다음과 같이 처리 시 채점 대상에서 제외됩니다.
  ○ 제시된 함수가 있을 경우 제시된 함수만을 사용하여야 하며 그 외 함수사용시 채점대상에서 제외
  ○ 수험자가 임의로 지시하지 않은 셀의 이동, 수정, 삭제, 변경 등으로 인해 셀의 위치 및 내용이 변경된 경우 해당 작업에 영향을 미치는 관련문제 모두 채점 대상에서 제외
  ○ 도형 및 차트의 개체가 중첩되어 있거나 동일한 계산결과 시트가 복수로 존재할 경우 해당 개체나 시트는 채점 대상에서 제외

- 수식 작성 시 제시된 문제 파일의 데이터는 변경 가능한(가변적) 데이터임을 감안하여 문제 풀이를 하시오.

- 별도의 지시사항이 없는 경우, 주어진 각 시트 및 개체의 설정값 또는 기본 설정값 (Default)으로 처리하시오.

- 저장 시간은 별도로 주어지지 않으므로 제한된 시간 내에 저장을 완료해야 하며, 제한 시간 내에 저장이 되지 않은 경우에는 실격 처리됩니다.

- 출제된 문제의 용어는 MS Office LTSC Professional Plus 2021 기준으로 작성되어 있습니다.

대 한 상 공 회 의 소

문제1 기본작업(15점) 주어진 시트에서 다음 과정을 수행하고 저장하시오.

1 '기본작업-1' 시트에서 다음과 같이 고급 필터를 수행하시오. (5점)
- [A2:H40] 영역에서 '판매일자'가 홀수 달이고 주말(토요일 또는 일요일)에 해당한 '상품명', '소분류명', '판매일자', '판매단가', '수량' 값을 순서대로 표시하시오.
- 조건은 [J2:J3] 영역에 입력하시오. (AND, ISODD, MONTH, WEEKDAY 함수 사용)
- 결과는 [J6] 셀부터 표시하시오.

2 '기본작업-2' 시트에서 다음과 같이 조건부 서식을 설정하시오. (5점)
- [A3:E35] 영역에서 상품명에 '녹'을 포함하면서 매출액이 하위 10위보다 적은 행 전체에 대해 글꼴 스타일 '기울임꼴', 밑줄 '실선', 글꼴 색 '표준 색 – 자주'로 적용하시오.
- 단, 규칙 유형은 '수식을 사용하여 서식을 지정할 셀 결정'을 사용하고, 한 개의 규칙으로만 작성하시오.
- AND, ISNUMBER, FIND, SMALL 함수 사용

3 '기본작업-3' 시트에서 다음과 같이 페이지 레이아웃을 설정하시오. (5점)
- [A2:H52] 범위를 인쇄 영역으로 설정하고, 2행과 A열이 모든 페이지에서 반복되도록 '인쇄 제목'을 설정하고, 행/열 머리글과 메모(시트에 표시된 대로)를 인쇄되도록 설정하시오.
- [F2], [A27] 셀 위치에 '페이지 나누기'를 삽입하고, 용지 방향은 '가로'로, 페이지 가운데 맞춤은 가로 '가운데' 인쇄되도록 설정하시오.
- 머리글의 왼쪽에는 '정화사업'이라는 텍스트가 글꼴 스타일 '기울임꼴'로 표시하고, 바닥글의 오른쪽에는 페이지 번호를 〈〈1〉〉 형식으로 표시하시오.

문제2 계산작업(30점) 주어진 시트에서 다음 과정을 수행하고 저장하시오.

1 [표1]의 '예약ID'와 '시간유형'과 [표2]를 활용하여 결제[H3:H34] 금액을 찾아 표시하시오. (6점)
- '예약ID'의 왼쪽 2글자를 이용하여 1일권, 시간권을 구분하고, '시간유형'을 이용하여 시간을 참조하여 자유석의 금액을 찾아 표시
- INDEX, MATCH, LEFT 함수 사용

2 [표1]의 '시간유형', '입실시간', '퇴실시간', '이벤트'를 이용하여 [I3:I34] 영역에 누적 남은시간을 계산하여 표시하시오. (6점)
- 남은시간 = 시간유형 – (퇴실시간 – 입실시간) + 이벤트 시간
- 이벤트 시간이 비어있지 않으면, 이벤트[G3:G34]에 '-' 다음에 있는 시간을 이용하고, 비어 있으면 0으로 계산
- 시간유형과 이벤트 시간은 시간으로 환산하여 계산
- [표시 예 : 남은 시간이 1일 1시간 10분 일 때 → 25:10]
- TEXT, IF, MID, FIND 함수 사용

③ [표1]의 '이벤트'를 이용하여 [표3]의 [M15:M18] 영역에 이벤트별 총시간을 계산하여 표시하시오. (6점)
   ▶ '이벤트' 항목에서 이벤트명을 기준으로 분류하고, 하이픈(-) 뒤에 있는 숫자(시간) 만 추출하여, 이벤트별 총시간을 합산하여 표시
   ▶ SUM, IFERROR, IF, MID, SEARCH 함수를 사용한 배열 수식

④ [표1]의 '구역', '입실시간', '퇴실시간'을 활용하여 [표4]의 [N24:P27] 영역에 구역별 시간대별 남은 좌석 수를 계산하여 표시하시오. (6점)
   ▶ 남은 좌석 수 = 해당 구역의 총 좌석 수 - 해당 '기준시간'에 사용 중인 좌석 수
   ▶ 사용 중인 좌석 수는 입실시간이 '기준시간' 이전이고, 퇴실시간이 '기준시간'보다 큰 경우로 계산
   ▶ [예 : 총 좌석 수가 20석이고 기준시간인 9시에 앉아 있는 인원이 4명이라면 남은 좌석수는 16]
   ▶ SUM, IF, LEFT 함수를 사용한 배열 수식

⑤ 사용자 정의 함수 'fn유효기간'을 작성하여 [표1]의 [J3:J34] 영역에 표시하시오. (6점)
   ▶ 'fn유효기간'은 시간유형을 인수로 받아 값을 되돌려줌
   ▶ 시간유형이 100시간 이상이면서 150시간 미만이면 '유효기간 3개월', 시간유형이 150시간 이상일 경우 '유효기간 6개월', 그 외의 경우에는 빈 문자열("")로 표시하시오.
   ▶ IF문 사용

   ```
   Public Function fn유효기간(시간유형)
   End Function
   ```

문제3 분석작업(20점) 주어진 시트에서 다음 과정을 수행하고 저장하시오.

① '분석작업-1' 시트에서 다음의 지시사항에 따라 피벗 테이블 보고서를 작성하시오. (10점)
   ▶ 외부 데이터 가져오기 기능을 사용하여 〈구급차현황.accdb〉에서 〈구급차현황〉 테이블의 '119구급대', '기타의료기관', '보건소등', '분류', '시도', '응급의료기관' 열만 가지고 와서 작성하시오.
   ▶ 분류가 '충청·전라권'과 '경상·제주권'만 가져오기 하시오.
   ▶ 피벗 테이블 보고서의 레이아웃과 위치는 〈그림〉을 참조하여 작성하고, 보고서 레이아웃은 테이블 형식으로 표시하시오.
   ▶ 계산 필드를 추가하여 다음과 같이 계산하시오.
     - 자치단체 = 119구급대 + 보건소등
     - 의료기관 = 응급의료기관 + 기타의료기관
   ▶ 부분합은 하단에 작성하고, 합계와 평균을 함께 표시하시오.
   ▶ 각 항목 다음에 빈 줄을 삽입하여 〈그림〉과 같이 표시하시오.
   ▶ 값 필드의 표시 형식은 '값 필드 설정'의 셀 서식을 '숫자' 범주에서 1,000 단위 구분 기호를 표시하시오.
   ▶ '충청·전라권'의 하위 데이터만 표시하시오.

▶ 피벗 테이블 스타일은 '연한 파랑, 피벗 스타일 보통 9'를 적용하시오.

	A	B	C	D	E	F	G	H	I	J
1										
2										
3										
4		분류 ▼	시도 ▼	합계 : 119구급대	합계 : 보건소동	합계 : 자치단체	합계 : 기타의료기관	합계 : 응급의료기관	합계 : 의료기관	
5		⊞ 경상·제주권		1,541	369	1,910	1,755	485	2,240	
6										
7		⊟ 충청·전라권	전남	543	167	710	534	204	738	
8			전북	469	89	558	587	135	722	
9			충남	556	95	651	607	90	697	
10			충북	341	98	439	300	127	427	
11		충청·전라권 합계		1,909	449		2,028	556		
12		충청·전라권 평균		95	22		101	28		
13										
14		총합계		3,450	818	4,268	3,783	1,041	4,824	
15										

2 '분석작업-2' 시트에 대하여 다음의 지시사항을 처리하시오. (10점)

▶ [유효성 검사] 기능을 사용하여 '발생량(톤)' 범위인 [D3:D27] 영역에 정수(최소 100, 최대 400000)만 입력 가능하도록 제한하시오.
– 오류가 발생시 다음과 같은 오류 메시지를 표시하도록 설정하시오.

▶ '발생량(톤)' 범위인 [D3:D27] 셀을 클릭했을 때 다음과 같은 설명 메시지가 표시되도록 설정하시오.

▶ 정렬 기능을 이용하여 다음과 같은 순서대로 데이터를 정렬하시오.
'댐명'은 '소양강댐', '충주댐', '대청댐', '용담댐', '안동댐' 순서로 사용자 지정 정렬을 하고, 같은 '댐 종류'인 경우 발생량(톤)의 초록색 조건부 서식 아이콘을 기준으로 위에 표시하여 정렬하고, 아이콘이 동일한 경우에는 '년도'를 기준으로 오름차순 정렬하시오.

문제4 **기타작업(35점)** 주어진 시트에서 다음 과정을 수행하고 저장하시오.

1 '기타작업-1' 시트에서 다음과 같은 기능을 수행하는 매크로를 현재 통합문서에 작성하시오. (각 5점)

① [D5:G26] 영역에 대하여 사용자 지정 표시 형식을 설정하는 '서식적용' 매크로를 생성하시오.
▶ 값이 1 이상이면 '●'와 숫자 소수 첫째 자리로 표시, 1 미만이면 글꼴 색상은 '빨강'으로, '●'와 숫자 소수 첫째 자리로 표시, 문자일 경우 글꼴 색상은 '녹색'이며 '재확인' 표시되도록 설정하시오.
[표시 예 : 20.5 → ● 20.5,   0.2 → ● 0.2,   0 → ● 0.0   문자 → 재확인]
▶ [개발 도구]-[삽입]-[양식 컨트롤]의 '단추(□)'를 동일 시트의 [I7:J8] 영역에 생성한 후 텍스트를 '서식적용'으로 입력하고, 단추를 클릭하면 '서식적용' 매크로가 실행되도록 설정하시오.

② [D5:G26] 영역에 대하여 표시 형식을 '일반'으로 적용하는 '서식해제' 매크로를 생성하시오.
▶ [개발 도구]-[삽입]-[양식 컨트롤]의 '단추(□)'를 동일 시트의 [I10:J11] 영역에 생성한 후 텍스트를 '서식해제'로 입력하고, 단추를 클릭하면 '서식해제' 매크로가 실행되도록 설정하시오.

2 '기타작업-2' 시트에서 다음의 지시사항에 따라 차트를 수정하시오. (각 2점)

※ 차트는 반드시 문제에서 제공한 차트를 사용하여야 하며, 신규로 차트작성 시 0점 처리 됨

① 차트 제목을 [B2] 셀과 연동하고 글꼴 색은 '표준 색 - 자주', 크기는 16pt로 설정하고, 차트 범위는 제시된 〈그림〉을 참고하여 데이터 원본을 수정하시오.
② '가구류' 계열은 '표식이 있는 꺾은선형'으로 보조 축으로 표시하고, '가전제품', '주방용품', '냉난방용품' 계열은 '누적 세로 막대형'으로 변경하고, 보조 세로(값) 축의 최소값 0, 최대값 2500, 기본 단위는 500으로 설정하시오.
③ 기본 보조 가로 눈금을 표시하고, '가구류' 계열은 하강선을 표시하고, '가전제품' 계열의 8월 항목에 '데이터 레이블', 말풍선: 모서리가 둥근 사각형, 안쪽 끝에 표시하시오.
④ 항목 축의 표시 형식은 〈그림〉과 같이 값을 표시하고, 보조 세로(값) 축의 표시 형식을 숫자 1000 단위 구분 기호를 표시하고, 범례는 위쪽으로 표시하시오.
⑤ 차트 영역은 테두리 색은 표준 색 - 주황, 너비는 2pt, '둥근 모서리'로 지정하시오.

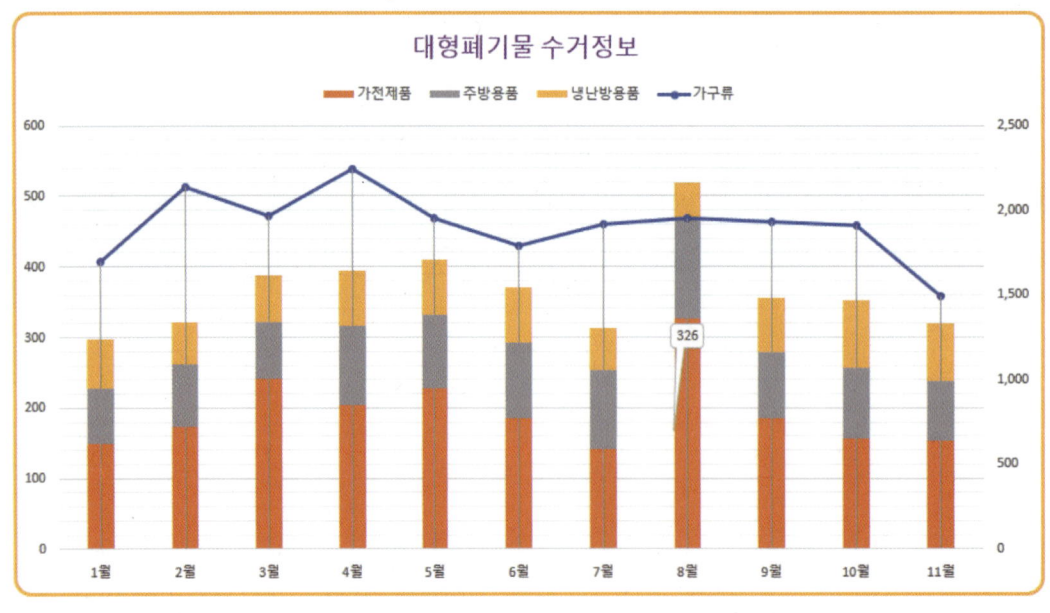

3 '기타작업-3' 시트에서 다음과 같은 작업을 수행하도록 프로시저를 작성하시오. (각 5점)

① '스터디카페등록' 단추를 클릭하면 〈스터디카페〉 폼이 나타나도록 설정하고, 폼이 초기화(Initialize)되면 이용권(cmb이용권) 목록에는 [J5:K11] 영역의 값이 표시되고, A구역(optA)이 초기값으로 선택되도록 하고, 날짜(txt날짜)에는 오늘 날짜와 시간이 표시되도록 프로시저를 작성하시오.

② '스터디카페' 폼의 '등록'(cmd등록) 단추를 클릭하면 폼에 입력된 데이터가 [표1]에 입력되어 있는 마지막 행 다음에 연속하여 추가되도록 프로시저를 작성하시오.

▶ 이용권(cmb이용권)을 변경(Change)하면 이용권(cmb이용권)에서 선택한 요금이 txt요금에 표시되도록 프로시저를 작성하시오. (List, Listindex 이용)

▶ 번호는 자동 순번, 날짜는 오늘 날짜, 시간은 현재 시간을 입력하시오.

▶ 요금은 Format 함수를 이용하여 천 단위 구분 기호를 포함하여 등록하시오. [표시 예 : 1,230]

▶ 구역은 선택한 옵션 단추의 Caption을 입력하시오. (예 : optA 선택하면 'A구역')

③ 종료(cmd종료) 단추를 클릭하면 [B21] 셀에 "등록날짜 : yyyy-mm-dd" 형식으로 오늘 날짜를 표시하고, 글꼴 스타일은 진하게, 기울임꼴로 표시하고 종료하는 프로시저를 작성하시오.

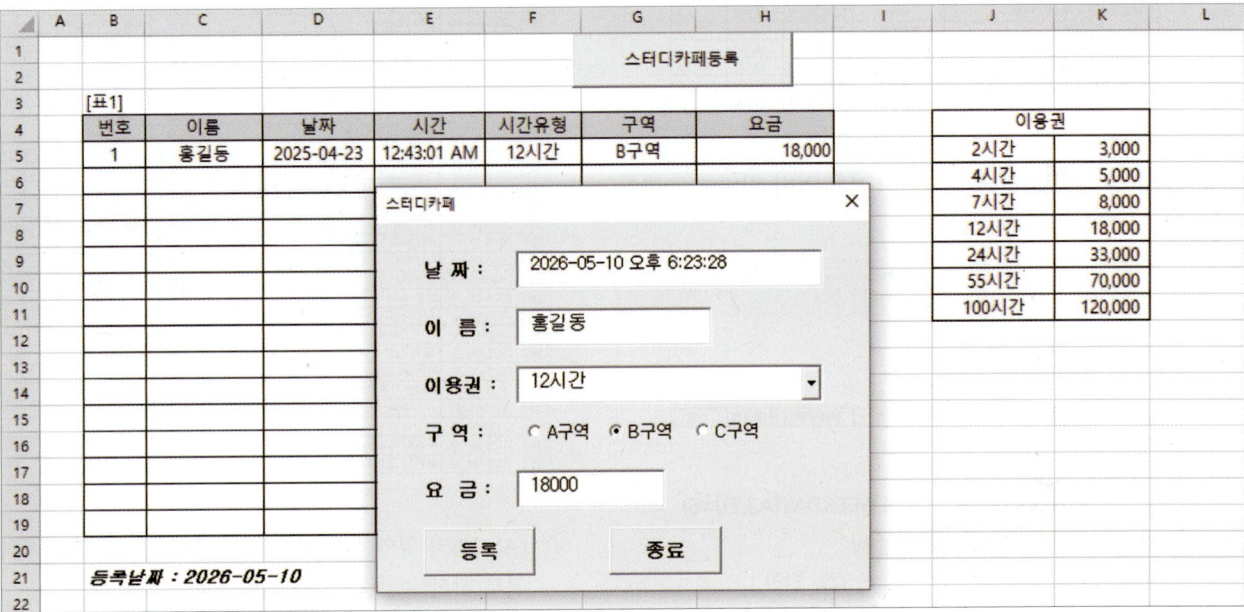

정답 & 해설 — 상시 공략 문제 01회

문제1 기본작업

1 고급 필터

정답

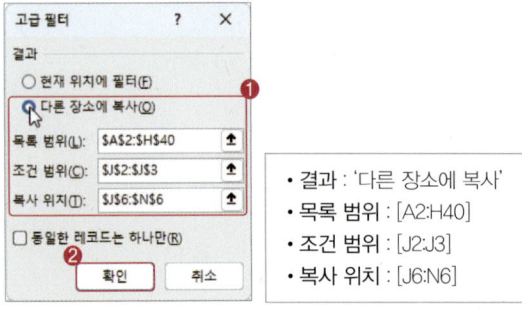

① [J2:J3] 영역에 '조건'을 입력하고, [J6:N6] 영역에 추출할 필드명을 작성한다.

함수 설명 =AND(ISODD(MONTH(A3)),WEEKDAY(A3,2)>=6)

❶ MONTH(A3) : [A3] 셀에서 월을 추출함
❷ ISODD(❶) : ❶의 값이 홀수이면 TRUE 값을 반환
❸ WEEKDAY(A3,2) : [A3] 셀의 날짜에서 요일을 숫자로 반환(월요일 1, 화요일 2, … 토요일 6, 일요일 7)

=AND(❷,❸)>=6) : ❷의 값이 TRUE이고 ❸의 값이 6이상(6과 7)이면 TRUE 값을 반환

② [데이터]-[정렬 및 필터] 그룹의 [고급]( )을 클릭한다.
③ [고급 필터]에서 다음과 같이 지정한 후 [확인]을 클릭한다.

- 결과 : '다른 장소에 복사'
- 목록 범위 : [A2:H40]
- 조건 범위 : [J2:J3]
- 복사 위치 : [J6:N6]

2 조건부 서식

정답

① [A3:E35] 영역을 범위 지정한 후 [홈]-[스타일] 그룹의 [조건부 서식]-[새 규칙]을 클릭한다.
② [새 서식 규칙]에서 '규칙 유형 선택'에 '▶ 수식을 사용하여 서식을 지정할 셀 결정'을 선택하고, =AND(ISNUMBER(FIND("녹",$B3)),$E3<SMALL($E$3:$E$35,10))을 입력한 후 [서식]을 클릭한다.

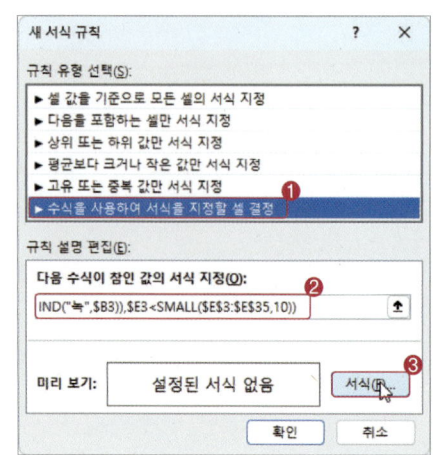

[함수 설명] =AND(ISNUMBER(FIND("녹",$B3)),$E3<SMALL($E$3:$E$35,10))

❶ FIND("녹",$B3) : [B3] 셀에서 '녹'의 시작 위치 값을 구함
❷ ISNUMBER(❶) : ❶의 값이 숫자이면 TRUE 값을 반환
❸ SMALL($E$3:$E$35,10) : [E3:E35] 영역에서 10번째 작은 값을 구함

=AND(❷,$E3<❸) : ❷의 값이 TRUE이고 [E3] 셀의 값이 ❸보다 작은 값이면 TRUE 값을 반환

③ [셀 서식]의 [글꼴] 탭에서 글꼴 스타일은 '기울임꼴', 밑줄은 '실선', 색은 '표준 색 – 자주'를 선택하고 [확인]을 클릭한다.

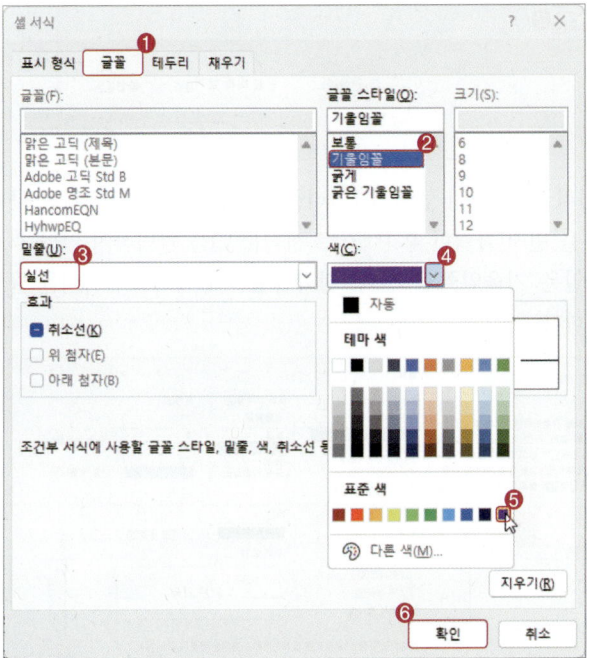

④ [새 서식 규칙]에서 다시 [확인]을 클릭한다.

3 페이지 레이아웃

정답

① [A2:H52] 영역을 범위 지정한 후, [페이지 레이아웃]-[페이지 설정] 그룹에서 [인쇄 영역]-[인쇄 영역 설정](🗔)을 클릭한다.

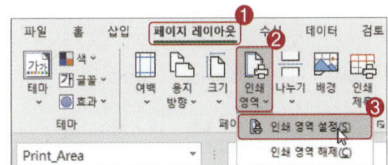

② [페이지 레이아웃]-[페이지 설정] 그룹에서 [인쇄 제목](🗔)을 클릭한다.

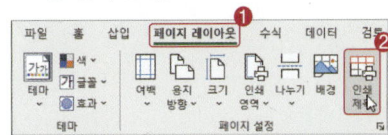

③ [시트] 탭에서 반복할 행은 '2행', 반복할 열은 'A열'을 지정한 후, '행/열 머리글'을 체크하고, 메모는 '시트에 표시된 대로'를 선택한다.

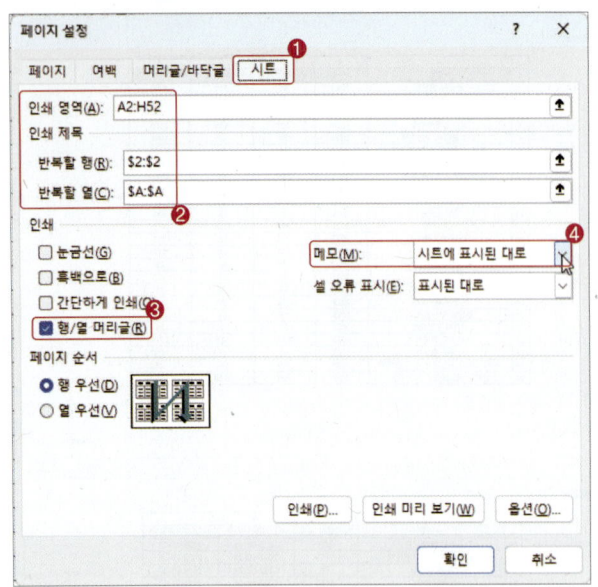

④ [페이지] 탭에서 용지 방향은 '가로'를 선택한다.

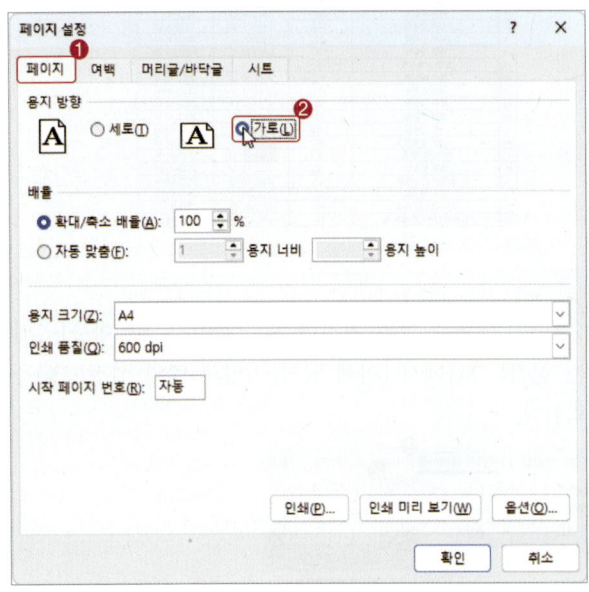

⑤ [여백] 탭에서 페이지 가운데 맞춤은 '가로'를 체크한다.

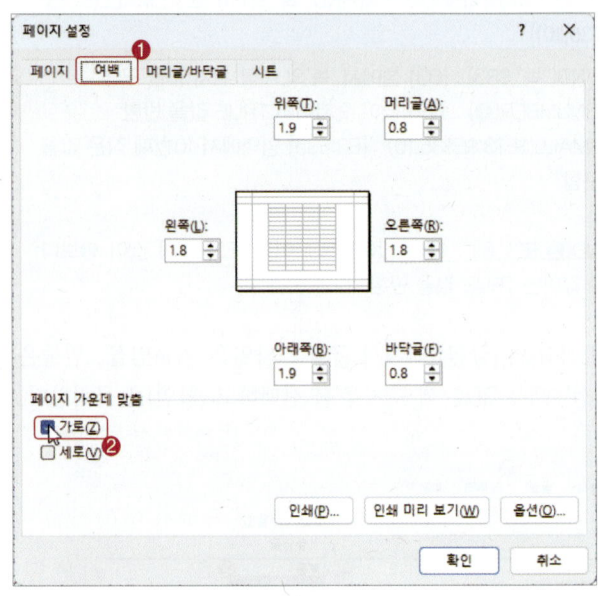

⑥ [머리글/바닥글] 탭에서 [머리글 편집]을 클릭하고 '왼쪽 구역'을 먼저 클릭한 후 [텍스트 서식](가)을 클릭하여 글꼴 스타일은 '기울임꼴'을 선택, **정화사업**을 입력하고 [확인]을 클릭한다.

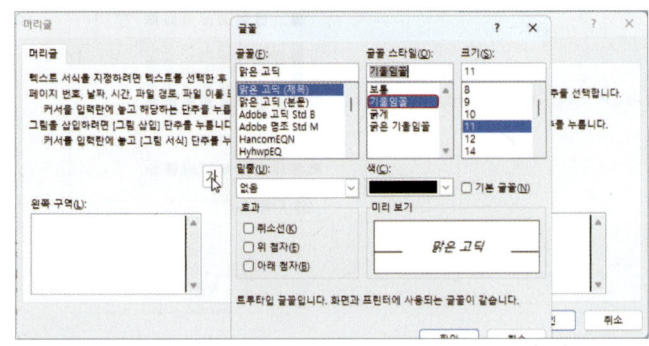

⑦ [바닥글 편집]을 클릭한 후 오른쪽에 커서를 두고 [페이지 번호 삽입]( ) 도구를 클릭하고 《〈〉》를 입력하여 《〈&[페이지]〉》로 표시되도록 수정하고 [확인]을 클릭한다.

⑧ [페이지 설정]에서 [확인]을 클릭한다.

⑨ [F2] 셀을 클릭한 후 [페이지 레이아웃]-[페이지 설정] 그룹의 [나누기]-[페이지 나누기 삽입]을 클릭하고, 같은 방법으로 [A27] 셀을 클릭한 후 [페이지 나누기 삽입]을 클릭한다.

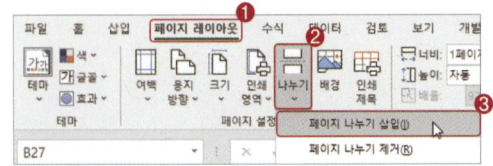

문제2 계산작업

정답

	H	I	J	K	L	M	N	O	P	Q
1										
2	결제	남은시간	유효기간		[표2]		시간	자유석		
3	8,000	08:17				DT	2	3,000		
4	10,000	10:28				DT	4	5,000		
5	10,000	11:42			1일권	DT	6	6,000		
6	60,000	48:35				DT	9	8,000		
7	8,000	07:44				DT	12	10,000		
8	8,000	08:22				TT	50	60,000		
9	120,000	98:58	유효기간 3개월			TT	100	120,000		
10	6,000	05:02			시간권	TT	150	160,000		
11	10,000	10:48				TT	200	200,000		
12	160,000	147:17	유효기간 6개월							
13	10,000	10:04								
14	6,000	03:02			[표3]	총시간				
15	200,000	199:25	유효기간 6개월		신규가입	10				
16	3,000	00:29			생일월간	4				
17	160,000	148:06	유효기간 6개월		친구추천	4				
18	6,000	04:55			리뷰	7				
19	8,000	08:42								
20	60,000	47:30								
21	60,000	50:22			[표4]					
22	120,000	93:16	유효기간 3개월			총좌석수	20	15	10	
23	60,000	49:24				구역	A	B	C	
24	8,000	08:46			기	9:00	19	14	10	
25	160,000	148:32	유효기간 6개월		준	12:00	16	11	10	
26	6,000	05:51			시	18:00	19	15	10	
27	8,000	07:04			간	21:00	17	14	8	
28	8,000	07:01								
29	160,000	148:26	유효기간 6개월							
30	10,000	11:31								
31	120,000	98:31	유효기간 3개월							
32	8,000	08:09								
33	6,000	03:40								
34	6,000	04:22								
35										

1 결제[H3:H34]

[H3] 셀에 =INDEX($O$4:$O$12,MATCH(1,($M$4:$M$12=LEFT(A3,2))*($N$4:$N$12=C3),0))를 입력하고 [H34] 셀까지 수식을 복사한다.

> **함수 설명**
>
> ❶ LEFT(A3,2) : [A3] 셀에서 왼쪽의 2글자를 추출
> ❷ ($M$4:$M$12=❶)*($N$4:$N$12=C3) : [M4:M12] 영역의 값이 ❶과 같고, [N4:N12] 영역의 값이 [C3] 셀과 같으면 TRUE 값을 반환 (TRUE 값은 숫자 1과 같음)
> ❸ MATCH(1,❷,0) : 1의 값이 ❷과 같으면 상대적인 위치 값을 구함
>
> =INDEX($O$4:$O$12,❸) : [O4:O12] 영역에서 ❸의 위치 값에 있는 값을 찾아서 표시

② 남은 시간[I3:I34]

[I3] 셀에 =TEXT((C3/24)-(F3-E3)+IF(G3<>"",MID(G3,FIND("-",G3)+1,1)*1,0)/24,"[hh]:mm")를 입력하고 [I34] 셀까지 수식을 복사한다.

함수 설명

❶ C3/24 : [C3] 셀의 값을 24로 나누어 시간으로 환산
❷ FIND("-",G3) : '-'를 [G3] 셀에서 시작 위치를 구함
❸ MID(G3,❷+1,1) : [G3] 셀에서 ❷의 값에 +1를 하여 - 다음에 있는 글자의 시작 위치를 구하여 1글자를 추출
❹ ❸*1 : ❸의 값을 숫자로 변환
❺ IF(G3<>"",❹,0) : [G3] 셀의 값이 공백과 같지 않으면 ❹를 그 외는 0으로 표시
❻ ❺/24 : ❺의 값을 24로 나누어 시간으로 환산

=TEXT(❶-(F3-E3)+❻,"[hh]:mm") : ❶-[퇴실시간-입실시간]+❻로 계산한 값을 [hh]:mm 형식으로 표시

기적의 TIP

- hh:mm 서식 : 24시간을 기준으로 시간이 표시됩니다.
- [hh]:mm 서식 : 24시간을 넘어도 누적된 전체 시간이 표시, 대괄호([ ])를 사용하면 누적 시간이 그대로 표시합니다.

③ 총시간[M15:M18]

[M15] 셀에 =SUM(IFERROR(IF(MID($G$3:$G$34,1,SEARCH("-",$G$3:$G$34)-1)=L15,MID($G$3:$G$34,SEARCH("-",$G$3:$G$34)+1,1)*1,0),0))를 입력하고 Ctrl + Shift + Enter 를 누른 후에 [M18] 셀까지 수식을 복사한다.

함수 설명

❶ SEARCH("-",$G$3:$G$34) : '-'를 [G3:G34] 영역에서 시작 위치를 구함
❷ MID($G$3:$G$34,1,❶-1) : [G3:G34]에서 첫 번째 시작하여 ❶-1의 개수만큼 추출
❸ MID($G$3:$G$34,❶+1,1) : [G3:G34]에서 ❶+1에서 시작하여 ❶ 개수만큼 추출
❹ IF(❷=L15,❸*1,0) : ❷의 값이 [L15] 셀과 같으면 ❸*1로 숫자로 변환하고, 그 외는 0을 반환
❺ IFERROR(❹,0) : ❹의 값에 오류가 있다면 0을 반환

=SUM(❺) : ❺의 합계를 구함

④ 남은 좌석수[N24:P27]

[N24] 셀에 =N$22-SUM(IF((LEFT($D$3:$D$34,1)=N$23)*($E$3:$E$34<=$M24)*($F$3:$F$34>$M24),1))를 입력하고 Ctrl + Shift + Enter 를 누른 후에 [P27] 셀까지 수식을 복사한다.

⑤ 유효기간[J3:J34]

① [개발 도구]-[코드] 그룹의 [Visual Basic](📷)을 클릭한다.
② [삽입]-[모듈]을 클릭한다.
③ Module 창에 다음과 같이 입력한다.

```
Public Function fn유효기간(시간유형)
    If 시간유형 >= 100 And 시간유형 < 150 Then
        fn유효기간 = "유효기간 3개월"
    ElseIf 시간유형 >= 150 Then
        fn유효기간 = "유효기간 6개월"
    Else
        fn유효기간 = ""
    End If
End Function
```

④ [파일]-[닫고 Microsoft Excel(으)로 돌아가기]를 클릭하여 [Visual Basic Editor]를 닫는다.
⑤ [J3] 셀을 클릭한 후 [함수 삽입](fx)을 클릭한다.
⑥ '범주 선택'에서 '사용자 정의', '함수 선택'에서 'fn유효기간'을 선택한 후 [확인]을 클릭한다.
⑦ '시간유형'에 [C3]을 입력한 후 [확인]을 클릭한다.

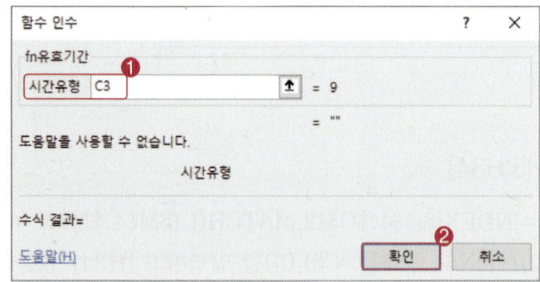

⑧ [J3] 셀을 선택한 후 [J34] 셀까지 수식을 복사한다.

문제 3 분석작업

1 피벗 테이블

정답

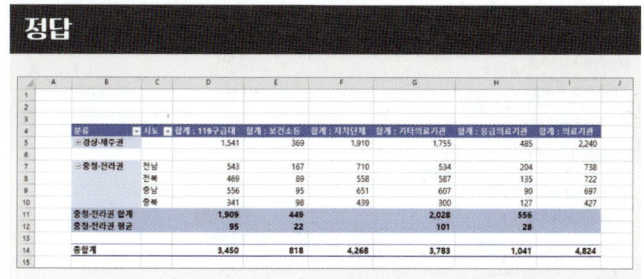

① [B4] 셀을 선택한 후 [데이터]-[데이터 가져오기 및 변환] 그룹에서 [데이터 가져오기]-[기타 원본에서]-[Microsoft Query에서]를 클릭한다.

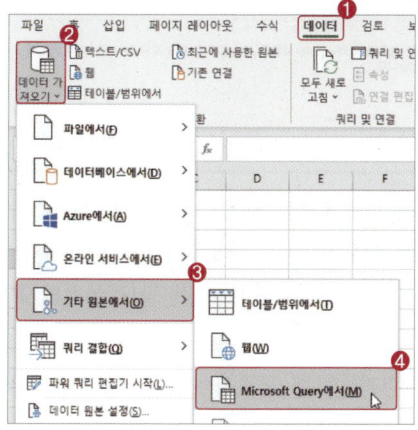

② [데이터 원본 선택]의 [데이터베이스] 탭에서 'MS Access Database *'를 선택하고 [확인]을 클릭한다.

③ '구급차현황.accdb'를 선택하고 [확인]을 클릭한다.

④ 〈구급차현황〉 테이블의 '119구급대', '기타의료기관', '보건소등', '분류', '시도', '응급의료기관'을 선택하고 [다음]을 클릭한다.

⑤ '분류' 열을 선택한 후 '=', '충청·전라권', '또는', '경상·제주권'을 선택하고 [다음]을 클릭한다.

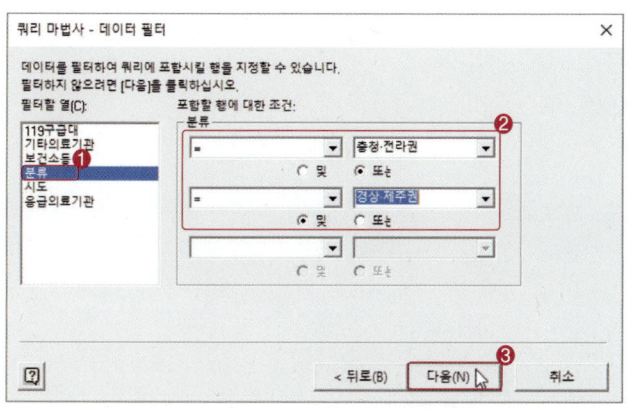

⑥ [정렬 순서]에서 [다음]을 클릭하고, [마침]을 클릭한다.

⑦ '피벗 테이블 보고서'를 선택하고, '기존 워크시트'에 [B4] 셀로 지정하고 [확인]을 클릭한다.

⑧ 다음과 같이 보고서 레이아웃을 지정한다.

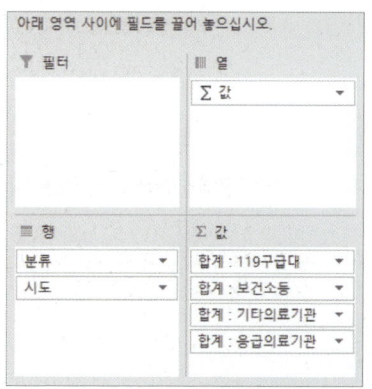

⑨ [디자인]-[레이아웃] 그룹에서 [보고서 레이아웃]-[테이블 형식으로 표시]를 클릭한다.

⑩ [피벗 테이블 분석]-[계산] 그룹에서 [필드 항목 및 집합]-[계산 필드]를 클릭하여 이름에 **자치단체**를 입력하고 119구급대와 보건소등을 더블클릭하여 수식을 작성한 후 [추가]를 클릭한다.

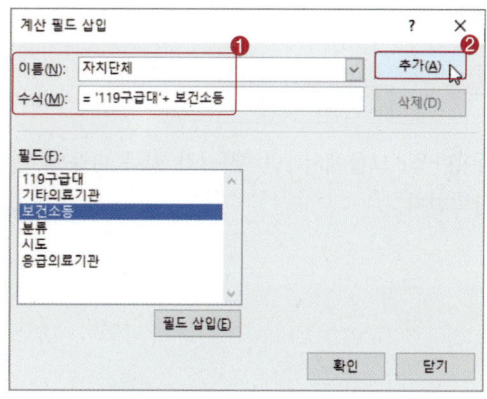

⑪ 같은 방법으로 '의료기관' 계산 필드도 추가한 후 '합계: 자치단체'는 '합계: 보건소등' 아래로 드래그하여 이동한다.

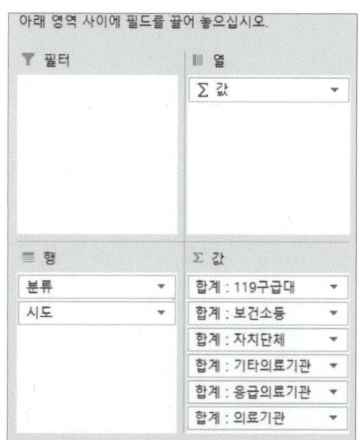

⑫ [디자인]-[레이아웃] 그룹에서 [부분합]-[그룹 하단에 모든 부분합 표시]를 클릭한다.

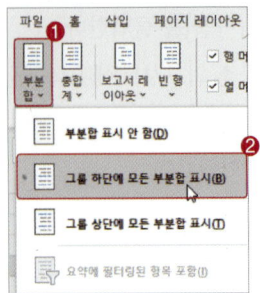

⑬ [B8] 셀에서 마우스 오른쪽 버튼을 눌러 [필드 설정]을 클릭하여 '사용자 지정'의 '합계', '평균'을 선택하고 [확인]을 클릭한다.

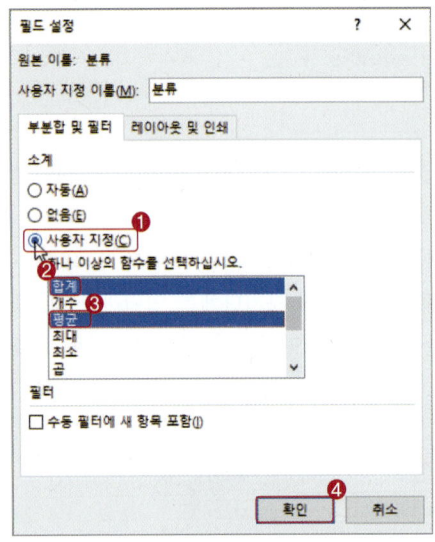

⑭ [디자인]-[레이아웃] 그룹에서 [빈 행]-[각 항목 다음에 빈 줄 삽입]을 클릭한다.

⑮ [D4] 셀에서 마우스 오른쪽 버튼을 눌러 [값 필드 설정]을 클릭하고, [표시 형식]을 클릭하여 범주는 '숫자', '1000 단위 구분 기호(,) 사용'을 체크하고 [확인]을 클릭한 후, [값 필드 설정]에서 [확인]을 클릭한다.

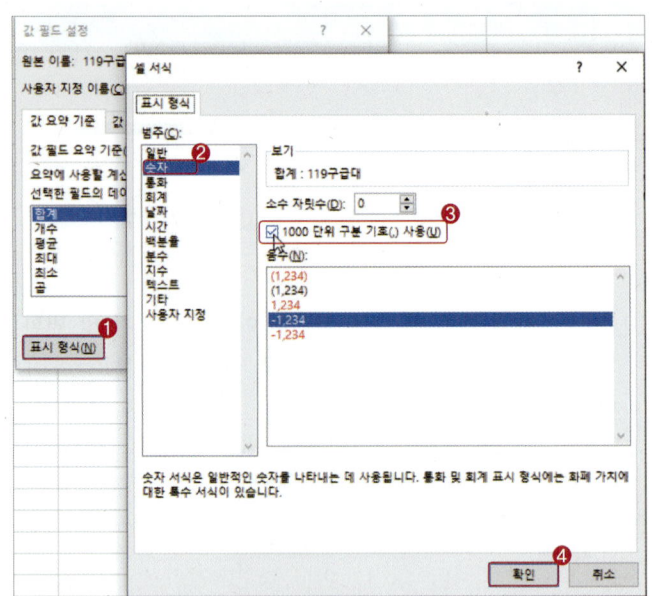

⑯ 같은 방법으로 '합계: 보건소등', '합계: 자치단체', '합계:기타의료기관', '합계:응급의료기관', '합계: 의료기관'도 '숫자' 범주의 '1000 단위 구분 기호 사용'으로 값 필드 설정의 표시 형식을 설정한다.

⑰ [B5] 셀의 경상·제주권(⊟)를 클릭하여 (⊞)으로 수정한다.

⑱ [디자인]-[피벗 테이블 스타일] 그룹에서 '연한 파랑, 피벗 스타일 보통 9'를 선택한다.

2 데이터 도구

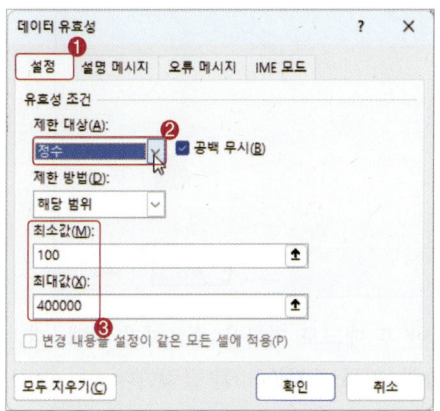

① [D3:D27] 영역을 범위 지정한 후, [데이터]-[데이터 도구] 그룹의 [데이터 유효성 검사](📋)를 클릭하여 [설정] 탭의 '정수'를 선택하고, '최소값'은 100, '최대값'은 400000을 입력한다.

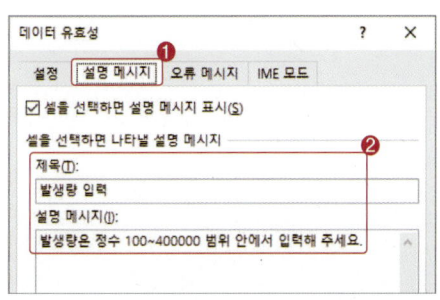

② [설명 메시지] 탭에서 '제목'은 **발생량 입력**, '오류 메시지'는 **발생량은 정수 100~400000 범위 안에서 입력해 주세요.**를 입력한다.

③ [오류 메시지] 탭에서 '스타일'은 중지, '제목'은 **입력오류**, '오류 메시지'는 **정수만 입력 가능합니다.**를 입력하고 [확인]을 클릭한다.

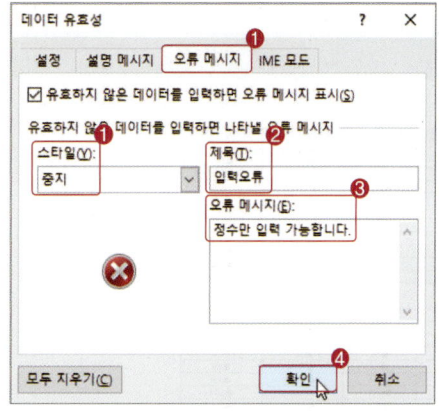

④ [데이터]-[정렬 및 필터] 그룹에서 [정렬](📋)을 클릭한다.

⑤ 정렬 기준은 '댐명'을 선택한 후, '사용자 지정 목록'을 선택하고, **소양강댐 충주댐 대청댐 용담댐 안동댐**을 입력한 후 [추가]를 클릭하고 [확인]을 클릭한다.

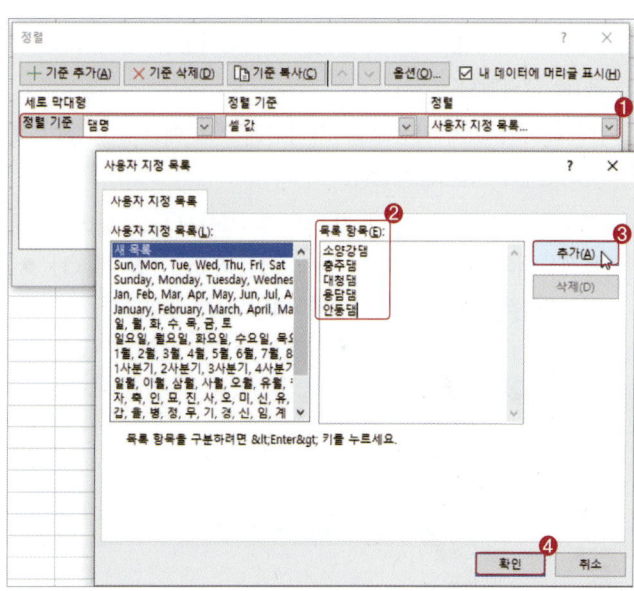

⑥ [기준 추가]를 클릭하여 '발생량(톤)'을 선택, '조건부 서식 아이콘'의 '초록색 아이콘'을 선택, '위에 표시'를 선택한다.

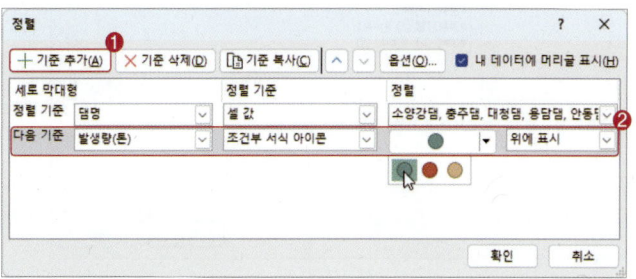

⑦ [기준 추가]를 클릭하여 '년도'를 선택, '오름차순'을 선택하고 [확인]을 클릭한다.

문제4 기타작업

1 매크로

정답

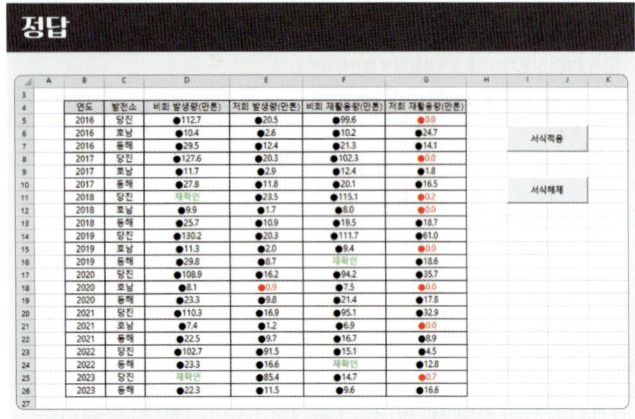

① [개발 도구]-[컨트롤] 그룹의 [삽입]-[단추(양식 컨트롤)](□)을 클릭한다.

② 마우스 포인터가 '+'로 바뀌면 [I7:J8] 영역에 드래그한다.

③ [매크로 지정]의 '매크로 이름'에 **서식적용**을 입력하고 [기록]을 클릭한다.

④ [매크로 기록]에 자동으로 '서식적용'으로 매크로 이름이 표시되면 [확인]을 클릭한다.

⑤ [D5:G26] 영역을 범위 지정한 후 Ctrl+1을 눌러 [표시 형식] 탭의 '사용자 지정'에 [>=1]"●"0.0;[빨강][<1]"●"0.0;;[녹색]"재확인"을 입력하고 [확인]을 클릭한다.

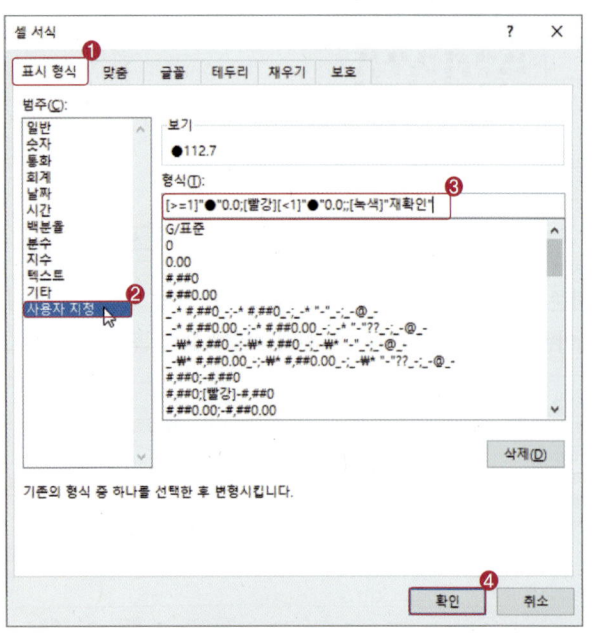

⑥ 임의의 셀을 클릭한 후 매크로 기록을 종료하기 위해 [개발 도구]-[코드] 그룹의 [기록 중지](□)를 클릭한다.

⑦ 단추에 텍스트를 수정하기 위해서 단추에서 마우스 오른쪽 버튼을 눌러 [텍스트 편집]을 클릭한다.

⑧ 단추에 입력된 '단추 1'을 지우고 **서식적용**을 입력한다.

⑨ [개발 도구]-[컨트롤] 그룹의 [삽입]-[단추(양식 컨트롤)](□)을 클릭한다.

⑩ 마우스 포인터가 '+'로 바뀌면 [L9:M10] 영역에 드래그한다.

⑪ [매크로 지정]의 '매크로 이름'에 **서식해제**를 입력하고 [기록]을 클릭한다.

⑫ [매크로 기록]에 자동으로 '서식해제'로 매크로 이름이 표시되면 [확인]을 클릭한다.

⑬ [F4:J23] 영역을 범위 지정한 후 Ctrl+1을 눌러 [표시 형식] 탭의 '일반'을 선택하고 [확인]을 클릭한다.

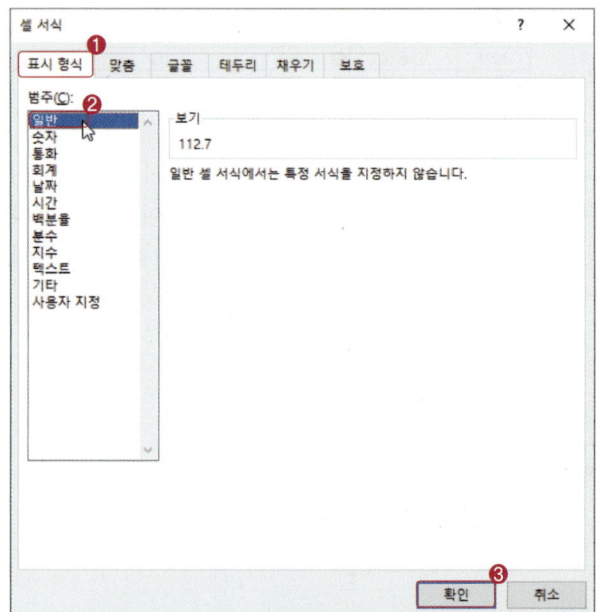

⑭ 임의의 셀을 클릭한 후 매크로 기록을 종료하기 위해 [개발 도구]-[코드] 그룹의 [기록 중지](□)를 클릭한다.

⑮ 단추에 텍스트를 수정하기 위해서 단추에서 마우스 오른쪽 버튼을 눌러 [텍스트 편집]을 클릭한다.

⑯ 단추에 입력된 '단추 2'를 지우고 **서식해제**를 입력한다.

2 차트

정답

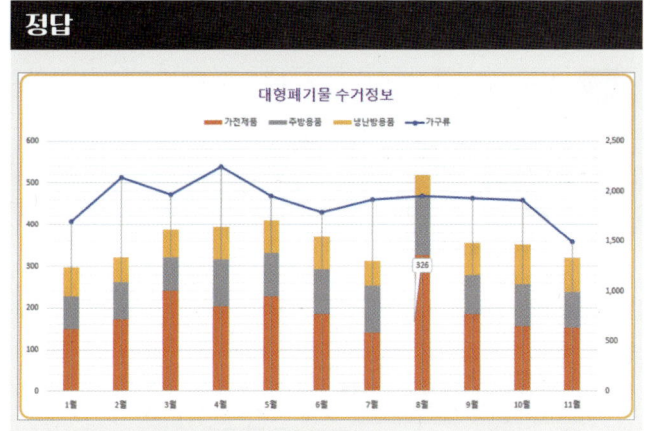

① 차트를 선택한 후 [차트 요소](⊞)-[차트 제목]을 클릭한다.

② 차트 제목을 선택한 후 수식 입력줄에 =를 입력하고 [B2] 셀을 클릭하고 Enter 를 누른다.

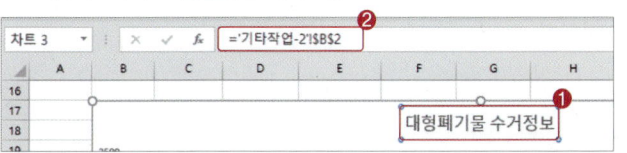

③ 차트 제목을 선택한 후 [홈]-[글꼴] 그룹에서 글꼴 크기는 '16', 글꼴 색은 '표준 색 – 자주'를 선택한다.

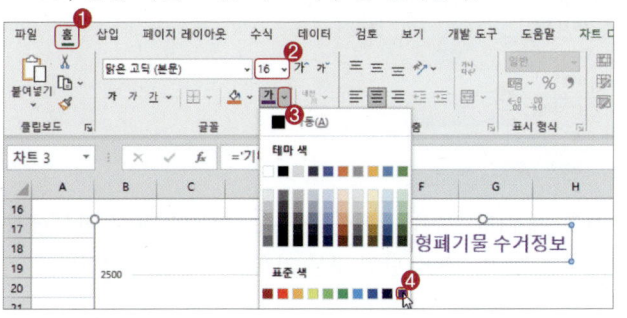

④ 차트를 선택한 후 마우스 오른쪽 버튼을 눌러 [데이터 선택]을 클릭한 후 [C4:F15] 영역으로 수정하고 [확인]을 클릭한다.

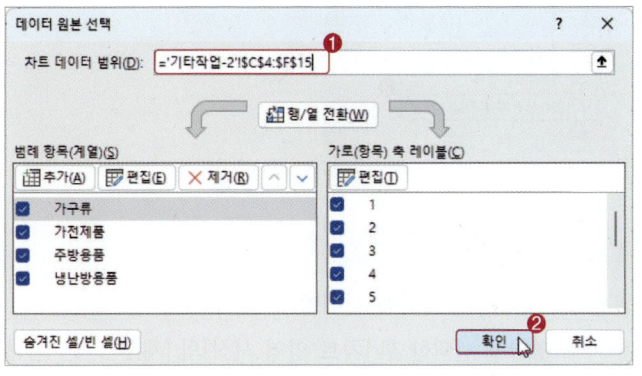

⑤ '가구류' 계열을 선택한 후 마우스 오른쪽 버튼을 눌러 [계열 차트 종류 변경]을 클릭하여 '표식이 있는 꺾은선형'을 선택하고 '보조 축'을 체크하고, '가전제품', '주방용품', '냉난방용품' 계열은 '누적 세로 막대형'으로 변경하고 [확인]을 클릭한다.

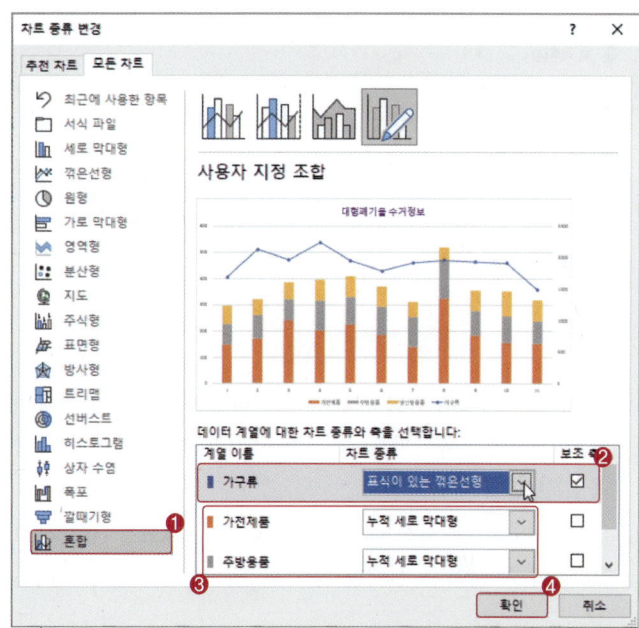

⑥ '보조 세로 (값) 축'을 선택한 후 마우스 오른쪽 버튼을 눌러 [축 서식]을 클릭한 후 '축 옵션'의 최소값은 0, 최대값은 2500, '단위' 기본은 500을 입력한다.

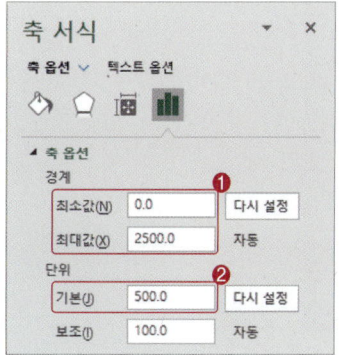

⑦ [차트 디자인]-[차트 레이아웃] 그룹의 [차트 요소 추가]-[눈금선]-[기본 보조 가로]를 클릭한다.

⑧ '가구류' 계열의 꺾은선형을 선택하고 [차트 디자인]-[차트 레이아웃] 그룹의 [차트 요소 추가]-[선]-[하강선]을 클릭한다.

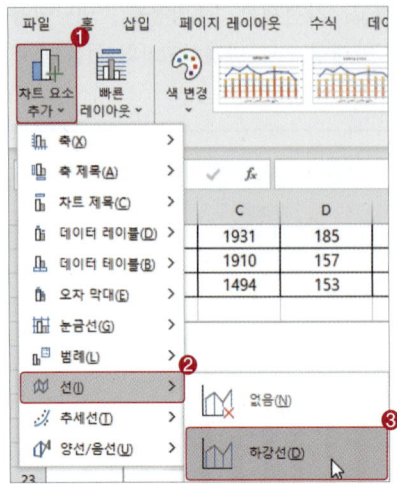

⑨ '가전제품' 계열의 '8월' 요소만 천천히 2번 클릭하여 하나의 요소만 선택한 후 [차트 요소]( )-[데이터 레이블]-[기타 옵션]을 클릭한다.

⑩ [데이터 레이블 서식]에서 '지시선 표시' 체크를 해제하고 '값'과 '안쪽 끝에'를 선택한다.

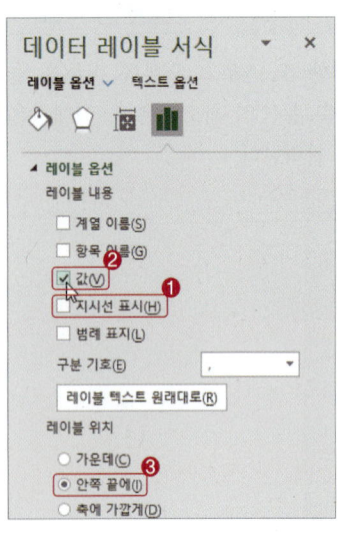

⑪ '데이터 레이블'에서 마우스 오른쪽 버튼을 눌러 [데이터 레이블 세이프 변경]에서 '말풍선: 모서리가 둥근 사각형'을 선택한다.

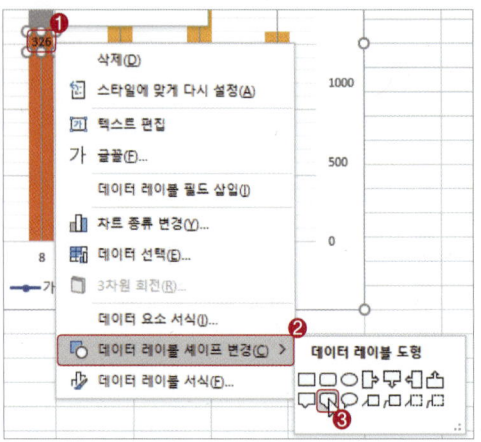

⑫ 가로(항목) 축을 선택한 후 [축 서식]의 '표시 형식'에서 범주는 '사용자 지정', 서식 코드에 0월을 입력하고 [추가]를 클릭한다.

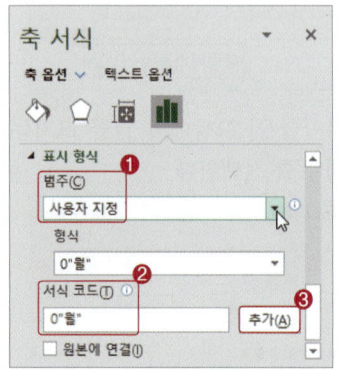

⑬ 보조 세로(값) 축을 선택한 후 [축 서식]의 '표시 형식'에서 범주는 '숫자, 1000 단위 구분 기호(,) 사용'을 체크한다.

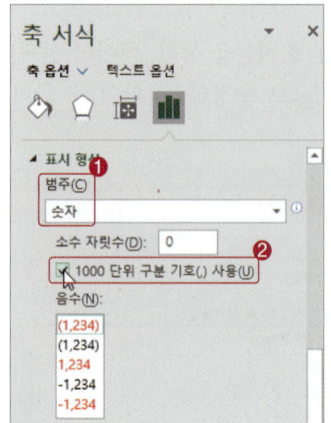

⑭ [차트 요소]( )-[범례]-[위쪽]을 클릭한다.

⑮ 차트 영역을 선택한 후 [차트 영역 서식]의 [채우기 및 선]에서 '테두리' 색은 '표준 색 - 주황', 너비는 2를 입력하고, '둥근 모서리'를 체크한다.

3 VBA 프로그래밍

(1) 폼 보이기

① [개발 도구]-[컨트롤] 그룹의 [디자인 모드](🔲)를 클릭하여 〈스터디카페등록〉 버튼을 편집 상태로 만든다.

② 〈스터디카페등록〉 버튼을 더블클릭한 후 코드 창에 다음과 같이 입력한다.

```
Private Sub 스터디카페등록_Click()
    스터디카페.Show
End Sub
```

(2) 폼 초기화

① [프로젝트-VBAProject] 탐색기에서 '폼'을 더블 클릭하고 〈스터디카페〉를 선택한다.

② [프로젝트-VBAProject] 탐색기의 [코드 보기](🔲)를 클릭한다.

③ '개체 목록'은 'UserForm', '프로시저 목록'은 'Initialize'를 선택한다.

④ 코드 창에 다음과 같이 입력한다.

```
Private Sub UserForm_Initialize()
    cmb이용권.RowSource = "J5:K11"
    optA.Value = True
    txt날짜 = Now
End Sub
```

(3) Change 이벤트 프로시저

① '개체 목록'에서 'cmb이용권', '프로시저 목록'은 'Change'을 선택한다.

② 코드 창에 다음과 같이 입력한다.

```
Private Sub cmb이용권_Change()
    txt요금 = cmb이용권.List(cmb이용권.ListIndex, 1)
End Sub
```

(4) 등록 프로시저

① '개체 목록'에서 'cmd등록', '프로시저 목록'은 'Click'을 선택한다.

② 코드 창에 다음과 같이 입력한다.

```
Private Sub cmd등록_Click()
    i = Range("B4").CurrentRegion.Rows.Count + 3

    Cells(i, 2) = i - 4
    Cells(i, 3) = txt이름.Value
    Cells(i, 4) = Date
    Cells(i, 5) = Time
    Cells(i, 6) = cmb이용권.Value

    If optA = True Then
        Cells(i, 7) = optA.Caption
    ElseIf optB = True Then
        Cells(i, 7) = optB.Caption
    ElseIf optC = True Then
        Cells(i, 7) = optC.Caption
    End If

    Cells(i, 8) = Format(txt요금, "#,##0")
End Sub
```

> 💬 **코드 설명**
> - i는 새로운 데이터를 입력할 행을 기억할 변수이다. i라는 변수 이름 대신에 한글로 '행' 또는 '입력행' 등을 사용할 수 있다.
> - .Value
> .Value는 값의 속성으로 입력받는 데이터의 값이 문자이면 왼쪽, 숫자와 날짜는 오른쪽으로 입력된다.

(5) 종료 프로시저

① '개체 목록'에서 'cmd종료', '프로시저 목록'은 'Click'을 선택한다.

② 코드 창에 다음과 같이 입력한다.

```
Private Sub cmd종료_Click()
    [B21] = "등록날짜 : " & Date
    [B21].Font.Bold = True
    [B21].Font.Italic = True
    Unload Me
End Sub
```

상시 공략 문제 02회

작업파일: '26컴활1급(상시)₩스프레드시트₩상시공략문제'에서 '상시공략문제2회' 파일을 열어 작업하세요.

프로그램명	제한시간	풀이시간
EXCEL 2021	45분	분

수험번호 :

성　　명 :

유의사항

- 인적 사항 누락 및 잘못 작성으로 인한 불이익은 수험자 책임으로 합니다.

- 화면에 암호 입력창이 나타나면 아래의 암호를 입력하여야 합니다.
  - 암호: 6845%3

- 작성된 답안은 주어진 경로 및 파일명을 변경하지 마시고 그대로 저장해야 합니다. 이를 준수하지 않으면 실격 처리됩니다.
  - 답안 파일명의 예: C:₩OA₩수험번호8자리.xlsm

- 외부데이터 위치: C:₩OA₩파일명

- 별도의 지시사항이 없는 경우, 다음과 같이 처리 시 실격 처리됩니다.
  - 제시된 시트 및 개체의 순서나 이름을 임의로 변경한 경우
  - 제시된 시트 및 개체를 임의로 추가 또는 삭제한 경우
  - 외부데이터를 시험 시작 전에 열어본 경우

- 답안은 반드시 문제에서 지시 또는 요구한 셀에 입력하여야 하며 다음과 같이 처리 시 채점 대상에서 제외됩니다.
  - 제시된 함수가 있을 경우 제시된 함수만을 사용하여야 하며 그 외 함수사용시 채점대상에서 제외
  - 수험자가 임의로 지시하지 않은 셀의 이동, 수정, 삭제, 변경 등으로 인해 셀의 위치 및 내용이 변경된 경우 해당 작업에 영향을 미치는 관련문제 모두 채점 대상에서 제외
  - 도형 및 차트의 개체가 중첩되어 있거나 동일한 계산결과 시트가 복수로 존재할 경우 해당 개체나 시트는 채점 대상에서 제외

- 수식 작성 시 제시된 문제 파일의 데이터는 변경 가능한(가변적) 데이터임을 감안하여 문제 풀이를 하시오.

- 별도의 지시사항이 없는 경우, 주어진 각 시트 및 개체의 설정값 또는 기본 설정값(Default)으로 처리하시오.

- 저장 시간은 별도로 주어지지 않으므로 제한된 시간 내에 저장을 완료해야 하며, 제한 시간 내에 저장이 되지 않은 경우에는 실격 처리됩니다.

- 출제된 문제의 용어는 MS Office LTSC Professional Plus 2021 기준으로 작성되어 있습니다.

대 한 상 공 회 의 소

문제1 기본작업(15점) 주어진 시트에서 다음 과정을 수행하고 저장하시오.

1 '기본작업-1' 시트에서 다음과 같이 고급 필터를 수행하시오. (5점)
- [A2:G30] 영역에서 '특강주'의 오른쪽 2글자가 "1주"이고, '신청인원'이 '신청인원'의 전체 평균보다 크거나 같은 데이터를 표시하시오.
- 조건은 [A33:A34] 영역 내에 알맞게 입력하시오. (AND, RIGHT, AVERAGE 함수 사용)
- 결과는 [A36] 셀부터 표시하시오.

2 '기본작업-1' 시트에서 다음과 같이 조건부 서식을 설정하시오. (5점)
- [A3:G30] 영역에서 '금액'이 상위 다섯 번째 값보다 크거나 하위 다섯 번째 값보다 작은 데이터의 행 전체에 대하여 글꼴 스타일은 '굵은 기울임꼴', 글꼴 색은 '표준 색 - 녹색'으로 적용하시오.
- 단, 규칙 유형은 '수식을 사용하여 서식을 지정할 셀 결정'을 사용하고, 한 개의 규칙으로만 작성하시오.
- OR, LARGE, SMALL 함수 사용

3 '기본작업-2' 시트에서 다음과 같이 페이지 레이아웃을 설정하시오. (5점)
- [A2:G50] 영역을 인쇄 영역으로 설정하고, 2행이 매 페이지마다 반복하여 인쇄되도록 인쇄 제목을 설정하시오.
- 용지 방향을 '가로'로 지정하고 인쇄될 내용이 페이지의 '가로' 가운데에 인쇄되도록 페이지 가운데 맞춤을 설정하시오.
- 페이지 여백은 '좁게' 설정한 후 위쪽 '3', 머리글 '2'로 수정하시오.
- 모든 페이지에 머리글을 작성하되 첫 페이지 가운데 구역에는 '특강 신청 현황'이라는 제목을 표시하고, 다음 페이지부터는 오른쪽에 오늘 날짜가 표시되도록 첫 페이지를 다르게 지정하시오.
- [A2:G12], [A13:G25], [A26:G30], [A31:G36], [A37:G50] 으로 페이지를 나누어 표시하시오.

문제2 계산작업(30점) 주어진 시트에서 다음 과정을 수행하고 저장하시오.

1 [표1]의 구분, 특강 날짜, 기준일[H1]을 이용하여 [D3:D32] 영역에 특강주를 표시하시오. (6점)
- 특강주는 구분과 이번달주차를 연결하여 표시
- 이번달주차는 일년 중 특강 날짜의 주차에서 기준일의 주차를 뺀 값으로 계산
  [표시 예 : 회원-2주]
- 월요일부터 주가 시작하도록 계산
- CONCAT, WEEKNUM 함수 사용

2 [표1]의 특강 날짜, 신청인원과 [표2]를 이용하여 [G3:G32] 영역에 금액을 계산하여 표시하시오. (6점)
- 금액 : 신청인원 × 기본요금 × (1-할인율)
- 기본요금과 할인율은 특강 날짜의 요일과 신청인원을 이용하여 [표2]에서 찾아 계산
- INDEX, MATCH, WEEKDAY 함수 이용

3 [표1]의 수강분류와 특강날짜를 이용하여 [표3]의 [K14:O17] 영역에 수강분류별 요일별 신청 건수를 계산하시오. (6점)
- SUM, WEEKDAY, CHOOSE 함수를 사용한 배열 수식

4. [표1]의 특강 날짜를 이용하여 [표4]의 [L22:L25] 영역에 날짜구간별 전체에 대한 참가비율을 계산하여 표시하시오. (6점)

   ▶ 참가비율은 백분율로 소수점 첫째 자리까지 표시 [표시 예 : 13.4%]
   ▶ FREQUENCY, COUNT, TEXT 함수를 이용한 배열 수식

5. 사용자 정의 함수 'fn비고'를 작성하여 [표1]의 [H3:H32] 영역에 비고를 계산하여 표시하시오. (6점)

   ▶ 'fn비고'는 수강분류와 신청인원을 인수로 받아 비고를 계산하는 함수이다.
   ▶ 비고는 신청인원이 20명 이상이고 수강분류 "어린이" 또는 "청소년" 또는 "성인"이면 "※"를 표시하고, 그 외는 빈칸으로 표시하시오.
   ▶ IF ~ Else문 사용

   ```
   Public Function fn비고(수강분류, 신청인원)
   End Function
   ```

문제3 분석작업(20점) 주어진 시트에서 다음 과정을 수행하고 저장하시오.

1. '분석작업-1' 시트에서 다음의 지시사항에 따라 피벗 테이블 보고서를 작성하시오. (10점)

   ▶ 외부 데이터 원본으로 〈특강.xlsx〉의 데이터의 '5월특강' 테이블을 사용하시오.
      - 데이터의 첫 행에 열 머리글 포함하시오.
   ▶ 피벗 테이블의 보고서의 레이아웃과 위치는 〈그림〉을 참조하여 설정하고, 보고서 레이아웃은 개요 형식으로 표시하시오.
   ▶ '수강분류'는 〈그림〉을 참조하여 그룹을 설정하고, +/- 단추는 숨기기 하시오.
   ▶ '값 필드 설정'의 셀 서식에서 '숫자' 범주를 이용하여 '금액' 필드는 천 단위 구분 기호를 표시하고, '신청인원' 필드는 소수점 첫째 자리까지 표시되도록 표시 형식을 지정하시오.
   ▶ 행의 총합계는 표시되지 않도록 설정하고, 그룹 상단에 모든 부분합을 표시하시오.
   ▶ 피벗 테이블 스타일은 '연한 노랑, 피벗 스타일 밝게 19'로 설정하시오.
   ▶ '회원'의 '어르신' 데이터를 별도의 시트에 표시한 후 시트 이름을 '회원어르신'으로 지정하고, '분석작업-1' 시트의 왼쪽에 위치시키시오.

	A	B	C	D	E	F	G	H
1								
2				구분	값			
3				비회원		회원		
4		수강분류2	수강분류	평균 : 금액	평균 : 신청인원	평균 : 금액	평균 : 신청인원	
5		A클래스		119,364	17.8	149,138	19.8	
6			성인	134,635	18.6	127,556	19.0	
7			어르신	53,187	14.3	257,050	23.5	
8		B클래스		130,924	17.6	92,505	18.1	
9			어린이	247,350	21.5	102,090	21.0	
10			청소년	53,307	15.0	89,019	17.1	
11		총합계		122,116	17.8	117,675	18.9	

※ 작업 완성된 그림이며 부분점수 없음

2 '분석작업-2' 시트에 대하여 다음의 지시사항을 처리하시오. (10점)

▶ [데이터 유효성 검사] 기능을 이용하여 [E4:E10] 영역에는 두 번째 글자 이후에 반드시 "@"가 포함된 이메일 주소가 입력되도록 제한 대상을 설정하시오.
- [E4:E10] 영역의 셀을 클릭한 경우 〈그림〉과 같은 설명 메시지를 표시하고, 유효하지 않은 데이터를 입력한 경우 〈그림〉과 같은 오류 메시지가 표시되도록 설정하시오.

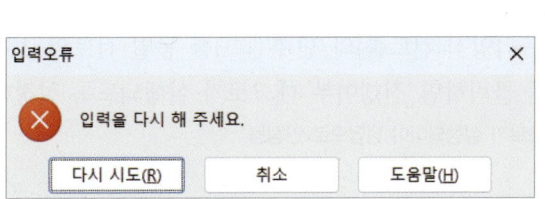

- 기본 입력 모드가 '영문'이 되도록 설정하시오.
- SEARCH 함수 이용

▶ [필터] 기능을 이용하여 '연락처'가 "031"로 시작하는 데이터 행만 표시되도록 텍스트 필터를 설정하시오.

문제4 기타작업(35점) 주어진 시트에서 다음 과정을 수행하고 저장하시오.

1 '기타작업-1' 시트에서 다음의 지시사항에 따라 차트를 수정하시오. (각 2점)

※ 차트는 반드시 문제에서 제공한 차트를 사용하여야 하며, 신규로 차트 작성 시 0점 처리 됨.

① '금액' 계열의 차트 종류를 묶은 세로 막대형으로 변경한 후 보조 축으로 지정하시오.
② '금액' 계열의 간격 너비를 20%로 지정하고, 도형 스타일을 '미세 효과 – 황금색, 강조4'로 지정하시오.
③ '금액' 계열에 데이터 레이블을 〈그림〉과 같이 표시하시오.
④ 기본 보조 가로 눈금선을 표시하고, 가로 축 교차를 '축의 최대값'으로 지정하시오.
⑤ 범례 위치를 오른쪽에 표시하고, 차트 영역의 테두리를 '둥근 모서리'로 표시하시오.

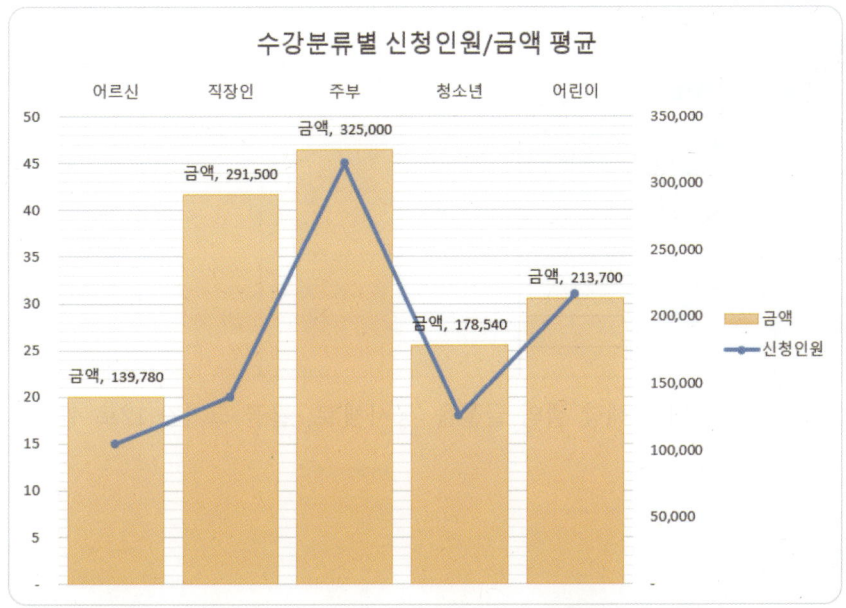

2 '기타작업-2' 시트에서 다음과 같은 기능을 수행하는 매크로를 현재 통합 문서에 작성하시오. (각 5점)

① [G4:G24] 영역에 사용자 지정 표시 형식을 설정하는 '수업장소' 매크로를 생성하시오.
  ▶ '신청인원'이 20명 이상이면 "A관", 10명 이상이면 "B관", 그 외는 "C관"을 '신청인원' 앞에 표시하되, '수업장소'는 셀 왼쪽에 붙여서 표시하고, '신청인원'은 셀의 오른쪽에 붙여서 표시하시오. [표시 예 : 신청인원이 20명인 경우 → A관   25, 신청인원이 0명인 경우 → C관   0]
  ▶ [개발 도구] → [삽입] → [양식 컨트롤]의 '단추(□)'를 동일 시트의 [I3:J4] 영역에 생성한 후 텍스트를 "수업장소"로 입력하고, 단추를 클릭하면 '수업장소' 매크로가 실행되도록 설정하시오.

② [G4:G24] 영역에 사용자 지정 표시 형식을 설정하는 '진행여부' 매크로를 생성하시오.
  ▶ '신청인원'이 5명 이상이면 "수업진행", 5명 미만이면 "폐강"을 표시하시오.
  ▶ [개발 도구] → [삽입] → [양식 컨트롤]의 '단추(□)'를 동일 시트의 [I6:J7] 영역에 생성한 후 텍스트를 "진행여부"로 입력하고, 단추를 클릭하면 '진행여부' 매크로가 실행되도록 설정하시오.

※ 셀 포인터의 위치에 관계없이 매크로가 실행되어야 정답으로 인정됨

3 '기타작업-3' 시트에서 다음과 같은 작업을 수행하고 저장하시오. (각 5점)

① '특강신청' 단추를 클릭하면 〈특강신청〉 폼이 나타나도록 설정하고, 폼이 초기화(Initialize)되면 '구분' 중 '회원(opt회원)'이 선택되고 '특강날짜(txt특강날짜)' 컨트롤에는 현재 날짜가, [H4:I7] 영역의 내용이 '분류(cmb분류)' 콤보 상자의 목록에 표시되도록 프로시저를 작성하시오.

② 〈특강신청〉 폼의 '신청(cmd신청)' 단추를 클릭하면 폼에 입력된 데이터가 시트의 표에 입력되어 있는 마지막 행 다음에 연속하여 추가되도록 프로시저를 작성하시오.
  ▶ '구분'에는 '회원(opt회원)'을 선택하면 '회원', '비회원(opt비회원)'을 선택하면 '비회원'을 입력하시오.
  ▶ IF문 사용

③ '기타작업-3' 시트의 데이터가 변경(Change)되면 해당 셀의 글꼴을 '궁서체'로, 글꼴 크기가 12로 설정되도록 이벤트 프로시저를 작성하시오.

정답 & 해설 — 상시 공략 문제 02회

문제1 기본작업

1 고급 필터

정답

	A	B	C	D	E	F	G
33	조건						
34	TRUE						
35							
36	구분	수강분류	성명	특강주	특강 날짜	신청인원	금액
37	비회원	어르신	배동진	비회원-1주	2025년 5월 3일 토요일	18	69,840
38	비회원	성인	김건남	비회원-1주	2025년 5월 5일 월요일	22	106,700
39	비회원	성인	김영란	비회원-1주	2025년 5월 5일 월요일	18	88,200
40	회원	청소년	이선영	회원-1주	2025년 5월 2일 금요일	29	192,850

① [A33] 셀에 **조건**, [A34] 셀에 =AND(RIGHT(D3,2)="1주",F3>=AVERAGE($F$3:$F$30))를 입력한다.

② [데이터]-[정렬 및 필터] 그룹의 [고급](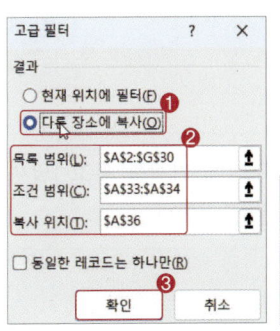)을 클릭한다.

③ [고급 필터]에서 다음과 같이 지정한 후 [확인]을 클릭한다.

- 결과 : '다른 장소에 복사'
- 목록 범위 : [A2:G30]
- 조건 범위 : [A33:A34]
- 복사 위치 : [A36]

2 조건부 서식

정답

	A	B	C	D	E	F	G
1	[표1]						
2	구분	수강분류	성명	특강주	특강 날짜	신청인원	금액
3	비회원	어르신	배동진	비회원-1주	2025년 5월 3일 토요일	18	69,840
4	회원	청소년	이무열	회원-2주	2025년 5월 14일 수요일	5	50,000
5	비회원	성인	김건남	비회원-1주	2025년 5월 5일 월요일	22	106,700
6	비회원	성인	서호형	비회원-3주	2025년 5월 21일 수요일	9	89,100
7	회원	성인	조숙희	회원-2주	2025년 5월 13일 화요일	15	44,100
8	비회원	성인	김영란	비회원-1주	2025년 5월 5일 월요일	18	88,200
9	*회원*	*청소년*	*심상섭*	*회원-3주*	*2025년 5월 20일 화요일*	*13*	*38,220*
10	회원	어린이	홍영식	회원-3주	2025년 5월 22일 목요일	10	147,000
11	*회원*	*청소년*	*이숙진*	*회원-1주*	*2025년 5월 6일 목요일*	*11*	*32,340*
12	회원	성인	정희숙	회원-1주	2025년 5월 8일 목요일	10	147,000
13	*회원*	*청소년*	*김시습*	*회원-1주*	*2025년 5월 6일 화요일*	*8*	*23,760*
14	비회원	성인	차주석	비회원-2주	2025년 5월 15일 목요일	9	132,300
15	*회원*	*청소년*	*김인정*	*회원-3주*	*2025년 5월 16일 금요일*	*25*	*166,250*
16	*회원*	*어르신*	*이숙진*	*회원-1주*	*2025년 5월 8일 목요일*	*12*	*174,600*
17	비회원	성인	이창명	비회원-2주	2025년 5월 10일 토요일	17	65,960
18	회원	성인	김중건	회원-4주	2025년 5월 23일 금요일	23	152,950
19	회원	청소년	배유정	회원-4주	2025년 5월 23일 금요일	13	87,360
20	*비회원*	*성인*	*한영희*	*비회원-4주*	*2025년 5월 27일 화요일*	*14*	*41,160*
21	회원	청소년	고진용	회원-1주	2025년 5월 7일 수요일	7	69,300
22	회원	성인	안대훈	회원-3주	2025년 5월 20일 화요일	22	64,020
23	회원	성인	민들레	회원-2주	2025년 5월 12일 월요일	31	150,350
24	*비회원*	*어린이*	*김솔오*	*비회원-4주*	*2025년 5월 29일 목요일*	*16*	*232,800*
25	비회원	성인	오덕우	비회원-2주	2025년 5월 12일 월요일	27	130,950
26	회원	청소년	임지영	회원-4주	2025년 5월 26일 월요일	23	111,550
27	비회원	성인	김은소	비회원-4주	2025년 5월 23일 금요일	16	107,520
28	*회원*	*청소년*	*이선영*	*회원-1주*	*2025년 5월 2일 금요일*	*29*	*192,850*
29	회원	청소년	김예중	회원-2주	2025년 5월 13일 화요일	28	81,480
30	비회원	성인	구교선	비회원-2주	2025년 5월 12일 월요일	23	111,550

① [A3:G30] 영역을 범위 지정한 후 [홈]-[스타일] 그룹의 [조건부 서식]-[새 규칙]을 클릭한다.

② [새 서식 규칙]에서 '규칙 유형 선택'에 '▶ 수식을 사용하여 서식을 지정할 셀 결정'을 선택하고, =OR($G3>LARGE($G$3:$G$30,5),$G3<SMALL($G$3:$G$30,5))를 입력한 후 [서식]을 클릭한다.

③ [셀 서식]의 [글꼴] 탭에서 글꼴 스타일은 '굵은 기울임꼴', 글꼴 색은 '표준 색 – 녹색'을 선택한 후 [확인]을 클릭한다.

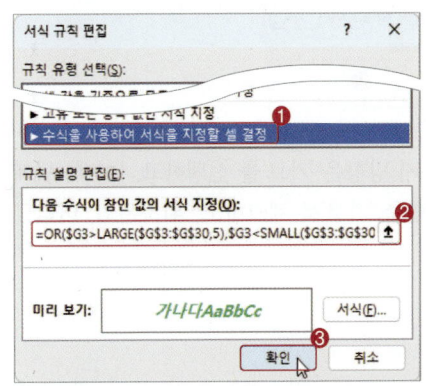

④ [새 서식 규칙]에서 다시 [확인]을 클릭한다.

3 페이지 레이아웃

정답

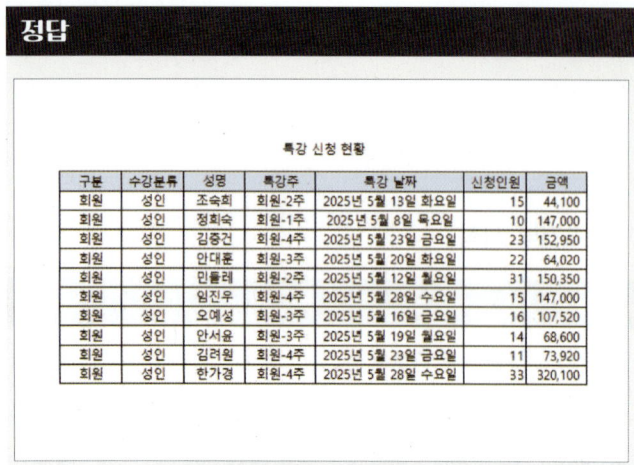

① [A2:G50] 영역을 범위 지정한 후 [페이지 레이아웃]-[페이지 설정] 그룹에서 [인쇄 영역]-[인쇄 영역 설정](🗔)을 클릭한다.

② [페이지 레이아웃]-[페이지 설정] 그룹에서 [여백]-[좁게]를 클릭한다.

③ [페이지 레이아웃]-[페이지 설정] 그룹에서 [옵션](⤵)을 클릭한다.

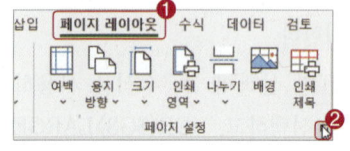

④ [시트] 탭에서 반복할 행에 커서를 두고 행 머리글 2를 클릭한다.

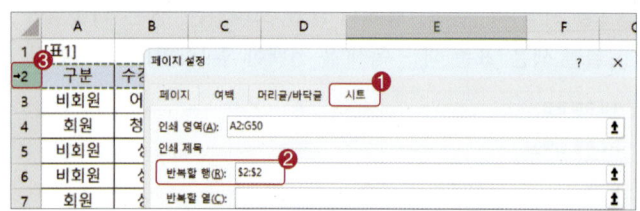

⑤ [페이지] 탭에서 용지 방향은 '가로'를 선택하고, [여백] 탭에서 페이지 가운데 맞춤 '가로'를 체크하고, 위쪽은 3, 머리글은 2로 수정한다.

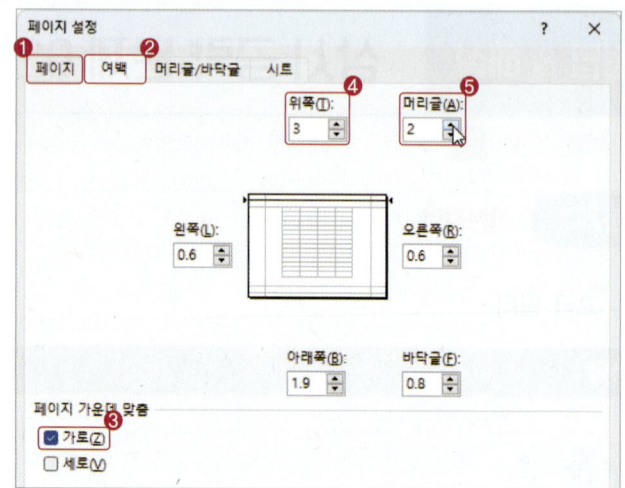

⑥ [머리글/바닥글] 탭에서 '첫 페이지를 다르게 지정'을 체크하고 [머리글 편집]을 클릭하여 [첫 페이지 머리글] 탭을 클릭한 후 '가운데 구역'에 **특강 신청 현황**을 입력한다.

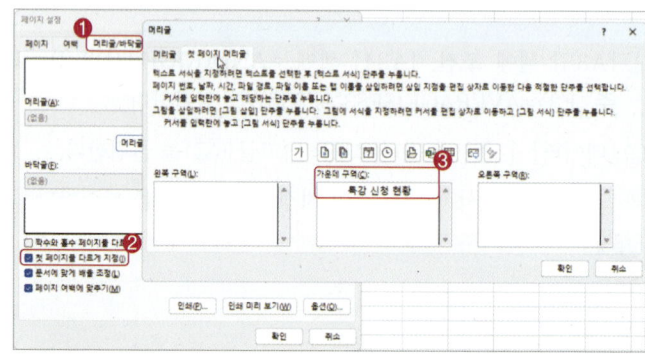

⑦ [머리글] 탭을 클릭한 후 오른쪽 구역에 커서를 두고 [날짜 삽입](📅) 도구를 클릭하고 [확인]을 클릭한다.

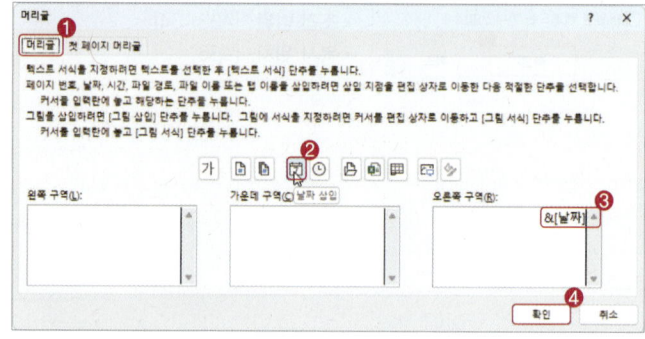

⑧ [페이지 설정]에서 [확인]을 클릭한다.

⑨ [A13] 셀을 클릭한 후 [페이지 레이아웃]-[페이지 설정] 그룹에서 [나누기]-[페이지 나누기 삽입]을 클릭한다.

⑩ [A26] 셀을 클릭한 후 [페이지 레이아웃]-[페이지 설정] 그룹에서 [나누기]-[페이지 나누기 삽입]을 클릭한다.

⑪ [A31] 셀을 클릭한 후 [페이지 레이아웃]-[페이지 설정] 그룹에서 [나누기]-[페이지 나누기 삽입]을 클릭한다.

⑫ [A37] 셀을 클릭한 후 [페이지 레이아웃]-[페이지 설정] 그룹에서 [나누기]-[페이지 나누기 삽입]을 클릭한다.

문제2 계산작업

정답

	A	B	C	D	E	F	G	H	I	J	K	L	M	N	O	P
1	[표1]						기준일 :	2025-04-30		[표2] 기본요금/할인율						
2	구분	수강분류	성명	특강주	특강 날짜	신청인원	금액	비고		요일	특강명	기본요금	1 이상 5 이하	6 이상 10 이하	11 이상 20 이하	21 이상
3	비회원	어르신	배동진	비회원-1주	2025-05-09	18	52,920			월요일	바리스타	7,000	0%	3%	4%	5%
4	회원	청소년	이무열	회원-2주	2025-05-14	5	-			화요일	외국어	4,000	0%	2%	3%	5%
5	비회원	어르신	김건남	비회원-1주	2025-05-05	22	146,300			수요일	휴관	-	0%	0%	0%	0%
6	비회원	성인	서호형	비회원-3주	2025-05-21	9	-			목요일	재테크	5,000	0%	1%	2%	3%
7	회원	성인	조숙희	회원-2주	2025-05-13	15	58,200			금요일	뷰티	3,000	0%	1%	2%	3%
8	비회원	성인	김영란	비회원-1주	2025-05-05	18	120,960			토요일	필라테스	10,000	0%	1%	2%	3%
9	회원	청소년	심상섭	회원-3주	2025-05-20	13	50,440			일요일	요리	15,000	0%	2%	3%	5%
10	회원	어린이	홍영식	회원-3주	2025-05-22	10	49,500									
11	회원	청소년	이숙영	회원-1주	2025-05-06	11	42,680			[표3]						
12	회원	성인	정희숙	회원-1주	2025-05-08	10	49,500			수강분류	월	화	수	목	금	
13	회원	청소년	김시습	회원-1주	2025-05-06	8	31,360			어르신	1	0	0	1	1	
14	비회원	성인	차주석	비회원-2주	2025-05-15	9	44,550			성인	4	3	1	2	3	
15	회원	청소년	김인정	회원-2주	2025-05-16	25	72,750	※		청소년	1	5	2	0	3	
16	회원	어르신	이숙진	회원-1주	2025-05-08	12	58,800			어린이	1	0	0	2	0	
17	비회원	성인	이창현	비회원-1주	2025-05-06	17	65,960									
18	회원	성인	김중건	회원-3주	2025-05-23	23	66,930	※		[표4]						
19	회원	청소년	배유정	회원-3주	2025-05-23	13	38,220			날짜		참가비율				
20	비회원	청소년	한영희	비회원-4주	2025-05-27	14	54,320			2025-05-01	2025-05-09	40.0%				
21	회원	청소년	고진웅	회원-1주	2025-05-07	7	-			2025-05-10	2025-05-16	26.7%				
22	회원	성인	안대훈	회원-3주	2025-05-20	22	83,600	※		2025-05-17	2025-05-23	23.3%				
23	회원	어린이	민들레	회원-2주	2025-05-12	31	206,150	※		2025-05-24	2025-05-30	10.0%				
24	비회원	어린이	김솔오	비회원-4주	2025-05-29	16	78,400									
25	비회원	성인	오덕우	비회원-2주	2025-05-12	27	179,550	※								
26	회원	청소년	임지영	회원-4주	2025-05-26	23	152,950									
27	비회원	성인	김은소	비회원-3주	2025-05-23	16	47,040									
28	회원	청소년	이선영	회원-1주	2025-05-09	29	84,390	※								
29	회원	청소년	김예중	회원-2주	2025-05-13	28	106,400	※								
30	비회원	성인	유벼리	비회원-2주	2025-05-12	23	152,950	※								
31	회원	성인	오성식	회원-1주	2025-05-09	19	55,860									
32	회원	성인	박호영	회원-1주	2025-05-05	21	139,650	※								

1 특강주[D3:D32]

[D3] 셀에 =CONCAT(A3,"-",WEEKNUM(E3,2)−WEEKNUM($H$1,2),"주")를 입력하고 [D32] 셀까지 수식을 복사한다.

함수 설명 =CONCA(A3,"-",WEEKNUM(E3,2)−WEEKNUM($H$1,2),"주")

❶ WEEKNUM(E3,2) : [E3] 셀의 날짜가 1년 중 몇 째 주인지를 구함('2'는 월요일에 주 시작)

❷ WEEKNUM($H$1,2) : 기준일[H1]이 1년 중 몇 째 주인지를 구함 (기준일은 수식을 복사해도 같은 셀을 참조하기 때문에 절대참조)

=CONCAT(A3,"-",❶−❷,"주") : 각각의 값을 연결하여 하나의 문자로 표시

2 금액[G3:G32]

[G3] 셀에 =F3*INDEX($L$4:$L$10,WEEKDAY(E3,2))*(1−INDEX($M$4:$P$10,WEEKDAY(E3,2),MATCH(F3,$M$2:$P$2,1)))를 입력하고 [G32] 셀까지 수식을 복사한다.

함수 설명 =F3*INDEX($L$4:$L$10,WEEKDAY(E3,2))*(1−INDEX($M$4:$P$10,WEEKDAY(E3,2),MATCH(F3,$M$2:$P$2,1)))

❶ WEEKDAY(E3,2) : [E3] 셀의 요일을 숫자로 반환('2'의 옵션을 넣어서 월요일 1, 화요일 2, 수요일 3, …으로 값이 반환)

❷ INDEX($L$4:$L$10,❶) : [L4:L10] 영역에서 행의 위치가 ❶에서 구한 위치 값을 반환

❸ MATCH(F3,$M$2:$P$2,1) : [F3] 셀의 값을 [M2:P2] 영역에서 위치 값을 구함(참조하는 값이 1, 6, 11, 21 로 입력이 되어 있어서 오름차순으로 작성되어 있으면 옵션에서 '1'을 입력)

❹ INDEX($M$4:$P$10,❶,❸) : [M4:P10] 영역에서 행❶과 열❸이 교차하는 값을 반환

=F3*❷*(1−❹) : 신청인원*기본요금*(1−할인율)

3 신청인원[K14:O17]

[K14] 셀에 =SUM(($B$3:$B$32=$J14)*(CHOOSE(WEEKDAY($E$3:$E$32,2),"월","화","수","목","금")=K$13))를 입력하고 Ctrl + Shift + Enter 를 누른 후에 [O17] 셀까지 수식을 복사한다.

4 참가비율[L22:L25]

[L22:L25] 영역을 범위 지정한 후 =TEXT(FREQUENCY(E3:E32,K22:K25)/COUNT(E3:E32),"0.0%")를 입력하고 Ctrl + Shift + Enter 을 누른다.

> **함수 설명** =TEXT(FREQUENCY(E3:E32,K22:K25)/COUNT(E3:E32),"0.0%")
>
> FREQUENCY 함수는 배열 함수라서 수식을 작성할 때 결과를 표시할 영역을 범위 지정한 후 수식을 작성하고 수식을 복사하지 않는 경우에는 절대참조를 하지 않음
>
> ❶ FREQUENCY(E3:E32,K22:K25) : [E3:E32] 영역의 날짜 데이터를 가지고 와서 [K22:K25] 구간에 해당한 분포도를 구함(참조할 구간은 [J22:J25] 영역이 아닌 구간의 끝(최대)에 해당한 [K22:K25]로 지정)
>
> ❷ COUNT(E3:E32) : 특강날짜[E3:E32] 영역의 개수를 구함. (날짜 데이터는 숫자 데이터로 COUNT 함수로 개수를 구할 수 있음)
>
> =TEXT(❶/❷,"0.0%") : ❶/❷의 결과 값을 백분율로 소수점 첫째 자리까지 표시

5 비고[H3:H32]

① [개발 도구]-[코드] 그룹의 [Visual Basic](아이콘)을 클릭한다.

② [삽입]-[모듈]을 클릭한다.

③ Module 창에 다음과 같이 입력한다.

```
Public Function fn비고(수강분류, 신청인원)

    If 신청인원 >= 20 And (수강분류 = "어린이" Or 수강분류 = "청소년" Or 수강분류 = "성인") Then
        fn비고 = "※"
    Else
        fn비고 = ""
    End If

End Function
```

④ [파일]-[닫고 Microsoft Excel(으)로 돌아가기]를 클릭하여 [Visual Basic Editor]를 닫는다.

⑤ [H3] 셀을 클릭한 후 [함수 삽입](fx)을 클릭한다.

⑥ '범주 선택'에서 '사용자 정의', '함수 선택'에서 'fn비고'를 선택한 후 [확인]을 클릭한다.

⑦ 그림과 같이 셀을 지정한 후 [확인]을 클릭한다.

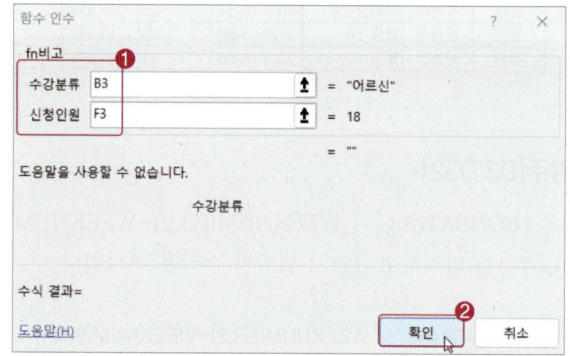

⑧ [H3] 셀을 선택한 후 [H32] 셀까지 수식을 복사한다.

문제 3 분석작업

1 피벗 테이블

정답

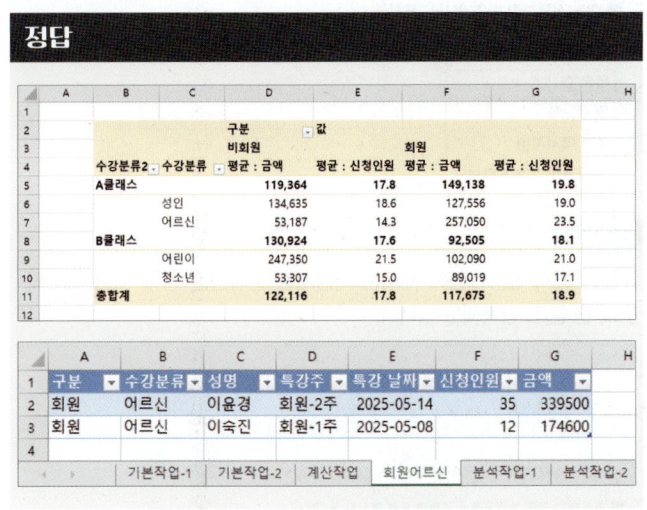

① [B2] 셀을 클릭한 후 [삽입]-[표] 그룹에서 [피벗 테이블](📊)을 클릭한다.

② '외부 데이터 원본 사용'에서 [연결 선택]을 클릭하여 '특강.xlsx' 파일을 선택한 후 [열기]를 클릭하고 [테이블 선택]에서 '5월특강'을 선택하고 '데이터의 첫 행에 열 머리글 포함'이 체크된 상태에서 [확인]을 클릭한다. [피벗 테이블 만들기]에서 [확인]을 클릭한다.

③ 다음과 같이 보고서 레이아웃을 지정한다.

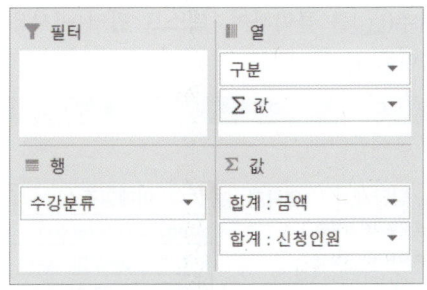

④ '합계 : 금액'[C4]에서 마우스 오른쪽 버튼을 눌러 [값 요약 기준]-[평균]을 선택한다. 같은 방법으로 '합계 : 신청인원'도 '평균'으로 수정한다.

⑤ [디자인]-[레이아웃] 그룹의 [보고서 레이아웃]-[개요 형식으로 표시]를 클릭한다.

⑥ [B5:B6] 영역을 범위 지정한 후 마우스 오른쪽 버튼을 눌러 [그룹]을 클릭한다.

⑦ 다시 [B8:B10] 또는 [C9:C11] 영역을 범위 지정한 후 마우스 오른쪽 버튼을 눌러 [그룹]을 클릭한다.

⑧ '그룹1'은 A클래스, '그룹2'는 B클래스로 이름을 수정한다.

⑨ [피벗 테이블 분석]-[표시] 그룹에서 [+/- 단추](📊)를 클릭하여 숨기기한다.

⑩ '평균 : 금액'[D4]에서 마우스 오른쪽 버튼을 눌러 [값 필드 설정]을 클릭한다.

⑪ [값 필드 설정]에서 [표시 형식]을 클릭한 후 '숫자'를 선택하고 '1000 단위 구분 기호(,) 사용'을 체크하고 [확인]을 클릭한다.

⑫ 같은 방법으로 '평균 : 신청인원'[E4] 셀에서 더블클릭하여 [표시 형식]을 클릭한 후 '숫자'를 선택하고 '소수 자릿수'는 1로 지정하고 [확인]을 클릭한다.

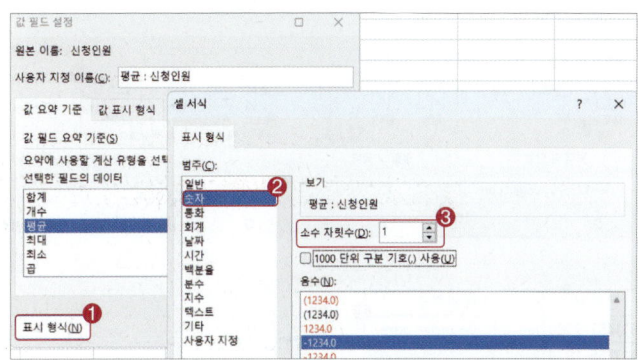

⑬ [디자인]-[레이아웃] 그룹의 [총합계]-[열의 총합계만 설정]을 클릭한다.

⑭ [디자인]-[레이아웃] 그룹의 [부분합]-[그룹 상단에 모든 부분합 표시]를 클릭한다.

⑮ [디자인]-[피벗 테이블 스타일] 그룹에서 '연한 노랑, 피벗 스타일 밝게 19'를 선택한다.

⑯ '회원'의 '어르신'이 계산된 [F7] 셀에서 더블클릭한다.

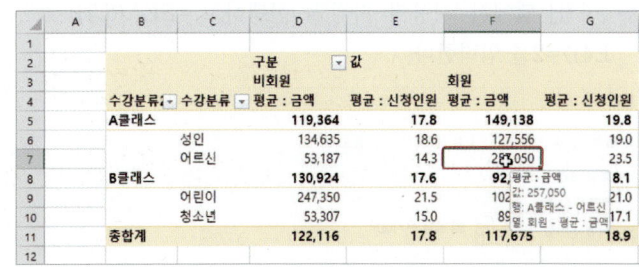

⑰ 시트명을 더블클릭하여 **회원어르신**을 입력한다.

2 데이터 도구

정답

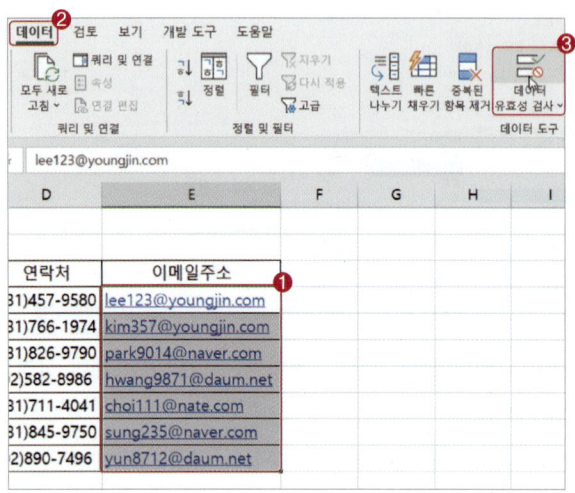

① [E3] 셀을 클릭한 후 방향키 ↓를 눌러 [E4] 셀로 이동한 후 Ctrl + Shift + ↓를 눌러 [E4:E10] 영역을 범위 지정한 후 [데이터]-[데이터 도구] 그룹의 [데이터 유효성 검사](📋)를 클릭한다.

기적의 TIP

[E4] 셀이 이메일 주소라서 클릭하면 메일 창을 띄우고 선택이 되지 않을 수 있습니다.

② [설정] 탭에서 '사용자 지정'을 선택하고 =SEARCH("@", E4)>=2를 입력한다.

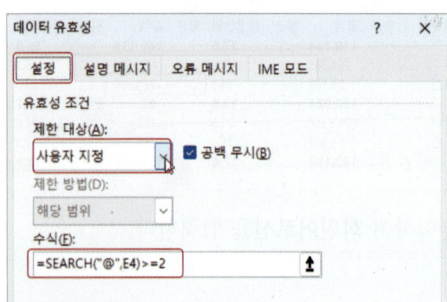

기적의 TIP

=SEARCH("@",E4)>=2 또는 =SEARCH("@",E4,2)으로 작성해도 됩니다.
=SEARCH(찾을 텍스트, 텍스트를 찾을 위치, [시작 위치])

③ [설명 메시지] 탭에 다음과 같이 입력한다.

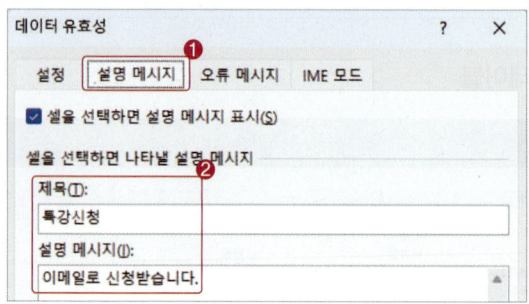

기적의 TIP

설명 메시지는 그림에 제시된 내용처럼 줄바꿈을 하여 작성해도 되고, 한 줄로 입력해도 됩니다.

④ [오류 메시지] 탭에 다음과 같이 입력한다.

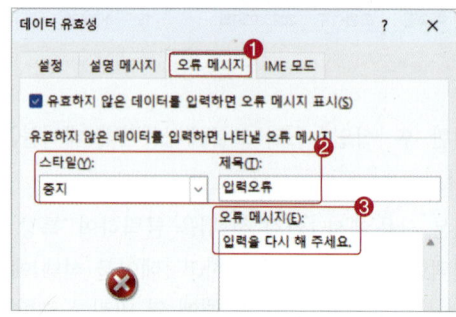

⑤ [IME 모드] 탭에서 '영문'을 선택하고 [확인]을 클릭한다.
⑥ 데이터 안쪽에 커서를 두고 [데이터]-[정렬 및 필터] 그룹에서 [필터](▽)를 클릭한다.
⑦ [D3] 셀의 목록 단추(▼)를 클릭하여 [텍스트 필터]-[사용자 지정 필터]를 클릭한다.

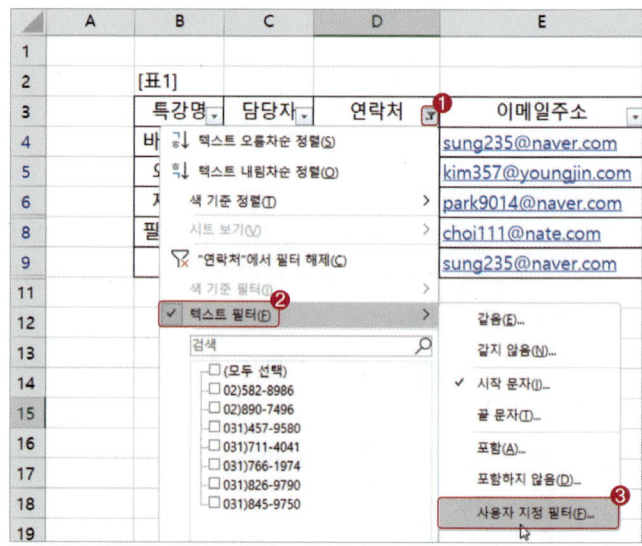

⑧ [사용자 지정 자동 필터]에서 '시작 문자'를 선택하고 031을 입력한 후 [확인]을 클릭한다.

문제4 기타작업

1 차트

정답

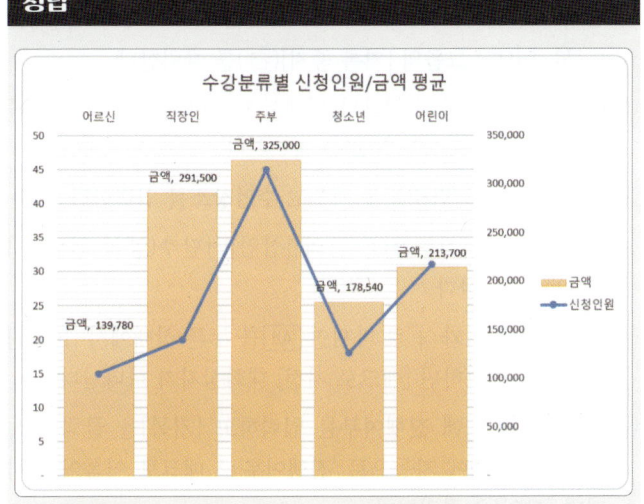

① '금액' 계열을 선택한 후 마우스 오른쪽 버튼을 눌러 [계열 차트 종류 변경]을 클릭한다.

② '혼합'을 선택하고 '금액' 계열은 '묶은 세로 막대형', '보조 축'을 선택하고 [확인]을 클릭한다.

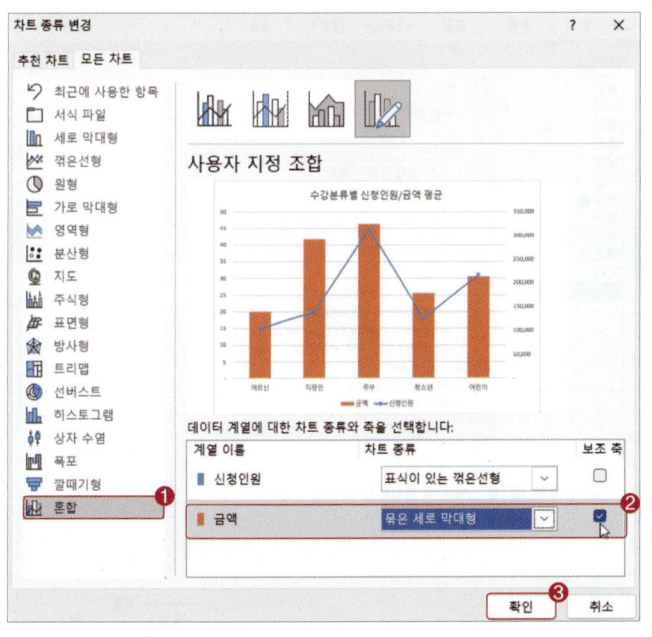

③ '금액' 계열을 선택한 후 마우스 오른쪽 버튼을 눌러 [데이터 계열 서식]을 클릭한다.

④ '계열 옵션'에서 '간격 너비' 값을 20을 입력한다.

⑤ '금액' 계열이 선택된 상태에서 [서식] 탭의 '도형 스타일'에서 '미세 효과 – 황금색, 강조 4'를 선택한다.

⑥ '금액' 계열을 선택한 후 [차트 디자인]-[차트 레이아웃] 그룹에서 [차트 요소 추가]-[데이터 레이블]-[바깥쪽 끝에]를 선택한다.

⑦ '데이터 레이블'을 선택한 후 [데이터 레이블 서식]에서 '레이블 옵션'에서 '계열 이름'을 추가한다.

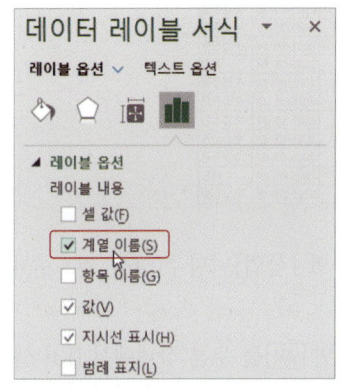

⑧ 차트를 선택한 후 [차트 디자인]-[차트 레이아웃] 그룹에서 [차트 요소 추가]-[눈금선]-[기본 보조 가로]를 클릭한다.

⑨ 세로 (값) 축을 선택한 후 마우스 오른쪽 버튼을 눌러 [축 서식]을 클릭한 후 '축 옵션'에서 가로 축 교차의 '축의 최대값'을 선택한다.

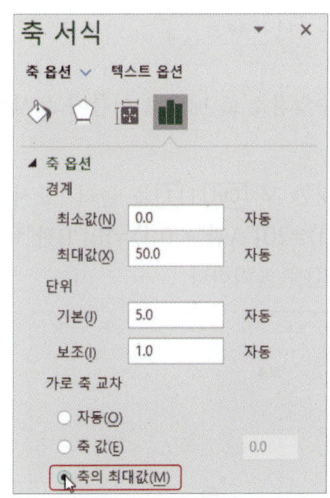

⑩ 차트를 선택한 후 [차트 디자인]-[차트 레이아웃] 그룹에서 [차트 요소 추가]-[범례]-[오른쪽]을 클릭한다.

⑪ 차트를 선택한 후 [차트 영역 서식]의 [채우기 및 선]에서 '테두리'는 '둥근 모서리'를 체크한다.

2 매크로

정답

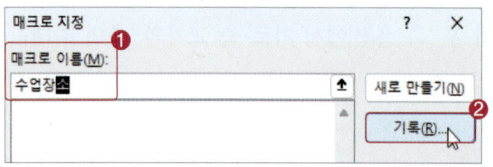

① [개발 도구]-[컨트롤] 그룹의 [삽입]-[단추(양식 컨트롤)](□)을 클릭한다.

② 마우스 포인터가 '+'로 바뀌면 Alt 를 누른 상태에서 [I3] 셀을 클릭한 후 [J4] 셀까지 드래그하여 [I3:J4] 영역에 드래그하면 [매크로 지정] 대화상자가 나타난다.

③ [매크로 지정]에 **수업장소**를 입력하고 [기록]을 클릭한다.

④ [매크로 기록]에 자동으로 '수업장소'로 매크로 이름이 표시되면 [확인]을 클릭한다.

⑤ [G4:G24] 영역을 범위 지정한 후 Ctrl + 1 을 눌러 [표시 형식] 탭의 '사용자 지정'에 [>=20]"A관"* 0;[>=10]"B관"* 0;"C관"* 0을 입력하고 [확인]을 클릭한다.

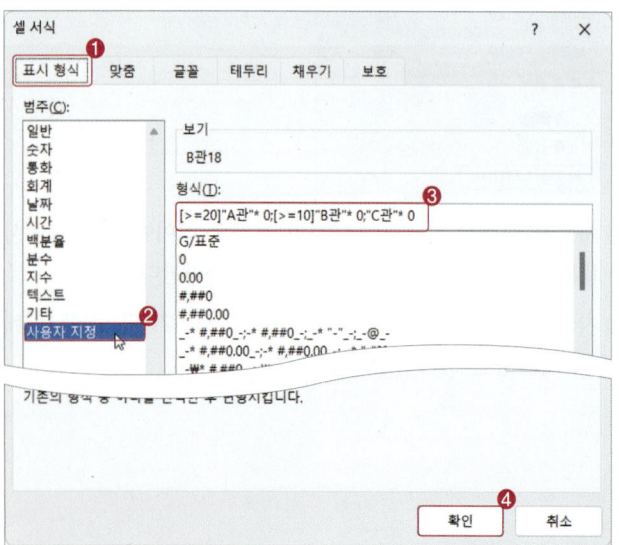

> **기적의 TIP**
> 사용자 지정 기호 '*' 다음에 입력하는 문자를 셀 너비만큼 반복하여 표시합니다. 현재 예제에서 * 다음에 공백(빈 칸)이 삽입하면 셀 너비만큼 빈칸을 반복하여 표시합니다.

⑥ 임의의 셀을 클릭한 후 매크로 기록을 종료하기 위해 [개발 도구]-[코드] 그룹의 [기록 중지](□)를 클릭한다.

⑦ 단추에 텍스트를 수정하기 위해서 단추에서 마우스 오른쪽 버튼을 눌러 [텍스트 편집]을 클릭한다.

⑧ 단추에 입력된 '단추 1'을 지우고 **수업장소**를 입력한다.

⑨ [개발 도구]-[컨트롤] 그룹의 [삽입]-[단추(양식 컨트롤)](□)을 클릭한다.

⑩ 마우스 포인터가 '+'로 바뀌면 Alt 를 누른 상태에서 [I6:J7] 영역에 드래그하면 [매크로 지정] 대화상자가 나타난다.

⑪ [매크로 지정]에 **진행여부**를 입력하고 [기록]을 클릭하고, [매크로 기록]에 자동으로 '진행여부'로 매크로 이름이 표시되면 [확인]을 클릭한다.

⑫ [G4:G24] 영역을 범위 지정한 후 Ctrl + 1 을 눌러 [표시 형식] 탭의 '사용자 지정'에 [>=5]"수업진행";"폐강"을 입력하고 [확인]을 클릭한다.

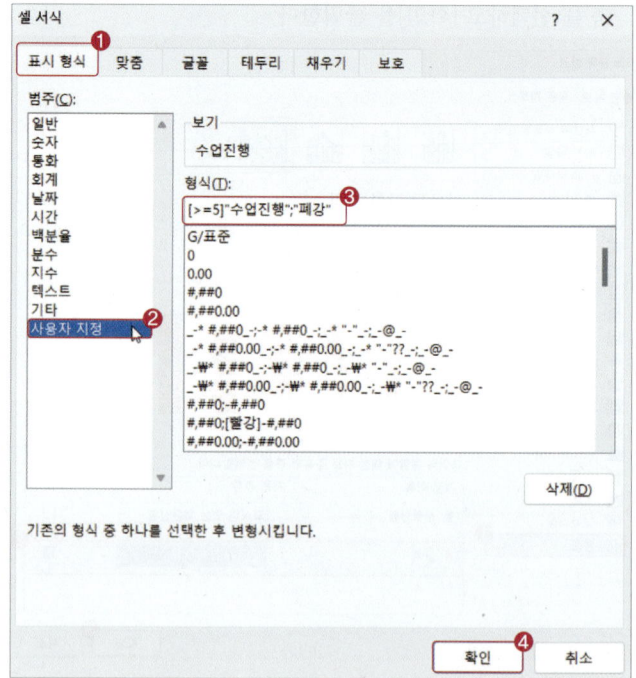

⑬ 임의의 셀을 클릭한 후 매크로 기록을 종료하기 위해 [개발 도구]-[코드] 그룹의 [기록 중지](□)를 클릭한다.

⑭ 단추에서 마우스 오른쪽 버튼을 눌러 [텍스트 편집]을 클릭하여 **진행여부**를 입력한다.

3 VBA 프로그래밍

(1) 폼 보이기

① [개발 도구]-[컨트롤] 그룹의 [디자인 모드](N)를 클릭하여 〈특강신청〉 버튼을 편집 상태로 만든다.

② 〈특강신청〉 버튼을 더블클릭한 후 코드 창에 다음과 같이 입력한다.

```
Private Sub cmd신청_Click()
    특강신청.Show
End Sub
```

(2) 폼 초기화

① [프로젝트-VBAProject] 탐색기에서 '폼'을 더블 클릭하고 〈특강신청〉을 선택한다.

② [프로젝트-VBAProject] 탐색기의 [코드 보기](■)를 클릭한다.

③ '개체 목록'은 'UserForm', '프로시저 목록'은 'Initialize'를 선택한다.

④ 코드 창에 다음과 같이 입력한다.

```
Private Sub UserForm_Initialize()
    opt회원 = True
    txt특강날짜 = Date
    cmb분류.RowSource = "H4:I7"
    cmb분류.ColumnCount = 2
End Sub
```

(3) 등록 프로시저

① '개체 목록'에서 'cmd신청', '프로시저 목록'은 'Click'을 선택한다.

② 코드 창에 다음과 같이 입력한다.

```
Private Sub cmd신청_Click()
    i = Range("A3").CurrentRegion.Rows.Count + 2
    
    Cells(i, 1) = txt신청자
    
    If opt회원 = True Then
        Cells(i, 2) = "회원"
    Else
        Cells(i, 2) = "비회원"
    End If
    
    Cells(i, 3) = cmb분류.Column(0)
    Cells(i, 4) = txt특강날짜.Value
    Cells(i, 5) = cmb분류.Column(1)
    Cells(i, 6) = txt신청인원.Value
End Sub
```

💬 코드 설명

• **입력할 행의 위치**

1안) i = Range("A3").CurrentRegion.Rows.Count + 2
2안) i = [A2].Row + [A2].CurrentRegion.Rows.Count 둘 중에 편한 방법을 사용한다.

1안)의 장점은 CurrentRegion.Rows.Count를 직접 다 타이핑하지 않고 첫 글자만 입력하면 목록에서 선택하여 입력할 수 있다. 단, 기준 셀을 기준으로 연결되지 않은 행(1행)과 새롭게 입력할 행(1행)을 구하여 직접 +를 해 주어야 한다.

2안)의 장점은 데이터 표의 첫 번째 셀을 기준으로 작성하면 따로 + 할 값을 구하지 않는다. 단 메서드를 직접 오타없이 정확하게 입력해야 한다.

• **.Value**

Cells(i, 4) = txt특강날짜.Value
Cells(i, 5) = txt신청인원.Value
에는 왜 Value가 작성이 되어 있나? 제시된 그림에 날짜와 숫자는 오른쪽 정렬이 되어 있다면 입력되는 값의 속성을 적용할 수 있도록 .Value를 입력한다. 생략하면 문자로 인식하여 왼쪽 정렬로 입력된다.
Value는 값의 속성으로 입력받는 데이터의 값이 문자이면 왼쪽, 숫자와 날짜는 오른쪽으로 입력된다.

• **Val( )**

Cells(i, 5) = txt신청인원.Value을
Cells(i, 5) = Val(txt신청인원)으로
Val 함수를 이용하여 입력되는 값을 숫자로 변환해서 입력이 가능하다.

(4) Change 이벤트

① [프로젝트 - VBAProject] 탐색기에서 'Sheet8 (기타작업-3)'을 더블클릭한다.

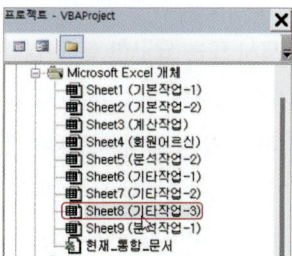

② '개체 목록'은 'Worksheet', 프로시저 목록은 'Change'를 선택한다.

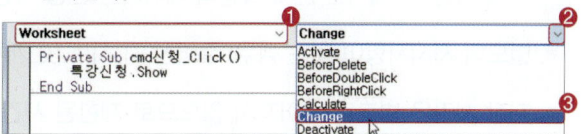

③ 코드 창에서 다음과 같이 입력한다.

```
Private Sub Worksheet_Change(ByVal Target As Range)
    Target.Font.Name = "궁서체"
    Target.Font.Size = 12
End Sub
```

상시 공략 문제 03회

작업파일: '26컴활1급(상시)₩스프레드시트₩상시공략문제'에서 '상시공략문제3회' 파일을 열어 작업하세요.

프로그램명	제한시간	풀이시간
EXCEL 2021	45분	분

수험번호 : _____

성   명 : _____

유의사항

- 인적 사항 누락 및 잘못 작성으로 인한 불이익은 수험자 책임으로 합니다.

- 화면에 암호 입력창이 나타나면 아래의 암호를 입력하여야 합니다.
  - 암호: 6845%3

- 작성된 답안은 주어진 경로 및 파일명을 변경하지 마시고 그대로 저장해야 합니다. 이를 준수하지 않으면 실격 처리됩니다.
  - 답안 파일명의 예: C:₩OA₩수험번호8자리.xlsm

- 외부데이터 위치: C:₩OA₩파일명

- 별도의 지시사항이 없는 경우, 다음과 같이 처리 시 실격 처리됩니다.
  - 제시된 시트 및 개체의 순서나 이름을 임의로 변경한 경우
  - 제시된 시트 및 개체를 임의로 추가 또는 삭제한 경우
  - 외부데이터를 시험 시작 전에 열어본 경우

- 답안은 반드시 문제에서 지시 또는 요구한 셀에 입력하여야 하며 다음과 같이 처리 시 채점 대상에서 제외됩니다.
  - 제시된 함수가 있을 경우 제시된 함수만을 사용하여야 하며 그 외 함수사용시 채점대상에서 제외
  - 수험자가 임의로 지시하지 않은 셀의 이동, 수정, 삭제, 변경 등으로 인해 셀의 위치 및 내용이 변경된 경우 해당 작업에 영향을 미치는 관련문제 모두 채점 대상에서 제외
  - 도형 및 차트의 개체가 중첩되어 있거나 동일한 계산결과 시트가 복수로 존재할 경우 해당 개체나 시트는 채점 대상에서 제외

- 수식 작성 시 제시된 문제 파일의 데이터는 변경 가능한(가변적) 데이터임을 감안하여 문제 풀이를 하시오.

- 별도의 지시사항이 없는 경우, 주어진 각 시트 및 개체의 설정값 또는 기본 설정값 (Default)으로 처리하시오.

- 저장 시간은 별도로 주어지지 않으므로 제한된 시간 내에 저장을 완료해야 하며, 제한 시간 내에 저장이 되지 않은 경우에는 실격 처리됩니다.

- 출제된 문제의 용어는 MS Office LTSC Professional Plus 2021 기준으로 작성되어 있습니다.

대 한 상 공 회 의 소

문제1 기본작업(15점) 주어진 시트에서 다음 과정을 수행하고 저장하시오.

1 '기본작업-1' 시트에서 다음과 같이 고급 필터를 수행하시오. (5점)
- [A2:G32] 영역에서 '항공편명'이 숫자가 아니면서 '출발공항'이 '제주'가 아닌 행에 대하여 '항공월', '항공편명', '여객', '화물'만을 대상으로 표시하시오.
- 조건은 [I2:I3] 영역 내에 알맞게 입력하시오. (AND, ISNUMBER, NOT 함수 사용)
- 결과는 [I6] 셀부터 표시하시오.

2 '기본작업-1' 시트에서 다음과 같이 조건부 서식을 설정하시오. (5점)
- [A3:G32] 영역에서 '항공월'의 뒤 두 글자가 홀수인 데이터의 행 전체에 대하여 글꼴 스타일 '굵은 기울임꼴', 글꼴 색 '표준 색 - 파랑'으로 적용하시오.
- 단, 규칙 유형은 '수식을 사용하여 서식을 지정할 셀 결정'을 사용하고, 한 개의 규칙으로만 작성하시오.
- RIGHT, ISODD 함수 사용

3 '기본작업-2' 시트에서 다음과 같이 페이지 레이아웃을 설정하시오. (5점)
- [A2:J99] 영역을 인쇄 영역으로 설정하고, 2행이 매 페이지마다 반복하여 인쇄되도록 인쇄 제목을 설정하시오.
- 홀수 페이지 하단의 왼쪽 구역과 짝수 페이지 하단의 오른쪽 구역에 현재 페이지 번호가 [표시 예]와 같이 표시되도록 바닥글을 설정하시오.
- [표시 예 : 현재 페이지 번호 1 → 1페이지]
- 용지 높이가 2 페이지에 맞게 자동 배열되어 표시되도록 설정하시오.

문제2 계산작업(30점) 주어진 시트에서 다음 과정을 수행하고 저장하시오.

1 [표1]의 신청일과 구독기간을 이용하여 [F3:F30] 영역에 구독완료를 계산하여 표시하시오. (6점)
- 구독완료는 신청일에서 구독기간이 지나기 한 달 전까지로 계산
- 구독기간은 연 단위임
- [표시 예 : 신청일이 2025-01-15, 구독기간이 1년일 경우 → 25년 12월호]
- EDATE, TEXT 함수 사용

2 [표1]의 잡지명, 신청구분, 구독기간과 [표2], [표3]을 이용하여 [H3:H30] 영역에 구독금액을 계산하여 표시하시오. (6점)
- 구독금액 : 정가 × 구독기간 × 구독부수 × (1-할인율)
- 정가는 잡지명을 이용하여 [표2]에서 찾아 계산
- 할인율은 신청구분과 구독기간을 이용하여 [표3]에서 찾아 계산
- INDEX, XMATCH, XLOOKUP 함수 이용

③ 사용자 정의 함수 'fn사은품'를 작성하여 [표1]의 [I3:I30] 영역에 사은품을 계산하여 표시하시오. (6점)

▶ 'fn사은품'은 구독기간과 신청구분을 인수로 받아 사은품을 계산하는 함수이다.
▶ 사은품은 구독기간이 1년이고 신청구분이 "신규"이면 빈칸, 나머지는 "문화상품권"을 표시하시오.
▶ IF ~ Else문 사용

```
Public Function fn사은품(구독기간, 신청구분)
End Function
```

④ [표1]의 잡지명과 구독기간을 이용하여 [표4]의 [O9] 셀에 우등논술과 월간뉴런의 구독기간의 합계를 계산하여 표시하시오. (6점)

▶ [표시 예 : 4년]
▶ SUM, IF 함수와 & 연산자를 사용한 배열 수식

⑤ [표1]의 신청일을 이용하여 2개월 단위로 월별 개수를 구하여 "◈"를 [표5]의 [M13:M18] 영역에 반복하여 표시하시오. (6점)

▶ [표시 예 : 5 → ◈◈◈◈◈, 3 → ◈◈◈]
▶ REPT, FREQUENCY, MONTH 함수를 사용한 배열 수식

문제3 분석작업(20점) 주어진 시트에서 다음 과정을 수행하고 저장하시오.

① '분석작업-1' 시트에서 다음의 지시사항에 따라 피벗 테이블 보고서를 작성하시오. (10점)

▶ 외부 데이터 가져오기 기능을 이용하여 〈항공현황.txt〉 파일을 이용하시오.
  – 원본 데이터는 '탭'으로 분리되어 있으며, 내 데이터에 머리글을 표시하시오.
  – 데이터 모델에 이 데이터를 추가하시오.
▶ 피벗 테이블의 보고서의 레이아웃과 위치는 〈그림〉을 참조하여 설정하고, 보고서 레이아웃은 개요 형식으로 표시하고 값(Σ) 필드를 행 레이블로 이동하시오.
▶ '항공월'은 〈그림〉을 참조하여 그룹을 설정하시오.
▶ '여객'과 '화물' 필드의 표시 형식은 '값 필드 설정'의 셀 서식에서 '숫자' 범주를 이용하여 천 단위 구분 기호를 표시하고 소수점 첫째 자리까지 표시하시오.
▶ 열의 총합계만 표시하고, 피벗 테이블 스타일은 '연한 녹색, 피벗 스타일 보통 14'로 설정하시오.
▶ 제주공항의 5월 여객의 데이터를 별도의 시트에 표시한 후 시트 이름을 '5월제주공항'으로 지정하고, '분석작업-1' 시트의 왼쪽에 위치시키시오.

※ 작업 완성된 그림이며 부분 점수 없음

② '분석작업-2' 시트에 대하여 다음의 지시사항을 처리하시오. (10점)

▶ [A2:A24] 영역의 데이터를 텍스트 나누기를 실행하여 [표1]의 [A2:G24] 영역에 나타내시오.
  - 데이터는 공백으로 구분되어 있음
▶ 데이터 도구 [통합] 기능을 이용하여 [표1]에 대한 공항명별 '여객', '화물'의 평균을 [표2]의 [J3:K6] 영역에 계산하시오.

문제4 기타작업(35점) 주어진 시트에서 다음 과정을 수행하고 저장하시오.

① '기타작업-1' 시트에서 다음의 지시사항에 따라 차트를 수정하시오. (각 2점)

※ 차트는 반드시 문제에서 제공한 차트를 사용하여야 하며, 신규로 차트 작성 시 0점 처리 됨.

① 〈그림〉과 같이 표시되도록 데이터 범위를 수정한 후 계열 순서를 변경하시오.
② '전시근로역' 계열의 차트 종류를 '표식이 있는 꺾은선형'으로 변경한 후 데이터 표식의 크기를 10으로 지정하시오.
③ 차트 제목을 [B2] 셀에 연결하여 표시하고, 가로 축 제목과 세로 축 제목은 〈그림〉과 같이 표시하고 세로 축 제목은 스택형으로 지정하시오.
④ '현역' 계열의 2023년 요소에 대해서만 〈그림〉과 같이 데이터 레이블을 표시하시오.
⑤ 세로(값) 축은 최소값과 기본 단위를 〈그림〉과 같이 지정하고, 차트 영역의 테두리는 '표준색 - 파랑'으로 지정하시오.

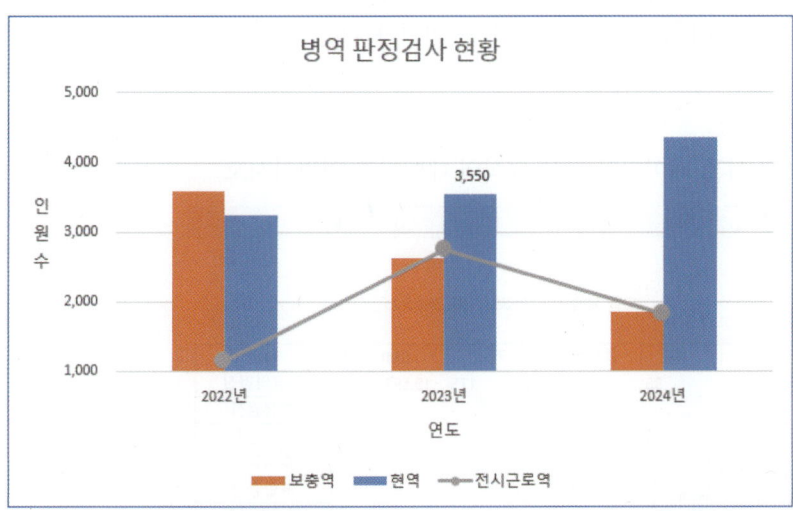

2 '기타작업-2' 시트에서 다음과 같은 기능을 수행하는 매크로를 현재 통합 문서에 작성하시오. (각 5점)

① [C3:C16] 영역에 사용자 지정 표시 형식을 설정하는 '아파트동호수' 매크로를 생성하시오.
   ▶ '아파트동호수'가 10,000 이상이면 "x단지 yyyy호", 10,000 미만 데이터는 "x단지 yyy호"로 표시하시오. [표시 예 : 31101 → 3단지 1101호, 3101 → 3단지 101호]
   ▶ [개발 도구] → [삽입] → [양식 컨트롤]의 '단추(□)'를 동일 시트의 [H2:I3] 영역에 생성한 후 텍스트를 "아파트동호수"로 입력하고, 단추를 클릭하면 '아파트동호수' 매크로가 실행되도록 설정하시오.

② [E3:E16] 영역에 사용자 지정 표시 형식을 설정하는 '전기사용량' 매크로를 생성하시오.
   ▶ '전기요금'이 1,000 이상이면 빨강색으로 천단위 구분 기호를 표시하고 숫자 앞에 ★ 표시, 150 미만이면 파랑색으로 숫자 앞에 ☆ 표시, 그 외는 그냥 숫자만 표시하시오.
   ▶ [개발 도구] → [삽입] → [양식 컨트롤]의 '단추(□)'를 동일 시트의 [H5:I6] 영역에 생성한 후 텍스트를 "전기사용량"으로 입력하고, 단추를 클릭하면 '전기사용량' 매크로가 실행되도록 설정하시오.

※ 셀 포인터의 위치에 관계없이 매크로가 실행되어야 정답으로 인정됨

3 '기타작업-3' 시트에서 다음과 같은 작업을 수행하고 저장하시오. (각 5점)

① '비엠아이등록' 단추를 클릭하면 〈비엠아이등록〉 폼이 나타나고, 폼이 초기화(Initialize)되면 [L6:L12] 영역의 내용이 '분류(cmb분류)' 콤보 상자의 목록에 표시되도록 프로시저를 작성하고, 스핀단추(spn몸무게)를 클릭(Change)할 때마다 몸무게(txt몸무게)가 1씩 증가, 감소하도록 작성하시오.

② 〈비엠아이등록〉 폼의 '등록(cmd등록)' 단추를 클릭하면 폼에 입력된 데이터가 시트의 표에 입력되어 있는 마지막 행 다음에 연속하여 추가되도록 프로시저를 작성하시오.
   ▶ 번호는 입력할 행 번호를 이용하여 일련번호로 입력하시오. (예 : 1, 2, 3, ...)
   ▶ '성별'에는 'opt남'을 선택하면 "남자", 'opt여'를 선택하면 "여자"를 입력하시오.
   ▶ 나이 : 현재 날짜의 연도 – 생년월일 연도
   ▶ BMI : 몸무게 / (키 / 100) ^ 2
   ▶ 입력되는 데이터는 워크시트에 입력된 기존 데이터와 같은 형식의 데이터로 입력하시오.

③ 〈비엠아이등록〉 폼의 '종료(cmd종료)' 단추를 클릭하면 오늘 날짜와 시간을 [I3] 셀에 표시한 후 글꼴스타일을 기울임꼴로 설정한 후 폼을 종료하는 프로시저를 작성하시오.

정답 & 해설 — 상시 공략 문제 03회

문제1 기본작업

1 고급 필터

정답

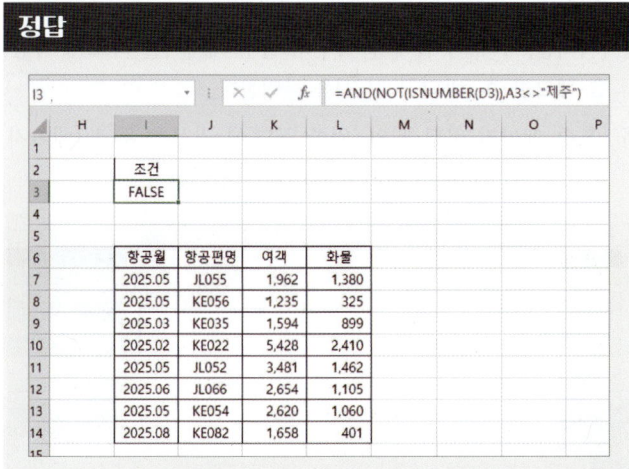

① [I2] 셀에 **조건**, [I3] 셀에 =AND(NOT(ISNUMBER(D3)), A3<>"제주"), [I6:L6] 영역에 추출할 필드명을 작성한다.

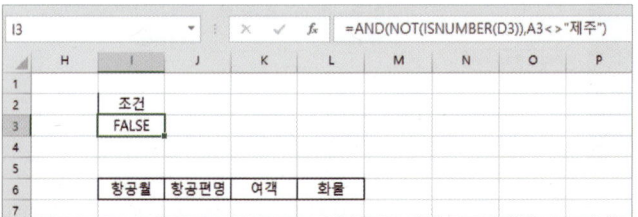

② [데이터]-[정렬 및 필터] 그룹의 [고급]을 클릭한다.

③ [고급 필터]에서 다음과 같이 지정한 후 [확인]을 클릭한다.

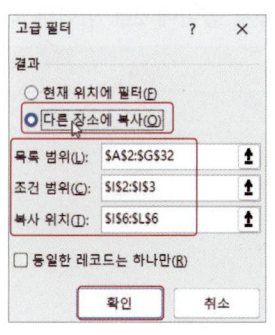

- 결과 : '다른 장소에 복사'
- 목록 범위 : [A2:G32]
- 조건 범위 : [I2:I3]
- 복사 위치 : [I6:L6]

2 조건부 서식

정답

	A	B	C	D	E	F	G
1							
2	출발공항	공항코드	항공월	항공편명	항공코드	여객	화물
3	제주	CJU	2025.02	KE021	GMPKE021	5,324	954
4	*김해*	*PUS*	*2025.07*	*1074*	*GMPBX074*	*6,512*	*3,520*
5	*대구*	*TAE*	*2025.05*	*JL055*	*GMPJL055*	*1,962*	*1,380*
6	*광주*	*KWJ*	*2025.05*	*KE056*	*CJUKE056*	*1,235*	*325*
7	제주	CJU	2025.06	3061	KWJTW061	1,986	1,010
8	*대구*	*TAE*	*2025.03*	*KE035*	*CJUKE035*	*1,594*	*899*
9	김포	GMP	2025.02	KE022	CJUKE022	5,428	2,410
10	제주	CJU	2025.04	4J041	PUSCJ041	3,856	842
11	광주	KWJ	2025.04	2046	CJUOZ046	1,755	436
12	광주	KWJ	2025.08	1086	TAEBX086	1,520	425
13	김해	PUS	2025.06	3064	GMPTW064	3,874	1,841
14	김포	GMP	2025.04	3042	PUSTW042	2,386	1,164
15	제주	CJU	2025.08	JL081	GMPJL081	4,620	2,150
16	*김포*	*GMP*	*2025.07*	*1072*	*KWJBX072*	*1,103*	*557*
17	*제주*	*CJU*	*2025.05*	*JL051*	*PUSJL051*	*2,210*	*1,243*
18	*광주*	*KWJ*	*2025.07*	*3076*	*GMPTW076*	*2,263*	*1,360*
19	대구	TAE	2025.06	1065	GMPBX065	2,170	1,207
20	김해	PUS	2025.04	2044	CJUOZ044	2,531	856
21	김해	PUS	2025.08	1084	GMPBX084	5,268	3,210
22	*제주*	*CJU*	*2025.07*	*RS071*	*KWJRS071*	*1,540*	*965*
23	*제주*	*CJU*	*2025.03*	*2031*	*GMPOZ031*	*4,985*	*1,240*
24	*김포*	*GMP*	*2025.05*	*JL052*	*PUSJL052*	*3,481*	*1,462*
25	광주	KWJ	2025.06	JL066	GMPJL066	2,654	1,105
26	*대구*	*TAE*	*2025.07*	*3075*	*KWJTW075*	*1,254*	*336*
27	김해	PUS	2025.05	KE054	CJUKE054	2,620	1,060
28	김포	GMP	2025.03	2032	CJUOZ032	4,751	2,150
29	김포	GMP	2025.08	KE082	TAEKE082	1,658	401
30	*김해*	*PUS*	*2025.03*	*74034*	*CJU7C034*	*3,367*	*1,548*
31	대구	TAE	2025.04	2045	CJUOZ045	2,385	1,040
32	김포	GMP	2025.06	47062	KWJC7062	1,128	898

① [A3:G32] 영역을 범위 지정한 후 [홈]-[스타일] 그룹의 [조건부 서식]-[새 규칙]을 클릭한다.

② [새 서식 규칙]에서 '규칙 유형 선택'에 '▶ 수식을 사용하여 서식을 지정할 셀 결정'을 선택하고, =ISODD(RIGHT($C3,2))를 입력한 후 [서식]을 클릭한다.

③ [셀 서식]의 [글꼴] 탭에서 글꼴 스타일은 '굵은 기울임꼴', 글꼴 색은 '표준 색 – 파랑'을 선택한 후 [확인]을 클릭한다.

④ [새 서식 규칙]에서 다시 [확인]을 클릭한다.

3 페이지 레이아웃

정답

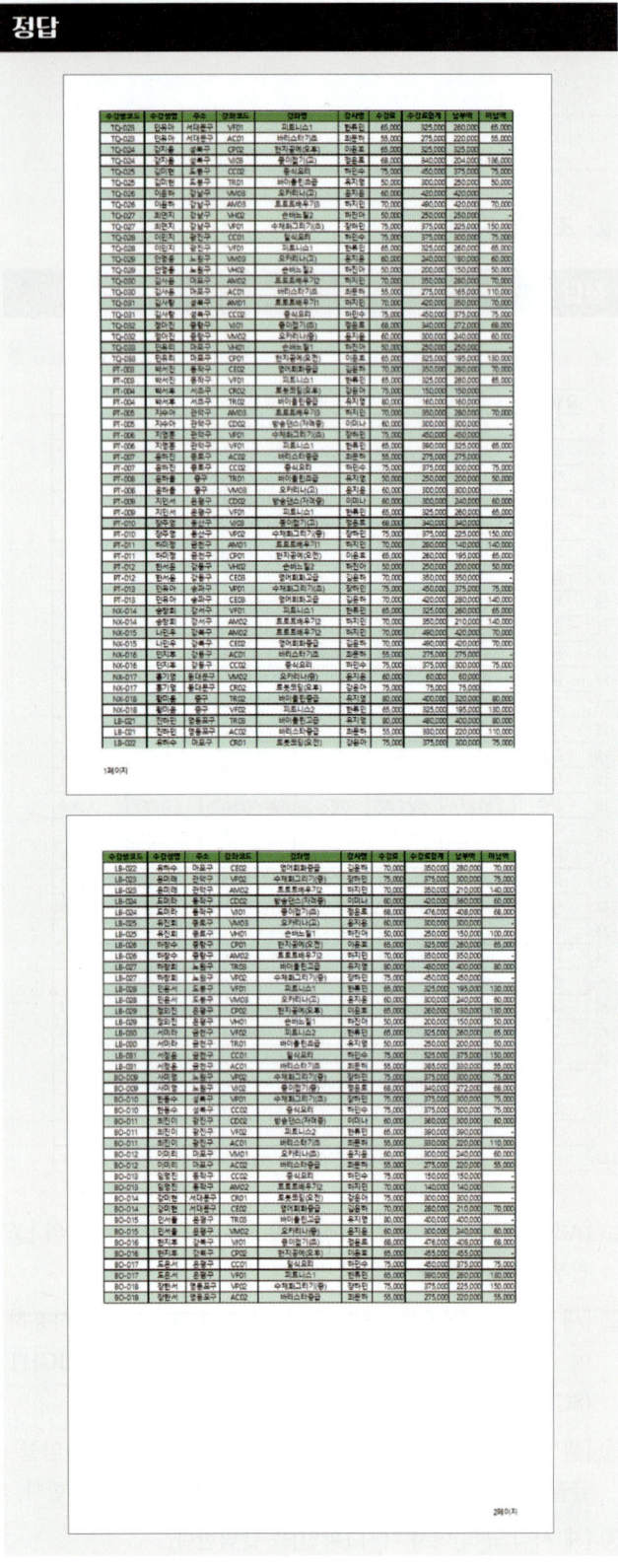

① [A2:J99] 영역을 범위 지정한 후 [페이지 레이아웃]-[페이지 설정] 그룹에서 [인쇄 영역]-[인쇄 영역 설정]을 클릭한다.

② [페이지 레이아웃]-[페이지 설정] 그룹에서 [옵션](□)을 클릭한다.

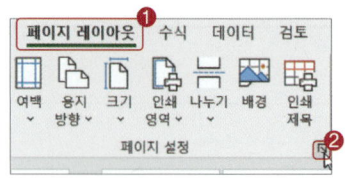

③ [시트] 탭에서 반복할 행에 커서를 두고 행 머리글 2를 클릭한다.

④ [머리글/바닥글] 탭에서 '짝수와 홀수 페이지를 다르게 지정'을 체크한 후 [바닥글 편집]을 클릭한다.

⑤ [홀수 페이지 바닥글]의 '왼쪽 구역'에 커서를 두고 [페이지 번호 삽입](□)을 클릭하고 **페이지**를 입력한다.

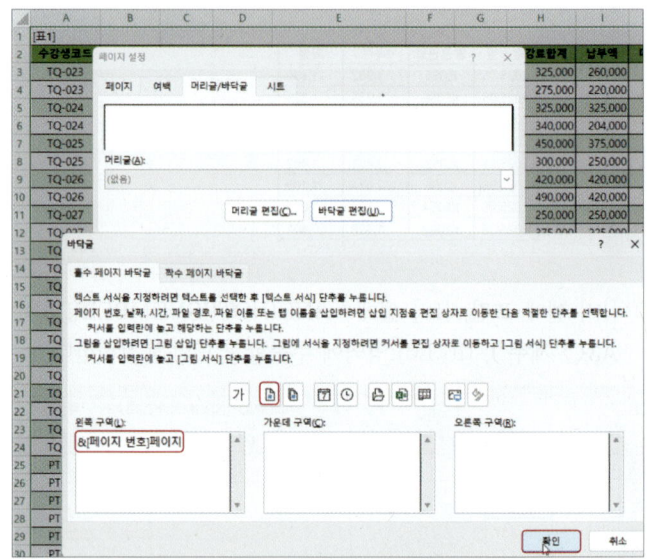

⑥ [짝수 페이지 바닥글]의 '오른쪽 구역'에 커서를 두고 [페이지 번호 삽입](□)을 클릭하고 **페이지**를 입력한 후 [확인]을 클릭한다.

⑦ [페이지] 탭에서 '자동 맞춤'에서 용지 높이에 2를 입력하고 [확인]을 클릭한다.

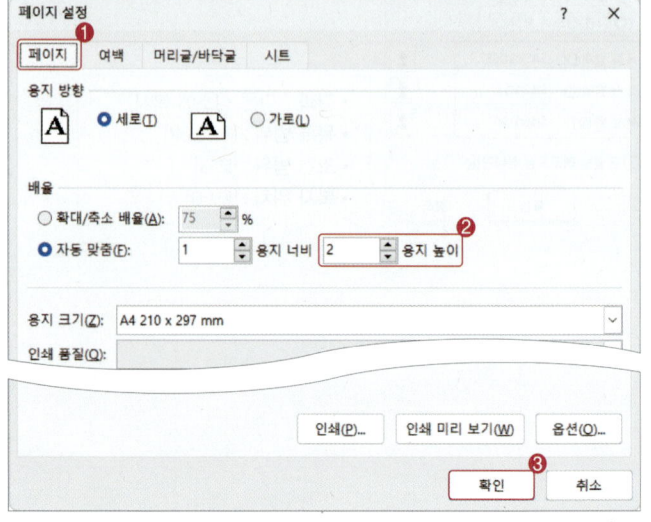

문제2 계산작업

정답

	A	B	C	D	E	F	G	H	I	J	K	L	M	N	O	P
1	[표1]										[표2]			[표3]		
2	신청번호	잡지명	신청구분	신청일	구독기간	구독완료	구독부수	구독금액	사은품		잡지명	정가		신청구분	1	2
3	JA001	우등논술	신규	2025-01-07	1	25년 12월호	5	460,350			우등논술	99,000		신규	7%	10%
4	JA002	수학동학	재구독	2025-01-26	2	26년 12월호	3	633,600	문화상품권		월간뉴런	129,000		구독	12%	15%
5	JA003	기자원정대	재구독	2025-01-28	2	26년 12월호	1	142,400	문화상품권		수학동학	132,000		재구독	15%	20%
6	JA004	월간뉴런	신규	2025-02-20	1	26년 01월호	5	599,850			기자원정대	89,000				
7	JA005	수학동학	재구독	2025-03-01	1	26년 02월호	3	336,600	문화상품권							
8	JA006	기자원정대	구독	2025-04-03	1	26년 03월호	2	156,640	문화상품권		[표4]					
9	JA007	우등논술	재구독	2025-05-13	2	27년 04월호	5	792,000	문화상품권		우등논술과 월간뉴런의 구독기간 합계			17년		
10	JA008	기자원정대	신규	2025-05-21	1	26년 04월호	4	331,080								
11	JA009	우등논술	신규	2025-05-21	1	26년 04월호	1	84,150	문화상품권		[표5]					
12	JA010	우등논술	재구독	2025-05-22	2	27년 04월호	5	792,000	문화상품권		구독신청일			신청도표		
13	JA011	월간뉴런	구독	2025-05-27	1	26년 04월호	4	454,080	문화상품권		1월	~ 2월	◆◆◆◆◆			
14	JA012	기자원정대	재구독	2025-06-16	1	26년 05월호	1	75,650	문화상품권		3월	~ 4월	◆◆			
15	JA013	수학동학	재구독	2025-06-27	1	26년 05월호	3	336,600	문화상품권		5월	~ 6월	◆◆◆◆◆◆◆◆◆			
16	JA014	수학동학	신규	2025-07-12	1	26년 06월호	5	613,800			7월	~ 8월	◆◆◆◆◆			
17	JA015	월간뉴런	재구독	2025-07-30	1	26년 06월호	5	548,250	문화상품권		9월	~ 10월	◆◆◆◆◆			
18	JA016	수학동학	재구독	2025-08-19	2	27년 07월호	4	844,800	문화상품권		11월	~ 12월	◆◆◆			
19	JA017	기자원정대	재구독	2025-08-29	1	26년 07월호	5	378,250	문화상품권							
20	JA018	수학동학	신규	2025-08-31	1	26년 07월호	1	122,760								
21	JA019	월간뉴런	신규	2025-09-06	1	26년 08월호	2	239,940								
22	JA020	월간뉴런	구독	2025-09-16	2	27년 08월호	4	877,200	문화상품권							
23	JA021	우등논술	신규	2025-09-25	1	26년 08월호	1	92,070								
24	JA022	월간뉴런	재구독	2025-10-03	1	26년 09월호	1	109,650	문화상품권							
25	JA023	수학동학	재구독	2025-11-13	2	27년 10월호	3	633,600	문화상품권							
26	JA024	수학동학	재구독	2025-11-13	2	27년 10월호	3	633,600	문화상품권							
27	JA025	우등논술	구독	2025-11-25	1	26년 10월호	1	87,120	문화상품권							
28	JA026	기자원정대	신규	2023-01-10	1	23년 12월호	3	248,310								
29	JA027	수학동학	구독	2023-01-15	2	23년 12월호	4	580,800	문화상품권							
30	JA037	월간뉴런	재구독	2023-05-26	2	25년 04월호	1	206,400	문화상품권							

1 구독완료[F3:F30]

[F3] 셀에 =TEXT(EDATE(D3,(E3*12)-1),"YY년 MM월호")
를 입력하고 [F30] 셀까지 수식을 복사한다.

함수 설명 =TEXT(EDATE(D3,(E3*12)-1),"yy년 mm월호")

❶ (E3*12)-1 : 구독기간[E3]에 *12를 하면 구독기간을 개월로 구할 수 있고, 구독기간이 지나기 한 달 전을 구하기 위해서 -1을 함
❷ EDATE(D3,❶) : 신청일[D3] 셀에서 ❶ 개월이 경과한 날짜를 구함

=TEXT(❷,"yy년 mm월호") : ❷의 날짜를 'yy년 mm월호' 형식으로 표시

2 구독금액[H3:H30]

[H3] 셀에 =XLOOKUP(B3,$K$3:$K$6,$L$3:$L$6)*E3*G3
*(1-INDEX($O$3:$P$5,XMATCH(C3,$N$3:$N$5,0),E3))
를 입력하고 [H30] 셀까지 수식을 복사한다.

함수 설명 =XLOOKUP(B3,$K$3:$K$6,$L$3:$L$6)*E3*G3*(1-INDEX($O$3:$P$5,XMATCH(C3,$N$3:$N$5,0),E3))

❶ XLOOKUP(B3,$K$3:$K$6,$L$3:$L$6) : 잡지명[B3] 셀의 값을 [K3:K6] 영역에서 찾아 같은 행의 [L3:L6] 영역의 값을 반환
❷ XMATCH(C3,$N$3:$N$5,0) : 신청구분[C3] 셀의 값을 [N3:N5] 영역에서 일치하는 셀의 위치 값을 반환함(예: 신규는 1, 구독은 2, 재구독은 3)
❸ INDEX($O$3:$P$5,❷,E3) : [O3:P5] 영역에서 행(❷)과 열([E3] 셀의 값)이 교차하는 값을 찾아옴

=❶*E3*G3*(1-❸) : 정가*구독기간*구독부수*(1-할인율)

3 사은품[I3:I30]

① [개발 도구]-[코드] 그룹의 [Visual Basic]()을 클릭한다.
② [삽입]-[모듈]을 클릭한다.
③ Module 창에 다음과 같이 입력한다.

```
Public Function fn사은품(구독기간, 신청구분)
    If 구독기간 = 1 And 신청구분 = "신규" Then
        fn사은품 = ""
    Else
        fn사은품 = "문화상품권"
    End If
End Function
```

④ [파일]-[닫고 Microsoft Excel(으)로 돌아가기]를 클릭하여 [Visual Basic Editor]를 닫는다.
⑤ [I3] 셀을 클릭한 후 [함수 삽입]()을 클릭한다.
⑥ '범주 선택'에서 '사용자 정의', '함수 선택'에서 'fn사은품'을 선택한 후 [확인]을 클릭한다.
⑦ 그림과 같이 셀을 지정한 후 [확인]을 클릭한다.

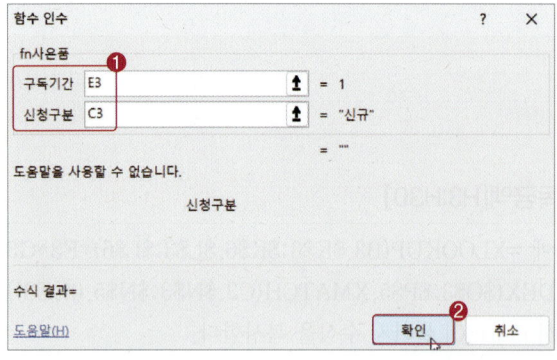

⑧ [I3] 셀을 선택한 후 [I30] 셀까지 수식을 복사한다.

4 구독기간 합계[O9]

[O9] 셀에 =SUM(IF((B3:B30="우등논술")+(B3:B30="월간뉴런"),E3:E30))&"년"를 입력하고 Ctrl + Shift + Enter 를 누른다.

> **함수 설명** =SUM(IF((B3:B30="우등논술")+(B3:B30="월간뉴런"),E3:E30))&"년"
>
> ❶ (B3:B30="우등논술") : [B3:B30] 셀의 값이 '우등논술'과 같은지 비교
> ❷ (B3:B30="월간뉴런") : [B3:B30] 셀의 값이 '월간뉴런'과 같은지 비교
> ❸ IF(❶+❷,E3:E30) : ❶과 ❷의 조건 중에 하나라도 만족한 데이터의 구독기간[E3:E30]의 값을 반환 (배열 수식에서 +는 or 조건, *는 and 조건)
>
> =SUM(❸)&"년" : ❸의 값의 합계를 구한 후에 '년'을 붙여서 표시

5 신청도표[M13:M18]

[M13:M18] 영역을 범위 지정한 후 =REPT("◆",FREQUENCY(MONTH(D3:D30),L13:L18))를 입력하고 Ctrl + Shift + Enter 를 누른다.

> **함수 설명** =REPT("◆",FREQUENCY(MONTH(D3:D30),L13:L18))
>
> ❶ MONTH(D3:D30) : [D3:D30] 영역에서 월을 추출
> ❷ FREQUENCY(❶,L13:L18) : ❶의 값이 [L13:L18] 영역에서의 분포수를 구함
>
> =REPT("◆",❷) : '◆'을 ❷ 만큼 반복하여 표시

문제3 분석작업

1 피벗 테이블

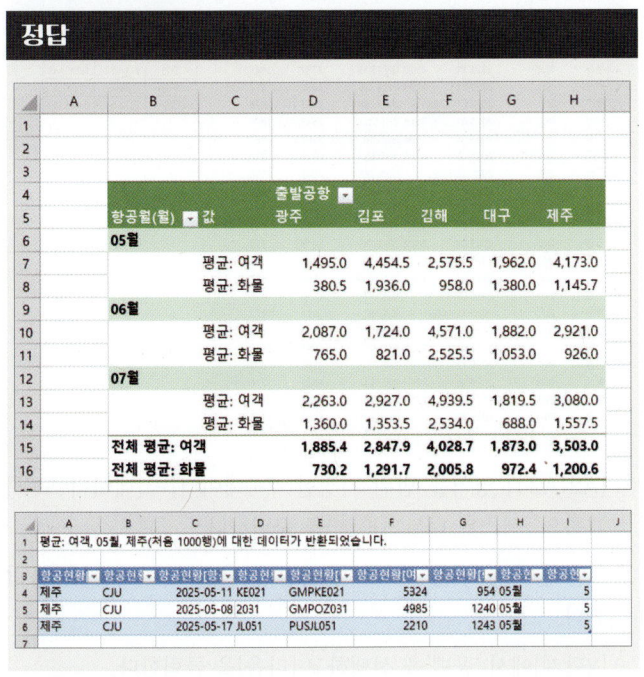

① [B4] 셀을 클릭한 후 [데이터]-[데이터 가져오기 및 변환] 그룹의 [데이터 가져오기]-[파일에서]-[텍스트/CSV]를 클릭한 후 '항공현황.txt' 파일을 선택하고 [가져오기]를 클릭한다.

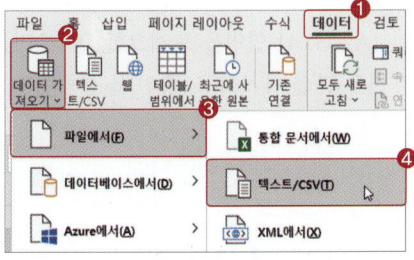

② 구분 기호 '탭'을 확인하고 [로드]-[다음으로 로드]를 클릭한다.

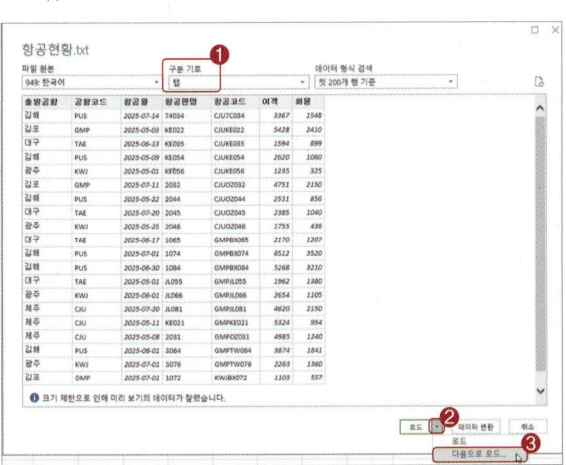

기적의 TIP

외부 데이터 텍스트(txt) 파일을 이용하여 피벗 테이블을 작성할 때 [삽입] 탭의 [피벗 테이블]을 이용하여 작성하여도 결과는 동일합니다.

③ [데이터 가져오기]에서 '데이터 모델에 이 데이터 추가'를 체크한 후, '피벗 테이블 보고서'를 선택하고 '기존 워크시트' [B4] 셀을 지정하고 [확인]을 클릭한다.

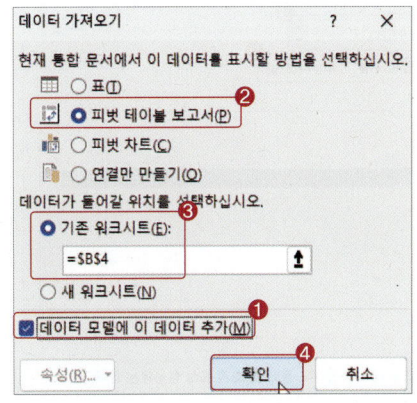

④ 다음과 같이 보고서 레이아웃을 지정한다. Σ 값은 열에서 행으로 드래그한다.

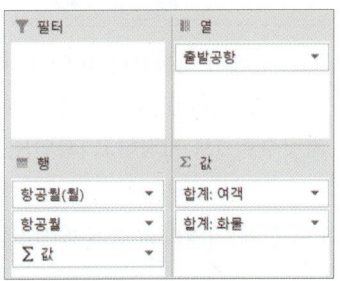

⑤ [디자인]-[레이아웃] 그룹의 [보고서 레이아웃]-[개요 형식으로 표시]를 클릭한다.

⑥ '합계 : 여객'[D7]에서 마우스 오른쪽 버튼을 눌러 [값 요약 기준]-[평균]을 선택한다. 같은 방법으로 '합계 : 화물'도 '평균'으로 수정한다.

⑦ [B6] 셀에서 마우스 오른쪽 버튼을 눌러 [그룹]을 클릭하여 '월'을 선택하고 [확인]을 클릭한다.

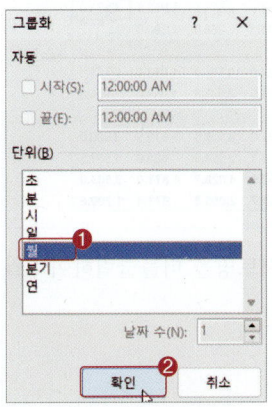

⑧ '평균 : 여객'[C7]에서 마우스 오른쪽 버튼을 눌러 [값 필드 설정]을 클릭한다.

⑨ [값 필드 설정]에서 [표시 형식]을 클릭한 후 '숫자'를 선택하고 '1000 단위 구분 기호(,) 사용'을 체크하고, '소수 자릿수'는 1로 지정하고 [확인]을 클릭한다.

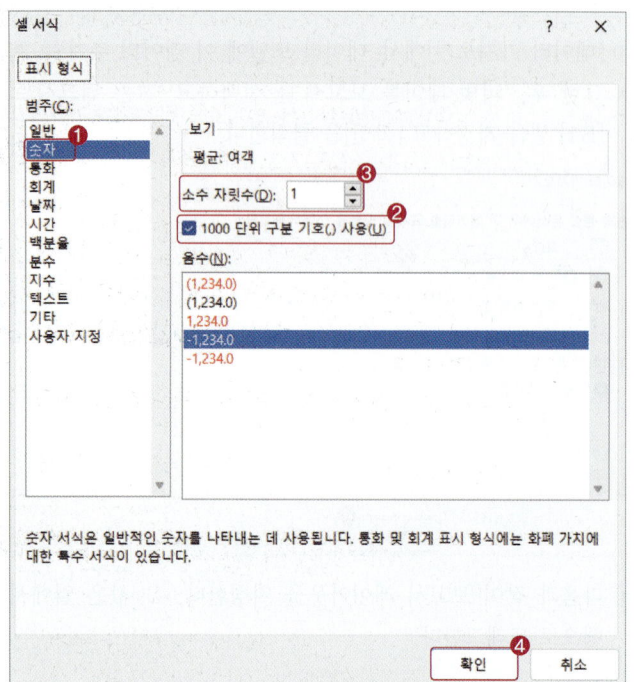

⑩ 같은 방법으로 '평균 : 화물'[C8] 셀에서 더블클릭하여 [표시 형식]을 클릭한 후 '숫자'를 선택하고 '1000 단위 구분 기호(,) 사용'을 체크하고, '소수 자릿수'는 1로 지정하고 [확인]을 클릭한다.

⑪ [디자인]-[레이아웃] 그룹의 [총합계]-[열의 총합계만 설정]을 클릭한다.

⑫ [디자인]-[피벗 테이블 스타일] 그룹에서 '연한 녹색, 피벗 스타일 보통 14'를 선택한다.

⑬ 제주의 5월 데이터[H7] 셀에서 더블클릭한다.

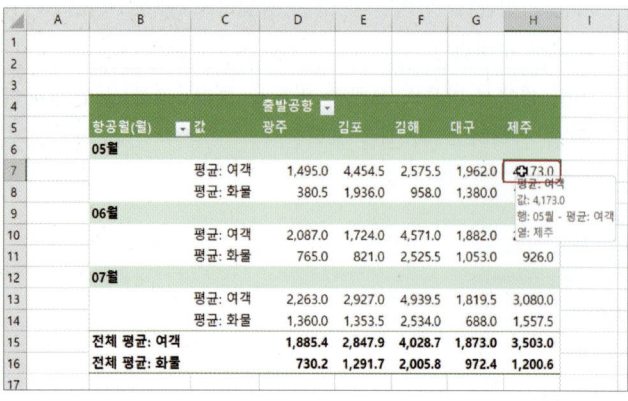

⑭ '분석작업-1' 시트 앞에 삽입된 시트명을 더블클릭하여 **5월 제주공항**을 입력한다.

2 데이터 도구

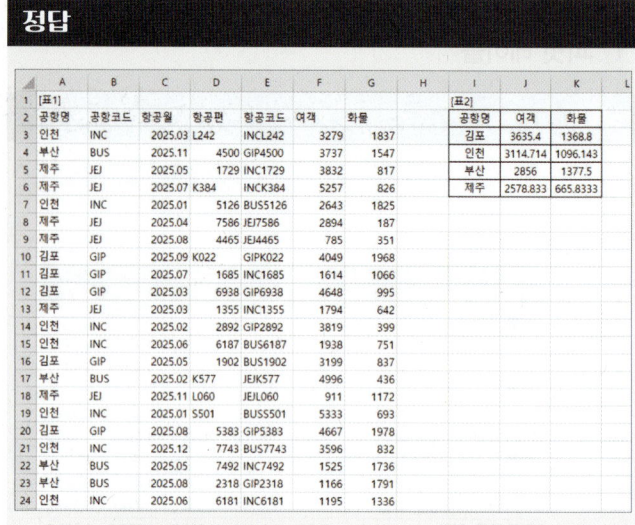

① [A2:A24] 영역을 범위 지정한 후 [데이터]-[데이터 도구] 그룹의 [텍스트 나누기]( )를 클릭한다.

② [1단계]에서 '구분 기호로 분리됨'을 선택하고 [다음]을 클릭한다.

③ [2단계]에서 '공백'을 선택하고 [다음]을 클릭한다.

④ [3단계]에서는 [마침]을 클릭한다.

⑤ [I2:K6] 영역을 범위 지정한 후 [데이터]-[데이터 도구] 그룹의 [통합]( )을 클릭한다.

⑥ 함수는 '평균', 참조는 [A2:G24] 영역을 드래그한 후 [추가]를 클릭하고, '첫 행', '왼쪽 열'을 체크하고 [확인]을 클릭한다.

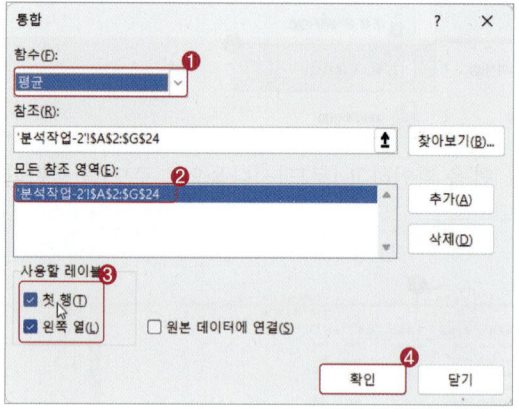

문제4 기타작업

1 차트

정답

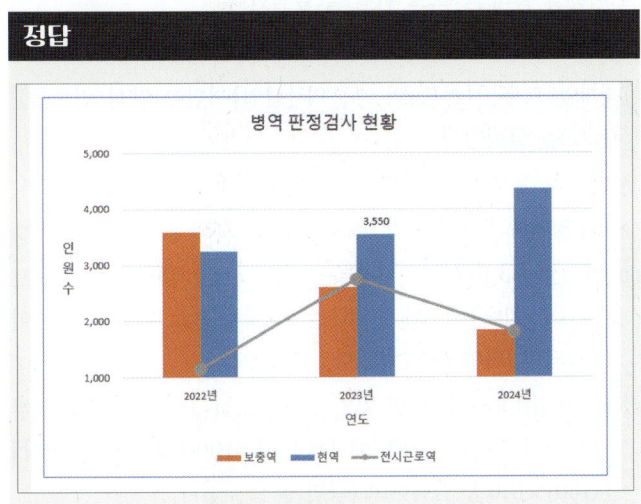

① 차트 안에서 마우스 오른쪽 버튼을 눌러 [데이터 선택]을 클릭한다.

② 차트 데이터 범위를 지우고 [B4:B7], [D4:F7] 영역으로 수정한다.

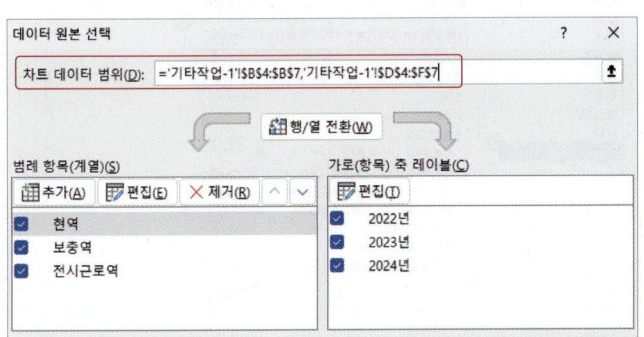

③ '현역' 계열을 선택한 후 [아래로 이동]을 클릭하여 아래쪽으로 이동한 후 [확인]을 클릭한다.

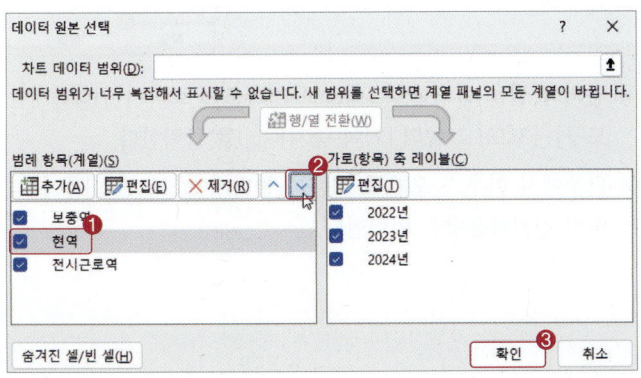

④ '전시근로역' 계열만 선택한 후 마우스 오른쪽 버튼을 눌러 [계열 차트 종류 변경]을 클릭한다.

⑤ '혼합'에서 '전시근로역' 계열은 '표식이 있는 꺾은선형'을 선택하고 [확인]을 클릭한다.

⑥ '전시근로역' 계열을 선택한 후 마우스 오른쪽 버튼을 눌러 [데이터 계열 서식]을 클릭하여 '표식'의 '표식 옵션'에서 기본 제공의 크기를 10으로 수정한다.

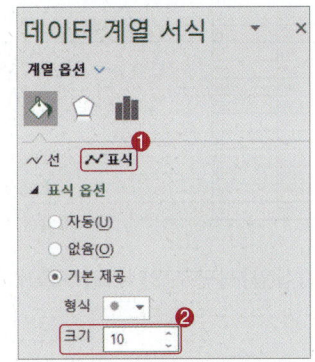

⑦ 차트를 선택한 후 [차트 요소](田)-[차트 제목]을 클릭한 후 '차트 제목'을 선택하고 수식 입력줄에 =를 입력한 후 [B2] 셀을 클릭하고 Enter를 누른다.

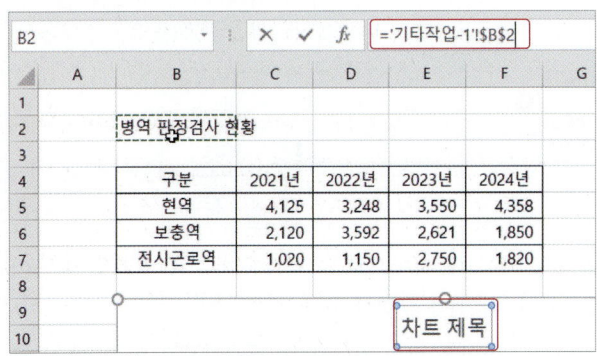

⑧ 차트를 선택한 후 [차트 요소](田)-[축 제목]-[기본 가로], [기본 세로]를 선택한 후 **연도**, **인원수**를 입력한다.

⑨ 세로(값) 축 제목 '인원수'를 선택한 후 [축 제목 서식]의 [크기 및 속성]에서 맞춤의 '텍스트 방향'을 '스택형'을 선택한다.

⑩ '현역' 계열의 '2023년' 요소를 천천히 2번 클릭하여 마우스 오른쪽 버튼을 눌러 [데이터 레이블 추가]를 클릭한다.

⑪ 세로(값) 축을 선택한 후 [축 서식]의 '축 옵션'에서 최소값은 1000, 단위 기본 1000으로 입력한다.

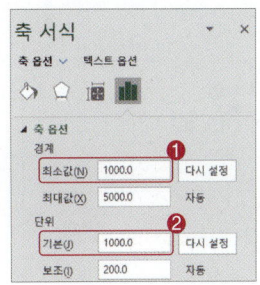

⑫ 차트 영역을 선택한 후 [차트 영역 서식]의 '채우기 및 선'의 '테두리'의 색을 '표준 색 – 파랑'을 선택한다.

2 매크로

정답

① [개발 도구]-[컨트롤] 그룹의 [삽입]-[단추(양식 컨트롤)](□)을 클릭한다.

② 마우스 포인터가 '+'로 바뀌면 Alt를 누른 상태에서 [H2:I3] 영역에 드래그하면 [매크로 지정] 대화상자가 나타난다.

③ [매크로 지정]에 **아파트동호수**를 입력하고 [기록]을 클릭한다.

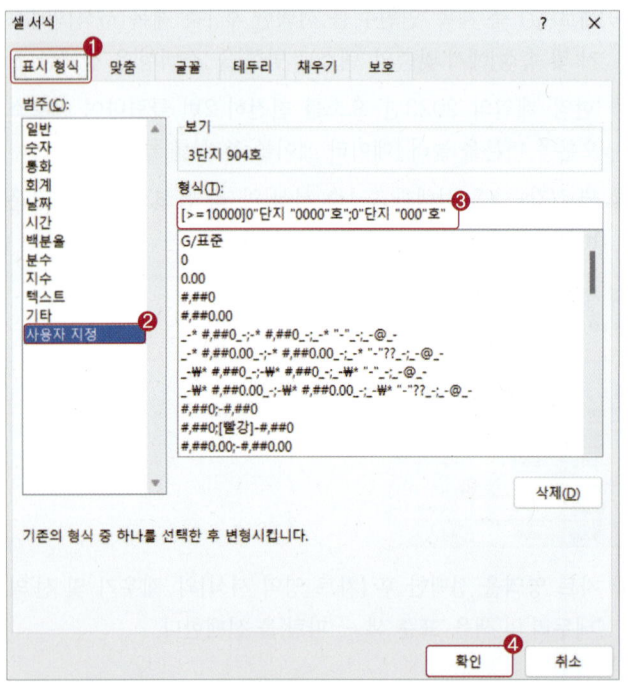

④ [매크로 기록]에 자동으로 '아파트동호수'로 매크로 이름이 표시되면 [확인]을 클릭한다.

⑤ [C3:C16] 영역을 범위 지정한 후 Ctrl+1을 눌러 [표시 형식] 탭의 '사용자 지정'에 [>=10000]0"단지 "0000"호";0"단지 "000"호"를 입력하고 [확인]을 클릭한다.

⑥ 임의의 셀을 클릭한 후 매크로 기록을 종료하기 위해 [개발 도구]-[코드] 그룹의 [기록 중지](□)를 클릭한다.

⑦ 단추에 텍스트를 수정하기 위해서 단추에서 마우스 오른쪽 버튼을 눌러 [텍스트 편집]을 클릭한다.

⑧ 단추에 입력된 '단추 1'을 지우고 **아파트동호수**를 입력한다.

⑨ [개발 도구]-[컨트롤] 그룹의 [삽입]-[단추(양식 컨트롤)](□)을 클릭한다.

⑩ 마우스 포인터가 '+'로 바뀌면 Alt를 누른 상태에서 [H5:I6] 영역에 드래그하면 [매크로 지정] 대화상자가 나타난다.

⑪ [매크로 지정]에 **전기사용량**을 입력하고 [기록]을 클릭하고, [매크로 기록]에 자동으로 '전기사용량'으로 매크로 이름이 표시되면 [확인]을 클릭한다.

⑫ [E3:E16] 영역을 범위 지정한 후 Ctrl+1을 눌러 [표시 형식] 탭의 '사용자 지정'에 [빨강][>=1000]★#,##0;[파랑][<150]☆0;0을 입력하고 [확인]을 클릭한다.

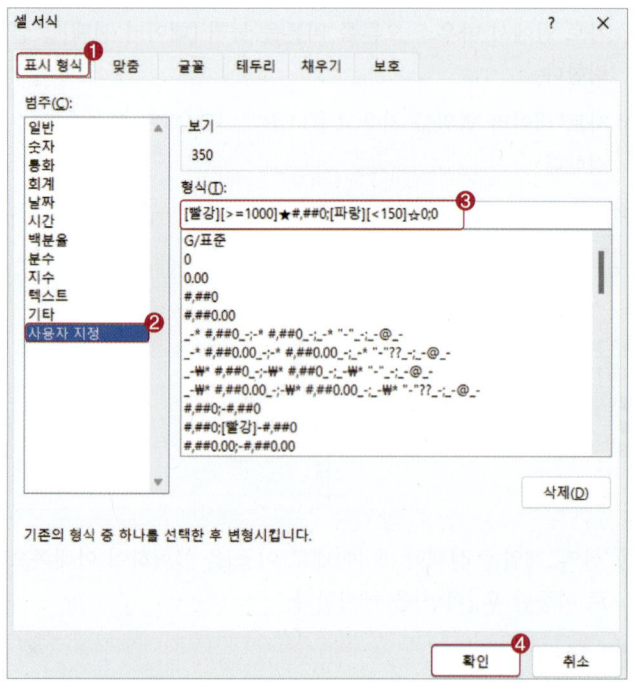

⑬ 임의의 셀을 클릭한 후 매크로 기록을 종료하기 위해 [개발 도구]-[코드] 그룹의 [기록 중지](□)를 클릭한다.

⑭ 단추에서 마우스 오른쪽 버튼을 눌러 [텍스트 편집]을 클릭하여 **전기사용량**을 입력한다.

3 VBA 프로그래밍

(1) 폼 보이기

① [개발 도구]-[컨트롤] 그룹의 [디자인 모드](📐)를 클릭하여 〈비엠아이등록〉 버튼을 편집 상태로 만든다.

② 〈비엠아이등록〉 버튼을 더블클릭한 후 코드 창에 다음과 같이 입력한다.

```
Private Sub cmd등록_Click()
    비엠아이등록.Show
End Sub
```

(2) 폼 초기화

① [프로젝트-VBAProject] 탐색기에서 '폼'을 더블 클릭하고 〈비엠아이등록〉을 선택한다.

② [프로젝트-VBAProject] 탐색기의 [코드 보기](📄)를 클릭한다.

③ '개체 목록'은 'UserForm', '프로시저 목록'은 'Initialize'를 선택한다.

④ 코드 창에 다음과 같이 입력한다.

```
Private Sub UserForm_Initialize()
    cmb분류.RowSource = "L6:L12"
End Sub
```

(3) 스핀 단추

① '개체 목록'은 'spn몸무게', '프로시저 목록'은 'Change'를 선택한다.

② 코드 창에 다음과 같이 입력한다.

```
Private Sub spn몸무게_Change()
    txt몸무게 = spn몸무게 * 1
End Sub
```

(4) 등록 프로시저

① '개체 목록'에서 'cmd등록', '프로시저 목록'은 'Click'을 선택한다.

② 코드 창에 다음과 같이 입력한다.

```
Private Sub cmd등록_Click()
    i = Range("B5").CurrentRegion.Rows.Count + 5

    Cells(i, 2) = Range("B5").CurrentRegion.Rows.Count
    Cells(i, 3) = txt이름
    Cells(i, 4) = cmb분류

    If opt남 = True Then
        Cells(i, 5) = "남자"
    Else
        Cells(i, 5) = "여자"
    End If

    Cells(i, 6) = txt생년월일.Value
    Cells(i, 7) = Year(Date) - Left(txt생년월일, 4)
    Cells(i, 8) = txt몸무게.Value
    Cells(i, 9) = txt키.Value
    Cells(i, 10) = Cells(i, 8) / (Cells(i, 9) / 100) ^ 2
End Sub
```

(5) 종료 프로시저

① '개체 목록'에서 'cmd종료', '프로시저 목록'은 'Click'을 선택한다.

② 코드 창에 다음과 같이 입력한다.

```
Private Sub cmd종료_Click()
    [I3] = Now
    [I3].Font.Italic = True
    Unload Me
End Sub
```

상시 공략 문제 04회

작업파일 : '26컴활1급(상시)₩스프레드시트₩상시공략문제'에서 '상시공략문제4회' 파일을 열어 작업하세요.

프로그램명	제한시간	풀이시간
EXCEL 2021	45분	분

수험번호 :

성   명 :

유의사항

- 인적 사항 누락 및 잘못 작성으로 인한 불이익은 수험자 책임으로 합니다.

- 화면에 암호 입력창이 나타나면 아래의 암호를 입력하여야 합니다.
   ○ 암호: 6845%3

- 작성된 답안은 주어진 경로 및 파일명을 변경하지 마시고 그대로 저장해야 합니다. 이를 준수하지 않으면 실격 처리됩니다.
   ○ 답안 파일명의 예: C:₩OA₩수험번호8자리.xlsm

- 외부데이터 위치: C:₩OA₩파일명

- 별도의 지시사항이 없는 경우, 다음과 같이 처리 시 실격 처리됩니다.
   ○ 제시된 시트 및 개체의 순서나 이름을 임의로 변경한 경우
   ○ 제시된 시트 및 개체를 임의로 추가 또는 삭제한 경우
   ○ 외부데이터를 시험 시작 전에 열어본 경우

- 답안은 반드시 문제에서 지시 또는 요구한 셀에 입력하여야 하며 다음과 같이 처리 시 채점 대상에서 제외됩니다.
   ○ 제시된 함수가 있을 경우 제시된 함수만을 사용하여야 하며 그 외 함수사용시 채점대상에서 제외
   ○ 수험자가 임의로 지시하지 않은 셀의 이동, 수정, 삭제, 변경 등으로 인해 셀의 위치 및 내용이 변경된 경우 해당 작업에 영향을 미치는 관련문제 모두 채점 대상에서 제외
   ○ 도형 및 차트의 개체가 중첩되어 있거나 동일한 계산결과 시트가 복수로 존재할 경우 해당 개체나 시트는 채점 대상에서 제외

- 수식 작성 시 제시된 문제 파일의 데이터는 변경 가능한(가변적) 데이터임을 감안하여 문제 풀이를 하시오.

- 별도의 지시사항이 없는 경우, 주어진 각 시트 및 개체의 설정값 또는 기본 설정값(Default)으로 처리하시오.

- 저장 시간은 별도로 주어지지 않으므로 제한된 시간 내에 저장을 완료해야 하며, 제한 시간 내에 저장이 되지 않은 경우에는 실격 처리됩니다.

- 출제된 문제의 용어는 MS Office LTSC Professional Plus 2021 기준으로 작성되어 있습니다.

대한상공회의소

문제1 기본작업(15점) 주어진 시트에서 다음 과정을 수행하고 저장하시오.

1 '기본작업-1' 시트에서 다음과 같이 고급 필터를 수행하시오. (5점)
- [B2:I23] 영역에서 사원번호의 마지막 1글자가 짝수이고, '업무부서'가 '영업부서'나 '연구팀' 행만을 대상으로 표시하시오.
- 조건은 [B26:B27] 영역 내에 알맞게 입력하시오. (ISEVEN, AND, RIGHT, OR 함수 사용)
- 결과는 [B30] 셀부터 표시하시오.

2 '기본작업-1' 시트에서 다음과 같이 조건부 서식을 설정하시오. (5점)
- [B3:I23] 영역에서 '수당'이 상위 1위인 데이터와 하위 1위인 데이터의 행 전체에 대하여 글꼴 스타일 '기울임꼴', 글꼴 색 '표준 색 - 자주'로 적용하시오.
- 단, 규칙 유형은 '수식을 사용하여 서식을 지정할 셀 결정'을 사용하고, 한 개의 규칙으로만 작성하시오.
- OR, RANK.EQ 함수 사용

2 '기본작업-2' 시트에서 다음과 같이 페이지 레이아웃을 설정하시오. (5점)
- [A2:H20] 영역을 인쇄 영역으로 설정하고, 인쇄될 내용이 페이지의 가로·세로 가운데에 인쇄되도록 페이지 가운데 맞춤을 설정하시오.
- 페이지의 내용이 자동으로 확대/축소되어 1페이지로 인쇄되도록 설정하시오.
- 매 페이지 상단의 왼쪽 구역에는 오늘 날짜, 오른쪽 구역에는 페이지 번호가 [표시 예]와 같이 표시되도록 머리글을 설정하시오.
- [표시 예 : 현재 페이지 번호 1 → 1page]

문제2 계산작업(30점) 주어진 시트에서 다음 과정을 수행하고 저장하시오.

1 [표1]의 사원번호, 시간외근무와 [표5]를 이용하여 [I3:I25] 영역에 시간외수당을 계산하여 표시하시오. (6점)
- 시간외수당은 '시간외근무 × 시간당수당'으로 계산하되, 오류 발생 시 0으로 표시
- 시간당수당은 사원번호의 두 번째 글자를 이용하여 [표5]를 참조
- HLOOKUP, MID, IFERROR 함수 사용

2 [표1]의 근무지, 기본급, 수당, 시간외근무를 이용하여 [표2]의 [B29:C30] 영역에 시간외근무가 있는 사원 중 본사와 지사별 가장 많은 기본급과 수당을 표시하시오. (6점)
- RIGHT, MAX, ISNUMBER 함수를 사용한 배열 수식

3 [표1]의 근무지와 교통비를 이용하여 [표3]의 [F29:G32] 영역에 근무지별 교통비의 평균을 10,000으로 나눈 몫만큼 "▶"을 반복하여 표시하시오. (6점)
- [표시 예 : 근무지별 교통비의 평균을 10000으로 나눈 몫이 3인 경우 → ▶▶▶]
- AVERAGEIF, QUOTIENT, REPT 함수 사용

4. [표1]의 근무지, 업무부서, 기본급을 이용하여 [표4]의 [B36:C39] 영역에 근무지별 생산부서와 관리부서에 대해 기본급이 2,500,000 이상인 사원수를 계산하여 표시하시오. (6점)

   ▶ 인원수 뒤에 "명"을 표시 [표시 예 : 2명]
   ▶ COUNT, IF 함수와 & 연산자를 사용한 배열 수식

5. 사용자 정의 함수 'fn세금'을 작성하여 [표1]의 [J3:J25] 영역에 세금을 계산하여 표시하시오. (6점)

   ▶ 'fn세금'은 기본급과 수당을 인수로 받아 세금을 계산하는 함수이다.
   ▶ 세금은 기본급이 3,000,000 이상이면 기본급 + 수당의 12%, 3,000,000 미만 2,500,000 이상이면 기본급 + 수당의 7%, 그 외는 기본급 + 수당의 3%를 표시하시오.
   ▶ IF ~ Else문 사용

   ```
   Public Function fn세금(기본급, 수당)
   End Function
   ```

문제3 분석작업(20점) 주어진 시트에서 다음 과정을 수행하고 저장하시오.

1. '분석작업-1' 시트에서 다음의 지시사항에 따라 피벗 테이블 보고서를 작성하시오. (10점)

   ▶ 외부 데이터 가져오기 기능을 이용하여 〈사원현황.xlsx〉 파일의 〈신입사원〉 시트를 이용하시오.
   ▶ 피벗 테이블의 보고서의 레이아웃과 위치는 〈그림〉을 참조하여 설정하고, 보고서 레이아웃은 개요 형식으로 표시하시오.
   ▶ '시간외근무'와 '식대'를 더하는 '시간외근무+식대' 필드를 추가하시오.
   ▶ '합계 : 기본급'을 기준으로 '업무부서'를 내림차순으로 정렬하고, '근무지' 필드는 '경기지사', '인천본사' 만 표시하시오.
   ▶ '기본급', '수당', '시간외근무+식대' 필드는 '값 필드 설정'의 셀 서식에서 '숫자' 범주를 이용하여 천 단위 구분 기호를 표시되도록 표시 형식을 지정하시오.
   ▶ 피벗 테이블 스타일은 '연한 녹색, 피벗 스타일 보통 14'로 설정하시오.
   ▶ '기본급' 필드를 열 합계 비율을 기준으로 〈그림〉과 같이 나타나도록 작성한 후 사용자 지정 이름을 '기본급비율'로 지정하시오.
   ▶ '피벗 테이블 옵션'에서 '레이블이 있는 셀 병합 및 가운데 맞춤'을 지정하시오.

	A	B	C	D	E	F
1						
2						
3		근무지	(다중 항목)			
4						
5		업무부서	합계 : 기본급	합계 : 수당	합계 : 시간외근무+식대	기본급비율
6		영업부서	13,800,000	2,018,000	680,010	38.66%
7		생산부서	9,600,000	1,076,000	340,008	26.89%
8		연구팀	6,900,000	886,000	380,003	19.33%
9		관리부서	5,400,000	480,000	120,009	15.13%
10		**총합계**	**35,700,000**	**4,460,000**	**1,520,030**	**100.00%**
11						

※ 작업 완성된 그림이며 부분 점수 없음

② '분석작업-2' 시트에 대하여 다음의 지시사항을 처리하시오. (10점)

▶ '전자제품 판매현황' 표에서 이익률[H21]이 다음과 같이 변동하는 경우 순이익합계[I19]의 변동 시나리오를 작성하시오.
- 셀 이름 정의 : [H21] 셀은 '이익률', [I19] 셀은 '순이익합계'로 정의하시오.
- 시나리오1: 시나리오 이름은 '이익률증가', 이익률은 35%로 설정하시오.
- 시나리오2: 시나리오 이름은 '이익률감소', 이익률은 25%로 설정하시오.
- 위 시나리오에 의한 '시나리오 요약' 보고서는 '분석작업-2' 시트 바로 앞에 위치시키시오.
※ 시나리오 요약 보고서 작성 시 정답과 일치하여야 하며, 오자로 인한 부분점수는 인정하지 않음

▶ [표1]의 총점[G26]은 과목별 표준 평균과 반영비율을 이용하여 계산한 것이다. [데이터 표] 기능을 이용하여 수학점수에 따른 총점의 변화를 [C32:C41] 영역에 계산하시오.

문제4 기타작업(35점) 주어진 시트에서 다음 과정을 수행하고 저장하시오.

① '기타작업-1' 시트에서 다음의 지시사항에 따라 차트를 수정하시오. (각 2점)

※ 차트는 반드시 문제에서 제공한 차트를 사용하여야 하며, 신규로 차트 작성 시 0점 처리됨

① '기술부' 계열을 삭제하고 범례를 아래쪽에 표시하시오.
② 차트 제목과 세로 축 제목(스택형)을 〈그림〉과 같이 표시하시오.
③ 가로 주 눈금선이 표시되지 않도록 설정하고 3차원 회전의 X를 50°로 지정하시오.
④ '영업부' 계열에 데이터 레이블을 표시한 후 데이터 레이블 서식을 이용하여 표시하는 내용과 위치를 〈그림〉과 같이 지정하시오.
⑤ 차트의 밑면을 도형 스타일의 '미세 효과 - 회색, 강조3'으로 지정하고 차트 영역의 테두리를 '둥근 모서리'로 표시하시오.

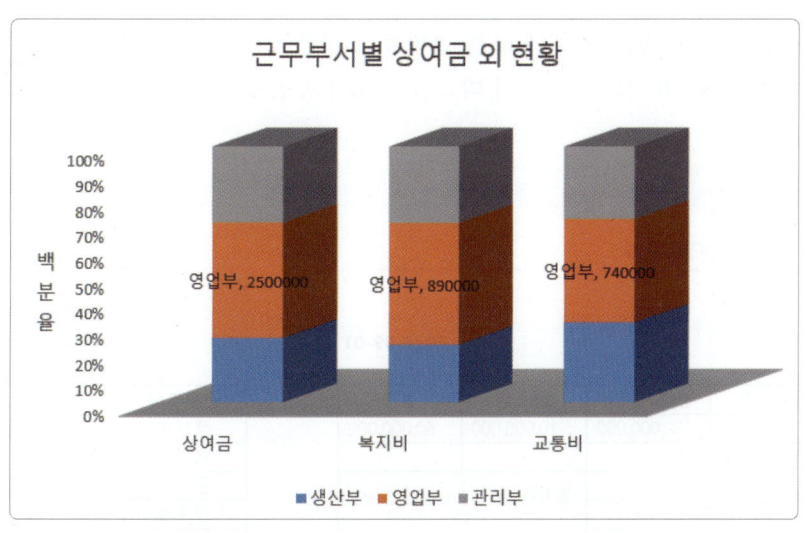

2. '기타작업-2' 시트에서 다음과 같은 기능을 수행하는 매크로를 현재 통합 문서에 작성하시오. (각 5점)

① [E3:E17] 영역에 사용자 지정 표시 형식을 설정하는 '서식적용' 매크로를 생성하시오.
- '출석일수'가 20 이상이면 파랑색으로 숫자를, -1이면 자홍색으로 "■ 오류"를, 그 외는 숫자만 표시하시오.
  [표시 예 : '출석일수'가 25 → 25, -1일 경우 → ■ 오류, 0일 경우 → 0]
- [도형] → [기본 도형]의 '사각형: 빗면'(▣)을 동일 시트의 [G2:H3] 영역에 생성한 후 텍스트를 '서식적용'으로 입력하고, 도형을 클릭하면 '서식적용' 매크로가 실행되도록 설정하시오.

② [E3:E17] 영역에 표시 형식을 '일반'으로 적용하는 '서식해제' 매크로를 생성하시오.
- [도형] → [기본 도형]의 '사각형: 빗면'(▣)을 동일 시트의 [G5:H6] 영역에 생성한 후 텍스트를 '서식해제'로 입력하고, 도형을 클릭하면 '서식해제' 매크로가 실행되도록 설정하시오.

※ 셀 포인터의 위치에 관계없이 매크로가 실행되어야 정답으로 인정됨

3. '기타작업-3' 시트에서 다음과 같은 작업을 수행하고 저장하시오. (각 5점)

① '연봉계약' 단추를 클릭하면 〈연봉계약〉 폼이 나타나고, 폼이 초기화(Initialize)되면 [I8:I12] 영역의 내용이 '근무부서(cmb근무부서)' 콤보 상자의 목록에 표시하고, '인사고과(cmb인사고과)'에는 'S1, S2, A1, A2, B1, B2'가 표시되도록 프로시저를 작성하시오.

② 〈연봉계약〉 폼의 '등록(cmd등록)' 단추를 클릭하면 폼에 입력된 데이터가 시트의 표에 입력되어 있는 마지막 행 다음에 연속하여 추가되도록 프로시저를 작성하시오.
- 성과금은 인사고과가 S로 시작하면 연봉의 20%, 인사고과가 A로 시작하면 10%, 그 외는 3%로 입력하시오.
- 〈연봉계약〉 폼 화면에서 'txt사원명'이 비어 있는 경우 '사원명을 입력하세요', 'cmb근무부서'가 비어 있는 경우 '근무부서를 선택하세요', 'cmb인사고과'가 비어 있는 경우 '인사고과를 선택하세요', 'txt연봉'이 비어 있는 경우 '연봉을 입력하세요' 라는 메시지 박스를 출력하시오.
- IF문 사용
- 등록이 끝난 후에는 새로운 사원명, 근무부서, 인사고과, 연봉계약금을 입력할 수 있도록 초기화하시오.
- 합계 : 연봉계약금 + 성과금

③ 〈연봉계약〉 폼의 '종료(cmd종료)' 단추를 클릭하면 [G5] 셀에 오늘 날짜를 표시한 후 글꼴 스타일을 '굵게'로 지정하고, 〈그림〉 같이 오늘 날짜와 총 입력 건이 표시되는 메시지 박스를 출력하고 폼을 종료하는 프로시저를 작성하시오.

정답 & 해설   상시 공략 문제 04회

문제1 기본작업

1 고급 필터

정답

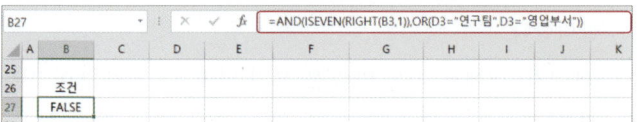

① [B26] 셀에 **조건**, [B27] 셀에 =AND(ISEVEN(RIGHT(B3,1)),OR(D3="연구팀",D3="영업부서"))를 입력한다.

② [데이터]-[정렬 및 필터] 그룹의 [고급]을 클릭한다.

③ [고급 필터]에서 다음과 같이 지정한 후 [확인]을 클릭한다.

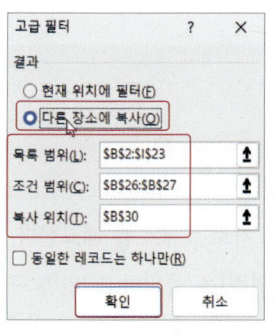

- 결과 : '다른 장소에 복사'
- 목록 범위 : [B2:I23]
- 조건 범위 : [B26:B27]
- 복사 위치 : [B30]

2 조건부 서식

정답

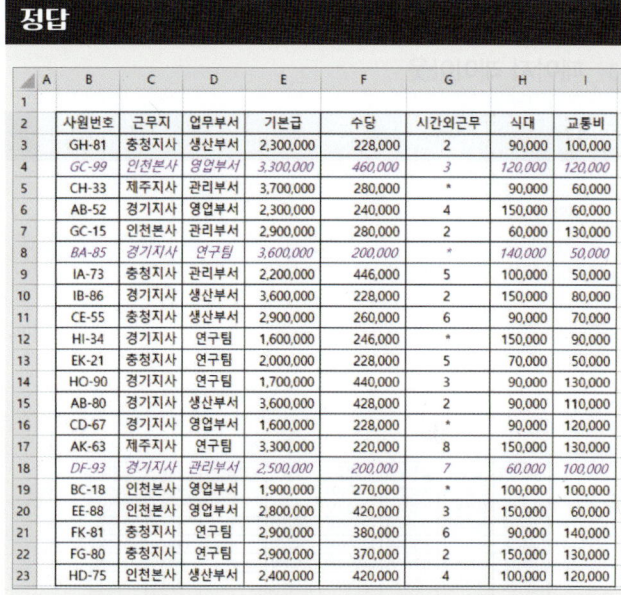

① [B3:I23] 영역을 범위 지정한 후 [홈]-[스타일] 그룹의 [조건부 서식]-[새 규칙]을 클릭한다.

② [새 서식 규칙]에서 '규칙 유형 선택'에 '▶ 수식을 사용하여 서식을 지정할 셀 결정'을 선택하고, =OR(RANK.EQ($F3,$F$3:$F$23)=1,RANK.EQ($F3,$F$3:$F$23,1)=1)를 입력한 후 [서식]을 클릭한다.

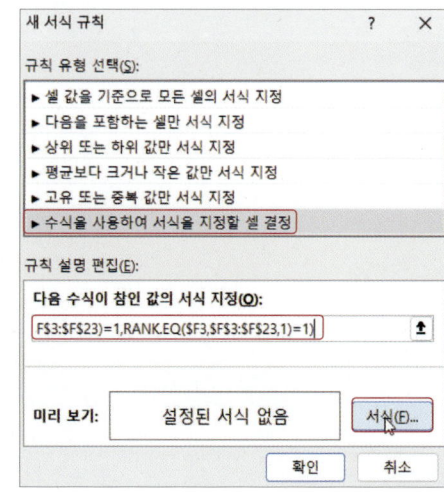

> **기적의 TIP**
> - RANK.EQ($F3,$F$3:$F$23) : 순위를 내림차순으로 구함(수당이 큰 값이 1등)
> - RANK.EQ($F3,$F$3:$F$23,1) : 순위를 오름차순으로 구함(수당이 작은 값이 1등)

③ [셀 서식]의 [글꼴] 탭에서 글꼴 스타일은 '기울임꼴', 글꼴 색은 '표준 색 – 자주'를 선택한 후 [확인]을 클릭한다.

④ [새 서식 규칙]에서 다시 [확인]을 클릭한다.

3 페이지 레이아웃

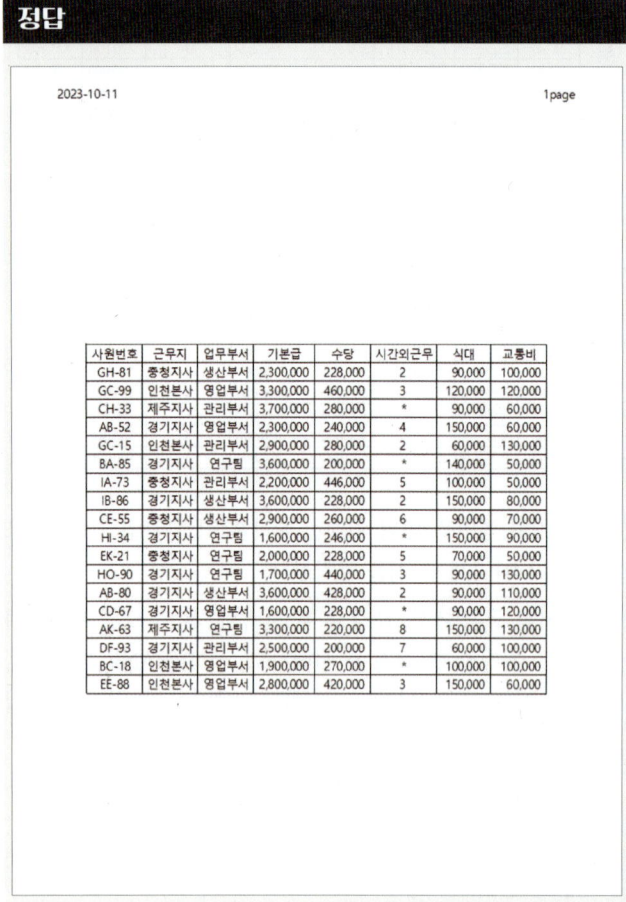

① [A2:H20] 영역을 범위 지정한 후 [페이지 레이아웃]-[페이지 설정] 그룹에서 [인쇄 영역]-[인쇄 영역 설정](🖼)을 클릭한다.

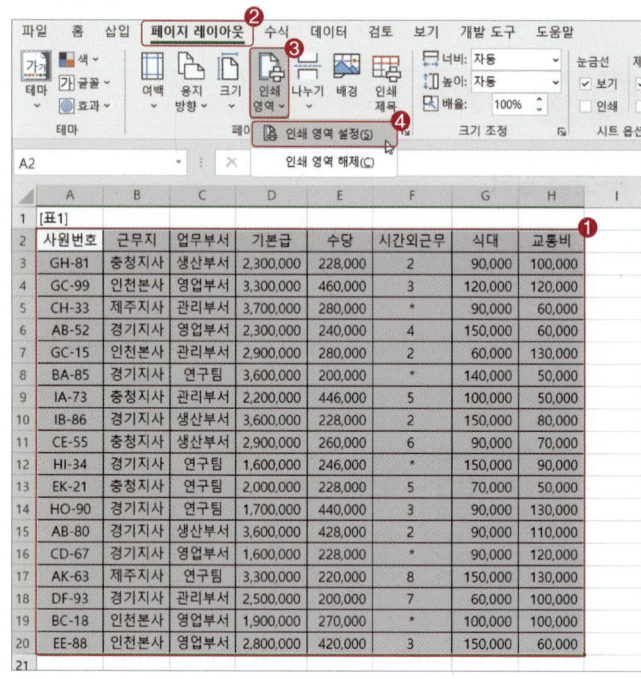

② [페이지 레이아웃]-[페이지 설정] 그룹에서 [옵션](🔲)을 클릭한다.

③ [페이지] 탭에서 '자동 맞춤'을 용지 너비 '1', 용지 높이 '1'로 지정한다.

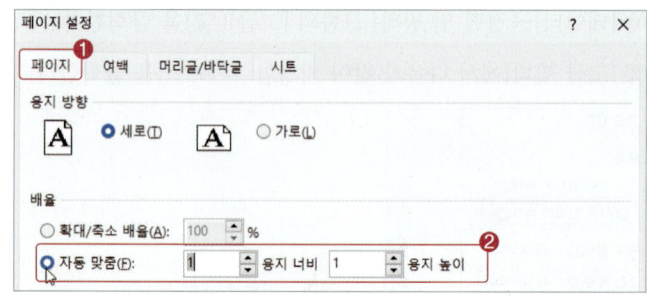

④ [여백] 탭에서 페이지 가운데 맞춤 '가로', '세로'를 체크한다.

⑤ [머리글/바닥글] 탭에서 [머리글 편집]을 클릭하고 '왼쪽 구역'에 커서를 두고 [날짜 삽입]을 클릭한 후 '오른쪽 구역'에 커서를 두고 [페이지 번호 삽입]을 클릭한 후 page를 입력하고 [페이지 설정]에서 [확인]을 클릭한다.

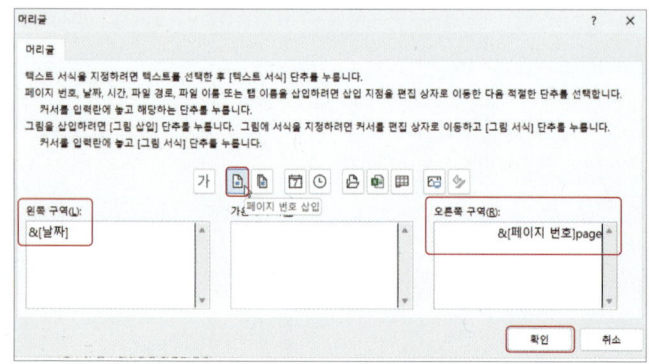

문제2 계산작업

정답

	A	B	C	D	E	F	G	H	I	J
1	[표1]									
2	사원번호	근무지	업무부서	기본급	수당	시간외근무	식대	교통비	시간외수당	세금
3	GH-81	충청지사	생산부서	2,300,000	228,000	2	90,000	100,000	40,000	75,840
4	GC-99	인천본사	영업부서	3,300,000	460,000	3	120,000	120,000	45,000	451,200
5	CH-33	제주지사	관리부서	3,700,000	280,000	*	90,000	60,000	0	477,600
6	AB-52	경기지사	영업부서	2,300,000	240,000	4	150,000	60,000	60,000	76,200
7	GC-15	인천본사	관리부서	2,900,000	280,000	2	60,000	130,000	30,000	222,600
8	BA-85	경기지사	연구팀	3,600,000	200,000	*	140,000	50,000	0	456,000
9	IA-73	충청지사	관리부서	2,200,000	446,000	5	100,000	50,000	75,000	79,380
10	IB-86	경기지사	생산부서	3,600,000	228,000	2	150,000	80,000	30,000	459,360
11	CE-55	충청지사	생산부서	2,900,000	260,000	6	90,000	70,000	108,000	221,200
12	HI-34	경기지사	연구팀	1,600,000	246,000	*	150,000	90,000	0	55,380
13	EK-21	충청지사	연구팀	2,000,000	228,000	5	70,000	50,000	100,000	66,840
14	HO-90	경기지사	연구팀	1,700,000	440,000	3	90,000	130,000	60,000	64,200
15	AB-80	경기지사	생산부서	3,600,000	428,000	2	90,000	110,000	30,000	483,360
16	CD-67	경기지사	영업부서	1,600,000	228,000	*	90,000	120,000	0	54,840
17	AK-63	제주지사	연구팀	3,300,000	220,000	8	150,000	90,000	160,000	422,400
18	DF-93	경기지사	관리부서	2,500,000	200,000	7	60,000	100,000	126,000	189,000
19	BC-18	인천본사	영업부서	1,900,000	270,000	*	100,000	100,000	0	65,100
20	EE-88	인천본사	영업부서	2,800,000	420,000	3	150,000	60,000	54,000	225,400
21	FK-81	충청지사	연구팀	2,900,000	380,000	6	90,000	90,000	120,000	229,600
22	FG-80	충청지사	연구팀	2,900,000	370,000	2	150,000	130,000	40,000	228,900
23	HD-75	인천본사	생산부서	2,400,000	420,000	4	100,000	120,000	72,000	84,600
24	EF-35	제주지사	관리부서	2,800,000	440,000	6	90,000	80,000	108,000	226,800
25	DG-77	경기지사	영업부서	1,900,000	400,000	*	70,000	150,000	0	69,000

	A	B	C	D	E	F	G	H
27	[표2]					[표3]		
28		기본급	수당			근무지	교통비 그래프	
29	본사	3,300,000	460,000			인천본사	▶▶▶▶▶▶▶▶▶▶	
30	지사	3,600,000	446,000			경기지사	▶▶▶▶▶▶▶▶▶	
31						충청지사	▶▶▶▶▶▶▶	
32						제주지사	▶▶▶▶▶▶	
33								
34	[표4]					[표5] 시간당수당표		
35	근무지	생산부서	관리부서				A에서	D에서	G에서
36	인천본사	0명	1명				C까지	F까지	I까지
37	경기지사	2명	1명			시간당수당	15,000	18,000	20,000
38	충청지사	1명	0명						
39	제주지사	0명	2명						

1 시간외수당[I3:I25]

[I3] 셀에 =IFERROR(HLOOKUP(MID(A3,2,1),$F$35:$H$37,3)*F3,0)를 입력하고 [I25] 셀까지 수식을 복사한다.

함수 설명 =IFERROR(HLOOKUP(MID(A3,2,1),$F$35:$H$37,3)*F3,0)

❶ MID(A3,2,1) : 사원번호[A3] 셀에서 왼쪽에서 2번째에 위치한 1글자를 추출

❷ HLOOKUP(❶,$F$35:$H$37,3) : ❶의 값을 [F35:H37] 영역의 첫 번째 행에서 값을 찾고 3번째 행의 값을 가져옴

=IFERROR(❷*F3,0) : ❷*시간외근무의 결과에 오류가 있을 때에는 0을 표시(시간외근무에 *가 입력된 셀에는 오류가 발생함)

2 기본급과 수당 표시[B29:C30]

[B29] 셀에 =MAX((RIGHT($B$3:$B$25,2)=$A29)*ISNUMBER($F$3:$F$25)*D$3:D$25)를 입력하고 Ctrl+Shift+Enter를 누른 후 [C30] 셀까지 수식을 복사한다.

> **함수 설명** =MAX((RIGHT($B$3:$B$25,2)=$A29)*ISNUMBER($F$3:$F$25)*D$3:D$25)
>
> ❶ RIGHT($B$3:$B$25,2)=$A29 : 근무지[B3:B25] 영역에서 오른쪽에서 2글자를 추출한 값이 [A29] 셀의 값과 같은지 비교
> ❷ ISNUMBER($F$3:$F$25) : 시간외근무[F3:F25] 영역의 값이 숫자인지 비교
>
> =MAX(❶*❷*D$3:D$25) : ❶,❷의 조건에 모두 만족하면 기본급 [D3:D25] 영역의 값에서 가장 큰 값을 표시

3 교통비 그래프[F29:G32]

[F29] 셀에 =REPT("▶",QUOTIENT(AVERAGEIF($B$3:$B$25,E29,$H$3:$H$25),10000))를 입력하고 [G32] 셀까지 수식을 복사한다.

> **함수 설명** =REPT("▶",QUOTIENT(AVERAGEIF($B$3:$B$25,E29,$H$3:$H$25),10000))
>
> ❶ AVERAGEIF($B$3:$B$25,E29,$H$3:$H$25) : 근무지[B3:B25] 영역에서 [E29] 셀과 같은 데이터를 찾아 같은 행의 교통비 [H3:H25] 값을 찾아 평균을 구함
> ❷ QUOTIENT(❶,10000) : ❶의 값을 10000으로 나눈 몫을 구함
>
> =REPT("▶",❷) : '▶'을 ❷의 개수만큼 반복하여 표시

4 사원수[B36:C39]

[B36] 셀에 =COUNT(IF(($B$3:$B$25=$A36)*($C$3:$C$25=B$35)*($D$3:$D$25>=2500000),1))&"명"를 입력하고 Ctrl+Shift+Enter를 누른 후 [C39] 셀까지 수식을 복사한다.

> **함수 설명** =COUNT(IF(($B$3:$B$25=$A36)*($C$3:$C$25=B$35)*($D$3:$D$25>=2500000),1))&"명"
>
> ❶ ($B$3:$B$25=$A36) : 근무지[B3:B25] 영역의 값이 [A36] 셀과 같은지 비교
> ❷ ($C$3:$C$25=B$35) : 업무부서[C3:C25] 영역의 값이 [B35] 셀과 같은지 비교
> ❸ ($D$3:$D$25>=2500000) : 기본급[D3:D25] 영역의 값이 2500000 이상인지 비교
>
> =COUNT(IF(❶*❷*❸,1))&"명" : ❶,❷,❸ 조건 모두에 만족하면 1의 값을 반환하고 그 반환된 값의 개수를 구하여 '명'을 붙여서 표시

5 세금[J3:J25]

① [개발 도구]-[코드] 그룹의 [Visual Basic](아이콘)을 클릭한다.
② [삽입]-[모듈]을 클릭한다.
③ Module 창에 다음과 같이 입력한다.

```
Public Function fn세금(기본급, 수당)
    If 기본급 >= 3000000 Then
        fn세금 = (기본급 + 수당) * 0.12
    ElseIf 기본급 >= 2500000 Then
        fn세금 = (기본급 + 수당) * 0.07
    Else
        fn세금 = (기본급 + 수당) * 0.03
    End If
End Function
```

④ [파일]-[닫고 Microsoft Excel(으)로 돌아가기]를 클릭하여 [Visual Basic Editor]를 닫는다.
⑤ [J3] 셀을 클릭한 후 [함수 삽입](fx)을 클릭한다.
⑥ '범주 선택'에서 '사용자 정의', '함수 선택'에서 'fn세금'을 선택한 후 [확인]을 클릭한다.
⑦ 그림과 같이 셀을 지정한 후 [확인]을 클릭한다.

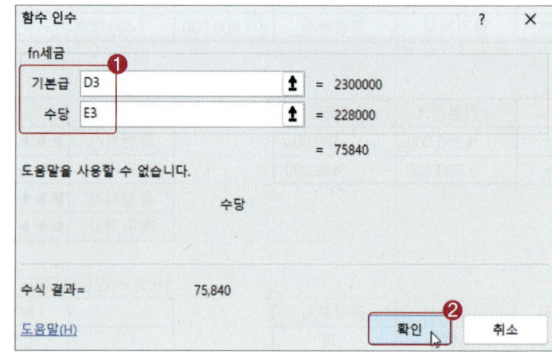

⑧ [J3] 셀을 선택한 후 [J25] 셀까지 수식을 복사한다.

문제3 분석작업

1 피벗 테이블

정답

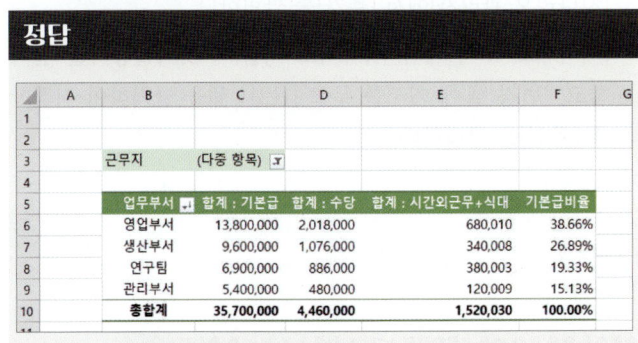

① [B5] 셀을 클릭한 후 [삽입]-[표] 그룹에서 [피벗 테이블](📊)을 클릭한다.

② '외부 데이터 원본 사용'에서 [연결 선택]을 클릭하여 '사원현황.xlsx' 파일을 선택한 후 [테이블 선택]에서 '신입사원'을 선택하고 '데이터의 첫 행에 열 머리글 포함'이 체크된 상태에서 [확인]을 클릭한다.

③ 다음과 같이 보고서 레이아웃을 지정한다.

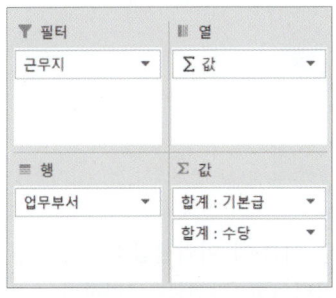

④ [디자인] 그룹에서 [레이아웃]-[보고서 레이아웃]-[개요 형식으로 표시]를 클릭한다.

⑤ [피벗 테이블 분석] 탭에서 [계산]-[필드, 항목 및 집합]-[계산 필드]를 클릭하여 다음과 같이 입력하고 [추가]를 클릭한 후 [확인]을 클릭한다.

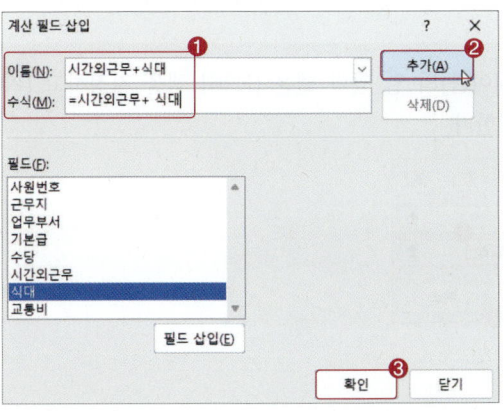

⑥ [B5] 셀 목록 단추를 클릭하여 [기타 정렬 옵션]을 클릭하여 '내림차순 기준'에서 '합계 : 기본급'을 선택하고 [확인]을 클릭한다.

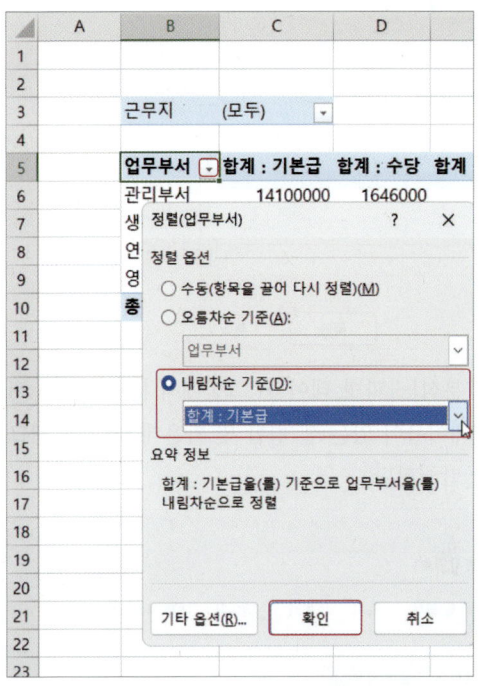

⑦ 근무지 [C3] 셀에서 목록 단추를 클릭하여 '여러 항목 선택'을 선택한 후 '경기지사', '인천본사' 체크될 수 있도록 '제주지사', '충청지사' 선택을 해제한다.

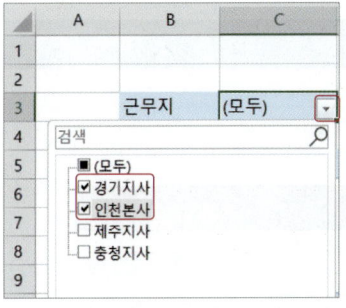

⑧ '합계 : 기본급'[C5]에서 더블클릭하여 [값 필드 설정]에서 [표시 형식]을 클릭한 후 '숫자'를 선택하고 '1000 단위 구분 기호(,) 사용'을 체크하고 [확인]을 클릭한다.

⑨ 같은 방법으로 '합계 : 수당'[D5], '합계 : 시간외근무+식대' [E5]를 더블클릭하여 천 단위 구분 기호를 표시되도록 설정한다.

⑩ [디자인]-[피벗 테이블 스타일] 그룹에서 '연한 녹색, 피벗 스타일 보통 14'를 선택한다.

⑪ '기본급' 필드를 '값' 영역에 추가한 후 [F5] 셀에서 더블클릭하여 '사용자 지정 이름'에 **기본급비율**을 입력하고 [값 표시 형식]에서 '열 합계 비율'을 선택하고 [확인]을 클릭한다.

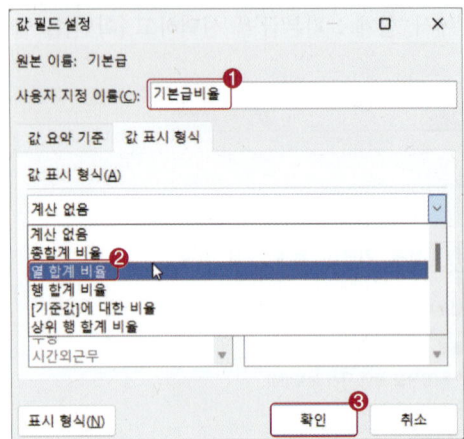

⑫ [피벗 테이블 분석]-[피벗 테이블] 그룹에서 [옵션](🗔옵션)을 클릭하여 '레이블이 있는 셀 병합 및 가운데 맞춤'을 체크하고 [확인]을 클릭한다.

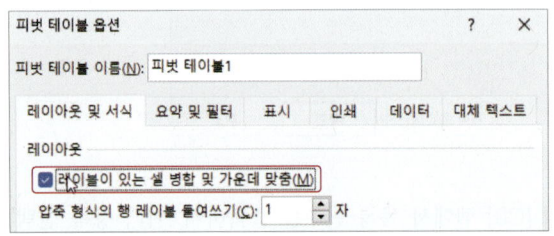

2 시나리오

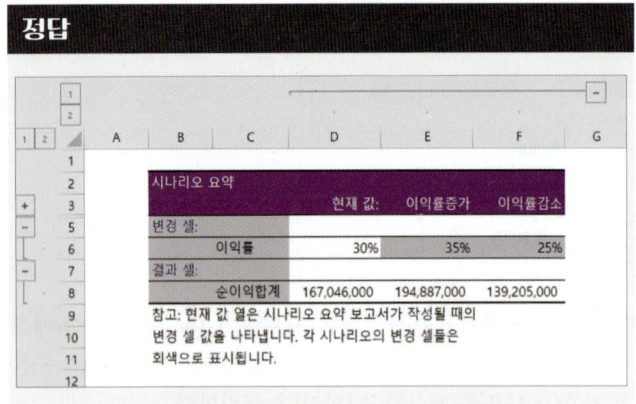

① [H21] 셀을 클릭한 후 '이름 상자'에 **이익률**을 입력하고 Enter 를 누른다.

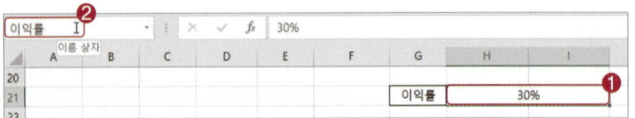

② 같은 방법으로 [I19] 셀도 **순이익합계**로 이름을 정의한다.

③ [H21] 셀을 클릭한 후 [데이터]-[예측] 그룹의 [가상 분석]-[시나리오 관리자]를 클릭한다.

④ [시나리오 관리자]에서 [추가]를 클릭한다.

⑤ [시나리오 추가]에서 '시나리오 이름'에 **이익률증가**를 입력하고, '변경 셀'에 커서를 두고 [H21] 셀을 클릭하여 지정한 후 [확인]을 클릭한다.

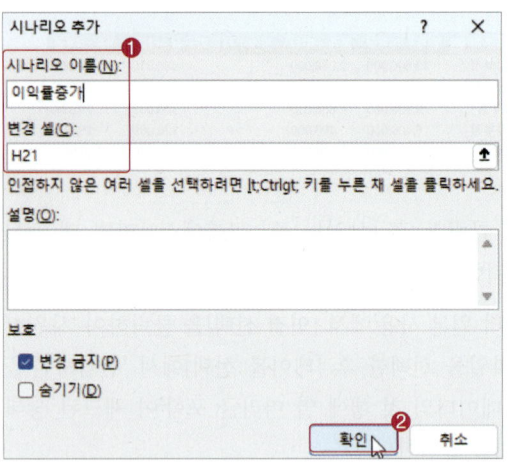

⑥ [시나리오 값] 대화상자에 35% 또는 0.35를 입력하고 [추가]를 클릭한다.

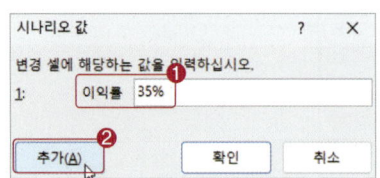

⑦ [시나리오 추가]의 '시나리오 이름'에 **이익률감소**를 입력한 후 [시나리오 값]에 25%를 입력하고 [확인]을 클릭한다.

⑧ [시나리오 관리자]에서 [요약]을 클릭하여 [시나리오 요약]의 '결과 셀'에 커서를 두고 [I19] 셀을 클릭한 후 [확인]을 클릭한다.

⑨ [C31] 셀에 =G26을 입력하고 [B31:C41] 영역을 범위 지정한 후 [데이터] 탭의 [예측]-[가상 분석]-[데이터 표]를 클릭한다.

⑩ [데이터 테이블]의 열 입력 셀은 [E26] 셀을 지정하고 [확인]을 클릭한다.

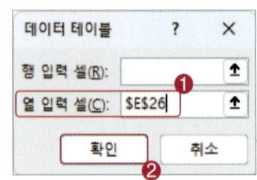

문제4 기타작업

1 차트

정답

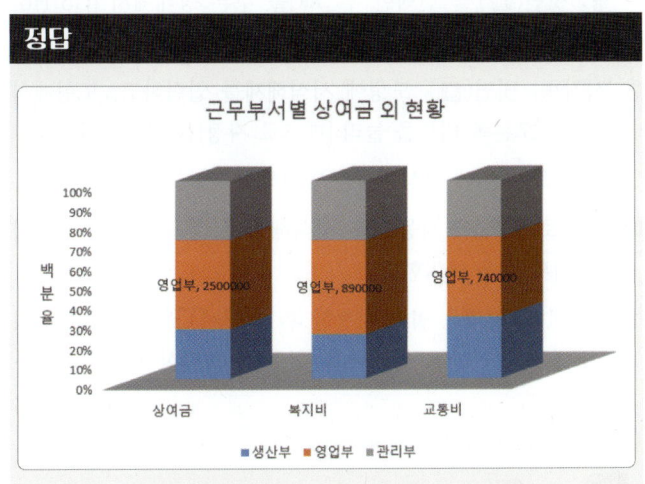

① '기술부' 계열을 선택한 후 마우스 오른쪽 버튼을 눌러 [삭제]를 클릭한다.

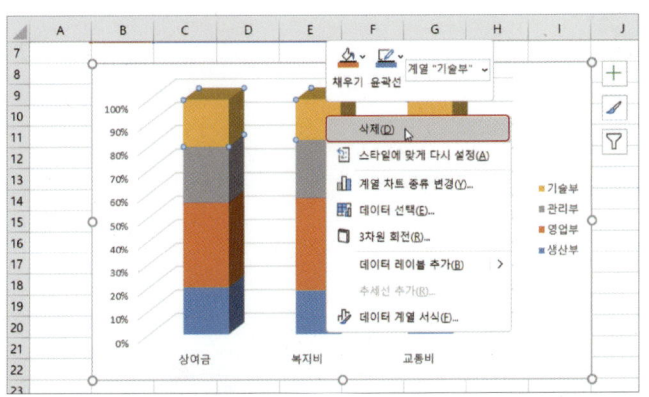

② 차트를 선택한 후 [차트 요소](＋)-[범례]-[아래쪽]을 클릭한다.

③ 차트를 선택한 후 [차트 요소](＋)-[차트 제목]을 클릭한 후 **근무부서별 상여금 외 현황**을 입력하고, [차트 요소](＋)-[축 제목]-[기본 세로]를 클릭한 후 **백분율**을 입력한다.

④ 세로 (값) 축 제목을 선택한 후 마우스 오른쪽 버튼을 눌러 [축 제목 서식]을 클릭하여 [크기 및 속성]의 '맞춤'에서 텍스트 방향을 '스택형'을 선택한다.

⑤ 차트를 선택한 후 [차트 요소(＋)-[눈금선]- [기본 주 가로]의 체크를 해제한다.

⑥ 차트에서 마우스 오른쪽 버튼을 눌러 [3차원 회전]을 클릭하여 'X 회전'에서 50을 입력한다.

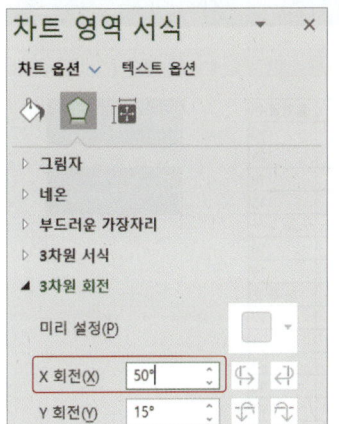

⑦ '영업부' 계열을 클릭한 후 [차트 요소](＋)-[데이터 레이블]을 클릭하여 표시한 후 데이터 레이블 값을 선택한 후 [데이터 레이블 서식]의 '레이블 옵션'에서 '계열 이름'을 체크한다.

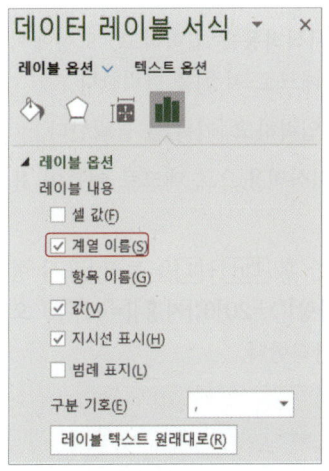

⑧ 밑면을 선택한 후 [서식]-[도형 스타일]에서 '미세 효과 - 회색, 강조 3'을 선택한다.

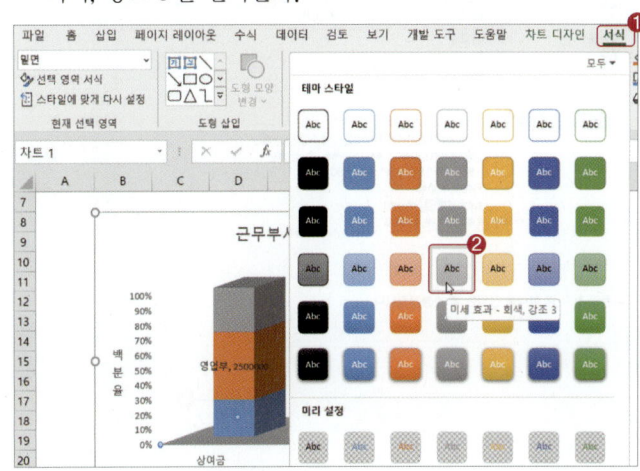

⑨ 차트를 선택한 후 [차트 영역 서식]의 [채우기 및 선]에서 '테두리'의 '둥근 모서리'를 체크한다.

2 매크로

정답

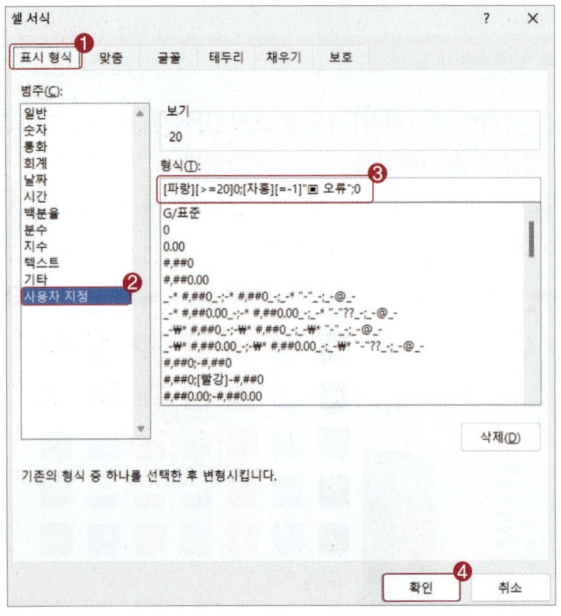

① [삽입] 탭의 [일러스트레이션]-[도형]-[기본 도형]의 '사각형: 빗면(▢)'을 선택한 후 Alt 를 누른 상태에서 [G2:H3] 영역에 드래그한다.

② '사각형: 빗면(▢)' 도형에 **서식적용**을 입력하고, 도형에서 마우스 오른쪽 버튼을 눌러 [매크로 지정]을 클릭한다.

③ [매크로 지정]에 **서식적용**을 입력하고 [기록]을 클릭한다.

④ [매크로 기록]에 자동으로 '서식적용'으로 매크로 이름이 표시되면 [확인]을 클릭한다.

⑤ [E3:E17] 영역을 범위 지정한 후 Ctrl + 1 을 눌러 [표시 형식] 탭의 '사용자 지정'에 **[파랑][>=20]0;[자홍][=-1]"▣ 오류";0**을 입력하고 [확인]을 클릭한다.

⑥ 임의의 셀을 클릭한 후 매크로 기록을 종료하기 위해 [개발 도구]-[코드] 그룹의 [기록 중지](▢)를 클릭한다.

⑦ [삽입] 탭의 [일러스트레이션]-[도형]-[기본 도형]의 '사각형: 빗면(▢)'을 선택한 후 Alt 를 누른 상태에서 [G5:H6] 영역에 드래그한다.

⑧ '사각형: 빗면(▢)' 도형에 **서식해제**를 입력하고, 도형에서 마우스 오른쪽 버튼을 눌러 [매크로 지정]을 클릭한다.

⑨ [매크로 지정]에 **서식해제**를 입력하고 [기록]을 클릭한다.

⑩ [매크로 기록]에 자동으로 '서식해제'로 매크로 이름이 표시되면 [확인]을 클릭한다.

⑪ [E3:E17] 영역을 범위 지정한 후 Ctrl + 1 을 눌러 [표시 형식] 탭에서 '일반'을 선택하고 [확인]을 클릭한다.

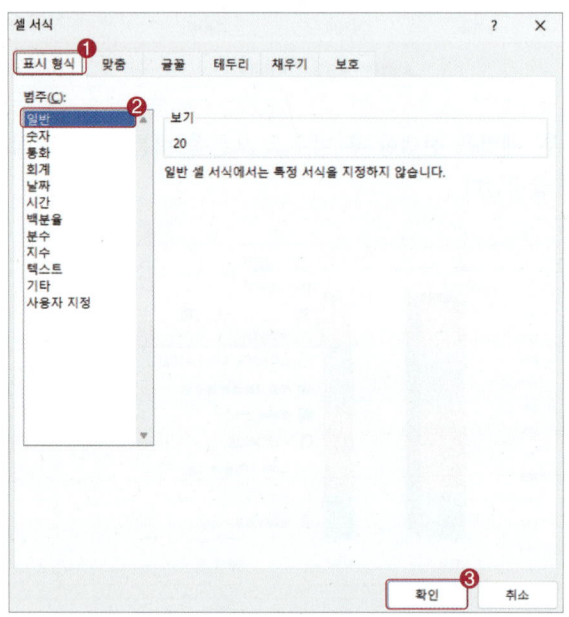

⑫ 임의의 셀을 클릭한 후 매크로 기록을 종료하기 위해 [개발 도구]-[코드] 그룹의 [기록 중지](▢)를 클릭한다.

3 VBA 프로그래밍

(1) 폼 보이기

① [개발 도구]-[컨트롤] 그룹의 [디자인 모드](📐)를 클릭하여 〈연봉계약〉 버튼을 편집 상태로 만든다.

② 〈연봉계약〉 버튼을 더블클릭한 후 코드 창에 다음과 같이 입력한다.

```
Private Sub cmd등록_Click()
    연봉계약.Show
End Sub
```

(2) 폼 초기화

① [프로젝트-VBAProject] 탐색기에서 '폼'을 더블 클릭하고 〈연봉계약〉을 선택한다.

② [프로젝트-VBAProject] 탐색기의 [코드 보기](📄)를 클릭한다.

③ '개체 목록'은 'UserForm', '프로시저 목록'은 'Initialize'를 선택한다.

④ 코드 창에 다음과 같이 입력한다.

```
Private Sub UserForm_Initialize()
    cmb근무부서.RowSource = "I8:I12"
    With cmb인사고과
        .AddItem "S1"
        .AddItem "S2"
        .AddItem "A1"
        .AddItem "A2"
        .AddItem "B1"
        .AddItem "B2"
    End With
End Sub
```

(3) 등록 프로시저

① '개체 목록'에서 'cmd등록', '프로시저 목록'은 'Click'을 선택한다.

② 코드 창에 다음과 같이 입력한다.

```
Private Sub cmd등록_Click()
    If txt사원명 = "" Then
        MsgBox "사원명을 입력하세요"
    ElseIf cmb근무부서 = "" Then
        MsgBox "근무부서를 선택하세요"
    ElseIf cmb인사고과 = "" Then
        MsgBox "인사고과를 선택하세요."
    ElseIf txt연봉 = "" Then
        MsgBox "연봉을 입력하세요"
    Else
        i = Range("B7").CurrentRegion.Rows.Count + 7
        Cells(i, 2) = txt사원명
        Cells(i, 3) = cmb근무부서
        Cells(i, 4) = cmb인사고과
        Cells(i, 5) = txt연봉.Value
        If Left(cmb인사고과, 1) = "S" Then
            Cells(i, 6) = Cells(i, 5) * 0.2
        ElseIf Left(cmb인사고과, 1) = "A" Then
            Cells(i, 6) = Cells(i, 5) * 0.1
        Else
            Cells(i, 6) = Cells(i, 5) * 0.03
        End If
        Cells(i, 7) = Cells(i, 5) + Cells(i, 6)
    txt사원명 = ""
    cmb근무부서 = ""
    cmb인사고과 = ""
    txt연봉 = ""
    End If
End Sub
```

(4) 종료 프로시저

① '개체 목록'에서 'cmd종료', '프로시저 목록'은 'Click'을 선택한다.

② 코드 창에 다음과 같이 입력한다.

```
Private Sub cmd종료_Click()
[G5] = Date
[G5].Font.Bold = True
MsgBox Date & " 총 " & Range("B7").CurrentRegion.Rows.Count - 1 & "건 입력 완료", , "폼 닫기"
Unload Me
End Sub
```

상시 공략 문제 05회

작업파일: '26컴활1급(상시)₩스프레드시트₩상시공략문제'에서 '상시공략문제5회' 파일을 열어 작업하세요.

프로그램명	제한시간	풀이시간
EXCEL 2021	45분	분

수험번호 :

성　　명 :

유의사항

- 인적 사항 누락 및 잘못 작성으로 인한 불이익은 수험자 책임으로 합니다.

- 화면에 암호 입력창이 나타나면 아래의 암호를 입력하여야 합니다.
  ○ 암호: 6845%3

- 작성된 답안은 주어진 경로 및 파일명을 변경하지 마시고 그대로 저장해야 합니다. 이를 준수하지 않으면 실격 처리됩니다.
  ○ 답안 파일명의 예: C:₩OA₩수험번호8자리.xlsm

- 외부데이터 위치: C:₩OA₩파일명

- 별도의 지시사항이 없는 경우, 다음과 같이 처리 시 실격 처리됩니다.
  ○ 제시된 시트 및 개체의 순서나 이름을 임의로 변경한 경우
  ○ 제시된 시트 및 개체를 임의로 추가 또는 삭제한 경우
  ○ 외부데이터를 시험 시작 전에 열어본 경우

- 답안은 반드시 문제에서 지시 또는 요구한 셀에 입력하여야 하며 다음과 같이 처리 시 채점 대상에서 제외됩니다.
  ○ 제시된 함수가 있을 경우 제시된 함수만을 사용하여야 하며 그 외 함수사용시 채점대상에서 제외
  ○ 수험자가 임의로 지시하지 않은 셀의 이동, 수정, 삭제, 변경 등으로 인해 셀의 위치 및 내용이 변경된 경우 해당 작업에 영향을 미치는 관련문제 모두 채점 대상에서 제외
  ○ 도형 및 차트의 개체가 중첩되어 있거나 동일한 계산결과 시트가 복수로 존재할 경우 해당 개체나 시트는 채점 대상에서 제외

- 수식 작성 시 제시된 문제 파일의 데이터는 변경 가능한(가변적) 데이터임을 감안하여 문제 풀이를 하시오.

- 별도의 지시사항이 없는 경우, 주어진 각 시트 및 개체의 설정값 또는 기본 설정값 (Default)으로 처리하시오.

- 저장 시간은 별도로 주어지지 않으므로 제한된 시간 내에 저장을 완료해야 하며, 제한 시간 내에 저장이 되지 않은 경우에는 실격 처리됩니다.

- 출제된 문제의 용어는 MS Office LTSC Professional Plus 2021 기준으로 작성되어 있습니다.

대 한 상 공 회 의 소

문제1 기본작업(15점) 주어진 시트에서 다음 과정을 수행하고 저장하시오.

1 '기본작업-1' 시트에서 다음과 같이 고급 필터를 수행하시오. (5점)
- ▶ [A2:H17] 영역에서 '등록일'의 년도가 2015년부터 2020년 이면서 '분류'가 '국공립'이 아닌 행만을 대상으로 표시하시오.
- ▶ 조건은 [A19:A20] 영역 내에서 알맞게 입력하시오. (AND, YEAR 함수 사용)
- ▶ 결과는 [A23] 셀부터 표시하시오.

2 '기본작업-1' 시트의 [A3:H17] 영역에 대해 다음과 같이 조건부 서식을 설정하시오. (5점)
- ▶ '분류'가 '가정'이 아니면서 '관리코드'가 'S'로 시작하는 행 전체에 대하여 글꼴 스타일 '굵게', 글꼴 색 '표준 색 – 파랑'으로 적용하시오.
- ▶ 단, 규칙 유형은 '수식을 사용하여 서식을 지정할 셀 결정'을 사용하고, 한 개의 규칙으로만 작성하시오. (AND, NOT, LEFT 함수 사용)

3 '기본작업-2' 시트에서 다음과 같이 페이지 레이아웃을 설정하시오. (5점)
- ▶ [A2:H17], [A19:H32] 영역을 인쇄 영역으로 설정하고, 인쇄될 내용이 페이지의 가로 가운데에 인쇄되도록 페이지 가운데 맞춤을 설정하시오.
- ▶ 페이지의 내용이 자동으로 확대/축소되어 각각 1페이지로 인쇄되도록 설정하시오.
- ▶ 매 페이지 하단 가운데 구역에는 페이지 번호가 [표시 예]와 같이 표시되도록 바닥글을 설정하시오.
  [표시 예 : 현재 페이지가 1일 경우 → - 1 -]

문제2 계산작업(30점) 주어진 시트에서 다음 과정을 수행하고 저장하시오.

1 [표1]의 할부기간, 결제카드와 [표2]의 할부기간별 수수료율을 이용하여 [E3:E12] 영역에 카드수수료를 계산하여 표시하시오. (6점)
- ▶ 카드수수료 = 금액 × 수수료율
- ▶ 결제카드의 수수료율은 '한국카드'를 제외한 나머지 카드는 '기타카드'로 처리
- ▶ HLOOKUP, MATCH 함수 사용

2 [표1]의 판매코드를 이용하여 [F3:F12] 영역에 판매방법별 누적개수를 계산하여 표시하시오. (6점)
- ▶ 판매방법은 판매코드의 첫 글자가 'A'이면 '앱주문', 'S'이면 '매장주문', 'M'이면 '상담원'임
- ▶ [표시 예 : 앱주문(1건), 매장주문(1건), 상담원(1건)]
- ▶ IFS, LEFT, COUNTIF 함수와 & 연산자 사용

3 [표1]에서 금액[B3:B12] 범위 중 상위 5개의 값의 평균을 [표3]의 [J9] 셀에 표시하시오. (6점)
- ▶ AVERAGE, LARGE 함수 및 배열상수를 이용한 배열 수식

4. [표4]의 시험과목-난이도에서 특정문자("-") 앞의 과목과 뒤 난이도를 이용하여 [표5]의 시험과목별 난이도 건수를 [I17:K19] 영역에 표시하시오. (6점)

   ▶ [표시 예 : 국어-상 : 과목은 '국어', 난이도는 '상']
   ▶ COUNT, FIND 함수를 이용한 배열 수식

5. 사용자 정의 함수 'fn환산점'을 작성하여 [표4]의 환산점[F16:F27]을 표시하시오. (6점)

   ▶ 'fn환산점'은 국어, 영어, 수학 점수를 인수로 받아 값을 되돌려줌
   ▶ 환산점은 국어, 영어, 수학 중 한 과목이라도 60 이하이면 0, 그 외는 국어 점수의 40%, 영어 점수의 30%, 수학 점수의 30%의 합으로 계산하시오.
   ▶ If ~ Else문 사용

   ```
   Public Function fn환산점(국어, 영어, 수학)
   End Function
   ```

문제3 분석작업(20점) 주어진 시트에서 다음 과정을 수행하고 저장하시오.

1. '분석작업-1' 시트에 대하여 다음의 지시사항을 처리하시오. (10점)

   ▶ 외부 데이터 가져오기 기능을 이용하여 〈판매.accdb〉에서 〈국산제품〉 테이블의 '구분', '브랜드명', '제조일', '판매가', '판매량' 열만 가지고 와서 작성하시오.
   ▶ 피벗 테이블 보고서의 레이아웃과 위치는 〈그림〉을 참조하여 설정하고, 보고서 레이아웃을 개요 형식으로 표시하시오.
   ▶ 판매가 × 판매량으로 계산하는 '판매금액' 계산 필드를 추가하시오.
   ▶ 제조일은 60일 단위로 그룹을 설정하시오.
   ▶ 값 영역의 모든 필드들의 표시 형식은 회계 범주를 이용하여 〈그림〉과 같이 설정하시오.
   ▶ 빈 셀은 '*'로 표시하고, 레이블이 있는 셀은 병합하고 가운데 맞춤, '행 총합계 표시'는 표시되지 않도록 설정하시오.
   ▶ 구분은 '기능성'과 '농축액'만 표시되도록 설정하시오.

	A	B	C	D	E
1	브랜드명	(모두)			
2					
3		구분	값		
4			기능성		농축액
5	제조일		합계 : 판매가	합계 : 판매금액	합계 : 판매가	합계 : 판매금액
6	2025-01-03 - 2025-03-03		235,000	4,230,000	374,000	4,488,000
7	2025-03-04 - 2025-05-02		176,000	2,816,000	369,000	14,391,000
8	2025-07-02 - 2025-08-30		20,000	460,000	*	-
9	2025-08-31 - 2025-10-29	*		-	35,000	840,000
10	2025-10-30 - 2025-12-26	*		-	265,000	11,130,000
11	총합계		431,000	24,567,000	1,043,000	122,031,000

   ※ 작업 완성된 그림이며 부분점수 없음

2. '분석작업-2' 시트에 대하여 다음의 지시사항을 처리하시오. (10점)

   ▶ [데이터 유효성 검사] 기능을 이용하여 [C3:C18] 영역에는 [K3:K5] 영역의 목록을 선택할 수 있도록 제한 대상을 설정하시오.

▶ 항공편을 기준으로 대한항공-진에어-에어아시아 순으로 정렬하고, 항공편이 동일한 경우 여행지를 기준으로 오름차순 정렬하시오.
▶ [시나리오 관리자] 기능을 이용하여 할인율[B21]이 다음과 같이 변동하는 경우 할인금액에 대한 합계[G19]의 변동 시나리오를 작성하시오.
 - 셀 이름 정의 : [B21] 셀은 '할인율', [G19] 셀은 '할인금액합계'로 정의하시오.
 - 시나리오1 : 시나리오 이름은 '할인율 인하', 할인율은 5%로 설정하시오.
 - 시나리오2 : 시나리오 이름은 '할인율 인상', 할인율은 15%로 설정하시오.
 - 시나리오 요약 시트는 '분석작업-2' 시트의 바로 왼쪽에 위치해야 함

문제4 기타작업(35점) 주어진 시트에서 다음 과정을 수행하고 저장하시오.

1 '기타작업-1' 시트에서 다음의 지시사항에 따라 차트를 수정하시오. (각 2점)

※ 차트는 반드시 문제에서 제공된 차트를 사용하여야 하며, 신규로 차트작성 시 0점 처리 됨

① '상품금액' 계열이 제거되도록 데이터 범위를 수정하시오.
② '모집인원' 계열의 차트를 원형 대 원형 차트로 변경 후 차트 제목을 그림과 같이 입력하고 '미세 효과 – 파랑, 강조1' 도형 스타일을 설정하시오.
③ 간격 너비를 90%, 둘째 영역 크기는 80%로 설정하고, 데이터 레이블은 안쪽 끝에 항목 이름과 값을 표시하시오.
④ '앙코르왓' 요소에 대해 도형 효과 기본 설정의 '기본 설정2'로 설정하고, 차트 영역의 글꼴은 테마색 '검정, 텍스트1'과 '굵게' 설정하시오.
⑤ 범례는 제거하고 차트 영역의 그림자는 '안쪽: 가운데'로 설정하시오.

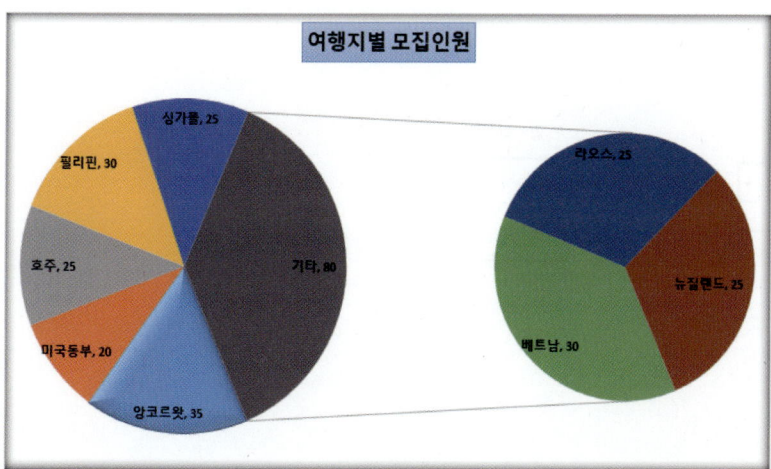

2 '기타작업-2' 시트에서 다음과 같은 기능을 수행하는 매크로를 현재 통합 문서에 작성하시오. (각 5점)

① [G6:G17] 영역에 대하여 사용자 지정 표시 형식을 설정하는 '서식적용' 매크로를 생성하시오.
 ▶ 양수인 경우 기호 없이 1,000 단위 구분 기호를 표시, 음수인 경우 '-'를 제외하고 빨강색으로 '■' 기호와 함께 1,000 단위 구분 기호를 표시, 0일 때 검정색으로 '★', 텍스트일 때 'ㅇ' 기호만 표시(■, ★, ㅇ는 특수문자)
  [표시 예 : 2234 → 2,234, -2454 → ■ 2,454, 0 → ★, 엑셀 → ㅇ]
 ▶ [개발 도구]-[삽입]-[양식 컨트롤]의 '단추'(□)를 동일 시트의 [B2:C3] 영역에 생성한 후 텍스트를 '서식적용'으로 입력하고, 단추를 클릭하면 '서식적용' 매크로가 실행되도록 설정하시오.

② [D6:D17] 영역에 대하여 사용자 지정 표시 형식을 설정하는 '기간비교' 매크로를 생성하시오.
▶ 셀 값이 7 미만이면 파랑색으로 숫자와 함께 '단기', 7 이상이면 빨강색으로 숫자와 함께 '장기'로 표시 (단, 숫자와 텍스트 사이에 셀 너비만큼 공백을 입력) [표시 예 : 5 → 5   단기]
▶ [개발 도구]-[삽입]-[양식 컨트롤]의 '단추(□)'를 동일 시트의 [E2:F3] 영역에 생성한 후 텍스트를 '기간비교'로 입력하고, 단추를 클릭하면 '기간비교' 매크로가 실행되도록 설정하시오.
※ 셀 포인터의 위치에 관계없이 매크로가 실행되어야 정답으로 인정됨

3 '기타작업-3' 시트에서 다음과 같은 작업을 수행하고 저장하시오. (각 5점)

① '연락처등록' 버튼을 클릭하면 〈연락처관리〉 폼이 나타나도록 프로시저를 작성하고, 폼이 초기화(Initialize)되면 '이름(Txt이름)' 컨트롤로 포커스가 옮겨가도록 한 후, [G6:G8] 영역의 값이 종류(Cmb종류) 목록에 추가되도록 하고, 옵션버튼의 친구(Opt친구)가 선택되도록 프로시저를 작성하시오.

② 〈연락처관리〉 폼의 입력(Cmd입력) 버튼을 클릭하면 폼에 입력된 데이터를 시트의 표 안에 입력되어 있는 마지막 행 다음에 연속하여 추가되도록 프로시저를 작성하시오.
▶ 관계는 해당 항목(친구, 직장, 기타)이 선택되는 경우에 따라 '친구', '직장', '기타'로 입력하시오.
▶ 나이 : 시스템의 현재년도 – 생년월일의 년도
▶ VAL, YEAR, DATE 함수 사용

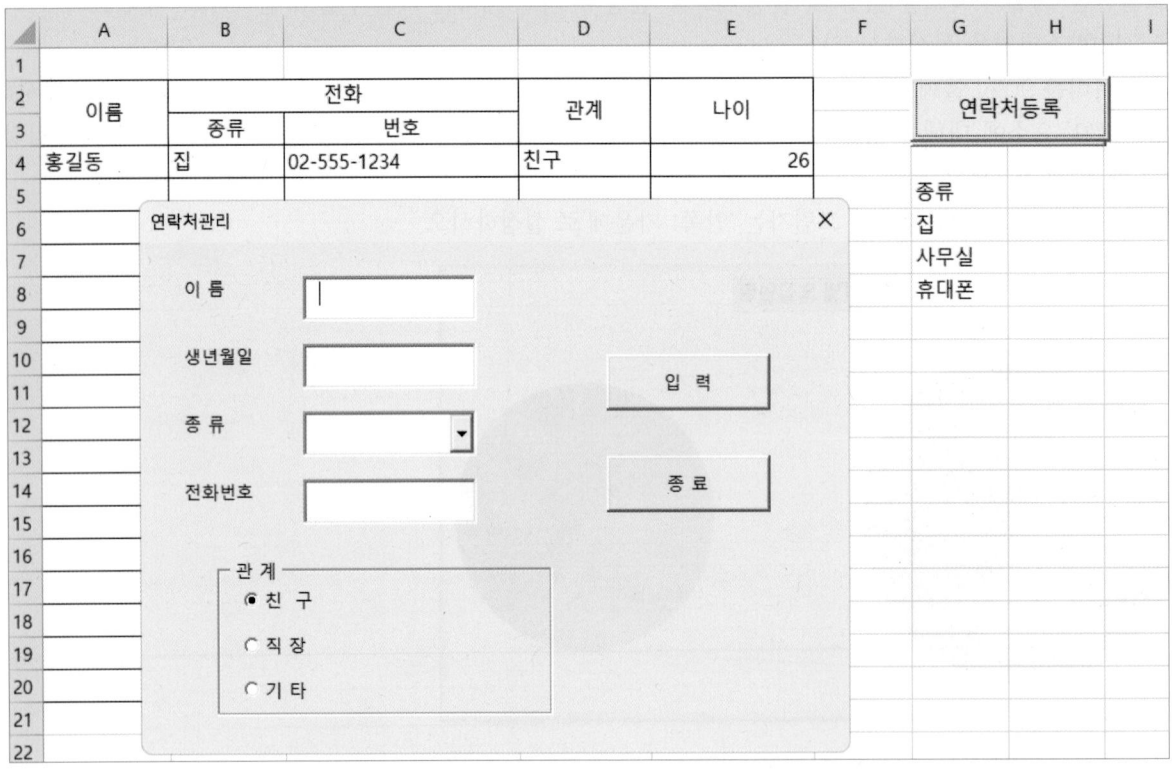

③ 〈연락처관리〉 폼의 '종료(Cmd종료)' 버튼을 클릭하면 〈그림〉과 같은 메시지 박스를 표시한 후 사용자 정의 폼 〈연락처관리〉가 메모리에서 제거되도록 프로시저를 작성하시오.

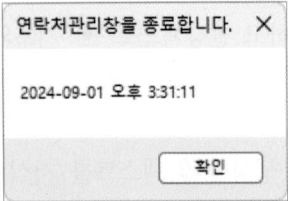

정답 & 해설 상시 공략 문제 05회

문제1 기본작업

1 고급 필터

정답

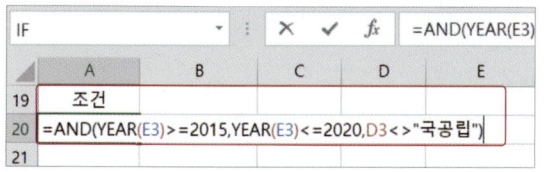

① [A19] 셀에 **조건**, [A20] 셀에 =AND(YEAR(E3)>=2015, YEAR(E3)<=2020,D3<>"국공립")를 입력한다.

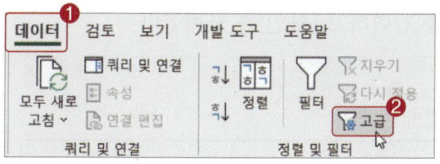

② [데이터]-[정렬 및 필터] 그룹의 [고급](🔽)을 클릭한다.

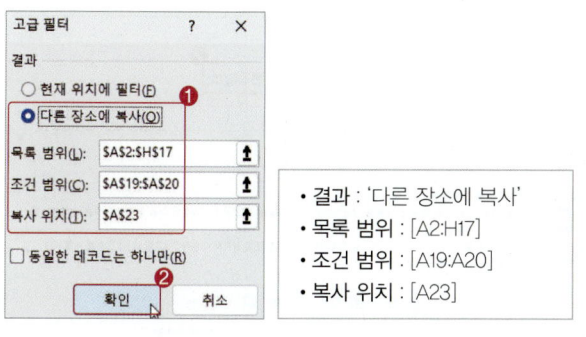

③ [고급 필터]에서 다음과 같이 지정한 후 [확인]을 클릭한다.

- 결과 : '다른 장소에 복사'
- 목록 범위 : [A2:H17]
- 조건 범위 : [A19:A20]
- 복사 위치 : [A23]

2 조건부 서식

정답

① [A3:H17] 영역을 범위 지정한 후 [홈]-[스타일] 그룹의 [조건부 서식]-[새 규칙]을 클릭한다.

② [새 서식 규칙]에서 =AND(NOT($D3="가정"),LEFT($A3,1)="S")를 입력한 후 [서식]을 클릭한다.

③ [셀 서식]의 [글꼴] 탭에서 글꼴 스타일은 '굵게', 글꼴 색은 '표준 색 - 파랑'을 선택한 후 [확인]을 클릭한다.

④ [새 서식 규칙]에서 다시 [확인]을 클릭한다.

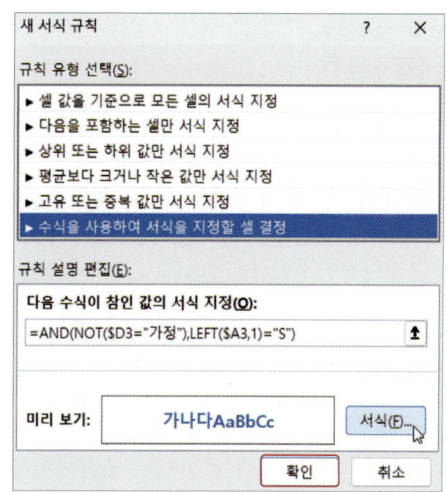

3 페이지 레이아웃

정답

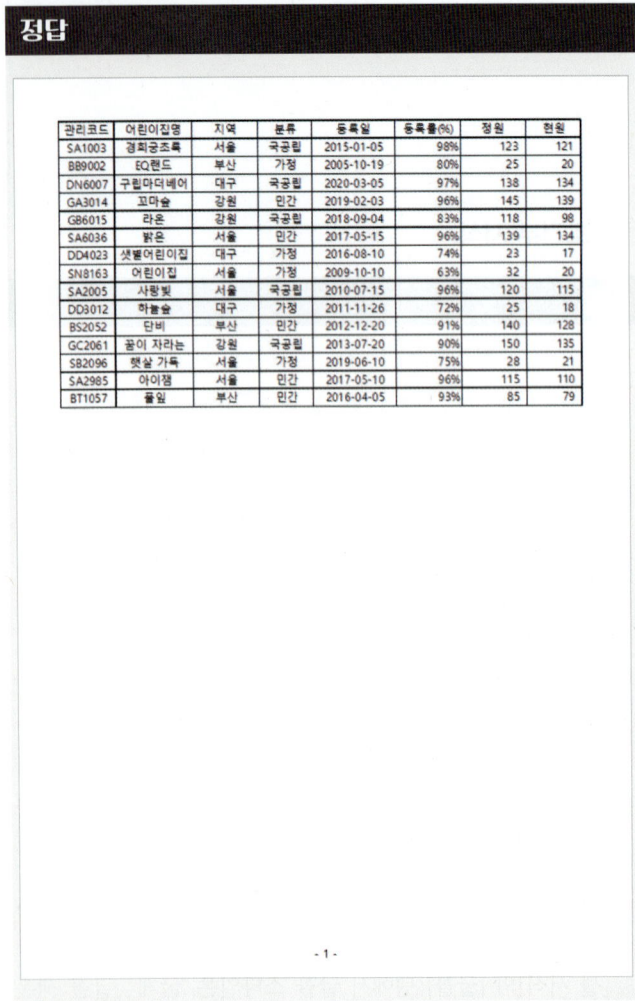

③ [여백] 탭에서 페이지 가운데 맞춤 '가로'를 체크한다.

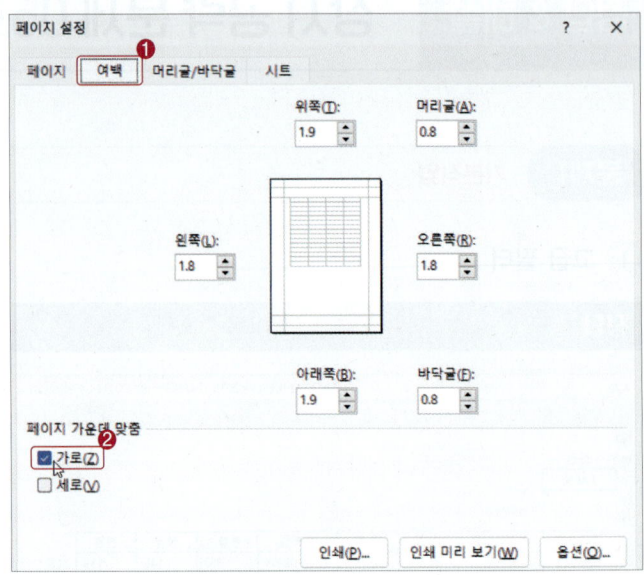

④ [페이지] 탭의 '배율'에서 '자동 맞춤'을 선택하고 용지 너비, 용지 높이가 모두 1로 지정되도록 한다.

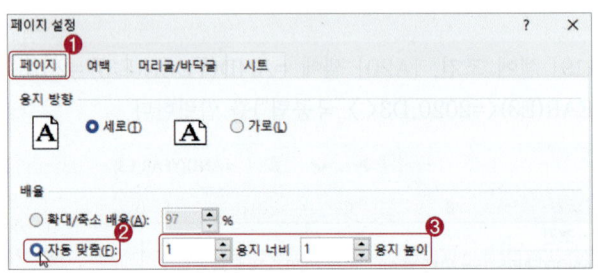

⑤ [머리글/바닥글] 탭에서 [바닥글 편집]을 클릭하고 '가운데 구역'에 커서를 두고 - 를 입력하고, [페이지 번호 삽입]( )을 클릭하고, -를 입력하고 [확인]을 클릭한다.

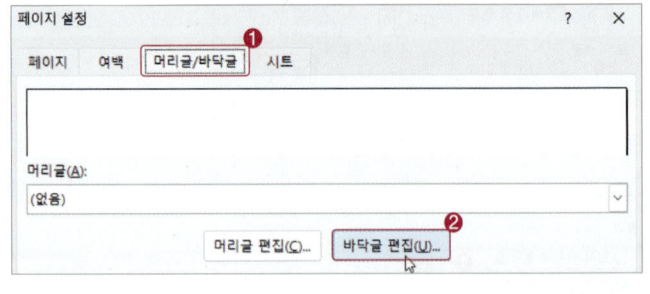

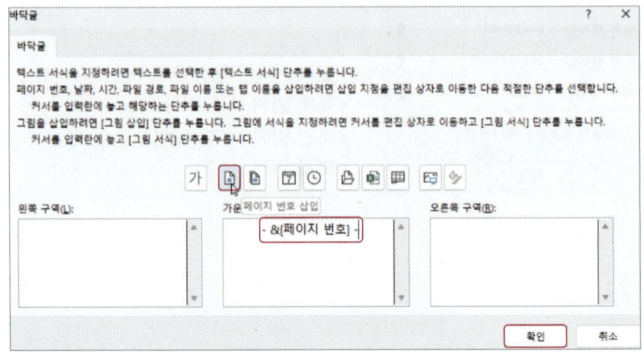

⑥ [페이지 설정]에서 [확인]을 클릭한다.

① [페이지 레이아웃]-[페이지 설정] 그룹에서 [옵션]( )을 클릭한다.

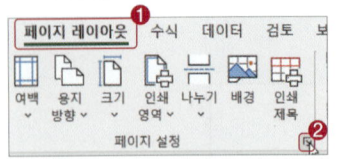

② [시트] 탭의 '인쇄 영역'에 커서를 두고 [A2:H17] 영역을 드래그하고 ,를 입력한 후 [A19:H32] 영역을 드래그하여 추가한다.

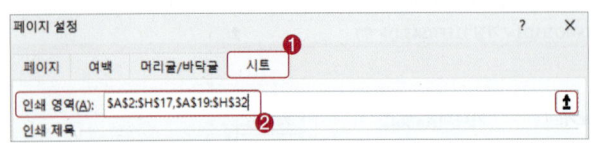

> **기적의 TIP**
>
> [A2:H17] 영역을 범위 지정한 후 Ctrl을 누른 상태에서 [A19:H32] 영역을 범위 지정한 후 [페이지 레이아웃]-[페이지 설정] 그룹에서 [인쇄 영역]-[인쇄 영역 설정]을 클릭할 수 있습니다.

문제2 계산작업

정답

	A	B	C	D	E	F	G	H	I	J	K	L	M
1	[표1]							[표2]					
2	판매코드	금액	할부기간	결제카드	카드수수료	누적판매건수		할부기간별 카드수수료율					
3	AV-001	1,550,000	3	대한카드	46,500	앱주문(1건)		할부기간구분	0	3	6	9	12
4	SI-001	1,450,000	6	한국카드	43,500	매장주문(1건)			2	5	8	11	
5	ME-001	2,220,000	10	나라카드	111,000	상담원(1건)		한국카드	0%	2%	3%	4%	5%
6	SI-002	1,520,000	6	한국카드	45,600	매장주문(2건)		기타카드	0%	3%	4%	5%	6%
7	MC-001	1,450,000	0	대한카드	-	상담원(2건)							
8	ME-002	880,000	3	나라카드	26,400	상담원(3건)		[표3]					
9	AV-002	750,000	6	대한카드	30,000	앱주문(2건)		상위 5개 금액 평균		1,658,000			
10	SE-001	450,000	3	나라카드	13,500	매장주문(3건)							
11	AV-003	1,550,000	6	대한카드	62,000	앱주문(3건)							
12	ME-003	1,020,000	10	한국카드	40,800	상담원(4건)							
13													
14	[표4]							[표5]					
15	이름	국어	영어	수학	시험과목-난이도	환산점		시험과목별 난이도 건수					
16	장규원	100	85	68	국어-상	86		과목	상	중	하		
17	이기정	75	80	85	수학-중	80		국어	2	1	1		
18	장경원	95	56	64	영어-하	0		영어	1	2	1		
19	김민수	85	70	76	국어-중	78		수학	1	2	1		
20	서원희	79	90	54	수학-하	0							
21	김이슬	70	100	85	영어-상	84							
22	정은혜	90	85	72	영어-중	83							
23	홍승헌	100	90	76	국어-상	90							
24	한지선	95	83	72	수학-상	85							
25	최현진	85	64	100	수학-상	83							
26	현희태	90	85	90	영어-중	89							
27	최혁주	55	90	100	국어-하	0							

1 카드수수료[E3:E12]

[E3] 셀에 =B3*HLOOKUP(C3,$I$3:$M$6,MATCH(D3,{"한국카드","대한카드"},-1)+2)를 입력하고 [E12] 셀까지 수식을 복사한다.

2 누적판매건수[F3:F12]

[F3] 셀에 =IFS(LEFT(A3,1)="A","앱주문(",LEFT(A3,1)="S","매장주문(",LEFT(A3,1)="M","상담원(")&COUNTIF($A$3:A3,LEFT(A3,1)&"*")&"건)"를 입력하고 [F12] 셀까지 수식을 복사한다.

3 상위 5개 금액 평균[J9]

[J9] 셀에 =AVERAGE(LARGE(B3:B12,{1,2,3,4,5}))를 입력하고 Ctrl + Shift + Enter 를 누른다.

4 시험과목별 난이도 점수[I17:K19]

[I17] 셀에 =COUNT(FIND($H17,$E$16:$E$27)*FIND(I$16,$E$16:$E$27))를 입력하고 Ctrl + Shift + Enter 를 누른 후 [K19] 셀까지 수식을 복사한다.

5 환산점[F16:F27]

① [개발 도구]-[코드] 그룹의 [Visual Basic]()을 클릭한다.
② [삽입]-[모듈]을 클릭한다.
③ Module 창에 다음과 같이 입력한다.

```
Public Function fn환산점(국어, 영어, 수학)

    If 국어 < 60 Or 영어 < 60 Or 수학 < 60 Then
        fn환산점 = 0
    Else
        fn환산점 = 국어 * 0.4 + 영어 * 0.3 + 수학 * 0.3
    End If

End Function
```

④ [파일]-[닫고 Microsoft Excel(으)로 돌아가기]를 클릭하여 [Visual Basic Editor]를 닫는다.
⑤ [F16] 셀을 클릭한 후 [함수 삽입]()을 클릭한다.
⑥ '범주 선택'에서 '사용자 정의', '함수 선택'에서 'fn환산점'을 선택한 후 [확인]을 클릭한다.
⑦ [함수 인수]에서 '국어'는 B16 '영어'는 C16 '수학'은 D16을 지정한 후 [확인]을 클릭한다.
⑧ [F16] 셀을 선택한 후 [F27] 셀까지 수식을 복사한다.

문제3 분석작업

1 피벗 테이블

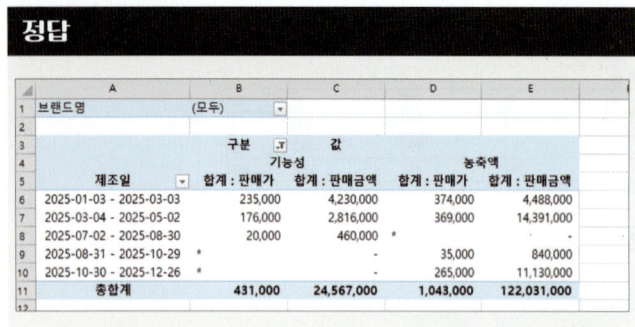

① [A3] 셀을 클릭한 후 [데이터]-[데이터 가져오기 및 변환] 그룹의 [데이터 가져오기]-[기타 원본에서]-[Microsoft Query에서] 클릭한다.

② [데이터 원본 선택]에서 'MS Access Database*'를 선택하고 [확인]을 클릭한다.

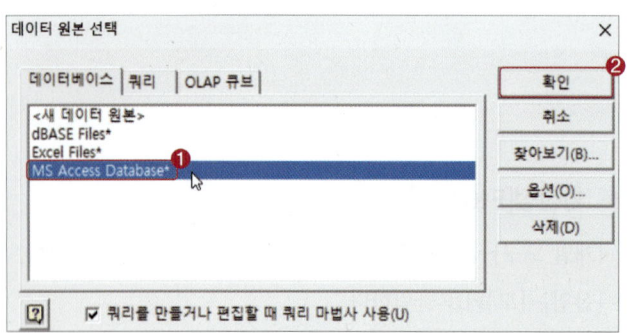

③ [데이터베이스 선택]에서 '판매.accdb'를 선택한 후 [확인]을 클릭한다.

④ [열 선택]에서 '국산제품' 테이블을 더블클릭한 후 다음과 같이 지정하고 [다음]을 클릭한다.

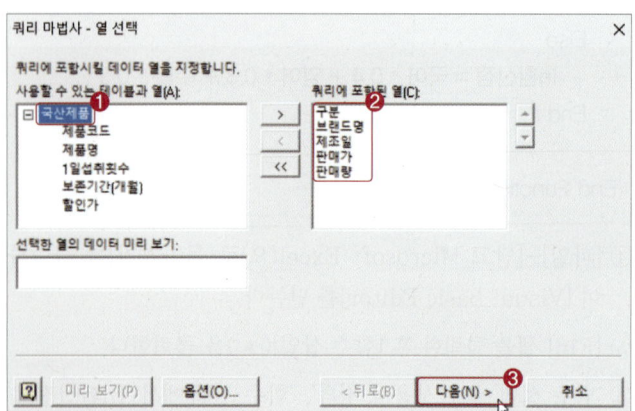

⑤ [데이터 필터]와 [정렬 순서]에서는 설정 없이 [다음]을 클릭한다.

⑥ [마침]에서 'Microsoft Excel(으)로 데이터 되돌리기'를 선택하고 [마침]을 클릭한다.

⑦ [데이터 가져오기]에서 '피벗 테이블 보고서'를 선택한 후 '기존 워크시트' [A3] 셀을 지정하고 [확인]을 클릭한다.

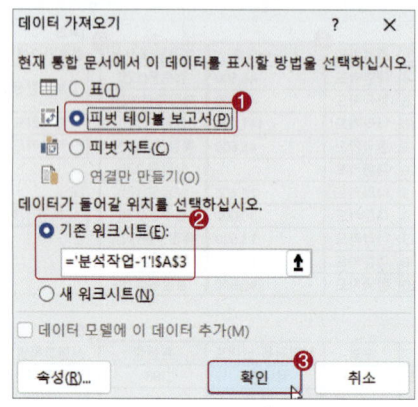

⑧ 다음과 같이 보고서 레이아웃을 지정한다.

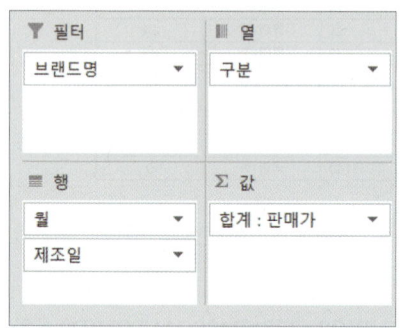

⑨ [디자인]-[레이아웃] 그룹의 [보고서 레이아웃]-[개요 형식으로 표시]를 클릭한다.

⑩ [피벗 테이블 분석]-[계산] 그룹에서 [필드 항목 및 집합]-[계산 필드]를 클릭하여 다음과 같이 입력하고 [추가]를 클릭한 후 [확인]을 클릭한다.

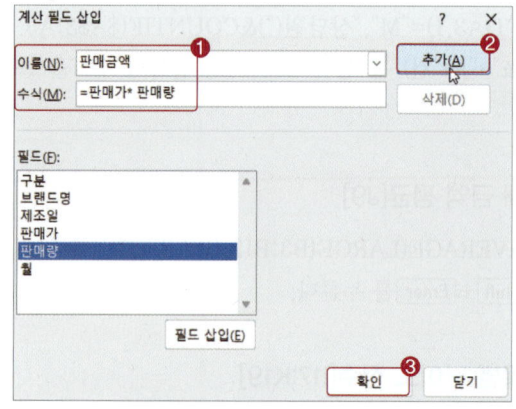

⑪ [A6] 셀에서 마우스 오른쪽 버튼을 눌러 [그룹]을 클릭하여 '일'만 선택하고 날짜 수에 60을 입력하고 [확인]을 클릭한다.

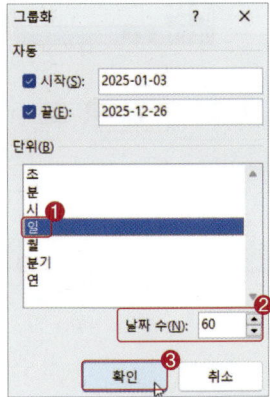

⑫ '합계 : 판매가'[B5] 셀에서 더블클릭하여 [표시 형식]을 클릭한 후 '회계'를 선택하고, '기호'는 '없음'을 선택하고 [확인]을 클릭하고 [값 필드 설정]에서 [확인]을 클릭한다.

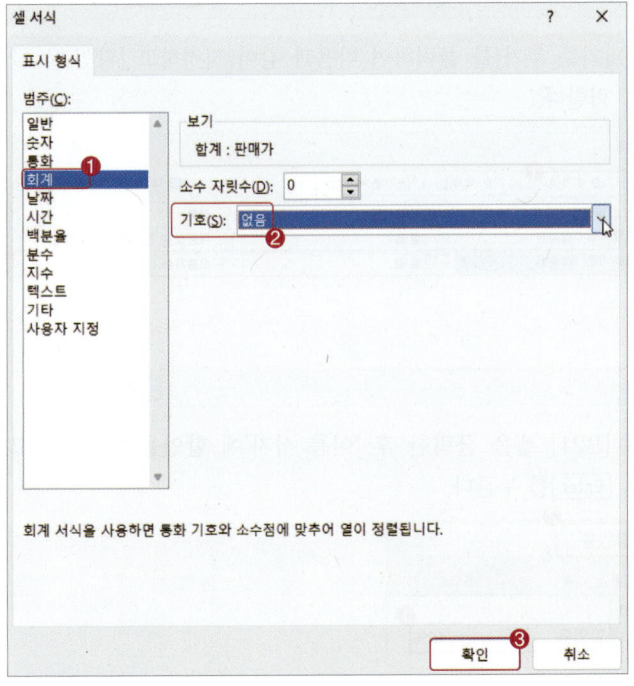

⑬ 같은 방법으로 '합계 : 판매금액'[C5] 셀에서 더블클릭하여 [표시 형식]을 클릭한 후 '회계', 기호 '없음'을 선택하고 [확인]을 클릭한다.

⑭ [피벗 테이블 분석]-[피벗 테이블] 그룹에서 [옵션](⬚)을 클릭하여 '레이블이 있는 셀 병합 및 가운데 맞춤'을 체크하고, 빈 셀 표시에 *를 입력한다.

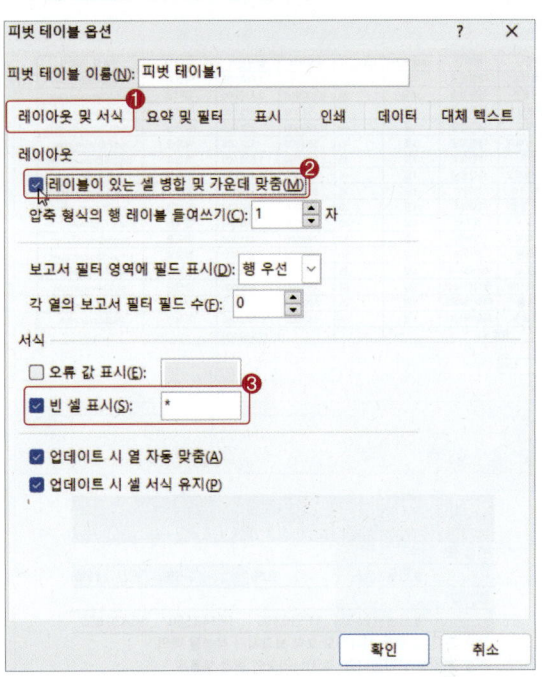

⑮ [요약 및 필터] 탭에서 '행 총합계 표시' 체크를 해제하고 [확인]을 클릭한다.

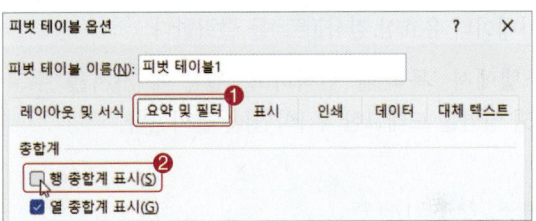

⑯ 구분의 목록 단추를 클릭하여 '(모두 선택)'의 체크를 해제하고 '기능성'과 '농축액'만 선택한 후 [확인]을 클릭한다.

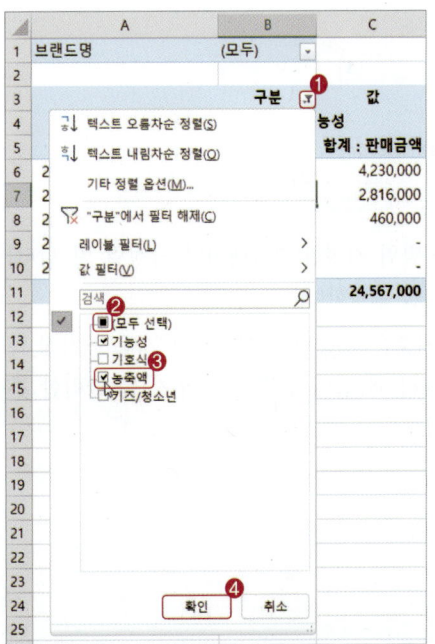

2 데이터 도구

정답

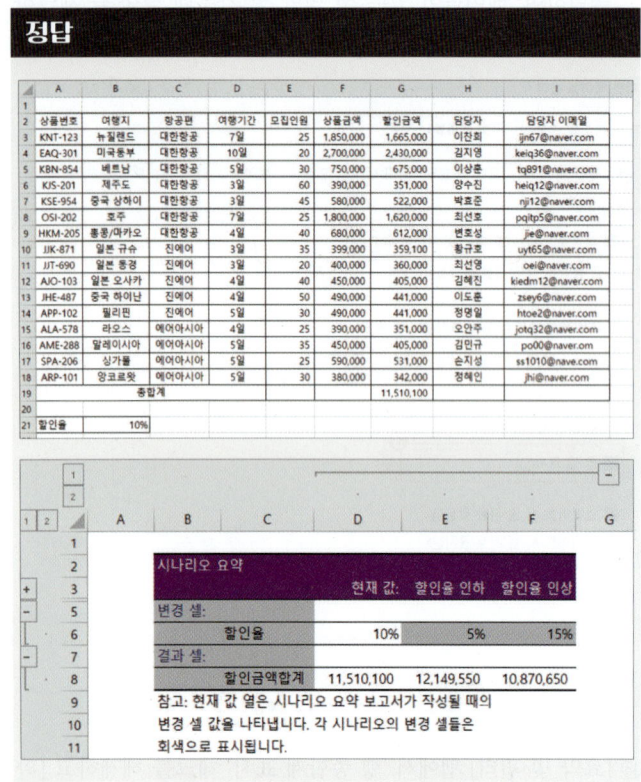

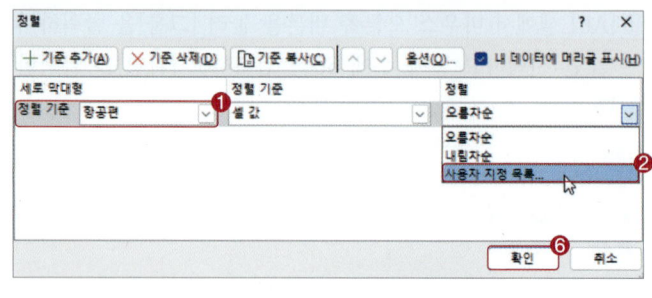

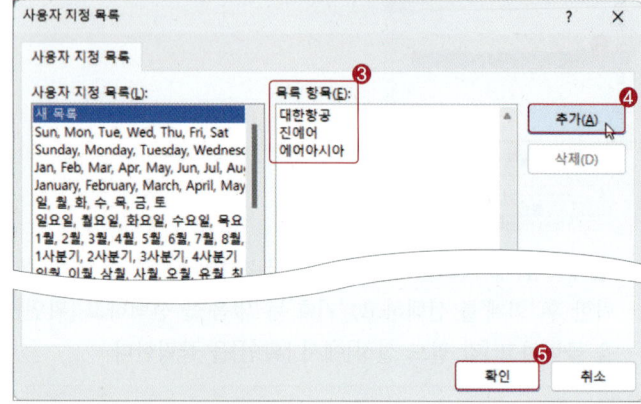

① [C3:C18] 영역을 범위 지정한 후 [데이터]-[데이터 도구] 그룹의 [데이터 유효성 검사](📋)를 클릭한다.

② [설정] 탭에서 '목록'을 선택하고 '원본'에 커서를 두고 [K3:K5] 영역을 드래그한 후 [확인]을 클릭한다.

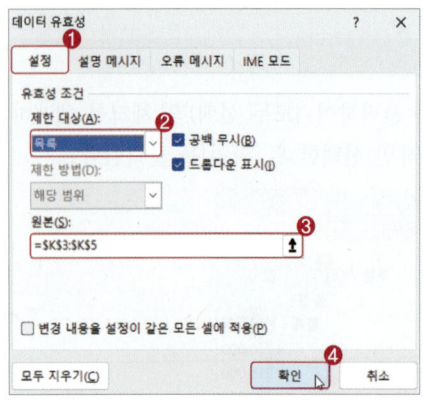

③ [A2:I18] 영역을 범위 지정한 후 [데이터]-[정렬 및 필터] 그룹의 [정렬](📋)을 클릭한다.

④ [정렬]에서 정렬 기준은 '항공편'을 선택하고 '사용자 지정 목록'을 선택한 후 다음과 같이 입력하고 [추가]를 클릭한 후 [확인]을 클릭한다.

⑤ [기준 추가]를 클릭하여 다음과 같이 지정하고 [확인]을 클릭한다.

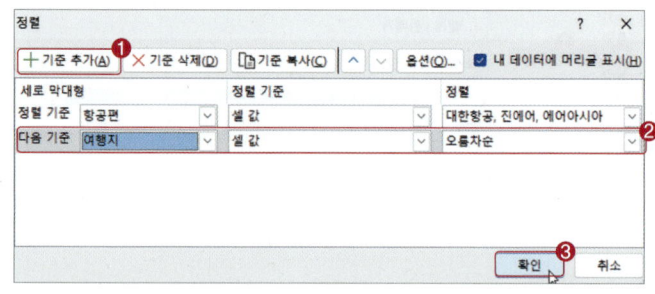

⑥ [B21] 셀을 클릭한 후 '이름 상자'에 **할인율**을 입력하고 Enter를 누른다.

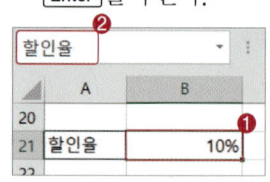

⑦ [G19] 셀을 클릭한 후 '이름 상자'에 **할인금액합계**를 입력하고 Enter를 누른다.

⑧ [B21] 셀을 클릭한 후 [데이터]-[예측] 그룹의 [가상 분석]-[시나리오 관리자]를 클릭한다.

⑨ [시나리오 관리자]에서 [추가]를 클릭하여 '시나리오 이름'에 **할인율 인하**를 입력하고 [확인]을 클릭한다.

⑩ [시나리오 값]에서 5%를 입력하고 [추가]를 클릭한다.

⑪ **할인율 인상**을 입력하고 할인율 값에 15%를 입력하고 [확인]을 클릭한다.

⑫ [시나리오 관리자]에서 [요약]을 클릭한 후 '결과 셀'에 [G19] 셀을 지정하고 [확인]을 클릭한다.

문제4 기타작업

1 차트

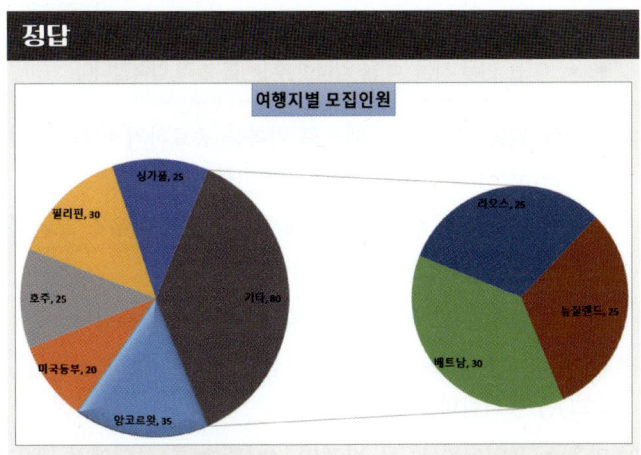

① '상품금액' 계열에서 마우스 오른쪽 버튼을 눌러 [삭제]를 클릭한다.

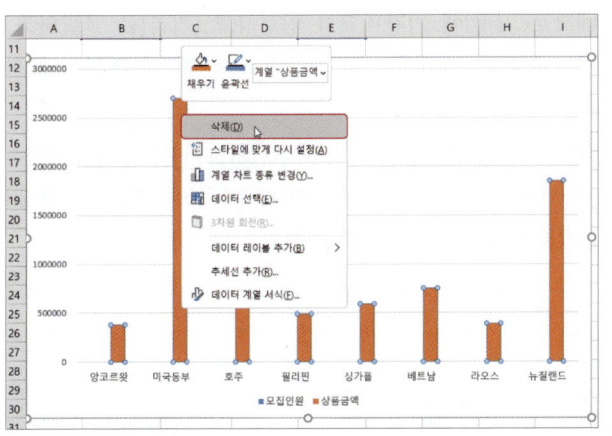

② '모집인원' 계열에서 마우스 오른쪽 버튼을 눌러 [계열 차트 종류 변경]을 클릭한 후, [차트 종류 변경]에서 '원형'의 '원형 대 원형'을 선택하고 [확인]을 클릭한다.

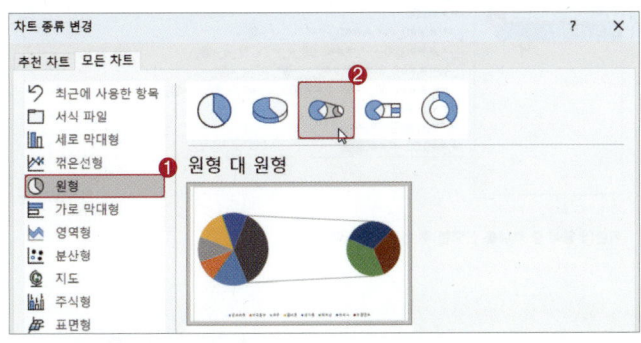

③ [차트 요소](田)-[차트 제목]을 클릭한 후 **여행지별 모집인원**을 입력하고 [서식] 탭의 '도형 스타일' 그룹에서 '미세 효과 – 파랑, 강조1'을 선택한다.

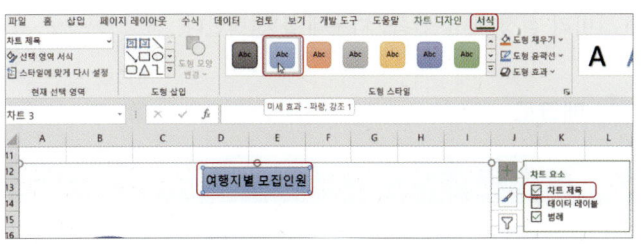

④ 원형 차트 계열을 선택한 후 마우스 오른쪽 버튼을 눌러 [데이터 계열 서식]을 클릭한 후 '계열 옵션'에서 '간격 너비' 값을 90, 둘째 영역 크기 80을 입력한다.

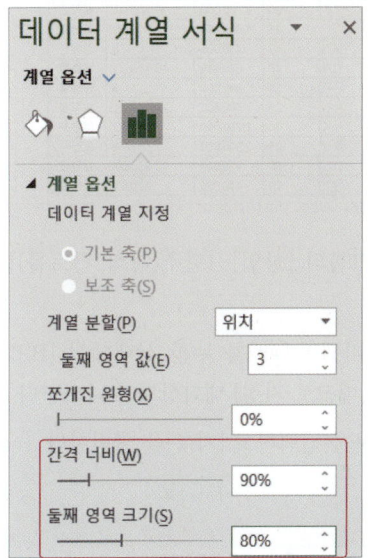

⑤ [차트 요소](田)-[데이터 레이블]-[기타 옵션]을 클릭하여 '항목 이름', '값'을 체크하고, 레이블 위치는 '안쪽 끝에'를 선택한다.

⑥ '앙코르왓' 요소를 천천히 2번 클릭하여 하나의 요소만 선택한 후 [서식]-[도형 스타일] 그룹의 [도형 효과]-[미리 설정]에서 '기본 설정 2'를 선택한다.

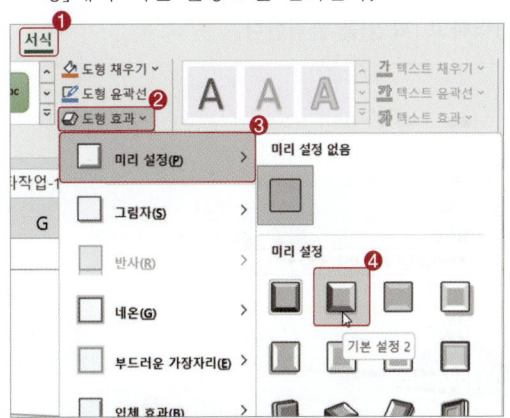

⑦ 차트를 선택한 후 [홈]-[글꼴] 그룹에서 '굵게', 글꼴 색은 '검정, 텍스트 1'을 선택한다.

⑧ 범례는 선택한 후 마우스 오른쪽 버튼을 눌러 [삭제]를 클릭한다.

⑨ 차트를 선택한 후 [차트 영역 서식]의 [효과]에서 [그림자]-[미리 설정]에서 '안쪽: 가운데'를 선택한다.

2 매크로

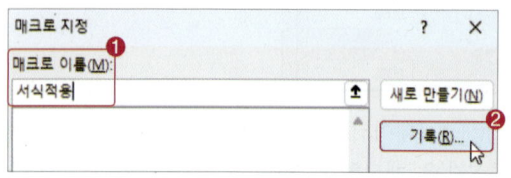

① [개발 도구]-[컨트롤] 그룹의 [삽입]-[단추(양식 컨트롤)](□)을 클릭한다.

② 마우스 포인터가 '+'로 바뀌면 Alt 를 누른 상태에서 [B2:C3] 영역에 드래그하면 [매크로 지정] 대화상자가 나타난다.

③ [매크로 지정]에 **서식적용**을 입력하고 [기록]을 클릭한다.

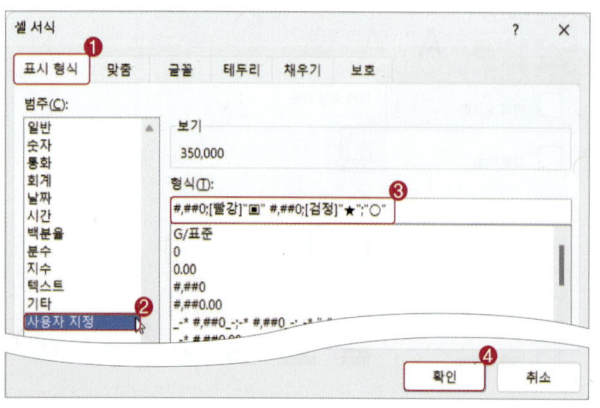

④ [매크로 기록]에 자동으로 '서식적용'으로 매크로 이름이 표시되면 [확인]을 클릭한다.

⑤ [G6:G17] 영역을 범위 지정한 후 Ctrl + 1 을 눌러 [표시 형식] 탭의 '사용자 지정'에 #,##0;[빨강]"■" #,##0;[검정]"★";"○"을 입력하고 [확인]을 클릭한다.

> **기적의 TIP**
> '양수;음수;0;문자' 순으로 나열하여 작성합니다.
> #,##0;[빨강]"■" #,##0;[검정]"★";"○"

> **기적의 TIP**
> "■, ★, ○"는 한글 자음 'ㅁ'을 입력한 후 한자 를 눌러 입력합니다.

⑥ 임의의 셀을 클릭한 후 매크로 기록을 종료하기 위해 [개발 도구]-[코드] 그룹의 [기록 중지](□)를 클릭한다.

⑦ 단추에 텍스트를 수정하기 위해서 단추에서 마우스 오른쪽 버튼을 눌러 [텍스트 편집]을 클릭한다.

⑧ 단추에 입력된 '단추 1'을 지우고 **서식적용**을 입력한다.

⑨ [개발 도구]-[컨트롤] 그룹의 [삽입]-[단추(양식 컨트롤)](□)을 클릭한다.

⑩ 마우스 포인터가 '+'로 바뀌면 Alt 를 누른 상태에서 [E2:F3] 영역에 드래그하면 [매크로 지정] 대화상자가 나타난다.

⑪ [매크로 지정]에 **기간비교**를 입력하고 [기록]을 클릭하고, [매크로 기록]에 자동으로 '기간비교'로 매크로 이름이 표시되면 [확인]을 클릭한다.

⑫ [D6:D17] 영역을 범위 지정한 후 Ctrl + 1 을 눌러 [표시 형식] 탭의 '사용자 지정'에 [파랑][<7]0* "단기";[빨강][>=7]0* "장기"를 입력하고 [확인]을 클릭한다.

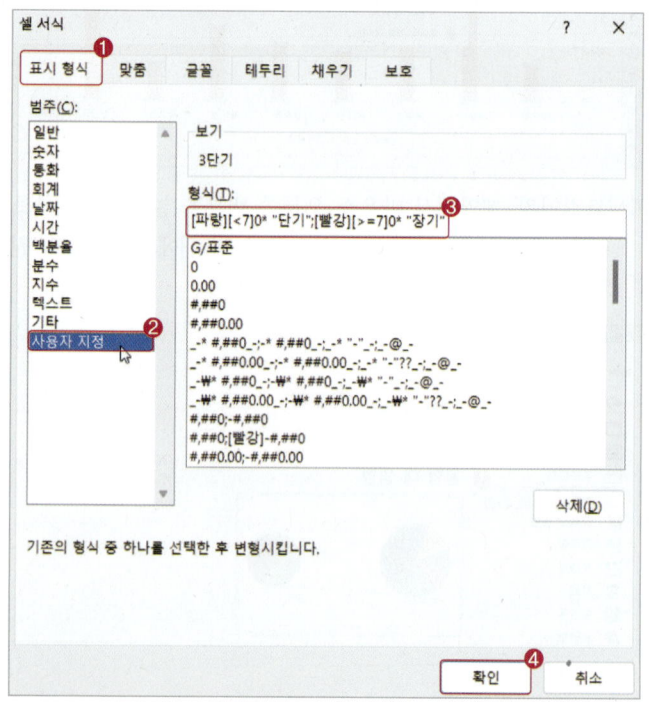

> **기적의 TIP**
> 셀 너비만큼 공백을 표시(*)합니다.

⑬ 임의의 셀을 클릭한 후 매크로 기록을 종료하기 위해 [개발 도구]-[코드] 그룹의 [기록 중지](□)를 클릭한다.

⑭ 단추에서 마우스 오른쪽 버튼을 눌러 [텍스트 편집]을 클릭하여 **기간비교**를 입력한다.

3 VBA 프로그래밍

(1) 폼 보이기

① [개발 도구]-[컨트롤] 그룹의 [디자인 모드](图)를 클릭하여 〈연락처등록〉 버튼을 편집 상태로 만든다.

② 〈연락처등록〉 버튼을 더블클릭한 후 코드 창에 다음과 같이 입력한다.

```
Private Sub cmd연락처등록_Click()
    연락처관리.Show
End Sub
```

(2) 폼 초기화

① [프로젝트-VBAProject] 탐색기에서 '폼'을 더블 클릭하고 〈연락처관리〉를 선택한다.

② [프로젝트-VBAProject] 탐색기의 [코드 보기](圖)를 클릭한다.

③ '개체 목록'은 'UserForm', '프로시저 목록'은 'Initialize'를 선택한다.

④ 코드 창에 다음과 같이 입력한다.

```
Private Sub UserForm_Initialize()
    Txt이름.SetFocus
    Cmb종류.RowSource = "G6:G8"
    Opt친구 = True
End Sub
```

(3) 등록 프로시저

① '개체 목록'에서 'Cmd입력', '프로시저 목록'은 'Click'을 선택한다.

② 코드 창에 다음과 같이 입력한다.

```
Private Sub Cmd입력_Click()
    i = Range("A2").CurrentRegion.Rows.Count + 2

    Cells(i, 1) = Txt이름
    Cells(i, 2) = Cmb종류
    Cells(i, 3) = Txt전화번호

    If Opt친구 = True Then
        Cells(i, 4) = "친구"
    ElseIf Opt직장 = True Then
        Cells(i, 4) = "직장"
    Else
        Cells(i, 4) = "기타"
    End If

    Cells(i, 5) = Val(Year(Date) - Year(Txt생년월일))

End Sub
```

(4) 종료 프로시저

① '개체 목록'에서 'Cmd종료', '프로시저 목록'은 'Click'을 선택한다.

② 코드 창에 다음과 같이 입력한다.

```
Private Sub Cmd종료_Click()
    MsgBox Now, vbOKOnly, "연락처관리창을 종료합니다."
    Unload Me
End Sub
```

상시 공략 문제 06회

작업파일 : '26컴활1급(상시)₩스프레드시트₩상시공략문제'에서 '상시공략문제6회' 파일을 열어 작업하세요.

프로그램명	제한시간	풀이시간
EXCEL 2021	45분	분

수험번호 :

성   명 :

유의사항

- 인적 사항 누락 및 잘못 작성으로 인한 불이익은 수험자 책임으로 합니다.

- 화면에 암호 입력창이 나타나면 아래의 암호를 입력하여야 합니다.
  ○ 암호: 6845%3

- 작성된 답안은 주어진 경로 및 파일명을 변경하지 마시고 그대로 저장해야 합니다. 이를 준수하지 않으면 실격 처리됩니다.
  ○ 답안 파일명의 예: C:₩OA₩수험번호8자리.xlsm

- 외부데이터 위치: C:₩OA₩파일명

- 별도의 지시사항이 없는 경우, 다음과 같이 처리 시 실격 처리됩니다.
  ○ 제시된 시트 및 개체의 순서나 이름을 임의로 변경한 경우
  ○ 제시된 시트 및 개체를 임의로 추가 또는 삭제한 경우
  ○ 외부데이터를 시험 시작 전에 열어본 경우

- 답안은 반드시 문제에서 지시 또는 요구한 셀에 입력하여야 하며 다음과 같이 처리 시 채점 대상에서 제외됩니다.
  ○ 제시된 함수가 있을 경우 제시된 함수만을 사용하여야 하며 그 외 함수사용시 채점대상에서 제외
  ○ 수험자가 임의로 지시하지 않은 셀의 이동, 수정, 삭제, 변경 등으로 인해 셀의 위치 및 내용이 변경된 경우 해당 작업에 영향을 미치는 관련문제 모두 채점 대상에서 제외
  ○ 도형 및 차트의 개체가 중첩되어 있거나 동일한 계산결과 시트가 복수로 존재할 경우 해당 개체나 시트는 채점 대상에서 제외

- 수식 작성 시 제시된 문제 파일의 데이터는 변경 가능한(가변적) 데이터임을 감안하여 문제 풀이를 하시오.

- 별도의 지시사항이 없는 경우, 주어진 각 시트 및 개체의 설정값 또는 기본 설정값 (Default)으로 처리하시오.

- 저장 시간은 별도로 주어지지 않으므로 제한된 시간 내에 저장을 완료해야 하며, 제한 시간 내에 저장이 되지 않은 경우에는 실격 처리됩니다.

- 출제된 문제의 용어는 MS Office LTSC Professional Plus 2021 기준으로 작성되어 있습니다.

대한상공회의소

문제1 기본작업(15점) 주어진 시트에서 다음 과정을 수행하고 저장하시오.

1 '기본작업-1' 시트에서 다음과 같이 고급 필터를 수행하시오. (5점)
- ▶ [A2:G16] 영역에서 '제품코드'가 'A'로 시작하거나 '생산비용(단위:백만원)'이 상위 3위 이내인 행만 대상으로 표시하시오.
- ▶ 조건은 [A19:A20] 영역 내에서 알맞게 입력하시오. (OR, LEFT, LARGE 함수 사용)
- ▶ 결과는 [A23] 셀부터 표시하시오.

2 '기본작업-1' 시트에서 다음과 같이 조건부 서식을 설정하시오. (5점)
- ▶ [A3:G16] 영역에 대해서 생산량이 가장 큰 값 또는 가장 작은 행 전체에 대해서 글꼴 스타일 '굵은 기울임꼴', 글꼴 색은 '표준 색 - 빨강'으로 적용하시오.
- ▶ 단, 규칙 유형은 '수식을 사용하여 서식을 지정할 셀 결정'을 사용하고, 한 개의 규칙으로만 작성하시오. (MAX, MIN 함수 사용)

3 '기본작업-2' 시트에서 다음과 같이 시트 보호와 통합 문서 보기를 설정하시오. (5점)
- ▶ 워크시트 전체 셀의 셀 잠금을 해제한 후 텍스트 상자 잠금, 텍스트 잠금, 차트 잠금은 체크하고, [G4:G16] 영역에만 셀 잠금과 수식 숨기기를 적용하여 이 영역의 내용만 보호하시오.
- ▶ 잠긴 셀의 선택과 잠기지 않은 셀의 선택은 허용하고, 시트 보호 해제 암호는 지정하지 마시오.
- ▶ '기본작업-2' 시트를 페이지 나누기 보기로 표시하고, [A1:G31] 영역만 1페이지로 인쇄되도록 페이지 나누기 구분선을 조정하시오.

문제2 계산작업(30점) 주어진 시트에서 다음 과정을 수행하고 저장하시오.

1 [표1]의 자산코드[A3:A24]와 [표2]를 이용하여 센터명과 순번을 센터순번[B3:B24]에 표시하시오. (6점)
- ▶ 센터명은 자산코드의 첫 문자로 구분하여 [표2] 영역 참조
- ▶ 순번은 같은 코드일 경우 순서대로 카운트하여 표시[표시 예 : 서울센터(1), 서울센터(2)]
- ▶ CONCAT, HLOOKUP, LEFT, COUNT, IF 함수 사용

2 [표1]의 잔존가치, 감가상각비를 이용하여 각 항목별 하위 3위의 평균과 상위 3위의 평균을 [표3]의 [B32:C32]에 계산하시오. (6점)
- ▶ 평균값은 소수점 첫째자리에서 반올림하여 정수로 표시하고, 하위 평균과 상위 평균은 "-"로 연결하여 표시하시오. [표시 예 : 하위평균 12300, 상위평균 54300 → 12300-54300]
- ▶ ROUND, AVERAGE, LARGE, SMALL 함수와 배열 상수 및 & 연산자를 이용

3 [표1]을 이용하여 자산명이 '노트북' 이거나 '테이블' 이면서 내용연수가 내용연수의 최빈값 이하인 감가상각비의 평균을 [표5]의 [G36] 셀에 계산하여 표시하시오. (6점)
- ▶ 감가상각비의 평균은 백 단위에서 올림하여 천 단위까지 표시 [표시 예 : 222,200 → 223,000]
- ▶ DAVERAGE, MODE.SNGL, ROUNDUP 함수 사용
- ▶ 조건은 [G38:H40] 영역에 작성하시오.

4. [표1]의 내용연수와 감가상각비를 이용하여 [표4]의 [H28:H32] 영역에 내용연수별 감가상각비가 가장 높은 자산명과 자산코드를 표시하시오. (6점)
   ▶ [표시 예 : 노트북(A251S)]
   ▶ INDEX, MATCH, MAX 함수와 & 연산자를 모두 사용한 배열 수식

5. 사용자 정의 함수 'fn비고'를 작성하여 [표1]의 [H3:H24] 영역에 비고를 계산하여 표시하시오. (6점)
   ▶ fn비고는 자산코드를 인수로 받아 비고를 계산하는 함수이다.
   ▶ 비고는 자산코드의 마지막 글자가 'U'이면 '고객용', 그 외는 '업무용'으로 표시하시오.
   ▶ Select Case 문 사용

   ```
   Public Function fn비고(자산코드)
   End Function
   ```

문제3 분석작업(20점) 주어진 시트에서 다음 과정을 수행하고 저장하시오.

1. '분석작업-1' 시트에 대하여 다음의 지시사항을 처리하시오. (10점)
   ▶ 외부 데이터 원본으로 〈쇼핑몰.xlsx〉 파일의 〈가방〉 테이블을 사용하고, 내 데이터에 머리글을 표시하시오.
   ▶ 피벗 테이블 보고서의 레이아웃과 위치는 〈그림〉을 참조하여 설정하고, 보고서 레이아웃을 테이블 형식으로 표시하시오.
   ▶ '상품명'은 〈그림〉과 같이 그룹을 설정하고, 판매량은 열 합계 비율로 나타나도록 설정하시오.
   ▶ '판매가'는 값 필드 설정의 셀 서식에서 '숫자' 범주를 이용하여 1000 단위 구분 기호를 사용하여 지정하고, 부분합은 그룹 하단에 표시하시오.
   ▶ '+/- 단추'는 표시하지 않고, 피벗 테이블 스타일은 '연한 주황, 피벗 스타일 보통 10', 피벗 테이블 스타일은 옵션은 '행 머리글', '열 머리글', '줄무늬 행'을 설정하시오.
   ▶ 상품명은 '프론트'가 포함되지 않도록 레이블 필터와 내림차순 정렬하여 표시하고, 각 항목 다음에 빈 줄을 삽입하시오.

	A	B	C	D	E
1					
2	상품명2	상품명	합계 : 판매가	합계 : 판매량	
3	백팩	플레이 레더	210,000	27.15%	
4		램스킨 포켓	130,000	9.37%	
5	백팩 요약		340,000	36.52%	
6					
7	크로스백	홀리비 미니	98,200	5.10%	
8		클라라 심플	150,000	16.90%	
9		브이사각 수술	187,000	6.55%	
10	크로스백 요약		435,200	28.55%	
11					
12	숄더백	젬마 숄더	230,000	10.97%	
13		제스 스퀘어	165,000	23.96%	
14	숄더백 요약		395,000	34.93%	
15					
16	총합계		1,170,200	100.00%	
17					

   ※ 작업 완성된 그림이며 부분점수 없음

2 '분석작업-2' 시트에서 다음과 같은 기능을 수행하시오. (10점)

▶ [데이터 유효성 검사] 기능을 이용하여 [C3:C15] 영역에는 '허브차', '보이차', '녹차'만 입력되도록 제한 대상을 설정하시오.
  – [C3:C15] 영역의 셀을 클릭한 경우 〈그림〉과 같은 설명 메시지를 표시하고, 유효하지 않은 데이터를 입력한 경우 〈그림〉과 같은 오류 메시지가 표시되도록 설정하시오.

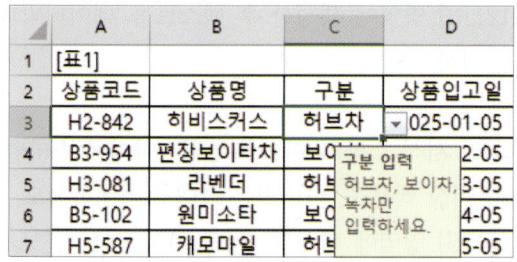
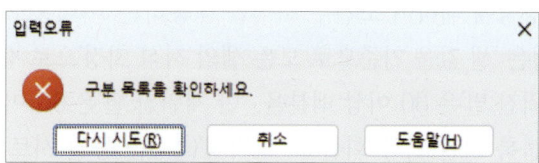

▶ [부분합] 기능을 이용하여 [표1]에서 '구분'별 '가격'의 평균을 계산한 후 '판매량'의 최대값을 계산하시오.
  – '구분'을 기준으로 오름차순으로 정렬하시오.
  – 평균과 최대값은 위에 명시된 순서대로 처리하시오.

문제4 기타작업(35점) 주어진 시트에서 다음 과정을 수행하고 저장하시오.

1 '기타작업-1' 시트에서 다음의 지시사항에 따라 차트를 수정하시오. (각 2점)

※ 차트는 반드시 문제에서 제공된 차트를 사용하여야 하며, 신규로 차트작성 시 0점 처리 됨

① 차트 제목은 〈그림〉과 같이 입력하고, 범례는 '위쪽'으로 표시하시오.
② 3차원 회전의 'X 회전'은 40, 'Y 회전'은 0으로 지정하고, '재고수량' 계열은 세로 막대 모양을 '원통형'으로 표시하시오.
③ 세로(값) 축은 값을 거꾸로 표시되도록 설정하고, 밑면 교차의 '축 값'은 '10'으로 설정하시오.
④ '판매량' 계열은 데이터 레이블과 데이터 설명선을 추가하시오.
⑤ 차트 영역의 테두리 스타일은 '둥근 모서리', 그림자를 '오프셋: 오른쪽 아래', 네온 효과는 '네온: 8pt, 파랑, 강조색 1'로 설정하시오.

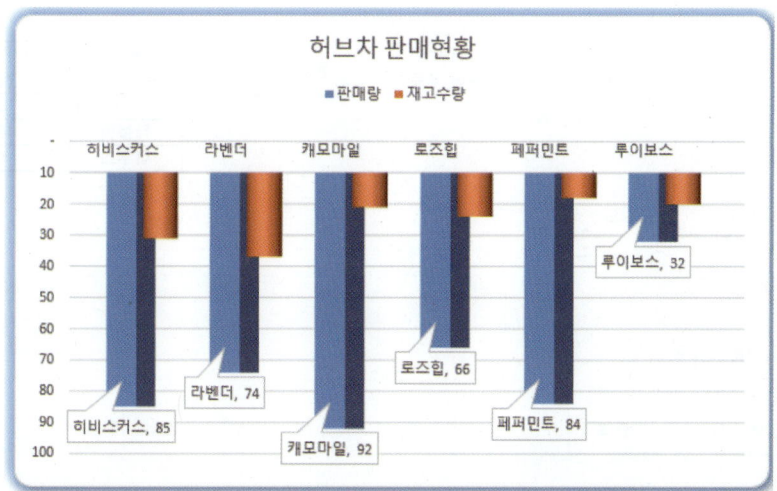

2 '기타작업-2' 시트에서 다음과 같은 기능을 수행하는 매크로를 현재 통합문서에 작성하고 실행하시오. (각 5점)

① [E3:E15] 영역에 대하여 조건부 서식을 적용하는 '데이터막대' 매크로를 생성하시오.
- ▶ 규칙 유형은 '셀 값을 기준으로 모든 셀의 서식 지정'으로 선택하고, 서식 스타일 '데이터 막대', 최소값은 백분위수 10, 최대값은 백분위수 90으로 설정하시오.
- ▶ 막대 모양은 채우기를 '그라데이션 채우기', 색을 '표준 색 – 녹색'으로 설정하시오.
- ▶ [도형]-[블록 화살표]의 '화살표: 오각형'(▷)을 동일 시트의 [I2:J3] 영역에 생성한 후 텍스트를 '데이터막대'로 입력하고, 도형을 클릭하면 '데이터막대' 매크로가 실행되도록 설정하시오.

② [G3:G15] 영역에 대하여 조건부 서식을 적용하는 '아이콘보기' 매크로를 생성하시오.
- ▶ 규칙 유형은 '셀 값을 기준으로 모든 셀의 서식 지정'으로 선택하고, 서식 스타일 '아이콘 집합', 아이콘 스타일 '별 3개', '채워진 별'은 60 이상 백분율, '반 채워진 별'은 60 미만 30 이상 백분율, 나머지는 그대로 설정하시오.
- ▶ [도형]-[블록 화살표]의 '화살표: 오각형'(▷)을 동일 시트의 [I5:J6] 영역에 생성한 후 텍스트를 '아이콘보기'로 입력하고, 도형을 클릭하면 '아이콘보기' 매크로가 실행되도록 설정하시오.

3 '기타작업-3' 시트에서 아래 그림을 참조하여 다음과 같은 작업을 수행하고 저장하시오. (각 5점)

① '물품구매등록' 버튼을 클릭하면 〈물품구매요구서〉 폼이 나타나도록 프로시저를 작성하고, 폼이 초기화되면 (Initialize) 'Chk배송비'가 기본 선택되게 한 후, 작성일자(Txt날짜)에 [G2] 셀의 값이 표시되도록 설정하고, 품명(Cmb품명) 목록에 [L4:L7] 영역의 값이 설정되도록 프로시저를 작성하시오.

② Chk배송비를 클릭하고 체크박스(Chk배송비)가 체크되어 있다면 'Cmd배송비'에 '배송비 무료', 체크가 해제된 상태이면 '배송비 유료'가 표시되도록 하고, 수량의 스핀(Spin수량) 버튼을 누르면 증감된 숫자가 수량(Txt수량)에 표시되도록 프로시저를 작성하시오.

③ 〈물품구매요구서〉 폼의 입력(Cmd입력) 버튼을 클릭하면 폼에 입력된 구매자(Txt구매자), 품명(Cmb품명), 수량(Txt수량), 작성일자, 배송비(Cmd배송비), 단가, 금액을 계산하여 [표1]에 입력되도록 프로시저를 작성하시오.
- ▶ 단가는 품명(Cmb품명)과 [M4:M7] 영역을 참조하고 Select~Case 명령문을 이용하여 산출
- ▶ 금액 = 단가 * 수량 (단, 수량이 10 이상이면 금액 = 단가 * 수량 *0.9)으로 계산하여 통화 기호를 붙여서 입력하시오. (Format, currency 이용)
- ▶ 입력이 끝난 후 새로운 구매자, 품명, 수량을 작성할 수 있도록 초기화 하시오.
- ▶ 데이터를 추가하거나 삭제하여도 항상 마지막 데이터 다음에 입력되도록 하시오.

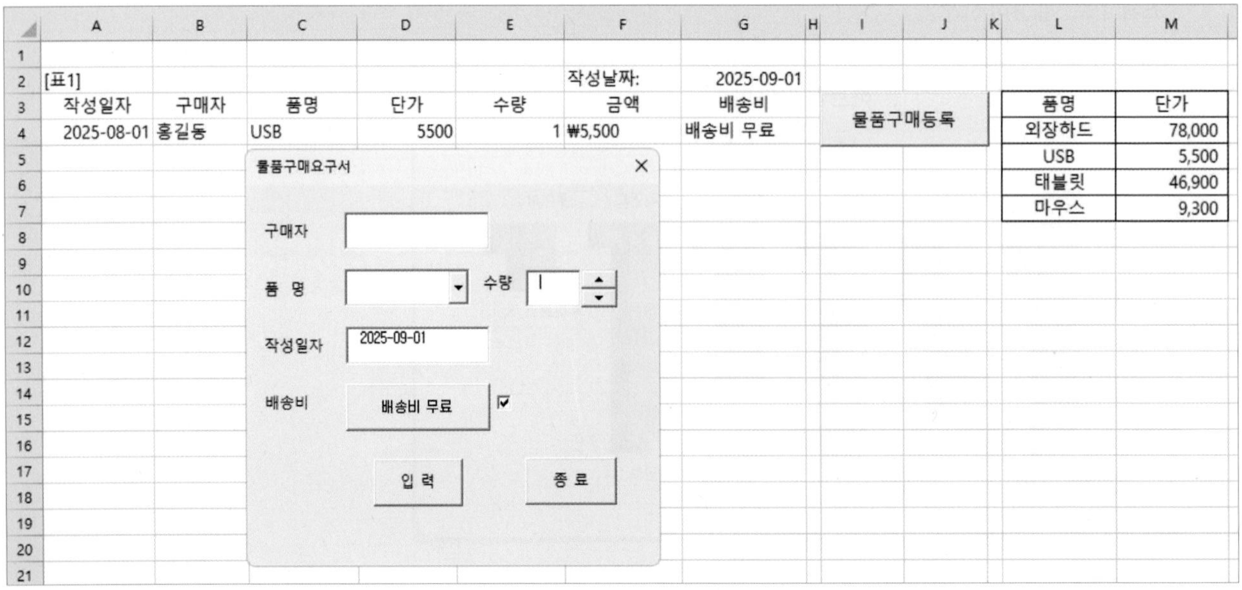

정답 & 해설 상시 공략 문제 06회

문제1 기본작업

1 고급 필터

정답

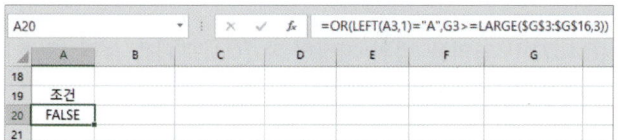

① [A19] 셀에 **조건**, [A20] 셀에 =OR(LEFT(A3,1)="A", G3>=LARGE($G$3:$G$16,3))를 입력한다.

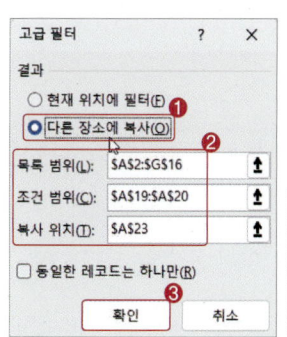

② [데이터]-[정렬 및 필터] 그룹의 [고급](🔽)을 클릭한다.

③ [고급 필터]에서 다음과 같이 지정한 후 [확인]을 클릭한다.

- 결과 : '다른 장소에 복사'
- 목록 범위 : [A2:G16]
- 조건 범위 : [A19:A20]
- 복사 위치 : [A23]

2 조건부 서식

정답

① [A3:G16] 영역을 범위 지정한 후 [홈]-[스타일] 그룹의 [조건부 서식]-[새 규칙]을 클릭한다.

② [새 서식 규칙]에서 =(MAX($E$3:$E$16)=$E3)+(MIN($E$3:$E$16)=$E3)를 입력한 후 [서식]을 클릭한다.

③ [셀 서식]의 [글꼴] 탭에서 글꼴 스타일은 '굵은 기울임꼴', 글꼴 색은 '표준 색 - 빨강'을 선택한 후 [확인]을 클릭한다.

④ [새 서식 규칙]에서 다시 [확인]을 클릭한다.

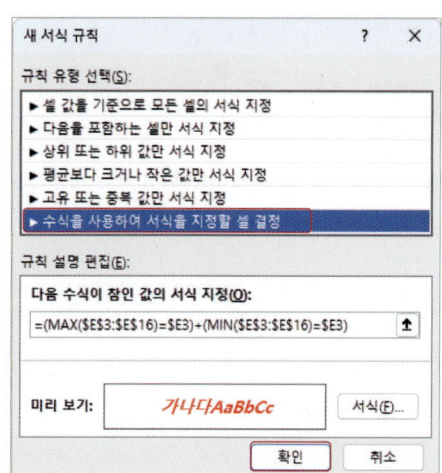

3 시트 보호와 통합 문서 보기

정답

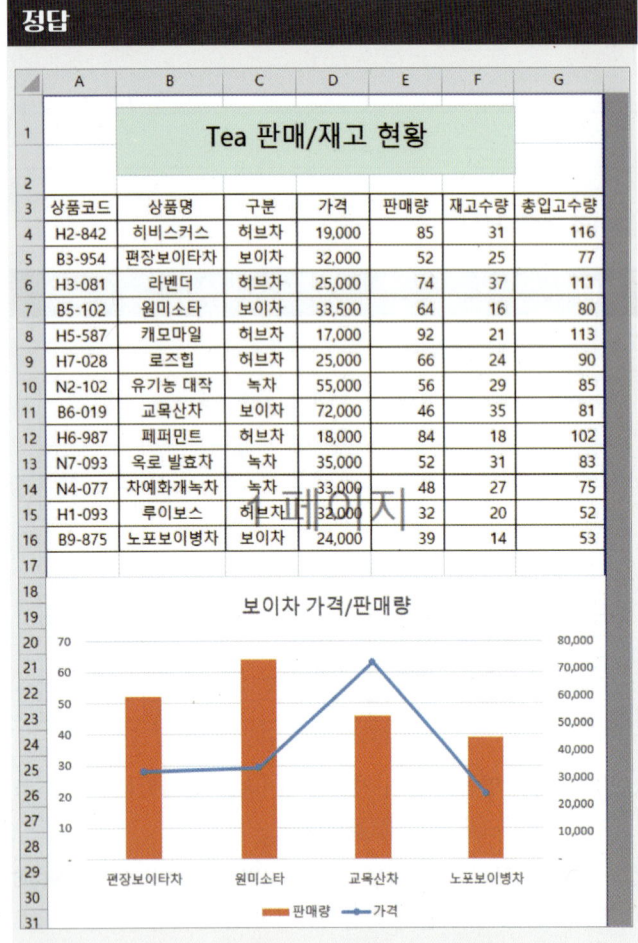

① 1행 위, A열 왼쪽 행과 열이 교차하는 곳을 클릭한 후 Ctrl + 1 을 눌러 [보호] 탭에서 '잠금'의 체크를 해제하고 [확인]을 클릭한다.

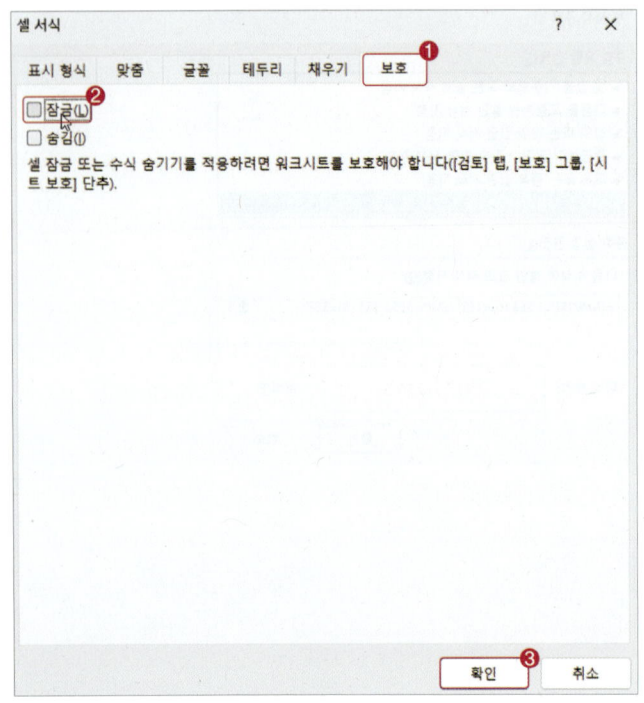

② 제목의 텍스트 상자를 선택한 후 마우스 오른쪽 버튼을 눌러 [도형 서식]을 클릭하여 [크기 및 속성]에서 '잠금', '텍스트 잠금'을 체크한다.

③ 차트를 선택한 후 [차트 영역 서식]의 '속성'에서 '잠금'을 체크한다.

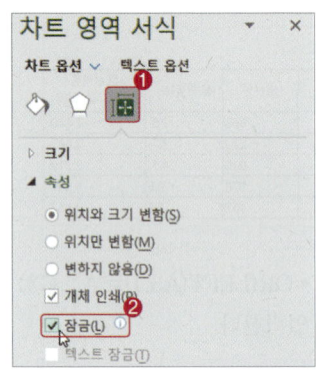

④ [G4:G16] 영역을 범위 지정한 후 Ctrl + 1 을 눌러 [보호] 탭에서 '잠금', '숨김'을 체크한다.

⑤ [검토] 탭의 [시트 보호]를 클릭하여 [확인]을 클릭한다.

⑥ [보기]-[통합 문서 보기] 그룹에서 [페이지 나누기 미리보기]를 클릭한다.

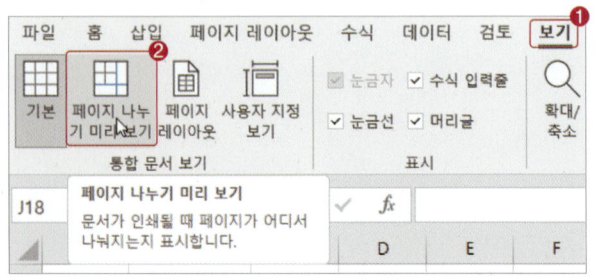

⑦ 페이지 나누기 구분선을 드래그하여 [A1:G31] 영역까지 드래그한다.

문제2 계산작업

정답

	A	B	C	D	E	F	G	H
1	[표1]							
2	자산코드	센터순번	자산명	취득원가	내용연수	잔존가치	감가상각비	비고
3	A251S	서울센터(1)	노트북	1,500,000	1	1,250,000	250,000	업무용
4	C404T	부산센터(1)	책상	900,000	4	300,000	150,000	업무용
5	D625U	인천센터(1)	냉장고	2,800,000	2	1,867,000	499,000	고객용
6	A311S	서울센터(2)	POS단말기	3,500,000	4	1,167,000	583,000	업무용
7	D251S	인천센터(2)	노트북	1,500,000	3	750,000	250,000	업무용
8	A808U	서울센터(3)	커피머신	2,000,000	3	1,000,000	333,000	고객용
9	D505T	인천센터(3)	의자	250,000	3	125,000	42,000	업무용
10	B606T	대전센터(1)	테이블	1,200,000	5	200,000	180,000	업무용
11	C808U	부산센터(2)	커피머신	2,000,000	3	1,000,000	333,000	고객용
12	C606T	부산센터(3)	테이블	1,200,000	4	400,000	200,000	업무용
13	A404T	서울센터(4)	책상	900,000	5	150,000	150,000	업무용
14	B251S	대전센터(2)	노트북	1,500,000	3	750,000	250,000	업무용
15	B707U	대전센터(3)	정수기	1,800,000	4	600,000	300,000	고객용
16	C311S	부산센터(4)	POS단말기	3,500,000	5	583,000	173,000	업무용
17	A909U	서울센터(5)	대형TV	4,500,000	3	2,250,000	750,000	고객용
18	D505T	인천센터(4)	의자	250,000	2	167,000	42,000	업무용
19	B808U	대전센터(4)	커피머신	2,000,000	3	1,000,000	333,000	고객용
20	C251S	부산센터(5)	노트북	1,500,000	2	1,000,000	250,000	업무용
21	A625U	서울센터(6)	냉장고	2,800,000	3	1,400,000	467,000	고객용
22	D311S	인천센터(5)	POS단말기	3,500,000	2	1,883,000	483,000	업무용
23	A606T	서울센터(7)	테이블	1,200,000	2	800,000	200,000	업무용
24	B271S	대전센터(5)	복합기	800,000	3	400,000	133,000	업무용
25								
26	[표2]					[표4]		
27	센터코드	A	B	C	D	내용연수	자산명(자산코드)	
28	센터명	서울센터	대전센터	부산센터	인천센터	1	노트북(A251S)	
29						2	냉장고(D625U)	
30		[표3] 하위3위 평균 - 상위3위 평균				3	대형TV(A909U)	
31		잔존가치	감가상각비			4	POS단말기(A311S)	
32		147333-2000000	72333-610667			5	테이블(B606T)	
33								
34						[표5]		
35						노트북/테이블 감가상각비 평균		
36							240,000	
37								
38						자산명	최빈수	
39						노트북	TRUE	
40						테이블	TRUE	

① 센터순번[B3:B24]

[B3] 셀에 =CONCAT(HLOOKUP(LEFT(A3,1),$B$27:$E$28, 2,FALSE),"(",COUNT(IF(LEFT($A$3:A3,1)=LEFT(A3,1), 1)),")")를 입력하고 [B24] 셀까지 수식을 복사한다.

함수 설명 =CONCAT(HLOOKUP(LEFT(A3,1),$B$27:$E$28,2, FALSE),"(",COUNT(IF(LEFT($A$3:A3,1)=LEFT(A3,1),1)),")")

① LEFT(A3,1) : [A3] 셀에서 왼쪽에서 한 글자를 추출
② HLOOKUP(①,$B$27:$E$28,2,FALSE) : ①의 값을 [B27:E28] 영역의 첫 번째 행에서 찾아 2번째 행에서 정확하게 일치하는 값을 추
③ LEFT($A$3:A3,1) : [A3:A3] 영역에서 왼쪽의 한 글자를 추출
④ IF(③=①,1) : ③이 ①과 같으면 1을 반환
⑤ COUNT(④) : ④의 개수를 구함

=CONCAT(②,"(",⑤,")") : ②(⑤)로 표시

② 잔존가치, 감가상각비[B32:C32]

[B32] 셀에 =ROUND(AVERAGE(SMALL(F3:F24,{1,2,3})), 0)&"-"&ROUND(AVERAGE(LARGE(F3:F24,{1,2,3})),0) 를 입력하고 [C32] 셀까지 수식을 복사한다.

함수 설명 =ROUND(AVERAGE(SMALL(F3:F24,{1,2,3})),0)& "-"&ROUND(AVERAGE(LARGE(F3:F24,{1,2,3})),0)

① SMALL(F3:F24,{1,2,3}) : [F3:F24] 영역에서 하위 1~3을 구함
② AVERAGE(①) : ①의 평균값을 구함
③ LARGE(F3:F24,{1,2,3}) : [F3:F24] 영역에서 상위 1~3을 구함
④ AVERAGE(③) : ③의 평균값을 구함

=ROUND(②,0)&"-"&ROUND(④,0) : ②를 반올림하여 정수로 표시하고 -를 연결하고 ④를 반올림하여 정수로 표시

3 감가상각비 평균[G36]

① [G38:H40] 영역에 조건을 입력한다. ([H39], [H40] 셀에 =E3<=MODE.SNGL($E$3:$E$24)를 입력한다.)

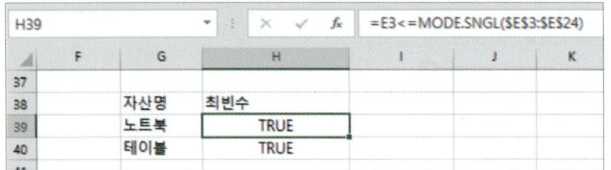

② [G36] 셀에 =ROUNDUP(DAVERAGE(A2:G24,G2,G38:H40),-3)를 입력한다.

> **함수 설명** =ROUNDUP(DAVERAGE(A2:G24,G2,G38:H40),-3)
> ❶ DAVERAGE(A2:G24,G2,G38:H40) : [A2:G24] 영역에서 [G38:H40] 영역의 조건에 만족한 데이터들 중에 [G]열에서 평균을 구함
>
> =ROUNDUP(❶,-3) : ❶의 값을 백의 자리에서 올림하여 표시

4 자산명(자산코드)[H28:H32]

[H28] 셀에 =INDEX($C$3:$C$24,MATCH(MAX(($E$3:$E$24=G28)*$G$3:$G$24),($E$3:$E$24=G28)*$G$3:$G$24,0))&"("&INDEX($A$3:$A$24,MATCH(MAX(($E$3:$E$24=G28)*$G$3:$G$24),($E$3:$E$24=G28)*$G$3:$G$24,0))&")"를 입력하고 Ctrl+Shift+Enter를 누른 후에 [H32] 셀까지 수식을 복사한다.

> **함수 설명** =INDEX($C$3:$C$24,MATCH(MAX(($E$3:$E$24=G28)*$G$3:$G$24),($E$3:$E$24=G28)*$G$3:$G$24,0))&"("&INDEX($A$3:$A$24,MATCH(MAX(($E$3:$E$24=G28)*$G$3:$G$24),($E$3:$E$24=G28)*$G$3:$G$24,0))&")"
> ❶ ($E$3:$E$24=G28)*$G$3:$G$24 : [E3:E24] 영역에서 [G28] 셀과 같은 데이터의 같은 행에 [G3:G24] 행의 데이터를 추출함
> ❷ MAX(❶) : ❶의 값들 중에 최대값을 구함
> ❸ MATCH(❷,❶,0) : ❷의 값을 ❶ 영역에서 몇 번째 위치하는지 상대적인 위치 값을 구함
> ❹ INDEX($C$3:$C$24,❸) : [C3:C24] 영역에서 ❸에 위치한 값을 구함
> ❺ INDEX($A$3:$A$24,❸) : [A3:A24] 영역에서 ❸에 위치한 값을 구함
>
> =❹&"("&❺&")" : ❹(❺) 형식으로 표시

5 비고[H3:H24]

① [개발 도구]-[코드] 그룹의 [Visual Basic](아이콘)을 클릭한다.

② [삽입]-[모듈]을 클릭한다.

③ Module 창에 다음과 같이 입력한다.

```
Public Function fn비고(자산코드)

    Select Case Right(자산코드, 1)
        Case "U"
            fn비고 = "고객용"
        Case Else
            fn비고 = "업무용"
    End Select

End Function
```

④ [파일]-[닫고 Microsoft Excel(으)로 돌아가기]를 클릭하여 [Visual Basic Editor]를 닫는다.

⑤ [H3] 셀을 클릭한 후 [함수 삽입](fx)을 클릭한다.

⑥ '범주 선택'에서 '사용자 정의', '함수 선택'에서 'fn비고'를 선택한 후 [확인]을 클릭한다.

⑦ 그림과 같이 셀을 지정한 후 [확인]을 클릭한다.

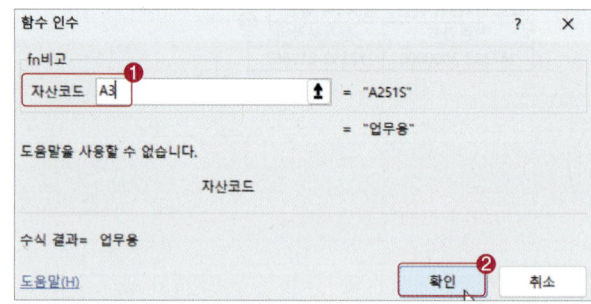

⑧ [H3] 셀을 선택한 후 [H24] 셀까지 수식을 복사한다.

문제3 분석작업

1 피벗 테이블

정답

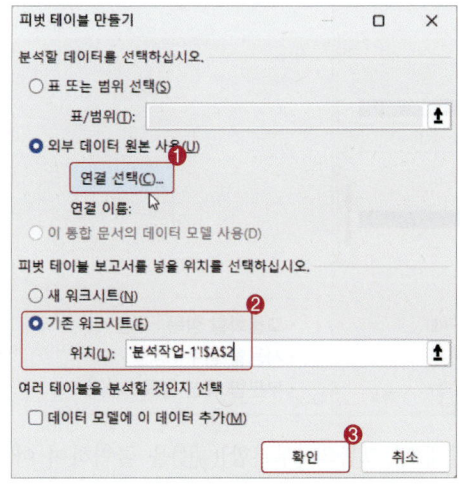

① [A2] 셀을 클릭한 후 [삽입]-[표] 그룹에서 [피벗 테이블](📊)을 클릭한다.

② [피벗 테이블 만들기]에서 [연결 선택]을 클릭하여 [더 찾아보기]에서 '쇼핑몰'을 선택한 후 '가방' 시트를 선택하고 [확인]을 클릭한다.

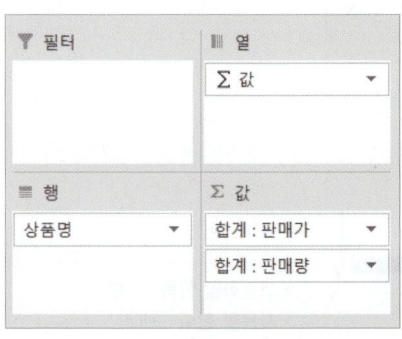

③ 행(상품명), 값(판매가, 판매량)을 드래그하여 배치한다.

④ [A3], [A8:A9] 영역을 Ctrl을 누르며 범위 지정한 후 마우스 오른쪽 버튼을 눌러 [그룹]을 클릭한다.

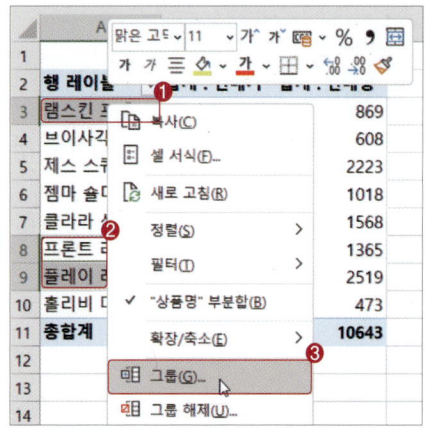

⑤ [A8], [A14], [A16] 셀을 Ctrl을 누르며 선택한 후 [그룹]을 지정하고, [A12], [A14] 셀을 Ctrl을 누르며 선택한 후 [그룹]을 지정한 후 '백팩', '크로스백', '숄더백'으로 수정한다.

⑥ [디자인]-[레이아웃] 그룹에서 [보고서 레이아웃]-[테이블 형식으로 표시]를 클릭한다.

⑦ [D2] 셀을 더블클릭한 후 [값 표시 형식] 탭에서 '열 합계 비율'을 선택하고 [확인]을 클릭한다.

⑧ [C2] 셀을 더블클릭한 후 [표시 형식]을 클릭하여 '숫자', '1000 단위 구분 기호(,) 사용'을 체크하고 [확인]을 클릭한다.

⑨ [디자인]-[레이아웃] 그룹에서 [부분합]-[그룹 하단에 모든 부분합 표시]를 클릭한다.

⑩ [피벗 테이블 분석]-[표시] 그룹의 [+/- 단추](📋)를 클릭하여 선택을 해제한다.

⑪ [디자인]-[피벗 테이블 스타일] 그룹에서 '연한 주황, 피벗 스타일 보통 10'을 선택하고, [피벗 테이블 스타일 옵션] 그룹에서 '줄무늬 행'을 체크한다.

⑫ [B2] 셀의 상품명 목록 단추를 클릭하여 [레이블 필터]-[포함하지 않음]을 선택한다.

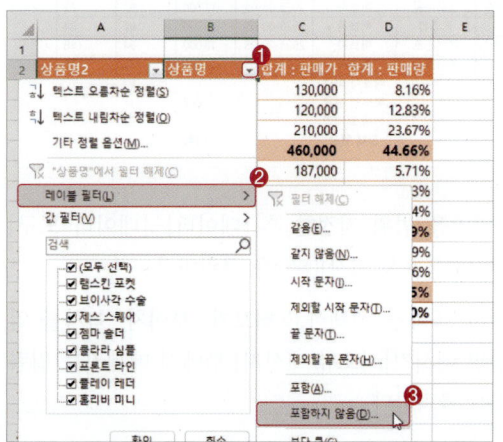

⑬ [레이블 필터(상품명)]에 **프론트**를 입력하고 [확인]을 클릭한다.

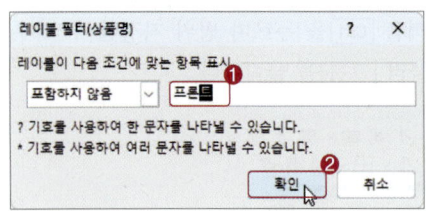

⑭ [B2] 셀의 목록 단추(▼)를 클릭하여 [텍스트 내림차순 정렬]을 클릭한다.

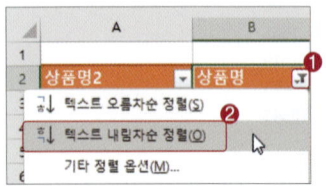

⑮ [디자인]-[레이아웃] 그룹의 [빈 행]-[각 항목 다음에 빈 줄 삽입]을 클릭한다.

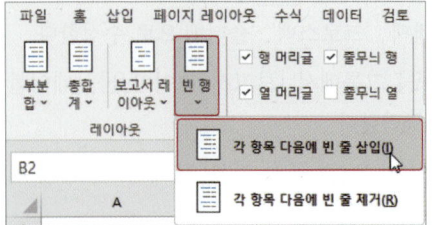

2 데이터 도구

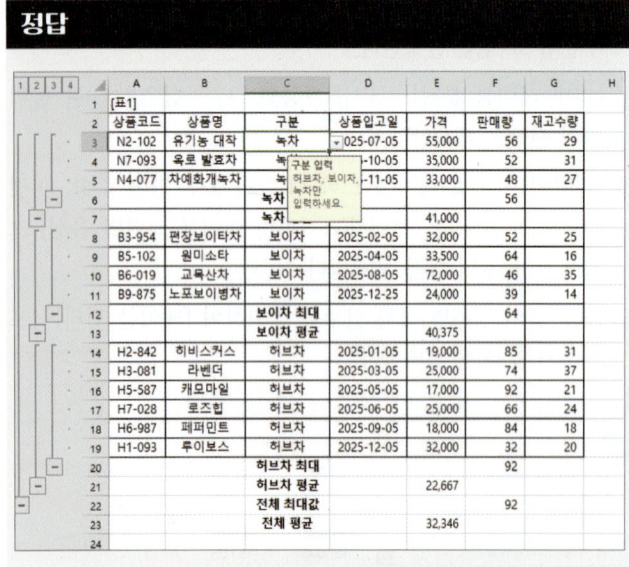

① [C3:C15] 영역을 범위 지정한 후 [데이터]-[데이터 도구] 그룹의 [데이터 유효성 검사](🗒)를 클릭한다.

② [설정] 탭에서 '목록'을 선택하고 **허브차, 보이차, 녹차**를 입력하고, [설명 메시지], [오류 메시지] 탭에서 메세지를 입력하고 [확인]을 클릭한다.

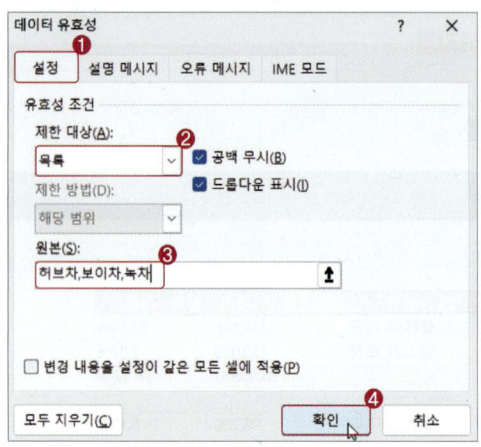

[설명 메시지]
• 제목 : 구분 입력
• 설명 메시지 : 허브차, 보이차, 녹차만 입력하세요.

[오류 메시지]
• 스타일 : 중지   • 제목 : 입력오류
• 오류 메시지 : 구분 목록을 확인하세요.

③ [C2] 셀을 클릭한 후 [데이터]-[정렬 및 필터] 그룹의 [텍스트 오름차순 정렬]을 클릭한다.

④ [C2] 셀을 클릭한 후 [데이터]-[개요] 그룹의 [부분합](🗒)을 클릭하여 아래와 같이 선택한다.

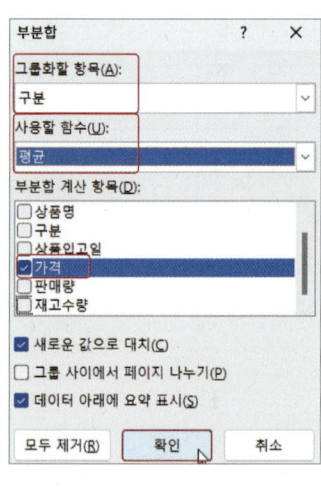

• 그룹화할 항목 : 구분
• 사용할 함수 : 평균
• 부분합 계산 항목 : 가격

⑤ 다시 [데이터]-[개요] 그룹의 [부분합](🗒)을 클릭하여 아래와 같이 선택한다.

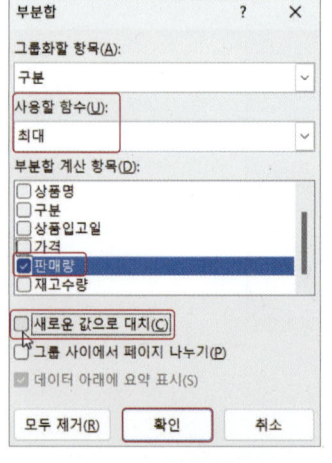

• 그룹화할 항목 : 구분
• 사용할 함수 : 최대
• 부분합 계산 항목 : 판매량
• '새로운 값으로 대치' 체크를 해제

문제4 기타작업

1 차트

정답

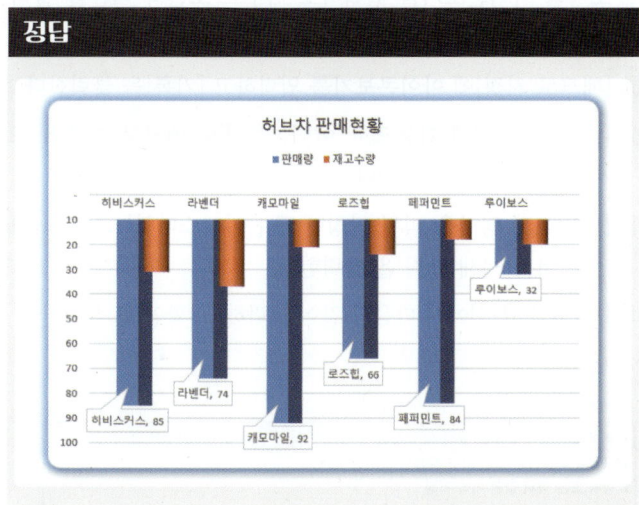

① [차트 요소](田)-[차트 제목]을 클릭한 후 **허브차 판매현황**을 입력한다.

② [차트 요소](田)-[범례]-[위쪽]을 클릭한다.

③ 차트 안에서 마우스 오른쪽 버튼을 눌러 [3차원 회전]을 클릭하여 X 회전 40, Y 회전 0을 입력한다.

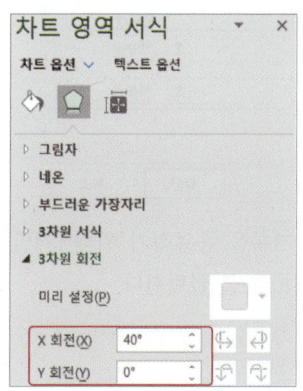

④ '재고수량' 계열을 선택한 후 [데이터 계열 서식]의 '계열 옵션'에서 '원통형'을 선택한다.

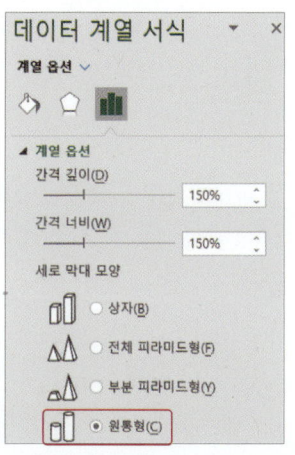

⑤ 세로 값(축)을 선택한 후 [축 서식]의 '축 옵션'에서 '값을 거꾸로'를 체크하고, 밑면 교차의 '축 값'에 10을 입력한다.

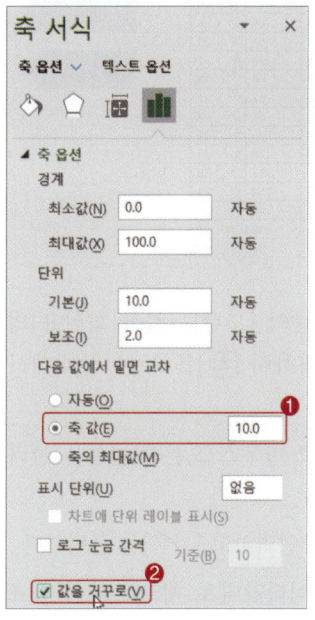

⑥ '판매량' 계열을 선택한 후 [차트 요소](田)-[데이터 레이블]-[데이터 설명선]을 선택한다.

⑦ 차트를 선택한 후 [차트 영역 서식]의 [채우기 및 선]에서 '테두리'의 '둥근 모서리'를 체크한다.

⑧ [효과]에서 [그림자]-[미리 설정]에서 '오프셋 : 오른쪽 아래'를 선택한다.

⑨ [효과]의 [네온]에서 '네온: 8pt, 파랑, 강조색 1'을 선택한다.

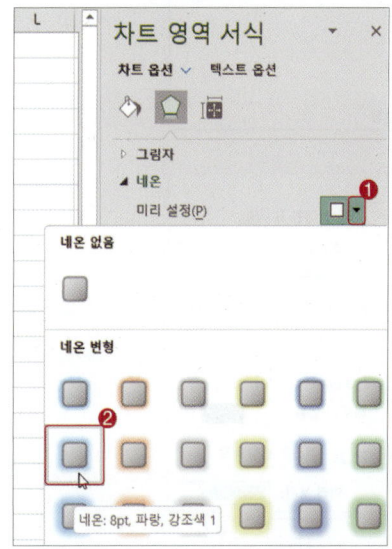

2 매크로

정답

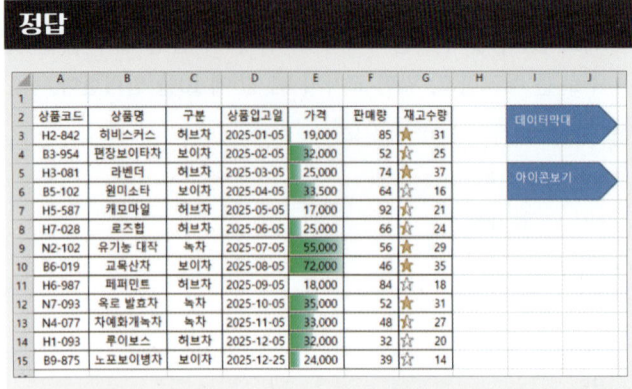

① [삽입]-[일러스트레이션] 그룹의 [도형]-[블록 화살표]의 '화살표: 오각형(▷)'을 클릭하여 Alt 를 누른 상태에서 [I2:J3] 영역에 드래그한다.

② 도형의 **데이터막대**를 입력하고 마우스 오른쪽 버튼을 눌러 [매크로 지정]을 클릭한다.

③ [매크로 지정]에 **데이터막대**를 입력하고 [기록]을 클릭한다.

④ [매크로 기록]에 자동으로 '데이터막대'로 매크로 이름이 표시되면 [확인]을 클릭한다.

⑤ [E3:E15] 영역을 범위 지정한 후 [홈]-[스타일] 그룹의 [조건부 서식]-[새 규칙]을 클릭한다.

⑥ [새 서식 규칙]에서 다음과 같이 입력하고 [확인]을 클릭한다.

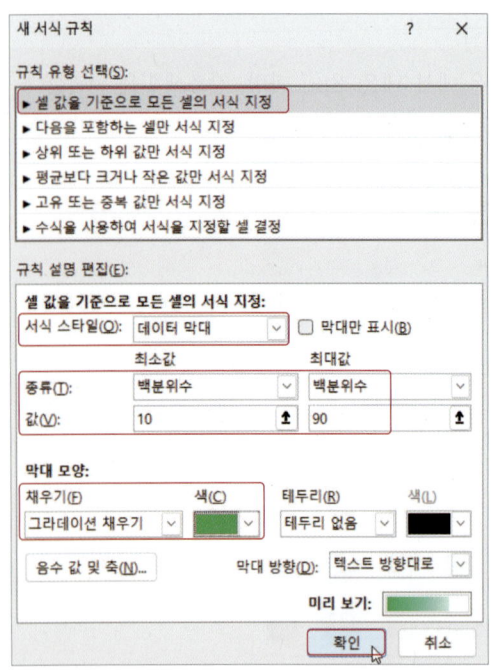

⑦ 임의의 셀을 클릭한 후 매크로 기록을 종료하기 위해 [개발 도구]-[코드] 그룹의 [기록 중지](□)를 클릭한다.

⑧ [삽입]-[일러스트레이션] 그룹의 [도형]-[블록 화살표]의 '화살표: 오각형(▷)'을 클릭하여 Alt 를 누른 상태에서 [I5:J6] 영역에 드래그한다.

⑨ 도형의 **아이콘보기**를 입력하고 마우스 오른쪽 버튼을 눌러 [매크로 지정]을 클릭한다.

⑩ [매크로 지정]에 **아이콘보기**를 입력하고 [기록]을 클릭한다.

⑪ [매크로 기록]에 자동으로 '아이콘보기'로 매크로 이름이 표시되면 [확인]을 클릭한다.

⑫ [G3:G15] 영역을 범위 지정한 후 [홈]-[스타일] 그룹의 [조건부 서식]-[새 규칙]을 클릭한다.

⑬ [새 서식 규칙]에서 다음과 같이 입력하고 [확인]을 클릭한다.

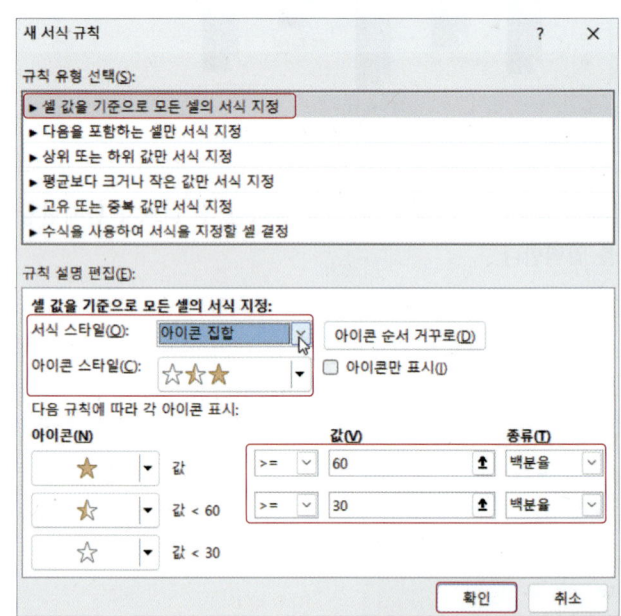

⑭ 임의의 셀을 클릭한 후 매크로 기록을 종료하기 위해 [개발 도구]-[코드] 그룹의 [기록 중지](□)를 클릭한다.

3 VBA 프로그래밍

(1) 폼 보이기

① [개발 도구]-[컨트롤] 그룹의 [디자인 모드](📐)를 클릭하여 〈물품구매등록〉 버튼을 편집 상태로 만든다.

② 〈물품구매등록〉 버튼을 더블클릭한 후 코드 창에 다음과 같이 입력한다.

```
Private Sub cmd물품구매_Click()
    물품구매요구서.Show
End Sub
```

(2) 폼 초기화

① [프로젝트-VBAProject] 탐색기에서 '폼'을 더블 클릭하고 〈물품구매요구서〉를 선택한다.

② [프로젝트-VBAProject] 탐색기의 [코드 보기](▦)를 클릭한다.

③ '개체 목록'은 'UserForm', '프로시저 목록'은 'Initialize'를 선택한다.

④ 코드 창에 다음과 같이 입력한다.

```
Private Sub UserForm_Initialize()
    Txt날짜 = [G2]
    Cmb품명.RowSource = "L4:L7"
    Chk배송비 = True
End Sub
```

(3) 캡션 표시

① '개체 목록'에서 'Chk배송비', '프로시저 목록'은 'Click'을 선택한다.

② 코드 창에 다음과 같이 입력한다.

```
Private Sub Chk배송비_Click()

    If Chk배송비 = True Then
        Cmd배송비.Caption = "배송비 무료"
    Else
        Cmd배송비.Caption = "배송비 유료"
    End If

End Sub
```

(4) Change 이벤트

① '개체 목록'에서 'Spin수량', '프로시저 목록'은 'Change'을 선택한다.

② 코드 창에 다음과 같이 입력한다.

```
Private Sub Spin수량_Change()
    Txt수량 = Spin수량 * 1
End Sub
```

(5) 등록 프로시저

① '개체 목록'에서 'Cmd입력', '프로시저 목록'은 'Click'을 선택한다.

② 코드 창에 다음과 같이 입력한다.

```
Private Sub Cmd입력_Click()
    I = Range("A3").CurrentRegion.Rows.Count + 2

    Cells(I, 1) = Txt날짜
    Cells(I, 2) = Txt구매자
    Cells(I, 3) = Cmb품명

    Select Case Cmb품명
        Case "외장하드"
            Cells(I, 4) = 78000
        Case "USB"
            Cells(I, 4) = 5500
        Case "태블릿"
            Cells(I, 4) = 46900
        Case "마우스"
            Cells(I, 4) = 9300
    End Select

    Cells(I, 5) = Txt수량.Value

    If Cells(I, 5) >= 10 Then
        Cells(I, 6) = Format(Cells(I, 4) * Cells(I, 5) * 0.9, "currency")
    Else
        Cells(I, 6) = Format(Cells(I, 4) * Cells(I, 5), "currency")
    End If

    Cells(I, 7) = Cmd배송비.Caption

    Txt구매자 = ""
    Cmb품명 = ""
    Txt수량 = ""

End Sub
```

상시 공략 문제 07회

작업파일 : '26컴활1급(상시)₩스프레드시트₩상시공략문제'에서 '상시공략문제7회' 파일을 열어 작업하세요.

프로그램명	제한시간	풀이시간
EXCEL 2021	45분	분

수험번호 :

성   명 :

유의사항

- 인적 사항 누락 및 잘못 작성으로 인한 불이익은 수험자 책임으로 합니다.

- 화면에 암호 입력창이 나타나면 아래의 암호를 입력하여야 합니다.
  ○ 암호: 6845%3

- 작성된 답안은 주어진 경로 및 파일명을 변경하지 마시고 그대로 저장해야 합니다. 이를 준수하지 않으면 실격 처리됩니다.
  ○ 답안 파일명의 예: C:₩OA₩수험번호8자리.xlsm

- 외부데이터 위치: C:₩OA₩파일명

- 별도의 지시사항이 없는 경우, 다음과 같이 처리 시 실격 처리됩니다.
  ○ 제시된 시트 및 개체의 순서나 이름을 임의로 변경한 경우
  ○ 제시된 시트 및 개체를 임의로 추가 또는 삭제한 경우
  ○ 외부데이터를 시험 시작 전에 열어본 경우

- 답안은 반드시 문제에서 지시 또는 요구한 셀에 입력하여야 하며 다음과 같이 처리 시 채점 대상에서 제외됩니다.
  ○ 제시된 함수가 있을 경우 제시된 함수만을 사용하여야 하며 그 외 함수사용시 채점대상에서 제외
  ○ 수험자가 임의로 지시하지 않은 셀의 이동, 수정, 삭제, 변경 등으로 인해 셀의 위치 및 내용이 변경된 경우 해당 작업에 영향을 미치는 관련문제 모두 채점 대상에서 제외
  ○ 도형 및 차트의 개체가 중첩되어 있거나 동일한 계산결과 시트가 복수로 존재할 경우 해당 개체나 시트는 채점 대상에서 제외

- 수식 작성 시 제시된 문제 파일의 데이터는 변경 가능한(가변적) 데이터임을 감안하여 문제 풀이를 하시오.

- 별도의 지시사항이 없는 경우, 주어진 각 시트 및 개체의 설정값 또는 기본 설정값(Default)으로 처리하시오.

- 저장 시간은 별도로 주어지지 않으므로 제한된 시간 내에 저장을 완료해야 하며, 제한 시간 내에 저장이 되지 않은 경우에는 실격 처리됩니다.

- 출제된 문제의 용어는 MS Office LTSC Professional Plus 2021 기준으로 작성되어 있습니다.

대 한 상 공 회 의 소

문제1 기본작업(15점) 주어진 시트에서 다음 과정을 수행하고 저장하시오.

1. '기본작업-1' 시트에서 다음과 같이 고급 필터를 수행하시오. (5점)
- [A2:H14] 영역에서 '방송시간'이 오후 3시 이후이면서, 상품평이 평균 이상인 '상품명', '방송시간', '판매가격', '상품평' 열만 표시하시오.
- 조건은 [A17:A18] 영역 내에서 알맞게 입력하시오. (AND, HOUR, AVERAGE함수 사용)
- 결과는 [A20] 셀부터 표시하시오.

2. '기본작업-1' 시트에서 다음과 같이 조건부 서식을 설정하시오. (5점)
- [A3:H14] 영역에서 열을 2로 나눈 나머지가 홀수인 열 전체에 대해서 채우기 색 '표준 색 – 노랑'으로 적용하시오.
- 단, 규칙 유형은 '수식을 사용하여 서식을 지정할 셀 결정'을 사용하고, 한 개의 규칙으로만 작성하시오. (ISODD, MOD, COLUMN 함수 사용)

3. '기본작업-2' 시트에서 다음과 같이 시트 보호를 설정하시오. (5점)
- [H4:H15] 영역에 셀 잠금과 수식 숨기기를 적용한 후 잠긴 셀의 내용과 워크시트를 보호하시오.
- 잠긴 셀의 선택, 잠기지 않은 셀의 선택, 셀 서식은 허용하시오.
- 시트 보호 해제 암호는 지정하지 마시오.

문제2 계산작업(30점) 주어진 시트에서 다음 과정을 수행하고 저장하시오.

1. [표1]의 연봉, 연봉계약일, 연봉계약종료일을 이용하여 [G3:G26] 영역에 총예상수입을 계산하여 표시하시오. (6점)
- 총예상수입 = 계약기간 × 월수입
- 계약기간은 연봉계약일과 연봉계약종료일 사이에 전체 일수를 30으로 나눈 몫이고, 월수입은 연봉을 12로 나눈 값임
- 총예상수입에는 1000 단위 구분 기호와 값 뒤에 '천원'을 표시
  [표시 예 : 총예상수입이 255000인 경우 → 255,000천원, 0인 경우 → 0천원]
- TEXT, QUOTIENT, DAYS 함수 사용

2. [표1]의 직급, 판매실적, 연봉과 [표4]를 참조하여 [H3:H26] 영역에 인상될 연봉을 계산하여 표시하시오. (6점)
- 인상될연봉 = 연봉 × (1 + 인상률)
- 인상률은 [표1]의 직급과 판매실적을 이용하여 [표4]을 참조
- 인상될연봉은 백단위에서 버림하여 천 단위로 표시
- TRUNC, IF, VLOOKUP 함수 사용

③ 사용자 정의 함수 'fn연소득'을 작성하여 [표1]의 [I3:I26] 영역에 연소득을 표시하시오. (6점)

▶ 'fn연소득'은 직급, 판매실적, 연봉을 인수로 받아 값을 되돌려줌
▶ 직급이 '영업소장'이 아니면서 판매실적이 50 이상이면 '연봉 + 10000', 판매실적이 50 미만 20 이상이면 '연봉 + 5000', 판매실적이 20 미만이면 '연봉', 직급이 '영업소장'이면 '연봉'을 표시하시오.
▶ IF문 사용

```
Public Function fn연소득(직급, 판매실적, 연봉)
End Function
```

④ [표1]의 영업소, 직급, 연봉을 이용하여 [표2]의 [B30:B33] 영역에 서울을 제외한 직급별 연봉의 평균을 계산하여 표시하시오. (6점)

▶ AVERAGE, IF, LEFT 함수를 이용한 배열 수식

⑤ [표1]의 직급, 판매실적, 연봉을 이용하여 [표3]의 [D30:E33] 영역에 직급별 가장 높은 판매실적, 연봉을 찾아 표시하시오. (6점)

▶ INDEX, MATCH, MAX 함수를 이용한 배열 수식

문제3 분석작업(20점) 주어진 시트에서 다음 과정을 수행하고 저장하시오.

① '분석작업-1' 시트에 대하여 다음의 지시사항을 처리하시오. (10점)

▶ 외부 데이터 원본으로 〈대리점.csv〉의 데이터를 사용하시오.
 – 원본 데이터는 구분 기호 쉼표(,)로 분리되어 있으며, 내 데이터에 머리글을 표시하시오.
 – '체인점명', '지역', '오픈일자', '등록고객수', '전년매출', '등급' 열만 가져와 데이터 모델에 이 데이터를 추가하시오.
▶ 피벗 테이블 보고서의 레이아웃과 위치는 〈그림〉을 참조하여 설정하고, 보고서 레이아웃을 개요 형식으로 표시하시오.
▶ '오픈일자'는 〈그림〉과 같이 그룹을 설정하고, 열의 총합계만 표시하시오.
▶ '지역'은 '합계: 전년매출'을 기준으로 내림차순 정렬하고, '등록고객수', '전년매출' 필드는 표시 형식을 값 필드 설정의 셀 서식에서 '숫자' 범주를 이용하여 1000 단위 구분기호를 사용하여 표시하시오.
▶ '경기도'의 '11월'에 해당한 자료만 별도의 시트에 작성하시오. (시트명을 '11경기도'로 지정하고, '분석작업-1' 시트 앞에 위치시키시오.)

	A	B	C	D	E	F	G	H
1								
2	등급	All						
3								
4			지역	값				
5			서울		경기		인천	
6	오픈일자(월)	오픈일자	합계: 등록고객수	합계: 전년매출	합계: 등록고객수	합계: 전년매출	합계: 등록고객수	합계: 전년매출
7	⊞01월		1,895	110,800	589	58,700		
8	⊞02월				650	78,500	1,587	157,800
9	⊞03월						885	71,500
10	⊞05월		2,335	125,300				
11	⊞09월				1,277	96,300		
12	⊞10월		2,614	208,870				
13	⊞11월				1,968	109,750		
14	⊞12월						953	87,600
15	총합계		6,844	444,970	4,484	343,250	3,425	316,900
16								

※ 작업 완성된 그림이며 부분점수 없음

2 '분석작업-2' 시트에 대하여 다음의 지시사항을 처리하시오. (10점)

① [표1]은 [데이터 유효성 검사] 기능을 이용하여 [C3:F17] 영역에는 중간, 수행평가, 기말, 출석의 합이 100%가 입력되도록 제한 대상을 설정하시오. (SUM 함수 이용)

② [표2]는 판매량[B21], 판매단가[B22]를 이용하여 영업이익[B30]을 계산한 것이다. [데이터 표] 기능을 이용하여 판매량 및 판매단가의 변동에 따른 영업이익을 [F22:J30]에 계산하시오.

문제4 기타작업(35점) 주어진 시트에서 다음 과정을 수행하고 저장하시오.

1 '기타작업-1' 시트에서 다음의 지시사항에 따라 차트를 수정하시오. (각 2점)

※ 차트는 반드시 문제에서 제공된 차트를 사용하여야 하며, 신규로 차트작성 시 0점 처리 됨

① '판매수량' 데이터 계열의 차트 종류를 '표식이 있는 꺾은선형'으로 변경한 후 '보조 축'으로 지정하시오.

② 차트 제목을 [B2] 셀과 연결하고, 세로(값) 축 제목은 [G3], 보조 세로(값) 축 제목은 [H3] 셀과 연결한 후 축 제목은 '스택형'으로 표시하시오.

③ 가로(항목) 축의 텍스트 방향은 45도로 지정하고, 글꼴 스타일 '굵게', 글꼴 크기를 '10'으로 지정하시오.

④ 범례는 아래쪽에 표시하고, 도형 스타일은 '색 윤곽선 - 파랑, 강조1'을 적용하시오.

⑤ '판매수량' 계열은 '2구간 이동 평균' 추세선을 추가하고, 차트의 효과는 '네온: 5pt, 파랑, 강조색 1'로 설정하시오.

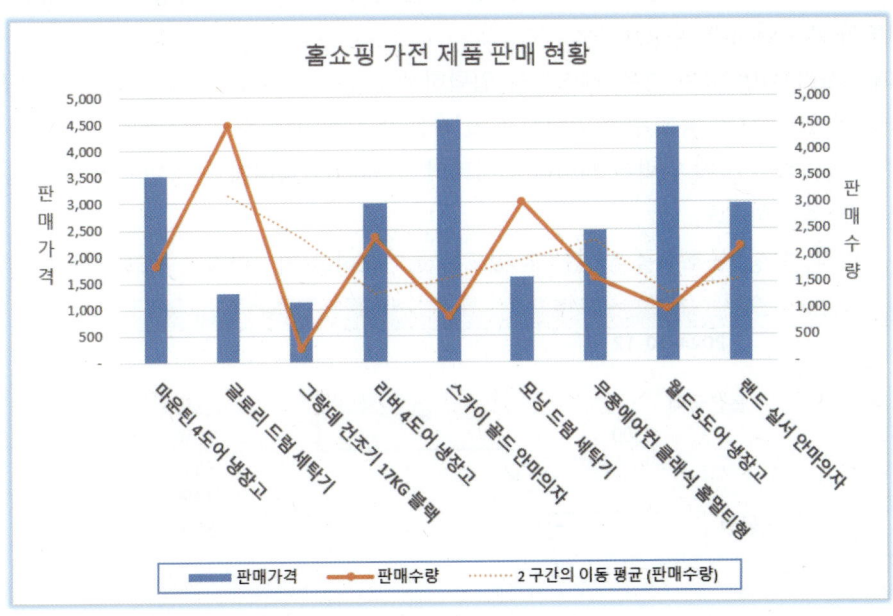

2. '기타작업-2' 시트에서 다음과 같은 기능을 수행하는 매크로를 현재 통합 문서에 작성하시오. (각 5점)

① [G6:G17] 영역에 대하여 조건부 서식을 적용하는 '아이콘보기' 매크로를 생성하시오.
- ▶ 규칙 유형은 '셀 값을 기준으로 모든 셀의 서식 지정'으로 선택하고, 서식 스타일 '아이콘 집합', 아이콘 스타일 '5가지 원(흑백)', '검정색 원'은 80 이상 백분율, '1/4 흰색 원'은 80 미만 60 이상 백분율, 나머지는 그대로 설정하시오.
- ▶ [도형]-[기본 도형]의 '사각형: 빗면'(□)을 동일 시트의 [C2:D3] 영역에 생성한 후 텍스트를 '아이콘보기'로 입력하고, 도형을 클릭하면 '아이콘보기' 매크로가 실행되도록 설정하시오.

② [H6:H17] 영역에 대하여 사용자 지정 표시 형식을 설정하는 '서식적용' 매크로를 생성하시오.
- ▶ 셀 값이 0과 같은 경우 백분율로 소수점 첫째자리로 표시, 10000 이상은 자홍색으로 '적립' 뒤에 천 단위 구분 기호로 표시하는데, 숫자와 텍스트 사이에 너비만큼 공백을 반복 표시하며, 그 외는 천 단위 구분 기호의 정수로 표시하시오.
- ▶ [도형]-[기본 도형]의 '사각형: 빗면'(□)을 동일 시트의 [F2:G3] 영역에 생성한 후 텍스트를 '서식적용'으로 입력하고, 도형을 클릭하면 '서식적용' 매크로가 실행되도록 설정하시오.

※ 셀 포인터의 위치에 관계없이 매크로가 실행되어야 정답으로 인정됨

3. '기타작업-3' 시트에서 아래 그림을 참조하여 다음과 같은 작업을 수행하고 저장하시오. (각 5점)

① '계약' 버튼을 클릭하면 〈계약현황〉 폼이 나타나도록 프로시저를 작성하고, 폼이 초기화되면(Initialize) '계약자(Txt계약자)' 컨트롤에 포커스가 이동하고, '거실확장(Ch거실)'은 기본 선택되게 한 후, 평형(Cmb평형) 목록에 [I3:I7] 영역의 값이 설정되도록 프로시저를 작성하시오.

② 〈계약현황〉 폼 화면에 Txt계약자가 비어 있는 경우 '계약자를 입력하세요.', Cmb평형이 비어 있는 경우 '평형을 선택하세요.', Txt동호수가 비어 있는 경우 '동호수를 입력하세요.'라는 메시지 박스를 출력하시오.
- ▶ 폼의 계약(cmd계약) 버튼을 클릭하면 폼에 입력된 데이터를 시트의 표 안에 입력되어 있는 마지막 행 다음에 연속하여 추가되도록 프로시저를 작성하시오.
- ▶ 등록이 끝난 후에 새로운 계약자, 평형, 동호수를 작성할 수 있도록 초기화하고 거실확장은 체크를 해제한다.

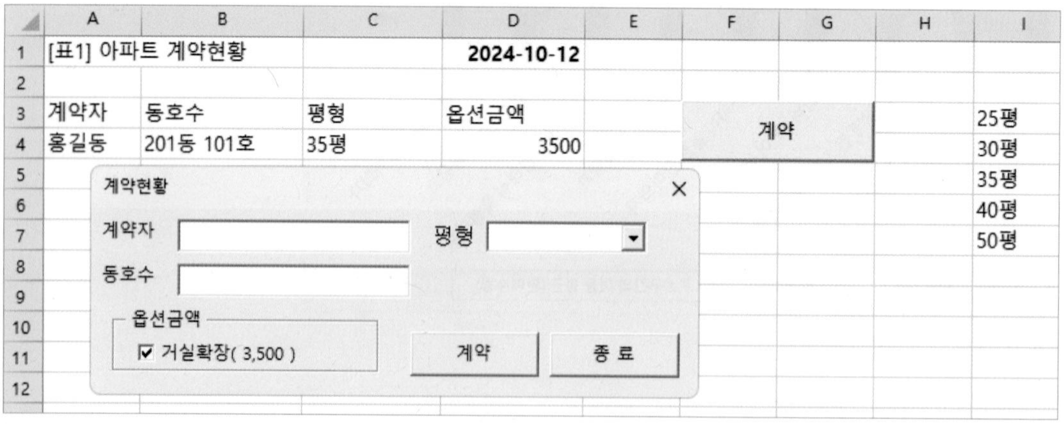

	A	B	C	D	E	F	G	H	I
1	[표1] 아파트 계약현황			2024-10-12					
2									
3	계약자	동호수	평형	옵션금액					25평
4	홍길동	201동 101호	35평	3500		계약			30평
5									35평
6	계약현황				×				40평
7	계약자		평형						50평
8	동호수								
9									
10	옵션금액								
11	☑ 거실확장(3,500)			계약	종료				
12									

③ 〈계약현황〉 폼의 '종료' 버튼을 클릭하면 [D1] 셀에 오늘 날짜가 입력되고, 글꼴 스타일이 '굵게'로 지정하고, 〈계약현황〉이 화면과 메모리에서 제거되도록 프로시저를 작성하시오.

정답 & 해설 상시 공략 문제 07회

문제1 기본작업

1 고급 필터

정답

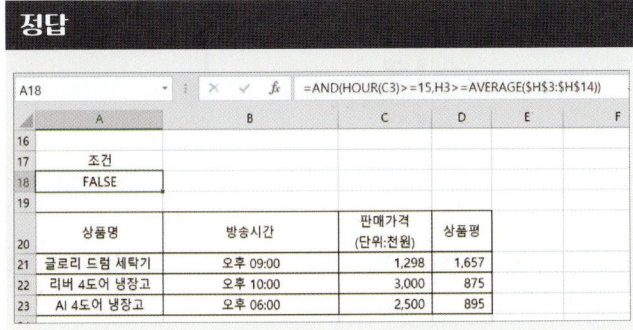

① [A17] 셀에 **조건**, [A18] 셀에 =AND(HOUR(C3)>=15, H3>=AVERAGE($H$3:$H$14))를 입력한다.

② [A20:D20] 영역에 추출할 필드명('상품명', '방송시간', '판매가격(단위:천원)', '상품평')을 입력 또는 복사/붙여넣기를 한다.

③ [데이터]-[정렬 및 필터] 그룹의 [고급](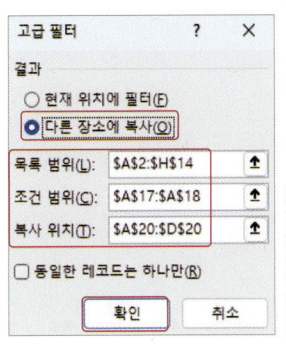)을 클릭한다.

④ [고급 필터]에서 다음과 같이 지정한 후 [확인]을 클릭한다.

- 결과 : '다른 장소에 복사'
- 목록 범위 : [A2:H14]
- 조건 범위 : [A17:A18]
- 복사 위치 : [A20:D20]

2 조건부 서식

정답

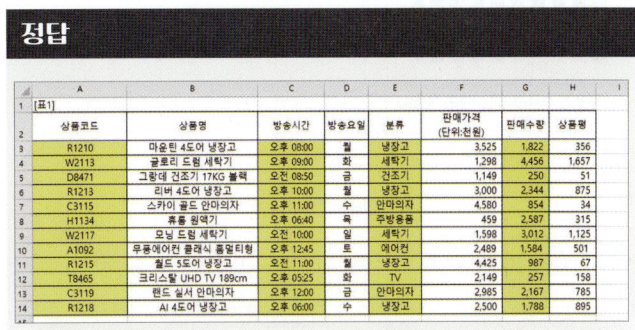

① [A3:H14] 영역을 범위 지정한 후 [홈]-[스타일] 그룹의 [조건부 서식]-[새 규칙]을 클릭한다.

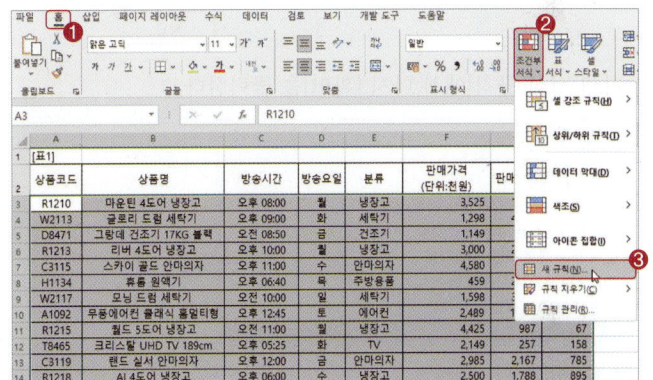

② [새 서식 규칙]에서 =ISODD(MOD(COLUMN(),2))를 입력한 후 [서식]을 클릭한다.

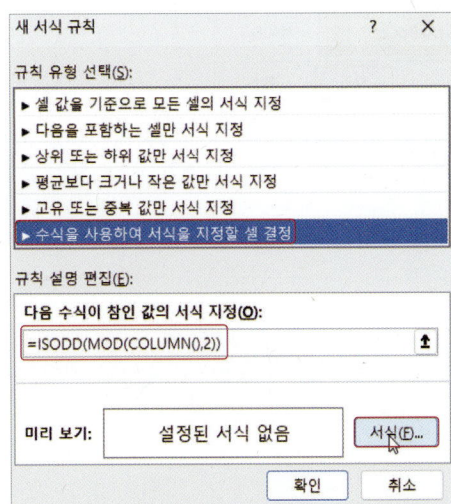

상시 공략 문제 07회 **2-195**

③ [셀 서식]의 [채우기] 탭에서 '표준 색 − 노랑'을 선택한 후 [확인]을 클릭한다.

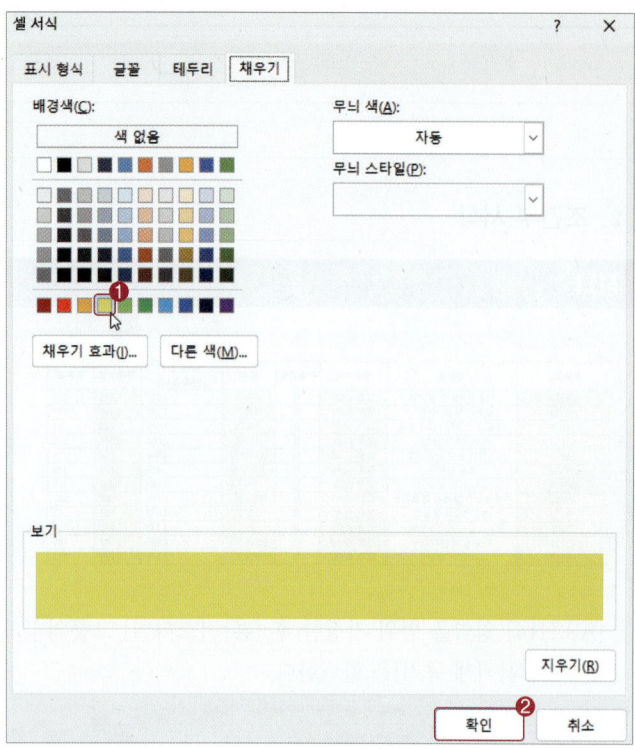

④ [새 서식 규칙]에서 다시 [확인]을 클릭한다.

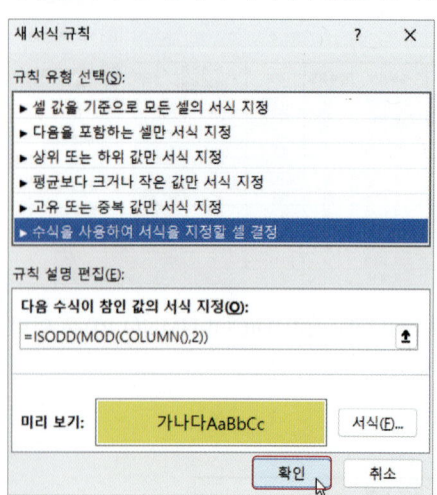

3 시트 보호

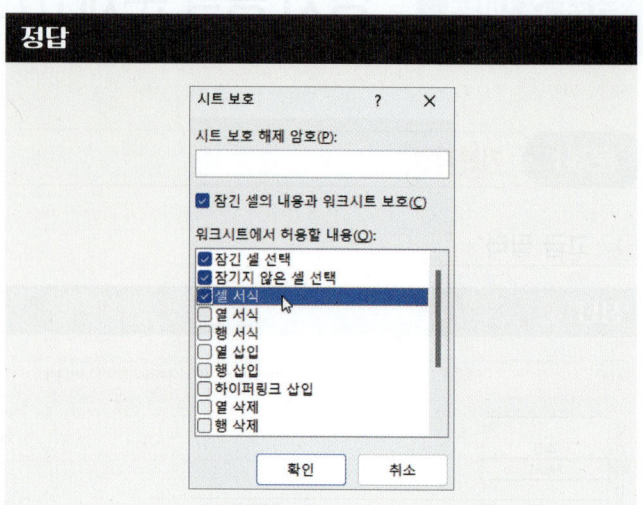

① [H4:H15] 영역을 범위 지정한 후 Ctrl + 1 을 눌러 [보호] 탭에서 '잠금', '숨김'을 체크한다.

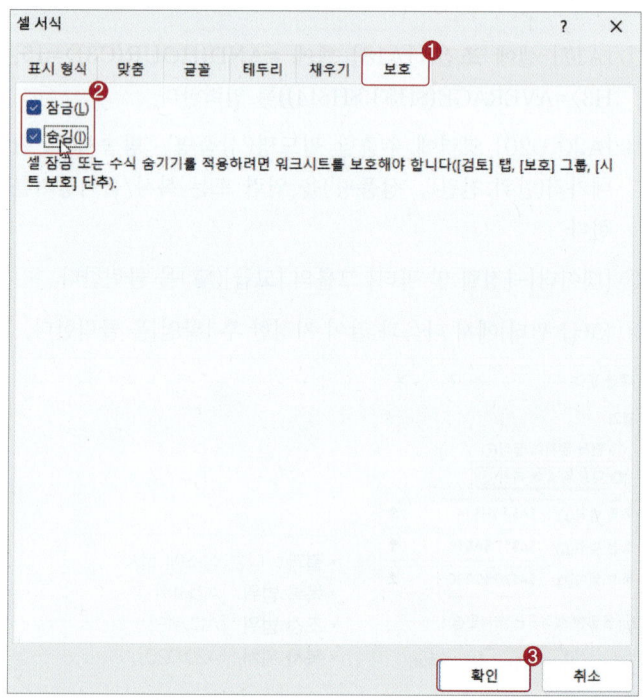

② [검토]-[보호] 그룹에서 [시트 보호]를 클릭하여 '셀 서식'을 체크하고 [확인]을 클릭한다.

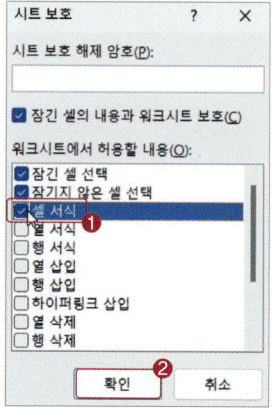

문제2 계산작업

정답

	A	B	C	D	E	F	G	H	I
1	[표1]								
2	영업소	직급	판매실적	연봉	연봉계약일	연봉계약종료일	총예상수입	인상될연봉	연소득
3	서울강남	영업소장	255	85,000천원	2022-01-01	2024-12-31	255,000천원	93,000	85,000
4	서울강북	과장	53	51,000천원	2021-08-01	2024-07-30	153,000천원	56,000	61,000
5	인천	대리	33	41,000천원	2022-07-01	2024-12-31	102,500천원	43,000	46,000
6	인천	영업소장	195	82,000천원	2022-05-01	2024-12-31	218,667천원	86,000	82,000
7	부산	영업소장	126	80,000천원	2022-09-01	2024-12-31	186,667천원	84,000	80,000
8	광주	대리	22	42,000천원	2023-05-01	2024-12-31	70,000천원	44,000	47,000
9	서울강남	대리	31	43,000천원	2022-09-01	2024-08-31	86,000천원	45,000	48,000
10	서울강북	대리	25	42,000천원	2022-09-01	2024-12-31	98,000천원	44,000	47,000
11	인천	사원	21	31,000천원	2022-07-01	2024-12-31	77,500천원	32,000	36,000
12	부산	대리	19	40,000천원	2023-03-01	2024-12-31	73,333천원	40,000	40,000
13	광주	영업소장	221	84,000천원	2023-01-01	2025-12-31	252,000천원	92,000	84,000
14	대전	과장	38	57,000천원	2022-09-01	2024-12-31	133,000천원	59,000	62,000
15	광주	사원	18	31,000천원	2023-03-01	2025-02-28	62,000천원	31,000	31,000
16	광주	과장	32	57,000천원	2023-03-01	2025-02-28	114,000천원	59,000	62,000
17	서울강남	사원	18	32,000천원	2023-03-01	2025-02-28	64,000천원	32,000	32,000
18	대전	영업소장	183	84,000천원	2022-07-01	2024-12-31	210,000천원	88,000	84,000
19	서울강북	사원	13	29,000천원	2023-03-01	2024-12-31	53,167천원	29,000	29,000
20	부산	과장	42	55,000천원	2023-03-01	2025-02-28	110,000천원	60,000	60,000
21	서울강북	영업소장	293	75,000천원	2022-10-01	2024-09-30	150,000천원	82,000	75,000
22	대전	대리	13	38,000천원	2023-03-01	2025-02-28	76,000천원	38,000	38,000
23	서울강남	과장	55	56,000천원	2022-01-01	2024-12-31	168,000천원	61,000	66,000
24	인천	과장	52	53,000천원	2022-10-01	2024-11-30	114,833천원	58,000	63,000
25	부산	사원	15	30,000천원	2023-10-01	2024-11-30	35,000천원	30,000	30,000
26	대전	사원	8	28,000천원	2023-05-01	2025-04-30	56,000천원	28,000	28,000
27									
28	[표2]	연봉평균	[표3]			[표4]			
29	직급	서울외지역	직급	판매실적	연봉	영업소장		기타직급	
30	영업소장	82,500	영업소장	293	85,000	판매실적	인상률	판매실적	인상률
31	과장	55,500	과장	55	57,000	0	0%	0	0%
32	대리	40,250	대리	33	43,000	100	5%	20	5%
33	사원	30,000	사원	21	32,000	200	10%	40	10%
34						300	15%	60	15%

① 총예상수입[G3:G26]

[G3] 셀에 =TEXT(QUOTIENT(DAYS(F3,E3),30)*(D3/12),"#,##0천원")를 입력하고 [G26] 셀까지 수식을 복사한다.

함수 설명 =TEXT(QUOTIENT(DAYS(F3,E3),30)*(D3/12),"#,##0천원")

❶ DAYS(F3,E3) : [E3] 셀의 날짜에서 [F3] 셀까지 날짜 수를 구함
❷ QUOTIENT(❶,30) : ❶의 값을 30으로 나눈 몫을 구함

=TEXT(❷*(D3/12),"#,##0천원") : ❷의 값을 [D3]/12의 값을 곱하여 '#,##0천원' 형식으로 표시

② 인상될연봉[H3:H26]

[H3] 셀에 =TRUNC(D3*(1+IF(B3="영업소장",VLOOKUP(C3,$F$31:$G$34,2),VLOOKUP(C3,$H$31:$I$34,2))),-3)를 입력하고 [H26] 셀까지 수식을 복사한다.

함수 설명 =TRUNC(D3*(1+IF(B3="영업소장",VLOOKUP(C3,$F$31:$G$34, 2),VLOOKUP(C3,$H$31:$I$34,2))),-3)

❶ VLOOKUP(C3,$F$31:$G$34,2) : [C3] 셀의 값을 [F31:G34] 영역의 첫 번째 열에서 찾아 2번째 열에서 값을 찾아옴
❷ VLOOKUP(C3,$H$31:$I$34,2) : [C3] 셀의 값을 [H31:H34] 영역의 첫 번째 열에서 찾아 2번째 열에서 값을 찾아옴
❸ IF(B3="영업소장",❶,❷) : [B3] 셀에 '영업소장'이면 ❶의 값을, 그 외는 ❷의 값을 표시

=TRUNC(D3*(1+❸),-3) : D3*(1+❸)의 계산식을 백의 자리에서 내림하여 표시

3 연소득[I3:I26]

① [개발 도구]-[코드] 그룹의 [Visual Basic](🖼)을 클릭한다.

② [삽입]-[모듈]을 클릭한다.

③ Module 창에 다음과 같이 입력한다.

```
Public Function fn연소득(직급, 판매실적, 연봉)
    If 직급 <> "영업소장" Then
        If 판매실적 >= 50 Then
            fn연소득 = 연봉 + 10000
        ElseIf 판매실적 >= 20 Then
            fn연소득 = 연봉 + 5000
        Else
            fn연소득 = 연봉
        End If
    Else
        fn연소득 = 연봉
    End If
End Function
```

④ [파일]-[닫고 Microsoft Excel(으)로 돌아가기]를 클릭하여 [Visual Basic Editor]를 닫는다.

⑤ [I3] 셀을 클릭한 후 [함수 삽입](fx)을 클릭한다.

⑥ '범주 선택'에서 '사용자 정의', '함수 선택'에서 'fn연소득'을 선택한 후 [확인]을 클릭한다.

⑦ 그림과 같이 셀을 지정한 후 [확인]을 클릭한다.

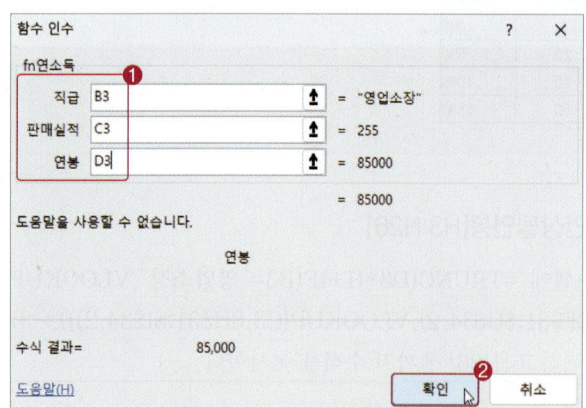

⑧ [I3] 셀을 선택한 후 [I26] 셀까지 수식을 복사한다.

4 서울외지역평균[B30:B33]

[B30] 셀에 =AVERAGE(IF((LEFT($A$3:$A$26,2)<>"서울")*($B$3:$B$26=A30),$D$3:$D$26))를 입력하고 Ctrl+Shift+Enter를 누른 후에 [B33] 셀까지 수식을 복사한다.

> **함수 설명** =AVERAGE(IF((LEFT($A$3:$A$26,2)<>"서울")*($B$3:$B$26= A30),$D$3:$D$26))
>
> ❶ LEFT($A$3:$A$26,2)<>"서울" : [A3:A26] 영역에서 왼쪽의 2글자를 추출한 값이 '서울'과 같지 않은지 비교
> ❷ IF((❶)*($B$3:$B$26=A30),$D$3:$D$26) : ❶의 값과 같고 [B3:B26] 영역이 [A30]과 같은 경우 같은 행의 [D3:D26] 영역의 값을 추출
>
> =AVERAGE(❷) : ❷의 평균값을 구함

5 판매실적과 연봉의 최대값[D30:E33]

[D30] 셀에 =INDEX(C$3:C$26,MATCH(MAX(($B$3:$B$26=$C30)*C$3:C$26),($B$3:$B$26=$C30)*C$3:C$26,0))를 입력하고 Ctrl+Shift+Enter를 누른 후에 [E33] 셀까지 수식을 복사한다.

> **함수 설명** =INDEX(C$3:C$26,MATCH(MAX(($B$3:$B$26=$C30)*C$3:C$26),($B$3:$B$26=$C30)*C$3:C$26,0))
>
> ❶ ($B$3:$B$26=$C30)*C$3:C$26 : [B3:B26] 영역에서 [C30] 셀과 같은 데이터의 같은 행에 [C3:C26] 행의 데이터를 추출
> ❷ MAX(❶) : ❶의 값들 중에 최대값을 구함
> ❸ MATCH(❷,❶,0) : ❷의 값을 ❶ 영역에서 몇 번째 위치하는지 상대적인 위치 값을 구함
>
> =INDEX(C$3:C$26,❸) : [C3:C26] 영역에서 ❸에 위치한 값을 구함

문제3 분석작업

1 피벗 테이블

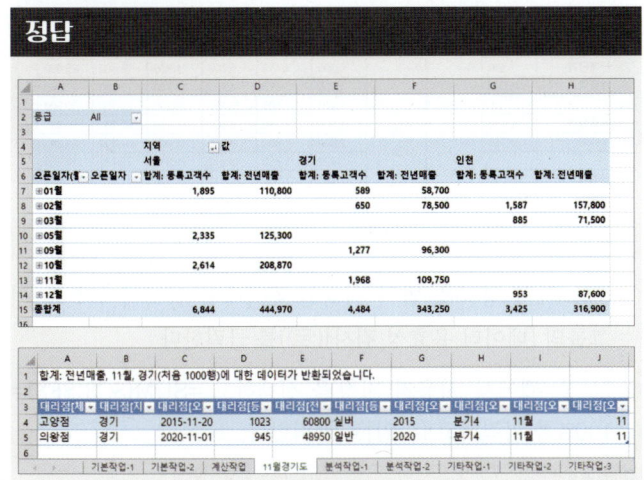

① [A4] 셀을 클릭한 후 [삽입]-[표] 그룹에서 [피벗 테이블](🗔)을 클릭한다.

② [피벗 테이블 만들기]에서 [연결 선택]을 클릭하여 [더 찾아보기]에서 '대리점.csv'을 선택하고 1단계에서 '구분 기호로 분리됨'과 '내 데이터에 머리글 표시'를 체크하고 [다음]을 클릭한다.

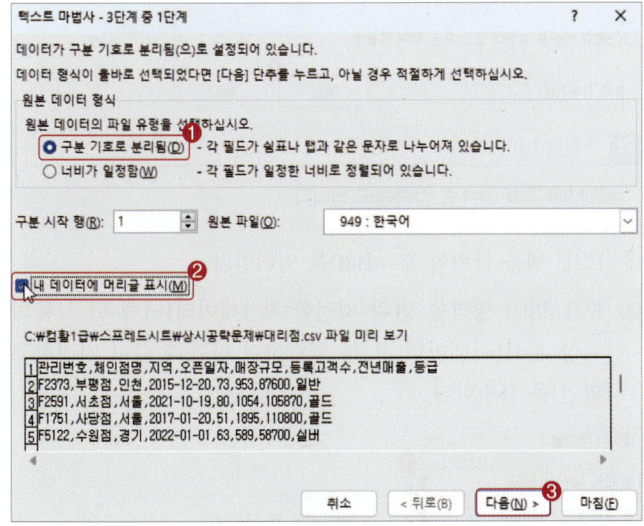

③ [2단계]에서 '쉼표'를 선택하고 [다음]을 클릭하고, [3단계]에서 '관리번호'와 '매장규모'는 '열 가져오지 않음(건너뜀)'을 선택하고 [마침]을 클릭한다.

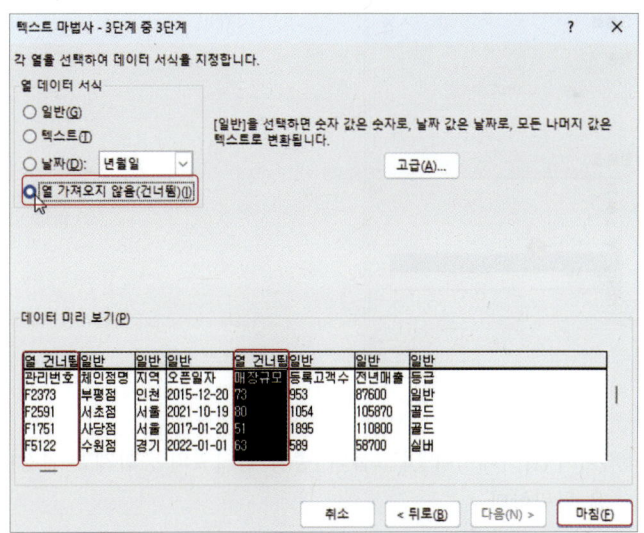

④ [피벗 테이블 만들기]에서 '데이터 모델에 이 데이터 추가'를 체크하고 [확인]을 클릭한다.

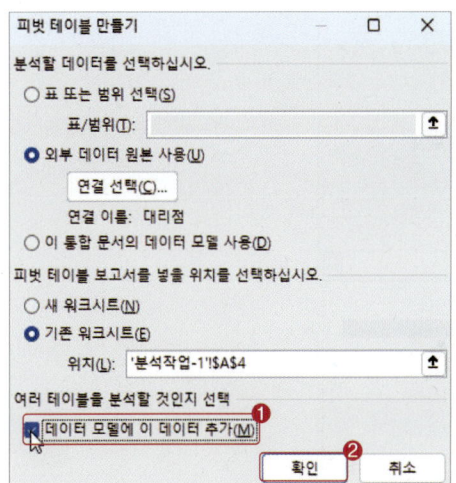

⑤ 필터(등급), 행(오픈일자), 열(지역), 값(등록고객수, 전년매출)을 드래그하여 배치한다.

⑥ [디자인]-[레이아웃] 그룹의 [보고서 레이아웃]-[개요 형식으로 표시]를 클릭한다.

⑦ 오픈일자[A7]에서 마우스 오른쪽 버튼을 눌러 [그룹]을 클릭하여 '분기', '연' 선택을 해제한 후 [확인]을 클릭한다.

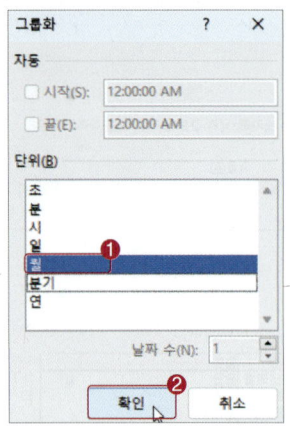

⑧ [디자인]-[레이아웃] 그룹의 [총합계]-[열의 총합계만 설정]을 클릭한다.

⑨ [C4] 셀의 목록 단추를 클릭하여 [기타 정렬 옵션]을 클릭하여 '내림차순 기준'에서 '합계 : 전년매출'을 선택하고 [확인]을 클릭한다.

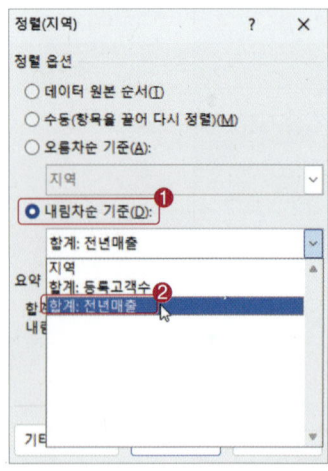

⑩ '합계 : 등록고객수' [C6] 셀에서 더블클릭하여 [값 필드 설정]에서 [표시 형식]을 클릭하여 '숫자'에서 '1000 단위 구분 기호(,) 사용'을 체크하고 [확인]을 클릭한다.

⑪ '합계 : 전년매출' [D6] 셀도 더블클릭하여 셀 서식을 지정한다.

⑫ 경기도의 11월 자료 [E13] 또는 [F13] 셀에서 더블클릭한다.

⑬ 시트명을 더블클릭하여 **11월경기도**를 입력한다.

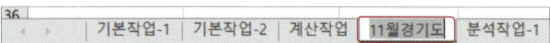

2 데이터 도구

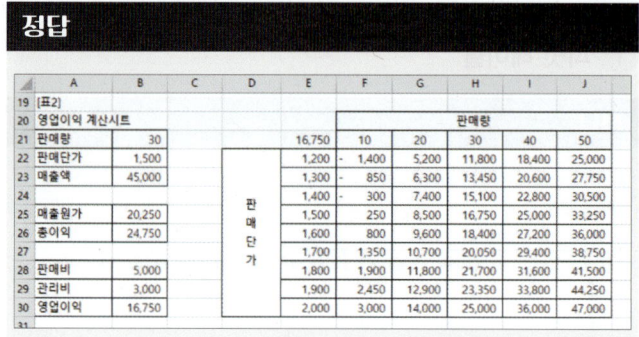

① [C3:F17] 영역을 범위 지정한 후 [데이터]-[데이터 도구] 그룹의 [데이터 유효성 검사]를 클릭한다.

② [설정] 탭에서 '사용자 지정'을 선택하고 =SUM($C3:$F3)=100%를 입력하고 [확인]을 클릭한다.

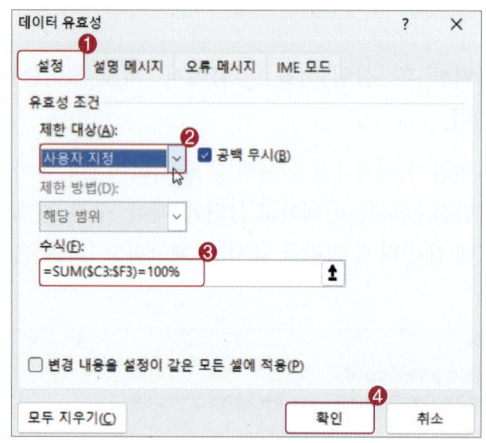

> **기적의 TIP**
> =SUM($C3:$F3)=1로 입력해도 됩니다.

③ [E21] 셀을 클릭한 후 =B30을 입력한다.

④ [E21:J30] 영역을 범위 지정한 후 [데이터]-[예측] 그룹의 [가상 분석]-[데이터 표]를 클릭하여 다음과 같이 지정하고 [확인]을 클릭한다.

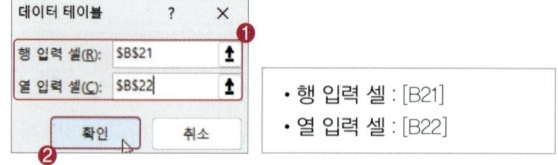

• 행 입력 셀 : [B21]
• 열 입력 셀 : [B22]

문제4 기타작업

1 차트

정답

① '판매수량' 계열을 선택한 후 마우스 오른쪽 버튼을 눌러 [계열 차트 종류 변경]을 클릭하여 '표식이 있는 꺾은선형'을 선택하고 '보조 축'을 체크하고 [확인]을 클릭한다.

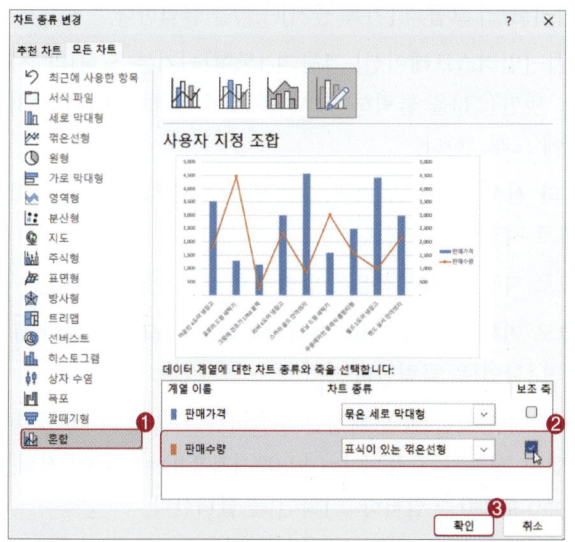

② [차트 요소](⊞)-[차트 제목]을 체크한 후 '차트 제목'을 선택한 후 =B2를 입력한다.

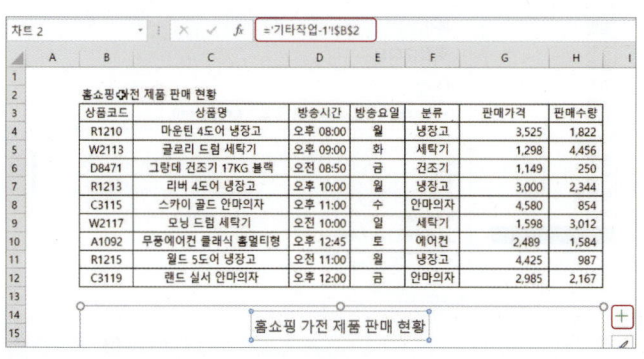

③ [차트 요소](⊞)-[축 제목]-[기본 세로]를 체크한 후 '축 제목'을 선택한 후 =G3을 입력한다.

④ [차트 요소](⊞)-[축 제목]-[보조 세로]를 체크한 후 '축 제목'을 선택한 후 =H3을 입력한다.

⑤ 세로(값) 축 제목을 선택한 후 마우스 오른쪽 버튼을 눌러 [축 제목 서식]을 클릭하여 '텍스트 방향'에서 '스택형'을 선택한다.

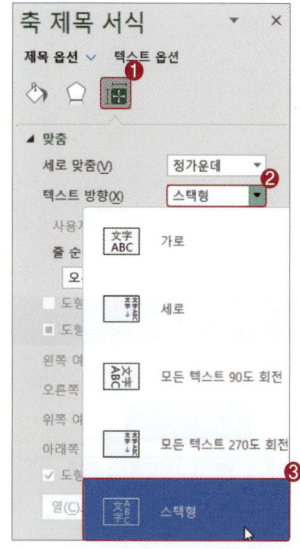

⑥ '보조 세로(값) 축' 제목도 '스택형'으로 텍스트 방향을 수정한다.

⑦ 가로(항목) 축을 선택한 후 '사용자 지정 각'에 45를 입력한 후 [홈]-[글꼴] 그룹의 '굵게', 크기 '10'으로 지정한다.

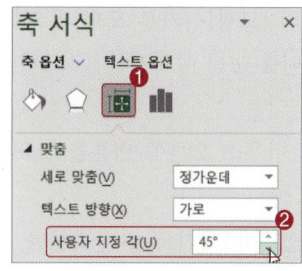

⑧ [차트 요소](⊞)-[범례]-[아래쪽]을 클릭한 후 '범례'를 선택한 후 [서식] 탭의 [도형 스타일] 그룹에서 '색 윤곽선 - 파랑, 강조1'을 선택한다.

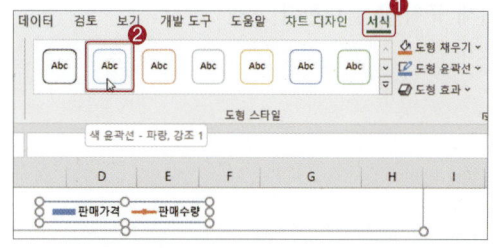

⑨ '판매수량' 계열을 선택한 후 마우스 오른쪽 버튼을 눌러 [추세선 추가]를 클릭한 후 '이동 평균' 구간 2를 선택한다.

⑩ 차트를 선택한 후 [차트 영역 서식]의 [효과]에서 [네온]의 미리 설정에 '네온: 5pt, 파랑, 강조색 1'을 선택한다.

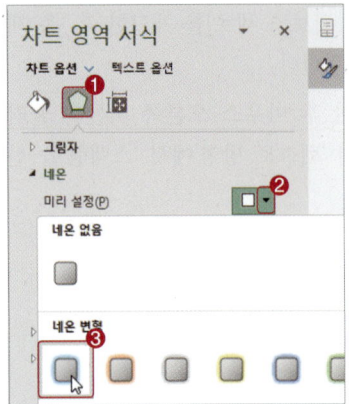

2 매크로

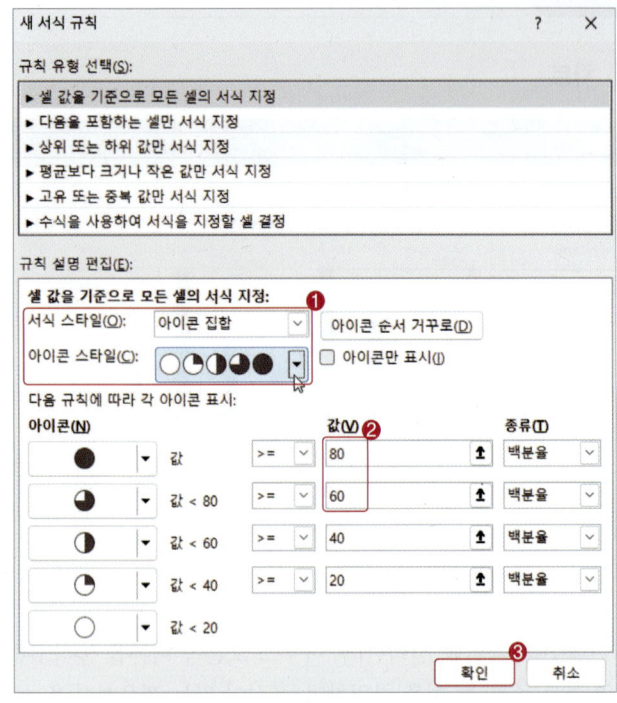

⑥ [새 서식 규칙]에서 다음과 같이 입력하고 [확인]을 클릭한다.

⑦ 임의의 셀을 클릭한 후 매크로 기록을 종료하기 위해 [개발 도구]-[코드] 그룹의 [기록 중지](□)를 클릭한다.

⑧ [삽입]-[일러스트레이션] 그룹의 [도형]-[기본 도형]의 '사각형: 빗면'(□)을 클릭하여 Alt를 누른 상태에서 [F2:G3] 영역에 드래그한다.

⑨ 도형의 **서식적용**을 입력하고 마우스 오른쪽 버튼을 눌러 [매크로 지정]을 클릭한다.

⑩ [매크로 지정]에 **서식적용**을 입력하고 [기록]을 클릭한다.

⑪ [매크로 기록]에 자동으로 '서식적용'으로 매크로 이름이 표시되면 [확인]을 클릭한다.

⑫ [H6:H17] 영역을 범위 지정한 후 Ctrl+1을 눌러 [표시 형식] 탭의 '사용자 지정'에 [=0]0.0%;[자홍][>=10000]"적립"* #,##0;#,##0을 입력하고 [확인]을 클릭한다.

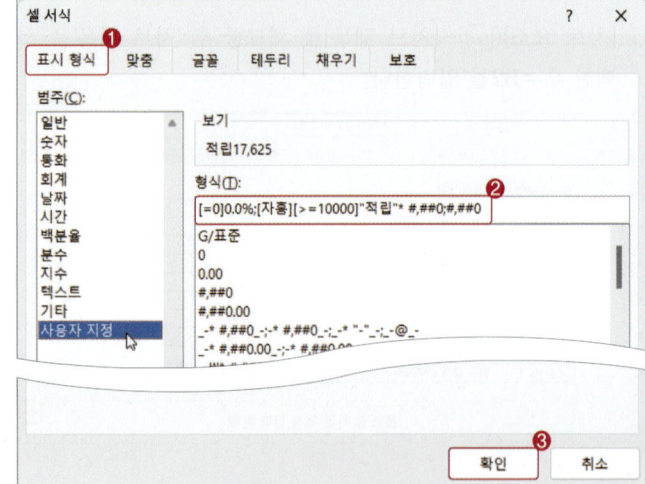

① [삽입]-[일러스트레이션] 그룹의 [도형]-[기본 도형]의 '사각형: 빗면'(□)을 클릭하여 Alt를 누른 상태에서 [C2:D3] 영역에 드래그한다.

② 도형의 **아이콘보기**를 입력하고 마우스 오른쪽 버튼을 눌러 [매크로 지정]을 클릭한다.

③ [매크로 지정]에 **아이콘보기**를 입력하고 [기록]을 클릭한다.

④ [매크로 기록]에 자동으로 '아이콘보기'로 매크로 이름이 표시되면 [확인]을 클릭한다.

⑤ [G6:G17] 영역을 범위 지정한 후 [홈]-[스타일] 그룹의 [조건부 서식]-[새 규칙]을 클릭한다.

⑬ 임의의 셀을 클릭한 후 매크로 기록을 종료하기 위해 [개발 도구]-[코드] 그룹의 [기록 중지](□)를 클릭한다.

3 VBA 프로그래밍

(1) 폼 보이기

① [개발 도구]-[컨트롤] 그룹의 [디자인 모드](N)를 클릭하여 〈계약〉 버튼을 편집 상태로 만든다.

② 〈계약〉 버튼을 더블클릭한 후 코드 창에 다음과 같이 입력한다.

```
Private Sub cmd계약_Click()
    계약현황.Show
End Sub
```

(2) 폼 초기화

① [프로젝트-VBAProject] 탐색기에서 '폼'을 더블 클릭하고 〈계약현황〉를 선택한다.

② [프로젝트-VBAProject] 탐색기의 [코드 보기](圖)를 클릭한다.

③ '개체 목록'은 'UserForm', '프로시저 목록'은 'Initialize'를 선택한다.

④ 코드 창에 다음과 같이 입력한다.

```
Private Sub UserForm_Initialize()
    Txt계약자.SetFocus
    Ch거실 = True
    Cmb평형.RowSource = "I3:I7"
End Sub
```

(3) 등록 프로시저

① '개체 목록'에서 'cmd계약', '프로시저 목록'은 'Click'을 선택한다.

② 코드 창에 다음과 같이 입력한다.

```
Private Sub Cmd계약_Click()

    If Txt계약자 = "" Then
        MsgBox "계약자를 입력하세요."
    ElseIf Cmb평형 = "" Then
        MsgBox "평형을 선택하세요."
    ElseIf Txt동호수 = "" Then
        MsgBox "동호수를 입력하세요."
    Else
        i = Range("A3").CurrentRegion.Rows.Count + 3

        Cells(i, 1) = Txt계약자
        Cells(i, 2) = Txt동호수
        Cells(i, 3) = Cmb평형

        If Ch거실 = True Then
            Cells(i, 4) = 3500
        Else
            Cells(i, 4) = 0
        End If

    End If

    Txt계약자 = ""
    Cmb평형 = ""
    Txt동호수 = ""
    Ch거실 = False

End Sub
```

(4) 종료 프로시저

① '개체 목록'에서 'Cmd종료', '프로시저 목록'은 'Click'을 선택한다.

② 코드 창에 다음과 같이 입력한다.

```
Private Sub Cmd종료_Click()
    [D1] = Date
    [D1].Font.Bold = True
    Unload Me
End Sub
```

상시 공략 문제 08회

작업파일: '26컴활1급(상시)₩스프레드시트₩상시공략문제'에서 '상시공략문제8회' 파일을 열어 작업하세요.

프로그램명	제한시간	풀이시간
EXCEL 2021	45분	분

수험번호 :
성　　명 :

유의사항

- 인적 사항 누락 및 잘못 작성으로 인한 불이익은 수험자 책임으로 합니다.

- 화면에 암호 입력창이 나타나면 아래의 암호를 입력하여야 합니다.
  ○ 암호: 6845%3

- 작성된 답안은 주어진 경로 및 파일명을 변경하지 마시고 그대로 저장해야 합니다. 이를 준수하지 않으면 실격 처리됩니다.
  ○ 답안 파일명의 예: C:₩OA₩수험번호8자리.xlsm

- 외부데이터 위치: C:₩OA₩파일명

- 별도의 지시사항이 없는 경우, 다음과 같이 처리 시 실격 처리됩니다.
  ○ 제시된 시트 및 개체의 순서나 이름을 임의로 변경한 경우
  ○ 제시된 시트 및 개체를 임의로 추가 또는 삭제한 경우
  ○ 외부데이터를 시험 시작 전에 열어본 경우

- 답안은 반드시 문제에서 지시 또는 요구한 셀에 입력하여야 하며 다음과 같이 처리 시 채점 대상에서 제외됩니다.
  ○ 제시된 함수가 있을 경우 제시된 함수만을 사용하여야 하며 그 외 함수사용시 채점대상에서 제외
  ○ 수험자가 임의로 지시하지 않은 셀의 이동, 수정, 삭제, 변경 등으로 인해 셀의 위치 및 내용이 변경된 경우 해당 작업에 영향을 미치는 관련문제 모두 채점 대상에서 제외
  ○ 도형 및 차트의 개체가 중첩되어 있거나 동일한 계산결과 시트가 복수로 존재할 경우 해당 개체나 시트는 채점 대상에서 제외

- 수식 작성 시 제시된 문제 파일의 데이터는 변경 가능한(가변적) 데이터임을 감안하여 문제 풀이를 하시오.

- 별도의 지시사항이 없는 경우, 주어진 각 시트 및 개체의 설정값 또는 기본 설정값 (Default)으로 처리하시오.

- 저장 시간은 별도로 주어지지 않으므로 제한된 시간 내에 저장을 완료해야 하며, 제한 시간 내에 저장이 되지 않은 경우에는 실격 처리됩니다.

- 출제된 문제의 용어는 MS Office LTSC Professional Plus 2021 기준으로 작성되어 있습니다.

대 한 상 공 회 의 소

문제1 기본작업(15점) 주어진 시트에서 다음 과정을 수행하고 저장하시오.

1. '기본작업-1' 시트에 다음과 같이 고급 필터를 수행하시오. (5점)
- ▶ [A2:J21] 영역에서 1월 ~ 5월이 비어있지 않으면서 계약종료일이 2022인 자료의 직원코드, 직원명, 계약종료일, 직위 열만 순서대로 표시하시오.
- ▶ 조건은 [A23:A24] 영역 내에 알맞게 입력하시오. (AND, COUNTA, YEAR 함수 사용)
- ▶ 결과는 [A26] 셀부터 표시하시오.

2. '기본작업-1' 시트에서 다음과 같이 조건부 서식을 설정하시오. (5점)
- ▶ [A3:J21] 영역에서 계약종료일이 기준날짜 이내이면서 직위가 '책임매니저'에 해당한 행 전체에 대하여 글꼴 색은 '표준색 – 파랑', 글꼴 스타일은 '굵게' 적용하시오.
- ▶ 기준날짜 : 2024-12-31
- ▶ 단, 규칙 유형은 '수식을 사용하여 서식을 지정할 셀 결정'을 사용하고, 한 개의 규칙으로만 작성하시오.
- ▶ AND, DATE 함수 사용

3. '기본작업-2' 시트에 다음과 같이 페이지 레이아웃을 설정하시오. (5점)
- ▶ [A2:I22] 영역을 인쇄 영역으로 설정하고, 2행이 매 페이지마다 반복하여 인쇄되도록 인쇄 제목을 설정하시오.
- ▶ 용지 방향을 '가로'로 설정하고, 한 페이지에 맞춰 배율이 자동 조정되어 인쇄되도록 설정하시오.
- ▶ 매 페이지 상단 오른쪽에 현재 시스템 날짜가 표시되도록 머리글을 설정하시오.

문제2 계산작업(30점) 주어진 시트에서 다음 과정을 수행하고 저장하시오.

1. [표1]의 기준일과 가입일자를 이용하여 [표시 예]와 같이 가입기간[E3:E20] 영역에 표시하시오. (6점)
- ▶ 1년은 365일, 1개월은 30일을 기준
- ▶ [표시 예 : 2009년 09월 10일 → 12년 3개월]
- ▶ QUOTIENT, MOD 함수와 & 연산자 사용

2. 사용자 정의 함수 'fn수수료'를 작성하여 [표1]의 수수료[F3:F20]을 표시하시오. (6점)
- ▶ 'fn수수료'는 펀드명을 인수로 받아 값을 되돌려줌
- ▶ 펀드명의 왼쪽의 2글자가 '미래'이면 '5% 할인', '성장'이면 '없음', '수익'이면 '10% 할인'으로 표시하시오.
- ▶ Select ~ Case 사용

```
Public Function fn수수료(펀드명)
End Function
```

3. [표1]의 펀드명, 운영방법을 이용하여 [표2]의 [I3:K4] 영역에 운용방법과 펀드명별 가장 빠른 가입년도를 표시하시오. (6점)
- ▶ [표시 예 : 2010년 01월 02일 → 2010년도]
- ▶ TEXT, MIN, IF, LEFT를 사용한 배열 함수 사용

④ [표3]의 추천메뉴를 이용하여 특정문자(,) 바로 앞까지 문자열을 표시하고 특정문자(',')가 없으면 데이터 그대로 인기메뉴[J8:J20]에 표시하시오. (6점)

▶ IFERROR, FIND, LEFT 함수 사용

⑤ [표4]의 신용등급, 대출기간, 신용대출액을 이용하여 대출상환금액[E24:E33] 영역에 표시하시오. (6점)

▶ 신용등급이 'A'일 경우 연이율 3%, 그 외에는 5%로 납입기간은 월초로 계산
▶ [표시 예 : 428,740원]
▶ IF, PMT, TEXT 함수 사용

문제3 분석작업(20점) 주어진 시트에서 다음 과정을 수행하고 저장하시오.

① '분석작업-1' 시트에서 다음의 지시사항에 따라 피벗 테이블 보고서를 작성하시오. (10점)

▶ 〈아파트관리비.accdb〉의 〈5월〉 테이블을 이용하시오.
▶ 피벗 테이블 보고서의 레이아웃과 위치는 〈그림〉을 참조하여 설정하고, 보고서 레이아웃을 개요 형식으로 표시하시오.
▶ 도시가스요금은 도시가스 × 725, 전기료는 전기(kwh) × 118, 수도세는 수도(ton) × 1500으로 계산 필드를 추가하시오.
▶ '면적' 필드를 기준으로 〈그림〉과 같이 정렬하고, 값 영역의 모든 필드들의 표시 형식은 회계 범주를 이용하여 〈그림〉과 같이 설정하시오.
▶ 행과 열의 총합계는 표시되지 않도록 설정하고, 피벗 테이블 스타일은 '흰색, 피벗 스타일 밝게 22'로 설정하시오.

	A	B	C	D	E	F	G
1							
2							
3		호	(모두)				
4							
5				동			
6		면적	값	201	202	203	204
7		153					
8			합계 : 도시가스요금	439,350	-	-	-
9			합계 : 전기료	247,564	-	-	-
10			합계 : 수도세	280,500	-	-	-
11		115					
12			합계 : 도시가스요금	-	353,075	-	-
13			합계 : 전기료	-	205,438	-	-
14			합계 : 수도세	-	207,000	-	-
15		96					
16			합계 : 도시가스요금	-	-	427,750	-
17			합계 : 전기료	-	-	155,524	-
18			합계 : 수도세	-	-	184,500	-
19		85					
20			합계 : 도시가스요금	-	-	-	294,350
21			합계 : 전기료	-	-	-	199,656
22			합계 : 수도세	-	-	-	193,500

※ 작업 완성된 그림이며 부분점수 없음

2 '분석작업-2' 시트에 대하여 다음의 지시사항을 처리하시오. (10점)

▶ 데이터 도구를 이용하여 [표]에서 '동', '호' 열을 기준으로 중복된 값이 입력된 셀을 포함하는 행을 삭제하시오.
▶ [부분합] 기능을 이용하여 [표]에서 '면적'별 '도시가스', '전기(kwh)', '수도(ton)'의 평균을 계산한 후 최대값을 계산하시오.
　- '면적'을 기준으로 내림차순으로 정렬하시오.
　- 평균과 최대값은 위에 명시된 순서대로 처리하시오.
　- 평균을 소수 이하 1자리까지 표시하시오.

문제4 기타작업(35점) 주어진 시트에서 다음 과정을 수행하고 저장하시오.

1 '기타작업-1' 시트에서 다음의 지시사항에 따라 차트를 수정하시오. (각 2점)

※ 차트는 반드시 문제에서 제공한 차트를 사용하여야 하며, 신규로 차트 작성시 0점 처리됨

① 〈그림〉과 같이 '제주도'가 표시되지 않도록 원본 데이터를 수정하고, 데이터의 행과 열을 바꾸어 표시하시오.
② 차트 제목을 입력하고, 차트 종류를 '3차원 묶은 세로 막대형'으로 변경하고 '직각으로 축 고정'으로 지정하시오.
③ 데이터 계열의 차트 간격 너비는 150%로 설정하고, 범례 순서를 〈그림〉과 같이 변경하시오.
④ '식비' 계열의 '진도'와 '경주' 요소에 '데이터 설명선'으로 표시된 데이터 레이블을 〈그림〉과 같이 표시하시오.
⑤ 세로(값) 축의 표시 단위를 〈그림〉과 같이 표시하고, 차트 영역의 글꼴을 'HY중고딕', 도형 효과의 네온을 '네온 : 5pt, 주황, 강조색 2'로 지정하시오.

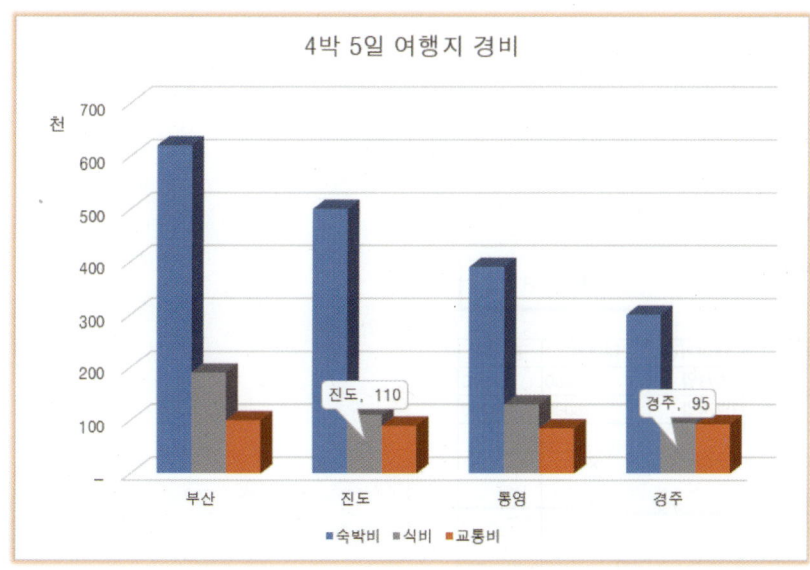

2 '기타작업-2' 시트에서 다음과 같은 기능을 수행하는 매크로를 현재 통합문서에 작성하시오. (각 5점)

① [C3:C19] 영역에 대하여 사용자 지정 표시 형식을 설정하는 '평수비교' 매크로를 생성하시오.
- ▶ 셀 값이 200,000 미만이면 파랑색으로 숫자와 함께 "작은평수", 셀 값이 600,000 초과이면 빨강색으로 숫자와 함께 "큰평수", 그 외는 오른쪽 맞춤 숫자 서식으로 표시하시오.
- ▶ 숫자와 텍스트 사이에는 셀 너비만큼 공백을 표시하고, 숫자는 천 단위 구분 기호를 표시하시오.
- ▶ [표시 예 : 190000 → 작은평수   190,000]
- ▶ [개발 도구]-[삽입]-[양식 컨트롤]의 '단추'(□)를 동일 시트의 [H2:I3] 영역에 생성한 후 텍스트를 '평수비교'로 입력하고, 단추를 클릭하면 '평수비교' 매크로가 실행되도록 설정하시오.

② [F3:F19] 영역에 대하여 사용자 지정 표시 형식을 설정하는 '서식설정' 매크로를 생성하시오.
- ▶ 셀 값이 0.25 이상이면 빨강색으로 '♠' 뒤에 백분율을 표시하고, 0.15 이하면 파랑색으로 '♤' 뒤에 값을 백분율로 표시하고, 그 외는 값을 백분율로만 표시하시오.
- ▶ [표시 예 : 0.25 → ♠25%, 0.1 → ♤10%]
- ▶ [개발 도구]-[삽입]-[양식 컨트롤]의 '단추'(□)를 동일 시트의 [H5:I6] 영역에 생성한 후 텍스트를 '서식설정'으로 입력하고, 단추를 클릭하면 '서식설정' 매크로가 실행되도록 설정하시오.

3 '기타작업-3' 시트에서 다음과 같은 작업을 수행하고 저장하시오. (각 5점)

① '용품대여' 단추를 클릭하면 〈캠핑용품대여〉 폼이 나타나고, 폼이 초기화 되면 '분류(cmb분류)'에 '텐트', '타프', '테이블/의자', '침구', '계절용품'을 콤보상자의 목록으로 표시되도록 프로시저를 작성하시오.

② 〈캠핑용품대여〉 폼의 '등록(cmd등록)' 단추를 클릭하면 폼에 입력된 데이터가 시트의 표에 입력되어 있는 마지막 행 다음에 연속하여 추가되도록 프로시저를 작성하시오.
- ▶ '대여료', '총금액'은 숫자로 입력하시오.
- ▶ '대여기간'이 3박 이상이면 '총금액'은 '대여가격 × 대여기간 × 80%', 그 외는 '대여가격 × 대여기간'으로 계산하시오.
- ▶ IF문과 LEFT, VAL 함수 사용

③ 〈캠핑용품대여〉 폼의 '종료(cmd종료)' 단추를 클릭하여 [C2] 셀에 시간을 제외한 현재 날짜를 입력하고, 글꼴 스타일은 '굵은 기울임꼴'로 지정한 후 폼을 종료하시오.

정답 & 해설 　상시 공략 문제 08회

문제1　기본작업

1 고급 필터

정답

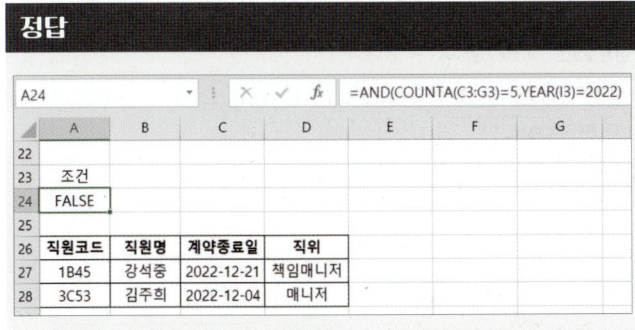

① [A23] 셀에 **조건**, [A24] 셀에 =AND(COUNTA(C3:G3)=5, YEAR(I3)=2022)를 입력한다.

② [A26:D26] 영역에 추출할 필드명을 복사한 후 [데이터]-[정렬 및 필터] 그룹의 [고급]()을 클릭한다.

③ [고급 필터]에서 다음과 같이 지정한 후 [확인]을 클릭한다.

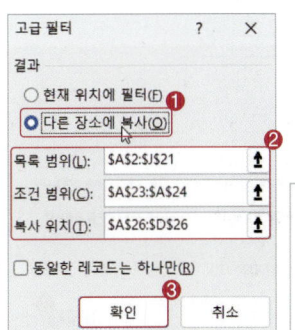

- 결과 : '다른 장소에 복사'
- 목록 범위 : [A2:J21]
- 조건 범위 : [A23:A24]
- 복사 위치 : [A26:D26]

2 조건부 서식

정답

① [A3:J21] 영역을 범위 지정한 후 [홈]-[스타일] 그룹의 [조건부 서식]-[새 규칙]을 클릭한다.

② [새 서식 규칙]에서 =AND($J3="책임매니저",$I3<=DATE(2024,12,31))을 입력한 후 [서식]을 클릭한다.

③ [셀 서식]의 [글꼴] 탭에서 글꼴 스타일 '굵게', 글꼴 색은 '표준 색 – 파랑'을 선택한 후 [확인]을 클릭한다.

④ [새 서식 규칙]에서 다시 [확인]을 클릭한다.

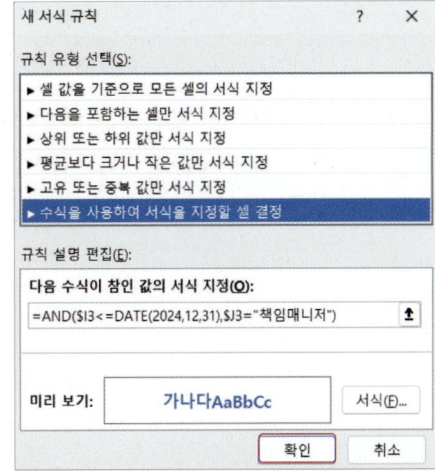

3 페이지 레이아웃

정답

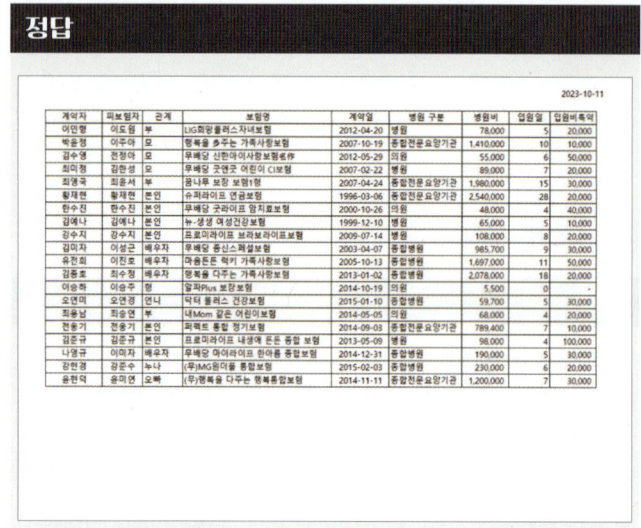

① [페이지 레이아웃]-[페이지 설정] 그룹의 [인쇄 제목]을 클릭하여 [시트] 탭의 '인쇄 영역'은 [A2:I22], '반복할 행'은 2행을 지정한다.

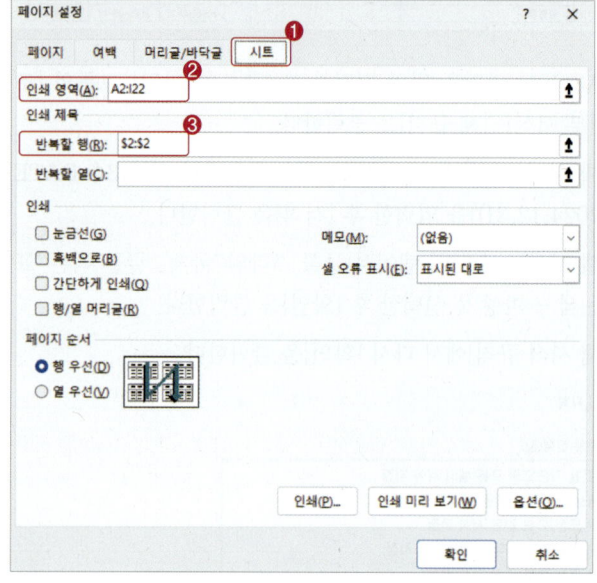

② [페이지] 탭의 용지 방향 '가로', 배율은 '자동 맞춤'에서 용지 너비 1, 용지 높이 1로 지정한다.

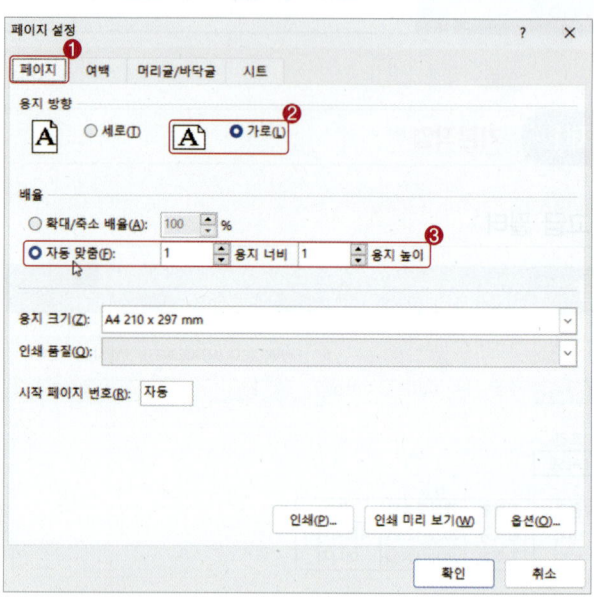

③ [머리글/바닥글] 탭에서 [머리글 편집]을 클릭하여 '오른쪽 구역'에 커서를 두고 [날짜 삽입](□)을 클릭하고 [확인]을 클릭한다.

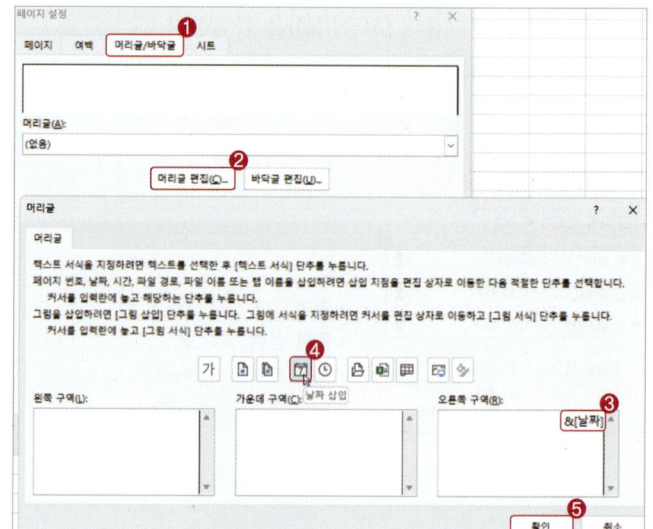

문제2 계산작업

정답

	A	B	C	D	E	F	G	H	I	J	K
1	[표1]				기준일	2025-01-02		[표2] 운용방법과 펀드명별 가장 빠른 가입년도			
2	펀드명	가입일자	운용방법	특성	가입기간	수수료			미래	성장	수익
3	미래자산	2019년 01월 21일	주식형	국내	5년 11개월	5% 할인		주식형	2010년도	2020년도	2016년도
4	미래자산	2021년 05월 06일	채권형	국내	3년 8개월	5% 할인		채권형	2018년도	2017년도	2018년도
5	성장자산	2022년 11월 03일	채권형	해외	2년 2개월	없음					
6	성장펀드	2017년 03월 08일	채권형	국내	7년 10개월	없음		[표3] 브랜드커피			
7	수익펀드	2021년 07월 17일	주식형	해외	3년 5개월	10% 할인		브랜드명	추천메뉴		인기메뉴
8	미래펀드	2010년 09월 09일	주식형	국내	14년 3개월	5% 할인		어디야커피	터피넛라떼, 쇼콜라		터피넛라떼
9	미래자산	2018년 10월 29일	채권형	국내	6년 2개월	5% 할인		스타박스커피	푸라푸치노, 달체라떼		푸라푸치노
10	수익펀드	2019년 08월 08일	주식형	국내	5년 4개월	10% 할인		투썬플레이스	로얄밀크티, 프라페		로얄밀크티
11	성장자산	2020년 01월 05일	채권형	해외	4년 12개월	없음		메가커피	퐁크러시		퐁크러시
12	수익펀드	2023년 06월 12일	주식형	국내	1년 6개월	10% 할인		커피에빠하다	흑당버블티		흑당버블티
13	성장펀드	2021년 09월 10일	채권형	국내	3년 3개월	없음		요가프레소	메리메리딸기, 바닐라슈		메리메리딸기
14	수익자산	2016년 09월 10일	주식형	해외	8년 3개월	10% 할인		벽다방	청포도꽃, 사라빵		청포도꽃
15	성장펀드	2020년 11월 12일	주식형	국내	4년 1개월	없음		커피페이	브라운바블티, 멜로우크림		브라운바블티
16	미래펀드	2018년 09월 28일	채권형	국내	6년 3개월	5% 할인		파스고찌	그라나따, 레드벨벳		그라나따
17	미래자산	2018년 12월 22일	주식형	해외	6년 0개월	5% 할인		헐리스커피	바나나딜라이트		바나나딜라이트
18	수익펀드	2018년 08월 13일	채권형	국내	6년 4개월	10% 할인		커피베너	콜드브루, 우리라떼		콜드브루
19	성장자산	2019년 05월 23일	채권형	국내	5년 7개월	없음		탐엔텀스커피	호두치노		호두치노
20	미래펀드	2016년 08월 10일	주식형	국내	8년 4개월	5% 할인		커피콩	블랙포라스트, 헤이즐넛		블랙포라스트
21											
22	[표4]										
23	기업명	신용등급	신용대출액	대출기간(년)	대출상환금액						
24	레드스타	A	₩ 10,000,000	2	428,740원						
25	블루칩	B	₩ 10,000,000	2	436,894원						
26	나이스	C	₩ 10,000,000	2	436,894원						
27	화이트펄	B	₩ 5,000,000	3	149,233원						
28	돌고래	A	₩ 5,000,000	3	145,043원						
29	은하수	C	₩ 5,000,000	3	149,233원						
30	로드킹	A	₩ 25,000,000	1	2,112,062원						
31	러브레터	B	₩ 23,000,000	1	1,960,802원						
32	스피드	C	₩ 25,000,000	1	2,131,307원						
33	골드핑거	A	₩ 50,000,000	3	1,450,434원						

1 가입기간[E3:E20]

[E3] 셀에 =QUOTIENT($F$1-B3,365)&"년 "&QUOTIENT(MOD($F$1-B3,365),30)&"개월"를 입력하고 [E20] 셀까지 수식을 복사한다.

함수 설명 =QUOTIENT($F$1-B3,365)&"년 "&QUOTIENT(MOD($F$1-B3,365),30)&"개월"

❶ QUOTIENT($F$1-B3,365) : [F1]-B3의 값을 365로 나눈 몫을 구함
❷ MOD($F$1-B3,365) : [F1]-B3의 값을 365로 나눈 나머지를 구함
❸ QUOTIENT(❷,30) : ❷의 값을 30으로 나눈 몫을 구함

=❶&"년 "&❸&"개월" : ❶년 ❸개월로 표시

2 수수료[F3:F20]

① [개발 도구]-[코드] 그룹의 [Visual Basic](아이콘)을 클릭한다.
② [삽입]-[모듈]을 클릭한다.
③ Module 창에 다음과 같이 입력한다.

```
Public Function fn수수료(펀드명)

    Select Case Left(펀드명, 2)
    
        Case "미래"
            fn수수료 = "5% 할인"
        Case "성장"
            fn수수료 = "없음"
        Case "수익"
            fn수수료 = "10% 할인"
    End Select

End Function
```

④ [파일]-[닫고 Microsoft Excel(으)로 돌아가기]를 클릭하여 [Visual Basic Editor]를 닫는다.
⑤ [F3] 셀을 클릭한 후 [함수 삽입](𝑓𝑥)을 클릭한다.
⑥ '범주 선택'에서 '사용자 정의', '함수 선택'에서 'fn수수료'를 선택한 후 [확인]을 클릭한다.
⑦ 그림과 같이 셀을 지정한 후 [확인]을 클릭한다.

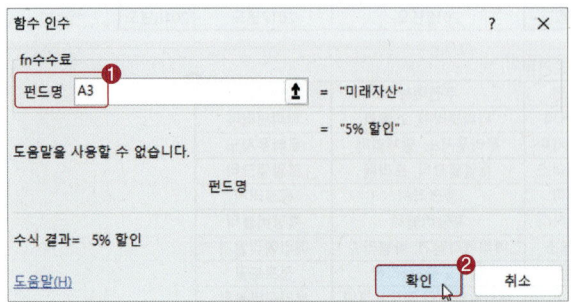

⑧ [F3] 셀을 선택한 후 [F20] 셀까지 수식을 복사한다.

3 빠른 가입년도[I3:K4]

[I3] 셀에 =TEXT(MIN(IF((LEFT($A$3:$A$20,2)=I$2)*($C$3:$C$20=$H3),$B$3:$B$20)),"yyyy년도")를 입력하고 Ctrl+Shift+Enter를 누른 후에 [K4] 셀까지 수식을 복사한다.

> **함수 설명** =TEXT(MIN(IF((LEFT($A$3:$A$20,2)=I$2)*($C$3:$C$20=$H3), $B$3:$B$20)),"yyyy년도")
> ❶ LEFT($A$3:$A$20,2) : [A3:A20] 영역에서 왼쪽의 2글자를 추출
> ❷ (❶=I$2)*($C$3:$C$20=$H3)) : ❶의 값이 [I2] 셀과 같고, [C3:C20] 영역에서 [H3] 과 같은 경우 TRUE 값
> ❸ IF(❷,$B$3:$B$20) : ❷의 조건이 TRUE 값에 해당한 같은 행의 데이터를 [B3:B20] 영역에서 값을 추출
> ❹ MIN(❸) : ❸의 최소값을 구함
>
> =TEXT(❹,"yyyy년도") : ❹의 값을 'yyyy년도' 형식으로 표시

4 인기메뉴[J8:J20]

[J8] 셀에 =IFERROR(LEFT(I8,FIND(",",I8)-1),I8)를 입력하고 [J20] 셀까지 수식을 복사한다.

> **함수 설명** =IFERROR(LEFT(I8,FIND(",",I8)-1),I8)
> ❶ FIND(",",I8) : 쉼표(,)를 [I8] 셀에서 찾아 위치 값을 구함
> ❷ LEFT(I8,❶-1) : [I8] 셀에서 왼쪽에서부터 시작하여 ❶-1의 개수만큼 추출
>
> =IFERROR(❷,I8) : ❷의 오류가 있을 때 [I8]을 표시

5 대출상환금액[E24:E33]

[E24] 셀에 =TEXT(PMT(IF(B24="A",3%,5%)/12,D24*12,-C24,,1),"#,##0원")를 입력하고 [E33] 셀까지 수식을 복사한다.

> **함수 설명** =TEXT(PMT(IF(B24="A",3%,5%)/12,D24*12,-C24,,1),"#,##0원")
> ❶ IF(B24="A",3%,5%) : [B24] 셀이 "A"와 같은 경우 3%, 그 외는 5%
> ❷ PMT(❶/12,D24*12,-C24,,1) : [C24] 셀의 값을 ❶의 값을 12로 나눈 이자로 [D24]*12한 개월로 상환할 경우 월상환금액을 구함
>
> =TEXT(❷,"#,##0원") : ❷의 값을 '#,##0원' 형식으로 표시

문제3 분석작업

1 피벗 테이블

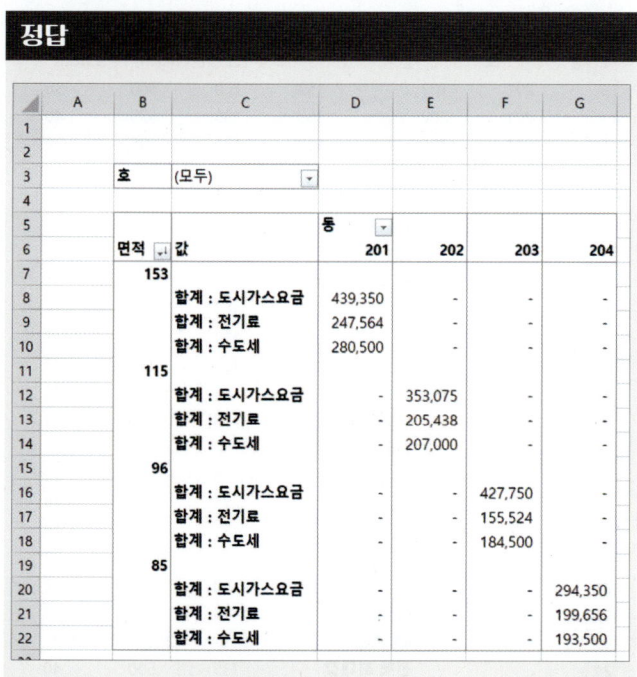

① [B5] 셀을 클릭한 후 [삽입] 탭의 [피벗 테이블](📋)을 클릭한다.

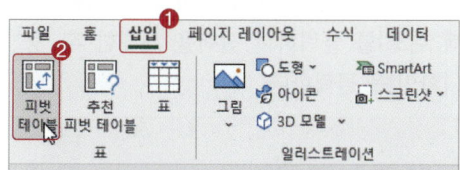

② [피벗 테이블 만들기]에서 '외부 데이터 원본 사용'을 선택하고 [연결 선택]을 클릭하고 [더 찾아보기]를 클릭하여 '아파트관리비.accdb'를 선택하고 [확인]을 클릭한다.

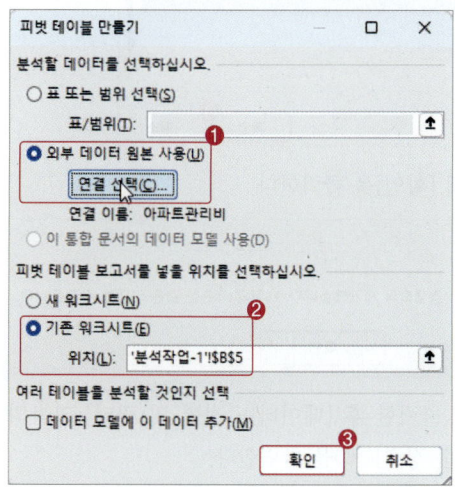

③ 다음과 같이 보고서 레이아웃을 지정한다.

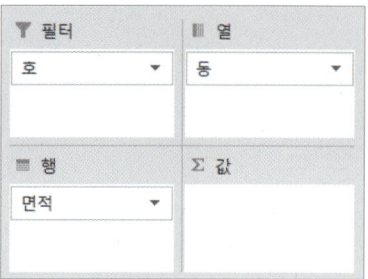

④ [디자인]-[레이아웃] 그룹의 [보고서 레이아웃]-[개요 형식으로 표시]를 클릭한다.

⑤ [피벗 테이블 분석] 탭에서 [필드 항목 및 집합]-[계산 필드]를 클릭하여 '도시가스요금', '전기료', '수도세'를 작성하여 [추가]를 클릭한 후 [확인]을 클릭한다.

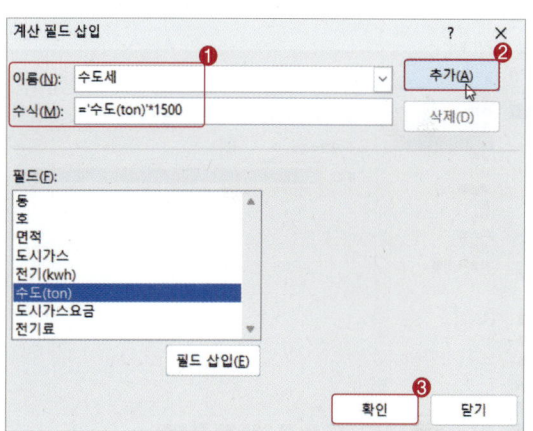

- 이름 : 도시가스요금
- 수식 : =도시가스 * 725

- 이름 : 전기료
- 수식 : =전기(kwh) * 118

- 이름 : 수도세
- 수식 : =수도(ton) * 1500

⑥ 'Σ값'에 도시가스요금, 전기료, 수도세를 드래그한 후 열에 있는 'Σ값'을 행으로 드래그한다.

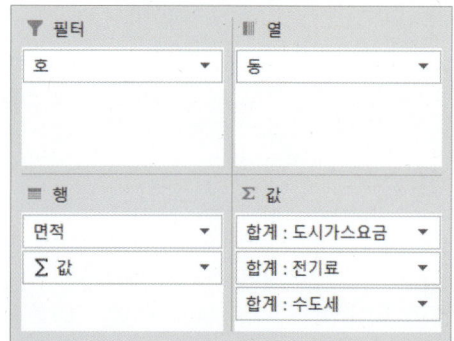

⑦ 면적[B6]에서 목록 단추(▼)를 클릭하여 [숫자 내림차순 정렬](흭)을 클릭한다.

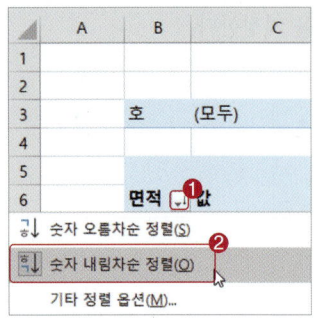

⑧ '합계 : 도시가스요금'[C8] 셀에서 더블클릭하여 [표시 형식]을 클릭한 후 '회계'를 선택하고 기호 '없음'을 선택하고 [확인]을 클릭한다.

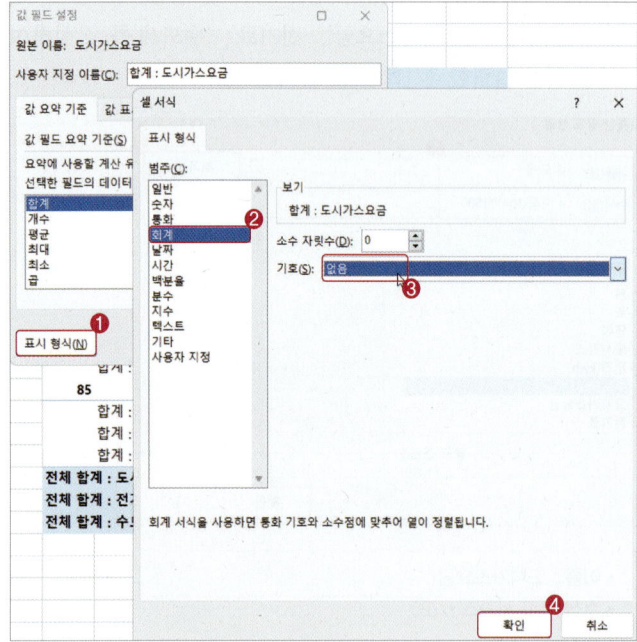

⑨ 같은 방법으로 '합계 : 전기료', '합계 : 수도세'도 '회계' 형식에서 기호 '없음'을 선택한다.

⑩ [디자인]-[레이아웃] 그룹에서 [총합계]-[행 및 열의 총합계 해제]를 클릭한다.

⑪ [디자인]-[피벗 테이블 스타일] 그룹에서 '흰색, 피벗 스타일 밝게 22'를 선택한다.

2 데이터 도구

정답

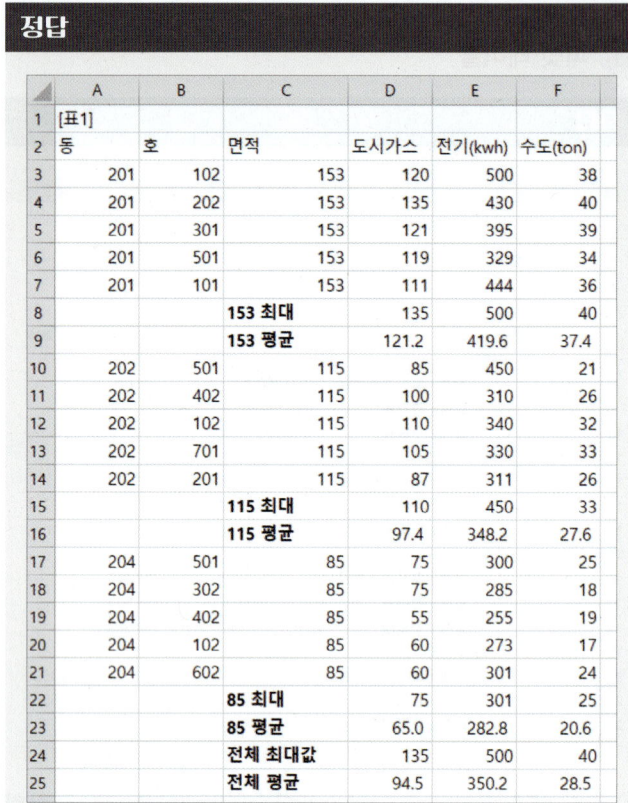

① [데이터]-[데이터 도구] 그룹의 [중복된 항목 제거]를 클릭하여 [모두 선택 취소]를 클릭하여 선택을 해제한 후 '동', '호'만 체크하고 [확인]을 클릭한다.

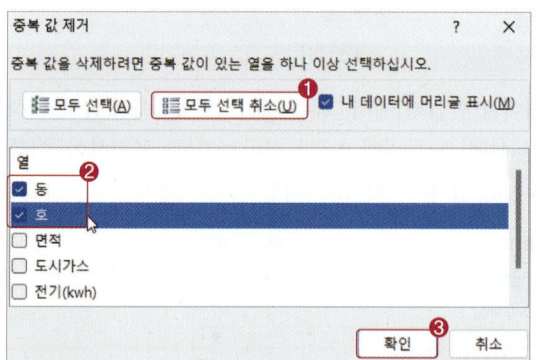

② 메시지 상자에서 [확인]을 클릭한다.

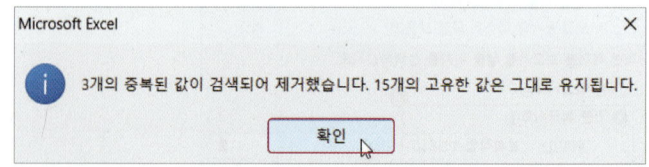

③ 면적 [C2] 셀을 클릭한 후 [데이터]-[정렬 및 필터] 그룹의 [텍스트 내림차순 정렬](흭)을 클릭한다.

④ [데이터]-[개요] 그룹의 [부분합](圖)에서 다음과 같이 지정하고 [확인]을 클릭한다.

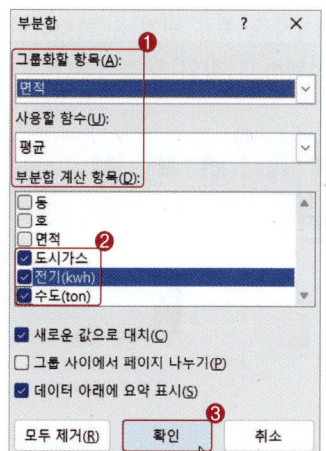

- 그룹화할 항목 : 면적
- 사용할 함수 : 평균
- 부분합 계산 항목 : 도시가스, 전기(kwh), 수도(ton)

⑤ [데이터]-[개요] 그룹의 [부분합](圖)에서 다음과 같이 지정하고 [확인]을 클릭한다.

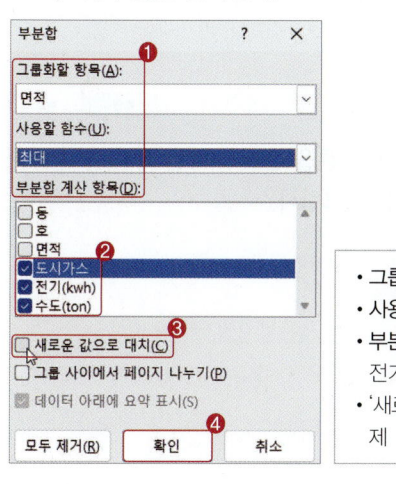

- 그룹화할 항목 : 면적
- 사용할 함수 : 최대
- 부분합 계산 항목 : 도시가스, 전기(kwh), 수도(ton)
- '새로운 값으로 대치' 체크 해제

⑥ [D9:F9], [D16:F16], [D23:F23], [D25:F25] 영역을 범위 지정한 후 Ctrl+1을 눌러 [표시 형식] 탭의 '숫자'의 소수 자릿수는 1로 지정하고 [확인]을 클릭한다.

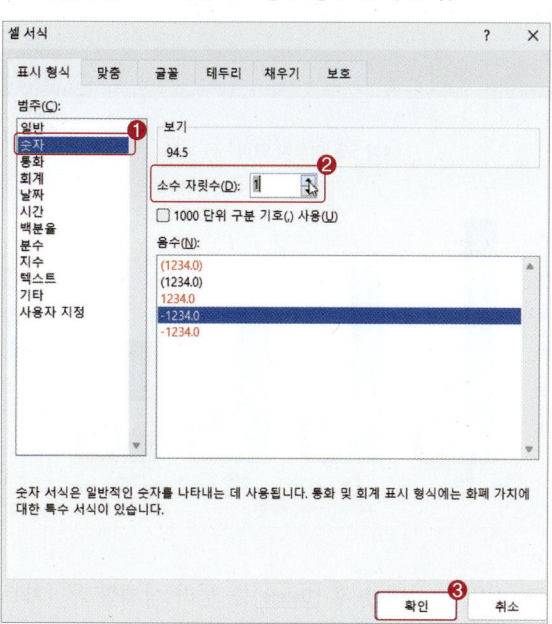

문제4   기타작업

1. 차트

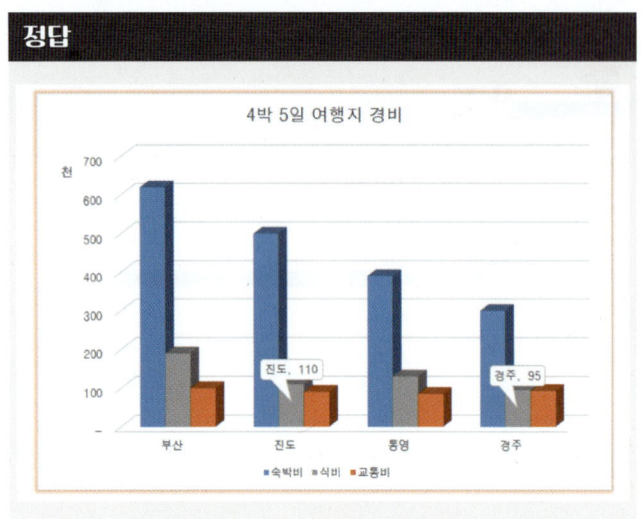

① '제주도' 계열을 선택한 후 Delete 를 눌러 삭제한 후 [차트 디자인]-[데이터] 그룹의 [행/열 전환]을 클릭한다.

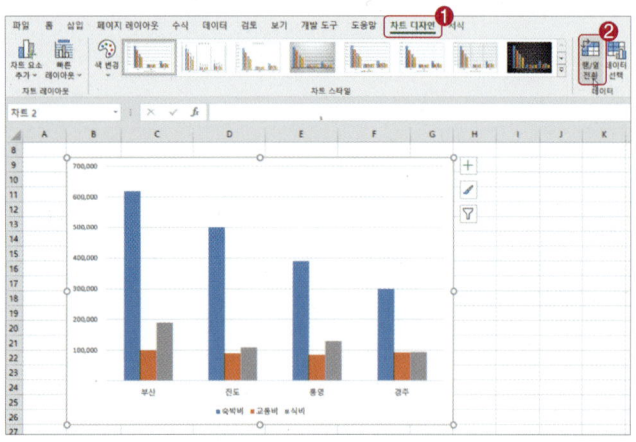

② [차트 요소](+)-[차트 제목]을 체크한 후 **4박 5일 여행지 경비**를 입력한다.

③ [차트 디자인]-[종류] 그룹의 [차트 종류 변경]을 클릭하여 '3차원 묶은 세로 막대형'을 선택하고 [확인]을 클릭한다.

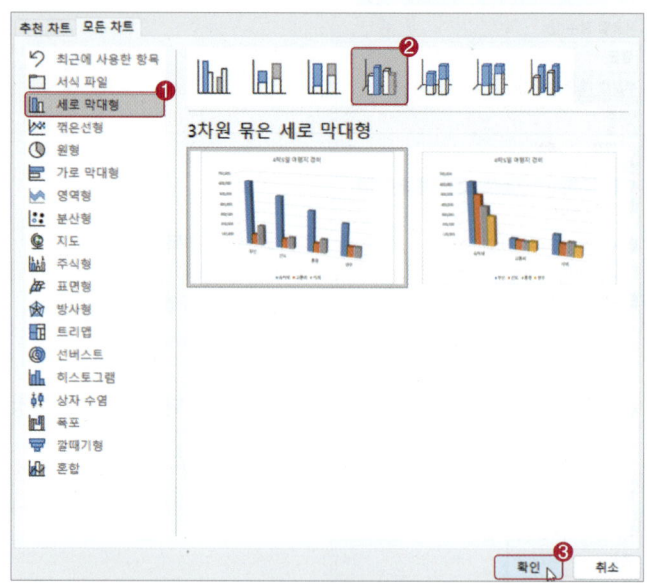

④ 차트에서 마우스 오른쪽 버튼을 눌러 [3차원 회전]을 클릭한 후 '직각으로 축 고정'을 체크한다.

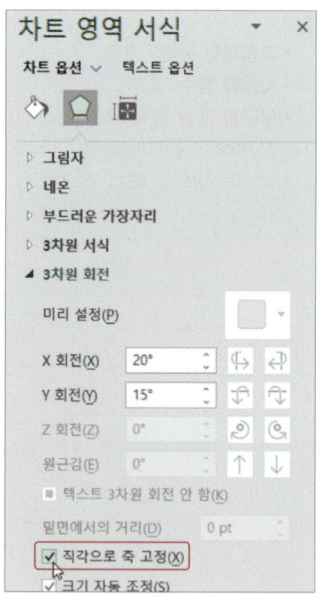

⑤ 데이터 계열을 하나를 선택한 후 '간격 너비'는 150을 입력한다.

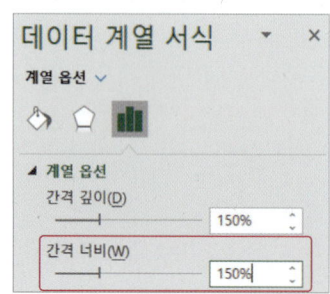

⑥ 차트에서 마우스 오른쪽 버튼을 눌러 [데이터 선택]을 클릭한 후 '식비' 계열을 선택한 후 '위로 이동'을 클릭하여 배치한 후 [확인]을 클릭한다.

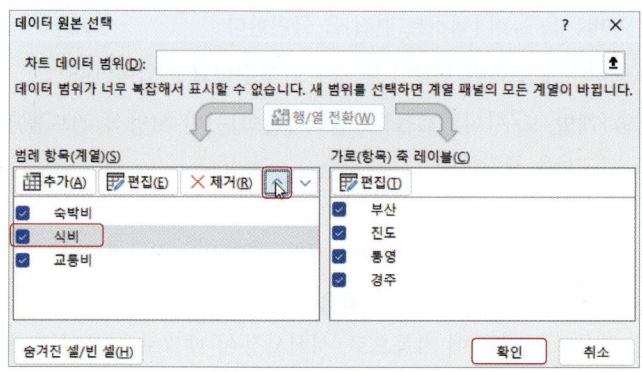

⑦ 진도의 '식비' 계열을 천천히 2번 클릭한 후 마우스 오른쪽 버튼을 눌러 [데이터 레이블 추가]-[데이터 설명선 추가]를 클릭한다.

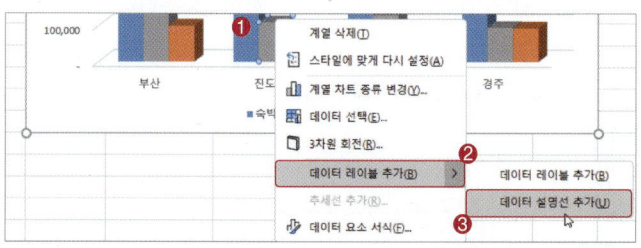

⑧ 경주의 '식비' 계열만 선택한 후 마우스 오른쪽 버튼을 눌러 [데이터 레이블 추가]-[데이터 설명선 추가]를 클릭한다.

⑨ 데이터 레이블 설명선을 선택한 후 마우스 오른쪽 버튼을 눌러 [데이터 레이블 도형 변경]에서 '말풍선: 모서리가 둥근 사각형'을 선택한다.

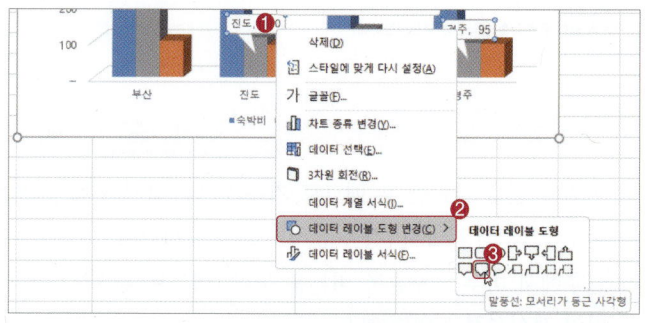

⑩ 세로(값) 축을 선택한 후 [축 서식]의 '축 옵션'에서 표시 단위 '천'을 선택한다.

⑪ '천'을 선택한 후 [맞춤]의 텍스트 방향을 '가로'를 선택한다.

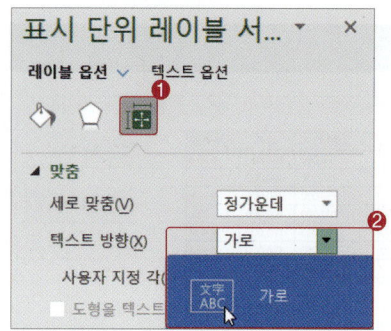

⑫ 차트를 선택한 후 [홈]-[글꼴] 그룹의 글꼴 'HY중고딕'을 선택한다.

⑬ [서식]-[도형 스타일] 그룹의 [도형 효과]-[네온]에서 '네온: 5pt, 주황, 강조색 2'를 선택한다.

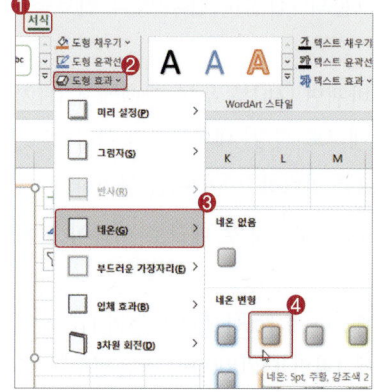

2 매크로

정답

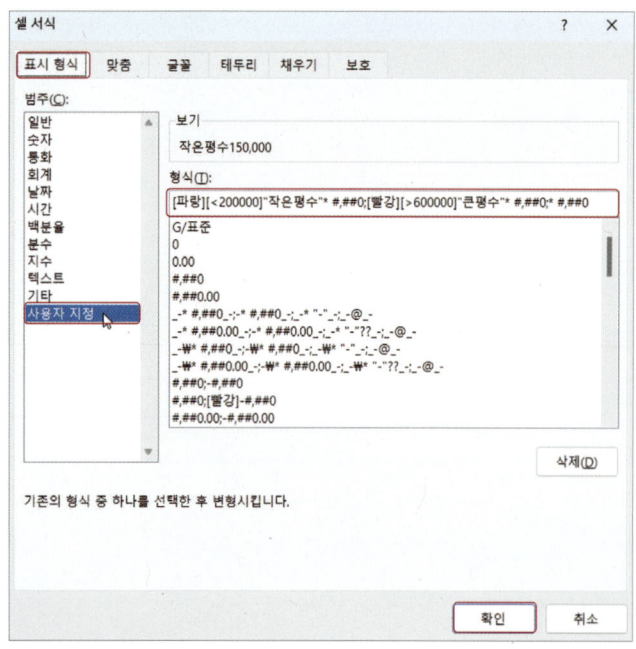

① [개발 도구]-[컨트롤] 그룹의 [삽입]-[단추(양식 컨트롤)](□)을 클릭한다.

② 마우스 포인터가 '+'로 바뀌면 Alt를 누른 상태에서 [H2:I3] 영역에 드래그하면 [매크로 지정] 대화상자가 나타난다.

③ [매크로 지정]에 **평수비교**를 입력하고 [기록]을 클릭한다.

④ [매크로 기록]에 자동으로 '평수비교'로 매크로 이름이 표시되면 [확인]을 클릭한다.

⑤ [C3:C19] 영역을 범위 지정한 후 Ctrl + 1을 눌러 [표시 형식] 탭의 '사용자 지정'에 [**파랑**][<200000]"작은평수"* #,##0;[**빨강**][>600000]"큰평수"* #,##0;* #,##0을 입력하고 [확인]을 클릭한다.

> 🔑 **기적의 TIP**
>
> 셀 너비만큼 공백을 표시(*)합니다.

⑥ 임의의 셀을 클릭한 후 매크로 기록을 종료하기 위해 [개발 도구]-[코드] 그룹의 [기록 중지](□)를 클릭한다.

⑦ 단추에 텍스트를 수정하기 위해서 단추에서 마우스 오른쪽 버튼을 눌러 [텍스트 편집]을 클릭한다.

⑧ 단추에 입력된 '단추 1'을 지우고 **평수비교**를 입력한다.

⑨ [개발 도구]-[컨트롤] 그룹의 [삽입]-[단추(양식 컨트롤)](□)을 클릭한다.

⑩ 마우스 포인터가 '+'로 바뀌면 Alt를 누른 상태에서 [H5:I6] 영역에 드래그하면 [매크로 지정] 대화상자가 나타난다.

⑪ [매크로 지정]에 **서식설정**을 입력하고 [기록]을 클릭하고, [매크로 기록]에 자동으로 '서식설정'이 매크로 이름이 표시되면 [확인]을 클릭한다.

⑫ [F3:F19] 영역을 범위 지정한 후 Ctrl + 1을 눌러 [표시 형식] 탭의 '사용자 지정'에 [**빨강**][>=0.25]"▲"0%;[**파랑**][<=0.15]"▽"0%;0%을 입력하고 [확인]을 클릭한다.

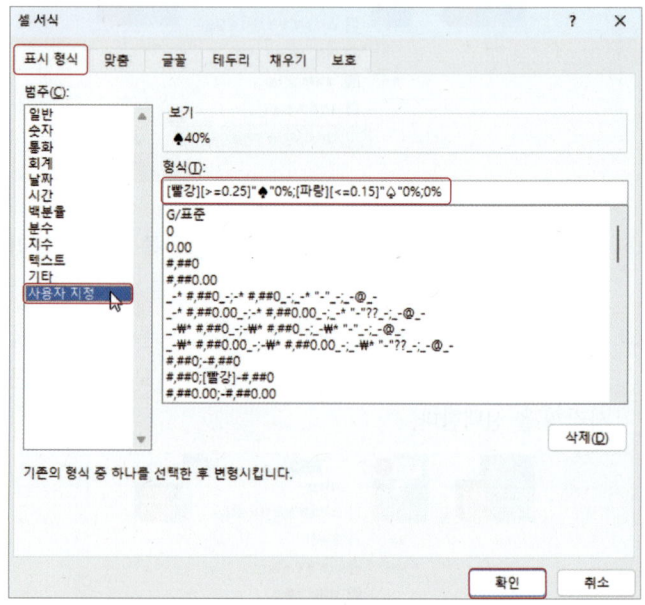

⑬ 임의의 셀을 클릭한 후 매크로 기록을 종료하기 위해 [개발 도구]-[코드] 그룹의 [기록 중지](□)를 클릭한다.

⑭ 단추에서 마우스 오른쪽 버튼을 눌러 [텍스트 편집]을 클릭하여 **서식설정**을 입력한다.

3 VBA 프로그래밍

(1) 폼 보이기

① [개발 도구]-[컨트롤] 그룹의 [디자인 모드](🔲)를 클릭하여 〈용품대여〉 버튼을 편집 상태로 만든다.

② 〈용품대여〉 버튼을 더블클릭한 후 코드 창에 다음과 같이 입력한다.

```
Private Sub cmd대여_Click()
    캠핑용품대여.Show
End Sub
```

(2) 폼 초기화

① [프로젝트-VBAProject] 탐색기에서 '폼'을 더블 클릭하고 〈캠핑용품대여〉를 선택한다.

② [프로젝트-VBAProject] 탐색기의 [코드 보기](🔲)를 클릭한다.

③ '개체 목록'은 'UserForm', '프로시저 목록'은 'Initialize'를 선택한다.

④ 코드 창에 다음과 같이 입력한다.

```
Private Sub UserForm_Initialize()
    cmb분류.AddItem "텐트"
    cmb분류.AddItem "타프"
    cmb분류.AddItem "테이블/의자"
    cmb분류.AddItem "침구"
    cmb분류.AddItem "계절용품"
End Sub
```

(3) 등록 프로시저

① '개체 목록'에서 'cmd등록', '프로시저 목록'은 'Click'을 선택한다.

② 코드 창에 다음과 같이 입력한다.

```
Private Sub cmd등록_Click()
    i = Range("B5").CurrentRegion.Rows.Count + 5
    Cells(i, 2) = txt제품명.Value
    Cells(i, 3) = cmb분류.Value
    Cells(i, 4) = txt기간.Value
    Cells(i, 5) = Val(txt가격)
    If Left(Cells(i, 4), 1) >= 3 Then
        Cells(i, 6) = Cells(i, 5) * Left(Cells(i, 4), 1) * 0.8
    Else
        Cells(i, 6) = Cells(i, 5) * Left(Cells(i, 4), 1)
    End If
End Sub
```

(4) 종료 프로시저

① '개체 목록'에서 'cmd종료', '프로시저 목록'은 'Click'을 선택한다.

② 코드 창에 다음과 같이 입력한다.

```
Private Sub cmd종료_Click()
    [C2] = Date
    [C2].Font.Bold = True
    [C2].Font.Italic = True
    Unload Me
End Sub
```

상시 공략 문제 09회

작업파일 : '26컴활1급(상시)₩스프레드시트₩상시공략문제'에서 '상시공략문제9회' 파일을 열어 작업하세요.

프로그램명	제한시간	풀이시간
EXCEL 2021	45분	분

수험번호 :

성   명 :

유의사항

- 인적 사항 누락 및 잘못 작성으로 인한 불이익은 수험자 책임으로 합니다.

- 화면에 암호 입력창이 나타나면 아래의 암호를 입력하여야 합니다.
  ○ 암호: 6845%3

- 작성된 답안은 주어진 경로 및 파일명을 변경하지 마시고 그대로 저장해야 합니다. 이를 준수하지 않으면 실격 처리됩니다.
  ○ 답안 파일명의 예: C:₩OA₩수험번호8자리.xlsm

- 외부데이터 위치: C:₩OA₩파일명

- 별도의 지시사항이 없는 경우, 다음과 같이 처리 시 실격 처리됩니다.
  ○ 제시된 시트 및 개체의 순서나 이름을 임의로 변경한 경우
  ○ 제시된 시트 및 개체를 임의로 추가 또는 삭제한 경우
  ○ 외부데이터를 시험 시작 전에 열어본 경우

- 답안은 반드시 문제에서 지시 또는 요구한 셀에 입력하여야 하며 다음과 같이 처리 시 채점 대상에서 제외됩니다.
  ○ 제시된 함수가 있을 경우 제시된 함수만을 사용하여야 하며 그 외 함수사용시 채점대상에서 제외
  ○ 수험자가 임의로 지시하지 않은 셀의 이동, 수정, 삭제, 변경 등으로 인해 셀의 위치 및 내용이 변경된 경우 해당 작업에 영향을 미치는 관련문제 모두 채점 대상에서 제외
  ○ 도형 및 차트의 개체가 중첩되어 있거나 동일한 계산결과 시트가 복수로 존재할 경우 해당 개체나 시트는 채점 대상에서 제외

- 수식 작성 시 제시된 문제 파일의 데이터는 변경 가능한(가변적) 데이터임을 감안하여 문제 풀이를 하시오.

- 별도의 지시사항이 없는 경우, 주어진 각 시트 및 개체의 설정값 또는 기본 설정값 (Default)으로 처리하시오.

- 저장 시간은 별도로 주어지지 않으므로 제한된 시간 내에 저장을 완료해야 하며, 제한 시간 내에 저장이 되지 않은 경우에는 실격 처리됩니다.

- 출제된 문제의 용어는 MS Office LTSC Professional Plus 2021 기준으로 작성되어 있습니다.

대 한 상 공 회 의 소

문제1 기본작업(15점) 주어진 시트에서 다음 과정을 수행하고 저장하시오.

1 '기본작업-1' 시트에서 다음과 같이 고급 필터를 수행하시오. (5점)
- [A2:H17] 영역에서 '등록비'가 상위 5이면서 '등록일'의 월이 6 이거나 12 인 '회원명', '등록일', '등록비', '운동종류' 열만 표시하시오.
- 조건은 [A19:A20] 영역 내에서 알맞게 입력하시오. (AND, OR, RANK.EQ, MONTH 함수 사용)
- 결과는 [A22] 셀부터 표시하시오.

2 '기본작업-1' 시트에서 다음과 같이 조건부 서식을 설정하시오. (5점)
- [A3:H17] 영역에 대해서 '운동종류'가 요가가 아니면서 '등록횟수'가 상위 3위 이내에 해당하는 행 전체에 대해서 글꼴 스타일 '굵게', 글꼴 색은 '표준 색 - 파랑'으로 적용하시오.
- 단, 규칙 유형은 '수식을 사용하여 서식을 지정할 셀 결정'을 사용하고, 한 개의 규칙으로만 작성하시오. (AND, LARGE 함수 사용)

3 '기본작업-2' 시트에서 다음과 같이 페이지 레이아웃을 설정하시오. (5점)
- 기존 인쇄 영역에 [A25:F32] 영역을 인쇄 영역으로 추가하고, 인쇄용지가 가로로 인쇄되도록 용지 방향을 '가로'로 설정하시오.
- 매 페이지마다 2행이 반복 인쇄되도록 설정하고, 인쇄될 내용이 페이지의 가로 가운데에 인쇄되도록 페이지 가운데 맞춤을 설정하시오.
- 오른쪽 상단 위에 페이지 번호가 [표시 예]와 같이 표시되도록 머리글을 설정하고, 페이지의 내용이 120% 확대되어 인쇄되도록 설정하시오.
  [표시 예 : 현재 페이지가 1이고 전체 페이지수가 2일 경우 → 1/2]

문제2 계산작업(30점) 주어진 시트에서 다음 과정을 수행하고 저장하시오.

1 [표1]의 전기사용량, 가족수와 [표4]를 이용하여 [E3:E16] 영역에 전기사용요금을 계산하여 표시하시오. (6점)
- 전기사용요금 = 기본요금 + 전기사용량 × 전력량요금 × (1-할인율)
- 할인율은 전기사용량과 가족수에 따른 [표4]의 할인율을 구하여 계산하시오.
- VLOOKUP, MATCH 함수 사용

2 [표1]의 호수와 공동금액을 이용하여 [G3:G16] 영역에 단위별공동금액을 계산하여 [표시 예]와 같이 표시하시오. (6점)
- 단위별공동금액 = 공동금액 / 단가
- 단가는 호수의 마지막 1자리가 1이면 20, 2이면 25, 3이면 30으로 계산한다.
- [표시 예 : 60 → 60원]
- QUOTIENT, CHOOSE, RIGHT 함수와 & 연산자 사용

3 사용자 정의 함수 'fn승강기사용료'를 작성하여 [표1]의 [H3:H16] 영역에 승강기사용료를 계산하여 표시하시오. (6점)

▶ 'fn승강기사용료'는 동과 호수를 인수로 받아 승강기사용료를 계산하는 함수이다.
▶ 승강기사용료는 동이 장미동이면 750, 장미동이 아니고 호수의 왼쪽 숫자가 3 이상이면 800, 그 외는 0으로 계산하시오.
▶ IF문 사용

```
Public Function fn승강기사용료(동, 호수)
End Function
```

4 [표1]의 동과 전기사용량을 이용하여 [표2]의 [B20:D20] 영역에 동별 전기사용량과 세대수를 [표시 예]와 같이 표시하시오. (6점)

▶ 전기사용량은 전기사용량이 전체 평균을 초과하는 전기사용량의 합계를 표시하시오.
▶ [표시 예 : 705(세대수 : 6)]
▶ CONCAT, SUM, AVERAGE 함수를 이용한 배열 수식

5 [표1]의 동과 호수를 이용하여 [표3]의 [B24:D26] 영역에 동별 호수별 최대 전기사용량을 표시하시오. (6점)

▶ [표3]의 호수는 [표1]의 호수 마지막 1자리에 해당함
▶ MAX, VALUE, RIGHT 함수를 이용한 배열 수식

문제3 분석작업(20점) 주어진 시트에서 다음 과정을 수행하고 저장하시오.

1 '분석작업-1' 시트에 대하여 다음의 지시사항을 처리하시오. (10점)

▶ 외부 데이터 가져오기 기능을 이용하여 〈온라인카페.txt〉 파일을 이용하시오.
  - 원본 데이터는 '탭'으로 분리되어 있으며, 내 데이터에 머리글을 표시하시오.
  - 데이터 모델에 이 데이터를 추가하시오.
▶ 피벗 테이블 보고서의 레이아웃과 위치는 〈그림〉을 참조하여 설정하고, 보고서 레이아웃을 테이블 형식으로 표시하시오.
▶ '개설일'은 〈그림〉을 참고하여 그룹을 설정하고, '+/- 단추'는 표시되지 않도록 설정하시오.
▶ '회원수' 필드는 표시 형식을 값 필드 설정의 셀 서식에서 '숫자' 범주를 이용하여 1000 단위 구분기호를 사용하여 표시하시오.
▶ 피벗 테이블 스타일은 '연한 파랑, 피벗 스타일 보통 9'로 지정한 후 '행 머리글', '열 머리글', '줄무늬 열'을 적용하시오.
▶ 빈 셀은 '*'로 표시하고, 레이블이 있는 셀은 병합하고 가운데 맞춤되도록 설정하시오.

	A	B	C	D	E	F	G
1	카페명	All					
2							
3	합계: 회원 수		분류				
4	개설일(연도)	개설일	여행	요리	주식	취미	총합계
5	2019		405,395	*	*	529,588	934,983
6	2020		625,780	807,475	908,450	164,056	2,505,761
7	2021		370,240	158,304	752,500	368,271	1,649,315
8	2022		265,265	220,186	621,110	95,085	1,201,646
9	총합계		1,666,680	1,185,965	2,282,060	1,157,000	6,291,705

※ 작업 완성된 그림이며 부분점수 없음

2. '분석작업-2' 시트와 6월, 7월, 8월 시트에서 다음과 같은 기능을 수행하시오. (10점)

▶ [데이터 유효성 검사] 기능을 이용하여 6월, 7월, 8월 시트의 모집인원[D3:D9] 영역에 5의 배수만 입력될 수 있도록 제한대상을 설정하시오. (MOD 함수 사용)
  - [D3:D9] 영역의 셀을 클릭한 경우 〈그림〉과 같은 설명 메시지를 표시하고, 유효하지 않는 데이터를 입력한 경우 〈그림〉과 같은 오류 메시지가 표시되도록 설정하시오.

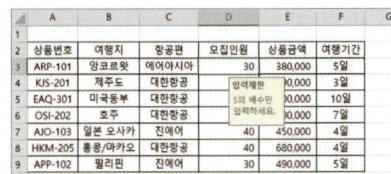 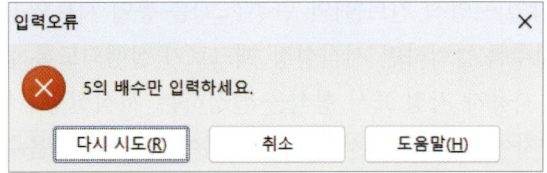

▶ [데이터 통합] 기능을 이용하여 [B3:D6] 영역에 항공편별 모집인원과 상품금액의 평균을 계산하는 통합을 작성하시오. (단, 새로운 값으로 바뀌면 결과도 업데이트되도록 설정하시오.)
  - 항공편별 모집인원과 상품금액의 평균은 6월, 7월, 8월 시트 데이터를 이용하시오.

문제4 기타작업(35점) 주어진 시트에서 다음 과정을 수행하고 저장하시오.

1. '기타작업-1' 시트에서 다음의 지시사항에서 따라 차트를 수정하시오. (각 2점)

※ 차트는 반드시 문제에서 제공한 차트를 사용하여야 하며, 신규로 차트 작성 시 0점 처리됨

① 가로(항목) 축 레이블은 '어린이집명'만 나오도록 수정하고, 주 눈금선은 '대시 종류'를 '파선'으로 설정하시오.
② 차트 제목은 [A1] 셀과 연결한 후, '정원' 계열의 계열 겹치기는 50%, 간격 너비는 100%로 설정하시오.
③ 범례는 표시하지 않고, 데이터 표를 삽입한 후 〈그림〉과 같이 테이블 테두리는 모두 해제하시오.
④ '정원' 계열의 '꿈이 자라는' 요소에 데이터 레이블과 설명선을 표시하고, 설명선은 '말풍선 : 타원형'으로 레이블의 도형을 변경하시오.
⑤ 차트 영역의 채우기 색을 '파랑, 강조 1, 80% 더 밝게', 그림 영역은 '흰색, 배경1'로 설정하고, 차트 영역에 '기본 설정2'로 설정하시오.

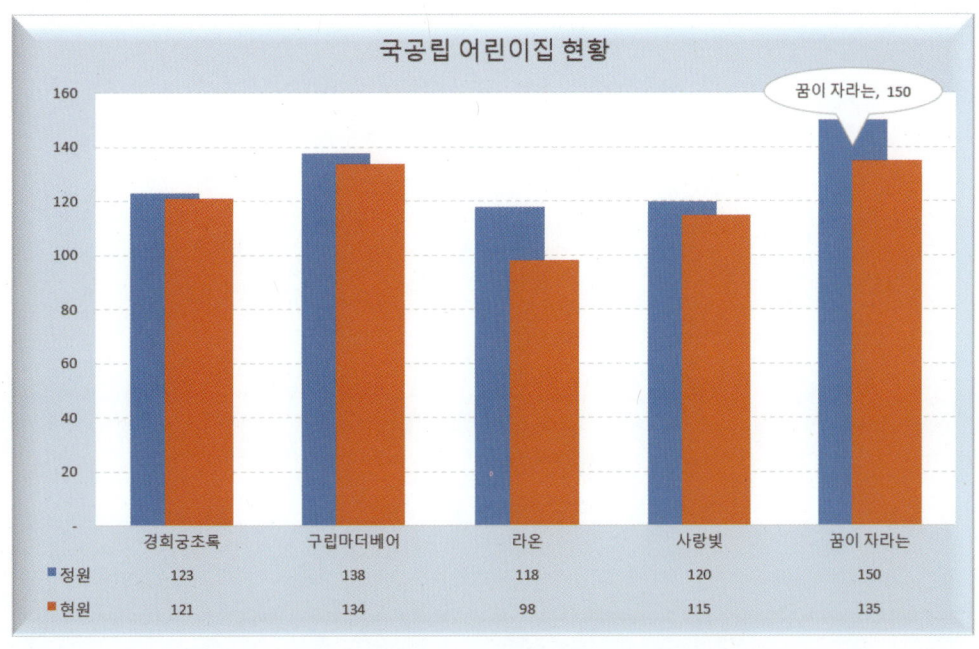

2 '기타작업-2' 시트에서 다음과 같은 기능을 수행하는 매크로를 현재 통합문서에 작성하시오. (각 5점)

① [E3:E14] 영역에 대하여 사용자 지정 표시 형식을 설정하는 '서식설정' 매크로를 생성하시오.
- ▶ 1,000,000 이상이면 백만단위로 절삭하고 1000 단위 구분기호와 함께 '백만원' 표시, 값이 0일 때는 '※'로, 그 외에는 1,234원처럼 표시하시오. (단, 숫자에 대해서는 왼쪽에 공백을 채워 오른쪽에 표시되도록 설정하시오.)
  [예 : 1233567890 → 1,234백만원, 1234 → 1,234원, 0 → ※]
- ▶ [개발 도구]-[삽입]-[양식 컨트롤]의 '단추'(□)를 동일 시트의 [H2:I3] 영역에 생성한 후 텍스트를 '서식설정'으로 입력하고, 단추를 클릭하면 '서식설정' 매크로가 실행되도록 설정하시오.

② [F3:F14] 영역에 사용자 지정 표시 형식을 설정하는 '서식설정2' 매크로를 생성하시오.
- ▶ 값이 양수면 숫자에 '일'을 붙여서 셀의 오른쪽에 표시하고, 음수면 빨강색으로 "경유"를 셀의 왼쪽에 붙여서 표시하고, 숫자는 오른쪽에 붙여서 숫자에 '일'을 붙여서 표시하고, 0이나 텍스트면 아무것도 표시하지 마시오.
- ▶ [표시 예 : 3인 경우 →   3일, -1인 경우 → 경유   1일
- ▶ [개발 도구]-[삽입]-[양식 컨트롤]의 '단추'(□)를 동일 시트의 [H5:I6] 영역에 생성한 후 텍스트를 '서식설정2'로 입력하고, 단추를 클릭하면 '서식설정2' 매크로가 실행되도록 설정하시오.

※ 셀 포인터의 위치에 관계없이 매크로가 실행되어야 정답으로 인정됨

3 '기타작업-3' 시트에서 다음과 같은 작업을 수행하고 저장하시오. (각 5점)

① '여행상품' 버튼을 클릭하면 〈여행상품등록〉 폼이 나타나도록 프로시저를 작성하고, 폼이 초기화(Initialize)되면 항공편(cmb항공편)에 '대한항공', '진에어', '제주항공', '티웨이항공' 목록이 추가되도록 하고, [H7:J14] 영역의 값이 여행지(lst여행지)의 목록 상자에 추가되도록 프로시저를 작성하고, '출발일(lbl출발)' 레이블을 더블 클릭하면 '출발일(txt출발일)' 텍스트 상자에 현재 시스템의 날짜가 표시되도록 프로시저를 작성하시오. (With, Additem 이용)

② 〈여행상품등록〉 폼의 등록(Cmd등록) 버튼을 클릭하면 폼에 입력된 데이터를 시트의 표 안에 입력되어 있는 마지막 행 다음에 추가하되, List, Listindex를 사용하여 프로시저를 작성하시오.
- ▶ '출발일(txt출발일)'이 입력되지 않았으면 '출발일을 입력하세요.', '여행지(lst여행지)'를 입력하지 않으면 '여행지를 선택하세요.'를 표시한 후 목록 상자(lst여행지)의 첫 번째 항목이 선택되도록 하고, '항공편(cmb항공편)'을 입력하지 않으면 '항공편을 선택하세요.'라는 메시지를 출력한 후 세 가지 모두 입력했을 때에만 폼의 데이터를 워크시트에 입력하시오.

▶ 상품금액은 천 단위 구분 기호를 표시하여 입력하시오. (Format 사용)

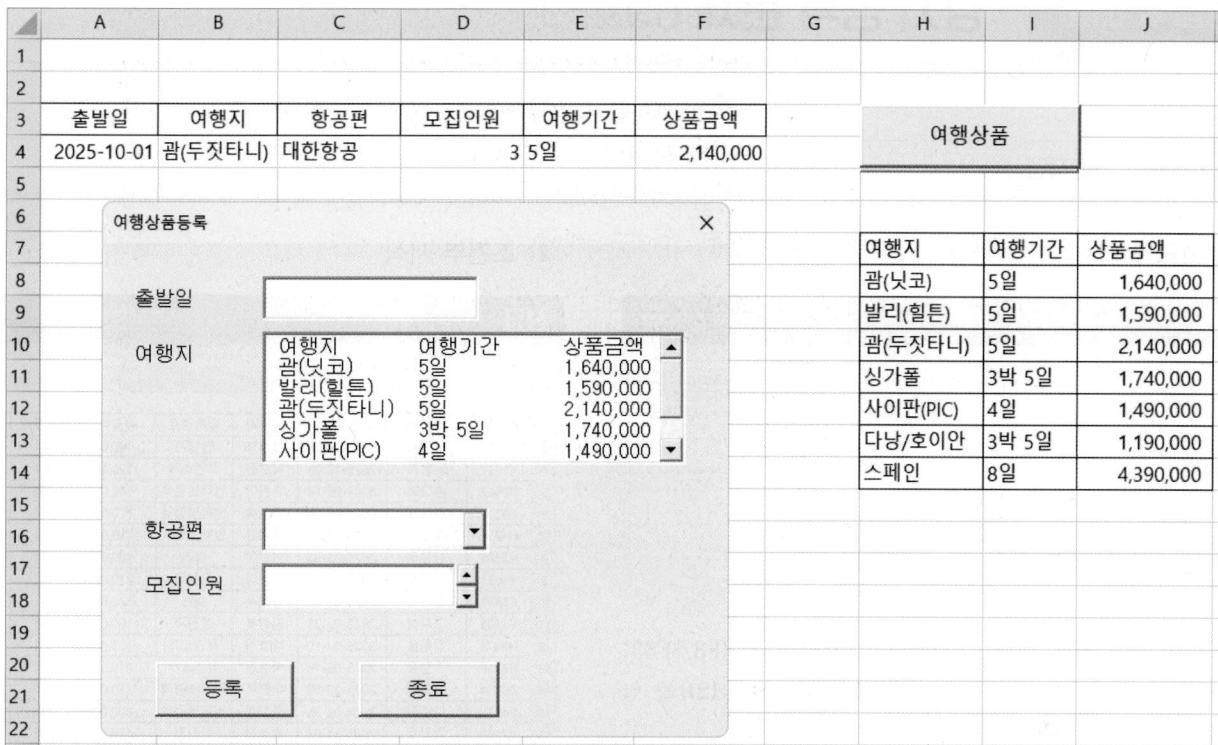

③ 〈여행상품등록〉 폼의 모집인원의 스핀(spn인원) 단추를 누르면 증감된 숫자가 모집인원(txt인원)에 표시되도록 프로시저를 작성하고, '종료' 버튼을 클릭하면 전체 입력된 상품수를 표시한 메시지 박스가 표시된 후 폼이 메모리에서 제거되도록 프로시저를 작성하시오.

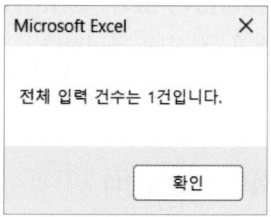

정답 & 해설 상시 공략 문제 09회

문제1 기본작업

1 고급 필터

정답

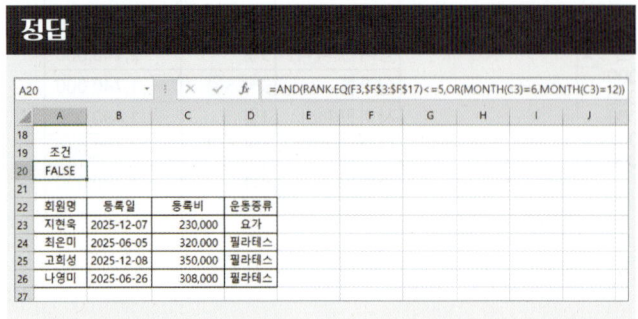

① [A19] 셀에 **조건**, [A20] 셀에 =AND(RANK.EQ(F3,$F$3:$F$17)<=5,OR(MONTH(C3)=6,MONTH(C3)=12))를 입력한다.

② [A22:D22] 영역에 추출할 필드명을 작성한 후에 [데이터]-[정렬 및 필터] 그룹의 [고급](아이콘)을 클릭한다.

③ [고급 필터]에서 다음과 같이 지정한 후 [확인]을 클릭한다.

- 결과 : '다른 장소에 복사'
- 목록 범위 : [A2:H17]
- 조건 범위 : [A19:A20]
- 복사 위치 : [A22:D22]

2 조건부 서식

정답

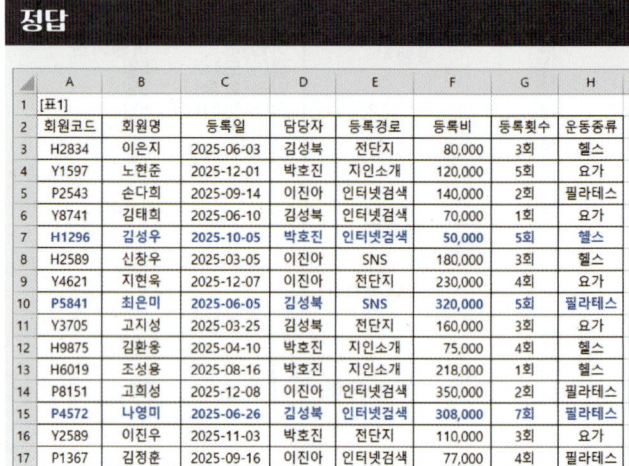

① [A3:H17] 영역을 범위 지정한 후 [홈]-[스타일] 그룹의 [조건부 서식]-[새 규칙]을 클릭한다.

② [새 서식 규칙]에서 =AND($H3<>"요가",LARGE($G$3:$G$17,3)<=$G3)을 입력한 후 [서식]을 클릭한다.

③ [셀 서식]의 [글꼴] 탭에서 '굵게', 글꼴 색 '표준 색 - 파랑'을 선택한 후 [확인]을 클릭한다.

④ [새 서식 규칙]에서 다시 [확인]을 클릭한다.

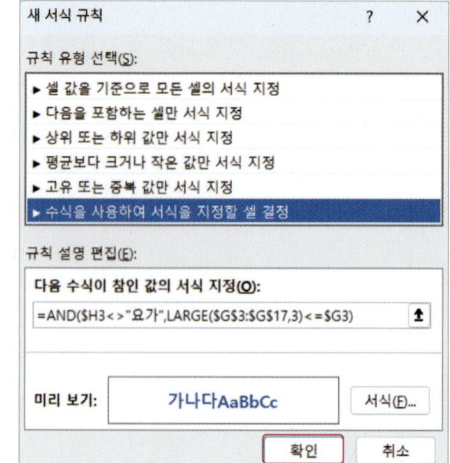

3 페이지 레이아웃

정답

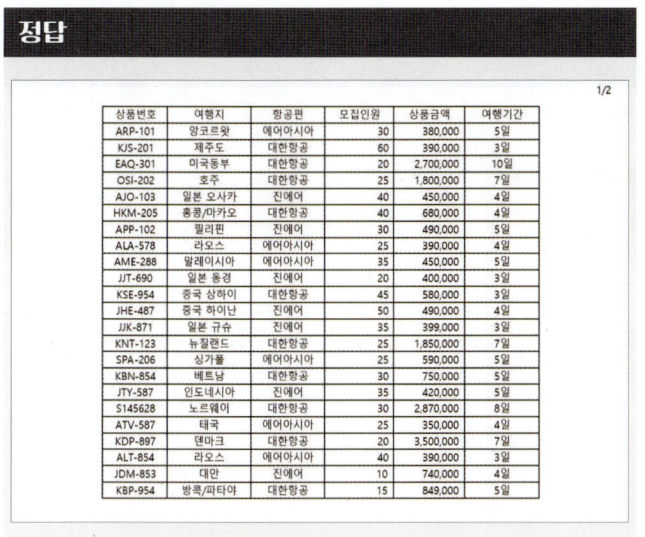

① [A25:F32] 영역을 범위 지정한 후 [페이지 레이아웃]-[페이지 설정] 그룹에서 [인쇄 영역]-[인쇄 영역에 추가]를 클릭한다.

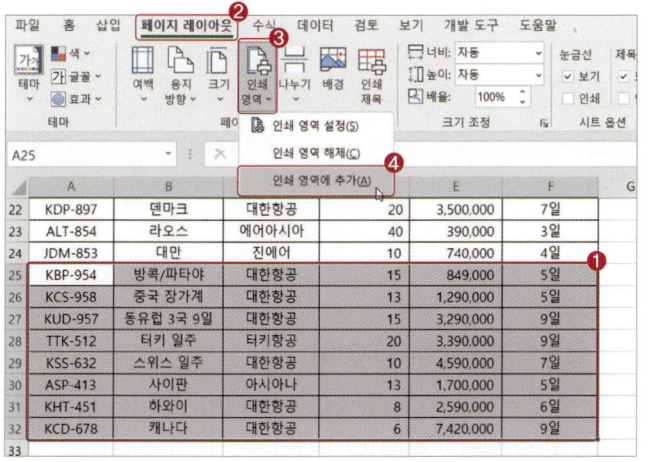

② [페이지 레이아웃]-[페이지 설정] 그룹의 [인쇄 제목]을 클릭하고, [페이지 설정]의 [시트] 탭의 '반복할 행'에 커서를 두고 행 머리글 2를 클릭하여 추가한다.

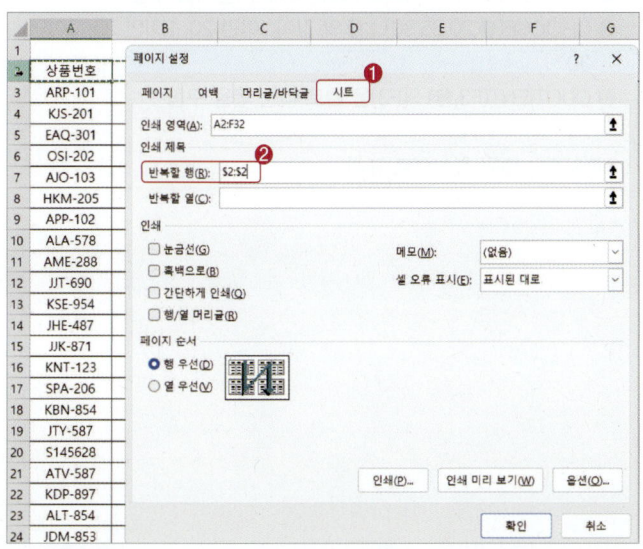

③ [페이지] 탭의 용지 방향 '가로'를 선택하고, [여백] 탭에서 페이지 가운데 맞춤 '가로'를 체크한다.

④ [머리글/바닥글] 탭에서 [머리글 편집]을 클릭하고 '오른쪽 구역'에 커서를 두고 [페이지 번호 삽입](📄)을 클릭하고, / 를 입력하고 [전체 페이지 수 삽입](📄)을 클릭하고 [확인]을 클릭한다.

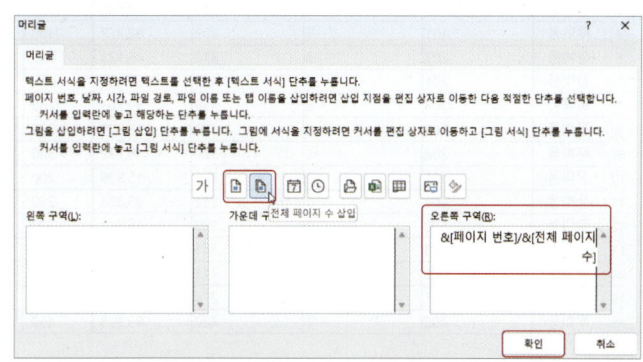

⑤ [페이지] 탭에서 배율 '확대/축소 배율'에 120을 입력하고 [확인]을 클릭한다.

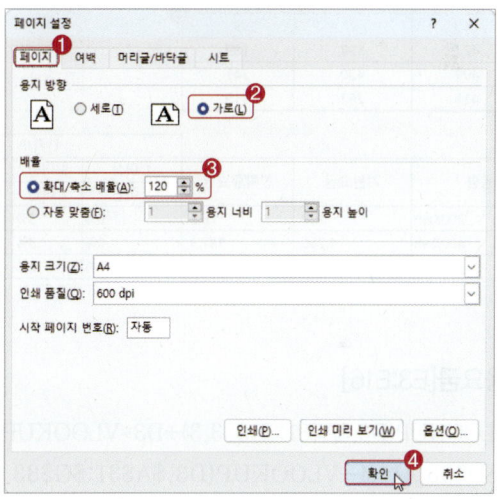

문제2 계산작업

정답

	A	B	C	D	E	F	G	H
1	[표1]							
2	동	호수	가족수	전기사용량	전기사용요금	공동금액	단위별공동금액	승강기사용료
3	장미동	101	4	319	48,249	330	16원	750
4	무화동	101	5	409	92,477	400	20원	0
5	동백동	203	3	310	46,923	350	11원	0
6	장미동	201	4	423	97,259	450	22원	750
7	동백동	303	2	258	39,263	280	9원	800
8	장미동	303	1	189	15,529	200	6원	750
9	무화동	202	3	329	49,722	320	12원	0
10	장미동	401	2	195	15,999	200	10원	750
11	동백동	402	3	262	39,853	290	11원	800
12	장미동	502	2	199	16,312	220	8원	750
13	무화동	303	4	341	51,489	360	12원	800
14	동백동	501	6	411	92,899	480	24원	800
15	장미동	601	3	274	41,620	310	15원	750
16	무화동	402	7	420	93,895	450	18원	800
17								
18	[표2]							
19	동	장미동	무화동	동백동				
20	합계	742(세대수 : 6)	1499(세대수 : 4)	721(세대수 : 4)				
21								
22	[표3]							
23	동:호수	1	2	3				
24	장미동	423	199	189				
25	무화동	409	420	341				
26	동백동	411	262	310				
27								
28	[표4]					가족수		
29		전기사용량	기본요금	전략량요금	1 이상 5 미만	5 이상 7 미만	7 이상	
30								
31	1Kwh~	200Kwh	730	78.3	0%	5%	7%	
32	201Kwh~	400Kwh	1,260	147.3	0%	3%	5%	
33	400Kwh~		6,060	215.6	0%	2%	3%	

❶ 전기사용요금[E3:E16]

[E3] 셀에 =VLOOKUP(D3,$A$31:$D$33,3)+D3*VLOOKUP(D3,$A$31:$D$33,4)*(1-VLOOKUP(D3,$A$31:$G$33,MATCH(C3,$E$29:$G$29,1)+4))를 입력하고 [E16] 셀까지 수식을 복사한다.

> **함수 설명** =VLOOKUP(D3,$A$31:$D$33,3)+D3*VLOOKUP(D3,$A$31:$D$33,4)*(1-VLOOKUP(D3,$A$31:$G$33,MATCH(C3,$E$29:$G$29,1)+4))
>
> ❶ VLOOKUP(D3,$A$31:$D$33,3) : [D3] 셀의 값을 [A31:D33] 영역의 첫 번째 열에서 찾아 3번째 열에서 값을 추출
> ❷ VLOOKUP(D3,$A$31:$D$33,4) : [D3] 셀의 값을 [A31:D33] 영역의 첫 번째 열에서 찾아 4번째 열에서 값을 추출
> ❸ MATCH(C3,$E$29:$G$29,1) : [C3] 셀의 값을 [E29:G29] 영역에서 상대적인 위치 값을 구함(오름차순이라서 '1')
> ❹ VLOOKUP(D3,$A$31:$G$33,❸+4) : [D3] 셀의 값을 [A31:D33] 영역의 첫 번째 열에서 찾아 ❸+4 열에서 값을 추출
>
> =❶+D3*❷*(1-❹) : ❶+D3*❷*(1-❹)의 계산 결과를 표시

❷ 단위별공동금액[G3:G16]

[G3] 셀에 =QUOTIENT(F3,CHOOSE(RIGHT(B3,1),20,25,30))&"원"를 입력하고 [G16] 셀까지 수식을 복사한다.

> **함수 설명** =QUOTIENT(F3,CHOOSE(RIGHT(B3,1),20,25,30))&"원"
>
> ❶ RIGHT(B3,1) : [B3] 셀에서 오른쪽에서 1글자를 추출
> ❷ CHOOSE(❶,20,25,30) : ❶의 값이 1이면 20, 2이면 25, 3이면 30
> ❸ QUOTIENT(F3,❷) : [F3]을 ❷로 나눈 몫을 구함
>
> =❸&"원" : ❸원 형식으로 표시

3 승강기사용료[H3:H16]

① [개발 도구]-[코드] 그룹의 [Visual Basic](📄)을 클릭한다.
② [삽입]-[모듈]을 클릭한다.
③ Module 창에 다음과 같이 입력한다.

```
Public Function fn승강기사용료(동, 호수)

    If 동 = "장미동" Then
        fn승강기사용료 = 750
    ElseIf Left(호수, 1) >= 3 Then
        fn승강기사용료 = 800
    Else
        fn승강기사용료 = 0
    End If

End Function
```

④ [파일]-[닫고 Microsoft Excel(으)로 돌아가기]를 클릭하여 [Visual Basic Editor]를 닫는다.
⑤ [H3] 셀을 클릭한 후 [함수 삽입](fx)을 클릭한다.
⑥ '범주 선택'에서 '사용자 정의', '함수 선택'에서 'fn승강기사용료'를 선택한 후 [확인]을 클릭한다.
⑦ 그림과 같이 셀을 지정한 후 [확인]을 클릭한다.

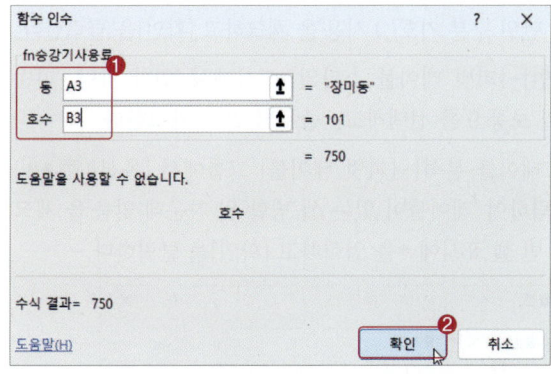

⑧ [H3] 셀을 선택한 후 [H16] 셀까지 수식을 복사한다.

4 동별 전기사용량과 세대수[B20:D20]

[B20] 셀에 =CONCAT(SUM(($A$3:$A$16=B19)*($D$3:$D$16)>AVERAGE($D$3:$D$16))*$D$3:$D$16),"(세대수 : ",SUM(($A$3:$A$16=B19)*1),")")를 입력하고 Ctrl + Shift + Enter 를 누른 후에 [D20] 셀까지 수식을 복사한다.

> **함수 설명** =CONCAT(SUM(($A$3:$A$16=B19)*($D$3:$D$16)>AVERAGE($D$3:$D$16))*$D$3:$D$16),"(세대수 : ",SUM(($A$3:$A$16=B19)*1),")")
>
> ❶ AVERAGE($D$3:$D$16) : [D3:D16] 영역의 평균 값을 구함
> ❷ SUM(($A$3:$A$16=B19)*($D$3:$D$16)>❶)*$D$3:$D$16) : [A3:A16] 영역에서 [B19]와 같고 [D3:D16] 영역의 값이 ❶의 값보다 큰 같은 행의 데이터 중 [D3:D16] 영역의 값을 추출하여 합계를 구함
> ❸ SUM(($A$3:$A$16=B19)*1) : [A3:A16] 영역에 [B19] 셀과 같은 경우 개수를 구함
>
> =CONCAT(❷,"(세대수 : ",❸,")") : ❷(세대수 : ❸) 형식으로 표시

5 최대 전기사용량[B24:D26]

[B24] 셀에 =MAX(($A$3:$A$16=$A24)*(VALUE(RIGHT($B$3:$B$16,1))=B$23)*$D$3:$D$16)를 입력하고 Ctrl + Shift + Enter 를 누른 후에 [D26] 셀까지 수식을 복사한다.

> **함수 설명** =MAX(($A$3:$A$16=$A24)*(VALUE(RIGHT($B$3:$B$16,1))=B$23)*$D$3:$D$16)
>
> ❶ RIGHT($B$3:$B$16,1) : [B3:B16] 영역에서 오른쪽에서 1글자를 추출
> ❷ VALUE(❶)=B$23 : ❶의 값을 숫자로 변환하여 [B23]과 같은지 비교
>
> =MAX(($A$3:$A$16=$A24)*❷*$D$3:$D$16) : [A3:A16] 영역에서 [A24] 셀과 같고 ❷의 조건에 만족한 데이터의 [D3:D16] 영역의 값을 추출하여 최대값을 구함

문제3 분석작업

1 피벗 테이블

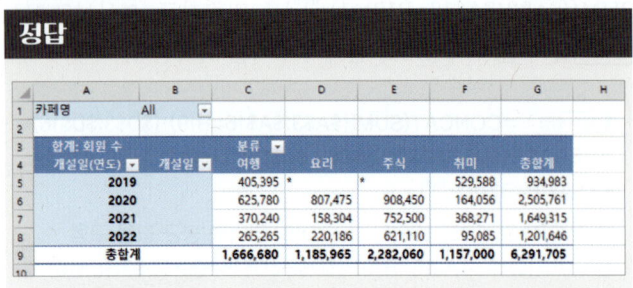

① [A3] 셀을 클릭한 후 [데이터]-[데이터 가져오기 및 변환] 그룹의 [텍스트/CSV]를 클릭한 후 '온라인카페.txt' 파일을 선택하고 [가져오기]를 클릭한다.

② 구분 기호 '탭'을 확인하고 [로드]-[다음으로 로드]를 클릭한다.

③ [데이터 가져오기]에서 '데이터 모델에 이 데이터 추가'를 체크하고, '피벗 테이블 보고서'와 '기존 워크시트'를 선택하고 [확인]을 클릭한다.

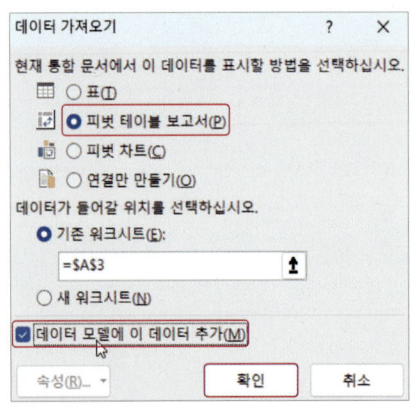

④ 필터(카페명), 행(개설일), 열(분류), 값(회원수)을 드래그하여 배치한다.

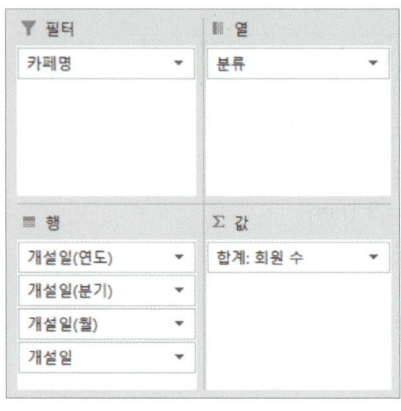

⑤ [디자인]-[레이아웃] 그룹의 [보고서 레이아웃]-[테이블 형식으로 표시]를 클릭한다.

⑥ 개설일[A5]에서 마우스 오른쪽 버튼을 눌러 [그룹]을 클릭하여 '월', '분기' 선택을 해제한 후 [확인]을 클릭한다.

⑦ [피벗 테이블 분석]-[표시] 그룹에서 [+/- 단추]()를 클릭하여 해제한다.

⑧ '합계 : 회원수' [A3] 셀에서 마우스 오른쪽 버튼을 눌러 [값 필드 설정]을 클릭하여 [표시 형식]을 클릭하여 '숫자'에서 '1000 단위 구분 기호(,) 사용'을 체크하고 [확인]을 클릭한다.

⑨ [디자인]-[피벗 테이블 스타일] 그룹에서 '연한 파랑, 피벗 스타일 보통 9'를 선택하고, '줄무늬 열'을 체크한다.

⑩ [피벗 테이블 분석]-[피벗 테이블] 그룹에서 [옵션]()을 클릭하여 '레이블이 있는 셀 병합 및 가운데 맞춤'을 체크하고, 빈 셀 표시에 *을 입력하고 [확인]을 클릭한다.

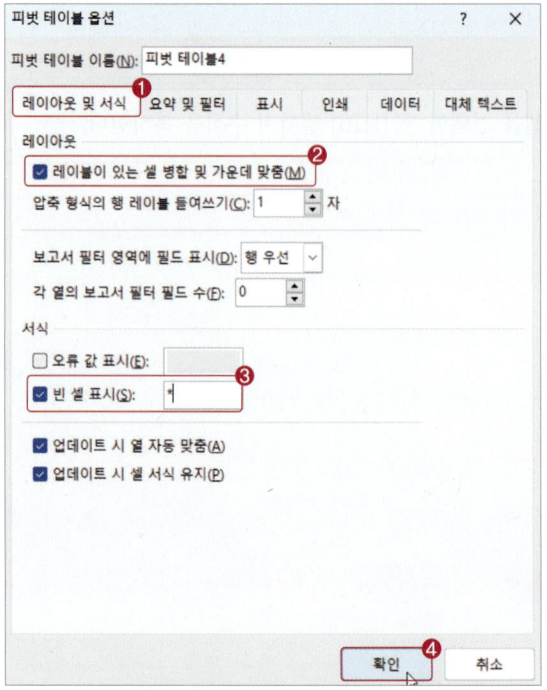

2 데이터 도구

정답

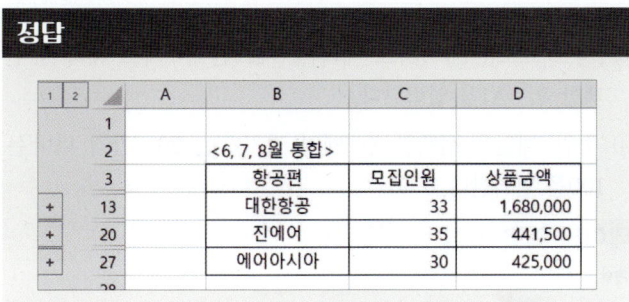

① '6월' 시트의 [D3:D9] 영역을 범위 지정한 후 [데이터]-[데이터 도구] 그룹의 [데이터 유효성 검사]를 클릭한다.

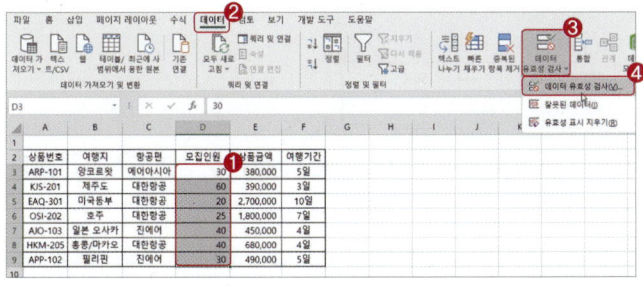

② [설정] 탭에서 '사용자 지정'을 선택하고 =mod(D3,5)=0을 입력하고, [설명 메시지], [오류 메시지] 탭에 메세지를 입력하고 [확인]을 클릭한다.

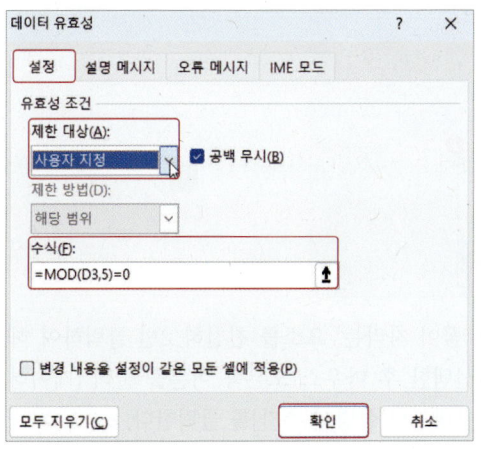

[설명 메시지]
- 제목 : 입력제한
- 설명 메시지 : 5의 배수만 입력하세요.

[오류 메시지]
- 스타일 : 중지
- 제목 : 입력오류
- 오류 메시지 : 5의 배수만 입력하세요.

③ 같은 방법으로 '7월', '8월' 시트에도 데이터 유효성 검사를 설정한다.

④ '분석작업-2' 시트의 [B3:D6] 영역을 범위 지정한 후 [데이터]-[데이터 도구] 그룹의 [통합]을 클릭하여 다음과 같이 지정하고 [확인]을 클릭한다.

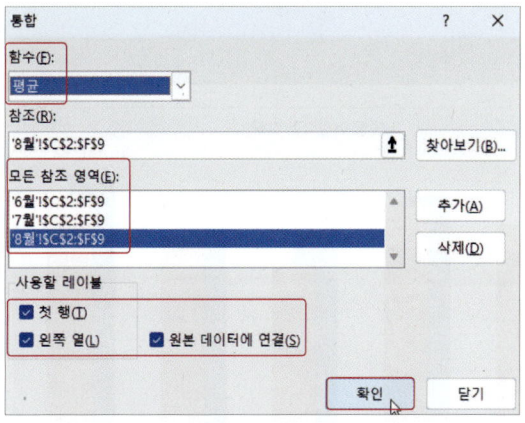

- 함수 : 평균
- 참조 : '6월' 시트의 [C2:E9], '7월' 시트의 [C2:E9], '8월' 시트의 [C2:E9]
- 사용할 레이블 : 첫 행, 왼쪽 열
- '원본 데이터에 연결' 체크

⑤ C열 머리글을 범위 지정한 후 마우스 오른쪽 버튼을 눌러 [삭제]를 클릭한 후 B열의 경계라인을 더블클릭하여 너비를 조절한다.

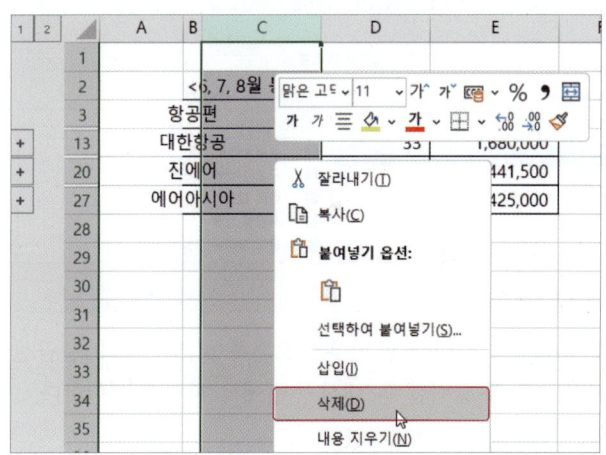

문제4 기타작업

1 차트

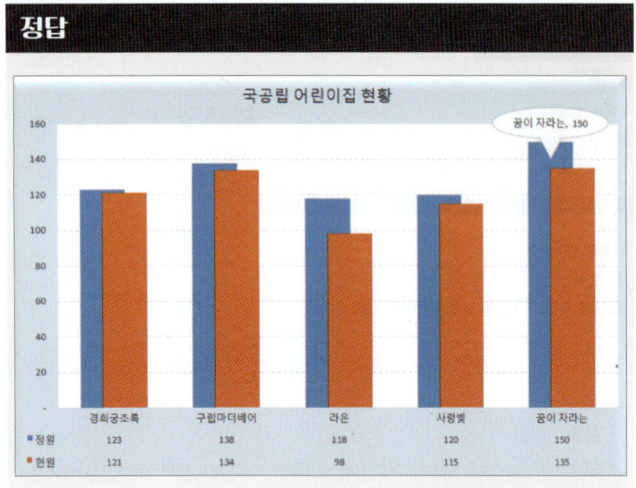

① 차트에서 마우스 오른쪽 버튼을 눌러 [데이터 선택]을 클릭하여 '가로(항목) 축 레이블'에서 [편집]을 클릭하여 [B3:B7] 영역으로 수정하고 [확인]을 클릭한다.

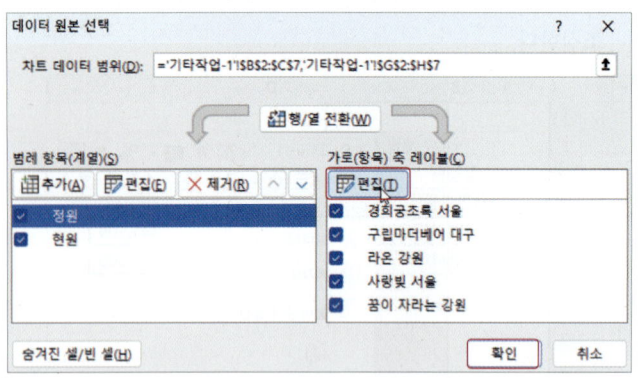

② 주 눈금선을 선택한 후 마우스 오른쪽 버튼을 눌러 [눈금선 서식] 메뉴를 클릭한 후 '대시 종류'에서 '파선'을 선택한다.

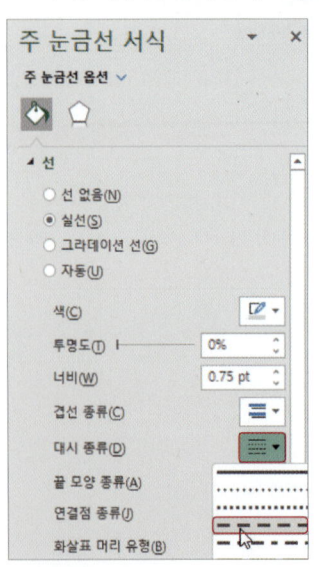

③ [차트 요소]-[차트 제목]을 체크한 후 '차트 제목'을 선택한 후 =A1을 입력한다.

④ '정원' 계열을 선택한 후 '계열 겹치기'는 50, '간격 너비'는 100을 입력한다.

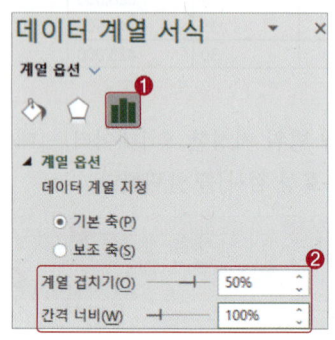

⑤ 범례를 선택한 후 마우스 오른쪽 버튼을 눌러 [삭제]를 클릭한다.

⑥ [차트 요소]-[데이터 표]-[범례 표지 포함]을 체크한다.

⑦ 데이터 표를 선택한 후 '테이블 표 옵션'의 '테이블 테두리'에서 가로, 세로, 윤곽선을 체크를 해제한다.

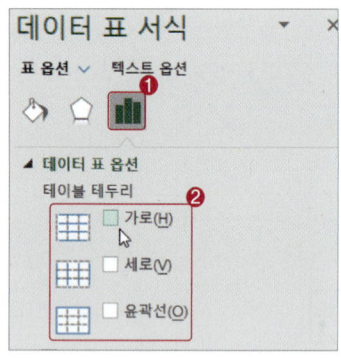

⑧ '정원' 계열의 '꿈이 자라는' 요소를 천천히 2번 클릭하여 하나의 요소만 선택한 후 마우스 오른쪽 버튼을 눌러 [데이터 레이블 추가]-[데이터 설명선 추가]를 클릭한다.

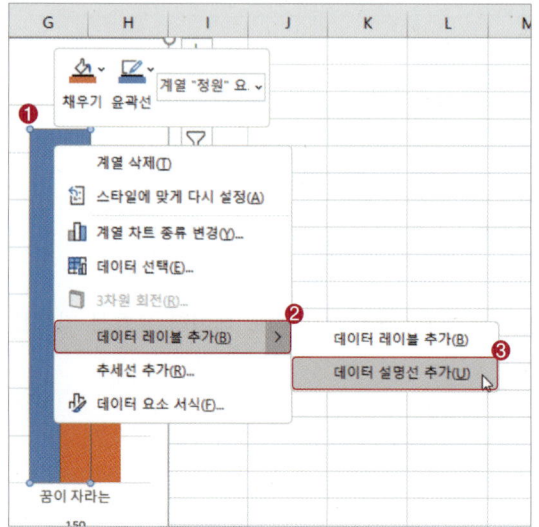

⑨ '데이터 설명선'을 선택한 후 마우스 오른쪽 버튼을 눌러 [데이터 레이블 도형 변경]의 '말풍선: 타원형'을 선택한다.

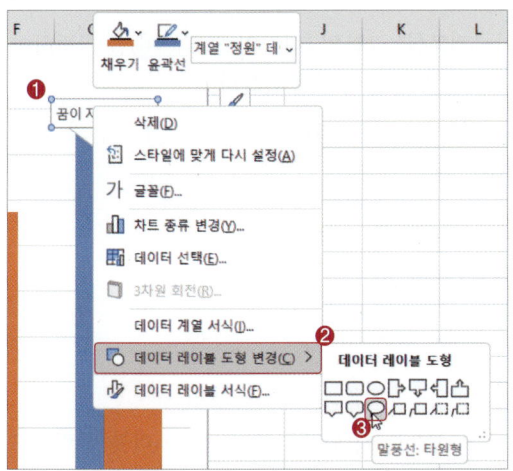

⑩ 차트를 선택한 후 [서식]-[도형 스타일] 그룹의 [도형 채우기]에서 '파랑, 강조 1, 80% 더 밝게'를 선택한다.

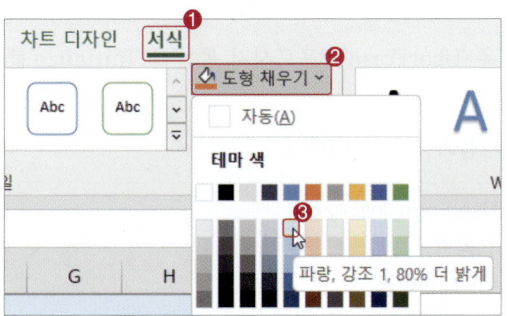

⑪ 그림 영역을 선택한 후 [서식]-[도형 스타일] 그룹의 [도형 채우기]에서 '흰색, 배경 1'을 선택한다.

⑫ 차트를 선택한 후 [서식]-[도형 스타일] 그룹의 [도형 효과]-[미리 설정]에서 '기본 설정 2'를 선택한다.

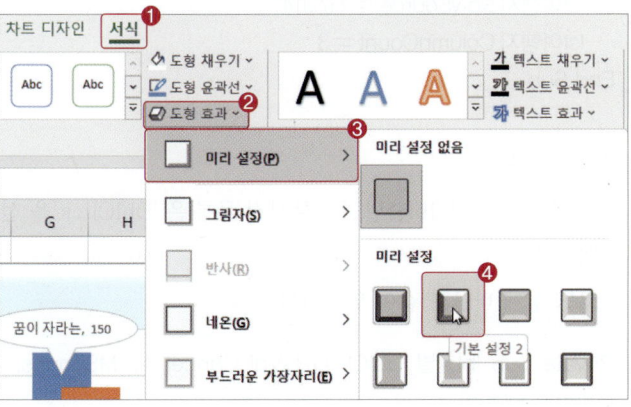

2 매크로

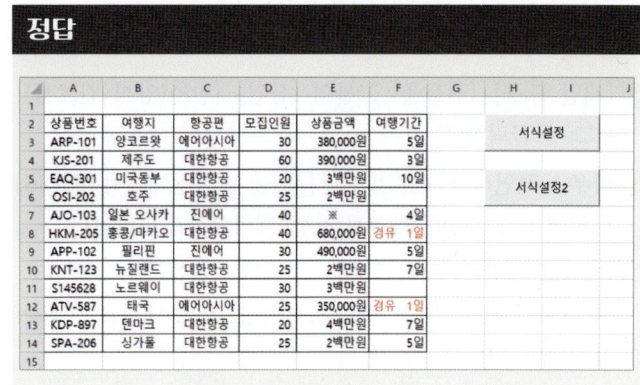

① [개발 도구]-[컨트롤] 그룹의 [삽입]-[단추(양식 컨트롤)](□)을 클릭한다.

② 마우스 포인터가 '+'로 바뀌면 Alt 를 누른 상태에서 [H2:I3] 영역에 드래그하면 [매크로 지정] 대화상자가 나타난다.

③ [매크로 지정]에 **서식설정**을 입력하고 [기록]을 클릭한다.

④ [매크로 기록]에 자동으로 '서식설정'으로 매크로 이름이 표시되면 [확인]을 클릭한다.

⑤ [E3:E14] 영역을 범위 지정한 후 Ctrl + 1 을 눌러 [표시 형식] 탭의 '사용자 지정'에 [>=1000000]* #,##0.,"백만원";[=0]"※";* #,##0"원"을 입력하고 [확인]을 클릭한다.

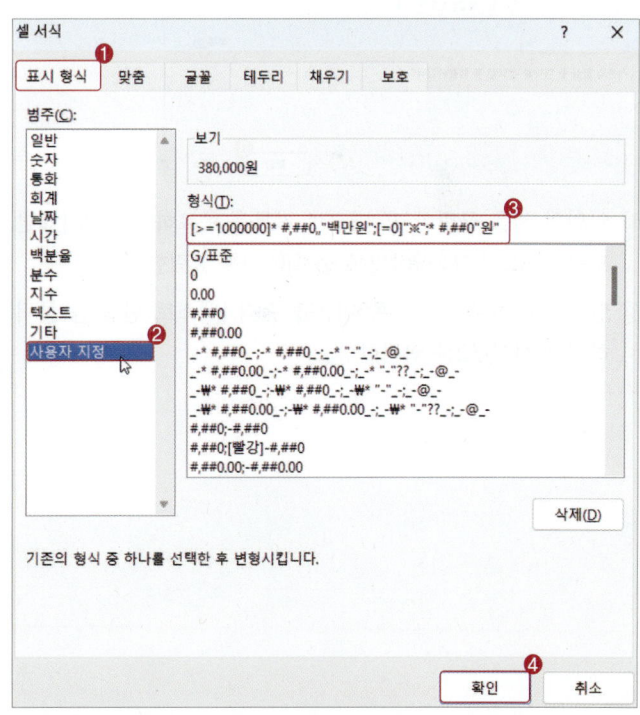

⑥ 임의의 셀을 클릭한 후 매크로 기록을 종료하기 위해 [개발 도구]-[코드] 그룹의 [기록 중지](□)를 클릭한다.

⑦ 단추에 텍스트를 수정하기 위해서 단추에서 마우스 오른쪽 버튼을 눌러 [텍스트 편집]을 클릭한다.

⑧ 단추에 입력된 '단추 1'을 지우고 **서식설정**을 입력한다.

⑨ [개발 도구]-[컨트롤] 그룹의 [삽입]-[단추(양식 컨트롤)] (□)을 클릭한다.

⑩ 마우스 포인터가 '+'로 바뀌면 Alt 를 누른 상태에서 [H5:I6] 영역에 드래그하면 [매크로 지정] 대화상자가 나타난다.

⑪ [매크로 지정]에 **서식설정2**을 입력하고 [기록]을 클릭하고, [매크로 기록]에 자동으로 '서식설정2'으로 매크로 이름이 표시되면 [확인]을 클릭한다.

⑫ [F3:F14] 영역을 범위 지정한 후 Ctrl + 1 을 눌러 [표시 형식] 탭의 '사용자 지정'에 * 0"일";[빨강]"경유"* 0"일";;을 입력하고 [확인]을 클릭한다.

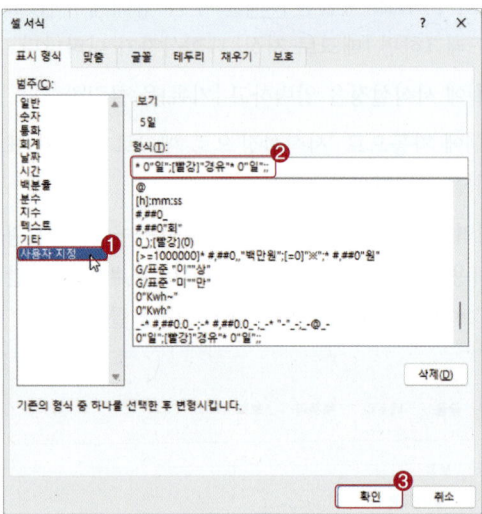

⑬ 임의의 셀을 클릭한 후 매크로 기록을 종료하기 위해 [개발 도구]-[코드] 그룹의 [기록 중지](□)를 클릭한다.

⑭ 단추에서 마우스 오른쪽 버튼을 눌러 [텍스트 편집]을 클릭하여 **서식설정2**를 입력한다.

3 VBA 프로그래밍

(1) 폼 보이기

① [개발 도구]-[컨트롤] 그룹의 [디자인 모드](N)를 클릭하여 〈여행상품〉 버튼을 편집 상태로 만든다.

② 〈여행상품〉 버튼을 더블클릭한 후 코드 창에 다음과 같이 입력한다.

```
Private Sub cmd여행상품_Click()
    여행상품등록.Show
End Sub
```

(2) 폼 초기화

① [프로젝트-VBAProject] 탐색기에서 '폼'을 더블 클릭하고 〈여행상품등록〉을 선택한다.

② [프로젝트-VBAProject] 탐색기의 [코드 보기](□)를 클릭한다.

③ '개체 목록'은 'UserForm', '프로시저 목록'은 'Initialize'를 선택한다.

④ 코드 창에 다음과 같이 입력한다.

```
Private Sub UserForm_Initialize()
    With cmb항공편
        .AddItem "대한항공"
        .AddItem "진에어"
        .AddItem "제주항공"
        .AddItem "티웨이항공"
    End With
    
    lst여행지.RowSource = "H7:J14"
    lst여행지.ColumnCount = 3
End Sub
```

(3) DblClick

① '개체 목록'에서 'lbl출발', '프로시저 목록'은 'DblClick'을 선택한다.

② 코드 창에 다음과 같이 입력한다.

```
Private Sub lbl출발_DblClick(ByVal Cancel As MSForms.ReturnBoolean)
    txt출발일 = Date
End Sub
```

(4) 등록 프로시저

① '개체 목록'에서 'cmd등록', '프로시저 목록'은 'Click'을 선택한다.

② 코드 창에 다음과 같이 입력한다.

```
Private Sub cmd등록_Click()

If txt출발일 = "" Then
    MsgBox "출발일을 입력하세요"
ElseIf IsNull(lst여행지.Value) Then
    MsgBox "여행지를 선택하세요"
    lst여행지.ListIndex = 0
ElseIf cmb항공편 = "" Then
    MsgBox "항공편을 선택하세요"
Else

    iRow = lst여행지.ListIndex

    i = Range("A3").CurrentRegion.Rows.Count + 3

    Cells(i, 1) = txt출발일
    Cells(i, 2) = lst여행지.List(iRow, 0)
    Cells(i, 3) = cmb항공편
    Cells(i, 4) = txt인원.Value
    Cells(i, 5) = lst여행지.List(iRow, 1)
    Cells(i, 6) = Format(lst여행지.List(iRow, 2), "#,###")
End If

End Sub
```

(5) Change 이벤트

① '개체 목록'에서 'spn인원', '프로시저 목록'은 'Change'을 선택한다.

② 코드 창에 다음과 같이 입력한다.

```
Private Sub spn인원_Change()
    txt인원 = spn인원 * 1
End Sub
```

(6) 종료 프로시저

① '개체 목록'에서 'cmd종료', '프로시저 목록'은 'Click'을 선택한다.

② 코드 창에 다음과 같이 입력한다.

```
Private Sub cmd종료_Click()
    MsgBox "전체 입력 건수는 " & Range("A3").CurrentRegion.Rows.Count - 1 & "건입니다."
    Unload Me
End Sub
```

상시 공략 문제 10회

작업파일: '26컴활1급(상시)₩스프레드시트₩상시공략문제'에서 '상시공략문제10회' 파일을 열어 작업하세요.

프로그램명	제한시간	풀이시간
EXCEL 2021	45분	분

수험번호 :

성　명 :

유의사항

- 인적 사항 누락 및 잘못 작성으로 인한 불이익은 수험자 책임으로 합니다.

- 화면에 암호 입력창이 나타나면 아래의 암호를 입력하여야 합니다.
  ○ 암호: 6845%3

- 작성된 답안은 주어진 경로 및 파일명을 변경하지 마시고 그대로 저장해야 합니다. 이를 준수하지 않으면 실격 처리됩니다.
  ○ 답안 파일명의 예: C:₩OA₩수험번호8자리.xlsm

- 외부데이터 위치: C:₩OA₩파일명

- 별도의 지시사항이 없는 경우, 다음과 같이 처리 시 실격 처리됩니다.
  ○ 제시된 시트 및 개체의 순서나 이름을 임의로 변경한 경우
  ○ 제시된 시트 및 개체를 임의로 추가 또는 삭제한 경우
  ○ 외부데이터를 시험 시작 전에 열어본 경우

- 답안은 반드시 문제에서 지시 또는 요구한 셀에 입력하여야 하며 다음과 같이 처리 시 채점 대상에서 제외됩니다.
  ○ 제시된 함수가 있을 경우 제시된 함수만을 사용하여야 하며 그 외 함수사용시 채점대상에서 제외
  ○ 수험자가 임의로 지시하지 않은 셀의 이동, 수정, 삭제, 변경 등으로 인해 셀의 위치 및 내용이 변경된 경우 해당 작업에 영향을 미치는 관련문제 모두 채점 대상에서 제외
  ○ 도형 및 차트의 개체가 중첩되어 있거나 동일한 계산결과 시트가 복수로 존재할 경우 해당 개체나 시트는 채점 대상에서 제외

- 수식 작성 시 제시된 문제 파일의 데이터는 변경 가능한(가변적) 데이터임을 감안하여 문제 풀이를 하시오.

- 별도의 지시사항이 없는 경우, 주어진 각 시트 및 개체의 설정값 또는 기본 설정값 (Default)으로 처리하시오.

- 저장 시간은 별도로 주어지지 않으므로 제한된 시간 내에 저장을 완료해야 하며, 제한 시간 내에 저장이 되지 않은 경우에는 실격 처리됩니다.

- 출제된 문제의 용어는 MS Office LTSC Professional Plus 2021 기준으로 작성되어 있습니다.

대 한 상 공 회 의 소

문제1 기본작업(15점) 주어진 시트에서 다음 과정을 수행하고 저장하시오.

1 '기본작업-1' 시트에서 다음과 같이 고급 필터를 수행하시오. (5점)
- [A2:E18] 영역에서 '제품코드'의 끝 글자가 짝수이고, '매출일'이 5월인 행만을 대상으로 하시오.
- 조건은 [A21:A22] 영역 내에서 알맞게 입력하시오. (AND, MONTH, ISEVEN, RIGHT 함수 사용)
- 결과는 [A25] 셀부터 표시하시오.

2 '기본작업-1' 시트에서 다음과 같이 조건부 서식을 설정하시오. (5점)
- [A3:E18] 영역에 대해서 '매출월'이 5이면서 '수량'이 6 이상 12 이하인 자료의 행 전체에 대해 글꼴 스타일은 '굵게', 글꼴 색 '표준 색 - 녹색'으로 적용하시오.
- 단, 규칙 유형은 '수식을 사용하여 서식을 지정할 셀 결정'을 사용하고, 한 개의 규칙으로만 작성하시오. (AND, MONTH 함수 사용)

3 '기본작업-2' 시트에서 다음과 같이 시트 보호와 통합 문서 보기를 설정하시오. (5점)
- 워크시트 전체 셀의 셀 잠금을 해제한 후 [G3:G18] 영역에만 셀 잠금과 수식 숨기기를 적용하여 이 영역의 내용만 보호하시오.
- 잠긴 셀의 선택과 잠기지 않은 셀의 선택, 셀 서식은 허용하고, 시트 보호 해제 암호는 지정하지 마시오.
- '기본작업-2' 시트를 페이지 나누기 보기로 표시하고, [B2:G18] 영역만 1페이지로 인쇄되도록 페이지 나누기 구분선을 조정하시오.

문제2 계산작업(30점) 주어진 시트에서 다음 과정을 수행하고 저장하시오.

1 [표1]의 숙박일수[B3:B26]과 숙박일수에 1일을 더한 날짜를 이용하여 여행기간[C3:C26]에 [표시 예]와 같이 표시하시오. (6점)
- [표시 예 : 4박5일]
- CONCAT, TRIM, LEFT 함수 사용

2 [표1]의 렌트카[G3:G26]과 렌트시간[H3:H26]을 [표4]를 참조하여 렌트비용[I3:I26]을 표시하시오. (6점)
- HLOOKUP, MATCH 함수 사용

3 [표1]의 숙박상품[D3:D26]과 렌트카[G3:G26]을 이용하여 [표3]의 예약건수[M8:O11]를 계산하여 표시하시오. (6점)
- SUM, IF 함수와 & 연산자를 이용한 배열 수식
- [표시 예 : 2건]

4 [표1]의 확정여부[F3:F26]와 숙박상품[D3:D26]을 이용하여 [표2]의 예약률[M3:O4]를 계산하여 백분율로 표시하시오. (6점)
- COUNTA, COUNT, IF, TEXT 함수를 사용한 배열 수식
- 예약률 = 확정여부와 숙박상품별 예약건수/전체예약 건수

5. 사용자 정의 함수 'fn할인비용'을 작성하여 [표1]의 할인비용[J3:J26] 영역에 표시하시오. (6점)

   ▶ 'fn할인비용'은 렌트비용을 인수로 받아 계산하는 함수이다.
   ▶ 렌트비용이 200,000원 이상이면 할인율은 10%, 렌트비용이 100,000원 이상이면 할인율은 5%, 그 외에는 3% 할인된 금액으로 계산하시오.
   ▶ IF ~ Else문 사용

   ```
   Public Function fn할인비용(렌트비용)
   End Function
   ```

문제3 분석작업(20점) 주어진 시트에서 다음 과정을 수행하고 저장하시오.

1. '분석작업-1' 시트에서 다음의 지시사항에 따라 피벗 테이블 보고서를 작성하시오. (10점)

   ▶ 외부 데이터 가져오기 기능을 이용하여 〈꽃집청년매출.accdb〉에서 〈5월〉 테이블의 '상품코드', '구분', '주문수량', '매출금액' 열만 가져와서 작성하시오.
   ▶ 상품코드는 L 또는 M으로 시작하는 값만 가져오기 하시오.
   ▶ 피벗 테이블 보고서의 레이아웃과 위치는 〈그림〉을 참조하여 설정하고, 보고서 레이아웃을 개요 형식으로 표시하시오.
   ▶ 매출금액의 10%를 계산하는 '부가가치세' 계산 필드를 추가하고, '구분' 필드를 기준으로 내림차순 정렬되도록 설정하시오.
   ▶ 피벗 테이블 스타일은 '연한 노랑, 피벗 스타일 밝게 19'를 지정하고, '매출금액', '부가가치세' 필드의 표시 형식은 '통화' 범주를 이용하여 〈그림〉과 같이 설정하시오.
   ▶ '꽃바구니'에 해당한 자료만 별도의 시트에 작성하시오. (시트명은 '꽃바구니'로 지정하고, '분석작업-1' 시트 뒤에 위치시키오.)

	A	B	C	D
1				
2				
3	구분	합계 : 주문수량	합계 : 매출금액	합계 : 부가가치세
4	분재	148	₩26,150,000	₩2,615,000
5	꽃바구니	405	₩28,767,000	₩2,876,700
6	꽃다발	362	₩22,045,600	₩2,204,560
7	총합계	915	₩76,962,600	₩7,696,260
8				

   ※ 작업 완성된 그림이며 부분점수 없음

2. '분석작업-2' 시트에 대하여 다음의 지시사항을 처리하시오. (10점)

   ▶ 데이터 도구를 이용하여 [표1]에서 '사원코드', '사원명' 열을 기준으로 중복된 값이 입력된 셀을 포함하여 행을 삭제하시오.
   ▶ 조건부 서식의 상위/하위 규칙을 이용하여 '실수령액' 필드에 대하여 상위 10개 항목에 해당한 데이터 값에 대해 '진한 빨강 텍스트가 있는 연한 빨강 채우기' 서식이 적용되도록 설정하시오.
   ▶ 필터 도구를 이용하여 [표1]의 '실수령액' 필드에서 '진한 빨강 텍스트가 있는 연한 빨강 채우기' 색을 기준으로 필터링한 후 내림차순 정렬하시오.

문제4 　기타작업(35점)　주어진 시트에서 다음 과정을 수행하고 저장하시오.

1. '기타작업-1' 시트에서 다음의 지시사항에 따라 차트를 수정하시오. (각 2점)
   ① '소비전력(W)' 데이터 계열은 삭제하도록 하시오.
   ② 차트 제목은 [B1] 셀과 연결하고, 세로(값) 축 제목은 [F2] 셀을 연결한 후 텍스트 방향은 '스택형'으로 설정하시오.
   ③ 차트의 색을 '단색 색상표 12'로 설정하고, 가로 축 교차는 '축 값'을 50,000으로 지정하고, 세로(값) 축의 주 눈금을 '교차'로 설정하시오.
   ④ 가격에 대한 다항식 차수3, 예측 앞으로 1구간 추세선을 설정하고, '강한 선 - 강조4' 서식을 설정하시오.
   ⑤ 차트 영역의 테두리 스타일은 '실선', 색은 '파랑, 강조1', '둥근 모서리'로 지정한 후 그림자는 '오프셋: 오른쪽, 기본 설정 1'로 설정하시오.

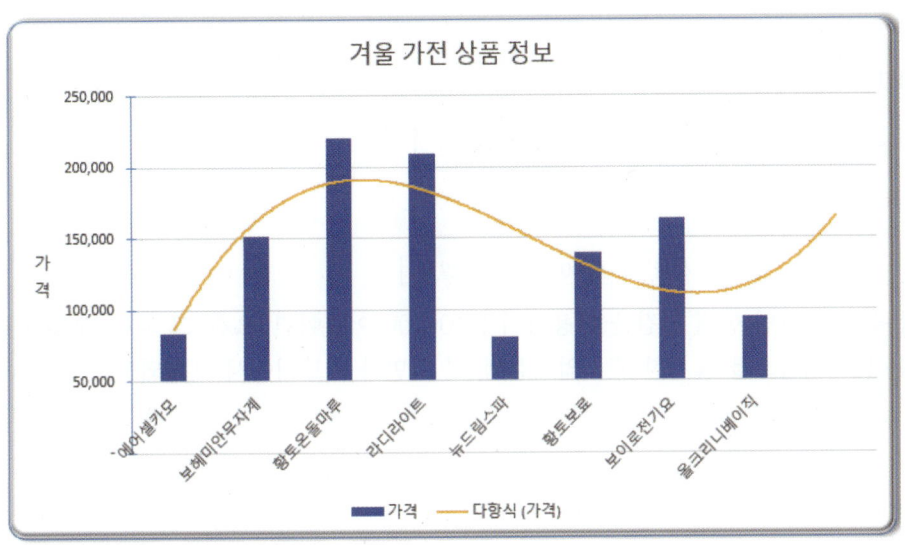

2. '기타작업-2' 시트에서 다음과 같은 기능을 수행하는 매크로를 현재 통합 문서에 작성하시오. (각 5점)
   ① [C6:C22] 영역에 대하여 사용자 지정 표시 형식을 설정하는 '서식적용' 매크로를 생성하시오.
   ▶ 셀 값이 1 이상인 경우 파랑색으로 '▲' 표시하고 숫자와 문자 사이에 너비만큼 공백을 표시하고, 셀 값이 0 미만인 경우 빨강색으로 '▼' 표시하고 숫자와 문자 사이에 너비만큼 공백을 표시하면서 기호 없이 정수로 표시하고 그 외에는 표시하지 마시오.
   　[표시 예 : 21 → ▲　21, -30 → ▼　30]
   ▶ [개발 도구]-[삽입]-[양식 컨트롤]의 '단추(□)'를 동일 시트의 [B2:C3] 영역에 생성한 후 텍스트를 '서식적용'으로 입력하고, 단추를 클릭하면 '서식적용' 매크로가 실행되도록 설정하시오.
   ② [C6:C22] 영역에 대하여 '일반' 서식을 지정하는 '서식해제' 매크로를 생성하시오.
   ▶ [개발 도구]-[삽입]-[양식 컨트롤]의 '단추(□)'를 동일 시트의 [E2:F3] 영역에 생성한 후 텍스트를 '서식해제'로 입력하고, 단추를 클릭하면 '서식해제' 매크로가 실행되도록 설정하시오.
   ※ 셀 포인터의 위치에 관계없이 매크로가 실행되어야 정답으로 인정됨

3 '기타작업-3' 시트에서 아래 그림을 참조하여 다음과 같은 작업을 수행하고 저장하시오. (각 5점)

① '업체검색' 버튼을 클릭하면 〈업체검색〉 폼이 나타나도록 프로시저를 작성하고, 폼이 초기화되면(Initialize) 업체명(Cmb업체명) 목록에 [B5:B21] 영역의 값이 설정되도록 하고, '기타작업-3' 시트가 활성화하면 [B1] 셀에 '구인 업체 현황'이 입력되고, 글꼴 스타일은 '굵은 기울임꼴'로 지정한 후 글꼴을 '궁서', 크기 '12', 글꼴 색은 '파랑'으로 지정하는 이벤트 프로시저를 작성하시오.

② 〈업체검색〉 폼 화면에 업체명(Cmb업체명)을 선택한 후 업체명검색(Cmd업체명검색) 버튼을 클릭하면 소재지, 구인수, 연평균급여에 해당하는 자료를 폼에 표시하는 프로시저를 작성하시오. (Listindex 속성을 이용)

③ 〈업체검색〉 폼의 '종료' 버튼을 클릭하면 현재 시간을 이용하여 12:00:00 이전이면 '오전' 그 외는 '오후'로 [C3] 셀에 표시하고, 아래와 같은 메시지박스를 표시한 후 〈업체검색〉이 화면과 메모리에서 제거되도록 프로시저를 작성하시오.

▶ Time 함수 사용

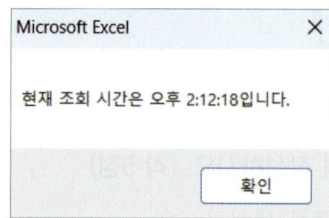

정답 & 해설 : 상시 공략 문제 10회

문제1 기본작업

1 고급 필터

정답

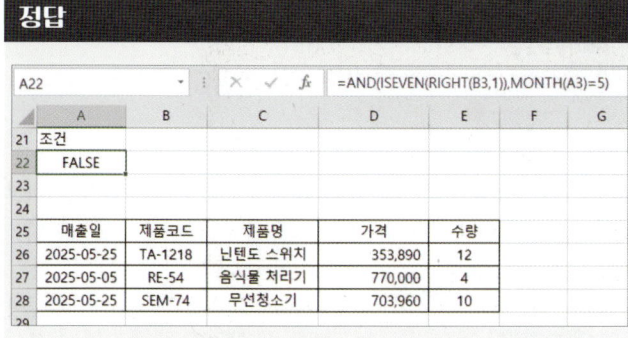

① [A21] 셀에 **조건**, [A22] 셀에 =AND(ISEVEN(RIGHT(B3,1)),MONTH(A3)=5)를 입력한다.

② [데이터]-[정렬 및 필터] 그룹의 [고급]을 클릭한다.

③ [고급 필터]에서 다음과 같이 지정한 후 [확인]을 클릭한다.

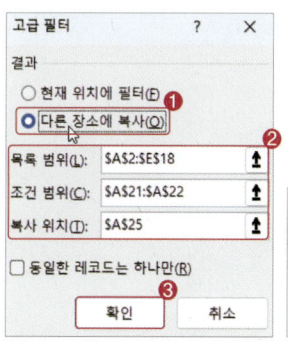

- 결과 : '다른 장소에 복사'
- 목록 범위 : [A2:E18]
- 조건 범위 : [A21:A22]
- 복사 위치 : [A25]

2 조건부 서식

정답

	A	B	C	D	E
1					
2	매출일	제품코드	제품명	가격	수량
3	2025-05-15	AP-4005	에어팟	225,900	15
4	2025-05-25	TA-1218	닌텐도 스위치	353,890	12
5	2025-09-09	AM-1238	공기청정기	379,000	3
6	2025-12-05	SMV-1460	드럼세탁기	1,890,000	12
7	2025-05-07	SWP-431	식기세척기	590,000	3
8	2025-05-05	RE-54	음식물 처리기	770,000	4
9	2025-05-05	LA-1413	냉장고	1,772,100	8
10	2025-05-08	WT-321	에어프라이어	209,000	2
11	2025-12-11	RS-9150	압력밥솥	264,780	5
12	2025-04-18	LA-753	인덕션	1,890,000	9
13	2025-06-15	SEM-75	김치냉장고	1,155,040	5
14	2025-05-07	TA-343	건조기	766,920	5
15	2025-04-19	MM-818	로봇청소기	599,000	3
16	2025-05-25	SEM-74	무선청소기	703,960	10
17	2025-12-11	LA-720	스타일러	1,445,620	4
18	2025-05-17	MF-121	제습기	352,000	9

① [A3:E18] 영역을 범위 지정한 후 [홈]-[스타일] 그룹의 [조건부 서식]-[새 규칙]을 클릭한다.

② [새 서식 규칙]에서 =AND(MONTH($A3)=5,$E3>=6,$E3<=12)를 입력한 후 [서식]을 클릭한다.

③ [셀 서식]의 [글꼴] 탭에서 '굵게', 글꼴 색 '표준 색 – 녹색'을 선택한 후 [확인]을 클릭한다.

④ [새 서식 규칙]에서 다시 [확인]을 클릭한다.

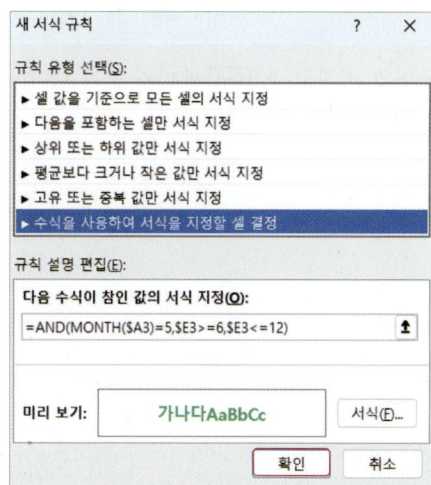

3 시트 보호와 통합 문서 보기

정답

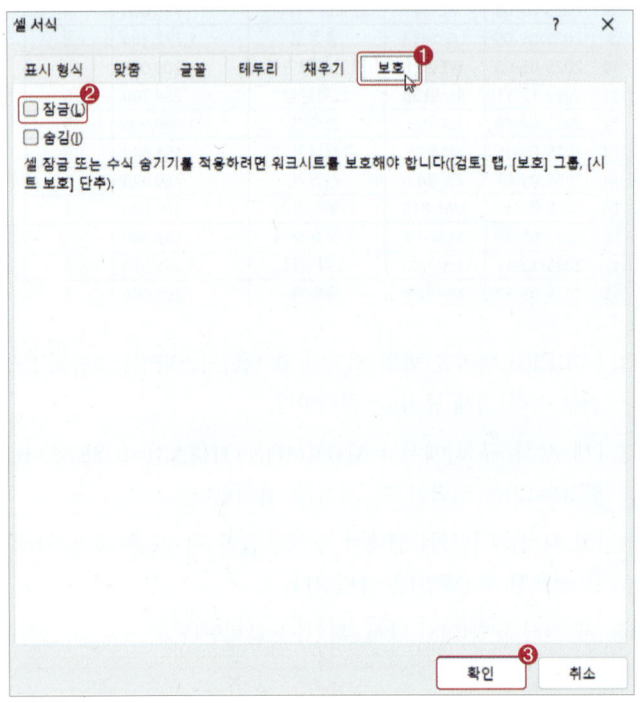

① 1행 위, A열 왼쪽 행과 열이 교차하는 곳을 클릭한 후 Ctrl+1을 눌러 [보호] 탭에서 '잠금'의 체크를 해제한다.

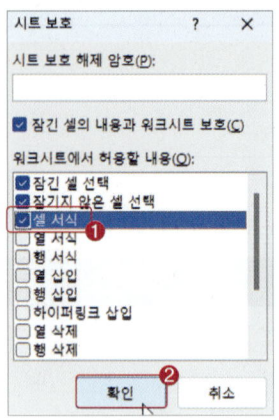

② [G3:G18] 영역을 범위 지정한 후 Ctrl+1을 눌러 [보호] 탭에서 '잠금', '숨김'을 체크한다.

③ [검토]-[보호] 그룹에서 [시트 보호]를 클릭하여 '셀 서식'을 체크하고 [확인]을 클릭한다.

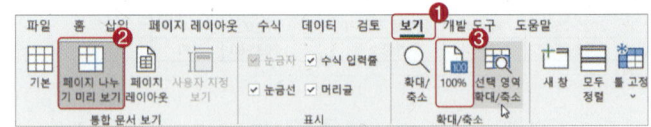

④ [보기]-[통합 문서 보기] 그룹에서 [페이지 나누기 미리보기]를 클릭한 후 [확대/축소] 그룹에서 [100%]을 클릭한다.

⑤ 페이지 나누기 구분선을 드래그하여 [B2:G18] 영역으로 구분선이 표시될 수 있도록 조정한다.

문제2 계산작업

정답

	A	B	C	D	E	F	G	H	I	J
1	[표1]									
2	상담번호	숙박일수	여행기간	숙박상품	상담일자	확정여부	렌트카	렌트시간	렌트비용	할인비용
3	21-001	3 박	3박4일	호텔	3월 3일	확정	RV	78 시간	130,000	123,500
4	21-002	4 박	4박5일	리조트	3월 3일	미정	소형	80 시간	110,000	104,500
5	21-003	5 박	5박6일	펜션	3월 4일	확정	승합	125 시간	200,000	180,000
6	21-004	3 박	3박4일	호텔	3월 4일	확정	RV	84 시간	130,000	123,500
7	21-005	3 박	3박4일	리조트	3월 4일	확정	중형	91 시간	120,000	114,000
8	21-006	1 박	1박2일	호텔	3월 5일	확정	소형	28 시간	50,000	48,500
9	21-007	6 박	6박7일	호텔	3월 5일	확정	RV	148 시간	220,000	198,000
10	21-008	4 박	4박5일	리조트	3월 5일	미정	중형	98 시간	150,000	142,500
11	21-009	3 박	3박4일	리조트	3월 8일	확정	중형	82 시간	120,000	114,000
12	21-010	5 박	5박6일	펜션	3월 8일	확정	소형	134 시간	170,000	161,500
13	21-011	3 박	3박4일	리조트	3월 8일	미정	소형	82 시간	110,000	104,500
14	21-012	5 박	5박6일	호텔	3월 9일	확정	승합	124 시간	200,000	180,000
15	21-013	3 박	3박4일	펜션	3월 9일	확정	중형	90 시간	120,000	114,000
16	21-014	4 박	4박5일	리조트	3월 9일	확정	소형	109 시간	140,000	133,000
17	21-015	2 박	2박3일	리조트	3월 10일	확정	중형	58 시간	90,000	87,300
18	21-016	3 박	3박4일	호텔	3월 10일	확정	RV	86 시간	130,000	123,500
19	21-017	4 박	4박5일	리조트	3월 10일	확정	중형	112 시간	150,000	142,500
20	21-018	3 박	3박4일	펜션	3월 10일	미정	중형	92 시간	120,000	114,000
21	21-019	5 박	5박6일	호텔	3월 11일	확정	소형	130 시간	170,000	161,500
22	21-020	1 박	1박2일	리조트	3월 11일	미정	RV	32 시간	70,000	67,900
23	21-021	3 박	3박4일	리조트	3월 11일	확정	중형	85 시간	120,000	114,000
24	21-022	4 박	4박5일	호텔	3월 12일	확정	RV	107 시간	160,000	152,000
25	21-023	5 박	5박6일	펜션	3월 12일	미정	승합	124 시간	200,000	180,000
26	21-024	3 박	3박4일	리조트	3월 12일	확정	소형	87 시간	110,000	104,500

	K	L	M	N	O
1	[표2]	예약률			
2		확정여부	호텔	리조트	펜션
3		확정	38%	25%	13%
4		미정	0%	17%	8%
5					
6	[표3]	예약건수			
7		렌트카	호텔	리조트	펜션
8		소형	2건	4건	1건
9		중형	1건	5건	2건
10		RV	5건	1건	0건
11		승합	1건	0건	2건

① 여행기간[C3:C26]

[C3] 셀에 =CONCAT(LEFT(TRIM(B3),1),"박",LEFT(TRIM(B3),1)+1,"일")를 입력하고 [C26] 셀까지 수식을 복사한다.

> **함수 설명** =CONCAT(LEFT(TRIM(B3),1),"박",LEFT(TRIM(B3),1)+1,"일")
>
> ❶ TRIM(B3) : [B3] 셀의 앞 끝의 공백을 제거
> ❷ LEFT(❶,1) : ❶셀에서 왼쪽에서 한 글자를 추출
>
> =CONCAT(❷,"박",❷+1,"일") : ❷박❷+1일 형식으로 표시

② 렌트비용[I3:I26]

[I3] 셀에 =HLOOKUP(H3,$M$14:$R$19,MATCH(G3,$L$16:$L$19, 0)+2)를 입력하고 [I26] 셀까지 수식을 복사한다.

> **함수 설명** =HLOOKUP(H3,$M$14:$R$19,MATCH(G3,$L$16:$L$19,0)+2)
>
> ❶ MATCH(G3,$L$16:$L$19,0) : [G3] 셀의 값을 [L16:L19] 영역에서 정확하게 일치하는 상대적인 위치 값을 구함
>
> =HLOOKUP(H3,$M$14:$R$19,❶+2) : [H3] 셀의 값을 [M14:R19] 영역의 첫 번째 행에서 찾아 ❶+2의 행 위치에서 값을 찾아옴

③ 예약건수[M8:O11]

[M8] 셀에 =SUM(IF(($G$3:$G$26=$L8)*($D$3:$D$26=M$7),1))&"건"를 입력하고 Ctrl + Shift + Enter 를 누른 후에 [O11] 셀까지 수식을 복사한다.

> **함수 설명** =SUM(IF(($G$3:$G$26=$L8)*($D$3:$D$26=M$7),1))&"건"
>
> ❶ $G$3:$G$26=$L8 : [G3:G26] 영역의 값이 [L8] 셀과 같으면 TRUE 값을 반환
> ❷ $D$3:$D$26=M$7 ; [D3:D26] 영역의 값이 [M7] 셀과 같으면 TRUE 값을 반환
> ❸ IF(❶*❷,1) : ❶과 ❷의 값이 모두 TRUE이면 1의 값이 반환
>
> =SUM(❸) : ❸의 합계를 구함

4 예약률[M3:O4]

[M3] 셀에 =TEXT(COUNT(IF(($F$3:$F$26=$L3)*($D$3:$D$26=M$2),1))/COUNTA($D$3:$D$26),"0%")를 입력하고 Ctrl + Shift + Enter 를 누른 후에 [O4] 셀까지 수식을 복사한다.

> **함수 설명** =TEXT(COUNT(IF(($F$3:$F$26=$L3)*($D$3:$D$26=M$2),1))/COUNTA($F$3:$F$26),"0%")
>
> ❶ $F$3:$F$26=$L3 : [F3:F26] 영역의 값이 [L3] 셀과 같으면 TRUE 값을 반환
> ❷ $D$3:$D$26=M$2 : [D3:D26] 영역의 값이 [M2] 셀과 같으면 TRUE 값을 반환
> ❸ IF(❶*❷,1) : ❶과 ❷의 값이 모두 TRUE이면 1의 값이 반환
> ❹ COUNT(❸) : ❸의 개수를 구함
> ❺ COUNTA($F$3:$F$26) : [F3:F26] 영역의 개수를 구함
>
> =TEXT(❹/❺,"0%") : ❹/❺의 값을 백분율로 표시

5 할인비용[J3:J26]

① [개발 도구]-[코드] 그룹의 [Visual Basic]()을 클릭한다.

② [삽입]-[모듈]을 클릭한다.

③ Module 창에 다음과 같이 입력한다.

```
Public Function fn할인비용(렌트비용)

    If 렌트비용 >= 200000 Then
        fn할인비용 = 렌트비용 * 0.9
    ElseIf 렌트비용 >= 100000 Then
        fn할인비용 = 렌트비용 * 0.95
    Else
        fn할인비용 = 렌트비용 * 0.97
    End If

End Function
```

④ [파일]-[닫고 Microsoft Excel(으)로 돌아가기]를 클릭하여 [Visual Basic Editor]를 닫는다.

⑤ [J3] 셀을 클릭한 후 [함수 삽입]()을 클릭한다.

⑥ '범주 선택'에서 '사용자 정의', '함수 선택'에서 'fn할인비용'을 선택한 후 [확인]을 클릭한다.

⑦ 그림과 같이 셀을 지정한 후 [확인]을 클릭한다.

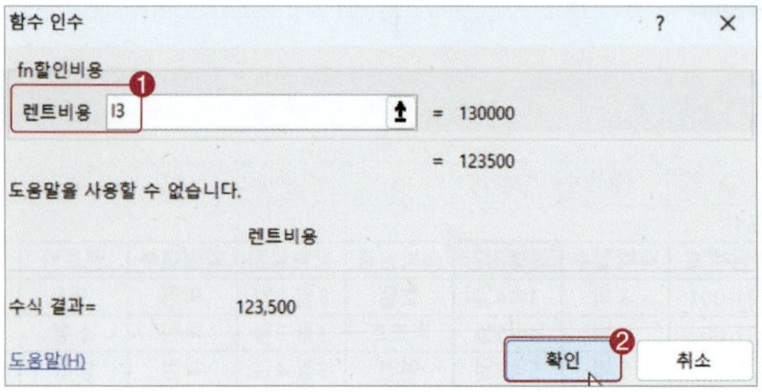

⑧ [J3] 셀을 선택한 후 [J26] 셀까지 수식을 복사한다.

문제3 분석작업

1 피벗 테이블

정답

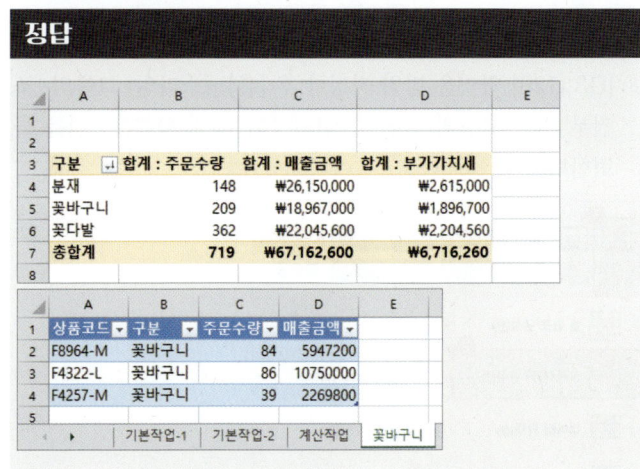

① [A3] 셀을 선택한 후 [데이터]-[데이터 가져오기 및 변환] 그룹의 [데이터 가져오기]-[기타 원본에서]-[Microsoft Query에서]를 클릭한다.

② [데이터베이스] 탭에서 'MS Access Database*'를 선택하고 [확인]을 클릭한다.

③ '꽃집청년매출.accdb'를 선택하고 [확인]을 클릭한다.

④ [열 선택]에서 '5월' 테이블을 더블클릭하여 '상품코드', '구분', '주문수량', '매출금액' 필드를 추가한 후 [다음]을 클릭한다.

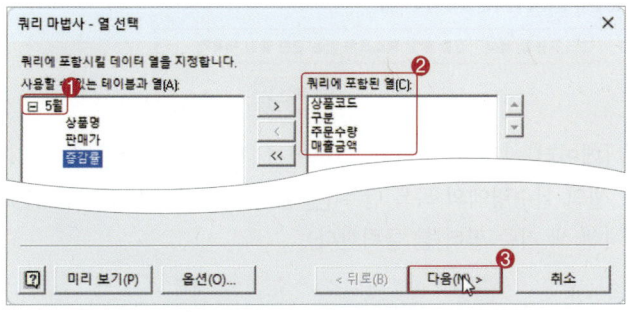

⑤ [데이터 필터]에서 '상품코드'를 선택하고 다음과 같이 (끝나는 값 L, '또는', 끝나는 값 M)으로 지정하고 [다음]을 클릭하고, [정렬 순서]에서 [다음]을 클릭한다.

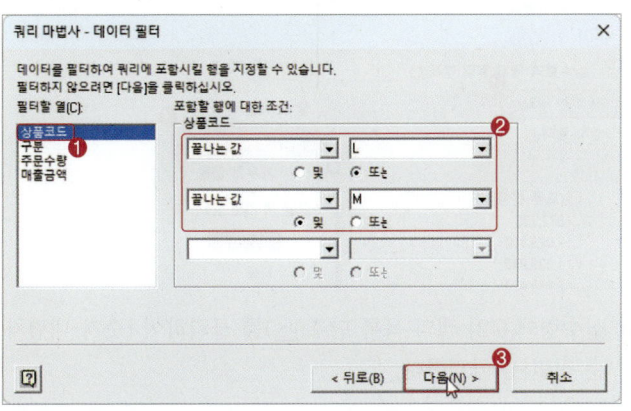

⑥ [마침]에서 'Microsoft Excel(으)로 데이터 되돌리기'를 선택하고 [마침]을 클릭한다.

⑦ [데이터 가져오기]에서 '피벗 테이블 보고서'를 선택한 다음, '기존 워크시트'는 [A3] 셀을 지정하고 [확인]을 클릭한다.

⑧ 다음과 같이 보고서 레이아웃을 지정한다.

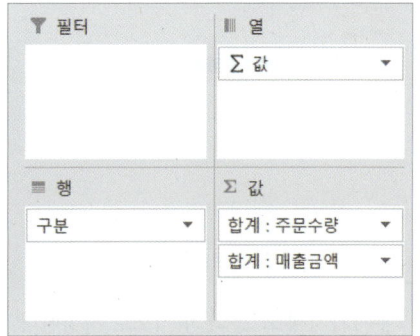

⑨ [디자인]-[레이아웃] 그룹에서 [보고서 레이아웃]-[개요 형식으로 표시]를 클릭한다.

⑩ [피벗 테이블 분석]-[필드 항목 및 집합] 그룹에서 [계산 필드]를 클릭하여 다음과 같이 입력하고 [추가]를 클릭한 후 [확인]을 클릭한다.

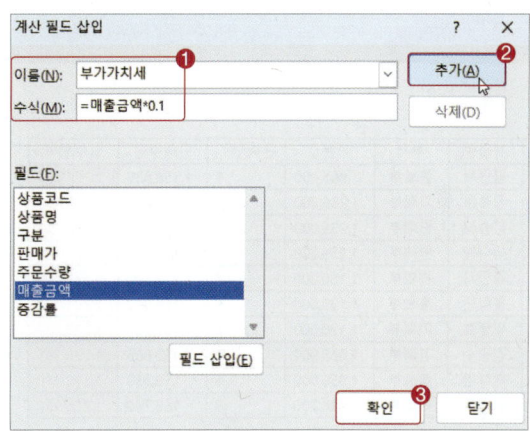

⑪ [A3] 셀의 구분 필드의 목록 단추를 클릭하여 [텍스트 내림차순 정렬]을 클릭한다.

⑫ [디자인]-[피벗 테이블 스타일] 그룹에서 '연한 노랑, 피벗 스타일 밝게 19'를 선택한다.

⑬ '합계 : 매출금액'[C3] 셀에서 더블클릭하여 [표시 형식]을 클릭한 후 '통화'를 선택하고 [확인]을 클릭한다.

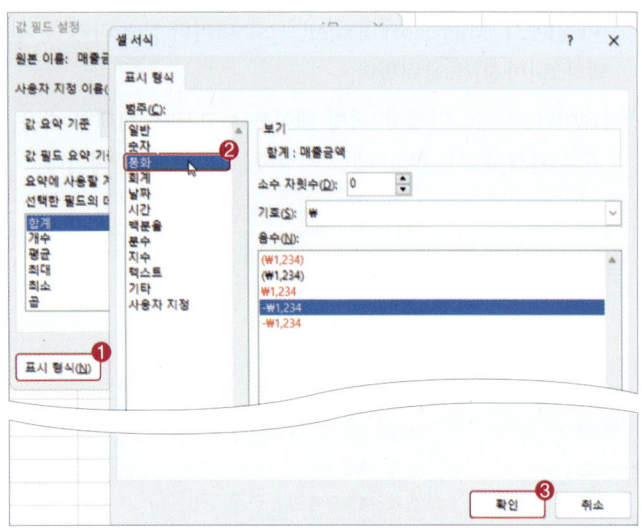

⑭ 같은 방법으로 '합계 : 부가가치세'도 '통화' 형식으로 지정한다.

⑮ [B5] 셀(또는 [C5], [D5])에서 더블클릭한 후 시트 이름을 더블클릭하여 **꽃바구니**로 수정한 후 '분석작업-1' 시트 뒤로 드래그한다.

2 데이터 도구

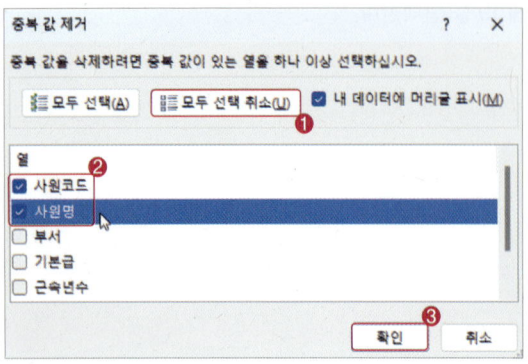

① [데이터]-[데이터 도구] 그룹의 [중복된 항목 제거]를 클릭하여 '모두 선택 취소'를 클릭한 후 '사원코드', '사원명'을 체크하고 [확인]을 클릭한다.

② 메시지가 표시되면 [확인]을 클릭한다.

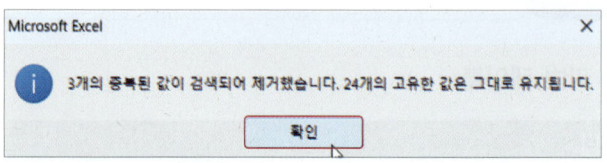

③ [G3:G26] 영역을 범위 지정한 후 [홈]-[스타일] 그룹의 [조건부 서식]-[상위/하위 규칙]-[상위 10개 항목(T)...]를 클릭한다.

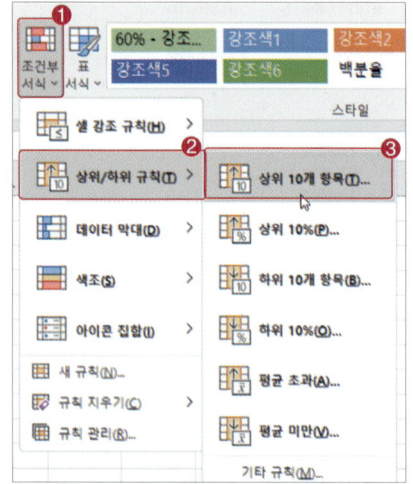

④ [상위 10개 항목]에서 다음과 같이 선택하고 [확인]을 클릭한다.

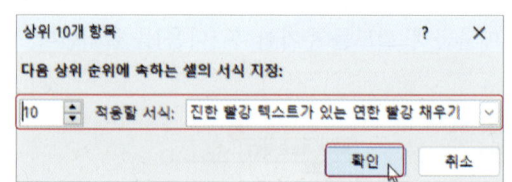

⑤ [데이터]-[정렬 및 필터] 그룹에서 [필터]를 클릭한 후 [G2] 셀의 실수령액의 목록 단추(▼)를 클릭하여 [색 기준 필터]-[셀 색 기준 필터]를 클릭한다.

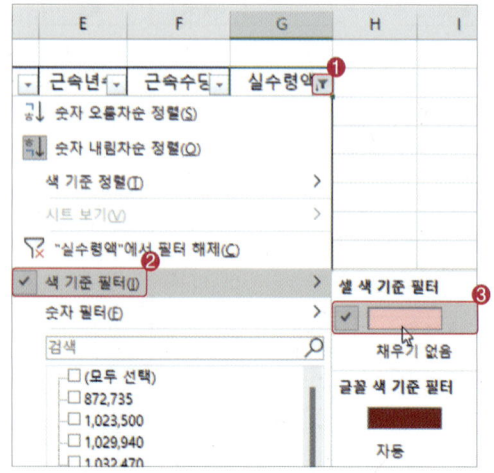

⑥ 실수령액[G2] 셀의 목록 단추(▼)를 클릭하여 [숫자 내림차순 정렬]을 클릭한다.

문제4 기타작업

1 차트

정답

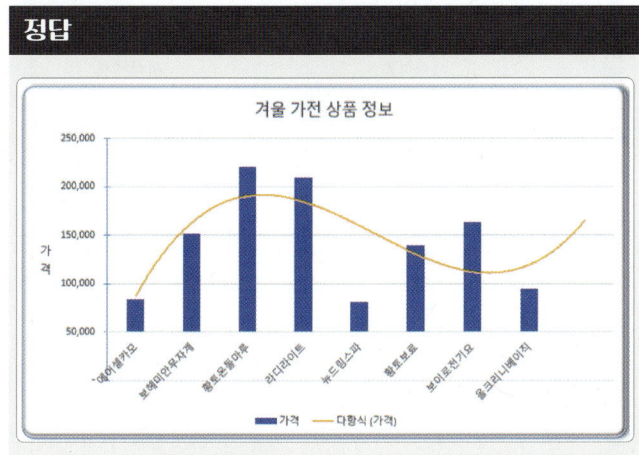

① 차트에서 마우스 오른쪽 버튼을 눌러 [데이터 선택]을 클릭하여 '소비전력(W)'를 선택한 후 [제거]를 클릭하고 [확인]을 클릭한다.

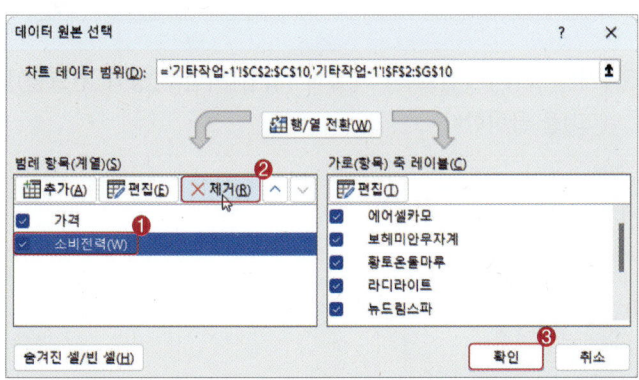

② [차트 요소](+)-[차트 제목]을 체크한 후 '차트 제목'을 선택한 후 =B1을 입력한다.

③ [차트 요소](+)-[축 제목]-[기본 세로]를 체크한 후 '축 제목'을 선택한 후 =F2를 입력한다.

④ 축 제목을 선택한 후 마우스 오른쪽 버튼을 눌러 [축 제목 서식]을 클릭하여 '텍스트 방향'을 '스택형'을 선택한다.

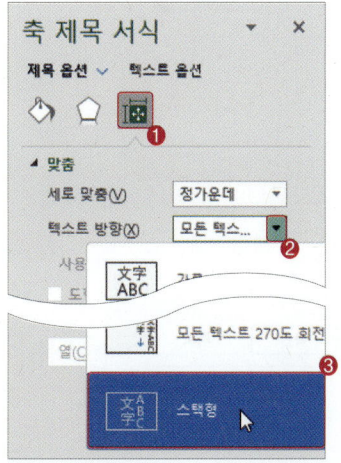

⑤ [차트 디자인]-[차트 스타일] 그룹에서 [색 변경]을 클릭하여 '단색 색상표 12'를 선택한다.

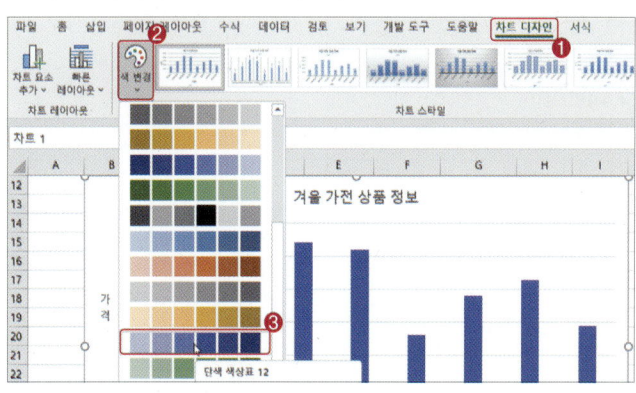

⑥ 세로(값) 축을 선택한 후 [축 옵션]의 '가로 축 교차'에 '축 값'을 50000을 입력하고 '눈금'의 주 눈금은 '교차'를 선택한다.

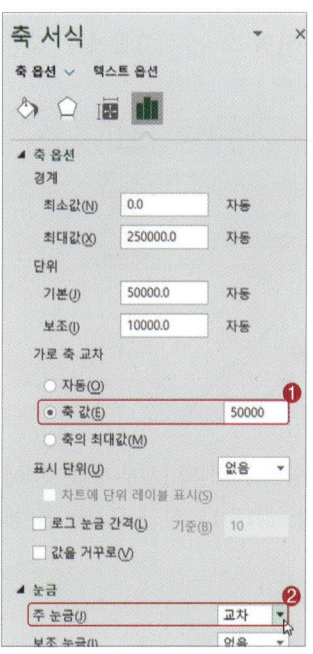

⑦ '가격' 계열을 선택한 후 마우스 오른쪽 버튼을 눌러 [추세선 추가]를 클릭한 후 '다항식' 차수 3을 입력하고 '예측' 앞으로 1을 입력한다.

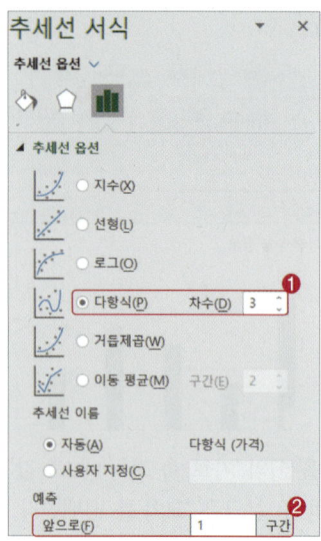

⑧ 추세선을 선택한 후 [서식]-[도형 스타일] 그룹에서 '강한 선 - 강조4'를 선택한다.

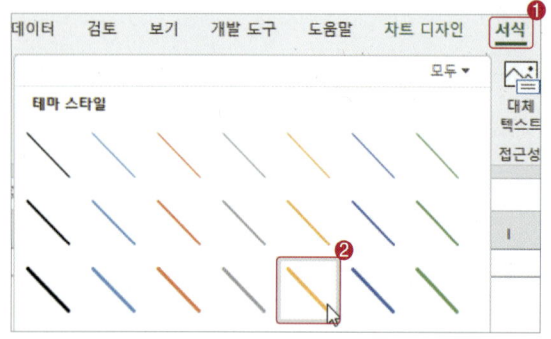

⑨ 차트 영역을 선택한 후 [차트 영역 서식]의 [채우기 및 선]에서 테두리는 '실선', 색은 '파랑, 강조 1', '둥근 모서리'를 체크한다.

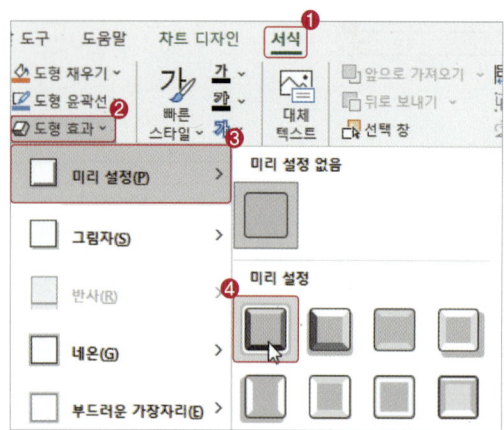

⑩ 차트 영역을 선택한 후 [서식]-[도형 효과] 그룹에서 [그림자]-[바깥쪽]에서 '오프셋: 오른쪽', [미리 설정]에서 '기본 설정1'을 선택한다.

2 매크로

정답

	A	B	C	D	E	F
1						
2		서식적용			서식해제	
3						
4						
5	업체명	구인수	전년대비구인수	소재지	연평균급여	모집직종
6	신기루	1	▼ 1	인천	7750 만원	유통
7	아름	1	▼ 17	부산	6200 만원	개발자
8	알기로	12	▲ 5	대전	8430 만원	영업
9	도미레	25	▲ 12	대전	5200 만원	생산
10	새로운	7	▼ 33	대구	4000 만원	서비스
11	창조	8	▲ 6	대구	3140 만원	서비스
12	개혁	5	▲ 2	서울	9990 만원	개발자
13	무한	3	▲ 1	서울	5100 만원	유통
14	나기	25	▲ 5	서울	9800 만원	개발자
15	미도	7	▲ 1	서울	7140 만원	유통
16	구신	2		서울	6920 만원	서비스
17	모기	2	▼ 1	부산	5780 만원	영업
18	신지	5	▼ 17	부산	5200 만원	영업
19	이상해	25	▲ 5	부산	4500 만원	서비스
20	대기	18	▲ 12	부산	3100 만원	개발자
21	한글로	17	▼ 33	부산	4100 만원	생산
22	나기	5	▲ 2	대전	5380 만원	생산

① [개발 도구]-[컨트롤] 그룹의 [삽입]-[단추(양식 컨트롤)](□)을 클릭한다.

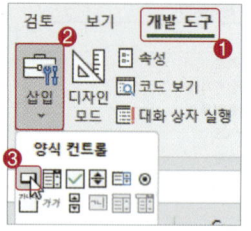

② 마우스 포인터가 '+'로 바뀌면 [Alt]를 누른 상태에서 [B2:C3] 영역에 드래그하면 [매크로 지정] 대화상자가 나타난다.

③ [매크로 지정]에 **서식적용**을 입력하고 [기록]을 클릭한다.

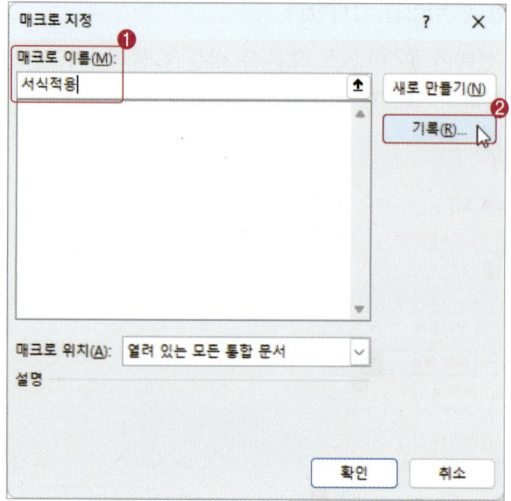

④ [매크로 기록]에 자동으로 '서식적용'으로 매크로 이름이 표시되면 [확인]을 클릭한다.

⑤ [C6:C22] 영역을 범위 지정한 후 Ctrl+1을 눌러 [표시 형식] 탭의 '사용자 지정'에 [파랑][>=1]"▲"* 0;[빨강][<0]"▼"* 0;;을 입력하고 [확인]을 클릭한다.

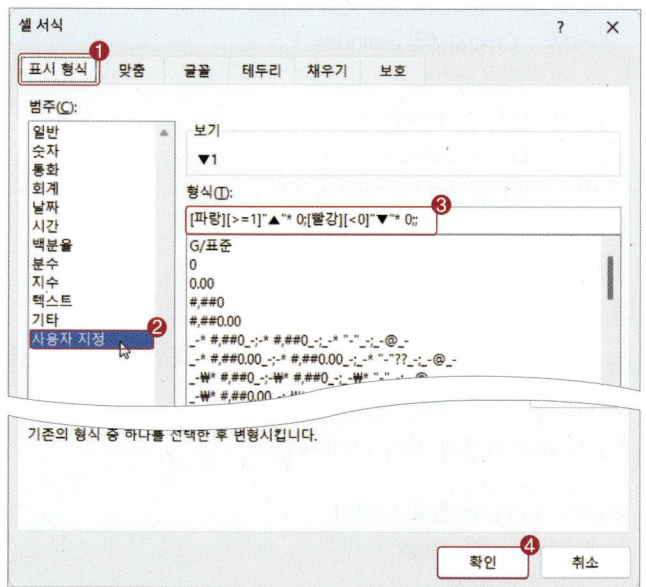

⑥ 임의의 셀을 클릭한 후 매크로 기록을 종료하기 위해 [개발 도구]-[코드] 그룹의 [기록 중지](□)를 클릭한다.

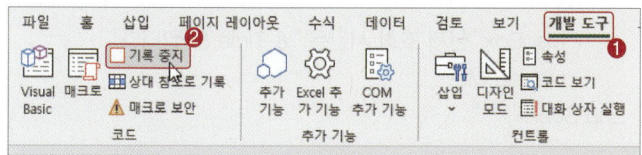

⑦ 단추에 텍스트를 수정하기 위해서 단추에서 마우스 오른쪽 버튼을 눌러 [텍스트 편집]을 클릭한다.

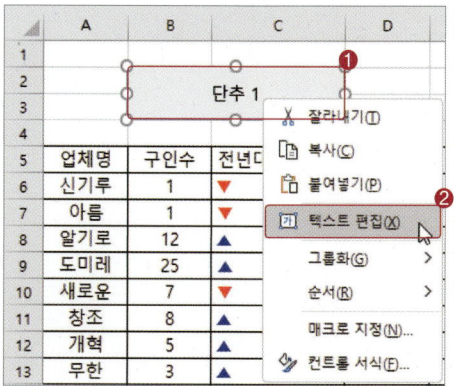

⑧ 단추에 입력된 '단추 1'을 지우고 **서식적용**을 입력한다.

⑨ [개발 도구]-[컨트롤] 그룹의 [삽입]-[단추(양식 컨트롤)](□)을 클릭한다.

⑩ 마우스 포인터가 '+'로 바뀌면 Alt를 누른 상태에서 [E2:F3] 영역에 드래그하면 [매크로 지정] 대화상자가 나타난다.

⑪ [매크로 지정]에 **서식해제**를 입력하고 [기록]을 클릭하고, [매크로 기록]에 자동으로 '서식해제'로 매크로 이름이 표시되면 [확인]을 클릭한다.

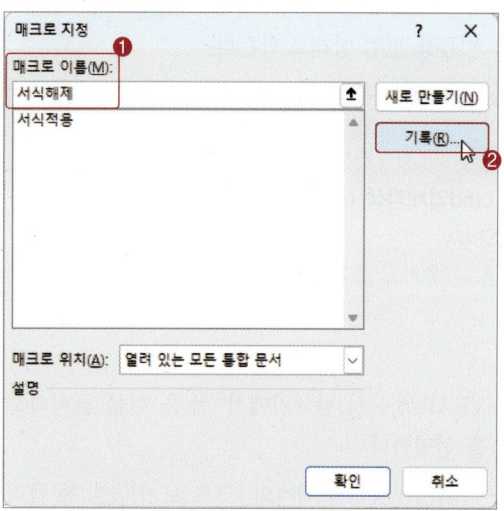

⑫ [C6:C22] 영역을 범위 지정한 후 Ctrl+1을 눌러 [표시 형식] 탭에서 '일반'을 선택하고 [확인]을 클릭한다.

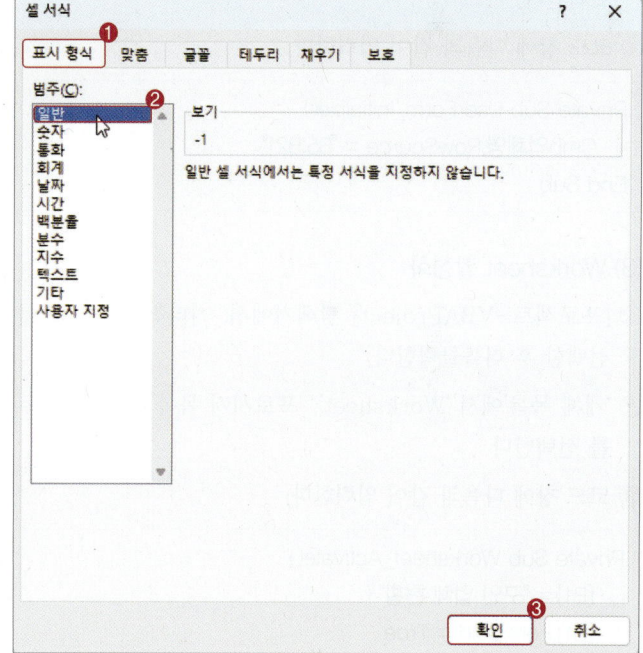

⑬ 임의의 셀을 클릭한 후 매크로 기록을 종료하기 위해 [개발 도구]-[코드] 그룹의 [기록 중지](□)를 클릭한다.

⑭ 단추에 텍스트를 수정하기 위해서 단추에서 마우스 오른쪽 버튼을 눌러 [텍스트 편집]을 클릭한다.

⑮ 단추에 입력된 '단추 2'를 지우고 **서식해제**를 입력한다.

3 VBA 프로그래밍

(1) 폼 보이기

① [개발 도구]-[컨트롤] 그룹의 [디자인 모드](N)를 클릭하여 〈업체검색〉 버튼을 편집 상태로 만든다.

② 〈업체검색〉 버튼을 더블클릭한 후 코드 창에 다음과 같이 입력한다.

```
Private Sub cmd업체검색_Click()
    업체검색.Show
End Sub
```

(2) 폼 초기화

① [프로젝트-VBAProject] 탐색기에서 '폼'을 더블 클릭하고 〈업체검색〉을 선택한다.

② [프로젝트-VBAProject] 탐색기의 [코드 보기](▣)를 클릭한다.

③ '개체 목록'은 'UserForm', '프로시저 목록'은 'Initialize'를 선택한다.

④ 코드 창에 다음과 같이 입력한다.

```
Private Sub UserForm_Initialize()
    Cmb업체명.RowSource = "B5:B21"
End Sub
```

(3) Worksheet 활성화

① [프로젝트-VBAProject] 탐색기에서 '기타작업-3' 시트를 선택한 후 더블클릭한다.

② '개체 목록'에서 'Worksheet', '프로시저 목록'은 'Activate'를 선택한다.

③ 코드 창에 다음과 같이 입력한다.

```
Private Sub Worksheet_Activate()
    [B1] = "구인 업체 현황"
    [B1].Font.Bold = True
    [B1].Font.Italic = True
    [B1].Font.Name = "궁서"
    [B1].Font.Size = 12
    [B1].Font.Color = vbBlue
End Sub
```

(4) 조회 프로시저

① '개체 목록'에서 'Cmd업체명검색', '프로시저 목록'은 'Click'을 선택한다.

② 코드 창에 다음과 같이 입력한다.

```
Private Sub Cmd업체명검색_Click()
    iRow = Cmb업체명.ListIndex + 5
    
    Text소재지 = Cells(iRow, 5)
    Text구인수 = Cells(iRow, 3)
    Text연평균급여 = Cells(iRow, 6)
End Sub
```

(5) 종료 프로시저

① '개체 목록'에서 'Cmd종료', '프로시저 목록'은 'Click'을 선택한다.

② 코드 창에 다음과 같이 입력한다.

```
Private Sub Cmd종료_Click()
    If Time <= 0.5 Then
        [C3] = "오전"
    Else
        [C3] = "오후"
    End If
    MsgBox "현재 조회 시간은 " & Time & "입니다."
    Unload Me
End Sub
```

스프레드시트 계산작업 문제

CONTENTS

- 계산작업 문제 01회
- 계산작업 문제 02회
- 계산작업 문제 03회
- 계산작업 문제 04회
- 계산작업 문제 05회
- 계산작업 문제 06회
- 계산작업 문제 07회
- 계산작업 문제 08회
- 계산작업 문제 09회
- 계산작업 문제 10회

계산작업 문제 01회

작업파일: '26컴활1급(상시)\스프레드시트\계산작업문제'에서 '계산작업' 파일을 열어 작업하세요.

▲ '계산작업1회' 시트

1. [표1]의 제조방법[B3:B23], 제조일[D3:D23]을 이용하여 구분[A3:A23]를 표시하시오.

▶ 제조방법이 가루차인 경우 11, 발효차인 경우 22, 잎차인 경우 33으로 표시하고, 제조일의 '.'은 공백으로 표시하고, 현재 행 번호를 [표시 예]와 같이 표시
[표시 예 : 제조방법이 가루차, 제조일이 2024.05.30, 행 번호가 3인 경우 → 11-20240530-3]

▶ LOOKUP, SUBSTITUTE, ROW 함수와 & 연산자, 배열 상수를 이용

2. [표1]의 판매량[F3:F23]를 이용하여 판매순위[G3:G23]를 표시하시오.

▶ 판매량의 순위를 상위 3위까지는 '★Top'와 순위 표시, 판매량의 순위 하위 3위까지는 '☆Low'와 순위 표시, 그 외는 공백으로 표시

▶ IF, LARGE, RANK.EQ, SMALL 함수를 사용

3. 사용자 정의 함수 'fn판매'를 작성하여 [표1]의 기타[H3:H23]를 표시하시오.

▶ 'fn판매' 함수는 판매량을 인수로 받아서 특정 문자열을 반환
▶ 판매량이 200 이상이면, 판매량을 100으로 나눈 값만큼 "▶" 문자를 반복하여 반환하고, 그 외에는 공백을 표시
▶ IF ~ Else 문과 For ~ Next 문을 이용

```
Public Function fn판매(판매량)

End Function
```

4 [표1]의 친환경인증[C3:C23]별 판매량을 이용하여 [표2]의 판매량의 백분위를 소수 자리에서 반올림하여 정수로 [K4:N6] 영역에 표시하시오.

▶ ROUND, PERCENTILE.INC, IF 함수를 이용한 배열 수식

5 [표1]의 제조방법[B3:B23], 제조일[D3:D23]의 년도별 판매량[F3:F23]을 이용하여 [표3]의 [K10:L12] 영역에 비율을 표시하시오.

▶ 제조방법별, 년도별 판매량의 합계 / 년도별 판매량의 합계
▶ [표시 예 : 27.0%]
▶ TEXT, SUMIFS 함수와 & 연산자 이용

해설

1 구분[A3:A23]

[A3] 셀에 =LOOKUP(B3,{"가루차","발효차","잎차"},{11,22,33})&"-"&SUBSTITUTE(D3,".","")&"-"&ROW()를 입력하고 [A23] 셀까지 수식을 복사한다.

> **함수 설명**
>
> ❶ LOOKUP(B3,{"가루차","발효차","잎차"},{11,22,33}) : [B3] 셀의 값을 가루차, 발효차, 잎차에서 찾아 가루차는 11, 발효차는 22, 잎차는 33으로 반환
> ❷ SUBSTITUTE(D3,".","") : [D3] 셀에서 .을 공백으로 바꿈
> ❸ ROW() : 현재 행의 번호를 반환
>
> =❶&"-"&❷&"-"&❸ : ❶-❷-❸ 형식으로 표시

2 판매순위[G3:G23]

[G3] 셀에 =IF(F3>=LARGE($F$3:$F$23,3),"★Top"&RANK.EQ(F3,$F$3:$F$23,0),IF(F3<=SMALL($F$3:$F$23,3),"☆Low"&RANK.EQ(F3,$F$3:$F$23,1),""))를 입력하고 [G23] 셀까지 수식을 복사한다.

> **함수 설명**
>
> ❶ LARGE($F$3:$F$23,3) : [F3:F23] 영역에서 3번째로 큰 값을 구함
> ❷ RANK.EQ(F3,$F$3:$F$23,0) : [F3] 셀의 값을 [F3:F23] 영역에서 내림차순 순위를 구함
> ❸ SMALL($F$3:$F$23,3) : [F3:F23] 영역에서 3번째로 작은 값을 구함
> ❹ RANK.EQ(F3,$F$3:$F$23,1) : [F3] 셀의 값을 [F3:F23] 영역에서 오름차순 순위를 구함
>
> =IF(F3>=❶,"★Top"&❷,IF(F3<=❸,"☆Low"&❹,"")) : [F3] 셀의 값이 ❶보다 크거나 같으면 ★Top과 ❷을 [F3] 셀의 값이 ❸보다 작거나 같으면 ☆Low와 ❹을 그 외는 공백으로 표시

3 기타[H3:H23]

① [개발 도구]-[코드] 그룹의 [Visual Basic](圖)을 클릭한다.

② [삽입]-[모듈]을 클릭한다.

③ Module 창에 다음과 같이 입력한다.

```
Public Function fn판매(판매량)
    If 판매량 >= 200 Then
        For i = 1 To 판매량 / 100
            fn판매 = fn판매 & "▶"
        Next i
    Else
        fn판매 = ""
    End If
End Function
```

④ [파일]-[닫고 Microsoft Excel(으)로 돌아가기]를 클릭하여 [Visual Basic Editor]를 닫는다.

⑤ [H3] 셀을 클릭한 후 [함수 삽입](fx)을 클릭한다.

⑥ '범주 선택'에서 '사용자 정의', '함수 선택'에서 'fn판매'를 선택한 후 [확인]을 클릭한다.

⑦ 그림과 같이 셀을 지정한 후 [확인]을 클릭한다.

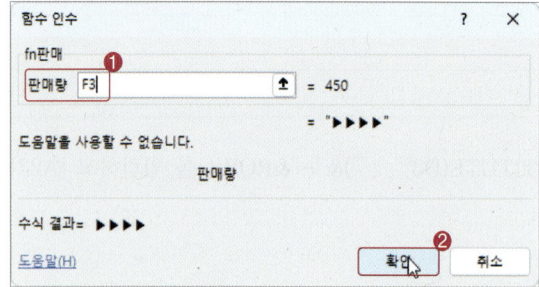

⑧ [H3] 셀을 선택한 후 [H23] 셀까지 수식을 복사한다.

4 친환경인증별 백분위수[K4:N6]

[K4] 셀에 =ROUND(PERCENTILE.INC(IF($C$3:$C$23=$J4,$F$3:$F$23),K$3),0)를 입력하고 Ctrl+Shift+Enter를 누른 후 [N6] 셀까지 수식을 복사한다.

> **함수 설명**
>
> ❶ IF($C$3:$C$23=$J4,$F$3:$F$23) : [C3:C23] 영역의 값이 [J4] 셀과 같으면 [F3:F23] 영역의 값을 구함
> ❷ PERCENTILE.INC(❶,K$3) : ❶의 값을 [K3]의 백분위수를 구함
>
> =ROUND(❷,0) : ❷의 값을 반올림하여 정수로 표시

5 제조년도별 제조방법 판매량[K10:L12]

[K10] 셀에 =TEXT(SUMIFS($F$3:$F$23,$B$3:$B$23,$J10,$D$3:$D$23,K$9&"*")/SUMIFS($F$3:$F$23,$D$3:$D$23,K$9&"*"),"0.0%")를 입력하고 [L12] 셀까지 수식을 복사한다.

> **함수 설명**
>
> ❶ SUMIFS($F$3:$F$23,$B$3:$B$23,$J10,$D$3:$D$23,K$9&"*") : [B3:B23] 영역에서 [J10]과 같고, [D3:D23] 영역에서 [K9]로 시작하는 값의 [F3:F23] 영역의 합계를 구함
> ❷ SUMIFS($F$3:$F$23,$D$3:$D$23,K$9&"*") : [D3:D23] 영역에서 [K9]로 시작하는 값을 찾아 [F3:F23] 영역의 합계를 구함
>
> =TEXT(❶/❷,"0.0%") : ❶/❷의 값을 0.0% 형식으로 표시

계산작업 문제 02회

작업파일 : '26컴활1급(상시)\스프레드시트\계산작업문제'에서 '계산작업' 파일을 열어 작업하세요.

	A	B	C	D	E	F	G	H	I	J	K	L	M	N
1	[표1]										[표2]	2022	2023	2024
2	세원코드	납세자유형	세목명	세원유형	납부금액	납부일	결제방법	수납방법	기타		개인	67.0%	51.7%	69.0%
3	11-20220615-3	개인	자동차세	승용	182,100	2022.06.15	이체	2022전용계좌			법인	33.0%	48.3%	31.0%
4	22-20230720-4	법인	부가가치세	부가가치세	1,189,800	2023.07.20	현금	2023방문납부						
5	11-20230810-5	개인	재산세	재산세(주택)	281,300	2023.08.10	현금	2023방문납부	주택		[표3]			
6	22-20240905-6	법인	법인세	부가가치세	2,292,600	2024.09.05	이체	2024전용계좌			세목명	납부일		
7	11-20231012-7	개인	취득세	주택(개별)	801,700	2023.10.12	CARD	2023모바일앱	주택		자동차세	2023.01.14		
8	11-20221125-8	개인	주민세	주민세(재산분)	605,200	2022.11.25	현금	2022방문납부			부가가치세	2023.05.20		
9	11-20241230-9	개인	지방소득세	종합소득	1,464,500	2024.12.30	이체	2024전용계좌			재산세	2023.06.10		
10	11-20230114-10	개인	자동차세	화물	1,062,800	2023.01.14	이체	2023전용계좌			법인세	2022.05.05		
11	22-20230222-11	법인	법인세	원천세	1,259,700	2023.02.22	CARD	2023모바일앱			취득세	2022.04.15		
12	11-20240311-12	개인	취득세	차량	1,975,100	2024.03.11	현금	2024방문납부			주민세	2022.11.25		
13	11-20220415-13	개인	취득세	주택(단독)	3,012,000	2022.04.15	이체	2022전용계좌	주택		지방소득세	2024.12.30		
14	22-20230520-14	법인	부가가치세	부가가치세	2,024,100	2023.05.20	CARD	2023모바일앱						
15	11-20230610-15	개인	재산세	재산세	2,926,900	2023.06.10	현금	2023방문납부						
16	22-20240705-16	법인	법인세	직접세	326,500	2024.07.05	이체	2024전용계좌						
17	11-20230812-17	개인	취득세	기타	535,500	2023.08.12	CARD	2023모바일앱						
18	22-20231222-18	법인	법인세	원천세	672,500	2023.12.22	CARD	2023모바일앱						
19	11-20230111-19	개인	취득세	주택(단독)	2,490,800	2023.01.11	현금	2023방문납부	주택					
20	11-20240215-20	개인	지방소득세	특별징수	969,000	2024.02.15	이체	2024전용계좌						
21	22-20230320-21	법인	부가가치세	부가가치세	1,061,800	2023.03.20	CARD	2023모바일앱						
22	11-20240410-22	개인	재산세	재산세	1,152,800	2024.04.10	현금	2024방문납부						
23	22-20220505-23	법인	법인세	원천세	2,869,600	2022.05.05	이체	2022전용계좌						
24	11-20240914-24	개인	자동차세	승합	268,300	2024.09.14	이체	2024전용계좌						
25	22-20231022-25	법인	취득세	주택(단독)	1,366,300	2023.10.22	CARD	2023모바일앱	주택					
26	11-20221111-26	개인	취득세	주택(개별)	2,020,100	2022.11.11	현금	2022방문납부	주택					

▲ '계산작업2회' 시트

1 [표1]의 납세자유형[B3:B26], 납부일[F3:F26]을 이용하여 세원코드[A3:A26]를 표시하시오.

- ▶ 세원코드는 납세자유형, 납부일, 행 번호를 '-'로 연결하여 표시
- ▶ 납세자유형이 '개인'이면 11, '법인'이면 22로 표시하고, '납부일자'의 '.'은 공백으로 표시
- ▶ LOOKUP, SUBSTITUTE, ROW 함수와 & 연산자, 배열 상수를 사용

2 사용자 정의 함수 'fn수납방법'을 작성하여 [표1]의 수납방법[H3:H26]을 표시하시오.

- ▶ 'fn수납방법' 함수는 납부일과 결제방법을 인수로 받아 수납방법를 계산하여 되돌려 줌
- ▶ 결제방법이 '이체'일 경우 납부일의 연도와 함께 '전용계좌'를 표시하고, 결제방법이 'CARD'일 경우 납부일의 연도와 함께 '모바일앱'을 표시하고, 그 외에는 납부일자의 연도와 함께 '방문납부'를 표시하시오.

```
Public Function fn수납방법(납부일, 결제방법)

End Function
```

3 [표1]의 세원유형[D3:D26]을 이용하여 기타[I3:I26]를 표시하시오.

- ▶ 세원유형에 '주택'이란 내용이 있을 경우, 기타에 '주택'으로 표시하고, 그 외에는 공백으로 표시할 것
- ▶ IF, ISNUMBER, SEARCH 함수 사용

4 [표1]의 납부일[F3:F26]과 납부금액[E3:E26], 납세자유형[B3:B26]을 이용하여 납세자유형별 납부연별 비율을 [표2]의 [L3:N4] 영역에 표시하시오.

- ▶ 납세자유형별 납부연별 비율 = 납세자유형별 납부연별 납부금액 합계 / 납부연별 납부금액 합계
- ▶ 계산된 결과는 백분율로 소수 이하 첫째짜리 표시 [표시 예 : 0.6345 → 63.5%]
- ▶ TEXT, SUMIFS 함수와 & 연산자 사용

5 [표1]의 세목명[C3:C26]과 최대 납부금액에 대한 납부일을 [표3]의 [L9:L15] 영역에 표시하시오.

- ▶ LARGE, VLOOKUP 함수를 이용한 배열 수식

해설

1 세원코드[A3:A26]

[A3] 셀에 =LOOKUP(B3,{"개인","법인"},{11,22})&"-"&SUBSTITUTE(F3,".","")&"-"&ROW()를 입력하고 [A26] 셀까지 수식을 복사한다.

> **함수 설명**
> ❶ LOOKUP(B3,{"개인","법인"},{11,22}) : [B3] 셀의 값을 개인, 법인에서 찾아 개인은 11, 법인은 22를 반환
> ❷ SUBSTITUTE(F3,".","") : [F3] 셀에서 .을 공백으로 바꿈
> ❸ ROW() : 현재 행의 번호를 반환
>
> =❶&"-"&❷&"-"&❸ : ❶-❷-❸ 형식으로 표시

2 수납방법[H3:H26]

① [개발 도구]-[코드] 그룹의 [Visual Basic](📘)을 클릭한다.
② [삽입]-[모듈]을 클릭한다.
③ Module 창에 다음과 같이 입력한다.

```
Public Function fn수납방법(납부일, 결제방법)
    If 결제방법 = "이체" Then
        fn수납방법 = Left(납부일, 4) & "전용계좌"
    ElseIf 결제방법 = "CARD" Then
        fn수납방법 = Left(납부일, 4) & "모바일앱"
    Else
        fn수납방법 = Left(납부일, 4) & "방문납부"
    End If
End Function
```

④ [파일]-[닫고 Microsoft Excel(으)로 돌아가기]를 클릭하여 [Visual Basic Editor]를 닫는다.
⑤ [H3] 셀을 클릭한 후 [함수 삽입](𝑓𝑥)을 클릭한다.
⑥ '범주 선택'에서 '사용자 정의', '함수 선택'에서 'fn수납방법'을 선택한 후 [확인]을 클릭한다.

⑦ 그림과 같이 셀을 지정한 후 [확인]을 클릭한다.

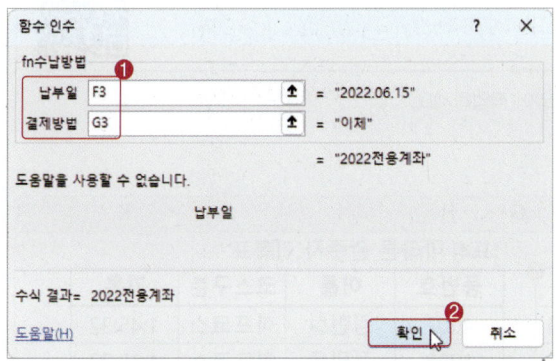

⑧ [H3] 셀을 선택한 후 [H26] 셀까지 수식을 복사한다.

3 기타[I3:I26]

[I3] 셀에 =IF(ISNUMBER(SEARCH("주택", D3)), "주택", "")를 입력하고 [I26] 셀까지 수식을 복사한다.

> **함수 설명**
>
> ❶ SEARCH("주택", D3) : '주택'을 [D3] 셀에서 시작 위치 값을 구함
> ❷ ISNUMBER(❶) : ❶의 값이 숫자이면 TRUE 값을 반환
>
> =IF(❷, "주택", "") : ❷의 값이 TRUE이면 '주택', 그 외는 공백으로 표시

4 납세자유형별 년별 비율[L3:N4]

[L3] 셀에 =TEXT(SUMIFS($E$3:$E$26,$B$3:$B$26,$K3,$F$3:$F$26,L$2&"*")/SUMIFS($E$3:$E$26,$F$3:$F$26,L$2&"*"),"0.0%")를 입력하고 [N4] 셀까지 수식을 복사한다.

> **함수 설명**
>
> ❶ SUMIFS($E$3:$E$26,$B$3:$B$26,$K3,$F$3:$F$26,L$2&"*") : [B3:B26] 영역에서 [K3]과 같고, [F3:F26] 영역에서 [L2]로 시작하는 값의 [E3:E26] 영역의 합계를 구함
> ❷ SUMIFS($E$3:$E$26,$F$3:$F$26,L$2&"*") : [F3:F26] 영역에서 [L2]로 시작하는 값을 찾아 [E3:E26] 영역의 합계를 구함
>
> =TEXT(❶/❷,"0.0%") : ❶/❷의 결과 값을 0.0% 형식으로 표시

5 납부일[L9:L15]

[L9] 셀에 =VLOOKUP(LARGE(($C$3:$C$26=$K9)*($E$3:$E$26),1),$E$3:$F$26,2,0)를 입력하고 Ctrl + Shift + Enter 를 누른 후 [L15] 셀까지 수식을 복사한다.

> **함수 설명**
>
> ❶ ($C$3:$C$26=$K9)*($E$3:$E$26) : [C3:C26] 영역의 값이 [K9] 셀과 같으면 [E3:E26] 영역의 값을 반환
> ❷ LARGE(❶,1) : ❶의 값에서 첫 번째 값을 구함
>
> =VLOOKUP(❶,$E$3:$F$26,2,0) : ❶의 값을 [E3:F26] 영역의 첫 번째 열에서 찾아 2번째 열의 값을 반환

계산작업 문제 03회

작업파일 : '26컴활1급(상시)₩스프레드시트₩계산작업문제'에서 '계산작업' 파일을 열어 작업하세요.

	A	B	C	D	E	F	G	H	I	J	K
1	[표1]							[표4] 마라톤 완주자 기록표			
2	동	호수	수도사용량	전월사용량	그래프 ❶	수도요금 ❹		등번호	이름	코스구분	기록
3	장미동	101	21	31	-1(◁)	22,890		4007	김현철	하프코스	1:45:32
4	목련동	101	20	41	-2(◁◁)	14,800		4023	장민욱	하프코스	1:35:27
5	동백동	203	35	25	1(▶)	73,150		4024	이주일	하프코스	1:25:48
6	장미동	201	15	26	-1(◁)	11,100		4155	이경진	풀코스	1:54:49
7	동백동	303	22	30	0()	23,980		4160	김장철	하프코스	1:43:20
8	장미동	303	39	19	2(▶▶)	81,510		4304	송석기	풀코스	3:23:51
9	목련동	202	42	31	1(▶)	87,780		4304	박두순	하프코스	1:44:56
10	장미동	401	17	38	-2(◁◁)	12,580		4305	권수철	풀코스	2:25:14
11	동백동	402	15	25	-1(◁)	11,100		4306	김인곤	하프코스	1:37:33
12	장미동	502	20	22	0()	14,800		4313	정호성	하프코스	1:39:00
13	목련동	303	20	29	0()	14,800		4320	박진수	하프코스	1:21:39
14	동백동	501	29	19	1(▶)	31,610		4842	김영규	하프코스	1:55:04
15	장미동	601	31	35	0()	64,790		4843	정태진	하프코스	1:45:16
16	목련동	402	18	28	-1(◁)	13,320		4844	최양락	풀코스	2:45:39
17											
18	[표2]							[표5]			
19	사용량		세대수 ❷					3위기록	1시간 35분 27초 ❺		
20	0~	20	7세대								
21	21~	30	3세대								
22	31~	100	4세대								
23											
24	[표3]										
25	상위사용량평균		38.666667 ❸								

▲ '계산작업3회' 시트

① [표1]의 수도사용량과 전월사용량의 차이 값을 이용하여 그래프[E3:E16] 영역에 표시하시오.

   ▶ (수도사용량 - 전월사용량) /10 으로 나눈 정수만큼 '▶' 또는 '◁'와 함께 표시하시오.
   ▶ 차이값이 양수일 때 '▶', 음수일 때는 '◁'로 표시
   ▶ [표시 예 : 1 → 1(▶), -1 → -1(◁), 0 → 0()]
   ▶ TRUNC, IFERROR, REPT, ABS 함수와 & 연산자 이용

② [표1]의 수도사용량을 이용하여 [표2]의 [C20:C22] 영역에 사용량의 따른 세대수를 표시하시오.

   ▶ [표시 예 : 3 → 3세대]
   ▶ COUNT, IF 함수와 & 연산자 이용한 배열 수식

③ [표1]의 수도사용량을 이용하여 [표3]의 [C25] 셀에 상위 1, 2, 3의 평균값을 계산하시오.
▶ AVERAGE, LARGE 함수와 배열 상수를 이용한 배열 수식

④ 사용자 정의 함수 'fn수도요금'을 작성하여 [표1]의 [F3:F16] 영역에 수도요금을 계산하여 표시하시오.
▶ 'fn수도요금'은 수도사용량을 인수로 받아 수도요금을 계산하는 함수이다.
▶ 수도요금 = 수도사용량 × 부과금액
▶ 부과금액은 수도사용량이 20 이하이면 740원, 30 이하이면 1090원, 그 외는 2090원으로 계산하시오.
▶ Select Case 사용

```
Public Function fn수도요금(수도사용량)
End Function
```

⑤ [표4]의 기록[K3:K16] 중에서 3번째로 빠른 기록을 [I19] 셀에 찾아 표시하시오.
▶ [표시 예 : 1시간 10분 10초]
▶ HOUR, MINUTE, SECOND, SMALL 함수와 & 연산자 이용

해설

① 그래프[E3:E16]

[E3] 셀에 =TRUNC((C3-D3)/10)&"("&IFERROR(REPT("▶",(C3-D3)/10),REPT("◁",ABS((C3-D3)/10))&")"를 입력하고 [E16] 셀까지 수식을 복사한다.

> **함수 설명**
> ❶ (C3-D3)/10 : (C3-D3)/10의 결과 값을 구함
> ❷ REPT("▶",❶) : '▶'을 ❶ 만큼 반복하여 표시
> ❸ REPT("◁",ABS(❶)) : '◁'를 ❶의 값의 양수만큼 반복하여 표시
> ❹ IFERROR(❷,❸) : ❷의 값에 오류가 있을 때에는 ❸을 표시
>
> =TRUNC(❶)&"("&❹&")" : ❶의 값을 정수로 표시하고 ( )와 ❹를 연결하여 표시

② 세대수[C20:C22]

[C20] 셀에 =COUNT(IF(($C$3:$C$16>=A20)*($C$3:$C$16<=B20),1))&"세대"를 입력하고 Ctrl+Shift+Enter를 누른 후 [C22] 셀까지 수식을 복사한다.

> **함수 설명**
> ❶ ($C$3:$C$16>=A20)*($C$3:$C$16<=B20) : 수도사용량[C3:C16]이 [A20] 셀보다 크거나 같고 [B20] 보다 작거나 같은 경우 TRUE 값을 반환
> ❷ IF(❶,1) : ❶의 값이 TRUE일 때 1을 반환
>
> =COUNT(❷)&"세대" : ❷ 값의 개수를 구한 후에 '세대'를 붙여서 표시

3 상위사용량평균[C25]

[C25] 셀에 =AVERAGE(LARGE(C3:C16,{1,2,3}))를 입력한다.

> **함수 설명**
>
> ❶ LARGE(C3:C16,{1,2,3}) : 수도사용량[C3:C16]에서 상위 1, 2, 3의 값을 반환
>
> =AVERAGE(❶) : ❶의 평균값을 구함

4 수도요금[F3:F16]

① [개발 도구]-[코드] 그룹의 [Visual Basic](　)을 클릭한다.
② [삽입]-[모듈]을 클릭한다.
③ Module 창에 다음과 같이 입력한다.

```
Public Function fn수도요금(수도사용량)
    Select Case 수도사용량
        Case Is <= 20
            fn수도요금 = 수도사용량 * 740
        Case Is <= 30
            fn수도요금 = 수도사용량 * 1090
        Case Else
            fn수도요금 = 수도사용량 * 2090
    End Select
End Function
```

④ [파일]-[닫고 Microsoft Excel(으)로 돌아가기]를 클릭하여 [Visual Basic Editor]를 닫는다.
⑤ [F3] 셀을 클릭한 후 [함수 삽입](　)을 클릭한다.
⑥ '범주 선택'에서 '사용자 정의', '함수 선택'에서 'fn수도요금'을 선택한 후 [확인]을 클릭한다.
⑦ [함수 인수]의 '수도사용량'에 C3을 입력하고 [확인]을 클릭한다.
⑧ [F3] 셀을 선택한 후 [F16] 셀까지 수식을 복사한다.

5 3위기록[I19]

[I19] 셀에 =HOUR(SMALL($K$3:$K$16,3))&"시간 "&MINUTE(SMALL($K$3:$K$16,3))&"분 "&SECOND(SMALL($K$3:$K$16,3))&"초"를 입력한다.

> **함수 설명**
>
> ❶ SMALL($K$3:$K$16,3) : [K3:K16] 영역에서 3번째로 작은 값을 구함
> ❷ HOUR(❶) : ❶의 값에서 시간 부분을 추출
> ❸ MINUTE(❶) : ❶의 값에서 분을 추출
> ❹ SECOND(❶) : ❶의 값에서 초를 추출
>
> =❷&"시간 "&❸&"분 "&❹&"초" : ❷시간 ❸분 ❹초 형식으로 표시

계산작업 문제 04회

작업파일 : '26컴활1급(상시)₩스프레드시트₩계산작업문제'에서 '계산작업' 파일을 열어 작업하세요.

	A	B	C	D	E	F	G	H	I
1	[표1]								
2	구분	자동차명	차량가	차량구매이력	할인구분	구매지역	월할부금	M포인트	탁송료
3	승용	아반테	15,700,000	1	이벤트	서울	₩453,120	471,000원	150,000
4	SUV	베뉴	16,890,000	2	이벤트	인천	₩487,460	506,700원	150,000
5	SUV	코나 Hybrid	23,650,000	4	계열사근무	수원	₩698,240	3,547,500원	200,000
6	수소/전기차	넥쏘	67,650,000	1	지원금	세종	₩1,997,290	13,530,000원	250,000
7	승용	쏘나타	25,470,000	0	이벤트	대전	₩735,090	764,100원	200,000
8	승용	아반테 Hybrid	21,990,000	2	계열사근무	평택	₩649,230	2,199,000원	200,000
9	SUV	코나	19,620,000	7	이벤트	전주	₩566,260	1,177,200원	150,000
10	SUV	싼타페	29,750,000	4	이벤트	당진	₩858,620	1,190,000원	200,000
11	승용	그랜저	33,030,000	5	계열사근무	울산	₩975,170	6,606,000원	250,000
12	SUV	싼타페 Hybrid	34,140,000	2	계열사근무	강릉	₩1,007,940	3,414,000원	250,000
13	승용	쏘나타 Hybrid	28,810,000	3	계열사근무	분당	₩850,580	4,321,500원	200,000
14	SUV	투싼	24,350,000	6	이벤트	의왕	₩702,770	1,217,500원	200,000
15	수소/전기차	아이오닉 5	46,950,000	2	지원금	안양	₩1,386,150	9,390,000원	250,000
16	SUV	팰리세이드	36,060,000	1	계열사근무	산본	₩1,064,630	3,606,000원	250,000
17	승용	그랜저 Hybird	36,790,000	1	계열사근무	서울	₩1,086,180	3,679,000원	200,000
18	SUV	투싼 Hybrid	28,570,000	0	계열사근무	아산	₩843,500	2,857,000원	150,000
19									
20	[표2] 할인율						[표3]		
21	구매이력		이벤트	계열사근무	지원금		구분	비율	
22	0	2	3%	10%	20%		승용	38%	
23	3	4	4%	15%	23%		SUV	50%	
24	5	6	5%	20%	25%		수소/전기차	13%	
25	7		6%	25%	30%				
26									
27	[표4]								
28	구분	이벤트	계열사근무	지원금					
29	승용	20,585,000	30,155,000	-					
30	SUV	22,652,500	30,605,000	-					
31	수소/전기차	-	-	57,300,000					

▲ '계산작업4회' 시트

1 [표1]의 차량가를 이용하여 월할부금[G3:G18]을 계산하여 표시하시오.

▶ 연이율은 할인구분이 "이벤트"이면 2.5%, 그 외에는 4%임
▶ 월할부금은 차량가를 연이율을 적용하여 36개월에 걸쳐 월말로 양수로 계산하여 표시
▶ 월할부금은 일의 자리에서 내림하여 표시
▶ ROUNDDOWN, PMT, IF 함수 사용

② [표1]의 차량가와 할인구분과 [표2]의 할인율을 참조하여 M포인트[H3:H18]을 계산하여 표시하시오.
- ▶ M포인트 = 차량가 × 할인율
- ▶ 천 단위 구분 기호와 '원'을 붙여서 표시하시오. [표시 예 : 12000 → 12,000원, 0 → 0원]
- ▶ TEXT, VLOOKUP, MATCH 함수 사용

③ 사용자 정의 함수 'fn탁송료'를 작성하여 [표1]의 [I3:I18] 영역에 탁송료를 표시하시오.
- ▶ 'fn탁송료'은 차량가와 구매지역을 인수로 받아 탁송료를 표시하시오.
- ▶ 탁송료는 차량가 30,000,000 이상이고 구매지역이 서울이 아닌 경우는 250000, 차량가가 20,000,000 이하이거나 구매지역이 아산 또는 울산이면 150000, 그 외는 200000으로 표시하시오.
- ▶ IF 문 사용

```
Public Function fn탁송료(차량가, 구매지역)
End Function
```

④ [표1]의 전체 구매건수에서 구분별 비율을 구하여 [표3]의 비율[H22:H24] 영역에 표시하시오.
- ▶ COUNTIF, COUNTA 함수 사용

⑤ [표1]의 구분과 할인구분을 이용하여 [표4]의 [B29:D31] 영역에 구분별 할인구분별 차량가의 평균을 표시하시오.
- ▶ 평균값에 오류가 있을 때에는 0을 표시
- ▶ IFERROR, AVERAGE, IF 함수를 이용한 배열 수식

해설

1 월할부금[G3:G18]

[G3] 셀에 =ROUNDDOWN(PMT(IF(E3="이벤트",2.5%,4%)/12,36,-C3),-1)를 입력하고 [G18] 셀까지 수식을 복사한다.

함수 설명
- ❶ IF(E3="이벤트",2.5%,4%) : [E3] 셀의 값이 '이벤트'이면 2.5%, 그 외는 4%
- ❷ PMT(2.5%/12,36,-C3) : 차량가[-C3]를 연 2.5%로 36개월 동안 납입할 월 납입액을 구함

=ROUNDDOWN(❷,-1) : ❷의 값을 일의 자리를 내림하여 표시

2 M포인트[H3:H18]

[H3] 셀에 =TEXT(C3*VLOOKUP(D3,$A$22:$E$25,MATCH(E3, $C$21:$E$21,0)+2),"#,##0원")를 입력하고 [H18] 셀까지 수식을 복사한다.

함수 설명
- ❶ MATCH(E3,$C$21:$E$21,0) : 할인구분[E3]을 [C21:E21] 영역에서 정확하게 일치하는 상대적 위치값을 구함
- ❷ VLOOKUP(D3,$A$22:$E$25,❶+2) : 차량구매이력[D3]을 [A22:E25] 영역의 첫 번째 열에서 찾아 ❶+2의 열에서 값을 찾아 반환

=TEXT(C3*❷,"#,##0원") : C3*❷의 결과 값을 #,##0원 형식으로 표시

3 탁송료[I3:I18]

① [개발 도구]-[코드] 그룹의 [Visual Basic](아이콘)을 클릭한다.
② [삽입]-[모듈]을 클릭한다.
③ Module 창에 다음과 같이 입력한다.

```
Public Function fn탁송료(차량가, 구매지역)
    If 차량가 >= 30000000 And 구매지역 <> "서울" Then
        fn탁송료 = 250000
    ElseIf 차량가 <= 20000000 Or 구매지역 = "아산" Or 구매지역 = "울산" Then
        fn탁송료 = 150000
    Else
        fn탁송료 = 200000
    End If
End Function
```

④ [파일]-[닫고 Microsoft Excel(으)로 돌아가기]를 클릭하여 [Visual Basic Editor]를 닫는다.
⑤ [I3] 셀을 클릭한 후 [함수 삽입](fx)을 클릭한다.
⑥ '범주 선택'에서 '사용자 정의', '함수 선택'에서 'fn탁송료'를 선택한 후 [확인]을 클릭한다.
⑦ [함수 인수]의 '차량가'에 C3, '구매지역'에 F3을 입력하고 [확인]을 클릭한다.
⑧ [I3] 셀을 선택한 후 [I18] 셀까지 수식을 복사한다.

4 비율[H22:H24]

[H22] 셀에 =COUNTIF($A$3:$A$18,G22)/COUNTA($A$3:$A$18)를 입력하고 [H24] 셀까지 수식을 복사한다.

> **함수 설명**
>
> ❶ COUNTIF($A$3:$A$18,G22) : 구분[A3:A18] 영역에서 [G22]셀과 같은 개수를 구함
> ❷ COUNTA($A$3:$A$18) : [A3:A18] 영역의 개수를 구함
>
> =❶/❷ : ❶/❷의 결과 값을 표시

5 차량가의 평균[B29:D31]

[B29] 셀에 =IFERROR(AVERAGE(IF(($A$3:$A$18=$A29)*($E$3:$E$18=B$28),$C$3:$C$18)),0)를 입력하고 Ctrl + Shift + Enter 를 누른 후 [D31] 셀까지 수식을 복사한다.

> **함수 설명**
>
> ❶ ($A$3:$A$18=$A29)*($E$3:$E$18=B$28) : 구분[A3:A18]이 [A29] 셀과 같고 할인구분[E3:E18]이 [B28]과 같은 경우 TRUE 값을 반환
> ❷ IF(❶,$C$3:$C$18) : ❶의 값이 TRUE일 때 [C3:C18] 영역의 값이 반환됨
> ❸ AVERAGE(❷) : ❷의 평균값을 구함
>
> =IFERROR(❸,0) : ❸의 결과에 오류 값이 표시된다면 0을 표시

계산작업 문제 05회

작업파일 : '26컴활1급(상시)₩스프레드시트₩계산작업문제'에서 '계산작업' 파일을 열어 작업하세요.

	A	B	C	D	E	F	G	H	I	J	K	L	M	N	O
1	[표1]														
2	상품코드	가입나이	상품명-성별 ❶	가입금액 ❷	납입기간	미납기간	가입상태 ❺		[표2] 보험상품코드 분류				[표3] 가입나이대별 가입자수		
									상품코드	상품명	성별		가입나이대		가입자수 ❸
3	AW	54 세	표준형-여자	31,500	13	0	정상		AM	표준형	남자		10세 ~	19세	04명
4	PM	24 세	선택형-남자	11,200	23	1	1개월 미납		AW	표준형	여자		20세 ~	29세	04명
5	AM	59 세	표준형-남자	25,000	39	0	정상		PM	선택형	남자		30세 ~	39세	05명
6	PW	18 세	선택형-여자	11,200	23	0	정상		PW	선택형	여자		40세 ~	49세	05명
7	AM	26 세	표준형-남자	10,840	15	0	정상						50세 ~	59세	06명
8	PM	42 세	선택형-남자	21,400	24	2	2개월 미납						60세 ~	69세	미가입
9	PW	55 세	선택형-여자	32,400	9	0	정상								
10	AW	56 세	표준형-여자	31,500	19	0	정상								
11	AM	17 세	표준형-남자	9,800	17	0	정상		[표4] 상품코드 및 가입나이별 가입금액						
12	AW	24 세	표준형-여자	12,600	21	1	1개월 미납			10세 이상 20세 미만	20세 이상 30세 미만	30세 이상 40세 미만	40세 이상 50세 미만	50세 이상 60세 미만	60세 이상 70세 미만
13	AW	43 세	표준형-여자	29,000	64	0	정상								
14	AM	39 세	표준형-남자	13,900	32	0	정상		AM	9,800	10,840	13,900	20,700	25,000	28,100
15	PM	44 세	선택형-남자	21,400	17	1	1개월 미납		AW	10,600	12,600	17,500	29,000	31,500	32,800
16	AM	42 세	표준형-남자	20,700	6	0	정상		PM	10,200	11,200	14,300	21,400	25,800	29,000
17	PW	44 세	선택형-여자	30,500	28	1	1개월 미납		PW	11,200	13,000	18,500	30,500	32,400	35,300
18	AW	32 세	표준형-여자	17,500	72	0	정상								
19	PM	14 세	선택형-남자	10,200	11	0	정상		[표5] 상품코드 및 가입나이별 평균 납입기간						❹
20	AW	14 세	표준형-여자	10,600	8	0	정상		상품코드	10세 이상 20세 미만	20세 이상 30세 미만	30세 이상 40세 미만	40세 이상 50세 미만	50세 이상 60세 미만	60세 이상 70세 미만
21	PW	35 세	선택형-여자	18,500	21	2	2개월 미납								
22	PM	55 세	선택형-남자	25,800	11	0	정상		AM	17.00	15.00	32.00	6.00	42.50	
23	AW	34 세	표준형-여자	17,500	27	2	2개월 미납		AW	8.00	21.00	49.50	64.00	16.00	
24	AM	57 세	표준형-남자	25,000	46	0	정상		PM	11.00	23.00	37.00	20.50	11.00	
25	PM	38 세	선택형-남자	14,300	37	0	정상		PW	23.00	15.00	21.00	28.00	9.00	
26	PW	23 세	선택형-여자	13,000	15	0	정상								

▲ '계산작업5회' 시트

1 [표1]의 상품코드를 이용하여 상품명-성별[C3:C26]을 표시하시오.

- ▶ 상품명은 상품코드가 A로 시작하면 '표준형', P로 시작하면 '선택형'
- ▶ 성별은 상품코드가 M으로 끝나면 '남자', W로 끝나면 '여자'
- ▶ 상품명과 성별 사이에 '-' 기호를 추가하여 표시 [표시 예 : 표준형-여자]
- ▶ CONCAT, SWITCH, LEFT, RIGHT 함수 사용

2 [표1]의 상품코드, 가입나이와 [표4]를 이용하여 가입금액[D3:D26]을 표시하시오.

- ▶ 가입금액은 상품코드와 가입나이로 [표4]를 참조
- ▶ INDEX, XMATCH 함수 사용

3 [표1]의 가입나이와 [표3]을 이용하여 가입나이대별 가입자수를 [표3]의 [O4:O9] 영역에 표시하시오.

- ▶ 가입자수가 0보다 큰 경우 계산된 값을 두 자리 숫자로 뒤에 '명'을 추가하여 표시하고, 그 외는 '미가입'으로 표시 [표시 예 : 0 → 미가입, 8 → 08명]
- ▶ FREQUENCY, TEXT 함수를 이용한 배열 수식

④ [표1]의 가입나이, 상품코드, 납입기간을 이용하여 상품코드별 가입나이별 평균 납입기간을 [표5]의 [J22:O25] 영역에 계산하시오.
  ▶ 단, 오류 발생시 공백으로 표시
  ▶ AVERAGE, IF, IFERROR 함수를 이용한 배열 수식

⑤ 사용자 정의 함수 'fn가입상태'를 작성하여 [표1]의 가입상태[G3:G26]을 표시하시오.
  ▶ 'fn가입상태'는 납입기간, 미납기간을 인수로 받아 값을 되돌려줌
  ▶ 미납기간이 납입기간 이상이면 '해지예상', 미납기간이 납입기간 미만인 경우 중에서 미납기간이 0 이면 '정상', 미납기간이 2 초과하면 '휴면보험', 그 외는 미납기간과 '개월 미납'을 연결하여 표시
    [표시 예 : 1개월 미납]
  ▶ If 문, & 연산자 사용

  ```
  Public Function fn가입상태(납입기간, 미납기간)
  End Function
  ```

해설

1 상품명-성별[C3:C26]

[C3] 셀에 =CONCAT(SWITCH(LEFT(A3,1),"A","표준형","P","선택형"),"-",SWITCH(RIGHT(A3,1),"M","남자","W","여자"))를 입력하고 [C26] 셀까지 수식을 복사한다.

> **함수 설명**
> ❶ LEFT(A3,1) : [A3] 셀에서 왼쪽의 1글자를 추출
> ❷ SWITCH(❶,"A","표준형","P","선택형") : ❶의 값이 'A'이면 '표준형', 'P'이면 '선택형'
> ❸ RIGHT(A3,1) : [A3] 셀에서 오른쪽의 1글자를 추출
> ❹ SWITCH(❸,"M","남자","W","여자") : ❸의 값이 'M'이면 '남자', 'W'이면 '여자'
>
> =CONCAT(❷,"-",❹) : ❷-❹로 표시

2 가입금액[D3:D26]

[D3] 셀에 =INDEX($J$14:$O$17,XMATCH(A3,$I$14:$I$17,0),XMATCH(B3,$J$12:$O$12,-1))를 [D26] 셀까지 수식을 복사한다.

> **함수 설명**
> ❶ XMATCH(A3,$I$14:$I$17,0) : 상품코드[A3]을 [I14:I17] 영역에서 정확하게 일치하는 상대적 위치 값을 반환
> ❷ XMATCH(B3,$J$12:$O$12,-1) : 가입나이[B3]을 [J12:O12] 영역에서 정확하게 일치하거나 다음으로 작은 항목의 위치 값을 반환
>
> (...)0 - 정확히 일치
> (...)-1 - 정확히 일치하거나 다음으로 작은 항목
> (...)1 - 정확히 일치하거나 다음으로 큰 항목
> (...)2 - 와일드카드 문자 일치
>
> =INDEX($J$14:$O$17,❶,❷) : [J14:O17] 영역의 ❶ 행과 ❷ 열에 교차하는 값을 반환

3 가입자수[O4:O9]

[O4:O9] 영역을 범위 지정한 후 =TEXT(FREQUENCY(B3:B26,N4:N9),"[>0]00명;미가입")를 입력한 후 Ctrl + Shift + Enter 를 누른다.

> **함수 설명**
>
> ❶ FREQUENCY(B3:B26,N4:N9) : 가입나이[B3:B26]를 [N4:N9]영역의 나이대별 가입수를 구함
> ❷ TEXT(❶,"00명") : ❶의 값을 '00명' 형식으로 표시
>
> =TEXT(❶,"[>0]00명;미가입") : ❶의 값이 0보다 크면 ❷, 그 외는 '미가입'으로 표시

4 납입기간[J22:O25]

[J22] 셀에 =IFERROR(AVERAGE(IF(($A$3:$A$26=I22)*($B$3:$B$26>=J$20)*($B$3:$B$26<J$21),$E$3:$E$26)),"")를 입력하고 Ctrl + Shift + Enter 를 누른 후 [O25] 셀까지 수식을 복사한다.

> **함수 설명**
>
> ❶ ($A$3:$A$26=I22)*($B$3:$B$26>=J$20)*($B$3:$B$26<J$21) : 상품코드[A3:A26]이 [I22]와 같고 가입나이[B3:B26]이 [J20]보다 크거나 같고 [J21]보다 작은 경우 TRUE 값을 반환
> ❷ IF(❶,$E$3:$E$26) : ❶의 값이 TRUE이면 납입기간[E3:E26] 값을 반환함
> ❸ AVERAGE(❷) : ❷의 평균값을 구함
>
> =IFERROR(❸,"") : ❸의 값에 오류가 있다면 공백("")으로 표시

5 가입상태[G3:G26]

① [개발 도구]-[코드] 그룹의 [Visual Basic](📄)을 클릭한다.
② [삽입]-[모듈]을 클릭한다.
③ Module 창에 다음과 같이 입력한다.

```
Public Function fn가입상태(납입기간, 미납기간)
    If 미납기간 >= 납입기간 Then
        fn가입상태 = "해지예상"
    ElseIf 미납기간 = 0 Then
        fn가입상태 = "정상"
    ElseIf 미납기간 > 2 Then
        fn가입상태 = "휴면보험"
    Else
        fn가입상태 = 미납기간 & "개월 미납"
    End If
End Function
```

④ [파일]-[닫고 Microsoft Excel(으)로 돌아가기]를 클릭하여 [Visual Basic Editor]를 닫는다.
⑤ [G3] 셀을 클릭한 후 [함수 삽입](fx)을 클릭한다.
⑥ '범주 선택'에서 '사용자 정의', '함수 선택'에서 'fn가입상태'를 선택한 후 [확인]을 클릭한다.
⑦ [함수 인수]의 '납입기간'에 E3, '미납기간'에 F3을 입력하고 [확인]을 클릭한다.
⑧ [G3] 셀을 선택한 후 [G26] 셀까지 수식을 복사한다.

계산작업 문제 06회

작업파일: '26컴활1급(상시)\스프레드시트\계산작업문제'에서 '계산작업' 파일을 열어 작업하세요.

	A	B	C	D	E	F	G	H	I	J	K
1	[표1]										
2	수강신청	강좌명	평가점수	항목	반영점수	비고		[표2] 과목별 수강 신청인원			
3	김현철	영어-초급	95	과제	23.75	우수		과목	초급	중급	고급
4	장민욱	영어-초급	87	발표	21.75	우수		영어	2	3	1
5	이주일	영어-고급	89	시험	44.5	최우수		국어	2	2	1
6	이경진	영어-중급	93	시험	46.5	최우수		과학	2	2	1
7	김장철	수학-초급	82	발표	12.3			수학	2	2	2
8	송석기	수학-중급	91	발표	13.65	우수					
9	박두순	수학-고급	89	시험	62.3	최우수		[표3] 과목별 항목별 반영비율			
10	권수철	수학-초급	75	과제	11.25			과목	과제	발표	시험
11	김인곤	국어-초급	88	과제	26.4	우수		영어	25%	25%	50%
12	정호성	국어-초급	90	발표	27	우수		국어	30%	30%	40%
13	박진수	국어-중급	81	시험	32.4	우수		과학	20%	20%	60%
14	김영규	국어-고급	76	과제	22.8			수학	15%	15%	70%
15	정태진	과학-초급	92	과제	18.4	우수					
16	최양락	국어-중급	93	시험	37.2	최우수		[표4]			
17	김상용	수학-고급	87	시험	60.9	최우수		평가점수의 분석	평균(85), 표준편차(6)		
18	김영철	영어-중급	79	시험	39.5	우수					
19	강호진	과학-중급	82	시험	49.2	최우수		[표5]			
20	안석순	수학-중급	83	발표	12.45			과목	상위3의 평균		
21	김동일	과학-고급	73	시험	43.8	우수		영어	92		
22	서진규	과학-초급	95	과제	19	우수		국어	90		
23	이진철	영어-중급	81	시험	40.5	최우수		과학	92		
24	하정우	과학-중급	90	과제	18	우수		수학	89		

▲ '계산작업6회' 시트

① [표1]의 강좌명과 [표3]의 과목별 항목별 반영비율을 이용하여 반영점수[E3:E24] 영역에 계산하여 표시하시오.

  ▶ 반영점수 = 평가점수 × 반영비율
  ▶ VLOOKUP, LEFT, MATCH 함수 이용

② 사용자 정의 함수 'fn비고'를 작성하여 [표1]의 비고[F3:F24]를 표시하시오.

  ▶ 'fn비고'는 평가점수, 반영점수를 인수로 받아 값을 되돌려줌
  ▶ 비고는 (평가점수+반영점수) × 0.25 의 값이 30 이상이면 '최우수', 25 이상이면 '우수', 그 외는 공백으로 표시하시오.
  ▶ Select Case 문 사용

```
Public Function fn비고(평가점수, 반영점수)

End Function
```

③ [표1]의 강좌명을 이용하여 [표2]의 [I4:K7] 영역에 과목별 초급, 중급, 고급의 신청인원을 표시하시오.
   ▶ COUNT, FIND 함수를 이용한 배열 수식

④ [표1]의 평가점수를 이용하여 평균과 표준편차를 정수로 [J17] 셀에 [표시 예]와 같이 표시하시오.
   ▶ [표시 예 : 평균(88), 표준편차(5)]
   ▶ TRUNC, AVERAGE, STDEV.S 함수와 & 연산자 이용

⑤ [표1]의 강좌명과 평가점수를 이용하여 과목별 평가점수 상위 1, 2, 3의 평균을 반올림하여 정수로 [표5]의 [I21:I24] 영역에 계산하여 표시하시오.
   ▶ ROUND, AVERAGE, LARGE, LEFT 함수와 배열 상수를 이용한 배열 수식

해설

1 반영점수[E3:E24]

[E3] 셀에 =C3*VLOOKUP(LEFT(B3,2),$H$11:$K$14,MATCH(D3,$I$10:$K$10,0)+1,FALSE)를 입력하고 [E24] 셀까지 수식을 복사한다.

함수 설명

❶ MATCH(D3,$I$10:$K$10,0) : 항목[D3]이 [I10:K10] 영역에서 정확하게 일치하는 상대적 위치를 구함
❷ LEFT(B3,2) : 강좌명[B3]에서 왼쪽에서부터 시작하여 2글자를 추출
❸ VLOOKUP(❷,$H$11:$K$14,❶+1,FALSE) : ❷의 값을 [H11:K14] 영역의 첫 번째 열에서 찾아 ❶+1의 열에서 정확하게 일치하는 값을 반환함

=C3*❸ : C3*❸의 결과 값을 표시

2 비고[F3:F24]

① [개발 도구]-[코드] 그룹의 [Visual Basic](   )을 클릭한다.
② [삽입]-[모듈]을 클릭한다.
③ Module 창에 다음과 같이 입력한다.

```
Public Function fn비고(평가점수, 반영점수)
Select Case (평가점수 + 반영점수) * 0.25
    Case Is >= 30
        fn비고 = "최우수"
    Case Is >= 25
        fn비고 = "우수"
    Case Else
        fn비고 = ""
End Select
End Function
```

④ [파일]-[닫고 Microsoft Excel(으)로 돌아가기]를 클릭하여 [Visual Basic Editor]를 닫는다.

⑤ [F3] 셀을 클릭한 후 [함수 삽입](f_x)을 클릭한다.
⑥ '범주 선택'에서 '사용자 정의', '함수 선택'에서 'fn비고'를 선택한 후 [확인]을 클릭한다.
⑦ 그림과 같이 셀을 지정한 후 [확인]을 클릭한다.

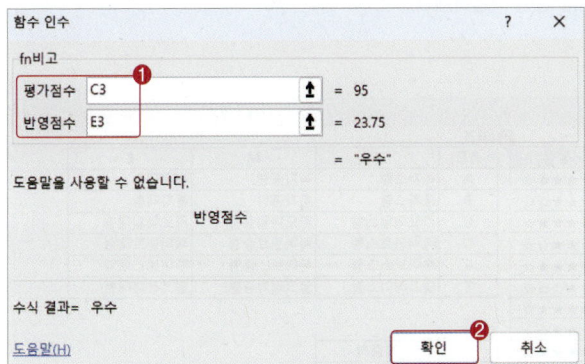

⑧ [F3] 셀을 선택한 후 [F24] 셀까지 수식을 복사한다.

3 신청인원[I4:K7]

[I4] 셀에 =COUNT((FIND($H4,$B$3:$B$24))*(FIND(I$3,$B$3:$B$24)))를 입력하고 Ctrl + Shift + Enter 를 누른 후 [K7] 셀까지 수식을 복사한다.

> **함수 설명**
>
> ❶ FIND($H4,$B$3:$B$24) : [H4] 셀의 내용을 [B3:B24] 영역에서 시작하는 위치 값을 숫자로 반환
> ❷ FIND(I$3,$B$3:$B$24) : [I3] 셀의 내용을 [B3:B24] 영역에서 시작하는 위치 값을 숫자로 반환
>
> =COUNT(❶*❷) : ❶*❷의 결과 값의 개수를 구함

4 평균과 표준편차[J17]

[J17] 셀에 ="평균("&TRUNC(AVERAGE(C3:C24))&"), 표준편차("&TRUNC(STDEV.S(C3:C24))&")"를 입력한다.

> **함수 설명**
>
> ❶ AVERAGE(C3:C24) : [C3:C24] 영역의 평균을 구함
> ❷ STDEV.S(C3:C24) : [C3:C24] 영역의 표준편차를 구함
>
> ="평균("&TRUNC(❶)&"), 표준편차("&TRUNC(❷)&")" : 평균(❶의 정수), 표준편차(❷의 정수)

5 상위 1~3 평균[I21:I24]

[I21] 셀에 =ROUND(AVERAGE(LARGE((LEFT($B$3:$B$24,2)= H21)*$C$3:$C$24,{1,2,3})),0)를 입력하고 Ctrl + Shift + Enter 를 누른 후 [I24] 셀까지 수식을 복사한다.

> **함수 설명**
>
> ❶ LEFT($B$3:$B$24,2) : [B3:B24] 셀의 왼쪽의 2글자를 추출
> ❷ ❶=H21*$C$3:$C$24 : ❶의 조건에 만족한 데이터 [C3:C24] 영역의 값을 반환
> ❸ LARGE(❷,{1,2,3}) : ❷의 값의 상위 1, 2, 3의 값을 반환
> ❹ AVERAGE(❸) : ❸의 평균값을 구함
>
> =ROUND(❹,0) : ❹의 값을 반올림하여 정수로 표시

계산작업 문제 07회

작업파일 : '26컴활1급(상시)₩스프레드시트₩계산작업문제'에서 '계산작업' 파일을 열어 작업하세요.

	A	B	C	D	E	F	G	H	I	J	K	L	M	N	O
1	[표1]											[표2]			
2	상품코드	상품명	배송비	구매처	리뷰	리뷰평가	맛	가격	포장	평점		코드	S	M	L
3	AS	녹차소형	유	나이버	126	관심	4	4.5	3.5	★★★★☆		A	녹차소형	녹차중형	녹차대형
4	BS	홍차소형	유	나이버	85		4	4	3	★★★☆☆		B	홍차소형	홍차중형	홍차대형
5	CS	카모마일소형	무	구팡	66		4	5	5	★★★★☆		C	카모마일소형	카모마일중형	카모마일대형
6	DS	페퍼민트소형	유	구팡	79		4.5	3	4	★★★☆☆		D	페퍼민트소형	페퍼민트중형	페퍼민트대형
7	ES	루이보스소형	무	나이버	126	관심	4	4	5	★★★★☆		E	루이보스소형	루이보스중형	루이보스대형
8	FS	얼그레이소형	유	구팡	90		3	2	4	★★☆☆☆		F	얼그레이소형	얼그레이중형	얼그레이대형
9	AM	녹차중형	유	나이버	174	관심	4	4	5	★★★★☆					
10	BM	홍차중형	유	나이버	71		3	3.5	2	★★★☆☆		[표3]			
11	CM	카모마일중형	무	나이버	54		5	5	3	★★★★☆			가중치		
12	DM	페퍼민트중형	무	나이버	75		3	4	4	★★★☆☆		맛	40%		
13	EM	루이보스중형	유	구팡	75		4.5	2.5	3	★★★☆☆		가격	40%		
14	FM	얼그레이중형	유	구팡	155	관심	3.5	4.5	3	★★★☆☆		포장	20%		
15	AL	녹차대형	무	나이버	129	관심	4	3	4	★★★☆☆					
16	BL	홍차대형	유	구팡	114	관심	3	3	4.5	★★★☆☆		[표4]			
17	CL	카모마일대형	무	나이버	198	관심	4.5	3	5	★★★★☆			상품 리뷰		리뷰수
18	DL	페퍼민트대형	무	구팡	85		4	4	2	★★★☆☆		0이상		59이하	♥
19	EL	루이보스대형	유	구팡	60		3.5	3	4	★★★☆☆		60초과		79이하	♥♥♥♥♥
20	FL	얼그레이대형	무	구팡	62		3.5	3	3	★★★☆☆		80초과		99이하	♥♥
21	AL	녹차대형	무	나이버	104		4	4	3	★★★☆☆		100초과		149이하	♥♥
22	BM	홍차중형	유	나이버	197		5	3	2.5	★★★☆☆		150초과			♥♥♥♥
23	CS	카모마일소형	유	구팡	81		3.5	3	5	★★★☆☆					
24	DM	페퍼민트중형	무	나이버	171	관심	3.5	4	4	★★★☆☆		[표5]			
25	EL	루이보스대형	유	구팡	103	관심	4	3	2	★★★☆☆		배송비	나이버	구팡	
26	FS	얼그레이소형	유	나이버	77		3.5	3	5	★★★☆☆		유	3/25	7/25	
27	CL	카모마일대형	무	구팡	50		3.5	4.5	2.5	★★★★☆		무	9/25	5/25	

▲ '계산작업7회' 시트

1 [표1]의 상품코드[A3:A27]와 [표2]를 이용하여 상품명[B3:B27]을 표시하시오.

▶ 상품코드의 첫 번째 문자는 코드, 마지막 문자는 사이즈를 표시
▶ [표2]를 참조하여 코드와 사이즈에 해당한 상품명을 검색
▶ INDEX, MATCH, RIGHT 함수 사용

2 사용자 정의 함수 'fn리뷰평가'를 작성하여 [표1]의 리뷰평가[F3:F27]을 표시하시오.

▶ 'fn리뷰평가' 함수는 맛, 가격, 리뷰를 인수로 받아 리뷰평가를 계산하여 되돌려 줌
▶ 맛과 가격 점수를 더한 값이 10이면 총점은 5, 10 미만 7 이상이면 총점은 4, 7 미만이면 5 이상이면 총점은 3, 그 외는 0으로 계산
▶ 총점이 3 이상이고 리뷰가 100 이상이면 리뷰평가는 '관심', 그 외에는 공백으로 표시
▶ SELECT CASE와 IF문을 이용

```
Public Function fn리뷰평가(맛, 가격, 리뷰)

End Function
```

3. [표1]의 맛, 가격, 포장과 [표3]을 참조하여 평점을 계산하여 [J3:J27] 영역에 표시하시오.

   ▶ 총점은 맛, 가격, 포장을 [표3]의 가중치에 각각 곱한 값을 더한 정수값
   ▶ 평점은 총점만큼 '★'을 표시하고, 그 외는 5에서 총점을 뺀 만큼 '☆'로 표시
     [표시 예 : 총점 3 → ★★★☆☆]
   ▶ REPT, INT, SUMPRODUCT, TRANSPOSE 함수와 & 연산자 사용

4. [표1]의 상품코드[A3:A27]과 리뷰[E3:E27]를 이용하여 상품 리뷰에 따른 리뷰수를 [표4]의 [N18:N22] 영역에 표시하시오.

   ▶ 상품코드의 마지막 문자가 S 또는 M인 경우에 대해서만 리뷰수를 계산
   ▶ 리뷰수만큼 '♥'를 반복하여 표시 [표시 예 : 리뷰수 2 → ♥♥]
   ▶ REPT, FREQUENCY, IF, RIGHT 함수를 이용한 배열 수식

5. [표1]의 배송비[C3:C27]와 구매처[D3:D27]를 이용하여 구매처별 배송비 유무를 [M26:N27] 영역에 표시하시오.

   ▶ [표시 예 : 구매처별 배송비 3건, 전체 건수 20건 → 3/20]
   ▶ CONCAT, SUM, IF, COUNTA 함수를 이용한 배열 수식

해설

1 상품명[B3:B27]

[B3] 셀에 =INDEX($M$3:$O$8,MATCH(A3, $L$3:$L$8,1),MATCH(RIGHT(A3,1),$M$2:$O$2,0))를 입력하고 [B27] 셀까지 수식을 복사한다.

함수 설명

❶ RIGHT(A3,1) : [A3] 셀의 오른쪽 한 글자를 추출
❷ MATCH(❶,$M$2:$O$2,0) : ❶의 값을 [M2:O2] 영역에서 정확하게 일치한 상대적인 위치 값을 구함
❸ MATCH(A3, $L$3:$L$8,1) : [A3]의 값을 [L3:L8] 영역에서 상대적인 위치 값을 구함(오름차순)

=INDEX($M$3:$O$8,❸,❷) : [M3:O8] 영역에서 ❸번째 행과 ❷번째 열에 교차하는 값을 구함

2 리뷰평가[F3:F27]

① [개발 도구]-[코드] 그룹의 [Visual Basic](圖)을 클릭한다.
② [삽입]-[모듈]을 클릭한다.

③ Module 창에 다음과 같이 입력한다.

```
Public Function fn리뷰평가(맛, 가격, 리뷰)
    Select Case 맛 + 가격
        Case 10
            총점 = 5
        Case Is >= 7
            총점 = 4
        Case Is >= 5
            총점 = 3
        Case Else
            총점 = 0
    End Select

    If 총점 >= 3 And 리뷰 >= 100 Then
        fn리뷰평가 = "관심"
    Else
        fn리뷰평가 = ""
    End If
End Function
```

④ [파일]-[닫고 Microsoft Excel(으)로 돌아가기]를 클릭하여 [Visual Basic Editor]를 닫는다.
⑤ [F3] 셀을 클릭한 후 [함수 삽입](fx)을 클릭한다.
⑥ '범주 선택'에서 '사용자 정의', '함수 선택'에서 'fn리뷰평가'를 선택한 후 [확인]을 클릭한다.
⑦ 그림과 같이 셀을 지정한 후 [확인]을 클릭한다.

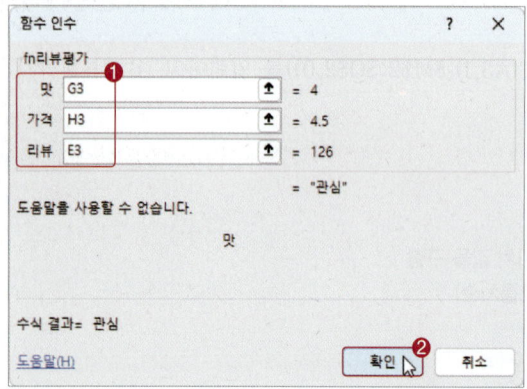

⑧ [F3] 셀을 선택한 후 [F27] 셀까지 수식을 복사한다.

3 평점[J3:J27]

[J3] 셀에 =REPT("★", INT(SUMPRODUCT(G3:I3, TRANSPOSE($M$12:$M$14))))&REPT("☆", 5−INT(SUMPRODUCT(TRANSPOSE(G3:I3),$M$12:$M$14)))를 입력하고 [J27] 셀까지 수식을 복사한다.

> **함수 설명**
>
> ❶ TRANSPOSE($M$12:$M$14) : [M12:M14] 영역의 값을 행과 열을 바꿈
> ❷ SUMPRODUCT(G3:I3, ❶) : [G3:I3] 영역의 값과 ❶의 값을 각각 곱하여 더한 값을 구함
> ❸ INT(❷) : ❷의 값을 정수로 표시
> ❹ REPT("★", ❸) : '★'을 ❸의 개수만큼 반복하여 표시
> ❺ REPT("☆", 5−❸) : '☆'을 5−❸의 개수만큼 반복하여 표시
>
> =❹&❺ : ❹와 ❺를 연결하여 표시

4 리뷰수[N18:N22]

[N18:N22] 영역을 범위 지정한 후 =REPT("♥",FREQUENCY(IF((RIGHT($A$3:$A$26,1)="S")+(RIGHT($A$3:$A$26,1)="M"),$E$3:$E$26),$M$18:$M$22))을 입력하고 Ctrl + Shift + Enter 를 누른다.

> **함수 설명**
>
> ❶ (RIGHT($A$3:$A$26,1)="S") : [A3:A26] 영역에서 오른쪽 한 글자를 추출한 값이 'S'와 같으면 TRUE 값 반환
> ❷ (RIGHT($A$3:$A$26,1)="M") : [A3:A26] 영역에서 오른쪽 한 글자를 추출한 값이 'M'과 같으면 TRUE 값 반환
> ❸ IF(❶+❷,$E$3:$E$26) : ❶ 또는 ❷의 값이 TRUE이면 [E3:E26] 영역의 값을 반환
> ❹ FREQUENCY(❸,$M$18:$M$22)) : ❸의 값이 [M18:M22] 영역에서의 빈도수를 구함
>
> =REPT("♥",❹) : '♥'를 ❹의 개수만큼 반복하여 표시

5 배송비유무별 구매처 개수[M26:N27]

[M26] 셀에 =CONCAT(SUM(IF(($C$3:$C$26=$L26)*($D$3:$D$26=M$25),1)),"/",COUNTA($C$3:$C$26))를 입력하고 Ctrl + Shift + Enter 를 누른 후 [N27] 셀까지 수식을 복사한다.

> **함수 설명**
>
> ❶ ($C$3:$C$26=$L26) : [C3:C26] 영역의 값이 [L26] 셀과 같으면 TRUE 값 반환
> ❷ ($D$3:$D$26=M$25) : [D3:D26] 영역의 값이 [M25] 셀과 같으면 TRUE 값 반환
> ❸ IF(❶*❷,1) : ❶ 과 ❷ 모두 TRUE이면 1의 값을 반환
> ❹ COUNTA($C$3:$C$26) : [C3:C26] 영역의 개수를 구함
>
> =CONCAT(SUM(❸),"/",❹) : ❸의 합계 / ❹을 모두 연결하여 표시

계산작업 문제 08회

작업파일: '26컴활1급(상시)₩스프레드시트₩계산작업문제'에서 '계산작업' 파일을 열어 작업하세요.

	A	B	C	D	E	F	G
1	[표1]						
2	상품코드	회사명 ④	이름	매출액(단위:백만원)	변경상품코드 ❶	생산공장 ❷	비고 ❸
3	IC-LJ101-1	롯데제과	월드콘	33,387	IC-LJ101-1	대구	★Top2
4	IC-LF203-4	롯데푸드	빠삐코	20,021	IC-LF203-4	천안	
5	IC-BG404-2	빙그레	비비빅	18,785	IC-BH404-2	논산	
6	IC-BG403-2	빙그레	메로나	32,905	IC-BH403-2	논산	★Top4
7	IC-LJ102-3	롯데제과	더블비얀코	15,714	IC-LJ102-3	양산	
8	IC-HT301-1	해태제과	쌍쌍바	22,800	IC-BH301-1	대구	
9	IC-BG402-2	빙그레	붕어싸만코	32,908	IC-BH402-2	논산	★Top3
10	IC-HT302-1	해태제과	부라보	20,366	IC-BH302-1	대구	
11	IC-LF202-4	롯데푸드	빵빠레	22,093	IC-LF202-4	천안	
12	IC-LJ103-3	롯데제과	설레임	14,772	IC-LJ103-3	양산	
13	IC-BG401-2	빙그레	투게더	36,466	IC-BH401-2	논산	★Top1
14	IC-BG405-2	빙그레	빵또아	13,921	IC-BH405-2	논산	
15	IC-LF201-4	롯데푸드	구구	27,905	IC-LF201-4	천안	★Top5
16	IC-HT303-1	해태제과	바밤바	12,649	IC-BH303-1	대구	
17							
18	[표2]					[표3]	
19	회사명	회사코드1	회사코드2	매출액합계 ❺		코드	지역
20	빙그레(해태)	BG	HT	190,800백만원		1	대구
21	롯데그룹	LJ	LF	133,892백만원		2	논산
22						3	양산
23						4	천안

▲ '계산작업8회' 시트

① [표1]의 상품코드를 이용하여 변경상품코드[E3:E16] 영역에 표시하시오.
  ▶ 상품코드의 4~5번째 코드가 'BG' 이거나 'HT'이면 'BH'로 변경하고 나머지는 그대로 표시
  ▶ [표시 예 : IC-BG404-2 → IC-BH404-2, IC-LJ101-1 → IC-LJ101-1]
  ▶ IF, OR, MID, REPLACE 함수 이용

② [표1]의 상품코드와 [표3]을 참조하여 생산공장[F3:F16] 영역에 표시하시오.
  ▶ 상품코드의 마지막 숫자가 1이면 '대구', 2이면 '논산', 3이면 '양산', 4이면 '천안'으로 표시
  ▶ IFS, VALUE, RIGHT 함수 이용

3. [표1]의 매출액(단위:백만원)을 이용하여 비고[G3:G16] 영역에 순위를 계산하여 표시하시오. (6점)
    ▶ 단, 매출액이 전체 평균 매출액 이상인 경우만 표시
    ▶ [표시 예 : 5 → ★Top5]
    ▶ RANK.EQ, AVERAGE, IF 함수와 & 연산자 이용

4. 사용자 정의 함수 'fn회사명'을 작성하여 [표1]의 회사명[B3:B16]을 표시하시오. (6점)
    ▶ 'fn회사명'은 상품코드를 인수로 받아 값을 되돌려줌
    ▶ 회사명은 상품코드의 4~5번째 코드가 'BG'이면 '빙그레', 'HT'이면 '해태제과', 'LJ'이면 '롯데제과', 'LF'이면 '롯데푸드'로 표시하시오.
    ▶ Select Case문 사용

    ```
    Public Function fn회사명(상품코드)

    End Function
    ```

5. [표1]의 상품코드와 매출액(단위:백만원)을 이용하여 [표2]의 매출액합계[D20:D21] 영역에 계산하여 표시하시오. (6점)
    ▶ 상품코드의 4~5번째 코드가 '회사코드1' 또는 '회사코드2'에 해당한 매출액(단위:백만원)의 합계를 구함
    ▶ 매출액합계는 천 단위 구분 기호와 '백만원'을 붙여서 표시
    ▶ [표시 예 : 1000 → 1,000백만원]
    ▶ TEXT, SUM, IF, MID 함수를 이용한 배열 수식

해설

1 변경상품코드[E3:E16]

[E3] 셀에 =IF(OR(MID(A3,4,2)="BG",MID(A3,4,2)="HT"),REPLACE(A3,4,2,"BH"),A3)를 입력하고 [E16] 셀까지 수식을 복사한다.

> **함수 설명**
>
> ❶ MID(A3,4,2)="BG" : [A3] 셀에서 4번째부터 시작하여 2글자를 추출한 값이 'BG'와 같은지 비교
> ❷ MID(A3,4,2)="HT" : [A3] 셀에서 4번째부터 시작하여 2글자를 추출한 값이 'HT'와 같은지 비교
> ❸ OR(❶,❷) : ❶ 또는 ❷의 조건에 하나라도 만족하면 TRUE 값을 반환
> ❹ REPLACE(A3,4,2,"BH") : [A3] 셀에서 4번째 시작하여 2글자를 추출하여 "BH"로 바꾸기
>
> =IF(❸,❹,A3) : ❸의 값이 TRUE이면 ❹를 처리하고, 그 외는 [A3] 셀을 그대로 표시

2 생산공장[F3:F16]

[F3] 셀에 =IFS(VALUE(RIGHT(A3,1))=1,"대구",VALUE(RIGHT(A3,1))=2,"논산",VALUE(RIGHT(A3,1))=3,"양산",VALUE(RIGHT(A3,1))=4,"천안")를 입력하고 [F16] 셀까지 수식을 복사한다.

> **함수 설명**
>
> ❶ RIGHT(A3,1) : [A3] 셀에서 오른쪽에서 1글자를 추출
> ❷ VALUE(❶) : ❶의 값을 숫자로 변환
>
> =IFS(❷=1,"대구",❷=2,"논산",❷=3,"양산",❷=4,"천안") : ❷의 값이 1이면 '대구', ❷의 값이 2이면 '논산', ❷의 값이 3이면 '양산', ❷의 값이 4이면 '천안'으로 표시

3 비고[G3:G16]

[G3] 셀에 =IF(D3>=AVERAGE($D$3:$D$16),"★Top"&RANK.EQ(D3,$D$3:$D$16),"")를 입력하고 [G16] 셀까지 수식을 복사한다.

> **함수 설명**
>
> ❶ AVERAGE($D$3:$D$16) : [D3:D16] 영역의 평균을 구함
> ❷ RANK.EQ(D3,$D$3:$D$16) : [D3] 셀의 값을 [D3:D16] 영역에서 순위를 구함
>
> =IF(D3>=❶,"★Top"&❷,"") : [D3] 셀의 값이 ❶ 이상이면 '★Top'과 ❷를 연결하여 표시하고, 그 외는 공백으로 표시

4 회사명[B3:B16]

① [개발 도구]-[코드] 그룹의 [Visual Basic]( )을 클릭한다.
② [삽입]-[모듈]을 클릭한다.
③ Module 창에 다음과 같이 입력한다.

```
Public Function fn회사명(상품코드)
    Select Case Mid(상품코드, 4, 2)
        Case "BG"
            fn회사명 = "빙그레"
        Case "HT"
            fn회사명 = "해태제과"
        Case "LJ"
            fn회사명 = "롯데제과"
        Case "LF"
            fn회사명 = "롯데푸드"
    End Select
End Function
```

④ [파일]-[닫고 Microsoft Excel(으)로 돌아가기]를 클릭하여 [Visual Basic Editor]를 닫는다.
⑤ [B3] 셀을 클릭한 후 [함수 삽입](fx)을 클릭한다.
⑥ '범주 선택'에서 '사용자 정의', '함수 선택'에서 'fn회사명'을 선택한 후 [확인]을 클릭한다.

⑦ 그림과 같이 셀을 지정한 후 [확인]을 클릭한다.

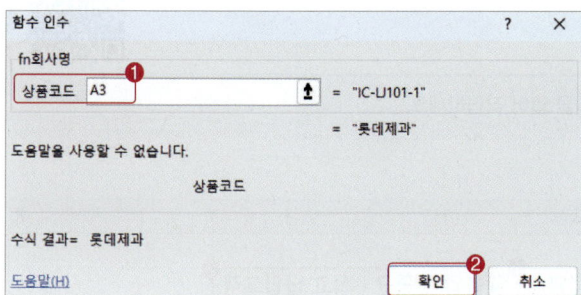

⑧ [B3] 셀을 선택한 후 [B16] 셀까지 수식을 복사한다.

5 매출액합계[D20:D21]

[D20] 셀에 =TEXT(SUM(IF((MID($A$3:$A$16,4,2)=B20)+(MID($A$3:$A$16,4,2)=C20),$D$3:$D$16)),"#,##0백만원")를 입력하고 Ctrl + Shift + Enter 를 누른 후 [D21] 셀까지 수식을 복사한다.

함수 설명

❶ MID($A$3:$A$16,4,2) : [A3:A16] 영역에서 4번째 시작하여 2글자를 추출
❷ (❶=B20)+(❶=C20) : ❶의 값이 [B20] 셀과 같거나 [C20] 셀과 같은 경우에 TRUE 값을 반환
❸ IF(❷,$D$3:$D$16) : ❷의 값이 TRUE 일 경우 같은 행에서 [D3:D16] 영역에서 값을 반환
❹ SUM(❸): ❸의 합계를 구함

=TEXT(❹,"#,##0백만원") : ❹의 값을 천 단위 구분기호와 '백만원'을 붙여서 표시

계산작업 문제 09회

작업파일 : '26컴활1급(상시)₩스프레드시트₩계산작업문제'에서 '계산작업' 파일을 열어 작업하세요.

	A	B	C	D	E	F	G	H	I	J	K
1	[표1]						[표2]				
2	고객명	지점명	보험종류	월불입액	할인액		지점명	월불입액 평균	최고 납입고객		
3	김인곤	서울	건강	260,000	-		서울	730,000	김영철		
4	정호성	경기	상해	80,000	-		경기	450,000	이보아		
5	박진수	강원	저축	205,000	8,200		인천	165,000	이성철		
6	김영규	인천	건강	55,000	-		충청	630,000	김정현		
7	정태진	강원	연금	280,000	11,200		강원	241,600	김동일		
8	최양락	충청	상해	45,000	-						
9	김상용	인천	저축	150,000	4,500		[표3]				
10	김영철	서울	저축	900,000	45,000		보험종류	월납입액(▶=250,000)			
11	강호진	서울	상해	15,000	-		건강	▶▶▶			
12	안석순	강원	건강	289,000	-		상해	▶▶▶			
13	김동일	강원	상해	640,000	-		저축	▶▶▶▶▶▶▶▶			
14	서진규	서울	연금	560,000	28,000		연금	▶▶▶▶▶▶▶▶			
15	이진철	경기	저축	400,000	20,000						
16	하정우	경기	건강	165,000	-		[표4]				
17	국덕근	강원	연금	240,000	9,600		보험종류	보험종류	보험종류	보험종류	
18	김재성	경기	건강	48,000	-		건강	상해	저축	연금	
19	김정현	충청	연금	640,000	32,000		25%	20%	25%	30%	
20	이보아	경기	연금	500,000	25,000						
21	이성철	인천	연금	180,000	5,400						
22	김인성	충청	저축	620,000	31,000						

▲ '계산작업9회' 시트

① [표1]의 지점명, 보험종류, 월불입액을 이용하여 [표2]의 [H3:H7] 영역에 월불입액 평균을 계산하여 표시하시오.
  ▶ 지점별 보험종류가 '저축' 또는 '연금'의 월불입액의 평균을 십의 자리에서 내림하여 표시
  ▶ [표시 예 : 643,679 → 643,600]
  ▶ ROUNDDOWN, AVERAGE, IF 함수를 이용한 배열 수식

② [표1]의 고객명, 지점명, 월불입액을 이용하여 [표2]의 [I3:I7] 영역에 지점별 월납입액이 가장 높은 고객명을 표시하시오.
  ▶ INDEX, MATCH, MAX 함수를 이용한 배열 수식

③ [표1]의 보험종류, 월불입액을 이용하여 [표3]의 [H11:H14] 영역에 월납입액 합계를 표시하시오.
  ▶ 보험종류별 월불입액의 합계를 250,000로 나눈 몫만큼 '▶'로 표시
  ▶ [표시 예 : 800,000 → ▶▶▶]
  ▶ REPT, SUMIF 함수 이용

④ [표1]의 보험종류를 이용하여 [표4]의 [G19:J19] 영역에 보험종류의 비율을 표시하시오.
▶ DCOUNTA, COUNTA 함수 이용

⑤ 사용자 정의 함수 'fn할인액'을 작성하여 [표1]의 할인액[E3:E22]를 표시하시오.
▶ 'fn할인액'은 보험종류와 월불입액을 인수로 받아 값을 되돌려줌
▶ 할인액 = 월불입액 × 할인액
▶ 할인액은 보험종류가 '저축' 또는 '연금'이면서 월불입액이 100,000 미만이면 2%, 200,000 미만이면 3%, 300,000 미만이면 4%, 그 외는 5%, 보험종류가 '저축' 또는 '연금'이 아닌 경우에는 할인액은 0으로 처리하시오.
▶ IF와 Select Case문 사용

```
Public Function fn할인액(보험종류, 월불입액)

End Function
```

해설

1 월불입액 평균[H3:H7]

[H3] 셀에 =ROUNDDOWN(AVERAGE(IF(($B$3:$B$22=G3)*(($C$3:$C$22="저축")+($C$3:$C$22="연금")),$D$3:$D$22)),-2)를 입력하고 Ctrl+Shift+Enter를 누른 후 [H7] 셀까지 수식을 복사한다.

함수 설명

❶ (($C$3:$C$22="저축")+($C$3:$C$22="연금")) : [C3:C22] 영역이 '저축' 또는 '연금'인 경우 TRUE 값을 반환
❷ ($B$3:$B$22=G3)*❶ : [B3:B22] 영역의 값이 [G3] 셀과 같고 ❶의 값이 TRUE일 경우 TRUE 값을 반환
❸ IF(❷,$D$3:$D$22) : ❷의 값이 TRUE 일 경우 같은 행에서 [D3:D22] 영역에서 값을 반환
❹ AVERAGE(❸): ❸의 평균을 구함

=ROUNDDOWN(❹,-2) : ❹의 값을 내림하여 소수 이하 2자리로 표시

2 최고 납입고객명[I3:I7]

[I3] 셀에 =INDEX($A$3:$A$22,MATCH(MAX(($B$3:$B$22=G3)*$D$3:$D$22),($B$3:$B$22=G3)*$D$3:$D$22,0))를 입력하고 Ctrl+Shift+Enter를 누른 후 [I7] 셀까지 수식을 복사한다.

함수 설명

❶ ($B$3:$B$22=G3)*$D$3:$D$22 : [B3:B22] 영역이 [G3] 셀과 같은 경우 같은 행의 [D3:D22] 영역의 값을 반환
❷ MATCH(MAX(❶),❶,0) : ❶의 최대값을 ❶의 영역에서 일치하는 상대적인 위치 값을 반환

=INDEX($A$3:$A$22,❷) : [A3:A22] 영역에서 ❷의 행에 있는 값을 찾아 표시

3 월납입액[H11:H14]

[H11] 셀에 =REPT("▶",SUMIF($C$3:$C$22,G11,$D$3:$D$22)/ 250000)을 입력하고 [H14] 셀까지 수식을 복사한다.

> **함수 설명**
>
> ❶ SUMIF($C$3:$C$22,G11,$D$3:$D$22) : [C3:C22] 영역에서 [G11]의 값을 찾아 같은 행의 [D3:D22] 영역의 값을 반환
>
> =REPT("▶",❶/250000) : '▶'의 값을 ❶의 값을 250000으로 나눈 결과의 몫만큼 반복하여 표시

4 보험종류의 비율[G19:J19]

[G19] 셀에 =DCOUNTA($A$2:$D$22,$C$2,G17:G18)/COUNTA ($C$3:$C$22)를 입력하고 [J19] 셀까지 수식을 복사한다.

> **함수 설명**
>
> ❶ DCOUNTA($A$2:$D$22,$C$2,G17:G18) : [A2:D22] 영역에서 [G17:G18] 영역의 조건에 만족한 데이터를 [C]열에서 개수를 구함
> ❷ COUNTA($C$3:$C$22) : [C3:C22] 영역의 개수를 구함

5 할인액[E3:E22]

① [개발 도구]-[코드] 그룹의 [Visual Basic](圖)을 클릭한다.

② [삽입]-[모듈]을 클릭한다.

③ Module 창에 다음과 같이 입력한다.

```
Public Function fn할인액(보험종류, 월불입액)
    If 보험종류 = "연금" Or 보험종류 = "저축" Then
        Select Case 월불입액
            Case Is < 100000
                할인액 = 0.02
            Case Is < 200000
                할인액 = 0.03
            Case Is < 300000
                할인액 = 0.04
            Case Else
                할인액 = 0.05
        End Select
    Else
        할인액 = 0
    End If
    fn할인액 = 월불입액 * 할인액
End Function
```

④ [파일]-[닫고 Microsoft Excel(으)로 돌아가기]를 클릭하여 [Visual Basic Editor]를 닫는다.

⑤ [E3] 셀을 클릭한 후 [함수 삽입](fx)을 클릭한다.

⑥ '범주 선택'에서 '사용자 정의', '함수 선택'에서 'fn할인액'을 선택한 후 [확인]을 클릭한다.

⑦ [함수 인수]의 '보험종류'에 C3, '월불입액'에 D3을 입력하고 [확인]을 클릭한다.

⑧ [E3] 셀을 선택한 후 [E22] 셀까지 수식을 복사한다.

계산작업 문제 10회

작업파일 : '26컴활1급(상시)\스프레드시트\계산작업문제'에서 '계산작업' 파일을 열어 작업하세요.

	A	B	C	D	E	F	G	H	I	J	K
1	[표1]								[표2] 친환경인증별 년도 할인율		
2	구분	제조방법	친환경인증	제조일	가격	판매량	판매금액		친환경인증	2023 년	2024 년
3	세작	가루차	무농약	2024-05-30	15,000	45	675,000		무농약	10%	0%
4	세작	잎차	무농약	2024-06-30	44,000	60	2,640,000		유기농	20%	3%
5	중작	잎차	무농약	2023-05-30	34,000	43	1,315,800		저농약	30%	5%
6	세작	가루차	저농약	2024-06-30	15,000	20	285,000				
7	대작	가루차	유기농	2024-07-30	10,000	10	97,000				
8	대작	가루차	무농약	2023-08-30	30,000	34	918,000		[표3] 제조년도별 제조방법 가격		
9	대작	잎차	저농약	2023-07-30	10,000	40	280,000		제조방법	2023 년	2024 년
10	세작	잎차	저농약	2024-08-30	25,000	53	1,258,750		가루차	36,000	15,000
11	중작	가루차	무농약	2024-06-30	10,000	37	370,000		잎차	200,000	70,000
12	대작	잎차	무농약	2023-05-30	10,000	40	360,000		발효차	40,000	70,000
13	우전	잎차	무농약	2024-06-30	60,000	80	4,800,000				
14	중작	잎차	무농약	2024-07-25	20,000	66	1,320,000		[표4] 무농약 구분별 개수		
15	세작	잎차	무농약	2023-08-25	200,000	75	13,500,000		구분	개수	
16	대작	가루차	유기농	2023-09-01	36,000	53	1,526,400		대	☆☆	
17	우전	발효차	유기농	2024-09-02	70,000	60	4,074,000		중	☆☆☆	
18	세작	발효차	무농약	2023-09-30	25,000	32	720,000		세	☆☆☆☆☆	
19	세작	발효차	유기농	2023-06-25	40,000	5	160,000				
20	세작	잎차	무농약	2024-05-25	70,000	24	1,680,000				
21											
22	[표5]			기준일	2025-12-05		[표6]				
23	계좌번호	잔액	개설일자	이자	예금종류		1열	2열	3열	4열	5열
24	12-35-623	3,154,200	2022-10-02	63,084	연금저축			잔액	0이상	1,000,000이상	2,000,000이상
25	23-15-123	575,000	2019-05-04	14,375	자유저축		개월		1,000,000미만	2,000,000미만	
26	75-45-632	756,520	2020-03-04	18,913	연금저축		0개월이상	24개월미만	1.00%	1.35%	1.50%
27	96-25-258	2,156,000	2022-05-04	43,120	연금저축		24개월이상	48개월미만	1.50%	1.85%	2.00%
28	46-56-789	325,000	2022-10-05	4,875	정기적금		48개월이상	70개월미만	2.00%	2.40%	2.60%
29	36-25-456	5,650,000	2023-02-04	113,000	연금저축		70개월이상		2.50%	2.80%	3.00%
30	95-36-251	357,000	2021-07-10	7,140	자유저축						
31	27-45-693	- 3,230,000	2023-03-10	- 64,600	연금저축						
32	14-62-250	55,500	2021-12-20	1,110	자유저축						
33	17-52-620	- 75,000	2023-02-05	- 1,125	자유저축						
34	16-25-360	98,500	2022-02-09	1,478	정기적금						
35	95-47-520	456,000	2021-03-04	9,120	자유저축						
36	36-14-129	956,000	2023-05-09	14,340	연금저축						
37	24-45-132	756,520	2023-03-04	11,348	연금저축						

▲ '계산작업10회' 시트

① [표1]의 가격, 친환경인증, 제조일, 판매량과 [표2]를 참조하여 [G3:G20] 영역에 판매금액을 계산하여 표시하시오.

▶ 판매금액 = 가격 × (1-할인율) × 판매량
▶ 할인율은 [표2]를 참조하여 친환경인증과 제조년도의 할인율을 적용
▶ PRODUCT, VLOOKUP, MATCH, YEAR 함수 이용

② [표1]의 제조방법, 제조일, 가격을 이용하여 [표3]의 [J10:K12] 영역에 표시하시오.

▶ 제조방법별 제조년도별 최대값을 찾아 표시하고 오류가 있을 때에는 0을 표시
▶ IF, ISERROR, LARGE, YEAR 함수를 이용한 배열 수식

③ [표1]의 친환경인증이 '무농약'인 구분의 개수를 [J16:J18] 영역에 표시하시오.
- ▶ '무농약'의 구분별 개수만큼 '☆'을 반복하여 표시
- ▶ [표시 예 : 3 → ☆☆☆]
- ▶ REPT, COUNTIFS 함수와 & 연산자 이용

④ [표5]의 잔액, 개설일자, 기준일과 [표6]을 참조하여 [D24:D37] 영역에 이자를 계산하여 표시하시오.
- ▶ 이자 = 잔액 × 이자율
- ▶ (기준일-개설일자)/30으로 나눈 개월과 양수 잔액으로 [표6]의 3열, 4열, 5열을 참조하여 이자율을 찾아 계산
- ▶ VLOOKUP, DAYS, LOOKUP, ABS 함수 이용

⑤ 사용자 정의 함수 'fn예금종류'를 작성하여 [표5]의 예금종류[E24:E37]을 표시하시오.
- ▶ 'fn예금종류'는 계좌번호를 인수로 받아 값을 되돌려줌
- ▶ 계좌번호의 왼쪽의 2글자를 3으로 나눈 나머지가 1이면 '정기적금', 나머지가 2이면 '자유저축', 그 외는 '연금저축'으로 표시하시오.
- ▶ IF문 사용

```
Public Function fn예금종류(계좌번호)
End Function
```

해설

① 판매금액[G3:G20]

[G3] 셀에 =PRODUCT(E3,(1-VLOOKUP(C3,$I$3:$K$6,MATCH (YEAR(D3),$J$3:$K$3,0)+1,0)),F3)를 입력하고 [G20] 셀까지 수식을 복사한다.

> **함수 설명**
>
> ❶ MATCH(YEAR(D3),$J$3:$K$3,0) : [D3] 셀의 년도를 값을 [J3:K3] 영역에서 일치하는 상대적인 위치 값을 반환
> ❷ VLOOKUP(C3,$I$3:$K$6,❶+1,0) : [C3] 셀의 값을 [I3:K6] 영역의 첫 번째 열에서 찾아 ❶+1의 열에서 일치하는 값을 반환
>
> =PRODUCT(E3,(1-❷),F3) : [E3]*(1-❷)*F3의 결과값을 구함

② 제조년도별 제조방법 가격[J10:K12]

[J10] 셀에 =IF(ISERROR(LARGE(($B$3:$B$20=$I10)*(YEAR($D$3:$D$20)=J$9)*$E$3:$E$20,1)),0,LARGE(($B$3:$B$20=$I10)*(YEAR($D$3:$D$20)=J$9)*$E$3:$E$20,1))를 입력하고 Ctrl+Shift+Enter를 누른 후 [K12] 셀까지 수식을 복사한다.

> **함수 설명**
>
> ❶ ($B$3:$B$20=$I10)*(YEAR($D$3:$D$20)=J$9)*$E$3:$E$20 : [B3:B20] 영역에서 [I10] 셀과 동일하고 [D3:D20] 영역에서 년도를 추출한 값이 [J9] 셀과 동일한 조건에 만족한 데이터의 같은 행의 [E3:E20] 영역의 값을 반환
> ❷ LARGE(❶,1) : ❶의 값 중에서 1번째로 큰 값을 구함
>
> =IF(ISERROR(❷),0,❷) : ❷의 값에 오류가 있다면 0을 그 외는 ❷로 표시

3 무농약 구분별 개수[J16:J18]

[J16] 셀에 =REPT("☆",COUNTIFS($C$3:$C$20,"무농약",$A$3:$A$20,I16&"*"))를 입력하고 [J18] 셀까지 수식을 복사한다.

> **함수 설명**
>
> ❶ COUNTIFS($C$3:$C$20,"무농약",$A$3:$A$20,I16&"*") : [C3:C20] 영역에서 '무농약'이고, [A3:A20] 영역에서 [I16] 셀로 시작하는 값이 셀의 개수를 구함
>
> =REPT("☆",❶) : '☆'을 ❶의 개수만큼 반복하여 표시

4 이자[D24:D37]

[D24] 셀에 =B24*VLOOKUP(DAYS($E$22,C24)/30,$G$26:$K$29, LOOKUP(ABS(B24),$I$24:$K$24,$I$23:$K$23))를 입력하고 [D37] 셀까지 수식을 복사한다.

> **함수 설명**
>
> ❶ DAYS($E$22,C24)/30 : [E22] 날짜에서 [C24] 날짜를 뺀 일수를 구한 후에 30으로 나눈 값을 구함
> ❷ LOOKUP(ABS(B24),$I$24:$K$24,$I$23:$K$23) : [B24] 셀의 값을 양수로 변환한 값을 [I24:K24] 영역에 찾아 같은 열에 있는 [I23:K23] 영역의 값을 반환
>
> =B24*VLOOKUP(❶,$G$26:$K$29,❷) : ❶의 값을 [G26:K29] 영역의 첫 번째 열에서 찾아 ❷의 값을 반환한 값과 [B24] 셀의 값하고 곱하여 표시

5 예금종류[E24:E37]

① [개발 도구]-[코드] 그룹의 [Visual Basic]()을 클릭한다.
② [삽입]-[모듈]을 클릭한다.
③ Module 창에 다음과 같이 입력한다.

```
Public Function fn예금종류(계좌번호)

    If Left(계좌번호, 2) Mod 3 = 1 Then
        fn예금종류 = "정기적금"
    ElseIf Left(계좌번호, 2) Mod 3 = 2 Then
        fn예금종류 = "자유저축"
    Else
        fn예금종류 = "연금저축"
    End If

End Function
```

④ [파일]-[닫고 Microsoft Excel(으)로 돌아가기]를 클릭하여 [Visual Basic Editor]를 닫는다.
⑤ [E24] 셀을 클릭한 후 [함수 삽입]()을 클릭한다.
⑥ '범주 선택'에서 '사용자 정의', '함수 선택'에서 'fn예금종류'를 선택한 후 [확인]을 클릭한다.

⑦ 그림과 같이 셀을 지정한 후 [확인]을 클릭한다.

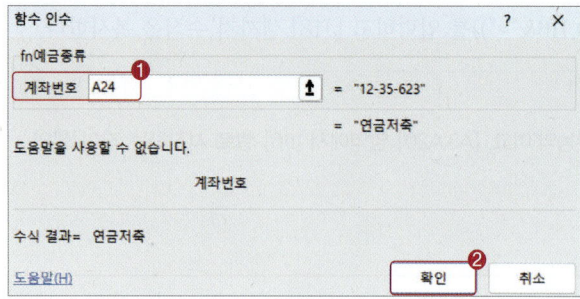

⑧ [E24] 셀을 선택한 후 [E37] 셀까지 수식을 복사한다.

데이터베이스
합격 이론

CONTENTS

문제1 DB 구축

문제2 입력 및 수정 기능 구현

문제3 조회 및 출력 기능 구현

문제4 처리 기능 구현

01 테이블 완성

작업파일 : '26컴활1급(상시)₩데이터베이스₩이론₩1.DB구축'에서 파일을 열어 작업하세요.

출제유형 1 학사관리를 위해 데이터베이스를 구축하였다. 다음 지시사항에 따라 '테이블완성.accdb' 파일을 열어 〈성적〉, 〈학생〉 테이블을 완성하시오.

❶ 〈성적〉 테이블의 '학번', '과목코드' 필드를 기본 키(PK)로 설정하시오.
❷ 〈성적〉 테이블의 '수강년도' 필드에 새로운 레코드를 추가하면 자동으로 현재 날짜의 년도가 입력되도록 설정하시오.
❸ 〈성적〉 테이블의 '등급' 필드에는 'A', 'B', 'C', 'D', 'F' 중 하나가 입력되도록 설정하시오.
❹ 〈성적〉 테이블의 '점수' 필드에는 0~100까지의 정수가 입력되도록 유효성 검사 규칙을 설정하시오.
❺ 〈성적〉 테이블의 '학번' 필드에는 10자리의 숫자가 공백 없이 '2025-01-0001' 형태로 필수 입력되도록 입력 마스크를 설정하시오.
❻ 〈성적〉 테이블의 '학번' 필드는 반드시 값이 입력되도록 설정하시오.
❼ 〈성적〉 테이블의 '학번' 필드에 대하여 중복 가능한 인덱스를 설정하시오.
❽ 〈성적〉 테이블의 '과목코드' 필드는 숫자 3자리 형태로 표시되도록 설정하시오.
▶ 값이 1이면 '001'로 표시
❾ 〈학생〉 테이블의 '주민등록번호' 필드는 필드 이름은 그대로 두고 레이블만 '주민번호'로 표시되도록 설정하시오.
❿ 〈학생〉 테이블의 '성별' 필드에는 남(-1)이나 여(0)의 두 가지 값 중 하나만 입력될 수 있도록 적당한 데이터 형식을 설정하고 체크된 값은 '남', 언체크 된 값은 '여'로 표시하시오.
⓫ 〈학생〉 테이블이 로드될 때 '학번' 필드 기준으로 오름차순 정렬되도록 설정하시오.

01 〈성적〉 테이블이 들어있는 '테이블완성.accdb' 파일 열기

① 작업표시줄 검색창에 직접 access를 입력한 후 Access를 클릭하여 액세스를 실행한다.

02 기본 키 설정

① 〈성적〉 테이블에서 마우스 오른쪽 버튼을 눌러 [디자인 보기](🗎)를 클릭한다.

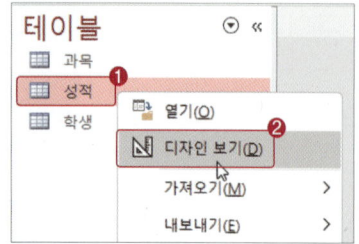

② '학번' 필드를 선택한 후, Ctrl을 누른채 '과목코드' 필드의 행 선택기를 클릭하여 2개 필드가 선택된 상태에서 [테이블 디자인]-[도구] 그룹의 [기본 키](🔑)를 클릭한다.

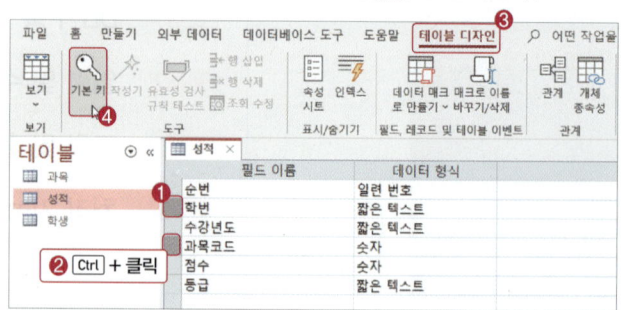

🏁 기적의 TIP

[기본 키 설정]
Ctrl을 누른 채로 바로 가기 메뉴를 불러서 [기본 키]를 클릭해도 됩니다.

03 기본값 설정

③ '수강년도' 필드를 선택한 후, '필드 속성'의 [일반] 탭에서 '기본값' 속성 입력란에 =Year(Date()) 또는 =Year(Now())를 입력한다.

04 유효성 검사 규칙

④ '등급' 필드를 선택한 후, '필드 속성'의 [일반] 탭에서 '유효성 검사 규칙' 속성 입력란에 In(A,B,C,D,F)를 입력한다.

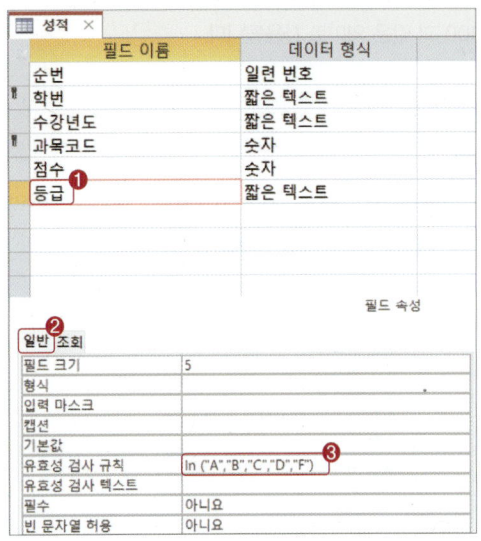

> 🚩 **기적의 TIP**
>
> 유효성 검사 규칙의 경우 일련 번호와 OLE 개체 데이터 형식에는 사용할 수 없습니다.

> 🚩 **기적의 TIP**
>
> In(A,B,C,D,F)
> - 입력 후 Enter 를 누르면 「In ("A","B","C","D","F")」로 변경됩니다.
> - 「"A" or "B" or "C" or "D" or "F"」와 같은 의미로 사용됩니다.

> 🚩 **기적의 TIP**
>
> - Year(날짜인수) : 날짜인수에서 연도 값을 반환
> - Date() : 현재 시스템의 날짜 값을 반환
> - Now() : 현재 시스템의 날짜와 시간 값 반환
>
> 따라서 =Year(Date())는 현재 시스템의 날짜 값으로부터 연도 값을 반환합니다.

> 🚩 **기적의 TIP**
>
> '='를 생략하고 「YEAR(DATE())」만 입력해도 됩니다.
>
> **오늘 날짜를 입력하는 함수**
> - 엑셀 : TODAY()
> - 액세스 : DATE()
> - VBE : DATE

05 유효성 검사 규칙

⑤ '점수' 필드를 선택한 후, '필드 속성'의 [일반] 탭에서 '유효성 검사 규칙' 속성 입력란에 Between 0 And 100을 입력한다.

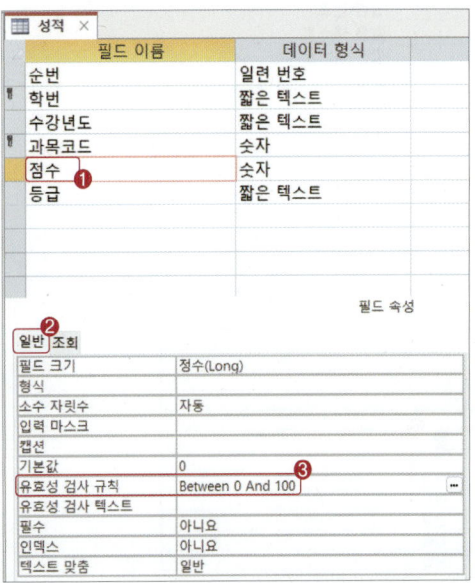

> 🚩 **기적의 TIP**
>
> **'입력 마스크' vs '유효성 검사 규칙'**
> 두 속성 모두 입력되는 값을 정확하게 받아들이려고 할 때 사용하는 속성으로 입력 마스크 속성은 입력하는 문자의 종류와 자릿수 등을 0, A, L., …과 같은 '입력 마스크' 문자로 제한을 주기 때문에 한 문자 단위로 확인이 가능합니다. 이에 비해 '유효성 검사 규칙' 속성은 필드에 입력 가능한 내용을 In이나 Or 등의 연산자를 사용한 수식으로 조건을 지정하여 그 결과가 True가 될 때만 입력 가능하게 하는 기능입니다.

> **기적의 TIP**
>
> 「Between 0 And 100」
> - 0보다 크거나 같고 100보다 작거나 같은 값만 입력받을 수 있도록 합니다.
> - 「>=0 and <=100」과 같은 의미로 사용됩니다.

06 입력 마스크

⑥ '학번' 필드를 선택한 후, '필드 속성'의 [일반] 탭에서 '입력 마스크' 속성 입력란에 0000-00-0000을 입력한다.

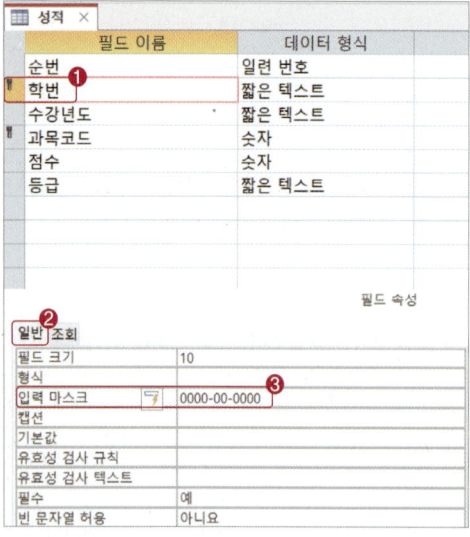

07 필수 입력

⑦ '학번' 필드가 선택된 상태에서, '필드 속성'의 [일반] 탭에서 '필수' 속성 입력란의 목록 단추(☑)를 클릭하여 '예'를 선택한다.

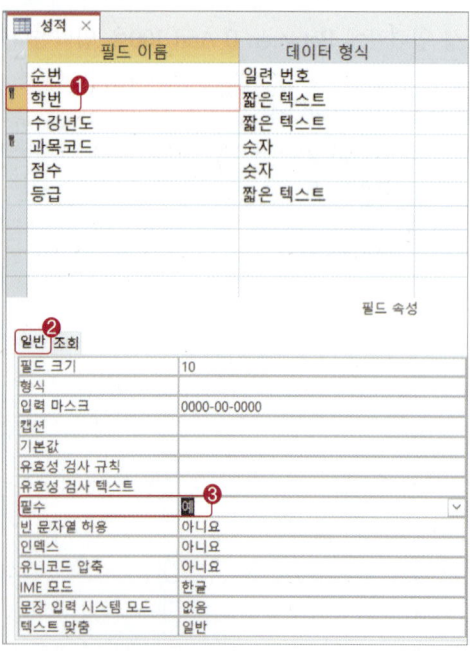

08 인덱스

⑧ '학번' 필드가 선택된 상태에서, '필드 속성'의 [일반] 탭에서 '인덱스' 속성 입력란의 목록 단추(☑)를 클릭하여 '예(중복 가능)'를 선택한다.

필드 이름	데이터 형식
순번	일련 번호
학번	짧은 텍스트
수강년도	짧은 텍스트
과목코드	숫자
점수	숫자
등급	짧은 텍스트

일반	조회
필드 크기	10
형식	
입력 마스크	0000-00-0000
캡션	
기본값	
유효성 검사 규칙	
유효성 검사 텍스트	
필수	예
빈 문자열 허용	아니요
인덱스	예(중복 가능)
유니코드 압축	아니요
IME 모드	한글
문장 입력 시스템 모드	없음
텍스트 맞춤	일반

> **기적의 TIP**
>
> 인덱스 : '예(중복 불가능)' 시험 출제 문구
> 인덱스의 고유를 '예'로 설정하시오.
> 동일한 값이 두 번 이상 입력되지 않도록 설정하시오.
> 기본 키가 아니면서 중복된 값이 입력되지 않도록 설정하시오.

09 형식

⑨ '과목코드' 필드를 선택한 후, '필드 속성'의 [일반] 탭에서 '형식' 속성 입력란에 000을 입력하고 테이블 [디자인 보기] 창의 [닫기]를 클릭하고 변경된 내용을 저장한다.

필드 이름	데이터 형식
순번	일련 번호
학번	짧은 텍스트
수강년도	짧은 텍스트
과목코드	숫자
점수	숫자
등급	짧은 텍스트

일반	조회
필드 크기	정수(Long)
형식	000
소수 자릿수	자동
입력 마스크	
캡션	

> **기적의 TIP**
>
> 「000」
> 형식에서 '0' 문자는 숫자를 표시하는 문자로 유효 자릿수가 없는 경우에도 0의 개수만큼 0을 표시하므로 항상 3자리 숫자로 표시됩니다.

10 캡션

⑩ 〈학생〉 테이블에서 마우스 오른쪽 버튼을 눌러 [디자인 보기]를 클릭한다.

⑪ '주민등록번호' 필드를 선택한 후, '필드 속성'의 [일반] 탭에서 '캡션' 속성 입력란에 **주민번호**를 입력한다.

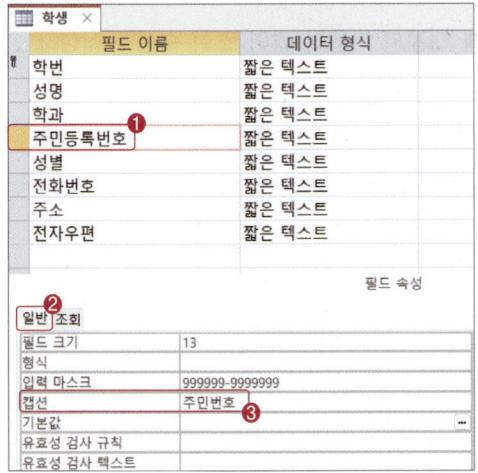

11 데이터 형식

⑫ '성별' 필드를 선택한 후, '데이터 형식' 입력란의 목록 단추(☑)를 클릭하여 'Yes/No'를 선택한다.

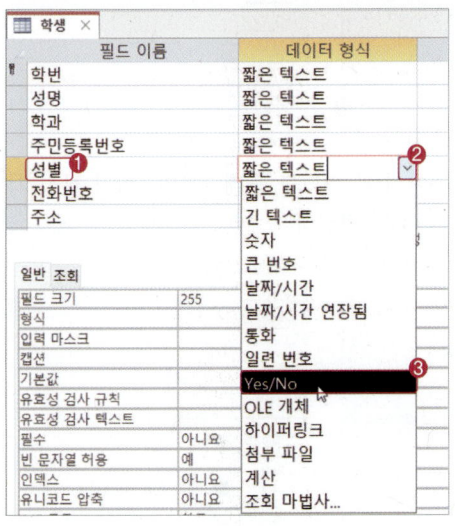

⑬ '성별' 필드의 [조회] 탭에서 '컨트롤 표시'를 '텍스트 상자'를 선택한다.

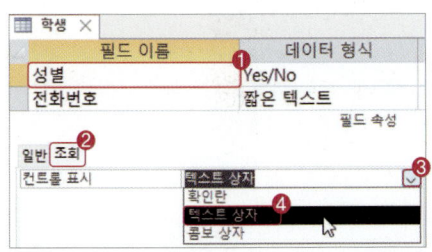

⑭ '성별' 필드의 [일반] 탭의 '형식'에서 **;남;여**를 입력하면 ';₩남;₩여'로 표시된다.

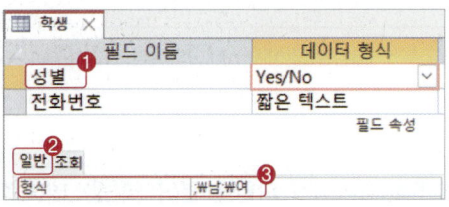

⑮ [테이블 디자인]-[표시/숨기기] 그룹의 [속성 시트](📋)를 클릭한다.

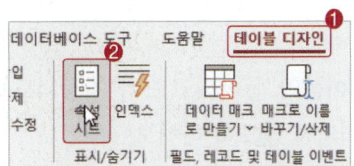

⑯ '정렬 기준'에 **학번 ASC**를 입력한다.

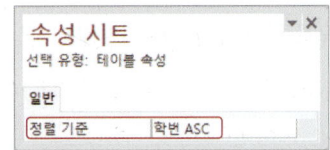

⑰ 테이블 [디자인 보기] 창을 종료하고 [예]를 눌러 저장한다.

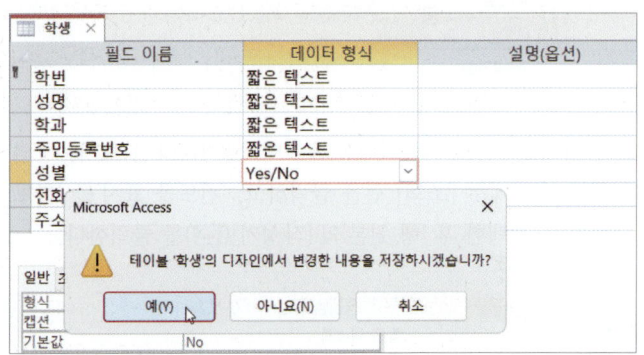

⑱ '성별' 필드에서 '짧은 텍스트'에서 'Yes/No' 형식으로 바뀌면서 데이터의 일부가 손실될 수 있다는 메시지 상자가 표시되면 [예]를 누른다.

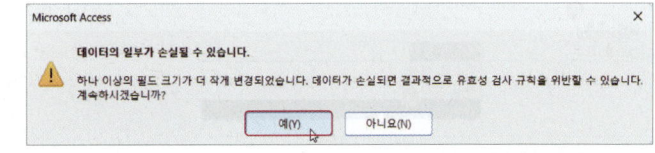

02 필드 조회 속성 설정

작업파일: '26컴활1급(상시)₩데이터베이스₩이론₩1.DB구축'에서 파일을 열어 작업하세요.

출제유형1 '필드조회1.accdb' 파일을 열어 〈회원〉 테이블의 '동아리코드' 필드에 대해서 다음과 같이 조회 속성을 작성하시오.

▶ '동아리코드' 필드에 값을 입력할 때 〈동아리〉 테이블의 '동아리명' 필드의 값을 콤보 상자의 형태로 표현하여 한 가지만 선택하도록 설정하시오.
▶ 컨트롤과 바운드된 테이블의 '동아리코드'가 저장되도록 설정하시오.
▶ 목록 이외의 값은 입력되지 않도록 하시오.

① 〈회원〉 테이블에서 마우스 오른쪽 버튼을 눌러 [디자인 보기](🖻)를 클릭한다.

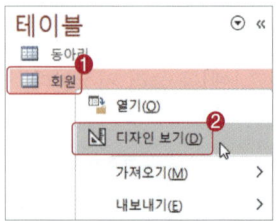

② '동아리코드' 필드를 선택한 후, 테이블 [디자인 보기] 창의 필드 속성에서 [조회] 탭을 클릭하고, '컨트롤 표시'를 '콤보 상자'로 선택한 후 '행 원본'의 [작성기](⋯)를 클릭한다.

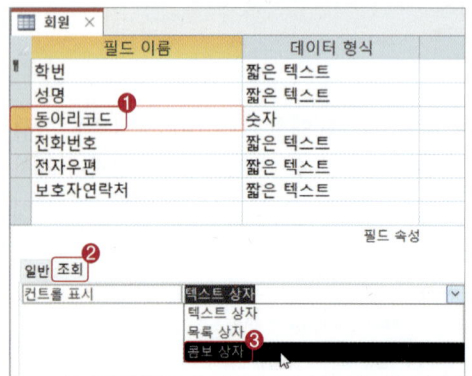

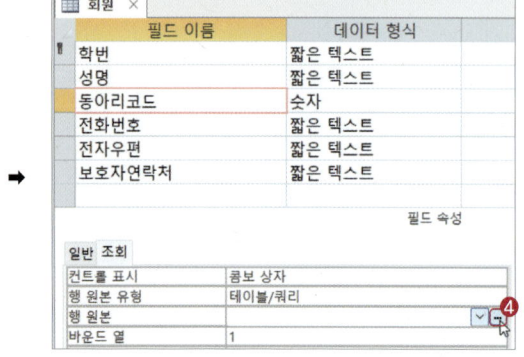

③ [테이블 추가]에서 〈동아리〉 테이블만 추가하고, [닫기]를 눌러서 창을 닫는다.

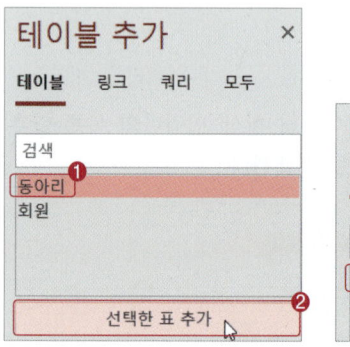
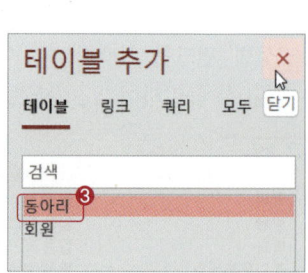

④ '동아리코드'와 '동아리명' 필드를 드래그하여 [쿼리 작성기] 창의 디자인 눈금에 위치시킨다.

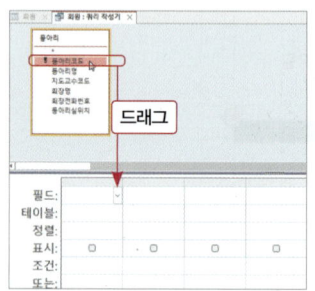
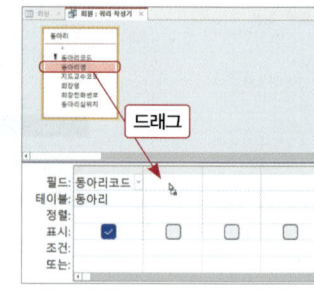

> **기적의 TIP**
>
> **디자인 눈금에 추가**
> 필드를 더블클릭하여도 디자인 눈금에 추가됩니다.

⑤ [쿼리 작성기] 창을 닫고, 변경된 사항은 [예]를 클릭하여 저장한다.

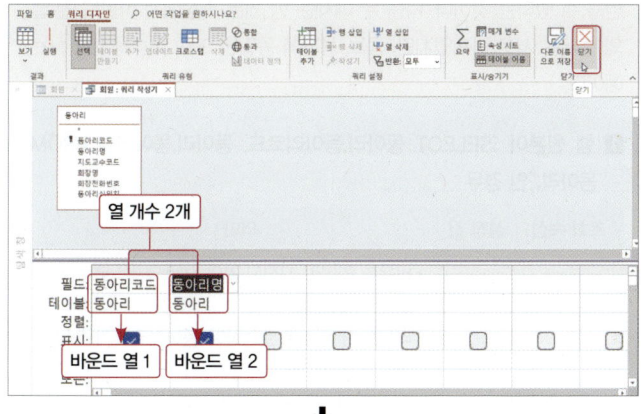

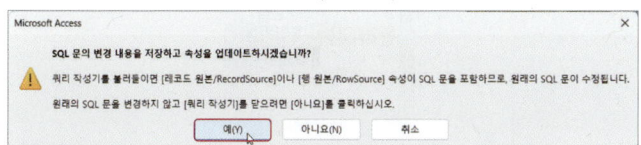

> **기적의 TIP**
>
> **바운드(Bound)**
> 바운드(Bound)되었다는 것은 서로 연결되어 있다는 의미입니다. 콤보 상자 컨트롤과 〈동아리〉 테이블이 바운드되었으므로 '동아리명', '동아리코드' 필드는 당연히 가져와서 보여줄 수 있겠지요?

⑥ 쿼리 작성기로 디자인한 SQL 문이 행 원본으로 지정되었음을 알 수 있다.

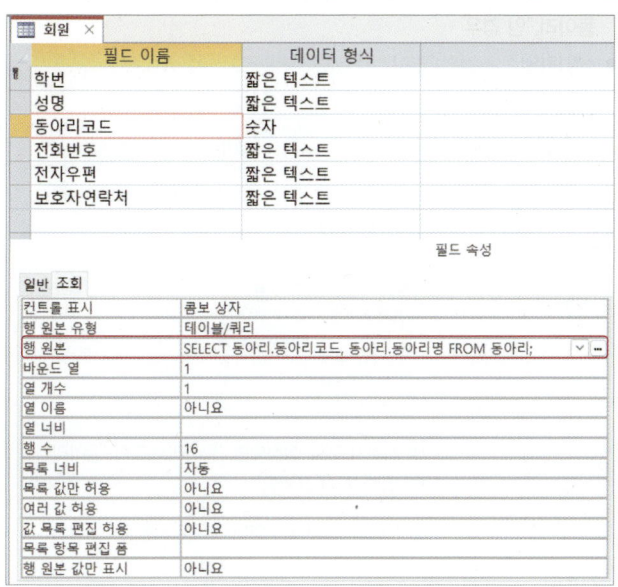

SELECT 동아리.동아리코드, 동아리.동아리명
　❶　　　❷　　　　　　❸

FROM 동아리;
　❹

❶ 검색하라.
❷ 〈동아리〉 테이블의 '동아리코드' 필드
❸ 〈동아리〉 테이블의 '동아리명' 필드
❹ 〈동아리〉 테이블로부터

⑦ 다음과 같이 나머지 지시사항을 이행한다. '동아리명' 필드의 값이 콤보 상자의 목록으로 나타나되, '동아리코드'가 저장되도록 '바운드 열' 입력란에 1, '열 개수' 입력란에 2, '열 너비' 입력란에 0을 입력하고 '목록 값만 허용' 입력란에 목록 단추(▼)를 클릭하여 '예'를 선택한다.

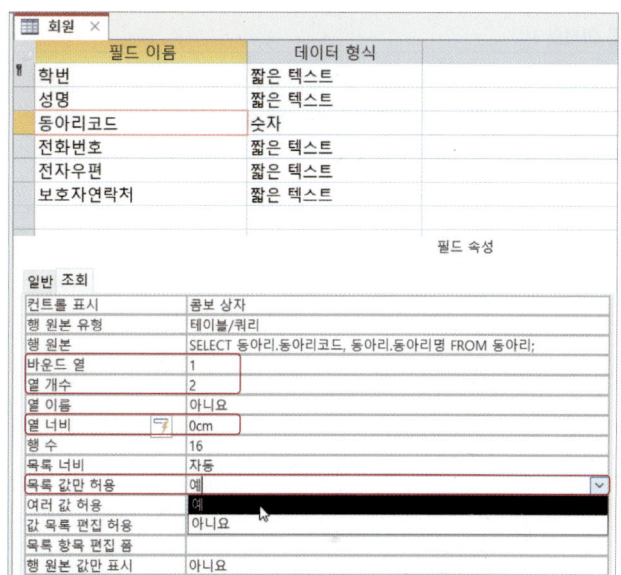

> **기적의 TIP**
>
> • 〈동아리〉 테이블로부터 가져온 두 열(필드) 중에서 먼저 검색된 '1' 번 열(동아리코드)을 '바운드 열'로 삼았습니다.
> • '열 개수'를 '2'로 지정하여 두 열이 다 표시되도록 설정하였습니다.
> • 하지만 첫 번째 열의 너비를 '0cm'로 두어, 실제로는 두 번째 열(동아리명)만 표시되도록 하였습니다.

> **기적의 TIP**
>
> 열 너비 속성에서 '0'만 적으면 'cm'는 자동으로 붙습니다. 원칙은 0 cm;로 표현하여 세미콜론의 앞쪽이 첫 번째 열, 세미콜론의 뒤쪽이 두 번째 열이 되어야 합니다만, 아무것도 적지 않으면 액세스가 알아서 자동으로 기본 열 너비를 부여합니다.

⑧ [테이블 디자인 보기] 창의 [닫기]를 누르고, 변경된 내용은 [예]를 클릭하여 저장한다.

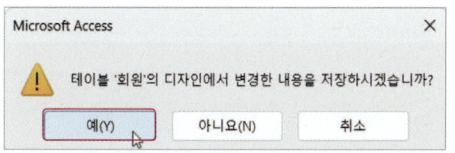

⑨ 다음과 같이 〈회원〉 테이블의 '동아리코드' 필드에 콤보 상자를 통해서 값을 입력할 수 있는 상태가 되었다. 콤보 상자의 목록 행에는 〈동아리〉 테이블의 '동아리명' 필드에 있는 값들이 나타난다.

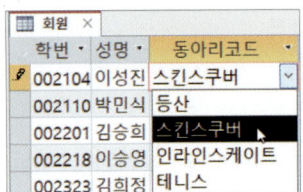

> **기적의 TIP**
> 목록 값만 허용한다는 것은, 목록 이외의 값은 입력되지 않게 한다는 말입니다.

> **기적의 TIP**
> 조회 속성을 완성하는 문제는 행 원본, 바운드 열, 열 개수, 열 너비의 상호 관계를 잘 알고 이해하고 있어야 해결할 수 있습니다.

➕ 더알기 TIP

만약 행 원본의 쿼리 작성기 창에서 필드(열)를 가져올(바운드 될) 때 '동아리코드', '동아리명'의 순서가 아니라 '동아리명', '동아리코드'의 순서로 가져왔을 경우 어떻게 하면 동일한 결과를 얻을 수 있을까? 결론은 바운드 될 열의 순서가 설사 바뀌었다 하더라도, '바운드 열', '열 개수', '열 너비' 같은 조회 속성 값만 적절하게 설정해주면 동일한 결과를 얻을 수 있다는 것이다. 다음 두 예제는 행 원본 속성에서 바운드 될 열의 순서는 서로 바뀌었지만, 콤보 상자에 동일한 조회 속성을 반환하는 예이다.

1 행 원본이 "SELECT 동아리.동아리코드, 동아리.동아리명 FROM 동아리;"인 경우

조회 속성	설정 값	의미
바운드 열	1	• 바운드 열이란 지정된 열의 값을 액세스로 전달하는 역할을 함 • 바운드 열을 '1'로 설정하여 '동아리코드'가 전달되도록 함 • 행 원본에 지정된 SQL문의 실행 결과 (1열: 동아리코드, 2열: 동아리명 / 1 등산, 2 스킨스쿠버, 3 인라인스케이, 4 테니스)
열 개수	2	열 개수가 '2'로 설정되면, '동아리코드'와 '동아리명' 필드 둘 다 표시됨
열 너비	0cm;	열 너비의 첫 번째 구역이 0cm로 지정됨, 두 번째 구역은 액세스가 자동 지정 첫 번째 구역 : 동아리코드 / 0cm; 두 번째 구역 : 동아리명

2 행 원본이 "SELECT 동아리.동아리명, 동아리.동아리코드 FROM 동아리;"인 경우

● 작업파일 26컴활1급(상시)₩데이터베이스₩이론₩1.DB구축₩필드조회1_1.accdb

조회 속성	설정 값	의미
바운드 열	2	• 바운드 열을 '2'로 설정하여 '동아리코드'가 전달되도록 함 • 행 원본에 지정된 SQL문의 실행 결과 (1열: 동아리명, 2열: 동아리코드 / 등산 1, 스킨스쿠버 2, 인라인스케이 3, 테니스 4)
열 개수	2	열 개수가 '2'로 설정되면, '동아리코드'와 '동아리명' 필드 둘 다 표시됨
열 너비	;0cm	열 너비의 두 번째 구역이 0cm로 지정됨 첫 번째 구역 : 동아리명 / ;0cm 두 번째 구역 : 동아리코드

출제유형 2 '필드조회2.accdb' 파일을 열어 〈성적〉 테이블의 '등급' 필드에 대하여 다음과 같이 조회 속성을 설정하시오.

▶ A, B, C, D, F 값의 목록이 콤보상자 형태로 표시되도록 설정하시오.
▶ 목록 이외의 값은 입력되지 않도록 하시오.

① [필드조회2 : 데이터베이스] 탐색 창 〈성적〉 테이블에서 마우스 오른쪽 버튼을 눌러 [디자인 보기](📄)를 클릭한다.

② 〈성적〉 테이블 디자인 보기 상태에서 '등급' 필드를 선택하고 '필드 속성'의 [조회] 탭을 클릭한 후, '컨트롤 표시' 속성 입력란의 목록 단추(∨)를 클릭하여 '콤보 상자'를 선택한다. [조회] 탭의 속성 목록이 변경되면, '행 원본 유형' 속성 입력란의 목록 단추(∨)를 클릭하여 '값 목록'을 선택한다.

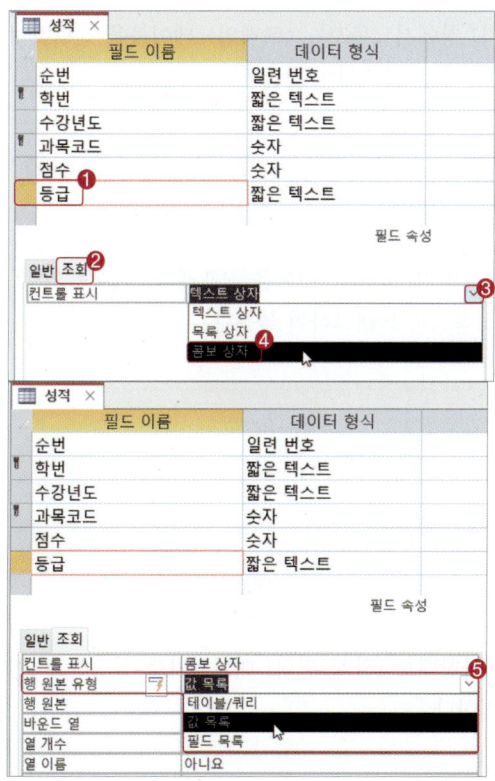

기적의 TIP

콤보 상자의 행 원본 유형
- 콤보 상자에 나타나는 목록이 다른 테이블이나 쿼리를 참조할 때는 '행 원본 유형' 속성을 '테이블/쿼리'로 지정하고, '행 원본' 속성에서 직접 입력한 값 목록을 표시하는 경우에는 '행 원본 유형'을 '값 목록'으로 지정합니다.
- '행 원본 유형' 속성을 '값 목록'으로 지정한 경우 '행 원본' 속성에는 표시될 값 목록을 세미콜론(;)으로 구분하여 입력합니다.

③ '등급' 필드가 선택된 상태에서 목록으로 표시될 값들을 지정하기 위해 '행 원본' 속성 입력란에 A;B;C;D;F를 입력하고, '목록 값만 허용' 속성 입력란의 목록 단추(∨)를 클릭하여 '예'를 선택한다.

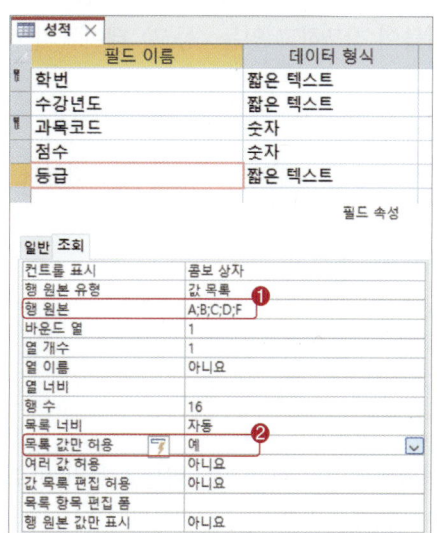

④ 빠른 실행 도구모음에서 [저장](💾) 버튼을 클릭한 후 [테이블 디자인]-[보기] 그룹의 [보기]에서 [데이터시트 보기]를 눌러 '등급' 필드의 콤보 상자를 클릭하여 나타나는 목록을 확인한다.

기적의 TIP

「A;B;C;D;F」
콤보 상자를 클릭할 때 표시될 목록 내용으로 세미콜론(;)이나 쉼표(,)로 표시될 값들을 구분합니다.

03 관계 설정

작업파일 : '26컴활1급(상시)\데이터베이스\이론\1.DB구축'에서 파일을 열어 작업하세요.

출제유형1 〈프레임〉 테이블의 '동꼬코드' 필드는 〈동꼬〉 테이블의 '동꼬코드' 필드를 참조하며, M:1의 관계를 갖는다. '관계설정 1.accdb' 파일을 열어 테이블에 대해 다음과 같이 관계를 설정하시오.

▶ 테이블 간에는 항상 참조 무결성을 유지하도록 설정하시오.
▶ 테이블끼리의 참조 필드 값이 변경되면 관련 필드의 값들도 변경되도록 설정하시오.
▶ 〈프레임〉 테이블이 참조하고 있는 〈동꼬〉 테이블의 레코드를 삭제할 수 없도록 설정하시오.

① [데이터베이스 도구]-[관계] 그룹의 [관계](🖳)를 클릭한다.

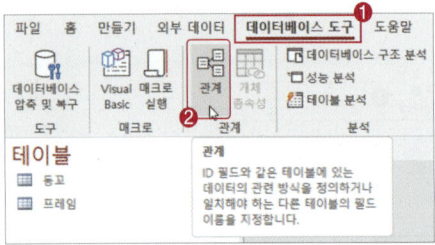

② [관계] 창의 빈 영역에서 오른쪽 마우스 버튼을 눌러 바로 가기 메뉴가 나타나면 [테이블 표시]를 클릭한다.

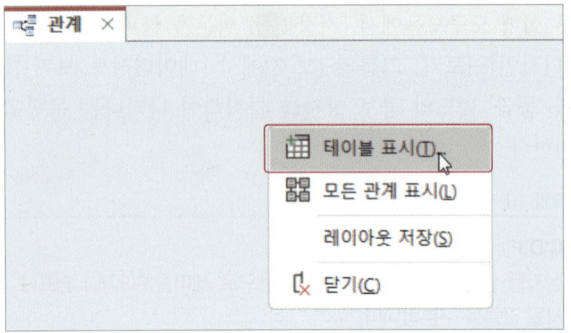

> **기적의 TIP**
>
> [관계 디자인] 탭에서 [테이블 추가]를 클릭해도 가능합니다.

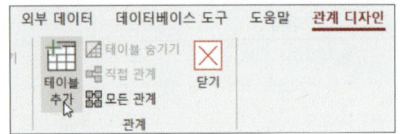

③ [테이블 추가] 창에서 〈동꼬〉, 〈프레임〉 테이블을 선택하여 추가한 후, [닫기]를 클릭하여 창을 닫는다.

> **기적의 TIP**
>
> 각각(〈동꼬〉, 〈프레임〉) 테이블을 더블클릭하여 테이블을 추가할 수 있습니다.

④ 〈동꼬〉 테이블의 '동꼬코드' 필드를, 〈프레임〉 테이블의 '동꼬코드' 필드 쪽으로 드래그하여 놓는다.

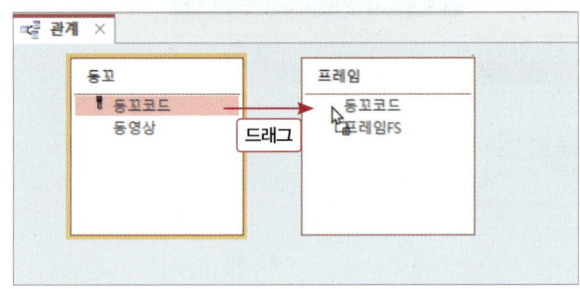

⑤ 문제의 지시사항대로 [관계 편집] 대화상자를 설정하고 [만들기]를 클릭한다.

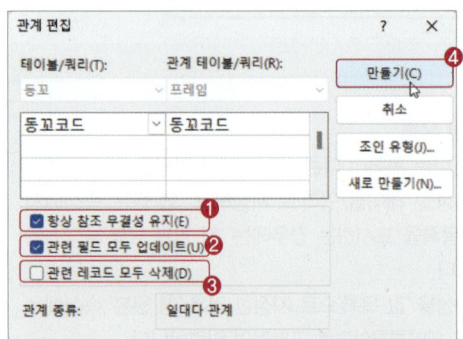

번호	문제의 지시사항
❶	항상 참조 무결성을 유지하도록 설정
❷	관련 필드의 값들도 변경되도록 설정
❸	레코드를 삭제할 수 없도록 설정

기적의 TIP

참조 무결성
액세스가 사용하는 규칙을 말합니다. 테이블끼리의 참조에 결점이 없도록 하겠다는 말로, 사용자의 실수를 덜어주는 역할을 하게 됩니다.

⑥ 〈동꼬〉 테이블의 '동꼬코드' 필드와 〈프레임〉 테이블의 '동꼬코드' 필드 사이에 1:∞(일대다;1:M)의 관계가 설정되었음을 알 수 있다. [닫기]를 누르고 변경한 내용은 [예]를 클릭하여 저장한다.

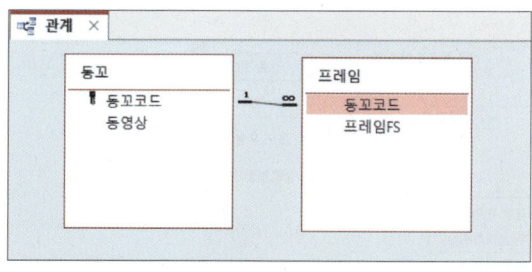

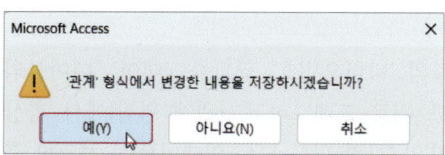

기적의 TIP

외래 키
〈A〉 테이블의 필드를 참조하는 〈B〉 테이블 쪽의 필드(열)를 말합니다.

더알기 TIP

일대다(1:M)의 관계
〈동꼬〉 테이블의 '동꼬코드' 필드와 〈프레임〉 테이블의 '동꼬코드' 필드는 1:M의 관계를 가지고 있다.
즉 〈동꼬〉 테이블의 '동꼬코드' 필드 값 하나에, 〈프레임〉 테이블의 '동꼬코드' 필드 값이 여러 개 대응한다는 말이다.

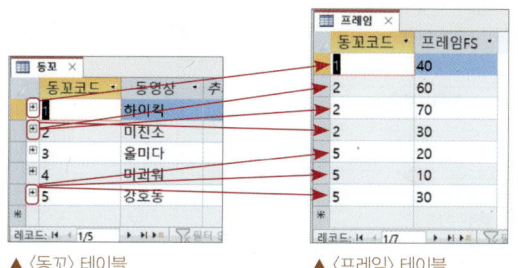

▲ 〈동꼬〉 테이블   ▲ 〈프레임〉 테이블

항상 참조 무결성 유지

참조 무결성이란 테이블 간에 맺어진 관계를 서로 유효하게 하고, 이를 통해 사용자가 실수로 관련 데이터를 삭제하거나 변경하지 않도록 하기 위해서 액세스가 사용하는 규칙이며 다음과 같은 조건을 만족해야 한다.
– 기본 테이블(일대다 관계에서 '일'쪽 테이블)쪽의 관계 필드가 기본 키이거나 고유 인덱스를 가져야 한다.
– 관계를 맺을 필드끼리는 데이터 형식이 같아야 한다.
– 기본 테이블의 기본 키에 존재하지 않는 값은, 관련 테이블의 외래 키 필드에 입력할 수 없다.

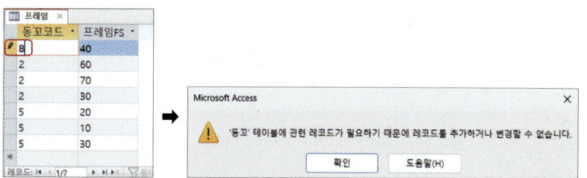

▲ 〈프레임〉 테이블의 '동꼬코드' 필드에, 〈동꼬〉 테이블의 '동꼬코드' 필드에 존재하지 않는 값인 '8'을 입력하고 창을 닫았을 때 나타나는 경고 메시지

관련 필드 모두 업데이트

참조 무결성이 보장될 때 활성화되는 기능으로, 〈동꼬〉 테이블의 '동꼬코드' 필드 값이 변경되면, 관련된 〈프레임〉 테이블의 '동꼬코드' 필드 값도 변경됨을 의미한다.

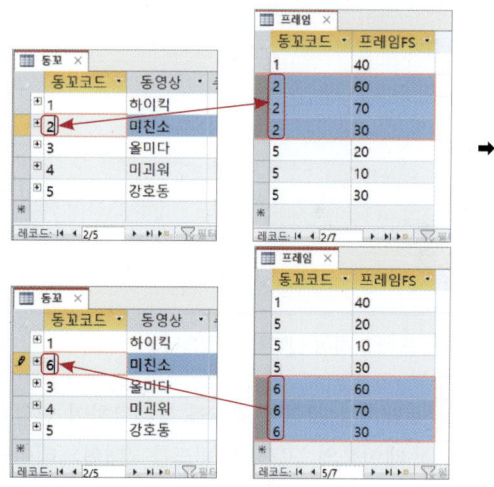

▲ 관련된 필드의 값을 '2'에서 '6'으로 바꾸자 〈동꼬〉, 〈프레임〉 테이블 모두 업데이트 됨

출제유형 2 '관계설정2.accdb' 파일을 열어 다음과 같은 관계를 가지도록 설정하시오.

〈대여〉 테이블의 '고객코드', '비디오번호' 필드는 각각 〈고객〉 테이블의 '고객ID' 필드와 〈비디오〉 테이블의 '비디오번호' 필드를 참조하며, 테이블 간의 관계는 다대일(M:1)이다. 각 테이블에 대해 다음과 같이 관계를 설정하시오.
▶ 각 테이블 간에 참조 무결성이 유지되도록 설정하시오.
▶ 각 테이블의 참조 필드의 값이 변경되면 관련 필드의 값들도 변경되도록 설정하시오.

① [데이터베이스 도구]-[관계] 그룹의 [관계](🔗)를 클릭한다.
② [관계] 창에서 오른쪽 마우스 버튼을 클릭하여 바로 가기 메뉴에서 [테이블 표시]를 선택한다.

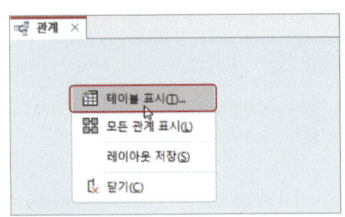

③ [테이블 추가]에서 문제에 언급된 테이블을 모두 선택하여 추가한 후 [닫기]를 클릭한다.

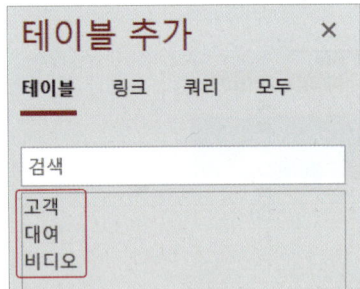

> **기적의 TIP**
> Ctrl 이나 Shift 혹은 드래그 하여 선택할 수 있습니다.

④ 관계를 지정할 두 테이블 사이의 필드를 드래그하여 연결하기 위해, 〈고객〉 테이블의 '고객ID' 필드를 〈대여〉 테이블의 '고객코드' 필드 위로 드래그하고, [관계 편집]에서 '항상 참조 무결성 유지'와 '관련 필드 모두 업데이트'를 체크한 후 [만들기]를 클릭한다.

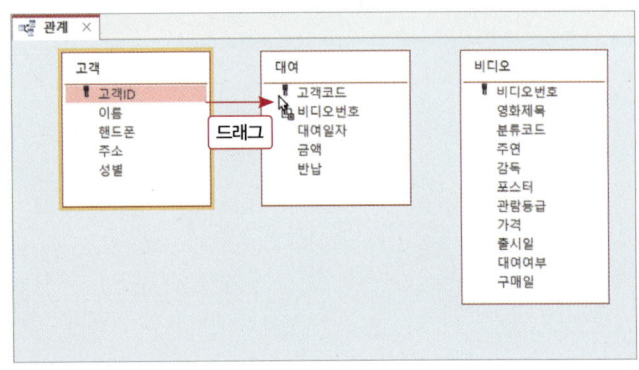

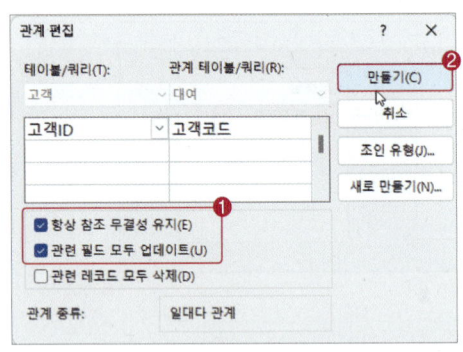

⑤ 〈비디오〉 테이블의 '비디오번호' 필드를 〈대여〉 테이블의 '비디오번호' 필드 위로 드래그하고, [관계 편집]에서 '항상 참조 무결성 유지'와 '관련 필드 모두 업데이트'를 체크한 후 [만들기]를 클릭한다.

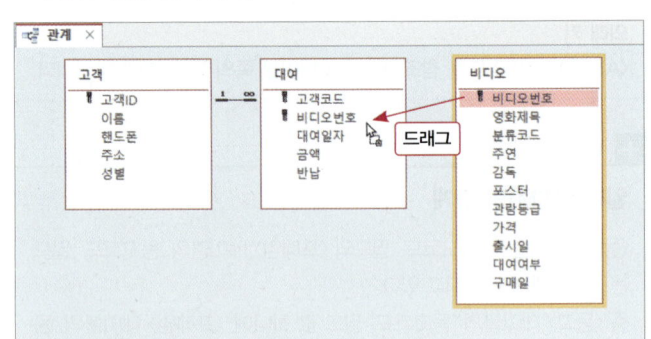

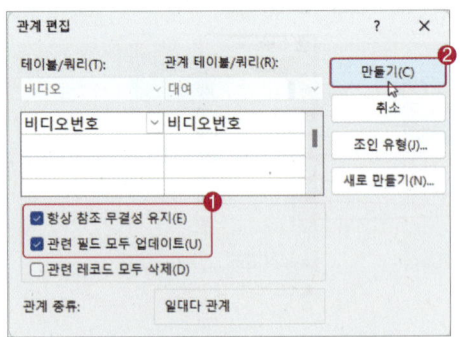

⑥ 빠른 실행 도구모음에서 [저장](💾)을 클릭한 후 [관계] 창의 [닫기]를 클릭하여 [관계] 창을 닫는다.

04 외부 데이터 가져오기

작업파일 : '26컴활1급(상시)\데이터베이스\이론\1.DB구축'에서 파일을 열어 작업하세요.

> **출제유형1** '외부데이터.accdb' 파일을 열어 '매출현황.xlsx' 파일을 테이블로 가져오기 하시오.
>
> ▶ '매출현황' 시트의 열 머리글(첫 번째 행)을 테이블의 필드 이름으로 사용할 것
> ▶ 기본 키(PK)는 없음으로 설정할 것
> ▶ 데이터가 복사되어 저장될 새 테이블의 이름은 〈매출현황_가져오기〉로 설정할 것

① [외부 데이터]-[가져오기 및 연결] 그룹의 [새 데이터 원본]-[파일에서]-[Excel]을 클릭한다.

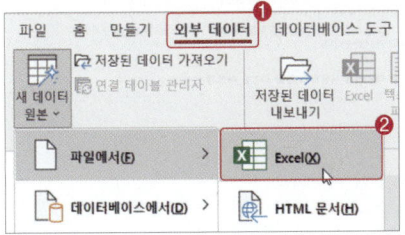

> **기적의 TIP**
>
> 현재 작업에서는 보안 경고 메시지 표시줄을 그대로 두지만, 차후 매크로나 프로시저 작업 때에는 [콘텐츠 사용]을 클릭하도록 합니다.

② 가져올 파일 이름과 데이터를 저장할 방법 및 위치를 지정한다. 파일 이름을 지정하기 위해 [찾아보기]를 클릭한다.

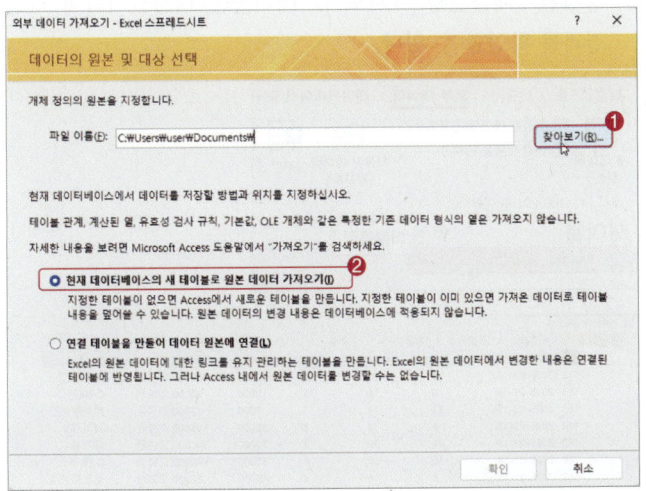

③ [파일 열기]에서 파일 형식은 자동으로 지정되기 때문에 '매출현황' 파일만 선택하고 [열기]를 클릭한 후 [외부 데이터 가져오기-Excel 스프레드시트] 대화상자로 돌아오면 [확인]을 클릭한다.

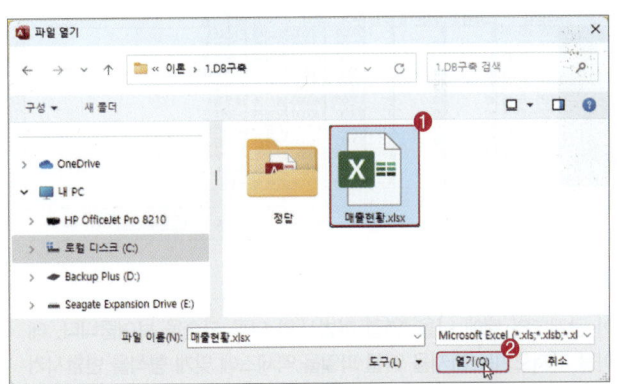

④ 마법사에서 다음과 같이 선택하고 [다음]을 클릭한다. 이 후 과정은 이미 엑셀에서 익혔던 작업과 동일하다.

> **기적의 TIP**
>
> 간혹 엑셀 파일(워크북)에 여러 워크시트가 존재할 수 있으므로, 작업할 워크시트의 이름을 반드시 확인해야 합니다.

⑤ '첫 행에 열 머리글이 있음'을 체크하고 [다음]을 클릭한다.

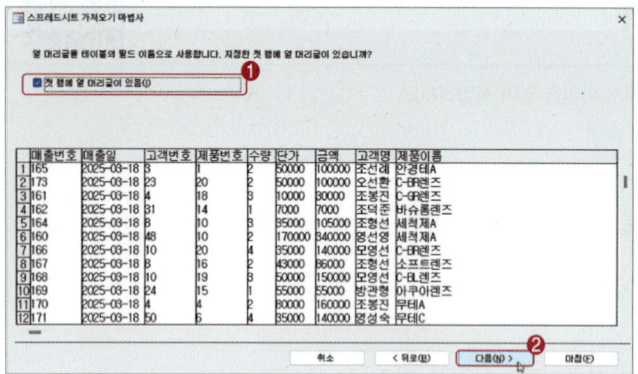

⑥ '매출현황' 시트에서 가져올 각 필드(열)들을 액세스에 맞추어 정보를 가공하여 지정할 수 있다. 특별한 지시 사항이 없으므로 [다음]을 클릭한다.

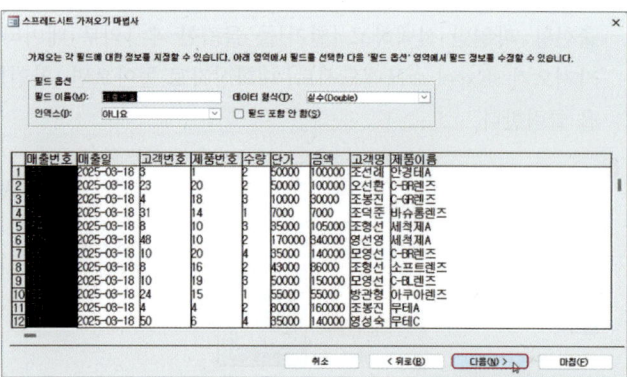

> 📌 기적의 TIP
>
> 이 단계부터 뒤에 나올 '연결 마법사'와 다른 모습을 보여줍니다. 테이블 가져오기는 가져올 엑셀 파일을 액세스에 맞게 형식을 변환시켜 복사본을 만드는 작업입니다. 따라서 액세스로 가져올 필드를 선별하여 지정할 수도 있고(필드 포함 안함), 인덱스를 설정할 수도 있습니다.

⑦ 기본 키에 대한 언급이 없으므로 그림과 같이 '기본 키 없음'을 선택하고 [다음]을 클릭한다.

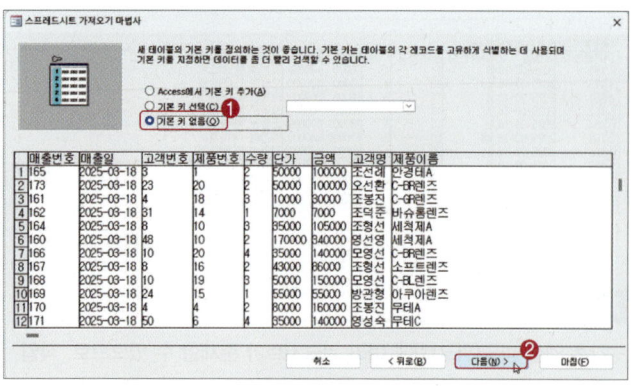

⑧ 가져올 테이블의 이름을 **매출현황_가져오기**로 입력하고 [마침]을 클릭한다.

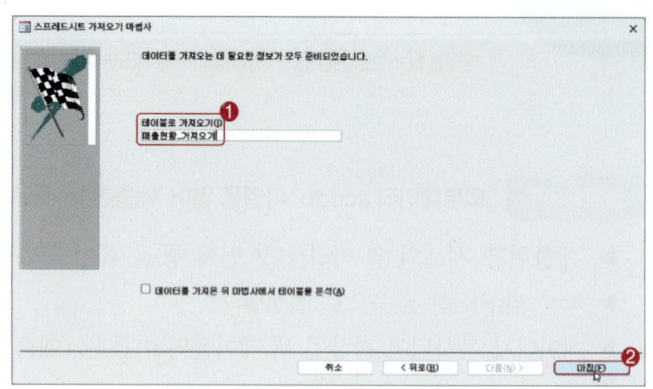

⑨ 가져오기 단계 저장 옵션이 해제된 상태에서 [닫기]를 클릭한다.

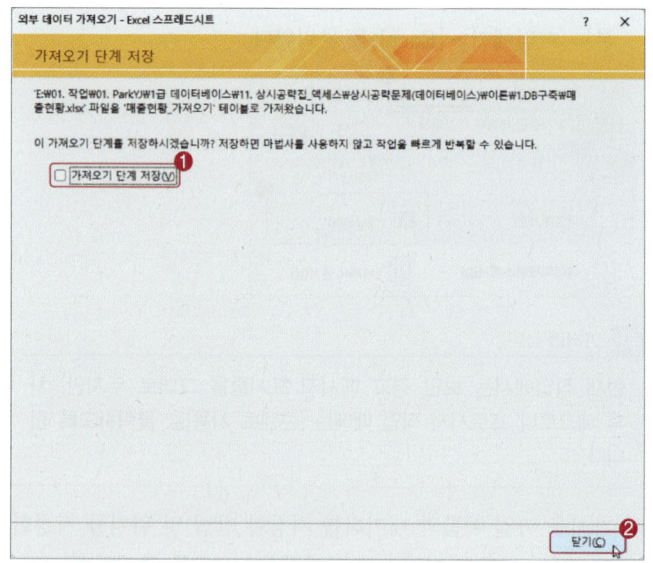

⑩ 생성된 〈매출현황_가져오기〉 테이블을 더블클릭하여 작업 결과를 확인할 수 있다.

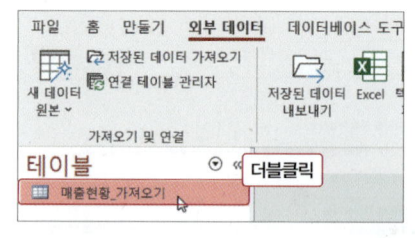

출제유형 2 '대여관리.accdb' 파일을 열어 〈고객〉 테이블의 데이터를 '고객정보.xlsx' 엑셀 파일로 저장하시오.

※ 서식 및 레이아웃 정보를 유지하시오.

① 〈고객〉 테이블을 선택하고 [외부 데이터]-[내보내기] 그룹의 [Excel]을 클릭한다.

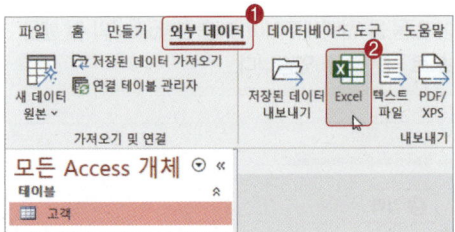

> **기적의 TIP**
>
> **파일 내보내기**
> 외부에 있는 데이터를 액세스로 가져오기 할 수 있을 뿐만 아니라, 액세스에 있는 데이터베이스 개체를 외부에 출력(내보내기)하여 사용할 수도 있습니다.

② [내보내기 - Excel 스프레드시트]에서 [찾아보기]를 클릭하고, 파일을 저장할 적당한 경로로 이동한 다음 [파일 저장] 대화상자에 파일 이름(고객→고객정보)을 입력하고 [저장]을 클릭한다. 계속해서 '서식 및 레이아웃과 함께 데이터 내보내기'에 체크하고 [확인]을 클릭한다.

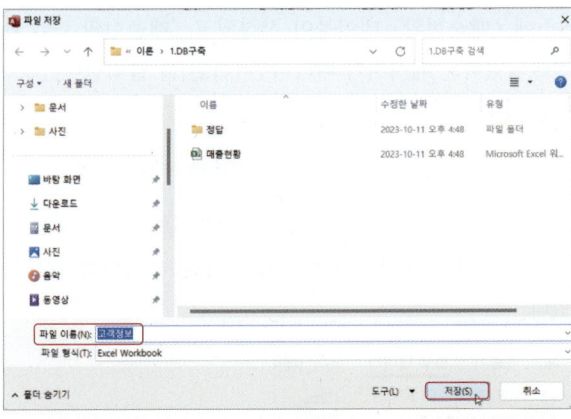

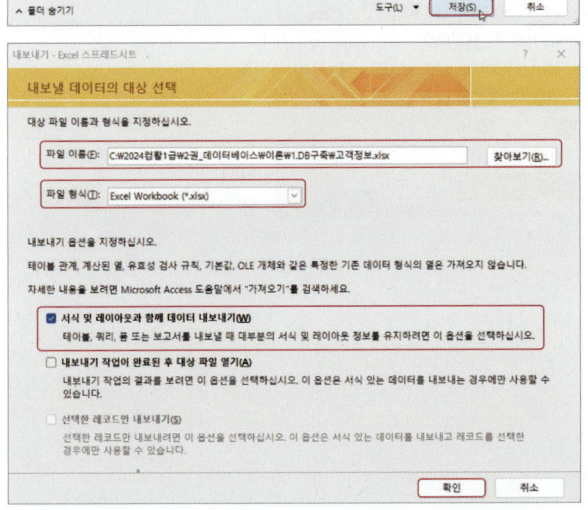

> **기적의 TIP**
>
> **[바로 가기 메뉴]**
> [탐색] 창의 〈고객〉 테이블에서 마우스 오른쪽 버튼을 눌러 [내보내기]-[Excel]을 클릭해도 됩니다.

③ 내보내기 단계 저장 옵션이 해제된 상태에서 [닫기]를 클릭한다.

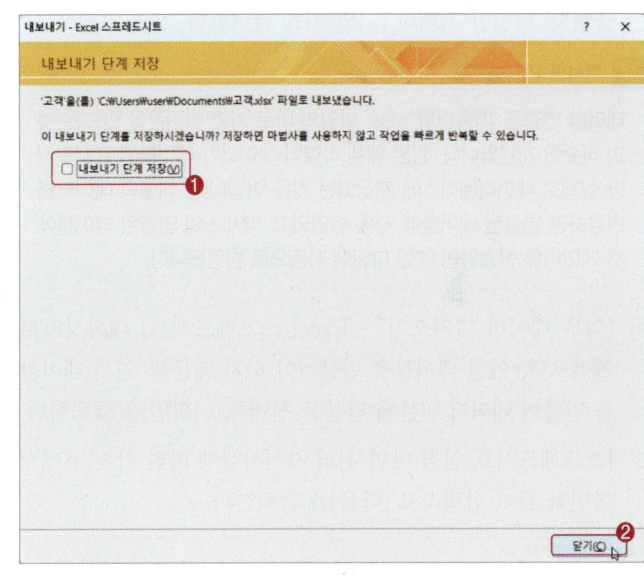

출제유형 3 '외부데이터.accdb' 파일을 열어 '매출현황.xlsx' 파일에 대한 연결 테이블을 다음의 지시사항에 따라 작성하시오.

▶ 매출현황 시트의 첫 번째 행은 필드의 이름임
▶ 연결 테이블의 이름은 '매출현황'으로 할 것

① [외부 데이터]-[가져오기 및 연결] 그룹의 [새 데이터 원본]-[파일에서]-[Excel]을 클릭한다.

② 가져올 파일 이름과 데이터를 저장할 방법 및 위치를 지정한다. 파일 이름을 지정하기 위해 [찾아보기]를 클릭한다.

③ [파일 열기]에서 파일 형식은 자동으로 지정되기 때문에 '매출현황' 파일만 선택하고 [열기]를 클릭한다.

> **기적의 TIP**
>
> 테이블 연결은 '매출현황.xlsx' 파일의 바로 가기 아이콘을 만드는 것과 비슷한 개념입니다. 원본 엑셀 파일의 데이터가 테이블에 표시되지만 실제로 데이터베이스에 저장되는 것은 아닙니다. 엑셀의 데이터를 변경하면 연결된 테이블에 자동 반영되고, 액세스의 연결된 테이블에서 데이터를 변경하면 엑셀 파일에 자동으로 반영됩니다.

④ [외부 데이터 가져오기 - Excel 스프레드시트] 대화상자로 돌아오면, 연결 테이블을 만들어야 하기 때문에 '연결 테이블을 만들어 데이터 원본에 연결'을 선택하고 [확인]을 클릭한다.

⑤ [스프레드시트 연결 마법사]의 지시사항에 따라 각 단계에서 화면과 같이 선택하고 [다음]을 클릭한다.

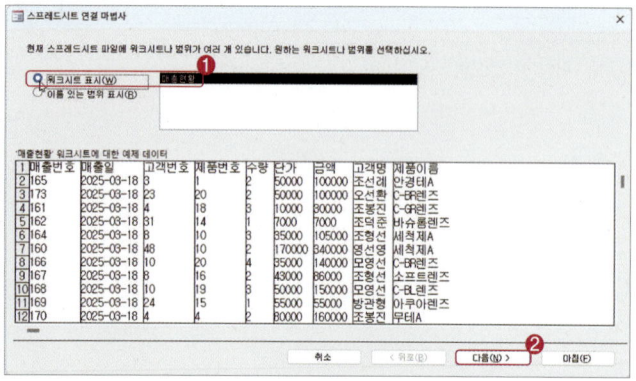

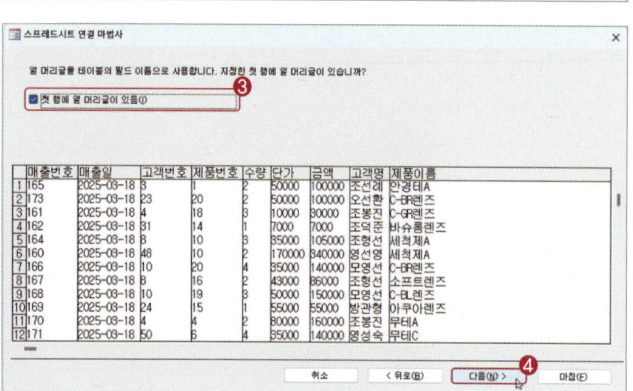

> **기적의 TIP**
>
> '첫 행에 열 머리글이 있음'을 선택해주어야 '매출현황.xlsx'의 첫 행을 테이블의 필드 이름으로 사용할 수 있습니다.

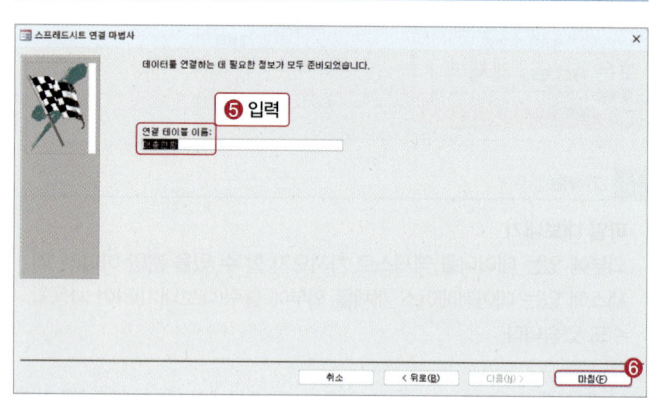

> **기적의 TIP**
>
> [다음]을 클릭하고 나면, 앞서 작업한 '가져오기'와 달리 필드에 대한 정보 설정, 기본 키 설정을 할 수 없습니다. 원본 데이터와 연결되어있기 때문에, 원본을 고칠 수는 없기 때문입니다.

⑥ 액세스에 〈매출현황〉 테이블이 작성되고, '매출현황.xlsx'과 잘 연결되었다는 메시지가 나타나면 [확인]을 클릭한다.

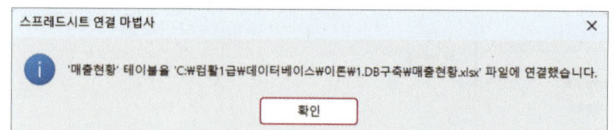

⑦ 〈매출현황〉 연결 테이블이 테이블 개체에 추가되었음을 볼 수 있다.

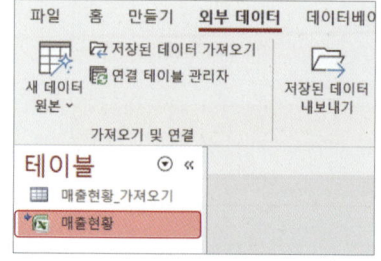

출제유형 4 '번호_매출현황.accdb' 파일을 열고, '매출현황.xlsx' 파일의 '매출현황' 시트에 있는 데이터를 〈번호_매출현황〉 테이블에 추가하시오.

▶ 번호 필드의 값은 자동적으로 입력되므로 무시할 것
▶ 첫 행에 열 머리글 있음

① 〈번호_매출현황〉 테이블을 선택하고 [외부 데이터]-[가져오기 및 연결] 그룹의 [새 데이터 원본]-[파일에서]-[Excel]을 클릭한다.

② 가져올 파일 이름과 데이터를 저장할 방법 및 위치를 지정한다. 파일 이름을 지정하기 위해 [찾아보기]를 클릭한다.

③ [파일 열기]에서 파일 형식은 자동으로 지정되기 때문에 '매출현황' 파일만 선택하고 [열기]를 클릭한다.

④ [외부 데이터 가져오기 - Excel 스프레드시트] 대화상자로 돌아오면, '번호_매출현황' 테이블에 가져온 데이터를 추가해야 하기 때문에 '다음 테이블에 레코드 복사본 추가'를 선택한 후 '번호_매출현황' 테이블을 선택하고 [확인]을 클릭한다.

⑤ [스프레드시트 가져오기 마법사]의 지시사항에 따라 각 단계에서 화면과 같이 선택하고 [다음]을 클릭한다.

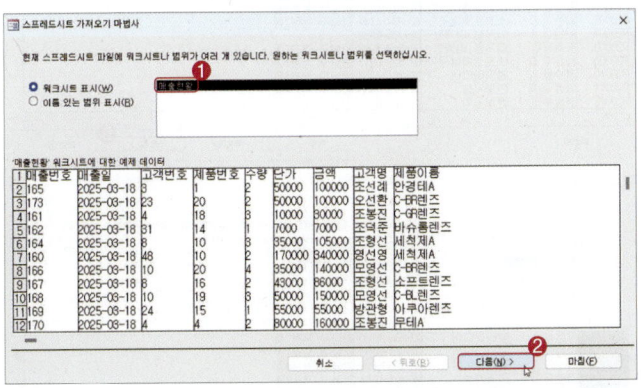

🚩 **기적의 TIP**

기존 테이블로 데이터를 가져오는 방법을 설명하고 있습니다.

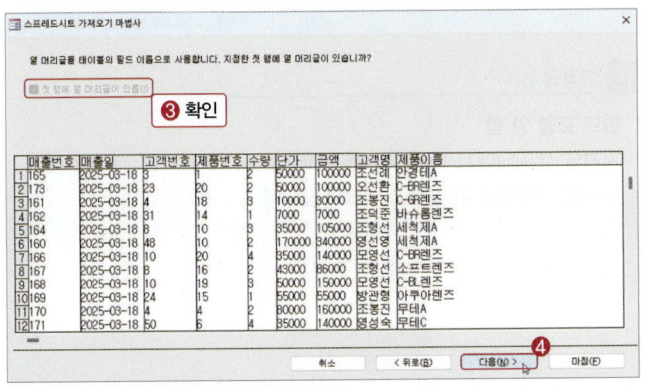

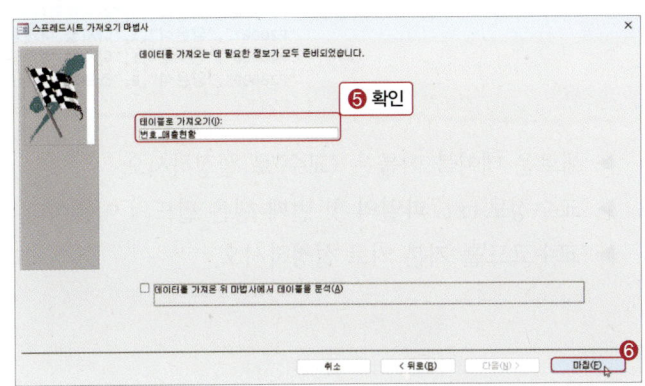

🚩 **기적의 TIP**

기존 테이블인 〈번호_매출현황〉 테이블에 외부 데이터를 추가하려면 외부 데이터의 열 머리글이 테이블의 필드 이름과 일치해야 합니다.

⑥ 가져오기 단계 저장 옵션이 해제된 상태에서 [닫기]를 클릭한다.

⑦ 아무것도 들어있지 않던 〈번호_매출현황〉 테이블에 다음과 같이 매출현황 시트의 내용들이 채워졌음을 알 수 있다.

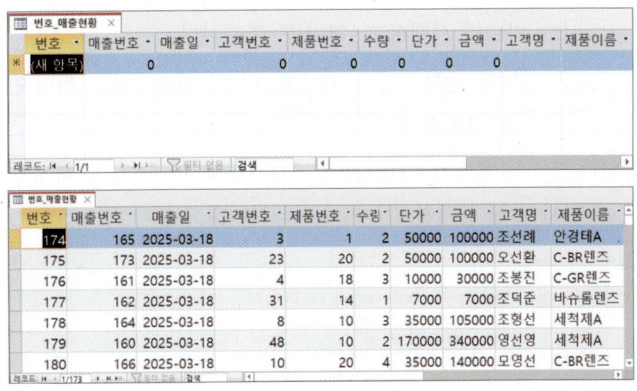

🚩 **기적의 TIP**

'번호' 필드는 일련 번호 데이터 형식이므로, 자동으로 1씩 증가하면서 번호가 부여됩니다.

출제유형 5 '외부데이터.accdb' 파일을 열어 '교수정보.txt' 파일의 데이터를 가져오기 하시오.

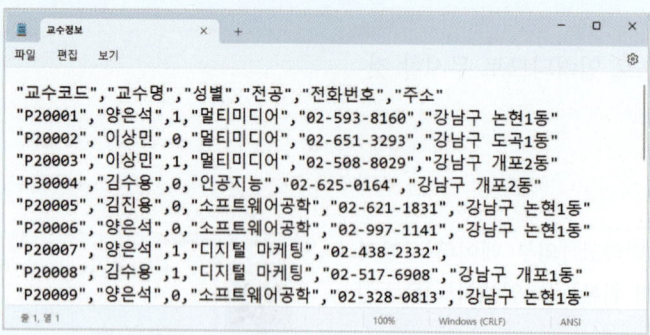

▶ 새로운 테이블 이름은 〈교수〉로 설정하시오.
▶ '교수정보.txt' 파일의 첫 번째 행은 필드의 이름이다.
▶ '교수코드'를 기본 키로 설정하시오.

① [외부 데이터]-[가져오기 및 연결] 그룹의 [새 데이터 원본]-[파일에서]-[텍스트 파일]을 클릭한다.

② 가져올 파일 이름과 데이터를 저장할 방법 및 위치를 지정한다. 파일 이름을 지정하기 위해 [찾아보기]를 클릭한다.

> **기적의 TIP**
>
> 저장할 방법은 [현재 데이터베이스의 새 테이블로 원본 데이터 가져오기]를 선택합니다.

③ [파일 열기]에서 파일 형식은 자동으로 지정되기 때문에 '교수정보' 파일만 선택하고 [열기]를 클릭한다.

④ [외부 데이터 가져오기 – 텍스트 파일] 대화상자로 돌아오면 [확인]을 클릭한다.

⑤ [텍스트 가져오기 마법사]의 지시사항에 따라 각 단계에서 화면과 같이 선택하고 [다음]을 클릭한다.

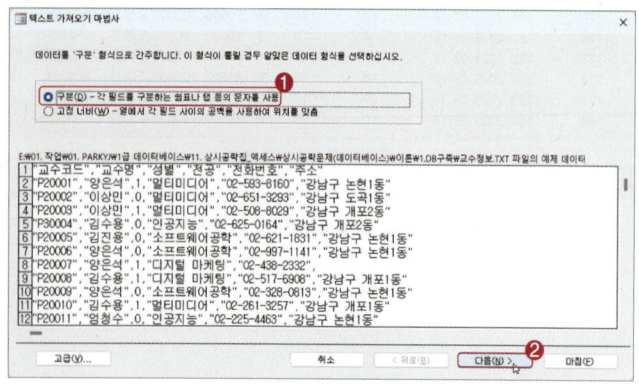

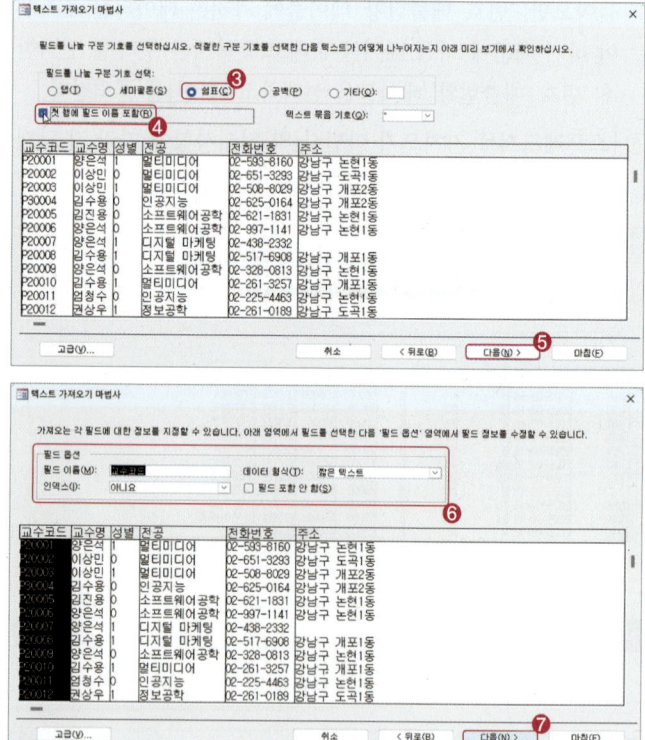

> **기적의 TIP**
>
> **필드 포함 안 함**
> 가져올 데이터에서 특정 필드를 포함시키지 않아야 할 경우에 해당 필드를 선택하고 이 옵션을 체크해 줍니다.

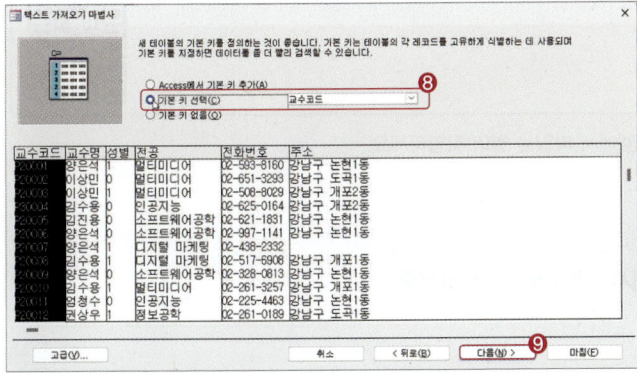

> **기적의 TIP**
>
> 액세스로 가져온 후 테이블을 디자인 보기로 열어서 기본 키를 지정해도 됩니다.

⑥ 가져올 테이블의 이름을 정하고 [마침]을 클릭한 후 [가져오기 단계 저장] 창은 [닫기]를 클릭한다.

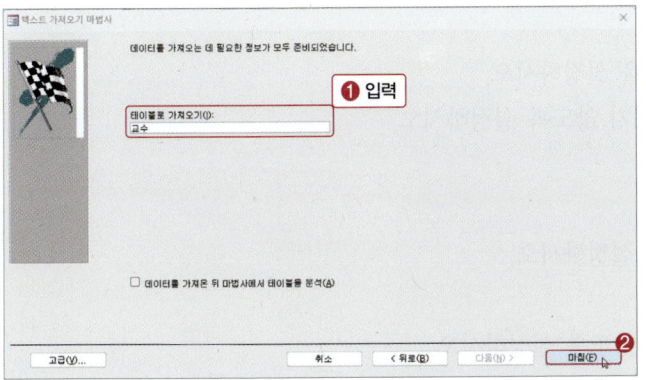

⑦ 탐색 창에서 〈교수〉 테이블을 더블클릭하여 데이터시트 보기로 열어 가져온 테이블 내용을 확인한다.

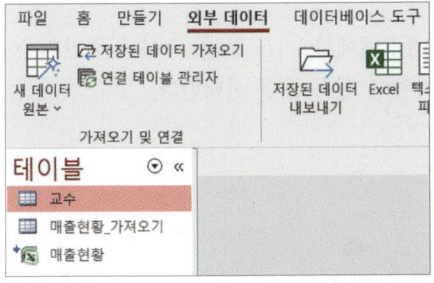

05 폼 속성 지정

작업파일: '26컴활1급(상시)₩데이터베이스₩이론₩2.입력및수정'에서 파일을 열어 작업하세요.

출제유형 1 '폼속성.accdb' 파일을 열어 〈대여관리〉 폼을 다음 지시사항에 따라 완성하시오.

❶ 〈대여목록〉 쿼리를 레코드 원본으로 설정하시오.
❷ 제시된 〈화면〉과 같은 형태로 나타나도록 '기본 보기' 속성을 설정하시오.
❸ 레코드 탐색 단추와 폼의 구분 선, 레코드 선택기가 표시되지 않도록 설정하시오.
❹ 폼에 레코드를 삭제할 수 없도록 설정하시오.
❺ '최대화 단추'가 표시되지 않도록 설정하시오.
❻ 폼의 크기를 수정할 수 없도록 테두리 스타일을 '가늘게'로 설정하시오.
❼ 본문 배경색을 '12632256'으로 설정하시오.
❽ 폼 머리글의 높이를 1cm로 설정하고, 폼 바닥글을 보이지 않도록 설정하시오.

01 레코드 원본

① [폼속성 : 데이터베이스] 탐색 창의 〈대여관리〉 폼에서 마우스 오른쪽 버튼을 눌러 [디자인 보기](📐)를 클릭한다.
② [폼] 디자인 보기 창에서 [폼] 속성 시트 창의 [모두] 탭 중 '레코드 원본' 속성 입력란의 목록 단추(▼)를 클릭하여 '대여목록' 쿼리를 선택한다.

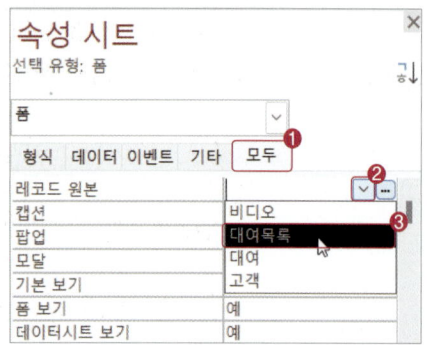

02 기본 보기

③ [폼] 속성 창의 [모두] 탭에서 '기본 보기' 속성 입력란의 목록 단추(▼)를 클릭하여 '연속 폼'을 선택한다.

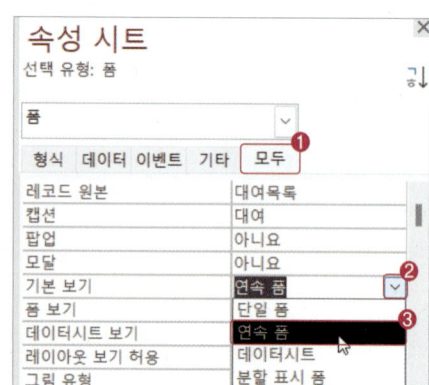

03 탐색 단추, 구분 선, 레코드 선택기

④ [폼] 속성 창의 [모두] 탭에서 '레코드 선택기' 속성 입력란의 목록 단추(˅)를 클릭하여 '아니요'를 선택하고, '탐색 단추', '구분 선' 속성 입력란도 목록 단추(˅)를 클릭하여 모두 '아니요'를 선택한다.

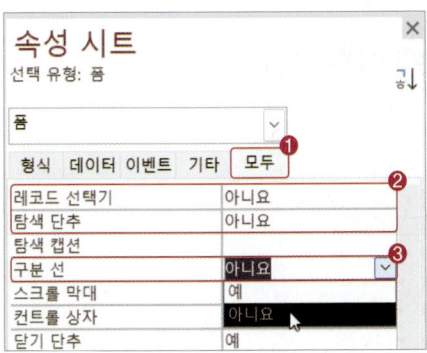

04 삭제 가능

⑤ [폼] 속성 창의 [데이터] 탭에서 '삭제 가능' 속성 입력란의 목록 단추(˅)를 클릭하여 '아니요'를 선택한다.

05 최소화 최대화 단추

⑥ [폼] 속성 창의 [모두] 탭에서 '최소화 최대화 단추' 속성 입력란의 목록 단추(˅)를 클릭하여 '최소화 단추만'을 선택한다.

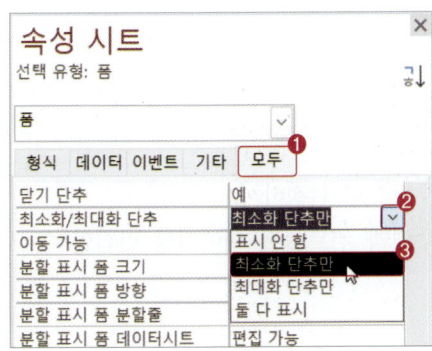

06 테두리 스타일

⑦ [폼] 속성 창의 [모두] 탭에서 '테두리 스타일' 속성 입력란의 목록 단추(˅)를 클릭하여 '가늘게'를 선택한다.

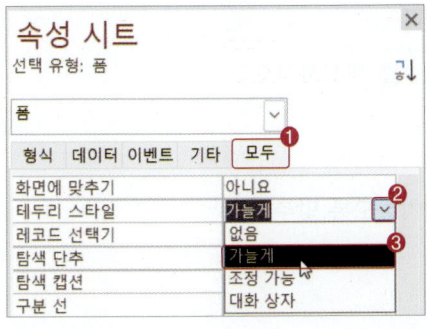

07 배경색

⑧ [본문] 구역 표시줄을 클릭하여 [구역] 속성 창이 표시되도록 한 후, 속성 창의 [모두] 탭에서 '배경색' 속성 입력란에 12632256을 입력한다.

> **기적의 TIP**
>
> '배경색' 속성에 「12632256」을 입력하면 액세스 버전에 맞게 자동으로 「#C0C0C0」으로 변경됩니다.

08 폼 머리글/폼 바닥글

⑨ [폼 머리글] 구역 표시줄을 클릭한 후 [구역] 속성 창의 [모두] 탭에서 '높이' 속성 입력란에 1을 입력한다.

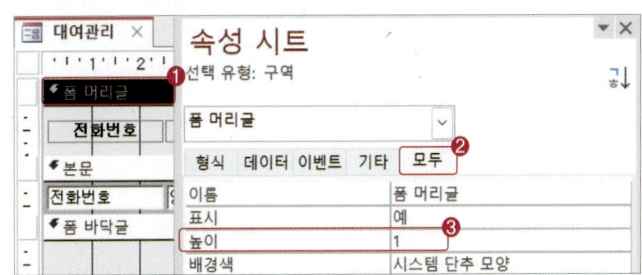

⑩ [폼 바닥글] 구역 표시줄을 클릭하여 [구역] 속성 창이 표시되도록 한 후, 속성 창의 [모두] 탭에서 '높이' 속성 입력란에 0을 입력한다.

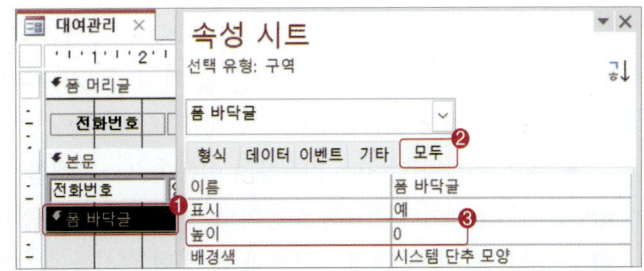

> **기적의 TIP**
>
> 단위는 제어판의 국가별 설정을 따르므로, 일반적으로 숫자만 입력하면 'cm'은 자동으로 따라 붙습니다.

⑪ 모든 작업이 완료되었다면, 빠른 실행 도구모음에서 [저장](🖫) 버튼을 눌러 폼을 저장한 후 [닫기]를 클릭하여 창을 닫는다.

06 컨트롤 속성 지정

작업파일 : '26컴활1급(상시)\데이터베이스\이론\2.입력및수정'에서 파일을 열어 작업하세요.

출제유형 1 '컨트롤속성1.accdb' 파일을 열어 〈급여조회〉 폼을 다음 지시사항에 따라 완성하시오.

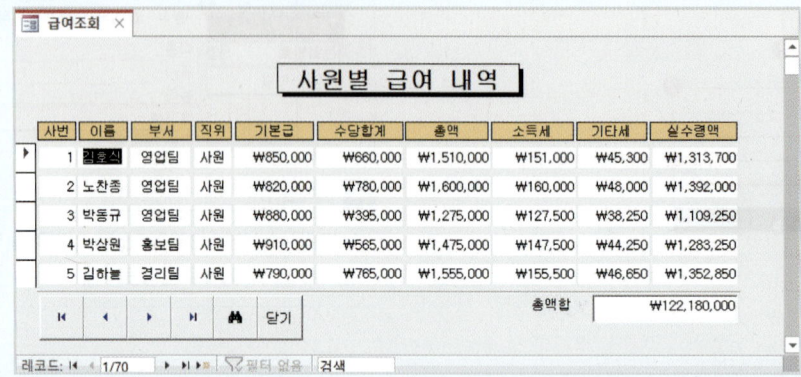

❶ 본문의 'txt사번', 'txt이름', 'txt부서', 'txt직위', 'txt기본급', 'txt수당합계'를 각각 '사번', '이름', '부서', '직위', '기본급', '수당합계' 필드에 바운드 시키시오.

❷ 본문의 'txt총액', 'txt소득세', 'txt기타세', 'txt실수령액' 컨트롤에 다음과 같이 계산식을 설정하시오.
  ▶ 'txt총액' : 기본급 + 수당합계
  ▶ 'txt소득세' : 총액의 10%
  ▶ 'txt기타세' : 소득세의 30%
  ▶ 'txt실수령액' : 총액 - 소득세 - 기타세

❸ 폼 머리글에 다음과 같이 레이블 컨트롤을 작성하시오.
  ▶ 컨트롤 이름은 'lbl제목'으로 지정하고 '사원별 급여 내역'이 표시되도록 설정
  ▶ 굴림체, 16pt, 굵게, 가운데 맞춤으로 표시되도록 하고 그림자 효과 지정

❹ 본문의 모든 텍스트 상자(입력란) 컨트롤의 특수 효과를 기본으로, 테두리를 투명으로 설정하시오.

❺ 본문의 'txt기본급', 'txt수당합계', 'txt총액', 'txt소득세', 'txt기타세', 'txt실수령액' 컨트롤은 데이터를 편집할 수 없도록 설정하시오.

❻ 본문의 'txt사번' 컨트롤은 포커스를 가질 수 없도록 설정하시오.

❼ 폼 바닥글 영역에 전체 총액의 합계가 표시되도록 컨트롤을 생성하시오.
  ▶ 텍스트 상자(입력란) 컨트롤의 이름은 'txt총액합', 레이블은 '총액합'으로 표시되도록 설정

❽ 모든 숫자 데이터 컨트롤은 통화로 설정하고, 오른쪽 맞춤으로 정렬하시오.

❾ 본문의 컨트롤에 대해서 다음과 같이 탭 순서를 설정하시오.
  ▶ 'txt사번', 'txt이름', 'txt부서', 'txt직위', 'txt기본급', 'txt수당합계', 'txt총액', 'txt소득세', 'txt기타세', 'txt실수령액'

❿ 폼 바닥글의 왼쪽 하단에 다음 지시사항에 따라 명령 단추(CommandButton)를 생성하시오.
  ▶ 명령단추를 누르면 폼이 닫히도록 설정
  ▶ 컨트롤의 이름은 'cmd닫기', 캡션은 '닫기'로 설정

⓫ 폼 바닥글의 명령 단추들을 〈화면〉과 같이 위쪽을 기준으로 동일한 높이에 위치하도록 맞추시오.

01 필드 바운드

① [컨트롤속성1 : 데이터베이스] 탐색 창의 〈급여조회〉 폼에서 마우스 오른쪽 버튼을 눌러 [디자인 보기]를 클릭한다.

② 속성 시트 창에서 'txt사번'을 선택하고 [모두] 탭의 '컨트롤 원본' 입력란의 목록 단추(∨)를 클릭하여 '사번'을 선택한다.

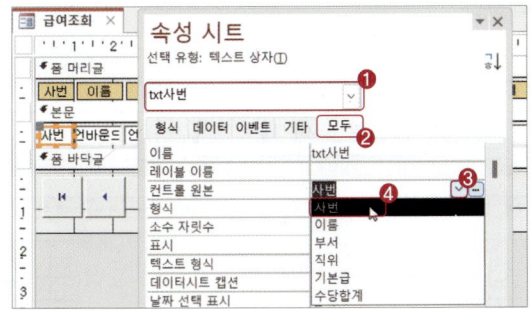

③ ②와 같은 방법으로, 나머지 컨트롤 'txt이름', 'txt부서', 'txt직위', 'txt기본급', 'txt수당합계' 컨트롤에 각각 '이름', '부서', '직위', '기본급', '수당합계' 필드를 컨트롤 원본으로 지정한다.

02 계산식

④ 본문의 'txt총액' 컨트롤을 클릭한 후 'txt총액' 속성 창의 [모두] 탭에서 '컨트롤 원본' 입력란에 **=기본급+수당합계**를 입력하고 Enter 를 누른다. (필드 이름 앞뒤에 자동으로 대괄호([ ])가 표시된다.)

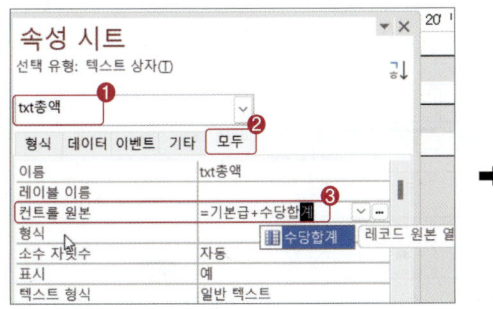

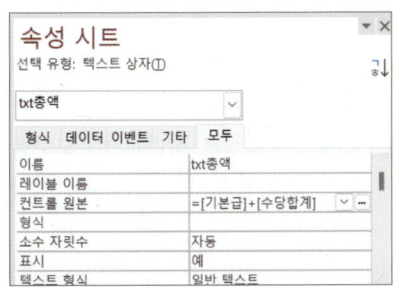

▲ 필드 이름 앞뒤에 대괄호([ ]) 표시

⑤ ④와 같은 방법으로 'txt소득세', 'txt기타세', 'txt실수령액' 컨트롤의 '컨트롤 원본' 속성 입력란에 다음과 같이 입력한 후 Enter 를 누른다.

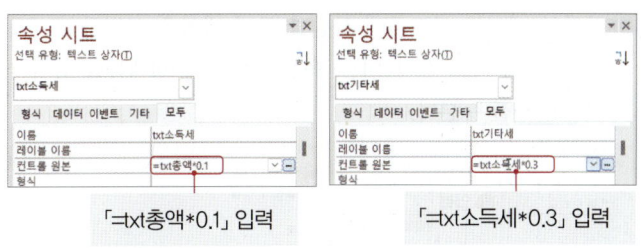

「=txt총액*0.1」 입력   「=txt소득세*0.3」 입력

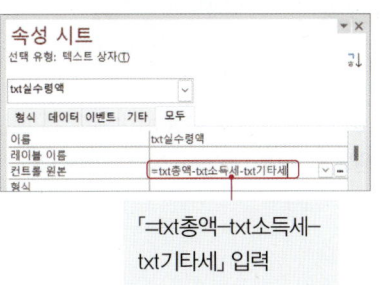

「=txt총액-txt소득세-txt기타세」 입력

03 레이블 컨트롤 작성

⑥ '폼 머리글' 구역의 아래 가장 자리에서 마우스 포인터 ✚ 모양이 될 때 아래로 드래그하여 높이를 적당하게 조절한다.

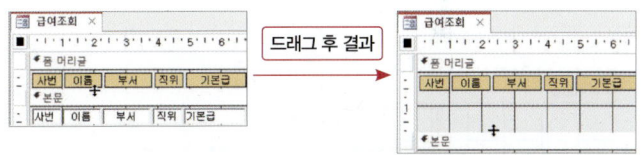

⑦ '폼 머리글' 구역의 왼쪽 눈금자에서 마우스 포인터 모양이 ➡ 이 될 때 클릭하여 '폼 머리글' 구역의 모든 컨트롤을 선택한다. 선택한 컨트롤 위에서 마우스 포인터 모양이 이 될 때 드래그하여 본문 구역 경계까지 드래그하여 이동한다. (또는, Ctrl + ↓ 를 눌러 이동한다.)

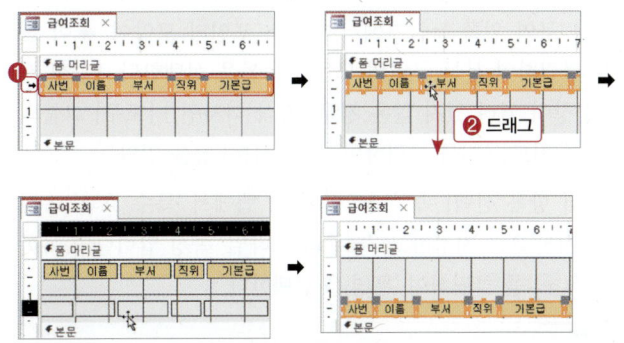

⑧ [양식 디자인]-[컨트롤] 그룹에서 [레이블]( ) 도구를 클릭한 후 '폼 머리글' 구역에서 레이블이 놓일 위치와 크기만큼 적당하게 드래그하여 놓는다.

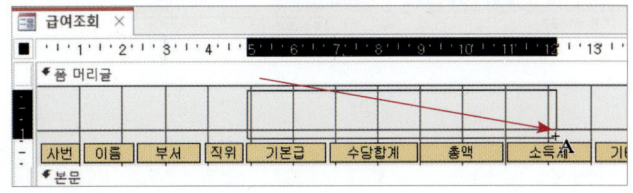

⑨ 삽입한 레이블 컨트롤에 **사원별 급여 내역**을 입력한 후 [레이블] 속성 시트 창의 '이름' 속성 입력란에 lbl제목을 입력하고 Enter 를 누른다.

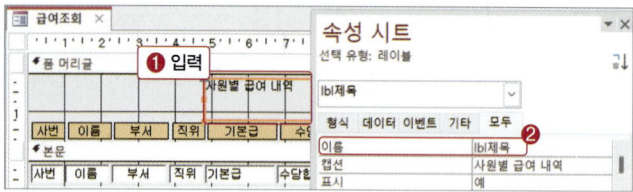

🅑 기적의 TIP

레이블 컨트롤에 입력한 '사원별 급여 내역'은 속성 창의 캡션에 나타납니다.

🅑 기적의 TIP

만약 작업의 편의를 위해 속성 시트 창을 닫았다면 [양식 디자인]-[도구] 탭의 [속성 시트] 아이콘을 클릭하면 다시 나타납니다.

⑩ 'lbl제목' 레이블 컨트롤의 속성 시트에서 '특수 효과', '글꼴 이름', '글꼴 크기', '텍스트 맞춤', '글꼴 두께'를 다음과 같이 지정한다.

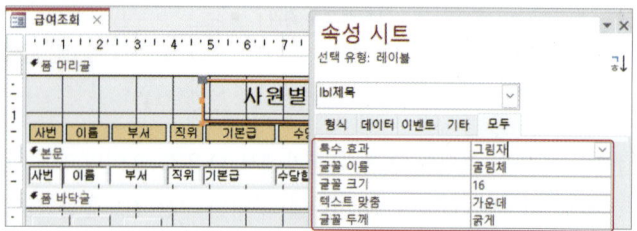

04 컨트롤 서식

⑪ 본문 구역 왼쪽 눈금자에서 마우스 포인터 모양이 ➡이 될 때 클릭하여 본문 구역의 모든 컨트롤을 선택한다. [속성 시트] 창이 열려 있지 않은 경우 [양식 디자인]-[도구] 그룹의 [속성 시트](圖)를 클릭하여 [속성 시트] 창을 연다.

⑫ [여러 항목 선택] 속성 창의 [형식] 탭에서 '특수 효과' 속성을 '기본'으로 지정하고, '테두리 스타일' 속성 입력란의 목록 단추(⌄)를 클릭하여 '투명'을 선택한다.

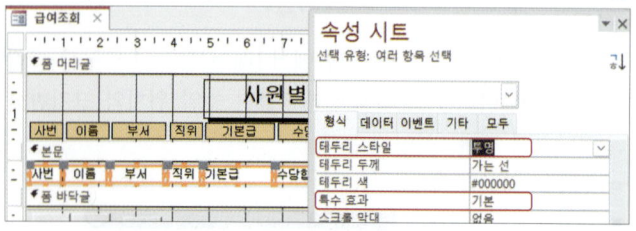

05 잠금

⑬ Shift 를 누른 채 'txt기본급', 'txt수당합계', 'txt총액', 'txt소득세', 'txt기타세', 'txt실수령액' 컨트롤을 각각 클릭하여 여러 컨트롤을 선택한다.

⑭ [여러 항목 선택] 속성 창의 [데이터] 탭에서 '잠금' 속성을 '예'로 선택한다.

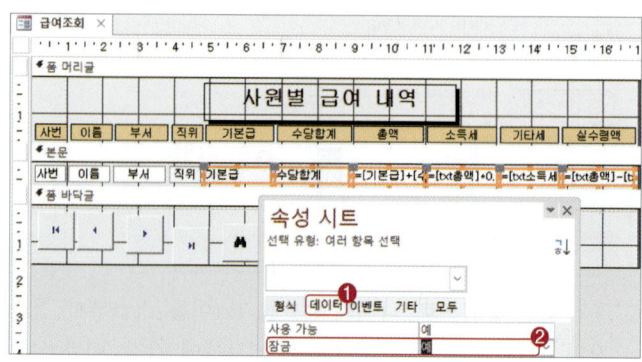

🅑 기적의 TIP

[속성 시트] 창이 열려있지 않은 경우, [양식 디자인]-[도구] 그룹의 [속성 시트](圖)를 클릭합니다.

06 사용 가능

⑮ 'txt사번' 컨트롤을 클릭하고 속성 창의 [데이터] 탭에서 '사용 가능' 속성 입력란의 목록 단추(⌄)를 클릭하여 '아니요'를 선택한다.

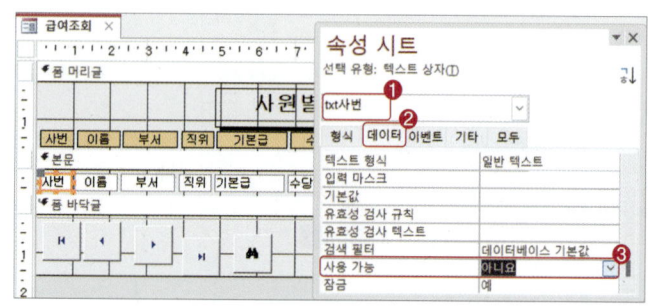

07 합계 컨트롤 작성

⑯ [양식 디자인]-[컨트롤] 그룹의 [텍스트 상자](回) 도구를 클릭하고 '폼 바닥글'에 총액 합계가 표시될 위치에서 적당히 드래그하여 놓는다.

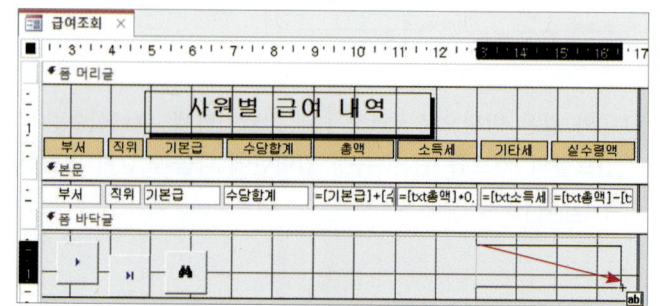

⑰ [텍스트 상자 마법사]에서 [마침]을 클릭한다.

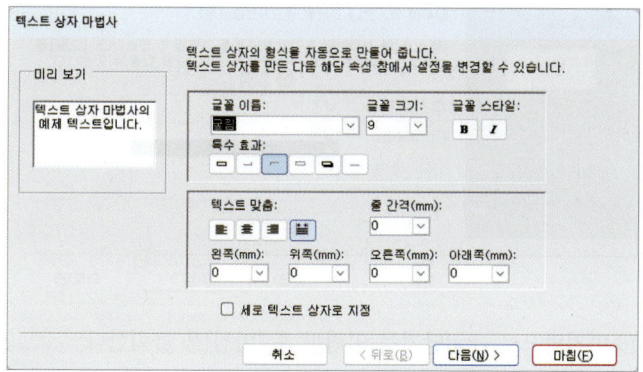

> 📌 **기적의 TIP**
>
> =Sum(기본급+수당합계)
> 총액의 합을 구하기 위해서 Sum()함수를 이용합니다.

⑱ 작성된 컨트롤의 안내 '레이블' 컨트롤 안을 클릭하여 **총액합**을 입력하고 Enter 를 누른 후 레이블 왼쪽 상단 '이동 핸들'에서 마우스 포인터 모양이 🖑이 될 때 드래그하여 적당하게 '텍스트 상자' 컨트롤과 간격을 맞춘다.

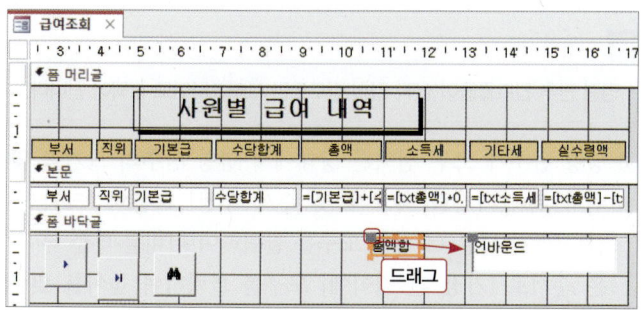

⑲ '텍스트 상자' 컨트롤을 선택한 후 속성 창의 [모두] 탭에서 '이름' 속성에 **txt총액합**을, '컨트롤 원본' 속성에 **=Sum(기본급+수당합계)**를 입력한 후 Enter 를 누른다. (필드 이름 앞뒤에는 대괄호([])가 자동으로 표시되어 '=Sum([기본급]+[수당합계])'로 표시된다.)

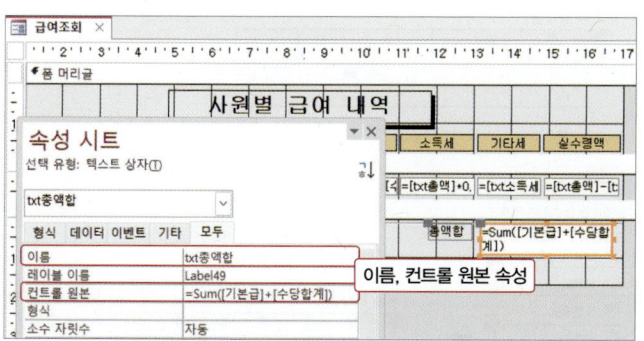

08 형식, 정렬

⑳ Shift 를 누른 채 본문의 'txt기본급', 'txt수당합계', 'txt총액', 'txt소득세', 'txt기타세', 'txt실수령액' 컨트롤과 '폼 바닥글'의 'txt총액합' 컨트롤을 클릭하여 여러 컨트롤을 선택한다.

㉑ 속성 창이 열려있지 않은 경우 [양식 디자인]-[도구] 그룹의 [속성 시트](🗒) 도구를 클릭한 후 속성 창의 [모두] 탭에서 '형식' 속성 입력란의 목록 단추(⌄)를 클릭하여 '통화'를 클릭한다.

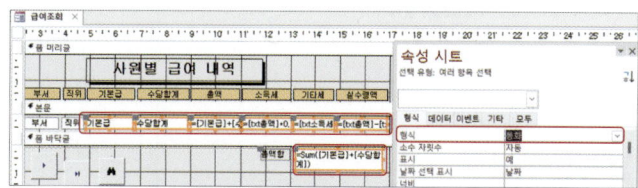

㉒ 여러 컨트롤이 선택된 상태에서 [서식]-[글꼴] 그룹에서 [오른쪽 맞춤](≡) 도구를 클릭한다.

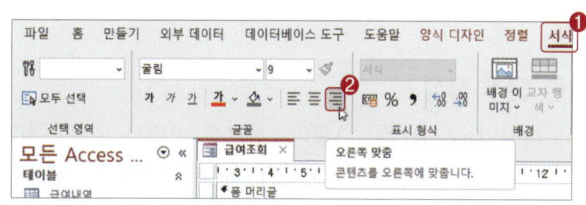

> 📌 **기적의 TIP**
>
> 속성 시트 창의 텍스트 맞춤 –오른쪽을 선택해도 됩니다.

09 탭 순서

㉓ 폼 디자인 보기에서 [양식 디자인]-[도구] 그룹의 [탭 순서](🗒) 도구를 클릭한다.

㉔ [탭 순서]에서 '구역'의 '본문'을 클릭한 후 '사용자 지정 순서' 목록에서 'txt사번' 행 선택기에서 마우스 포인터 모양이 ➡이 될 때 클릭한 후, 선택된 'txt사번' 행 선택기를 목록의 맨 위로 드래그하여 순서를 변경한다.

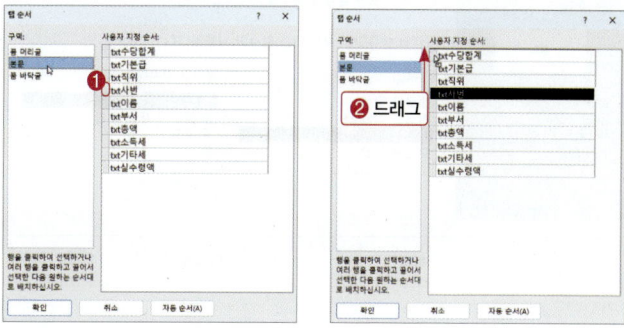

> 📌 **기적의 TIP**
>
> 폼 디자인 상태인 〈급여조회〉 폼에서 마우스 오른쪽 버튼을 눌러 탭 순서를 선택해도 됩니다.

㉕ ㉔와 같은 방법으로 'txt이름', 'txt부서', 'txt직위', 'txt기본급', 'txt수당합계', 'txt총액', 'txt소득세', 'txt기타세', 'txt실수령액' 순으로 순서를 변경하고 [확인]을 클릭한다.

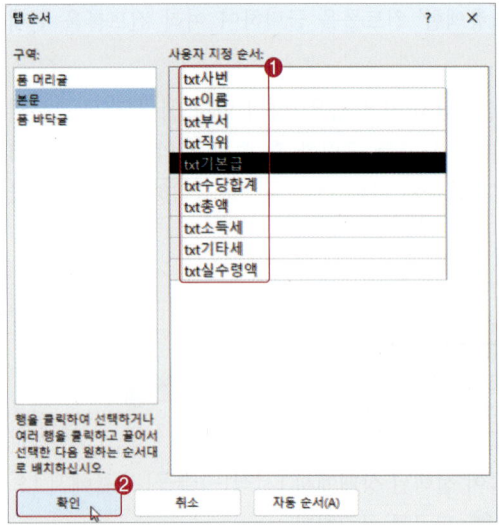

10 명령 단추 작성

㉖ [양식 디자인]-[컨트롤] 그룹의 [컨트롤 마법사 사용](⚡) 도구가 설정된 상태에서 [단추](☐) 도구를 클릭하고 폼 바닥글 왼쪽 영역의 적당한 위치에서 클릭한다.

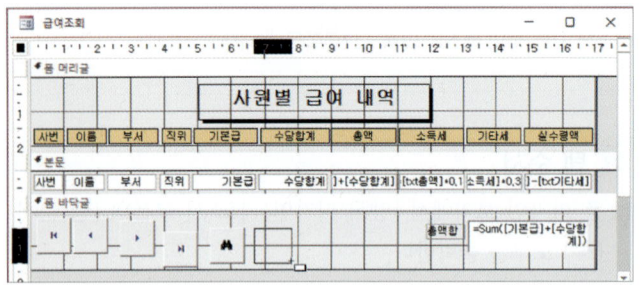

㉗ [명령 단추 마법사]에서 지시사항에 따라 각 단계에서 화면과 같이 선택하고 [다음]을 클릭한다.

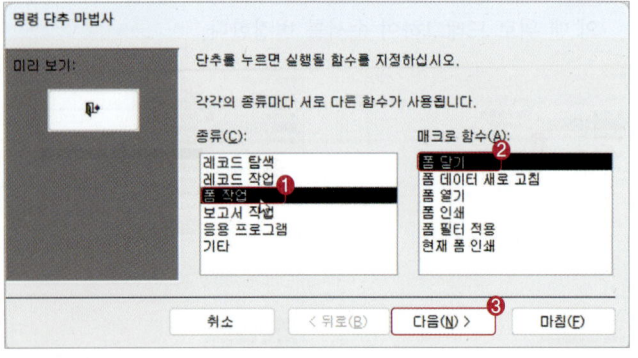

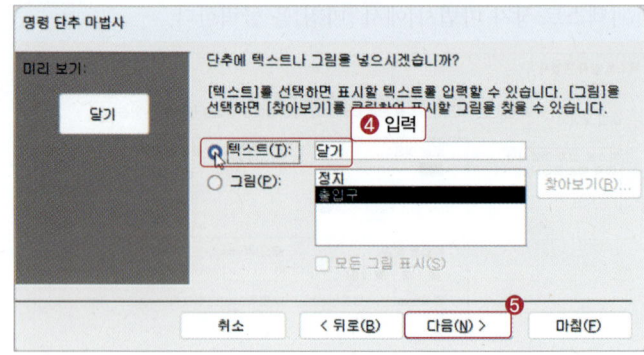

㉘ 마지막으로 cmd닫기를 입력한 후 [마침]을 클릭한다.

11 컨트롤 정렬

㉙ '폼 바닥글' 영역에서 명령 단추가 모두 포함되도록 빈 영역에서부터 드래그한다.

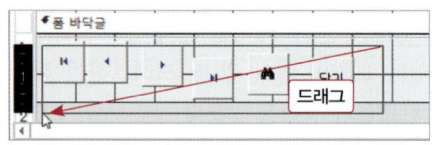

▶ **기적의 TIP**

명령 단추 컨트롤들이 살짝 걸칠 정도로만 드래그하여도 선택이 됩니다.

㉚ 명령 단추가 모두 선택된 상태에서 명령 단추의 크기를 맞추기 위해, [정렬]-[크기 및 순서 조정] 그룹의 [크기/공간]-[가장 넓은 너비에] 도구를 클릭하여 너비를 맞춘 후 같은 순서로 [가장 긴 길이에] 도구를 클릭하여 높이를 맞춘다.

㉛ 명령 단추가 모두 선택된 상태에서 명령 단추를 나란히 맞추기 위해, [정렬]-[크기 및 순서 조정] 그룹의 [맞춤]-[위쪽]을 클릭한 후 다시 한번 [왼쪽]을 클릭하여 명령 단추가 가지런해지도록 한다.

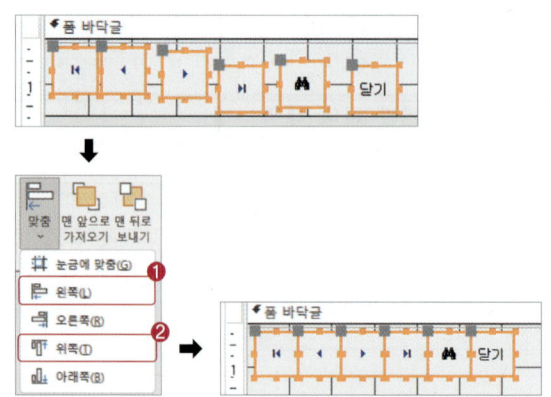

▶ **기적의 TIP**

명령 단추를 모두 선택한 후 바로 가기 메뉴에서 [맞춤]-[위쪽]과 [왼쪽]을 선택해도 됩니다.

출제유형 2 '컨트롤속성2.accdb' 파일을 열어 〈지역매출〉 폼을 다음 지시사항에 따라 완성하시오.

❶ 〈화면〉과 같은 형태로 나타나도록 '기본 보기' 속성을 설정하시오.
❷ 본문의 'txt판매수량', 'txt매출액', 'txt순매출액'을 각각 '판매수량', '매출액', '순매출액' 필드에 바운드 시키시오.
❸ 폼 바닥글의 'txt판매횟수' 컨트롤에는 매출 횟수(레코드 개수)가 표시되도록 설정하시오.
❹ 폼 바닥글의 'txt매출액합계', 'txt순매출액합계' 컨트롤에는 각각 '매출액', '순매출액' 필드의 합계가 표시되도록 설정하시오.(통화 형식으로 표시할 것)
❺ 본문 컨트롤에 대해서 다음과 같이 탭 순서를 설정하시오.
  ▶ 'txt지역코드', '지역명', '상품명', 'txt판매수량', 'txt매출액', 'txt순매출액', 'txt수익률'
❻ 본문의 'txt수익률' 컨트롤에는 '판매수량' 필드 값이 '20' 이상인 경우 10%를 그 이외의 경우 5%를 표시하도록 설정하시오.(백분율 형식으로 소숫점 1자리까지 표시할 것)
  ▶ IIF 함수 이용
❼ 폼 바닥글의 'txt지역합계', 'txt지역평균' 컨트롤에는 폼의 'txt지역코드' 컨트롤을 이용하여 '판매현황' 테이블에서 '매출액' 합계와 평균을 표시하도록 설정하시오.
  ▶ DSUM, DAVG 함수 이용
❽ 폼 바닥글의 왼쪽 하단에 다음 지시사항에 따라 명령 단추(CommandButton)를 생성하시오.
  ▶ 명령 단추를 누르면 마지막 레코드로 이동하도록 설정
  ▶ 컨트롤의 이름은 'cmd마지막'으로 지정
❾ 폼 바닥글의 명령 단추들을 〈화면〉과 같이 정렬하시오.
❿ '지역명' 필드의 값이 '서울'인 경우 'txt판매수량' 컨트롤과 'txt매출액' 컨트롤의 배경색을 녹색으로 구분 짓는 조건부 서식을 설정하시오.
⓫ 폼 바닥글의 'txt순매출액합계' 컨트롤에 다음과 같이 표시되도록 컨트롤 원본 속성을 설정하시오.
  ▶ 금액이 1234567인 경우 → ◆ 순매출액 : 1,234,567원 ◆
  ▶ 금액이 0인 경우 → ◆ 순매출액 : 0원 ◆

01 기본 보기

① [컨트롤속성2 : 데이터베이스] 탐색 창의 〈지역매출〉 폼에서 마우스 오른쪽 버튼을 눌러 [디자인 보기](📐)를 클릭한다.

> **기적의 TIP**
>
> 속성 시트 창이 열려있거나 오른쪽에 고정 배치된 상태라면 개체를 선택(클릭)하기만 하면 됩니다.

② [폼] 속성 시트 창의 [모두] 탭에서 '기본 보기' 속성 입력란의 목록 단추(∨)를 클릭하여 '연속 폼'을 선택한다.

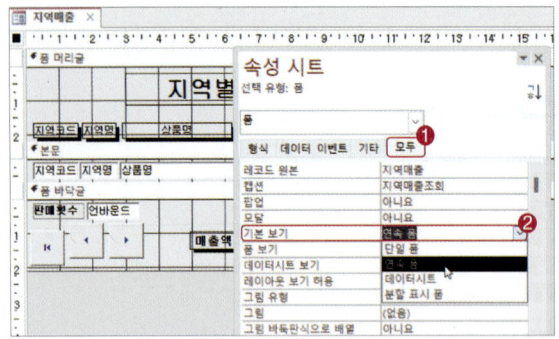

02 필드 바운드

③ 속성 시트 창에서 'txt판매수량'을 선택하고 [모두] 탭에서 '컨트롤 원본' 입력란의 목록 단추(∨)를 클릭하여 '판매수량'을 선택한다.

④ ③과 같은 방법으로 나머지 컨트롤 'txt매출액', 'txt순매출액' 컨트롤에 각각 '매출액', '순매출액' 필드를 컨트롤 원본으로 지정한다.

03 계산식

⑤ '폼 바닥글'의 'txt판매횟수' 컨트롤을 선택한 후 'txt판매횟수' 속성 창의 [모두] 탭에서 '컨트롤 원본'에 =Count(*)를 입력하고 Enter 를 누른다.

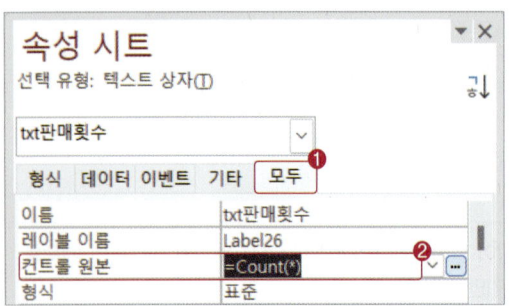

> **기적의 TIP**
>
> =Count(*)는 Null 값까지 포함하여 레코드 개수를 세며, =Count([필드이름])는 Null 값을 제외한 레코드 개수를 세어줍니다. 지금까지 출제된 문제에서는 Null 값이 없었기 때문에 =Count(*)를 사용해왔지만, 만약 특정 필드를 대상으로 레코드 개수를 헤아려야 하고, 그 필드에 Null 값이 있다면 =Count([필드이름])로 처리해야 합니다.

04 합계

⑥ '폼 바닥글'의 'txt매출액합계' 컨트롤을 선택한 후 'txt매출액합계' 속성 창의 [모두] 탭에서 '컨트롤 원본' 입력란에 =Sum(매출액)을 입력하고 Enter 를 누른 후, '형식' 속성의 입력란의 목록 단추(∨)를 클릭하여 '통화'를 선택한다.

⑦ ⑥과 같은 방법으로 'txt순매출액합계' 컨트롤의 '컨트롤 원본' 속성 입력란에 =Sum(순매출액)을 입력한 후 Enter 를 누르고, '형식' 속성을 '통화'로 지정한다.

05 탭 순서

⑧ [양식 디자인]-[도구] 그룹에서 [탭 순서](▦) 도구를 클릭하고, [탭 순서]에서 '구역'의 '본문'을 클릭한 후 '사용자 지정 순서' 목록의 'txt지역코드' 행 선택기에서 마우스 포인터 모양이 ➡ 이 될 때 클릭한다. 이제 목록의 맨 위로 드래그하여 순서를 변경한다.

⑨ ⑧과 같은 방법으로 '지역명', '상품명', 'txt판매수량', 'txt매출액', 'txt순매출액', 'txt수익률' 순으로 순서를 변경한 후 [확인]을 클릭한다.

06 IIF 함수

⑩ '본문'의 'txt수익률' 컨트롤을 선택한 후 'txt수익률' 속성 창의 [모두] 탭에서 '컨트롤 원본' 입력란에 =IIf([판매수량]>=20,0.1,0.05)를 입력하고 Enter 를 누른다. '형식' 속성의 입력란의 목록 단추(▼)를 클릭하여 '백분율'을 선택하고, '소수 자릿수' 속성 입력란의 목록 단추(▼)를 클릭하여 1을 선택한다.

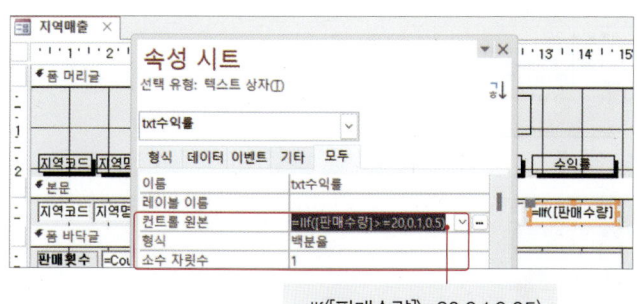

> **기적의 TIP**
>
> **iif 식 설명**
> - iif 함수의 구조
>
>   = iif(조건, 참값, 거짓값)
>
> - =IIf([판매수량]>=20,0.1, 0.05)
>
> '판매수량' 컨트롤 값이 20 이상이면 0.1을 표시하고 아닌 경우 0.05를 표시합니다.

07 DSUM, DAVG 함수

⑪ '폼 바닥글'의 'txt지역합계' 컨트롤을 선택한 후 'txt지역합계' 속성 창의 [모두] 탭에서 '컨트롤 원본' 입력란에 =DSum("[매출액]","판매현황","[지역코드]=[txt지역코드]")를 입력하고 Enter 를 누른다.

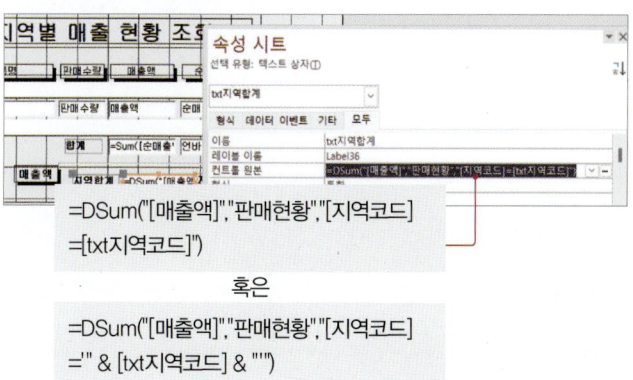

> **기적의 TIP**
>
> **DSum 식 설명**
> - =DSum 함수 작성시 큰 따옴표(" ")안에는 공백이 입력되면 오류가 발생합니다.
> - 큰따옴표(" ")안의 대괄호는 Enter 를 눌러도 자동 완성되지 않기 때문에 직접 입력해야 합니다. 만약, 필드 이름이나 테이블 이름에 공백이 없다면 대괄호를 입력하지 않아도 됩니다.
> - ⑪번 식은 〈판매현황〉 테이블에서 '지역코드' 필드와, 폼의 'txt지역코드' 컨트롤 값과 같은 레코드의 '매출액' 필드 합계를 구합니다.
> - 필드와 컨트롤 부분을 대괄호로 처리합니다.

⑫ '폼 바닥글'의 'txt지역평균' 컨트롤을 선택한 후 'txt지역평균' 속성 창의 [모두] 탭에서 '컨트롤 원본' 입력란에 =DAvg("[매출액]","판매현황","[지역코드]=[txt지역코드]")를 입력하고 Enter 를 누른다.

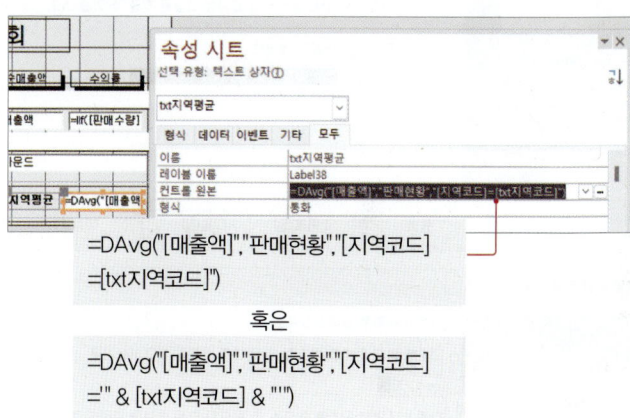

> **기적의 TIP**
>
> 계산식 작성시 Shift + F2 를 눌러 [확대/축소] 창을 이용하면 편리하게 입력할 수 있습니다.

08 명령 단추 작성

⑬ [양식 디자인]-[컨트롤] 그룹의 [컨트롤 마법사 사용](🗝) 도구가 설정된 상태에서 [단추](▢) 도구를 클릭한 후 폼 바닥글 왼쪽 영역의 적당한 위치에서 클릭한다.

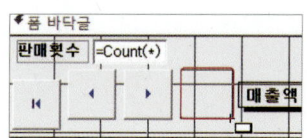

⑭ [명령 단추 마법사]에서 지시사항에 따라 각 단계에서 화면과 같이 선택하고 [다음]을 클릭한다.

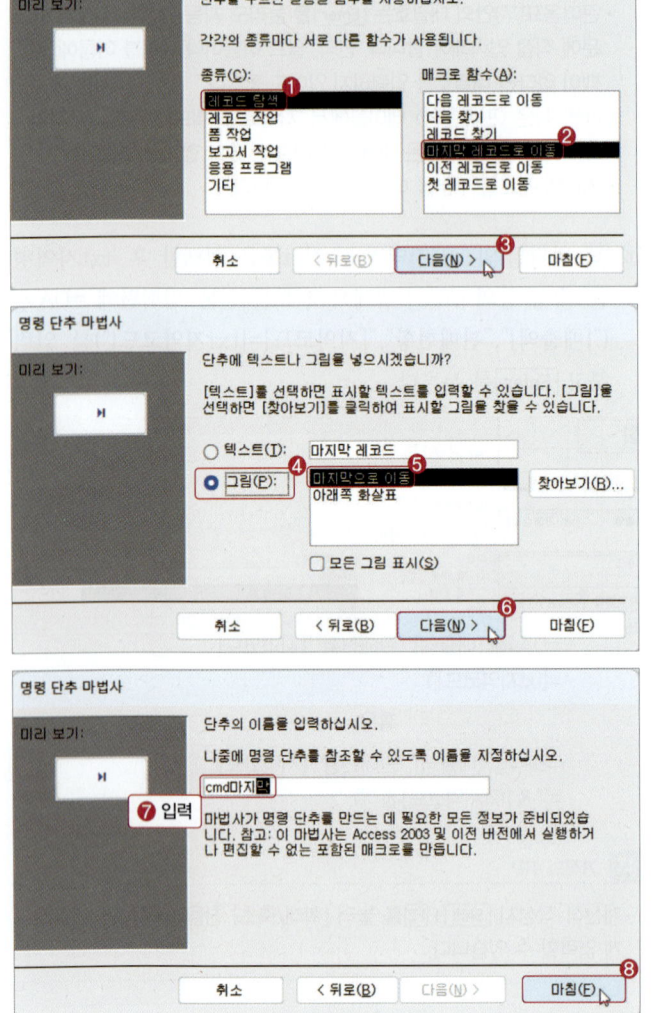

09 컨트롤 정렬

⑮ '폼 바닥글' 영역에서 명령 단추가 모두 포함되도록 드래그하여 선택하거나, Shift 를 누른 채로 다중 선택한다.

⑯ 명령 단추가 모두 선택된 상태에서 명령 단추를 나란히 맞추기 위해, [정렬]-[크기 및 순서 조정] 그룹의 [맞춤]-[위쪽]을 클릭하고, 다시 한번 [왼쪽]을 클릭하여 명령 단추가 가지런해지도록 한다.

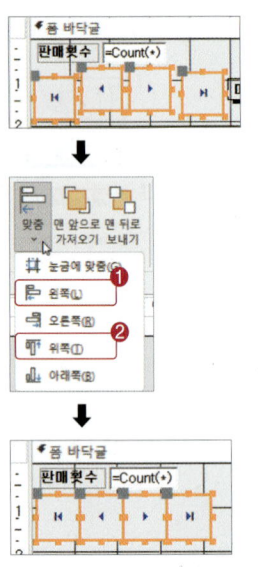

기적의 TIP

명령 단추가 모두 선택된 상황이라면, 바로 가기 메뉴의 '맞춤'에서도 동일한 작업을 수행할 수 있습니다.

기적의 TIP

크기를 맞추려면 [크기 및 순서 조정] 탭의 [크기/공간] – [가장 긴 길이에]와 [가장 넓은 너비에]를 클릭하면 됩니다.

10 조건부 서식

⑰ 'txt판매수량', 'txt매출액' 컨트롤을 Shift 나 Ctrl 을 누른 채로 다중 선택한 후 [서식]-[컨트롤 서식] 그룹의 [조건부 서식](🔲)을 클릭한다.

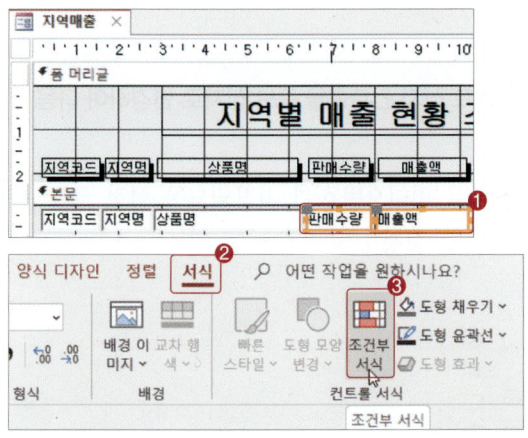

⑱ [조건부 서식 규칙 관리자]에서 [새 규칙]을 클릭한다.

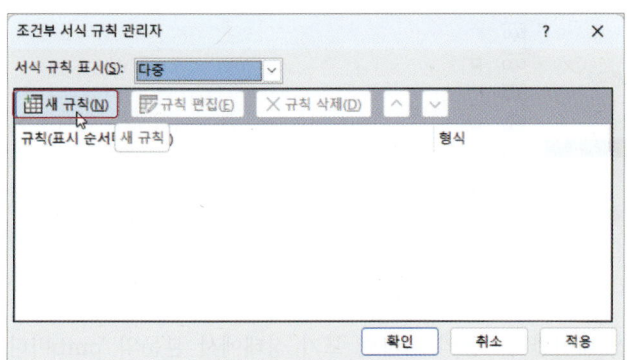

⑲ '다음과 같은 셀만 서식 설정' 영역에서 식 작성을 위해 '식이'를 선택하고 [지역명] = "서울"로 식을 작성한 후 [배경색](🎨▼)을 클릭하여 '녹색'을 선택한다. 미리보기를 살펴본 후 [확인]을 클릭한다.

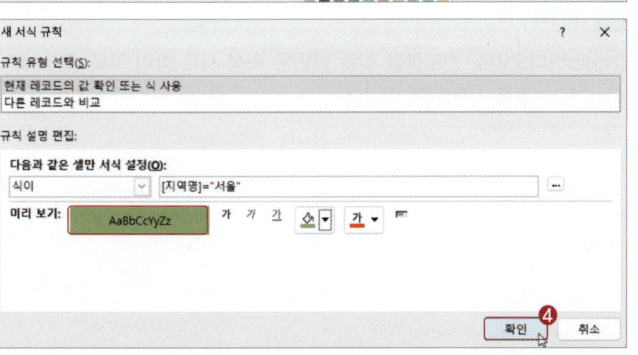

⑳ [조건부 서식 규칙 관리자]에서 [확인]을 클릭하여 조건부 서식을 지정한다.

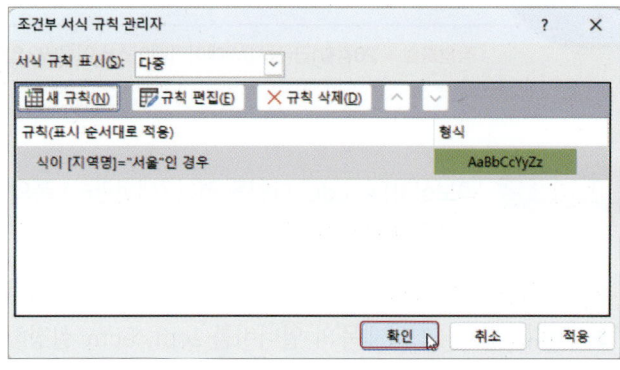

11 컨트롤 원본

㉑ '폼 바닥글' 영역에 있는 'txt순매출액합계' 컨트롤의 '컨트롤 원본' 속성에 =Format(Sum([순매출]),"◆ 순매출액 "":"" #,##0원 ◆") 또는 ="◆순매출액:"&Format(Sum([순매출액]),"#,##0원 ◆")을 입력한다.

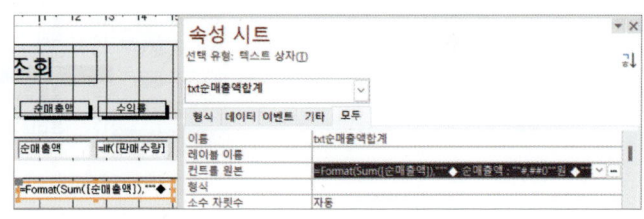

> 📌 **기적의 TIP**
>
> Format 함수는 사용자 지정 형식을 꾸밀 수 있는 함수로 =Format(식, "사용자 지정 형식") 형태로 사용됩니다. 이때 사용자 지정 형식 인수에 콜론(:) 입력할 경우 유의해야 합니다. 왜냐하면 콜론(:)은 일반적인 텍스트(문자)가 아니라 액세스에서는 구분 기호로 사용되기 때문입니다. 구분 기호 부분에 큰따옴표("")를 2번 입력하여 구분 짓도록 합니다. 즉 "":"" 와 같은 형태로 처리하세요.

> 📌 **기적의 TIP**
>
> ◆는 한글 입력상태에서 키보드의 「ㅁ」을 누르고 한자를 누른 후 선택합니다.

07 콤보 상자 컨트롤 속성

작업파일 : '26컴활1급(상시)₩데이터베이스₩이론₩2.입력및수정'에서 파일을 열어 작업하세요.

출제유형 1 '콤보상자1.accdb' 파일을 열어 〈대여관리〉 폼의 'cmb비디오번호' 텍스트 상자 컨트롤을 콤보 상자로 변경하여 다음의 조건을 완성하시오.

▶ 컨트롤은 〈비디오〉 테이블의 '비디오번호', '영화제목'을 표시하고, 테이블에는 '비디오번호'가 저장되도록 설정
▶ '비디오번호', '영화제목'의 열너비를 1cm, 5cm 설정하고, 목록 너비를 6cm로 설정
▶ 컨트롤에는 목록에 있는 값만 입력되도록 설정

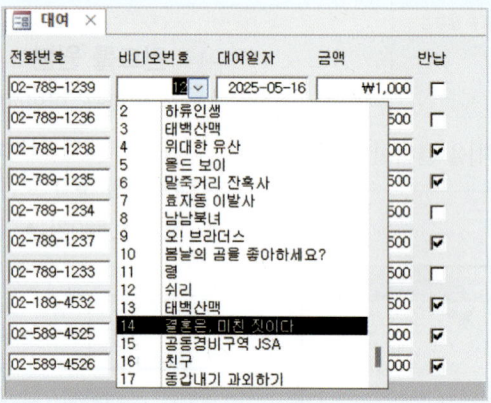

기적의 TIP

[콤보 상자 컨트롤 속성]
① [탐색] 창의 [폼] 개체 선택
② 대상 폼 선택 후 바로 가기 메뉴에서 [디자인 보기] 클릭
③ 해당 콤보 상자 컨트롤의 바로 가기 메뉴에서 [변경] – [콤보 상자] 클릭

① '콤보상자1.accdb' 파일을 더블클릭하고, [콤보상자1 : 데이터베이스] 탐색 창의 〈대여관리〉 폼에서 마우스 오른쪽 버튼을 눌러 [디자인 보기](🖊)를 클릭한다.

기적의 TIP

이미 [속성 시트] 창이 열려있는 상태에서 컨트롤이나 개체를 클릭하면 해당 컨트롤 속성 창으로 바뀝니다.

② 〈대여관리〉 폼의 디자인 보기 상태에서 본문의 'cmb비디오번호' 컨트롤을 선택한 후 마우스 오른쪽 버튼을 눌러 [변경]-[콤보 상자]를 클릭한다.

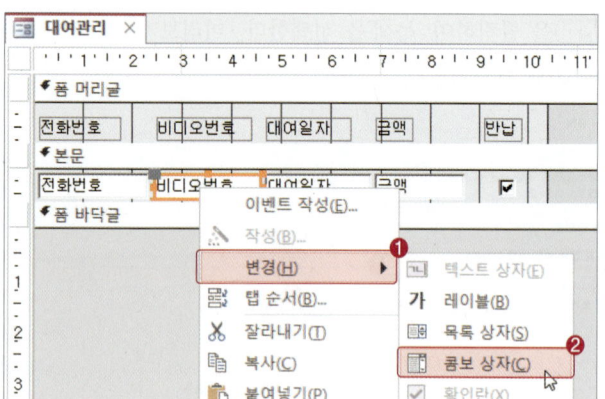

기적의 TIP

cmb비디오번호 컨트롤을 찾는 방법은 속성 시트 창의 목록 중 cmb비디오번호를 선택하면 됩니다.

③ 'cmb비디오번호' 속성 시트 창의 [데이터] 탭에서 '행 원본' 속성의 [작성기](⋯)를 클릭한다.

> 🏁 기적의 TIP
>
> 속성 시트 창이 보이지 않는다면 [양식 디자인]-[도구]-[속성 시트]를 클릭하세요.

④ [대여관리 : 쿼리 작성기] 창의 [테이블 추가]에서 '비디오'를 추가하고 [닫기]를 클릭한다.

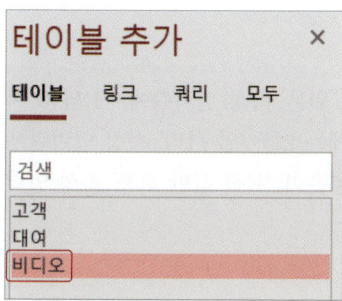

⑤ [대여관리 : 쿼리 작성기] 창의 〈비디오〉 필드 목록에서 '비디오번호', '영화제목'을 차례로 더블클릭한 후 [닫기]를 클릭한다.

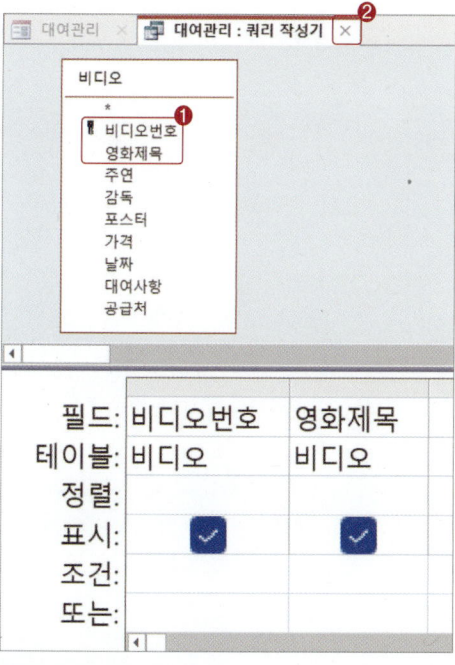

> 🏁 기적의 TIP
>
> [쿼리 디자인]-[닫기] 탭의 [닫기]를 클릭해도 됩니다.

⑥ 그림과 같은 대화상자가 나타나면 [예]를 클릭한다.

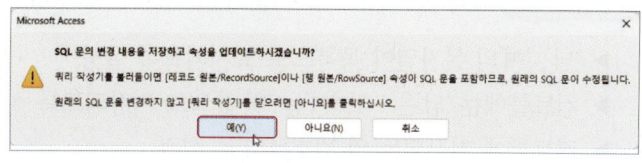

> 🏁 기적의 TIP
>
> 비어있던 행 원본 속성에 SQL 문이 지정되었기 때문에 나타나는 메시지입니다.

⑦ [형식] 탭의 '열 개수' 속성에 2를, '열 너비' 속성에 1;5를, '목록 너비' 속성에 6을 입력하고, [데이터] 탭의 '목록 값만 허용' 속성을 '예'로 지정하여 완료한다.

SELECT 비디오.비디오번호, 비디오.영화제목 FROM 비디오;

> 🏁 기적의 TIP
>
> • '열 개수' 속성 : '행 원본'에서 지정한 테이블/쿼리에서 몇 개의 필드를 콤보 상자에서 사용할지를 결정합니다. '비디오' 테이블은 첫 번째 열이 '비디오번호', 두 번째 열이 '영화제목'이므로 '열 개수' 속성에 「2」를 입력합니다.
> • '바운드 열' 속성 : '열 개수' 속성에서 지정한 열들 중 몇 번째 열을 실제 컨트롤 원본에 기억시킬지를 지정합니다. 실제 저장해야 할 값은 '비디오 번호'이므로 「1」을 입력하면 됩니다.
> • '열 너비' 속성 : '열 개수' 속성에서 지정한 열들을 표시할 너비를 세미콜론(;)으로 구분하여 입력합니다. 생략시 기본 값이 사용됩니다.
> • '목록 너비' 속성 : 콤보 상자 컨트롤을 클릭할 때 펼쳐지는 드롭다운 목록의 전체 너비를 지정하는 곳으로 일반적으로 '열 너비' 속성에 지정한 값들의 합계를 입력하면 됩니다.

출제유형 2 '콤보상자2.accdb' 파일의 〈고객관리〉 폼의 'cmb성별' 컨트롤에 대해 다음과 같은 조건으로 완성하시오.

▶ '남', '여'의 문자열이 목록으로 표시되도록 설정
▶ 컨트롤에는 '남'은 '-1', '여'는 '0' 값으로 저장되도록 설정
▶ 컨트롤에 저장되는 열 번호는 '1'로 설정
▶ 목록 이외의 값은 입력할 수 없도록 설정

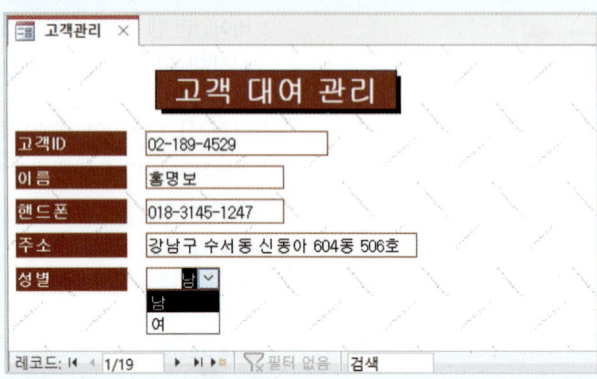

① '콤보상자2.accdb' 파일을 더블클릭하고, [콤보상자2 : 데이터베이스] 탐색 창의 〈고객관리〉 폼에서 마우스 오른쪽 버튼을 눌러 [디자인 보기](◼)를 클릭한다.

② 'cmb성별' 속성 시트 창에서 '행 원본 유형' 속성 입력란의 '값 목록'을 선택한다.

③ 'cmb성별' 속성 창에서 '행 원본' 속성 입력란에 -1;남;0;여를, '열 개수' 속성 입력란에는 2를, '열 너비' 속성 입력란에는 0을 입력하고, 바운드 열은 '1' '목록 값만 허용' 속성 입력란의 '예'를 선택한다.

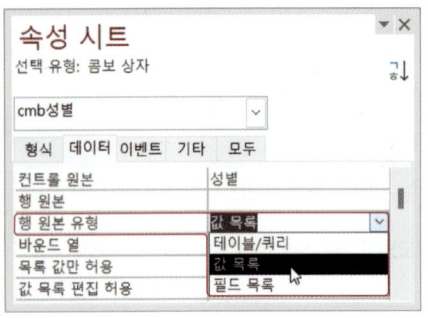

출제유형 3 · '콤보상자3.accdb' 파일을 열어 〈사원정보〉 폼의 'cmb직위' 컨트롤에 대해 다음 지시사항에 맞춰 완성하시오.

▶ 〈사원정보〉 테이블의 '직위'를 행 원본으로 설정하시오.
▶ 콤보 상자에 표시되는 직위는 오름차순 정렬되어 표시되도록 설정하시오.
▶ 콤보 상자에 표시되는 직위는 중복되지 않게 한번만 나타나도록 설정하시오.

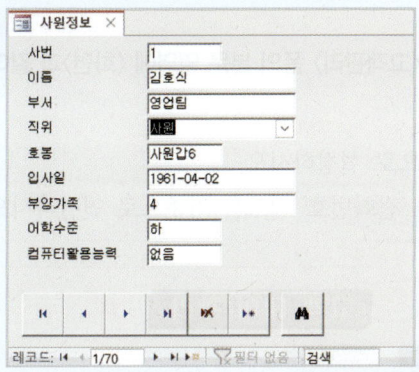

① [콤보상자3 : 데이터베이스] 탐색 창의 〈사원정보〉 폼에서 마우스 오른쪽 버튼을 눌러 [디자인 보기](📐)를 클릭한다.

② 'cmb직위' 속성 시트 창에서 '행 원본' 속성 입력란의 [작성기](⋯)를 클릭한다.

③ [사원정보 : 쿼리 작성기] 창의 [테이블 추가]에서 〈사원정보〉를 더블클릭한 후 [테이블 추가]의 [닫기]를 클릭한다.

④ 〈사원정보〉 테이블 필드 목록에서 콤보 상자에 표시할 '직위'를 더블클릭한 후, 디자인 눈금 영역에서 '정렬:' 셀 입력란의 ▽를 클릭하여 '오름차순'을 선택한다.

> 🏆 **기적의 TIP**
> SQL 문에서 ORDER BY 절에 ASC 옵션을 사용하면(혹은 생략) 오름차순, DESC 옵션을 사용하면 내림차순으로 정렬됩니다.

⑤ [사원정보 : 쿼리 작성기] 창의 빈 영역을 마우스로 한 번 클릭하고(선택하고), '고유 값' 속성을 '예'로 지정한 후 [닫기]를 클릭한다. 속성 시트 창이 보이지 않을 때는 [쿼리 디자인]-[표시/숨기기] 그룹에서 [속성 시트](📋)를 클릭한 후 작업하면 된다.

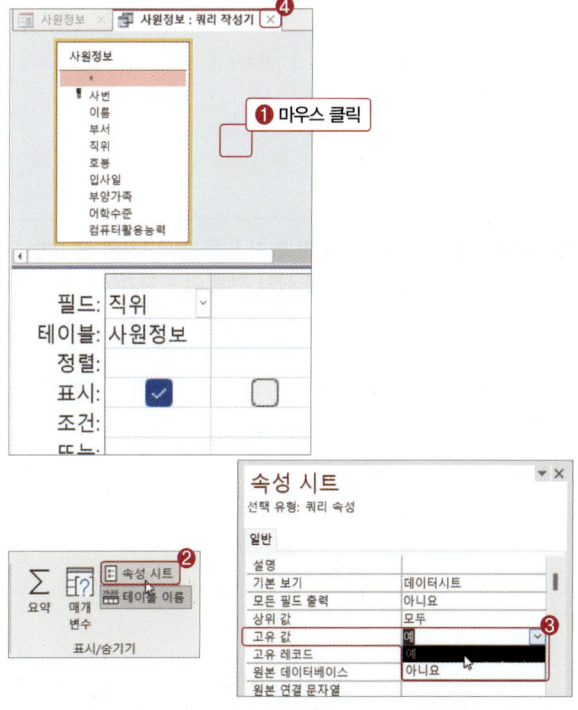

⑥ 'SQL 문의 변경 내용을 저장하고 속성을 업데이트 하시겠습니까?' 대화상자가 표시되면 [예]를 클릭한다.

⑦ 모든 작업이 완료되었다면, 빠른 실행 도구모음에서 [저장](💾) 도구를 눌러 저장한 후 [양식 디자인]-[보기] 그룹에서 [보기]를 눌러 [폼 보기](📄)를 선택한다. 직위의 콤보 상자를 클릭하여 직위가 1개씩만 나타나는지 확인한다.

08 컨트롤 하위 폼 삽입

작업파일 : '26컴활1급(상시)₩데이터베이스₩이론₩2.입력및수정'에서 파일을 열어 작업하세요.

출제유형 1 '하위폼1.accdb' 파일을 열어 〈고객관리〉 폼의 본문 영역에 〈화면〉과 같이 〈비디오대여현황〉 폼을 하위 폼으로 추가 하시오.

▶ 하위 폼 컨트롤의 이름을 '대여 현황'으로 설정하시오.
▶ 기본 폼과 하위 폼을 각각 '고객ID'와 '전화번호' 필드를 기준으로 연결하시오.

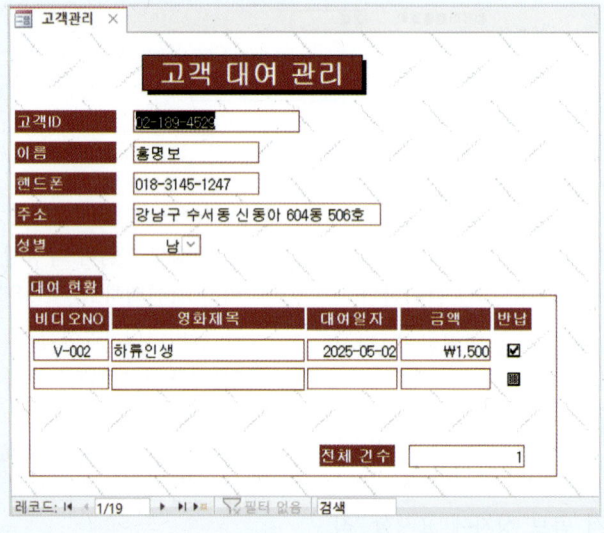

> **기적의 TIP**
>
> [컨트롤 마법사 사용](⚡)이 선택되어 있지 않은 경우 [하위 폼 마법사]가 실행되지 않기 때문에 하위 폼 삽입 전에 이 도구가 선택된 상태인지 확인해야 합니다.

① [하위폼1 : 데이터베이스] 탐색 창의 〈고객관리〉 폼에서 마우스 오른쪽 버튼을 눌러 [디자인 보기]를 클릭한다.

② 〈고객관리〉 폼의 디자인 보기 상태에서 [양식 디자인]-[컨트롤] 그룹의 [컨트롤 마법사 사용](⚡)이 선택된 상태에서 [하위 폼/하위 보고서](▥) 도구를 클릭한 후, 본문 영역에서 하위 폼이 시작될 왼쪽 상단 위치부터 하위 폼의 크기만큼 드래그한다.

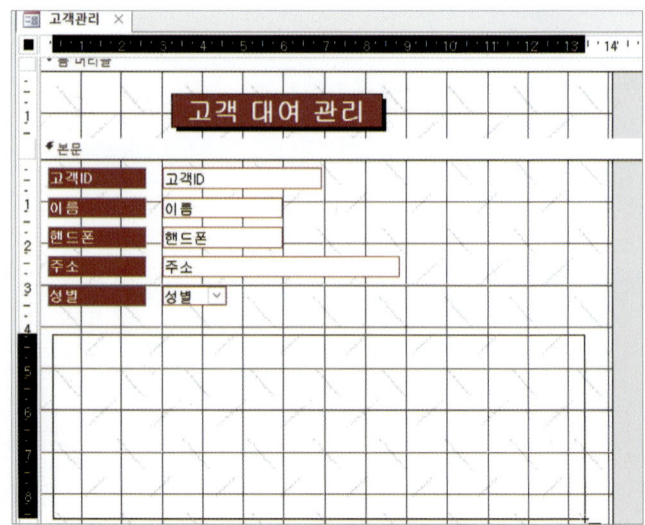

③ [하위 폼 마법사]에서 지시사항에 따라 각 단계에서 화면과 같이 선택하고 [다음]을 클릭한다.

④ 삽입된 하위 폼을 더블클릭한 후 '대여 현황' 속성 창의 [모두] 탭에서 '이름', '원본 개체', '기본 필드 연결', '하위 필드 연결' 속성이 지시사항대로 작성되었는지 확인한다.

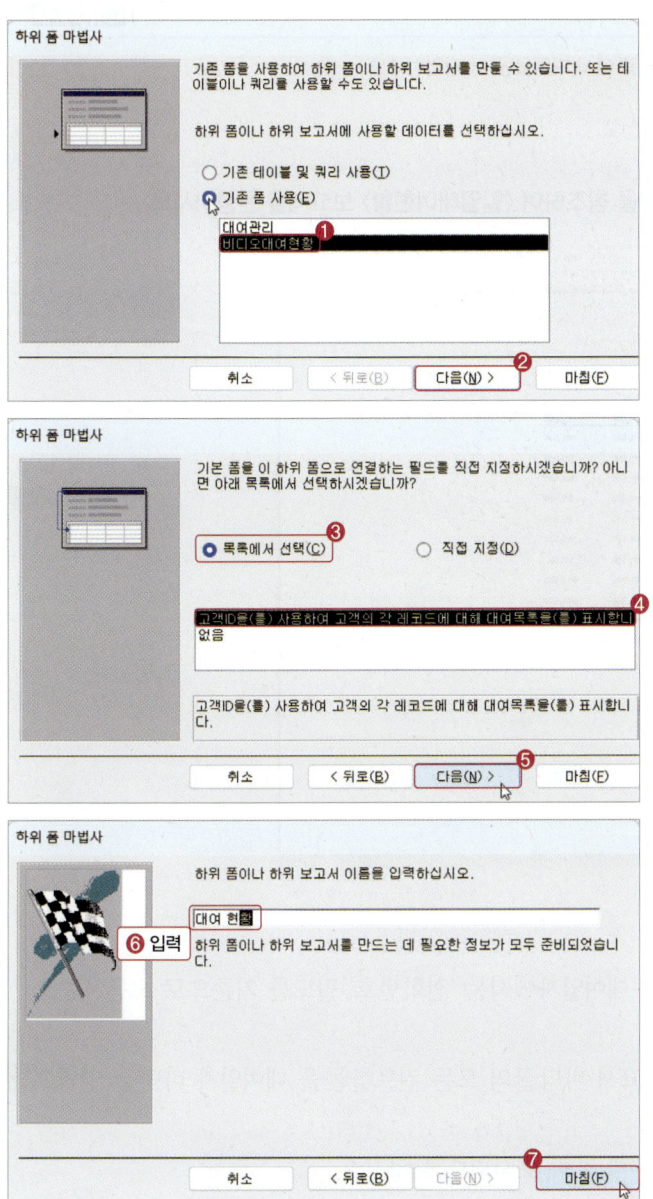

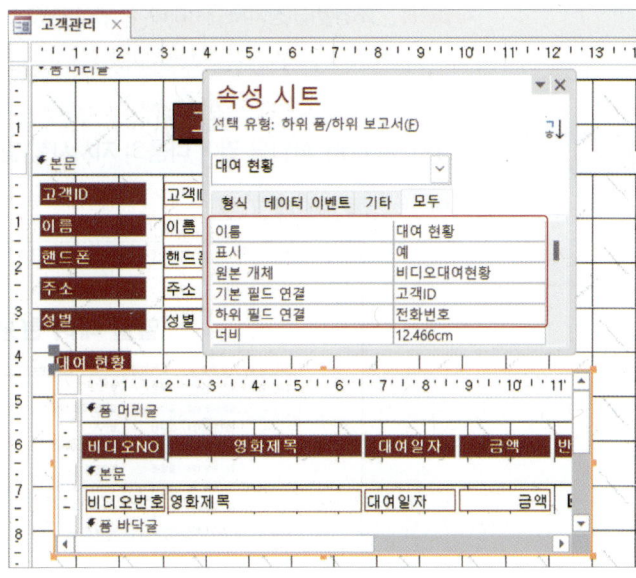

09 보고서 완성

작업파일 : '26컴활1급(상시)₩데이터베이스₩이론₩3.조회및출력'에서 파일을 열어 작업하세요.

출제유형 1 '보고서1.accdb' 파일을 열어 다음의 지시사항 및 화면을 참조하여 〈일일대여현황〉 보고서를 완성하시오.

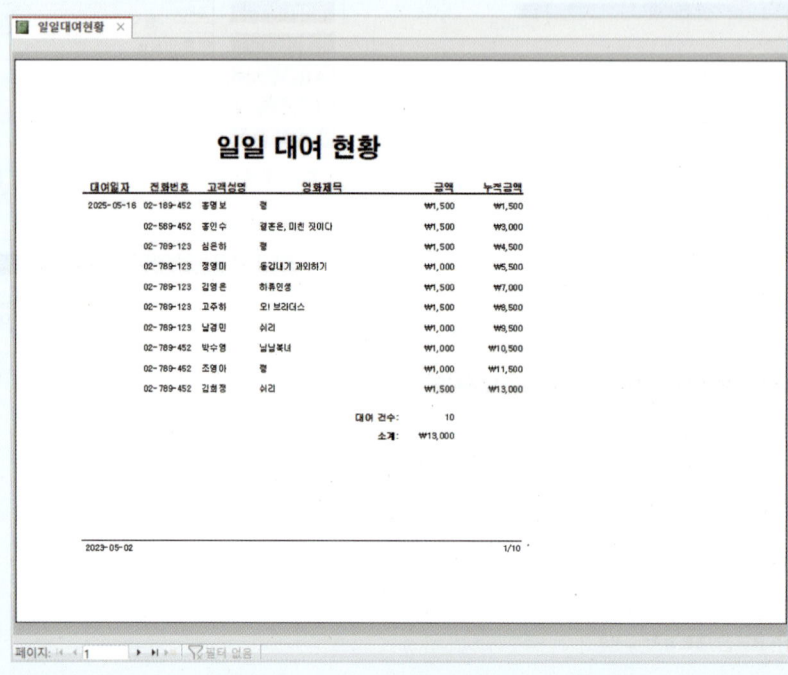

❶ 〈대여목록〉 쿼리를 레코드 원본으로 설정하시오.
❷ '대여일자' 필드를 기준으로 내림차순으로 정렬하되 동일한 대여일자에서는 '전화번호' 필드를 기준으로 오름차순으로 정렬되어 표시하도록 설정하시오.
❸ '대여일자' 필드에 대해서는 그룹 바닥글 영역을 만들고 보고서 바닥글의 모든 컨트롤들을 대여일자 바닥글 영역으로 옮기시오.
❹ 'txt누적금액' 컨트롤에는 대여일자 그룹별 '금액' 필드의 누계 값이 표시되도록 하시오.
❺ 대여일자 바닥글의 'txt대여건수'는 해당 대여일자에 대여한 건수가 표시되고, 'txt소계'는 해당 대여일자에 대여한 금액의 합계를 표시하시오.
❻ '대여일자' 필드의 값이 이전 레코드와 동일한 경우에는 표시되지 않도록 설정하시오.
❼ 대여일자가 바뀌면 새 페이지에 표시되도록 대여일자 바닥글을 설정하시오.
❽ 페이지 바닥글의 'txt페이지'에는 페이지를 '현재페이지 / 전체페이지'의 형태로 표시되도록 설정하시오.
❾ 페이지 바닥글의 'txt날짜'에는 현재의 시스템 날짜가 화면과 같은 형식으로 표시되도록 설정하시오.
❿ 용지방향이 가로로 인쇄되도록 페이지 설정하시오.

01 레코드 원본

① [보고서1 : 데이터베이스] 탐색 창의 〈일일대여현황〉 보고서에서 마우스 오른쪽 버튼을 눌러 [디자인 보기](📐)를 클릭한다.

② [보고서] 디자인 보기 창에서 [보고서] 속성 시트 창이 표시되도록 하기 위해 '보고서 선택기'(■)를 더블클릭하고, [보고서] 속성 시트 창의 [모두] 탭을 클릭한 후 '레코드 원본' 속성에서 목록 단추(▼)를 클릭하여 '대여목록'을 선택한다.

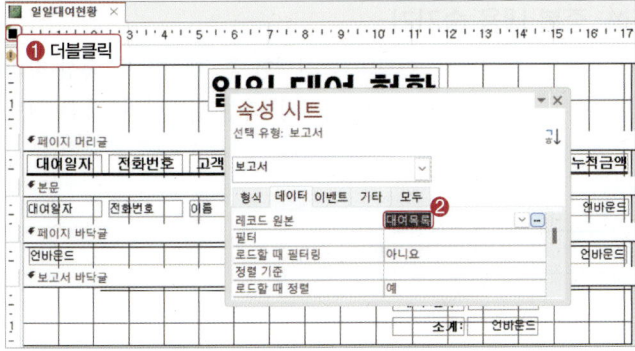

02 정렬

③ [보고서] 디자인 보기 상태에서 [보고서 디자인]-[그룹화 및 요약] 그룹의 [그룹화 및 정렬] 도구를 클릭한다.

> **기적의 TIP**
>
> [파일] - [옵션] - [현재 데이터베이스] - 문서 창 옵션에 따라서 작업 창의 모습이 다를 수 있습니다. 즉, 탭 문서로 표시되고 속성 시트가 우측에 배치된 형태일 수 있습니다.

> **기적의 TIP**
>
> [그룹화 및 정렬] 도구는 토글(toggle) 키로 이미 [그룹, 정렬 및 요약]이 표시된 상태에서 클릭하면 대화상자가 사라지고 다시 클릭하면 대화상자가 나타납니다.

④ [그룹화 및 정렬]에서 첫 번째 정렬 필드를 지정하기 위해 [그룹, 정렬 및 요약]에서 '정렬 추가'를 클릭하여 '대여일자'를 선택한 후 내림차순으로 정렬한다.

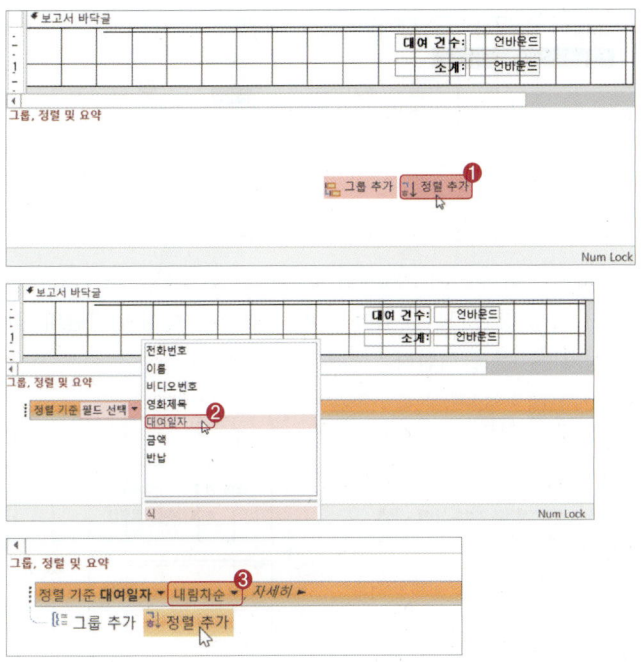

⑤ 두 번째 정렬 필드를 지정하기 위해 [그룹, 정렬 및 요약]에서 '정렬 추가'를 클릭하여 '전화번호'를 선택한 후 오름차순으로 정렬한다.

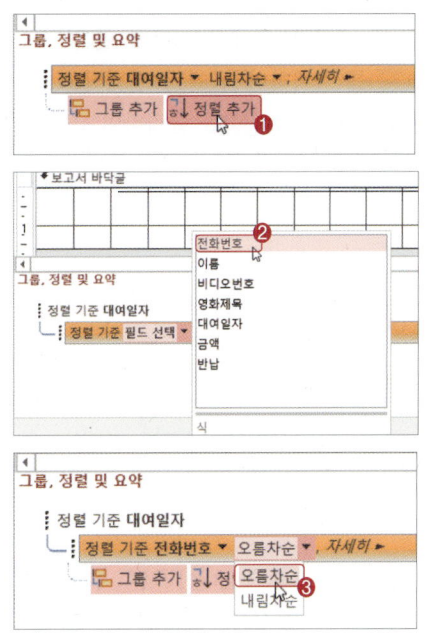

03 그룹 바닥글과 컨트롤 이동

⑥ 이어서 '대여일자' 필드에 그룹 바닥글을 설정하기 위해 정렬 기준 '대여일자'의 자세히▶를 클릭한 후 '바닥글 구역 표시'를 선택한다.

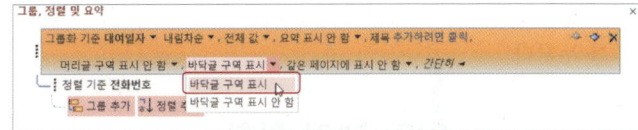

⑦ '보고서 바닥글'의 모든 컨트롤이 선택되도록 마우스 드래그를 한 후 마우스 포인터 모양이 ✥이 될 때 '대여일자 바닥글' 영역으로 드래그하여 이동한다.

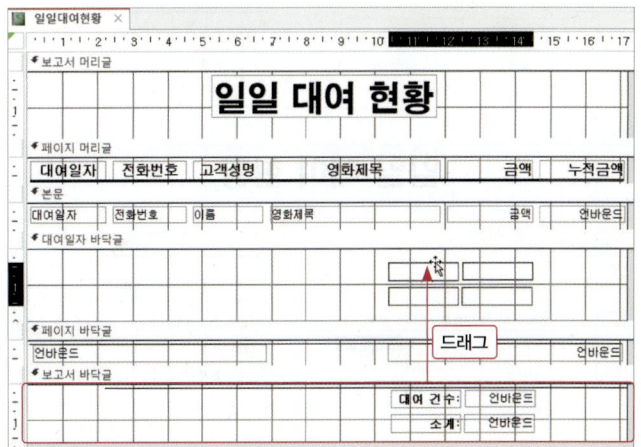

04 누적 합계

⑧ 'txt누적금액' 컨트롤에서 마우스 포인터 모양이 ▥이 될 때 더블클릭하여 'txt누적금액' 속성 창이 표시되도록 한다.

⑨ 'txt누적금액' 속성 창의 [데이터] 탭에서 '컨트롤 원본' 속성 입력란의 목록 단추(⌄)를 클릭하여 '금액'을 선택하고, '누적 합계' 속성 입력란의 목록 단추(⌄)를 클릭하여 '그룹'을 선택한다.

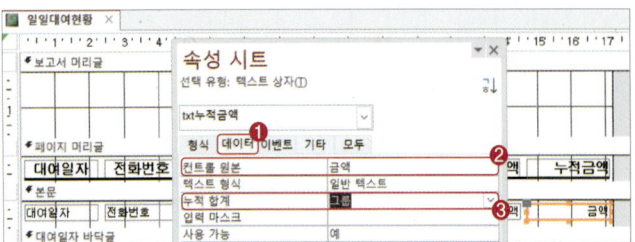

05 계산식

⑩ 'txt대여건수' 컨트롤을 선택한 후 'txt대여건수' 속성 창의 [데이터] 탭에서 '컨트롤 원본' 속성에 =count(*)를 입력하고 Enter 를 누른다.

> **기적의 TIP**
>
> '컨트롤 원본' 속성에 「=count(*)」를 입력하고 Enter 를 누르는 대신 Tab 이나 마우스 등을 이용해 다른 속성 입력란으로 이동해도 됩니다.

⑪ 'txt소계' 컨트롤을 선택한 후 'txt소계' 속성 창의 [데이터] 탭에서 '컨트롤 원본' 속성에 =sum(금액)을 입력하고 Enter 를 누른다.

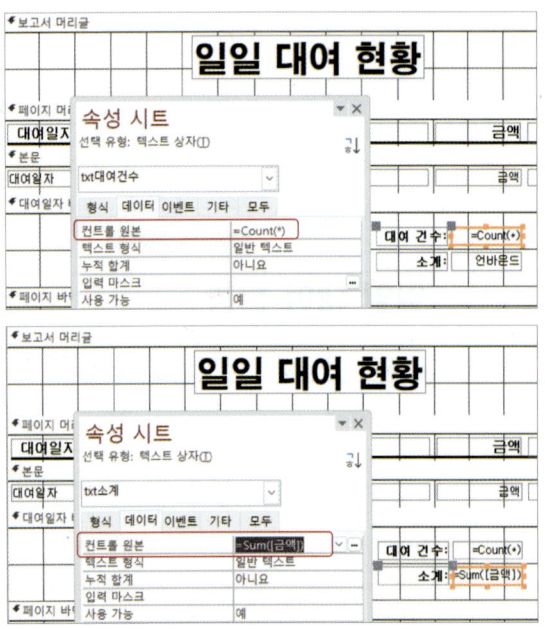

06 중복 내용 숨기기

⑫ 본문의 '대여일자' 컨트롤을 선택한 후 '대여일자' 속성 창의 [형식] 탭에서 '중복 내용 숨기기' 속성 입력란의 '예'를 선택한다.

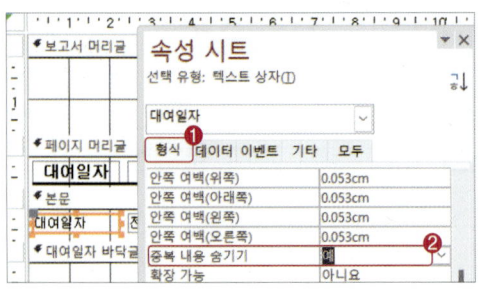

> **기적의 TIP**
>
> '중복 내용 숨기기' 속성 입력란을 '예'로 지정하면 이전 컨트롤 값과 동일한 값이 표시될 경우 동일한 값이 있는 첫 행 이후의 값을 생략하게 됩니다.

07 페이지 바꿈

⑬ 속성 시트 창에서 대여일자 바닥글에 해당하는 '그룹_바닥글0'을 선택하고 [형식] 탭에서 '페이지 바꿈' 속성의 입력란을 '구역 후'로 선택한다.

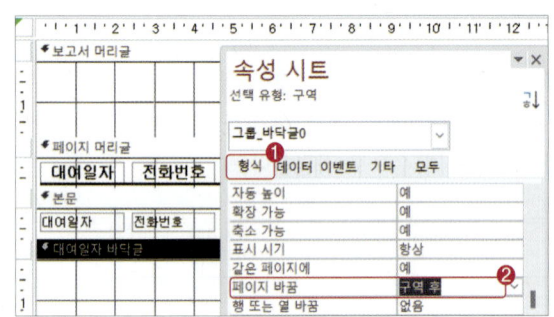

08 페이지 번호

⑭ '페이지 바닥글'의 'txt페이지' 컨트롤을 선택한 후 'txt페이지' 속성 창의 [모두] 탭에서 '컨트롤 원본' 속성 입력란의 [작성기](⋯)를 클릭한다.

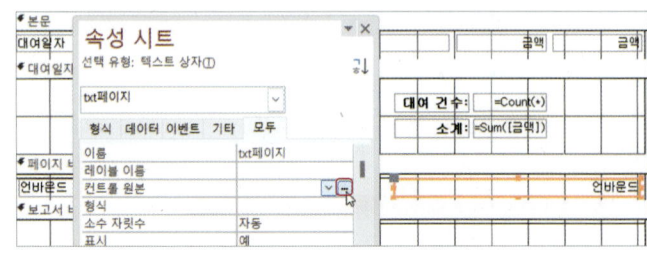

⑮ [식 작성기] 대화상자 하단의 상자에서 '일반 식'을 클릭하고 (❶), 'N / M 페이지'를 더블클릭하고(❷), 입력란에 & Page & "/" & Pages "페이지"가 표시되면 맨 왼쪽의 &와 맨 오른쪽의 "페이지" 부분만 블록 설정하여 삭제(❸)한 후 공백(❹)을 입력하고 [확인] 버튼(❺)을 클릭한다.

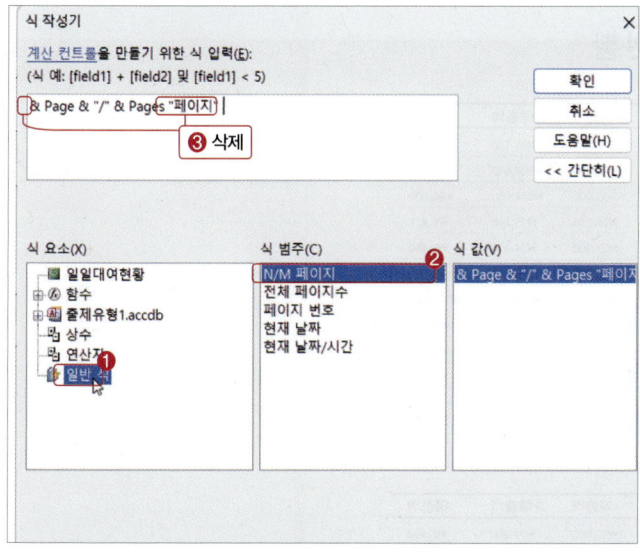

↓

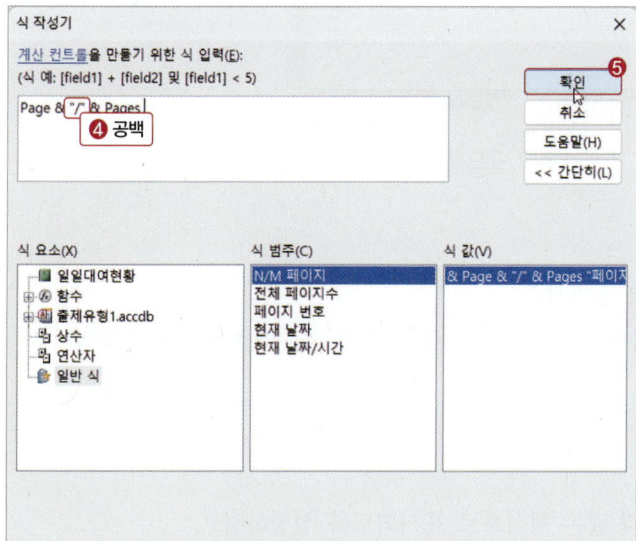

⑯ '컨트롤 원본' 속성에 다음과 같이 페이지 번호가 표시되는지 확인한다.

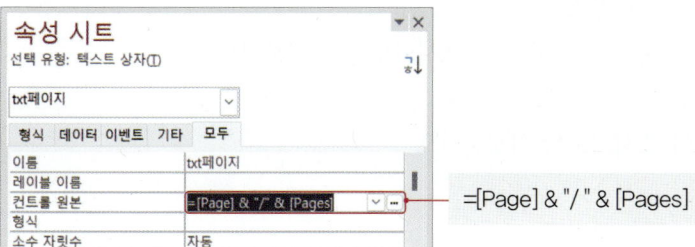

=[Page] & "/" & [Pages]

09 시스템 날짜 표시

⑰ 'txt날짜' 컨트롤을 선택한 후 'txt날짜' 속성 창의 [모두] 탭에서 '컨트롤 원본' 속성 입력란에 =Date()를 입력하고, '형식' 속성 입력란에 네 자리의 년(年), 두 자리의 월일(月日)을 표현하기 위해 yyyy-mm-dd를 설정합니다.

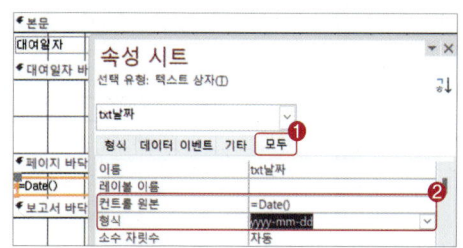

10 용지 방향

⑱ [페이지 설정]-[페이지 레이아웃] 그룹에서 [가로](□) 도구를 클릭한다.

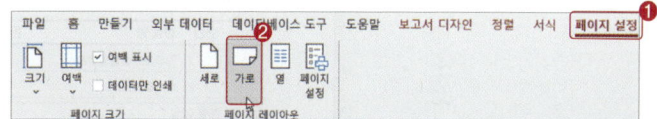

⑲ 모든 작업이 완료되었다면, 빠른 실행 도구모음에서 [저장](🖫)을 눌러 저장한 후 [보고서 디자인]-[보기] 그룹에서 [보기]를 클릭한 후 [인쇄 미리 보기](🔍)를 통해 작성된 내용이 제시된 화면과 동일한지 확인한다.

출제유형 2 '보고서2.accdb' 파일을 열어 다음의 지시사항 및 화면을 참조하여 〈지역매출현황〉 보고서를 완성하시오.

❶ 1차적으로 '지역명' 필드를 기준으로 오름차순, 2차적으로 '판매수량' 필드를 기준으로 내림차순 정렬하여 표시하시오. 단, 기존의 정렬은 그대로 유지함
   ▶ '지역명'의 바닥글 영역이 화면에 표시되도록 설정
❷ 보고서 바닥글의 모든 컨트롤들을 '지역명 바닥글' 영역으로 옮기시오.
❸ 지역명 바닥글의 'txt매출액평균', 'txt순매출액평균', 'txt마진액평균' 컨트롤에 각각 상품의 매출액과 순매출액, 마진액의 평균을 표시하시오.
   ▶ 통화 형식을 적용하여 표시하시오.
   ▶ 실선의 테두리 스타일을 적용하여 표시하시오.
❹ 지역명 머리글의 'txt지역명' 컨트롤에는 '지역명(지역코드)'과 같은 형식으로 표시되도록 설정하시오.
   ▶ 표시 예 : 강릉(GR1)
❺ 본문 'txt순번' 컨트롤에는 그룹별 각 레코드 번호를 1,2,3,4… 순으로 1씩 증가하여 표시되도록 설정하시오.
❻ '지역명 머리글' 영역이 매 페이지 반복해서 표시되도록 설정하시오.
❼ 페이지 바닥글의 'txt날짜'에는 현재의 시스템 날짜가 다음과 같은 형태로 표시되도록 설정하시오.
   ▶ 현재 날짜가 2025년 8월 1일이면 '2025년 08월 01일'과 같이 표시하시오.
❽ 페이지 바닥글의 'txt페이지'에 '전체 5쪽중 1쪽'과 같이 표시되도록 설정하시오.

01 정렬 및 그룹화

① [보고서2 : 데이터베이스] 탐색 창의 〈지역매출현황〉 보고서에서 마우스 오른쪽 버튼을 눌러 [디자인 보기]를 클릭한다.

② [보고서] 디자인 보기 상태에서 [보고서 디자인]-[그룹화 및 요약] 그룹의 [그룹화 및 정렬]을 클릭한다.

③ 두 번째 정렬 필드를 지정하기 위해 [그룹, 정렬 및 요약]에서 '정렬 추가'를 클릭하여 '판매수량'을 선택한 후 내림차순으로 정렬한다.

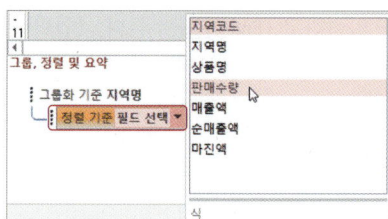

④ 이어서 '지역명' 필드에 그룹 바닥글을 설정하기 위해 '그룹화 기준 지역명'의 자세히▶를 클릭한 후 '바닥글 구역 표시'를 선택한다.

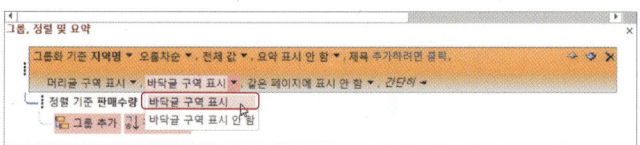

02 컨트롤 이동

⑤ '보고서 바닥글'의 모든 컨트롤이 선택되도록 마우스 드래그를 한 후, 마우스 포인터 모양이 ✥이 될 때 '지역명 바닥글' 영역으로 드래그하여 이동한다.

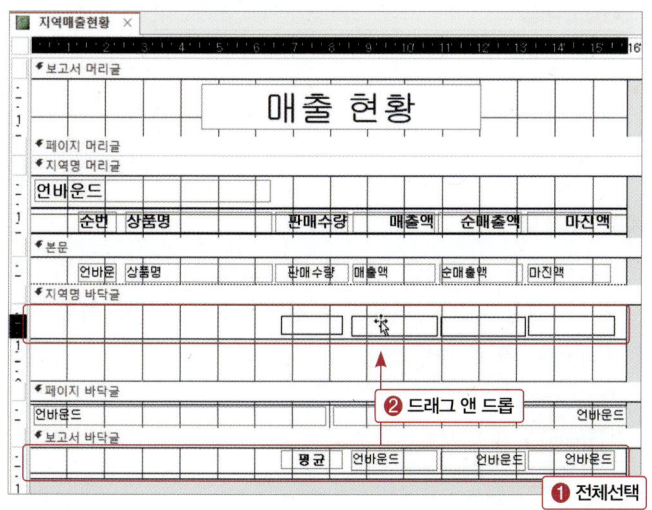

기적의 TIP

모든 컨트롤이 선택되도록 눈금자의 선택기 ➡를 이용할 수도 있습니다. 특히 선 컨트롤 Line23이 누락되지 않도록 유의해주세요.

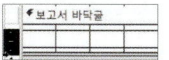

03 계산식

⑥ '지역명 바닥글' 영역의 'txt매출액평균' 컨트롤을 선택한 후 'txt매출액평균' 속성 창의 [모두] 탭에서 '컨트롤 원본' 속성에 =Avg(매출액)을 입력하고 Enter 를 누른다.

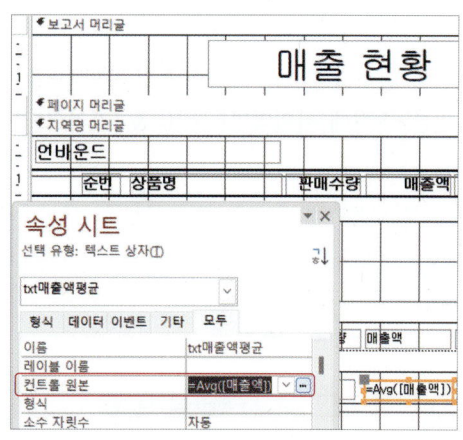

⑦ ⑥과 같은 방법으로 'txt순매출액평균' 컨트롤과 'txt마진액평균' 컨트롤의 '컨트롤 원본' 속성에 다음과 같이 계산식을 입력한다.

⑧ Shift 를 누른 채 'txt매출액평균', 'txt순매출액평균', 'txt마진액평균' 컨트롤을 선택한 후, [여러 항목 선택] 속성 창의 [형식] 탭에서 '형식' 속성 입력란의 목록 단추(▼)를 클릭하여 '통화'를 선택하고, '테두리 스타일' 속성 입력란의 목록 단추(▼)를 클릭하여 '실선'을 선택한다.

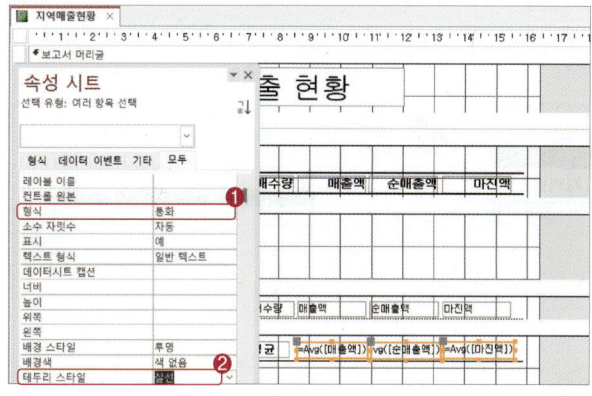

04 컨트롤 원본

⑨ 'txt지역명' 컨트롤을 선택한 후 'txt지역명' 속성 창의 [모두] 탭에서 '컨트롤 원본' 속성에 =[지역명] & "(" & [지역코드] & ")"를 입력한다.

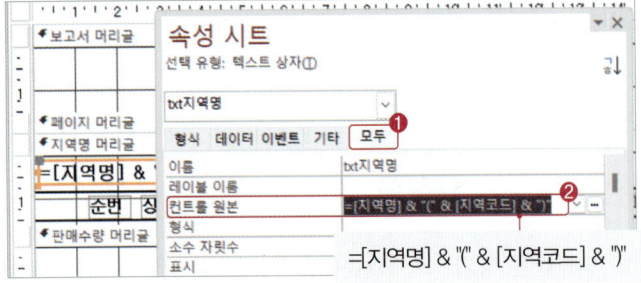

05 누적 합계

⑩ 'txt순번' 컨트롤을 선택한 후 'txt순번' 속성 창의 [데이터] 탭에서 '컨트롤 원본' 입력란에 =1을 입력하고, '누적 합계' 속성 입력란의 목록 단추(∨)를 클릭하여 '그룹'을 선택한다.

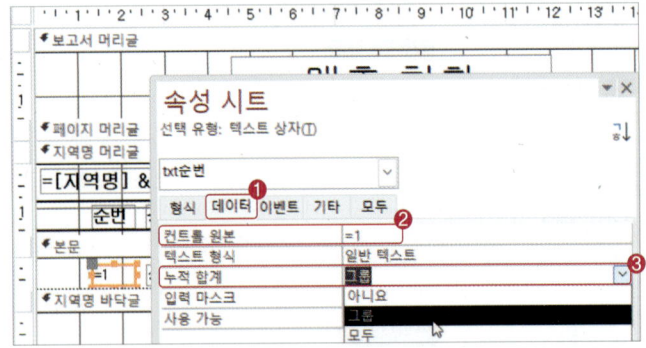

06 반복 실행 구역

⑪ [지역명 머리글] 구역 표시줄을 선택한 후 '그룹_머리글0' 속성 창의 [형식] 탭에서 '반복 실행 구역' 속성 입력란의 '예'를 선택한다.

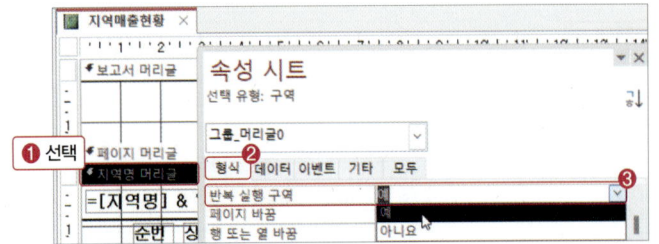

07 날짜형식

⑫ 'txt날짜' 컨트롤을 선택한 후 'txt날짜' 속성 창의 [모두] 탭에서 '컨트롤 원본' 입력란에 =Date()를, '형식' 입력란에 **yyyy년 mm월 dd일**을 입력하고 Enter 를 누른다. (입력란 내용이 'yyyy"년 "mm"월 "dd₩일'로 표시됨)

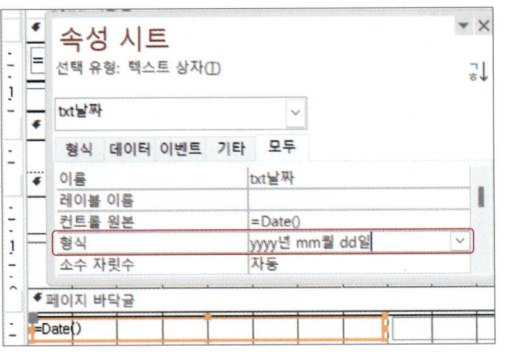

▼

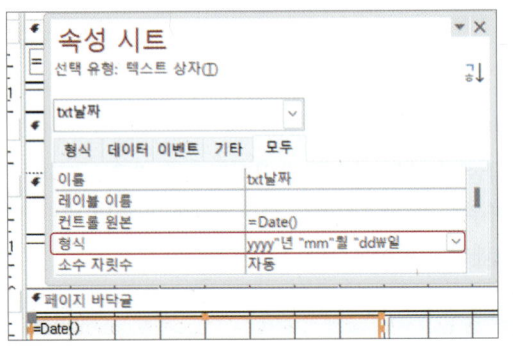

▲ Enter 를 누른 후 변경된 모양

08 페이지 번호

⑬ 'txt페이지' 컨트롤을 선택한 후 'txt페이지' 속성 창의 [모두] 탭에서 '컨트롤 원본'에 ="전체 " & Pages & "쪽중 " & Page & "쪽"을 입력한다.

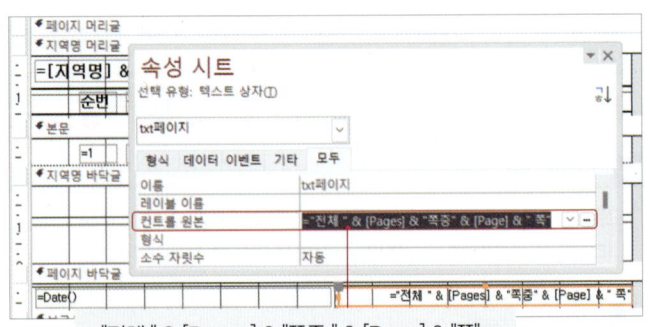

10 조회 작업

작업파일: '26컴활1급(상시)₩데이터베이스₩이론₩3.조회및출력'에서 파일을 열어 작업하세요.

출제유형 1   '거래처별구매정보.accdb' 파일을 열어 작업하시오.

> **〈Filter, FilterOn〉**
> 조건에 해당하는 데이터를 걸러서 표시해주는 Filter와 이를 적용시켜 주는 FilterOn 속성에 대해 알아보자.
> Me.Filter = 조건식
> Me.FilterOn = True

❶ 〈거래처별 구매정보〉 폼의 'cmb거래처찾기'에서 거래처를 선택하고, '레코드 찾기(cmd찾기)' 버튼을 클릭하면 선택된 거래처에 해당하는 '구매내역' 레코드 정보를 보여주는 기능을 수행하도록 구현하시오.
  ▶ Filter, FilterOn 속성을 이용하여 이벤트 프로시저를 작성하시오.

❷ 〈년월일조회〉 폼에서 'txt년', 'txt월' 'txt일'에 순서대로 년, 월, 일을 입력하고 '년월일조회(cmd조회)' 버튼을 클릭하면 입력한 '구매일자'에 해당하는 레코드 정보를 보여주는 이벤트 프로시저를 Filter, FilterOn 속성을 이용하여 작성하시오.

---

① 〈거래처별 구매정보〉 폼은 하위 폼을 가지고 있으며, '거래처명' 필드로 연결되어있다. 따라서 'cmb거래처찾기'에서 거래처명을 선택하고 '레코드 찾기(cmd찾기)' 버튼을 클릭하면 Filter된 거래처명의 상세 정보를 폼에 나타낼 수 있다.

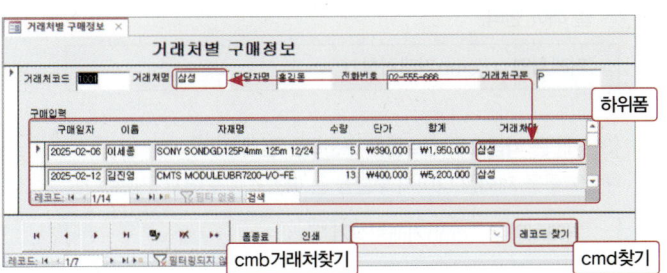

② 탐색 창의 [폼] 개체에서 〈거래처별 구매정보〉 폼을 선택하고 바로 가기 메뉴에서 [디자인 보기]를 클릭한 후 'cmd찾기' 명령 단추를 선택하여 해당 속성 시트 창에 설정한다.

> **기적의 TIP**
> 이벤트 프로시저를 선택하지 않고 작성기 단추만 누른 다음 '코드 작성기'를 선택해도 됩니다.

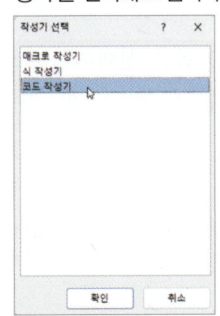

③ 'cmd찾기' 속성 창에서 [이벤트] 탭을 클릭한 후 'On Click'의 이벤트 프로시저를 선택하고 [작성기](⋯)를 클릭하여 VBA 편집 상태로 넘어간다.

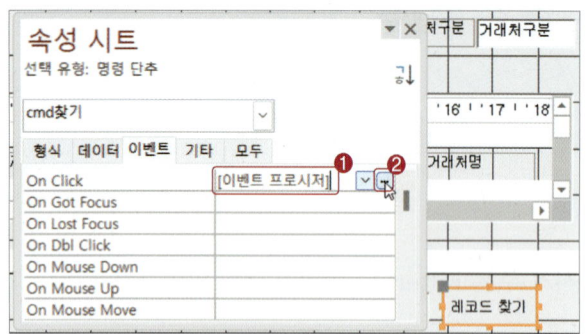

④ 코드 창에 다음과 같이 이벤트 프로시저를 작성한다.

❶ Private Sub cmd찾기_Click()
　❷ Me.Filter = "거래처명 = '" & cmb거래처찾기 & "'"
　❸ Me.FilterOn = True
❹ End Sub

❶ 'cmd찾기' 명령 단추 컨트롤을 클릭하는 이벤트 프로시저를 작성한다.
❷ 'cmb거래처찾기' 콤보 상자 컨트롤에서 선택한 값과 '거래처명' 필드 값이 동일한 레코드를 현재 폼(Me)의 Filter 속성에 정의한다.
❸ 현재 폼 개체의 Filter 속성에 정의된 Filter를 적용(True)한다.
❹ 프로시저를 종료한다.

▶ 기적의 TIP

작성한 프로시저가 실행되지 않을 경우 [파일]-[옵션]-[보안 센터]에서 [보안 센터 설정]을 클릭하고 'ActiveX 설정'과 '매크로 설정'을 확인합니다. 각각 '최소한의 제한 사항으로 모든 컨트롤을 사용하기 전에 확인', '모든 매크로 제외(알림 표시)' 정도로 설정하도록 합니다.

⑤ 탐색 창의 [폼] 개체에서 〈년월일조회〉 폼을 선택하고 바로 가기 메뉴에서 [디자인 보기]를 클릭한 후 'cmd조회' 명령 단추를 속성 시트 창에서 선택한다.

⑥ 'cmd조회' 속성 시트 창의 이벤트 탭을 클릭한 후 'On Click'의 이벤트 프로시저를 선택하고 [작성기](⋯)를 클릭하여 VBA 편집 상태로 넘어간다.

⑦ 코드 창에 다음과 같이 이벤트 프로시저를 작성한다.

❶ Private Sub cmd조회_Click()
　❷ Me.Filter = "Year([구매일자]) =" & txt년 & "And Month([구매일자]) =" & txt월 & "And Day([구매일자]) =" & txt일
　❸ Me.FilterOn = True
❹ End Sub

❶ 'cmd조회' 명령 단추 컨트롤을 클릭하는 이벤트 프로시저를 작성한다.
❷ '구매일자'에서 년(Year), 월(Month), 일(Day)을 구해 'txt년', 'txt월', 'txt일'에 입력된 값과 동일한 레코드를 현재 폼(Me)의 Filter 속성에 정의한다.
❸ 현재 폼 개체의 Filter 속성에 정의된 Filter를 적용(True)한다.
❹ 프로시저를 종료한다.

▶ 기적의 TIP

Year, Month, Day 날짜 함수는 년, 월, 일을 반환하는 함수입니다.

➕ 더알기 TIP

조건식 작성 순서

[1단계] 필드의 데이터 형식을 파악하는 단계
• 〈거래처별 구매정보〉 폼의 레코드 원본은 〈거래처〉 테이블이다.
• 〈거래처〉 테이블의 [거래처명] 필드는 데이터 형식이 '텍스트'이다.

[2단계] 작은 따옴표로 숫자와 텍스트를 구분하는 단계
• 기본 형식인 **필드 = 컨트롤**에 대입하면 **거래처명 = cmb거래처찾기**가 된다.
• [거래처명] 필드의 데이터 형식이 **텍스트**이므로 **작은 따옴표**로 구분을 해야 한다.

거래처명 = ' cmb거래처찾기 '

[3단계] 큰 따옴표로 컨트롤을 구분하는 단계
• 컨트롤을 제외한 나머지 부분을 큰 따옴표로 묶어서 구분한다.

"거래처명 = '" cmb거래처찾기 "'"

[4단계] 앰퍼샌드(&)로 컨트롤과 연결하는 단계
• 컨트롤과 나머지 부분을 앰퍼샌드로 연결하여 처리한다.

"거래처명 = '" & cmb거래처찾기 & "'"

출제유형 2 '제품별조회.accdb' 파일을 열어 작업하시오.

〈RecordsetClone, FindFirst, Bookmark〉

현재 폼(Me)의 레코드 원본(Recordset)을 복사(제)하는 RecordsetClone 속성, 특정 레코드를 고유하게 식별하여 책갈피를 꽂아두는 Bookmark 속성, 처음부터 끝 방향으로 값을 찾아주는 FindFirst 메서드에 대해서 알아보자.

Me.RecordsetClone.FindFirst 조건식
Me.Bookmark = Me.RecordsetClone.Bookmark

〈제품별조회〉 폼의 상단에 있는 'txt조회' 컨트롤에 제품코드를 입력하고 '찾기(cmd찾기)' 버튼을 클릭하면 입력된 제품코드에 해당하는 제품 레코드 정보를 보여주는 기능을 수행하도록 구현하시오.

기적의 TIP
속성은 '=' 다음에 값을 정의하지만 메서드는 '=' 없이 값을 정의함에 유의하세요.

① 〈제품별조회〉 폼의 레코드 원본은 〈제품코드〉 테이블이며, '제품명' 필드와 하위 폼으로 연결되어 있다. 따라서 'txt조회' 컨트롤에 값을 입력하고 'cmd찾기' 버튼을 누르면 폼의 레코드 원본에서 관련 정보를 찾아 표시할 수 있게 된다.

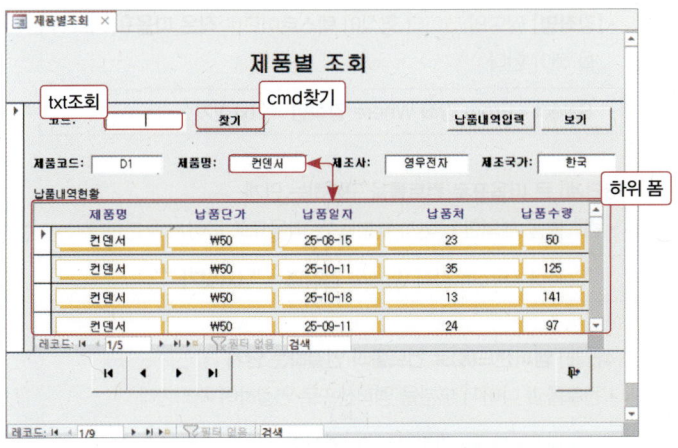

기적의 TIP
[데이터베이스 도구] – [관계] 그룹의 [관계]를 눌러보면 하위 폼은 기본 폼의 레코드 원본인 〈제품코드〉 테이블의 '제품코드' 필드와 일대다의 관계가 형성되어 있음도 알 수 있습니다.

② 〈제품별조회〉 폼을 [디자인 보기](🖳)로 열고, 속성 시트 창에서 '찾기(cmd찾기)' 버튼을 선택한 후 [이벤트] 중 'On Click' 속성의 [이벤트 프로시저]를 선택하고 [작성기](…)를 클릭한다.

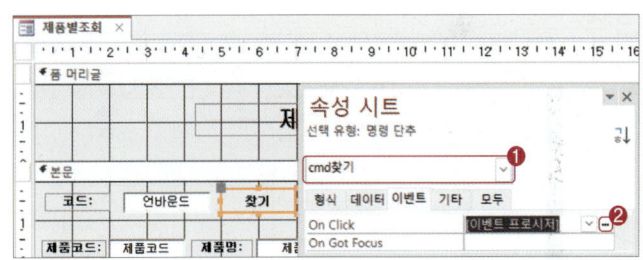

③ 코드 창에 다음과 같이 이벤트 프로시저를 작성한다.

```
Private Sub cmd찾기_Click()
❶ Me.RecordsetClone.FindFirst "제품코드 = '" & txt조회 & "'"
❷ Me.Bookmark = Me.RecordsetClone.Bookmark
End Sub
```

❶ 현재 폼의 레코드 원본을 복사한 다음, 복사된 개체에서 'txt조회' 컨트롤에 입력된 값과 제품코드가 동일한 첫 번째 레코드를 검색한다.

❷ 복사한 개체에서 찾은 레코드의 책갈피를 현재 폼의 책갈피로 대입한다.

출제유형 3 '강좌정보찾기.accdb' 파일을 열어 작업하시오.

〈RecordSource〉

폼이나 보고서의 레코드 원본을 지정해주는 RecordSource 속성을 이용하면 조건에 맞는 레코드 원본으로 재설정하여 폼에 표시하는 데이터를 변경할 수 있다.

Me.RecordSource = SELECT문 WHERE 조건식

〈강좌정보찾기〉 폼의 '찾기(cmd찾기)' 버튼을 클릭하면 '강좌명'에 해당하는 강좌정보 레코드를 보여주는 기능을 수행하시오.

▶ 현재 폼의 RecordSource 속성을 이용한 레코드 원본 재설정 방식으로 이벤트 프로시저를 작성하시오.
▶ 정확한 강좌명을 입력할 때만 찾을 수 있도록 하시오.

① 〈강좌정보찾기〉 폼의 레코드 원본은 〈강좌〉 테이블이다. 'txt찾기'에 강좌명을 입력하고 '찾기(cmd찾기)' 버튼을 클릭하면 RecordSource 속성에 의해, 입력된 강좌명에 해당하는 데이터로 레코드 원본을 재설정하여 폼에 표시하게 된다.

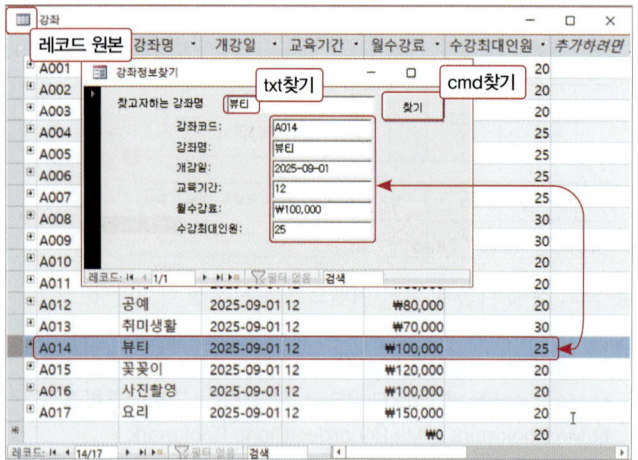

② 'cmd찾기' 버튼에 다음과 같은 클릭 이벤트 프로시저를 작성한다.

```
Private Sub cmd찾기_Click()
    ❶ Me.RecordSource = "Select * From 강좌 Where 강좌명 = '" & txt찾기 & "'"
End Sub
```

❶ 현재 폼의 'txt찾기' 컨트롤에 입력된 값과 강좌명(필드)이 일치하는 〈강좌〉 테이블의 정보를 찾아서 레코드 원본으로 재설정한다.

🏁 기적의 TIP

'필드명=컨트롤명'에서 항상 출발합니다. 메서드와 속성은 반복하다 보면 자연스럽게 암기될 거예요.

➕ 더알기 TIP

'조건' 입력 시 주의사항

[1단계] 필드의 데이터 형식을 파악하는 단계
- 〈강좌정보찾기〉 폼의 레코드 원본은 〈강좌〉 테이블이다.
- 〈강좌〉 테이블의 [강좌명] 필드는 데이터 형식이 '텍스트'이다.

[2단계] 작은 따옴표로 숫자와 텍스트를 구분하는 단계
- SELECT문 WHERE 조건식에서, 조건식의 기본 형식인 필드 = 컨트롤을 대입하면 강좌명 = txt찾기가 된다.
- [강좌명] 필드의 데이터 형식이 텍스트이므로 작은 따옴표(' ')로 구분을 해야 한다.

Select * From 강좌 Where 강좌명 = ' txt찾기 '

[3단계] 큰 따옴표로 컨트롤을 구분하는 단계
- 컨트롤을 제외한 나머지 부분을 큰 따옴표로 묶어서 구분한다.

"Select * From 강좌 Where 강좌명 = '" txt찾기 "'"

[4단계] 앰퍼샌드(&)로 컨트롤과 연결하는 단계
- 컨트롤과 나머지 부분을 앰퍼샌드로 연결하여 처리한다.

"Select * From 강좌 Where 강좌명 = '" & txt찾기 & "'"

출제유형 4 'DoCmd.accdb' 파일을 열어 작업하시오.

> **〈폼 닫기〉**
> DoCmd 개체의 Close 메서드를 이용하면, 지정한 액세스의 창을 닫거나 아무 것도 지정하지 않았을 경우에는 현재 창을 곧바로 닫을 수 있다.
> DoCmd.Close

〈동아리정보〉 폼의 '닫기(cmd닫기)' 버튼을 클릭하면 폼이 닫히도록 기능을 구현하시오.

① 〈동아리정보〉 폼을 [디자인 보기]( )로 연 후 '닫기(cmd닫기)' 버튼을 선택하고 'cmd닫기' 속성 창의 [이벤트] 탭에서 'On Click'의 [작성기](-)를 클릭한 후 '코드 작성기'를 선택하고 [확인]을 클릭한다.

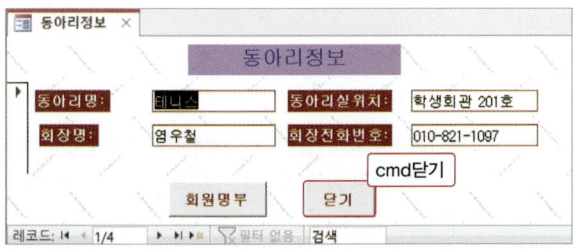

② 다음과 같이 DoCmd 개체에 Close 메서드를 적용한다.

```
Private Sub cmd닫기_Click()
    ❶ DoCmd.Close
End Sub
```
❶ 현재 창을 닫는다.

> **기적의 TIP**
> Close 메서드에 지금처럼 아무런 인수도 지정하지 않으면, 현재 창을 닫습니다.

> **더알기 TIP**
> **Close 메서드의 인수를 활용하면 좀 더 세밀한 설정이 가능해진다.**
> ❶ Private Sub cmd닫기_Click()
> ❷ DoCmd.Close acForm, "동아리정보", acSavePrompt
>   개체유형   개체이름   저장방법
> ❸ End Sub
>
> ❶ 'cmd닫기' 명령 단추 컨트롤을 클릭하는 이벤트 프로시저를 작성한다.
> ❷ 동아리정보(개체이름) 폼(개체유형, acForm)을 닫을 때 개체 저장 여부(acSavePrompt)를 물어본다.
> ❸ 프로시저를 종료한다.

출제유형 5 'DoCmd.accdb' 파일을 열어 작업하시오.

〈조건에 맞게 폼 열기〉

DoCmd 개체의 OpenForm 메서드를 이용하면 조건에 맞는 데이터로 폼을 열 수 있다.
DoCmd.OpenForm "폼 이름", 보기형식, 필터명, 조건식

〈동아리정보〉 폼의 '회원명부(cmd회원명부)' 버튼을 클릭하면 다음과 같은 기능이 구현되도록 하시오.
▶ '회원명부(cmd회원명부)' 버튼을 클릭하면 〈동아리회원명부〉 폼이 열리도록 하시오.
▶ 현재 폼에 표시되어 있는 동아리의 회원명부가 표시되도록 할 것
※ 현재 폼에 표시되는 동아리가 '테니스'이면 테니스 동아리의 회원명부가 표시되도록 할 것

① 〈동아리정보〉 폼의 '동아리명'이 '테니스'가 되도록 탐색 단추를 눌러 레코드 번호 상자를 '4'로 맞추고 '회원명부' 버튼을 누르면, 테니스에 관련된 정보로 〈동아리회원명부〉 폼이 열려야 한다. 이렇게 동작하게 하려면 〈동아리회원명부〉 폼의 레코드 원본 중 '동아리명' 필드와 값을 비교하는 조건식을 세우면 된다.

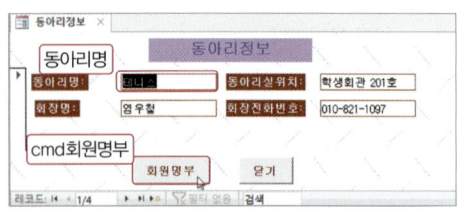

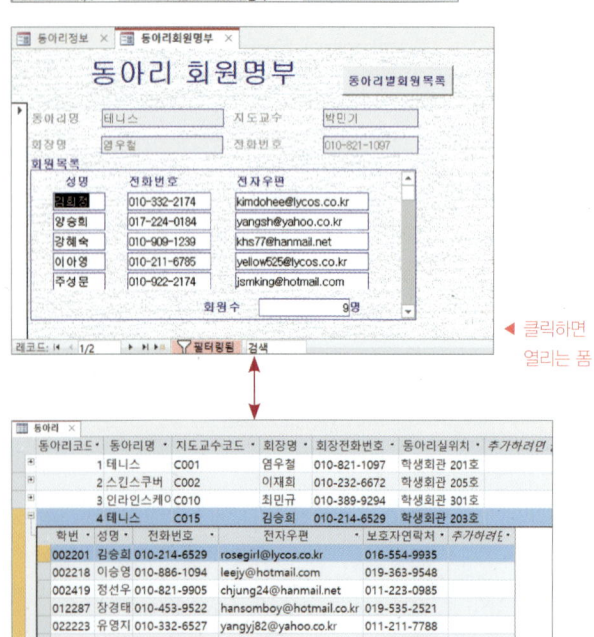

▲ 기본 폼과 하위 폼의 레코드 원본은 '동아리코드' 필드로 연결되어 있음

🏁 기적의 TIP
클릭하면 열리는 폼 쪽의 레코드 원본을 비교할 필드의 기준으로 삼아야 합니다.

🏁 기적의 TIP
기본 폼과 하위 폼은 '동아리코드' 필드끼리 일대다의 관계로 연결되어 있습니다. 따라서 기본 폼의 검색 정보를 하위 폼에 자세하게(여러 개) 나타낼 수 있습니다.

🏁 기적의 TIP
하위 폼의 레코드 원본인 〈회원〉 테이블에서 '동아리코드' 필드 값이 4인 경우, 즉 '동아리명' 필드 값이 '테니스'인 경우에 해당하는 정보를 보여줍니다.

② '회원번호(cmd회원명부)' 버튼에 'On Click' 이벤트 프로시저를 다음과 같이 작성한다. DoCmd 개체의 OpenForm 메서드를 이용하되 조회된 결과로만 폼이 열리도록 조건식을 작성한다.

```
Private Sub cmd회원명부_Click()
    ❶ DoCmd.OpenForm "동아리회원명부", acNormal, , "동아리명 = '" & 동아리명 & "'"
End Sub
```

❶ 〈동아리회원명부〉 폼을 열 되, '동아리명' 컨트롤에 입력된 값과 '동아리명(필드)'이 일치하는 조건으로 연다.

🏁 기적의 TIP
acNormal은 폼 보기로 폼을 열겠다는 뜻입니다. 설정하지 않아도 기본 값으로 처리됩니다.

🏁 기적의 TIP
코드를 작성할 때, 띄어쓰기에 유의해야만 오류없이 동작합니다.

출제유형 6 'DoCmd.accdb' 파일을 열어 작업하시오.

> 〈조건에 맞게 보고서 열기〉
> DoCmd 개체의 OpenReport 메서드를 이용하면 조건에 맞는 데이터로 보고서를 열 수 있다.
> DoCmd.OpenReport "보고서이름", 보기형식, 필터이름, 조건식

〈동아리회원명부〉 폼의 '동아리별회원목록(cmd회원정보)' 버튼을 클릭하면 다음과 같은 기능이 구현되도록 하시오.
▶ 〈동아리별 회원리스트〉 보고서를 '인쇄 미리보기' 형태로 열도록 하시오.
▶ 현재 폼에 보이는 동아리 데이터만 표시하도록 할 것
※ 인라인스케이트 동아리 정보가 폼에 표시되어있다면 인라인스케이트 동아리 회원들만 보고서에 나타나도록 할 것

기적의 TIP
보기형식과 필터이름은 선택요소로 만약 생략하면 기본 값으로 처리됩니다.

① 〈동아리회원명부〉 폼의 'txt동아리명' 컨트롤에 '인라인스케이트'가 들어있을 때 '동아리별회원목록(cmd회원정보)' 버튼을 클릭하면 인라인스케이트와 관련된 정보로 〈동아리별 회원리스트〉 보고서가 열려야 한다. 이는 〈동아리별 회원리스트〉 보고서의 레코드 원본 필드 중 '동아리명' 필드와 'txt동아리명' 컨트롤을 조건식으로 비교함으로 가능해진다.

② 〈동아리회원명부〉 폼을 [디자인 보기](⌘)로 연 후 '동아리별회원목록(cmd회원정보)'의 'On Click' 이벤트 프로시저에 DoCmd 개체의 OpenReport 메서드와 조건식을 가미하여 다음과 같이 작성한다.

```
Private Sub cmd회원정보_Click()
❶ DoCmd.OpenReport "동아리별 회원리스트", acViewPreview, , "동아리명 = '" & txt동아리명 & "'"
End Sub
```

❶ 〈동아리별 회원리스트〉 보고서를 열 되, 'txt동아리명' 컨트롤에 입력된 값과 '동아리명(필드)'이 일치하는 조건으로 연다.

기적의 TIP
보기형식인 acViewPreview는 인쇄 미리 보기 상태를 의미합니다. 만약 생략하게 되면 기본 값인 acViewNormal로 인식하게 되어 곧바로 인쇄가 되어버립니다. 따라서 실제 시험장에서 부적절하므로 대부분 인쇄 미리 보기 상태를 요구하게 됩니다.

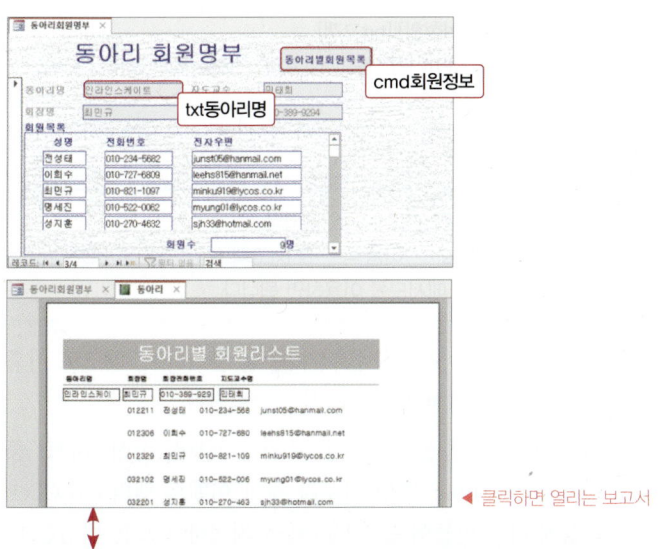
◀ 클릭하면 열리는 보고서

◀ 레코드 원본

출제유형 7 '비디오대여.accdb' 파일을 열어 〈대여현황〉 폼의 'ApplyFilter' 버튼에 대해 다음과 같은 기능이 수행되도록 구현하시오.

▶ ApplyFilter 매크로 함수를 사용할 것
▶ 'ApplyFilter(cmdApplyFilter)' 버튼을 클릭하면, 'txt고객' 컨트롤에서 선택한 고객만 표시하도록 할 것
▶ 매크로 이름을 'Macro1'이라고 입력할 것

① [만들기]-[매크로 및 코드] 그룹에서 [매크로]( )를 클릭한다.

> **기적의 TIP**
>
> 문제에서 지시한 매크로를 먼저 만든 후, 명령 단추의 On Click 속성에 만들어진 매크로를 지정하는 순서로 작업합니다.

② 매크로 작성기 창의 새 함수 추가 펼침 목록 단추를 클릭하고 펼쳐진 함수 목록 중 'ApplyFilter' 매크로 함수를 선택한다.

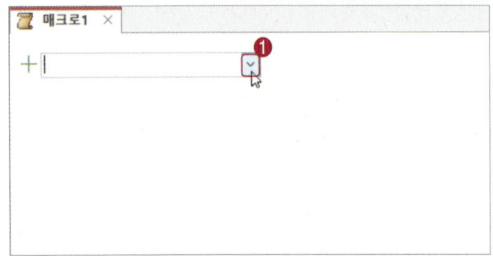

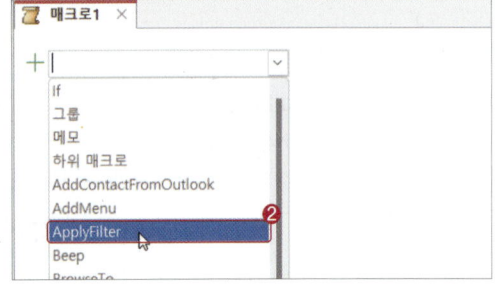

> **기적의 TIP**
>
> 함수 카탈로그에서 함수를 찾은 후 더블클릭해도 됩니다. ApplyFilter 함수는 [필터/쿼리/검색] 유형 아래에 있음을 알 수 있습니다.

③ 필터 조건을 지정하기 위해 'Where 조건문' 입력란의 작성기( ) 단추를 클릭한다.

④ 식 작성기 대화상자의 식 입력란에 **[이름]**=을 입력하고 하단의 왼쪽 상자에서 '비디오대여.accdb – Forms – 모든 폼 – 대여현황' 순서로 펼치고, 가운데 상자에서 'txt고객'을 더블클릭한다. 식 입력란에 '[이름]= Forms![대여현황]![txt고객]'이 표시되면 [확인]을 클릭한다.

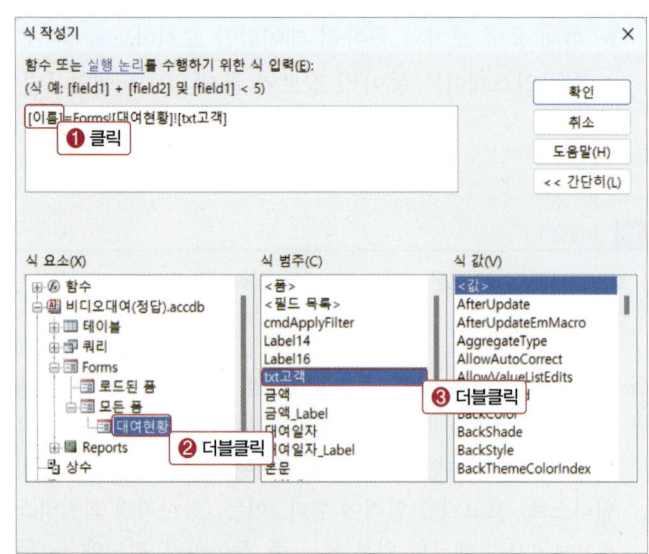

> **기적의 TIP**
>
> **[이름]=Forms![대여현황]![txt고객]**
> '이름' 필드 값이 〈대여현황〉 폼의 'txt고객' 컨트롤 값과 동일한 자료만 필터링합니다.

> **기적의 TIP**
>
> 이벤트 프로시저로 작성할 수도 있습니다.
> DoCmd. ApplyFilter , "이름 = '" & txt고객 & "'" 와 같이 DoCmd 개체의 ApplyFilter 메서드를 이용하면 됩니다.

⑤ 빠른 실행 도구 모음 중 [저장]( )을 클릭하고, 매크로 이름을 Macro1로 설정한 후 [확인]을 클릭한다.

⑥ 〈대여현황〉 폼을 디자인 보기로 열어 속성 시트 중 'cmdApplyFilter' 명령 단추를 찾아 이벤트 탭의 On Click 속성에 미리 만들어 둔 'Macro1'을 지정하고 모든 변경한 내용은 저장한다.

11 출력 처리 작업

작업파일: '26컴활1급(상시)₩데이터베이스₩이론₩3.조회및출력'에서 파일을 열어 작업하세요.

출제유형 1 '출력처리1.accdb' 파일을 열어 다음과 같은 기능을 수행토록 구현하시오.

❶ 〈고객관리〉 폼에서 '인쇄(cmd인쇄)' 버튼을 클릭하면 〈고객별대여현황〉 보고서를 미리 보기 형태로 출력되도록 프로시저를 작성하시오.
  ▶ 〈고객관리〉 폼의 현재 '고객ID(txt고객ID)'에 해당하는 레코드만 출력되도록 설정하시오.

❷ 〈비디오목록〉 폼에서 '출력(cmd출력)' 버튼을 클릭하면 〈대여목록〉 보고서를 미리보기 형태로 출력되도록 프로시저를 작성하시오.
  ▶ 〈대여목록〉 보고서의 '대여일자'가 〈비디오목록〉 폼의 조회날짜(txt시작일, txt종료일) 기간 안에 포함된 레코드만 출력되도록 설정하시오.

01 'cmd인쇄' 클릭 이벤트

① [출력처리1 : 데이터베이스] 탐색 창의 〈고객관리〉 폼에서 마우스 오른쪽 버튼을 눌러 [디자인 보기](📐)를 클릭한다.

> **기적의 TIP**
> 명령 단추의 On Click 이벤트를 작성할 때는 속성 창의 'On Click' 속성을 이용하지 않고, 해당 명령 단추에서 마우스 오른쪽 버튼을 눌러 나타난 빠른 메뉴에서 [이벤트 작성] 메뉴를 선택해도 됩니다.

② 속성 창의 'cmd인쇄' 컨트롤을 선택한 후 [이벤트] 탭에서 'On Click' 입력란의 [이벤트 프로시저]를 선택하고 [작성기](…)를 클릭한다.

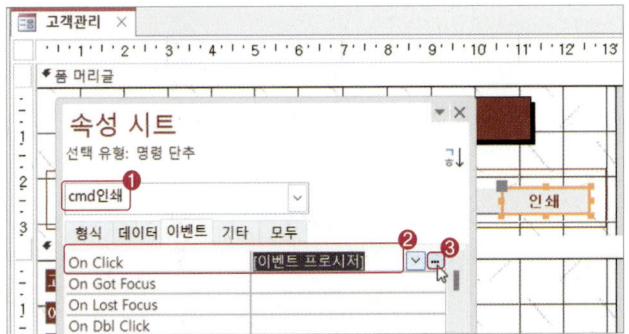

③ [Visual Basic Editor] 창에 'Private Sub cmd인쇄_Click()' 프로시저가 표시되면, 프로시저 안에 다음과 같이 입력하여 완성한다.

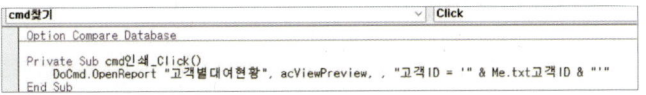

```
Private Sub cmd인쇄_Click()
❶ DoCmd.OpenReport "고객별대여현황", acViewPreview, , "고객ID = '" & Me.txt고객ID & "'"
End Sub
```

❶ '고객ID' 필드 값이 'txt고객ID' 컨트롤 값과 일치하는 레코드만 표시되도록 조건을 지정하여 〈고객별대여현황〉 보고서를 '미리 보기'(acViewPreview) 형태로 표시하고, '필터 이름'을 생략한 후 'Where 조건문'을 입력하기 위해서 acViewPreview 다음에 쉼표(,)를 2번 연속 입력한다.

> **기적의 TIP**
> Me는 현재 실행되는 코드를 참조하는 변수입니다. Me.txt고객ID에서 Me.은 생략해도 됩니다.

④ [Visual Basic Editor] 창 제목 표시줄의 [닫기]를 클릭하여 창을 닫는다.

> **기적의 TIP**
> **DoCmd.OpenReport**
> 보고서 개체를 열기 위해 메서드를 사용하여 Access 매크로 함수를 실행합니다.

⑤ 모든 작업이 완료되었다면, 빠른 실행 도구모음에서 [저장](圖) 도구를 눌러 저장한 후 [양식 디자인]-[보기] 그룹에서 [보기]를 눌러 [폼 보기](圖)를 통해 작성된 내용이 제시된 화면과 동일한지 확인한다. 즉, 〈고객관리〉 폼에서 조건에 맞는 자료만 인쇄 미리보기 되는지 확인한다.

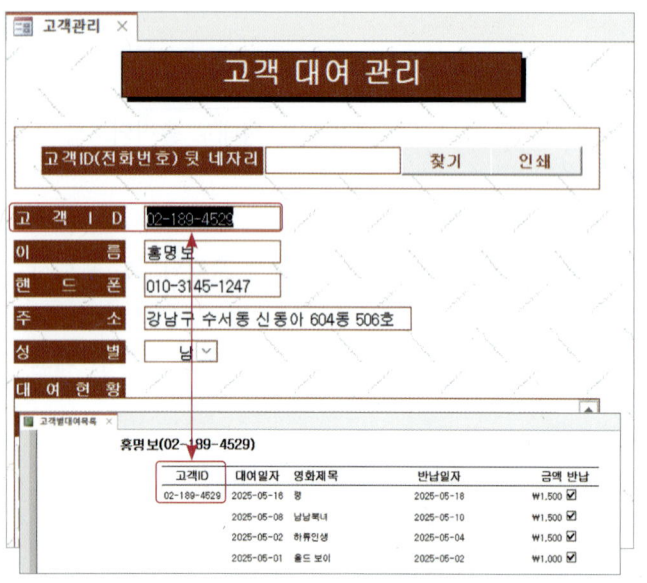

기적의 TIP

텍스트 상자의 잠금 속성을 '예'로 설정하면 해당 텍스트 상자의 데이터를 편집할 수 없게 됩니다. 〈고객관리〉폼의 고객ID(txt고객ID)를 잠근 후 데이터를 변경해보세요. 잠겨있기 때문에 지워지지 않을 것입니다. 이것이 바로 잠금 속성입니다.

02 'cmd출력' 클릭 이벤트

⑥ [출력처리1 : 데이터베이스] 탐색 창의 〈비디오목록〉 폼에서 마우스 오른쪽 버튼을 눌러 [디자인 보기](圖)를 클릭한다.

⑦ 'cmd출력' 컨트롤을 선택한 후 'cmd출력' 속성 창의 [이벤트] 탭에서 'On Click' 입력란을 클릭하여 [작성기](…)를 클릭하고, [작성기 선택]에서 '코드 작성기'를 더블클릭한다.

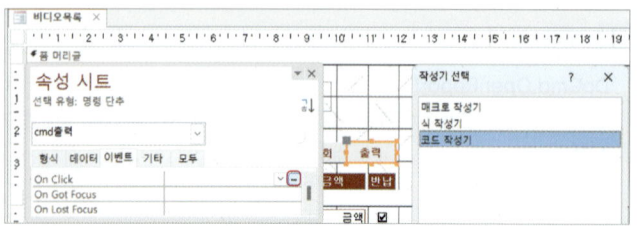

⑧ [Visual Basic Editor] 창에 'Private Sub cmd출력_Click ( )' 프로시저가 삽입되면, 프로시저 안에 다음과 같이 입력하여 완성한다.

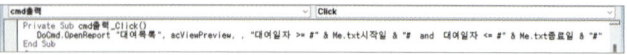

```
Private Sub cmd출력_Click()
❶ DoCmd.OpenReport "대여목록", acViewPreview, , "대여일자 >= #" & Me.txt시작일 & "#  and 대여일자 <= #" & Me.txt종료일 & "#"
End Sub
```

❶ '대여일자' 필드값이 'txt시작일' 컨트롤 값보다 크거나 같고 'txt종료일' 컨트롤 값보다 작거나 같은 레코드만 표시되도록 〈대여목록〉 보고서를 미리 보기 형태로 표시한다.

기적의 TIP

Visual Basic Editor에서 하나의 명령을 여러 줄로 입력하기
Visual Basic에서는 한 명령문은 한 줄에 입력해야 합니다. 만약, 너무 내용이 길어 여러 줄로 나눌 경우 줄 변경이 일어날 위치에서 공백과 밑줄('_')을 입력한 후 Enter 를 눌러야 합니다.
줄 변경이 가능한 위치는 &와 같은 연산자의 앞뒤에서 가능하며 큰 따옴표("")로 감싸진 내용이나 하나의 단어에서는 줄 변경을 할 수 없습니다.

⑨ 모든 작업이 완료되었다면, 빠른 실행 도구모음에서 [저장](圖) 도구를 눌러 저장한 후 [양식 디자인]-[보기] 그룹에서 [보기]를 눌러 [폼 보기](圖)를 통해 작성된 내용이 제시된 화면과 동일한지 확인한다. 즉, 〈비디오목록〉 폼에서 '조회 날짜'에 적당한 검색 조건을 입력하고, [조회]를 클릭한 후 [출력]을 클릭하여 해당 조건에 맞는 자료만 인쇄 미리보기 되는지 확인한다.

출제유형 2 '출력처리2.accdb' 파일을 열어 다음과 같은 기능을 수행토록 구현하시오.

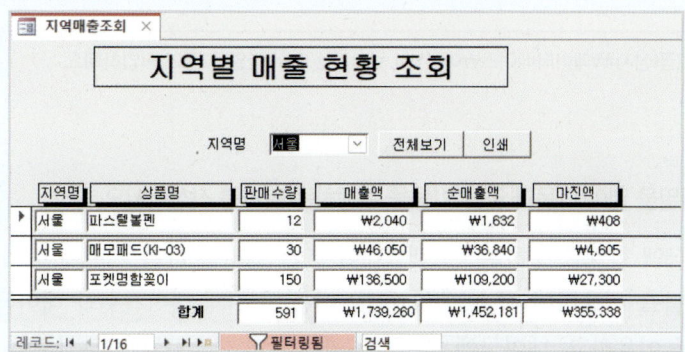

▶ 〈지역매출조회〉 폼에서 '인쇄(cmd인쇄)' 버튼을 클릭하면 〈지역매출현황〉 보고서를 미리 보기 형태로 출력되도록 설정하시오.
▶ 〈지역매출조회〉 폼의 '지역명(cmb지역명)' 컨트롤에서 선택한 값과 동일한 지역명을 갖는 레코드만 출력되도록 설정하시오.
▶ 매크로 함수를 사용하여 작성
▶ 매크로 이름을 'Macro1'이라고 입력할 것

① 리본 메뉴의 [만들기]-[매크로 및 코드] 그룹에서 [매크로](□)를 클릭한다.
② 매크로 작성기 창의 새 함수 추가 펼침 목록 단추를 클릭하고 펼쳐진 함수 목록 중 'OpenReport' 매크로 함수를 선택한다.

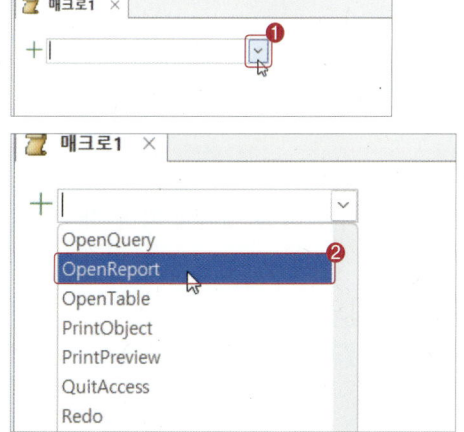

③ 보고서 이름에 '지역매출현황' 보고서를 지정한 후 필터 조건을 지정하기 위해 'Where 조건문' 입력란의 작성기(圖) 단추를 클릭한다.
④ 식 작성기 대화상자의 식 입력란에 [**지역명**]=을 입력하고 하단의 왼쪽 상자에서 '출력처리2.accdb – Forms – 모든 폼 – 지역매출조회' 순서로 펼치고, 가운데 상자에서 'cmb지역명'을 더블클릭한다. 식 입력란에 '[지역명]= Forms![지역매출조회]![cmb지역명]'이 표시되면 [확인]을 클릭한다.

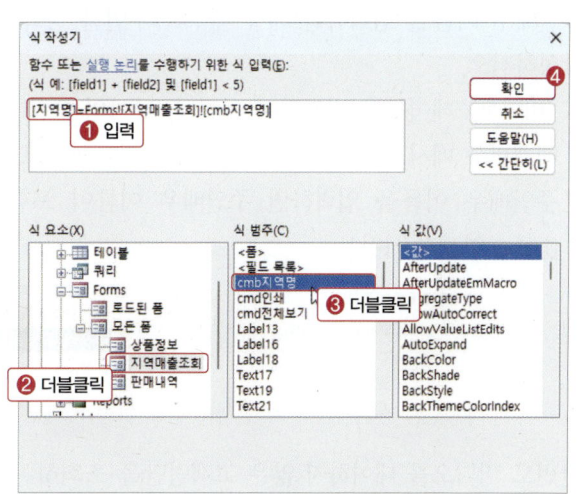

⑤ 빠른 실행 도구 모음 중 [저장](圖)을 클릭하고, 매크로 이름을 Macro1로 설정한 후 [확인]을 클릭한다.
⑥ 〈지역매출조회〉 폼을 [디자인 보기](圖)로 열어 속성 시트 중 'cmd인쇄' 명령 단추를 찾아 이벤트 탭의 On Click 속성에 미리 만들어 둔 'Macro1'을 지정하고 모든 변경한 내용은 저장한다.

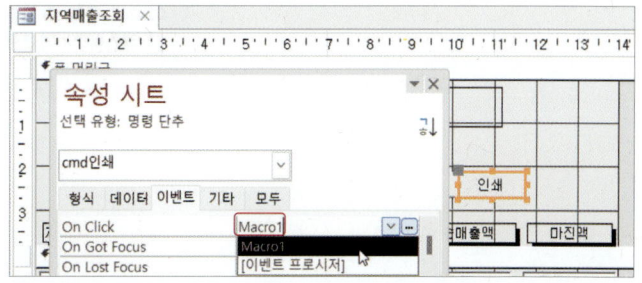

12 쿼리 작성

작업파일: '26컴활1급(상시)₩데이터베이스₩이론₩4.처리기능'에서 파일을 열어 작업하세요.

출제유형 1 '쿼리1.accdb' 파일을 열어 다음과 같은 기능을 수행하는 쿼리를 작성하시오.

❶ 고객별 대여건수와 대여금액 합계를 구하는 〈고객별대여내역〉 쿼리를 다음 지시에 따라 작성하시오.
  ▶ 〈고객〉과 〈대여〉 테이블을 이용하여 각 고객(고객ID, 이름)별 전체 대여건수와 대여금액을 조회하시오.
  ▶ 대여건수는 전화번호를 이용하고, 대여금액은 「금액+연체료」의 합으로 계산하시오.

※ 대여금액은 ⑤번 업데이트 쿼리 실행 전과 후의 값이 다를 수 있습니다.

❷ 주연배우 이름을 입력하면 해당 배우가 주연인 영화제목을 표시하는 〈배우별영화조회〉 쿼리를 다음 지시에 따라 작성하시오.
  ▶ 〈비디오〉 테이블을 이용하여 공급처, 날짜의 오름차순으로 표시하시오.
  ▶ 매개변수 메시지는 '주연배우 이름을 입력하세요'로 표시하시오.
  ▶ 주연배우 이름을 입력하면 주연배우 이름이 포함된 '영화제목', '주연', '감독', '공급처'가 표시되도록 하시오. (Like 연산자 사용)

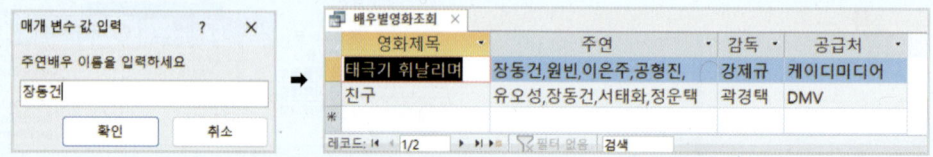

❸ 한번도 비디오를 대여하지 않은 고객명단을 조회하는 〈대여실적이없는고객조회〉 쿼리를 다음 지시에 따라 작성하시오.
  ▶ 〈고객〉 테이블의 '고객ID'와 〈대여〉 테이블의 '전화번호' 필드를 이용하여 작성하시오.
  ▶ Not In 예약어를 사용하여 SQL 명령으로 작성하시오.

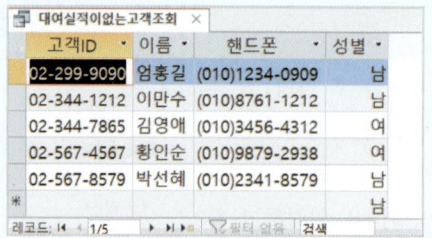

❹ 〈대여목록〉 쿼리를 이용하여 영화제목별 성별 대여수를 나타내는 크로스탭 쿼리를 작성하시오.
  ▶ 크로스탭 쿼리의 열은 IIF 함수를 이용하여 '성별' 필드를 남(-1), 여(0)로 표시되도록 설정하시오.
  ▶ 쿼리의 이름은 〈성별대여수〉로 작성하시오.

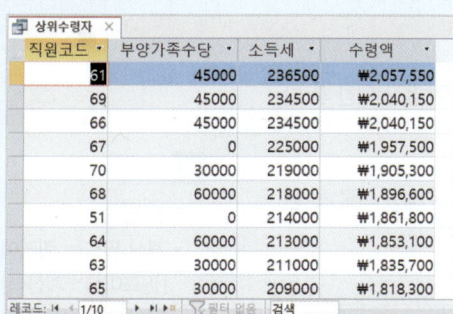

❺ 〈대여〉 테이블를 이용하여 다음과 같은 기능을 수행하는 〈연체료업데이트〉 업데이트 쿼리를 작성하시오.
  ▶ 반납일자가 비어있는 미반납 자료의 경우 '연체료' 필드 값을 '금액' 필드값의 50% 값으로, '반납' 필드값은 'False'로 업데이트 되도록 설정하시오.

❻ 〈급여현황〉 테이블을 이용하여 다음과 같은 기능을 수행하는 쿼리를 작성하시오.
  ▶ 상위 '수령액' 10개를 내림차순으로 정렬하여 표시하시오.
  ▶ 쿼리의 이름은 〈상위수령자〉로 작성하시오.

❼ 대여 내역이 없으면서 '주소'가 비어있고, 이름에 '홍'이 포함된 고객명단을 조회하는 〈유령고객〉 쿼리를 다음 지시에 따라 작성하시오.
  ▶ 대여 내역이 없음은 〈대여〉 테이블에 '전화번호'가 존재하지 않는 〈고객〉 테이블의 '고객ID'를 기준으로 삼을 것
  ▶ Not In, Is Null, Like 예약어 연산자를 활용할 것

01 〈고객별대여내역〉 쿼리 작성

① [만들기]-[쿼리] 그룹의 [쿼리 디자인](▦)을 클릭한다.

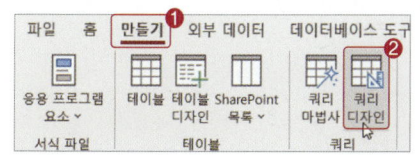

② 쿼리 디자인 창의 [테이블 추가]에서 쿼리 작성에 사용할 〈고객〉, 〈대여〉 테이블을 각각 더블클릭한 후 [닫기]를 클릭한다.

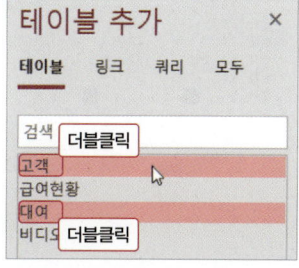

③ 쿼리 디자인 창 상단의 〈고객〉 필드 목록에서 '고객ID', '이름'을 차례로 더블클릭하고, 〈대여〉 필드 목록에서 '전화번호'를 더블클릭하여 디자인 눈금 영역에 표시되도록 한다.

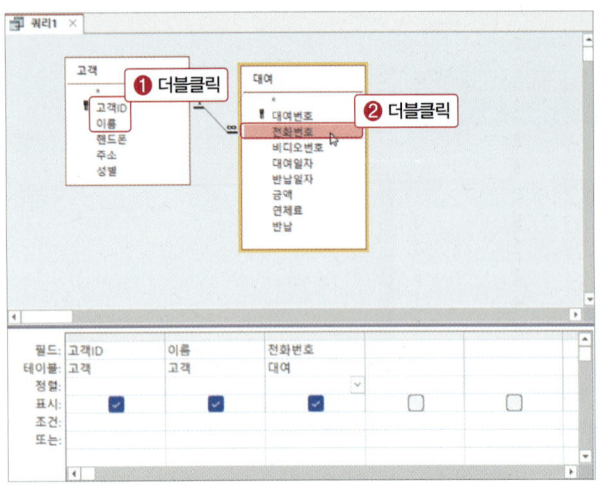

> 🔑 **기적의 TIP**
>
> **디자인 눈금에 필드 추가**
> - 한번에 한 개씩 추가
>   - 필드 목록에서 필드 이름을 더블클릭
>   - 디자인 눈금의 빈 '필드 :' 셀 입력란의 목록 단추(∨)를 클릭하여 선택하거나 직접 입력
> - 한번에 여러 개씩 추가
>   필드 목록에서 Shift 나 Ctrl 을 이용하여 여러 필드를 선택한 후 디자인 눈금으로 드래그
> - 전체 필드 추가
>   조건이나 정렬이 필요없는 경우 전체 필드 선택은 필드 목록 첫 행의 별표(*)를 더블클릭

④ 그룹 계산을 위해 [쿼리 디자인]-[표시/숨기기] 그룹의 [요약](Σ)을 클릭하여 '디자인 눈금' 영역에 '요약' 행이 추가되도록 한다. '전화번호' 필드열의 '요약' 셀 입력란의 목록 단추(∨)를 클릭하여 묶는 방법(요약)을 '개수'로 선택한다.

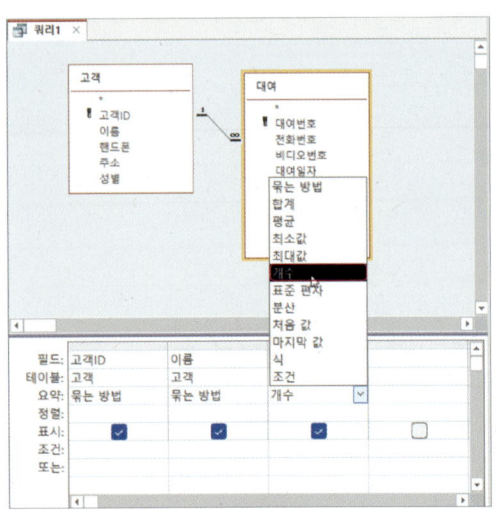

⑤ 쿼리 실행시 표시되는 열 제목을 변경하기 위해, '전화번호' 필드 셀 입력란을 클릭하여 '전화번호' 앞에 **대여건수:**를 입력한 후 Enter 를 누른다. 디자인 눈금 영역의 오른쪽 빈 필드 입력란에는 **대여금액:[금액]+[연체료]**를 입력하고 Enter 를 누른다.

> 🔑 **기적의 TIP**
>
> **확대/축소 창 이용하기**
> 디자인 눈금 영역의 셀에 많은 내용을 입력할 때는 Shift + F2 를 눌러 [확대/축소] 창을 이용하면 편리합니다.

⑥ 대여금액의 합계를 표시하기 위해 '대여금액:' 필드 열의 '요약:' 셀 입력란의 목록 단추(∨)를 클릭하여 묶는 방법으로 '합계'를 선택한다.

> 🔑 **기적의 TIP**
>
> **계산 필드**
> - 계산 필드는 쿼리에 정의된 필드를 이용하여 식이 입력되는 필드로 [필드이름 : 계산식] 형태로 입력합니다.
> - 계산식에서 사용되는 필드는 대괄호([ ])로 묶고, 여러 테이블에 동일한 이름을 가진 필드가 존재한다면 테이블명과 필드명을 모두 대괄호([ ])로 묶고 느낌표(!)로 구분합니다.
> 📌 [제품목록]![단가]

⑦ [쿼리 디자인] 창의 [닫기]를 클릭하여 창을 닫고, 저장 확인 대화상자에서 '예'를 클릭한 후 [다른 이름으로 저장]에서 **고객별대여내역**을 입력하고 [확인]을 클릭한다.

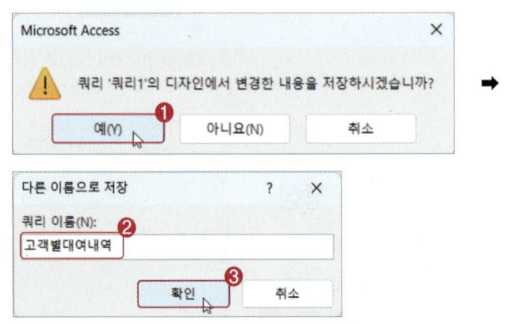

02 〈배우별영화조회〉 쿼리 작성

⑧ [만들기]-[쿼리] 그룹의 [쿼리 디자인](🔲)을 클릭한다.

⑨ 쿼리 디자인 창 [테이블 추가]에서 쿼리 작성에 사용할 〈비디오〉를 더블클릭한 후 [닫기]를 클릭한다.

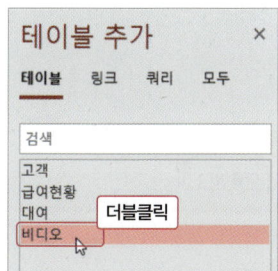

⑩ 쿼리 디자인 창 상단의 〈비디오〉 필드 목록에서 '영화제목', '주연', '감독', '공급처', '날짜'를 차례로 더블클릭하여 디자인 눈금에 표시되도록 하고, 디자인 눈금의 '공급처', '날짜' 필드의 '정렬 :' 셀 입력란에서 목록 단추(▽)를 클릭하여 '오름차순'으로 선택한다.

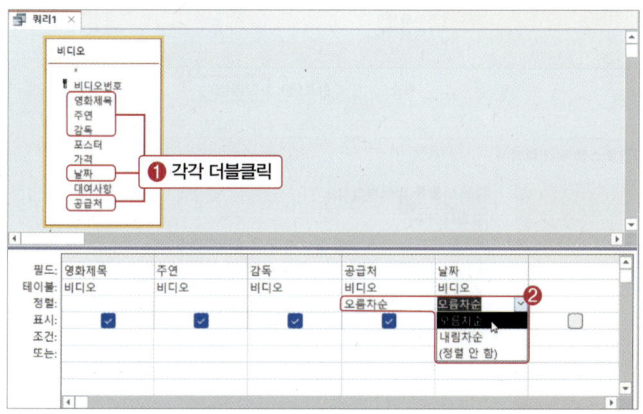

⑪ '날짜' 필드는 정렬 순서로만 사용하고 쿼리 결과로 표시될 필요는 없기 때문에 '표시' 셀의 체크 박스를 클릭하여 체크를 해제한 후, 매개변수 메시지를 지정하기 위해 '주연' 필드의 '조건' 입력란에 Like "*" & [주연배우 이름을 입력하세요] & "*"를 입력하고 Enter 를 누른다.

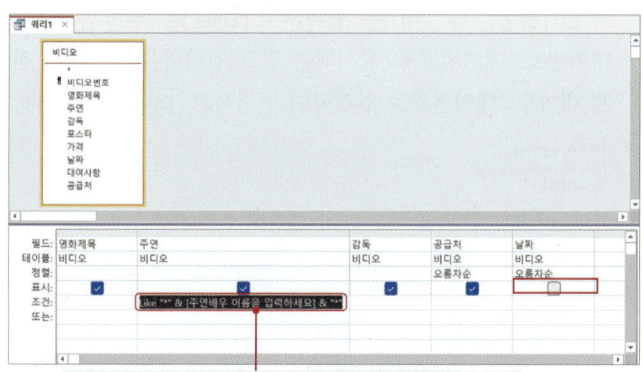

Like " * " & [주연배우 이름을 입력하세요] & " * "

📘 기적의 TIP

Like 연산자는 포함하는 값을 검색합니다.

⑫ [쿼리 디자인] 창의 [닫기]를 클릭하여 창을 닫으면, 저장 확인 대화상자에서 '예'를 클릭한 후 [다른 이름으로 저장]에서 **배우별영화조회**를 입력하고 [확인]을 클릭한다.

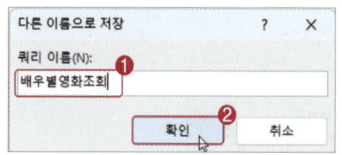

03 〈대여실적이없는고객조회〉 쿼리 작성

⑬ [만들기]-[쿼리] 그룹의 [쿼리 디자인](🔲)을 클릭한다.

⑭ 쿼리 디자인 창의 [테이블 추가]에서 쿼리 작성에 사용할 〈고객〉을 더블클릭한 후 [닫기]를 클릭한다.

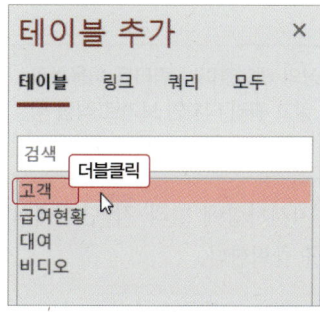

⑮ 쿼리 디자인 창 상단의 〈고객〉 필드 목록에서 '고객ID', '이름', '핸드폰', '성별'을 차례로 더블클릭하여 디자인 눈금에 나타나도록 한 후 '고객ID' 필드 '조건' 셀 입력란에 not in (select 전화번호 from 대여)를 입력하고 Enter 를 누른다.

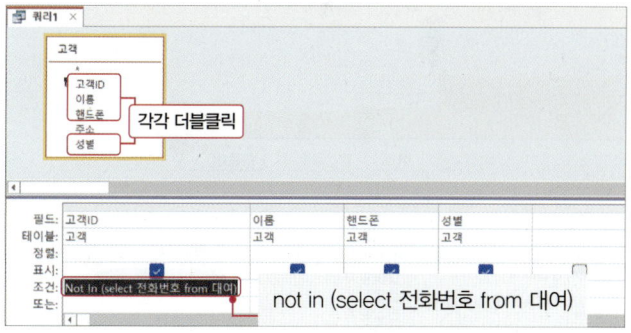

⑯ [쿼리 디자인] 창의 [닫기]를 클릭하여 창을 닫으면, 저장 확인 대화상자에서 '예'를 클릭한 후 [다른 이름으로 저장]에서 **대여실적이없는고객조회**를 입력하고 [확인]을 클릭한다.

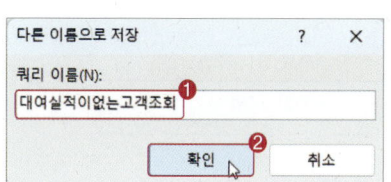

04 〈성별대여수〉 크로스탭 쿼리 작성

⑰ [만들기]-[쿼리] 그룹의 [쿼리 마법사](📋)를 클릭한 후 [새 쿼리]에서 '크로스탭 쿼리 마법사'를 선택하고 [확인]을 클릭한다.

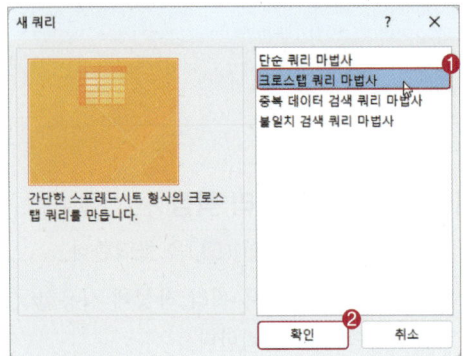

> 📌 **기적의 TIP**
>
> 크로스탭 쿼리를 작성할 때 2개 이상의 테이블이나 쿼리를 이용하라고 나오면, 쿼리 마법사를 이용하지 말고 쿼리 디자인 보기로 직접 작성해야 합니다.

⑱ [크로스탭 쿼리 마법사]에서 지시사항에 따라 각 단계에서 화면과 같이 선택하고 [다음]을 클릭한다.

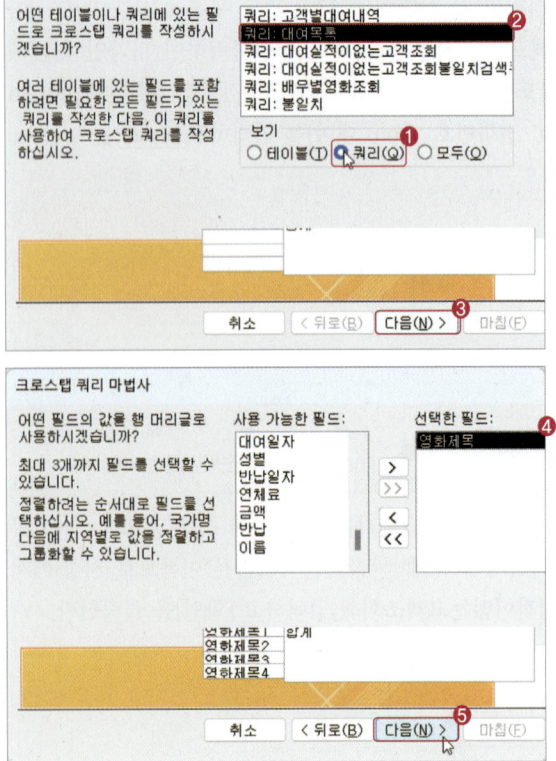

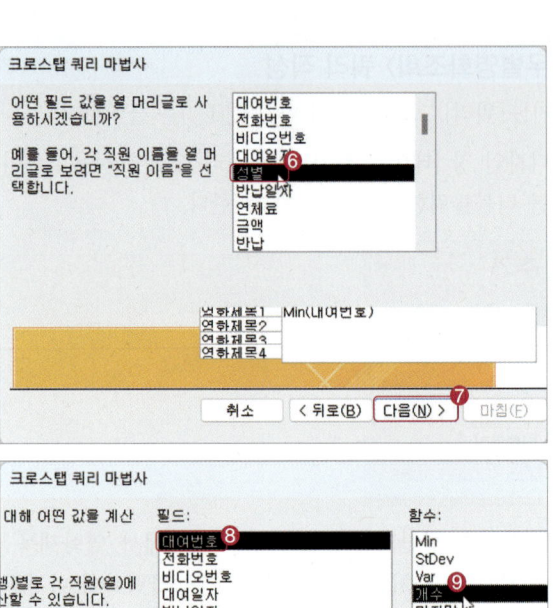

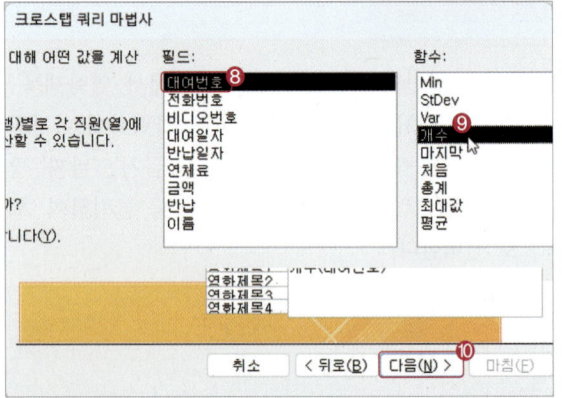

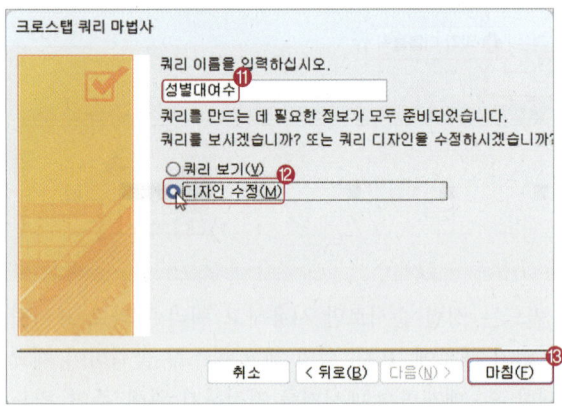

⑲ 데이터 형식이 [예/아니요]인 '성별' 필드를 '남'과 '여'로 표시하기 위해, 디자인 눈금에서 '성별' 필드 입력란을 클릭하여 iif([성별],"남","여")를 입력하고 [Enter]를 누른 후 '합계 대여번호: 대여번호'로 표시되는 필드 입력란을 클릭하여 **전체 대여수: 대여번호**로 입력하여 변경하고 [Enter]를 누른다.

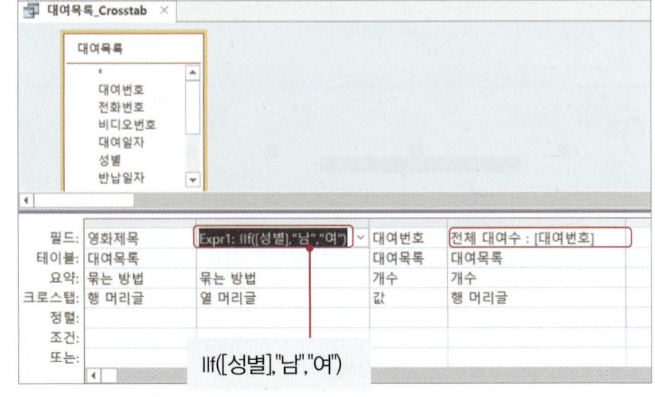

> **기적의 TIP**
>
> iif([성별],"남","여")
> - [성별] 필드는 '예/아니요' 데이터 형식으로 남자는 예(-1), 여자는 아니요(0) 값으로 지정되어 있습니다. 이 값을 남과 여로 표시하기 위해, iif 함수를 사용하여 '성별' 필드가 True 즉, -1일때 '남'을, 아닌 경우 '여'로 표시합니다.
> - 식을 입력하고 Enter 를 누르면 'Expr1: IIf([성별], "남","여")'로 변합니다. 열 머리글 항목이므로 'Expr1'는 수정하지 않아도 됩니다.

⑳ 완성된 쿼리를 저장하기 위해, 빠른 실행 도구모음에서 [저장](🖫)을 클릭한다.

05 〈연체료업데이트〉 업데이트 쿼리

㉑ [만들기]-[쿼리] 그룹의 [쿼리 디자인](▦)을 클릭한다.

㉒ 쿼리 디자인 창의 [테이블 추가]에서 쿼리 작성에 사용할 〈대여〉를 더블클릭한 후 [닫기]를 클릭한다.

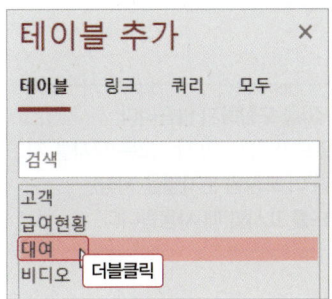

㉓ 업데이트 쿼리로 변경하기 위해 [쿼리 디자인]-[쿼리 유형] 그룹의 [업데이트](▦)를 선택한다.

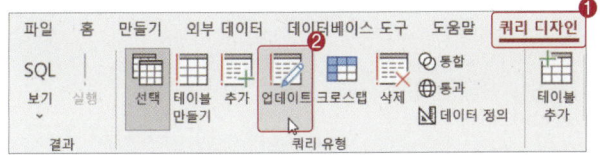

㉔ 〈대여〉 필드 목록에서 '연체료', '반납', '반납일자'를 차례로 더블클릭하여 표시한 후 '연체료' 필드의 '업데이트 : ' 셀 입력란에 [금액] * 0.5를, '반납' 필드 '업데이트 : ' 셀 입력란에 0을, '반납일자' 필드 '조건 : ' 셀 입력란에 is null을 입력한다.

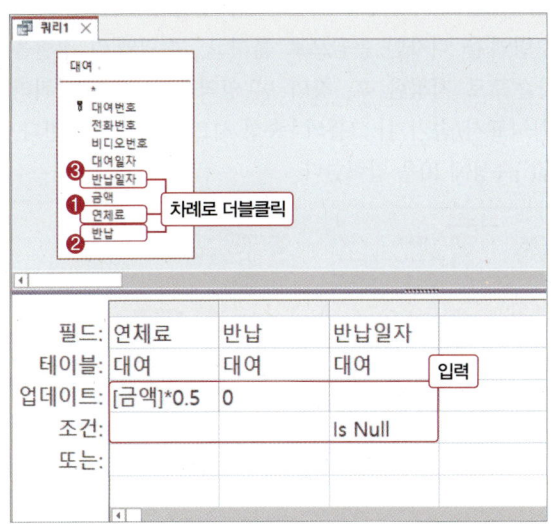

㉕ 업데이트 쿼리를 실행하기 위해 [쿼리 디자인]-[결과] 그룹의 [실행](❗)을 클릭한다. '13행을 새로 고칩니다.' 대화상자가 나타나면 [예]를 클릭한다.

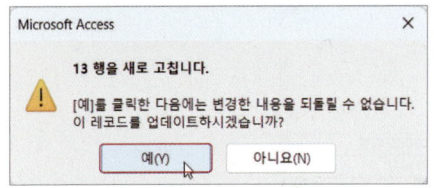

㉖ [쿼리 디자인] 창의 [닫기]를 클릭하여 창을 닫으면, 저장 확인 대화상자에서 '예'를 클릭한 후 [다른 이름으로 저장]에서 **연체료업데이트**를 입력하고 [확인]을 클릭한다.

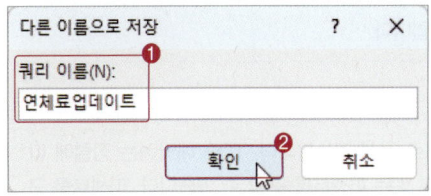

06 〈상위수령자〉 쿼리 작성

㉗ [만들기]-[쿼리] 그룹의 [쿼리 디자인](🔲)을 클릭한다.

㉘ 쿼리 디자인 창의 [테이블 추가]에서 쿼리 작성에 사용할 '급여현황'을 더블클릭한 후 [닫기]를 클릭한다.

㉙ 〈급여현황〉 필드 목록에서 '직원코드', '부양가족수당', '소득세', '수령액'을 디자인 눈금으로 옮기고, '수령액'의 정렬을 '내림차순'으로 지정한 후, 창의 빈 영역을 클릭하고 [쿼리 디자인]-[표시/숨기기] 그룹의 [속성 시트](🔲)를 클릭한다. '상위 값' 속성에 10을 입력한다.

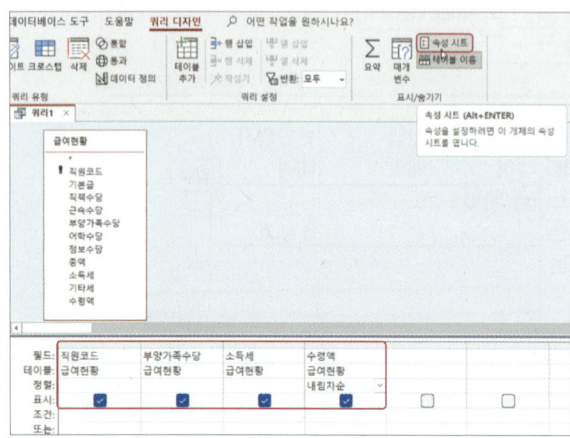

↓

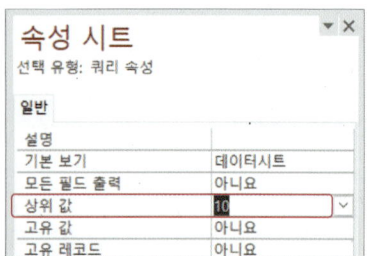

> **기적의 TIP**
>
> 디자인 창의 빈 영역을 클릭하는 이유는 쿼리에 대한 속성으로 포커스를 변경시키기 위함입니다.

> **기적의 TIP**
>
> 다음과 같은 SQL문으로 작성 가능합니다. TOP 예약어는 정렬에 따라서 상위, 하위의 개수 또는 퍼센트를 구할 수 있습니다. 퍼센트를 구할 때는 TOP 10 PERCENT와 같이 처리해주면 됩니다.
>
> SELECT TOP 10 직원코드, 부양가족수당, 소득세, 수령액
> FROM 급여현황
> ORDER BY 수령액 DESC;

㉚ 변경한 내용을 저장하고 쿼리 이름은 **상위수령자**로 입력한다.

07 〈유령고객〉 쿼리 작성

㉛ [만들기]-[쿼리] 그룹의 [쿼리 디자인](🔲)을 클릭한다.

㉜ [테이블 추가]에서 쿼리 작성에 사용할 '고객'을 더블클릭한 후 [닫기]를 클릭한다.

㉝ 〈고객〉 필드 목록에서 '고객ID', '이름', '핸드폰', '성별', '주소'를 디자인 눈금으로 옮기고 '조건:' 셀 입력란에 다음과 같이 설정한 후 쿼리 이름은 **유령고객**으로 저장한다.

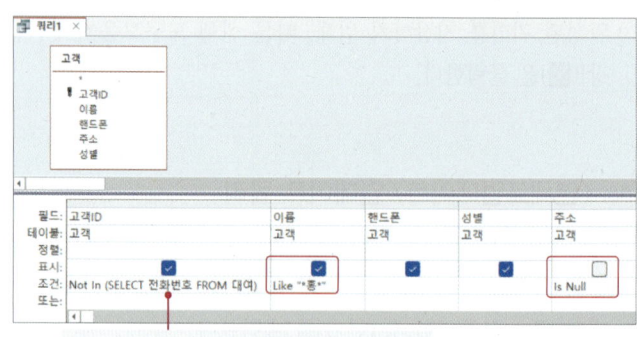

> **기적의 TIP**
>
> - Not In은 지정된 목록(괄호안의 값)을 포함하지 않습니다.
> - Like로 문자열을 비교할 때, 와일드카드문자인 *는 모든 문자를 지칭합니다('홍' 앞뒤로 사용하면 '홍'이 포함된 문자열을 지칭).
> - Is Null은 필드 값이 null인 레코드를 표시할 때 사용합니다.

출제유형 2 '쿼리2.accdb' 파일을 열어 다음과 같은 기능을 수행하는 쿼리를 작성하시오.

❶ 〈사원상세정보〉 쿼리를 이용하여 지정한 부서명과 동일한 부서의 직위별 기본급과 수당합의 평균을 표시하도록 〈직위지급평균〉 쿼리를 작성하시오.
- ▶ 수당합 평균은 직책수당, 근속수당의 합에 대한 평균으로 계산하고, 표시형식은 '통화'로 설정하시오.
- ▶ 부서명은 In 연산자를 사용하여 '전산팀', '특별팀', '홍보팀'만 표시되도록 설정하시오.

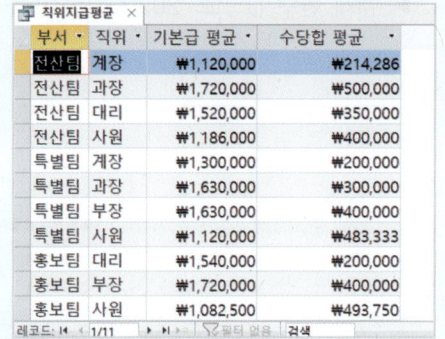

❷ 〈사원상세정보〉 쿼리를 이용하여 다음의 기능을 수행하는 〈직위별조회〉 매개변수 쿼리를 작성하시오.
- ▶ 매개변수는 '조회할 직위를 입력하시오'로 하시오.
- ▶ 직위, 부서별로 그룹화하여 '사번' 필드의 개수, '수령액' 필드의 평균을 나타내도록 하시오.

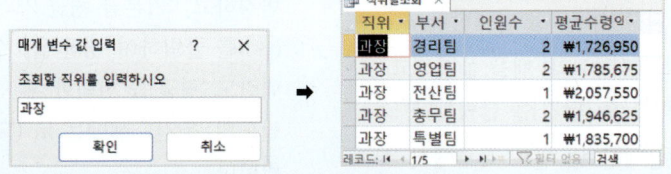

❸ 〈사원상세정보〉 쿼리를 이용하여 다음의 기능을 수행하는 〈2023년이후입사자수〉 크로스탭 쿼리를 작성하시오.
- ▶ 쿼리의 실행 결과는 부서, 입사년도를 오름차순으로 표시하시오.

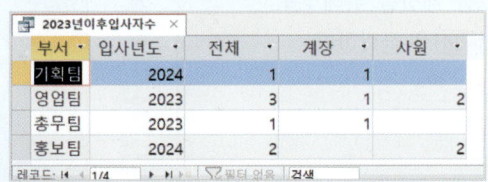

❹ 〈사원정보〉 테이블을 이용하여 년, 월별 부양가족의 합계를 표시하도록 〈부양가족현황〉 크로스탭 쿼리를 작성하시오.
- ▶ 단 호봉이 '사원갑'으로 시작하거나 '특'이 포함된 레코드만 대상으로 할 것
- ▶ Left, Mid 함수 사용

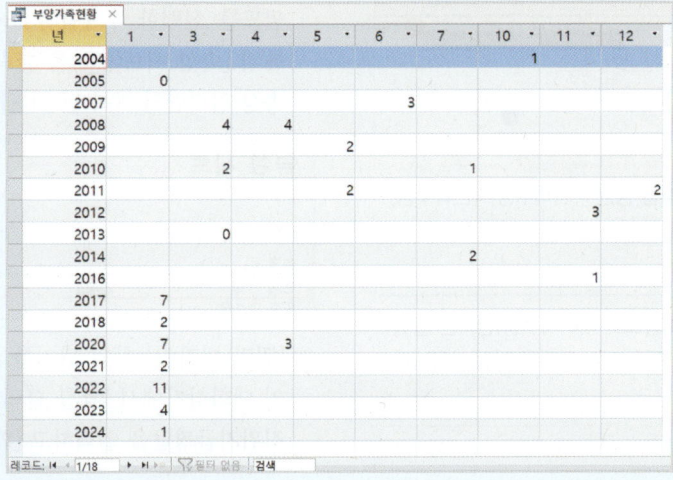

❺ '입사일'을 매개 변수 값으로 검색하여 해당 날짜 이후의 데이터를 새로운 테이블로 생성하는 〈재직기간〉 쿼리를 작성하시오.
  ▶ 〈사원상세정보〉 쿼리를 이용하여 작업하고, 필요한 필드 및 설정은 그림을 참조할 것
  ▶ 매개 변수 값으로 '2020-01-01'을 입력하여 〈2020년 이후〉 테이블을 생성할 것

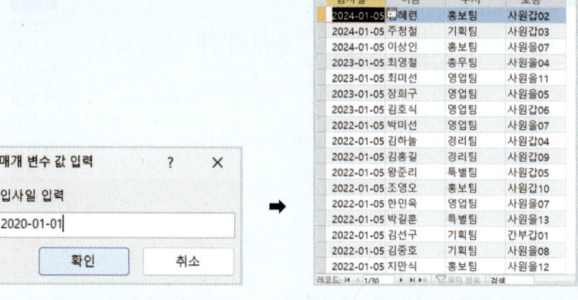

01 〈직위지급평균〉 쿼리 작성

① [만들기]-[쿼리] 그룹의 [쿼리 디자인](📋)을 클릭한다.

② 쿼리 디자인 창의 [테이블 추가]에서 [쿼리] 탭을 클릭하고 〈사원상세정보〉 쿼리를 더블클릭한 후 [닫기]를 클릭한다.

③ 쿼리 디자인 창 상단의 〈사원상세정보〉 필드 목록에서 '부서', '직위', '기본급'을 차례로 더블클릭하고, 디자인 눈금 오른쪽 빈 열의 '필드:' 입력란에 **수당합 평균: 직책수당 + 근속수당**을 입력하고 Enter 를 누른 후 그룹 계산을 위해 [쿼리 디자인]-[표시/숨기기] 그룹의 [요약](Σ)을 클릭한다.

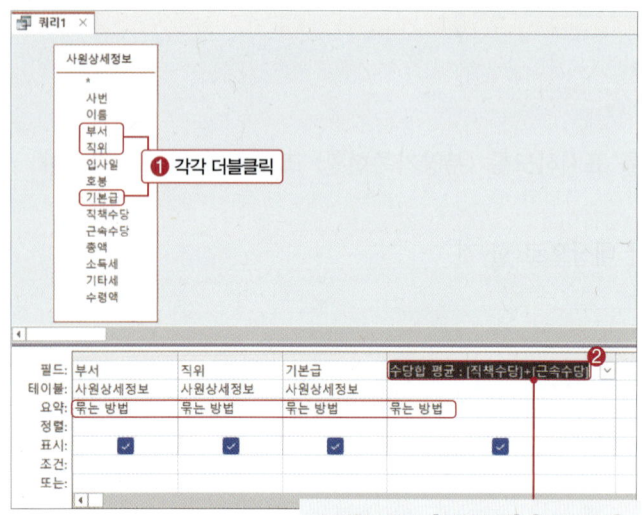

> **기적의 TIP**
> [요약](Σ) 도구를 클릭한다는 것은 그룹으로 묶어서 처리한다는 말입니다. 문제에서 직위별로 조회하라고 했으므로, 동일한 직위는 하나로 묶어서 처리하는 것이죠.

④ '기본급' 필드 입력란에 **기본급 평균: 기본급**으로 입력하여 변경하고, '기본급 평균'의 '요약:' 셀의 입력란의 목록 단추(▼)를 클릭하여 '평균'을, '수당합 평균' 필드의 '요약:' 셀 입력란도 '평균'을 선택한 후, 3개 부서만 표시하기 위해 '부서' 필드의 '조건:' 셀에는 in ("전산팀","특별팀","홍보팀")을 입력한다.

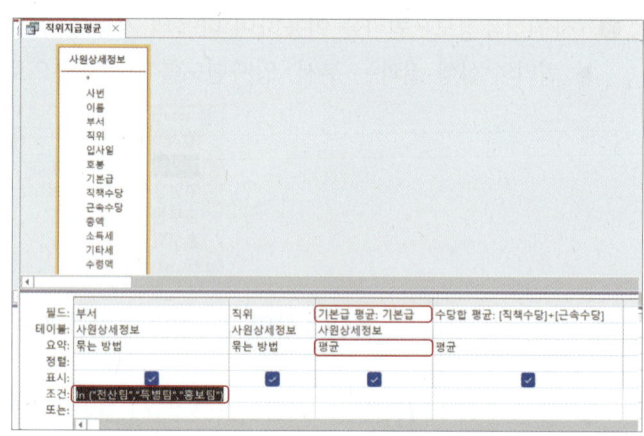

⑤ '수당합 평균'에 통화 형식을 지정하기 위해, '수당합 평균' 필드를 선택한 후 [쿼리 도구]-[디자인]-[표시/숨기기] 그룹의 [속성 시트](📋)를 클릭하고 [필드 속성] 창에서 '형식' 속성 입력란의 목록 단추(▼)를 클릭하여 '통화'를 선택한다.

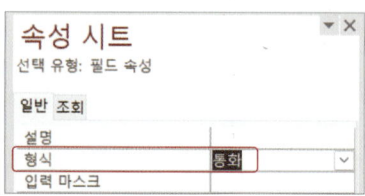

⑥ [쿼리 디자인] 창의 닫기를 클릭하여 창을 닫으면, 저장 확인 대화상자에서 '예'를 클릭한 후 [다른 이름으로 저장]에서 **직위지급평균**을 입력하고 [확인]을 클릭한다.

02 〈직위별조회〉 매개 변수 쿼리 작성

⑦ [만들기]-[쿼리] 그룹의 [쿼리 디자인](􀀀)을 클릭한다.

⑧ 쿼리 디자인 창의 [테이블 추가]에서 [쿼리] 탭을 선택하고 '사원상세정보'를 더블클릭한 후 [닫기]를 클릭한다.

⑨ 쿼리 디자인 창 상단의 〈사원상세정보〉 필드 목록에서 '직위', '부서', '사번', '수령액'을 차례로 더블클릭하여 디자인 눈금에 나타나도록 한다.

⑩ '직위', '부서'별 그룹을 지정하기 위해, [쿼리 디자인]-[표시/숨기기] 그룹의 [요약](Σ)을 클릭한다. '사번' 필드의 '요약:' 셀 입력란의 목록 단추(􀀀)를 클릭하여 '개수'를, '수령액' 필드 '요약:' 셀 입력란의 목록 단추(􀀀)를 클릭하여 '평균'을 선택한 후 '직위' 필드 '조건:' 셀에는 **[조회할 직위를 입력하시오]**를 입력한다.

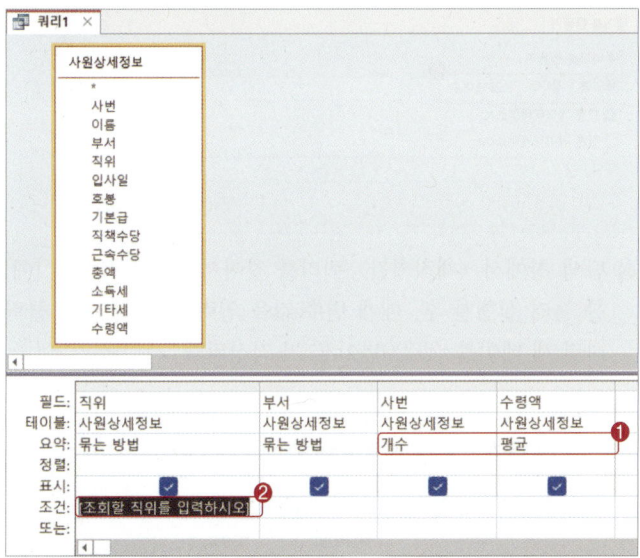

⑪ '사번' 필드 입력란에 **인원수: 사번**을, '수령액' 필드 입력란에 **평균수령액: 수령액**을 입력하여 변경하고 쿼리를 완성한다.

> **기적의 TIP**
>
> **필드 이름 변경(필드 별명 Alias 부여)**
> 문제에서 필드 이름을 변경하란 지시사항이 없어도 주어진 〈화면〉에 표시된 필드 이름이 다르다면 〈화면〉과 동일하게 필드 이름을 변경해야 합니다. 별명:필드명의 형태로 작성하면 됩니다.

⑫ [쿼리 디자인] 창의 [닫기]를 클릭하여 창을 닫으면, 저장 확인 대화상자에서 '예'를 클릭한 후 [다른 이름으로 저장]에서 **직위별조회**를 입력하고 [확인]을 클릭한다.

03 〈2023년이후입사자수〉 크로스탭 쿼리

⑬ [만들기]-[쿼리] 그룹의 [쿼리 마법사](􀀀)를 클릭한 후 [새 쿼리]에서 '크로스탭 쿼리 마법사'를 선택하고 [확인]을 클릭한다.

⑭ [크로스탭 쿼리 마법사]에서 지시사항에 따라 각 단계에서 화면과 같이 선택하고 [다음]을 클릭한다.

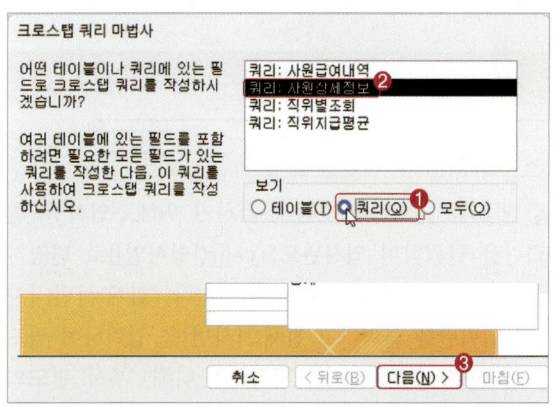

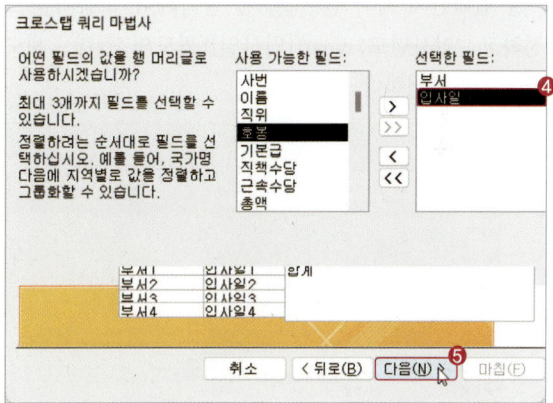

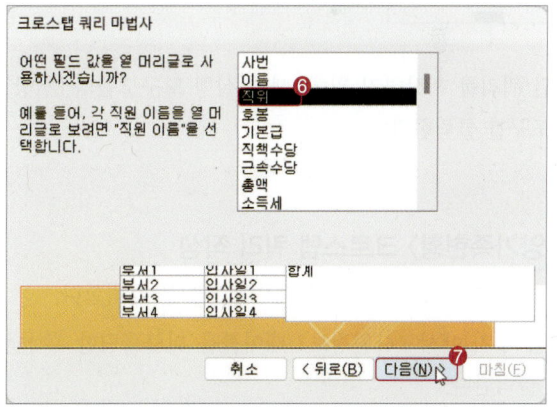

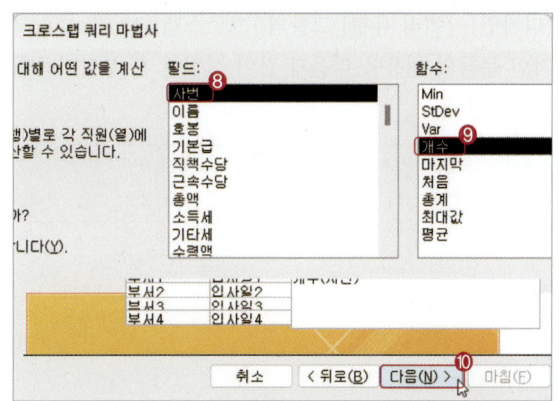

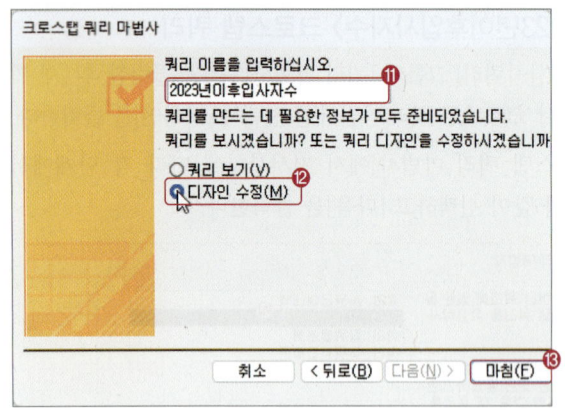

⑮ '입사일' 필드를 년도만 나타나도록 하기 위해, '입사일' 필드 입력란을 클릭하여 **입사년도: year([입사일])**로 변경하고 '조건:' 셀 입력란에 `>=2023`를 입력한다. '합계 사번: [사번]' 필드 입력란을 클릭하고 **전체: [사번]**을 입력하여 필드 이름을 변경한다. 정렬 순서를 지정하기 위해, '부서' 필드의 '정렬:' 셀 입력란의 목록 단추(▼)를 클릭하여 '오름차순'으로 지정하고, '입사년도: year([입사일])'필드의 '정렬:' 셀도 '오름차순'으로 지정한다.

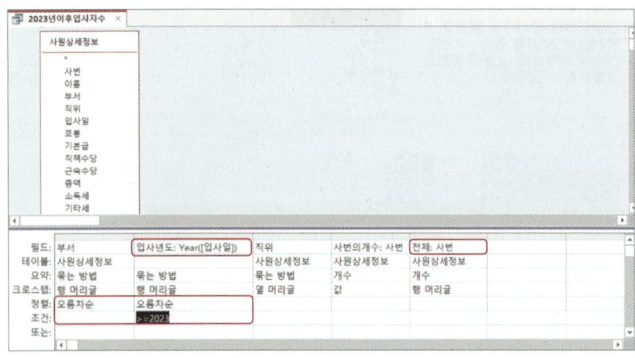

⑯ 완성된 쿼리를 저장하기 위해, 빠른 실행 도구모음의 [저장](🖫) 도구를 클릭한다.

04 〈부양가족현황〉 크로스탭 쿼리 작성

⑰ [만들기]-[쿼리] 그룹의 [쿼리 디자인](▦)을 클릭한다.

⑱ [테이블 추가]에서 〈사원정보〉 테이블을 더블클릭한 후 [닫기]를 클릭한다.

⑲ [쿼리 디자인]-[쿼리 유형] 그룹의 [크로스탭](▦)을 클릭하고 디자인 눈금의 내용을 다음과 같이 설정한 후 **부양가족현황**으로 저장한다.

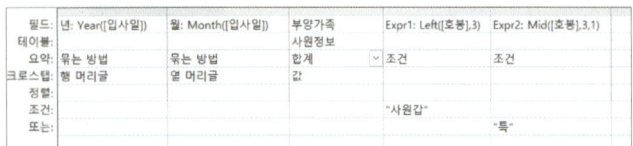

05 〈재직기간〉 테이블 만들기 쿼리 작성

⑳ [만들기]-[쿼리] 그룹의 [쿼리 디자인](▦)을 클릭한다.

㉑ [테이블 추가]에서 [쿼리] 탭의 〈사원상세정보〉 쿼리를 더블클릭한 후 [닫기]를 클릭한다.

㉒ 디자인 눈금을 다음과 같이 설정한 후 [쿼리 디자인]-[쿼리 유형] 그룹의 [테이블 만들기](▦)를 클릭한다.

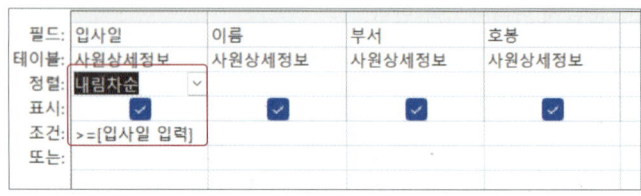

㉓ [테이블 만들기]의 테이블 이름으로 **2020년이후**로 입력하고 [확인]을 클릭한 후 변경한 내용을 **재직기간**으로 저장한다.

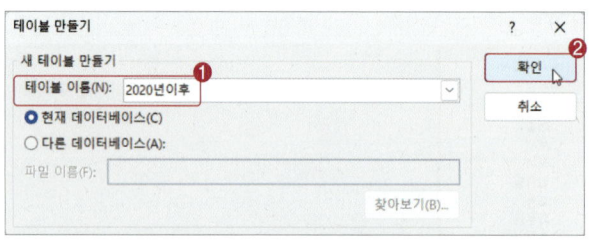

㉔ 탐색 창에서 〈재직기간〉 쿼리를 찾아서 더블클릭하여 [예]를 눌러 실행한 후, 매개 변수 값을 입력하고 [확인]을 클릭하면 새 테이블 〈2020년이후〉가 작성된다.

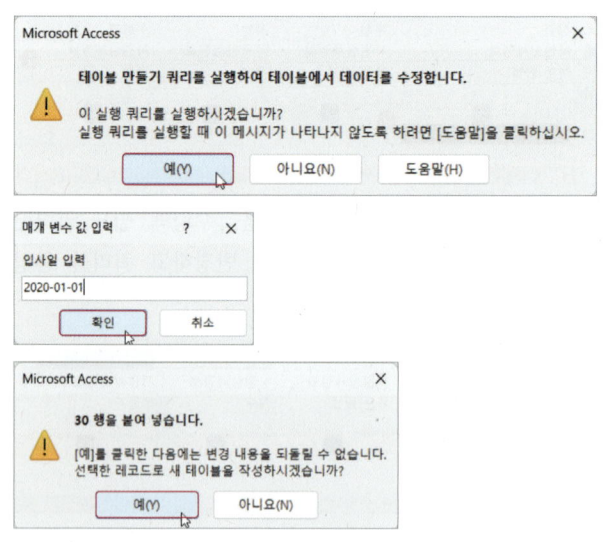

출제유형 3 '쿼리3.accdb' 파일을 열어 다음과 같은 기능을 수행하는 쿼리를 작성하시오.

❶ 〈도서대여내역〉 쿼리를 이용하여 다음의 기능을 수행하는 〈대여날짜별현황〉 쿼리를 작성하시오.
- ▶ '대여날짜' 필드를 이용하여 2025년 7월 달에 대여된 도서의 대여날짜, 고객명 개수, 대여가격 총계를 대여날짜의 오름차순으로 표시
- ▶ Between 연산자를 이용

❷ 〈고객정보〉 테이블에서 전화번호가 중복 등록된 고객을 조회하는 〈전화번호중복고객〉 쿼리를 작성하시오.

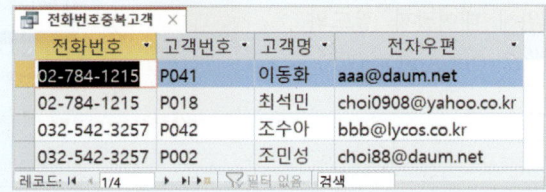

❸ 〈핵심고객〉 테이블에서 한번도 도서를 대여하지 않은 고객정보를 삭제하는 〈미대여고객삭제〉 쿼리를 작성하시오.
- ▶ 〈핵심고객〉 테이블의 레코드 중 〈대여도서〉 테이블에서 참고하고 있지 않은 레코드를 삭제하시오.
- ▶ Not In 예약어를 사용하여 SQL 명령으로 작성하시오.

❹ 〈고객정보〉 테이블에서 고객번호의 뒤에 세자리가 짝수인 것만 표시하는 〈짝수고객〉 쿼리를 작성하시오.

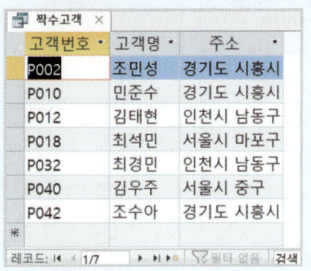

01 〈대여날짜별현황〉 쿼리 작성

① [만들기]-[쿼리] 그룹의 [쿼리 디자인](📐)을 클릭한다.
② 쿼리 디자인 창의 [테이블 표시]에서 [쿼리] 탭을 클릭하여 〈도서대여내역〉 쿼리를 더블클릭한 후 [닫기]를 클릭한다.
③ 쿼리 디자인 창 상단의 〈도서대여내역〉 필드 목록에서 '대여날짜', '고객명', '대여가격'을 차례로 더블클릭하고, 그룹 계산을 위해 [쿼리 디자인]-[표시/숨기기] 그룹의 [요약](∑)을 클릭하여 '디자인 눈금' 영역에 '요약 :' 행이 추가되도록 한다.

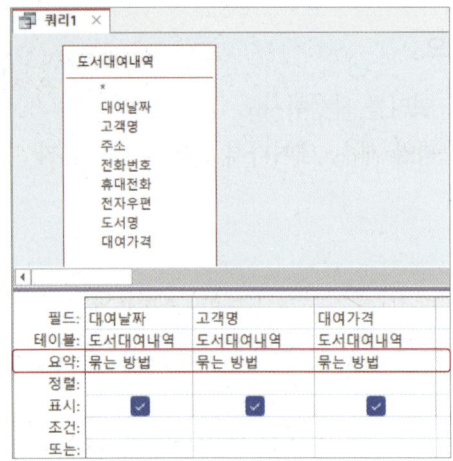

④ 정렬을 위해 '대여날짜' 필드의 '정렬 : ' 셀을 '오름차순'으로 지정하고, '고객명' 필드 입력란을 클릭하여 「대여횟수: 고객명」으로 입력하여 변경하고, '요약 : ' 셀 입력란의 목록 단추(∨)를 클릭하여 '개수'를 선택한다. '대여가격' 필드 입력란을 클릭하여 「대여금액: 대여가격」으로 입력하여 변경하고, '요약 : ' 셀 입력란의 목록 단추(∨)를 클릭하여 '합계'를 선택한다. 대여날짜 조건을 지정하기 위해 '대여날짜' 필드의 '조건' 셀 입력란에 「Between #2025-07-01# And #2025-07-31#」을 입력하고 Enter 를 누른다.

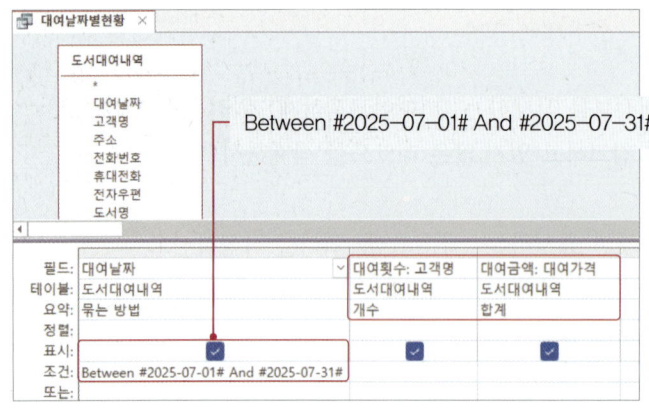

🏁 기적의 TIP

Between #2025-07-01# And #2025-07-31#
- 2025년 7월달의 날짜를 조회해야 하므로 '2025년 7월 1일'보다 크거나 같고 '2025년 7월 31일'보다 작거나 같은 날짜를 조회해야 합니다. 이러한 조건을 Between 연산자를 사용하여 지정합니다.
- 날짜를 조건으로 사용할 때는 앞뒤에 # 기호를 붙여야 합니다.
- And 연산자를 사용하여 「">= #2025-07-01# And <= #2025-07-31#"」를 입력해도 됩니다.

⑤ [쿼리 디자인] 창의 [닫기]를 클릭하여 창을 닫으면, 저장 확인 대화상자에서 '예'를 클릭한 후 [다른 이름으로 저장]에서 「대여날짜별현황」을 입력하고 [확인]을 클릭한다.

02 〈전화번호중복고객〉 쿼리 작성

⑥ [만들기]-[쿼리] 그룹의 [쿼리 마법사](📊)를 클릭한 후 [새 쿼리]에서 '중복 데이터 검색 쿼리 마법사'를 선택하고 [확인]을 클릭한다.

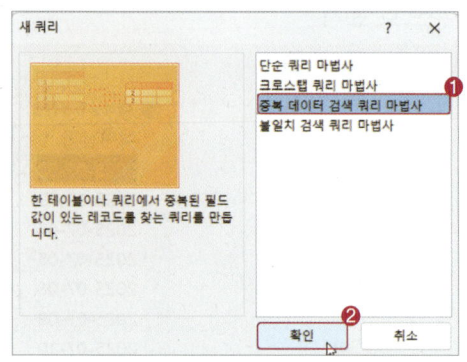

⑦ [중복 데이터 검색 쿼리 마법사]에서 지시사항에 따라 각 단계에서 화면과 같이 선택하고 [다음]을 클릭한다.

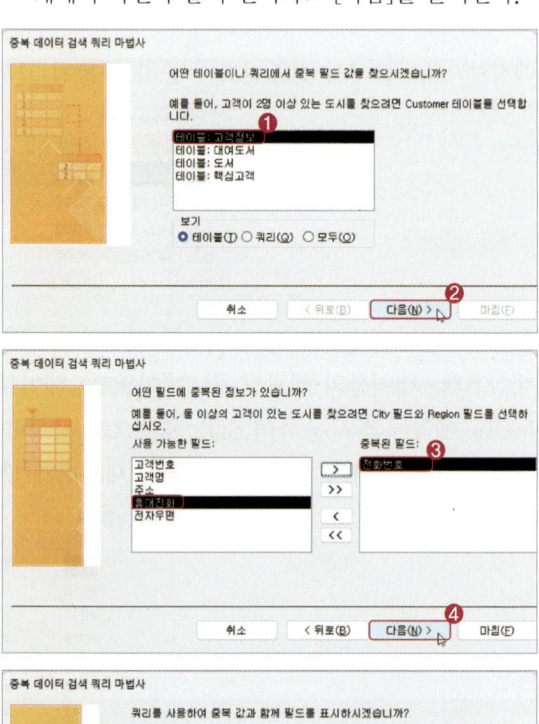

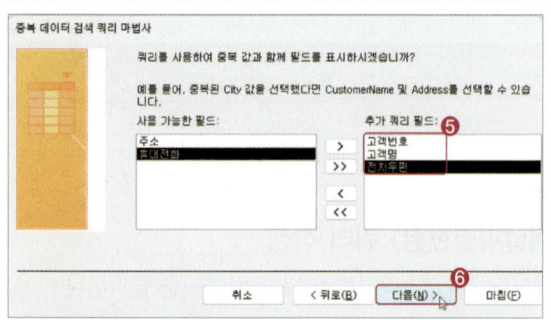

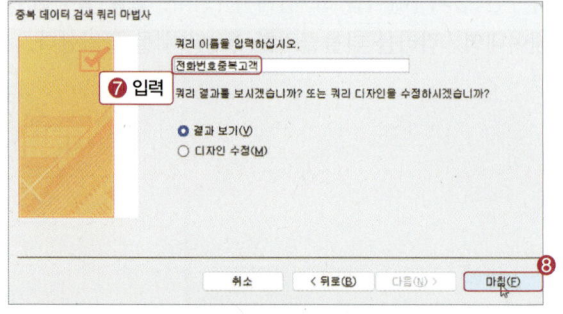

> 📌 **기적의 TIP**
>
> **쿼리 디자인 창에서 조건 지정**
> 쿼리 디자인 창의 디자인 눈금 영역에서 조건을 지정하는 방법과 원리는 엑셀 고급 필터의 조건 지정 방법과 유사합니다. 서로 다른 행에 입력된 조건은 Or 조건으로 사용되고 같은 행에 입력된 조건은 And 조건으로 사용됩니다.

03 〈미대여고객삭제〉 삭제 쿼리 작성

⑧ [만들기]-[쿼리] 그룹의 [쿼리 디자인](▦)을 클릭한다.

⑨ 쿼리 디자인 창의 [테이블 추가]에서 〈핵심고객〉 테이블을 더블클릭한 후 [닫기]를 클릭한다.

⑩ 쿼리 유형을 변경하기 위해 [쿼리 디자인]-[쿼리 유형] 그룹의 [삭제]를 선택한다.

⑪ '고객번호' 필드를 더블클릭하여 디자인 눈금에 추가하고, '조건' 셀 입력란에 「not in (select 고객번호 from 대여도서)」를 입력하고 Enter 를 누른다.

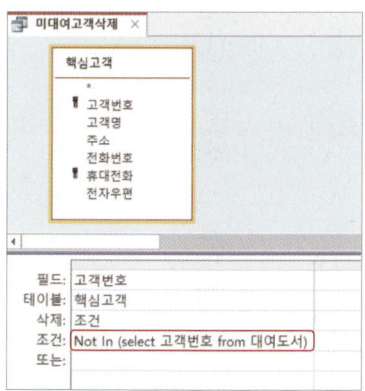

> 📌 **기적의 TIP**
>
> **not in(select 고객번호 from 대여도서)**
> 〈대여도서〉 테이블에서 '고객번호'를 검색한 값은 제외시키라는 의미입니다.

⑫ 삭제 쿼리를 실행하기 위해 [쿼리 디자인]-[결과] 그룹의 [실행](❗)을 클릭한다. '지정된 테이블에서 7행을 삭제합니다.' 대화상자가 나타나면 [예]를 클릭한다.

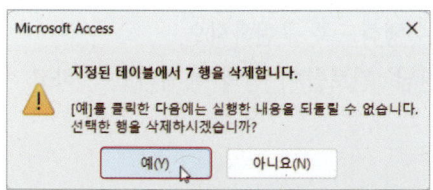

⑬ [쿼리 디자인] 창의 [닫기]를 클릭하여 창을 닫으면, 저장 확인 대화상자에서 '예'를 클릭한 후 [다른 이름으로 저장]에서 「미대여고객삭제」를 입력하고 [확인]을 클릭한다.

04 〈짝수고객〉 쿼리 작성

⑭ [만들기]-[쿼리] 그룹의 [쿼리 디자인](▦)을 클릭한다.

⑮ 쿼리 디자인 창의 [테이블 추가]에서 〈고객정보〉 테이블을 더블클릭한 후 [닫기]를 클릭한다.

⑯ 필요한 필드를 더블클릭하여 디자인 눈금에 채우고, 필드 「Right([고객번호],3) Mod 2」와 표시(체크 해제), 조건(0)을 설정한다.

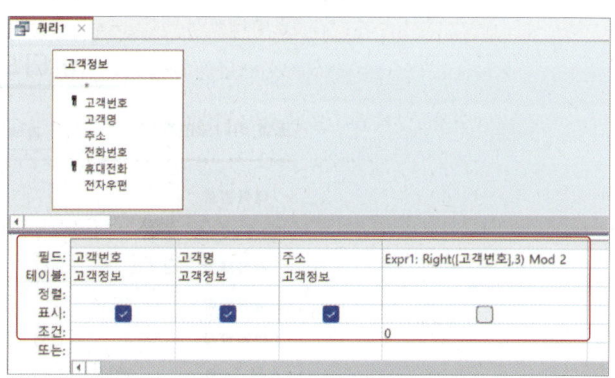

> 📌 **기적의 TIP**
>
> 짝수는 2로 나눈 나머지가 0이 됨을 의미합니다. Right 함수는 고객번호 필드 문자열의 오른쪽부터 시작하여 지정된 수(3) 만큼의 문자를 반환하고, Mod 연산자는 두 수를 나눈 나머지를 반환합니다. 즉, Right([고객번호], 3)를 2로 나눈 나머지를 구하는 것입니다.

⑰ 쿼리 디자인 창을 닫고 변경한 내용은 「짝수고객」 쿼리로 저장한다.

13 처리 기능 구현

작업파일 : '26컴활1급(상시)₩데이터베이스₩이론₩4.처리기능'에서 파일을 열어 작업하세요.

출제유형 1 '처리1.accdb' 파일을 열어 다음 지시사항에 따라 〈대여관리〉 폼의 처리 기능을 구현하시오.

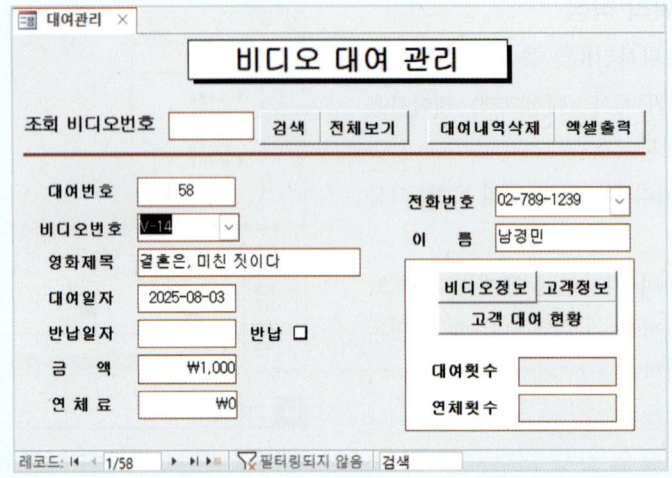

❶ '비디오정보(cmd비디오정보)' 버튼을 클릭하면 〈비디오〉 폼을 여는 기능을 구현하시오.
▶ 현재의 '비디오번호(txt비디오번호)'에 해당하는 비디오만 표시되도록 하시오.
▶ 매크로를 이용하여 작성하고 매크로 이름은 '비디오정보'로 지정하시오.

❷ '고객정보(cmd고객정보)' 버튼을 클릭하면 〈고객관리〉 폼을 여는 프로시저를 작성하시오.
▶ 〈고객관리〉 폼의 '고객ID'가 현재 폼의 '전화번호(txt전화번호)'에 해당하는 고객만 표시되도록 하시오.

❸ '고객 대여 현황(cmd대여정보)' 버튼을 클릭하면 고객의 대여횟수와 연체횟수를 표시하는 프로시저를 작성하시오.
▶ 〈대여〉 테이블에서 '전화번호(txt전화번호)'에 해당하는 '대여번호' 필드의 횟수를 계산하여 '대여횟수(txt대여횟수)' 컨트롤에 표시하시오.
▶ 〈대여〉 테이블에서 '전화번호(txt전화번호)'에 해당하고 '연체료'가 '0'을 초과하는 '대여번호' 필드의 횟수를 계산하여 '연체횟수(txt연체횟수)' 컨트롤에 표시하시오.
▶ dcount( )함수 사용

❹ '대여내역삭제(cmd레코드삭제)' 버튼을 클릭하면 다음과 같은 기능을 수행하도록 프로시저를 작성하시오.
▶ 〈대여내역삭제〉 쿼리를 실행하시오.
▶ Requery 메서드를 사용하여 폼의 데이터를 다시 표시하시오.

❺ 'txt반납일자' 컨트롤의 값이 변경(Before Update)되면 다음과 같은 계산을 수행하도록 구현하시오.
▶ IsNull 함수를 사용하여 'txt반납일자' 컨트롤 값이 비어있는 경우 'chk반납' 컨트롤이 선택 해제되도록 하고 그 이외의 경우에는 선택되도록 하시오.
▶ '연체료계산' 프로시저가 실행되도록 하시오.

❻ '반납(chk반납)' 컨트롤을 클릭하면 다음과 같은 기능을 수행하도록 구현하시오.
▶ '반납(chk반납)' 컨트롤이 선택된 경우(True) 시스템 날짜가, 선택 해제된 경우(False) 공백("")이 '반납일자(txt반납일자)' 컨트롤에 입력되도록 하시오.
▶ '연체료계산' 프로시저가 실행되도록 작성하시오.

> 🅟 기적의 TIP
>
> [처리 기능 구현]
> ① [탐색] 창의 [쿼리] 개체 선택
> ② 대상 폼 선택 후 바로 가기 메뉴에서 [디자인 보기] 클릭
> ③ 해당 폼, 컨트롤에 프로시저 작성

01 'cmd비디오정보' 클릭 이벤트

① 리본 메뉴의 [만들기]-[매크로 및 코드] 그룹에서 [매크로](🖳)를 클릭한다.

② 매크로 작성기 창의 새 함수 추가 펼침 목록 단추를 클릭하고 펼쳐진 함수 목록 중 'OpenForm' 매크로 함수를 선택한다.

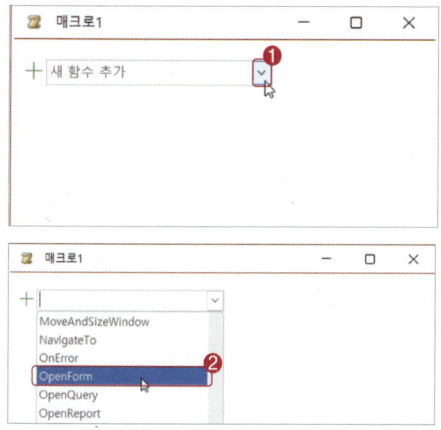

> 🅟 기적의 TIP
>
> 함수 카탈로그에서 함수를 찾은 후 더블클릭해도 됩니다. OpenForm 함수는 [데이터베이스 개체] 유형 아래에 있음을 알 수 있습니다.

③ 폼 이름에 '비디오' 폼을 지정한 후 필터 조건을 지정하기 위해 'Where 조건문' 입력란의 [작성기] 단추를 클릭한다.

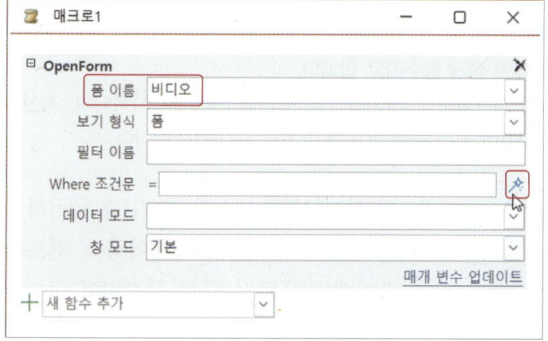

④ 식 작성기 대화상자의 식 입력란에 **[비디오번호]=** 를 입력하고 하단의 왼쪽 상자에서 '처리1.accdb - Forms - 모든 폼 - 대여관리' 순서로 펼치고, 가운데 상자에서 'txt비디오번호'를 더블클릭한다. 식 입력란에 '[비디오번호]= Forms![대여관리]![txt비디오번호]'가 표시되면 [확인]을 클릭한다.

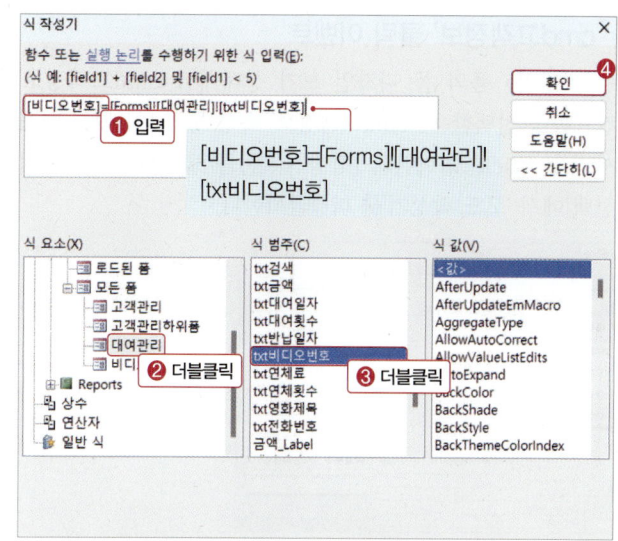

⑤ 빠른 실행 도구 모음 중 [저장](🖫)을 클릭하고, 매크로 이름을 **비디오정보**로 설정한 후 [확인]을 클릭한다.

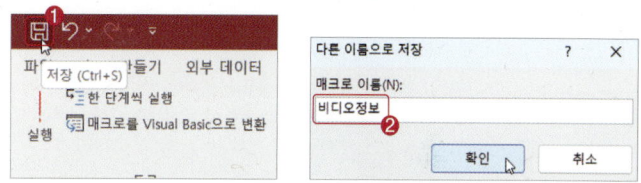

⑥ 〈대여관리〉 폼을 디자인 보기로 열어 속성 시트 중 'cmd비디오정보' 명령 단추를 찾아 이벤트 탭의 On Click 속성에 미리 만들어 둔 '비디오정보' 매크로를 지정하고 모든 변경한 내용은 저장한다.

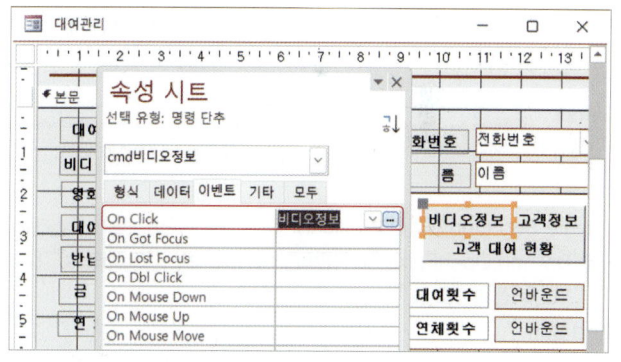

> 🅟 기적의 TIP
>
> **[비디오번호]=[Forms]![대여관리]![txt비디오번호]**
> OpenForm 매크로 함수에 의해 표시되는 〈비디오〉 폼에서 〈대여관리〉 폼의 'txt비디오번호' 컨트롤 값과 〈비디오〉 폼의 '비디오번호' 컨트롤 값이 같은 레코드만 표시합니다. 즉, 폼의 필터(Filter) 조건을 지정합니다.

⑦ 폼 보기에서 조회 비디오 번호에 'V-2'를 넣고 [검색] 후 [비디오정보]를 클릭하여 확인한다.

02 'cmd고객정보' 클릭 이벤트

⑧ 〈대여관리〉 폼의 폼 디자인 보기 상태에서 'cmd고객정보' 컨트롤을 선택한 후 'cmd고객정보' 속성 창의 [이벤트] 탭에서 'On Click' 입력란의 [작성기](⋯)를 클릭한다. [작성기 선택]에서 '코드 작성기'를 더블클릭한다.

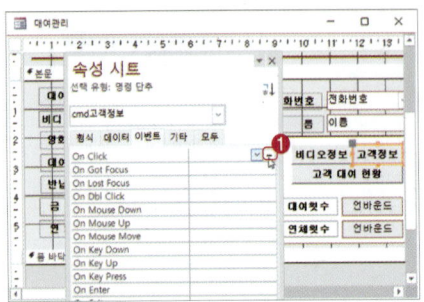

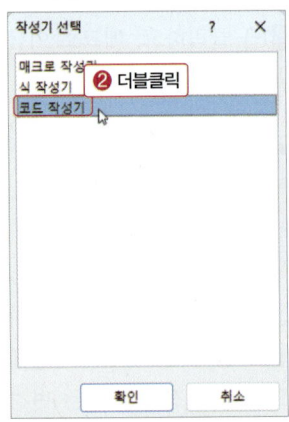

⑨ [Visual Basic Editor] 창에 'Private Sub cmd고객정보_Click()' 프로시저가 표시되면 프로시저 안에 다음과 같이 입력하여 완성한다.

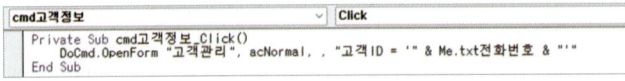

Private Sub cmd고객정보_Click()
❶ DoCmd.OpenForm "고객관리", acNormal, , "고객ID =" & Me.txt전화번호 & ""
End Sub

❶ 〈고객관리〉 폼을 '고객ID' 필드값과 현재 폼의 'txt전화번호' 컨트롤 값과 일치하는 레코드만 표시되도록 연다. 필터 조건이 생략되기 때문에 'acNomal' 다음에 쉼표(,)를 2번 입력해야 한다.

기적의 TIP

OpenForm
- 폼을 표시하는 매크로 함수로, VB 편집기에서 매크로 함수를 사용할 때는 'DoCmd' 개체를 앞에 붙여 'DoCmd. OpenForm'으로 사용합니다.
- 형식 : OpenForm "폼이름" ,[보기], [필터이름], ["조건문"]
- 보기 : 폼의 보기 형태를 폼, 디자인, 인쇄 미리보기, 데이터시트, 피벗 테이블, 피벗 차트, 레이아웃 형태로 열지를 지정하는 것으로 생략하면 폼(acNormal)으로 지정됩니다.

⑩ [Visual Basic Editor] 창 제목 표시줄의 [닫기]를 클릭하여 [Visual Basic Editor] 창을 닫은 후, 'cmd고객정보' 컨트롤의 'On Click'속성이 '[이벤트 프로시저]'로 설정되어 있는지 확인한다.

03 'cmd대여정보' 클릭 이벤트

⑪ 〈대여관리〉 폼의 폼 디자인 보기 상태에서 'cmd대여정보' 컨트롤을 선택한 후 'cmd대여정보' 속성 창의 [이벤트] 탭에서 'On Click' 입력란의 [작성기](⋯)를 클릭하고 [작성기 선택]에서 '코드 작성기'를 더블클릭한다.

⑫ [Visual Basic Editor] 창에 'Private Sub cmd대여정보_Click()' 프로시저가 표시되면 프로시저 안에 다음과 같이 입력하여 완성한다.

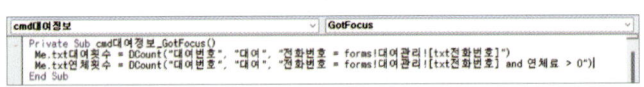

Private Sub cmd대여정보_Click()
❶ Me.txt대여횟수 = DCount("대여번호", "대여", "전화번호 = forms!대여관리![txt전화번호]")
❷ Me.txt연체횟수 = DCount("대여번호", "대여", "전화번호 = forms!대여관리![txt전화번호] and 연체료 > 0")
End Sub

❶ 〈대여〉 테이블에서 '전화번호' 필드가 〈대여관리〉 폼의 'txt전화번호' 컨트롤값과 일치하는 레코드의 개수를 구한다.
❷ 〈대여〉 테이블에서 '전화번호' 필드가 〈대여관리〉 폼의 'txt전화번호' 컨트롤값과 일치하고 '연체료' 필드값이 0보다 큰 레코드 개수를 구한다.

기적의 TIP

DCount 함수
- 테이블에서 조건을 지정하여 조건에 맞는 레코드 개수를 구하는 함수로 도메인 집계 함수라고 합니다.
- DCount("계산필드", "테이블명", "조건식") 형태로 사용되며, 계산 필드와 테이블명은 공백없이 큰 따옴표로 감싸야 합니다.

⑬ [Visual Basic Editor] 창 제목 표시줄의 [닫기]를 클릭하여 [Visual Basic Editor] 창을 닫은 후, 'cmd대여정보' 컨트롤의 'On Click'속성이 '[이벤트 프로시저]'로 설정되어 있는지 확인한다.

기적의 TIP

조건식
"전화번호 = txt전화번호"
로만 입력해도 됩니다.

txt대여횟수 = DCount("대여번호", "대여", "전화번호 = txt전화번호")
txt연체횟수 = DCount("대여번호", "대여", "전화번호 = txt전화번호 and 연체료 > 0")

04 'cmd레코드삭제' 클릭 이벤트

⑭ 〈대여관리〉 폼의 폼 디자인 보기 상태에서 'cmd레코드삭제' 컨트롤을 선택한 후 'cmd레코드삭제' 속성 창의 [이벤트] 탭에서 'On Click' 입력란의 [작성기](-)를 클릭하고 '코드 작성기'를 더블클릭한다.

> **기적의 TIP**
>
> **OpenQuery 메서드(매크로 함수)**
> - 이미 작성된 쿼리를 여러 보기 모드로 열 수 있고, 실행쿼리인 경우 실행하며 쿼리의 데이터 입력모드도 선택할 수 있습니다.
> - 형식 : OpenQuery "쿼리이름" ,[보기모드], [데이터 입력모드]
> - 보기모드 : 쿼리 표시 형태를 지정하는 옵션으로 데이터시트, 디자인, 인쇄 미리 보기, 피벗 테이블, 피벗 차트 형태로 지정할 수 있고 생략하면 acView Normal로 지정됩니다.
> - 데이터 입력모드 : 기존 레코드를 편집하고 새 레코드를 추가하는 방법을 정하며 생략하면 acEdit로 지정됩니다.

⑮ [Visual Basic Editor] 창에 'Private Sub cmd레코드삭제_Click()' 프로시저가 표시되면 프로시저 안에 다음과 같이 입력하여 완성한다.

```
Private Sub cmd레코드삭제_Click()
    DoCmd.OpenQuery "대여내역삭제"
    Me.Requery
End Sub
```

Private Sub cmd레코드삭제_Click()
① DoCmd.OpenQuery "대여내역삭제"
② Me.Requery
End Sub

① 이미 작성되어있는 〈대여내역삭제〉 삭제 쿼리를 실행한다.
② 폼에서 삭제된 레코드를 제거하고 다시 표시하기 위해 레코드 원본을 재설정한다.

05 'txt반납일자' BeforeUpdate 이벤트

⑯ 〈대여관리〉 폼의 폼 디자인 보기 상태에서 'txt반납일자' 컨트롤을 선택한 후 'txt반납일자' 속성 창의 [이벤트] 탭에서 'Before Update' 입력란의 [작성기](-)를 클릭하고 '코드 작성기'를 더블클릭한다.

⑰ [Visual Basic Editor] 창에 'Private Sub txt반납일자_BeforeUpdate(Cancel As Integer)' 프로시저가 표시되면 프로시저 안에 다음과 같이 입력하여 완성한다.

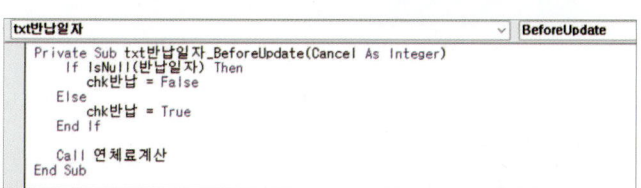

Private Sub txt반납일자_BeforeUpdate(Cancel As Integer)
① If IsNull(반납일자) Then
② chk반납 = False
③ Else
④ chk반납 = True
⑤ End If

⑥ Call 연체료계산
End Sub

① IF 문을 이용해 '반납일자(txt반납일자)' 컨트롤이 비어 있는지를 체크하여 빈 경우 ②를, 아닌 경우 ③, ④를 실행한다.
② 'chk반납' 컨트롤값을 False로 지정한다. 'chk반납' 컨트롤은 '확인란' 컨트롤로 False 값이 지정되면 선택이 해제되고, True 값이 지정되면 선택된다.
⑥ 이미 작성되어 있는 외부 프로시저 '연체료계산'을 호출하여 실행한다.

06 'chk반납' 클릭 이벤트

⑱ 〈대여관리〉 폼의 폼 디자인 보기 상태에서 'chk반납' 컨트롤을 선택한 후 'chk반납' 속성 창의 [이벤트] 탭에서 'On Click' 입력란의 [작성기](-)를 클릭하고 '코드 작성기'를 더블클릭한다.

⑲ [Visual Basic Editor] 창에 'Private Sub chk반납_Click()' 프로시저가 표시되면 프로시저 안에 다음과 같이 입력하여 완성한다.

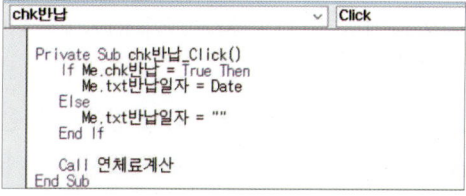

Private Sub chk반납_Click()
① If Me.chk반납 = True Then
② Me.txt반납일자 = Date
③ Else
④ Me.txt반납일자 = ""
⑤ End If

⑥ Call 연체료계산
End Sub

① IF 문을 이용해 'chk반납' 컨트롤 값이 선택된 경우 ②가 아닌 경우 ③, ④를 실행한다.
② 'txt반납일자' 컨트롤 값에 시스템 날짜를 입력한다.
④ 'txt반납일자' 컨트롤 값을 지운다.
⑥ 이미 작성되어있는 외부 프로시저인 '연체료계산'을 호출하여 실행한다.

출제유형 2 '처리2.accdb' 파일을 열어 다음 지시사항에 따라 〈판매현황〉 폼의 처리 기능을 구현하시오.

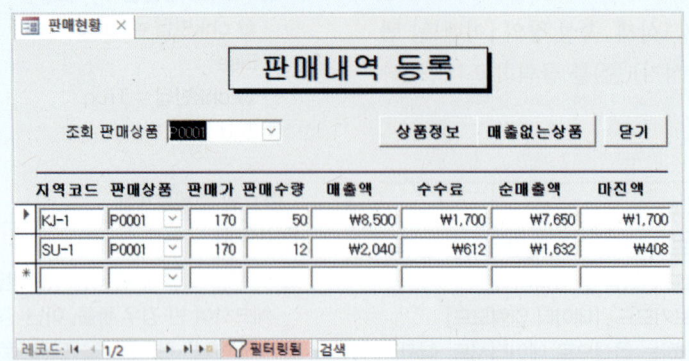

❶ '상품정보(cmd상품정보)' 버튼을 클릭하면 '상품정보' 폼을 여는 기능을 구현하시오.
  ▶ 현재의 '판매상품(cmb판매상품)'에 해당하는 상품만 표시되도록 하시오.
❷ 본문의 '지역코드(txt지역코드)' 컨트롤을 더블클릭하면 〈지역매출조회〉 폼을 여는 프로시저를 작성하시오.
  ▶ 현재 폼의 '지역코드(txt지역코드)'에 해당하는 자료만 표시되도록 하시오.
❸ 본문의 '판매수량(txt판매수량)' 컨트롤 값이 변경되면(Before Update) 다음과 같은 계산을 수행하도록 구현하시오.
  ▶ '판매가(txt판매가)'와 '판매수량(txt판매수량)'을 곱한 값을 계산하여 '매출액(txt매출액)' 컨트롤에 자동으로 입력되도록 할 것
  ▶ '매출액(txt매출액)'의 10%을 계산하여 '수수료(txt매출수수료)' 컨트롤에 자동으로 입력되도록 할 것
❹ '매출수수료(txt매출수수료)' 컨트롤에 포커스가 옮겨가면(GotFocus 이벤트) 다음과 같은 계산을 수행하도록 구현하시오.
  ▶ '판매수량(txt판매수량)'에 따라 '매출액(txt매출액)'에 다음과 같은 수수료율을 곱한 값을 '매출수수료(txt매출수수료)' 컨트롤에 표시하시오.
  ▶ 수수료율은 '판매수량(txt판매수량)'이 100 이상이면 10%, 50 이상이면 20%, 그 이외의 경우 30%를 적용하시오(Select Case문 이용).
❺ '닫기(cmd닫기)' 버튼을 클릭하면 다음과 같은 기능을 수행하도록 구현하시오.
  ▶ 다음 화면과 같은 메시지 대화상자를 표시한 후 [예]를 클릭하면 저장 여부를 묻지 않고 저장한 후 현재 폼이 닫히도록 구현하시오(MsgBox와 Dim문 사용).

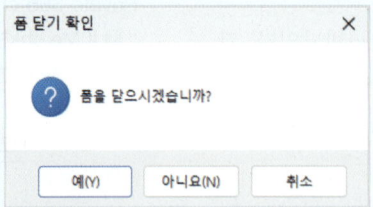

❻ 〈판매현황〉 폼의 'txt마진액' 컨트롤을 더블 클릭하면(On Dbl Click) 다음과 같은 기능을 수행하도록 구현하시오.
  ▶ 'txt마진액' 컨트롤에 표시된 값이 ₩30,000 이상이면 '구독 좋아요'를 나머지(₩30,000 미만이면)는 '키워드 광고'로 메시지 상자에 표시하시오(그림을 참조할 것).

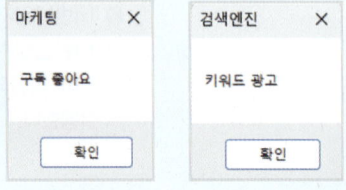

01 'cmd상품정보' 클릭 이벤트

① [처리2 : 데이터베이스] 탐색 창의 〈판매현황〉 폼에서 마우스 오른쪽 버튼을 눌러 [디자인 보기](🔲)를 클릭한다.

② 〈판매현황〉 폼의 폼 디자인 보기 상태에서 'cmd상품정보' 컨트롤을 선택한 후 'cmd상품정보' 속성 창의 [이벤트] 탭에서 'On Click' 입력란의 [작성기](⋯)를 클릭하고 [작성기 선택]에서 '코드 작성기'를 더블클릭한다.

③ [Visual Basic Editor] 창에 'Private Sub cmd상품정보_Click()' 프로시저가 표시되면 프로시저 안에 다음과 같이 입력하여 완성한다.

```
Private Sub cmd상품정보_Click()
❶ DoCmd.OpenForm "상품정보", , , "상품코드 ='" & cmb판매상품 & "'"
End Sub
```

❶ 〈상품정보〉 폼을 '상품코드' 필드가 'cmb판매상품' 컨트롤 값과 동일한 레코드만 표시되도록 연다. 폼의 보기 형태를 지정하는 2번째 인수를 생략하면 기본값으로 폼 보기 상태가 된다. 폼 보기, 필터 이름(3번째 인수)를 생략했기 때문에 쉼표(,)가 연속 3번 입력되는 것에 주의한다.

02 'txt지역코드' 더블클릭 이벤트

④ 〈판매현황〉 폼의 폼 디자인 보기 상태에서 'txt지역코드' 컨트롤을 선택한 후 'txt지역코드' 속성 창의 [이벤트] 탭에서 'On Dbl Click' 입력란의 [작성기](⋯)를 클릭하고 [작성기 선택]에서 '코드 작성기'를 더블클릭한다.

> **기적의 TIP**
>
> "지역코드 = '" & txt지역코드 & "'"
> : '지역매출조회' 폼의 '지역코드'와 '판매현황' 폼의 'txt지역코드'에 입력된 값과 같은 데이터를 찾는 조건입니다.
>
> '지역매출조회' 폼을 열어서 '지역코드'를 찾아보면 폼에는 표시되지 않아 연결된 필드를 찾기가 어려울 수 있습니다.
> 이럴 때에는 '지역매출조회' 폼의 레코드 원본을 확인하여 '지역매출' 쿼리를 열어서 확인하면 '지역코드' 필드인 것을 확인할 수 있습니다.

> **기적의 TIP**
>
> 폼보기(acNormal) 인수 다음은 폼에 표시할 내용을 제한하는 필터 이름이 입력되는 위치로 생략을 하더라도 자리는 확보해야 하기 때문에 쉼표(,)를 1번 더 입력하여 (,)와 같이 2번 사용합니다.

⑤ [Visual Basic Editor] 창에 'Private Sub txt지역코드_DblClick()' 프로시저가 표시되면 다음과 같이 프로시저 내용을 입력한다.

```
Private Sub txt지역코드_DblClick(Cancel As Integer)
❶ DoCmd.OpenForm "지역매출조회", acNormal, , "지역코드 = '" & txt지역코드 & "'"
End Sub
```

❶ 〈지역매출조회〉 폼을 '지역코드' 필드가 'txt지역코드' 컨트롤 값과 동일한 레코드만 표시되도록 폼보기(acNormal) 형태로 연다.

03 'txt판매수량' BeforeUpdate 이벤트

⑥ 〈판매현황〉 폼의 폼 디자인 보기 상태에서 'txt판매수량' 컨트롤을 선택한 후 'txt판매수량' 속성 창의 [이벤트] 탭에서 'Before Update' 입력란의 [작성기](⋯)를 클릭하고 '코드 작성기'를 더블클릭한다.

⑦ [Visual Basic Editor] 창에 다음과 같이 입력하여 완성한다.

```
Private Sub txt판매수량_BeforeUpdate(Cancel As Integer)
❶ txt매출액 = txt판매가 * txt판매수량
❷ txt매출수수료 = txt매출액 * 0.1
End Sub
```

❶ 판매가(txt판매가)와 판매수량(txt판매수량)을 곱한 결과 값을 매출액(txt매출액) 컨트롤에 입력한다.
❷ VBA에서 '10%'를 사용할 수 없기 때문에 '0.1'을 곱해야 한다. 매출액(txt매출액)의 10%를 계산하여 매출수수료(txt매출수수료) 컨트롤에 입력한다.

04 'txt매출수수료' GotFocus 이벤트

⑧ 〈판매현황〉 폼의 폼 디자인 보기 상태에서 'txt매출수수료' 컨트롤을 선택한 후 'txt매출수수료' 속성 창의 [이벤트] 탭에서 'On GotFocus' 입력란의 [작성기](⋯)를 클릭하고 [작성기 선택]에서 '코드 작성기'를 더블클릭한다.

⑨ [Visual Basic Editor] 창에 'Private Sub txt매출수수료_GotFocus()' 프로시저가 표시되면 프로시저 안에 다음과 같이 입력하여 완성한다.

```
Private Sub txt매출수수료_GotFocus()
    ❶ Select Case txt판매수량
        ❷ Case Is >= 100
            txt매출수수료 = txt매출액 * 0.1
        ❸ Case Is >= 50
            txt매출수수료 = txt매출액 * 0.2
        ❹ Case Else
            txt매출수수료 = txt매출액 * 0.3
    End Select
End Sub
```

❶ 'txt판매수량' 컨트롤 값에 따라 100 이상이면 ❷를, 50 이상이면 ❸을, 그 이외의 경우에는 ❹를 실행한다.
❷ 'txt판매수량' 값이 100 이상이면 '매출액'의 10%를 계산하여 '매출수수료' 컨트롤에 입력한다.
❸ 'txt판매수량' 값이 50 이상이면 '매출액'의 20%를 계산하여 '매출수수료' 컨트롤에 입력한다.
❹ 'txt판매수량' 값이 그 이하의 값이면 '매출액'의 30%를 계산하여 '매출수수료' 컨트롤에 입력한다.

> 기적의 TIP
>
> **Select Case문**
> 컨트롤이나 수식의 결과값에 따라 여러 가지 처리를 할 때 사용하는 명령문입니다.

05 'cmd닫기' 클릭 이벤트

⑩ 〈판매현황〉 폼의 폼 디자인 보기 상태에서 'cmd닫기' 컨트롤을 선택한 후 'cmd닫기' 속성 창의 [이벤트] 탭에서 'On Click' 입력란의 [작성기]([…])를 클릭하고 [작성기 선택]에서 '코드 작성기'를 더블클릭한다.

> 기적의 TIP
>
> **Close 메서드**
> • 열려있는 폼이나 보고서 등의 개체를 닫는 메서드입니다.
> • DoCmd.Close ["개체종류"], ["개체명"], [저장여부]
> • 개체종류는 폼, 보고서, 매크로 등 다양하며 '개체종류'와 '개체명'을 생략하면 현재 개체가 닫힙니다.

⑪ [Visual Basic Editor] 창에 'Private Sub cmd닫기_Click()' 프로시저가 표시되면 프로시저 안에 다음과 같이 입력하여 완성한다.

```
Private Sub cmd닫기_Click()
    ❶ Dim a
    ❷ a = MsgBox("폼을 닫으시겠습니까?", vbQuestion + vbYesNoCancel, "폼 닫기 확인")
    ❸ If a = vbYes Then
        DoCmd.Close , , acSaveYes
    End If
End Sub
```

❶ ❷에서 사용할 변수 a를 자유형(Variant)으로 선언한다. 변수 선언은 모듈 상단에 [Option Explicit]라는 문장이 없는 경우 생략해도 된다.
❷ vbQuestion은 메시지 대화상자에서 [물음표](?) 아이콘이 표시되도록 지정하고, vbYesNoCancel는 [예]/[아니요]/[취소]를 표시하기 위해 지정한다. 대화상자로부터 입력된 버튼 번호를 변수 'a'에 대입한다.
❸ ❷에서 표시한 메시지 대화상자에서 [예] 클릭하면 저장 여부를 묻지 않고 저장한 후 현재 폼을 닫는다.
※ acSaveNo(저장하지 않음), acSavePrompt(저장 여부를 물어봄), acSaveYes(저장함)

> 기적의 TIP
>
> **MsgBox 함수**
> • 메시지 대화상자를 표시하는 함수로 여러 가지 버튼을 표시하여 클릭한 버튼의 번호(정수형)를 반환받을 수 있습니다.
> • 형 식
>   – 변수 = MsgBox("메시지 내용", [표시할 버튼], ["창제목"])
>   – MsgBox "메시지 내용", [표시할 버튼], ["창제목"]

06 'txt마진액' 컨트롤 더블 클릭 이벤트

⑫ 〈판매현황〉 폼의 폼 디자인 보기 상태에서 'txt마진액' 컨트롤을 속성 시트에서 선택한다.
⑬ [이벤트] 탭의 'On Dbl Click'에서 [이벤트 프로시저] 선택 후 [작성기]([…])를 클릭한다.
⑭ 다음과 같이 입력하여 완성하고 변경한 내용은 저장한다.

```
Private Sub txt마진액_DblClick(Cancel As Integer)
    ❶ If txt마진액 >= 30000 Then
        ❷ MsgBox "구독 좋아요", , "마케팅"
    ❸ Else
        ❹ MsgBox "키워드 광고", , "검색엔진"
    ❺ End If
End Sub
```

❶ 'txt마진액'의 값이 30000 이상이면
❷ 메시지 상자에 '구독 좋아요' 메시지와 제목 표시줄에 '마케팅'을
❸ 그렇지 않을 경우(30000 미만이면)
❹ 메시지 상자에 '키워드 광고' 메시지와 제목 표시줄에 '검색엔진'을
❺ If문 종료

출제유형 3 '처리3.accdb' 파일을 열어 다음 지시사항에 따라 〈호봉등록〉 폼의 처리 기능을 구현하시오.

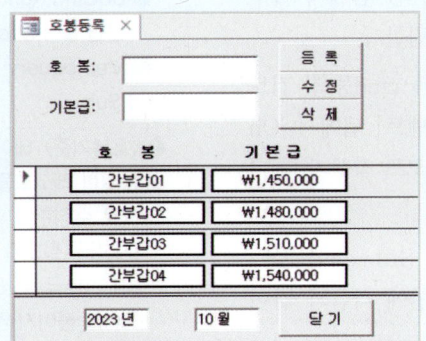

❶ '등록(cmd등록)' 버튼을 클릭하면 폼 머리글에 있는 '호봉(txt호봉)', '기본급(txt기본급)' 컨트롤의 값이 〈호봉기준〉 테이블의 '호봉', '기본급' 필드로 추가되도록 프로시저를 작성하시오.
   ▶ Requery 메서드를 사용하여 폼의 데이터를 다시 표시
❷ '수정(cmd수정)' 버튼을 클릭하면 다음과 같은 기능을 수행하도록 구현하시오.
   ▶ 〈호봉기준〉 테이블에서 '호봉' 필드가 폼 머리글에 있는 '호봉(txt호봉)' 컨트롤과 동일한 레코드를 찾아 '기본급' 필드 값을 폼 머리글의 '기본급(txt기본급)' 컨트롤의 값으로 변경할 것
   ▶ Requery 메서드를 사용하여 폼의 데이터를 다시 표시
❸ '삭제(cmd삭제)' 버튼을 클릭하면 다음과 같은 기능을 수행하도록 구현하시오.
   ▶ 〈호봉기준〉 테이블에서 '호봉' 필드가 폼 머리글에 있는 '호봉(txt호봉)' 컨트롤과 동일한 레코드를 찾아 해당 레코드를 삭제할 것
   ▶ 레코드를 삭제하기전에 다음 화면과 같이 메시지 대화상자를 표시한 후 [예]를 클릭할 때만 삭제하도록 작성(MsgBox와 Dim a As Integer이용)
   ▶ Requery 메서드를 사용하여 폼의 데이터를 다시 표시

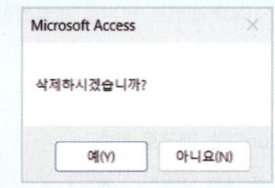

❹ 폼의 레이블 '기 본 급(Label1)'을 클릭하면 다음과 같은 기능을 수행하도록 구현하시오.
   ▶ 〈요약정보〉 테이블을 열어보고 비어있는 입사일 필드에 시스템의 현재 날짜가 입력되도록 할 것
   ▶ 빈 값은 Is Null을 이용하여 찾고, 시스템의 현재 날짜는 date를 사용하여 표시할 것
❺ 폼의 레이블 '호 봉(Label0)'을 클릭하면 다음과 같은 기능을 수행하도록 구현하시오.
   ▶ 〈모두보기〉 매크로를 작성하여 구현할 것
   ▶ 폼의 원본 레코드 전체를 표시하고 오름차순(SortAscending) 정렬할 것
   ▶ 포커스가 '호봉(txt호봉)' 컨트롤로 가도록 할 것
❻ 〈호봉등록〉 폼의 '폼 머리글'을 더블 클릭하면 다음과 같은 기능을 수행하도록 구현하시오.
   ▶ 현재 시스템 날짜를 메시지 상자에 다음 화면과 같이 표시한 후 〈확인〉 단추를 클릭하면 현재 시스템 날짜에서 년, 월을 찾아 'txt년', 'txt월' 컨트롤에 표시할 것

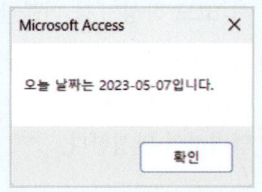

01 'cmd등록' 클릭 이벤트

① [처리3 : 데이터베이스] 탐색 창의 〈호봉등록〉 폼에서 마우스 오른쪽 버튼을 눌러 [디자인 보기]를 클릭한다.
② 〈호봉등록〉 폼의 폼 디자인 보기 상태에서 'cmd등록' 컨트롤을 선택한 후 'cmd등록' 속성 창의 [이벤트] 탭에서 'On Click' 입력란의 [작성기](-)를 클릭하고 '코드 작성기'를 더블클릭한다.
③ [Visual Basic Editor] 창에 'Private Sub cmd등록_Click()' 프로시저가 표시되면 프로시저 안에 다음과 같이 입력하여 완성한다.

```
Private Sub cmd등록_Click()
  ❶ DoCmd.RunSQL " insert  into 호봉기준(호봉, 기본급) val-
      ues ('" & txt호봉 & "', " & txt기본급 & ")"
  ❷ Me.Requery
End Sub
```

❶ 〈호봉기준〉 테이블에 '호봉' 필드값은 'txt호봉' 컨트롤 값으로 지정하고, '기본급' 필드값은 'txt기본급' 필드 값으로 지정하여 새로운 레코드를 추가한다.
주의 할 부분은 '기본급' 필드가 수치 데이터 형이기 때문에 [values ('" & txt호봉 & "', " & txt기본급 & ")"]에서 'txt기본급' 앞뒤에는 작은 따옴표(' ')를 붙이지 않는다.
❷ 〈호봉기준〉 테이블에 추가된 새 레코드를 현재 폼에 반영하기 위해 레코드 원본을 재설정한다.

기적의 TIP

RunSQL 매크로 함수
- 문자열 형태로 지정하는 SQL 문을 실행하는 매크로 함수로, VB 편집기에서 코드 방식으로 사용할 경우 DoCmd 개체와 함께 사용하여 메서드로 사용됩니다.
- 형식 : DoCmd.RunSQL "SQL문"

02 'cmd수정' 클릭 이벤트

④ 〈호봉등록〉 폼의 폼 디자인 보기 상태에서 'cmd수정' 컨트롤을 선택한 후 'cmd수정' 속성 창의 [이벤트] 탭에서 'On Click' 입력란의 [작성기](-)를 클릭한다. [작성기 선택]에서 '코드 작성기'를 더블클릭한다.
⑤ [Visual Basic Editor] 창에 'Private Sub cmd수정_Click()' 프로시저가 표시되면 프로시저 안에 다음과 같이 입력하여 완성한다.

```
Private Sub cmd수정_Click()
  ❶ DoCmd.RunSQL " update 호봉기준 set 기본급 = " & txt기
      본급 & "  where 호봉=' " & txt호봉 & "'"
  ❷ Me.Requery
End Sub
```

❶ 〈호봉기준〉 테이블에서 '호봉' 필드 값이 'txt호봉' 컨트롤 값과 동일한 레코드들을 찾아 '기본급' 필드 값을 'txt기본급' 필드 값으로 수정한다.
'기본급' 필드가 수치 데이터 형이기 때문에 ["update 호봉기준 set 기본급 = " & txt기본급]에서 'txt기본급' 앞뒤에는 작은 따옴표(')를 붙이지 않는다.
❷ 〈호봉기준〉 테이블에 수정된 레코드 내용을 현재 폼에 반영하기 위해 레코드 원본을 재설정한다.

03 'cmd삭제' 클릭 이벤트

⑥ 〈호봉등록〉 폼의 폼 디자인 보기 상태에서 'cmd삭제' 컨트롤을 선택한 후 'cmd삭제' 속성 창의 [이벤트] 탭에서 'On Click' 입력란의 [작성기](-)를 클릭한다. [작성기 선택]에서 '코드 작성기'를 더블클릭한다.
⑦ [Visual Basic Editor] 창에 'Private Sub cmd삭제_Click()' 프로시저가 표시되면 프로시저 안에 다음과 같이 입력하여 완성한다.

```
Private Sub cmd삭제_Click()
  ❶ Dim a As Integer
  ❷ a = MsgBox("삭제하시겠습니까?", vbYesNo)
  ❸ If a = vbYes Then
      ❹ DoCmd.RunSQL " delete from 호봉기준 where 호봉
          = '" & txt호봉 & "'"
      ❺ Me.Requery
  End If
End Sub
```

❶ ❷에서 사용할 변수 a를 정수형으로 선언한다. 조건이 지시사항에 없을 경우 'Dim a'로만 선언해도 된다.
❷ 메시지 대화상자에 [예]/[아니요]를 표시한 후 클릭한 버튼의 번호를 변수 'a'에 대입한다.
❸ ❷에서 표시한 메시지 대화상자에서 [예]를 클릭한 경우에는 ❹를 실행하고 그렇지 않은 경우 IF 문을 빠져나간다.
❺ 〈호봉기준〉 테이블에 삭제된 레코드 내용을 반영하기 위해 현재 폼을 재설정한다.

기적의 TIP

변수
- 계산 중간 결과나 작업중인 데이터를 저장하는 공간으로 'Dim 변수명 [As 데이터형]' 형태로 정의합니다.
- 데이터형을 생략하면 Variant형으로 모든 데이터를 기억할 수 있습니다.

04 'Label1' 클릭 이벤트

⑧ 〈호봉등록〉 폼의 폼 디자인 보기 상태에서 'Label1' 컨트롤을 선택한 후 속성 창의 [이벤트] 탭에서 'On Click' 입력란의 [작성기]( )를 클릭한다. [작성기 선택]에서 '코드 작성기'를 더블클릭한다.

⑨ [Visual Basic Editor] 창에 'Private Sub Label1_Click()' 프로시저가 표시되면 프로시저 안에 다음과 같이 입력하여 완성한다.

```
Private Sub Label1_Click()
❶ DoCmd.RunSQL "UPDATE 요약정보 SET 입사일 = Date() WHERE 입사일 Is Null"
End Sub
```
❶ 〈요약정보〉 테이블의 '입사일' 필드가 빈 값(Null값)일 경우 시스템의 현재날짜(date)를 업데이트하는 쿼리를 실행(RunSQL)한다.

05 'Label0' 클릭 이벤트 매크로

⑩ 리본 메뉴의 [만들기]-[매크로 및 코드] 그룹에서 [매크로]( )를 클릭한다.

> **기적의 TIP**
>
> **매크로 함수**
>
> ShowAllRecords는 폼의 원본 레코드를 모두 표시합니다. RunMenuCommand는 명령(오름차순으로 정렬)을 실행합니다. GoToControl은 지정한 필드나 컨트롤로 포커스를 이동합니다.

⑪ 매크로 작성기 창의 새 함수 추가 펼침 목록 단추를 클릭하고 펼쳐진 함수 목록 중 'ShowAllRecords' 매크로 함수를 선택한다.

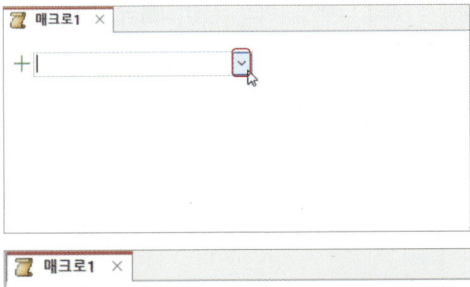

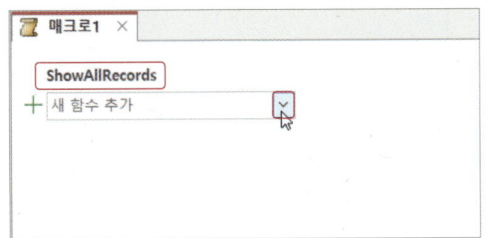

⑫ 계속해서 새 함수 추가 펼침 목록 단추를 클릭하고 펼쳐진 함수 목록 중 'RunMenuCommand' 매크로 함수를 선택하고 명령 인수에 'SortAscending'을 지정한다.

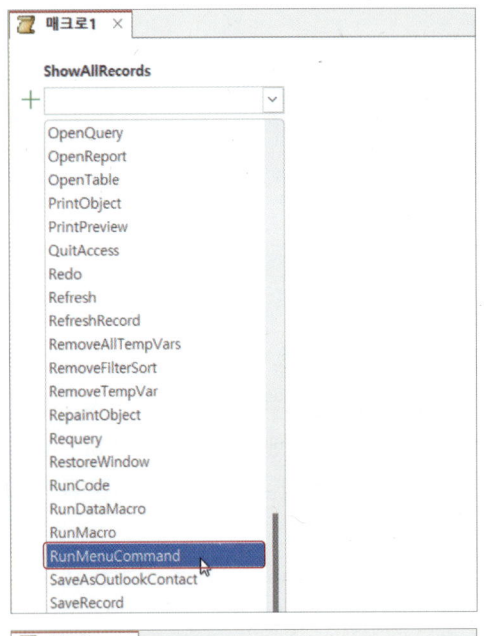

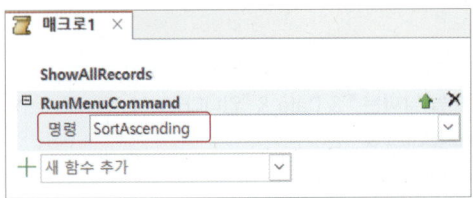

⑬ 한 번 더 새 함수 추가 펼침 목록 단추를 클릭하고 펼쳐진 함수 목록 중 'GoToControl' 매크로 함수를 선택하고 컨트롤 이름 인수에 'txt호봉'을 지정한다.

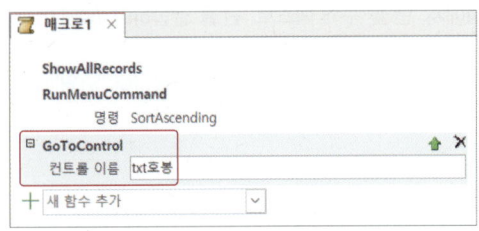

⑭ 빠른 실행 도구 모음 중 [저장]( )을 클릭하고, 매크로 이름을 **모두보기**로 설정한 후 [확인]을 클릭한다.

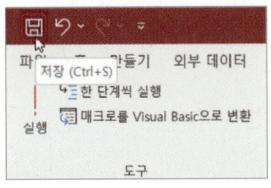 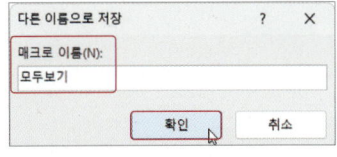

⑮ 〈호봉등록〉 폼을 디자인 보기로 열어 속성 시트 중 'Label0' 레이블 컨트롤을 찾아 이벤트 탭의 On Click 속성에 미리 만들어 둔 '모두보기' 매크로를 지정하고 모든 변경한 내용은 저장한다.

06 폼 머리글 더블 클릭 이벤트

⑯ 〈호봉등록〉 폼을 [디자인 보기](🖼)로 열어 속성 시트에서 '폼 머리글' 구역을 선택하고 [이벤트] 탭의 'On Dbl Click' 속성에서 [이벤트 프로시저] 선택 후 [작성기](…)를 클릭한다.

⑰ 다음과 같이 프로시저를 입력하여 완성한 후 변경한 내용은 저장한다.

```
Private Sub 폼_머리글_DblClick(Cancel As Integer)
    ❶ MsgBox "오늘 날짜는 " & Date & "입니다."
    ❷ txt년 = Year(Date) & " 년"
    ❸ txt월 = Month(Date) & " 월"
End Sub
```

❶ 시스템의 날짜를 Date 함수로 구해 메시지 상자의 Prompt(대화상자에서 메시지로 나타나는 문자열)로 출력한다. (메시지 상자의 [확인]을 누르면)
❷ 시스템의 날짜에서 '년'을 구해 텍스트 '년'을 결합하여 'txt년'에 표시
❸ 시스템의 날짜에서 '월'을 구해 텍스트 '월'을 결합하여 'txt월'에 표시

🚩 기적의 TIP

MsgBox의 구성 요소 중 버튼 상수를 생략하면 기본값 vbOKOnly (확인 단추)가 나타남을 의미합니다.

➕ 더알기 TIP

실행 쿼리 기본 구조

1. 실행 쿼리의 종류는 삭제 쿼리, 업데이트 쿼리, 추가 쿼리, 테이블 작성 쿼리가 있다.
2. 실행 쿼리의 SQL문 구조는 다음과 같다.

쿼리 종류	SQL 구조
추가	insert into 테이블명(필드명1, 필드명2, …) values (값1, 값2, …) 예) DoCmd.RunSQL "insert into 비디오(비디오번호, 영화제목) values('V-20', '괴물')" → 〈비디오〉 테이블에 '비디오번호' 필드 값을 'V-20'으로 '영화제목' 필드 값을 '괴물'로 지정하여 새 레코드를 추가한다.
업데이트	update 테이블명 set 필드명1 = 값1, 필드명2 = 값2, … where 조건식 예) DoCmd.RunSQL "update 비디오 set 영화제목 = '괴물2' where 비디오번호 = 'V-21'" → 〈비디오〉 테이블에 '비디오번호' 필드 값이 'V-21'인 레코드를 찾아 '영화제목' 필드 값을 '괴물2'로 수정한다.
삭제	delete from 테이블명 where 조건식 예) DoCmd.RunSQL "delete from 비디오 where 영화제목 = '괴물'" → 〈비디오〉 테이블에서 '영화제목'이 '괴물'인 레코드를 모두 삭제한다.

※ 기본 구조만 이해하도록 한다. 실행 쿼리 작성이 잘 안될 경우에는 [쿼리 디자인] 창을 통해 작성한 후 [SQL 보기]에서 작성한 SQL문을 복사해서 사용할 수 있다.

SQL문을 [쿼리 디자인] 창에서 가져오기

1. [쿼리 디자인] 창에서 [쿼리 디자인]-[쿼리 유형] 그룹의 [업데이트](🖼) 도구를 클릭하여 쿼리 종류를 변경한다.
2. 디자인 눈금에 원하는 조건의 쿼리 내용을 작성한 후 [쿼리 디자인]-[결과] 그룹의 [보기](🖼) 도구를 클릭하여 SQL SQL 보기(Q) 를 클릭한다. SQL 창에 표시된 SQL문을 복사하여 원하는 곳에 사용한다.

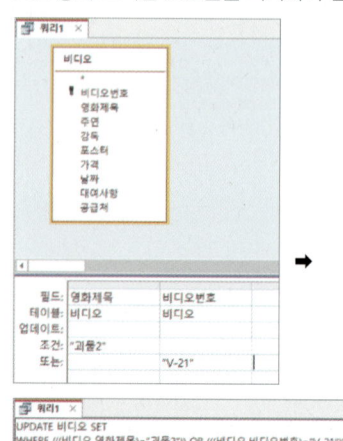

데이터베이스
상시 공략 문제

CONTENTS

- 상시 공략 문제 01회
- 상시 공략 문제 02회
- 상시 공략 문제 03회
- 상시 공략 문제 04회
- 상시 공략 문제 05회
- 상시 공략 문제 06회
- 상시 공략 문제 07회
- 상시 공략 문제 08회
- 상시 공략 문제 09회
- 상시 공략 문제 10회

상시 공략 문제 01회

작업파일: '26컴활1급(상시)₩데이터베이스₩상시공략문제'에서 '상시공략문제1회' 파일을 열어 작업하세요.

프로그램명	제한시간	풀이시간
ACCESS 2021	45분	분

수험번호 :

성 명 :

유의사항

- 인적 사항 누락 및 잘못 작성으로 인한 불이익은 수험자 책임으로 합니다.

- 화면에 암호 입력창이 나타나면 아래의 암호를 입력하여야 합니다.
  ○ 암호: 7646%5

- 작성된 답안은 주어진 경로 및 파일명을 변경하지 마시고 그대로 저장해야 합니다. 이를 준수하지 않으면 실격 처리됩니다.
  ○ 답안 파일명의 예: C:₩DB₩수험번호8자리.accdb

- 외부데이터 위치: C:₩DB₩파일명

- 별도의 지시사항이 없는 경우, 다음과 같이 처리 시 실격 처리됩니다.
  ○ 제시된 개체의 이름을 임의로 변경한 경우
  ○ 제시된 개체의 속성을 임의로 변경한 경우
  ○ 제시된 개체를 임의로 삭제하거나 추가한 경우

- 별도의 지시사항이 없는 경우, 기능의 구현은 모듈이나 매크로 등을 이용하며, 예외적인 상황에 대해서는 고려하지 않아도 됩니다.

- 제시된 함수가 있을 경우 제시된 함수만을 사용하여야 하며, 그 외 함수 사용시 채점 대상에서 제외됩니다.

- 별도의 지시사항이 없는 경우, 주어진 각 개체의 속성은 설정값 또는 기본 설정값 (Default)으로 처리하십시오.

- 제시된 화면은 예시이며 나타난 값은 실제와 다를 수 있습니다.

- 저장 시간은 별도로 주어지지 아니하므로 제한된 시간 내에 저장을 완료해야 합니다.

- 본 문제의 용어는 MS Office LTSC Professional Plus 2021 기준으로 작성되었습니다.

대 한 상 공 회 의 소

문제1 DB 구축(25점)

1 휴직관리 업무를 수행하기 위한 데이터베이스를 구축하고자 한다. 다음 지시사항에 따라 테이블을 완성하시오. (각 3점)

① 〈직원〉 테이블의 '직원ID' 필드는 'ST000'과 같은 형태로 영문 대문자 2개 숫자 3자리가 반드시 입력되도록 입력 마스크를 설정하시오.
   ▶ 영문자 입력은 영어와 한글만 입력할 수 있도록 설정할 것
   ▶ 숫자 입력은 0~9까지의 숫자만 입력할 수 있도록 설정할 것
② 〈휴직관리〉 테이블이 로드될 때, '직원ID' 필드를 기준으로 오름차순 정렬을 설정하시오.
③ 〈휴직관리〉 테이블의 '시작일' 필드는 새로운 레코드가 추가되는 경우 시간을 포함하지 않는 시스템의 오늘 날짜가 기본으로 입력되도록 설정하시오.
④ 〈휴직관리〉 테이블의 맨 마지막에 '자료' 필드를 추가하고, excel, word, ppt 등 첨부 파일을 저장할 수 있는 데이터 형식을 설정하시오.
⑤ 〈휴직관리〉 테이블에서 '복직일'이 '종료일' 이후의 날짜만 입력될 수 있도록 유효성 검사 규칙을 설정하고, 유효성 검사에 만족하지 않을 경우 "복직일은 종료일 이후의 날짜로 입력화세요." 라고 오류 메시지를 출력하도록 하시오.

2 〈휴직관리〉 테이블의 '휴직ID' 필드에 대해 다음과 같이 조회 속성을 설정하시오. (5점)

▶ 〈휴직〉 테이블의 '휴직ID'와 '휴직유형'이 콤보 상자의 형태로 표시되도록 설정할 것
▶ 필드에는 '휴직ID'가 저장되도록 할 것
▶ 목록 너비를 3cm로 설정할 것
▶ 목록 값만 입력할 수 있도록 설정할 것

3 〈직원〉 테이블의 '부서ID' 필드는 〈부서〉 테이블의 '부서ID' 필드를 참조하며, 각 테이블의 간의 관계는 M:1이다. 다음과 같이 테이블 간의 관계를 설정하시오. (5점)

※ 액세스 파일에 이미 설정되어 있는 관계는 수정하지 마시오.

▶ 테이블 간에 항상 참조 무결성이 유지되도록 설정하시오.
▶ 참조 필드의 값이 변경되면 관련 필드의 값도 변경되도록 설정하시오.
▶ 다른 테이블에서 참조하고 있는 레코드는 삭제할 수 없도록 설정하시오.

문제2 입력 및 수정 기능 구현(20점)

1 〈휴직관리리스트〉 폼을 다음의 화면과 지시사항에 따라 완성하시오. (각 3점)

① 폼 머리글에 '휴직관리 리스트' 라는 제목을 표시하도록 컨트롤을 생성하시오.
  ▶ 레이블 이름 : lbl제목   글꼴 : 맑은 고딕, 24pt, 글자(문자) 색 : 녹색
② 본문의 컨트롤들은 가로 간격이 같도록 설정하고, 특수 효과 '새김(밑줄)'을 설정하시오.
③ 폼 바닥글 영역의 'txt육아평균' 컨트롤에는 다음 조건에 따라 평균값이 계산되어 표시되도록 하시오.
  ▶ 〈휴직내역〉 테이블에서 휴직유형에 '육아'로 시작하는 값이 포함된 레코드의 휴직기간 필드를 기준으로 평균을 계산하고, 평균값을 "0개월" 형식으로 표시하시오.
  ▶ 사용할 함수 : DAvg, Format

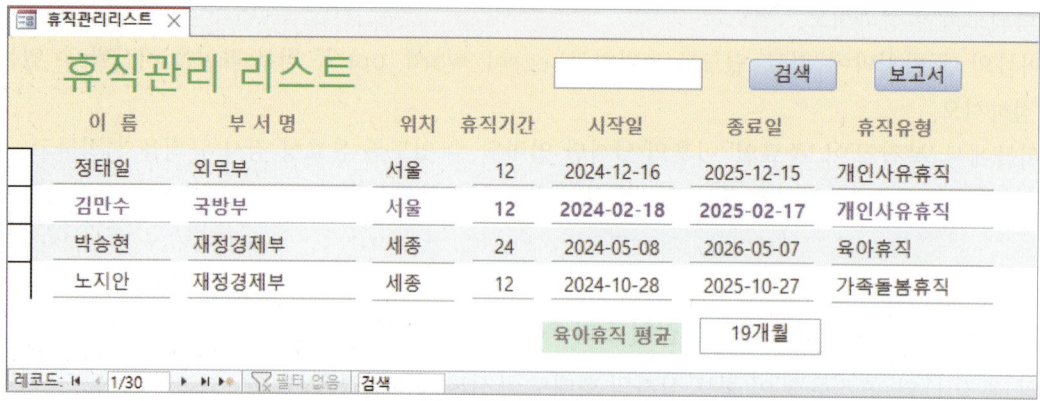

2 〈휴직관리리스트〉 폼의 본문 영역에 다음과 같이 조건부 서식을 설정하시오. (6점)

▶ '이름'이 '김'으로 시작하고, 위치가 '서울'인 영역의 모든 컨트롤에 굵게, 글꼴 색 '자주'로 서식을 설정하시오.
▶ 단, 하나의 규칙으로 작성하시오.

3 〈휴직관리리스트〉 폼의 'btn보고서' 단추를 클릭하면 아래 조건에 따라 '휴직유형_보고서'가 출력되는 〈휴직보고서〉 매크로를 생성하시오. (5점)

▶ DCount 함수를 사용하여 '휴직관리' 테이블에 있는 총 레코드 수를 계산한 후, 메시지 상자에 아래 그림 같이 출력되고 [확인]을 클릭하면 '휴직유형_보고서'가 인쇄 미리 보기로 출력되도록 매크로를 작성하시오.

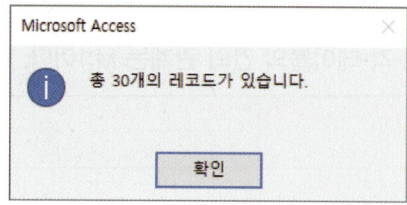

문제3 　조회 및 출력 기능 구현(20점)

1. 다음의 지시사항 및 화면을 참조하여 〈휴직유형_보고서〉 보고서를 완성하시오. (각 3점)

   ① '휴직유형' 머리글 영역에서 머리글의 내용이 페이지마다 반복적으로 표시되도록 설정하고, '휴직유형'이 변경되면 매 구역 전에 페이지도 변경되도록 설정하시오.
   ② 본문 영역에서 '휴직유형' 필드의 값이 이전 레코드와 동일한 경우에는 표시되지 않도록 설정하시오.
   ③ 동일한 '휴직유형' 내에서는 '휴직기간'을 기준으로 오름차순 정렬되어 표시되도록 정렬을 추가하시오.
   ④ 본문의 'txt번호' 컨트롤에는 그룹별로 일련번호가 표시되도록 설정하시오.
   ⑤ 페이지 머리글 영역의 'txt출력일자' 컨트롤에는 다음과 같이 표시되도록 설정하시오.
   ▶ 표시 예 : 2026-04-30 (수)
   ▶ FORMAT, NOW 함수 이용

   ### 휴직 보고서

   2025-05-14 (수)

번호	휴직유형	이름	부서명	위치	휴직기간	시작일	종료일
1	개인사유휴직	배수아	국방부	서울	12	2024-07-30	2025-07-29
2		유승열	지방자치단체	전국	12	2024-05-29	2025-05-28
3		정태일	외무부	서울	12	2024-12-16	2025-12-15
4		김만수	국방부	서울	12	2024-02-18	2025-02-17
5		최지우	재정경제부	세종	24	2024-08-06	2026-08-05
6		홍승민	환경부	세종	24	2024-01-11	2026-01-10
7		최서연	지방자치단체	전국	36	2024-06-09	2027-06-08

2. 〈휴직관리리스트〉 폼에서 '검색(btn검색)' 버튼을 클릭하면 아래 조건에 맞게 조회 기능을 수행하도록 이벤트 프로시저를 구현하시오. (5점)

   ▶ 'txt휴직유형' 텍스트 상자에 입력된 값을 기준으로, 〈휴직내역〉 쿼리에서 해당 휴직유형을 포함하는 레코드만 조회되도록 하시오.
   ▶ RecordSoure 속성을 사용하여 SQL문으로 레코드 원본을 설정하시오.

문제4 　처리 기능 구현(35점)

1. 〈직원〉, 〈휴직관리〉 테이블을 이용하여 '휴직기간'이 가장 길고 아직 복직하지 않은 직원을 조회하는 〈휴직기간긴직원〉 쿼리를 작성하시오. (7점)

   ▶ 이름을 기준으로 오름차순 정렬하여 표시
   ▶ In 하위 쿼리와 MAX 함수 이용

이름	휴직기간	시작일	종료일	복직일
정윤지	36개월	2024-12-26	2027-12-25	
최서연	36개월	2024-06-09	2027-06-08	
최우지	36개월	2024-03-18	2027-03-17	

② 〈직원〉, 〈휴직〉, 〈휴직관리〉 테이블을 이용하여 검색할 '휴직유형'의 일부를 매개변수로 입력받아 해당 휴직일수를 계산하는 〈휴직유형_일수〉 쿼리를 작성하시오. (7점)

▶ 휴직유형 필드에서 일부를 입력받아 해당하는 레코드를 조회
▶ 시작일과 종료일을 기준으로 '휴직일수(일단위)'를 계산
▶ DATEDIFF, LIKE 사용
▶ 쿼리 결과 표시되는 필드와 필드명은 〈그림〉과 같이 표시되도록 설정하시오.

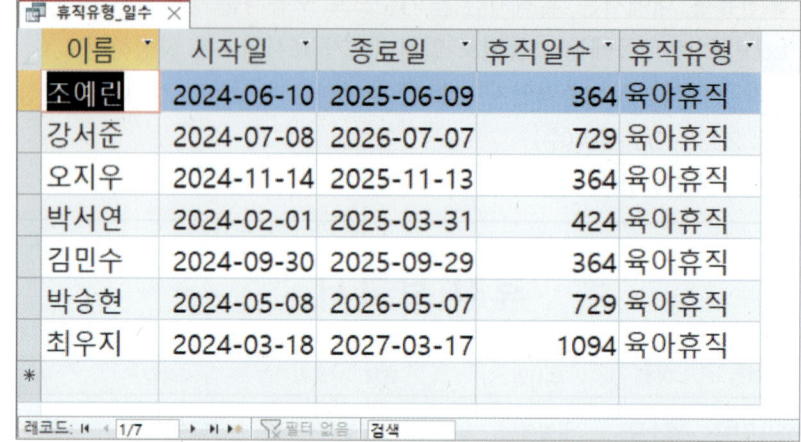
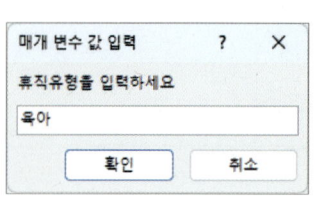

③ 〈휴직관리〉, 〈휴직〉 테이블을 이용하여 휴직유형별 〈년도_휴직유형별 인원수〉 크로스탭 쿼리를 작성하시오. (7점)

▶ 휴직유형은 행 머리글, 종료일의 년도는 열머리글로 설정하시오.
▶ 〈휴직관리〉 테이블의 ID 필드를 기준으로 휴직자 수를 세어 값을 표시하되, 휴직자 수가 없는 경우에는 '-' 기호로 표시되도록 설정하시오.
▶ YEAR, IIF, COUNT, ISNULL 함수 사용
▶ 쿼리 결과 표시되는 필드와 필드명은 〈그림〉과 같이 표시되도록 설정하시오.

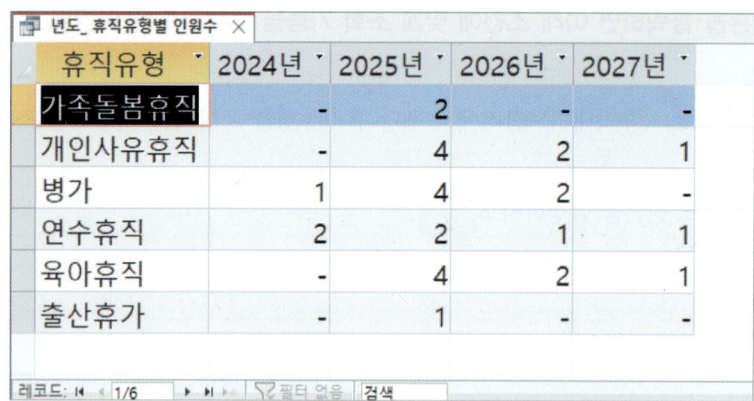

4. 〈휴직〉, 〈휴직관리〉 테이블을 이용하여 〈휴직유형별평균표식〉 쿼리를 작성하고 실행하시오. (7점)

▶ 휴직일 평균은 '시작일'과 '종료일'을 기준으로 '일수'의 평균을 계산
▶ 평균 표식은 휴직일 평균을 100으로 나눈 값만큼 '■' 문자를 반복하여 표시
▶ AVG, DATEDIFF, STRING 함수 사용
▶ 쿼리 결과 표시되는 필드와 필드명은 〈그림〉과 같이 표시되도록 설정하시오.

휴직유형	휴직일 평균	평균 표식
가족돌봄휴직	364	■■■■
개인사유휴직	573	■■■■■
병가	443	■■■■
연수휴직	476	■■■■
육아휴직	581	■■■■■
출산휴가	730	■■■■■■■

5. 〈직원〉, 〈휴직관리〉, 〈휴직〉 테이블을 이용하여 〈수당지급〉 업데이트 쿼리를 작성하고 실행하시오. (7점)

▶ 직원 테이블의 '기타' 필드에 휴직유형별로 다음 기준에 따라 수당을 표시하시오.
▶ 휴직유형이 '육아'로 시작하면 "200만원지급", 휴직유형이 '가족'으로 시작하면 "100만원지급", 그 외는 "10만원지급"
▶ SWITCH, LEFT 함수를 사용할 것.

직원ID	이름	생일	부서ID	입사일	기타
ST001	이시영	1985-09-17	DE11	2016-06-03	
ST002	강서준	1991-10-07	DE02	2018-08-24	200만원지급
ST003	홍장원	1997-11-04	DE12	2026-06-07	
ST004	이민수	1998-10-14	DE09	2032-08-17	
ST005	최민희	1987-07-18	DE01	2021-12-18	10만원지급

정답 & 해설 상시 공략 문제 01회

문제1 DB 구축

1 테이블 완성

정답

번호	테이블	필드 이름	속성 및 형식	설정 값
①	직원	직원ID	입력 마스크	>LL000
②	휴직관리	테이블	정렬	직원ID(또는 직원ID ASC)
③	휴직관리	시작일	기본값	DATE()
④	휴직관리	자료	데이터 형식	첨부 파일
⑤	휴직관리	테이블	유효성 검사 규칙	[종료일]<=[복직일]
			유효성 검사 텍스트	복직일은 종료일 이후의 날짜로 입력하세요.

① 〈직원〉 테이블에서 마우스 오른쪽 버튼을 눌러 [디자인 보기](🔲)를 클릭한다.

② '직원ID' 필드의 '입력 마스크'에 >LL000을 입력한다.

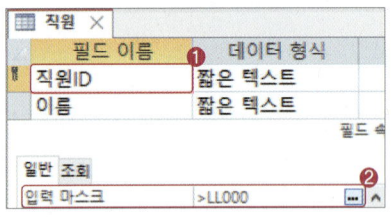

③ 〈휴직관리〉 테이블에서 마우스 오른쪽 버튼을 눌러 [디자인 보기](🔲)를 클릭한다.

④ [테이블 디자인]-[표시/숨기기] 그룹의 [속성 시트](🔲)를 클릭한다.

⑤ [속성 시트]의 '정렬 기준'에 **직원ID ASC**를 입력한다. (오름차순 ASC는 입력을 생략해도 가능)

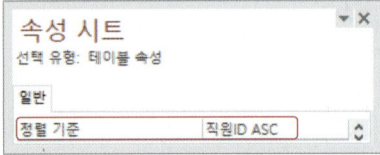

⑥ '시작일' 필드의 '기본값'에 Date()을 입력한다.

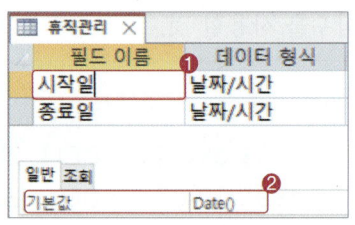

⑦ 맨 마지막에 **자료**를 입력하고, '데이터 형식'은 '첨부 파일'을 선택한다.

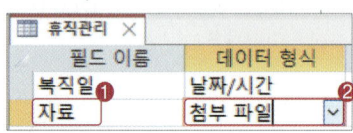

⑧ [테이블 디자인]-[표시/숨기기] 그룹의 [속성 시트](🔲)를 클릭하여 '유효성 검사 규칙'에 **[종료일]<=[복직일]**, '유효성 검사 텍스트'에 **복직일은 종료일 이후의 날짜로 입력하세요.**를 입력한다.

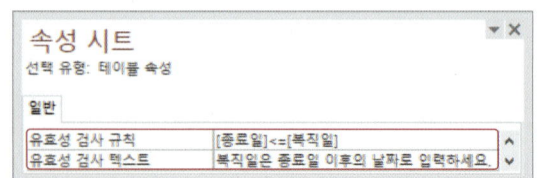

2 조회 속성

정답

필드 이름	속성 및 형식	설정 값
휴직ID	행 원본	SELECT 휴직.휴직ID, 휴직.휴직유형 FROM 휴직;
	바운드 열	1
	열 개수	2
	열 너비	0
	목록 너비	3
	목록 값만 허용	예

① 〈휴직관리〉 테이블에서 마우스 오른쪽 버튼을 눌러 [디자인 보기](🖉)를 클릭한다.

② '휴직ID' 필드를 선택한 후 [조회] 탭을 클릭하여 '컨트롤 표시'에서 '콤보 상자'를 선택한다.

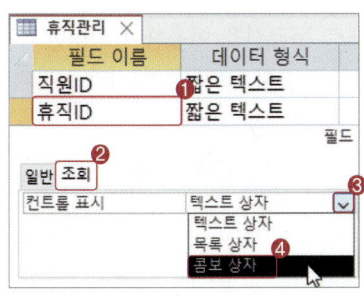

③ [조회] 탭의 '행 원본'에서 작성기(…)를 클릭하여 〈휴직〉 테이블을 추가하고 '휴직ID', '휴직유형'을 추가한다.

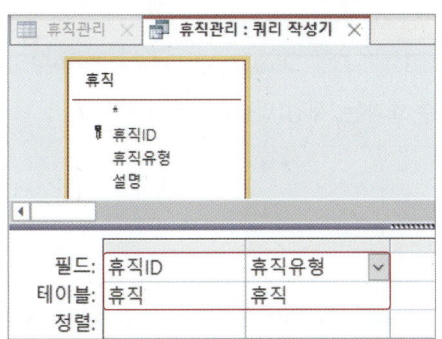

④ [쿼리 작성기] 탭에서 [닫기]를 클릭한 후 메시지에서 [예]를 클릭한다.

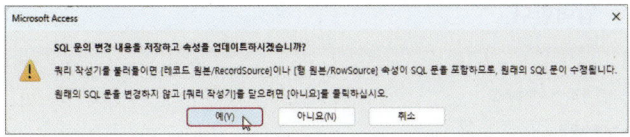

⑤ 바운드 열 '1', 열 개수 '2', 열 너비는 '0', 목록 너비 '3', 목록 값만 허용 '예'를 지정한다.

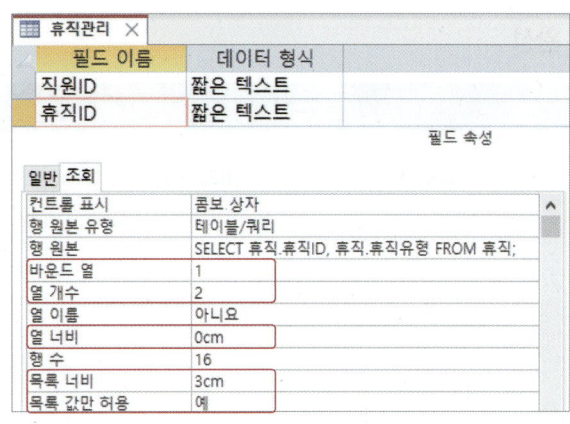

3 〈직원〉 ↔ 〈부서〉 테이블 간의 관계 설정

정답

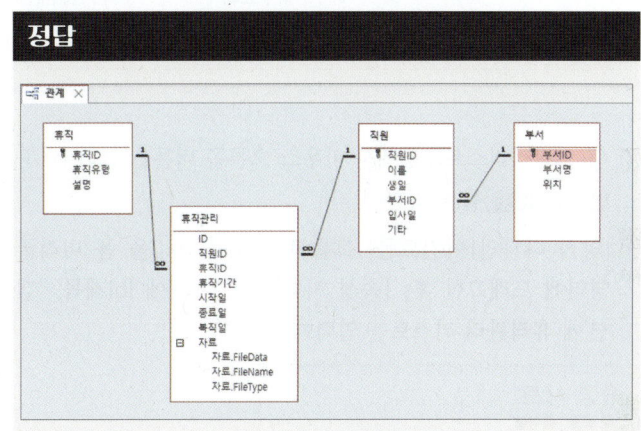

① [데이터베이스 도구]-[관계] 그룹에서 [관계](🔗)를 클릭한다.

② [관계 디자인]-[관계] 그룹의 [테이블 추가](🔲)를 클릭하여 [테이블]에서 〈부서〉를 더블클릭한다.

③ 〈직원〉 테이블의 '부서ID'를 〈부서〉 테이블의 '부서ID'로 드래그한다.

④ [관계 편집]에서 다음과 같이 지정하고 [만들기]를 클릭한다.

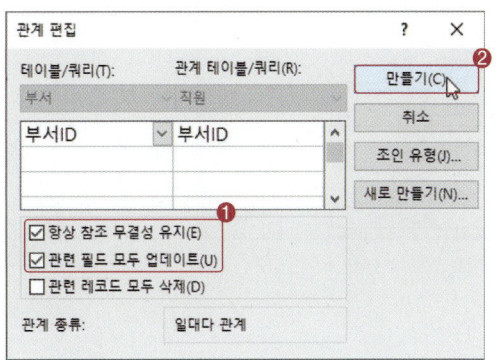

⑤ [관계 디자인] 탭의 [닫기]를 클릭하고 변경한 내용은 [예]를 눌러 저장한다.

문제2 입력 및 수정 기능 구현

1 폼 완성

정답

번호	필드 이름	필드 속성	설정 값
①	폼 머리글 제목 레이블	이름	lbl제목
		캡션	휴직관리 리스트
		글꼴 크기	24
		글꼴	맑은 고딕
		글자 색	녹색
②	본문 컨트롤	정렬	[크기/공간]-[가로 간격 같음]
		특수효과	새김(밑줄)
③	txt육아평균	컨트롤 원본	=Format(DAvg("휴직기간","휴직내역","휴직유형 like '육아*'"),"0개월")

① 〈휴직관리리스트〉 폼에서 마우스 오른쪽 버튼을 눌러 [디자인 보기](N)를 클릭한다.

② [양식 디자인]-[컨트롤] 그룹의 '레이블'(가가)을 폼 머리글 영역에 드래그한 후, [속성 시트]에서 '이름'에 lbl제목, '캡션'에 **휴직관리 리스트**를 입력한다.

③ [형식] 탭에서 글꼴은 '맑은 고딕', 크기는 '24'로 설정하고, 글꼴 색은 '녹색'으로 지정한다.

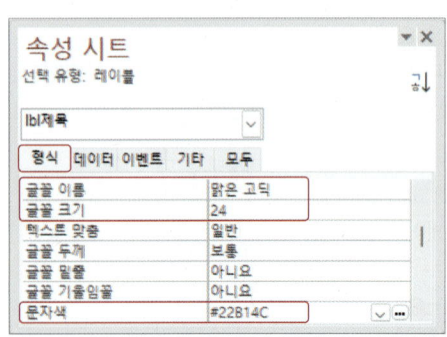

④ 본문의 모든 컨트롤을 세로 눈금선을 이용하여 선택한 후 [정렬]-[크기 및 순서 조정] 그룹의 [크기/공간]-[가로 간격 같음]을 선택한다.

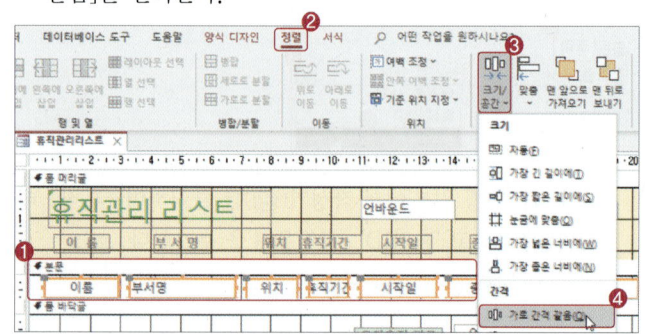

⑤ [속성 시트]에 특수 효과는 '새김(밑줄)'을 선택한다.

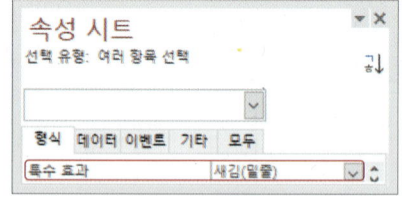

⑥ 'txt육아평균'을 선택하고 '컨트롤 원본'에 =Format(DAvg("휴직기간","휴직내역","휴직유형 like '육아*'"),"0개월")를 입력한다.

2 조건부 서식

정답

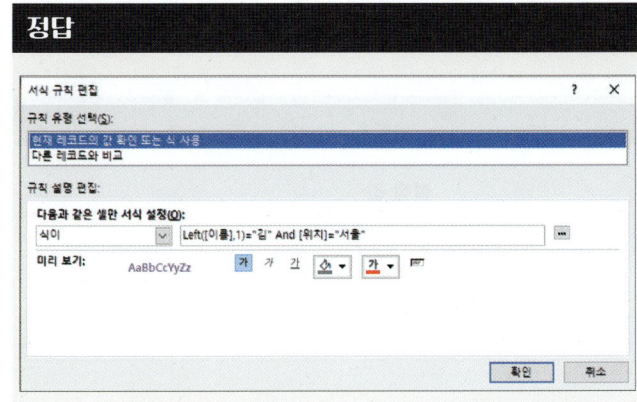

① 〈휴직관리리스트〉 폼에서 마우스 오른쪽 버튼을 눌러 [디자인 보기](📐)를 클릭한다.
② 본문의 모든 컨트롤이 선택될 수 있도록 왼쪽 눈금자를 클릭한 후 [서식]-[컨트롤 서식] 그룹의 [조건부 서식]을 클릭하여 [새 규칙]을 클릭한다.
③ '식이'를 선택하고 Left([이름],1)="김" And [위치]="서울"을 입력하고, '굵게', 글꼴 색은 '자주'를 선택하고 [확인]을 클릭한다.

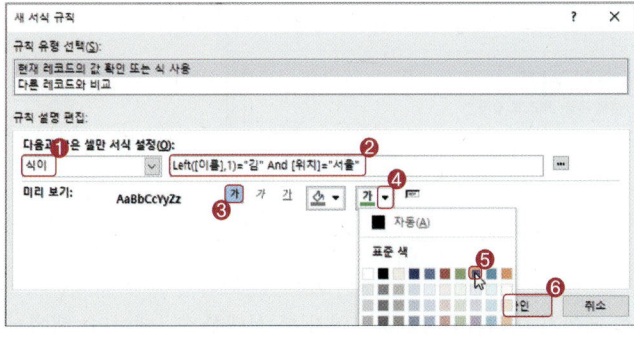

④ [조건부 서식 규칙 관리자]에서 [확인]을 클릭한다.

3 매크로

정답

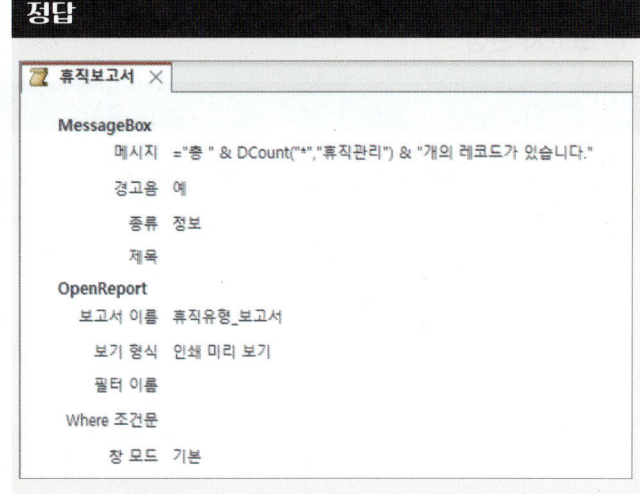

① [만들기]-[매크로 및 코드] 그룹에서 [매크로](🖥)를 클릭한다.
② 매크로 함수 중 'MessageBox'를 선택한 후, ="총 " & DCount("*","휴직관리") & "개의 레코드가 있습니다."를 작성한다.

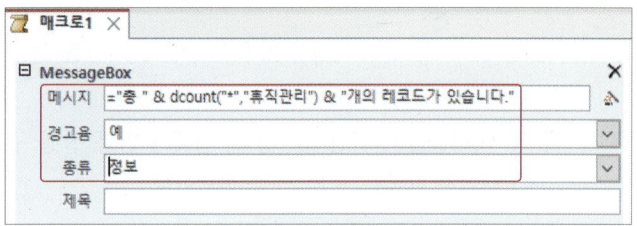

③ 'OpenReport'를 선택한 후 다음과 같이 작성한다.

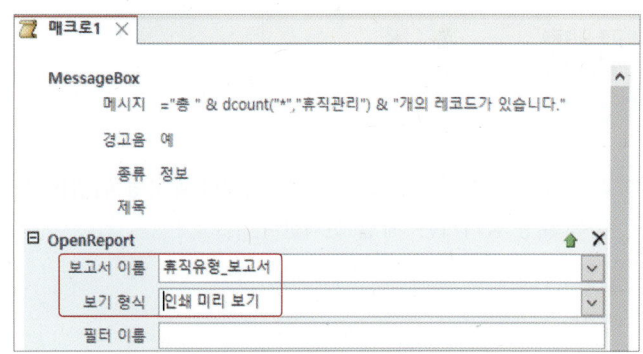

④ [저장](💾)을 클릭하여 **휴직보고서**를 입력한다.
⑤ 〈휴직관리리스트〉 폼의 [디자인 보기](📐) 모드에서 'btn보고서' 컨트롤을 선택한다.
⑥ [이벤트] 탭의 'On Click'에서 '휴직보고서'를 선택한다.

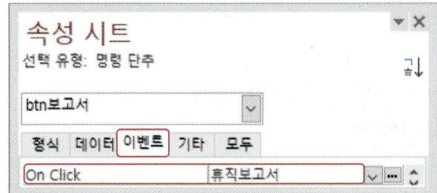

문제3 조회 및 출력 기능 구현

1 보고서 완성

정답

번호	필드 이름	필드 속성	설정 값
①	'휴직유형' 머리글	반복 실행 구역	예
		페이지 바꿈	구역 전
②	'휴직유형'	중복 내용 숨기기	예
③	그룹, 정렬 및 요약		그룹, 정렬 및 요약 그룹화 기준 휴직유형 정렬 기준 휴직기간 ▼ 오름차순 ▼ , 자세히 ▶ ＋ 그룹 추가 ＋ 정렬 추가
④	txt순번	컨트롤 원본	=1
		누적 합계	그룹
⑤	txt출력일자	컨트롤 원본	=Format(Now(),"yyyy-mm-dd (aaa)")

① 〈휴직유형_보고서〉 보고서에서 마우스 오른쪽 버튼을 눌러 [디자인 보기](🆖)를 클릭한다.

② '휴직유형' 머리글을 선택한 후 [형식] 탭에서 반복 실행 구역은 '예', 페이지 바꿈은 '구역 전'을 선택한다.

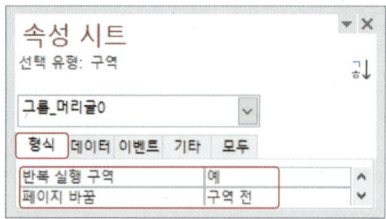

③ 본문의 '휴직유형' 텍스트 상자를 선택한 후 [형식] 탭에서 중복 내용 숨기기는 '예'를 선택한다.

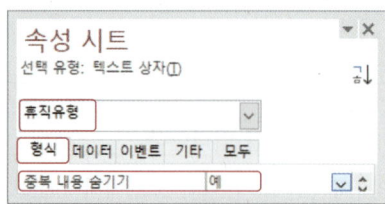

④ [그룹, 정렬 및 요약]에서 [정렬 추가]를 클릭한다.

⑤ '휴직기간' 필드를 선택하고 '오름차순'으로 지정한다.

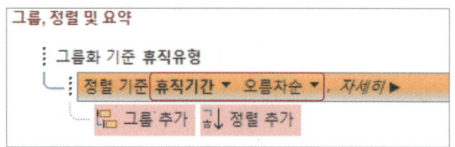

⑥ 본문의 'txt번호'를 선택한 후 [데이터] 탭에서 컨트롤 원본 =1을 입력하고, 누적 합계 '그룹'을 선택한다.

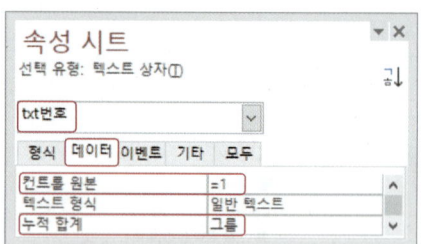

⑦ 페이지 머리글의 'txt출력일자'를 선택한 후 [데이터] 탭에서 컨트롤 원본 =Format(Now(),"yyyy-mm-dd (aaa)")를 입력한다.

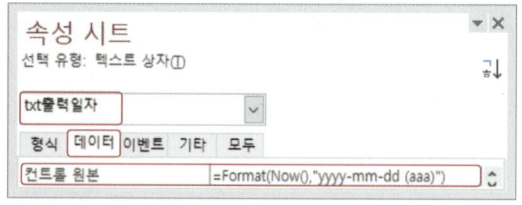

2 이벤트 프로시저 작성

① 〈휴직관리리스트〉 폼을 [디자인 보기](❖)로 열고 '검색'(btn검색)을 선택하고 [이벤트] 탭의 'On On Click' 속성에서 [이벤트 프로시저]를 선택하고 [작성기](…)를 클릭한다.

② '작성기 선택' 창에서 '코드 작성기'를 선택한 후 [확인]을 클릭한다.

③ 'btn검색_Click() 프로시저'에 다음과 같이 코딩한다.

```
Private Sub btn검색_Click()
    Me.RecordSource = "select * from 휴직내역 where 휴직유형 like '*" & txt휴직유형 & "*'"
End Sub
```

문제4 처리 기능 구현

1 〈휴직기간긴직원〉 쿼리

정답

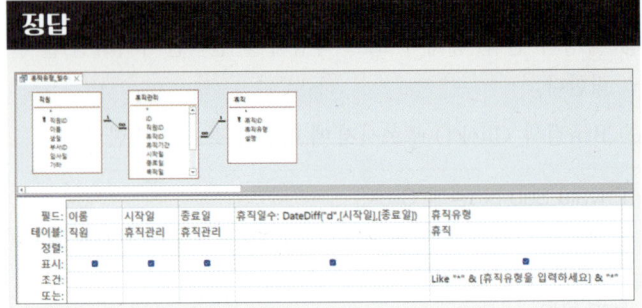

① [만들기]-[쿼리] 그룹에서 [쿼리 디자인](▦)을 클릭한다.

② [테이블 추가]의 [테이블]에서 〈직원〉, 〈휴직관리〉을 더블클릭하여 추가한 후 '이름', '휴직기간', '시작일', '종료일', '복직일' 필드를 추가한다.

③ 휴직기간과 복직일에 다음과 같이 조건을 입력하고, 이름 필드는 '오름차순' 정렬을 선택한다.

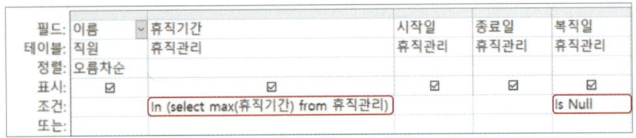

휴직기간 : In (select max(휴직기간) from 휴직관리)
복직일 : Is Null

④ '휴직기간' 필드를 선택한 후 [쿼리 디자인]-[표시/숨기기] 그룹의 [속성 시트](▤)를 클릭하여 형식에 **0"개월"**을 입력한다.

⑤ [저장](▤)을 클릭한 후 **휴직기간긴직원**을 입력하고 [확인]을 클릭한다.

2 〈휴직유형_일수〉 쿼리

정답

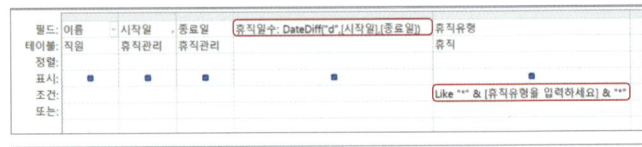

① [만들기]-[쿼리] 그룹에서 [쿼리 디자인](▦)을 클릭한다.

② [테이블 추가]의 [테이블]에서 〈직원〉, 〈휴직〉, 〈휴직관리〉를 더블클릭하여 추가한다.

③ '휴직일수' 필드를 다음과 같이 필드를 추가하고, 휴직유형은 조건을 입력한다.

휴직일수 : DateDiff("d",[시작일],[종료일])
휴직유형(조건) : Like "*" & [휴직유형을 입력하세요] & "*"

④ [저장](▤)을 클릭한 후 **휴직유형_일수**를 입력하고 [확인]을 클릭한다.

3 〈년도별_휴직유형 인원수〉 쿼리

정답

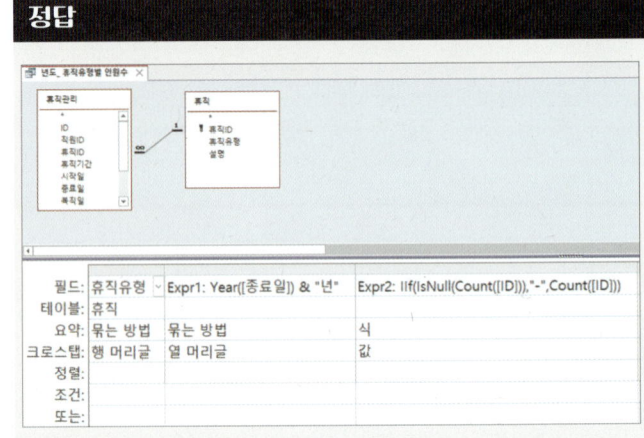

① [만들기]-[쿼리] 그룹에서 [쿼리 디자인](▦)을 클릭한다.

② [테이블 추가]의 [테이블]에서 〈휴직관리〉, 〈휴직〉을 더블클릭하여 추가한다.

③ 디자인 눈금의 각 필드에 다음과 같이 드래그해서 배치한다.

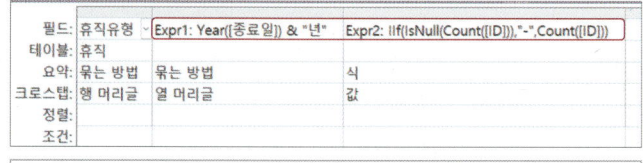

④ [쿼리 디자인]-[쿼리 유형] 그룹의 [크로스탭](▦)을 클릭한다.

⑤ 다음과 같이 수정한다.

행 머리글 : 휴직유형
열 머리글 : Year([종료일]) & "년"
값(식) : IIf(IsNull(Count([ID])),"-",Count([ID]))

⑥ '값'을 선택한 후 [쿼리 디자인]-[표시/숨기기] 그룹의 [속성 시트](▤)를 클릭하여 형식에 0을 입력한다.

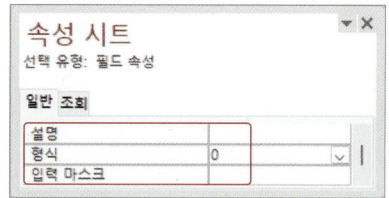

> 📌 **기적의 TIP**
> 오른쪽 정렬하기 위해 설정합니다.

⑦ [저장](💾)을 클릭한 후 **년도_휴직유형별 인원수**를 입력하고 [확인]을 클릭한다.

4 〈휴직유형별평균표식〉 쿼리

정답

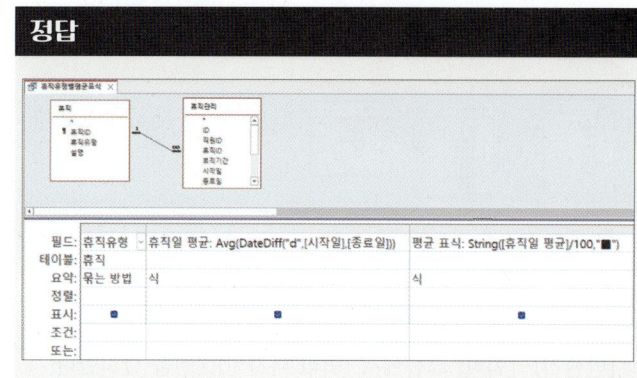

① [만들기]-[쿼리] 그룹에서 [쿼리 디자인](▦)을 클릭한다.

② [테이블 추가]의 [테이블]에서 〈휴직〉, 〈휴직관리〉를 더블클릭하여 추가한다.

③ [쿼리 디자인]-[표시/숨기기] 그룹의 [요약](Σ)을 클릭한다.

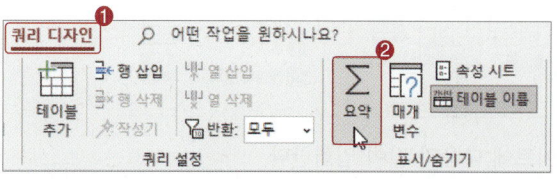

④ 휴직일 평균과 평균 표식 필드를 작성한 후 요약에서 '식'을 선택한다.

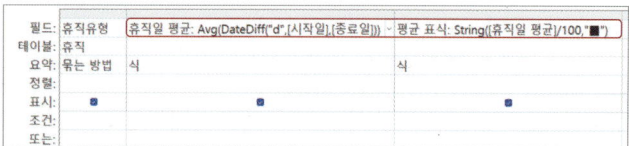

휴직일 평균 : Avg(DateDiff("d",[시작일],[종료일]))
평균 표식 : String([휴직일 평균]/100,"■")

⑤ '휴직일 평균' 필드를 선택한 후 [쿼리 디자인]-[표시/숨기기] 그룹의 [속성 시트](▤)를 클릭하여 형식에 0을 입력한다.

> 📌 **기적의 TIP**
> 오른쪽 정렬하기 위해 설정합니다.

⑥ [저장](💾)을 클릭한 후 **휴직유형별평균표식**을 입력하고 [확인]을 클릭한다.

5 〈수당지급〉 쿼리

정답

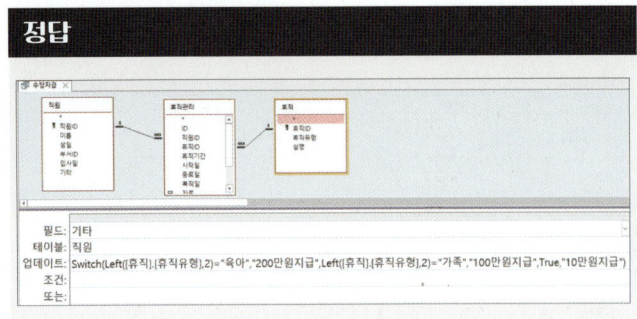

① [만들기]-[쿼리] 그룹에서 [쿼리 디자인](📋)을 클릭한다.
② [테이블 추가]의 [테이블]에서 〈직원〉, 〈휴직관리〉, 〈휴직〉을 더블클릭한 후 〈직원〉 테이블의 '기타' 필드를 추가한다.
③ [쿼리 디자인]-[쿼리 유형] 그룹의 [업데이트](📋)를 클릭한다.

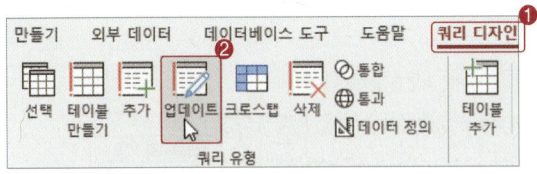

④ 업데이트에 다음과 같이 입력한다.

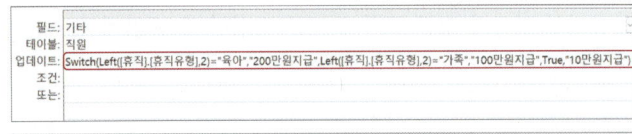

Switch(Left([휴직].[휴직유형],2)="육아","200만원지급",Left([휴직].[휴직유형],2)="가족","100만원지급",True,"10만원지급")

⑤ [저장](💾)을 클릭한 후 **수당지급**을 입력하고 [확인]을 클릭한다.
⑥ [쿼리 디자인]-[결과] 그룹에서 [실행](❗)을 클릭한 후 [예]를 클릭한다.

상시 공략 문제 02회

작업파일 : '26컴활1급(상시)\데이터베이스\상시공략문제'에서 '상시공략문제2회' 파일을 열어 작업하세요.

프로그램명	제한시간	풀이시간
ACCESS 2021	45분	분

수험번호 :

성   명 :

유의사항

- 인적 사항 누락 및 잘못 작성으로 인한 불이익은 수험자 책임으로 합니다.

- 화면에 암호 입력창이 나타나면 아래의 암호를 입력하여야 합니다.
    ○ 암호: 7646%5

- 작성된 답안은 주어진 경로 및 파일명을 변경하지 마시고 그대로 저장해야 합니다. 이를 준수하지 않으면 실격 처리됩니다.
    ○ 답안 파일명의 예: C:\DB\수험번호8자리.accdb

- 외부데이터 위치: C:\DB\파일명

- 별도의 지시사항이 없는 경우, 다음과 같이 처리 시 실격 처리됩니다.
    ○ 제시된 개체의 이름을 임의로 변경한 경우
    ○ 제시된 개체의 속성을 임의로 변경한 경우
    ○ 제시된 개체를 임의로 삭제하거나 추가한 경우

- 별도의 지시사항이 없는 경우, 기능의 구현은 모듈이나 매크로 등을 이용하며, 예외적인 상황에 대해서는 고려하지 않아도 됩니다.

- 제시된 함수가 있을 경우 제시된 함수만을 사용하여야 하며, 그 외 함수 사용시 채점 대상에서 제외됩니다.

- 별도의 지시사항이 없는 경우, 주어진 각 개체의 속성은 설정값 또는 기본 설정값 (Default)으로 처리하십시오.

- 제시된 화면은 예시이며 나타난 값은 실제와 다를 수 있습니다.

- 저장 시간은 별도로 주어지지 아니하므로 제한된 시간 내에 저장을 완료해야 합니다.

- 본 문제의 용어는 MS Office LTSC Professional Plus 2021 기준으로 작성되었습니다.

대 한 상 공 회 의 소

문제1 DB 구축(25점)

1 주식 거래 관리 업무를 수행하기 위한 데이터베이스를 구축하고자 한다. 다음의 지시사항에 따라 각 테이블을 완성하시오. (각 3점)

〈배당〉 테이블
① '배당ID' 필드를 맨 앞에 추가한 후 숫자가 1씩 증가하는 데이터 형식으로 지정하고 기본키(PK)로 지정하시오.
② '사업년도' 필드는 반드시 입력하되 중복된 데이터 입력이 가능하도록 인덱스를 설정하시오.

〈종목〉 테이블
③ '종목코드' 필드는 '123456'과 같은 형식으로 입력받도록 다음과 같이 입력 마스크를 설정하시오.
  ▶ 숫자 입력은 0~9까지의 숫자가 반드시 입력될 수 있도록 설정할 것
  ▶ 입력 시 데이터가 입력될 자리를 '#'으로 표시
④ '상장일' 필드에는 새 레코드 추가 시 기본적으로 오늘 날짜가 표시되도록 설정하되, 날짜만 표시하는 함수를 사용하시오.
⑤ '결산월' 필드에는 1~12까지의 값만 입력되도록 유효성 검사 규칙을 설정하시오.

2 〈종목〉 테이블의 '업종코드' 필드에 대해 다음과 같이 조회 속성을 설정하시오. (5점)

▶ 〈업종〉 테이블의 '업종코드'와 '업종명'이 콤보 상자의 형태로 표시되도록 설정할 것
▶ 필드에는 '업종코드'가 저장되도록 할 것
▶ 목록 너비를 5cm로 설정할 것
▶ 목록 값만 입력할 수 있도록 설정할 것

3 〈배당〉 테이블의 '종목코드' 필드는 〈종목〉 테이블의 '종목코드' 필드를 참조하며, 테이블 간의 관계는 M:1이다. 다음과 같이 테이블 간의 관계를 설정하시오. (5점)

※ 액세스 파일에 이미 설정되어 있는 관계는 수정하지 마시오.

▶ 테이블 간에 항상 참조 무결성이 유지되도록 설정하시오.
▶ 참조 필드의 값이 변경되면 관련 필드의 값도 변경되도록 설정하시오.
▶ 다른 테이블에서 참조하고 있는 레코드는 삭제할 수 없도록 설정하시오.

문제2 입력 및 수정 기능 구현(20점)

1 〈배당조회〉 폼을 다음의 화면과 지시사항에 따라 완성하시오. (각 3점)

① 폼의 구분선과 레코드 선택기가 표시되지 않도록 설정하시오.
② 폼이 열려 있을 경우 다른 작업을 수행할 수 없도록 관련 속성을 설정하시오.
③ 폼 머리글의 배경색을 'Access 테마 2'로 변경하시오.

2 〈배당내역〉 폼의 본문 영역에 다음과 같이 조건부 서식을 설정하시오. (6점)

▶ '배당수익률'이 0.01 이상인 경우 본문 영역의 모든 컨트롤의 배경색을 표준색 '연한 녹색'으로 설정하시오.
▶ 단, 하나의 규칙으로 작성하시오.
▶ 1번 그림 참조

3 〈배당조회〉 폼의 머리글 영역에 다음의 지시사항을 참조하여 '단추' 컨트롤을 생성하시오. (5점)

▶ 명령 단추를 클릭하면 〈업종별현황〉 보고서를 '인쇄 미리 보기'의 형태로 여는 〈인쇄〉 매크로를 생성한 후 지정하시오.
▶ 컨트롤의 이름은 'cmd인쇄'로 지정하시오.

문제3 조회 및 출력 기능 구현(20점)

1 다음의 지시사항 및 화면을 참조하여 〈업종별현황〉 보고서를 완성하시오. (각 3점)

① 동일한 '업종코드' 안에서 '종목명'이 같은 경우 '사업년도'를 기준으로 오름차순으로 정렬되어 표시되도록 설정하시오.
② 보고서 머리글의 'txt날짜' 컨트롤에 현재 날짜와 시간을 표시되도록 컨트롤 원본을 설정하고, 시스템의 시간이 다음과 같이 표시되도록 '형식' 속성을 설정하시오.
▶ 현재 시간이 17시 34분 23초이면 '오후 5:34:23'과 같이 표시

③ 본문의 '종목코드'와 '종목명' 컨트롤은 그룹 내에서 첫 번째 값만 표시되도록 설정하시오.
④ 업종코드 머리글 영역이 매 페이지마다 반복적으로 인쇄되도록 설정하시오.
⑤ 페이지 바닥글의 'txt페이지' 컨트롤에는 페이지 번호가 다음과 같이 표시되도록 '컨트롤 원본' 속성을 설정하시오.

▶ 표시 예 : 1/20페이지

2 〈배당조회〉 폼 머리글을 더블클릭하면 다음과 같은 기능을 수행하도록 이벤트 프로시저를 구현하시오. (5점)

▶ 아래와 같은 메시지 상자를 표시하고 〈예〉를 클릭하면 〈배당조회〉 폼 머리글의 'txt종목명' 컨트롤에 포커스가 이동되도록 할 것

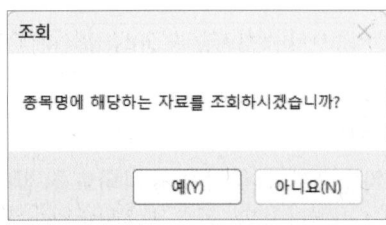

▶ GoToControl 함수 사용

문제4 　처리 기능 구현(35점)

1 〈종목〉, 〈배당〉 테이블을 이용하여 '자본금'이 많은 5개 종목을 조회하는 〈자본금상위5종목〉 쿼리를 작성하시오. (7점)

- ▶ '자본금'을 기준으로 내림차순 정렬하여 표시하시오.
- ▶ 종목은 고유 값만 표시하시오.
- ▶ 쿼리 실행 결과 표시되는 필드와 필드명은 〈그림〉과 같이 표시되도록 설정하시오.

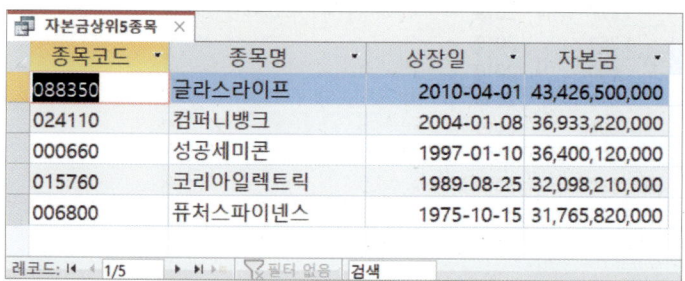

2 지역별 결산월별로 종목개수를 조회하는 〈지역별종목개수〉 크로스탭 쿼리를 작성하시오. (7점)

- ▶ 〈종목〉 테이블을 이용하시오.
- ▶ '종목개수'는 '종목코드' 필드를 이용하여 계산하되, 빈 셀에는 '*'를 표시하시오. (IIf, IsNull, Count 함수 이용)
- ▶ 지역은 '본사지역' 필드를 이용하여 첫 번째 공백 앞의 지역명을 이용하시오. (Left, InStr 함수 이용)
- ▶ 쿼리 실행 결과 표시되는 필드와 필드명은 〈그림〉과 같이 표시되도록 설정하시오.

지역	종목개수	3	6	9	11	12
강원도	4	*	*	*	*	4
경기도	119	1	*	1	*	117
경상남도	34	*	*	*	*	34
경상북도	15	1	1	*	*	13
광주광역시	7	*	*	*	*	7
대구광역시	19	*	1	*	*	18
대전광역시	8	*	*	*	*	8
부산광역시	30	*	1	*	*	29
서울특별시	324	2	1	1	*	320
세종특별자치시	2	*	*	*	*	2
울산광역시	13	*	*	*	*	13
인천광역시	23	1	1	*	*	21
전라남도	7	*	*	*	*	7
전라북도	7	*	*	*	*	7
제주특별자치도	4	*	*	*	*	4
충청남도	20	*	*	*	1	19
충청북도	14	*	*	*	*	14

3. 〈배당〉테이블을 이용하여 검색할 사업년도를 매개 변수로 입력받아 해당 년도의 주당배당금의 평균을 조회하는 〈사업년도별배당금평균〉매개변수 쿼리를 작성하시오. (7점)

▶ '주당배당금평균' 필드를 기준으로 내림차순 정렬하여 표시하시오.
▶ 쿼리 결과 표시되는 필드와 필드명, 필드의 형식은 〈그림〉과 같이 표시되도록 설정하시오.

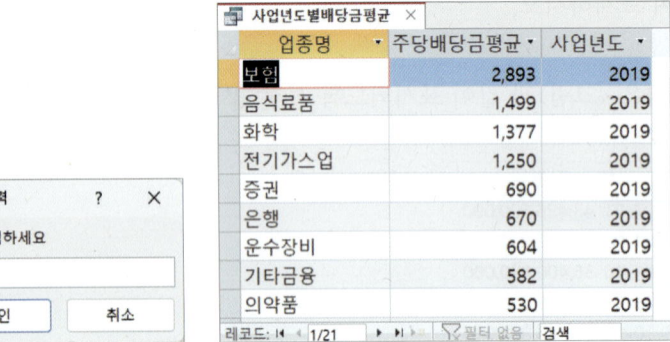

4. 〈업종〉, 〈종목〉, 〈배당〉테이블을 이용하여 업종명별 총액면가와 총배당금액합계를 조회하는 〈업종별배당금합계〉쿼리를 작성하시오. (7점)

▶ '총액면가'는 '액면가'의 합계, '총배당금액합계'는 '총배당금액'의 합계로 표시하시오.
▶ 쿼리 결과 표시되는 필드와 필드명, 필드의 형식은 〈그림〉과 같이 표시되도록 설정하시오.

5. 〈종목〉, 〈배당〉테이블을 이용하여 배당수익률이 10% 이상인 종목의 '기타' 필드의 값을 '★고배당주★'로 변경하는 〈고배당주처리〉업데이트 쿼리를 작성한 후 실행하시오. (7점)

▶ In 연산자와 하위 쿼리 사용

종목코드	종목명	업종코드	상장일	결산월	대표이사	본사지역	기타
000020	동수약품	의약품	1976-04-08	12	민유아	서울특별시 중구	
000040	경남자동차	운수장비	1976-06-09	12	강지음	경상남도 창원시	
000050	경우	유통업	1956-03-18	12	김미현	서울특별시 영등포구	
000060	메이스생명	보험	1956-07-17	12	이윤하	서울특별시 강남구	
000070	삼광홀딩스	기타금융	1969-01-11	12	최연지	서울특별시 종로구	
000080	화이트백	음식료품	2009-11-03	12	이민지	서울특별시 강남구	
000100	유일제약	의약품	1962-11-16	12	안영웅	서울특별시 동작구	
000120	일등운송	운수창고업	1956-07-17	12	김사윤	서울특별시 중구	
000140	화이트백홀딩스	기타금융	1973-10-04	12	김사랑	서울특별시 강남구	
000150	삼산	서비스업	1973-07-14	12	정아진	서울특별시 중구	★고배당주★
000180	상장기업지주	서비스업	1976-06-17	12	민유리	부산광역시 사하구	
000210	대륭	기타금융	1976-02-17	12	박서진	서울특별시 종로구	

※ 〈고배당주처리〉쿼리를 실행한 후의 〈종목〉 테이블

정답 & 해설 상시 공략 문제 02회

문제1 DB 구축

1 테이블 완성

정답

번호	테이블	필드 이름	속성 및 형식	설정 값
①	배당	배당ID	기본 키	배당ID - 일련 번호 / 종목코드 - 짧은 텍스트
②	배당	사업년도	필수	예
			인덱스	예(중복 가능)
③	종목	종목코드	입력 마스크	000000;;#
④	종목	상장일	기본값	Date()
⑤	종목	결산월	유효성 검사 규칙	Between 1 And 12

① 〈배당〉 테이블에서 마우스 오른쪽 버튼을 눌러 [디자인 보기](📐)를 클릭한다.

② '종목코드' 행 선택기에서 마우스 오른쪽 버튼을 눌러 [행 삽입](🔢)을 클릭한다.

③ **배당ID**를 입력하고 '데이터 형식'에서 '일련 번호'를 선택하고 [테이블 디자인] 탭에서 [기본 키](🔑)를 클릭한다.

④ '사업년도' 필드의 '필수'는 '예'를 선택하고, '인덱스'는 '예(중복 가능)'을 선택한 후 Ctrl+S를 누른 후 [예]를 클릭한다.

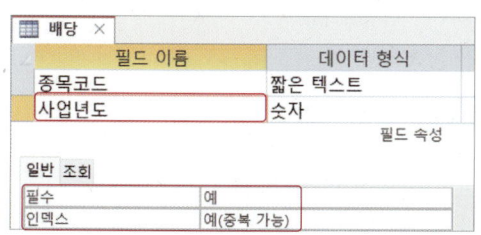

⑤ 〈종목〉 테이블에서 마우스 오른쪽 버튼을 눌러 [디자인 보기](📐)를 클릭한다.

⑥ '종목코드' 필드의 '입력 마스크'는 000000;;#을 입력한다. (0은 숫자 필수, #은 입력될 자리에 표시)

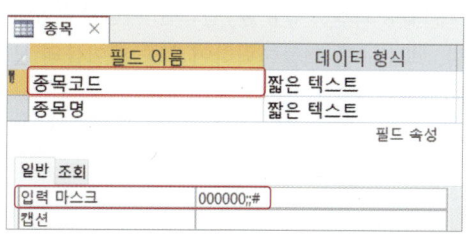

⑦ '상장일' 필드의 '기본값'은 DATE()을 입력한다.

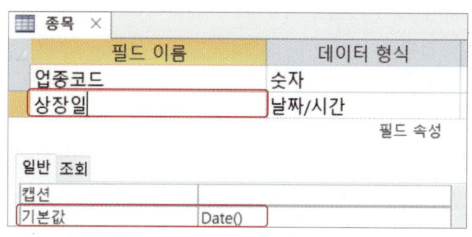

⑧ '결산월' 필드의 '유효성 검사 규칙'은 Between 1 And 12를 입력하고 Ctrl+S를 누른 후 [예]를 클릭한다.

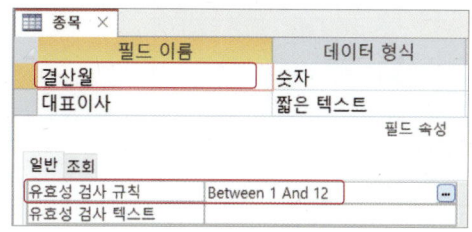

2 조회 속성

정답

일반	조회	
컨트롤 표시		콤보 상자
행 원본 유형		테이블/쿼리
행 원본		SELECT 업종.업종코드, 업종.업종명 FROM 업종;
바운드 열		1
열 개수		2
열 이름		아니요
열 너비		0cm;5cm
행 수		16
목록 너비		5cm
목록 값만 허용		예
여러 값 허용		아니요
값 목록 편집 허용		아니요
목록 항목 편집 폼		
행 원본 값만 표시		아니요

① 〈종목〉 테이블의 [디자인 보기](📐) 모드에서 '업종코드' 필드를 선택하고, 필드 속성 [조회] 탭의 '컨트롤 표시' 속성 중 '콤보 상자'를 선택한다.

② '행 원본' 속성의 [작성기](⋯)를 클릭한다.

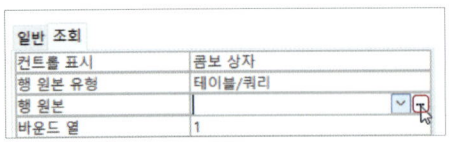

③ [테이블 추가]에서 〈업종〉 테이블을 선택하고 [추가]를 클릭한 후 [닫기]를 클릭한다.

④ 〈업종〉 테이블의 '업종코드', '업종명' 필드를 더블클릭하여 눈금에 추가한다. (또는 *를 더블클릭하여 업종 테이블의 모든 필드를 추가할 수 있다.)

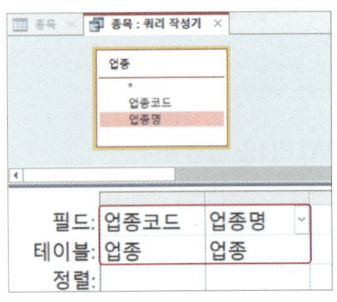

⑤ [닫기]를 클릭하면 'SQL 문의 변경 내용을 저장하고 속성을 업데이트하시겠습니까?' 메시지에서 [예]를 클릭한다.

⑥ '바운드 열', '열 개수', '열 너비', '목록 너비', '목록 값만 허용' 속성 등을 설정한다.

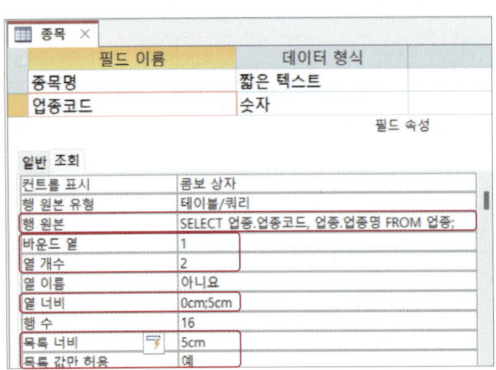

3 〈배당〉 ↔ 〈종목〉 테이블간의 관계 설정

정답

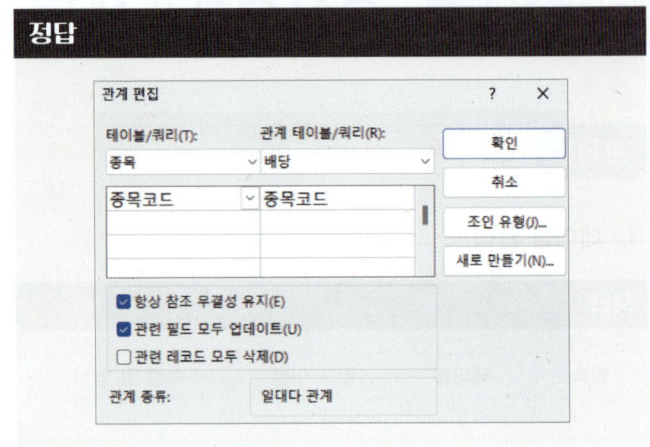

① [데이터베이스 도구]-[관계] 그룹에서 [관계](🔗)를 클릭한다.

② [관계 디자인]-[관계] 그룹에서 [테이블 추가](⊞)를 클릭한다.

③ 〈배당〉 테이블을 선택하고 [추가]를 클릭한 후 [닫기]를 클릭한다.

④ 〈종목〉, 〈배당〉 테이블의 '종목코드' 필드끼리 관계를 맺고 지시사항대로 체크한 후 [만들기]를 클릭한다.

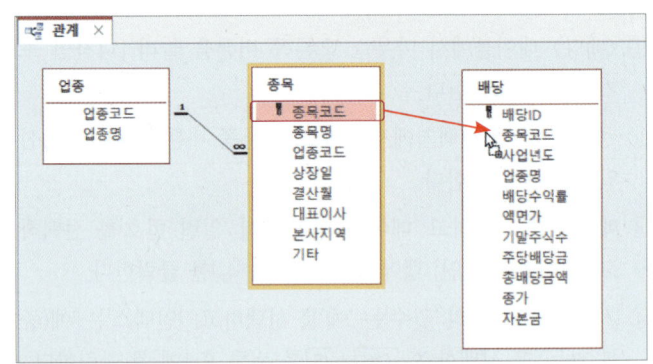

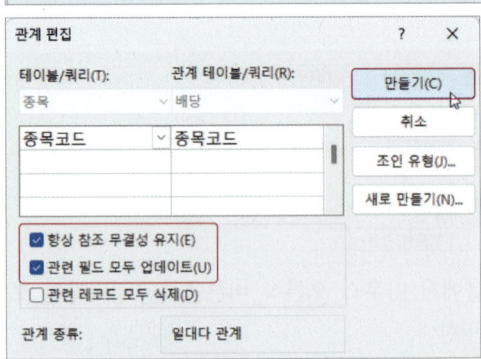

⑤ [관계 디자인] 탭의 [닫기]를 클릭하고 변경한 내용은 [예]를 눌러 저장한다.

문제2 입력 및 수정 기능 구현

1 폼 완성

정답

번호	필드 이름	필드 속성	설정 값
①	폼	구분선	아니오
		레코드 선택기	아니오
②	폼	모달	예
③	폼 머리글	배경색	Access 테마 2

① 〈배당조회〉 폼 바로 가기 메뉴에서 [디자인 보기](📐)를 클릭한다.

② 속성 시트에서 '폼' 개체를 선택하고 '구분선', '레코드 선택기' 속성을 '아니오'로 설정한다.

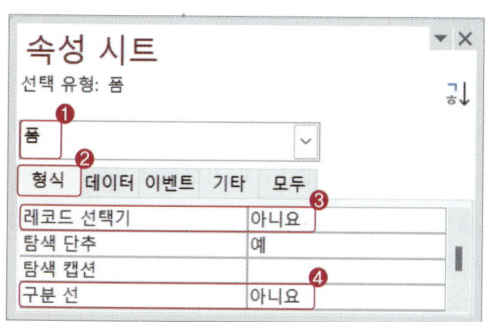

③ 속성 시트에서 '폼' 개체를 선택하고 '모달' 속성을 '예'로 설정한다.

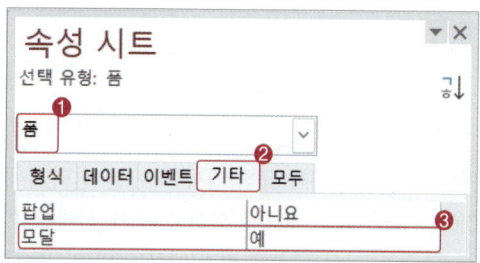

④ 속성 시트에서 '폼 머리글' 개체를 선택하고 '배경색' 속성을 'Access 테마 2'로 설정한다.

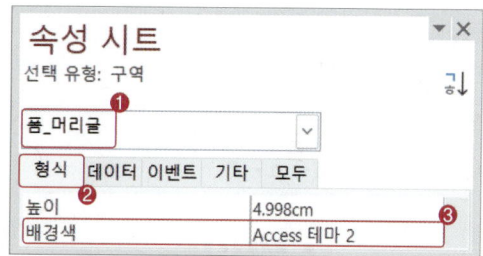

2 조건부 서식

정답

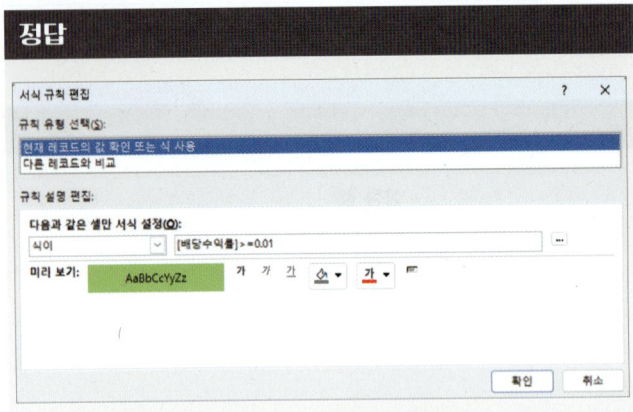

① 〈배당내역〉 폼의 [디자인 보기](N) 모드에서 '본문' 구역의 왼쪽 눈금자를 클릭하여 본문 영역의 모든 컨트롤을 선택한다.

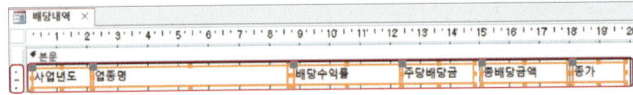

② [서식]-[컨트롤 서식] 그룹에서 [조건부 서식]을 클릭한다.

③ [새 규칙]을 클릭한 후, [새 서식 규칙]에서 '식이'를 선택, **[배당수익률]>=0.01**을 입력하고, 배경색 '연한 녹색'을 선택한 후 [확인]을 클릭, [조건부 서식 규칙 관리자]에서도 [확인]을 클릭한다.

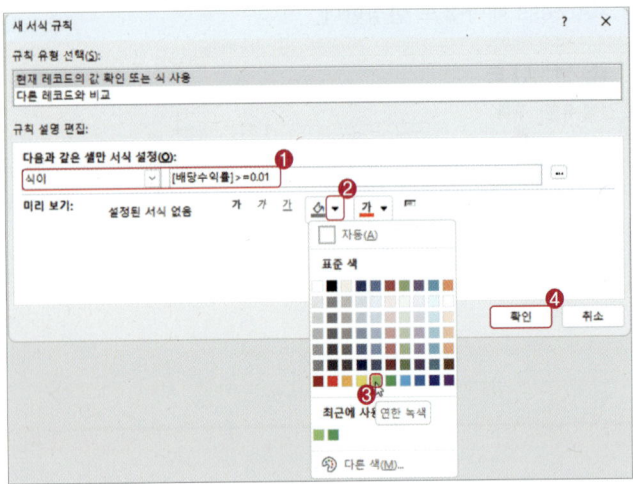

3 〈인쇄〉 매크로

정답

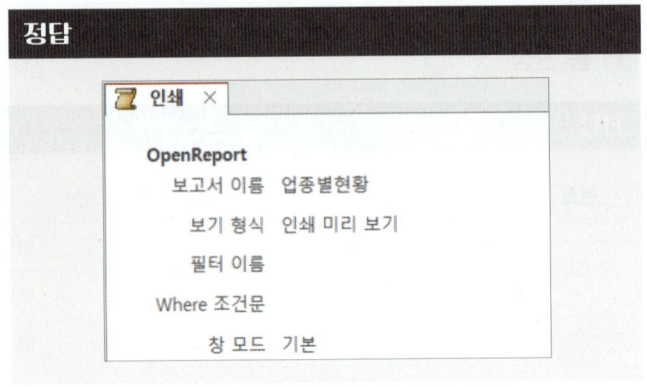

① [만들기]-[매크로 및 코드] 그룹에서 [매크로](□)를 클릭한다.

② 매크로 함수(OpenReport)를 선택한 후, 보고서 이름은 '업종별현황', 보기 형식은 '인쇄 미리 보기'를 선택한다.

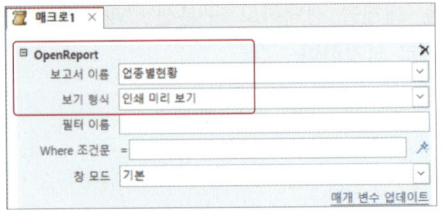

③ [저장](□)을 클릭하여 **인쇄** 매크로로 저장한다.

④ 〈배당조회〉 폼의 [디자인 보기](N) 모드에서 [양식 디자인]-[컨트롤] 그룹에서 [단추](□)를 클릭한다.

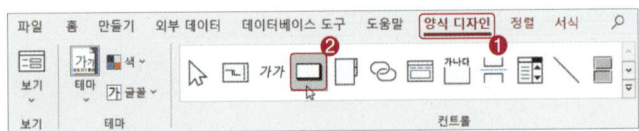

⑤ 드래그 앤 드롭하여 단추를 배치한 후 마법사 창이 나온다면 [취소]를 클릭한다.

⑥ 배치된 단추를 선택한 후, 속성 시트의 [모두] 탭의 '이름'에 **cmd인쇄**, '캡션'에 **인쇄**를 입력한다.

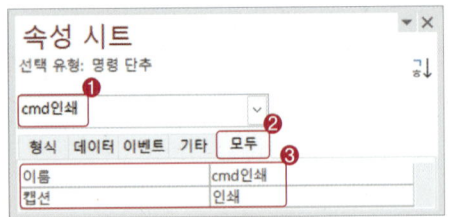

⑦ [이벤트] 탭의 'On Click'에서 '인쇄'를 선택한다.

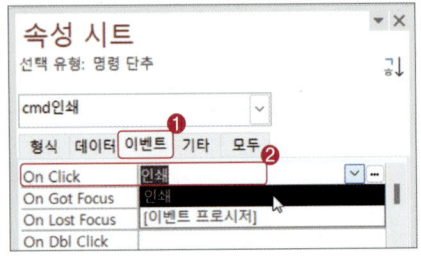

문제3 조회 및 출력 기능 구현

1 보고서 완성

정답

번호	필드 이름	필드 속성	설정 값
①	사업년도 정렬 설정		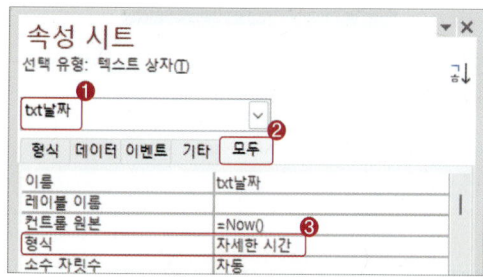
②	txt날짜	컨트롤 원본	=Now()
		형식	자세한 시간
③	종목코드, 종목명	중복 내용 숨기기	예
④	업종코드 머리글	반복 실행 구역	예
⑤	txt페이지	컨트롤 원본	=[Page] & "/" & [Pages] & "페이지"

① 〈업종별현황〉 보고서 바로 가기 메뉴에서 [디자인 보기](圖)를 클릭한 후 [보고서 디자인]-[그룹화 및 요약] 그룹에서 [그룹화 및 정렬]을 클릭한다.

② [그룹, 정렬 및 요약]에서 [정렬 추가]를 클릭한다.

③ '사업년도' 필드를 선택하고 '오름차순'으로 지정한다.

④ 'txt날짜' 컨트롤을 선택한 후 '컨트롤 원본'에 =now()를 입력하고, '형식'에서 '자세한 시간'을 선택한다.

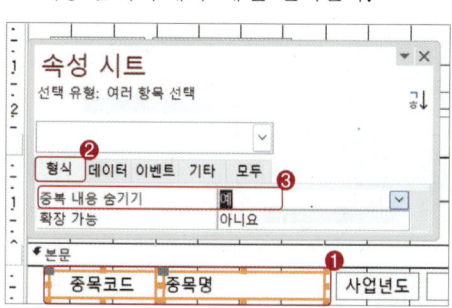

⑤ '종목코드', '종목명'을 동시에 선택한 후 속성 시트의 '중복 내용 숨기기'에서 '예'를 선택한다.

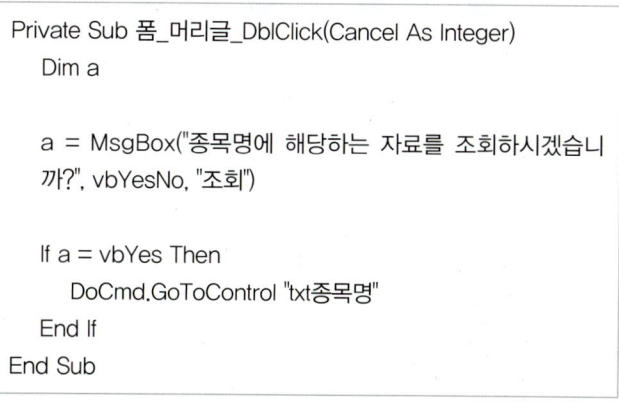

⑥ '업종코드 머리글' 영역을 클릭한 후 '반복 실행 구역'을 '예'로 설정한다.

⑦ 'txt페이지' 컨트롤을 선택한 후 =[Page] & "/" & [Pages] & "페이지"를 입력한다.

2 〈배당조회〉 폼의 이벤트 프로시저 작성

① 〈배당조회〉 폼을 [디자인 보기](圖)로 열고 [폼 머리글]의 [이벤트] 탭의 'On Dbl Click' 속성에서 [이벤트 프로시저]를 선택하고 [작성기](…)를 클릭한다.

② '폼_머리글_DblClick 프로시저'에 다음과 같이 코딩한다.

```
Private Sub 폼_머리글_DblClick(Cancel As Integer)
    Dim a

    a = MsgBox("종목명에 해당하는 자료를 조회하시겠습니까?", vbYesNo, "조회")

    If a = vbYes Then
        DoCmd.GoToControl "txt종목명"
    End If
End Sub
```

문제4 처리 기능 구현

1 〈자본금상위5종목〉 쿼리

정답

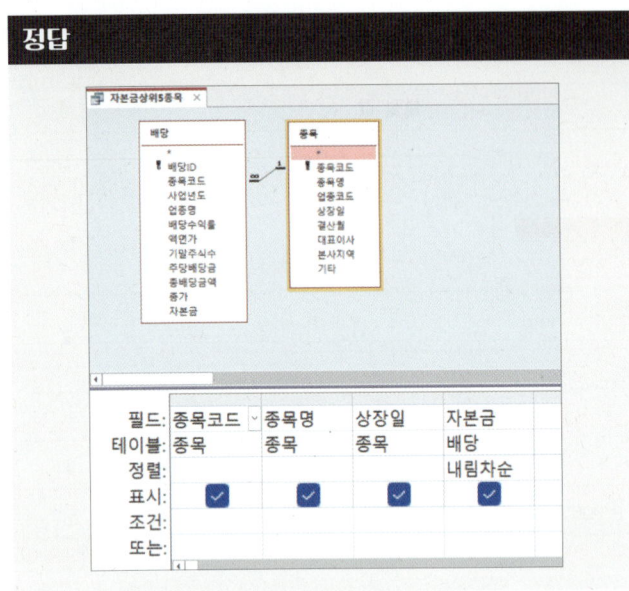

① [만들기]-[쿼리] 그룹에서 [쿼리 디자인](🔲)을 클릭한다.
② 테이블을 더블클릭하거나 [선택한 표 추가]를 누른 후 [닫기]를 클릭한다.
③ 디자인 눈금의 각 필드에 다음과 같이 드래그해서 배치한 후 '자본금'은 '내림차순'으로 지정한다.

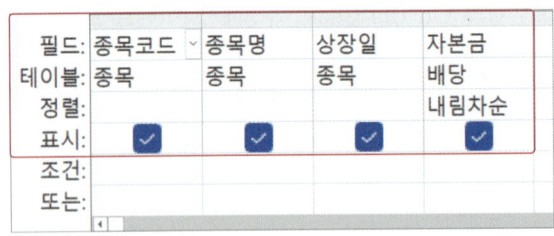

④ 쿼리 창에서 마우스 오른쪽 버튼을 눌러 [속성]을 클릭한다.

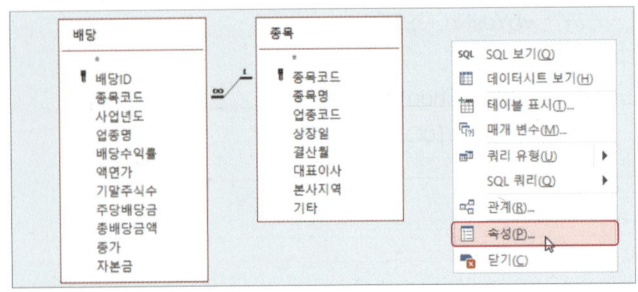

⑤ 쿼리 속성에서 '상위 값'에 5를 입력하고, '고유 값'은 '예'를 선택한다.
⑥ [저장](💾)을 클릭한 후 **자본금상위5종목**을 입력하고 [확인]을 클릭한다.

2 〈지역별종목개수〉 쿼리

정답

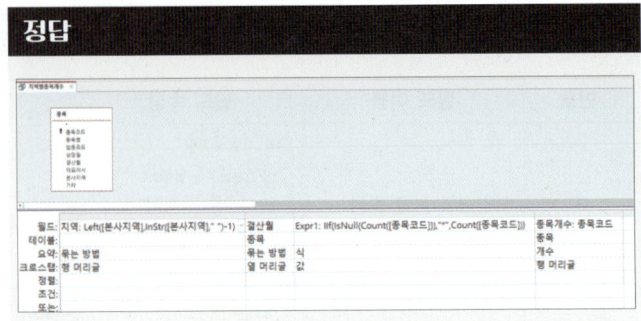

① [만들기]-[쿼리] 그룹에서 [쿼리 마법사](🔲)를 클릭한다.
② [새 쿼리]에서 '크로스탭 쿼리 마법사'를 선택하고 [확인]을 클릭한다.

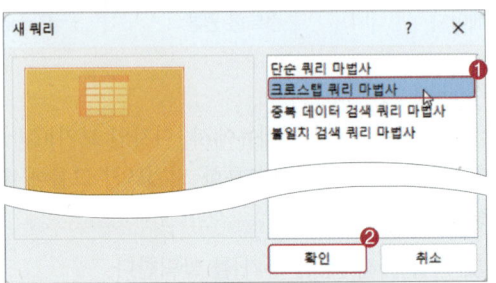

③ '테이블'에서 '종목'을 선택하고 [다음]을 클릭한다.

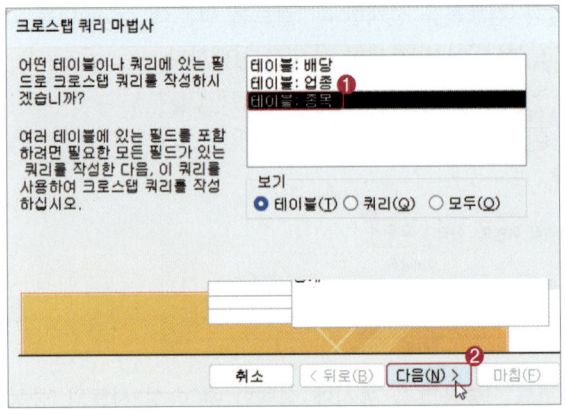

④ 행 머리글로 '본사지역'을 더블클릭한 후 [다음]을 클릭한다.

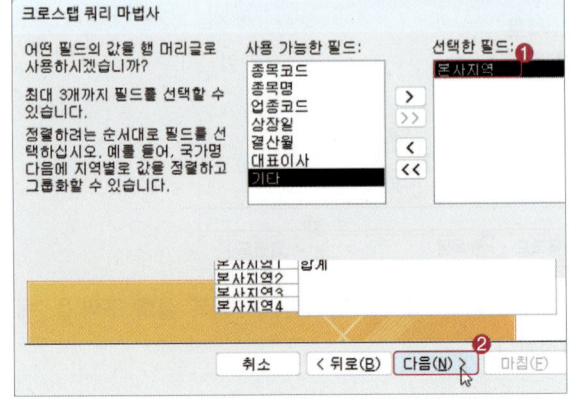

⑤ 열 머리글로 '결산월'을 선택하고 [다음]을 클릭한다.

⑥ 값에 표시할 '종목코드' 필드를 선택하고 함수는 '개수'를 선택하고 [다음]을 클릭한다.

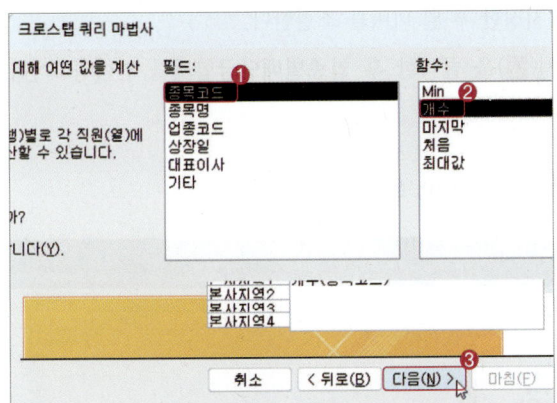

⑦ 쿼리 이름 **지역별종목개수**를 입력하고, '디자인 수정'을 선택하고 [마침]을 클릭한다.

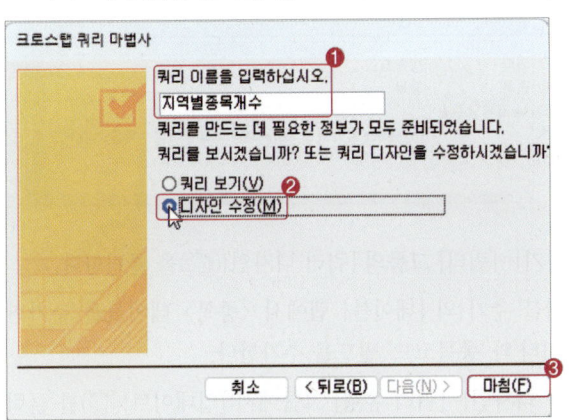

⑧ 행 머리글 '본사지역'의 필드를 **지역 : left([본사지역],instr([본사지역]," ")-1)**를 입력하고, 행 머리글 '종목코드'의 필드명은 **종목개수:**를 입력하여 수정한다.

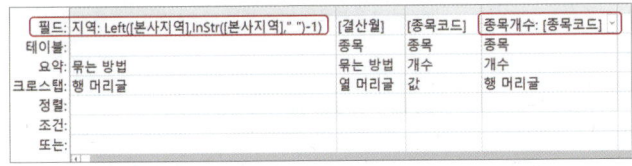

⑨ 값 '종목코드' 필드를 IIf(IsNull(Count([종목코드])),"*",Count([종목코드]))를 입력하고, 요약은 '식'으로 수정한다.

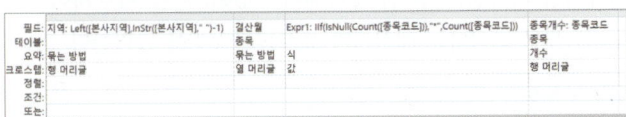

⑩ 값을 선택한 후 [속성 시트]에서 형식은 '표준'을 선택한다.

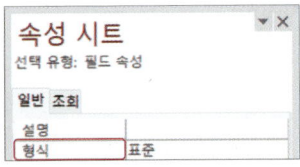

3 〈사업년도별배당금평균〉 쿼리

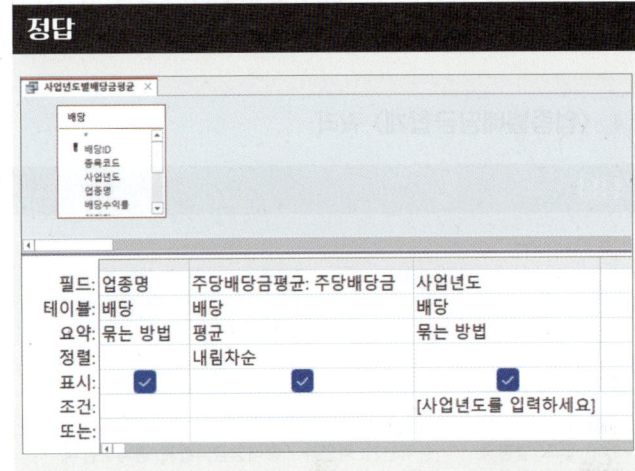

① [만들기]-[쿼리] 그룹에서 [쿼리 디자인](🖼)을 클릭한다.

② 〈배당〉 테이블을 더블클릭하거나 [선택한 표 추가]를 누른 후 [닫기]를 클릭한다.

③ 디자인 눈금의 각 필드에 다음과 같이 드래그해서 배치한다.

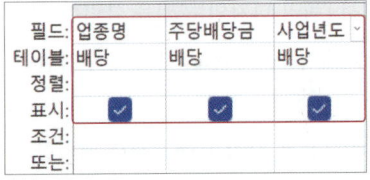

④ [쿼리 디자인] 탭의 [표시/숨기기] 그룹에서 [요약](Σ)을 클릭한 후 '주당배당금'은 '평균'으로 수정한다.

⑤ '주당배당금'은 필드명 앞에 **주당배당금평균:**을 입력하고, 정렬은 '내림차순'으로 지정하고, '사업년도' 필드의 조건에 **사업년도를 입력하세요**를 입력한다.

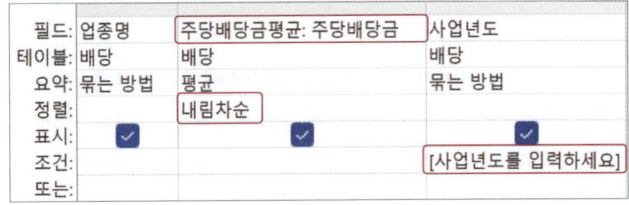

⑥ '주당배당금평균' 필드를 선택한 후 속성 시트에서 '형식'은 '표준', 소수 자릿수는 '0'으로 지정한다.

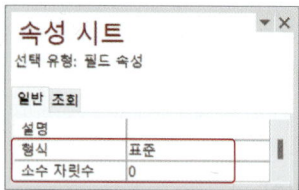

⑦ [저장](🖫)을 클릭한 후 **사업년도별배당금평균**을 입력하고 [확인]을 클릭한다.

4 〈업종별배당금합계〉 쿼리

정답

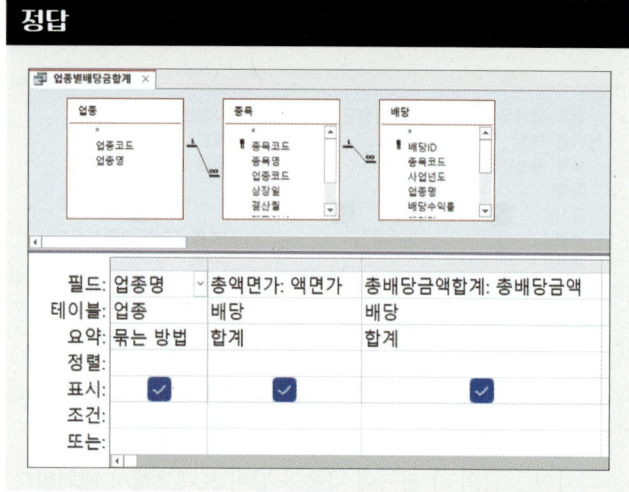

① [만들기]-[쿼리] 그룹에서 [쿼리 디자인](🖃)을 클릭한다.

② 〈업종〉, 〈종목〉, 〈배당〉 테이블을 더블클릭하여 추가한 후 [닫기]를 클릭한다.

③ 디자인 눈금의 각 필드에 다음과 같이 드래그해서 배치한다.

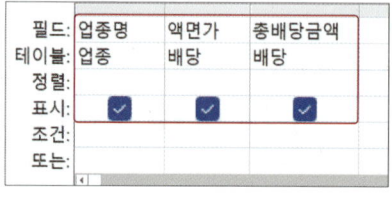

④ [쿼리 디자인] 탭의 [표시/숨기기] 그룹에서 [요약](∑)을 클릭한다.

⑤ 액면가는 **총액면가:**, 총배당금액은 **총배당금액합계:** 필드명을 입력하고, '총액면가', '총배당금액합계'는 요약을 '합계'로 수정한다.

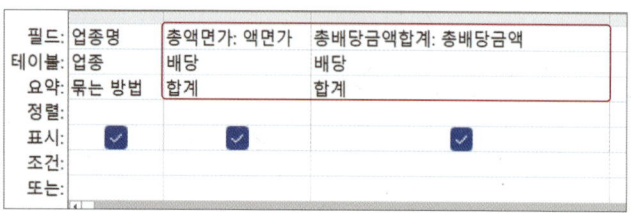

⑥ '총액면가' 필드를 선택한 후 속성 시트에서 '형식'은 '표준', 소수 자릿수는 '0'으로 지정한다.

⑦ 같은 방법으로 '총배당금액합계'도 '표준', 소수 자릿수를 '0'으로 지정한 후 열 너비를 조절한다.

⑧ [저장](🖫)을 클릭한 후 **업종별배당금합계**를 입력하고 [확인]을 클릭한다.

5 〈고배당주처리〉 쿼리

정답

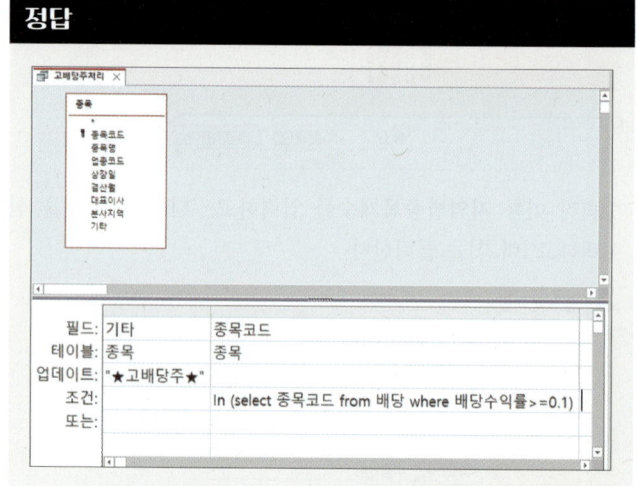

① [만들기]-[쿼리] 그룹의 [쿼리 디자인](🖃)을 클릭한다.

② [테이블 추가]의 [테이블] 탭에서 〈종목〉 테이블을 추가한 후 '기타'와 '종목코드' 필드를 추가한다.

③ [쿼리 디자인]-[쿼리 유형] 그룹에서 [업데이트](🖃)를 클릭한 후 다음과 같이 입력한다.

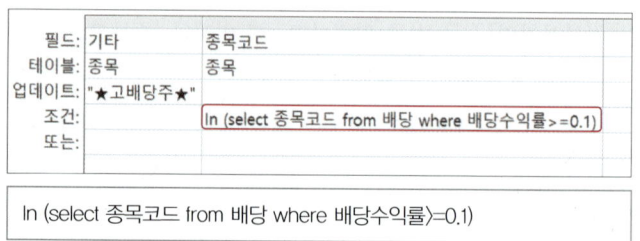

In (select 종목코드 from 배당 where 배당수익률>=0.1)

④ [저장](🖫)을 클릭하여 쿼리의 이름을 **고배당주처리**로 입력하고 [확인]을 클릭한다.

⑤ [쿼리 디자인]-[결과] 그룹에서 [실행](❗)을 클릭하여 4행을 새로 고친다는 메시지가 표시되면 [예]를 클릭한다.

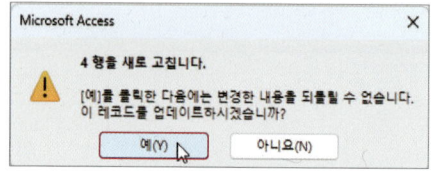

상시 공략 문제 03회

작업파일 : '26컴활1급(상시)₩데이터베이스₩상시공략문제'에서 '상시공략문제3회' 파일을 열어 작업하세요.

프로그램명	제한시간	풀이시간
ACCESS 2021	45분	분

수험번호 :

성 명 :

유의사항

- 인적 사항 누락 및 잘못 작성으로 인한 불이익은 수험자 책임으로 합니다.

- 화면에 암호 입력창이 나타나면 아래의 암호를 입력하여야 합니다.
  ○ 암호: 7646%5

- 작성된 답안은 주어진 경로 및 파일명을 변경하지 마시고 그대로 저장해야 합니다. 이를 준수하지 않으면 실격 처리됩니다.
  ○ 답안 파일명의 예: C:₩DB₩수험번호8자리.accdb

- 외부데이터 위치: C:₩DB₩파일명

- 별도의 지시사항이 없는 경우, 다음과 같이 처리 시 실격 처리됩니다.
  ○ 제시된 개체의 이름을 임의로 변경한 경우
  ○ 제시된 개체의 속성을 임의로 변경한 경우
  ○ 제시된 개체를 임의로 삭제하거나 추가한 경우

- 별도의 지시사항이 없는 경우, 기능의 구현은 모듈이나 매크로 등을 이용하며, 예외적인 상황에 대해서는 고려하지 않아도 됩니다.

- 제시된 함수가 있을 경우 제시된 함수만을 사용하여야 하며, 그 외 함수 사용시 채점 대상에서 제외됩니다.

- 별도의 지시사항이 없는 경우, 주어진 각 개체의 속성은 설정값 또는 기본 설정값 (Default)으로 처리하십시오.

- 제시된 화면은 예시이며 나타난 값은 실제와 다를 수 있습니다.

- 저장 시간은 별도로 주어지지 아니하므로 제한된 시간 내에 저장을 완료해야 합니다.

- 본 문제의 용어는 MS Office LTSC Professional Plus 2021 기준으로 작성되었습니다.

대한상공회의소

문제1 DB 구축(25점)

1 다음의 지시사항에 따라 테이블을 완성하시오. (각 3점)

① 〈수강생〉 테이블의 '수강생코드' 필드는 기본적으로 영숫자 반자로 입력되도록 설정하시오.
② 〈강좌〉 테이블의 '강좌코드'는 반드시 4자로 입력되도록 유효성 검사 규칙을 설정하시오.
③ 〈수강내역〉 테이블의 맨 끝에 '등록일' 필드를 추가한 후 날짜 데이터가 '05월 05일'과 같이 표시되도록 데이터 형식과 형식 속성을 설정하시오.
④ 〈수강내역〉 테이블의 '납부액'과 '미납액' 필드에 새 레코드 추가 시 기본적으로 0이 입력되도록 설정하시오.
⑤ 〈수강내역〉 테이블의 '비고' 필드는 255자 이하의 데이터가 입력되도록 데이터 형식을 설정하시오.

2 다음 지시사항에 따라 '수강생정보.txt' 파일을 테이블 형태로 가져오시오. (5점)

▶ 첫 번째 행은 필드의 이름이다.
▶ 필드 구분자는 쉼표(,)다.
▶ 테이블의 이름은 '추가수강생정보'로 하시오.
▶ Access의 기본 키를 추가하시오.

3 〈수강내역〉 테이블의 '강좌코드' 필드는 〈강좌〉 테이블의 '강좌코드' 필드를 참조하며, 테이블 간의 관계는 M:1이다. 다음과 같이 테이블 간의 관계를 설정하시오. (5점)

※ 액세스 파일에 이미 설정되어 있는 관계는 수정하지 마시오.

▶ 각 테이블 간에 항상 참조 무결성이 유지되도록 설정하시오.
▶ 참조 필드의 값이 변경되면 관련 필드의 값도 변경되도록 설정하시오.
▶ 다른 테이블에서 참조하고 있는 레코드는 삭제할 수 없도록 설정하시오.

문제2 입력 및 수정 기능 구현(20점)

1 〈수강관리〉 폼을 다음의 화면과 지시사항에 따라 완성하시오. (각 3점)

① 폼 머리글의 '조회(cmd조회)' 단추에는 포커스를 이동시킬 수 없도록 설정하시오.
② 폼 머리글의 'cmb강좌코드' 콤보 상자에는 〈강좌〉 테이블의 '강좌코드'를 연결하여 표시하시오.
③ 하위 폼 바닥글의 'txt개수' 컨트롤에는 전체 레코드의 개수가 다음과 같이 표시되도록 설정하시오.
  ▶ 표시 예 : 100명

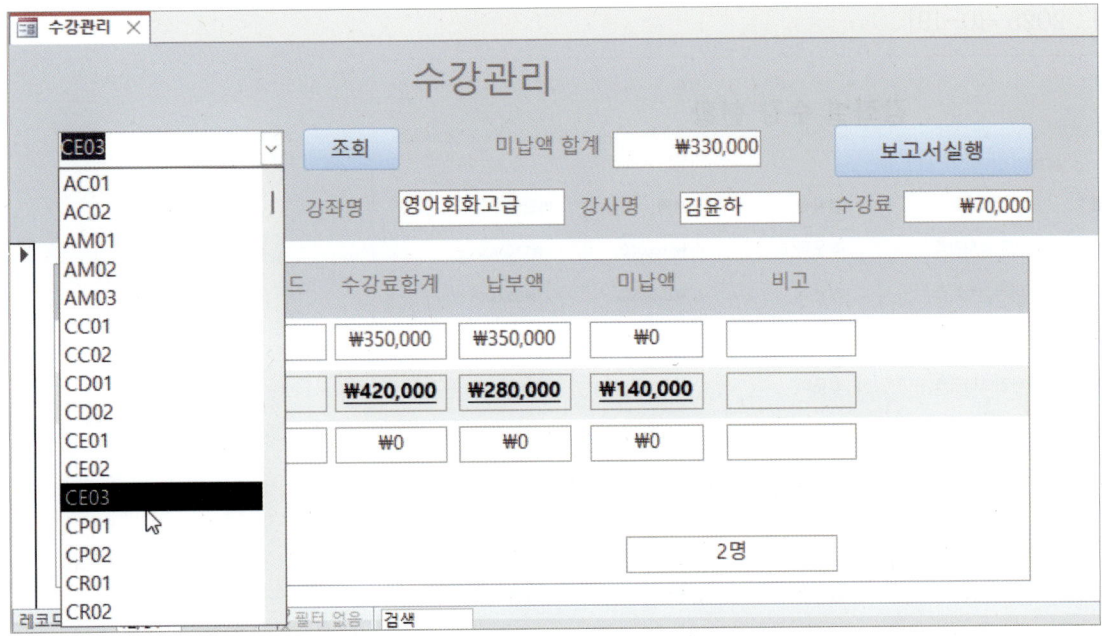

② 〈수강내역〉 폼의 본문 컨트롤에 대하여 다음과 같이 조건부 서식을 설정하시오. (6점)

▶ '강좌코드' 마지막 자리가 '3'이면서 '미납액' 필드의 값이 50,000 이상이면, 글꼴 스타일 '굵게'와 '밑줄'이 표시되도록 설정하시오.
▶ RIGHT 함수 이용
▶ 문제1 〈그림〉 참조

③ 〈수강관리〉 폼의 머리글 영역에 다음의 지시사항과 1번 문제 〈그림〉을 참조하여 '단추' 컨트롤을 생성하시오. (5점)

▶ 생성된 단추를 클릭하면 〈강좌별수강현황〉 보고서를 인쇄 미리 보기 형식으로 출력하는 〈보고서실행〉 매크로를 생성한 후 지정하시오.
▶ 컨트롤의 이름은 "cmd보고서보기"로 하고, 캡션은 "보고서실행", 글꼴 크기는 12로 설정하시오.

문제3 조회 및 출력 기능 구현(20점)

① 다음의 지시사항 및 화면을 참조하여 〈강좌별수강현황〉 보고서를 완성하시오. (각 3점)

① '보고서 머리글'의 컨트롤이 모든 페이지에 표시되도록 컨트롤을 이동한 후 보고서 머리글의 높이를 0으로 설정하시오.
② 같은 '강좌코드' 안에서는 '수강생명' 필드를 기준으로 오름차순 정렬하여 표시되도록 설정하시오.
③ '강좌코드 바닥글'의 'txt납부액합계'와 'txt미납액합계' 컨트롤에는 '납부액'과 '미납액'의 합계가 각각 표시되도록 설정하시오.
④ '본문'의 데이터는 홀수 행과 짝수 행이 서로 다른 색으로 표시되도록 '다른 배경색' 속성을 'Access 테마 1'로 설정하시오.
⑤ '페이지 바닥글' 영역의 'txt날짜' 컨트롤에는 현재 시스템의 날짜가 그림과 같이 표시되도록 '컨트롤 원본' 속성을 설정하시오.

▶ [표시 예 : 2025-10-19]

강좌별 수강 현황

강좌코드 AC01

수강생명	강좌명	강사명	납부액	미납액
김사윤	바리스타기초	최문하	₩165,000	₩110,000
민유아	바리스타기초	최문하	₩220,000	₩55,000
민지후	바리스타기초	최문하	₩275,000	₩0
서정윤	바리스타기초	최문하	₩330,000	₩55,000
최진이	바리스타기초	최문하	₩220,000	₩110,000
			1210000	330000

강좌코드 AC02

수강생명	강좌명	강사명	납부액	미납액
윤하진	바리스타중급	최문하	₩275,000	₩0
이미리	바리스타중급	최문하	₩220,000	₩55,000
장한서	바리스타중급	최문하	₩220,000	₩55,000
진하민	바리스타중급	최문하	₩220,000	₩110,000
			935000	220000

강좌코드 AM01

수강생명	강좌명	강사명	납부액	미납액
김사랑	트로트배우기1	하지민	₩350,000	₩70,000
하미정	트로트배우기1	하지민	₩140,000	₩140,000
			490000	210000

2023-10-15 　　　　　　　　　　　　　　　1 / 9 페이지

② 〈수강관리〉 폼이 로드(Load)될 때 〈수강내역〉 테이블의 강좌코드가 〈수강관리〉 폼의 '강좌코드' 컨트롤의 값과 동일한 미납액의 합계를 'txt미납액합계' 컨트롤에 표시되도록 이벤트 프로시저를 구현하시오. (5점)

▶ DSUM 함수 사용

문제4 처리 기능 구현(35점)

1 '강좌명'의 일부를 매개 변수로 입력받아 해당 강좌가 포함된 강좌의 수강료를 10% 인상된 레코드를 포함하는 테이블을 생성하는 〈수강료조정〉 쿼리를 작성하시오. (7점)

- ▶ 〈강좌〉 테이블을 이용하시오.
- ▶ 〈수강료인상〉 테이블로 생성하시오.
- ▶ 쿼리 실행 결과 표시되는 필드와 필드명은 〈그림〉과 같이 표시되도록 설정하시오.

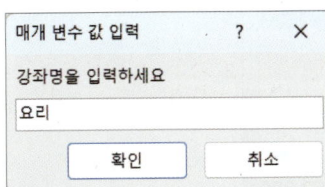
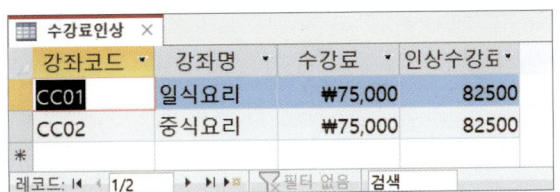

2 〈수강생〉, 〈수강내역〉 테이블을 이용하여 수강내역이 없는 수강생을 조회하는 〈미수강생〉 쿼리를 작성하시오. (7점)

- ▶ 〈수강내역〉 테이블에 없는 〈수강생〉 테이블의 '수강생코드'를 대상으로 할 것(Is Null 사용)
- ▶ 쿼리 결과로 표시되는 필드와 필드명은 〈그림〉과 같이 표시되도록 설정하시오.

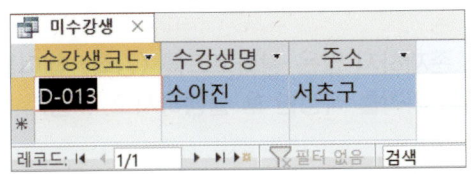

3 '수강인원수' 필드는 '수강생코드' 필드를 이용하여 수강생코드의 개수에 따라 '■'를 표시하는 〈강사별수강인원〉 쿼리를 작성하시오. (7점)

- ▶ 〈수강현황〉 쿼리를 이용하시오.
- ▶ 수강인원수 필드는 String, Count 함수 사용
- ▶ 강좌 필드는 강좌명 필드를 이용하여 왼쪽에 4글자만 표시(Left 함수 사용)
  (예 : 영어회화초급 → 영어회화)
- ▶ 쿼리 실행 결과 표시되는 필드와 필드명은 〈그림〉과 같이 표시되도록 설정하시오.

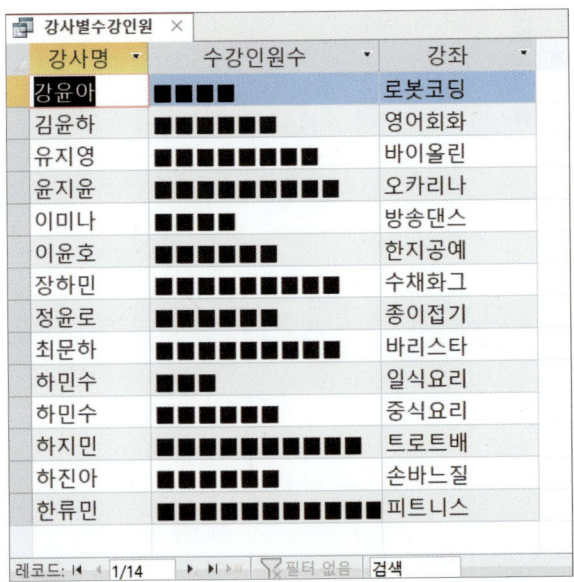

4 다음 〈화면〉을 참조하여 지역과 강사별 미납액의 합계를 구하는 크로스탭 질의를 작성하시오. (7점)

▶ 〈수강현황〉 쿼리를 이용하시오.
▶ 쿼리 이름은 '지역별미납액합계'로 하시오.
▶ 지역은 '주소' 필드에서 '구'를 제외하여 표시하시오. Replace 함수 이용
　(예 : 강남구 → 강남)

지역	미납액 합계	강윤아	김윤하	유지영	윤지윤	이미나
강남	₩220,000				₩0	
강동	₩125,000		₩0			
강북	₩208,000		₩70,000			
강서	₩205,000					
관악	₩350,000					₩0
광진	₩310,000					₩60,000
금천	₩525,000			₩50,000		
노원	₩333,000			₩80,000	₩60,000	
도봉	₩315,000			₩50,000	₩60,000	
동대문	₩0	₩0			₩0	

5 〈강좌〉, 〈수강내역〉 테이블을 이용하여 〈수강내역〉 테이블의 레코드가 존재하지 않은 강좌코드를 〈강좌〉 테이블의 '비고' 필드 값을 '★개설보류★'로 변경하는 〈강좌개설여부처리〉 업데이트 쿼리를 작성한 후 실행하시오. (7점)

▶ Not In 연산자와 하위 쿼리 사용

※ 〈강좌개설여부처리〉 쿼리를 실행한 후의 〈강좌〉 테이블

정답 & 해설 　 상시 공략 문제 03회

문제1 　 DB 구축

1 　 테이블 완성

정답

번호	테이블	필드 이름	속성 및 형식	설정 값
①	수강생	수강생코드	IME 모드	영숫자 반자
②	강좌	강좌코드	유효성 검사 규칙	Len([강좌코드])=4
③	수강내역	등록일	데이터 형식	날짜/시간
			형식	mm월 dd일
④	수강내역	납부액, 미납액	기본값	0
⑤	수강내역	비고	데이터 형식	짧은 텍스트
			필드 크기	255

① 〈수강생〉 테이블에서 마우스 오른쪽 버튼을 눌러 [디자인 보기](🔲)를 클릭한다.

② '수강생코드' 필드의 'IME 모드' 속성을 '영숫자 반자'로 설정하고 Ctrl + S 를 누른 후 [예]를 클릭한다.

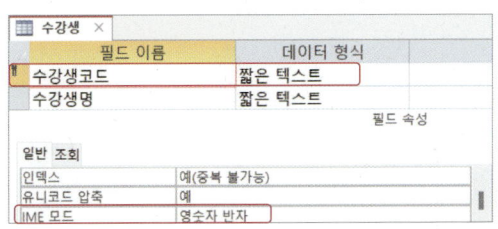

③ 〈강좌〉 테이블에서 마우스 오른쪽 버튼을 눌러 [디자인 보기](🔲)를 클릭한다.

④ '강좌코드' 필드의 '유효성 검사 규칙' 속성에 Len([강좌코드])=4를 입력하고 Ctrl + S 를 누른 후 [예]를 클릭한다.

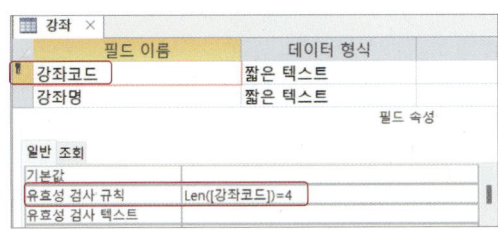

⑤ 〈수강내역〉 테이블에서 마우스 오른쪽 버튼을 눌러 [디자인 보기](🔲)를 클릭한다.

⑥ 등록일 필드 이름을 입력한 후 '데이터 형식'은 '날짜/시간'을 선택하고, '형식'에 mm월 dd일을 입력한다.

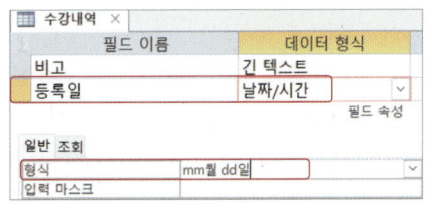

⑦ '납부액' 필드와 '미납액' 필드의 '기본값'에 0을 입력한다.

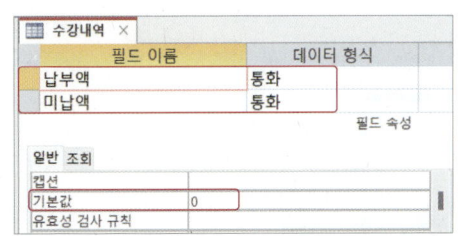

⑧ '비고' 필드의 '데이터 형식'은 '짧은 텍스트'로 설정하고, '필드 크기'는 255를 입력하고 Ctrl + S 를 누른 후 [예]를 클릭한다.

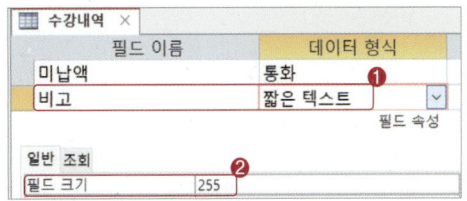

2 외부 데이터 가져오기

정답

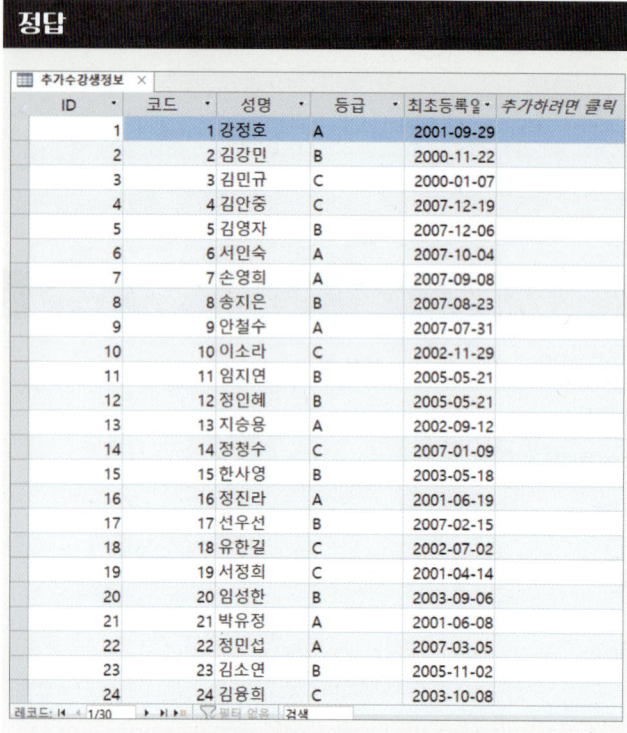

① [외부 데이터]-[가져오기 및 연결] 그룹에서 [새 데이터 원본]-[파일에서]-[텍스트 파일]을 클릭한다.

② [찾아보기]를 클릭하여 '수강생정보.txt' 파일을 찾은 후 [열기]를 클릭한다.

③ '현재 데이터베이스의 새 테이블로 원본 데이터 가져오기'를 지정하고 [확인]을 클릭한다.

④ [고급]을 클릭하여 '코드 페이지'에서 '유니코드(UTF-8)'을 선택하고 [확인]을 클릭한 후 [다음]을 클릭한다.

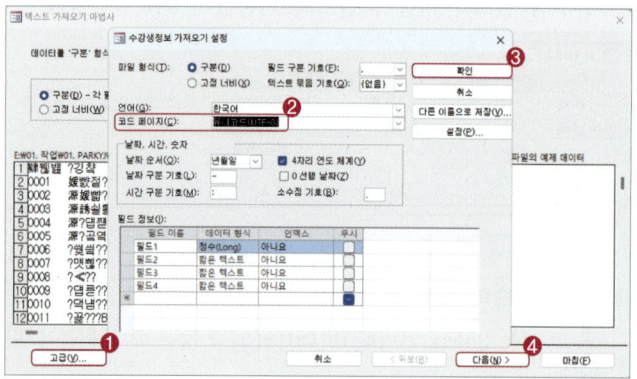

⑤ '첫 행에 필드 이름 포함'을 체크하고, '쉼표'를 선택하고 [다음]을 클릭하고 다시 [다음]을 클릭한다.

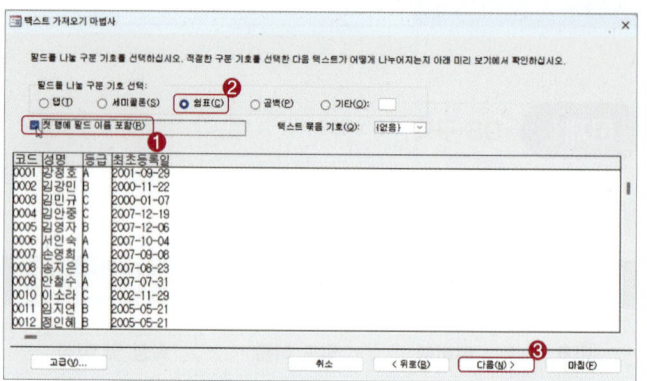

⑥ 'Access에서 기본 키 추가'를 선택하고 [다음]을 클릭한다.

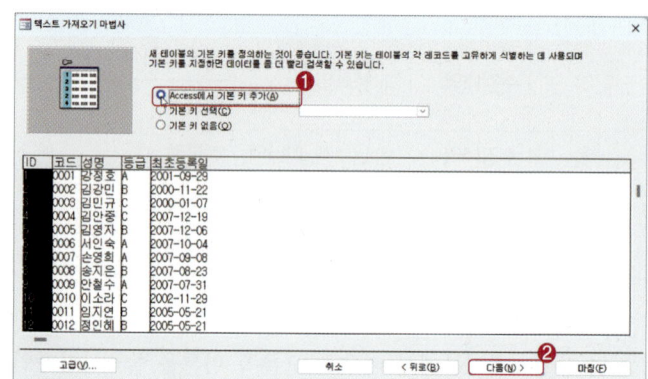

⑦ **추가수강생정보** 테이블 이름을 입력하고 [마침]을 클릭한 후 [닫기]를 클릭한다.

3 〈수강내역〉 ↔ 〈강좌〉 테이블간의 관계 설정

정답

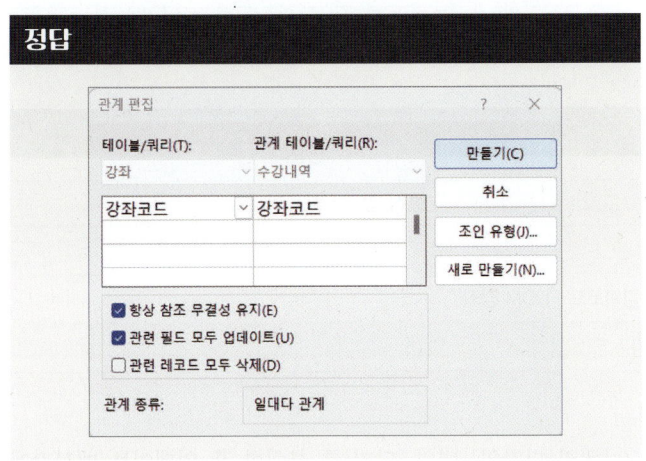

① [데이터베이스 도구]-[관계] 그룹에서 [관계](🗃)를 클릭한다.
② [관계 디자인]-[관계] 그룹에서 [테이블 추가](📋)를 클릭한다.
③ 〈강좌〉 테이블을 더블클릭하여 추가한 후 [닫기]를 클릭한다.
④ 〈강좌〉, 〈수강내역〉 테이블의 '강좌코드' 필드끼리 관계를 맺고 지시사항대로 체크한 후 [만들기]를 클릭한다.

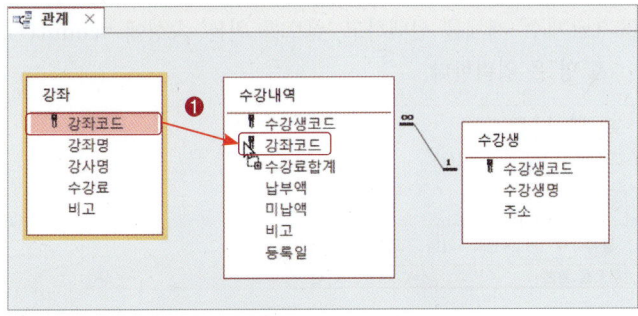

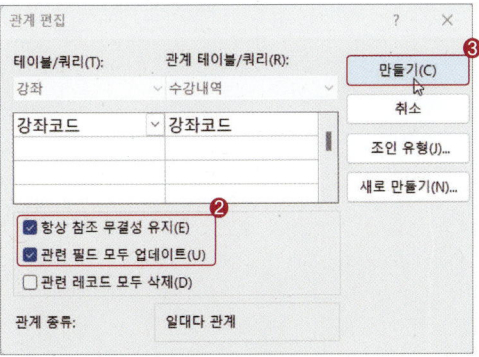

⑤ [관계 디자인] 탭의 [닫기]를 클릭하고 변경한 내용은 [예]를 눌러 저장한다.

문제2 입력 및 수정 기능 구현

1 폼 완성

정답

번호	필드 이름	필드 속성	설정 값
①	cmd조회	탭 정지	아니오
②	cmb강좌코드	행 원본	SELECT 강좌.강좌코드 FROM 강좌;
③	하위 폼 'txt개수'	컨트롤 원본	=Count(*) & "명"

① 〈수강관리〉 폼 바로 가기 메뉴에서 [디자인 보기](📐)를 클릭한다.

② 'cmd조회' 개체를 선택하고 '탭 정지' 속성을 '아니요'로 설정한다.

③ 'cmb강좌코드' 개체를 선택하고 '행 원본' 속성에서 [작성기](...)를 클릭하여 〈강좌〉 테이블을 추가하고 [닫기]를 클릭한 후 '강좌코드' 필드를 추가한다.

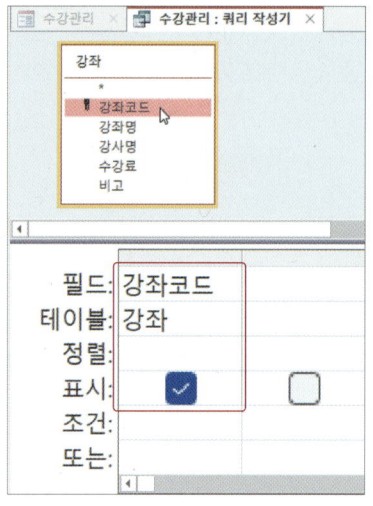

④ [쿼리 디자인] 탭의 [닫기]를 클릭한 후 업데이트 메시지에서 [예]를 클릭하면 'SELECT 강좌.강좌코드 FROM 강좌;'로 '행 원본'에 표시된다.

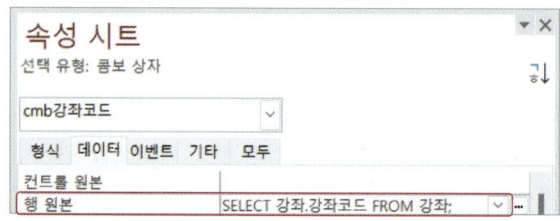

⑤ 'txt개수' 개체를 선택하고 '컨트롤 원본' 속성에 **=count(*) &"명"**을 입력한다.

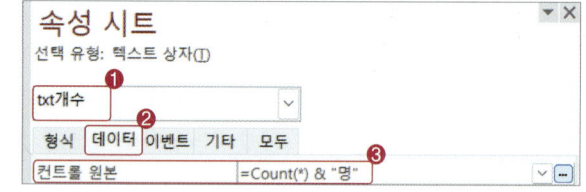

2 조건부 서식

정답

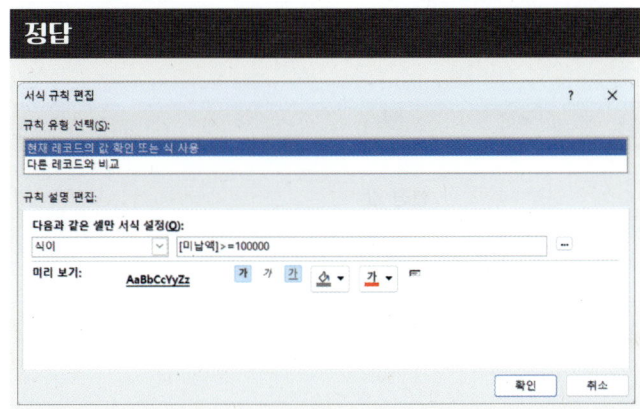

① 〈수강내역〉 폼에서 마우스 오른쪽 버튼을 눌러 [디자인 보기](📐)를 클릭하고, '본문' 구역의 왼쪽 눈금자를 클릭하여 본문 영역의 모든 컨트롤을 선택한다.

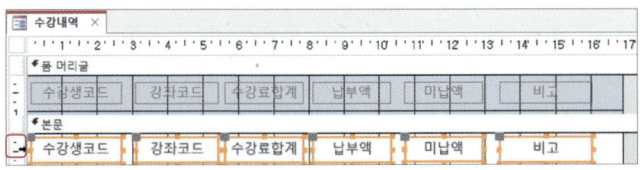

② [서식]-[컨트롤 서식] 그룹에서 [조건부 서식]을 클릭한다.

③ [새 규칙]을 클릭한 후, [새 서식 규칙]에서 '식이'를 선택, (Right([강좌코드],1)="3")*([미납액]>=50000)을 입력하고, '굵게', '밑줄'을 선택한 후 [확인]을 클릭, [조건부 서식 규칙 관리자]에서도 [확인]을 클릭한다.

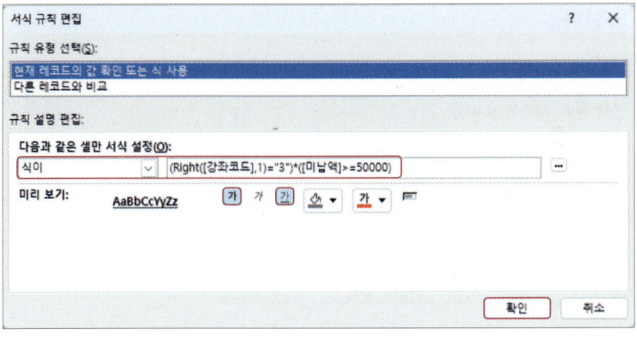

3 'cmd보고서보기' 생성 〈보고서실행〉 매크로 생성 후 지정

정답

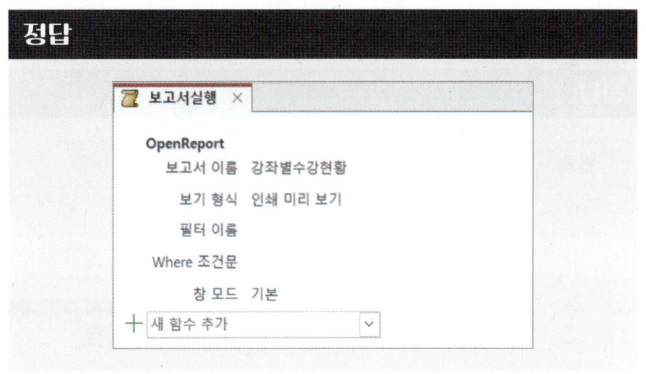

① [만들기]-[매크로 및 코드] 그룹에서 [매크로]를 클릭한다.

② 매크로 함수(OpenReport)를 선택한 후, 보고서 이름은 '강좌별수강현황', 보기 형식은 '인쇄 미리 보기'를 선택한다.

③ [저장](💾)을 클릭하여 매크로 이름에 **보고서실행**을 입력하고 [확인]을 클릭한다.

④ 〈수강관리〉 폼의 [디자인 보기](📐) 모드에서 [양식 디자인]-[컨트롤] 그룹에서 [단추](□)를 클릭한다.

⑤ 드래그 앤 드롭하여 단추를 배치한 후 마법사 창이 나온다면 [취소]를 클릭한다.

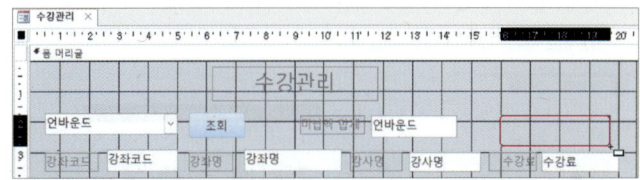

⑥ 배치된 단추를 선택한 후 [속성 시트]에서 '이름'에 cmd보고서보기, '캡션'에 보고서실행을 입력한다.

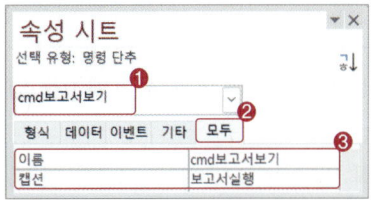

⑦ [모두] 탭의 '글꼴 크기'에 12를 입력한다.

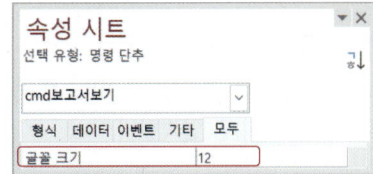

⑧ [이벤트] 탭의 'On Click'에서 '보고서실행'을 선택한다.

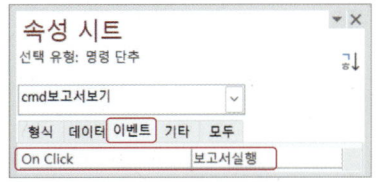

문제3 조회 및 출력 기능 구현

1 보고서 완성

정답

번호	필드 이름	필드 속성	설정 값
①	보고서 머리글	높이	0
②	수강생 정렬 설정		(그룹, 정렬 및 요약: 그룹화 기준 강좌코드, 정렬 기준 수강생명 오름차순)
③	txt납부액합계	컨트롤 원본	=SUM([납부액])
	txt미납액합계	컨트롤 원본	=SUM([미납액])
④	본문	다른 배경색	Access 테마 1
⑤	txt날짜	컨트롤 원본	=DATE()
		형식	간단한 날짜

① 〈강좌별수강현황〉 보고서 바로 가기 메뉴에서 [디자인 보기](🗒)를 클릭한다.

② '보고서 머리글'에 있는 제목 레이블을 드래그하여 '페이지 머리글'로 이동한다.

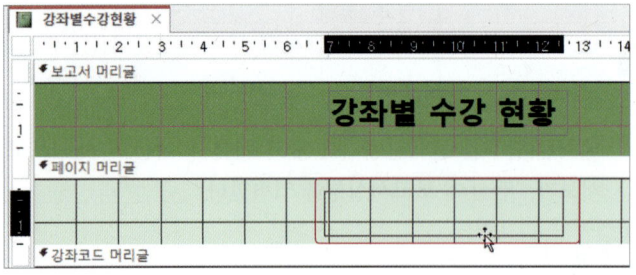

③ 보고서 머리글을 선택한 후 속성 시트에서 '높이'에 0을 입력한다.

④ [보고서 디자인]-[그룹화 및 요약] 그룹에서 [그룹화 및 정렬]을 클릭하여 [그룹, 정렬 및 요약]에서 [정렬 추가]를 클릭한다.

⑤ '수강생명' 필드를 선택하고 '오름차순'으로 지정한다.

⑥ [속성 시트]에서 'txt납부액합계'를 선택하고, [데이터] 탭의 '컨트롤 원본' 속성에 =Sum([납부액])을 입력한다.

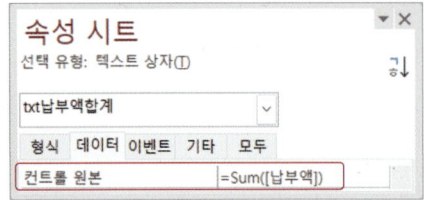

⑦ 'txt미납액합계'를 선택하고, [데이터] 탭의 '컨트롤 원본' 속성에 =Sum([미납액])을 입력한다.

⑧ 본문을 선택한 후 속성 시트에서 [형식] 탭의 '다른 배경색'을 Access 테마 1을 선택한다.

⑨ 속성 시트에서 'txt날짜'를 선택하고, '컨트롤 원본' 속성에 =DATE( )을 입력하고, '형식' 속성에 '간단한 날짜'를 선택한다.

2 〈수강관리〉 폼의 이벤트 프로시저 작성

① 〈수강관리〉 폼을 [디자인 보기](🗒)로 열고 [폼 속성 시트]의 [이벤트] 탭의 'On Load' 속성에서 [이벤트 프로시저]를 선택하고 [작성기](…)를 클릭한다.

② 'Form_Load()'에 다음과 같이 코딩한다.

```
Private Sub Form_Load()
    txt미납액합계 = DSum("미납액", "수강내역", "강좌코드 = '" & 강좌코드 & "'")
End Sub
```

문제4 처리 기능 구현

1 〈수강료조정〉 쿼리

정답

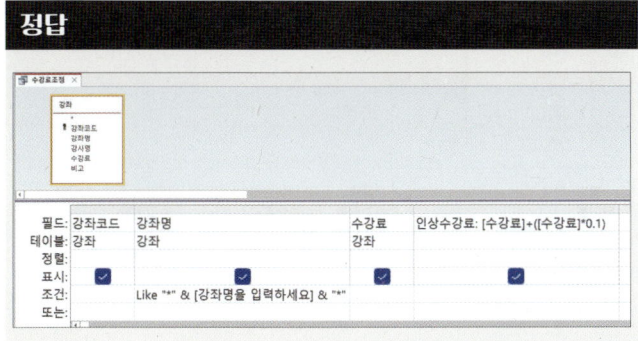

① [만들기]-[쿼리] 그룹에서 [쿼리 디자인](🔲)을 클릭한다.
② 〈강좌〉 테이블을 더블클릭하여 추가한 후 [닫기]를 클릭한다.
③ 디자인 눈금의 각 필드에 다음과 같이 드래그해서 배치한다.

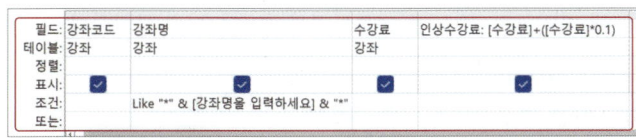

강좌명은 매개변수를 통해 입력받는 값이 일부만 입력해도 검색하기 위해서 Like "*" & [강좌명을 입력하세요] & "*" 으로 입력한다.

④ [쿼리 디자인]-[쿼리 유형] 그룹의 [테이블 만들기](🔲)를 클릭한다.
⑤ [테이블 만들기]에서 **수강료인상**을 입력하고 [확인]을 클릭한다.

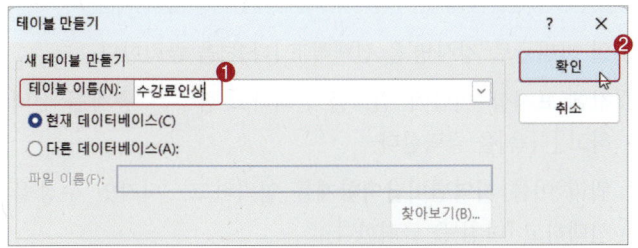

⑥ [저장](💾)을 클릭한 후 **수강료조정**을 입력하고 [확인]을 클릭한다.

2 〈미수강생〉 쿼리

정답

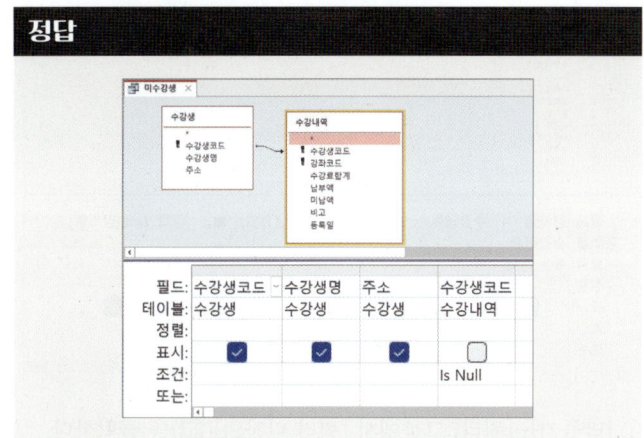

① [만들기] 탭의 [쿼리] 그룹에서 [쿼리 마법사](🔲)를 클릭한다.
② [새 쿼리]에서 '불일치 검색 쿼리 마법사'를 선택하고 [확인]을 클릭한다.
③ [1단계]에서 수강생 정보가 있는 '테이블 : 수강생'을 선택한 후 [다음]을 클릭한다.
④ [2단계]에서 수강내역이 있는 '테이블 : 수강내역'을 선택한 후 [다음]을 클릭한다.
⑤ [3단계]에서 두 테이블 간 일치하는 필드를 선택한 후 〈수강생코드〉 필드를 선택한 후 [다음]을 클릭한다.

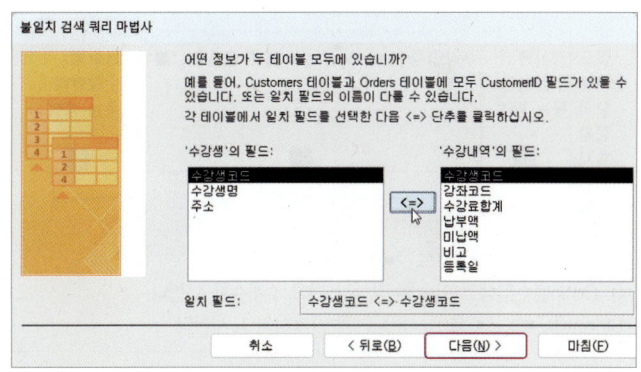

⑥ [4단계]에서 표시할 필드를 선택한 후 [다음]을 클릭한다.

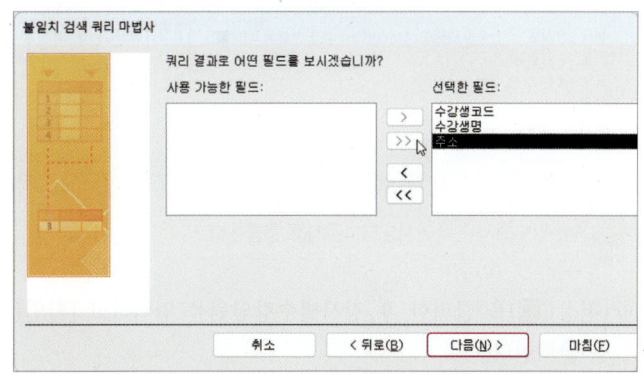

⑦ [5단계]에서 **미수강생**을 입력한 후 [마침]을 클릭한다.

3 〈강사별수강인원〉 쿼리

정답

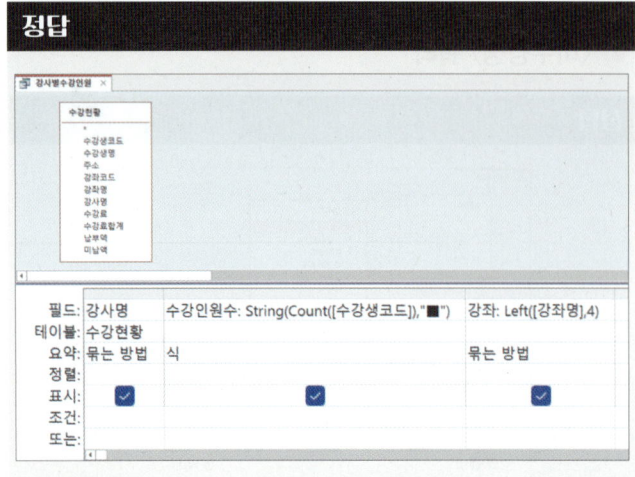

① [만들기]-[쿼리] 그룹에서 [쿼리 디자인](📋)을 클릭한다.
② 〈수강현황〉 쿼리를 더블클릭하여 추가한 후 [닫기]를 클릭한다.
③ 디자인 눈금의 각 필드에 다음과 같이 드래그해서 배치한다.

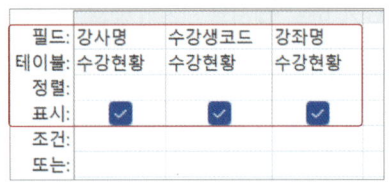

④ '수강생코드' 필드는 **수강인원수: String(Count([수강생코드]),"■")**로 수정하고, [요약]을 클릭하여 '식'을 선택한다.

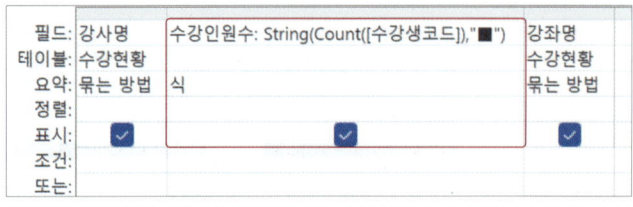

String(Count([수강생코드]),"■")
① Count([수강생코드]) : [수강생코드]에서 개수를 구한다.
String(①,"■") : '■'를 ① 개수 만큼 반복하여 표시한다.

⑤ '강좌명' 필드는 **강좌: Left([강좌명],4)**으로 수정한다.

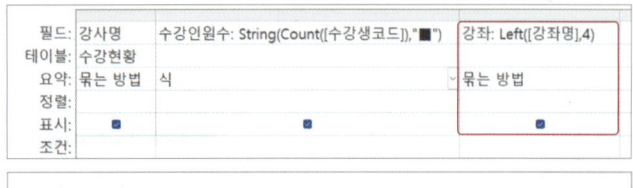

Left([강좌명],4)
[강좌명] 필드에서 왼쪽에서부터 4글자를 추출한다.

⑥ [저장](💾)을 클릭한 후 **강사별수강인원**을 입력하고 [확인]을 클릭한다.

4 〈지역별미납액합계〉 쿼리

정답

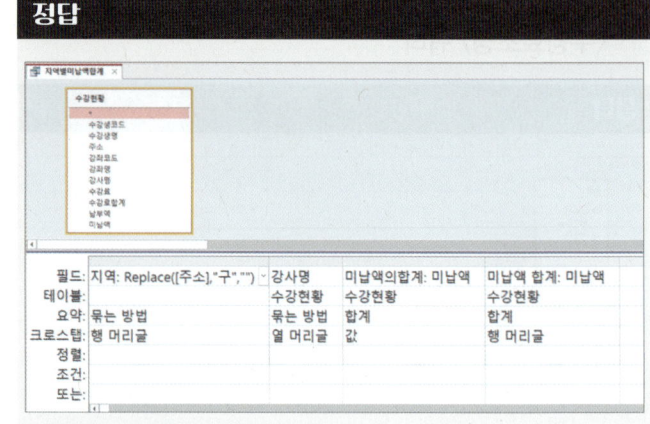

① [만들기]-[쿼리] 그룹에서 [쿼리 마법사](📋)를 클릭한다.
② [새 쿼리]에서 '크로스탭 쿼리 마법사'를 선택하고 [확인]을 클릭한다.
③ '쿼리'에서 '수강현황'을 선택하고 [다음]을 클릭한다.
④ 행 머리글로 '주소'를 더블클릭한 후 [다음]을 클릭한다.

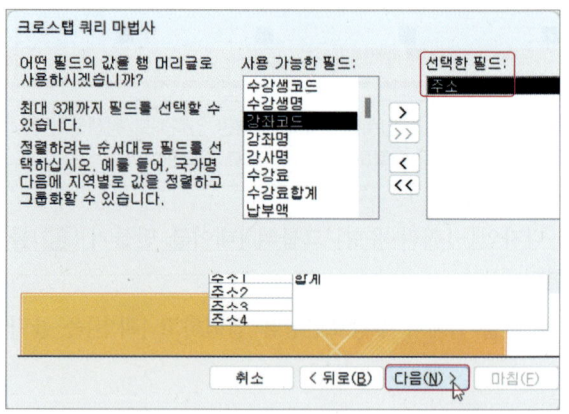

⑤ 열 머리글로 '강사명'을 선택하고 [다음]을 클릭한다.
⑥ 값에 표시할 '미납액' 필드를 선택하고 함수는 '총계'를 선택하고 [다음]을 클릭한다.
⑦ 쿼리 이름 **지역별미납액합계**를 입력하고, '디자인 수정'을 선택하고 [마침]을 클릭한다.
⑧ '지역' 필드는 **지역: Replace([주소],"구","")**로 수정하고, 미납액의 행 머리글도 **미납액 합계**로 수정한다.

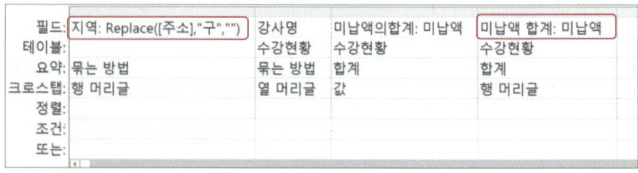

Replace([주소],"구","")
[주소] 필드에서 '구'를 찾아 공백으로 바꾼다. 결과는 '구'를 찾아 지우는 효과가 있다.

5 〈강좌개설여부처리〉 쿼리

정답

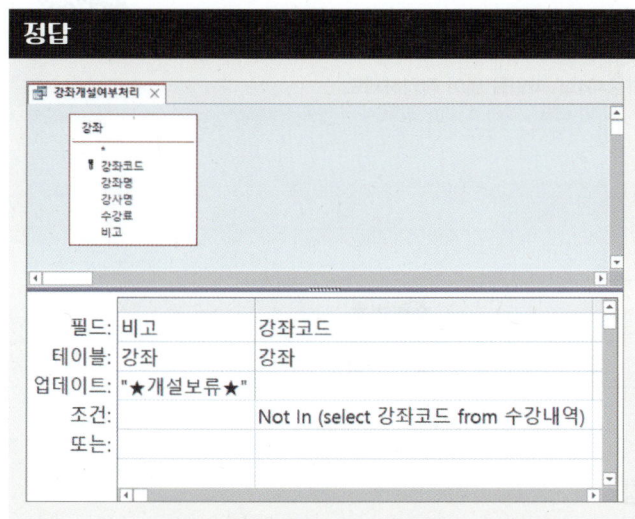

① [만들기]-[쿼리] 그룹의 [쿼리 디자인](🔲)을 클릭한다.

② [테이블 추가]의 [테이블] 탭에서 〈강좌〉 테이블을 더블클릭하여 추가한 후 '비고'와 '강좌코드' 필드를 추가한다.

③ [쿼리 디자인]-[쿼리 유형] 그룹에서 [업데이트](🔲)를 클릭한 후 다음과 같이 입력한다.

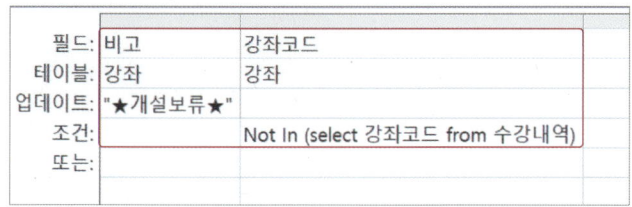

④ [저장](🔲)을 클릭하여 쿼리의 이름을 **강좌개설여부처리**로 입력하고 [확인]을 클릭한다.

⑤ [쿼리 디자인]-[결과] 그룹에서 [실행](❗)을 클릭하면 2행을 새로 고친다는 메시지가 표시되면 [예]를 클릭한다.

상시 공략 문제 04회

작업파일: '26컴활1급(상시)₩데이터베이스₩상시공략문제'에서 '상시공략문제4회' 파일을 열어 작업하세요.

프로그램명	제한시간	풀이시간
ACCESS 2021	45분	분

수험번호 : _____

성   명 : _____

유의사항

- 인적 사항 누락 및 잘못 작성으로 인한 불이익은 수험자 책임으로 합니다.

- 화면에 암호 입력창이 나타나면 아래의 암호를 입력하여야 합니다.
  ○ 암호: 7646%5

- 작성된 답안은 주어진 경로 및 파일명을 변경하지 마시고 그대로 저장해야 합니다. 이를 준수하지 않으면 실격 처리됩니다.
  ○ 답안 파일명의 예: C:₩DB₩수험번호8자리.accdb

- 외부데이터 위치: C:₩DB₩파일명

- 별도의 지시사항이 없는 경우, 다음과 같이 처리 시 실격 처리됩니다.
  ○ 제시된 개체의 이름을 임의로 변경한 경우
  ○ 제시된 개체의 속성을 임의로 변경한 경우
  ○ 제시된 개체를 임의로 삭제하거나 추가한 경우

- 별도의 지시사항이 없는 경우, 기능의 구현은 모듈이나 매크로 등을 이용하며, 예외적인 상황에 대해서는 고려하지 않아도 됩니다.

- 제시된 함수가 있을 경우 제시된 함수만을 사용하여야 하며, 그 외 함수 사용시 채점 대상에서 제외됩니다.

- 별도의 지시사항이 없는 경우, 주어진 각 개체의 속성은 설정값 또는 기본 설정값 (Default)으로 처리하십시오.

- 제시된 화면은 예시이며 나타난 값은 실제와 다를 수 있습니다.

- 저장 시간은 별도로 주어지지 아니하므로 제한된 시간 내에 저장을 완료해야 합니다.

- 본 문제의 용어는 MS Office LTSC Professional Plus 2021 기준으로 작성되었습니다.

대 한 상 공 회 의 소

문제1 DB 구축(25점)

1 다음의 지시사항에 따라 테이블을 완성하시오. (각 3점)

① 〈고객〉 테이블의 '회원명' 필드에는 값이 반드시 입력되도록 설정하고 빈 문자열은 허용하지 않도록 설정하시오.
② 〈고객〉 테이블의 '휴대폰' 필드에는 '010-****-****'과 같은 형식으로 표시하되, "010" 문자열, 8자리 숫자, '-' 2자리가 반드시 입력되도록 입력 마스크를 설정하시오.
  ▶ 숫자 입력 자리에는 0~9까지의 숫자만 입력할 수 있도록 설정할 것
  ▶ 자료 입력 시 화면에는 '*'를 표시하고 '-' 기호도 함께 테이블에 저장되도록 설정할 것
③ 〈상품〉 테이블의 '단가' 필드의 데이터 형식을 '통화'로 지정하고, 소수점 1자리까지 표시되도록 설정하시오.
④ 〈상품〉 테이블의 '용량(개월)' 필드에는 1, 2, 3 만 입력되도록 설정하시오.
⑤ 〈주문〉 테이블의 '주문일' 필드에는 오늘 날짜만 입력되는 함수를 사용하여 기본적으로 오늘 날짜가 입력되도록 설정하시오.

2 〈주문〉 테이블의 '회원번호' 필드에 대해서 다음과 같이 조회 속성을 설정하시오. (5점)

▶ 〈고객〉 테이블의 모든 필드를 콤보 상자 형태로 표시할 것
▶ 필드에는 '회원번호'가 저장되도록 설정할 것
▶ 열 개수는 5개, 행 수는 1개로 설정할 것
▶ 열 너비를 모두 3cm로 설정하고 목록 너비를 15cm로 설정할 것
▶ 목록 값만 입력할 수 있도록 설정할 것

3 〈주문〉 테이블의 '상품코드' 필드는 〈상품〉 테이블의 '상품코드' 필드를 참조하며, 테이블 간의 관계는 M:1이다. 다음과 같이 테이블 간의 관계를 설정하시오. (5점)

※ 액세스 파일에 이미 설정되어 있는 관계는 수정하지 마시오.

▶ 각 테이블 간에 항상 참조 무결성이 유지되도록 설정하시오.
▶ 참조 필드의 값이 변경되면 관련 필드의 값도 변경되도록 설정하시오.
▶ 다른 테이블에서 참조하고 있는 레코드는 삭제할 수 없도록 설정하시오.

문제2 입력 및 수정 기능 구현(20점)

1 〈주문정보〉 폼을 다음의 화면과 지시사항에 따라 완성하시오. (각 3점)

① 폼 머리글에 "주문정보"란 제목이 표시되도록 레이블 컨트롤을 추가하시오.
▶ 이름 : LBL제목
▶ 글꼴 이름 : 굴림체, 글꼴 크기 : 20, 문자색 : Access 테마 10

② 폼 머리글에 '주문목록.PNG' 그림 컨트롤을 삽입한 후 이름은 'img주문목록', 그림 유형은 '포함', 너비 '3cm', 높이 '3cm'로 설정하시오.

③ 폼 바닥글의 'txt총수량' 컨트롤에는 'txt조회월' 컨트롤에 입력한 값과 주문일의 월에 해당한 주문수량의 합계를 계산하시오.
▶ Dsum, Month 함수와 & 연산자 사용 [표시 예 : txt조회월이 '5', 주문수량이 '287' → 5월 주문수량 : 287]

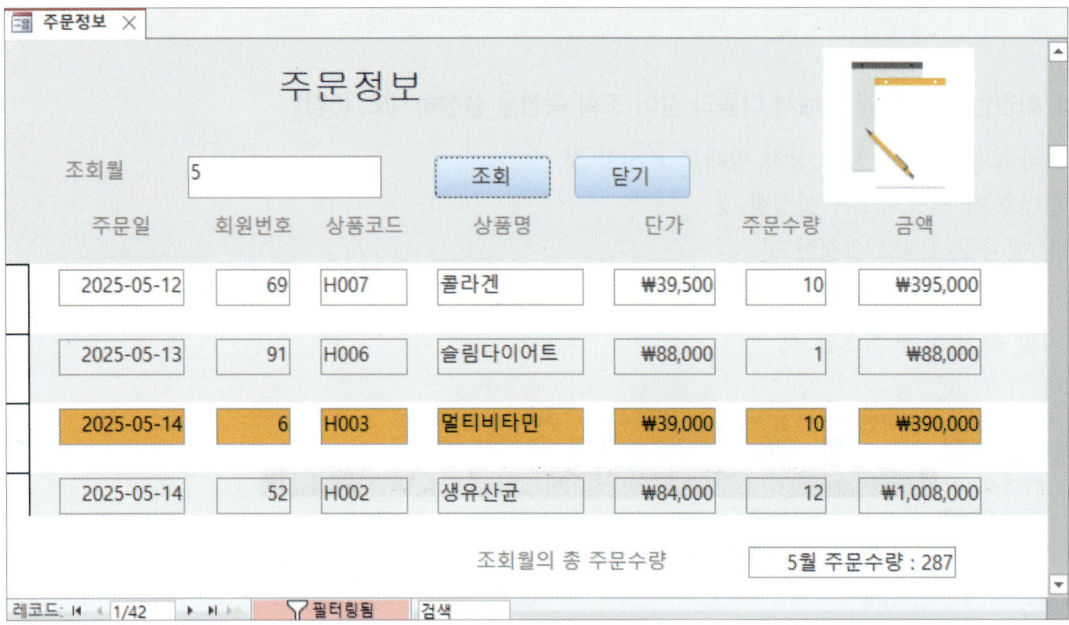

2 〈주문정보〉 폼의 본문 컨트롤에 대하여 다음과 같이 조건부 서식을 설정하시오. (6점)

▶ '상품명' 필드에 '비'나 '루'를 포함하면서 주문수량이 9 이상 12 이하인 경우 '주황'색으로 채우기 하시오.
▶ 문제1 〈그림〉 참조

3 〈주문정보〉 폼에서 'txt회원번호' 컨트롤을 더블클릭하면 해당 회원의 정보를 '회원정보' 폼에 표시하는 '회원정보조회' 매크로를 작성한 후 지정하시오. (5점)

문제3 조회 및 출력 기능 구현(20점)

1 다음의 지시사항 및 화면을 참조하여 〈주문현황〉 보고서를 완성하시오. (각 3점)

① '회원번호'를 기준으로 그룹화 된 상태에서 'ID' 필드를 기준으로 오름차순으로 정렬하여 표시되도록 설정하시오.
② '회원번호' 머리글 영역이 시작되기 전에 페이지가 바뀌도록 설정하시오.
③ 'txt주문일' 컨트롤의 값이 이전 레코드와 동일한 경우에는 표시되지 않도록 설정하시오.
④ 페이지 머리글 영역의 'txt페이지' 컨트롤에는 페이지 번호가 다음과 같이 표시되도록 컨트롤 원본 속성을 설정하시오.
▶ [표시 예 : 70쪽 중 5쪽]
⑤ '회원번호' 바닥글 영역의 'txt주문횟수' 컨트롤에는 그룹별 총 추문횟수가 표시되도록 설정하시오.
▶ [표시 예 : 3건]

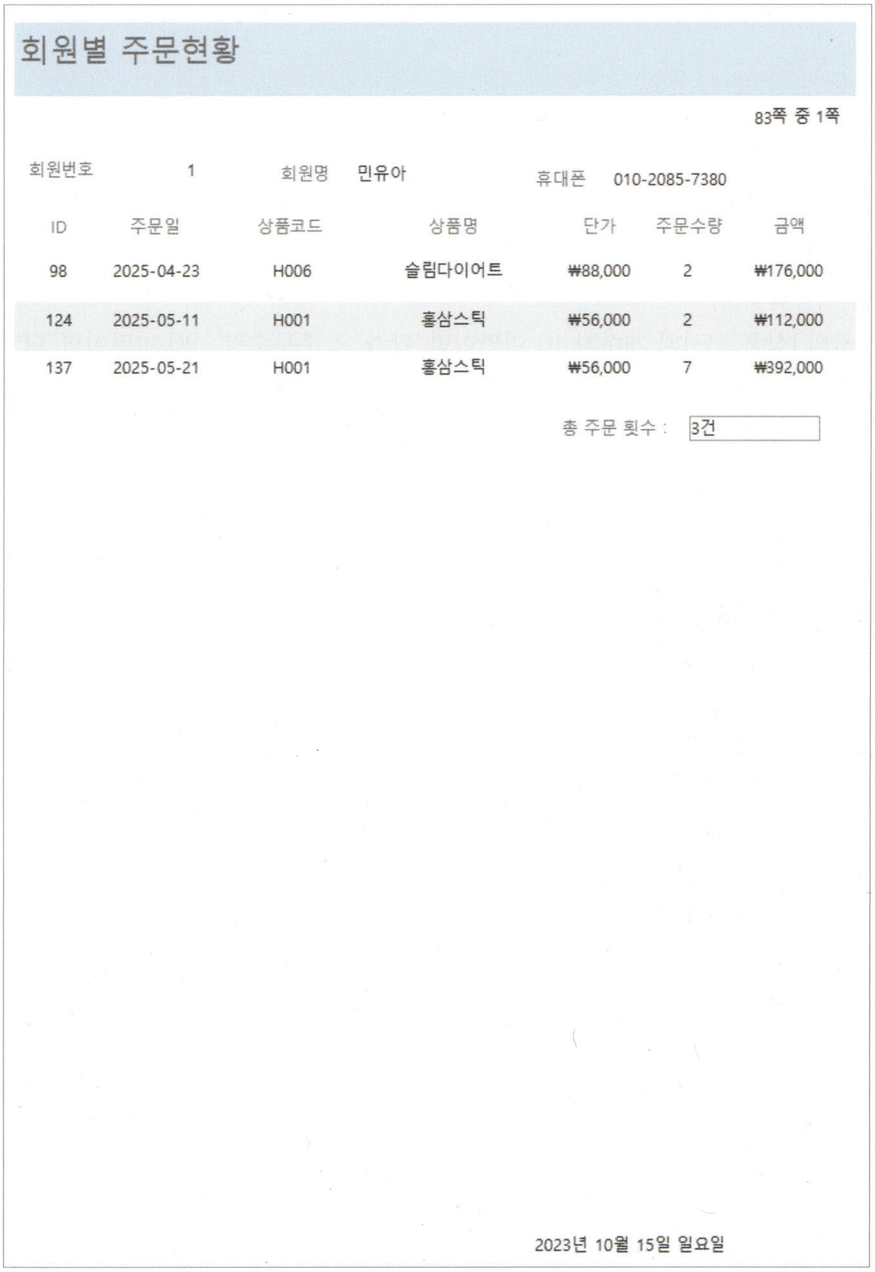

회원별 주문현황

83쪽 중 1쪽

| 회원번호 | 1 | 회원명 | 민유아 | 휴대폰 | 010-2085-7380 |

ID	주문일	상품코드	상품명	단가	주문수량	금액
98	2025-04-23	H006	슬림다이어트	₩88,000	2	₩176,000
124	2025-05-11	H001	홍삼스틱	₩56,000	2	₩112,000
137	2025-05-21	H001	홍삼스틱	₩56,000	7	₩392,000

총 주문 횟수 : 3건

2023년 10월 15일 일요일

② 〈주문정보〉 폼 머리글의 '닫기'(cmd닫기) 단추를 클릭하면 다음과 같은 기능을 수행하도록 이벤트 프로시저를 작성하시오. (5점)

▶ '닫기'(cmd닫기) 단추를 클릭하면 〈그림〉과 같이 메시지 상자를 표시하시오.
▶ 메시지 상자에서 〈예〉를 클릭했을 때만 저장 여부를 묻지 않고 저장한 후 폼을 종료하시오.
▶ DoCmd, Close 함수를 사용하시오.

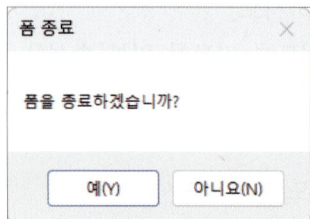

문제4 　 처리 기능 구현(35점)

① 다음과 같은 기능을 수행하는 '인기상품할인' 쿼리를 작성하시오. (7점)

▶ 〈상품〉과 〈주문〉 테이블을 이용하여 주문횟수가 5회 이상인 레코드를 조회하여 〈할인제품〉 테이블로 생성하시오.
▶ 주문횟수는 '상품코드' 필드를 이용하시오.
▶ 할인금액합계는 〈상품〉 테이블의 [상품코드]의 개수가 10 미만이면 '단가 × 주문수량', 20 미만이면 '단가 × 주문수량 × 0.9', 30 미만이면 '단가 × 주문수량 × 0.8'의 합계로 계산하고 내림차순 정렬하시오.
▶ SWITCH, SUM, COUNT 함수 사용
▶ 쿼리 결과로 표시되는 필드와 필드명은 〈그림〉과 같이 표시되도록 설정하시오.

2. 다음 〈화면〉을 참조하여 상품별 지역별 금액의 합계를 구하는 크로스탭 질의를 작성하시오. (7점)

▶ 〈주문정보〉 쿼리를 이용하시오.
▶ 쿼리 이름은 '상품별광역시주문내역'으로 하시오.
▶ 총금액은 '금액' 필드를 이용하시오.
▶ 지역이 '광역시'로 끝나는 지역만을 대상으로 하시오.
▶ 계산된 금액이 없는 경우에는 '*'을 표시하시오. (IIf, IsNull, Sum 함수 이용)
▶ 쿼리 결과로 표시되는 필드와 필드명은 〈그림〉과 같이 표시되도록 설정하시오.

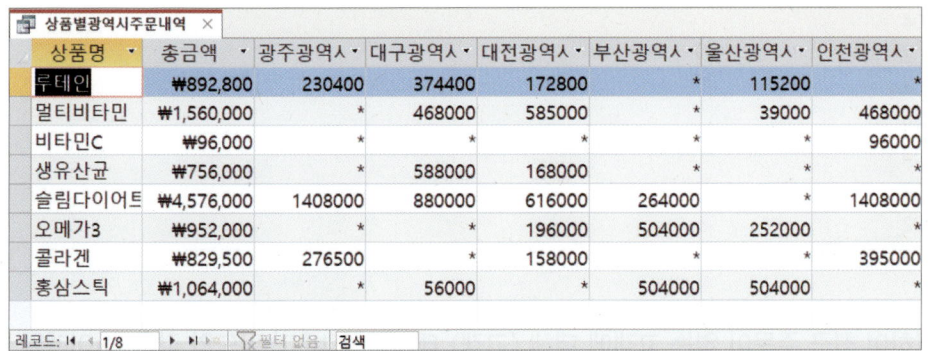

3. 〈주문정보〉 쿼리를 이용하여 '주문일'이 3월이면서 '주문일'이 25일 이후의 값만 조회하는 〈3월25일~31일주문〉 쿼리를 작성하시오. (7점)

▶ month, day 함수 사용
▶ 쿼리 실행 결과 표시되는 필드와 필드명은 〈그림〉과 같이 표시되도록 설정하시오.

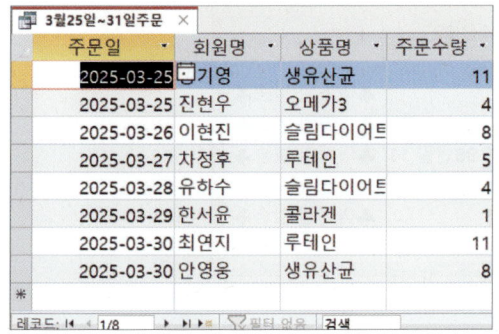

4 〈주문정보〉 쿼리를 이용하여 〈유산균또는비타민C주문〉 쿼리를 작성하시오. (7점)

▶ 상품코드가 2 또는 4로 끝나는 데이터만 나오도록 하시오. (Like 연산자 이용)
▶ 회원명으로 오름차순 정렬하여 표시하시오.
▶ 쿼리 실행 결과 표시되는 필드와 필드명은 〈그림〉과 같이 표시되도록 설정하시오.

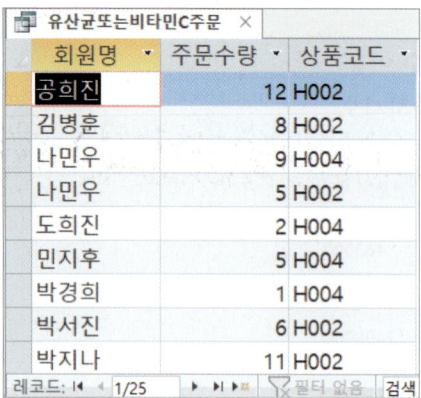

5 〈고객〉, 〈주문〉 테이블을 이용하여 최근 주문이 없는 고객에 대해 〈고객〉 테이블의 '비고' 필드의 값을 '♣이메일 발송♣'으로 변경하는 〈회원관리〉 업데이트 쿼리를 작성한 후 실행하시오. (7점)

▶ 최근 주문이 없는 고객이란 주문일자가 2025년 4월 1일부터 2025년 5월 30일까지 중에서 〈고객〉 테이블에는 '회원번호'가 있으나 〈주문〉 테이블에는 '회원번호'가 없는 고객임
▶ Not In 연산자와 하위 쿼리 사용

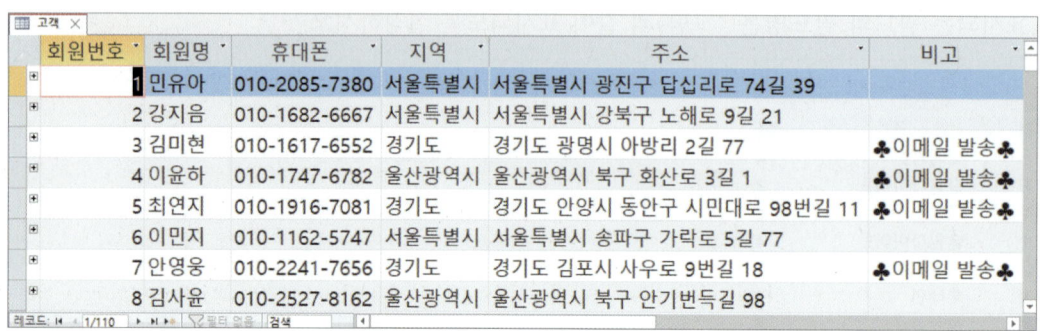

※ 〈회원관리〉 쿼리를 실행한 후의 〈고객〉 테이블

정답 & 해설 상시 공략 문제 04회

문제1 DB 구축

1 테이블 완성

정답

번호	테이블	필드 이름	속성 및 형식	설정 값
①	고객	회원명	필수	예
			빈 문자열 허용	아니요
②	고객	휴대폰	입력 마스크	"010"-0000-0000;0;*
③	상품	단가	데이터 형식	통화
			소수 자릿수	1
④	상품	용량(개월)	유효성 검사 규칙	In (1,2,3) 또는 1 Or 2 Or 3
⑤	주문	주문일	기본값	Date( )

① 〈고객〉 테이블에서 마우스 오른쪽 버튼을 눌러 [디자인 보기](⊞)를 클릭한다.

② '회원명' 필드의 '필수' 속성을 '예', '빈 문자열 허용' 속성을 '아니요'를 설정한다.

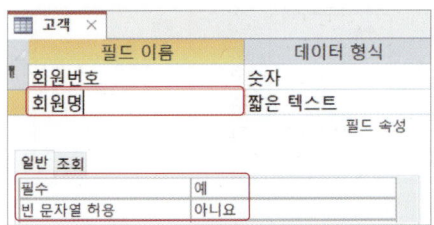

③ '휴대폰' 필드의 '입력 마스크' 속성에 "010"-0000-0000;0;*을 입력하고 Ctrl+S를 누른 후 [예]를 클릭한다.

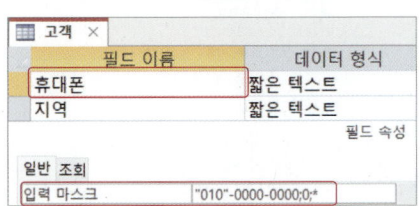

④ 〈상품〉 테이블에서 마우스 오른쪽 버튼을 눌러 [디자인 보기](⊞)를 클릭한다.

⑤ '단가' 필드의 '데이터 형식'은 '통화'를 선택하고, '소수 자릿수'에 1을 입력한다.

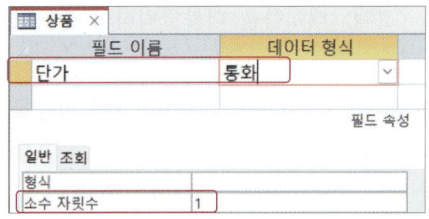

⑥ '용량(개월)' 필드의 '유효성 검사 규칙'은 IN(1,2,3)을 입력하고 Ctrl+S를 누른 후 [예]를 클릭한다. (또는 1 or 2 or 3도 가능하다.)

⑦ 〈주문〉 테이블에서 마우스 오른쪽 버튼을 눌러 [디자인 보기](⊞)를 클릭한다.

⑧ '주문일' 필드의 '기본값'은 DATE( )를 입력하고 Ctrl+S를 누른 후 [예]를 클릭한다.

2 〈주문〉 테이블의 '회원번호' 필드의 조회 속성 설정

정답

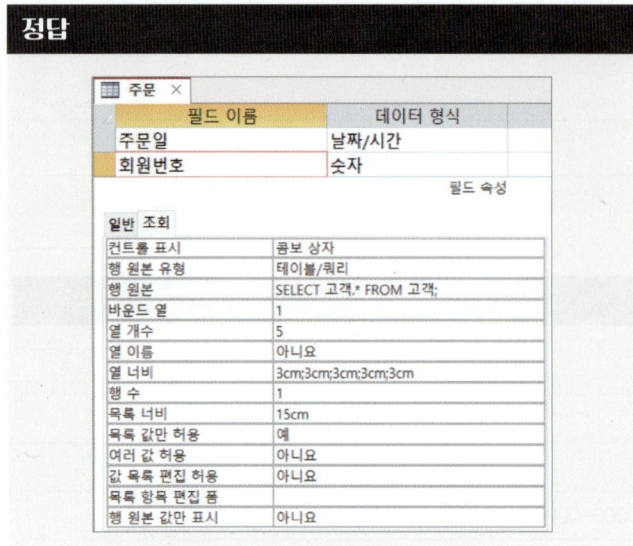

① 〈주문〉 테이블의 [디자인 보기](■) 모드에서 '회원번호' 필드를 선택하고, 필드 속성 [조회] 탭의 '컨트롤 표시' 속성 중 '콤보 상자'를 선택한다.

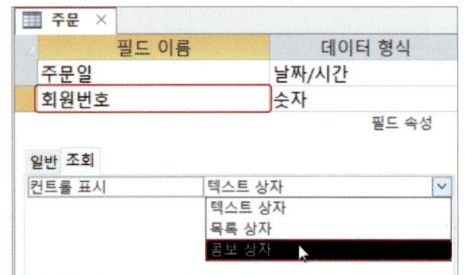

② '행 원본' 속성의 [작성기](…)를 클릭한다.

③ [테이블 추가]에서 〈고객〉 테이블을 더블클릭하여 추가한 후 [닫기]를 클릭한다.

④ 〈고객〉 테이블의 모든 필드를 가져오기 위해서 *를 더블클릭하여 눈금에 추가한다. (또는 '회원번호', '회원명', '휴대폰', '지역', '주소'를 각각 더블클릭하여 추가해도 된다.)

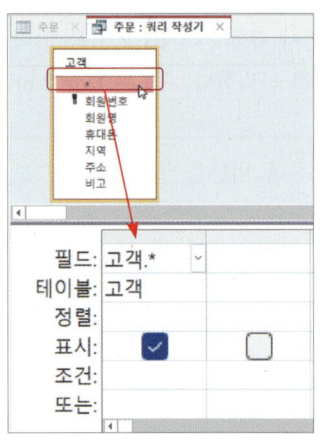

⑤ [닫기]를 클릭하면 'SQL 문의 변경 내용을 저장하고 속성을 업데이트하시겠습니까?' 메시지에서 [예]를 클릭한다.

⑥ '바운드 열(1)', '열 개수(5)', '열 너비(3;3;3;3;3)', '행 수(1)', '목록 너비(15)', '목록 값만 허용(예)' 속성 등을 설정한다.

3 〈주문〉 ↔ 〈상품〉 테이블간의 관계 설정

정답

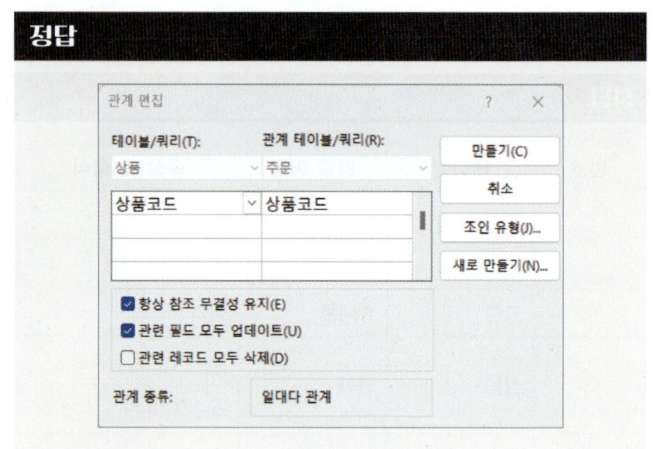

① [데이터베이스 도구]-[관계] 그룹에서 [관계](■)를 클릭한다.

② [관계 디자인]-[관계] 그룹에서 [테이블 추가](■)를 클릭한다.

③ 〈상품〉 테이블을 더블클릭하여 추가한 후 [닫기]를 클릭한다.

④ 〈주문〉, 〈상품〉 테이블의 '상품코드' 필드끼리 관계를 맺고 지시사항대로 체크한 후 [만들기]를 클릭한다.

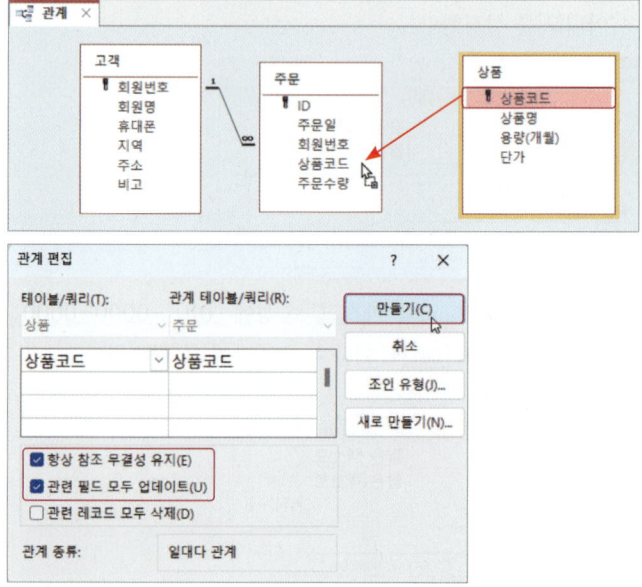

⑤ [관계 디자인] 탭의 [닫기]를 클릭하고 변경한 내용은 [예]를 눌러 저장한다.

문제2 입력 및 수정 기능 구현

1 폼 완성

정답

번호	필드 이름	필드 속성	설정 값
①	LBL제목	캡션	주문정보
		글꼴 이름	굴림체
		글꼴 크기	20
		문자색	Access 테마 10
②	이미지 삽입	이름	img주문목록
		그림 유형	포함
		그림	주문목록.PNG
		너비	3cm
		높이	3cm
③	txt총수량	컨트롤 원본	=[txt조회월] & "월 주문수량 : " & DSum("주문수량","주문정보","month([주문일])=txt조회월")

① 〈주문정보〉 폼 바로 가기 메뉴에서 [디자인 보기](🔲)를 클릭한다.

② [양식 디자인]-[컨트롤] 그룹의 컨트롤 중 [레이블](가가)을 클릭한다.

③ 레이블 컨트롤을 배치하고 **주문정보**를 입력한다.

④ 레이블의 이름을 **LBL제목**으로 수정하고, '글꼴 이름(굴림체)', '글꼴 크기(20)', '문자색(Access 테마 10)' 속성을 설정한다.

⑤ [양식 디자인] 탭의 [이미지 삽입]-[찾아보기]를 클릭하여 '주문목록.PNG' 파일을 가져온다.

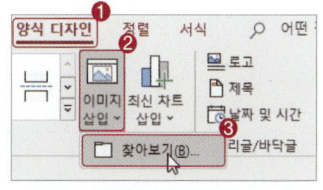

⑥ 폼 머리글에서 마우스로 드래그한 후 [속성 시트]에 이름에 **img주문목록**을 입력하고, 그림 유형 '포함', 너비 3, 높이 3으로 수정한다.

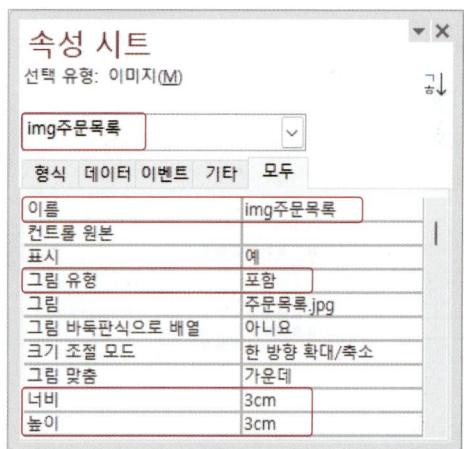

⑦ 'txt총수량'을 선택하고 '컨트롤 원본' 속성에 =[txt조회월] & "월 주문수량 : " & DSum("주문수량","주문정보","month([주문일])=txt조회월")을 입력한다.

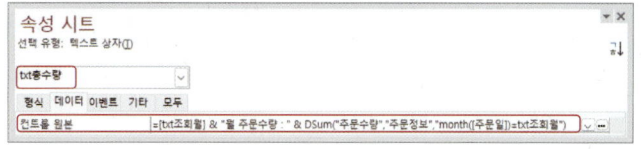

2 조건부 서식

정답

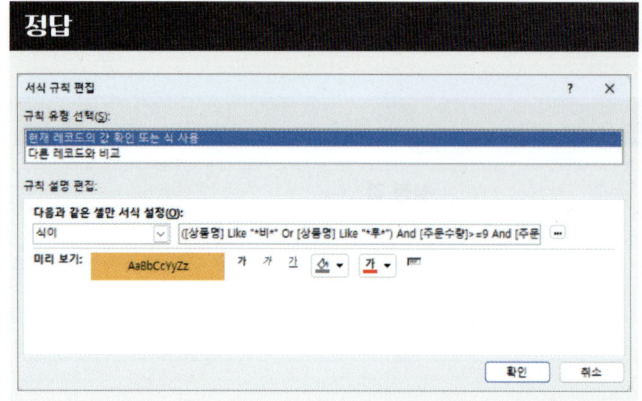

① 〈주문정보〉 폼의 [디자인 보기](🔲) 모드에서 '본문' 구역의 왼쪽 눈금자를 클릭하여 본문 영역의 모든 컨트롤을 선택한다.

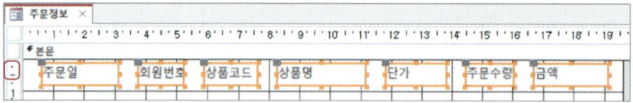

② [서식]-[컨트롤 서식] 그룹에서 [조건부 서식]을 클릭한다.

③ [새 규칙]을 클릭한 후, [새 서식 규칙]에서 '식이'를 선택, ([상품명] Like "*비*" Or [상품명] Like "*루*") And [주문수량]>=9 And [주문수량]<=12을 입력하고, 배경색 '주황'을 선택한 후 [확인]을 클릭, [조건부 서식 규칙 관리자]에서도 [확인]을 클릭한다.

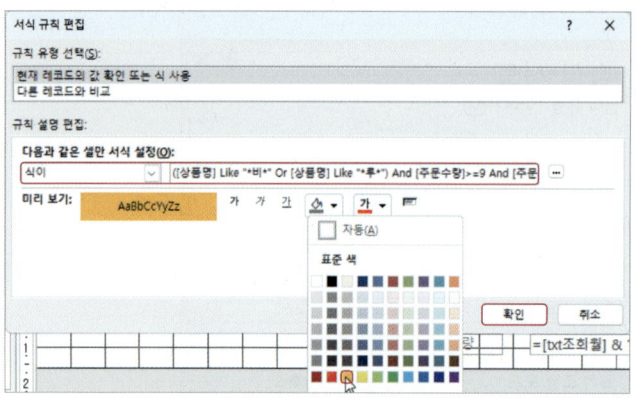

3 〈주문정보〉 폼의 'txt회원번호' 컨트롤

정답

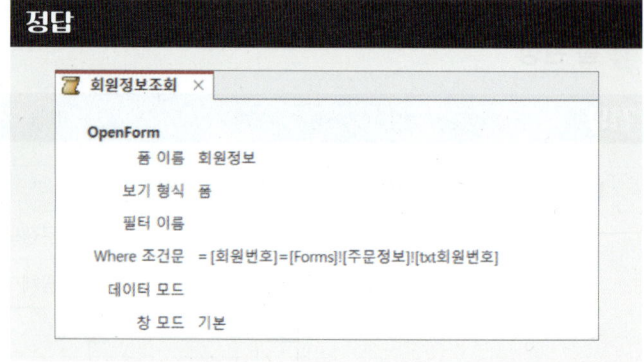

① [만들기]-[매크로 및 코드] 그룹에서 [매크로](🔲)를 클릭한다.

② 매크로 함수(OpenForm)을 선택한 후, 폼 이름은 '회원정보', Where 조건문은 [회원번호]=[Forms]![주문정보]![txt회원번호]를 입력한다.

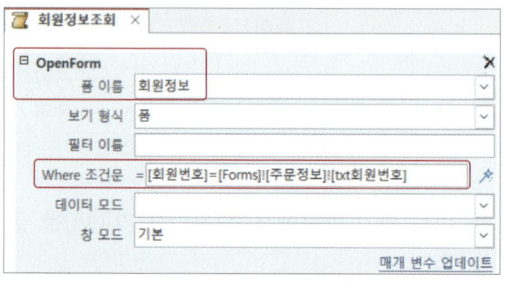

③ [저장](💾)을 클릭하고, 매크로 이름을 **회원정보조회**로 저장한다.

④ 〈주문정보〉 폼의 [디자인 보기](🔲) 모드에서 'txt회원번호' 컨트롤을 선택한 후 'On Dbl Click'에서 '회원정보조회'를 선택한다.

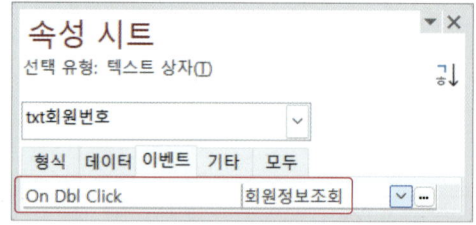

문제3 조회 및 출력 기능 구현

1 보고서 완성

정답

번호	필드 이름	필드 속성	설정 값
①	ID 정렬 설정		
②	회원번호 머리글	페이지 바꿈	구역 전
③	txt주문일	중복 내용 숨기기	예
④	txt페이지	컨트롤 원본	=[Pages] & "쪽 중 " & [Page] & "쪽"
⑤	txt주문횟수	컨트롤 원본	=Count(*) & "건"

① 〈주문현황〉 보고서 바로 가기 메뉴에서 [디자인 보기](🔲)를 클릭한 후 [보고서 디자인]-[그룹화 및 요약] 그룹에서 [그룹화 및 정렬]을 클릭한다.

② [그룹, 정렬 및 요약]에서 [정렬 추가]를 클릭한다.

③ 'ID' 필드를 선택하고 '오름차순'으로 지정한다.

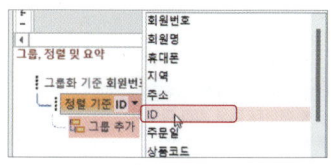

④ '회원번호' 머리글을 클릭한 후 [형식] 탭의 '페이지 바꿈'을 '구역 전'을 선택한다.

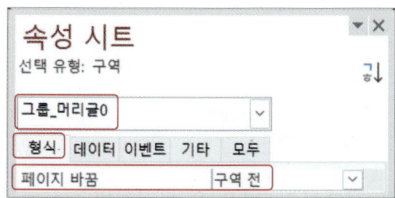

⑤ 'txt주문일' 컨트롤을 선택한 후 [형식] 탭의 '중복 내용 숨기기'를 '예'로 설정한다.

⑥ 'txt페이지' 컨트롤을 선택한 후 [데이터] 탭의 '컨트롤 원본'에 =[Pages] & "쪽 중 " & [Page] & "쪽"을 입력한다.

⑦ 'txt주문횟수' 컨트롤을 선택한 후 =Count(*) & "건"을 입력한다.

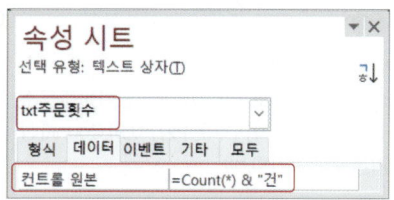

2 〈주문정보〉 폼의 닫기(cmd닫기)에 클릭 이벤트 프로시저 작성

① 〈주문정보〉 폼을 [디자인 보기](🔲)로 열고 속성 시트에서 'cmd닫기' 명령 단추 개체를 선택한 후 [이벤트] 탭의 'On Click' 속성에서 [이벤트 프로시저]를 선택하고 [작성기](…)를 클릭한다.

② 'cmd닫기_Click() 프로시저'에 다음과 같이 코딩한다.

```
Private Sub cmd닫기_Click()
    Dim a
    a = MsgBox("폼을 종료하겠습니까?", vbYesNo, "폼 종료")
    If a = vbYes Then
        DoCmd.Close acForm, "주문정보", acSaveYes
    End If
End Sub
```

문제4 처리 기능 구현

1 〈인기상품할인〉 쿼리

정답

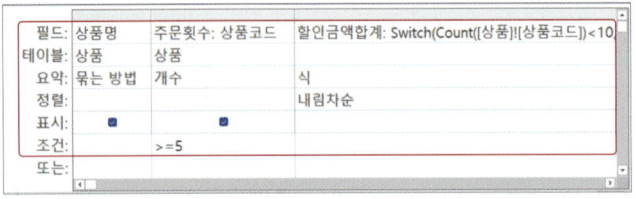

① [만들기]-[쿼리] 그룹에서 [쿼리 디자인](🔲)을 클릭한다.
② 〈상품〉, 〈주문〉 테이블을 더블클릭하여 추가한 후 [닫기]를 클릭한다.
③ 디자인 눈금의 각 필드에 다음과 같이 드래그해서 배치한다.

필드:	상품명	주문횟수: 상품코드	할인금액합계: Switch(Count([상품]![상품코드])<10,
테이블:	상품	상품	
요약:	묶는 방법	개수	식
정렬:			내림차순
표시:	■	■	
조건:		>=5	
또는:			

주문횟수 : 상품코드, 요약(개수), 조건()=5)
할인금액합계: Switch(Count([상품]![상품코드])<10,Sum([단가]*[주문수량]),Count([상품]![상품코드])<20,Sum([단가]*[주문수량]*0.9),Count([상품]![상품코드])<30,Sum([단가]*[주문수량]*0.8))
요약(식), 정렬(내림차순)

④ [쿼리 디자인]-[쿼리 유형] 그룹의 [테이블 만들기](🔲)를 클릭한다.
⑤ [테이블 만들기]에서 테이블 이름에 **할인제품**을 입력하고 [확인]을 클릭한다.
⑥ [저장](🔲)을 클릭한 후 테이블 이름에 **인기상품할인**을 입력하고 [확인]을 클릭한다.

2 〈상품별광역시주문내역〉 쿼리

정답

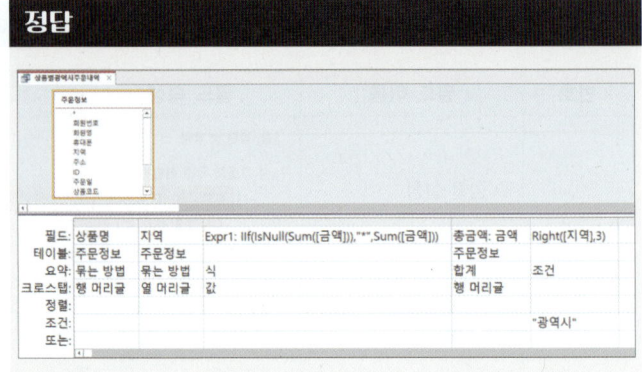

① [만들기]-[쿼리] 그룹에서 [쿼리 마법사](🔲)를 클릭한다.

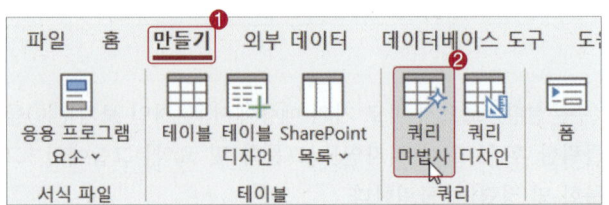

② [새 쿼리]에서 '크로스탭 쿼리 마법사'를 선택하고 [확인]을 클릭한다.

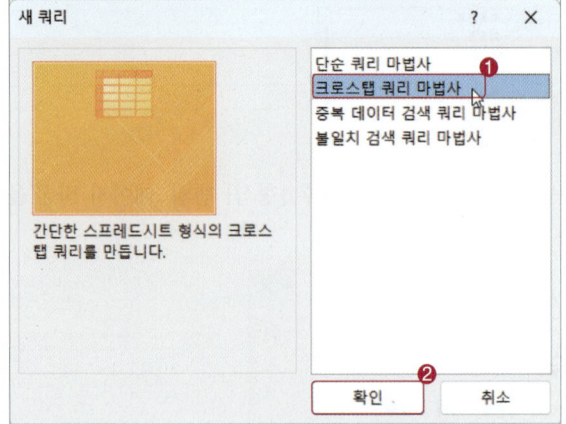

③ '쿼리'에서 '주문정보'를 선택하고 [다음]을 클릭한다.

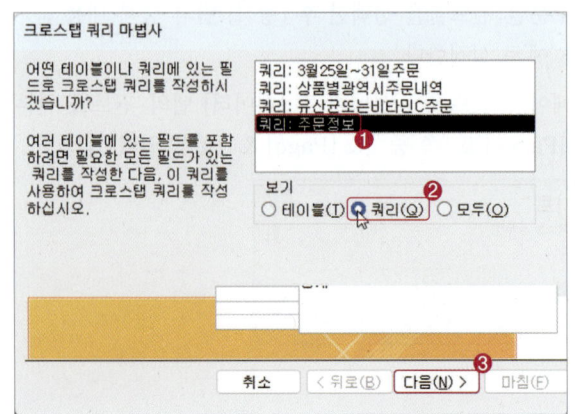

④ 행 머리글로 '상품명'을 더블클릭한 후 [다음]을 클릭한다.

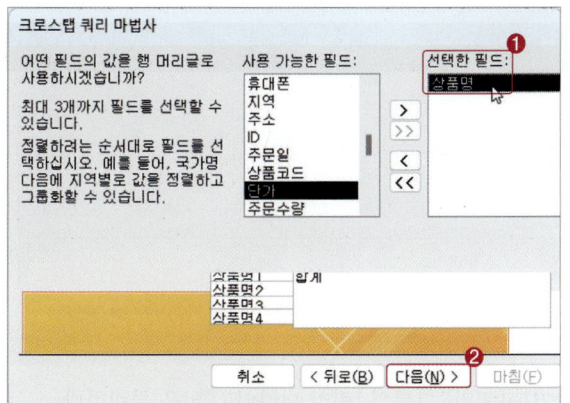

⑤ 열 머리글로 '지역'을 선택하고 [다음]을 클릭한다.
⑥ 값에 표시할 필드는 '금액'을 선택하고, 함수는 '총계'를 선택한 후 [다음]을 클릭한다.
⑦ 쿼리 이름 **상품별광역시주문내역**을 입력하고, '디자인 수정'을 선택하고 [마침]을 클릭한다.

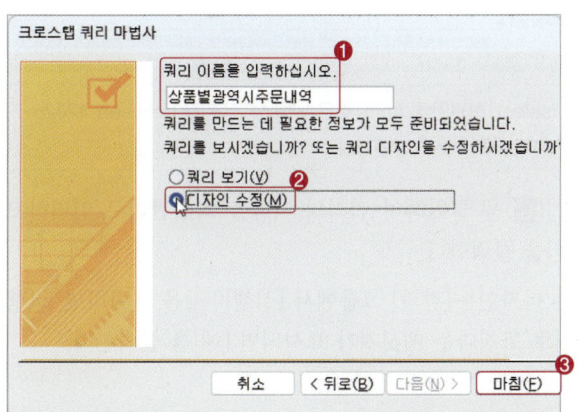

⑧ 열 머리글 '지역'의 조건에 Right([지역],3)="광역시"를 입력하고, '합계 금액' 필드명을 **총금액:[금액]**으로 수정한다.

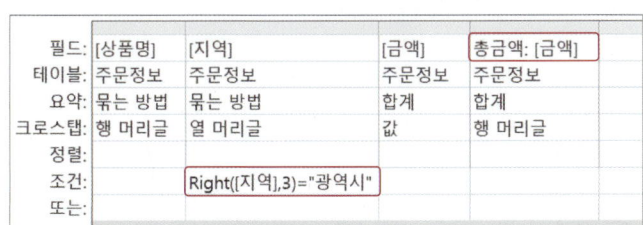

⑨ 값의 금액에 IIf(IsNull(Sum([금액])),"*",Sum([금액]))을 입력하여 수정한다.

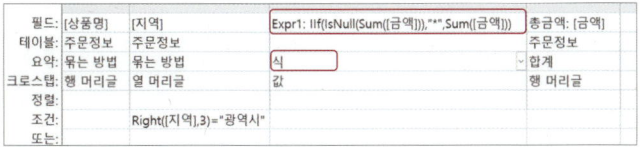

⑩ 값을 선택한 후 [속성 시트]에서 형식은 '표준'을 선택한다.

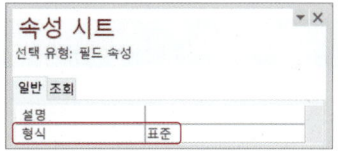

3 〈3월25일~31일주문〉 쿼리

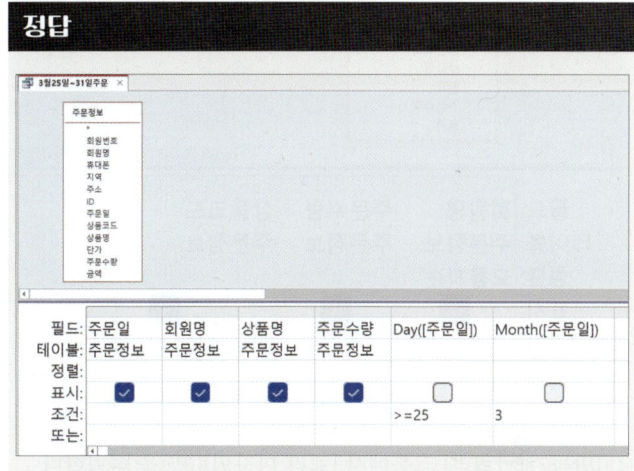

① [만들기]-[쿼리] 그룹에서 [쿼리 디자인](🔲)을 클릭한다.
② 〈주문정보〉 쿼리를 더블클릭하여 추가한 후 [닫기]를 클릭한다.
③ 디자인 눈금의 각 필드에 다음과 같이 드래그해서 배치한다.

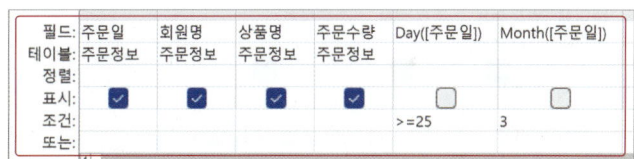

④ [저장](🔲)을 클릭한 후 **3월25일~31일주문**을 입력하고 [확인]을 클릭한다.

4 〈유산균또는비타민C주문〉 쿼리

정답

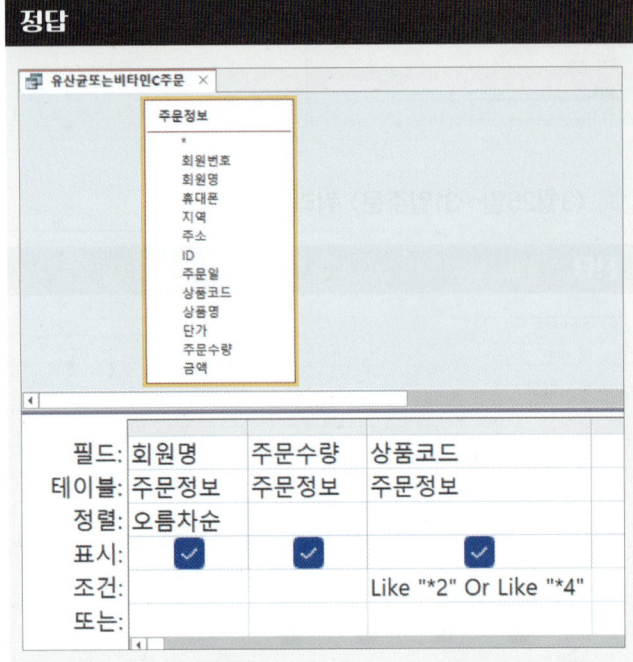

① [만들기]-[쿼리] 그룹에서 [쿼리 디자인](圖)을 클릭한다.
② 〈주문정보〉 쿼리를 더블클릭하여 추가한 후 [닫기]를 클릭한다.
③ 디자인 눈금의 각 필드에 다음과 같이 드래그해서 배치한다.

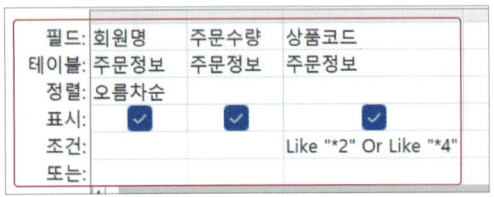

④ [저장](圖)을 클릭한 후 **유산균또는비타민C주문**을 입력하고 [확인]을 클릭한다.

5 〈회원관리〉 쿼리

정답

① [만들기]-[쿼리] 그룹의 [쿼리 디자인](圖)을 클릭한다.
② [테이블 추가]의 [테이블] 탭에서 〈고객〉 테이블을 더블클릭하여 '비고'와 '회원번호' 필드를 추가한다.
③ [쿼리 디자인]-[쿼리 유형] 그룹에서 [업데이트](圖)를 클릭한 후 다음과 같이 입력한다.

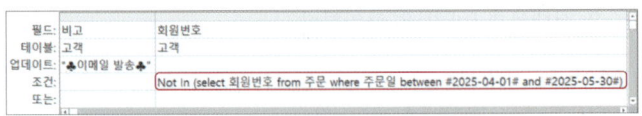

Not In (select 회원번호 from 주문 where 주문일 between #2025-04-01# and #2025-05-30#)

④ [저장](圖)을 클릭하여 쿼리의 이름을 **회원관리**로 입력하고 [확인]을 클릭한다.
⑤ [쿼리 디자인]-[결과] 그룹에서 [실행](❗)을 클릭하면 54행을 새로 고친다는 메시지가 표시되면 [예]를 클릭한다.

상시 공략 문제 05회

작업파일: '26컴활1급(상시)₩데이터베이스₩상시공략문제'에서 '상시공략문제5회' 파일을 열어 작업하세요.

프로그램명	제한시간	풀이시간
ACCESS 2021	45분	분

수험번호 :

성   명 :

유의사항

- 인적 사항 누락 및 잘못 작성으로 인한 불이익은 수험자 책임으로 합니다.

- 화면에 암호 입력창이 나타나면 아래의 암호를 입력하여야 합니다.
  ○ 암호: 7646%5

- 작성된 답안은 주어진 경로 및 파일명을 변경하지 마시고 그대로 저장해야 합니다. 이를 준수하지 않으면 실격 처리됩니다.
  ○ 답안 파일명의 예: C:₩DB₩수험번호8자리.accdb

- 외부데이터 위치: C:₩DB₩파일명

- 별도의 지시사항이 없는 경우, 다음과 같이 처리 시 실격 처리됩니다.
  ○ 제시된 개체의 이름을 임의로 변경한 경우
  ○ 제시된 개체의 속성을 임의로 변경한 경우
  ○ 제시된 개체를 임의로 삭제하거나 추가한 경우

- 별도의 지시사항이 없는 경우, 기능의 구현은 모듈이나 매크로 등을 이용하며, 예외적인 상황에 대해서는 고려하지 않아도 됩니다.

- 제시된 함수가 있을 경우 제시된 함수만을 사용하여야 하며, 그 외 함수 사용시 채점 대상에서 제외됩니다.

- 별도의 지시사항이 없는 경우, 주어진 각 개체의 속성은 설정값 또는 기본 설정값 (Default)으로 처리하십시오.

- 제시된 화면은 예시이며 나타난 값은 실제와 다를 수 있습니다.

- 저장 시간은 별도로 주어지지 아니하므로 제한된 시간 내에 저장을 완료해야 합니다.

- 본 문제의 용어는 MS Office LTSC Professional Plus 2021 기준으로 작성되었습니다.

대 한 상 공 회 의 소

문제1 DB 구축(25점)

1 다음의 지시사항에 따라 각 테이블을 완성하시오. (각 3점)

〈매출〉 테이블
① '매출일' 필드는 '03월 09일 수요일' 형태로 표시되도록 속성을 이용하여 형식을 설정하시오.

〈거래처〉 테이블
② '거래처번호' 필드는 0~255 사이의 숫자가 입력되도록 속성을 설정하시오.
③ '거래처명' 필드에 유효성 검사 규칙을 통해 반드시 6글자 이내로 입력되도록 설정하시오.
④ '전화번호' 필드가 기본키가 아니면서도 중복된 값을 갖지 않도록 인덱스를 설정하시오.
⑤ '홈페이지' 필드를 맨 마지막에 추가하고 데이터 형식을 '하이퍼링크'로 설정하시오.

2 〈제품〉 테이블의 '입고요일' 필드에 조회 속성을 설정하시오. (5점)
▶ '입고요일' 필드에는 '월', '화', '수', '목', '금'만 입력되도록 콤보 상자 형태로 표시되도록 설정하시오.
▶ 목록 값만 입력할 수 있도록 설정하시오.

3 〈제품〉 테이블의 '거래처번호' 필드는 〈거래처〉 테이블의 '거래처번호' 필드를 참조하며, 테이블 간의 관계는 M:1이다. 두 테이블 간의 관계를 설정하시오. (5점) ※ 액세스 파일에 이미 설정되어 있는 관계는 수정하지 마시오.
▶ 테이블 간에 항상 참조 무결성이 유지되도록 설정하시오.
▶ 참조 필드의 값이 변경되면 관련 필드의 값도 변경되도록 설정하시오.
▶ 다른 테이블에서 참조하고 있는 레코드는 삭제할 수 없도록 설정하시오.

문제2 입력 및 수정 기능 구현(20점)

1 〈매출내역〉 폼을 다음의 화면과 지시사항에 따라 완성하시오. (각 3점)
① 'txt오늘날짜' 컨트롤에 현재 시스템의 날짜를 표시하시오.
▶ Format 함수 사용 ▶ 단, 월과 일은 #으로 표시하시오.
② 거래처명에 따른 전화번호(txt전화번호) 컨트롤에 표시하시오.
▶ DLookup 함수 사용
③ 폼 바닥글에서 'txt재고량합계'에는 다음과 같이 재고량의 합계가 표시되도록 '컨트롤 원본'과 '형식' 속성을 설정하시오.
▶ [표시 예 : 1500 → ★ 재고량 합계 : 1,500개 ★, 0 → ★ 재고량 합계 : 0개 ★]

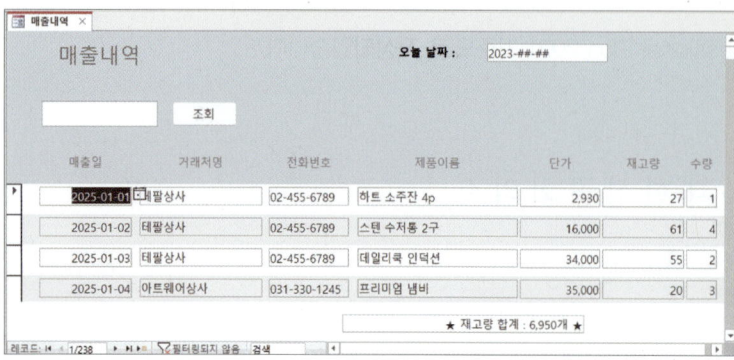

② 〈매출내역〉 폼에서 'txt단가' 컨트롤에 포커스가 이동되면 다음과 같은 이벤트 프로시저를 작성하시오. (6점)

▶ '단가'가 60000 이상이면 '고액물품', 20000 미만이면 '적정물품'이 그림과 같이 메시지 박스를 표시하시오.
▶ If ~ Else 사용

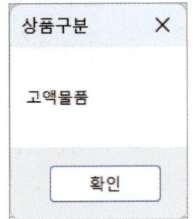

③ 〈매출내역〉 폼의 폼머리글을 더블클릭하면 모든 데이터를 표시한 후 메시지박스를 표시한 후 '예'를 클릭하면 'txt조회' 컨트롤을 초기화하고 'txt조회' 컨트롤로 포커스를 이동하는 프로시저를 작성하시오. (5점)

▶ FilterOn 속성과 GotoControl 사용

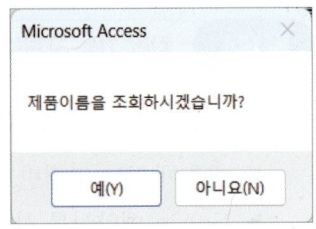

문제3 조회 및 출력 기능 구현(20점)

① 다음의 지시사항 및 화면을 참조하여 〈매출현황〉 보고서를 완성하시오. (각 3점)

① '제품이름' 머리글의 'txt제품이름' 컨트롤에 제품이름과 거래처명을 연결하여 예시와 같이 표시되도록 설정하시오.
  ▶ [표시 예 : 2단 찜기 (거래처 : 까사니상사)]
② 본문의 매출시간이 오후 12:00:00 이전이면 본문의 모든 컨트롤에 '진한 바다색' 배경색을 채우는 조건부 서식을 설정하시오.
③ 동일한 '제품이름' 내에서 '매출일', '매출시간' 순으로 오름차순 정렬되어 표시되도록 정렬을 추가하시오.
④ 본문의 'txt순번' 컨트롤에는 그룹별로 일련번호가 표시되도록 설정하시오.
⑤ 그룹 머리글 '배경색'과 동일한 색상으로 그룹 바닥글 '배경색'에 적용하고 그룹 바닥글 높이를 1cm로 설정하시오.

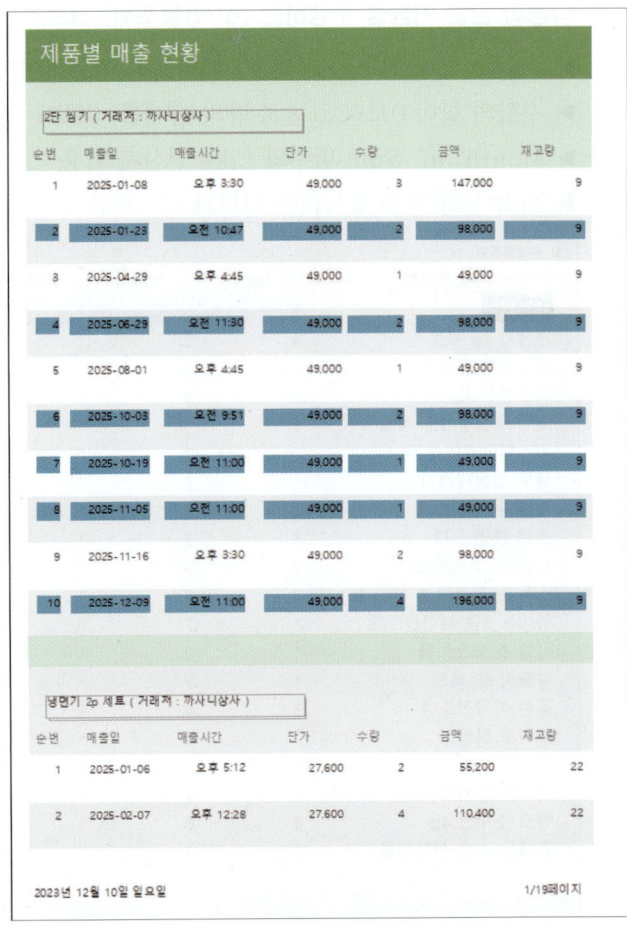

② 〈매출내역〉 폼의 'txt조회' 컨트롤에 제품이름의 일부를 입력하고 '조회(cmd조회)' 단추를 클릭하면 입력된 제품이름의 일부와 일치하는 레코드 정보를 보여주는 이벤트 프로시저를 작성하시오. (5점)

▶ 입력된 제품이름의 해당 정보를 표시하고, 입력된 제품이름의 자료가 없으면 메시지박스를 나타내시오.

▶ Filter, FilterOn, If ~ Else 사용

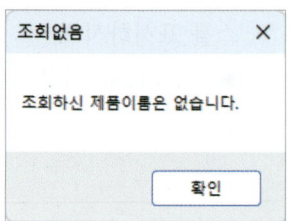

문제4 처리 기능 구현(35점)

① 〈고객〉과 〈매출〉 테이블을 이용하여 다음과 같은 기능을 수행하는 〈매출이 없는 고객〉 쿼리를 작성하시오. (7점)

▶ 매출이 없는 고객번호, 이름, 연락처, 주소를 조회하시오.

▶ Not in 예약어를 사용하여 작성하시오.

② 다음과 같은 기능을 수행하는 〈6~8월조회〉 크로스탭 쿼리를 작성하시오. (7점)

▶ 〈제품〉, 〈매출내역〉, 〈매출〉 테이블을 이용하여 매출일의 월이 6~8월인 수량의 합계를 계산하시오.

▶ 수량의 합이 0보다 크면 수량의 합계를, 0보다 크지 않으면 *로 표시하시오.

▶ Month, iif, Sum 함수와 Like 연산자 이용

▶ 쿼리 실행 결과 표시되는 필드와 필드명은 〈그림〉과 같이 표시되도록 설정하시오.

제품이름	6월	7월	8월
2단 찜기	2	*	1
냉면기 2p 세트	4	2	*
데일리쿡 인덕션	*	3	*
디스펜서 4L	3	9	*
매직 밍싱볼 3종 세트	5	13	*
미스틱그레이 2인	*	7	*
새우 껍질제거기	*	3	2
스텐 수저통 2구	2	5	*
스텐 양면 도마	3	3	*
스텐 오일 포트 2L	5	9	*
스푼 & 젓가락 & 포트 & 나이...	4	6	*
와이드 3단 식기건조대	1	7	*
와플 & 토스트팬	*	2	*
칼블럭 6P 세트	*	9	*
클린 식기건조대	3	4	*
트레블 텀블러	*	8	*
파스타볼 6p	1	*	4
프리미엄 냄비	1	4	*
하트 소주잔 4p	8	6	*
휴대용 소형 전자저울	2	4	*

3. 다음과 같은 기능을 수행하는 '단가조정' 업데이트 쿼리를 작성하시오. (7점)

    ▶ 〈제품단가인상〉 테이블을 사용하여 인상율을 매개변수로 입력받아 단가를 조정하도록 계산하시오.
    ▶ 단가인상 = 단가 × (1 + [인상률을 입력하세요])
    ※ 매개 변수 값으로 '인상률'에 0.1을 입력하여 실행한 후의 〈제품단가인상〉 테이블

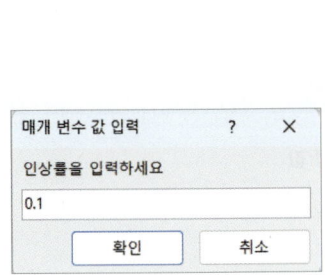

4. 그림과 같이 매개변수를 이용하여 조회할 월을 입력한 후 해당 매출일만 표시하는 〈매출월조회(25일이후)〉 테이블을 생성하는 〈25일이후매출고객〉 쿼리를 작성하시오. (7점)

    ▶ 〈제품〉, 〈매출내역〉, 〈매출〉, 〈고객〉 테이블을 이용하시오.
    ▶ 매출일과 매출시간을 이용하여 매출일시를 표시하고 매출일시를 기준으로 오름차순 정렬하시오.
    ▶ CDATE, DAY, MONTH 함수와 & 연산자 사용
    ▶ 매출일 중 25일 이후 날짜만 표시하시오.
    ▶ 쿼리 결과는 표시되는 필드와 필드명은 〈그림〉과 같이 표시되도록 설정하시오.
    ※ 매개 변수 값으로 '매출월'에 6을 입력하여 실행한 후의 〈매출월조회(25일이후)〉 테이블

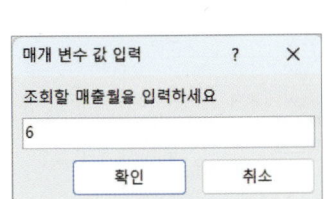

5. 〈제품〉, 〈매출내역〉, 〈매출〉 테이블을 이용하여 10월 수량의 합계가 가장 많은 상위 5개 제품에 대하여 조회하는 〈10월상위5위〉 쿼리를 작성한 후 실행하시오. (7점)

    ▶ 쿼리 결과는 표시되는 필드와 필드명은 〈그림〉과 같이 표시되도록 설정하시오.

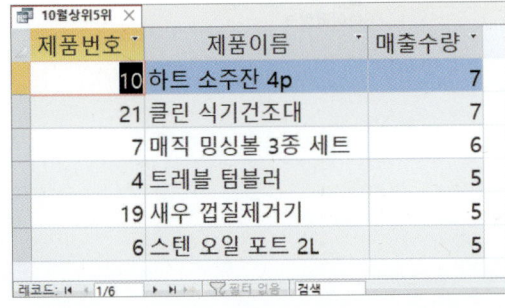

정답 & 해설 상시 공략 문제 05회

문제1 DB 구축

1 테이블 완성

정답

번호	테이블	필드 이름	속성 및 형식	설정 값
①	매출	매출일	형식	mm월 dd일 aaaa
②	거래처	거래처번호	필드 크기	바이트
③	거래처	거래처명	유효성 검사 규칙	Len([거래처명])<=6
④	거래처	전화번호	인덱스	예(중복 불가능)
⑤	거래처	홈페이지	데이터 형식	하이퍼링크

① 〈매출〉 테이블에서 마우스 오른쪽 버튼을 눌러 [디자인 보기](📐)를 클릭한다.

② '매출일' 필드를 선택하고 '형식'에 **mm월 dd일 aaaa**를 입력하고 [저장](💾)을 클릭한다.

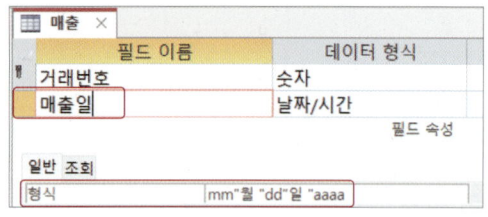

③ 〈거래처〉 테이블에서 마우스 오른쪽 버튼을 눌러 [디자인 보기](📐)를 클릭한다.

④ '거래처번호' 필드를 선택하고 '필드 크기'에서 '바이트'를 선택한다.

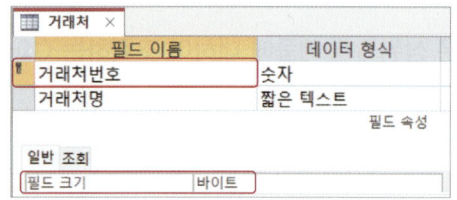

⑤ '거래처명' 필드를 선택하고 '유효성 검사 규칙'에 Len([거래처명])<=6을 입력한다.

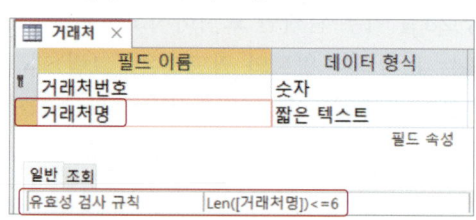

⑥ '전화번호' 필드를 선택하고 '인덱스'에 '예(중복 불가능)'을 선택한다.

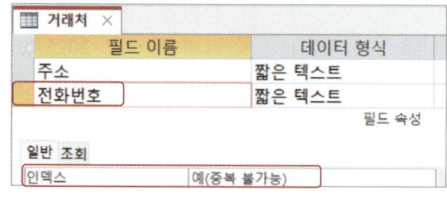

⑦ '팩스번호' 필드 아래에 **홈페이지**를 입력하고 '데이터 형식'은 '하이퍼링크'를 선택하고 [저장](💾)을 클릭한다.

거래처 ×	
필드 이름	데이터 형식
팩스번호	짧은 텍스트
홈페이지	하이퍼링크

2 조회 속성

정답

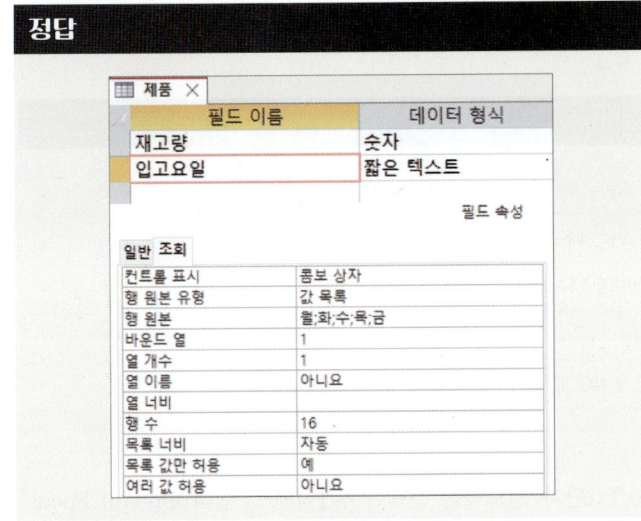

① 〈제품〉 테이블에서 마우스 오른쪽 버튼을 눌러 [디자인 보기](N)를 클릭한다.

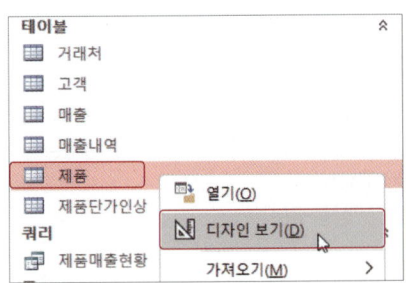

② '입고요일' 필드를 선택하고 [조회] 탭에서 컨트롤 표시는 '콤보 상자', 행 원본 유형은 '값 목록', 행 원본에 월;화;수;목;금을 입력한 후, '목록 값만 허용'은 '예'를 선택한다.

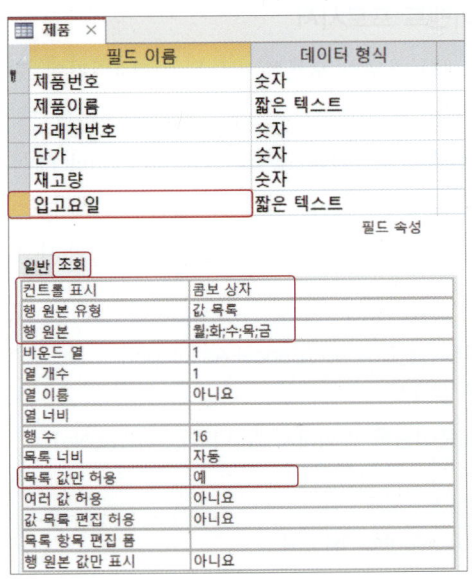

3 관계 설정

정답

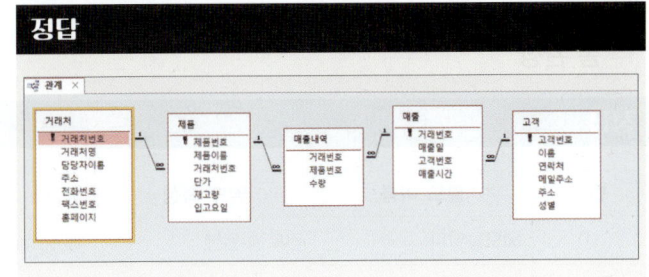

① [데이터베이스 도구]-[관계] 그룹에서 [관계]()를 클릭한다.

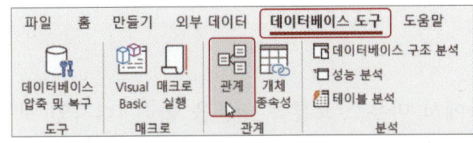

② [관계 디자인]-[관계] 그룹에서 [테이블 추가]를 클릭하고, [테이블] 탭에서 〈거래처〉 테이블을 더블클릭한 후 [닫기]를 클릭한다.

③ 〈거래처〉 테이블의 '거래처번호' 필드를 선택한 다음 〈제품〉 테이블의 '거래처번호' 필드로 드래그한다.

④ [관계 편집]에서 다음과 같이 지정하고 [만들기]를 클릭한다.

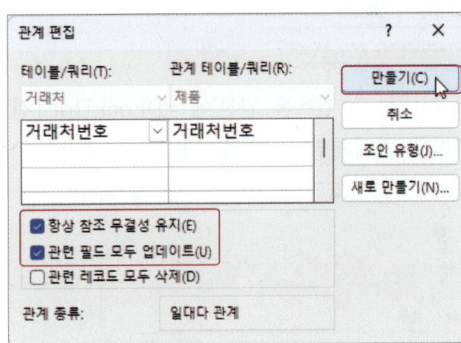

⑤ [관계 디자인] 탭의 [닫기]를 클릭하고 변경한 내용은 [예]를 눌러 저장한다.

문제2 입력 및 수정 기능 구현

1 폼 완성

정답

번호	필드 이름	필드 속성	설정 값
①	txt오늘날짜	컨트롤 원본	=Format(Date(),"yyyy-##-##")
②	txt전화번호	컨트롤 원본	=DLookUp("[전화번호]","[거래처]","거래처명=txt거래처명")
③	txt재고량합계	컨트롤 원본	=Sum([재고량])
		형식	"★ 재고량 합계 : "#,##0"개 ★"

① 〈매출내역〉 폼에서 마우스 오른쪽 버튼을 눌러 [디자인 보기](🖳)를 클릭한다.

② 'txt오늘날짜'를 선택하고 '컨트롤 원본'에 =Format(Date(), "yyyy-##-##")을 입력한다.

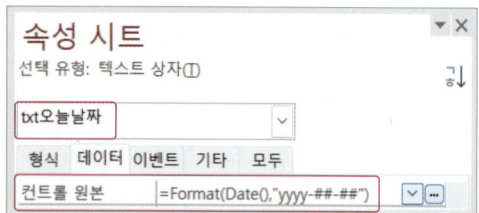

③ 'txt전화번호'를 선택하고 '컨트롤 원본'에 =DLookUp("[전화번호]","[거래처]","거래처명=txt거래처명")을 입력한다.

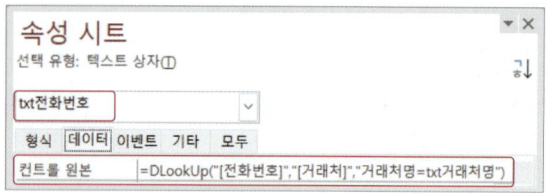

④ 'txt재고량합계'를 선택하고 '컨트롤 원본'에 =Sum([재고량])을 입력하고, '형식'에 "★ 재고량 합계 : "#,##0"개 ★"를 입력한다.

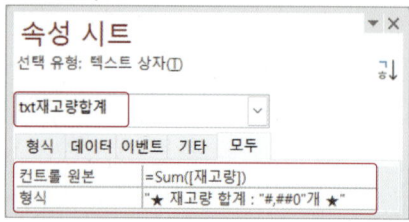

2 'txt단가' 이벤트 프로시저

① 〈매출내역〉 폼에서 마우스 오른쪽 버튼을 눌러 [디자인 보기](🖳)를 클릭한다.

② 'txt단가' 컨트롤을 선택한 후 [이벤트] 탭의 'On Got Focus'에서 [이벤트 프로시저]를 선택한 후 [작성기](…)를 클릭한다.

③ 다음과 같이 입력하고 [디자인 보기] 창을 닫고 변경한 내용은 저장한다.

```
Private Sub txt단가_GotFocus()
    If txt단가 >= 60000 Then
        MsgBox "고액물품", , "상품구분"
    ElseIf txt단가 < 20000 Then
        MsgBox "적정물품", , "상품구분"
    Else
    
    End If
End Sub
```

3 '폼머리글' 이벤트 프로시저

① 〈매출내역〉 폼에서 마우스 오른쪽 버튼을 눌러 [디자인 보기](🖳)를 클릭한다.

② '폼머리글'을 선택한 후 [이벤트] 탭의 'On Dbl Click'에서 [이벤트 프로시저]를 선택한 후 [작성기](…)를 클릭한다.

③ 다음과 같이 입력하고 [디자인 보기] 창을 닫고 변경한 내용은 저장한다.

```
Private Sub 폼_머리글_DblClick(Cancel As Integer)
    Me.FilterOn = False
    
    If MsgBox("제품이름을 조회하시겠습니까?", vbYesNo) = vbYes Then
        txt조회 = ""
        DoCmd.GoToControl "txt조회"
    End If
End Sub
```

문제3 조회 및 출력 기능 구현

1 보고서 완성

정답

번호	필드 이름	필드 속성	설정 값
①	txt제품이름	컨트롤 원본	=[제품이름] & " (거래처 : " & [거래처명] & ")"
②	본문	조건부 서식	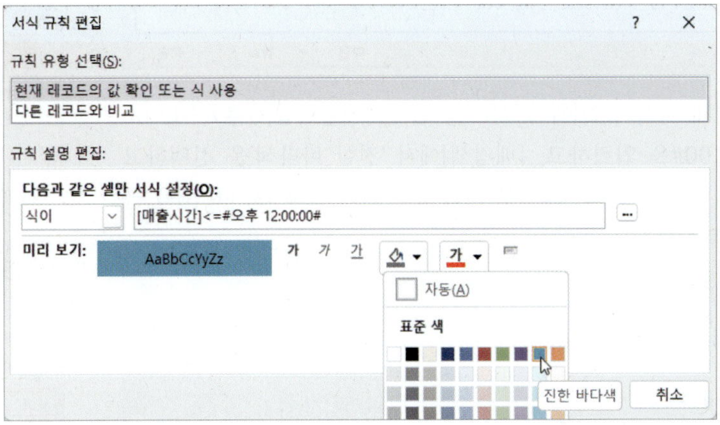 식이 [매출시간]<=#오후 12:00:00# / 진한 바다색
③	정렬 기준	그룹, 정렬 및 요약	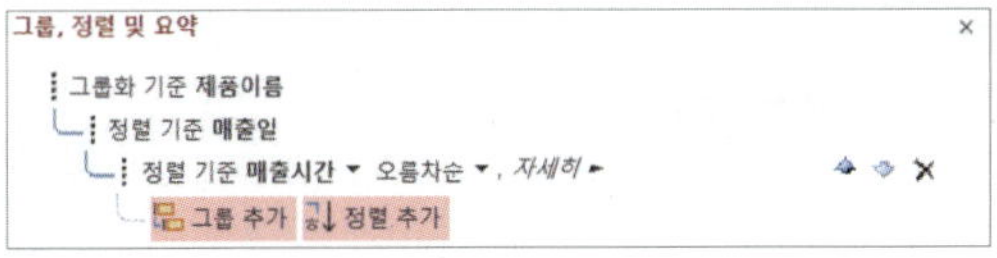 그룹화 기준 제품이름 / 정렬 기준 매출일 / 정렬 기준 매출시간 오름차순, 자세히
④	txt순번	컨트롤 원본	=1
		누적 합계	그룹
⑤	그룹 바닥글	배경색	강조색 6, 보다 밝게 80% 1) '제품이름' 바닥글 표시 2) '제품이름' 머리글 '배경색' 복사 3) '제품이름' 바닥글 '배경색'에 붙여넣기
		높이	1cm

① 〈매출현황〉 보고서에서 마우스 오른쪽 버튼을 눌러 [디자인 보기](🗒)를 클릭한다.

② 'txt제품이름' 컨트롤을 선택하고 '컨트롤 원본'에 =[제품이름] & " (거래처 : " & [거래처명] & ")"를 입력한다.

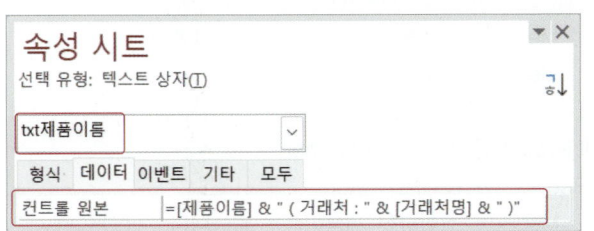

③ '본문' 영역의 모든 컨트롤을 선택한 후 [서식] 탭의 [조건부 서식](🗒)을 클릭한다.

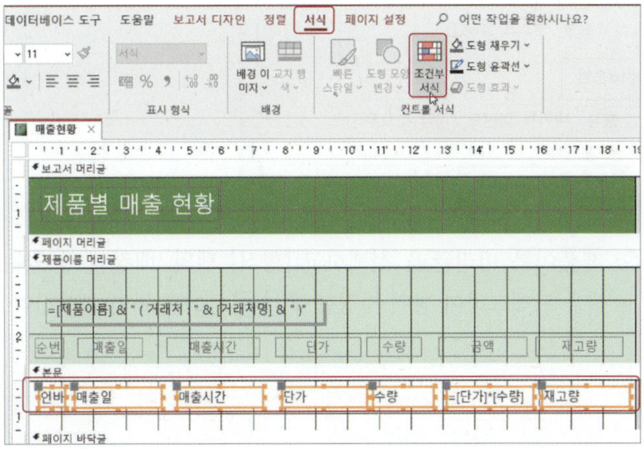

④ [조건부 서식 규칙 관리자]에서 [새 규칙]을 클릭한다.

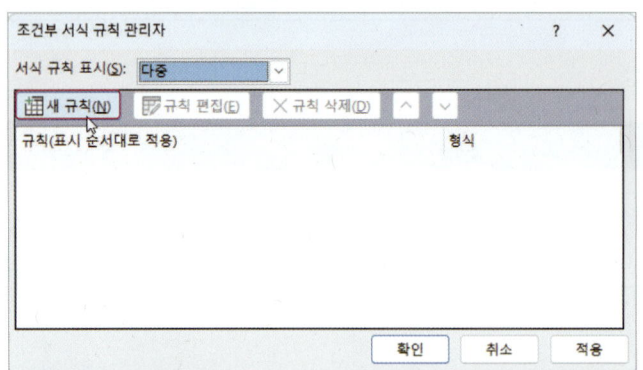

⑤ [새 서식 규칙]에서 '식이'를 선택, [매출시간]<=#오후12:00:00#을 입력하고, [배경색]에서 '진한 바다색'을 선택하고 [확인]을 클릭, [조건부 서식 규칙 관리자]에서도 [확인]을 클릭한다.

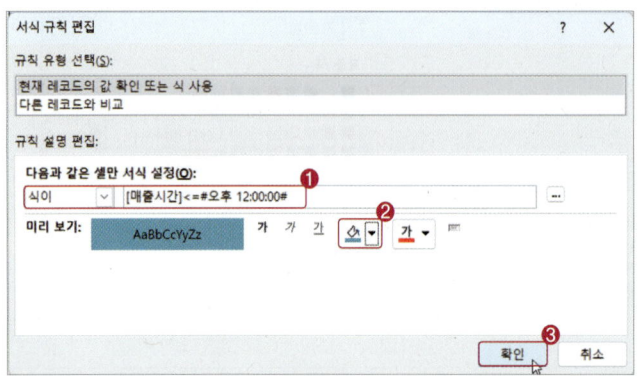

⑥ [보고서 디자인] 탭의 [그룹화 및 정렬]을 클릭한다.

⑦ [그룹, 정렬 및 요약]에서 [정렬 추가]를 클릭하여 '매출일'을 선택하고 [정렬 추가]를 클릭하여 '매출시간'을 선택한다.

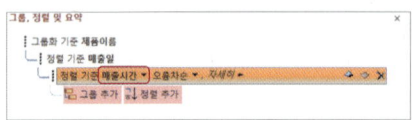

⑧ 'txt순번' 컨트롤을 선택하고 [데이터] 탭의 '컨트롤 원본'에 =1을 입력하고, '누적 합계'는 '그룹'을 선택한다.

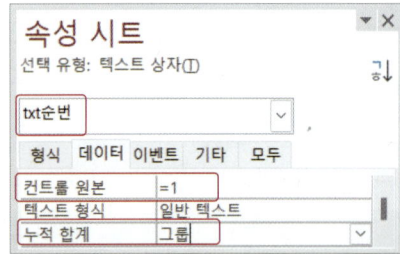

⑨ '제품이름 머리글'을 선택하고 [형식] 탭의 '배경색'에 있는 색을 드래그하여 범위 지정한 후 Ctrl+C를 눌러 복사한다.

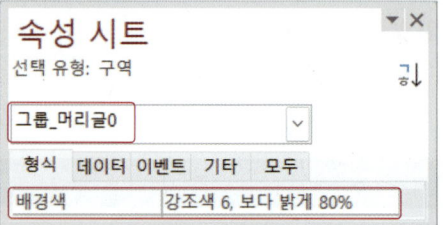

⑩ [그룹, 정렬 및 요약]에서 '제품이름'에서 '바닥글 구역 표시'를 선택한다.

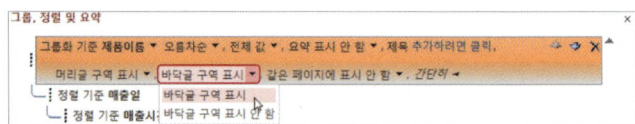

⑪ '제품이름 바닥글'을 선택하고 [형식] 탭의 '배경색'을 선택한 후 Ctrl+V를 눌러 복사한 후 높이에 1을 입력한다.

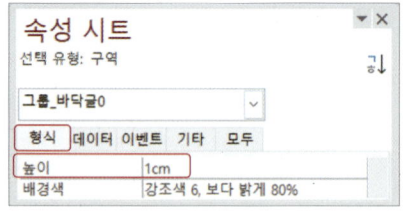

2 이벤트 프로시저

① 〈매출내역〉 폼에서 마우스 오른쪽 버튼을 눌러 [디자인 보기](📐)를 클릭한다.

② 'cmd조회' 컨트롤을 선택한 후 [이벤트] 탭의 'On Click'에서 [이벤트 프로시저]를 선택한 후 [작성기](…)를 클릭한다.

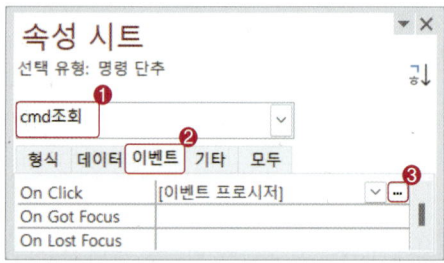

③ 다음과 같이 입력하고 [디자인 보기] 창을 닫고 변경한 내용은 저장한다.

```
Private Sub cmd조회_Click()
    Me.Filter = "제품이름 like '*" & txt조회 & "*'"
    Me.FilterOn = True
    
    If IsNull(제품이름) = False Then
    Else
        MsgBox "조회하신 제품이름은 없습니다.", vbOKOnly, "조회없음"
    End If

End Sub
```

문제4 처리 기능 구현

1 〈매출이 없는 고객〉 쿼리

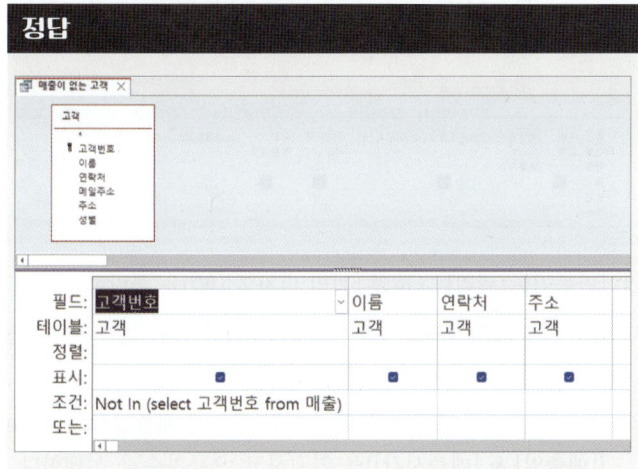

① [만들기]-[쿼리] 그룹의 [쿼리 디자인](圖)을 클릭한다.
② [테이블 추가]에서 〈고객〉 테이블을 더블클릭하여 추가한다.
③ 〈고객〉 테이블에서 다음과 같이 필드를 추가한다.

필드:	고객번호	이름	연락처	주소	
테이블:	고객	고객	고객	고객	
정렬:					
표시:	☑	☑	☑	☑	☐
조건:					
또는:					

④ '고객번호' 필드의 조건에 Not In (select 고객번호 from 매출)를 입력한다.
⑤ Ctrl + S 를 눌러 **매출이 없는 고객**을 입력하고 [확인]을 클릭하여 저장한다.

2 〈6~8월조회〉 쿼리

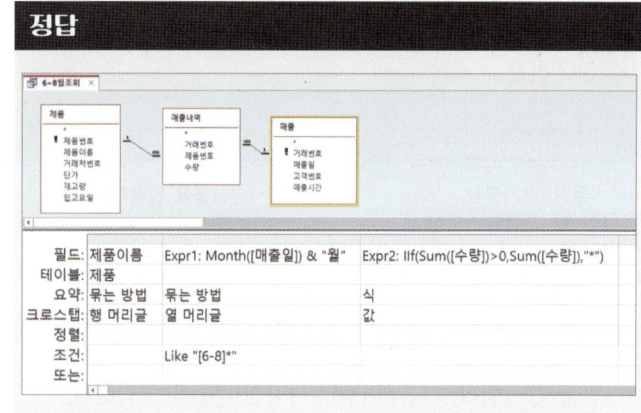

① [만들기]-[쿼리] 그룹의 [쿼리 디자인](圖)을 클릭한다.
② [테이블 추가]에서 〈제품〉, 〈매출내역〉, 〈매출〉을 각각 더블클릭하여 추가하고 [닫기]를 클릭한다.
③ [쿼리 디자인] 탭의 [크로스탭](圖)을 클릭한 후 다음과 같이 지정한다.

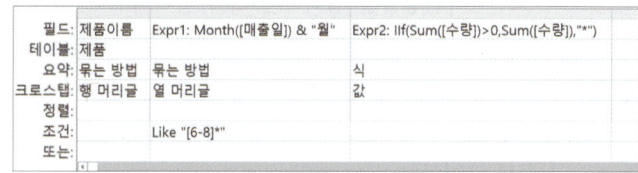

- 행 머리글 : 제품이름〈제품〉 테이블)
- 열 머리글 : Month([매출일]) & "월"
- 열 머리글(조건) : Like "[6-8]*"
- 값 : IIf(Sum([수량])>0,Sum([수량]),"*") – 요약(식)

④ Ctrl + S 를 눌러 **6~8월조회**를 입력하고 [확인]을 클릭하여 저장한다.

3 〈단가조정〉 쿼리

정답

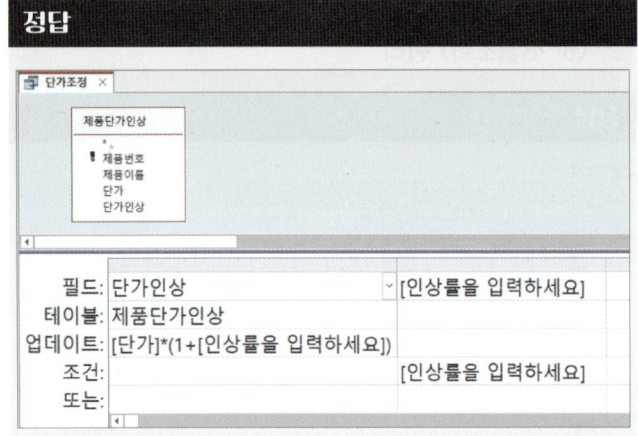

① [만들기]-[쿼리] 그룹의 [쿼리 디자인](📋)을 클릭한다.
② [테이블 추가]에서 〈제품단가인상〉을 더블클릭하여 추가하고 [닫기]를 클릭한다.
③ [쿼리 디자인] 탭의 [업데이트](📋)를 클릭한 후 '단가인상' 필드를 추가하고, 업데이트에 **[단가]*(1+[인상률을 입력하세요])**를 입력한다.
④ 필드와 조건에 **[인상률을 입력하세요]**를 입력하고 [쿼리 디자인]-[결과] 그룹에서 [실행](❗)을 클릭한 후 [예]를 클릭한다.
⑤ 인상률을 **0.1**을 입력하고 메시지 상자에 다음과 같이 표시되면 [예]를 클릭한다.

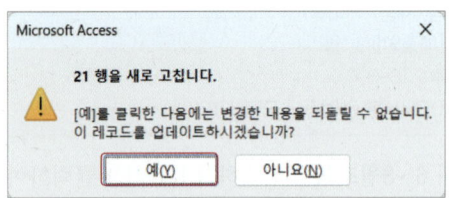

⑥ Ctrl + S 를 눌러 **단가조정**을 입력하고 [확인]을 클릭하여 저장한다.

4 〈25일이후매출고객〉 쿼리

정답

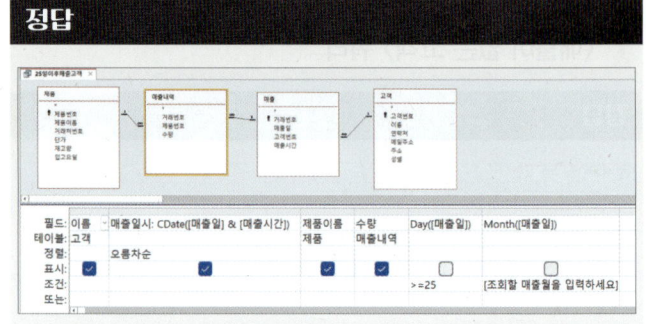

① [만들기]-[쿼리] 그룹의 [쿼리 디자인](📋)을 클릭한다.
② [테이블 추가]에서 〈제품〉, 〈매출내역〉, 〈매출〉, 〈고객〉을 더블클릭하여 추가하고 [닫기]를 클릭한다.
③ 필요한 필드를 드래그한 후 추가할 필드에 **매출일시: CDate([매출일] & [매출시간])**을 입력하고 '오름차순'을 선택한다.
④ 조건을 작성하기 위해서 필드 **Day([매출일])**, 표시 체크 해제, 조건 **>=25**, 필드 **Month([매출일])**, 표시 체크 해제, 조건 **[조회할 매출월을 입력하세요]**를 입력한다.
⑤ [쿼리 디자인]-[쿼리 유형] 그룹에서 [테이블 만들기](📋) 클릭하여 **매출월조회(25일이후)**를 입력하고 [확인]을 클릭한다.

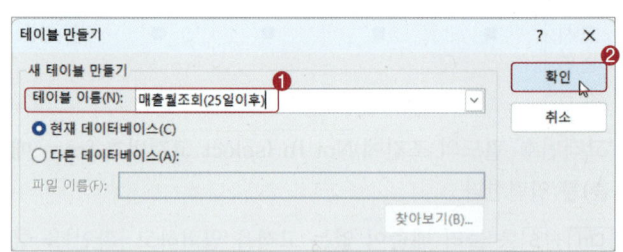

⑥ Ctrl + S 를 눌러 **25일이후매출고객**을 입력하고 [확인]을 클릭하여 저장한다.

5 〈10월상위5위〉 쿼리

정답

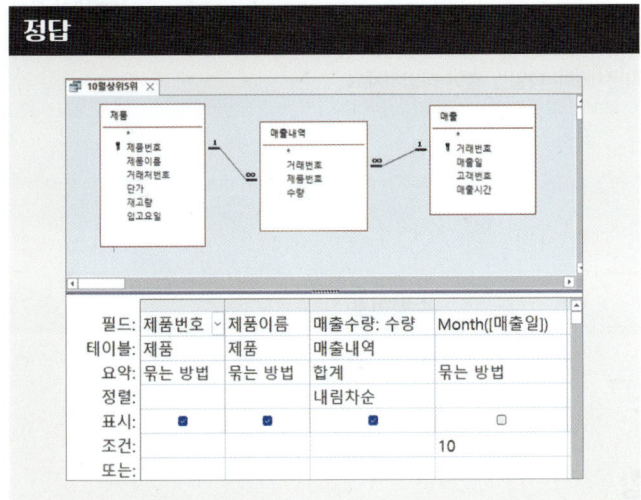

① [만들기]-[쿼리] 그룹의 [쿼리 디자인](▦)을 클릭한다.
② [테이블 추가]의 [테이블] 탭에서 〈제품〉, 〈매출내역〉, 〈매출〉 테이블을 추가한 후 다음과 같이 필드를 추가한다.

③ [쿼리 디자인] 탭의 [요약](∑)을 클릭한 후, 수량은 '매출수량', '합계', '내림차순', 매출일은 Month(매출일), 조건 10을 입력한다.

④ 쿼리 창에서 [속성 시트]를 표시한 후 '상위 값'에 5를 입력한다. (또는 반환에 '5'를 입력)

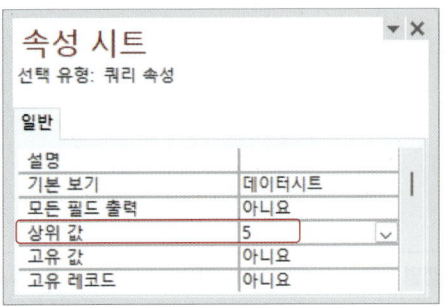

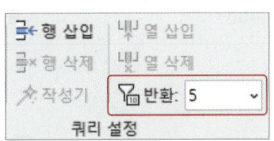

⑤ [저장](🖫)을 클릭하여 쿼리의 이름을 **10월상위5위**로 입력하고 [확인]을 클릭한다.

상시 공략 문제 06회

작업파일 : '26컴활1급(상시)₩데이터베이스₩상시공략문제'에서 '상시공략문제6회' 파일을 열어 작업하세요.

프로그램명	제한시간	풀이시간
ACCESS 2021	45분	분

수험번호 :

성   명 :

유의사항

- 인적 사항 누락 및 잘못 작성으로 인한 불이익은 수험자 책임으로 합니다.

- 화면에 암호 입력창이 나타나면 아래의 암호를 입력하여야 합니다.
  - 암호: 7646%5

- 작성된 답안은 주어진 경로 및 파일명을 변경하지 마시고 그대로 저장해야 합니다. 이를 준수하지 않으면 실격 처리됩니다.
  - 답안 파일명의 예: C:₩DB₩수험번호8자리.accdb

- 외부데이터 위치: C:₩DB₩파일명

- 별도의 지시사항이 없는 경우, 다음과 같이 처리 시 실격 처리됩니다.
  - 제시된 개체의 이름을 임의로 변경한 경우
  - 제시된 개체의 속성을 임의로 변경한 경우
  - 제시된 개체를 임의로 삭제하거나 추가한 경우

- 별도의 지시사항이 없는 경우, 기능의 구현은 모듈이나 매크로 등을 이용하며, 예외적인 상황에 대해서는 고려하지 않아도 됩니다.

- 제시된 함수가 있을 경우 제시된 함수만을 사용하여야 하며, 그 외 함수 사용시 채점 대상에서 제외됩니다.

- 별도의 지시사항이 없는 경우, 주어진 각 개체의 속성은 설정값 또는 기본 설정값 (Default)으로 처리하십시오.

- 제시된 화면은 예시이며 나타난 값은 실제와 다를 수 있습니다.

- 저장 시간은 별도로 주어지지 아니하므로 제한된 시간 내에 저장을 완료해야 합니다.

- 본 문제의 용어는 MS Office LTSC Professional Plus 2021 기준으로 작성되었습니다.

대 한 상 공 회 의 소

문제1 DB 구축(25점)

1 수강생 정보를 관리할 수 있도록 데이터베이스를 구축하고자 한다. 다음의 지시사항에 따라 〈수강생〉과 〈프로그램〉 테이블을 완성하시오. (각 3점)

〈수강생〉 테이블

① '회원코드'와 '성명' 필드를 기본키로 설정하시오.
② '레벨'에 다음과 같이 조회 속성을 설정하시오.
　▶ 콤보 상자의 형태로 "A", "B", "C", "D", "E"가 표시되도록 설정하시오.
③ '종료일' 필드에 입력되는 날짜는 '시작일' 필드에 입력된 날짜보다 반드시 크도록 '테이블'의 유효성 검사 규칙을 설정하시오.

〈프로그램〉 테이블

④ '프로그램코드' 필드는 "ART01"과 같이 영문 대문자 3글자와 숫자 2글자가 반드시 입력되도록 입력 마스크를 설정하시오.
　▶ 문자 입력은 A~Z까지의 영문자가 반드시 입력될 수 있도록 설정할 것
　▶ 숫자 입력은 0~9까지의 숫자가 반드시 입력될 수 있도록 설정할 것
⑤ '프로그램' 필드는 필드 이름을 변경하지 않고, '수강과목'으로 표시되도록 설정하시오.

2 외부 데이터 가져오기 기능을 이용하여 〈신규강좌.txt〉 파일의 데이터를 가져와 〈신규프로그램〉 테이블을 생성하시오. (5점)

▶ 쉼표로 구분되어 있음
▶ 첫 행에 필드 이름 포함
▶ 기본 키 없음

3 〈수강생〉 테이블의 '프로그램' 필드는 〈프로그램〉 테이블의 '프로그램코드' 필드를 참조하며, 테이블 간의 관계는 M:1 이다. 두 테이블에 대해 다음과 같이 관계를 설정하시오. (5점)

※ 액세스 파일에 이미 설정되어 있는 관계는 수정하지 마시오.

▶ 테이블 간에 항상 참조 무결성이 유지되도록 설정하시오.
▶ 참조 필드의 값이 변경되면 관련 필드의 값도 변경되도록 설정하시오.
▶ 다른 테이블에서 참조하고 있는 레코드는 삭제할 수 없도록 설정하시오.

문제2 입력 및 수정 기능 구현(20점)

1 〈수강생목록〉 폼을 다음의 화면과 지시사항에 따라 완성하시오. (각 3점)

① 폼의 '기본 보기' 속성을 〈그림〉과 같이 설정하시오.
② 본문 영역의 'txt시작일'과 'txt종료일' 컨트롤에는 날짜가 [표시 예]와 같이 표시되도록 관련 속성을 설정하시오.
   ▶ [표시 예 : 2025.10.]
③ 폼 바닥글의 'txt수강생수' 컨트롤에는 전체 회원 수가 [표시 예]와 같이 표시되도록 컨트롤 원본 속성을 설정하시오.
   ▶ [표시 예 : 50명]

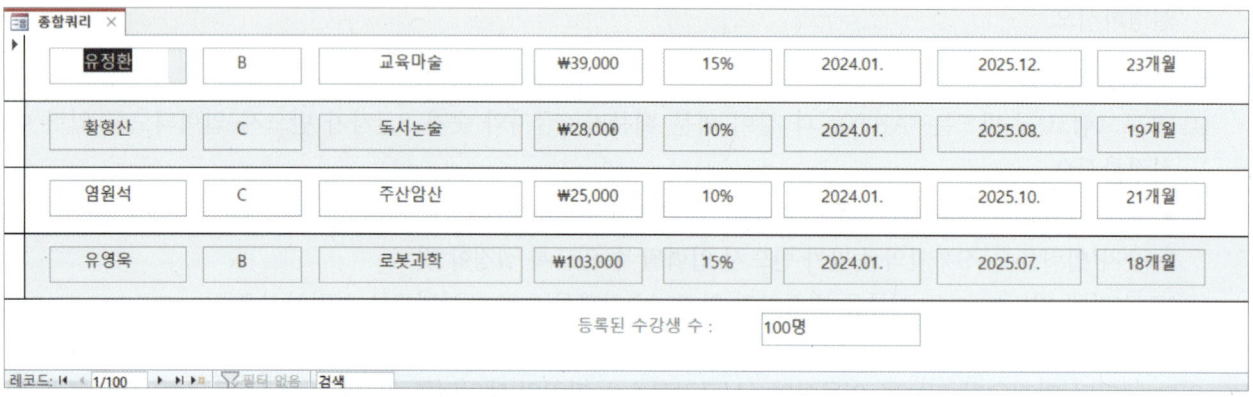

2 〈수강생목록〉 폼의 'txt개월수' 컨트롤에는 시작일과 종료일 차이가 월 단위로 표시되도록 컨트롤 원본 속성을 설정하시오. (6점)

▶ DateDiff 함수를 사용하시오.
▶ [표시 예 : 10개월]

3 〈수강생관리〉 폼이 '보고서보기'(cmd보고서보기) 단추를 클릭하면 다음과 같은 기능이 구현되도록 〈보고서〉 매크로를 생성한 후 저장하시오. (5점)

▶ 〈수강생목록〉 보고서를 '인쇄 미리 보기' 상태로 표시한 후 다음과 같이 시스템의 현재 날짜와 시간이 표시된 메시지 상자를 표시할 것

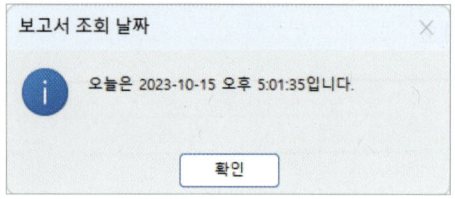

문제3 조회 및 출력 기능 구현(20점)

1 다음의 지시사항 및 화면을 참조하여 〈수강생목록〉 보고서를 완성하시오. (각 3점)

① 보고서의 정렬 기준을 다음과 같이 추가하시오.
   ▶ '레벨'이 같은 경우 '성명'을 기준으로 오름차순 정렬
② '레벨' 머리글 영역이 매 페이지마다 반복하여 출력되도록 설정하고, '레벨' 머리글 영역이 시작되기 전에 페이지가 바뀌도록 설정하시오.
③ '레벨' 머리글 영역의 'txt레벨' 컨트롤에는 '레벨상세' 필드 내용이 [표시 예]와 같이 표시되도록 컨트롤 원본 속성과 특수 효과는 '그림자'로 설정하시오.
   ▶ [표시 예 : 열매 → 열매회원]
④ 본문 영역의 'txt순번' 컨트롤에는 그룹별로 순번이 표시되도록 관련 속성을 설정하시오.
⑤ 페이지 바닥글 영역의 'txt페이지' 컨트롤에는 페이지가 다음과 같이 표시되도록 컨트롤 원본 속성을 설정하시오.
   ▶ 전체 페이지가 3 페이지이고 현재 페이지가 1 페이지인 경우 : 1 / 3

2 〈수강생관리〉 폼 머리글의 'cmb레벨' 컨트롤의 값이 변경(Change)되면, '레벨상세' 테이블에서 변경된 '레벨코드'와 동일한 레코드만 조회되도록 이벤트 프로시저를 구현하시오. (5점)

   ▶ RecordSource 속성을 사용할 것

문제4 처리 기능 구현(35점)

1. 〈수강생〉, 〈프로그램〉 테이블을 이용하여 월수강료가 상위 10%이고, 종료일이 "2025-7-1 ~ 2025-9-30"에 해당하는 회원의 정보를 조회하는 〈3분기종료조회〉 쿼리를 작성하시오. (7점)

   ▶ '월수강료' 필드를 기준으로 내림차순 정렬하여 표시하시오.
   ▶ 쿼리 실행 결과 표시되는 필드와 필드명은 〈그림〉과 같이 표시되도록 설정하시오.

   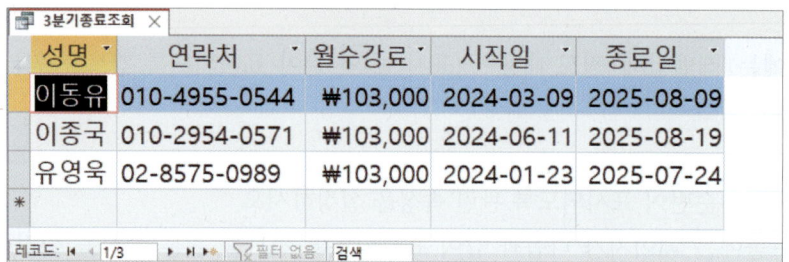

2. 〈수강생〉, 〈레벨상세〉, 〈프로그램〉 테이블을 이용하여 프로그램별 레벨상세별 인원수를 나타내는 〈프로그램별회원수〉 크로스탭 쿼리를 작성하시오. (7점)

   ▶ '레벨상세' 필드의 값이 '씨앗' 이면 '신규회원' 이고 그 외는 '재수강회원' 이다.
   ▶ 인원수는 '회원코드' 필드를 이용하시오.
   ▶ 쿼리 결과 표시되는 필드와 필드명은 〈그림〉과 같이 표시되도록 설정하시오.

3. 〈수강생〉 테이블을 이용하여 업데이트할 대상을 조회한 후 조회된 내용을 새로운 테이블로 생성하는 〈업데이트_수강생조회〉 쿼리를 생성한 후 실행하시오. (7점)

   ▶ '연락처' 필드의 값이 비어 있거나(Is Null) "010"으로 시작하지 않은 수강생을 대상으로 할 것
   ▶ 생성될 테이블의 이름은 〈업데이트_수강생〉 으로 할 것
   ▶ 쿼리 실행 결과 표시되는 필드와 필드명은 〈그림〉과 같이 표시되도록 설정하시오.

④ 〈수강생〉, 〈레벨상세〉, 〈프로그램〉 테이블을 이용하여 '레벨'을 매개 변수로 입력받고, 입력된 '레벨'에 해당하는 수강생의 정보를 조회하는 〈수강생조회〉 쿼리를 작성하시오. (7점)

▶ 실납입액 = 월수강료 × (1 − 할인율)
▶ 쿼리 결과 표시되는 필드와 필드명, 필드 형식은 〈그림〉과 같이 표시되도록 설정하시오.

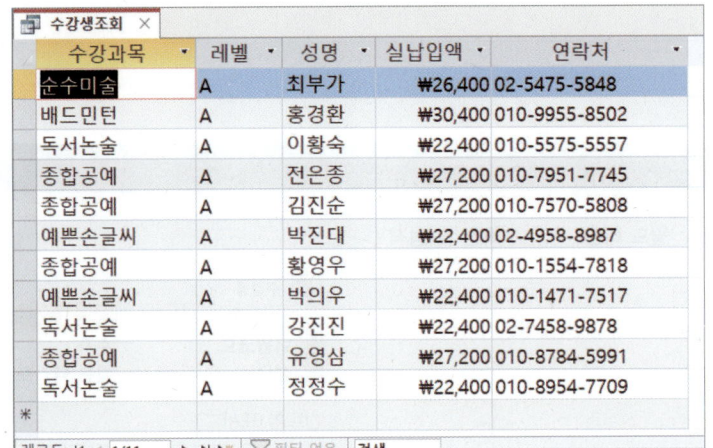

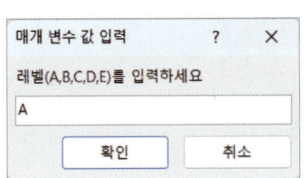

⑤ 〈수강생〉 테이블과 〈종합쿼리〉 쿼리를 이용하여 월수강료가 100,000 이상 200,000 이하인 수강생의 '비고' 필드의 값을 '♠관리과목♠'으로 변경하는 〈관리과목처리〉 업데이트 쿼리를 작성한 후 실행하시오. (7점)

▶ In 연산자와 하위 쿼리 사용

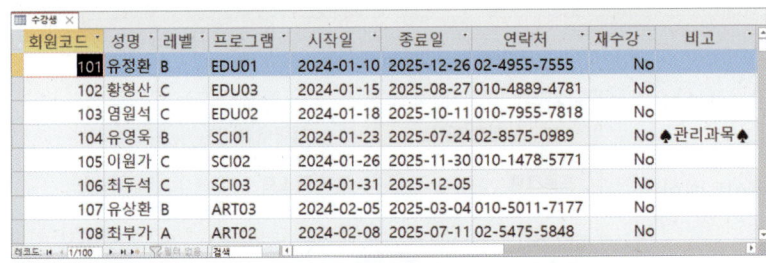

※ 〈관리과목처리〉 쿼리를 실행한 후의 〈수강생〉 테이블

정답 & 해설 상시 공략 문제 06회

문제1 DB 구축

1 테이블 완성

정답

번호	테이블	필드 이름	속성 및 형식	설정 값	
①	수강생	회원코드, 성명	기본 키	수강생 필드 이름 / 데이터 형식 회원코드 / 숫자 성명 / 짧은 텍스트	
②	수강생	레벨	[조회] 탭	컨트롤 표시	콤보 상자
				행 원본 유형	값 목록
				행 원본	A;B;C;D;E
③	수강생	테이블	유효성 검사 규칙	[종료일]>[시작일]	
④	프로그램	프로그램코드	입력 마스크	>LLL00	
⑤	프로그램	프로그램	캡션	수강과목	

① 〈수강생〉 테이블에서 마우스 오른쪽 버튼을 눌러 [디자인 보기](📄)를 클릭한다.

② '회원코드'와 '성명' 필드를 선택한 후 [테이블 디자인] 탭의 [기본 키](🔑)를 클릭한다.

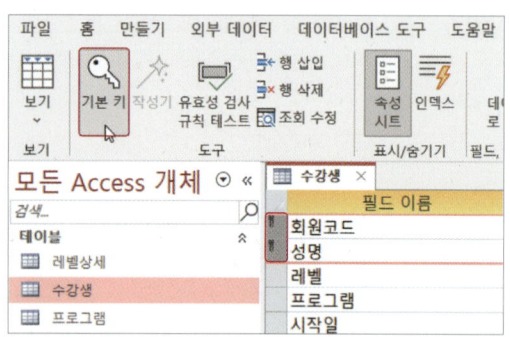

③ '레벨' 필드를 선택하고 [조회] 탭에서 컨트롤 표시는 '콤보 상자', 행 원본 유형은 '값 목록', 행 원본에 A;B;C;D;E를 입력한다.

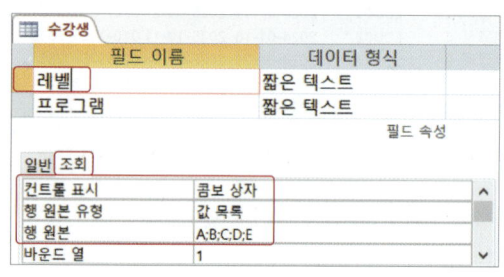

④ 마우스 오른쪽 버튼을 눌러 [속성]을 클릭한다.

⑤ [속성 시트] 창의 '유효성 검사 규칙'에 **[종료일]>[시작일]**을 입력하고 [저장](💾)을 클릭하고 메시지에서 [예]를 클릭한다.

⑥ 〈프로그램〉 테이블에서 마우스 오른쪽 버튼을 눌러 [디자인 보기](📄)를 클릭한다.

⑦ '프로그램코드' 필드를 선택하고 '입력 마스크'에 >LLL00을 입력한다.

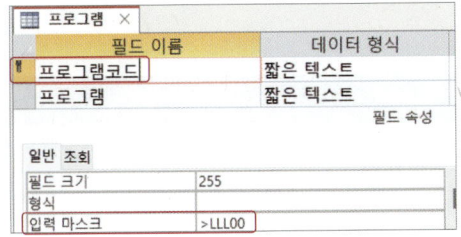

⑧ '프로그램' 필드를 선택하고 '캡션'에 **수강과목**을 입력하고 [저장](📁)을 클릭한다.

2 '신규강좌.txt' 파일 가져오기

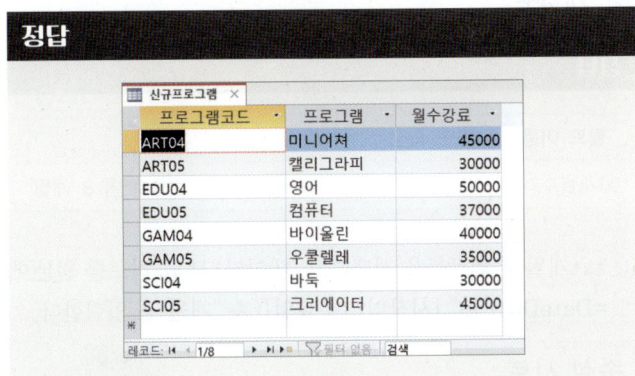

① [외부 데이터]-[가져오기 및 연결] 그룹의 [새 데이터 원본]-[파일에서]-[텍스트 파일]을 클릭한다.

② [외부 데이터 가져오기 - 텍스트 파일]에서 〈찾아보기〉를 클릭하여 '신규강좌.txt' 파일을 선택한 후 [열기]를 클릭한다.

③ '현재 데이터베이스의 새 테이블로 원본 데이터 가져오기'를 선택하고 [확인]을 클릭한다.

④ [텍스트 가져오기 마법사]에서 '구분'이 선택된 상태에서 [다음]을 클릭한다.

⑤ '쉼표'와 '첫 행에 필드 이름 포함'을 선택하고 [다음]을 클릭한다.

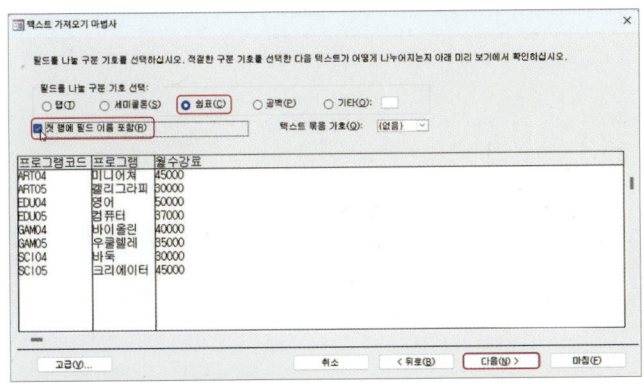

⑥ 가져오는 각 필드에 대한 정보를 지정할 수 있는데, 지금 문제는 [다음]을 클릭한다.

⑦ '기본 키 없음'을 선택하고 [다음]을 클릭한다.

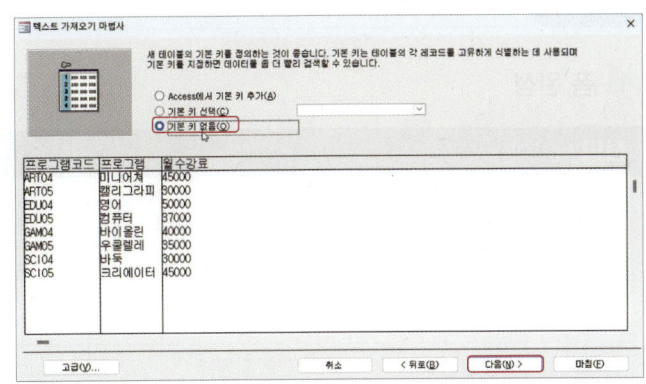

⑧ 테이블 가져오기에 **신규프로그램**을 입력하고 [마침]을 클릭한다.

⑨ [가져오기 단계 저장]에서 옵션이 해제된 상태에서 [닫기]를 클릭한다.

3 관계 설정

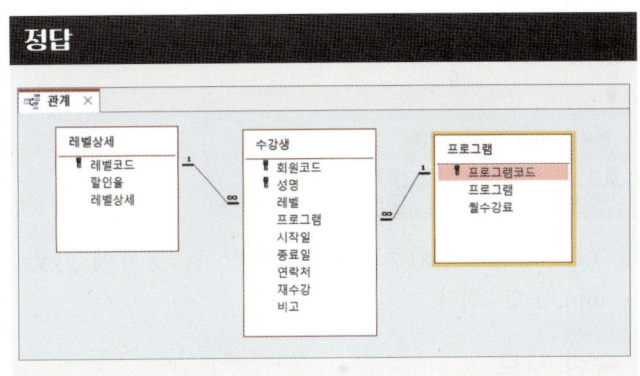

① [데이터베이스 도구]-[관계] 그룹에서 [관계](🔗)를 클릭한다.

② [테이블 추가]를 클릭하여 [테이블] 탭에서 〈프로그램〉 테이블을 더블클릭한 후 [닫기]를 클릭한다.

③ 〈프로그램〉 테이블의 '프로그램코드' 필드를 선택한 다음 〈수강생〉 테이블의 '프로그램' 필드로 드래그한다.

④ [관계 편집]에서 다음과 같이 지정하고 [만들기]를 클릭한다.

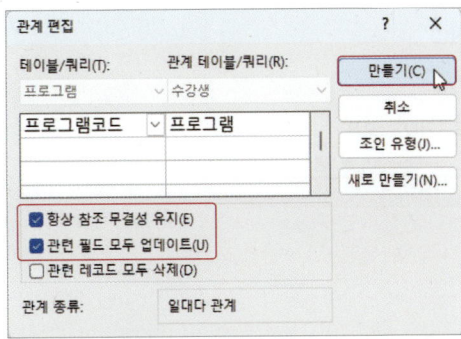

⑤ [관계 디자인] 탭의 [닫기]를 클릭하고 변경한 내용은 [예]를 눌러 저장한다.

문제2 입력 및 수정 기능 구현

1 폼 완성

정답

번호	필드 이름	필드 속성	설정 값
①	폼	기본 보기	연속 폼
②	txt시작일, txt종료일	형식	yyyy.mm.
③	txt수강생수	컨트롤 원본	=Count(*) & "명"

① 〈수강생목록〉 폼에서 마우스 오른쪽 버튼을 눌러 [디자인 보기](🔲)를 클릭한다.

② 폼 선택기를 선택한 후 [속성 시트]의 [형식] 탭에서 '기본 보기'는 '연속 폼'을 선택한다.

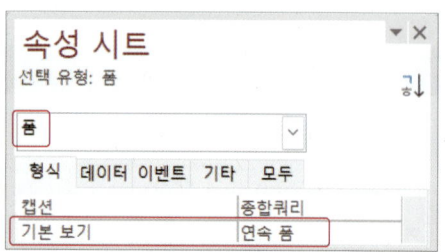

③ 'txt시작일'과 'txt종료일'을 선택한 후 '형식'에 yyyy.mm.을 입력한다.

④ 'txt수강생수' 컨트롤을 선택하고 [데이터] 탭의 '컨트롤 원본'에 =Count(*) & "명"을 입력한다.

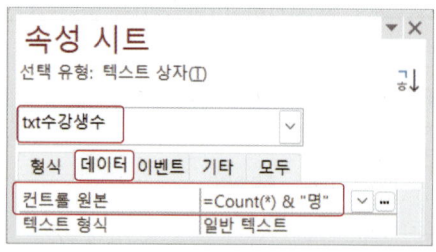

2 개월수

정답

필드 이름	필드 속성	설정 값
txt개월수	컨트롤 원본	=DateDiff("m",[시작일],[종료일]) & "개월"

① 'txt개월수' 컨트롤을 선택하고 [데이터] 탭의 '컨트롤 원본'에 =DateDiff("m",[시작일],[종료일]) & "개월"을 입력한다.

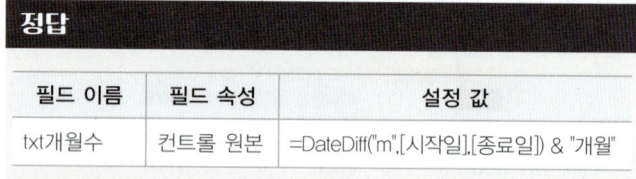

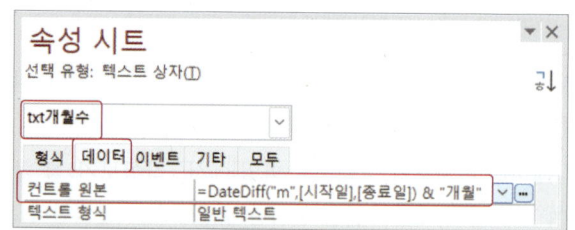

🚩 기적의 TIP

DateDiff("단위",시작일,종료일) : 시작일과 종료일 사이의 경과 기간을 지정한 단위로 표시

예 : DateDiff("m",[입사일],Date( ))

계산	년도	분기	월	일
단위	yyyy	q	m	d

3 매크로

정답

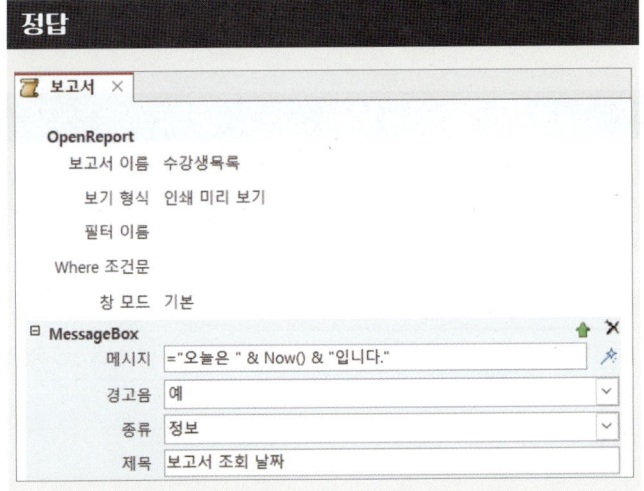

① [만들기]-[매크로 및 코드] 그룹의 [매크로](📋)를 클릭한다.

② 매크로 함수(OpenReport)를 선택하고, 보고서 이름은 '수강생목록', 보기 형식은 '인쇄 미리 보기'를 선택한다.

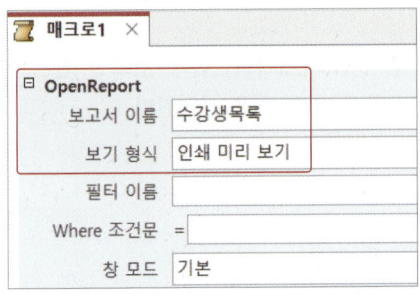

③ 매크로 함수(MessageBox)를 추가한 후 메시지에 ="오늘은 " & Now() & "입니다.", 종류는 **정보**, 제목은 **보고서 조회 날짜**를 입력하고, [저장](💾)을 클릭하여 매크로 이름을 **보고서** 이름으로 저장한 후 창을 닫는다.

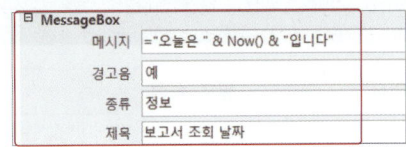

④ 〈수강생관리〉 폼에서 마우스 오른쪽 버튼을 눌러 [디자인 보기](📐)를 클릭한다.

⑤ 'cmd보고서보기' 명령 단추 컨트롤을 선택한 후 [이벤트] 탭의 On Click 이벤트에서 '보고서'를 지정한다.

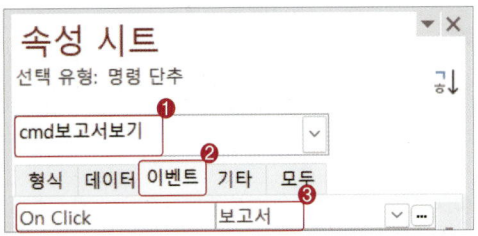

문제3 조회 및 출력 기능 구현

1 보고서 완성

정답

번호	필드 이름	필드 속성	설정 값
①	'성명' 정렬 기준	오름차순	그룹, 정렬 및 요약 / 그룹화 기준 레벨 / 정렬 기준 성명 ▼ 오름차순 ▼ , 자세히 ▶
②	'레벨' 머리글	반복 실행 구역	예
		페이지 바꿈	구역 전
③	txt레벨	컨트롤 원본	=[레벨상세] & "회원"
		특수 효과	그림자
④	txt순번	컨트롤 원본	=1
		누적 합계	그룹
⑤	txt페이지	컨트롤 원본	=[Page] & " / " & [Pages]

① 〈수강생목록〉 보고서에서 마우스 오른쪽 버튼을 눌러 [디자인 보기](📐)를 클릭한다.

② 그룹, 정렬 및 요약에서 [정렬 추가]를 클릭하여 '성명' 필드를 선택하고 '오름차순'으로 지정한다.

③ '레벨' 머리글을 선택한 후 [형식] 탭의 '반복 실행 구역'을 '예', '페이지 바꿈'에 '구역 전'을 선택한다.

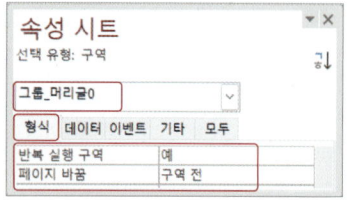

④ 'txt레벨' 컨트롤을 선택하고 [데이터] 탭의 '컨트롤 원본'에 =[레벨상세] & "회원"을 입력한다.

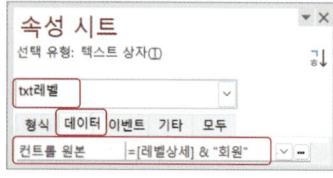

⑤ [형식] 탭의 '특수 효과'에 '그림자'를 선택한다.

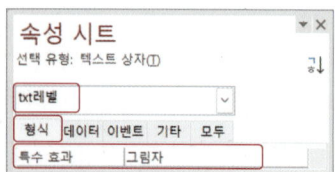

⑥ 'txt순번' 컨트롤을 선택하고 [데이터] 탭의 '컨트롤 원본'에 =1을 입력하고, '누적 합계'는 '그룹'을 선택한다.

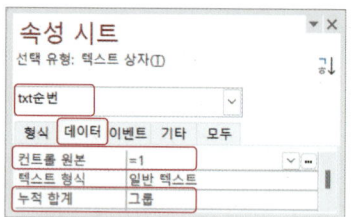

⑦ 'txt페이지' 컨트롤을 선택하고 [데이터] 탭의 '컨트롤 원본'에 =[Page] & " / " & [Pages]를 입력한다.

2 이벤트 프로시저

① 〈수강생관리〉 폼에서 마우스 오른쪽 버튼을 눌러 [디자인 보기](📐)를 클릭한다.

② 'cmb레벨' 컨트롤을 선택한 후 [이벤트] 탭의 'On Change'에서 [이벤트 프로시저]를 선택한 후 [작성기](⋯)를 클릭한다.

③ 다음과 같이 입력하고 [디자인 보기] 창을 닫고 변경한 내용은 저장한다.

```
Private Sub cmb레벨_Change()
    Me.RecordSource = "select * from 레벨상세 where 레벨코드 = '" & cmb레벨 & "'"
End Sub
```

문제4 처리 기능 구현

1 〈3분기종료조회〉 쿼리

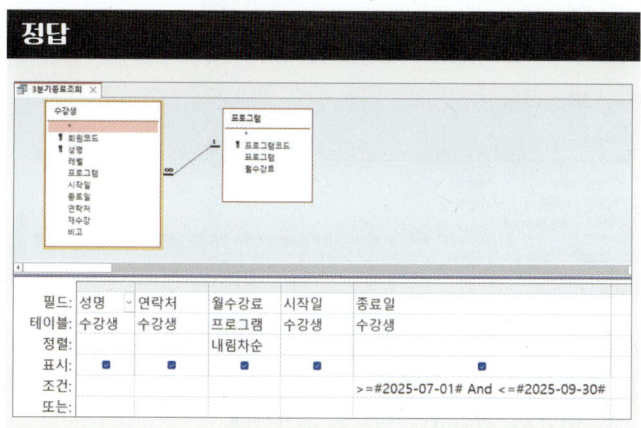

① [만들기]-[쿼리] 그룹의 [쿼리 디자인](圖)을 클릭한다.
② [테이블 추가]에서 〈수강생〉, 〈프로그램〉을 더블클릭하여 추가하고 [닫기]를 클릭한다.
③ 필요한 필드를 추가한 후 '월수강료' 필드는 '내림차순' 정렬을 선택한다.
④ '종료일' 필드에 조건을 >=#2025-07-01# And <=#2025-09-30#을 입력한다.
⑤ '월수강료' 필드를 선택한 후 [쿼리 디자인]-[쿼리 설정] 그룹에서 '반환'에 10%를 입력한다.

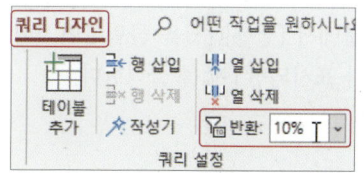

⑥ Ctrl + S 를 눌러 3분기종료조회를 입력하고 [확인]을 클릭하여 저장한다.

2 〈프로그램별회원수〉 쿼리

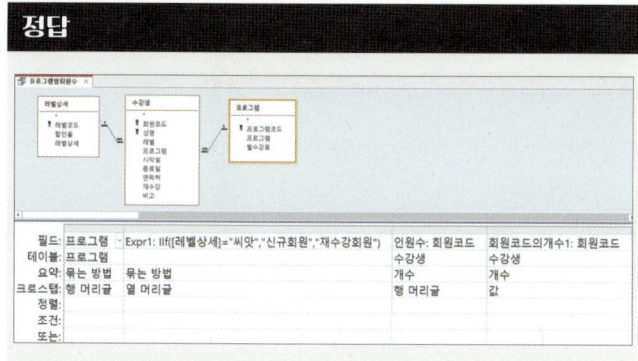

① [만들기]-[쿼리] 그룹의 [쿼리 디자인](圖)을 클릭한다.
② [테이블 추가]에서 〈수강생〉, 〈레벨상세〉, 〈프로그램〉을 각각 더블클릭하여 추가하고 [닫기]를 클릭한다.
③ [쿼리 디자인]-[쿼리 유형] 그룹에서 [크로스탭](圖)을 클릭한 후 다음과 같이 지정한다.

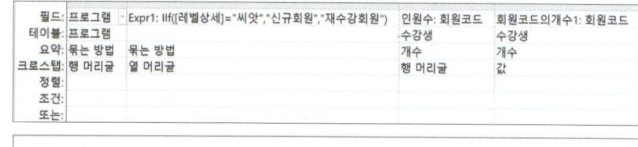

- 행 머리글 : 프로그램(〈프로그램〉 테이블)
- 행 머리글 : 회원코드(개수) => 인원수
- 열 머리글 : IIf([레벨상세]="씨앗","신규회원","재수강회원")
- 값 : 회원코드(개수)

④ Ctrl + S 를 눌러 프로그램별회원수를 입력하고 [확인]을 클릭하여 저장한다.

3 〈업데이트_수강생조회〉 쿼리

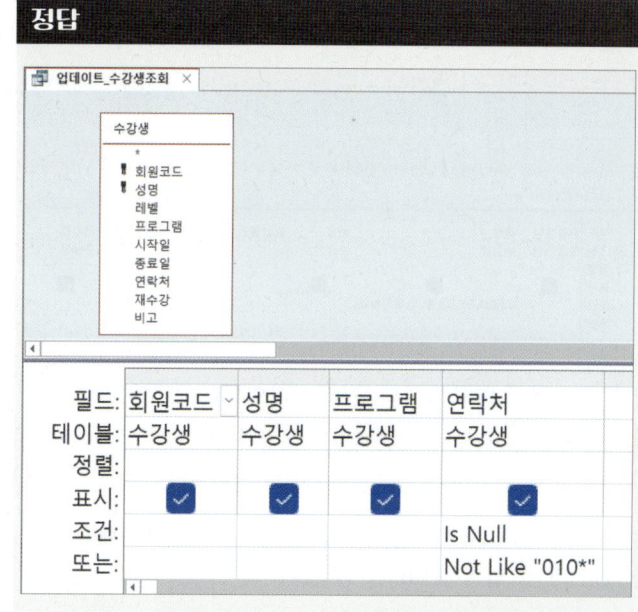

① [만들기]-[쿼리] 그룹의 [쿼리 디자인](圖)을 클릭한다.
② [테이블 추가]에서 〈수강생〉을 더블클릭하여 추가하고 [닫기]를 클릭한다.
③ 필요한 필드를 추가한 후 연락처 필드의 조건에 Is Null과 Not Like "010*"을 입력한다.
④ [쿼리 디자인]-[쿼리 유형] 그룹에서 [테이블 만들기](圖)를 클릭하여 업데이트_수강생을 입력하고 [확인]을 클릭한다.

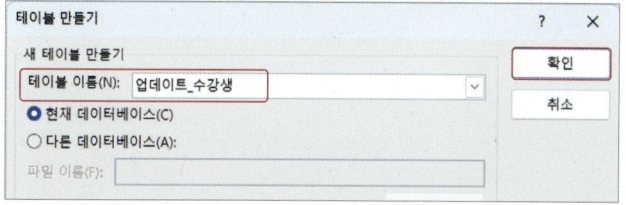

⑤ [쿼리 디자인]-[결과] 그룹에서 [실행](!)을 클릭한 후 [예]를 클릭한다.

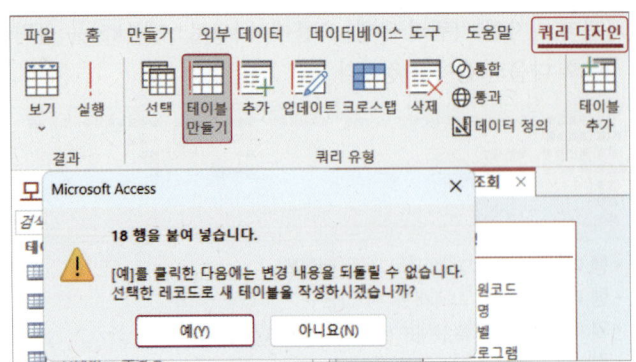

⑥ Ctrl + S 를 눌러 **업데이트_수강생조회**를 입력하고 [확인]을 클릭하여 저장한다.

4 〈수강생조회〉 쿼리

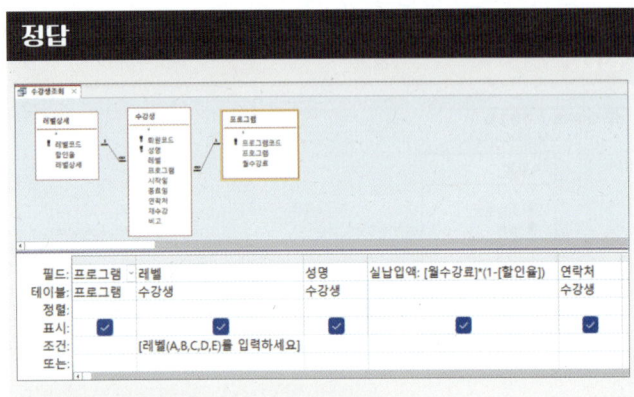

① [만들기]-[쿼리] 그룹의 [쿼리 디자인](🖼)을 클릭한다.
② [테이블 추가]에서 〈수강생〉, 〈레벨상세〉, 〈프로그램〉을 각각 더블클릭하여 추가하고 [닫기]를 클릭한다.
③ 필요한 필드를 추가한 후 '레벨' 필드의 조건에 [**레벨(A,B,C,D,E)를 입력하세요**]를 입력한다.
④ **실납입액: [월수강료]*(1-[할인율])** 필드를 입력한 후 [속성 시트]의 '형식'은 '통화'를 선택한다.

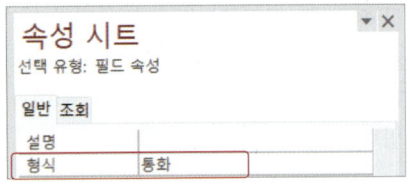

⑤ Ctrl + S 를 눌러 **수강생조회**를 입력하고 [확인]을 클릭하여 저장한다.

5 〈관리과목처리〉 쿼리

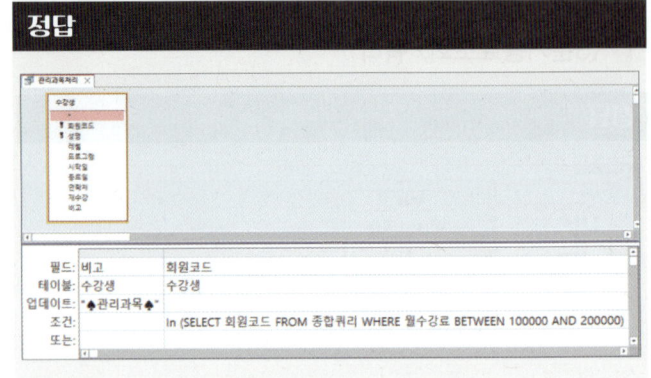

① [만들기]-[쿼리] 그룹의 [쿼리 디자인](🖼)을 클릭한다.
② [테이블 추가]의 [테이블] 탭에서 〈수강생〉 테이블을 추가한 후 '비고'와 '회원코드' 필드를 추가한다.
③ [쿼리 디자인]-[쿼리 유형] 그룹에서 [업데이트](🖼)를 클릭한 후 다음과 같이 입력한다.

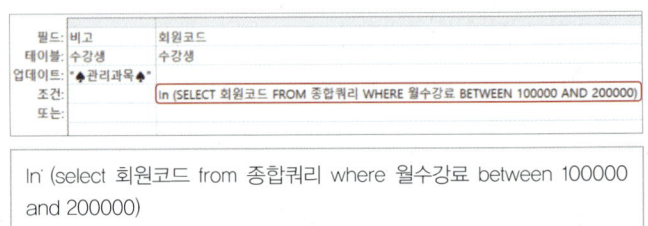

In (select 회원코드 from 종합쿼리 where 월수강료 between 100000 and 200000)

④ [저장](💾)을 클릭하여 쿼리의 이름을 **관리과목처리**로 입력하고 [확인]을 클릭한다.
⑤ [쿼리 디자인]-[결과] 그룹에서 [실행](!)을 클릭하면 9행을 새로 고친다는 메시지가 표시되면 [예]를 클릭한다.

상시 공략 문제 07회

작업파일 : '26컴활1급(상시)₩데이터베이스₩상시공략문제'에서 '상시공략문제7회' 파일을 열어 작업하세요.

프로그램명	제한시간	풀이시간
ACCESS 2021	45분	분

수험번호 :

성   명 :

유의사항

- 인적 사항 누락 및 잘못 작성으로 인한 불이익은 수험자 책임으로 합니다.

- 화면에 암호 입력창이 나타나면 아래의 암호를 입력하여야 합니다.
  ○ 암호: 7646%5

- 작성된 답안은 주어진 경로 및 파일명을 변경하지 마시고 그대로 저장해야 합니다. 이를 준수하지 않으면 실격 처리됩니다.
  ○ 답안 파일명의 예: C:₩DB₩수험번호8자리.accdb

- 외부데이터 위치: C:₩DB₩파일명

- 별도의 지시사항이 없는 경우, 다음과 같이 처리 시 실격 처리됩니다.
  ○ 제시된 개체의 이름을 임의로 변경한 경우
  ○ 제시된 개체의 속성을 임의로 변경한 경우
  ○ 제시된 개체를 임의로 삭제하거나 추가한 경우

- 별도의 지시사항이 없는 경우, 기능의 구현은 모듈이나 매크로 등을 이용하며, 예외적인 상황에 대해서는 고려하지 않아도 됩니다.

- 제시된 함수가 있을 경우 제시된 함수만을 사용하여야 하며, 그 외 함수 사용시 채점 대상에서 제외됩니다.

- 별도의 지시사항이 없는 경우, 주어진 각 개체의 속성은 설정값 또는 기본 설정값 (Default)으로 처리하십시오.

- 제시된 화면은 예시이며 나타난 값은 실제와 다를 수 있습니다.

- 저장 시간은 별도로 주어지지 아니하므로 제한된 시간 내에 저장을 완료해야 합니다.

- 본 문제의 용어는 MS Office LTSC Professional Plus 2021 기준으로 작성되었습니다.

대 한 상 공 회 의 소

문제1 　DB 구축(25점)

1. 다음의 지시사항에 따라 각 테이블을 완성하시오. (각 3점)

〈봉사기관〉 테이블

① '기관코드' 필드는 'S-01'과 같은 영문 대문자 1개, '-'기호와 숫자 2개가 필수로 입력되도록 입력마스크를 설정하시오.
　▶ 영문자 설정은 영문자와 한글만 입력 가능한 사용자 지정 기호를 사용하시오.
　▶ '-' 문자도 테이블에 저장되도록 설정하고, 데이터 입력시 사용할 표시 문자는 '*'로 설정하시오.

〈봉사내역〉 테이블

② '봉사종료날짜'가 '봉사시작날짜' 보다 크거나 같도록 유효성 검사 규칙을 설정하시오.
③ '시수' 필드를 '콤보 상자' 형식으로 변경하고 1,2,3,4,5,6,7 값만 표시되도록 설정하시오.

〈재학생〉 테이블

④ '연락처' 필드 제목을 '휴대폰번호'로 표시하시오.
⑤ '주소' 필드 빈 공간에 '#'를 반복하여 표시하시오.

2. 〈추가기관.xlsx〉 파일을 테이블 형태로 가져오시오. (5점)

▶ 첫 번째 행은 필드 이름임
▶ 기본키는 '기본키 없음'으로 지정하고 테이블 이름을 '봉사기관추가'로 할 것

3. 〈봉사내역〉 테이블의 '기관코드' 필드는 〈봉사기관〉 테이블의 '기관코드' 필드를 참조하고 테이블 간의 관계는 M:1이다. 두 테이블에 대해 다음과 같이 관계를 설정하시오. (5점)

※ 액세스 파일에 이미 설정되어 있는 관계는 수정하지 마시오.

▶ 테이블 간에 항상 참조 무결성이 유지되도록 설정하시오.
▶ 참조 필드의 값이 변경되면 관련 필드의 값도 변경되도록 설정하시오.
▶ 다른 테이블에서 참조하고 있는 레코드는 삭제할 수 없도록 설정하시오.

문제2 입력 및 수정 기능 구현(20점)

1 〈봉사기관〉 폼을 다음의 화면과 지시사항에 따라 완성하시오. (각 3점)

① 〈봉사내역관리〉 하위 폼의 'txt기관코드'와 'cmb기관명' 컨트롤에 대해 편집하지 못하도록 설정하시오.
② 〈봉사내역관리〉 하위 폼이 로드될 때 '봉사시작날짜'를 기준으로 '내림차순'으로 정렬하고 봉사시작날짜가 같을 경우 '이름'으로 '오름차순'으로 정렬하시오.
③ 〈봉사기관〉 폼의 'txt봉사점수' 컨트롤에 '봉사점수신청' 값이 'True(-1)'인 경우 "신청가능"이라고 표시하고 아닌 경우 "신청불가"라고 표시하시오. (IIF 함수 사용)

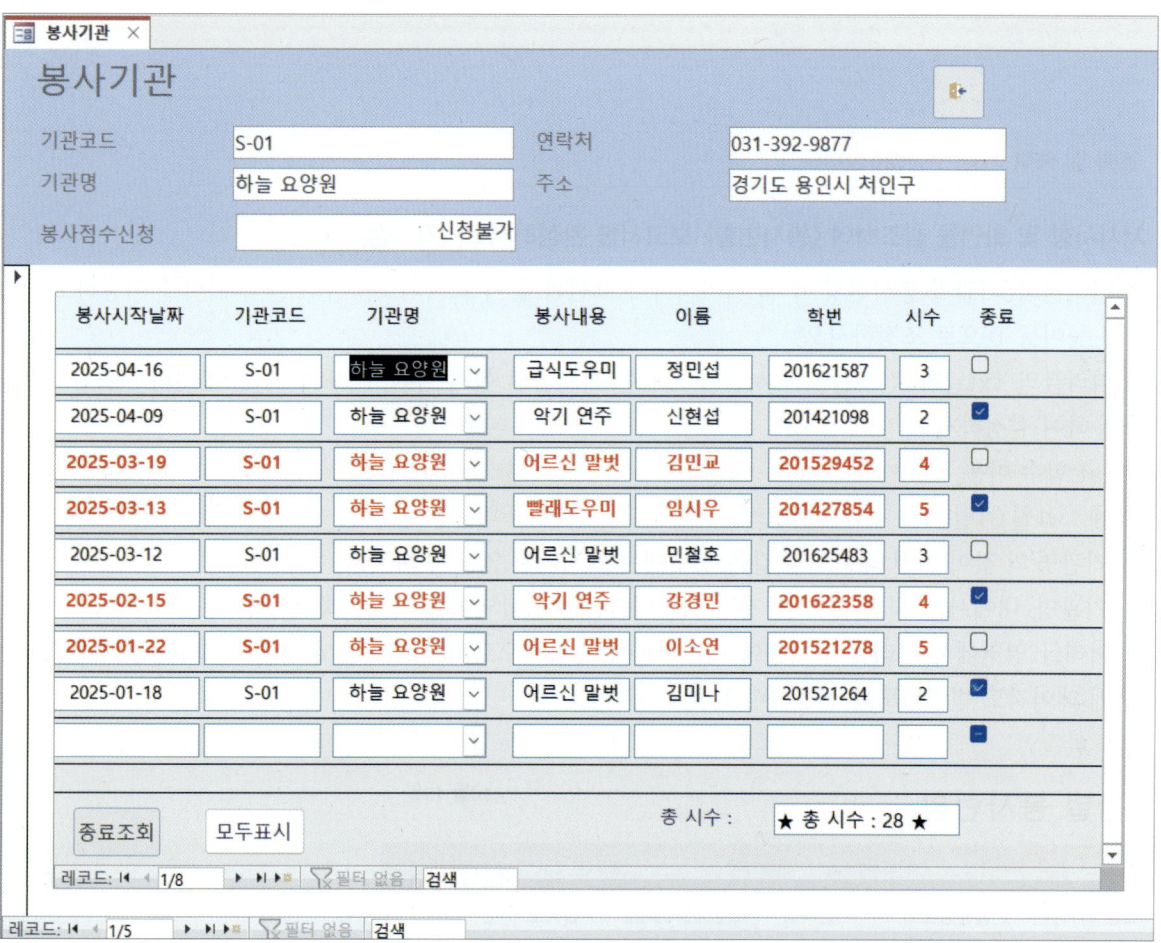

2 〈봉사내역관리〉 폼의 본문 영역에 다음과 같이 조건부 서식을 설정하시오. (6점)

▶ '시수'가 평균 이상인 경우 본문 영역의 종료(chk종료)의 컨트롤을 제외한 모든 컨트롤의 글꼴을 '굵게', 글꼴 색은 '빨강' 으로 설정하시오.
▶ 단, 하나의 규칙으로 작성하시오.

3 〈봉사기관〉 폼 머리글 영역의 닫기(cmd닫기) 단추를 클릭하면 다음과 같은 메시지 상자를 표시하고 폼을 닫는 〈폼닫기〉 매크로를 작성하시오. (5점)

▶ 시스템의 오늘 날짜와 현재 시간을 표시
▶ Date, Time 이용

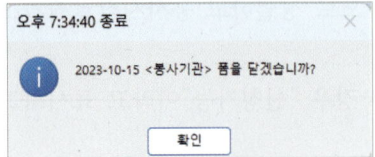

문제3 조회 및 출력 기능 구현(20점)

1 다음의 지시사항 및 화면을 참조하여 〈봉사현황〉 보고서를 완성하시오. (각 3점)

① 보고서 머리글의 '기관별 봉사현황'이 매 페이지마다 그림과 같이 표시되도록 컨트롤의 위치를 이동하고, 보고서 머리글의 높이를 '0'으로 조정하시오.
② 페이지 머리글의 'txt날짜' 컨트롤에는 시간을 제외한 시스템의 현재 날짜가 [표시 예]처럼 나타나도록 컨트롤 원본을 이용하여 설정하시오.
   ▶ Format 함수 이용
   ▶ 표시 예 : 01월 01일
③ 본문의 '기관명'의 값이 이전 레코드와 같은 경우에는 표시되지 않도록 하시오.
④ 동일한 '기관명' 내에서는 '학과' 필드를 기준으로 내림차순 정렬되어 표시되도록 정렬을 추가하시오.
⑤ 기관명 머리글 영역에서 머리글의 내용이 페이지마다 반복적으로 표시되도록 설정하고, '기관명'이 변경되면 매 구역 전에 페이지도 변경되도록 설정하시오.

2 〈봉사내역관리〉 폼의 '종료조회(cmd종료조회)' 단추를 클릭하면 '종료' 필드가 false인 자료만 조회하고 봉사시작날짜 순으로 내림차순 정렬되어 표시되도록 이벤트 프로시저를 구현하시오. (5점)

▶ Filter, FilterOn, OrderBy, OrderByOn 속성

문제4 처리 기능 구현(35점)

1 〈재학생〉 테이블에는 있으나 〈봉사내역〉 테이블에는 없는 학생을 조회하는 〈봉사내역이없는 학생〉 쿼리를 작성하시오. (7점)

- ▶ 〈재학생〉, 〈봉사내역〉 테이블을 이용하시오.
- ▶ Is Null 사용
- ▶ 쿼리 실행 결과 표시되는 필드와 필드명은 〈그림〉과 같이 표시되도록 설정하시오.

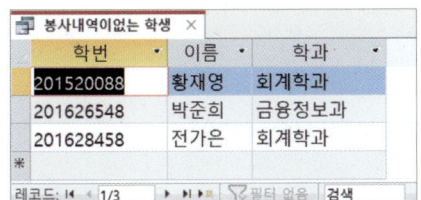

2 〈봉사내역〉 테이블을 이용하여 기관별 봉사건수를 표시하는 〈기관별봉사건수〉 쿼리를 작성하시오. (7점)

- ▶ '봉사건수'는 '시수' 필드를 이용하여 개수만큼 '★'를 표시하시오.
- ▶ String과 Count 함수를 사용하시오.
- ▶ 쿼리 실행 결과 표시되는 필드와 필드명은 〈그림〉과 같이 표시되도록 설정하시오.

3 〈봉사내역〉, 〈재학생〉 테이블을 이용하여 매개변수를 통해 입력 받은 학과의 봉사신청일을 표시하는 〈봉사신청일〉 쿼리를 작성하시오. (7점)

- ▶ 봉사신청일은 봉사시작날짜의 3개월 전의 날짜로 표시하시오.
- ▶ DateAdd 함수를 사용하시오.
- ▶ 쿼리 결과 표시되는 필드와 필드명, 필드의 형식은 〈그림〉과 같이 표시되도록 설정하시오.

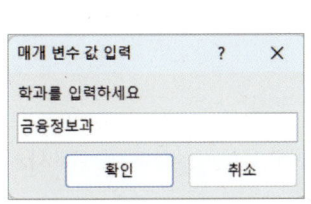

4 〈봉사내역〉, 〈재학생〉 테이블을 이용하여 봉사시작날짜가 7월에 해당한 학생을 조회하는 〈7월봉사학생〉 쿼리를 작성하시오. (7점)

▶ DatePart 함수를 사용하시오.
▶ 쿼리 결과 표시되는 필드와 필드명, 필드의 형식은 〈그림〉과 같이 표시되도록 설정하시오.

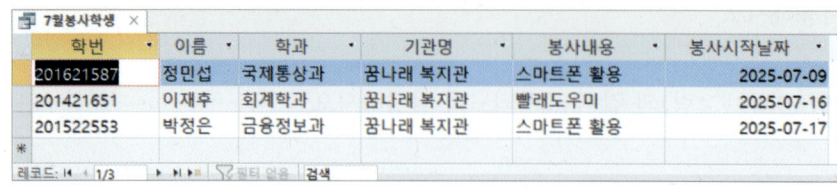

5 분기별, 봉사분류별 봉사건수를 조회하는 〈분기별봉사분류〉 크로스탭 쿼리를 작성하시오. (7점)

▶ 〈봉사현황〉 쿼리를 이용하시오.
▶ 봉사건수는 '시수' 필드를 이용하시오.
▶ 봉사날짜는 봉사시작날짜를 분기로 설정하시오.
▶ 봉사분류는 봉사내용이 '수학 멘토' 또는 '영어 멘토'이면 '학습', 그 외는 '돌봄'으로 설정하시오.
▶ DatePart, IIf 함수 사용
▶ 쿼리 실행 결과 표시되는 필드와 필드명은 〈그림〉과 같이 표시되도록 설정하시오.

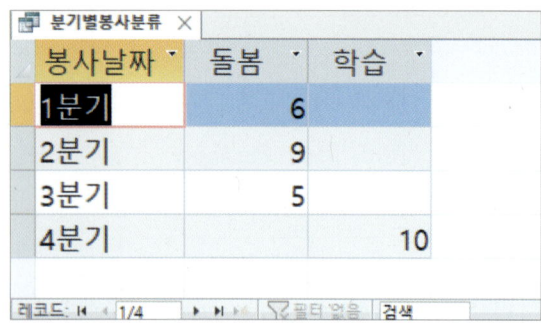

정답 & 해설 상시 공략 문제 07회

문제1 DB 구축

1 테이블 완성

정답

번호	테이블	필드 이름	속성 및 형식	설정 값	
①	봉사기관	기관코드	입력 마스크	>L-00;0;*	
②	봉사내역	테이블	유효성 검사 규칙	[봉사시작날짜]<=[봉사종료날짜]	
③	봉사내역	시수	[조회] 탭	컨트롤 표시	콤보 상자
				행 원본 유형	값 목록
				행 원본	1;2;3;4;5;6;7
④	재학생	연락처	캡션	휴대폰번호	
⑤	재학생	주소	형식	@*#	

① 〈봉사기관〉 테이블에서 마우스 오른쪽 버튼을 눌러 [디자인 보기](🔲)를 클릭한다.

② '기관코드' 필드를 선택하고 '입력 마스크'에 >L-00;0;*을 입력하고 [저장](💾)을 클릭한다.

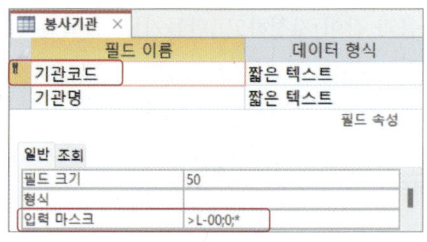

③ 〈봉사내역〉 테이블에서 마우스 오른쪽 버튼을 눌러 [디자인 보기](🔲)를 클릭한다.

④ 마우스 오른쪽 버튼을 눌러 [속성]을 클릭한다.

⑤ [속성 시트] 창의 '유효성 검사 규칙'에 **[봉사시작날짜]<=[봉사종료날짜]**를 입력한다.

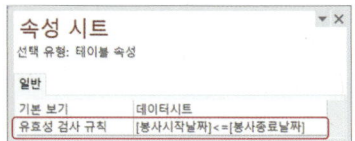

⑥ '시수' 필드를 선택하고 [조회] 탭에서 컨트롤 표시는 '콤보 상자', 행 원본 유형은 '값 목록', 행 원본에 1;2;3;4;5;6;7을 입력하고 [저장](💾)을 클릭한다.

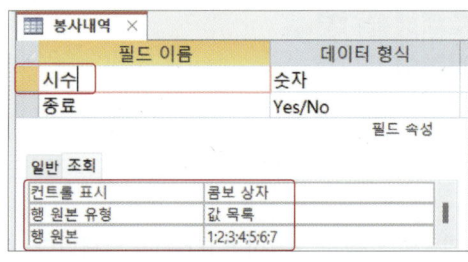

⑦ 〈재학생〉 테이블에서 마우스 오른쪽 버튼을 눌러 [디자인 보기](🔲)를 클릭한다.

⑧ '연락처' 필드를 선택하고 '캡션'에 휴대폰번호를 입력한다.

⑨ '주소' 필드를 선택하고 '형식'에 @*#를 입력하고 [저장](💾)을 클릭한다.

2 '추가기관.xlsx' 파일 가져오기

정답

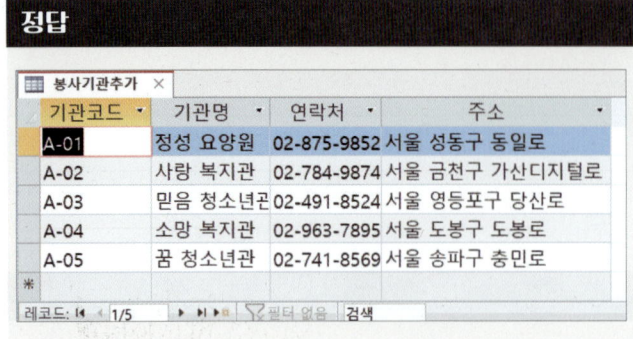

① [외부 데이터]-[가져오기 및 연결] 그룹의 [새 데이터 원본]-[파일에서]-[Excel]을 클릭한다.

② [외부 데이터 가져오기 - Excel 스프레드시트]에서 〈찾아보기〉를 클릭하여 '추가기관.xlsx' 파일을 선택한 후 [열기]를 클릭한다.

③ '현재 데이터베이스의 새 테이블로 원본 데이터 가져오기'를 선택하고 [확인]을 클릭한다.

④ [스프레드시트 가져오기 마법사]에서 〈추가기관〉을 선택하고 [다음]을 클릭한다.

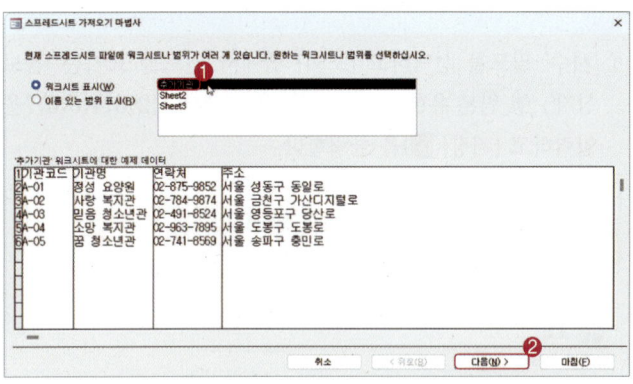

⑤ '첫 행에 열 머리글이 있음'을 체크하고 [다음]을 클릭한다.

⑥ 가져오는 각 필드에 대한 정보를 지정할 수 있습니다. 지금 문제는 [다음]을 클릭한다.

⑦ '기본 키 없음'을 선택하고 [다음]을 클릭한다.

⑧ 테이블 가져오기에 **봉사기관추가**를 입력하고 [마침]을 클릭한다.

⑨ [가져오기 단계 저장]에서 옵션이 해제된 상태에서 [닫기]를 클릭한다.

3 관계 설정

정답

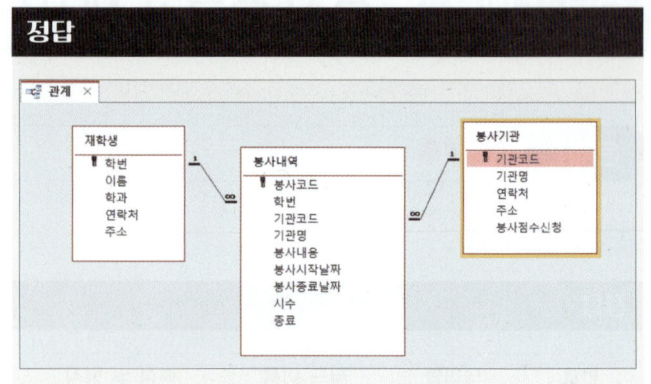

① [데이터베이스 도구]-[관계] 그룹에서 [관계]()를 클릭한다.

② [테이블 추가]를 클릭하여 [테이블] 탭에서 〈봉사기관〉 테이블을 더블클릭한 후 [닫기]를 클릭한다.

③ 〈봉사기관〉 테이블의 '기관코드' 필드를 선택한 다음 〈봉사내역〉 테이블의 '기관코드' 필드로 드래그한다.

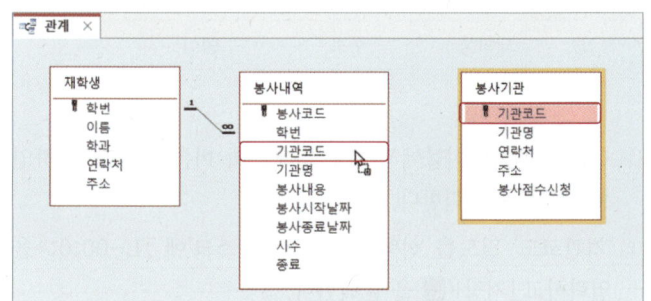

④ [관계 편집]에서 다음과 같이 지정하고 [만들기]를 클릭한다.

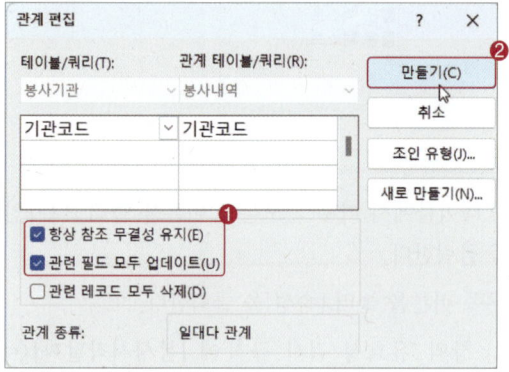

⑤ [관계 디자인] 탭의 [닫기]를 클릭하고 변경한 내용은 [예]를 눌러 저장한다.

문제2 | 입력 및 수정 기능 구현

1 폼 완성

정답

번호	필드 이름	필드 속성	설정 값
①	〈봉사내역관리〉 폼 txt기관코드, cmb기관명	잠금	예
②	〈봉사내역관리〉 폼	정렬 기준	봉사시작날짜 DESC, 이름
③	〈봉사기관〉 폼 txt봉사점수	컨트롤 원본	=IIf([봉사점수신청]=-1,"신청가능","신청불가")

① 〈봉사내역관리〉 폼에서 마우스 오른쪽 버튼을 눌러 [디자인 보기](📐)를 클릭한다.

② 'txt기관코드'와 'cmb기관명' 컨트롤을 선택한 후 [속성 시트]의 [데이터] 탭에서 '잠금'에서 '예'를 선택한다.

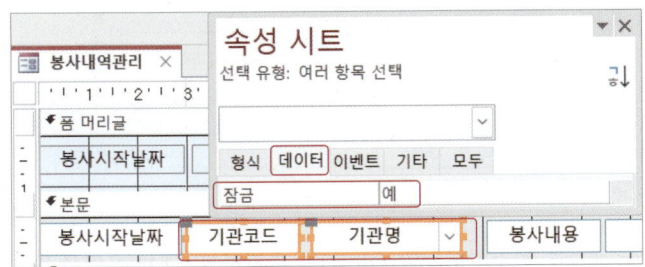

③ 폼 선택기를 클릭한 후 [데이터] 탭의 '정렬 기준'에 **봉사시작날짜 DESC, 이름**을 입력한다.

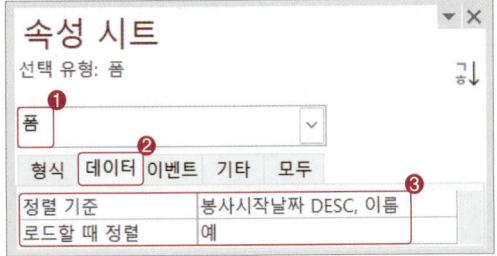

④ 〈봉사기관〉 폼에서 마우스 오른쪽 버튼을 눌러 [디자인 보기](📐)를 클릭한다.

⑤ 'txt봉사점수' 컨트롤을 선택하고 [데이터] 탭의 '컨트롤 원본'에 =IIf([봉사점수신청]=-1,"신청가능","신청불가")를 입력한다.

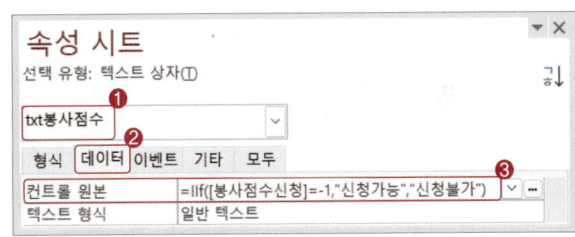

2 조건부 서식

정답

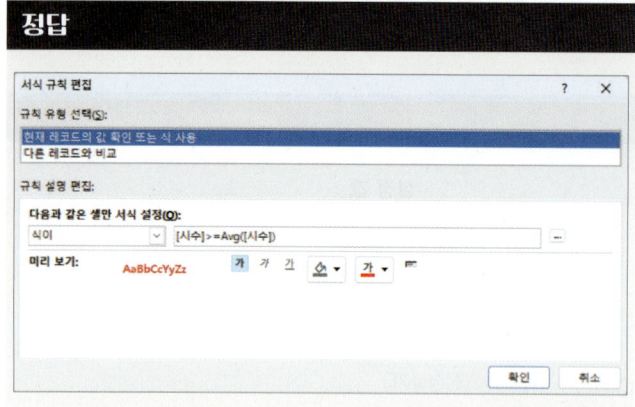

① 〈봉사내역관리〉 폼에서 마우스 오른쪽 버튼을 눌러 [디자인 보기](🔲)를 클릭한다.
② 본문 구역의 모든 컨트롤을 선택한 후 Shift를 누른 상태에서 'chk종료'를 클릭하여 선택을 해제한다.

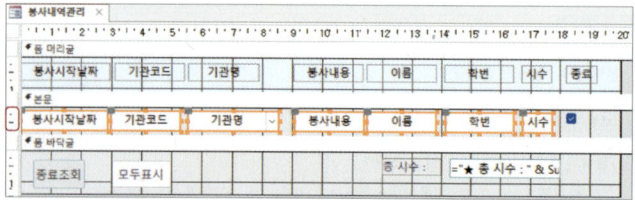

③ [서식]-[컨트롤 서식] 그룹의 [조건부 서식]을 클릭한다.

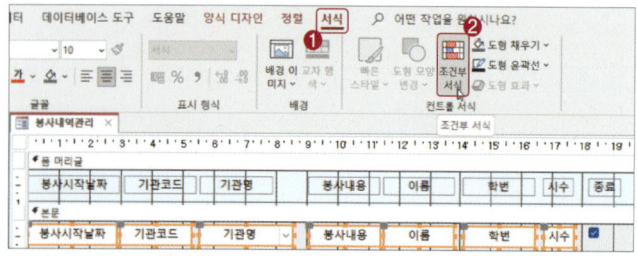

④ [조건부 서식 규칙 관리자]에서 [새 규칙]을 클릭한다.
⑤ [새 서식 규칙]에서 '식이'를 선택, [시수]>=avg([시수])을 입력하고, '굵게', 글꼴 색 '빨강'을 선택한 후 [확인]을 클릭, [조건부 서식 규칙 관리자]에서도 [확인]을 클릭한다.

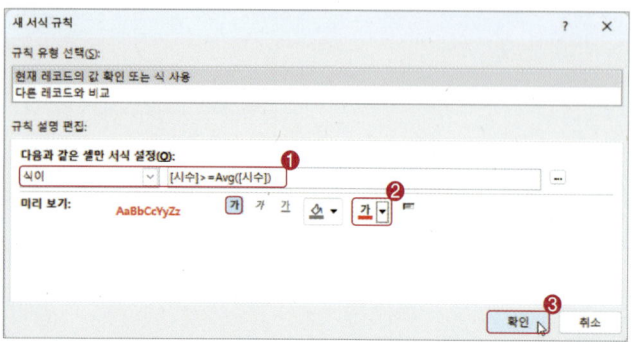

3 매크로

정답

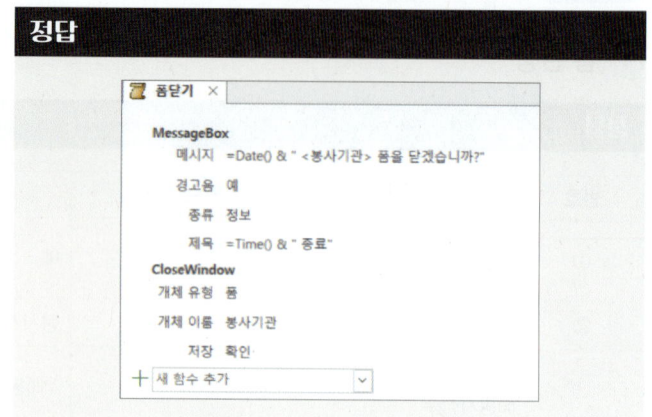

① [만들기]-[매크로 및 코드] 그룹의 [매크로](🔲)를 클릭한다.
② 매크로 함수(MessageBox)를 선택하고, 메시지는 =Date() & " 〈봉사기관〉 폼을 닫겠습니까?", 제목은 =Time() & " 종료"를 입력한다.

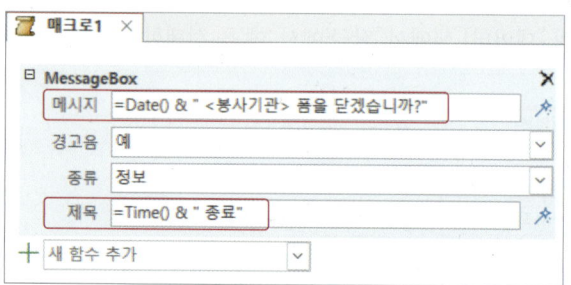

③ 매크로 함수(CloseWindow)를 추가하고, 개체 유형은 '폼', 개체 이름은 '봉사기관'을 선택한 후, [저장](🔲)을 클릭하여 매크로 이름을 폼닫기로 저장한 후 창을 닫는다.
④ 〈봉사기관〉 폼에서 마우스 오른쪽 버튼을 눌러 [디자인 보기](🔲)를 클릭한다.
⑤ 'cmd닫기' 명령 단추 컨트롤을 선택한 후 [이벤트] 탭의 On Click 이벤트에서 '폼닫기'를 지정한다.

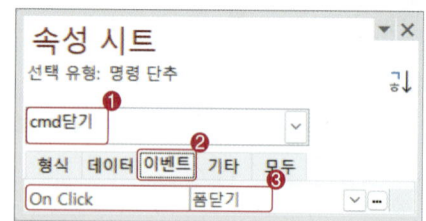

문제3 조회 및 출력 기능 구현

1 보고서 완성

정답

번호	필드 이름	필드 속성	설정 값
①	보고서 머리글 '기관별 봉사현황'	페이지 머리글로 이동	
		높이	0
②	txt날짜	컨트롤 원본	=Format(Date(),"mm월 dd일")
③	txt기관명	중복 내용 숨기기	예
④	'학과' 정렬 기준	내림차순	그룹, 정렬 및 요약 그룹화 기준 기관명 정렬 기준 학과 ▼ 내림차순 ▼, 자세히 ▶
⑤	기관명 머리글	반복 실행 구역	예
		페이지 바꿈	구역 전

① 〈봉사현황〉 보고서에서 마우스 오른쪽 버튼을 눌러 [디자인 보기](📐)를 클릭한다.

② 보고서 머리글의 '기관별 봉사현황'을 선택한 후 페이지 머리글로 옮기고 높이를 조절한다.

③ 페이지 머리글 경계라인을 드래그하여 보고서 머리글 높이를 '0'으로 지정한다.

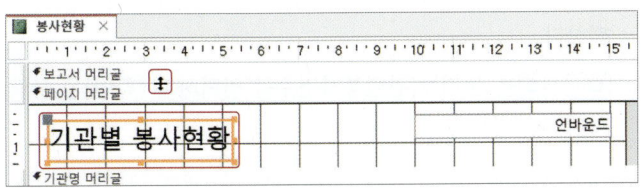

④ 'txt날짜' 컨트롤을 선택하고 [데이터] 탭의 '컨트롤 원본'에 =Format(Date(),"mm월 dd일")을 입력한다.

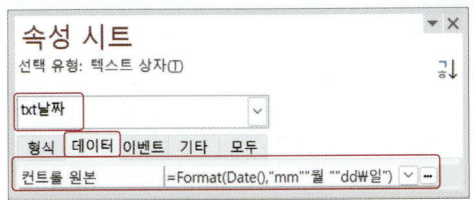

⑤ 'txt기관명' 컨트롤을 선택하고 [형식] 탭의 '중복 내용 숨기기'에 '예'를 선택한다.

⑥ 그룹, 정렬 및 요약에서 [정렬 추가]를 클릭하여 '학과' 필드를 선택하고 '내림차순'으로 지정한다.

⑦ '기관명 머리글'을 클릭한 후 [형식] 탭의 '반복 실행 구역'에서 '예', '페이지 바꿈'은 '구역 전'을 선택한다.

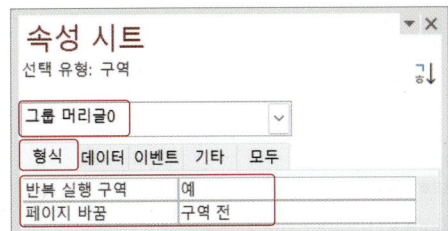

2 이벤트 프로시저

① 〈봉사내역관리〉 폼에서 마우스 오른쪽 버튼을 눌러 [디자인 보기](📐)를 클릭한다.

② 'cmd종료조회' 컨트롤을 선택한 후 [이벤트] 탭의 'On Click'에서 [이벤트 프로시저]를 선택한 후 [작성기](…)를 클릭한다.

③ 다음과 같이 입력하고 [디자인 보기] 창을 닫고 변경한 내용은 저장한다.

```
Private Sub cmd종료조회_Click()
    Me.Filter = "종료 = false"
    Me.FilterOn = True
    Me.OrderBy = "봉사시작날짜 desc"
    Me.OrderByOn = True
End Sub
```

문제4 처리 기능 구현

1 〈봉사내역이없는 학생〉 쿼리

정답

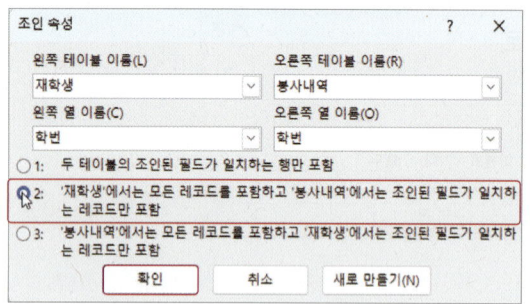

① [만들기]-[쿼리] 그룹의 [쿼리 디자인](▦)을 클릭한다.

② [테이블 추가]에서 〈재학생〉, 〈봉사내역〉을 각각 더블클릭하여 추가하고 [닫기]를 클릭한다.

③ 〈재학생〉과 〈봉사내역〉 테이블의 조인선을 더블클릭하여 외부 조인(2)을 선택하고 [확인]을 클릭한다.

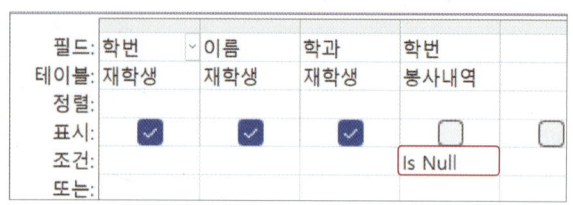

④ 필요한 필드를 추가한 후 〈봉사내역〉 테이블의 '학번' 필드를 추가한 후 조건(Is Null)을 입력한다.

⑤ Ctrl+S를 눌러 **봉사내역이없는 학생**을 입력하고 [확인]을 클릭하여 저장한다.

2 〈기관별봉사건수〉 쿼리

정답

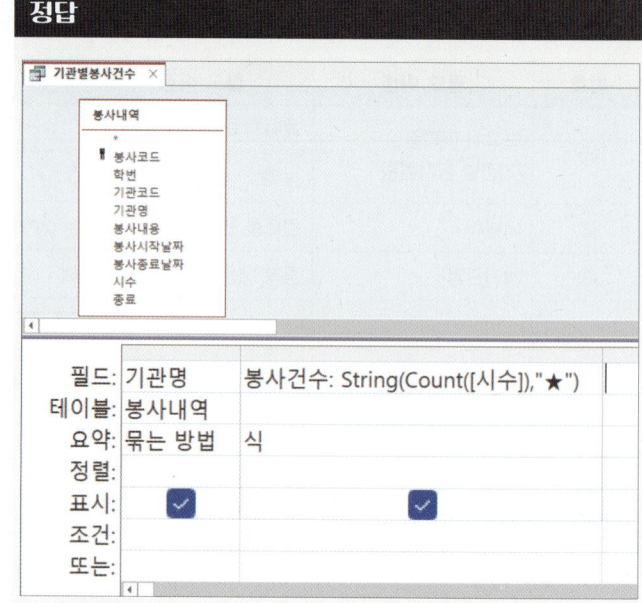

① [만들기]-[쿼리] 그룹의 [쿼리 디자인](▦)을 클릭한다.

② [테이블 추가]에서 〈봉사내역〉을 더블클릭하여 추가하고 [닫기]를 클릭한다.

③ 필요한 필드(기관명, 시수)를 추가한 후 **봉사건수 : String(Count([시수]),"★")**로 수정하고, [쿼리 디자인]-[표시/숨기기] 그룹에서 [요약](Σ)을 클릭하여 '요약'에서 '식'을 선택한다.

④ Ctrl+S를 눌러 **기관별봉사건수**를 입력하고 [확인]을 클릭하여 저장한다.

3 〈봉사신청일〉 쿼리

정답

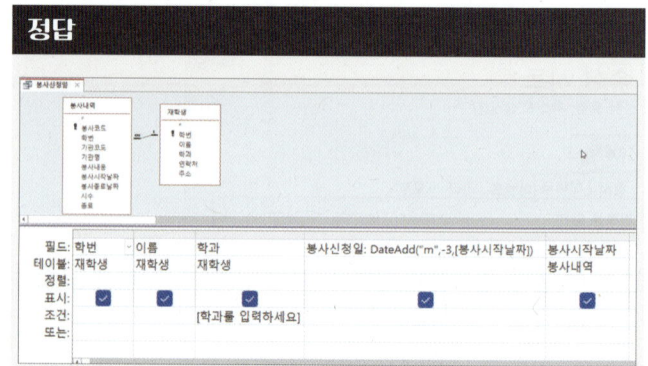

① [만들기]-[쿼리] 그룹의 [쿼리 디자인](▦)을 클릭한다.

② [테이블 추가]에서 〈봉사내역〉, 〈재학생〉을 각각 더블클릭하여 추가하고 [닫기]를 클릭한다.

③ 필요한 필드를 추가한 후 봉사신청일 : DateAdd("m",-3, [봉사시작날짜])로 수정하고, '학과' 필드의 조건에 [학과를 입력하세요]를 입력한다.

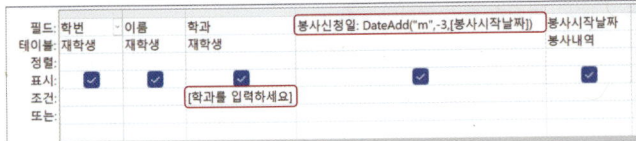

> **기적의 TIP**
>
> DateAdd("단위",숫자, 날짜) : 날짜에서 지정한 단위의 기간을 더한 날짜를 표시합니다.
> 단위 : 년도(yyyy), 월(m), 일(d)

④ Ctrl+S를 눌러 **봉사신청일**을 입력하고 [확인]을 클릭하여 저장한다.

4 〈7월봉사학생〉 쿼리

정답

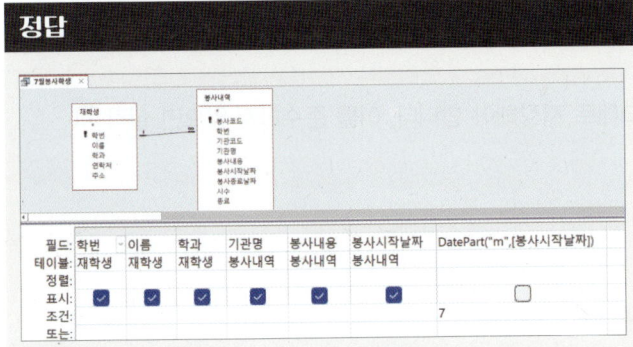

① [만들기]-[쿼리] 그룹의 [쿼리 디자인](圖)을 클릭한다.

② [테이블 추가]에서 〈봉사내역〉, 〈재학생〉을 각각 더블클릭하여 추가하고 [닫기]를 클릭한다.

③ 필요한 필드를 추가한 후 조건을 작성할 필드 DatePart("m",[봉사시작날짜])를 작성하고 표시 체크를 해제하고, 조건에 7을 입력한다.

> **기적의 TIP**
>
> DatePart("단위", 날짜) : 날짜를 지정한 단위로 표시합니다.
> 단위 : 년도(yyyy), 월(m), 일(d), 분기(q)

④ Ctrl+S를 눌러 **7월봉사학생**을 입력하고 [확인]을 클릭하여 저장한다.

5 〈분기별봉사분류〉 쿼리

정답

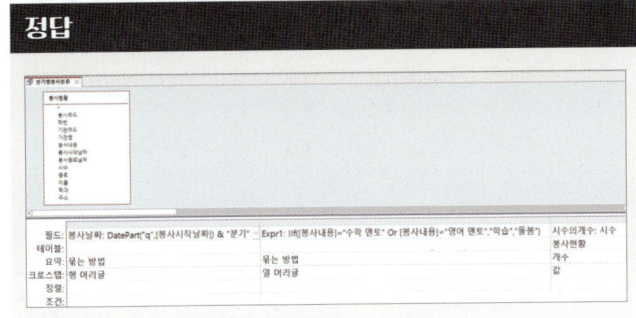

① [만들기]-[쿼리] 그룹의 [쿼리 디자인](圖)을 클릭한다.

② [테이블 추가]의 [쿼리] 탭에서 〈봉사현황〉 쿼리를 추가한 후 다음과 같이 필드를 추가한다.

필드:	봉사시작날짜	봉사내용	시수
테이블:	봉사현황	봉사현황	봉사현황
정렬:			
표시:	✓	✓	✓
조건:			
또는:			

③ [쿼리 디자인]-[쿼리 유형] 그룹에서 [크로스탭](圖)을 클릭한 후 다음과 같이 수정한다.

- **행 머리글** : 봉사날짜: DatePart("q",[봉사시작날짜]) & "분기"
- **열 머리글** : IIf([봉사내용]="수학 멘토" Or [봉사내용]="영어 멘토","학습","돌봄")
- **값** : 개수

④ [저장](圖)을 클릭하여 쿼리의 이름을 **분기별봉사분류**로 입력하고 [확인]을 클릭한다.

상시 공략 문제 08회

작업파일 : '26컴활1급(상시)₩데이터베이스₩상시공략문제'에서 '상시공략문제8회' 파일을 열어 작업하세요.

프로그램명	제한시간	풀이시간
ACCESS 2021	45분	분

수험번호 :
성　　명 :

유의사항

- 인적 사항 누락 및 잘못 작성으로 인한 불이익은 수험자 책임으로 합니다.

- 화면에 암호 입력창이 나타나면 아래의 암호를 입력하여야 합니다.
  ○ 암호: 7646%5

- 작성된 답안은 주어진 경로 및 파일명을 변경하지 마시고 그대로 저장해야 합니다. 이를 준수하지 않으면 실격 처리됩니다.
  ○ 답안 파일명의 예: C:₩DB₩수험번호8자리.accdb

- 외부데이터 위치: C:₩DB₩파일명

- 별도의 지시사항이 없는 경우, 다음과 같이 처리 시 실격 처리됩니다.
  ○ 제시된 개체의 이름을 임의로 변경한 경우
  ○ 제시된 개체의 속성을 임의로 변경한 경우
  ○ 제시된 개체를 임의로 삭제하거나 추가한 경우

- 별도의 지시사항이 없는 경우, 기능의 구현은 모듈이나 매크로 등을 이용하며, 예외적인 상황에 대해서는 고려하지 않아도 됩니다.

- 제시된 함수가 있을 경우 제시된 함수만을 사용하여야 하며, 그 외 함수 사용시 채점 대상에서 제외됩니다.

- 별도의 지시사항이 없는 경우, 주어진 각 개체의 속성은 설정값 또는 기본 설정값 (Default)으로 처리하십시오.

- 제시된 화면은 예시이며 나타난 값은 실제와 다를 수 있습니다.

- 저장 시간은 별도로 주어지지 아니하므로 제한된 시간 내에 저장을 완료해야 합니다.

- 본 문제의 용어는 MS Office LTSC Professional Plus 2021 기준으로 작성되었습니다.

대 한 상 공 회 의 소

문제1   DB 구축(25점)

1. 다음의 지시사항에 따라 각 테이블을 완성하시오. (각 3점)

〈씨앗입고〉 테이블
① '판매단가' 필드는 '입고단가' 필드보다 큰 값만 입력될 수 있도록 테이블 속성을 설정하시오.

〈회원〉 테이블
② '이름' 필드는 4글자 이하만 입력되도록 유효성 검사 규칙을 설정하시오.
③ '전화번호' 필드는 중복된 값이 입력될 수 없도록 인덱스를 설정하고, '010-1234-1234' 와 같은 형식으로 입력되도록 입력 마스크를 설정하시오.
  ▶ '-'기호도 함께 저장하고, 자료 입력 시 화면에 표시되는 기호는 '?'로 설정할 것
  ▶ 숫자 입력은 0~9 까지의 숫자나 공백만 입력할 수 있도록 설정할 것

〈씨앗〉 테이블
④ '씨앗명' 필드에는 공백을 입력하지 않도록 유효성 검사 규칙을 설정하시오.
⑤ '판매가격' 필드 뒤에 '비고' 필드를 추가한 후 255자 이상의 데이터가 입력되도록 데이터 형식을 설정하시오.

2. 〈신규회원목록.xlsx〉 파일을 테이블 형태로 추가하여 가져오시오. (5점)

▶ 이름 정의된 범위 '회원' 레코드를 '신규회원'에 추가하시오.

3. 〈주문〉 테이블의 '고객ID' 필드는 〈회원〉 테이블의 '고객ID' 필드를, 〈주문〉 테이블의 '씨앗코드' 필드는 〈씨앗〉 테이블의 '씨앗코드' 필드를 참조하며, 테이블 간의 관계는 M:1이다. 다음과 같이 테이블 간의 관계를 설정하시오. (5점)

※ 액세스 파일에 이미 설정되어 있는 관계는 수정하지 마시오.

▶ 각 테이블 간에 항상 참조 무결성이 유지되도록 설정하시오.
▶ 참조 필드의 값이 변경되면 관련 필드의 값도 변경되도록 설정하시오.
▶ 다른 테이블에서 참조하고 있는 레코드는 삭제할 수 없도록 설정하시오.

문제2 입력 및 수정 기능 구현(20점)

1 〈씨앗입고현황〉 폼을 다음의 화면과 지시사항에 따라 완성하시오. (각 3점)

① 본문 영역에 대해 홀수행과 짝수행 배경색을 다르게 설정하시오.
  ▶ 다른 배경색 : 진한 바다색
② 'txt씨앗명' 컨트롤의 빈 공간에는 '☆'을 문자열을 추가하여 표시하시오.
③ 폼 바닥글 영역의 'txt총판매금액' 컨트롤에는 '입고수량' * '판매단가'의 합계를 표시되도록 컨트롤 원본과 형식을 설정하시오.
  ▶ SUM 함수 사용
  ▶ [표시 예 : 22800000 → ★ 총 판매금액의 합계 : 22,800,000원 ★,
       0 → ★ 총 판매금액의 합계 : 0원 ★]

상품입고번호	입고일자	씨앗코드	씨앗명	입고수량	입고단가	판매단가
1	2025-01-04	B0001	물망초☆☆☆☆☆	35	6000	6800
2	2025-01-04	P0005	치커리☆☆☆☆☆	55	5000	6000
3	2025-01-04	B0012	양귀비☆☆☆☆☆	15	43000	50000
4	2025-01-04	P0011	더덕☆☆☆☆☆☆	20	16000	20000
5	2025-01-04	B3500	달맞이꽃☆☆☆☆	40	1500	2000
6	2025-01-16	P2500	샤스타데이지☆☆☆	30	1300	1500

★ 총 판매금액의 합계 : 22,805,750원 ★

2 〈씨앗입고현황〉 폼의 본문 영역에 다음과 같이 조건부 서식을 설정하시오. (6점)

▶ 필드에 포커스가 있는 컨트롤에 대해 '굵게', 채우기 색을 '노랑'으로 표시되도록 설정하시오.
▶ 단, 하나의 규칙으로 설정하시오.

3 〈씨앗입고현황〉 폼 머리글 영역의 레코드추가(cmd추가) 단추를 클릭하면 아래의 조건과 같이 설정되도록 하시오. (5점)

▶ 새로운 레코드를 입력할 수 있도록 〈자료추가〉 매크로를 작성하시오.

문제3 조회 및 출력 기능 구현(20점)

1 다음의 지시사항 및 화면을 참조하여 〈씨앗코드별주문현황〉 보고서를 완성하시오. (각 3점)

① 그룹 머리글에 씨앗코드에 따른 씨앗명(txt씨앗명) 컨트롤을 [표시 예]와 같이 작성하시오.
  ▶ 〈씨앗입고〉 테이블을 이용한 DLOOKUP 함수와 & 연산자 이용
  ▶ [표시 예] 씨앗명 : 나팔꽃
② 씨앗코드 머리글 영역에서 머리글의 내용이 페이지마다 반복적으로 표시되도록 설정하고, '씨앗코드'가 변경되면 매 구역 전에 페이지도 변경되도록 설정하시오.
③ 동일한 '씨앗코드' 내에서는 '주문일자'를 기준으로 오름차순 정렬되어 표시되도록 정렬을 추가하시오.
④ 본문 영역에서 '씨앗코드' 필드의 값이 이전 레코드와 동일한 경우에는 표시되지 않도록 설정하시오.
⑤ 씨앗코드 바닥글 영역의 'txt주문횟수' 컨트롤에는 씨앗코드별 전체 레코드 수가 표시되도록 컨트롤 원본 속성을 설정하시오.
  ▶ 표시 예 : 5회
  ▶ & 연산자 이용

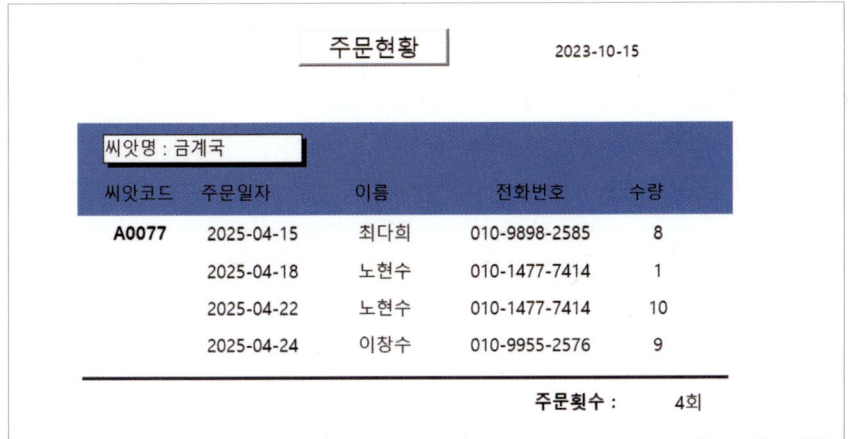

2 〈씨앗정보찾기〉 폼의 'txt찾기' 컨트롤에 조회할 '씨앗명' 일부를 입력하고 '찾기(cmd찾기)' 단추를 클릭하면 입력된 '씨앗명'과 일치하는 내용만 표시되는 이벤트 프로시저를 구현하시오. (5점)
  ▶ 현재 폼의 RecordSetClone, Bookmark 속성, FindFirst 메서드 등을 이용하시오.

문제4 처리 기능 구현(35점)

1. 〈씨앗〉 테이블을 이용하여 '씨앗코드'가 A~B로 시작하는 씨앗을 조회하는 〈씨앗코드(A~B)〉 쿼리를 작성하시오. (7점)

    ▶ 쿼리 실행 결과 표시되는 필드와 필드명은 〈그림〉과 같이 표시되도록 설정하시오.
    ▶ Like 연산자 사용

2. 〈씨앗입고〉 테이블을 이용하여 입고횟수가 2회 이상인 씨앗별의 최근입고일을 조회하는 〈입고횟수조회〉 쿼리를 작성하시오. (7점)

    ▶ 입고횟수는 '상품입고번호' 필드를 이용하여 개수를 구하고, 최근입고일은 '입고일자'를 이용하여 마지막 값을 표시하시오.
    ▶ 쿼리 실행 결과 표시되는 필드와 필드명은 〈그림〉과 같이 표시되도록 설정하시오.

입고횟수	씨앗코드	씨앗명	최근입고일
3	A1002	코스모스	2025-02-15
2	A1005	이베리스	2025-03-08
3	A1355	메밀꽃	2025-02-08
2	A9022	한련화	2025-03-08
2	B0001	물망초	2025-02-08
3	B0012	양귀비	2025-02-15
2	B3500	달맞이꽃	2025-02-08
2	P0005	치커리	2025-02-15
2	P0011	더덕	2025-03-08
2	P2500	샤스타데이지	2025-03-08

3. 주소의 일부를 매개변수로 입력 받아 해당 주소의 회원을 조회하여 〈서울시회원〉 테이블을 생성하는 〈지역별회원조회〉 쿼리를 작성하고 실행하시오. (7점)

   ▶ 〈회원〉, 〈주문〉, 〈씨앗〉 테이블을 이용하시오.
   ▶ 주문금액은 수량 * 판매가격의 합계를 구하시오.
   ▶ 쿼리 결과 표시되는 필드와 필드명, 필드의 형식은 〈그림〉과 같이 표시되도록 설정하시오.

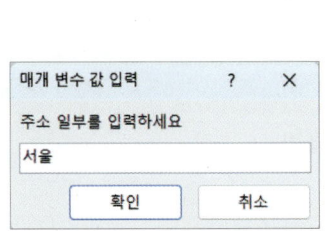
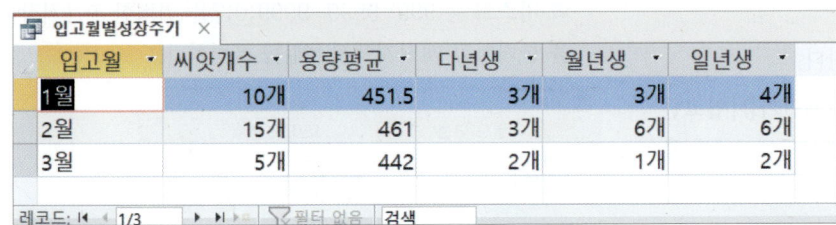

※ 매개 변수 값으로 '서울'을 입력하여 실행한 후의 〈서울시회원〉 테이블

4. 〈씨앗입고〉, 〈씨앗〉 테이블을 이용하여 입고일자의 월별, 성장주기별 씨앗의 개수와 용량의 평균을 표시하는 〈입고월별성장주기〉 크로스탭 쿼리를 작성하시오. (7점)

   ▶ 씨앗개수는 씨앗코드, 용량평균은 용량 필드를 이용하시오.
   ▶ 씨앗개수는 예시와 같이 표시하시오. [표시 예 : 0 → 0개, 3 → 3개]
   ▶ 쿼리 결과 표시되는 필드와 필드명, 필드의 형식은 〈그림〉과 같이 표시되도록 설정하시오.

5. 〈씨앗〉, 〈씨앗입고〉 테이블을 이용하여 입고수량의 합계가 70 이상인 씨앗의 '비고' 필드의 값을 '★인기'로 변경하는 〈인기씨앗처리〉 업데이트 쿼리를 작성한 후 실행하시오. (7점)

   ▶ In 연산자와 하위 쿼리 사용

※ 〈인기씨앗처리〉 쿼리를 실행한 후의 〈씨앗〉 테이블

정답 & 해설 상시 공략 문제 08회

문제1 DB 구축

1 테이블 완성

정답

번호	테이블	필드 이름	속성 및 형식	설정 값
①	씨앗입고	테이블	유효성 검사 규칙	[판매단가]>[입고단가]
②	회원	이름	유효성 검사 규칙	Len([이름])<=4
③	회원	전화번호	인덱스	예(중복 불가능)
			입력 마스크	999-9999-9999;0;?
④	씨앗	씨앗명	유효성 검사 규칙	InStr([씨앗명]," ")=0
⑤	씨앗	비고	데이터 형식	긴 텍스트

① 〈씨앗입고〉 테이블에서 마우스 오른쪽 버튼을 눌러 [디자인 보기](🖹)를 클릭한다.

② 마우스 오른쪽 버튼을 눌러 [속성]을 클릭한다.

③ [속성 시트] 창의 '유효성 검사 규칙'에 **[판매단가]>[입고단가]**를 입력한 후 [저장](🖫)을 클릭하고 메시지에서 [예]를 클릭한다.

④ 〈회원〉 테이블에서 마우스 오른쪽 버튼을 눌러 [디자인 보기](🖹)를 클릭한다.

⑤ '이름' 필드를 선택하고 '유효성 검사 규칙'에 Len([이름])<=4를 입력한다.

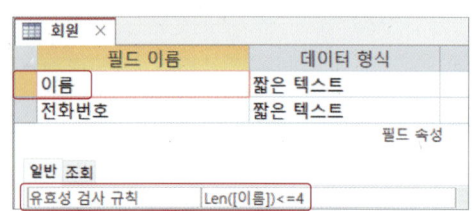

⑥ '전화번호' 필드를 선택하고 '인덱스'는 '예(중복 불가능)', '입력 마스크'는 999-9999-9999;0;?을 입력한 후 [저장](🖫)을 클릭하고 메시지에서 [예]를 클릭한다.

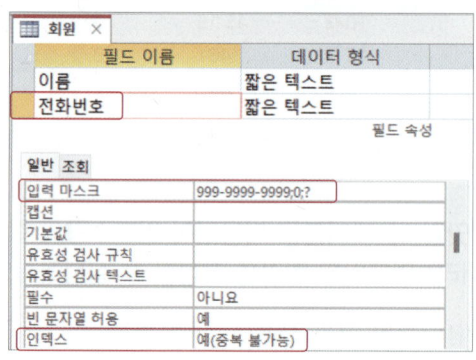

⑦ 〈씨앗〉 테이블에서 마우스 오른쪽 버튼을 눌러 [디자인 보기](🖹)를 클릭한다.

⑧ '씨앗명' 필드를 선택하고 '유효성 검사 규칙'에 InStr([씨앗명]," ")=0을 입력한다.

⑨ '판매가격' 필드 아래에 **비고** 필드를 입력하고, 데이터 형식을 '긴 텍스트'로 지정하고 [저장](🖫)을 클릭하고 메시지에서 [예]를 클릭한다.

2 '신규회원목록.xlsx' 파일 가져오기

정답

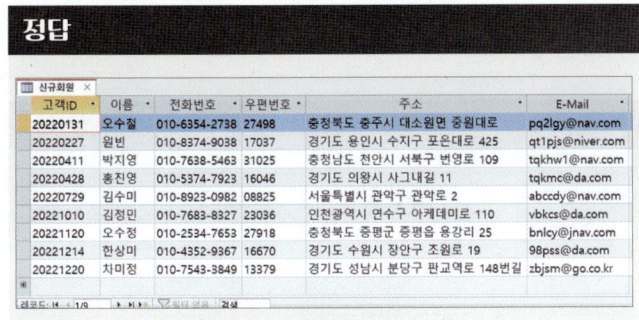

① [외부 데이터]-[가져오기 및 연결] 그룹의 [새 데이터 원본]-[파일에서]-[Excel]을 클릭한다.

② [외부 데이터 가져오기 - Excel 스프레드시트]에서 〈찾아보기〉를 클릭하여 '신규회원목록.xlsx' 파일을 선택한 후 [열기]를 클릭한다.

③ '다음 테이블에 레코드 복사본 추가'에서 '신규회원'을 선택하고 [확인]을 클릭한다.

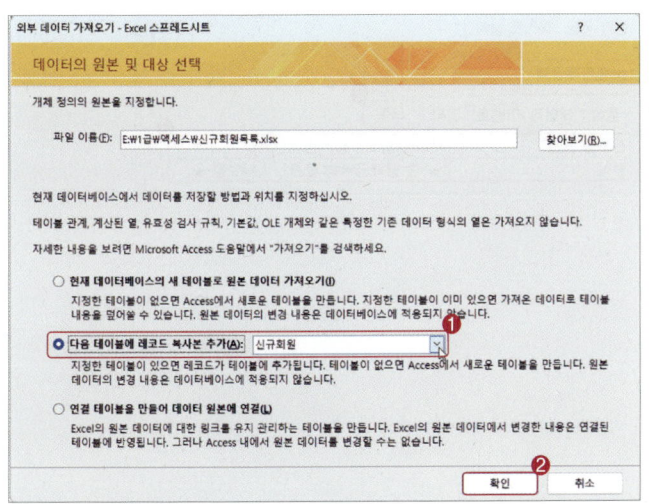

④ [스프레드시트 가져오기 마법사]에서 '이름 있는 범위 표시'에서 〈회원〉을 선택하고 [다음]을 클릭하고 [다음]을 클릭하고 [마침]을 클릭한다.

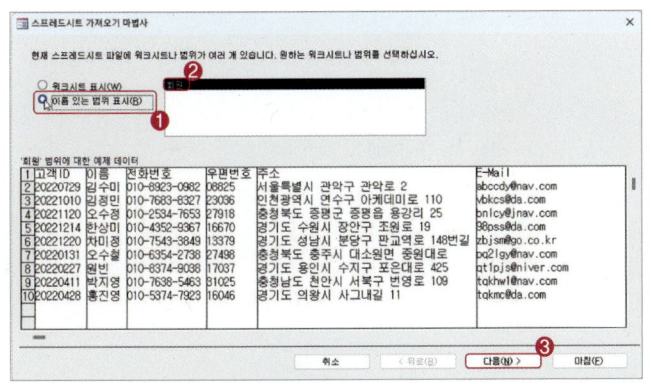

⑤ [가져오기 단계 저장]에서 옵션이 해제된 상태에서 [닫기]를 클릭한다.

3 관계 설정

정답

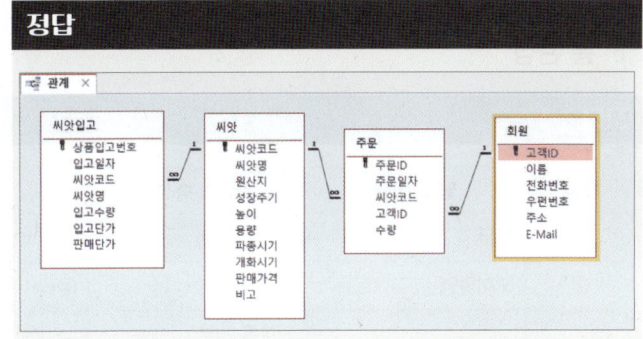

① [데이터베이스 도구]-[관계] 그룹에서 [관계]( )를 클릭한다.

② [테이블 추가]를 클릭하여 [테이블] 탭에서 〈주문〉, 〈회원〉 테이블을 더블클릭한 후 [닫기]를 클릭한다.

③ 〈회원〉 테이블의 '고객ID' 필드를 선택한 다음 〈주문〉 테이블의 '고객ID' 필드로 드래그한다.

④ [관계 편집]에서 다음과 같이 지정하고 [만들기]를 클릭한다.

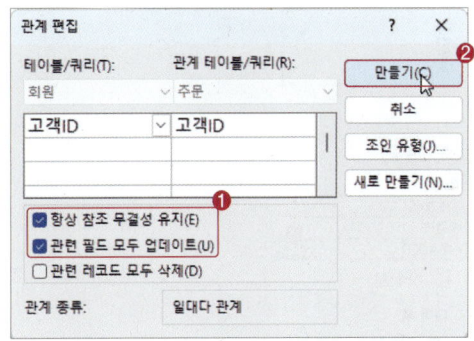

⑤ 〈씨앗〉 테이블의 '씨앗코드' 필드를 선택한 다음 〈주문〉 테이블의 '씨앗코드' 필드로 드래그한다.

⑥ [관계 편집]에서 다음과 같이 지정하고 [만들기]를 클릭한다.

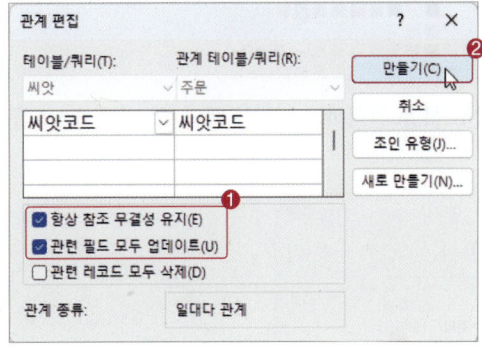

⑤ [관계 디자인] 탭의 [닫기]를 클릭하고 변경한 내용은 [예]를 눌러 저장한다.

문제2 입력 및 수정 기능 구현

1 폼 완성

정답

번호	필드 이름	필드 속성	설정 값
①	본문	다른 배경색	진한 바다색
②	txt씨앗명	형식	@*☆
③	txt총판매금액	컨트롤 원본	=Sum([입고수량]*[판매단가])
		형식	"★ 총 판매금액의 합계 : "#,##0"원 ★"

① 〈씨앗입고현황〉 폼에서 마우스 오른쪽 버튼을 눌러 [디자인 보기](🖥)를 클릭한다.

② 본문을 선택한 후 [형식] 탭의 '다른 배경색'에서 '진한 바다색'을 선택한다.

④ 'txt총판매금액'을 클릭한 후 [모두] 탭의 '컨트롤 원본'에 =Sum([입고수량]*[판매단가]), '형식'에 "★ 총 판매금액의 합계 : "#,##0"원 ★"을 입력한다.

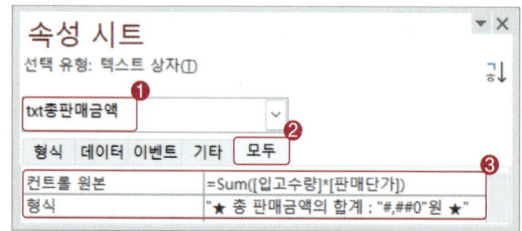

③ 'txt씨앗명' 컨트롤을 선택하고 [형식] 탭의 '형식'에 @*☆를 입력한다.

2 조건부 서식

정답

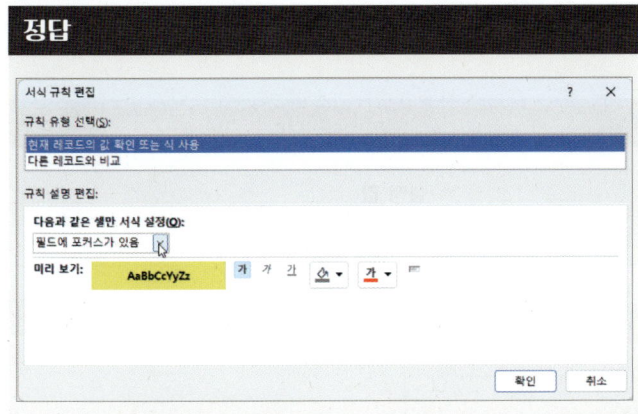

① 〈씨앗입고현황〉 폼에서 마우스 오른쪽 버튼을 눌러 [디자인 보기]()를 클릭한다.
② 본문 구역의 모든 컨트롤을 선택한 후 [서식]-[컨트롤 서식] 그룹의 [조건부 서식]()을 클릭한다.

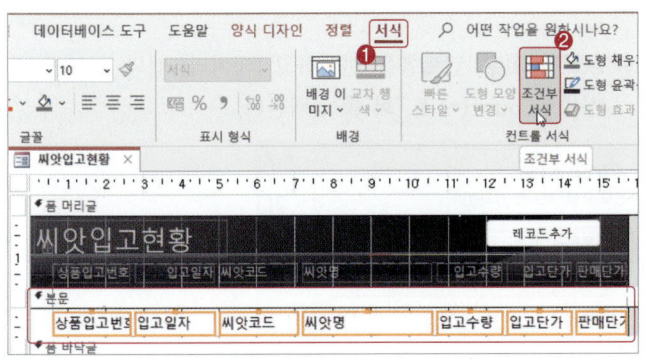

③ [조건부 서식 규칙 관리자]에서 [새 규칙]을 클릭한다.
④ [새 서식 규칙]에서 '필드에 포커스가 있음'을 선택, '굵게', 배경색 '노랑'을 선택한 후 [확인]을 클릭, [조건부 서식 규칙 관리자]에서도 [확인]을 클릭한다.

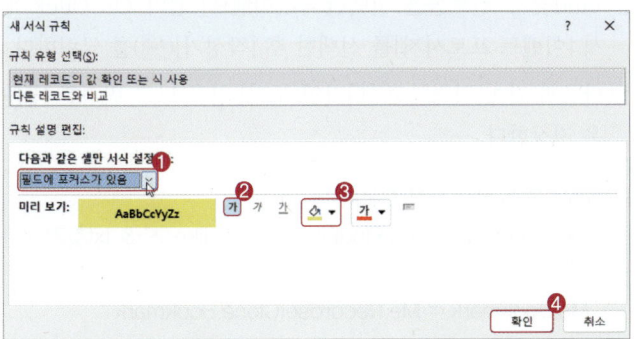

3 매크로

정답

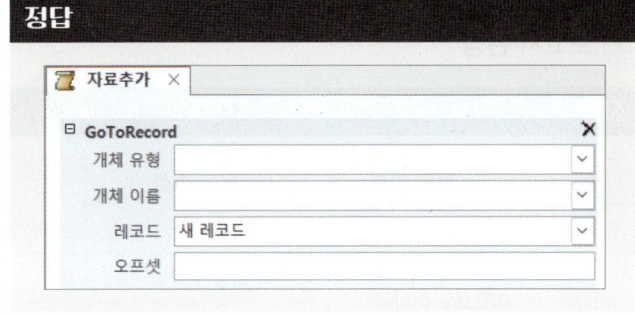

① [만들기]-[매크로 및 코드] 그룹의 [매크로]()를 클릭한다.
② 매크로 함수(GoToRecord)를 선택하고 레코드는 **새 레코드**로 입력한다.
③ [저장]()을 클릭하여 매크로 이름을 **자료추가** 이름으로 저장한 후 창을 닫는다.
④ 〈씨앗입고현황〉 폼에서 마우스 오른쪽 버튼을 눌러 [디자인 보기]()를 클릭한다.
⑤ 'cmd추가' 명령 단추 컨트롤을 선택한 후 [이벤트] 탭의 On Click 이벤트에서 '자료추가'를 지정한다.

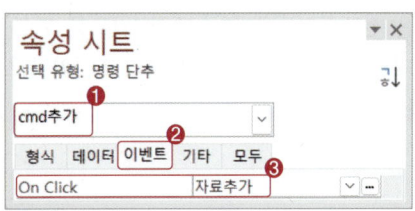

기적의 TIP

[이벤트 프로시저] 작성할 때

```
Private Sub cmd추가_Click()
    DoCmd.GoToRecord , , acNewRec
End Sub
```

문제3 조회 및 출력 기능 구현

1 보고서 완성

정답

번호	필드 이름	필드 속성	설정 값
①	txt씨앗명	컨트롤 원본	="씨앗명 : " & DLookUp("씨앗명","씨앗입고","씨앗코드=txt씨앗코드")
②	씨앗코드 머리글	반복 실행 구역	예
		페이지 바꿈	구역 전
③	'주문일자' 정렬 기준	오름차순	(그룹, 정렬 및 요약 - 그룹화 기준 씨앗코드, 정렬 기준 주문일자 오름차순)
④	txt씨앗코드	중복 내용 숨기기	예
⑤	txt주문횟수	컨트롤 원본	=Count(*) & "회"

① 〈씨앗코드별주문현황〉 보고서에서 마우스 오른쪽 버튼을 눌러 [디자인 보기](■)를 클릭한다.

② 'txt씨앗명' 컨트롤을 선택하고 [데이터] 탭의 '컨트롤 원본'에 ="씨앗명 : " & DLookUp("씨앗명","씨앗입고","씨앗코드=txt씨앗코드")를 입력한다.

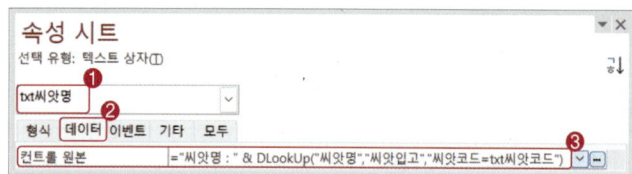

③ 씨앗코드 머리글 영역을 선택하고 [형식] 탭의 '반복 실행 구역'은 '예', '페이지 바꿈'은 '구역 전'을 선택한다.

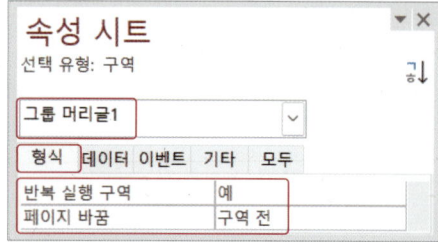

④ 그룹, 정렬 및 요약에서 [정렬 추가]를 클릭하여 '주문일자' 필드를 선택하고 '오름차순'으로 지정한다.

⑤ 'txt씨앗코드' 컨트롤을 선택하고 [형식] 탭의 '중복 내용 숨기기'는 '예'를 선택한다.

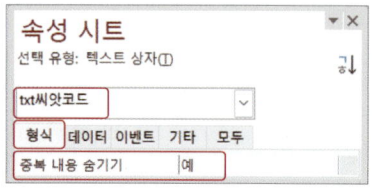

⑥ 'txt주문횟수' 컨트롤을 선택하고 [데이터] 탭의 '컨트롤 원본'에 =Count(*) & "회"를 입력한다.

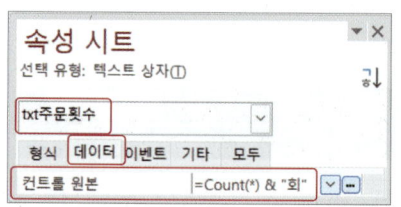

2 이벤트 프로시저

① 〈씨앗정보찾기〉 폼에서 마우스 오른쪽 버튼을 눌러 [디자인 보기](■)를 클릭한다.

② 'cmd찾기' 컨트롤을 선택한 후 [이벤트] 탭의 'On Click'에서 [이벤트 프로시저]를 선택한 후 [작성기](…)를 클릭한다.

③ 다음과 같이 입력하고 [디자인 보기] 창을 닫고 변경한 내용은 저장한다.

```
Private Sub cmd찾기_Click()
    Me.RecordsetClone.FindFirst "씨앗명 like '*' & txt찾기 & "*'"
    Me.Bookmark = Me.RecordsetClone.Bookmark
End Sub
```

문제4 처리 기능 구현

1 〈씨앗코드(A~B)〉 쿼리

정답

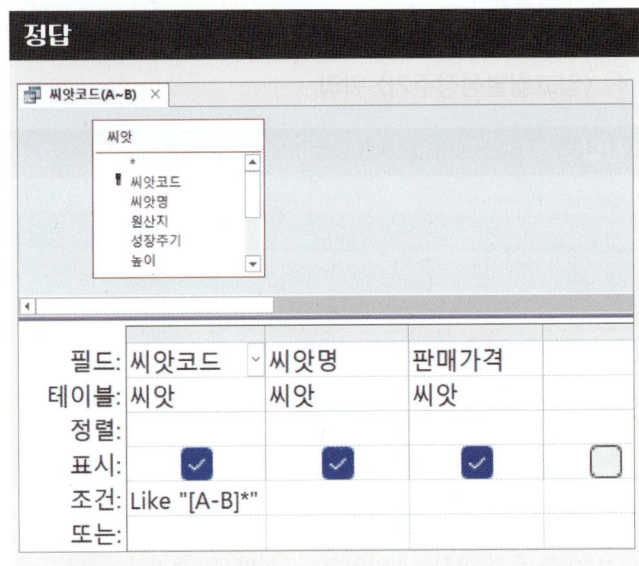

① [만들기]-[쿼리] 그룹의 [쿼리 디자인](🔲)을 클릭한다.

② [테이블 추가]에서 〈씨앗〉을 더블클릭하여 추가하고 [닫기]를 클릭한다.

③ 필요한 필드를 추가한 후 '씨앗코드' 필드의 '조건'에 Like "[A-B]*"를 입력한다.

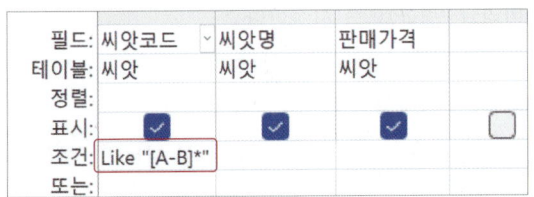

④ '판매가격' 필드를 선택한 후 [쿼리 디자인] 탭의 [속성 시트]를 클릭하여 '형식'에서 '표준'을 선택한다.

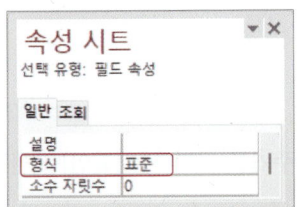

⑤ Ctrl+S를 눌러 **씨앗코드(A~B)**를 입력하고 [확인]을 클릭하여 저장한다.

2 〈입고횟수조회〉 쿼리

정답

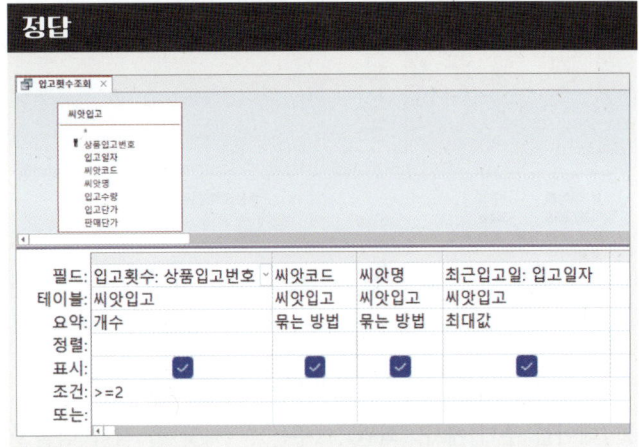

① [만들기]-[쿼리] 그룹의 [쿼리 디자인](🔲)을 클릭한다.

② [테이블 추가]에서 〈씨앗입고〉를 추가하고 [닫기]를 클릭한다.

③ 필요한 필드를 추가한 후 [쿼리 디자인]-[표시/숨기기] 그룹에서 [요약](Σ)을 클릭한 후 '상품입고번호' 필드는 '개수'로 '입고일자'는 '마지막 값'(또는 '최대값')으로 지정한다.

④ '상품입고번호'는 '입고횟수'로 '입고일자'는 '최근입고일'로 필드명을 수정한다.

⑤ '상품입고번호' 필드에 조건 >=2를 입력한다.

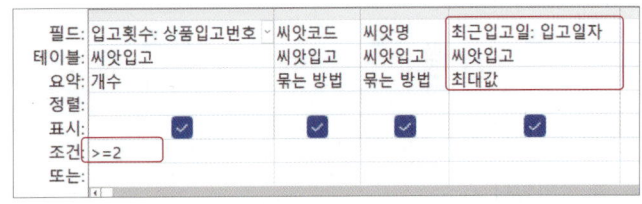

⑥ Ctrl+S를 눌러 **입고횟수조회**를 입력하고 [확인]을 클릭하여 저장한다.

3 〈지역별회원조회〉 쿼리

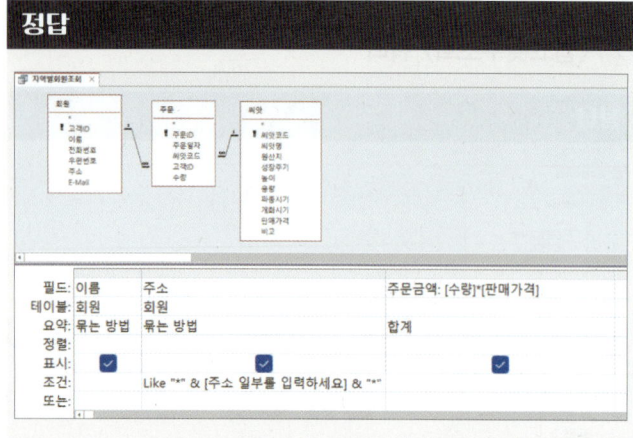

① [만들기]-[쿼리] 그룹의 [쿼리 디자인](📐)을 클릭한다.
② [테이블 추가]에서 〈회원〉, 〈주문〉, 〈씨앗〉을 각각 더블클릭하여 추가하고 [닫기]를 클릭한다.
③ 필요한 필드를 추가한 후 '주소' 필드에 조건을 Like "*" & [주소 일부를 입력하세요] & "*"을 입력한다.
④ 주문금액: [수량]*[판매가격] 필드를 입력한 후 [쿼리 디자인] 탭의 [요약](∑)을 클릭하여 '주문금액' 필드의 '합계'를 선택한다.

> 🏆 기적의 TIP
>
> SUM 함수를 이용하여 작성하고, '요약'을 '식'을 선택해도 됩니다.

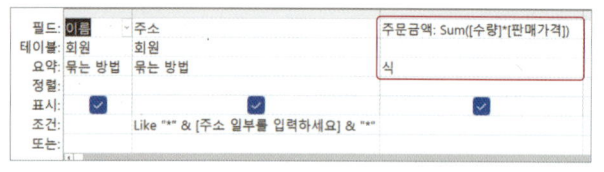

⑤ [쿼리 디자인]-[쿼리 유형] 그룹에서 [테이블 만들기](📋)를 클릭한다.

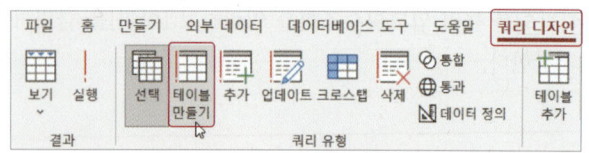

⑥ [테이블 만들기]에서 **서울시회원**을 입력하고 [확인]을 클릭한다.

⑦ [쿼리 디자인]-[결과] 그룹에서 [실행](❗)을 클릭한 후 [예]를 클릭한다.
⑧ Ctrl+S를 눌러 **지역별회원조회**를 입력하고 [확인]을 클릭하여 저장한다.

4 〈입고월별성장주기〉 쿼리

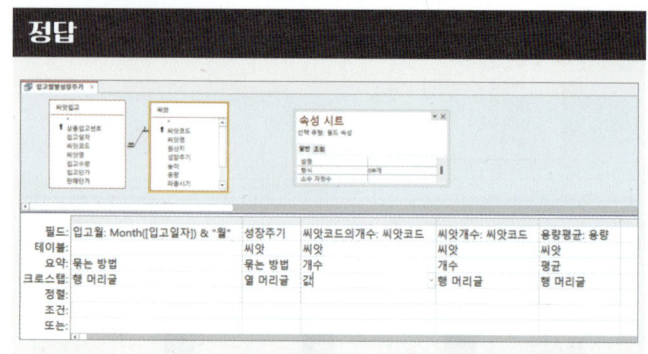

① [만들기]-[쿼리] 그룹의 [쿼리 디자인](📐)을 클릭한다.
② [테이블 추가]에서 〈씨앗입고〉, 〈씨앗〉을 추가하고 [닫기]를 클릭한다.
③ [쿼리 디자인]-[쿼리 유형] 그룹에서 [크로스탭](📋)을 클릭한다.
④ 필요한 필드를 추가한 후 입고일자(행 머리글), 성장주기(열 머리글), 씨앗코드(값-개수), 씨앗코드(행 머리글-개수), 용량(행 머리글-평균)으로 지정한다.
⑤ 입고일자는 **입고월 : Month([입고일자]) & "월"**로 씨앗코드는 **씨앗개수 : 씨앗코드**로 수정한다.
⑥ 씨앗코드(값), 씨앗코드(행 머리글)은 [속성 시트]의 '형식'에 **0개**를 입력한다.

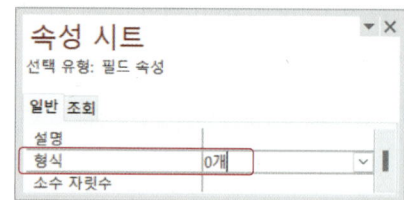

⑦ Ctrl+S를 눌러 **입고월별성장주기**를 입력하고 [확인]을 클릭하여 저장한다.

5 〈인기씨앗처리〉 쿼리

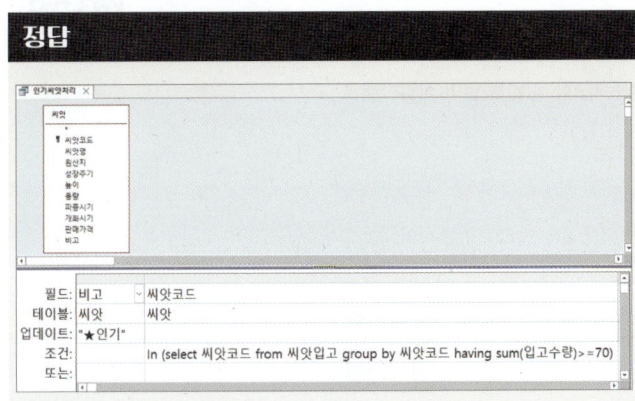

① [만들기]-[쿼리] 그룹의 [쿼리 디자인](▦)을 클릭한다.
② [테이블 추가]의 [테이블] 탭에서 〈씨앗〉 테이블을 추가한 후 '비고'와 '씨앗코드' 필드를 추가한다.
③ [쿼리 디자인]-[쿼리 유형] 그룹에서 [업데이트](▦)를 클릭한 후 다음과 같이 입력한다.

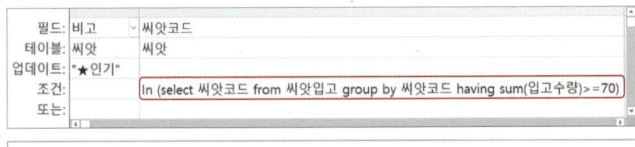

In (select 씨앗코드 from 씨앗입고 group by 씨앗코드 having sum(입고수량)>=70)

④ [저장](🖫)을 클릭하여 쿼리의 이름을 **인기씨앗처리**로 입력하고 [확인]을 클릭한다.
⑤ [쿼리 디자인]-[결과] 그룹에서 [실행](!)을 클릭하면 5행을 새로 고친다는 메시지가 표시되면 [예]를 클릭한다.

상시 공략 문제 09회

작업파일 : '26컴활1급(상시)₩데이터베이스₩상시공략문제'에서 '상시공략문제9회' 파일을 열어 작업하세요.

프로그램명	제한시간	풀이시간
ACCESS 2021	45분	분

수험번호 :

성   명 :

유의사항

- 인적 사항 누락 및 잘못 작성으로 인한 불이익은 수험자 책임으로 합니다.

- 화면에 암호 입력창이 나타나면 아래의 암호를 입력하여야 합니다.
  - 암호: 7646%5

- 작성된 답안은 주어진 경로 및 파일명을 변경하지 마시고 그대로 저장해야 합니다. 이를 준수하지 않으면 실격 처리됩니다.
  - 답안 파일명의 예: C:₩DB₩수험번호8자리.accdb

- 외부데이터 위치: C:₩DB₩파일명

- 별도의 지시사항이 없는 경우, 다음과 같이 처리 시 실격 처리됩니다.
  - 제시된 개체의 이름을 임의로 변경한 경우
  - 제시된 개체의 속성을 임의로 변경한 경우
  - 제시된 개체를 임의로 삭제하거나 추가한 경우

- 별도의 지시사항이 없는 경우, 기능의 구현은 모듈이나 매크로 등을 이용하며, 예외적인 상황에 대해서는 고려하지 않아도 됩니다.

- 제시된 함수가 있을 경우 제시된 함수만을 사용하여야 하며, 그 외 함수 사용시 채점 대상에서 제외됩니다.

- 별도의 지시사항이 없는 경우, 주어진 각 개체의 속성은 설정값 또는 기본 설정값 (Default)으로 처리하십시오.

- 제시된 화면은 예시이며 나타난 값은 실제와 다를 수 있습니다.

- 저장 시간은 별도로 주어지지 아니하므로 제한된 시간 내에 저장을 완료해야 합니다.

- 본 문제의 용어는 MS Office LTSC Professional Plus 2021 기준으로 작성되었습니다.

대 한 상 공 회 의 소

문제1 DB 구축(25점)

1 다음의 지시사항에 따라 각 테이블을 완성하시오. (각 3점)

〈도서판매내역〉 테이블

① 테이블이 로드될 때 '판매일자' 필드를 기준으로 내림차순 정렬되어 표시되도록 설정하시오.
② '판매수량' 필드에는 0을 초과하는 값이 입력되도록 유효성 검사 규칙을 설정하시오.
③ '판매일자' 필드의 날짜가 '01월 05일 월' 형식으로 표시되도록 설정하시오.

〈도서〉 테이블

④ '도서코드' 필드는 'AA01'처럼 영어 대문자 2글자와 숫자 2글자가 반드시 입력되도록 입력 마스크를 설정하시오.
⑤ '출판사' 필드 뒤에 '로고' 필드를 추가하고 데이터 형식을 첨부 파일로 설정하시오.

2 〈도서판매내역〉 테이블의 '판매처코드' 필드에 조회 속성을 설정하시오. (5점)

▶ 〈판매처정보〉 테이블의 '판매처코드', '판매처명' 필드의 값이 콤보 상자 형태로 표시되도록 설정하시오.
▶ 필드에는 '판매처코드'가 저장되도록 설정하시오.
▶ 열 너비는 각각 2cm, 5cm로 설정하고, 목록 너비는 7cm로 설정하시오.

3 〈도서판매내역〉 테이블의 '도서코드' 필드는 〈도서〉 테이블의 '도서코드' 필드를, 〈도서판매내역〉 테이블의 '판매처코드' 필드는 〈판매처정보〉 테이블의 '판매처코드' 필드를 참조하며, 테이블 간의 관계는 M:1이다. 다음과 같이 테이블 간의 관계를 설정하시오. (5점)

▶ 각 테이블 간에 항상 참조 무결성이 유지되도록 설정하시오.
▶ 참조 필드의 값이 변경되면 관련 필드의 값도 변경되도록 설정하시오.
▶ 다른 테이블에서 참조하고 있는 레코드는 삭제할 수 없도록 설정하시오.

문제2 입력 및 수정 기능 구현(20점)

1 〈도서판매〉 폼을 다음의 화면과 지시사항에 따라 완성하시오. (각 3점)

① 폼 머리글에 〈그림〉과 같이 레이블을 생성한 후 "도서판매현황"을 입력하고, 다음과 같이 서식을 설정하시오.
  ▶ 글꼴 : 굴림체
  ▶ 글꼴 크기 : 20
  ▶ 이름 : LBL제목
  ▶ 문자색 : 검정 텍스트
② 폼 본문에 삽입된 하위 폼에는 탭 전환 기능이 적용되지 않도록 설정하시오.
③ 설정된 관계를 참조하여 기본 폼과 하위 폼을 연결하시오.

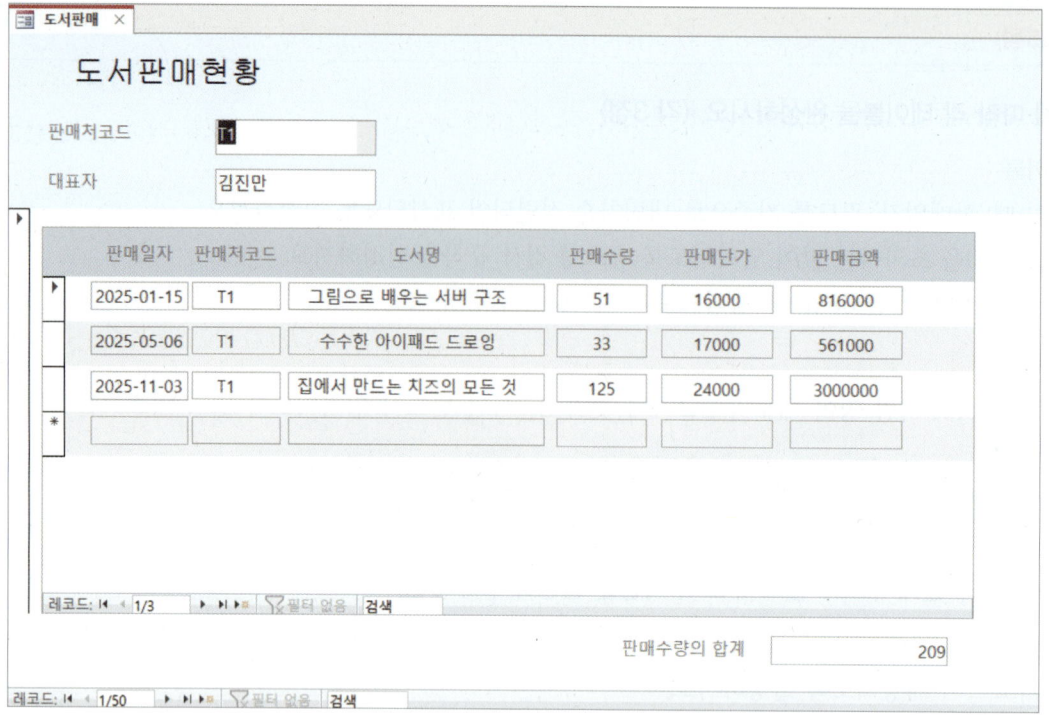

2. 〈도서판매〉 폼 바닥글의 'txt총판매수량' 컨트롤에는 판매처코드별 판매수량의 합계가 표시되도록 설정하시오. (6점)
   ▶ 〈도서판매내역〉 테이블을 이용할 것
   ▶ 조건에 사용되는 필드는 '판매처코드(txt판매처코드)'로 할 것
   ▶ DSUM 함수를 이용할 것

3. 〈도서판매내역〉 폼의 '보고서(cmd보고서)'를 클릭하면 〈도서별판매현황〉 인쇄 미리 보기 형식의 보고서로 표시되는 매크로를 작성하시오. (5점)
   ▶ 판매일자(txt판매일자)의 년, 월과 조회할 년(txt년)과 월(txt월)이 일치하는 것만 표시

문제3 조회 및 출력 기능 구현(20점)

1. 다음의 지시사항 및 화면을 참조하여 〈도서별판매현황〉 보고서를 완성하시오. (각 3점)
   ① 페이지 머리글 영역에 있는 모든 레이블을 도서명 머리글 영역으로 이동한 후 페이지 머리글 영역의 높이를 0cm로 변경하시오.
   ② 도서명 머리글 영역의 'txt도서명' 컨트롤에는 다음과 같이 도서명과 판매수량의 개수가 표시되도록 '컨트롤 원본' 속성을 설정하시오.
      ▶ 표시 예 : 내가 만드는 최애 굿즈(총판매건수 : 10건)
      ▶ Format 함수, Count 함수와 & 연산자를 사용할 것
   ③ 도서명 바닥글 영역의 'txt총판매수량' 컨트롤에는 다음과 같이 그룹별 판매수량의 합이 표시되도록 '컨트롤 원본' 속성을 설정하시오.
      ▶ 표시 예 : ★ 총 판매수량 : 1,000개 ★
      ▶ Format 함수, Sum 함수를 사용할 것

④ 도서명 머리글 영역이 매 페이지마다 반복하여 출력되도록 관련 속성을 설정하시오.
⑤ 페이지 바닥글 영역의 'txt페이지' 컨트롤에는 페이지 번호가 다음과 같이 표시되도록 '컨트롤 원본' 속성을 설정하시오.
▶ 현재 페이지가 1페이지이고 전체 페이지가 5페이지인 경우 : 1 / 5

도서별판매현황

2023년 10월 15일 일요일

그림으로 배우는 서버 구조(총판매건수 : 2건)

판매일자	판매처명	판매수량	판매단가	판매금액
2025-01-18	연신내문고	37	16000	592000
2025-01-15	신촌문고	51	16000	816000

★ 총 판매수량 : 88개 ★

내가 만드는 최애 굿즈(총판매건수 : 13건)

판매일자	판매처명	판매수량	판매단가	판매금액
2025-09-19	제일서적	91	18000	1638000
2025-01-09	충장서점	135	18000	2430000
2025-02-21	문경서적	159	18000	2862000
2025-04-08	일선문고	68	18000	1224000
2025-05-10	동화서점	37	18000	666000
2025-09-13	세종서관	134	18000	2412000
2025-09-19	임광문고	17	18000	306000
2025-09-26	대동서적	96	18000	1728000
2025-10-09	학문당서점	23	18000	414000
2025-10-18	중앙문고	25	18000	450000
2025-11-06	우리문고	159	18000	2862000
2025-01-09	진주문고	97	18000	1746000
2025-09-06	녹산문고	53	18000	954000

★ 총 판매수량 : 1,094개 ★

1 / 6

2 〈도서판매내역〉 폼의 '조회(cmd조회)' 단추를 클릭하면 다음과 같이 레코드를 조회하는 이벤트 프로시저를 구현하시오. (5점)

▶ 'txt년' 컨트롤과 'txt월' 컨트롤에 입력된 년, 월에 해당하는 레코드만 조회되도록 하시오.
▶ Filter, FilterOn 속성과 Year, Month 함수를 사용하시오.

문제4 처리 기능 구현(35점)

1 〈도서판매현황〉 쿼리를 이용하여 다음과 같은 기능을 수행하는 〈판매일자조회〉 쿼리를 작성하시오. (7점)

▶ 〈그림〉과 같이 조회 날짜를 매개 변수로 입력받아 해당 기간에 해당한 레코드만 표시되도록 조건을 작성하시오.
▶ '판매일자' 필드를 기준으로 오름차순 정렬하여 표시하시오.
▶ 쿼리 실행 결과 표시되는 필드와 필드명은 〈그림〉과 같이 표시되도록 설정하시오.

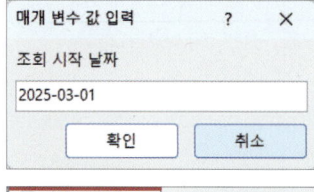
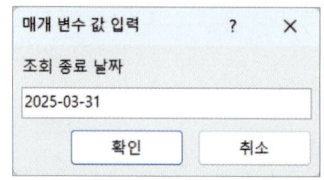

판매처명	판매일자	판매수량	판매단가	판매금액
노원문고	03월 08일 토	25	14800	370000
대훈서적	03월 09일 일	46	35000	1610000
남포문고	03월 12일 수	25	24000	600000
베스트프렌드북	03월 14일 금	34	14000	476000
영광도서	03월 17일 월	91	35000	3185000
동보서점	03월 22일 토	178	14000	2492000
휘게문고	03월 24일 월	88	25000	2200000

2 판매처별 도서명별 판매수량을 조회하는 〈판매처별판매수량〉 크로스탭 쿼리를 작성하시오. (7점)

▶ 〈도서〉, 〈도서판매내역〉, 〈판매처정보〉 테이블을 이용하시오.
▶ '수량 합계'는 '판매수량' 필드를 이용하시오.
▶ 판매수량은 100 이상이고 Left 함수와 In 연산자를 이용하여 도서코드가 S, M으로 시작하는 자료만 표시되도록 하시오.
▶ 쿼리 실행 결과 표시되는 필드와 필드명은 〈그림〉과 같이 표시되도록 설정하시오.

판매처명	수량 합계	내가 만드는 최애 굿즈	수수한 아이패드 드로잉	전산세무 2급	정보보안기사
대동서적	178				178
문경서적	159	159			
삼복서점	108			108	
세종서관	338	134		204	
우리문고	159	159			
자유문고	100		100		
정글북	101			101	
중앙문고	144			144	
진솔문고	125		125		
충장서점	243	135			108
코믹서점	201				201

3. ⟨판매처정보⟩, ⟨도서판매내역⟩ 테이블을 이용하여 판매수량의 합계 상위 5까지인 판매처를 조회하는 ⟨판매처순위⟩ 쿼리를 작성하시오. (7점)

   ▶ '판매처명' 필드의 '문고'를 '서점'으로 변경하시오. [예 : 중앙문고 → 중앙서점]
   ▶ '판매수량' 필드를 기준으로 내림차순 정렬하여 표시하시오.
   ▶ Replace 함수를 사용하시오.
   ▶ 쿼리 결과 표시되는 필드와 필드명, 필드의 형식은 ⟨그림⟩과 같이 표시되도록 설정하시오.

판매처	판매수량 합계
대동서적	450
경인서점	394
세종서관	338
충장서점	334
중앙서점	329

4. ⟨도서판매내역⟩, ⟨도서⟩ 테이블을 이용하여 판매일자가 주말에 해당한 자료를 조회하는 ⟨주말판매수량⟩ 쿼리를 작성하시오. (7점)

   ▶ Weekday 함수와 Between 연산자를 사용하시오.
   ▶ 쿼리 결과 표시되는 필드와 필드명, 필드의 형식은 ⟨그림⟩과 같이 표시되도록 설정하시오.

판매일자	도서명	수량합계
01월 04일 토	수한 아이패드 드로잉	59
01월 05일 일	우리 아이는 발달장애가 아닙니…	45
01월 18일 토	그림으로 배우는 서버 구조	37
02월 09일 일	인공지능 엔트리를 만나다	34
03월 08일 토	우리 아이는 발달장애가 아닙니…	25
03월 09일 일	정보보안기사	46
03월 22일 토	인공지능 스크래치를 만나다	178
04월 05일 토	우리 아이는 발달장애가 아닙니…	46
04월 05일 토	파이썬으로 챗봇 만들기	29

5. ⟨도서⟩, ⟨도서판매내역⟩ 테이블을 이용하여 도서건수가 10 이상인 도서의 '비고' 필드의 값을 '♥인기도서♥'로 변경하는 ⟨인기도서처리⟩ 업데이트 쿼리를 작성한 후 실행하시오. (7점)

   ▶ In 연산자와 하위 쿼리 사용

도서코드	도서명	판매단가	출판사		비고
CO01	그림으로 배우는 서버 구조	16000	영진 전문서	(0)	
CO02	파이썬으로 챗봇 만들기	20000	영진 전문서	(0)	
IT01	인공지능 엔트리를 만나다	16000	영진 IT	(0)	
IT02	인공지능 스크래치를 만나다	14000	영진 IT	(0)	♥인기도서♥
LA01	우리 아이는 발달장애가 아닙니다.	14800	영진 생활	(0)	♥인기도서♥
LA02	집에서 만드는 치즈의 모든 것	24000	영진 생활	(0)	

   ※ ⟨인기도서처리⟩ 쿼리를 실행한 후의 ⟨도서⟩ 테이블

정답 & 해설 상시 공략 문제 09회

문제1 DB 구축

1 테이블 완성

정답

번호	테이블	필드 이름	속성 및 형식	설정 값
①	도서판매내역	테이블	정렬 기준	판매일자 DESC
②	도서판매내역	판매수량	유효성 검사 규칙	>0
③	도서판매내역	판매일자	형식	mm월 dd일 aaa
④	도서	도서코드	입력 마스크	>LL00
⑤	도서	로고	데이터 형식	첨부 파일

① 〈도서판매내역〉 테이블에서 마우스 오른쪽 버튼을 눌러 [디자인 보기](🔲)를 클릭한다.

② 마우스 오른쪽 버튼을 눌러 [속성]을 클릭한다.

③ [속성 시트] 창의 '정렬 기준'에 **판매일자 DESC**를 입력한다.

④ '판매수량' 필드를 선택하고 '유효성 검사 규칙'에 >0을 입력한다.

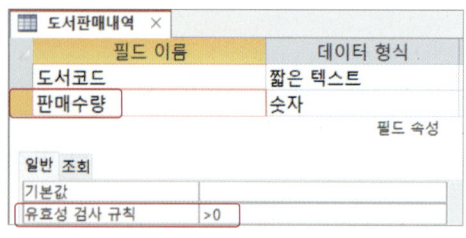

⑤ '판매일자' 필드를 선택하고 '형식'에 **mm월 dd일 aaa**을 입력하고 [저장](💾)을 클릭한다.

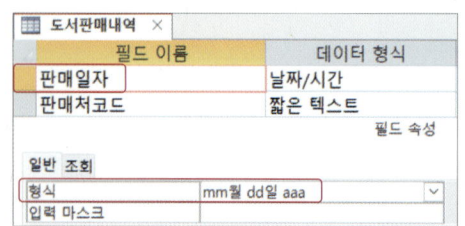

⑥ 〈도서〉 테이블에서 마우스 오른쪽 버튼을 눌러 [디자인 보기](🔲)를 클릭한다.

⑦ '도서코드' 필드를 선택하고 '입력 마스크'는 >LL00을 입력한다.

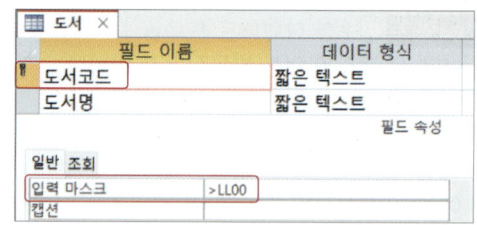

⑧ '출판사' 필드 아래에서 마우스 오른쪽 버튼을 눌러 [행 삽입](🠗)을 클릭한 후 **로고** 필드를 입력하고, 데이터 형식을 '첨부 파일'로 지정하고 [저장](💾)을 클릭한다.

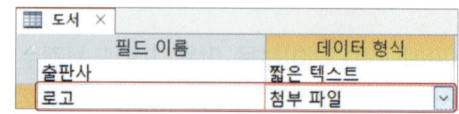

2 조회 속성 설정

정답

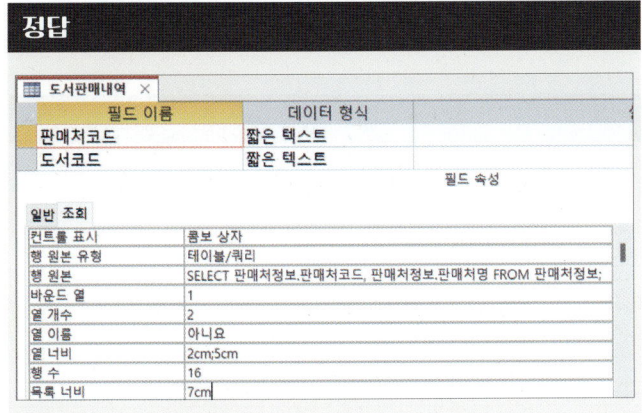

① 〈도서판매내역〉 테이블의 [디자인 보기](📐) 모드에서 '판매처코드' 필드를 선택하고, 필드 속성 [조회] 탭의 '컨트롤 표시' 속성 중 '콤보 상자'를 선택한다.

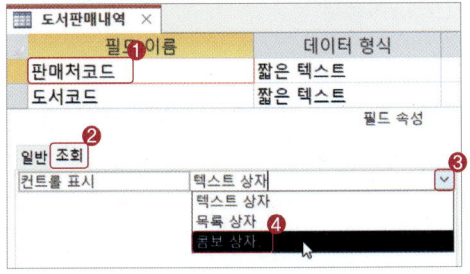

② '행 원본' 속성의 [작성기](⋯)를 클릭한다.

③ [테이블 추가]에서 〈판매처정보〉 테이블을 더블클릭하여 추가한 후 [닫기]를 클릭한다.

④ 〈판매처정보〉 테이블의 '판매처코드', '판매처명' 필드를 추가한다.

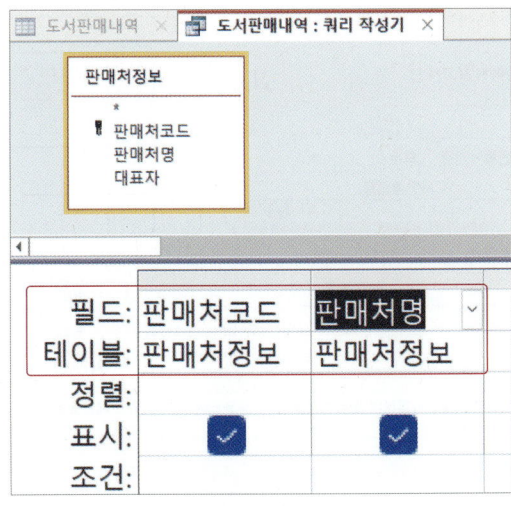

⑤ [닫기]를 클릭하면 'SQL 문의 변경 내용을 저장하고 속성을 업데이트하시겠습니까?' 메시지에서 [예]를 클릭한다.

⑥ '바운드 열(1)', '열 개수(2)', '열 너비(2,5)', '목록 너비(7)' 속성 등을 설정한다.

3 관계 설정

정답

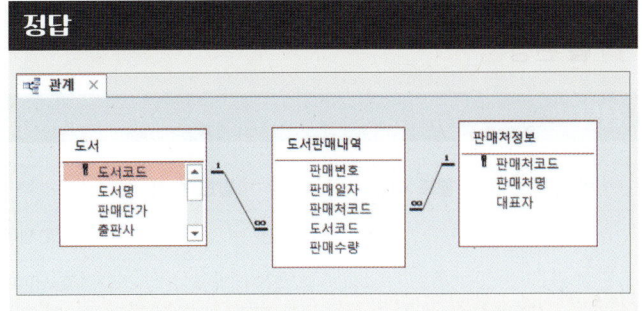

① [데이터베이스 도구]-[관계] 그룹에서 [관계](📊)를 클릭한다.

② [테이블 추가]를 클릭하여 [테이블] 탭에서 〈도서판매내역〉, 〈도서〉, 〈판매처정보〉 테이블을 더블클릭한 후 [닫기]를 클릭한다.

③ 〈도서〉 테이블의 '도서코드' 필드를 선택한 다음 〈도서판매내역〉 테이블의 '도서코드' 필드로 드래그한다.

④ [관계 편집]에서 다음과 같이 지정하고 [만들기]를 클릭한다.

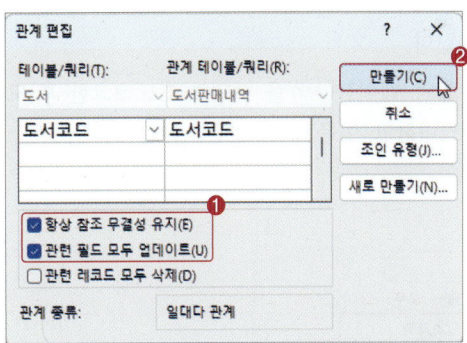

⑤ 〈판매처정보〉 테이블의 '판매처코드' 필드를 선택한 다음 〈도서판매내역〉 테이블의 '판매처코드' 필드로 드래그한다.

⑥ [관계 편집]에서 다음과 같이 지정하고 [만들기]를 클릭한다.

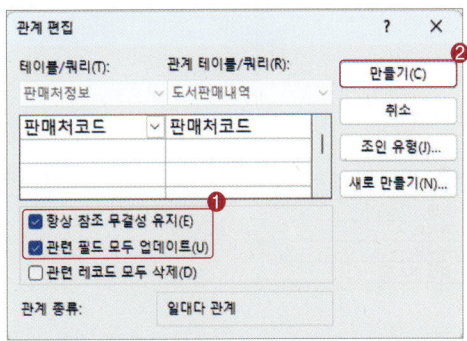

⑤ [관계 디자인] 탭의 [닫기]를 클릭하고 변경한 내용은 [예]를 눌러 저장한다.

문제2 입력 및 수정 기능 구현

1 폼 완성

정답

번호	필드 이름	필드 속성	설정 값
①	레이블	이름	LBL제목
		캡션	도서판매현황
		글꼴 이름	굴림체
		글꼴 크기	20
		문자색	검정 텍스트
②	하위 폼	탭 정지	아니요
③	하위 폼	기본 필드	판매처코드
		하위 필드	판매처코드

① 〈도서판매〉 폼에서 마우스 오른쪽 버튼을 눌러 [디자인 보기](🖼)를 클릭한다.

② [양식 디자인] 탭의 '레이블(가가)'을 선택하고 드래그한 후 **도서판매현황**을 입력하고 '이름'에 **LBL제목**을 입력한다.

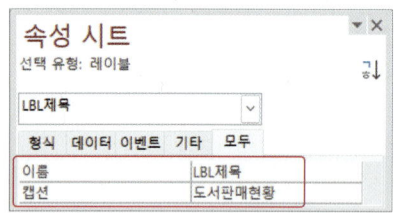

③ [형식] 탭의 '글꼴 이름'에 '굴림체', '글꼴 크기'에 20, 문자색은 '검정 텍스트'로 지정한다.

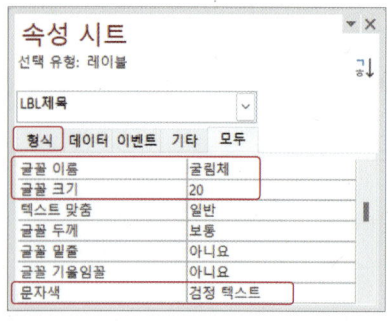

④ 하위 폼 경계라인을 클릭하여 선택한 후 [기타] 탭의 '탭 정지'에 '아니요'를 선택한다.

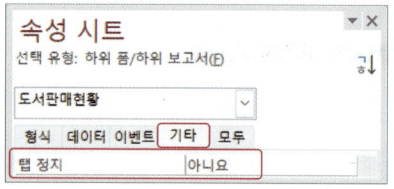

⑤ [데이터] 탭의 '기본 필드 연결'에서 [작성기](⋯)를 클릭하여 '기본 필드(판매처코드)', '하위 필드(판매처코드)'로 지정하고 [확인]을 클릭한다.

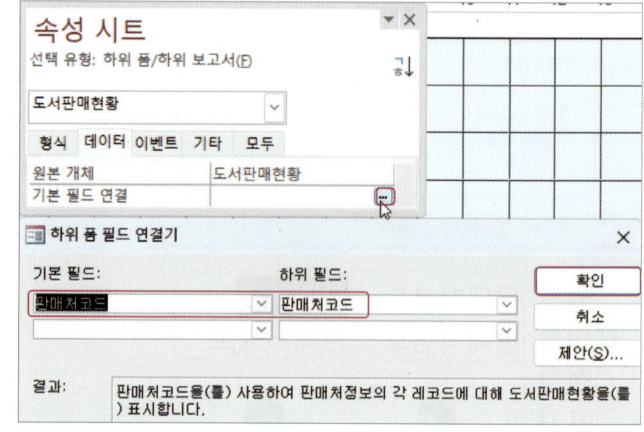

2 'txt총판매수량' 컨트롤 원본

정답

필드 이름	필드 속성	설정 값
txt총판매수량	컨트롤 원본	=DSum("판매수량","도서판매내역","판매처코드= txt판매처코드")

① 〈도서판매〉 폼에서 마우스 오른쪽 버튼을 눌러 [디자인 보기](N)를 클릭한다.
② 'txt총판매수량'을 선택한 후 [데이터] 탭의 '컨트롤 원본'에 다음과 같이 입력한다.

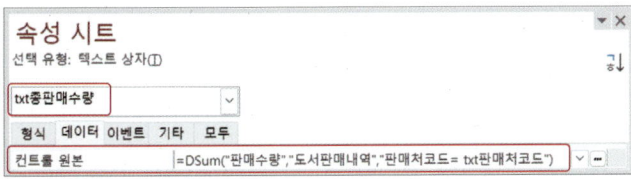

3 매크로

정답

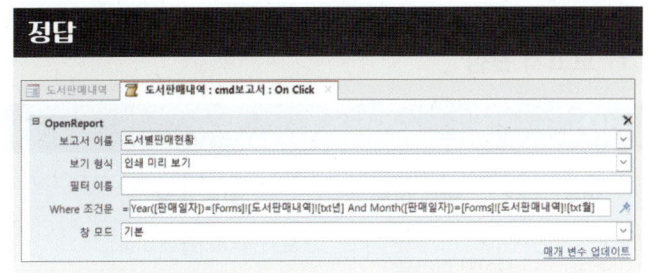

① 〈도서판매내역〉 폼에서 마우스 오른쪽 버튼을 눌러 [디자인 보기](N)를 클릭한다.
② 'cmd보고서'를 선택한 후 [이벤트] 탭의 'On Click'에서 작성기(┈)를 클릭하여 '매크로 작성기'를 선택하고 [확인]을 클릭한다.

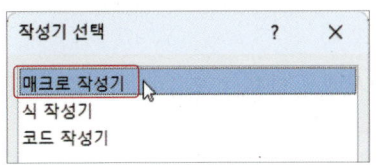

③ 매크로 함수(OpenReport)를 선택하고, 보고서 이름에 **도서별판매현황**을 입력, 보기 형식에 '인쇄 미리 보기'를 선택, Where조건문에 **Year([판매일자])=[Forms]![도서판매내역]![txt년] And Month([판매일자])=[Forms]![도서판매내역]![txt월]**을 입력하고 [닫기]를 클릭한다.

문제3 조회 및 출력 기능 구현

1 보고서 완성

정답

번호	필드 이름	필드 속성	설정 값
①	페이지 머리글	도서명 머리글로 이동	
		높이	0
②	txt도서명	컨트롤 원본	=[도서명] & "(총판매건수 : " & Format(Count(*),"#건")"
③	txt총판매수량	컨트롤 원본	=Format(Sum([판매수량]),"★ 총 판매수량 "" : ""#,###개 ★")
④	도서명 머리글	반복 실행 구역	예
⑤	txt페이지	컨트롤 원본	=[Page] & " / " & [Pages]

① 〈도서별판매현황〉 보고서에서 마우스 오른쪽 버튼을 눌러 [디자인 보기](🖼)를 클릭한다.

② 도서명 머리글 영역을 조절한 후 페이지 머리글 영역의 모든 레이블을 선택한 후 드래그하여 이동한다.

③ 도서명 머리글 경계라인을 드래그하여 페이지 머리글 높이를 '0'으로 지정한다.

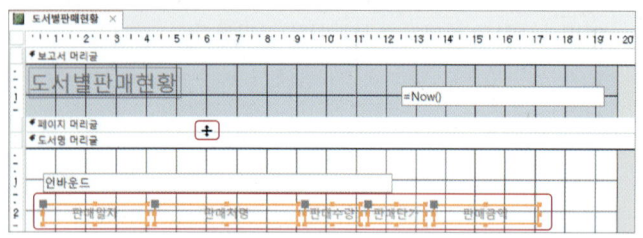

④ 'txt도서명' 컨트롤을 선택하고 [데이터] 탭의 '컨트롤 원본'에 =[도서명] & "(총판매건수 : " & Format(Count(*),"#건")"을 입력한다.

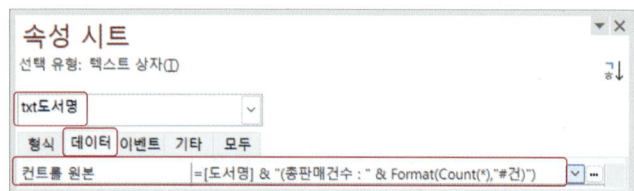

⑤ 'txt총판매수량' 컨트롤을 선택하고 [데이터] 탭의 '컨트롤 원본'에 =Format(Sum([판매수량]),"★ 총 판매수량 "" : ""#,###개 ★")를 입력한다.

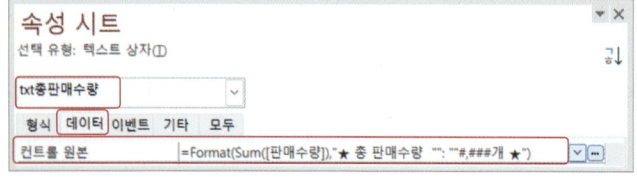

⑥ '도서명 머리글'을 클릭한 후 [형식] 탭의 '반복 실행 구역'에서 '예'를 선택한다.

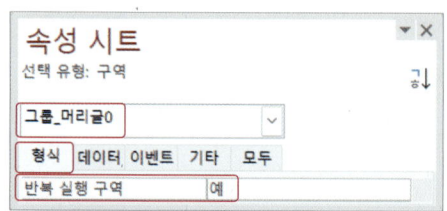

⑦ 'txt페이지' 컨트롤을 선택하고 [데이터] 탭의 '컨트롤 원본'에 =[Page] & " / " & [Pages]를 입력한다.

2 이벤트 프로시저

① 〈도서판매내역〉 폼에서 마우스 오른쪽 버튼을 눌러 [디자인 보기](🖼)를 클릭한다.

② 'cmd조회' 컨트롤을 선택한 후 [이벤트] 탭의 'On Click'에서 [이벤트 프로시저]를 선택한 후 [작성기](…)를 클릭한다.

③ 다음과 같이 입력하고 [디자인 보기] 창을 닫고 변경한 내용은 저장한다.

```
Private Sub cmd조회_Click()
    Me.Filter = "year([판매일자]) =" & txt년 & "and month([판매일자]) =" & txt월
    Me.FilterOn = True
End Sub
```

문제4 처리 기능 구현

1 〈판매일자조회〉 쿼리

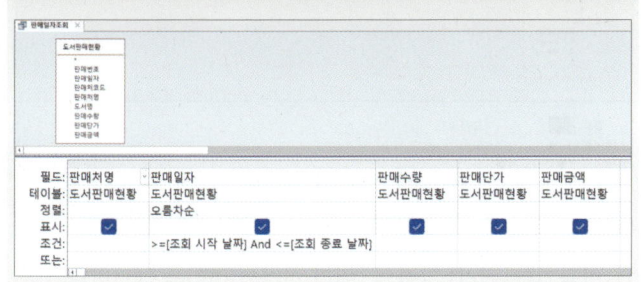

① [만들기]-[쿼리] 그룹의 [쿼리 디자인](🔲)을 클릭한다.
② [테이블 추가]에서 〈도서판매현황〉 쿼리를 더블클릭하여 추가하고 [닫기]를 클릭한다.
③ 필요한 필드를 추가한 후 '판매일자' 필드에서 정렬은 '오름차순', '조건'에 >=[조회 시작 날짜] And <=[조회 종료 날짜]를 입력한다.
④ Ctrl + S 를 눌러 **판매일자조회**를 입력하고 [확인]을 클릭하여 저장한다.

2 〈판매처별판매수량〉 쿼리

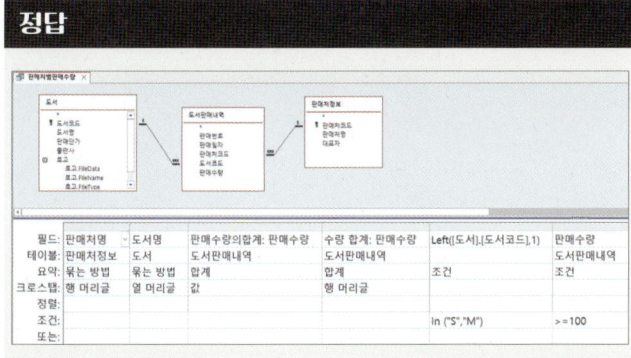

① [만들기]-[쿼리] 그룹의 [쿼리 디자인](🔲)을 클릭한다.
② [테이블 추가]에서 〈도서〉, 〈도서판매내역〉, 〈판매처정보〉를 추가하고 [닫기]를 클릭한다.
③ [쿼리 디자인]-[쿼리 유형] 그룹에서 [크로스탭](🔲)을 클릭한다.

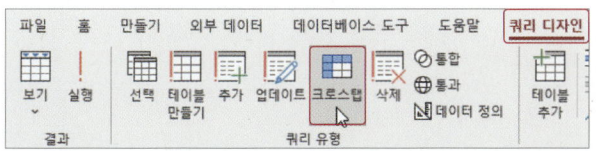

④ 필요한 필드를 추가한 후 판매처명(행 머리글), 도서명(열 머리글), 판매수량(값-합계), 판매수량(행 머리글, 합계)로 지정한다.
⑤ 조건을 작성하기 위해서 필드에 Left([도서].[도서코드],1)로 지정하고, 조건 In("S","M")을 입력하고, 필드(판매수량)의 조건에 >=100을 입력한다.

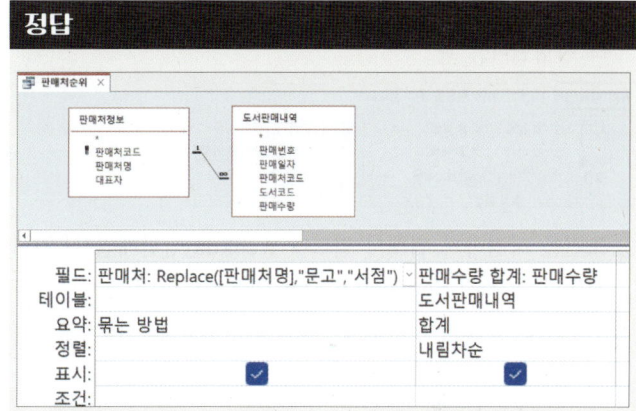

⑥ Ctrl + S 를 눌러 **판매처별판매수량**을 입력하고 [확인]을 클릭하여 저장한다.

3 〈판매처순위〉 쿼리

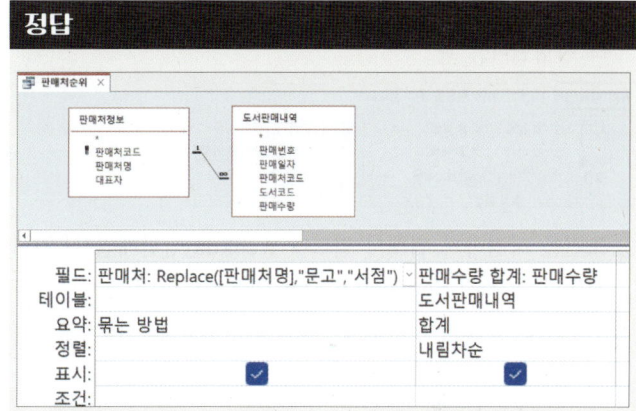

① [만들기]-[쿼리] 그룹의 [쿼리 디자인](🔲)을 클릭한다.
② [테이블 추가]에서 〈판매처정보〉, 〈도서판매내역〉을 추가하고 [닫기]를 클릭한다.
③ 필요한 필드를 추가한 후 **판매처: Replace([판매처명],"문고","서점")**으로 수정하고, [쿼리 디자인]-[표시/숨기기] 그룹에서 [요약](∑)을 클릭한 후 '판매수량' 필드는 '합계'로 지정하고, 내림차순을 지정한다.
④ [속성 시트]를 클릭하여 '상위 값'에 5를 입력하고 Ctrl + S 를 눌러 **판매처순위**를 입력하고 [확인]을 클릭하여 저장한다.

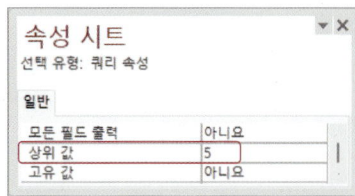

4 〈주말판매수량〉 쿼리

정답

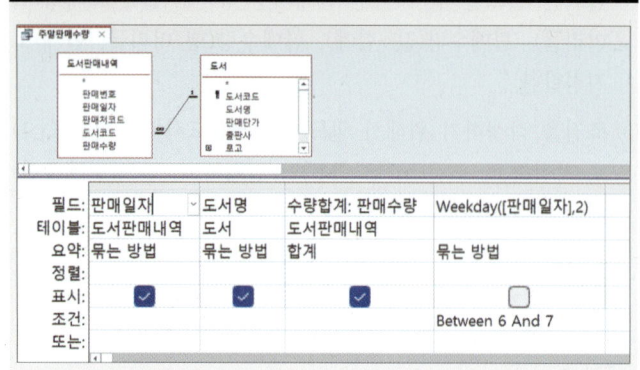

① [만들기]-[쿼리] 그룹의 [쿼리 디자인](📋)을 클릭한다.
② [테이블 추가]에서 〈도서판매내역〉, 〈도서〉를 각각 더블클릭하여 추가하고 [닫기]를 클릭한다.
③ 필요한 필드를 추가한 후 '판매수량' 필드는 [쿼리 디자인]-[표시/숨기기] 그룹에서 [요약](∑)을 클릭한 후 '합계'로 지정한다.

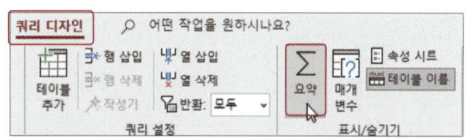

④ 조건을 작성하기 위해서 필드에 Weekday([판매일자],2)로 지정하고, 조건(Between 6 And 7)을 입력한다.
⑤ Ctrl+S를 눌러 **주말판매수량**을 입력하고 [확인]을 클릭하여 저장한다.

5 〈인기도서처리〉 쿼리

정답

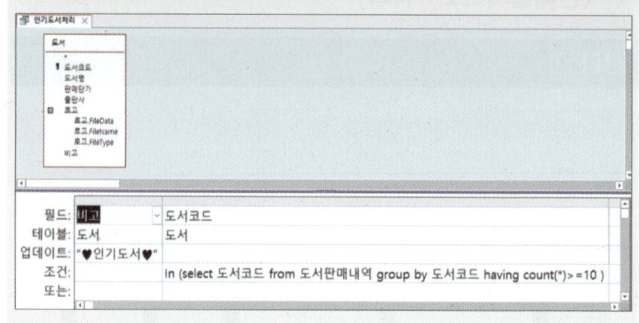

① [만들기]-[쿼리] 그룹의 [쿼리 디자인](📋)을 클릭한다.
② [테이블 추가]의 [테이블] 탭에서 〈도서〉 테이블을 추가한 후 '비고'와 '도서코드' 필드를 추가한다.
③ [쿼리 디자인]-[쿼리 유형] 그룹에서 [업데이트](📋)를 클릭한 후 다음과 같이 입력한다.

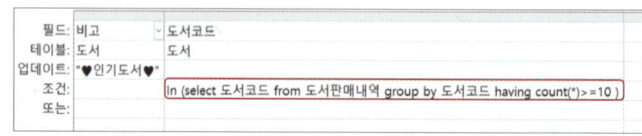

In (select 도서코드 from 도서판매내역 group by 도서코드 having count(*)>=10)

④ [저장](💾)을 클릭하여 쿼리의 이름을 **인기도서처리**로 입력하고 [확인]을 클릭한다.
⑤ [쿼리 디자인]-[결과] 그룹에서 [실행](❗)을 클릭하면 5행을 새로 고친다는 메시지가 표시되면 [예]를 클릭한다.

상시 공략 문제 10회

작업파일 : '26컴활1급(상시)₩데이터베이스₩상시공략문제'에서 '상시공략문제10회' 파일을 열어 작업하세요.

프로그램명	제한시간	풀이시간
ACCESS 2021	45분	분

수험번호 :

성　명 :

유의사항

- 인적 사항 누락 및 잘못 작성으로 인한 불이익은 수험자 책임으로 합니다.

- 화면에 암호 입력창이 나타나면 아래의 암호를 입력하여야 합니다.
  ○ 암호: 7646%5

- 작성된 답안은 주어진 경로 및 파일명을 변경하지 마시고 그대로 저장해야 합니다. 이를 준수하지 않으면 실격 처리됩니다.
  ○ 답안 파일명의 예: C:₩DB₩수험번호8자리.accdb

- 외부데이터 위치: C:₩DB₩파일명

- 별도의 지시사항이 없는 경우, 다음과 같이 처리 시 실격 처리됩니다.
  ○ 제시된 개체의 이름을 임의로 변경한 경우
  ○ 제시된 개체의 속성을 임의로 변경한 경우
  ○ 제시된 개체를 임의로 삭제하거나 추가한 경우

- 별도의 지시사항이 없는 경우, 기능의 구현은 모듈이나 매크로 등을 이용하며, 예외적인 상황에 대해서는 고려하지 않아도 됩니다.

- 제시된 함수가 있을 경우 제시된 함수만을 사용하여야 하며, 그 외 함수 사용시 채점 대상에서 제외됩니다.

- 별도의 지시사항이 없는 경우, 주어진 각 개체의 속성은 설정값 또는 기본 설정값 (Default)으로 처리하십시오.

- 제시된 화면은 예시이며 나타난 값은 실제와 다를 수 있습니다.

- 저장 시간은 별도로 주어지지 아니하므로 제한된 시간 내에 저장을 완료해야 합니다.

- 본 문제의 용어는 MS Office LTSC Professional Plus 2021 기준으로 작성되었습니다.

대 한 상 공 회 의 소

문제1 DB 구축(25점)

1. 다음의 지시사항에 따라 각 테이블을 완성하시오. (각 3점)

〈납품현황〉 테이블

① 일련번호 형식의 '납품번호' 필드를 첫 행에 필드로 생성하고, 기본키는 '납품일자', '납품업체코드', '제품코드'로 구성하여 '기본키'로 설정하시오.

② '납품일자' 필드에는 값이 반드시 입력되도록 설정하고, '2025년 1월 1일 토요일' 형태로 표시되도록 속성을 이용하여 형식을 설정하시오.

③ '할인율' 필드에는 0 부터 0.3 사이의 값만 입력되도록 설정하고, 그 이외의 값을 입력하면 '0 부터 0.3 사이의 값을 입력하세요.'라는 메시지가 표시되도록 설정하시오.

〈납품업체〉 테이블

④ '사업자번호' 필드를 입력할 때 '숫자3자리-숫자2자리-숫자5자리' 형태로 필수 입력되도록 입력 마스크를 설정하시오.
  ▶ 숫자 사이의 '-'도 함께 저장되도록 설정
  ▶ 입력 시 데이터가 입력될 자리를 밑줄(_)로 표시

⑤ '홈페이지주소' 필드를 추가하고 데이터 형식을 '하이퍼링크'로 설정하시오.

2. 〈추가납품〉 테이블의 데이터를 〈납품현황〉 테이블에 추가하시오. (5점)

▶ 〈추가납품〉 테이블의 '납품번호', '비고' 필드는 추가 대상에서 제외하시오.
▶ '납품일자' 필드가 '2025년 1월 1일'보다 크거나 같은 레코드만 추가하시오.
▶ 추가 쿼리(Insert Query)를 이용하여 처리하고, 쿼리의 이름은 '2025년도납품추가'로 지정하고 실행하시오.

3. 〈납품현황〉 테이블의 '납품업체코드', '제품코드' 필드는 각각 〈납품업체〉 테이블의 '납품업체코드' 필드와 〈제품목록〉 테이블의 '제품코드' 필드를 참조하며, 테이블 간의 관계는 다대일(M:1)이다. 각 테이블 간의 관계를 설정하시오. (5점)

▶ 테이블 간에 항상 참조 무결성이 유지되도록 설정하시오.
▶ 참조 필드의 값이 변경되면 관련 필드의 값도 변경되도록 설정하시오.
▶ 다른 테이블에서 참조하고 있는 레코드는 삭제할 수 없도록 설정하시오.

문제2 입력 및 수정 기능 구현(20점)

1. 〈제품조회〉 폼을 다음의 화면과 지시사항에 따라 완성하시오. (각 3점)

① 폼이 로드될 때 '제품명'을 기준으로 오름차순 정렬되도록 설정하시오.
② 폼 머리글의 'Txt제품코드', 'Txt제품명', 'Txt제조사', 'Txt원가' 컨트롤은 각각 '제품코드', '제품명', '제조사', '원가' 필드의 값이 표시되도록 설정하시오.
③ 'Txt조회코드' 컨트롤이 활성화되도록 설정하시오.

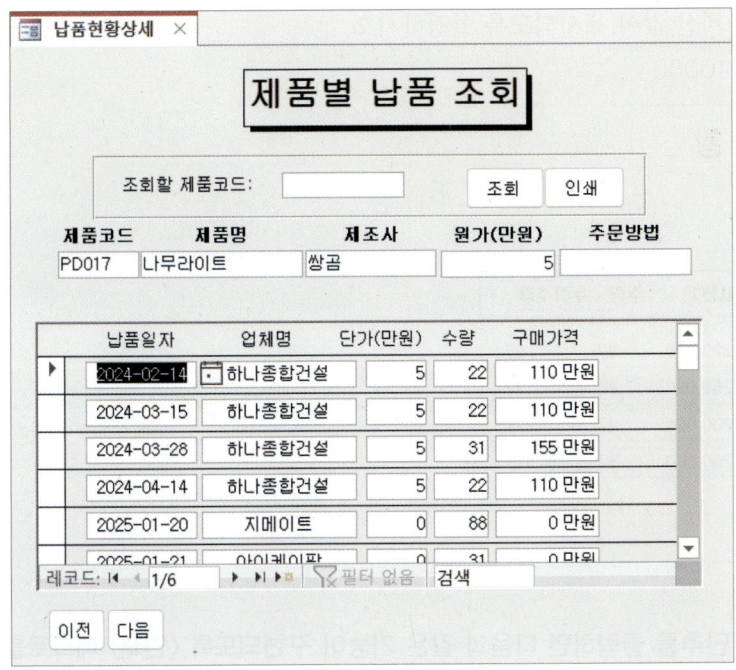

2. 〈제품조회〉 폼의 'Txt조회코드' 컨트롤에 조회할 제품코드의 일부를 입력한 후 '조회(Cmd조회)' 버튼을 클릭하면 제품코드의 정보를 표시하는 〈제품조회〉 매크로를 생성한 후 지정하시오. (6점)

   ▶ ApplyFilter 함수를 사용할 것

3. 〈납품현황〉 폼의 본문의 'txt업체명'을 더블클릭하면 '대표자'와 '전화' 내용이 그림과 같이 표시되도록 이벤트 프로시저를 작성하시오. (5점)

   ▶ MsgBox, Dlookup 사용
   ▶ '납품업체' 테이블 사용

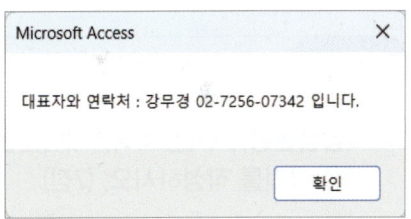

문제3 조회 및 출력 기능 구현(20점)

1. 다음의 지시사항 및 화면을 참조하여 〈납품현황상세〉 보고서를 완성하시오. (각 3점)

   ① '제품코드' 머리글 영역이 매 페이지마다 반복적으로 출력되도록 설정하고, '제품코드' 머리글 영역이 시작되기 전에 페이지가 바뀌도록 설정하시오.
   ② 본문의 'Txt누적수량' 컨트롤은 해당 그룹 내에서 '수량' 필드의 누계 값을 표시하도록 설정하시오.
   ③ 본문 영역에 대해 홀수행, 짝수행 배경색 다르게 설정하시오.
      ▶ 다른 배경색 : Access 테마 3
   ④ 본문의 'txt순번' 컨트롤에는 그룹별로 일련번호가 표시되도록 설정하시오.

⑤ 제품코드 바닥글의 'Txt평균단가' 컨트롤에 계산 값이 표시되도록 설정하시오.
▶ Txt평균단가 = 단가(만원) 필드의 평균 * 10000

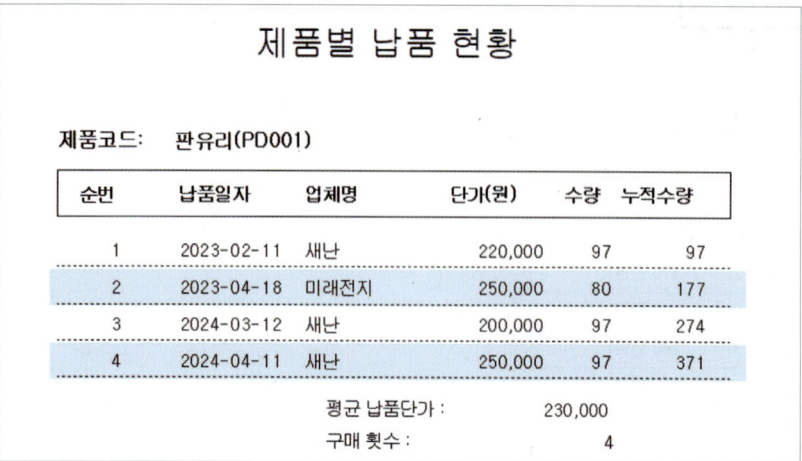

2. 〈제품조회〉 폼 머리글 영역의 인쇄(Cmd인쇄) 단추를 클릭하면 다음과 같은 기능이 구현되도록 〈인쇄〉 매크로를 생성한 후 지정하시오. (5점)

▶ 다음과 같이 현재 날짜와 시간을 표시하는 메시지 상자를 표시하시오.
▶ 메시지 상자에서 〈확인〉을 클릭하면 〈납품현황상세〉 보고서를 '인쇄 미리 보기' 상태로 표시하고 〈제품조회〉폼은 닫도록 설정하시오.

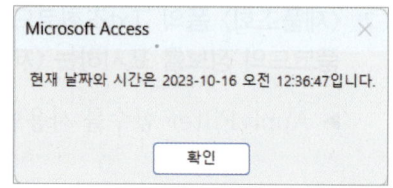

문제4 처리 기능 구현(35점)

1. 〈납품현황〉, 〈제품목록〉 테이블을 이용하여 수량이 100 이상이고 납품일자가 평일인 제품을 조회하는 〈평일납품조회〉 쿼리를 작성하시오. (7점)

▶ '단가' 필드는 원가 *10000을 계산하여 표시하시오.
▶ 쿼리 실행 결과 표시되는 필드와 필드명은 〈그림〉과 같이 표시되도록 설정하시오.
▶ Weekday, Between 함수 사용

② 〈제품목록〉 테이블을 이용하여 원가가 상위 3위까지인 값을 나타내는 〈상위3위제품〉 쿼리를 작성하시오. (7점)

▶ 쿼리 실행 결과 표시되는 필드와 필드명은 〈그림〉과 같이 표시되도록 설정하시오.

③ 〈제품목록〉, 〈납품현황〉, 〈납품업체〉 테이블을 이용하여 〈업체별주문현황〉 크로스탭 쿼리를 작성하시오. (7점)

▶ 제품명이 '마이톤'과 '석고보드'에 해당한 업체명과 납품현황의 개수를 구하시오.
▶ 개수는 '제품코드'를 이용하시오.
▶ 쿼리 결과 표시되는 필드와 필드명, 필드의 형식은 〈그림〉과 같이 표시되도록 설정하시오.

④ 〈납품업체〉 테이블을 이용하여 '전화' 필드를 이용하여 '02'로 시작하지 않은 데이터만 추출하여 〈서울외납품업체〉 쿼리를 작성하시오. (7점)

▶ Not Like 연산자를 이용하여 작성하시오.
▶ 쿼리 결과 표시되는 필드와 필드명, 필드의 형식은 〈그림〉과 같이 표시되도록 설정하시오.

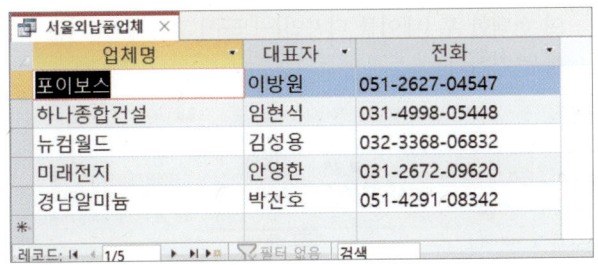

⑤ 〈제품목록〉, 〈납품현황〉 테이블을 이용하여 1분기 납품이 없는 제품에 대해 〈제품목록〉 테이블의 '비고' 필드의 값을 '♣관리종목♣'으로 변경하는 〈관리종목처리〉 업데이트 쿼리를 작성한 후 실행하시오. (7점)

▶ 1분기 납품이 없는 제품이란 납품일자가 2024년 1월 1일부터 2024년 3월 31일까지 중에서 〈제품목록〉 테이블에는 '제품코드'가 있으나 〈납품현황〉 테이블에는 '제품코드'가 없는 제품임
▶ Not In 연산자와 하위 쿼리 사용

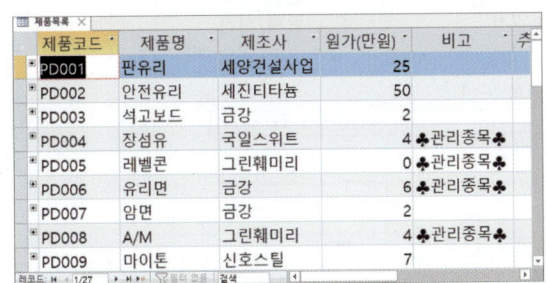

※ 〈관리종목처리〉 쿼리를 실행한 후의 〈제품목록〉 테이블

정답 & 해설 : 상시 공략 문제 10회

문제1 DB 구축

1 테이블 완성

정답

번호	테이블	필드 이름	속성 및 형식	설정 값
①	납품현황	납품번호	데이터 형식	일련 번호
		납품일자, 납품업체코드, 제품코드		기본 키
②	납품현황	납품일자	필수	예
			형식	yyyy년 m월 d일 aaaa
③	납품현황	할인율	유효성 검사 규칙	Between 0 and 0.3
			유효성 검사 텍스트	0 부터 0.3 사이의 값을 입력하세요.
④	납품업체	사업자번호	입력 마스크	000-00-00000;0;_
⑤	납품업체	홈페이지주소	데이터 형식	하이퍼링크

① 〈납품현황〉 테이블에서 마우스 오른쪽 버튼을 눌러 [디자인 보기](🖉)를 클릭한다.

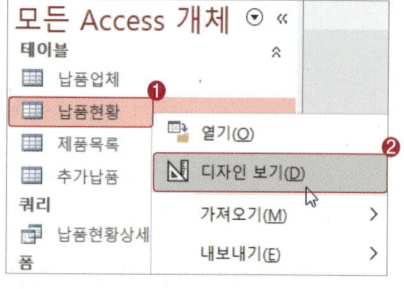

② 납품일자 행 선택기에서 마우스 오른쪽 버튼을 눌러 [행 삽입](🖃)을 클릭한다.

③ 필드 이름에 **납품번호**를 입력하고, 데이터 형식은 '일련 번호'를 선택한다.

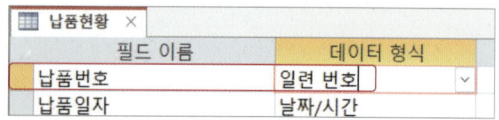

④ '납품일자', '납품업체코드', '제품코드' 행 선택기를 드래그하여 선택한 후 [테이블 디자인]-[도구] 그룹에서 [기본 키](🔑)를 클릭한다.

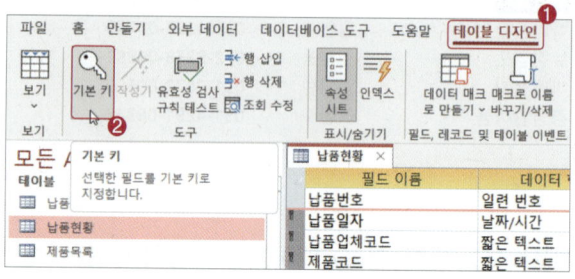

⑤ '납품일자' 필드를 선택하고 '필수'는 '예', '형식'은 yyyy년 m월 d일 aaaa를 입력한다.

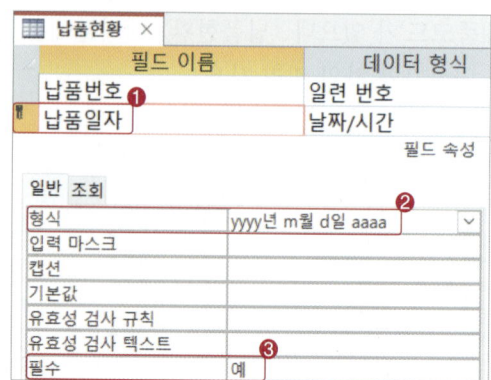

⑥ '할인율' 필드를 선택하고 '유효성 검사 규칙'에 Between 0 And 0.3, '유효성 검사 텍스트'는 **0 부터 0.3 사이의 값을 입력하세요.**를 입력한다.

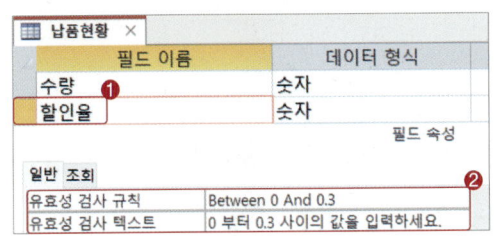

⑦ [저장](🖫)을 클릭한 후 [예]를 클릭한다.
⑧ 〈납품업체〉 테이블에서 마우스 오른쪽 버튼을 눌러 [디자인 보기](🔲)를 클릭한다.
⑨ '사업자번호' 필드를 선택하고 '입력 마스크'에 000-00-00000;0;_을 입력한다.

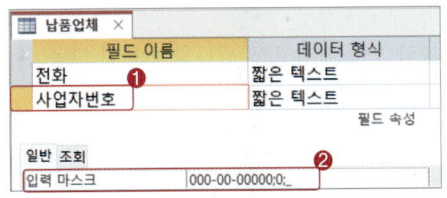

⑩ '사업자번호' 필드 아래에 **홈페이지주소** 필드를 입력하고, 데이터 형식을 '하이퍼링크'로 지정하고 [저장](🖫)을 클릭한다.

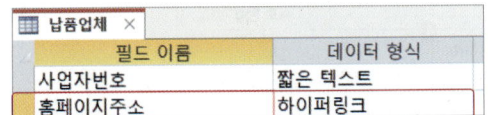

2 〈2025년도납품추가〉 쿼리

정답

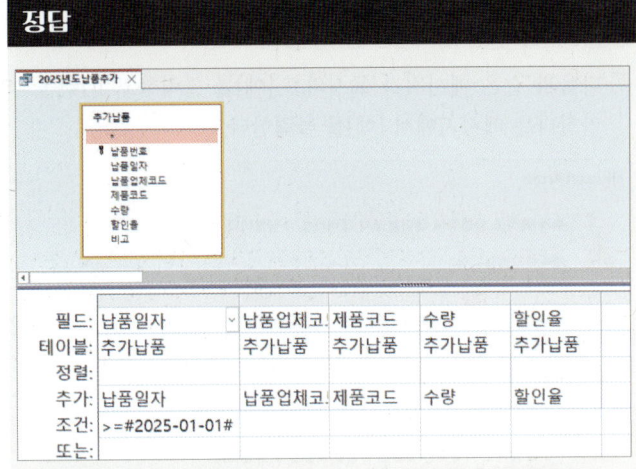

① [만들기]-[쿼리] 그룹의 [쿼리 디자인](🔲)을 클릭한다.
② [테이블 추가]에서 〈추가납품〉을 더블클릭하여 추가한 후 [닫기]를 클릭한다.

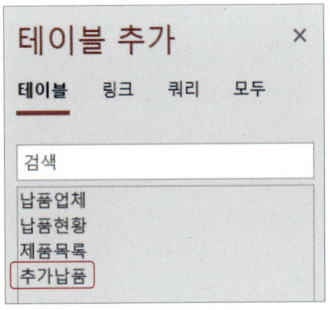

③ [쿼리 디자인] 탭의 [쿼리 유형]에서 [추가](🔲)를 클릭한다.
④ [추가]에서 '테이블 이름'은 '납품현황'을 선택하고 [확인]을 클릭한다.

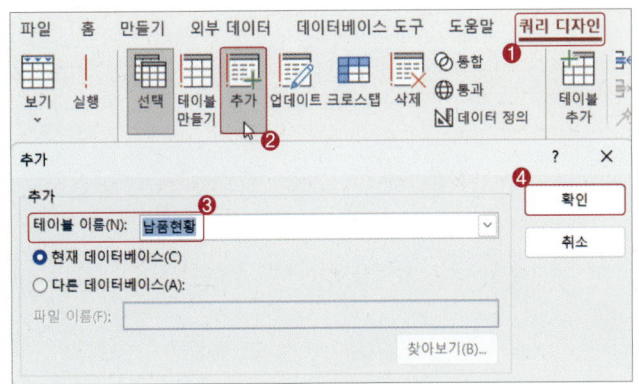

⑤ '납품번호'와 '비고' 필드를 제외한 나머지 필드를 추가한 후 '납품일자' 필드의 조건에 >=#2025-1-1#을 입력한다.

⑥ [쿼리 디자인] 탭의 [실행]( )을 클릭한다.

⑦ 다음과 같은 메시지가 표시되고 [예]를 클릭하고 10행을 추가한다는 메시지에서 [예]를 클릭한다.

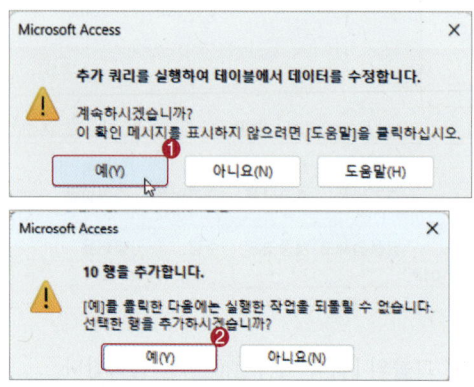

⑧ Ctrl + S 를 눌러 **2025년도납품추가**를 입력하고 [확인]을 클릭하여 저장한다.

3 관계 설정

정답

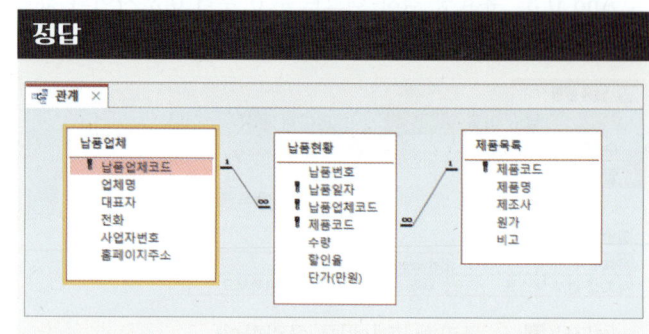

① [데이터베이스 도구]-[관계] 그룹에서 [관계]( )를 클릭한다.

② [테이블 추가]를 클릭하여 [테이블] 탭에서 〈납품현황〉, 〈제품목록〉, 〈납품업체〉 테이블을 더블클릭한 후 [닫기]를 클릭한다.

③ 〈납품업체〉 테이블의 '납품업체코드' 필드를 선택한 다음 〈납품현황〉 테이블의 '납품업체코드' 필드로 드래그한다.

④ [관계 편집]에서 다음과 같이 지정하고 [만들기]를 클릭한다.

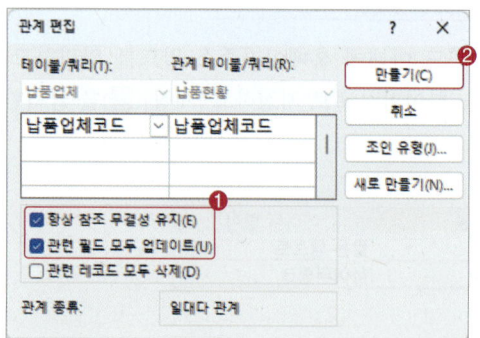

⑤ 〈제품목록〉 테이블의 '제품코드' 필드를 선택한 다음 〈납품현황〉 테이블의 '제품코드' 필드로 드래그한다.

⑥ [관계 편집]에서 다음과 같이 지정하고 [만들기]를 클릭한다.

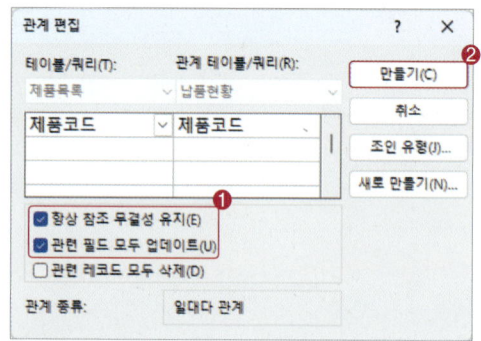

⑤ [관계 디자인] 탭의 [닫기]를 클릭하고 변경한 내용은 [예]를 눌러 저장한다.

문제2 입력 및 수정 기능 구현

1 폼 완성

정답

번호	필드 이름	필드 속성	설정 값
①	폼	정렬	제품명 ASC
②	Txt제품코드	컨트롤 원본	제품코드
	Txt제품명		제품명
	Txt제조사		제조사
	Txt원가		원가
③	Txt조회코드	사용 가능	예

① 〈제품조회〉 폼에서 마우스 오른쪽 버튼을 눌러 [디자인 보기](🖊)를 클릭한다.

② 폼 선택기를 클릭한 후 [데이터] 탭의 '정렬 기준'에 **제품명 ASC**를 입력한다.

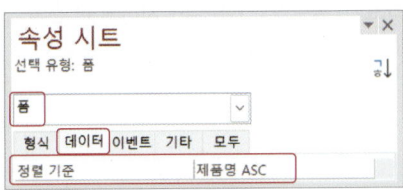

③ 'Txt제품코드'를 클릭한 후 [데이터] 탭의 '컨트롤 원본'에 '제품코드'를 선택하고, 'Txt제품명'은 '제품명', 'Txt제조사'는 '제조사', 'Txt원가'는 '원가'를 선택한다.

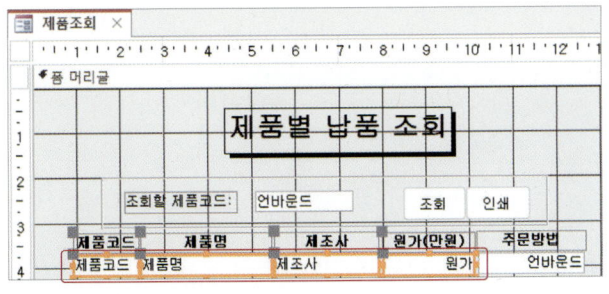

④ 'Txt조회코드' 컨트롤을 선택하고 [데이터] 탭의 '사용 가능'에 '예'를 선택한다.

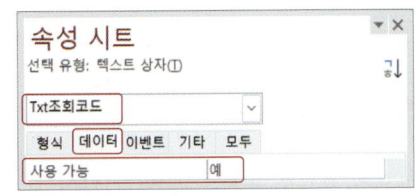

2 매크로

정답

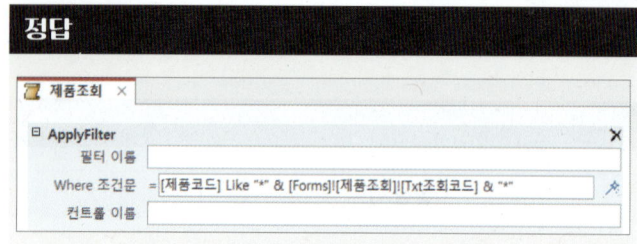

① [만들기]-[매크로 및 코드] 그룹의 [매크로](□)를 클릭한다.

② 매크로 함수(ApplyFilter)를 선택하고, Where 조건문에 **[제품코드] Like "*" & [Forms]![제품조회]![Txt조회코드] & "*"**을 입력한다.

③ [저장](□)을 클릭하여 매크로 이름을 **제품조회**를 입력하고 저장한 후 창을 닫는다.

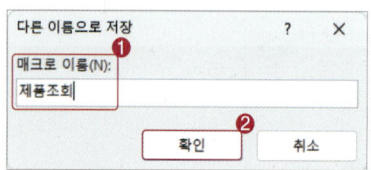

④ 〈제품조회〉 폼에서 마우스 오른쪽 버튼을 눌러 [디자인 보기]를 클릭한다.

⑤ 'cmd조회' 명령 단추 컨트롤을 선택한 후 [이벤트] 탭의 On Click 이벤트에서 '제품조회'를 지정한다.

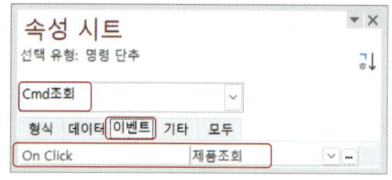

3 이벤트 프로시저

① 〈납품현황〉 폼에서 마우스 오른쪽 버튼을 눌러 [디자인 보기](□)를 클릭한다.

② 'txt업체명' 컨트롤을 선택한 후 [이벤트] 탭의 'On Dbl Click'에서 [이벤트 프로시저]를 선택한 후 [작성기](□)를 클릭한다.

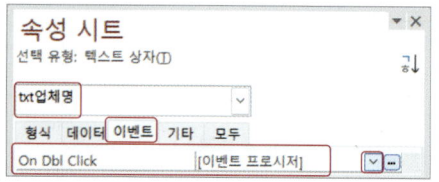

③ 다음과 같이 입력하고 [디자인 보기] 창을 닫고 변경한 내용은 저장한다.

```
Private Sub txt업체명_DblClick(Cancel As Integer)
MsgBox "대표자와 연락처 : " & DLookup("대표자 & "" "" & 전화", "납품업체", "업체명= txt업체명") & " 입니다."
End Sub
```

기적의 TIP

"대표자 & "" "" & 전화" : [대표자] 필드와 [전화] 필드 사이에 한 칸의 스페이스를 작성하기 위해 사용한 큰 따옴표("")는 큰 따옴표를 2번("" "") 작성해야 합니다.

문제3 조회 및 출력 기능 구현

1 보고서 완성

정답

번호	필드 이름	필드 속성	설정 값
①	제품코드 머리글	반복 실행 구역	예
		페이지 바꿈	구역 전
②	Txt누적수량	컨트롤 원본	수량
		누적 합계	그룹
③	본문	다른 배경색	Access 테마 3
④	Txt순번	컨트롤 원본	=1
		누적 합계	그룹
⑤	Txt평균단가	컨트롤 원본	=Avg([단가(만원)])*10000

① 〈납품현황상세〉 보고서에서 마우스 오른쪽 버튼을 눌러 [디자인 보기](⬛)를 클릭한다.

② '제품코드' 머리글 영역을 선택하고, [형식] 탭의 '반복 실행 구역'에 '예', '페이지 바꿈'에서 '구역 전'을 선택한다.

③ 'Txt누적수량' 컨트롤을 선택하고 [데이터] 탭의 '컨트롤 원본'에 '수량'을 선택하고, '누적 합계'에서 '그룹'을 선택한다.

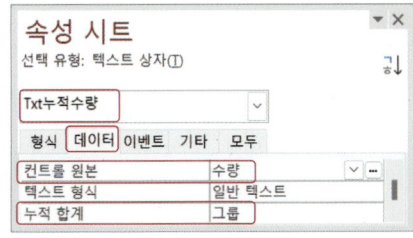

④ 본문 영역을 선택하고 [형식] 탭의 '다른 배경색'에 'Access 테마 3'을 선택한다.

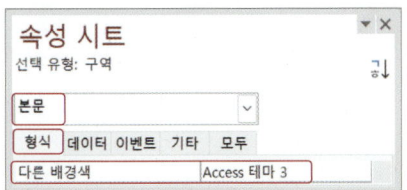

⑤ 'Txt순번' 컨트롤을 선택하고 [데이터] 탭의 '컨트롤 원본'에 =1을 입력하고, '누적 합계'에서 '그룹'을 선택한다.

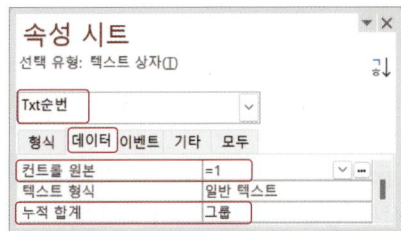

⑥ 'Txt평균단가' 컨트롤을 선택하고 [데이터] 탭의 '컨트롤 원본'에 =Avg([단가(만원)])*10000을 입력한다.

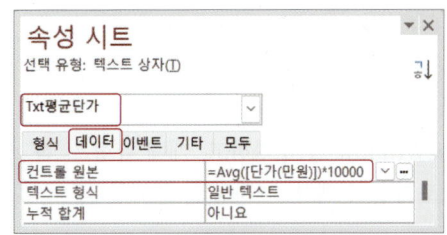

2 매크로

정답

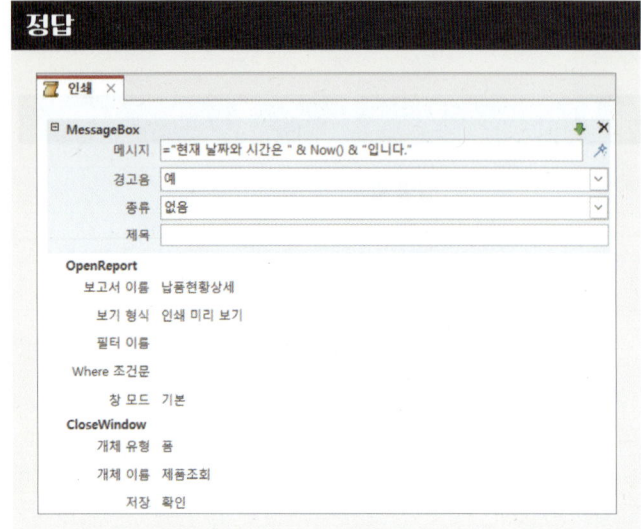

① [만들기]-[매크로 및 코드] 그룹의 [매크로](□)를 클릭한다.
② 매크로 함수(MessageBox)를 선택하고, 메시지에 **="현재 날짜와 시간은 " & Now() & "입니다."**를 입력한다.

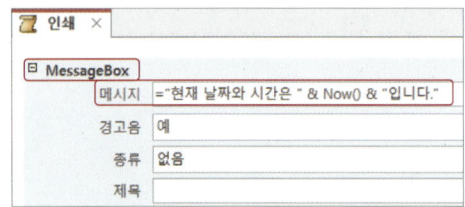

③ 매크로 함수(OpenReport)를 추가하고, 보고서 이름은 '납품현황상세', 보기 형식은 '인쇄 미리 보기'를 선택한다.

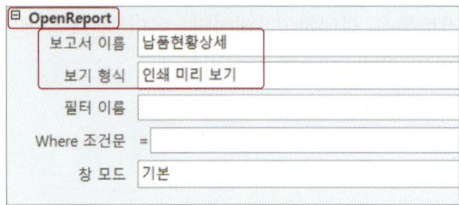

④ 매크로 함수(CloseWindow)를 추가하고, 개체 유형은 '폼', 개체 이름은 '제품조회'를 선택하고 [저장]을 클릭한다.

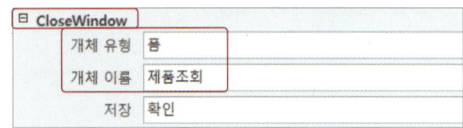

⑤ 매크로 이름에 **인쇄**를 입력하고 [확인]을 클릭한다.

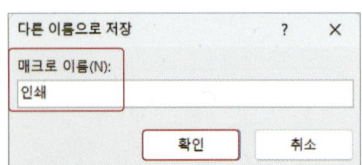

⑥ 〈제품조회〉 폼에서 마우스 오른쪽 버튼을 눌러 [디자인 보기](□)를 클릭한다.

⑦ 'Cmd인쇄' 명령 단추 컨트롤을 선택한 후 [이벤트] 탭의 On Click 이벤트에서 '인쇄'를 지정한다.

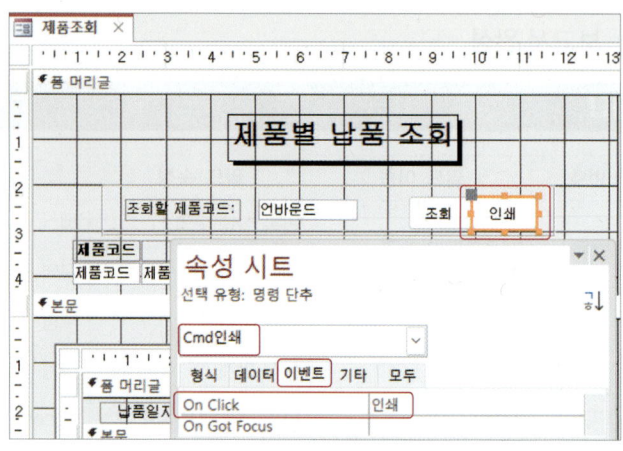

문제4 처리 기능 구현

1 〈평일납품조회〉 쿼리

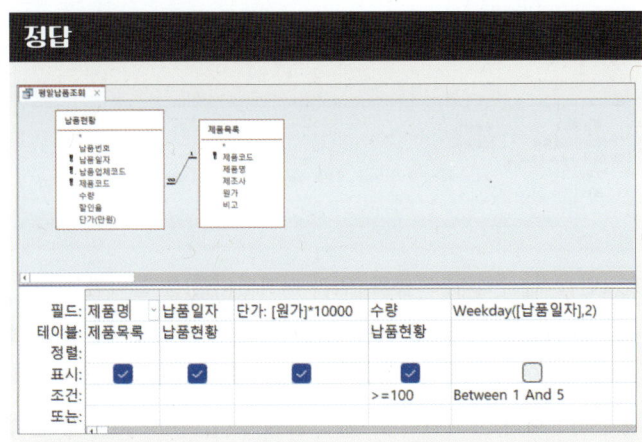

① [만들기]-[쿼리] 그룹의 [쿼리 디자인](🔲)을 클릭한다.
② [테이블 추가]에서 〈납품현황〉, 〈제품목록〉을 더블클릭하여 추가하고 [닫기]를 클릭한다.

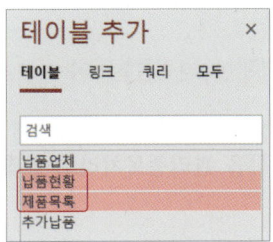

③ 필요한 필드를 추가한 후 '수량' 필드의 '조건'에 >=100을 입력하고, '단가' 필드는 [원가]*10000을 입력한다.
④ 평일 조건을 작성하기 위해서 Weekday([납품일자],2)를 입력하고, 조건에 Between 1 And 5를 입력한다.
⑤ Ctrl + S 를 눌러 **평일납품조회**를 입력하고 [확인]을 클릭하여 저장한다.

2 〈상위3위제품〉 쿼리

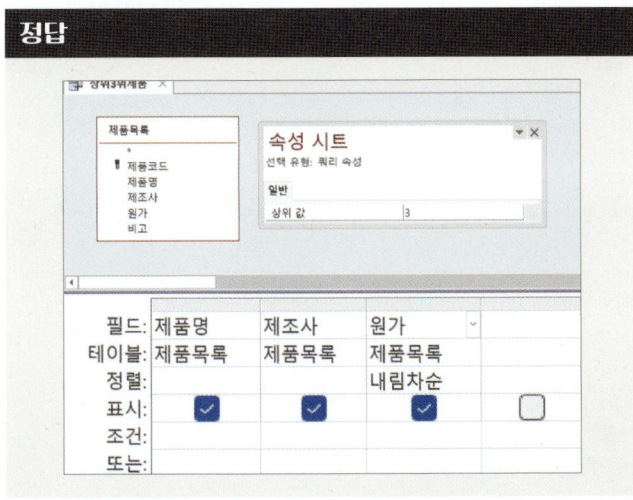

① [만들기]-[쿼리] 그룹의 [쿼리 디자인](🔲)을 클릭한다.
② [테이블 추가]에서 〈제품목록〉을 더블클릭하여 추가하고 [닫기]를 클릭한다.

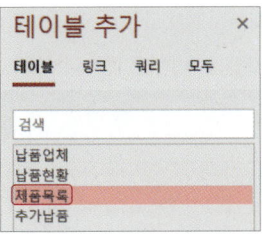

③ 필요한 필드를 추가한 후 '원가' 필드는 '내림차순' 정렬을 선택한다.
④ [속성 시트]를 표시한 후 회색 부분(관계 설정 영역)을 클릭하여 '상위 값'에 3을 입력한다.
⑤ Ctrl + S 를 눌러 **상위3위제품**을 입력하고 [확인]을 클릭하여 저장한다.

3 〈업체별주문현황〉 쿼리

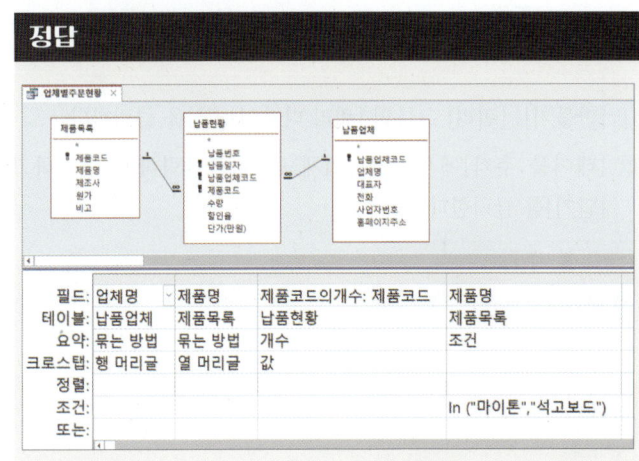

① [만들기]-[쿼리] 그룹의 [쿼리 디자인](🔲)을 클릭한다.
② [테이블 추가]에서 〈제품목록〉, 〈납품현황〉, 〈납품업체〉를 더블클릭하여 추가하고 [닫기]를 클릭한다.

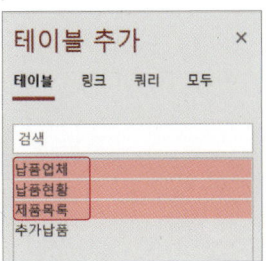

③ [쿼리 디자인]-[쿼리 유형] 그룹에서 [크로스탭](🔲)을 클릭한다.

④ 필요한 필드를 추가한 후 업체명(행 머리글), 제품명(열 머리글), 제품코드(값-개수)로 지정하고, 제품명에 조건(In ("마이톤","석고보드")를 입력한다.

⑤ Ctrl+S를 눌러 **업체별주문현황**을 입력하고 [확인]을 클릭하여 저장한다.

4 〈서울외납품업체〉 쿼리

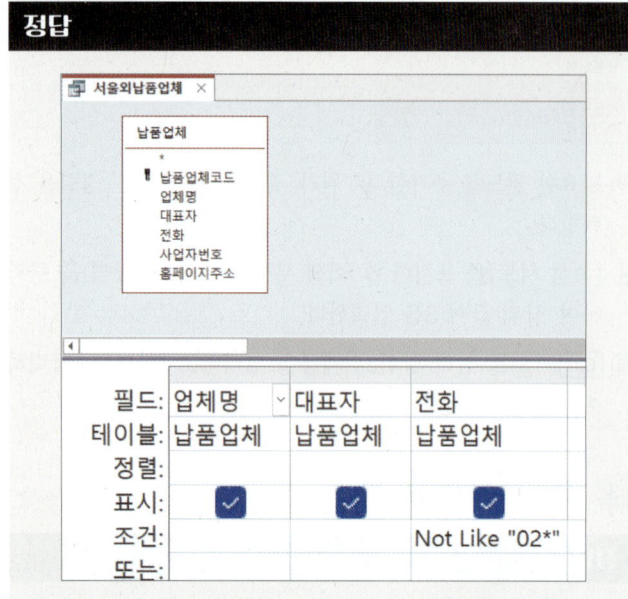

① [만들기]-[쿼리] 그룹의 [쿼리 디자인]( )을 클릭한다.

② [테이블 추가]에서 〈납품업체〉를 더블클릭하여 추가하고 [닫기]를 클릭한다.

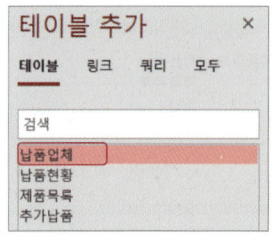

③ 필요한 필드를 추가한 후 전화 필드의 조건에 Not Like "02*"를 입력한다.

④ Ctrl+S를 눌러 **서울외납품업체**를 입력하고 [확인]을 클릭하여 저장한다.

5 〈관리종목처리〉 쿼리

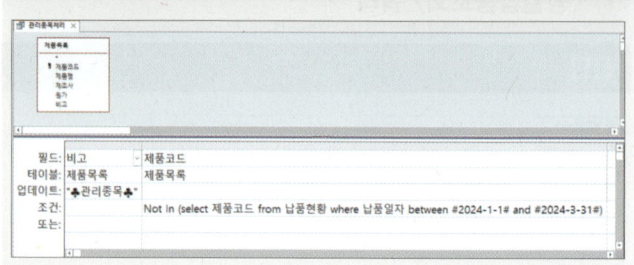

① [만들기]-[쿼리] 그룹의 [쿼리 디자인]( )을 클릭한다.

② [테이블 추가]의 [테이블] 탭에서 〈제품목록〉 테이블을 더블클릭하여 추가한 후 '비고'와 '제품코드' 필드를 추가한다.

③ [쿼리 디자인]-[쿼리 유형] 그룹에서 [업데이트]( )를 클릭한 후 다음과 같이 입력한다.

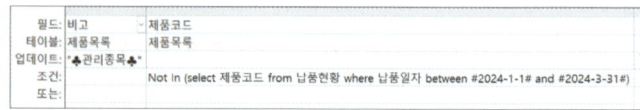

업데이트 : "♣관리종목♣"
조건 : Not In (select 제품코드 from 납품현황 where 납품일자 between #2024-1-1# and #2024-3-31#)

④ [저장]( )을 클릭하여 쿼리의 이름을 **관리종목처리**로 입력하고 [확인]을 클릭한다.

⑤ [쿼리 디자인]-[결과] 그룹에서 [실행]( )을 클릭하면 새로 고친다는 메시지가 표시되면 [예]를 클릭한다.

가입, 설치할 필요 없이 빠르고 간편하게
컴활 자동 채점 서비스

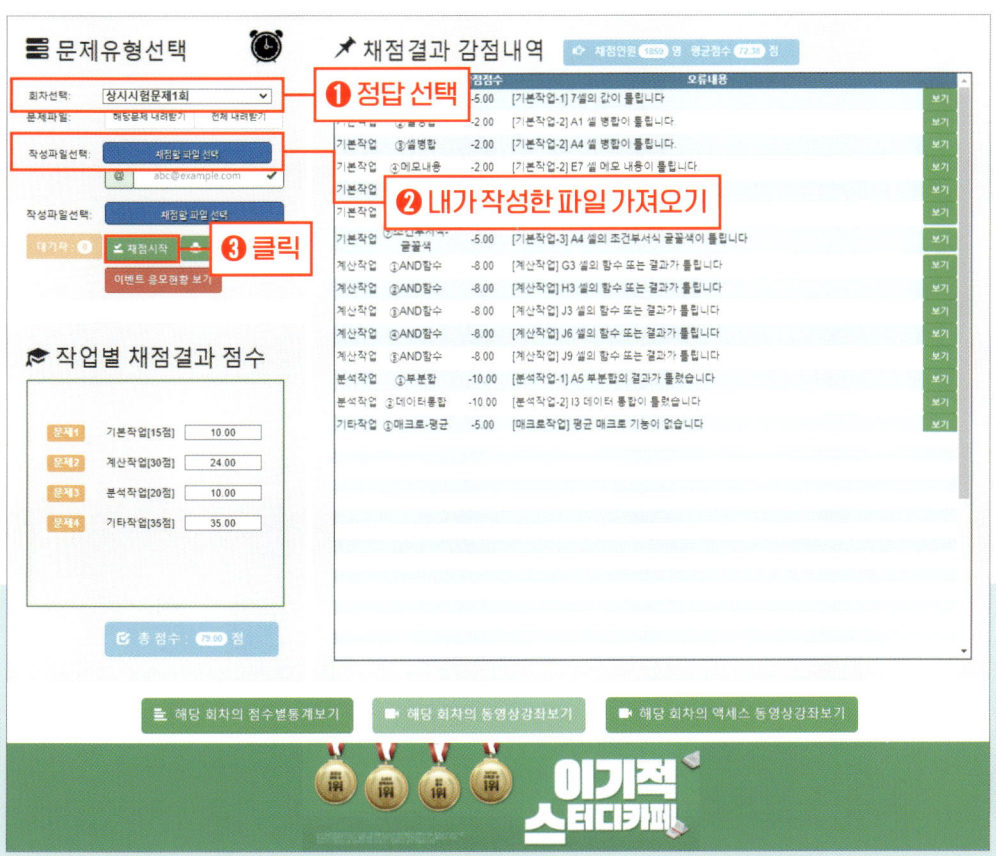

이용방법

STEP 1
이기적컴활.com
comlicense.co.kr

STEP 2
연도, 교재 선택 &
채점하기

STEP 3
채점 회차
선택

STEP 4
작성한
파일 업로드

※ 인터넷이 연결되어 있지 않을 시 사용할 수 없으며 개인 인터넷 속도, 접속자 수에 따라 채점 속도가 다를 수 있습니다.
※ 운영체제, MS Office 정품 여부에 상관없이 채점이 가능합니다.
※ 부가 서비스로 제공되는 부분이며, 업체 등의 변경으로 제공이 중단될 수 있습니다.

한번에 합격, 자격증은 이기적

이기적 스터디 카페

합격 전담 마크! 추가 자료부터
1:1 Q&A까지 다양한 혜택 받기

365 이벤트

매일 쏟아지는 이벤트!
기출 복원, 리뷰, 합격 후기, 정오표

100% 무료 강의

QR 하나로 교재와 연계된
고퀄리티 강의 100% 무료

자동 채점 서비스

합격을 위한 최종 점검!
웹 용 자동 채점 서비스 제공

 **이기적 스터디 카페**
홈페이지 : license.youngjin.com
질문/답변 : cafe.naver.com/yjbooks

 **이기적 유튜브 채널**
@ydot0789 채널을 구독해 주세요!
15만 구독자와 약 10,000개의 동영상으로 합격을 준비하세요!

이기적 카카오톡 플러스친구
@이기적 친구를 추가해 주세요!
합격을 부르는 소식, 카톡으로 먼저 받아보고 혜택을 챙기세요!

이기적 유튜브 채널

유튜브에서 이기적 영진닷컴을 검색해보세요!

교재 연계 동영상 강의

저자 직강 무료 강의

시험 관련 특별 강의

그 밖의 다양한 콘텐츠

구독자 수
약 15만 명

업로드 영상
약 9천 개

누적 조회수
약 5500만 회

한번에 합격, 자격증은 이기적

이기적 스터디 카페

합격 전담 마크! 추가 자료부터
1:1 Q&A까지 다양한 혜택 받기

365 이벤트

매일 쏟아지는 이벤트!
기출 복원, 리뷰, 합격 후기, 정오표

100% 무료 강의

QR 하나로 교재와 연계된
고퀄리티 강의 100% 무료

CBT 온라인 문제집

연습도 실전처럼!
PC와 모바일로 언제든지 시험 연습

🔍 이기적 스터디 카페

홈페이지 : license.youngjin.com
질문/답변 : cafe.naver.com/yjbooks

🔍 이기적 유튜브 채널

@ydot0789 채널을 구독해 주세요!
15만 구독자와 약 10,000개의 동영상으로 합격을 준비하세요!

🔍 이기적 카카오톡 플러스친구

@이기적 친구를 추가해 주세요!
합격을 부르는 소식, 카톡으로 먼저 받아보고 혜택을 챙기세요!

된다 되는 묘리

공무원 합격의 지름길 1위

이기적 영진닷컴

기동 취임 EVENT

기차의 지속률, 여러분의 참여로 완성됩니다

1. 이기간 수업사용 점속하고 시행원의 응답 시나리오 누구나 참여 가능

2. 응시링크로부터 7일 이내 버전 문제재료 인정 (수정률 집계 불가시)

3. 추천, 누적, 추이 민지도 반영 문의는 대응에서 제시

※ 이벤트별 혜택등 변경될 수 있으므로 자세한 내용은 해당 안내를 참고해 주세요.

정원 지급

- 네이버페이 포인트 상품 20,000원
- 영진단원 상품권 30,000원

▶ 기동 취임하기

01 윈도우 일반

✓ 윈도우 Windows의 특징

그래픽 사용자 인터페이스(GUI)	마우스로 아이콘이나 메뉴를 사용하여 명령하는 대부분 작업 수행 가능
선점형 멀티태스킹 (Preemptive Multi-Tasking)	운영체제가 CPU를 미리 선점하여 각 응용 소프트웨어의 CPU 사용을 통제하여 멀티태스킹(다중 작업)이 원활하게 이루어짐
PnP(Plug & Play)이 지원	컴퓨터에 새로운 하드웨어를 장착하면 자동으로 감지하여 하드웨어를 구성하기 때문에 사용자가 직접 설정할 필요가 없는 기능
핫 스왑(Hot Swap) 지원	컴퓨터의 전원이 켜져 있는 상태에서 시스템에 장치를 연결하거나 분리할 수 있는 기능
64비트 지원	32비트와 64비트 버전으로 제공되며 버전별로 최대 지원하는 메모리가 다름. Windows 10 Home은 128GB, Pro/Education은 2TB, Enterprise는 6TB까지 지원되고 처리 속도 해택 (32비트 프로세서는 x86, 64비트 프로세서는 x64로 표시).
NTFS 지원	파일 및 폴더에 대해 액세스 제어를 유지하고 권한을 설정할 수 있는 파일 시스템으로, 대용량 하드디스크를 하나의 드라이브로 설정(파티션), 한 개의 파일의 크기가 기본 2^55자이며, 파일 이름은 유니코드 문자로 최대 16TB이며 파티션(볼륨) 의 크기는 256TB까지 지원됨

✓ 운영체제의 목적 (성능 평가 요소)

- **신뢰도**: 주어진 문제를 정확하게 해결하는 정도
- **응답 시간**: 시스템에 작업을 의뢰한 후 반응하는 시간
- **사용 가능도**: 시스템을 사용해야 할 때 즉시 사용할 수 있는 정도
- **처리 능력**: 일정 시간 내에 시스템이 처리하는 일의 양이 많을수록 좋음

에어로 피크(Aero Peek)	작업 표시줄 오른쪽 끝의 [바탕 화면 보기]에 마우스 포인터를 위치시키면 바탕 화면이 일시적으로 나타나는 것(⊞+,)으로 [바탕 화면 보기]를 클릭하면 모든 창이 최소화되면서 바탕 화면이 표시되고 다시 클릭하면 모든 창이 나타남(⊞+D)
에어로 스냅(Aero Snap)	창을 화면의 가장자리로 끌면 열려 있는 창의 크기가 조정되는 기능 (⊞+←, →, ↑, ↓)
에어로 쉐이크(Aero Shake)	창의 제목 표시줄을 클릭한 채로 마우스를 흔들면 현재 창을 제외한 열린 모든 창이 순식간에 사라졌다가 다시 흔들면 원래대로 복원되는 기능(⊞+Home)

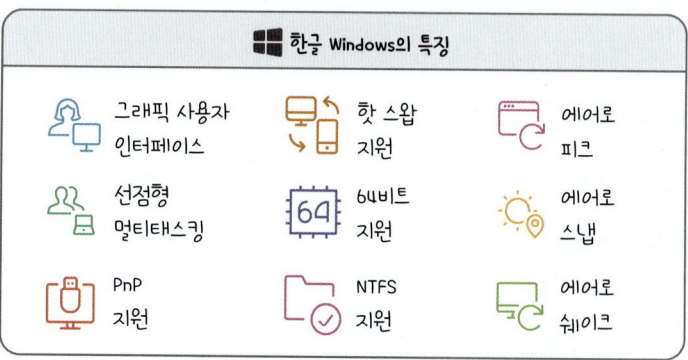

✓ 기능키

바로 가기 키	기능
F2	선택한 항목 이름 바꾸기
F3	파일 탐색기에서 파일 또는 폴더 검색
F4	파일 탐색기에서 주소 표시줄 목록 표시
F5	활성창 새로 고침 (Ctrl+R)
F6	창이나 바탕 화면의 화면 요소들을 순환
F10	활성 앱의 메뉴 모음 활성화

✓ ⊞를 이용하는 기능

바로 가기 키	기능
⊞	시작 화면 열기(Ctrl+Esc)
⊞+D	바탕 화면 표시 및 숨기기
⊞+E	파일 탐색기 열기
⊞+L	PC 잠금 또는 계정 전환
⊞+M	모든 창 최소화
⊞+Shift+M	바탕 화면에서 최소화된 창 복원
⊞+R	실행 대화 상자 열기
⊞+T	작업 표시줄의 앱을 순환(Enter를 누르면 실행)
⊞+U	접근성 센터 열기
⊞+Pause	시스템 속성 대화 상자 표시
⊞++	돋보기를 이용한 확대
⊞+-	돋보기를 이용한 축소
⊞+Esc	돋보기 끝내기

✓ 바로 가기 아이콘의 기능

작업하려는 프로그램(앱)을 더 빠르고 간편하게 실행시킬 수 있는 기능이다.

바로 가기 아이콘의 왼쪽 아래에는 화살표 모양의 그림이 표시된다.

✓ 바로 가기 아이콘(Shortcut Icon)의 특징

- 바로 가기의 확장자는 '.lnk'다.
- 바로 가기는 여러 개 만들 수 있다.
- 바로 가기를 삭제해도 원본 프로그램에는 영향을 미치지 않는다.
- 바로 가기는 실행 파일, 파일, 드라이브, 폴더, 프린터 등 모든 개체에 대해 만들 수 있다.

✓ 레지스트리(Registry)

- Windows에서 사용하는 환경 설정 및 각종 시스템과 관련된 정보가 저장되어 있는 계층 구조식 데이터베이스이다.
- 레지스트리 키와 레지스트리 값을 추가 및 편집하고, 백업으로부터 레지스트리를 복원한다.
- 레지스트리에 이상이 있을 경우 Windows 운영체제에 치명적인 손상이 생길 수 있다.
- 레지스트리는 Windows의 부팅 이외에 응용 프로그램 실행에도 참조되며, 레지스트리 편집기를 이용하여 Windows 등의 프로그램 환경을 설정할 때도 사용된다.
- 레지스트리는 IRQ, I/O 주소, DMA 등과 같은 하드웨어 자원과 프로그램 실행 정보와 같은 소프트웨어 자원을 관리한다.

실행 방법 1	[시작(⊞)]-[Windows 시스템]-[실행]에서 열기란에 "regedit"를 입력하고 [확인]을 클릭
실행 방법 2	[실행] 열기란에 "msconfig"를 입력한 다음 [시스템 구성]의 [도구] 탭에서 [레지스트리 편집기]를 선택한 후 [시작]을 클릭

✔ 파일 탐색기의 기본

- 파일 탐색기는 사용자가 사용할 수 있는 시스템에 장착된 모든 디스크 드라이브 및 폴더 관리 등 시스템의 전반적인 정보를 갖는다.
- 파일 탐색기는 새로운 폴더의 생성과 자료의 이동, 복사, 삭제 등의 작업을 손쉽게 할 수 있는 파일 관리 프로그램이며 계층적 디렉터리 구조를 갖고 있다.
- 왼쪽에 탐색 창이 표시되며 오른쪽에는 폴더 내용 창이 표시된다.
- 파일 탐색기가 열리면서 기본적으로 표시되는 [즐겨찾기]는 자주 사용하는 파일과 폴더, 가장 최근 사용한 파일과 폴더를 표시하므로 이를 찾기 위해 여러 폴더를 검색할 필요가 없다.
- [즐겨찾기]에 표시된 폴더에서 마우스 오른쪽 단추를 클릭하고 [즐겨찾기에서 제거]를 선택하면 즐겨찾기에서 제거된다.
- [파일]-[폴더 및 검색 옵션 변경]을 클릭, [폴더 옵션] 창의 [일반] 탭에서 [파일 탐색기 열기]를 '즐겨찾기'에서 '내 PC'로 변경할 수 있다.
- 클라우드 서비스인 OneDrive가 파일 탐색기에 포함되어 표시되며 바로 파일을 공유할 수 있다.

실행 방법 1	작업 표시줄에서 [파일 탐색기](📁)를 클릭함
실행 방법 2	[시작(⊞)를 클릭함)]-[Windows 시스템]-[파일 탐색기]를 클릭함
실행 방법 3	[시작] 단추(⊞)에서 마우스 오른쪽 단추 클릭한 후 [바로 가기 메뉴]에서 [파일 탐색기(E)]를 클릭함
실행 방법 4	[시작(⊞)]-[Windows 시스템]-[실행](⊞+R)에서 'explorer'를 입력하고 [확인]을 클릭함
실행 방법 5	⊞+E
실행 방법 6	⊞+X, E

✔ 파일(File)

- 컴퓨터에서 사용되는 자료 저장의 기본 단위이며 파일명과 확장자로 구성된다.
- 파일명은 255자까지 사용 가능하며 공백 포함이 허용되고 확장자는 그 파일의 성격을 나타낸다.
- *, ?, :, /, \, <, >, ", | 등은 폴더명이나 파일명으로 사용할 수 없다.

✓ 폴더(Folder)

- 서로 관련 있는 파일들을 저장하는 장소로 파일들을 효율적이고 체계적으로 관리할 수 있다.
- 폴더의 구조를 볼 수 있는 폴더 창이나 바탕 화면, 파일 탐색기에서 새 폴더의 생성 및 삭제가 가능하다.
- 폴더는 바로 가기 아이콘, 복사나 이동, 찾기, 이름 바꾸기, 삭제 등 파일에서 가능한 작업을 할 수 있다.
- 동일한 폴더 안에 같은 이름의 파일은 존재할 수 없다.

✓ 파일 복사 방법

리본 메뉴	• 항목을 선택한 후 [홈] 탭-[구성] 그룹-[복사 위치]에서 [위치 선택]을 클릭, [항목 복사]에서 복사할 위치를 선택 후 [복사]를 클릭함(새 폴더 생성 가능) • 항목을 선택한 후 [홈] 탭-[클립보드] 그룹에서 [복사], 붙여넣기를 할 폴더 선택 후 [붙여넣기]를 클릭함
바로 가기 메뉴	항목을 선택한 후 바로 가기 메뉴에서 [복사], 붙여넣기를 할 폴더 선택 후 [붙여넣기]를 클릭함
바로 가기 키	항목을 선택한 후 Ctrl+C를 눌러 복사한 후 붙여넣기를 할 곳으로 이동하여 Ctrl+V를 누름
같은 드라이브	Ctrl을 누른 상태에서 마우스 왼쪽 버튼으로 드래그 앤 드롭
다른 드라이브	아무 키도 누르지 않거나 Ctrl을 누른 상태에서 마우스 왼쪽 버튼으로 드래그 앤 드롭

✓ 파일 이동 방법

리본 메뉴	• 항목을 선택한 후 [홈] 탭-[구성] 그룹-[이동 위치]에서 [위치 선택]을 클릭, [항목 이동]에서 이동할 위치를 선택 후 [이동]을 클릭함(새 폴더 생성 가능) • 항목을 선택한 후 [홈] 탭-[클립보드] 그룹에서 [잘라내기], 붙여넣기를 할 폴더 선택 후 [붙여넣기]를 클릭함
바로 가기 메뉴	항목을 선택한 후 바로 가기 메뉴에서 [잘라내기], 붙여넣기를 할 폴더 선택 후 [붙여넣기]를 클릭함
바로 가기 키	항목을 선택한 후 Ctrl+X를 눌러 잘라내기 후 붙여넣기를 할 곳으로 이동하여 Ctrl+V를 누름
같은 드라이브	아무키도 누르지 않거나 Shift를 누른 상태에서 마우스 왼쪽 버튼으로 드래그 앤 드롭
다른 드라이브	Shift를 누른 상태에서 마우스 왼쪽 버튼으로 드래그 앤 드롭

✓ 휴지통

- 작업 도중 삭제된 자료들이 임시로 보관되는 장소로, 필요한 경우 복원이 가능하다.
- 드라이브마다 따로 휴지통 설정이 가능하다.
- 복원시킬 경우, 경로 지정을 하지 않아도 자동으로 원래 위치로 복원한다.
- 휴지통 내에서의 파일의 실행 작업과 항목의 이름 변경은 불가능하다.
- 휴지통의 바로 가기 메뉴의 [이름 바꾸기]나 F2를 이용하여 '휴지통' 자체 이름을 변경할 수 있다(단, 휴지통 안에 있는 파일의 이름은 변경할 수 없음).
- 휴지통의 폴더 위치는 C:\$Recycle.Bin이다.

✓ 휴지통에 보관되지 않고 완전히 삭제되는 경우

- 파일 탐색기의 [홈] 탭-[구성] 그룹-[삭제]에서 [완전히 삭제]로 삭제한 경우
- 플로피 디스크나 USB 메모리, DOS 모드, 네트워크 드라이브에서 삭제한 경우
- 휴지통 비우기를 한 경우
- Shift+Delete로 삭제한 경우
- [휴지통 속성]의 [파일을 휴지통에 버리지 않고 삭제할 때 바로 제거]를 선택한 경우 자동 삭제됨
- 같은 이름의 항목을 복사/이동 작업으로 덮어쓴 경우

✓ 명령 프롬프트

- 대·소문자 상관없이 MS-DOS 명령이나 기타 명령을 실행할 수 있다.
- [명령 프롬프트] 창에서 복사할 내용이 있을 때 왼쪽의 조절 메뉴 단추(⬛)를 클릭한 다음 [편집]-[표시]([Ctrl]+[M])를 클릭하면 마우스로 드래그하여 범위를 설정할 수 있으며, [Enter]를 눌러 복사하면 메모장이나 워드프로세서 등에서 붙여 넣을 수 있다.
- [명령 프롬프트] 창에서 "exit"를 입력하고 [Enter]를 누르거나 [닫기] 단추(❌)를 클릭하면 [명령 프롬프트] 창이 종료된다.

실행 방법 1	[시작(⊞)]-[Windows 시스템]-[명령 프롬프트]를 클릭함
실행 방법 2	[실행]([⊞]+[R])에서 'cmd'를 입력하고 [확인]을 클릭함

✓ 기본 프린터

- 프로그램에서 사용할 프린터를 지정하지 않고 인쇄 명령을 선택했을 때 컴퓨터가 자동으로 문서를 보내는 프린터이다. 즉, 인쇄 시 프린터를 따로 지정하지 않아도 설정되는 기본 프린터로 곧바로 인쇄된다.
- 현재 인쇄를 담당하는 기본 프린터의 프린터 아이콘에는 ✅표시가 나타난다.
- 기본 프린터는 한 대만 지정할 수 있으며, 기본 프린터로 설정된 프린터도 제거할 수 있다.
- 기본 프린터는 로컬 프린터와 네트워크로 공유한 프린터 모두 설정이 가능하다.
- 기본 프린터로 지정하고자 하는 프린터를 선택한 다음 [Alt]를 누른 뒤 [파일]-[기본 프린터로 설정]을 클릭하여 지정하거나 바로 가기 메뉴에서 [기본 프린터로 설정]을 클릭하여 지정할 수 있다.

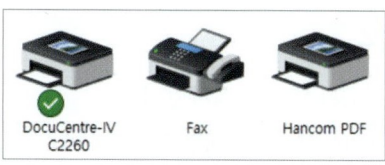

✓ 인쇄 관리자 사용

- 인쇄가 실행될 때 인쇄 작업 내용을 보려면 작업 표시줄의 알림 영역에 프린터 모양의 아이콘을 더블 클릭하여 인쇄 관리자 창을 연다. 인쇄가 완료되면 아이콘은 사라진다.
- 인쇄 관리자는 인쇄 대기열에 있는 문서의 인쇄 순서를 변경할 수 있으며, 취소 및 일시 중지 등의 작업을 수행할 수 있다.
- 현재 인쇄 중인 문서가 인쇄가 완료되기 전에 다른 문서의 인쇄가 있을 경우 인쇄 대기열에 쌓이게 된다.
- 인쇄 작업에 들어간 것도 중간에 강제로 종료시킬 수 있다.

✓ 설정의 개념

- Windows 운영체제의 작업 환경에 도움이 되는 여러 가지 컴퓨터 시스템의 환경 설정 작업 및 변경을 수행하는 기능을 제공한다.
- 데스크톱 PC 외 태블릿이나 터치 환경에서도 쉽게 사용할 수 있다.
- [시스템 설정], [장치 설정], [전화 설정], [네트워크 및 인터넷 설정], [개인 설정], [앱 설정], [계정 설정], [시간 및 언어 설정], [게임 설정], [접근성 설정], [검색 설정], [개인 정보 설정], [업데이트 및 보안 설정] 등을 지원한다.

실행 방법 1	[시작](⊞)-[설정]
실행 방법 2	⊞+[I]를 누름
실행 방법 3	[시작] 단추(⊞)에서 마우스 오른쪽 버튼을 클릭한 다음 [설정]을 클릭함
실행 방법 4	⊞+[X], [N]을 누름
실행 방법 5	[작업 표시줄]-[작업 표시줄 설정]-[홈]

✓ 앱 및 기능

- 앱을 가져올 위치를 선택할 수 있다.
- [선택적 기능]에서 앱을 제거하거나 관리할 수 있으며 기능을 추가할 수도 있다.
- [앱 실행 별칭]에서 명령 프롬프트에서 앱을 실행하는 데 사용되는 이름을 선언할 수 있으며 동일한 이름을 사용하는 경우 사용할 앱 하나를 선택한다.
- 앱을 이동하거나 수정 및 제거할 수 있으며 드라이브별로 검색, 정렬 및 필터링이 가능하다.

✓ 기본 앱

- 메일, 지도, 음악 플레이어, 사진 뷰어, 비디오 플레이어, 웹 브라우저와 같은 작업에 사용할 앱을 선택한다.
- [파일 형식별 기본 앱 선택], [프로토콜별 기본 앱 선택]으로 기본 앱을 선택할 수 있으며 [앱별 기본값 설정]이 가능하다.
- Microsoft에서 권장하는 기본 앱으로 돌아가려는 경우 [Microsoft 권장 기본값으로 초기화]에서 [초기화] 버튼을 클릭한다.

✓ 디스플레이

- 야간 모드를 '끔'과 '켬'으로 설정할 수 있다.
- [야간 모드 설정] : 지금 켜기/끄기, 강도 조정, 야간 모드 예약이 가능하다.
- [배율 및 레이아웃] : 텍스트, 앱 및 기타 항목의 크기 변경(100%(권장), 125%, 150%, 175%), 고급 배율 설정, 디스플레이 해상도, 디스플레이 방향(가로, 세로, 가로(대칭 이동), 세로(대칭 이동)) 등을 설정할 수 있다.
- [여러 디스플레이 연결], [고급 디스플레이 설정], [그래픽 설정] 등의 설정이 가능하다.

✔ 개인 설정

[배경], [색], [잠금 화면], [테마], [글꼴], [시작], [작업 표시줄] 등을 설정할 수 있다.

✔ 시스템 정보

- [정보] : PC가 모니터링되고 보호되는 상황(바이러스 및 위협 방지, 방화벽 및 네트워크 보호, 웹 및 브라우저 컨트롤, 계정 보호, 장치 보안 등)에 대해 알 수 있다.
- [장치 사양] : 디바이스 이름, 프로세서(CPU), 설치된 RAM, 장치 ID, 제품 ID, 시스템 종류(32/64비트 운영체제), 펜 및 터치 등에 대해 알 수 있다.
- [이 PC의 이름 바꾸기] : 현재 설정되어 있는 PC의 이름을 변경할 수 있으며, 변경 후 시스템을 다시 시작해야 완전히 변경된다.
- [Windows 사양] : 에디션, 버전, 설치 날짜, OS 빌드, 경험 등을 알 수 있다.
- [제품 키 변경 또는 Windows 버전 업그레이드] : 정품 인증 및 제품 키 업데이트(제품키 변경), Microsoft 계정 추가를 할 수 있다.

실행 방법 1	[설정]-[시스템]-[정보]를 클릭
실행 방법 2	[시작] 단추(⊞)에서 마우스 오른쪽 버튼을 클릭한 다음 [시스템]을 클릭
실행 방법 3	⊞ + Pause

✔ 사용자 계정 정보

계정에 대한 사용자 정보(계정 이름, 계정 유형)를 알 수 있으며 [사진 만들기]에서 카메라나 찾아보기로 사용자 사진을 만들 수 있다.

계정 유형	
표준	관리자
컴퓨터에 설치된 대부분의 소프트웨어를 사용할 수 있으며, 다른 사용자나 컴퓨터의 보안에 영향을 주지 않는 시스템 설정을 변경할 수 있음	컴퓨터에 대한 모든 제어 권한을 가지며 컴퓨터를 완전하게 제어할 수 있으며, 모든 설정을 변경하고 컴퓨터에 저장된 모든 파일 및 프로그램에 액세스할 수 있음

✓ 네트워크 명령어

- 네트워크 관련 명령어는 명령 프롬프트에서 실행할 수 있다.
- [시작(⊞)]-[Windows 시스템]-[명령 프롬프트]를 클릭하거나 [실행] 열기란에 'cmd'를 입력하고 [확인]을 클릭한다.

ipconfig	사용자 자신의 컴퓨터 IP주소를 확인하는 명령
ping	네트워크의 현재 상태나 다른 컴퓨터의 네트워크 접속 여부를 확인하는 명령
tracert	네트워크에 연결된 컴퓨터의 경로(라우팅 경로)를 추적할 때 사용하는 명령
nslookup	• URL주소로 IP주소를 확인하는 명령 • DNS의 동작 여부를 확인하는 명령

✓ 취급 데이터에 따른 컴퓨터의 분류

분류	디지털 컴퓨터	아날로그 컴퓨터
취급 데이터	셀 수 있는 데이터(숫자, 문자 등)	연속적인 물리량(전류, 온도, 속도 등)
구성 회로	논리 회로	증폭 회로
주요 연산	사칙 연산	미적분 연산
연산 속도	느림	빠름
정밀도	필요한 한도까지	제한적(0.01%까지)
기억 장치/프로그램	필요함	필요 없음

★* 하이브리드 컴퓨터 : 디지털 컴퓨터와 아날로그 컴퓨터의 장점만을 조합한 컴퓨터

✓ 자료의 표현(자료의 크기)

크기 ↓ 큰 순서

크기	설명
비트(Bit)	컴퓨터에서 자료를 표현하고 처리하는 기본 단위
니블(Nibble)	4비트로 구성되며, 2^4(16)개의 정보를 표현할 수 있음
바이트(Byte)	바이트는 8비트이며, 1바이트는 2^8(256)개의 정보를 표시함
워드(Word)	컴퓨터에서 한 번에 처리할 수 있는 데이터의 양
필드(Field)	여러 개의 워드가 모여 구성되며 항목이라고도 함
레코드(Record)	연관된 여러 개의 필드가 모여 구성되며 하나의 완전한 정보를 표현할 수 있는 최소 단위
파일(File)	연관된 여러 개의 레코드가 모여 구성되며 프로그램을 구성하는 단위로서 컴퓨터에 정보를 저장하는 단위로 사용됨
데이터베이스(Data Base)	상호 관련된 파일들을 모아 완전한 정보로서 구성된 데이터 집단

✓ 문자 데이터 표현 방식

구분	설명
BCD 코드 (2진화 10진)	• Zone은 2비트, Digit는 4비트로 구성 • 6비트로 2^6=64가지의 문자 표현이 가능 • 영문자의 대소문자를 구별하지 못함
ASCII 코드 (미국 표준 코드)	• Zone은 3비트, Digit는 4비트로 구성 • 7비트로 2^7=128가지의 표현이 가능 • 일반 PC용 컴퓨터 및 데이터 통신용 코드 • 대소문자 구별이 가능 • 확장된 ASCII 코드는 8비트를 사용하여 256가지 문자를 표현
EBCDIC 코드 (확장 2진화 10진)	• Zone은 4비트, Digit는 4비트로 구성 • 8비트로 2^8=256가지의 표현이 가능 • 확장된 BCD 코드로 대형 컴퓨터에서 사용되는 범용 코드
유니코드 (Unicode)	• 2바이트 코드로 세계 각 나라의 언어를 표현할 수 있는 국제 표준 코드 • 한글의 경우 조합, 완성, 옛 글자 모두 표현 가능 • 16비트이므로 2^{16}인 65,536자까지 표현 가능 • 한글은 초성 19개, 중성 21개, 종성 28개가 조합된 총 11,172개의 코드로 모든 한글을 표현

✓ 제어 장치(CU)

프로그램의 명령을 해독하여 각 장치에 보내고 처리하도록 지시하는 역할을 담당한다.

구성 장치	기능
프로그램 카운터(Program Counter)	다음에 수행할 명령어의 번지(주소)를 기억하는 레지스터
명령 해독기(Instruction Decoder)	수행해야 할 명령어를 해석하여 부호기로 전달하는 회로
번지 해독기(Address Decoder)	명령 레지스터로부터 보내온 번지(주소)를 해석하는 회로
부호기(Encoder)	명령 해독기에서 전송된 명령어를 제어에 필요한 신호로 변환하는 회로
명령 레지스터(IR : Instruction Register)	현재 수행 중인 명령어를 기억하는 레지스터
번지 레지스터 (MAR : Memory Address Register)	주소를 기억하는 레지스터
기억 레지스터 (MBR : Memory Buffer Register)	내용(자료)을 기억하는 레지스터

✓ 연산 장치(ALU)

산술 논리 장치라고도 하며, 연산에 필요한 자료를 입력받아 산술 연산 및 논리 연산을 수행한다.

구성 장치	기능
가산기(Adder)	2진수 덧셈을 수행하는 회로
보수기(Complementor)	뺄셈을 수행하기 위하여 입력된 값을 보수로 변환하는 회로
누산기(ACCumulator)	중간 연산 결과를 일시적으로 기억하는 레지스터
데이터 레지스터(Data Register)	연산에 사용될 데이터를 기억하는 레지스터
프로그램 상태 워드(PSW) (Program Status Word)	명령어 실행 중에 발생하는 CPU의 상태 정보를 저장하는 상태
인덱스 레지스터(Index Register)	유효 번지를 상대적으로 계산할 때 사용하는 레지스터
베이스 레지스터(Base Ragister)	유효 번지를 절대적으로 계산할 때 사용하는 레지스터

✓ 주기억 장치

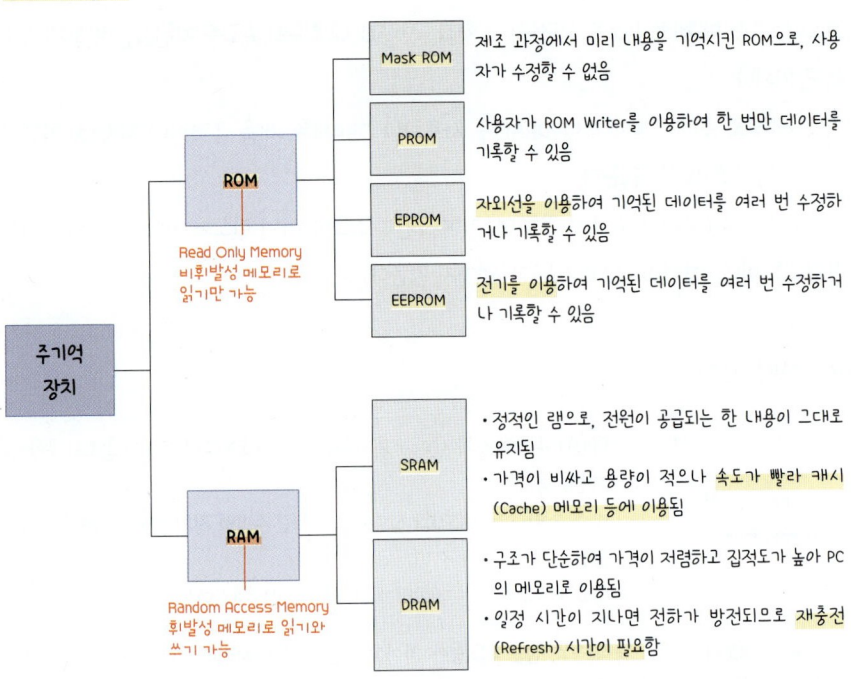

✓ 펌웨어(Firmware)
- 하드웨어와 소프트웨어의 중간적인 특성을 지닌다.
- ROM에 소프트웨어를 저장한 것으로 하드웨어 교체 없이 소프트웨어 업그레이드만으로 시스템의 성능을 높이기 위한 목적으로 사용된다.

✓ SSD(Solid State Drive)

- 하드디스크를 대체할 무소음, 저전력, 소형화, 경량화, 고효율의 속도를 지원하는 반도체 보조 기억 장치이다.
- 기억 매체로 플래시 메모리나 DRAM을 사용하나 DRAM은 제품 규격이나 휘발성, 가격 등의 문제로 많이 쓰이지는 않는다.
- HDD보다 외부로부터의 충격에 강하며, 기계적인 디스크가 아닌 반도체 메모리에 데이터를 저장하므로 배드 섹터(Bad Sector)가 생기지 않는다.

✓ 기타 기억 장치

캐시 메모리 (Cache Memory)	• CPU와 주기억 장치 사이에 존재하는 고속 메모리로서 메모리 참조의 국한성에 기반을 둠 • 빠른 처리 속도의 CPU와 상대적으로 느린 주기억 장치 사이의 병목 현상을 해결함 • CPU가 찾고자 하는 데이터가 L1 캐시에 없을 때 다음으로 L2 캐시에서 찾음
버퍼 메모리 (Buffer Memory)	동작 속도, 접근 속도 등에 차이가 나는 두 장치 사이에 위치하여 두 장치 간의 속도 차이를 줄일 때 사용하는 임시 기억 장치
가상 메모리 (Virtual Memory)	보조 기억 장치를 주기억 장치처럼 사용하여 주기억 장치 용량의 기억 용량을 확대하여 사용하는 방법
플래시 메모리 (Flash Memory)	• 전기적 성질을 이용하여 데이터의 기록 및 삭제를 수행할 수 있는 비휘발성 메모리 • 디지털카메라, MP3 Player 등 디지털 기기에서 널리 사용함
연관 메모리 (Associative Memory)	데이터를 가져올 때 주소 참조가 아닌 내용 일부를 이용하여 데이터를 읽어오는 메모리

✓ 저작권에 따른 소프트웨어

상용 소프트웨어 (Commercial Software)	돈을 받고 판매하는 소프트웨어로 허가 없이 사용하면 안 됨
공개 소프트웨어(Freeware)	개발자가 무료로 자유로운 사용을 허용한 소프트웨어
셰어웨어(Shareware)	일정 기간이나 일정한 기능을 무료로 사용할 수 있는 소프트웨어로 구매하면 기간이나 기능에 제한 없이 사용할 수 있음
알파 버전(Alpha Version)	베타 테스트를 하기 전에 제작 회사 내에서 테스트할 목적으로 제작하는 프로그램
베타 버전(Beta Version)	정식 버전의 소프트웨어가 출시되기 전 프로그램에 대한 일반인의 평가를 수행하고자 제작한 소프트웨어
데모 버전(Demo Version)	프로그램의 홍보를 위해 정식 소프트웨어의 일정한 기능만을 제공하는 소프트웨어
번들 프로그램(Bundle Program)	특정한 소프트웨어나 하드웨어를 구매하였을 때 끼워 주는 소프트웨어
패치 프로그램 (Patch Program)	판매되거나 공개된 프로그램의 기능 향상을 위하여 프로그램의 일부분을 빠르게 수정하기 위한 프로그램
에드웨어(Adware)	광고가 소프트웨어에 포함되어 이를 보는 조건으로 무료로 사용할 수 있는 소프트웨어
트라이얼 버전(Trial Version)	상용 소프트웨어를 일정 기간 사용해 볼 수 있는 체험판 소프트웨어

✓ 컴파일러와 인터프리터의 차이점

구분	컴파일러	인터프리터
번역 단위	프로그램 전체를 한 번에 번역	프로그램의 행 단위 번역
번역 속도	전체를 번역하므로 느림	행 단위 번역이므로 빠름
해당 언어	FORTRAN, COBOL, PL/1, PASCAL, C, C++, JAVA 등	BASIC, LISP, SNOBOL, APL, 파이썬 등
목적 프로그램	생성함	생성하지 않음
실행 속도	빠름	느림

✓ 웹 프로그래밍 언어

HTML	홈페이지를 작성하는 데 사용되는 생성 언어로, 문자뿐만 아니라 화상이나 음성, 영상을 포함하는 페이지로 표현할 수 있는 구조화된 언어
DHTML	동적 HTML로 스타일 시트(Style Sheets)를 도입하여 텍스트의 폰트와 크기, 색상, 여백 형식 등 웹 페이지 관련 속성을 지정할 수 있음
VRML	작성된 가상 현실 모델링 언어(VRML) 파일을 웹 서버에 저장하여 입체적인 이미지를 갖는 3차원의 가상적 세계를 인터넷상에 구축하는 언어
자바	• 자바의 원시 코드를 고쳐 쓰거나 재컴파일할 필요가 없으므로 기종이나 운영체제와 무관한 응용 프로그램의 개발 도구로 각광을 받고 있음 • 특정 컴퓨터 구조와 무관한 가상 바이트 머신 코드를 사용하므로 플랫폼이 독립적이고 바이트 머신 코드를 생성함
ASP	• Windows 환경에서 동적인 웹 페이지를 제작할 수 있는 스크립트 언어 • HTML 문서에 명령어를 삽입하여 사용하며, 자바 스크립트와는 달리 서버 측에서 실행됨
PHP	• 웹 서버에서 작동하는 스크립트 언어로, UNIX, Linux, Windows 등의 환경에서 작동함 • C, Java, Perl 등의 언어와 문법이 유사하고, 배우기가 쉬워 웹 페이지 제작에 많이 사용되며 다양한 데이터베이스와 연동할 수 있음
JSP	• ASP, PHP와 동일하게 웹 서버에서 작동하는 스크립트 언어 • Java의 장점을 그대로 수용하였기 때문에 강력한 기능을 제공함 • 자바 서블릿 코드로 변환되어 실행되며 여러 운영체제에서 실행 가능 • HTML 문서 내에서는 <% … %>와 같은 형식으로 작성됨

✓ **Windows에서 PC 관리**

1) 디스크 검사
   - 파일과 폴더 및 디스크의 논리적, 물리적인 오류를 검사하고 수정한다.
   - 잃어버린 클러스터, FAT, 오류 등 디스크의 논리적인 오류 및 디스크 표면을 검사하여 실제 드라이브의 오류나 불량 섹터를 검사한다.
   - CD-ROM과 네트워크 드라이브는 디스크 검사를 할 수 없다.
   - 디스크 드라이브가 사용 중일 때 [디스크 검사]를 실시하면 바로 실행하지 않고 컴퓨터를 다시 시작할 때 검사가 이루어지도록 예약된다.

2) 디스크 정리
   - Windows에서 디스크의 사용 가능한 공간을 늘리기 위하여 불필요한 파일들을 삭제하는 작업이다(디스크의 전체 크기와는 상관없음).
   - 디스크 정리 대상에 해당하는 파일은 임시 파일, 휴지통에 있는 파일, 다운로드한 프로그램 파일, 임시 인터넷 파일, 오프라인 웹 페이지 등이다.

3) 드라이브 조각 모음 및 최적화
   - 디스크에 단편화되어 저장된 파일들을 모아서 디스크를 최적화한다.
   - 비율이 10%를 넘으면 디스크 조각 모음을 수행해야 한다.
   - 단편화를 제거하여 디스크의 수행 속도를 높여 준다.
   - 처리 속도 향상에는 효율적이나 총용량이 늘어나지는 않는다.
   - CD-ROM 드라이브, 네트워크 드라이브, Windows가 지원하지 않는 형식의 압축 프로그램 등은 디스크 조각 모음을 할 수 없다.

✓ IP주소(IP Address)

- 인터넷에 연결된 컴퓨터의 고유한 주소이다.
- IPv4 주소 체계 : 32비트를 8비트씩 4부분으로 나누어 각 부분을 점(.)으로 구분하며, 10진 숫자로 표현하고 각 자리는 0부터 255까지의 숫자를 사용한다.
- IPv4의 32비트 주소 체계로는 전 세계의 증가하는 호스트에 주소를 할당하기 어렵기 때문에, 1994년부터 개발하기 시작한 128비트의 주소 체계 IPv6이 사용된다.
- IPv6 주소체계 : 128비트를 16비트씩 8부분으로 나누어 각 부분을 콜론(:)으로 구분한다.
- IPv6은 IPv4와 호환이 되며 16진수로 표기, 각 블록에서 선행되는 0은 생략할 수 있으며 연속된 0의 블록은 ::으로 한 번만 생략이 가능하며 지원되는 주소 개수는 약 43억의 네제곱이다.
- IPv6 주소 체계는 일대일 통신의 유니캐스트(Unicast), 일대다 통신의 멀티캐스트(Multicast), 일대일 통신의 애니캐스트(Anycast)와 같이 할당되므로 주소의 낭비 요인을 줄일 수 있다.

✓ 도메인 네임(Domain Name)

- 숫자로 구성된 IP주소를 사람들이 기억하고 이해하기 쉽도록 문자로 바꾸어 표현한 것으로 전 세계적으로 고유하게 존재해야 한다.
- 알파벳과 숫자 및 한글을 사용할 수 있다.
- 단어와 단어 사이는 dot(.)으로 구분한다.
- 인터넷에 연결된 컴퓨터를 네 자리로 구분된 문자로 표현한다.
- 사용자가 도메인 네임을 입력하면 도메인 네임 시스템(DNS)이 IP Address로 번역(매핑)해 준다.
- 국내 도메인은 KISA에서 관리하지만 전 세계 IP주소는 ICANN이 총괄해서 관리한다.

✓ 전자우편(E-mail)

POP 서버	수신된 전자우편의 헤더와 본문을 모두 PC로 전송할 때 사용되는 프로토콜
SMTP 서버	한 컴퓨터에서 다른 컴퓨터로 전자우편 메시지를 전송할 때 사용되는 프로토콜
IMAP 방식	전자우편의 제목을 읽을 때 해당 내용을 전송하기 위해 사용하는 프로토콜
MIME	웹 브라우저가 지원하지 않는 각종 멀티미디어 파일의 내용을 확인하고 실행시켜 주는 프로토콜

✓ 파일 전송 프로토콜(FTP)

- 파일 전송 프로토콜로, 파일을 전송하거나 받을 때 사용하는 서비스이다.
- 파일 전송은 바이너리(Binary) 모드와 아스키(ASCII) 모드로 구분된다.
- 바이너리(Binary) 모드는 그림 파일, 동영상 파일이나 실행 파일의 전송에 이용되고, 아스키(ASCII) 모드는 아스키 코드의 텍스트 파일 전송에 이용된다.
- 파일의 업로드나 다운로드 서비스를 제공하는 컴퓨터를 FTP 서버, 파일을 제공 받는 컴퓨터를 FTP 클라이언트라고 한다.
- 계정(Account) 없이 FTP를 사용할 수 있는 서버를 Anonymous FTP 서버라 한다. 일반적으로 Anonymous FTP 서버의 아이디(ID)는 Anonymous이며 비밀번호는 자신의 E-Mail 주소로 설정한다.

✓ 인터넷 관련 용어

용어	설명
VoIP	인터넷 프로토콜을 이용하여 데이터뿐 아니라 음성을 함께 전송할 수 있도록 지원하는 프로토콜
블루투스 (Bluetooth)	무선 기기(이동 전화, 컴퓨터, PDA 등) 간 정보 전송을 목적으로 하는 근거리 무선 접속 프로토콜로 IEEE 802.15.1 규격을 사용하는 PANs(Personal Area Networks)의 산업 표준
지그비 (Zigbee)	저가, 저전력의 장점이 있는 무선 매쉬 네트워킹의 표준임, 반경 30 m 내에서 데이터를 전송(20~250kbps)하며, 최대 255대의 기기를 연결함
텔레매틱스 (Telematics)	통신망을 통해 확보된 위치 정보를 기반으로 교통 안내, 긴급 구난, 물류 정보 등을 제공하는 이동형 정보 활용 서비스
IPTV (Internet Protocol Television)	컴퓨터 모니터와 마우스 대신 텔레비전 수상기와 리모콘을 이용하여 초고속 인터넷을 사용하는 것으로 정보 검색, 온라인 쇼핑, 홈뱅킹, 동영상 콘텐츠 등의 다양한 인터넷 서비스를 제공받을 수 있음
IoT (Internet of Things)	• 인간 대 사물, 사물 대 사물 간에 인터넷으로 연결되어 정보의 소통이 가능한 사물 인터넷 기술 • 개인별 맞춤형 스마트 서비스를 지향하며 정보 보안 기술의 적용이 중요 • 개방형 아키텍처로 스마트 센싱 기술과 무선 통신 기술을 융합한 실시간 송수신 서비스 제공
메타버스 (Metaverse)	1992년 닐 스티븐슨이 출간한 소설 『스노 크래시』에서 사용한 인터넷 신조어로 현실과 가상을 연결, 실제 생활과 연결된 3차원의 가상 세계나 현실감 있는 4차원 가상 시공간을 의미하는 것으로 가상 자아인 아바타(Avatar)를 사용함
블록체인 (Block Chain)	데이터 분산 처리 기술을 이용한 '공공 거래 장부'로 비트코인, 이더리움 같은 가상 암호 화폐가 탄생한 기반 기술이며 거래할 때 발생할 수 있는 불법적인 해킹을 막는 기술
핀테크 (FinTech)	• 핀테크는 Finance(금융)와 Technology(기술)의 합성어 • SNS나 모바일 플랫폼, 빅 데이터 등의 IT를 토대로 하는 금융서비스를 의미 • 실생활에서 핀테크의 활용 분야는 모바일 뱅킹이나 앱 카드, 다수의 개인으로부터 자금을 모으는 크라우드 펀딩(Crowd Funding), 투자 자문을 수행하는 로보 어드바이저(Robo Advisor) 등이 있음
LPWA (Low Power Wide Area)	IoT(사물인터넷) 디바이스에서 사용되는 저전력 광역 무선 네트워크 기술로 소량의 데이터를 장거리로 전송할 수 있는 기술

✓ 그래픽 데이터의 표현 방식

비트맵 (Bitmap)	• 이미지를 점(Pixel, 화소)의 집합으로 표현하는 방식(래스터(Raster) 이미지라고도 함) • 고해상도를 표현하는 데 적합하지만 파일 크기가 커지고, 이미지를 확대하면 계단 현상이 발생함 • 다양한 색상을 이용하기 때문에 사실적 이미지 표현이 용이함 • Photoshop, Paint Shop Pro 등이 대표적인 소프트웨어임 • 비트맵 형식으로는 BMP, JPG, PCX, TIF, PNG, GIF 등이 있음
벡터 (Vector)	• 이미지를 점과 점을 연결하는 직선이나 곡선을 이용하여 표현하는 방식 • 그래픽의 확대/축소 시 계단 현상이 발생하지 않지만, 고해상도 표현에는 적합하지 않음 • Illustrator, CorelDraw 등이 대표적인 소프트웨어 • 벡터 파일 형식으로는 WMF, AI, CDR 등이 있음

✓ MPEG(Moving Picture Experts Group)의 규격

MPEG-2	• 디지털 TV, 대화형 TV, DVD 등 고화질과 고음질이 필요한 분야의 압축 기술 • 디지털로 압축된 영상 신호의 데이터 구조를 정의한 것으로 상업 수준의 디지털 방송 및 DVD 영상에 주도적으로 사용함
MPEG-4	• 멀티미디어 통신을 위해 만들어진 영상 압축 기술 • 낮은 전송률(매초 64Kbps, 19.2Kbps)로 동영상을 보내고자 개발된 데이터 압축과 복원 기술 • 동영상의 압축 표준안 중에서 IMT-2000 멀티미디어 서비스, 차세대 대화형 인터넷방송의 핵심 압축 방식으로 비디오/오디오를 압축하기 위한 표준
MPEG-7	• 인터넷상에서 멀티미디어 동영상의 정보 검색이 가능함 • 정보 검색 등을 효율적으로 사용하기 위한 콘텐츠 저장 및 검색을 위한 표준
MPEG-21	MPEG 기술을 통합한 디지털 콘텐츠의 제작, 유통, 보안 등 모든 과정을 관리할 수 있는 규격

✓ 정보 통신망의 종류

근거리 통신망(LAN)	자원 공유를 목적으로 전송 거리가 짧은 학교, 연구소, 병원 등의 구내에서 사용하는 통신망으로 WAN보다 속도가 빠름
도시 통신망(MAN)	도시 또는 지역으로 연결한 통신망
광역 통신망(WAN)	원거리 통신망이라고도 하며, 하나의 국가 등 매우 넓은 네트워크 범위를 갖는 통신망
부가 가치 통신망(VAN)	특정 서비스를 제공하는 통신망(Network)으로, 일반적인 공중 네트워크에서는 쉽게 찾을 수 없는 정보나 서비스를 유료로 제공하는 통신망

✓ 네트워크 관련 장비

허브(Hub)	근거리 통신망에서 여러 대의 단말기를 접속하는 장치
스위칭 허브(Switching Hub)	여러 대의 컴퓨터를 연결하는 장치로, 더미 허브(Dummy Hub)와는 달리 노드가 늘어나도 속도에는 변화가 없음
라우터(Router)	• 랜을 연결하여 정보를 주고받을 때 송신 정보에 포함된 수신처의 주소를 읽고 가장 적절한 통신 통로를 이용하여 다른 통신망으로 전송하는 장치 • 서로 다른 프로토콜로 운영되는 인터넷을 접속할 때 꼭 필요한 장비
게이트웨이(Gateway)	서로 다른 네트워크를 상호 접속하거나 다른 프로토콜을 사용할 때 변환 작업을 수행하는 장치
리피터(Repeater)	디지털 방식의 통신 선로에서 전송 신호를 재생시키거나 출력 전압을 높여 전송하는 장치
브리지(Bridge)	• 두 개의 근거리 통신망(LAN) 시스템을 이어주는 접속 장치 • 양방향으로 데이터의 전송만 해줄 뿐 프로토콜 변환 등 복잡한 처리는 불가능함 • 네트워크 프로토콜과는 독립적으로 작용하므로 네트워크에 연결된 여러 가지 단말의 통신 프로토콜을 바꾸지 않고도 네트워크를 확장할 수 있음

✓ 컴퓨터 범죄

1) 인터넷 부정행위

스니핑(Sniffing)	네트워크 주변을 지나다니는 패킷을 엿보면서 계정과 패스워드 등의 정보를 알아내는 행위
스푸핑(Spoofing)	어떤 프로그램이 정상적으로 실행되는 것처럼 속임수를 사용하는 행위
웜(Worm)	자기 스스로 계속하여 복제함으로써 시스템의 부하를 증가시켜 시스템을 다운시키는 프로그램
트랩 도어(Trap Door, Back Door)	특정한 시스템에서 보안이 제거된 비밀 통로
트로이 목마 (Trojan Horse)	시스템에 불법적인 행위를 수행하기 위하여 다른 프로그램의 코드로 위장하여 특정한 프로그램을 침투시키는 행위. 대표적인 프로그램으로 백오리피스가 있음
DDoS (Distributed Denial of Service)	해킹 프로그램을 이용하여 여러 사용자의 컴퓨터가 특정 사이트에 대용량의 패킷을 연속적으로 보내도록 하여 해당 사이트의 시스템을 마비시키는 방식

2) 데이터 보안 침해 형태

가로막기	데이터의 정상적인 전달을 가로막아서 수신측으로 데이터가 전달되는 것을 방해하는 것으로 정보의 가용성이 저해됨
가로채기	전송한 자료가 수신지로 가는 도중에 몰래 보거나 도청하는 행위로서 정보의 기밀성을 저해함
변조/수정	전송된 데이터를 원래의 데이터가 아닌 다른 내용으로 수정하여 변조시키는 행위로 정보의 무결성이 저해됨
위조	사용자 인증과 관계되어 다른 송신자로부터 데이터가 송신된 것처럼 꾸미는 것으로 정보의 무결성이 저해됨

✓ **암호화(Encryption) 기법**

비밀키 (대칭키, 단일키) 암호화	• 송신자와 수신자가 서로 동일(대칭)한 하나(단일)의 비밀키를 가짐 • 암호화와 복호화의 속도가 빠름 • 알고리즘이 간단하고 파일의 크기가 작음 • 사용자가 많아지면 관리할 키의 수가 늘어남 • 대표적인 방식은 DES가 있음
공개키 (비대칭키, 이중키) 암호화	• 암호화키와 복호화키가 서로 다른(비대칭) 두 개(이중키)의 키를 가짐 • 암호화와 복호화의 속도가 느림 • 암호화는 공개키로, 복호화는 비밀키로 함 • 알고리즘이 복잡하고 파일의 크기가 큼 • 암호화가 공개키이므로 키의 분배가 쉽고, 관리할 키의 개수가 줄어듦 • 대표적인 방식으로는 RSA가 있음

02 스프레드시트 일반

✔ 파일 열기(Ctrl + O)
- 암호가 설정된 통합 문서의 경우 암호를 입력해야만 해당 문서를 열 수 있다.
- Shift 나 Ctrl 을 이용하여 여러 개의 파일을 선택한 다음 [열기] 단추를 클릭하면 선택한 파일들이 모두 열린다.

✔ 파일 저장(Ctrl + S , Shift + F12)
- 새 통합 문서를 처음 저장할 경우 [파일]-[저장]을 실행한 다음 [다른 이름으로 저장] 대화 상자에서 저장 위치와 파일 이름, 형식 등을 지정한다.
- 한 번 이상 저장한 문서를 다른 이름으로 저장할 경우 [파일]-[다른 이름으로 저장]을 실행한 다음 이름을 변경해서 저장하면 된다.
- 저장 옵션 : [다른 이름으로 저장] 대화 상자에서 [도구]-[일반 옵션]을 클릭한 후 다음과 같은 저장 옵션을 설정할 수 있다.

백업 파일 항상 만들기	백업 파일의 확장자는 '*.xlk'가 됨
열기 암호	문서를 열 때 물어볼 암호를 지정함. 열기 암호가 지정된 파일은 암호를 모르면 문서를 열 수 없음
쓰기 암호	쓰기 암호를 모르더라도 파일은 열 수 있지만 수정한 내용은 같은 이름으로 저장할 수 없음
읽기 전용 권장	문서를 열 때 읽기 전용으로 열 것인지 물어봄

✔ 워크시트 기본

워크시트 탭 구성	기본적으로 1개의 워크시트(Sheet1)가 생성되며 사용자가 새로운 시트를 추가하거나 삭제할 수 있음
워크시트의 최대 개수	[파일]-[옵션]-[Excel 옵션]-[일반]에서 최대 255개까지 변경할 수 있음
워크시트의 셀 크기	1,048,576행과 16,384(XFD)열
워크시트 확대/축소 범위	10~400%

✓ 워크시트의 선택

연속된 워크시트의 선택	Shift 를 누른 채 클릭함
떨어져 있는 워크시트의 선택	Ctrl 을 누른 채 클릭함
모든 시트 선택	[시트] 탭에서 마우스 오른쪽 단추를 클릭한 후 [모든 시트 선택]을 클릭함

✓ 워크시트 그룹

- 여러 개의 시트를 선택하면 제목 표시줄의 파일 이름 옆에 [그룹] 표시가 나타난다.
- 여러 개의 시트를 선택하고 데이터 입력 및 편집 등의 명령을 실행하면 그룹으로 설정된 모든 시트에 동일하게 명령이 실행된다.

✓ 워크시트 추가

- 새로 삽입하는 워크시트는 현재 선택된 시트 바로 앞에 삽입되며, 이름은 'Sheet + 일련번호' 형식으로 자동 설정된다. 단, [새 시트] 단추를 이용하는 경우는 마지막에 새로운 시트가 삽입된다.
- 두 개 이상의 인접하지 않은 시트를 선택한 상태(다중 선택)에서는 새 워크시트를 삽입할 수 없다. 단, [새 시트] 단추를 이용하는 경우는 가능하다.

✓ 시트 보호

- [홈]-[셀]-[서식]-[시트 보호]를 실행하거나 [검토]-[보호]-[시트 보호]를 실행한다.
- 시트에 작성되어 있는 내용이나 개체, 시나리오를 보호하도록 설정하는 기능이다.
- 보호할 대상으로는 내용, 개체, 시나리오가 있으며, 암호를 입력할 수 있다.
- 시트 보호를 해제하려면 [홈]-[셀]-[서식]-[시트 보호 해제]를 실행하거나 [검토]-[보호]-[시트 보호 해제]를 실행한다. 암호를 지정하여 보호한 경우 보호를 해제할 때 암호를 입력해야 한다.

✓ 통합 문서 보호

- 통합 문서를 보호하는 것으로 시트에 관련된 작업을 할 수 없게 만든다.
- 보호할 대상으로는 구조가 있으며, 암호를 입력할 수 있다.
- [검토]-[보호]-[통합 문서 보호]-[구조 및 창 보호]를 실행한다.

✓ 데이터 입력

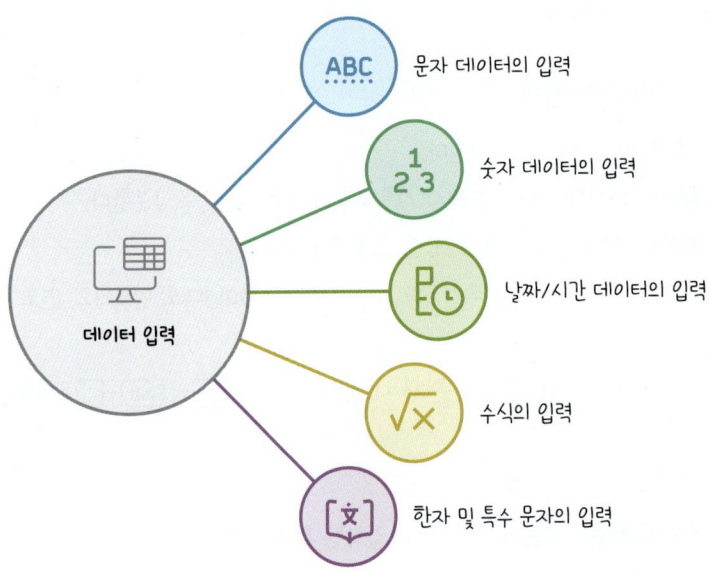

- ABC 문자 데이터의 입력
- 숫자 데이터의 입력
- 날짜/시간 데이터의 입력
- 수식의 입력
- 한자 및 특수 문자의 입력

1) 문자 데이터의 입력

- 한 셀에 두 줄 이상의 문자열을 입력할 때는 Alt + Enter 를 누르고 입력한다.
- 범위로 설정한 모든 셀에 동일한 데이터를 입력할 때는 Ctrl + Enter 를 누른다.
- 숫자를 문자열로 입력해야 할 때는 작은따옴표(')를 숫자 앞에 붙인다.

2) 숫자 데이터의 입력

- 기본적으로 셀의 오른쪽으로 정렬된다.
- 숫자로 사용될 수 있는 문자에는 0부터 9까지의 수와 + - ( ) , / $ % . E e 가 있다.
- 분수의 경우 중간에 공백을 입력한다(예) 0 2/3).
- 음수 앞에는 - 기호를 입력하거나 괄호( )로 묶는다.
- 입력한 숫자가 열 너비보다 길면 지수 형식이나 '#####'로 표시되므로 열 너비를 늘려서 숫자를 정상적으로 표시한다.

3) 날짜/시간 데이터의 입력

- 기본적으로 셀의 오른쪽으로 정렬된다.
- 날짜 데이터 : 하이픈(-)이나 슬래시(/)를 이용하여 연, 월, 일을 구분한다.
- 시간 데이터 : 콜론(:)을 이용하여 시, 분, 초를 구분한다.
- 연도를 두 자리로 입력하는 경우 연도가 30 이상이면 1900년대로 인식되고, 연도가 29 이하이면 2000년대로 인식한다.
- 현재 시스템의 날짜는 [Ctrl]+[;], 현재 시스템의 시간은 [Ctrl]+[Shift]+[;]을 눌러 입력한다.

4) 수식의 입력

- 수식을 입력할 때는 = 또는 +기호를 먼저 입력한 후 입력해야 한다.
- [수식]-[수식 분석]-[수식 표시]를 선택하면 셀에 입력한 수식이 그대로 표시된다.
- 바로 가기 키 : [Ctrl]+[~]

5) 한자 및 특수 문자의 입력

- 한자 : 한글 한 글자를 입력한 후 [한자]를 누르면 화면 하단에 해당 한글에 대한 한자 목록이 표시된다.
- 특수 문자 : 한글의 자음을 입력하고 [한자]를 눌러 목록에서 원하는 특수 문자를 선택한다.

✓ 데이터 수정

- F2를 누르거나 셀을 더블클릭, 또는 수식 입력줄에서 마우스로 클릭하여 커서를 표시한 후 데이터를 수정하고 Enter를 누른다.
- [파일]-[옵션]-[Excel 옵션]-[고급]에서 '셀에서 직접 편집 허용'의 체크를 해제하면 F2를 누르거나 마우스를 더블클릭하여 셀의 내용을 수정할 수 없다.

✓ 데이터 삭제

내용 지우기	[홈]-[편집]-[지우기]-[내용 지우기]를 클릭하거나 Delete를 눌러 셀에 입력된 내용만 지움
서식 지우기	[홈]-[편집]-[지우기]-[서식 지우기]를 선택하여 셀에 적용된 서식만 지움
모두 지우기	[홈]-[편집]-[지우기]-[모두 지우기]를 선택하여 셀 내용과 서식, 메모 등을 한 번에 지움

✓ 채우기 핸들을 이용한 연속 데이터 입력

문자 데이터	데이터가 복사됨
숫자 데이터	• 1개의 셀을 드래그하면 데이터가 복사됨 • 2개의 셀을 범위로 설정하여 드래그하면 두 셀의 차이 값만큼 증가함 • Ctrl을 누른 채 드래그하면 1씩 증가함
혼합 데이터 (문자+숫자)	문자는 복사되고 숫자는 1씩 증가함. 숫자가 2개 이상 섞여 있을 경우 마지막 숫자만 1씩 증가함
날짜/시간 데이터	날짜는 1일 단위로, 시간은 1시간 단위로 증가함
사용자 지정 목록 데이터	[파일]-[옵션]-[Excel 옵션]-[고급]-[사용자 지정 목록 편집]에 등록된 순서에 따라 데이터가 채워짐

✓ 데이터 찾기 (Ctrl + F , Shift + F5)

[홈]-[편집]-[찾기 및 선택]-[찾기]를 실행하여 데이터를 검색한다.

찾을 내용	• 시트에서 찾고자 하는 내용을 입력하며 +, -, #, $ 등과 같은 특수 문자도 찾을 수 있음 • *, ? 와 같은 와일드카드 문자를 사용할 수 있음
범위	시트인지 통합 문서인지 검색 범위를 지정함
찾는 위치	'수식', '값', '메모'로 검색 위치를 지정함
기타 검색 조건	대/소문자 구분, 전체 셀 내용 일치, 전자/반자를 구분함

✓ 메모 입력 (Shift + F2)

- 메모는 셀에 입력된 내용에 대한 보충 설명을 기록할 때 사용하며, 모든 셀에 입력할 수 있다. (셀 이동 시 메모도 따라 이동됨).
- 메모를 입력할 셀을 선택하고 [검토]-[메모]-[새 메모]나 바로 가기 메뉴의 [메모 삽입]을 실행한 후 셀에 부가적인 설명을 입력한다.
- 메모가 입력된 셀의 오른쪽 상단에 빨간 삼각형이 표시되며, 마우스 포인터를 해당 셀로 가져갔을 때 메모 내용이 화면에 나타난다.
- 셀에 입력된 데이터를 삭제해도 메모가 삭제되지 않으므로 메모를 삭제하려면 [검토]-[메모]-[삭제]를 선택하거나 바로 가기 메뉴에서 [메모 삭제]를 선택한다.
- 바로 가기 메뉴의 [메모 서식]에서 메모 서식 변경이 가능하다.

✓ 윗주 입력

- 셀 데이터의 보충 설명으로, 문자 데이터에만 설정할 수 있다.
- [홈]-[글꼴]-[윗주 필드 표시/숨기기]-[윗주 편집]을 실행하여 윗주를 입력한다.
- [홈]-[글꼴]-[윗주 필드 표시/숨기기]를 실행해야 표시된다.
- 윗주가 표시되는 만큼 행의 높이도 조절된다.
- 윗주의 수평 맞춤 방식과 글꼴 서식을 변경할 수 있다.
- 윗주에 입력된 내용은 내용 전체에 대해서만 서식을 변경할 수 있다.
- 셀의 데이터를 삭제하면 윗주도 함께 사라진다.

✓ 셀 서식

1) [표시 형식] 탭

일반	설정된 표시 형식을 엑셀의 기본값으로 되돌림
숫자	숫자의 소수점 이하 자릿수, 1000 단위 구분 기호 등을 지정함
통화	• 숫자 앞에 통화 기호를 붙이고 천 단위마다 쉼표(,)를 삽입함 • 통화 기호의 종류와 소수점에 맞추어 열이 정렬됨
회계	• 숫자 천 단위마다 쉼표(,)를 삽입함 • 통화 기호를 지정했을 경우 셀 시작 부분에 통화 기호를 표기함 • 통화 기호와 소수점에 맞추어 열이 정렬됨
날짜	날짜의 표시 형식을 지정함
시간	시간의 표시 형식을 지정함
백분율	숫자에 100을 곱한 후 뒤에 % 기호를 지정함
분수	숫자를 분수로 표시함
지수	• '1E + 11'과 같이 숫자를 지수 형식으로 표시함 • 소수점 이하 자릿수 지정이 가능함
텍스트	입력 데이터를 텍스트 형식의 문자 데이터로 처리함
기타	우편 번호, 전화 번호, 숫자(한자), 숫자(한자-갖은자), 숫자(한글) 등을 특수 서식으로 표시함
사용자 지정	사용자가 서식 코드를 이용하여 표시 형식을 지정함

2) [맞춤] 탭 - 텍스트 조정

자동 줄 바꿈	• 셀에서 텍스트를 여러 줄로 표시함 • 바꿀 줄의 수는 열 너비와 셀 내용 길이에 따라 달라짐
셀에 맞춤	• 선택한 셀의 모든 데이터가 열에 맞게 표시되도록 글꼴의 문자 크기를 줄임 • 열 너비를 변경하면 문자 크기가 자동으로 조정됨
셀 병합	• 선택한 두 개 이상의 셀을 하나의 셀로 결합함 • 병합된 셀의 셀 참조는 처음에 선택한 범위에서 왼쪽 위에 있는 셀 • 연속적인 위치의 여러 셀을 병합하는 경우 가장 위쪽 또는 왼쪽의 셀 데이터만 남고 나머지는 모두 지워짐

✓ 사용자 지정 서식

[홈]-[셀]-[서식]-[셀 서식]을 실행하고 [셀 서식] 대화 상자의 [표시 형식] 탭에서 [사용자 지정]을 선택하여 서식을 사용자가 직접 지정하여 사용할 수 있다.

1) 숫자 서식

#	유효 자릿수만 나타내고 유효하지 않은 0은 표시하지 않음 (예) ##.## : 345.678 → 345.68
0	유효하지 않은 자릿수를 0으로 표시함 (예) 000.00 : 45.6 → 045.60
?	소수점 왼쪽 또는 오른쪽에 있는 유효하지 않은 0 대신 공백을 추가하여 소수점을 맞춤
,	• 천 단위 구분 기호로 쉼표를 삽입함 • (쉼표) 이후에 더이상 코드를 사용하지 않으면 천 단위 배수로 표시함 (예) #,###, : 1234567 → 1,235
[글꼴 색]	각 구역의 첫 부분에 지정하여 대괄호 안에 글꼴 색을 입력함 (예) [빨강](#,###) : -1234 → -(1,234)
[조건]	대괄호 안에 조건을 지정하고 조건이 맞는 경우 해당 서식을 적용함 (예) [>100]##.000 : 325.8 → 325.800

2) 날짜 서식

연도	• yy : 연도를 끝 두 자리만 표시함(예) 09) • yyyy : 연도를 네 자리로 표시함(예) 2026)
월	• m : 월을 1에서 12로 표시함(예) 8) • mm : 월을 01에서 12로 표시함(예) 08) • mmm : 월을 Jan에서 Dec로 표시함(예) Aug) • mmmm : 월을 January에서 December로 표시함(예) August)
일	• d : 일을 1에서 31로 표시함(예) 5) • dd : 일을 01에서 31로 표시함(예) 05)
요일	• ddd : 요일을 Sun에서 Sat로 표시함(예) Wed) • dddd : 요일을 Sunday에서 Saturday로 표시함(예) Wednesday) • aaa : 요일을 월에서 일로 표시함(예) 수) • aaaa : 요일을 월요일에서 일요일로 표시함(예) 수요일)

3) 문자열 서식

*	• *뒤에 문자를 셀 너비만큼 채워서 나타나게 함 • 사용 형식 : *0#,##0
@	• 문자 뒤에 특정한 문자열을 함께 나타나게 함 • 숫자의 경우 @ 코드를 적용하면 숫자는 문자열의 성질이 됨 • 사용 형식 : @닷컴

✔ 조건부 서식

- 특정한 규칙을 만족하는 셀에 대해서만 각종 서식, 테두리, 셀 배경색 등의 서식을 설정한다.
- [홈]-[스타일]-[조건부 서식]에서 선택하여 적용한다.
- 여러 개의 규칙이 모두 만족될 경우 지정한 서식이 충돌하지 않으면 규칙이 모두 적용되며, 서식이 충돌하면 우선 순위가 높은 규칙의 서식이 적용된다.
- 규칙으로 설정된 해당 셀의 값들이 변경되어 규칙을 만족하지 않을 경우 적용된 서식이 해제된다.
- 규칙의 개수에는 제한이 없다.
- 서식이 적용된 규칙으로 셀 값 또는 수식을 설정할 수 있다. 규칙을 수식으로 입력할 경우 수식 앞에 등호(=)를 반드시 입력해야 한다.

✔ 연산자

산술 연산자	• 숫자의 계산에 사용되는 연산자 • 더하기(+), 빼기(-), 곱하기(*), 나누기(/), 백분율(%), 거듭제곱(^)
비교 연산자	• 값을 비교하여 참(True) 또는 거짓(False)과 같은 논리값을 계산하는 연산자 • = (같다), <> (같지 않다), <= (이하), >= (이상), < (작다), > (크다)
텍스트 연산자	• 문자열을 연결할 때 사용하는 연산자 • &(문자열 연결)
참조 연산자	• 참조할 셀 영역을 지정할 때 사용하는 연산자 • 콜론(:) : 연속적인 셀 영역을 지정함 • 쉼표(,) : 연속적이지 않은 셀 영역을 지정함 • 공백 : 두 범위가 교차하는 셀 영역을 지정함

✓ 셀 참조

상대 참조	참조하는 셀과 수식이 입력되는 셀과의 관계를 상대적으로 나타내어 참조하는 것으로 단순히 셀의 주소만을 입력하는 것(예 F2)
절대 참조	셀 참조를 입력한 후 다른 셀로 복사해도 참조하고 있는 셀의 주소가 절대로 변경되지 않고 항상 고정되는 형태의 셀 참조(예 $F$2)
혼합 참조	수식에서 $A1과 같이 열만 절대 참조하는 경우와 A$1과 같이 행만 절대 참조하는 경우가 있음(예 $F2, F$2)
다른 워크시트의 셀 참조	• 셀 주소 앞에 워크시트 이름을 표시하고 워크시트 이름과 셀 주소 사이는 느낌표(!)로 구분함(예 =A5*Sheet2!A5) • 워크시트 이름이 공백을 포함하는 경우 워크시트 이름을 작은따옴표(' ')로 감쌈(예 =A5*'성적 일람'!A5)
다른 통합 문서의 셀 참조	• 통합 문서의 이름을 대괄호([ ])로 둘러싸고, 워크시트 이름과 셀 주소를 입력함(예 =A5*[성적 일람표.xlsx]Sheet1!A5) • 통합 문서의 이름이 공백을 포함하는 경우 통합 문서와 시트 이름을 작은따옴표(' ')로 감쌈(예 =A5*'[성적 일람표.xlsx]Sheet1'!A5)
3차원 참조	• 통합 문서의 여러 워크시트에 있는 같은 위치의 셀이나 셀 범위를 참조함 • 예를 들어 "=SUM(Sheet1:Sheet5!A1)"은 Sheet1에서 Sheet5까지 포함되어 있는 모든 워크시트의 [A1] 셀의 합계를 구함 • 배열 수식에는 3차원 참조를 사용할 수 없음

✓ **수식의 오류값**(수식을 계산할 수 없을 때 셀에 표시됨)

####	데이터나 수식의 결과를 셀에 모두 표시할 수 없을 경우
#VALUE!	• 수치를 사용해야 할 장소에 다른 데이터를 사용하는 경우 • 함수의 인수로 잘못된 값을 사용한 경우
#DIV/0!	0으로 나누기 연산을 시도한 경우
#NAME?	• 함수 이름이나 정의되지 않은 셀 이름을 사용한 경우 • 수식에 잘못된 문자열을 지정하여 사용한 경우
#N/A	• 수식에서 잘못된 값으로 연산을 시도한 경우 • 찾기 함수에서 결과값을 찾지 못한 경우
#REF!	셀 참조를 잘못 사용한 경우
#NUM!	숫자가 필요한 곳에 잘못된 값을 지정한 경우
#NULL!	교점 연산자(공백)를 사용했을 때 교차 지점을 찾지 못한 경우

✓ 수학/삼각 함수

- =SUM(인수1, 인수2) : 인수의 합계를 구함
- =SUMIF(검색 범위, 조건, 합계 범위) : 검색 범위에서 조건을 검사하여 조건을 만족할 경우 합계 범위에서 대응하는 셀의 합계를 계산
- =SUMIFS(합계 범위, 셀 범위1, 조건 1, 셀 범위2, 조건2,…) : 조건이 여러 개일 경우, 셀 범위1에서 조건1이 만족하고 셀 범위2에서 조건2가 만족되면 합계 범위에서 합을 산출하며, 조건은 최대 127개까지 지정 가능
- =ROUND(수1, 수2) : 수1을 반올림하여 자릿수(수2)만큼 반환함
- =ROUNDUP(수1, 수2) : 수1을 무조건 올림하여 자릿수(수2)만큼 반환함
- =ROUNDDOWN(수1, 수2) : 수1을 무조건 내림하여 자릿수(수2)만큼 반환함
- =ABS(수) : 수의 절대값(부호 없는 수)을 구함
- =SQRT(수) : 수의 양의 제곱근(인수에 음수를 지정하면 #NUM! 오류 발생)을 구함
- =POWER(수1, 수2) : 수1을 수2만큼 거듭제곱한 값을 구함
- =INT(수) : 수를 가장 가까운 정수로 내린 값을 구함
- =MOD(수1, 수2) : 수1을 수2로 나눈 나머지 값(수2가 0이면 #DIV/0! 오류 발생)을 구함
- =PRODUCT(수1, 수2…) : 인수를 모두 곱한 결과를 표시함
- =SUMPRODUCT(배열1, 배열2…) : 주어진 배열에서 해당 요소들을 모두 곱하고 그 곱의 합계를 반환함

✓ 날짜/시간 함수

- =WEEKDAY(날짜, 반환값의 종류) : 날짜의 요일 번호를 반환
- =DAYS(종료 날짜, 시작 날짜) : 두 날짜 사이의 일수를 계산
- =EDATE(시작 날짜, 전후 개월 수) : 시작 날짜를 기준으로 전, 후 개월 수를 반환
- =EOMONTH(시작 날짜, 전후 개월 수) : 시작 날짜를 기준으로 전, 후 개월의 마지막 날을 반환
- =NETWORKDAYS(시작 날짜, 끝 날짜, 휴일) : 시작 날짜와 끝 날짜 사이의 작업 일수를 계산 (주말, 휴일 제외)
- =WEEKNUM(해당 주 날짜, 반환 유형) : 해당 주 날짜가 일 년 중 몇 번째 주인지 표시함
- =WORKDAY(시작 날짜, 전후 주말/휴일 제외 날짜 수, 휴일) : 시작 날짜의 전후 날짜 수(주말, 휴일을 제외한 평일)를 반환

✓ 통계 함수

- =MAX(수1, 수2, …) : 인수 중에서 최대값을 구함
- =MIN(수1, 수2, …) : 인수 중에서 최소값을 구함
- =AVERAGE(수1, 수2, …) : 인수로 지정한 숫자의 평균을 구함
- =AVERAGEA(수1, 수2, …) : 수치가 아닌 셀을 포함하는 인수의 평균값을 구함
- =AVERAGEIF(조건 범위, 조건, 평균 범위) : 조건을 만족하는 셀들의 평균을 구함
- =AVERAGEIFS(평균 범위, 셀 범위1, 조건1, 셀 범위2, 조건2, …) : 여러 조건을 만족하는 셀들의 평균을 구함
- =COUNT(인수1, 인수2, …) : 인수 중에서 숫자의 개수를 구함
- =COUNTA(인수1, 인수2, …) : 공백이 아닌 인수의 개수를 구함
- =COUNTBLANK(검색 범위) : 지정한 범위에 있는 공백 셀의 개수를 구함
- =COUNTIF(검색 범위, 조건) : 검색 범위에서 조건을 만족하는 셀의 개수를 구함
- =COUNTIFS(셀 범위1, 조건1, 셀 범위2, 조건2, …) : 여러 조건을 만족하는 셀의 개수를 구함
- =RANK.EQ(인수, 범위, 방법) : 범위 안에서 순위를 구함
- =VAR.S(수1, 수2, …) : 분산을 구함
- =STDEV.S(수1, 수2, …) : 표준편차를 구함
- =MEDIAN(수1, 수2, …) : 인수 중 중간값을 구함
- =MODE.SNGL(수1, 수2, …) : 주어진 수 중 가장 많이 발생한 값을 구함
- =LARGE(배열, k) : 인수로 주어진 숫자 중 k번째로 큰 값을 구함
- =SMALL(배열, k) : 인수로 주어진 숫자 중 k번째로 작은 값을 구함
- =GEOMEAN(수1, 수2, …) : 기하 평균을 구함
- =HARMEAN(수1, 수2, …) : 조화 평균을 구함

✓ 문자열(텍스트) 함수

- =LEFT(문자열, 개수) : 문자열의 왼쪽부터 지정한 개수만큼 문자를 추출함
- =RIGHT(문자열, 개수) : 문자열의 오른쪽부터 지정한 개수만큼 문자를 추출함
- =MID(문자열, 시작 위치, 개수) : 문자열의 시작 위치에서부터 지정한 개수만큼 문자를 추출함
- =REPLACE : 시작 위치의 바꿀 개수만큼 텍스트1의 일부를 다른 텍스트2로 교체함
- =SUBSTITUTE : 텍스트에서 찾을 위치의 텍스트를 찾아서 새로운 텍스트로 대체함
- =LEN : 텍스트의 길이를 숫자로 구함
- =CONCAT : 텍스트를 연결하여 나타냄
- =VALUE : 숫자 형태의 텍스트를 숫자로 변경함

✓ 논리 함수

- =IF(조건식, 값1, 값2) : 조건식이 참이면 값1, 거짓이면 값2를 반환함
- =IFS(조건식1, 참인 경우 값1, 조건식2, 참인 경우 값2, ……) : 하나 이상의 조건이 충족되는지 확인하고 첫 번째 TRUE 조건에 해당하는 값을 반환하여 여러 중첩된 IF문 대신 사용할 수 있고 조건은 최대 127개까지 줄 수 있음

✓ 찾기/참조 함수

- =XLOOKUP(찾을 값, 찾을 범위, 반환 범위, 찾을 값 없을 때 텍스트, 일치 유형, 검색 방법) : "찾을 값"을 "찾을 범위"에서 찾아서 "반환 범위"의 값을 반환함
- =VLOOKUP(값, 범위, 열 번호, 방법) : 범위의 첫 번째 열에서 값을 찾아 지정한 열에서 대응하는 값을 반환함
- =HLOOKUP(값, 범위, 행 번호, 방법) : 범위의 첫 번째 행에서 값을 찾아 지정한 행에서 대응하는 값을 반환함
- =CHOOSE(검색값, 값1, 값2, …) : 검색값이 1이면 값1, 2이면 값2, 순서로 값을 반환함
- =INDEX(범위, 행, 열) : 범위에서 지정한 행, 열에 있는 값을 반환함
- =MATCH(검색 자료, 배열, 검색 유형) : 찾고자 하는 자료값과 일치하는 배열 요소를 찾아 상대 위치(몇 번째 행) 또는 열을 표시함

✓ D(DATABASE) 함수

- =DSUM(데이터베이스, 필드, 조건 범위) : 조건을 만족하는 필드의 합계를 구함
- =DAVERAGE(데이터베이스, 필드, 조건 범위) : 조건을 만족하는 필드의 평균을 구함
- =DCOUNT(데이터베이스, 필드, 조건 범위) : 조건을 만족하는 필드의 개수(수치)를 구함
- =DCOUNTA(데이터베이스, 필드, 조건 범위) : 조건을 만족하는 모든 필드의 개수를 구함
- =DMAX(데이터베이스, 필드, 조건 범위) : 조건을 만족하는 필드의 최대값을 구함
- =DMIN(데이터베이스, 필드, 조건 범위) : 조건을 만족하는 필드의 최소값을 구함

✓ 정렬 기능

- 정렬 방식에는 오름차순과 내림차순이 있으며, 셀 값에 따라 정렬이 수행된다. 공백(빈 셀)은 정렬 순서와 관계없이 항상 마지막으로 정렬된다.
- 정렬의 기준은 64개까지 지정할 수 있다.
- 특정한 셀 범위를 설정하고 정렬을 실행하면 해당 범위만 정렬된다. 셀 범위를 지정하지 않고 정렬을 실행하면 현재 셀 포인터를 기준으로 인접한 데이터를 모든 범위로 자동 지정한다.
- 머리글 행에 있는 필드명은 정렬에서 제외할 수 있다.

오름차순 정렬	숫자-기호 문자-영문 소문자-영문 대문자-한글-빈 셀(단, 대/소문자 구분하도록 설정했을 때)
내림차순 정렬	한글-영문 대문자-영문 소문자-기호 문자-숫자-빈 셀(단, 대/소문자 구분하도록 설정했을 때)

✓ 자동 필터(Ctrl + Shift + L)

- 표를 선택하고 [데이터]-[정렬 및 필터]-[필터]를 클릭해서 실행한다.
- 자동 필터를 이용하여 추출한 데이터는 항상 레코드(행) 단위로 표시된다.
- 같은 열에 여러 개의 항목을 동시에 선택하여 데이터를 추출할 수 있다.
- 두 개 이상의 필드(열)에 조건이 지정된 경우 『그리고(AND)』 조건으로 필터된다.
- 선택된 열의 형식에 따라 열의 내용이 문자일 경우는 텍스트 필터, 열의 내용이 숫자일 경우에는 숫자 필터가 표시된다.

✓ 고급 필터
- 필터의 결과를 다른 위치로 복사할 수 있다.
- [고급 필터]를 실행하기 전에 필터 조건을 워크시트에 먼저 입력해야 한다.
- 기준 범위에 사용된 필드 이름은 목록에 있는 필드 이름과 같아야 한다.
- 조건 입력 시 같은 행에 입력된 조건은 '그리고(AND)'로 결합되고 다른 행에 입력된 조건은 '또는(OR)'으로 결합된다.
- 한 필드에 3개 이상의 조건을 지정할 수 있다.
- 중복되지 않게 고유 레코드만 추출할 수 있다.
- 수식이 포함된 논리식을 이용하여 레코드를 검색함
- [데이터]-[정렬 및 필터]-[고급]을 선택하여 [고급 필터] 대화 상자를 실행한다.

✓ 부분합
- 워크시트에 입력된 자료들을 그룹별로 분류하고 해당 그룹별로 특정한 계산을 수행하는 기능이다.
- 부분합 기능은 실행하기 전 기준이 되는 필드가 반드시 오름차순이나 내림차순으로 정렬되어 있어야 한다.
- 부분합이 실행되는 개요 기호가 표시되므로 보다 편리하게 각 수준의 데이터를 살펴볼 수 있으며 이를 기초로 편리하게 차트를 작성할 수 있다.
- 많은 양의 데이터 목록에서 다양한 종류의 요약을 만들 수 있다.
- [데이터]-[개요]-[부분합]을 선택하여 [부분합] 대화 상자를 실행한다.

✓ 데이터 표
- 워크시트에서 특정 데이터를 변화시켜 수식의 결과가 어떻게 변하는지 보여 주는 기능이다.
- 복잡한 형태의 상대 참조/혼합 참조 수식을 더 편리하게 작성할 수 있다.
- 데이터 표를 실행한 후에 계산식이나 변화값이 바뀌면 표 내용도 갱신된다.
- 데이터 표의 결과는 일부분만 수정할 수 없다.
- [데이터]-[예측]-[가상 분석]-[데이터 표]를 선택하여 [데이터 표] 대화 상자를 실행한다.

✓ 피벗 테이블/피벗 차트

- 많은 양의 자료를 효율적으로 분석하고 요약하는 기능으로 피벗 차트를 함께 작성할 수 있다.
- 피벗 테이블 보고서는 각 필드에 다양한 조건을 지정할 수 있으며, 일정한 그룹별로 데이터 집계가 가능하다.
- 합계, 평균, 최대값, 최소값, 표준편차, 분산 등의 값을 구할 수 있다.
- 피벗 테이블은 행 레이블, 열 레이블, 보고서 필터 필드, 값 필드로 구성된다.
- 원본 데이터를 변경하고 피벗 테이블에 반영하려면 [모두 새로 고침]을 실행해야 한다.
- 피벗 테이블과 피벗 차트를 함께 만든 후 피벗 테이블을 삭제하면 피벗 차트는 일반 차트로 변경된다.

✓ 목표값 찾기

- 수식에서 원하는 결과값은 알고 있지만 그 결과값을 계산하기 위해 필요한 입력값을 모를 경우 사용한다.
- 변수를 하나만 지정할 수 있어서 결과에 영향을 미치는 변수가 하나일 때만 사용한다.
- [데이터]-[예측]-[가상 분석]-[목표값 찾기]를 선택하여 [목표값 찾기] 대화 상자를 실행한다.

✓ 시나리오

- 워크시트에 입력된 데이터의 값이 변함에 따라 그 결과를 분석하고 예측하는 기능이다.
- [데이터]-[예측]-[가상 분석]-[시나리오 관리자]를 선택하여 작성한다.
- 변경 요소가 되는 값의 그룹을 변경 셀이라고 하며, 하나의 시나리오에 최대 32개까지 변경 셀을 지정할 수 있다.
- 결과 셀은 변경 셀 값을 참조하는 수식으로 입력되어야 한다.
- 주로 수식에서 참조되고 있는 셀의 값을 변경시켜서 수식의 결과가 어떻게 변하는지 살펴보는 용도로 사용한다.
- 분석 내용을 시나리오 요약 또는 시나리오 피벗 테이블 보고서로 만들 수 있다.

✔ 차트 종류

꺾은선형	• 시간이나 항목에 따라 일정한 간격으로 데이터의 추세나 변화를 표시 • 데이터 계열 하나가 하나의 선으로 표시됨
원형	• 전체에 대한 각 값의 기여도를 표시 • 항목의 값들이 합계의 비율로 표시되므로 중요한 요소를 강조할 때 사용 • 항상 한 개의 데이터 계열만을 가지고 있으므로 축이 없음 • 데이터 계열 요소 하나만 선택한 다음, 바깥쪽으로 드래그하여 조각을 분리 가능
분산형 (XY 차트)	• 데이터의 불규칙한 간격이나 묶음을 보여 주는 것으로, 데이터 요소 간의 차이점보다는 큰 데이터 집합 간의 유사점을 표시하려는 경우에 사용 • 각 항목이 값을 점으로 표시함 • 두 개의 숫자 그룹을 XY 좌표로 이루어진 한 계열로 표시(XY 차트라고도 함) • 3차원 차트로 작성할 수 없음 • 가로축은 항목 축이 아닌 값 축 형식으로 나타남
표면형	• 두 개의 데이터 집합에서 최적의 조합을 찾을 때 사용 • 표면형 차트는 데이터 계열이 두 개 이상일 때만 작성 가능
방사형	• 많은 데이터 계열의 합계 값을 비교할 때 사용 • 항목마다 가운데 요소에서 뻗어 나온 값 축을 갖고, 선은 같은 계열의 모든 값을 연결함 (가로, 세로축 없음) • 3차원 차트로 작성할 수 없음
혼합형	• 여러 열과 행에 있는 데이터를 혼합 차트로 그릴 수 있음 • 특히 데이터 범위가 너무 광범위할 경우 데이터를 쉽게 이해할 수 있도록 두 개 이상의 차트 종류를 결합함 • 보조 축과 함께 표시되므로 차트 분석이 용이하고 쉬움
이중 축	• 이중으로 값 축을 나타낼 수 있는 차트로 데이터 계열 간 차이가 많은 경우나 데이터 계열이 두 가지 이상일 때 사용 • 이중 축으로 나타낼 데이터 계열을 선택한 다음 바로 가기 메뉴의 [데이터 계열 서식]을 선택

  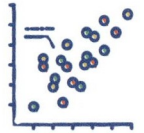   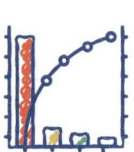

✓ 매크로

- 자주 사용하는 명령, 반복적인 작업 등을 매크로 기록하여 필요할 때마다 바로 가기 키(단축키)나 실행 단추를 클릭하여 쉽고, 빠르게 작업을 수행할 수 있다.
- 매크로는 Visual Basic 언어를 기반으로 한다.
- 매크로는 통합 문서에 첨부된 모듈 시트로 하나의 Sub 프로시저로 기록된다.
- Sub로 시작하고 End Sub로 끝난다.

✓ 매크로 기록하기

[보기]-[매크로]-[매크로 기록]을 실행한다.

매크로 이름	• 기본적으로는 매크로1, 매크로2와 같이 붙여짐 • 첫 글자는 반드시 문자이어야 함 • 매크로 이름에 공백이나 기호 문자를 사용할 수 없음
바로 가기 키	• 기본적으로 Ctrl 이 지정되어 있음 • 매크로 실행 바로 가기 키가 엑셀의 바로 가기 키보다 우선하며 수정 가능 • 매크로 기록 시 바로 가기 키는 지정하지 않아도 됨
매크로 저장 위치	• 매크로 저장 위치를 현재 통합 문서, 새 통합 문서, 개인용 매크로 통합 문서 중에서 선택함 • 작성한 매크로를 엑셀을 실행할 때마다 모든 통합 문서에서 사용하려면 저장 위치를 개인용 매크로 통합 문서(Personal.xlsb)로 지정함
설명	매크로에 대한 설명이 필요한 경우에만 입력하며, 비주얼 편집기 창에서 보면 작은따옴표(')로 시작함

✓ 반복 제어문

주어진 조건을 만족할 때까지 특정 부분을 반복, 처리하는 명령이다.

For 구문 (For~Next)	• For 문 안의 지정 횟수만큼 명령문을 반복 실행 • 변수의 값이 특정한 값에 도달할 때까지 변수를 증가시키거나 감소시키면서 특정한 명령문을 반복하여 실행
Do While문 (Do While ~ Loop)	반복 전에 조건을 판단하므로 처음 조건식이 거짓인 경우 명령문은 한 번도 실행되지 않음
Do Until 구문 (Do Until ~ Loop)	• 조건식이 거짓일 경우 수행되므로 조건이 참일 때 반복을 중지 • 반복 전에 조건을 판단하므로 처음 조건식이 참인 경우 명령문은 한 번도 실행되지 않음

03 데이터베이스 일반

✓ 데이터베이스의 정의

- 서로 관련 있는 데이터(파일)의 집합체
- 여러 응용 시스템 간에 공유가 가능하도록 통합, 저장된 운영 데이터의 집합
- 데이터 처리를 위해 중복을 최소화하여 공동으로 사용할 수 있도록 한 통합된 데이터
- 컴퓨터 처리를 위한 데이터베이스 관리 시스템(DBMS)
- 방대한 양의 자료 처리를 위한 소프트웨어
- 데이터의 독립성 보장을 위한 종합 시스템

✓ 데이터베이스의 특징

- 질의(Query)에 대해 실시간 접근 처리를 지원함
- 지정된 주소가 아닌 데이터의 내용(Contents)에 따라 참조함
- 여러 사용자(User)가 자원을 동시에 공유함
- 삽입(Insert), 삭제(Delete), 갱신(Update) 등을 통해 데이터를 동적으로 유지함

✓ 데이터베이스 관리 시스템(DBMS)

- 데이터베이스 관리 시스템으로, 종래 자료 처리 시스템의 문제점인 자료의 종속성과 중복성을 해결하기 위한 소프트웨어 시스템이다.
- 응용 프로그램과 데이터의 중재자 역할로, 모든 응용 프로그램들이 데이터베이스를 공유할 수 있도록 한다.

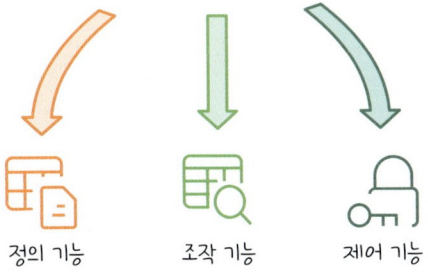

데이터베이스 관리 시스템의 기능

정의 기능   조작 기능   제어 기능

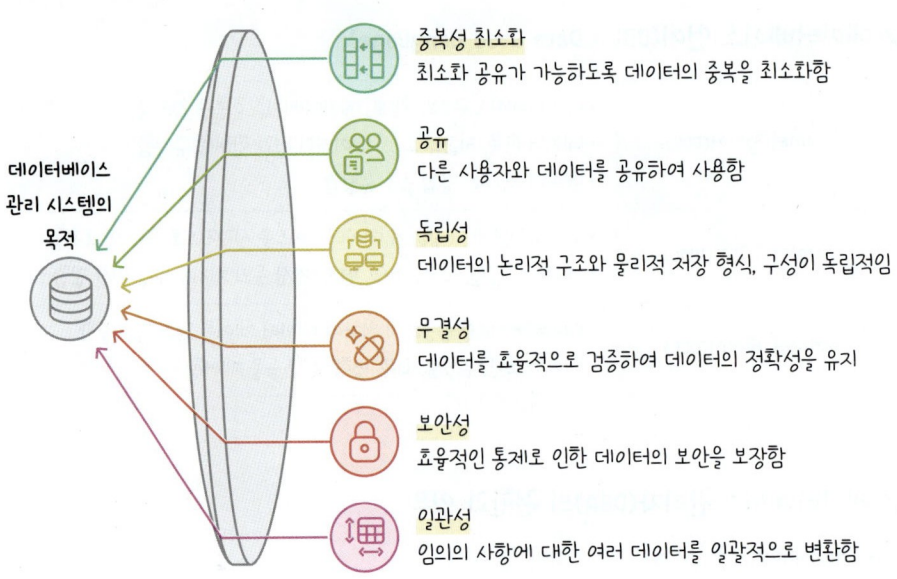

✓ 데이터베이스의 장단점

장점	• 중복을 최소화 • 데이터의 물리적, 논리적 독립성을 유지함 • 데이터 보안을 유지하여 데이터의 손실을 방지함 • 최신 데이터를 유지하므로 데이터의 계속적인 변화에 적응함 • 데이터의 내용에 의한 액세스 • 일관성, 무결성의 유지 및 데이터의 공유와 표준화가 가능
단점	• 운영 비용 면에서 부담이 큼 • 자료의 처리 방법이 복잡함 • 시스템의 취약성이 있음 • 예비와 회복 기법이 어려워짐

✔ 데이터베이스 언어(DBL : Data Base Language)

데이터 정의어(DDL)	• 데이터베이스 구조와 관계, 데이터베이스 이름을 정의함 • 데이터 항목, 키값의 고정, 데이터의 형과 한계를 규정함 • 데이터 액세스 방법 등을 규정함
데이터 조작어(DML)	• 주 프로그램에 내장하여 데이터베이스를 실질적으로 운영 및 조작함 • 데이터의 삽입, 삭제, 검색, 변경, 연산 등의 처리를 위한 연산 집합
데이터 제어어(DCL)	• 데이터베이스를 공용하기 위하여 데이터 제어를 정의 및 기술함 • 데이터 보안, 무결성, 회복, 병행 수행 등을 제어함

✔ 데이터베이스 관리자(DBA)의 권한과 임무

- 데이터베이스를 구성하는 정보 내용 정의
- 데이터의 저장 구조와 접근 방법 결정
- 시스템의 보안성과 무결성 책임
- 백업과 회복을 위한 정책 결정
- 스키마의 정의
- 데이터베이스를 사용자 요구에 맞도록 재구성
- 시스템 성능 감지와 사용자의 요구 및 불편 해소

✔ 데이터베이스 모델

계층적 데이터베이스	• 트리(Tree) 데이터베이스(=Hierarchical 데이터베이스)라고 함 • 하나의 부노드가 다수 개의 자노드를 가짐
네트워크 데이터베이스	• 망구조 데이터베이스, Plex 데이터베이스라고 함 • 일종의 그래프 형태로서 계층 데이터베이스 모델이 확장된 형태임 • 하나의 자노드가 다수의 부노드를 가질 수 있음 • 오너(Owner)-멤버(Member) 관계임
관계형 데이터베이스	• Relational 데이터베이스, 표(Table) 데이터베이스라고 함 • 테이블(Table)을 이용하여 데이터 상호 관계를 정의함
객체 지향형 데이터베이스	• 객체(Object) 개념을 데이터베이스에 적용한 모델 • 데이터베이스를 객체/상속(Inheritance) 구조로 표현함

✓ 키(Key)의 개념

- 테이블에서 다른 데이터와 구분하기 위한 유일한 값을 가지는 필드 또는 필드의 집합이다.
- 키(Key)는 각각의 튜플을 유일하게 식별할 수 있는 것으로 한 테이블(릴레이션)에서 적어도 한 개의 키는 존재해야 한다.

후보키 (Candidate Key)	• 한 테이블에서 유일성과 최소성을 만족하는 키(예 사원번호, 주민등록번호). • 유일성 : 키로 하나의 튜플만을 식별 가능함(예 사원번호 및 주민등록번호로 튜플 식별 가능) • 최소성 : 유일한 식별을 하기 위해 꼭 있어야 하는 속성으로만 구성(예 사원번호와 주민등록번호 각각의 속성만으로 식별이 가능)
기본키 (PK, Primary Key)	• 후보키 중에서 선정되어 사용되는 키(예 사원번호 - 인사관리). • 기본키는 널(Null)이 될 수 없으며 중복될 수 없음
대체키 (Alternate Key)	후보키 중 기본키로 선택되지 않는 나머지 키(예 사원번호가 기본키일 때 주민등록번호)
슈퍼키 (Super Key)	• 복합키(Composite Key) 또는 연결키라고도 함 • 유일성은 만족하나 최소성은 만족하지 않음 • 한 릴레이션에서 어떠한 열도 후보키가 없을 때 두 개 이상의 열을 복합(연결)할 경우 유일성을 만족하여 후보키가 되는 키를 의미
외래키 (FK, Foreign Key)	한 테이블(릴레이션)에 속한 속성, 외래키(FK)가 다른 참조 테이블(릴레이션)의 기본키(PK)일 때 그 속성키를 외래키(Foreign Key)라고 함(예 <인사테이블>의 부서코드는 <부서코드테이블>의 부서코드를 참조하여 이때 <부서코드테이블>의 기본키이므로 부서코드는 외래키(FK)에 해당)

✓ 정규화(Normalization)
- 관계형 데이터베이스를 설계할 때 데이터의 중복 최소화와 불일치를 방지하기 위해 릴레이션 스키마를 분해해 가는 과정이다.
- 데이터베이스의 논리적 설계 단계에서 수행된다.
- 정규화되지 못한 릴레이션의 조작 시 발행하는 이상(Anomaly) 현상의 근본적 원인은 여러 종류의 사실들이 하나의 릴레이션에 표현되기 때문이다.
- 이상(Anomaly) 현상이 발생하지 않도록 중복성과 종속성을 배제하는 것을 원칙으로 한다.
- 정규화가 잘못되면 데이터의 불필요한 중복을 야기하여 릴레이션 조작 시 문제를 야기한다.
- 정규형(NF : Normal Form)에는 제1정규형(1NF), 제2정규형(2NF), 제3정규형(3NF), BCNF형, 제4정규형(4NF), 제5정규형(5NF) 등이 있다.

✓ 데이터베이스 설계 단계

요구 조건 분석 → 개념적 설계 → 논리적 설계 → 물리적 설계 → 구현

✓ 데이터 모델링(Modeling)
현실 세계의 정보를 데이터베이스로 구현하기 위하여 개념적인 데이터 모델을 논리적인 데이터 모델로 변환하는 과정이다.

개념적 데이터 모델	• 객체와 객체 간의 관계로 데이터를 표현함 • 개체(Entity) : 다른 것과 구분되는 개체로 단독으로 존재하는 실세계의 객체나 개념을 의미 • 속성(Attribute) : 개체의 특성 및 상태를 표현한 것으로 파일 구성상 필드(Field)에 해당 • 관계(Relationship) : 관계의 종류에는 1:1(일대일), 1:n(일대다), n:m(다대다)가 있음
논리적 데이터 모델	• 사용자가 이해가 가능한 형태의 개념을 제공하는 모델 • 레코드 구조를 이용하기 때문에 레코드 기반 모델이라고도 함

✓ E-R 다이어그램(ERD : Entity Relationship Diagram)

- 개체-관계 모델(Entity-Relationship Model)의 의해 작성된 설계도이다.
- 개체-관계 모델을 그래픽 형태로 나타낸 것으로 개체, 속성, 관계, 링크 등으로 구성된다.

기호	의미	기호	의미
□	개체 타입	▭	의존 개체 타입
○	속성	⊖	기본키 속성
(점선 타원)	유도된 속성	───	링크
◇	관계 타입	◈	관계 타입 식별

✓ 테이블 작성

- 액세스(Access)에서 데이터를 입력할 수 있도록 테이블 구조를 설계하는 작업이다.
- 테이블 제작 시 필드 크기, 필드의 데이터 형식, 필드 이름을 고려한다.
- 필드 이름은 최대 64자까지 입력할 수 있다.
- . ! `(악센트 기호) [ ]를 제외한 특수 기호, 공백, 숫자, 문자를 조합한 모든 기호를 사용할 수 있다.
- 필드 이름의 첫 글자는 공백을 사용할 수 없다.
- 테이블 이름과 필드 이름은 같아도 괜찮으나, 테이블 내에 같은 이름의 필드가 존재하면 안 된다.

✓ 데이터 형식

- 데이터 형식 설정은 필드에 입력할 수 있는 데이터의 크기와 종류에 대한 정의를 하는 것이다.
- 데이터 형식에는 짧은 텍스트, 긴 텍스트, 숫자, 날짜/시간, 통화, 일련번호, Yes/No, OLE 개체, 하이퍼링크, 첨부 파일, 계산, 조회 마법사(실제 데이터 형식은 아님)가 있으며 기본적으로 짧은 텍스트 형식을 지원한다.

짧은 텍스트	텍스트와 숫자를 임의로 조합하여 입력할 수 있으며, 필드 크기는 최대 255자임
긴 텍스트	문자열과 숫자를 임의로 조합하여 63,999문자까지 입력할 수 있음
숫자	계산에 사용되는 숫자를 입력할 수 있음
날짜/시간	날짜와 시간을 입력할 수 있는 형식으로 100년에서 9999년까지 입력할 수 있으며 기본 필드 크기는 8byte
통화	• 화폐값을 저장할 때 사용하며 반올림을 방지해 줌 • 소수점 왼쪽으로 15자리, 소수점 오른쪽으로 4자리까지 표시 가능 • 기본 필드 크기는 8byte임
일련번호	• 레코드 추가 시 자동으로 고유 번호를 부여할 때 사용함 • 번호가 부여되면 변경하거나 삭제할 수 없음
Yes/No	True/False, Yes/No, On/Off처럼 두 값 중 하나만을 선택하는 경우에 사용
OLE 개체	• 다른 프로그램에서 만들어진 OLE 개체를 사용하는 것 • Microsoft 사의 Word 문서나 Excel 파일, 그림, 소리, 기타 이진 데이터 등에서 사용
하이퍼링크	하이퍼링크에서 사용하는 개체로 UNC 경로와 URL 주소를 저장할 수 있음
조회 마법사	• 필드에 값을 직접 입력하지 않고 다른 테이블에서 값을 선택할 때 사용함 • 콤보 상자를 사용하여 목록에서 값을 선택하는 필드를 만들 때 사용함

✓ 조회 속성

- 조회를 통하여 미리 입력해 놓은 데이터 목록을 선택하여 입력하는 것이다.
- 입력 데이터가 제한적인 경우 사용한다.
- 짧은 텍스트, 숫자, Yes/No 형식에서 사용할 수 있다.
- 콤보 상자, 목록 상자와 같은 컨트롤을 이용한다.

✓ 입력 마스크

필드나 컨트롤에 데이터를 입력할 때 입력 방식을 제시하는 것이다. 즉, 필드에 사용할 데이터에 서식을 지정하여 필드에 입력할 수 있는 데이터를 제한한다.

✓ 기본키

- 한 테이블 내에서 모든 레코드를 구별할 수 있는 필드나 필드의 집합을 뜻한다.
- 테이블 내에서 모든 레코드를 유일하게 구별할 수 있도록 설정해야 한다.
- 테이블의 기본키로 지정하면 기본키 필드에 중복값이나 널(Null) 값은 입력할 수 없다.
- 테이블에 기본키를 설정하지 않을 수 있고, 기본키가 설정되지 않더라도 다른 테이블과 관계를 설정할 수 있다.
- 기본키 필드의 값이 다른 테이블에서 참조되더라도 중복값이나 널(Null) 값이 아니라면 변경할 수 있다.

✓ 인덱스(Index, 색인)

- 데이터의 양이 많아질수록 데이터를 다양하고, 쉽게 효율적으로 검색하기 위해 데이터를 일정한 기준으로 정렬되도록 설정하는 것을 인덱스(색인)라고 한다.
- 데이터베이스에서 인덱스를 사용하는 목적은 레코드 검색 속도 향상이다.
- 인덱스 지정 시 기본적으로 오름차순으로 정렬된다.
- 다중 필드 인덱스에는 필드를 최대 10개까지 포함할 수 있다.
- OLE 개체와 첨부 파일 같은 데이터 형식의 필드에 대해서는 인덱스를 설정할 수 없다.
- 데이터를 정렬해서 조회하는 시간이 단축되지만, 데이터를 갱신할 때마다 업데이트해야 하므로 갱신 속도가 느려진다.
- 인덱스는 테이블을 저장할 때 만들어지고, 레코드를 변경하거나 추가할 때마다 자동으로 업데이트된다.
- 인덱스를 삭제하더라도 필드나 필드 데이터가 삭제되지는 않는다.

✓ 관계 설정

- 관계형 데이터베이스에서 업무 주제별 테이블을 만들어 사용하기 때문에 연관된 데이터가 여러 테이블에 분산되어 저장되는 경우 여러 테이블에서 원하는 정보를 얻게 된다.
- 여러 테이블을 연결하여 정보를 가져올 수 있도록 각 테이블 간의 관계를 설정해야 한다.
- 관계는 두 개 이상의 테이블에 분산된 데이터를 하나로 모으기 위한 쿼리, 폼, 보고서를 작성할 때 반드시 설정해 주어야 한다.

✓ 관계의 종류

1:1(일대일)	기본 테이블의 개체와 상대 테이블의 개체가 일대일로 대응하는 관계
1:n(일대다)	기본 테이블의 한 개체가 상대 테이블의 여러 개체와 대응하는 관계
n:m(다대다)	• 기본 테이블의 임의 개체가 상대 테이블의 여러 개체와 대응하는 관계 • 상대 테이블의 임의 개체 역시 기본 테이블의 여러 개체와 대응하는 관계

✓ 참조 무결성

- 테이블 간에 맺어진 관계를 서로 유효하게 하고, 이를 통해 사용자가 실수로 관련 데이터를 삭제하거나 변경하지 않도록 하기 위해서 액세스가 사용하는 규칙을 참조 무결성이라고 한다.
- 참조 무결성은 두 테이블의 연관된 레코드들 사이의 일관성을 유지하는 데 사용한다. 주어진 속성들의 집합에 대한 테이블의 한 값이 반드시 다른 테이블에 대한 속성값으로 나타나도록 보장해야 한다.

✓ 쿼리(Query)의 개념

- 쿼리는 관계가 설정되어 있는 2개 이상의 테이블에서 원하는 데이터를 추출 및 조합하여 하나의 테이블처럼 사용할 수 있다.
- 폼이나 보고서, 다른 쿼리 등에서 쿼리를 레코드 원본으로 사용할 수 있다.
- 쿼리의 유형은 선택 쿼리, 매개 변수 쿼리, 크로스탭 쿼리, 불일치 검색 쿼리, 실행 쿼리, SQL 쿼리 등이 있다.

✓ 쿼리의 종류

선택 쿼리	• 테이블에서 데이터를 검색하여 데이터시트로 표시함 • 레코드를 그룹으로 묶어 합계, 개수, 평균 등을 계산함
실행 쿼리	• 삭제 쿼리, 업데이트 쿼리, 삽입 쿼리, 테이블 만들기 쿼리로 구분함 • 테이블 내용을 변경하는 질의, 여러 개의 레코드를 한 번에 변경할 수 있음
SQL 쿼리	• SQL문(SELECT, INSERT, UPDATE, DELETE 등)을 사용하는 질의 • 통합 쿼리, 창구 쿼리, 정의 쿼리, 하위 쿼리 등이 있음
매개 변수 쿼리	쿼리를 실행할 때 특정한 필드값을 입력받은 후 이를 조건으로 사용하여 쿼리를 실행해 주는 쿼리

✓ 단순 조회 쿼리

1) SELECT문

- 하나 이상의 테이블부터 검색 조건에 맞는 데이터를 선택할 때 이용한다.
- SQL문은 대/소문자를 구분하지 않는다.
- 필드 이름은 테이블에서 선택하고자 하는 필드의 이름을 적는 부분이며, 모든 필드를 선택하고 싶을 때는 *을 사용한다.
- 테이블 이름은 SELECT문에서 사용할 데이터가 들어 있는 테이블 또는 쿼리를 지정한다.
- ALL은 모든 값을 선택할 때 지정하며(주로 생략), DISTINCT는 중복되어 나타나는 조회 결과 값을 한 번만 표시한다.
- 대괄호([ ])로 묶여진 명령어들은 생략이 가능하다.

2) WHERE절을 이용한 조건 지정

- 조회 질의의 결과에 포함시킬 레코드를 제한하는 조건이 있을 경우 WHERE절을 이용하여 질의(쿼리)를 입력한다.
- 특정 조건에 맞는 레코드를 검색할 때 사용한다.
- 조건식을 표현할 때는 연산자(산술, 비교, 논리, BETWEEN, IN, LIKE 연산자)들을 이용할 수 있다.

3) ORDER BY절을 이용한 정렬
- 특정 항목을 기준으로 검색 테이블의 행들을 오름차순(ASC) 또는 내림차순(DESC)으로 정렬할 때 사용된다.
- 정렬 조건을 지정하지 않으면 기본적으로 오름차순(ASC) 정렬이 수행된다.

4) GROUP BY절
- 그룹화할 필드를 기준으로 검색할 때 사용한다.
- 지정한 필드 이름에서 동일한 값을 갖는 레코드를 하나의 레코드로 결합한다.
- SELECT 문에 SUM이나 COUNT 함수 등을 사용하면 각 레코드에 대한 요약 값이 계산되지만, 함수가 없으면 요약 값이 생략된다.

5) HAVING절을 이용한 조건 지정
그룹화된 데이터에 대한 조건을 설정할 때 사용된다(반드시 GROUP BY와 함께 사용)

✔ 데이터베이스 특수 연산

IN	결과값 중 연산자에 지정한 값과 일치하는 레코드만 구함 예) WHERE 필드 이름 IN (값1,값2, …)
BETWEEN ~ AND	지정한 값 사이에 포함되는 레코드만 구함 예) WHERE 필드 이름 BETWEEN 값1 AND 값2
LIKE	지정한 문자를 포함하는 레코드를 구함 예) WHERE 필드 이름 LIKE "문자"
NOT	지정한 연산을 구한 값을 제외한 레코드만 구함 예) WHERE 필드 이름 NOT 다른 연산

✓ 조인(Join)

- 두 개 이상의 테이블을 연결하여 데이터를 검색하는 방법이다.
- 다중 테이블을 이용한 쿼리를 이용하기 위해서는 보통 양 테이블이 관계가 설정되어 있어야 한다.
- 두 개 이상의 테이블이나 쿼리에서 원하는 필드를 추출하여 추가하는 기능이다.
- 기본적인 조인 형식은 조인된 테이블이나 쿼리에서 조인된 필드 값이 같은 레코드만 선택한다.

1) 내부 조인(Inner Join)

두 테이블에서 조인된 필드가 일치하는 레코드만 포함하는 조인이다.

```
SELECT …… FROM <테이블명1> INNER JOIN <테이블명2>
ON <테이블명1>.<열이름> = <테이블명2>.<열이름>;
```

2) 외부 조인(Outer Join)

- 왼쪽 외부 조인 : 왼쪽 테이블은 모든 레코드를 포함하지만 오른쪽 테이블은 왼쪽 테이블과 일치하는 레코드만 표시되는 조인이다.

```
SELECT …… FROM <테이블명1> LEFT JOIN <테이블명2>
ON <테이블명1>.<열이름> = <테이블명2>.<열이름>;
```

- 오른쪽 외부 조인 : 오른쪽 테이블은 모든 레코드를 포함하지만 왼쪽 테이블은 오른쪽 테이블과 일치하는 레코드만 표시되는 조인이다.

```
SELECT …… FROM <테이블명1> RIGHT JOIN <테이블명2>
ON <테이블명1>.<열이름> = <테이블명2>.<열이름>;
```

✓ 실행 쿼리(Action Query)

1) INSERT문을 이용한 데이터 입력

   테이블에 데이터를 직접 삽입(입력)하는 구문으로 테이블에 하나의 레코드로 추가된다.

   ```
   INSERT INTO 테이블 이름(필드_이름1, 필드_이름2, …)
   VALUES(값1, 값2, …);
   ```

2) DELETE문을 이용한 데이터 삭제

   기존 테이블의 레코드를 삭제하는 구문이다.

   ```
   DELETE FROM 테이블 이름
   WHERE 조건;
   ```

3) UPDATE문을 이용한 데이터 수정(갱신)

   기존 레코드의 필드에 입력되어 있는 값을 갱신하는 구문이다.

   ```
   UPDATE 테이블 이름
   SET 필드_이름1=값1, 필드_이름2=값2, …
   WHERE 조건;
   ```

✓ 폼의 기본 개념

- 폼(Form) : 데이터의 입력, 편집 작업을 위한 일종의 인터페이스로 테이블이나 쿼리, SQL문을 원본으로 사용하여 작성한다.
- 테이블보다 폼을 이용하면 여러 가지 다양한 컨트롤을 이용해 시각적으로 다양한 효과를 얻을 수 있고 데이터베이스의 보안성을 높일 수 있다.
- 폼은 데이터가 연결되어 있는지 여부에 따라 바운드 폼(Bound Form)과 언바운드 폼(Unbound Form)으로 구분할 수 있다.

바운드 폼 (Bound Form)	• 테이블이나 쿼리의 레코드와 연결되어 있는 폼 • 데이터 표시 및 입력, 수정, 편집 작업이 가능함
언바운드 폼 (Unbound Form)	• 테이블이나 쿼리의 레코드와 연결되어 있지 않은 폼 • 사용자 편의를 위한 프로그램 초기 화면, 검색 및 확인 화면에 주로 사용함

✔ 폼의 표시 형식

종류	설명
열 형식	한 화면에 하나의 레코드만 표시됨
테이블 형식	한 화면에 여러 개의 레코드가 표시됨
데이터시트	데이터시트 형식으로 표시됨
맞춤	맞춤 형식으로 표시됨

✔ 폼 작성하기

- 폼을 작성하기 위해 테이블이나 쿼리를 원본 데이터로 사용한다.
- 디자인 보기에서 테이블이나 쿼리의 데이터를 디자인하고, 폼 보기에서 데이터를 입력하거나 수정한다.

✔ 하위 폼

- 특정한 폼 안에 들어있는 또 하나의 폼을 말한다.
- 일대다 관계가 설정되어 있는 테이블과 쿼리에서 데이터를 효과적으로 표시할 수 있다.
- 사용할 수 있는 하위 폼의 개수에는 제한이 없다.
- 기본 폼의 현재 레코드와 관련된 레코드만 표시된다.
- 하위 폼은 단일 폼, 연속 폼, 데이터시트 형태로 표시할 수 있다.
- 데이터베이스 창에서 테이블, 쿼리, 폼 등을 폼 창으로 드래그 앤 드롭하여 하위 폼으로 삽입할 수 있다.
- 다중 테이블을 사용하여 데이터를 조회하거나 입력할 수 있다.
- 하위 폼은 주로 '일대다 관계'가 설정되어 있는 테이블/쿼리를 효과적으로 표시하기 위해 사용된다. 이때 기본 폼은 '일'쪽 테이블/쿼리를 원본으로, 하위 폼은 '다'쪽 테이블/쿼리를 원본으로 하여 작성한다.

✓ 폼의 보기 형식

[디자인] 탭-[보기] 그룹에 있는 보기 목록 단추를 이용한다.

폼 보기	• 원본으로 지정한 테이블이나 쿼리의 레코드 원본이 표시됨 • 데이터를 입력, 편집, 수정할 수 있는 상태
레이아웃 보기	• 각 컨트롤에 실제 데이터가 표시됨 • 레코드의 크기를 설정하거나 폼의 시각적 모양을 변경하는 데 유용함
디자인 보기	• 컨트롤을 사용하여 폼을 설계하고 수정할 수 있는 보기 형식 • 원본 데이터가 표시되지 않기 때문에 데이터의 추가 및 수정은 불가능함

✓ 폼의 구성 요소

본문 구역	레코드 원본을 표시하기 위한 구역으로 세부 구역이라고도 함
폼 머리글/바닥글 구역	• 폼의 제목이나 폼 사용 방법에 대한 설명 등을 입력하기 위한 구역 • 폼 보기에서는 폼 머리글은 상단, 폼바닥글은 하단에 매 레코드마다 표시함 • [인쇄 미리 보기]를 클릭했을 때는 폼 머리글은 첫 페이지의 위쪽, 폼 바닥글은 마지막 페이지의 본문 구역 다음에 각각 한 번만 표시함
페이지 머리글/바닥글	• 폼을 인쇄할 때 제목이나 특정한 메시지, 출력 날짜/시간 등을 출력하기 위한 구역 • 페이지 머리글은 각 페이지의 위쪽, 페이지 바닥글은 각 페이지의 아래쪽에 인쇄 정보를 표시함 • 폼 보기나 데이터시트 보기 상태에서는 표시되지 않고 [인쇄 미리 보기]를 클릭했을 때만 표시함

✓ 탭 순서

- 탭 순서는 폼 보기에서 Tab 이나 Enter 를 눌렀을 때 컨트롤 사이에 이동하는 순서를 말한다.
- 탭 순서는 폼에 컨트롤을 추가하여 작성한 순서대로 설정된다.
- 탭 순서를 설정하려면 각 컨트롤의 속성 창에서 [탭 정지] 속성을 '예'로 설정해야 한다.
- 폼의 디자인 보기에서 [양식 디자인]-[도구]-[탭 순서]를 실행한다.

✓ 보고서(Report)의 개념

- 보고서는 데이터베이스를 구축한 다음, 다양한 형태의 출력물로 활용하기 위하여 사용한다.
- 보고서에서는 자료별 평균, 합산과 같은 통계 자료를 인쇄할 수 있다.
- 보고서의 경우 폼과는 달리 컨트롤에 데이터를 입력할 수 없다.
- 보고서는 테이블, 쿼리, SQL 문 등을 레코드 원본으로 지정할 수 있지만 보고서의 레코드 원본으로 폼이 지정될 수 없다.
- 보고서의 컨트롤에서는 컨트롤 원본을 이용하여 특정 필드에 바운드시킬 수 있다.

✓ 보고서 구역

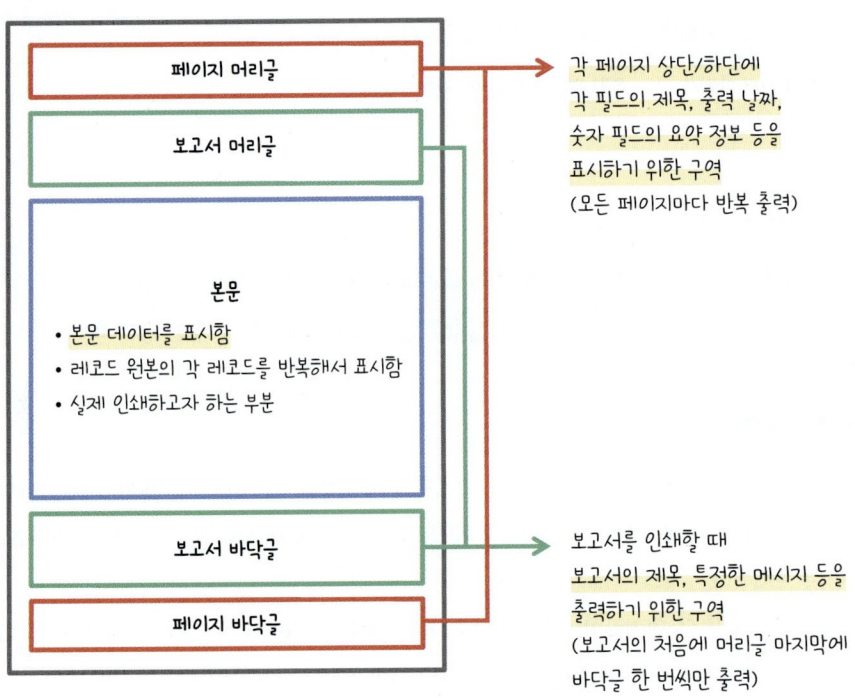

✓ 보고서를 만드는 방법과 종류

보고서	• 하나의 테이블이나 쿼리를 원본으로 사용 • 그룹, 합계와 같은 기능을 추가할 수 있음
보고서 디자인	사용자가 보고서 작성에 필요한 모든 작업을 직접 수행함
새 보고서	생성된 보고서는 빈 페이지로 표시되며 필드 목록 창이 표시되어 필드를 보고서에 추가할 수 있음
보고서 마법사	• 선택한 필드를 사용하여 자동으로 보고서를 만듦 • 사용자가 지정한 레코드 원본, 필드, 레이아웃, 서식을 토대로 보고서를 만듦
레이블	우편물 레이블 인쇄용 보고서를 만들어 줌
업무 문서 양식 마법사	업무용 양식 보고서를 만들어 줌
우편 엽서 마법사	우편 엽서용 보고서를 만들어 줌

✓ 매크로(Macro)

- 반복적인 작업을 자동화하는 것으로, 액세스는 하나 이상의 매크로 함수로 구성된다.
- [만들기]-[매크로 및 코드]-[매크로]를 실행하면 매크로를 작성할 수 있는 창이 표시된다.

✓ 매크로 실행

- 직접 실행 : 탐색 창에서 실행할 매크로를 더블클릭하거나 [데이터베이스 도구]-[매크로]-[매크로 실행]을 선택한 후 [매크로 실행] 대화 상자에서 실행할 매크로를 선택하고 [확인]을 클릭한다.
- 컨트롤의 이벤트와 연결하기 : 폼이나 보고서의 디자인 보기에서 이벤트를 지정하여 매크로를 실행할 컨트롤을 작성한 후 이벤트 속성을 설정한다.
- 데이터베이스 창에서 매크로를 선택한 후 폼 디자인 보기로 드래그 앤 드롭하면 해당 매크로를 실행하는 명령 단추가 바로 작성된다.
- 매크로 이름을 『AutoExec』로 입력하면 매크로가 저장된 액세스 파일을 열 때 자동 실행된다.

"이" 한 권으로
합격의 "기적"을 경험하세요!